CONTENTS

Abbreviations - abreviaturas

abbreviation, acronym	*abbr*	abreviatura, sigla
adjective, adjectival	*adj*	adjetivo, adjetival
adverb, adverbial	*adv*	adverbio, adverbial
agriculture	AGR	agricululra
somebody	*algn*	alguien
American Spanish	AM	español de AMÉRICA
anatomy	ANAT	anatomía
Andean Spanish	ANDES	español andino
(= *BOL, CHILE, ECUAD, COL & PERU*)		
architecture	ARCH, ARQ	arquitectura
slang	*arg*	argot
Argentina	ARG	Argentina
artes	ART	artes
astrology	ASTROL	astrología
astronomy	ASTRON	astronomía
automobiles	AUTO	automóviles
auxiliary	*aux*	auxiliar
aviation	AV	aviación
biology	BIOL	biología
Bolivia	BOL	Bolivia
botany	BOT	botánica
Central America	CAM	América central
Caribbean	CARIB	Caribe
(= *CUBA, PR, VEN & Rep. Dominicana*)		
cinema	CINEM	cine
Colombia	COL	Colombia
commercial	COMM, COM	comercio
computing	COMPUT	informática
conditional	*cond*	conticional
conjunction	*conj*	conjunción
sewing	COST	costura
Costa Rica	CRICA	Costa Rica
Cono Sur	CSUR	Cono Sur
(= *CHILE & ARG*)		
Cuba	CUBA	Cuba
cooking	CULIN	cocina
chemistry	CHEM	química
Chile	CHILE	Chile
sport	DEP	deportes
determiner	*det*	determinante

English	Abbreviation	Spanish
Ecuador	ECUAD	Ecuador
education	EDUC	educación
electricity	ELEC	electricidad
euphemism	*euf, euph*	eufemismo
familiar	*fam*	familiar
figurative	*fig*	uso figurado
finance	FIN	finanzas
physics	FÍS	física
formal	*fml*	formal
future	*fut*	futuro
British English	GB	inglés británico
geography	GEOG	geografía
grammar	GRAM	gramática
Guatemala	GUAT	Guatemala
history	HIST	historia
indicative	*ind*	indicativo
computing	INFORM	informática
imperative	*imperat*	imperativo
interjection	*interj*	interjección
invariable	*inv*	invariable
ironic	*iron, irón*	irónico
phrase	*loc*	locución
law	Jur	derecho
literary	*lit*	literario
ships & sailing	MAR	marítimo, náutica
mathematics	MATH, MAT	matemáticas
medicine	MED	medicina
meteorology	METEOR	meteorología
Mexico	MÉX	México
military	MIL	militar
music	MUS, MÚS	música
noun	*n*	nombre
femenine noun	*nf*	nombre femenino
masculine noun	*nm*	nombre masculino
masculine noun	*nmf*	nombre masculino
(same form for both genders - forma única para ambos géneros)		
masculine and feminine noun	*nm,f*	nombre masculino y femenino
(different form for feminine - forma femenina diferente)		
masculine or feminine noun	*nm & f*	nombre de género ambiguo
(may be either masculine or feminine - puede ser masculino o feminino)		
plural noun	*npl*	nombre plural
number	*num*	numeral
Panama	PAN	Panamá

Paraguay	PAR	Paraguay
pejorative	*pej, pey*	peyorativo
perfect	*perf*	perfecto
person	*pers*	persona
Peru	PERÚ	Perú
phrase	*phr*	locución
physics	PHYS	física
pluperfect	*pluperf*	pluscuamperfecto
politics	POL	política
past participle	*pp*	participio pasado
preposition	*prep*	preposición
present	*pres*	presente
preterite	*pret*	pretérito
Puerto Rico	PRICO	Puerto Rico
proper noun	*prn*	nombre propio
pronoun	*pron*	pronombre
past	*pt*	pasado
chemistry	QUÍM	química
radio	RAD	radio
religion	REL	religión
River Plate	RPL (= *ARG, URUG & PAR*)	Río de la Plata
somebody	sb	alguien
sewing	SEW	costura
singular	*sing*	singular
slang	*sl*	argot
sport	Sp	deportes
something	sth	algo
subjunctive	*subj*	subjuntivo
technical	TECH, TÉC	técnico
theatre	THEAT, TEAT	teatro
television	TV	televisión
Uruguay	URUG	Uruguay
North American English	US	inglés norteamericano
Venezuela	VEN	Venezuela
intransitive verb	*vi*	verbo intransitivo
reflexive verb	*vpr*	verbo pronominal
transitive verb	*vt*	verbo transitivo
vulgar	*vulg*	vulgar
zoology	ZOOL	zoología
approximate equivalent	≈	equivalente aproximado
see	→	véase
registered trademark	®	marca registrada

Fonética de las entradas inglesas

Todas las entradas inglesas en este diccionario llevan transcripción fonética basada en el sistema de la Asociación Fonética Internacional (AFI). He aquí una relación de los símbolos empleados. El símbolo ' delante de una sílaba indica que es ésta la acentuada.

Las consonantes

[p] pan [pæn], happy ['hæpɪ], slip [slɪp].
[b] big [bɪg], habit ['hæbɪt], stab [stæb].
[t] top [tɒp], sitting ['sɪtɪŋ], bit [bɪt].
[d] drip [drɪp], middle ['mɪdl], rid [rɪd].
[k] card [kɑːd], maker ['meɪkə], sock [sɒk].
[g] god [gɒd], mugger ['mʌgə], dog [dɒg].
[tʃ] chap [tʃæp], hatchet ['hætʃɪt], beach [biːtʃ].
[dʒ] jack [dʒæk], digest [daɪ'dʒest], wage [weɪdʒ].
[f] fish [fɪʃ], coffee ['kɒfɪ], wife [waɪf].
[v] very ['verɪ], never ['nevə], give [gɪv].
[θ] thing [θɪŋ], cathode ['kæθəʊd], filth [fɪlθ].
[ð] they [ðeɪ], father ['fɑːðə], loathe [ləʊð].
[s] spit [spɪt], stencil ['stensl], niece [niːs].
[z] zoo ['zuː], weasel ['wiːzl], buzz [bʌz].
[ʃ] show [ʃəʊ], fascist [fæ'ʃɪst], gush [gʌʃ].
[ʒ] gigolo ['ʒɪgələʊ], pleasure ['pleʒə], massage ['mæsɑːʒ].
[h] help [help], ahead [ə'hed].
[m] moon [muːn], common ['kɒmən], came [keɪm].
[n] nail [neɪl], counter ['kaʊntə], shone [ʃɒn].
[ŋ] linger ['fɪŋgə], sank [sæŋk], thing [θɪŋ].
[l] light [laɪt], illness ['ɪlnəs], bull [bʊl].
[r] rug [rʌg], merry ['merɪ].
[j] young [jʌŋ], university [juːnɪ'vɜːsɪtɪ], Europe ['jʊərəp].
[w] want [wɒnt], rewind [riː'waɪnd].
[x] loch [lɒx].

Las vocales y los diptongos

[iː] sheep [ʃiːp], sea [siː], scene [siːn], field [fiːld].
[ɪ] ship [ʃɪp], pity ['pɪtɪ], roses ['rəʊzɪz], babies ['beɪbɪz], college ['kɒlɪdʒ].
[e] shed [ʃed], instead [ɪn'sted], any ['enɪ], bury ['berɪ], friend [frend].
[æ] fat [fæt], thank [θæŋk], plait [plæt].
[ɑː] rather ['rɑːðə], car [kɑː], heart [hɑːt], clerk [klɑːk], palm [pɑːm], aunt [ɑːnt].
[ɒ] lock [lɒk], wash [wɒʃ], trough [trɒf], because [bɪ'kɒz].
[ɔː] horse [hɔːs], straw [strɔː], fought [fɔːt], cause [kɔːz], fall [fɔːl], boar [bɔː], door [dɔː].
[ʊ] look [lʊk], pull [pʊl], woman ['wʊmən], should [ʃʊd].
[uː] loop [luːp], do [duː], soup [suːp], elude [ɪ'luːd], true [truː], shoe [ʃuː], few [fjuː].
[ʌ] cub [kʌb], ton [tʌn], young [jʌŋ], flood [flʌd], does [dʌz].
[ɜː] third [θɜːd], herd [hɜːd], heard [hɜːd], curl [kɜːl], word [wɜːd], journey ['dʒɜːnɪ].
[ə] actor ['æktə], honour ['ɒnə], about [ə'baʊt].
[eɪ] cable ['keɪbl], way [weɪ], plain [pleɪn], freight [freɪt], prey [preɪ], great [greɪt].
[əʊ] go [gəʊ], toad [təʊd], toe [təʊ], though [ðəʊ], snow [snəʊ].
[aɪ] lime [laɪm], thigh [θaɪ], height [haɪt], lie [laɪ], try [traɪ], either ['aɪðə].
[aʊ] house [haʊs], cow [kaʊ].
[ɔɪ] toy [tɔɪ], soil [sɔɪl].
[ɪə] near [nɪə], here [hɪə], sheer [ʃɪə], idea [aɪ'dɪə], museum [mjuː'zɪəm], weird [wɪəd], pierce [pɪəs].
[eə] hare [heə], hair [heə], wear [weə].
[ʊə] pure [pjʊə], during ['djʊərɪŋ], tourist ['tʊərɪst].

ENGLISH-SPANISH

A

a [eɪ, ə] **1** *det* un, una. **2** *(per)* por: ***three times a week*** tres veces por semana; ***£2 a kilo*** dos libras el kilo.

▲ *Se usa delante de las palabras que empiezan con sonido no vocálico. Véase también* an.

AA ['eɪ'eɪ] **1** *abbr (*Alcoholics Anonymous*)* Alcohólicos Anónimos; *(abbreviation)* AA *mpl.* **2** GB *(*Automobile Association*)* automóvil club británico.

AAA ['eɪ'eɪ'eɪ] **1** *abbr* GB *(*Amateur Athletic Association*)* asociación atlética amateur. **2** US *(*Automobile Association of America*)* automóvil club de los Estados Unidos.

AB ['eɪ'biː] *abbr* US → **BA**.

aback [ə'bæk] *adv* hacia atrás.

• **to be taken aback** asombrarse.

abandon [ə'bændən] *vt* abandonar.

abattoir ['æbətwɑː] *n* matadero.

abbess ['æbes] *n* abadesa.

abbey ['æbɪ] *n* abadía.

abbot ['æbət] *n* abad *m.*

abbreviate [ə'briːvɪeɪt] *vt* abreviar.

abbreviation [ə'briːvɪ'eɪʃn] **1** *n (shortening)* abreviación *f.* **2** *(shortened form)* abreviatura.

ABC ['eɪ'biː'siː] *abbr (*American Broadcasting Company*)* compañía norteamericana de radiodifusión; *(abbreviation)* ABC *f.*

abdicate ['æbdɪkeɪt] *vt - vi* abdicar.

abdication [æbdɪ'keɪʃn] *n* abdicación *f.*

abdomen ['æbdəmən] *n* abdomen *m.*

abdominal [æb'dɒmɪnl] *adj* abdominal.

abduct [æb'dʌkt] *vt* raptar, secuestrar.

abduction [æb'dʌkʃn] *n* rapto, secuestro.

abductor [æb'dʌktə] *n* secuestrador,-ra.

aberration [æbə'reɪʃn] *n* aberración *f.*

abhor [əb'hɔː] *vt* aborrecer, detestar.

abhorrent [əb'hɒrənt] *adj* detestable, odioso,-a.

abide [ə'baɪd] *vt (bear, stand)* soportar, aguantar: ***I can't abide her*** no la aguanto.

♦ **to abide by** *vt (promise)* cumplir con; *(rules, decision)* acatar.

abiding [ə'baɪdɪŋ] *adj* duradero,-a.

ability [ə'bɪlɪtɪ] **1** *n (capability)* capacidad *f.* **2** *(talent)* talento, aptitud *f.*

ablaze [ə'bleɪz] *adj* ardiendo, en llamas.

• **ablaze with light** *fig* resplandeciente de luz.

able ['eɪbl] *adj (capable)* hábil, capaz.

• **to be able to** poder: ***will you be able to come?*** ¿podrás venir?

ably ['eɪblɪ] *adv* hábilmente.

abnormal [æb'nɔːml] **1** *adj (not normal)* anormal. **2** *(unusual)* inusual.

abnormality [æbnɔː'mælɪtɪ] *n* anomalía, anormalidad *f.*

aboard [ə'bɔːd] *adv* a bordo.

abolish [ə'bɒlɪʃ] *vt* abolir.

abolition [æbə'lɪʃn] *n* abolición *f.*

abominable [ə'bɒmɪnəbl] *adj* abominable; *(terrible)* terrible, horrible.

aborigine [æbə'rɪdʒɪnɪ] *n* aborigen *mf.*

abort [ə'bɔːt] *vi* abortar.

abortion [ə'bɔːʃn] *n* aborto.

■ **abortion pill** píldora abortiva.

abound [ə'baʊnd] *vi* abundar (in/with, en).

about [ə'baʊt] **1** *prep (concerning)* sobre, acerca de: ***to speak about ...*** hablar de ...; ***what is the book about?*** ¿de qué trata el libro?; ***what did you***

do about ...? ¿qué hiciste con ...? **2** *(showing where)* por, en: ***he's somewhere about the house*** está por algún rincón de la casa. || **3** *adv (approximately)* alrededor de: ***about £500*** unas quinientas libras; ***at about three o'clock*** a eso de las tres. **4** *(near)* por aquí, por ahí: ***there was nobody about*** no había nadie. **5** *(available)* disponible.
• **to be about to ...** estar a punto de ...; **how about / what about:** ***how/what about a drink?*** ¿te apetece tomar algo?; ***how/what about going to Paris?*** ¿qué te parece ir a París?

above [əˈbʌv] **1** *prep (higher than)* por encima de: ***above our heads*** por encima de nuestras cabezas; ***above suspicion*** por encima de toda sospecha; ***only the manager is above him*** sólo el gerente está por encima de él. **2** *(more than)* más de, más que: ***above 5,000 people*** más de 5.000 personas; ***those above the age of 65*** los mayores de 65 años. || **3** *adv* arriba, en lo alto. **4** *(in writing)* arriba: ***see above*** véase arriba.
• **above all** sobre todo.

above-board [əbʌvˈbɔːd] *adj* legal.

above-mentioned [əbʌvˈmenʃnd] *adj* arriba mencionado,-a.

abreast [əˈbrest] *adv* de frente: ***to walk four abreast*** caminar cuatro de frente.
• **to keep abreast with** mantenerse al corriente de.

abridged [əˈbrɪdʒd] *adj* abreviado,-a.

abroad [əˈbrɔːd] *adv* el extranjero: ***they went abroad*** fueron al extranjero; ***she lives abroad*** vive en el extranjero.

abrupt [əˈbrʌpt] **1** *adj (sudden)* repentino,-a. **2** *(rude)* brusco,-a, arisco,-a.

abscess [ˈæbses] *n* absceso.

abscond [əbˈskɒnd] *vi* fugarse.

abseil [ˈæbseɪlɪŋ] *vi* hacer rappel.

abseiling [ˈæbseɪlɪŋ] *n* rappel *m*.

absence [ˈæbsns] **1** *n (of person)* ausencia. **2** *(of thing)* falta, carencia.

absent [ˈæbsnt] **1** *adj* ausente. || **2 to absent oneself** *phr* ([æbˈsent]) ausentarse.

absentee [æbsnˈtiː] *n* ausente *mf*.

absenteeism [æbsnˈtiːɪzm] *n* ausentismo, absentismo.

absent-minded [æbsntˈmaɪndɪd] *adj* distraído,-a.

absolute [ˈæbsəluːt] *n* absoluto,-a: ***it's absolute rubbish*** es una perfecta tontería.

absolutely [æbsəˈluːtlɪ] **1** *adv* totalmente, completamente. || **2** *interj* ¡por supuesto!, ¡desde luego!

absolution [æbsəˈluːʃn] *n* absolución *f*.

absolve [əbˈzɒlv] *vt* absolver.

absorb [əbˈzɔːb] **1** *vt (soak up)* absorber. **2** *fig (ideas etc)* asimilar.
• **to be absorbed in sth** estar absorto,-a en algo.

absorbent [əbˈzɔːbənt] *adj* absorbente.

absorbing [əbˈzɔːbɪŋ] *adj* muy interesante.

absorption [əbˈzɔːpʃn] *n* absorción *f*.

abstain [əbˈsteɪn] *vi* abstenerse.

abstention [æbˈstenʃn] *n* abstención *f*.

abstinence [ˈæbstɪnəns] *n* abstinencia.

abstract [ˈæbstrækt] **1** *adj (not concrete)* abstracto,-a. || **2** *n (summary)* resumen *m*. || **3** *vt* ([æbˈstrækt]) *(summarize)* resumir.

abstraction [æbˈstrækʃn] **1** *n* abstracción *f*. **2** *(absent-mindedness)* distracción *f*, ensimismamiento.

absurd [əbˈsɜːd] *adj* absurdo,-a; ***don't be absurd!*** ¡no seas ridículo,-a!

absurdity [əbˈsɜːdɪtɪ] *n* irracionalidad *f*.

ABTA [ˈæbtə] *abbr (*Association of British Travel Agents*) asociación de agentes de viajes británicos*.

abundance [əˈbʌndəns] *n* abundancia.

abundant [əˈbʌndənt] *adj* abundante.

abuse [əˈbjuːs] **1** *n (verbal)* insultos *mpl*; *(physical)* malos tratos *mpl*. **2** *(misuse)* abuso. || **3** *vt* ([əˈbjuːz]) *(verbally)* insultar; *(physically)* maltratar. **4** *(misuse)* abusar de.

abusive [əˈbjuːsɪv] *adj (insulting)* injurioso,-a, insultante.

abysmal [ə'bɪzml] *adj fam* malísimo,-a, fatal.
abyss [ə'bɪs] *n* abismo.
a/c [ə'kaʊnt] *abbr* FIN *(*account*)* cuenta; *(abbreviation)* cta.
AC ['eɪ'siː] *abbr* ELEC *(*alternating current*)* corriente *f* alterna; *(abbreviation)* CA *f*.
academic [ækə'demɪk] **1** *adj* académico,-a. ‖ **2** *n* profesor,-ra de universdad.
■ **academic year** curso escolar.
academy [ə'kædəmɪ] *n* academia.
ACAS ['eɪkæs] *abbr* GB *(*Advisory Conciliation and Arbitration Service*) organismo independiente que arbitra en cuestiones laborales.*
accede [æk'siːd] **1** *vi fml (agree)* acceder (to, a). **2** *fml (to throne)* ascender (to, a), subir (to, a).
accelerate [æk'seləreɪt] *vt - vi* acelerar.
acceleration [ækselə'reɪʃn] *n* aceleración *f*.
accelerator [ək'seləreɪtə] *n* acelerador *m*.
accent ['æksənt] **1** *n* acento. ‖ **2** *vt* ([æk'sent]) acentuar.
accentuate [æk'sentʃʊeɪt] *vt* acentuar.
accept [ək'sept] **1** *vt (gift, offer, etc)* aceptar. **2** *(admit to be true)* admitir, creer.
acceptable [ək'septəbl] *adj (satisfactory)* aceptable.
acceptance [ək'septəns] **1** *n (act of accepting)* aceptación *f*. **2** *(approval)* acogida.
access ['ækses] **1** *n* acceso. ‖ **2** *vt* COMPUT acceder a.
■ **access provider** proveedor *m* de acceso a Internet; **access road** carretera de acceso.
accessible [æk'sesɪbl] *adj* accesible.
accessory [æk'sesərɪ] **1** *n* accesorio. **2** *(accomplice)* cómplice *mf*.
accident ['æksɪdənt] *n* accidente *m*: ***a car accident*** un accidente de coche; ***I'm sorry, it was an accident*** lo siento, lo hice sin querer.
● **by accident** por casualidad.
accidental [æksɪ'dentl] *adj (chance)* fortuito, casual: ***an accidental remark*** un comentario fortuito; ***it was accidental*** ha sido un accidente.
accident-prone ['æksɪdəntprəʊn] *adj* propenso,-a a los accidentes.
acclaim [ə'kleɪm] **1** *n* aclamación *f*. ‖ **2** *vt* aclamar.
acclimatize [ə'klaɪmətaɪz] **1** *vt* aclimatar. ‖ **2** *vi* aclimatarse.
accommodate [ə'kɒmədeɪt] *vt (guests etc)* alojar, hospedar.
accommodation [əkɒmə'deɪʃn] *n* alojamiento.
accompaniment [ə'kʌmpənɪmənt] *n* acompañamiento.
accompany [ə'kʌmpənɪ] *vt* acompañar.
accomplice [ə'kɒmplɪs] *n* cómplice *mf*.
accomplish [ə'kɒmplɪʃ] *vt* lograr.
accomplishment [ə'kɒmplɪʃmənt] **1** *n (act of achieving)* realización *f*. **2** *(achievement)* logro. ‖ **3 accomplishments** *npl (skills)* aptitudes *fpl*, dotes *mpl*, habilidades *fpl*.
accord [ə'kɔːd] **1** *n* acuerdo. ‖ **2** *vt (award)* conceder, otorgar. ‖ **3** *vi (agree)* concordar.
● **of one's own accord** por propia voluntad; **with one accord** unánimemente.
accordance [ə'kɔːdns] *n*.
● **in accordance with** de acuerdo con.
according to [ə'kɔːdɪŋtʊ] **1** *prep* según: ***according to the paper/my watch*** según el periódico/mi reloj. **2** *(consistent with)* de acuerdo (to, con): ***it went according to plan*** salió tal como se había previsto; ***we were paid according to our experience*** se nos pagó de acuerdo con nuestra experiencia.
accordingly [æ'kɔːdɪŋlɪ] **1** *adv (appropriately)* como corresponde. **2** *(therefore)* por consiguiente.
accordion [ə'kɔːdɪən] *n* acordeón *m*.
account [ə'kaʊnt] **1** *n* cuenta: ***to open an account*** abrir una cuenta. **2** *(report)* relato, descripción *f*, versión *f*: ***Paul's***

account of the events is different from yours la versión de los hechos que cuenta Paul difiere de la tuya. **3** *(importance)* importancia: ***it is of no account*** no tiene importancia.
♦ **to account for** *vi* explicar.
• **on account** a cuenta; **on account of** por, a causa de; **on no account** bajo ningún concepto; **there's no accounting for tastes** sobre gustos no hay nada escrito; **to call sb to account** pedir cuentas a algn; **to gave an account of** describir, narrar; **to take into account** tener en cuenta; **to turn sth to (good) account** sacar (buen) provecho de algo.

accountable [əˈkaʊntəbl] *adj* responsable (to, ante).

accountant [əˈkaʊntənt] *n* contable *mf*.

accounting [əˈkaʊntɪŋ] *n* contabilidad *f*.

acct. [əˈkaʊnt] *abbr* FIN *(***account***)* cuenta; *(abbreviation)* cta.

accumulate [əˈkjuːmjʊleɪt] **1** *vt* acumular. ‖ **2** *vi* acumularse.

accumulation [əkjuːmjʊˈleɪʃn] *n* acumulación *f*.

accuracy [ˈækjʊrəsɪ] **1** *n (of numbers, instrument, information)* exactitud *f*, precisión *f*. **2** *(of translation)* fidelidad *f*. **3** *(of shot)* precisión *f*.

accurate [ˈækjʊrət] **1** *adj (numbers etc)* exacto,-a, preciso,-a. **2** *(translation)* fiel. **3** *(instrument)* de precisión. **4** *(shot)* certero,-a. **5** *(information etc)* exacto,-a.

accusation [ækjuːˈzeɪʃn] *n* acusación *f*: ***to bring an accusation against*** presentar una denuncia contra.

accuse [əˈkjuːz] *vt* acusar (of, de).

accused [əˈkjuːzd] *n* el acusado, la acusada.

accustom [əˈkʌstəm] *vt* acostumbrar (to, a).

accustomed [əˈkʌstəmd] *adj* acostumbrado,-a (to, a).
• **to get accustomed to** acostumbrarse a.

ace [eɪs] **1** *n (cards)* as *m*. **2** *(tennis)* ace *m*. **3** *fam (expert)* as *m*.
• **within an ace of** a dos dedos de.

ache [eɪk] **1** *n* dolor *m*. ‖ **2** *vi* doler: ***my head aches*** me duele la cabeza, tengo dolor de cabeza.

achieve [əˈtʃiːv] *vt (attain)* lograr, conseguir.

achievement [əˈtʃiːvmənt] **1** *n (completion)* realización *f*. **2** *(attainment)* logro. **3** *(feat)* hazaña, proeza.

aching [ˈeɪkɪŋ] *adj* dolorido,-a.

acid [ˈæsɪd] **1** *n* ácido. ‖ **2** *adj* ácido,-a.
■ **acid rain** lluvia ácida.

acidic [əˈsɪdɪk] *adj* ácido,-a.

acidity [əˈsɪdɪtɪ] *n* acidez *f*.

acknowledge [əkˈnɒlɪdʒ] **1** *vt (admit)* reconocer, admitir: ***to acknowledge defeat*** admitir la derrota. **2** *(an acquaintance)* saludar.
• **to acknowledge receipt of** acusar recibo de.

acknowledgement [əkˈnɒlɪdʒmənt] **1** *n* reconocimiento. **2** *(of letter etc)* acuse *m* de recibo.

acne [ˈæknɪ] *n* acné *m*.

acorn [ˈeɪkɔːn] *n* bellota.

acoustic [əˈkuːstɪk] *adj* acústico,-a.

acoustics [əˈkuːstɪks] *npl* acústica *f sing*.

acquaint [əˈkweɪnt] *vt* informar (with, de): ***to be acquainted with sb*** conocer a algn, tener trato con algn; ***to be acquainted with sth*** conocer algo, tener conocimientos de algo.

acquaintance [əˈkweɪntəns] **1** *n (knowledge)* conocimiento. **2** *(person)* conocido,-a.

acquiesce [ækwɪˈes] *vi* consentir (in, en).

acquire [əˈkwaɪə] *vt* adquirir.
• **to acquire a taste for sth** tomarle gusto a algo.

acquisition [ækwɪˈzɪʃn] *n* adquisición *f*.

acquit [əˈkwɪt] *vt* absolver, declarar inocente.

acre [ˈeɪkə] *n* acre *m*.
▲ *Un* acre *son 0,4047 hectáreas.*

acrimonious [ækrɪ'məʊnɪəs] *adj (remark)* cáustico,-a, mordaz; *(dispute)* agrio,-a.

acrimony ['ækrɪmənɪ] *n* acritud *f*, acrimonia.

acrobat ['ækrəbæt] *n* acróbata *mf*.

acrobatics [ækrə'bætɪks] *npl* acrobacias *fpl*.

acronym ['ækrənɪm] *n* sigla.

across [ə'krɒs] **1** *prep (movement)* a través de: ***to go across the road*** cruzar la carretera; ***to swim across a river*** cruzar un río nadando/a nado; ***to fly across the Atlantic*** sobrevolar el Atlántico. **2** *(position)* al otro lado de: ***they live across the road*** viven enfrente. ‖ **3** *adv* de un lado a otro: ***it's 4 metres across*** mide 4 metros de lado a lado; ***he ran/swam across*** cruzó corriendo/nadando.

act [ækt] **1** *n (gen)* acto, hecho, acción *f*: ***this is the act of a madman*** esto es la acción de un loco; ***an act of terrorism*** una acción terrorista. **2** *(performance)* acto, número: ***tonight's first act is a clown*** el primer número de la noche es un payaso. **3** *(part of play)* acto: ***Hamlet, Act II, Scene 1*** Hamlet, Acto II, Escena 1. **4** *(of parliament)* ley *f*. ‖ **5** *vi* actuar: ***we must act quickly to save her*** hemos de actuar con rapidez para salvarla; ***he acted as if nothing had happened*** actuó cono si no hubiese pasado nada. **6** *(in court)* representar: ***who is acting for the accused?*** ¿quién representa al acusado? **7** *(in play, film)* trabajar: ***she's acted in over 50 films*** ha trabajado en más de 50 películas.

• **to catch sb in the act** coger a algn in fraganti.

■ **act of God** fuerza mayor; **the Acts of the Apostles** los Hechos de los Apóstoles.

acting ['æktɪŋ] **1** *n* THEAT *(profession)* profesión *f* de actor/actriz; *(performance)* interpretación *f*. ‖ **2** *adj* en funciones.

action ['ækʃn] **1** *n* acción *f*. **2** MIL combate *m*, acción *f*. **3** JUR demanda.

• **actions speak louder than words** hechos son amores y no buenas razones; **killed in action** muerto,-a en combate; **out of action** fuera de servicio; **to bring an action against sb** entablar una demanda contra algn.

activate ['æktɪveɪt] *vt* activar.

active ['æktɪv] **1** *adj* activo,-a. **2** *(volcano)* en actividad. **3** *(energetic)* vivo,-a, vigoroso,-a.

activity [æk'tɪvɪtɪ] *n* actividad *f*.

actor ['æktə] *n* actor *m*.

actress ['æktrəs] *n* actriz *f*.

actual ['æktʃʊəl] **1** *adj (real)* real: ***it's all conjecture, there's no actual evidence*** todo son conjeturas, no hay pruebas reales. **2** *(specific)* exacto,-a: ***it's a book about wine, but I don't know the actual title*** es un libro sobre el vino, pero no sé el título exacto; ***those were her actual words*** esas fueron sus palabras exactas. **3** *(very same)* mismo,-a: ***this the actual gun the murderer used*** esta es la misma arma que utilizó el asesino. **4** *(itself)* en sí, propiamente dicho,-a: ***the actual plot was weak, but I liked film*** el argumento en sí era flojo, pero la película me gustó.

• **in actual fact** en realidad.

actually ['æktʃʊəlɪ] **1** *adv (in fact)* en realidad, de hecho: ***actually, my name isn't John, it's Johnathan*** en realidad no me llamo John, sino Jonathan. **2** *(really)* de verdad: ***have you actually seen a ghost?*** ¿de verdad que has visto un fantasma?

actuate ['æktjʊeɪt] *vt* accionar.

acute [ə'kjuːt] **1** *adj (keen)* agudo,-a; *(hearing etc)* muy fino,-a; *(mind)* perspicaz. **2** *(severe)* agudo,-a, acusado,-a, grave.

acutely [ə'kjuːtlɪ] *adv* extremadamente.

ad [æd] *n fam* anuncio.

AD ['eɪ'diː] *abbr (*Anno Domini*)* después de Cristo; *(abbreviation)* d.J.C.

Adam ['ædəm] *n* Adán *m*.

■ **Adam's apple** nuez *f* de la garganta.

adamant ['ædəmənt] *adj* firme, inflexible.
adapt [ə'dæpt] **1** *vt* adaptar. ‖ **2** *vi* adaptarse.
adaptable [ə'dæptəbl] *adj*.
● **to be adaptable** saber adaptarse, adaptarse a todo.
adaptor [ə'dæptə] *n* ELEC ladrón *m*.
add [æd] **1** *vt* añadir: ***add the milk and stir well*** añadir la leche y remover bien; ***have you anything to add?*** ¿tienes algo que añadir? ‖ **2** *vt - vi* sumar: ***add these figures together*** suma estas cantidades.
♦ **to add to** *vt* aumentar, incrementar: ***the rain only added to our problems*** la lluvia no hizo más que agravar nuestros problemas ♦ **to add up 1** *vt - vi* sumar: ***it adds up to a total of 2500 euros*** suma un total de 2500 euros. **2** *vi fig* cuadrar: ***I don't understand it, it doesn't add up*** no lo entiendo, no cuadra.
adder ['ædə] *n* víbora.
addict ['ædɪkt] **1** *n* adicto,-a. **2** *fam (fanatic)* fanático,-a.
addicted [ə'dɪktɪd] *adj* adicto,-a.
addiction [ə'dɪkʃn] *n* adicción *f*.
addictive [ə'dɪktɪv] *adj*.
● **to be addictive** crear adicción.
addition [ə'dɪʃn] **1** *n* adición *f*, añadidura. **2** MATH adición *f*, suma.
● **in addition to** además de.
additional [ə'dɪʃənl] *adj* adicional.
additive ['ædɪtɪv] *n* aditivo.
address [ə'dres] **1** *n (on letter)* dirección *f*. **2** *(speech)* discurso, alocución *f*. ‖ **3** *vt (speak to)* dirigirse a. **4** *(letter)* poner la dirección en.
adenoids ['ædənɔɪdz] *npl* vegetaciones *fpl*.
adept [ə'dept] *adj* experto,-a, perito,-a.
adequate ['ædɪkwət] **1** *adj (enough)* suficiente. **2** *(satisfactory)* adecuado,-a.
adhere [əd'hɪə] **1** *vi (stick)* adherirse (to, a), pegarse (to, a). **2** *(to a cause)* adherirse (to, a). **3** *(to rules)* observar (to, -), acatar (to, -a).
adhesive [əd'hiːsɪv] **1** *adj* adhesivo,-a. ‖ **2** *n* adhesivo.
adjacent [ə'dʒeɪsənt] *adj* adyacente.
adjective ['ædʒɪktɪv] *n* adjetivo.
adjoin [ə'dʒɔɪn] *vt* lindar con.
adjoining [ə'dʒɔɪnɪŋ] *adj (buliding)* contiguo,-a; *(land)* colindante.
adjourn [ə'dʒɜːn] **1** *vt* aplazar, posponer. ‖ **2** *vi* levantarse: ***the court adjourned*** se levantó la sesión.
adjournment [ə'dʒɜːnmənt] *n* aplazamiento.
adjust [ə'dʒʌst] **1** *vt (machine etc)* ajustar, regular. ‖ **2** *vi (person)* adaptarse.
adjustable [ə'dʒʌstəbl] *adj* regulable, graduable.
■ **adjustable spanner** llave *f* inglesa.
adjustment [ə'dʒʌstmənt] **1** *n* ajuste *m*. **2** *(of person)* adaptación *f*.
administer [əd'mɪnɪstə] **1** *vt (control)* administrar. **2** *(give)* administrar, dar.
administration [ədmɪnɪs'treɪʃn] *n* administración *f*.
administrator [əd'mɪnɪstreɪtə] *n* administrador,-ra.
admirable ['ædmɪrəbl] *adj* admirable.
admiral ['ædmərəl] *n* almirante *mf*.
admiration [ædmɪ'reɪʃn] *n* admiración *f*.
admire [əd'maɪə] *vt* admirar.
admirer [əd'maɪərə] *n* admirador,-ra.
admissible [æd'mɪsɪbl] *adj* admisible.
admission [əd'mɪʃn] **1** *n (to hospital)* ingreso. **2** *(price)* entrada: ***"Admission free"*** "Entrada gratuita". **3** *(acknowledgement)* reconocimiento.
admit [əd'mɪt] **1** *vt (allow in)* admitir; *(to hospital)* ingresar. **2** *(acknowledge)* reconocer.
admittance [əd'mɪtns] *n* entrada.
● **"No admittance"** "Prohibida la entrada".
admittedly [əd'mɪtɪdlɪ] *adv* lo cierto es que.
admonish [əd'mɒnɪʃ] *vt* amonestar.
ado [ə'duː] *n*.
● **without further ado** sin más preámbulos; **much ado about nothing** mucho ruido y pocas nueces.

adolescence [ædə'lesns] *n* adolescencia.
adolescent [ædə'lesnt] **1** *adj* adolescente. || **2** *n* adolescente *mf*.
adopt [ə'dɒpt] *vt* adoptar.
adoption [ə'dɒpʃn] *n* adopción *f*.
adorable [ə'dɔːrəbl] *adj* adorable.
adore [ə'dɔː] *vt* adorar.
adorn [ə'dɔːn] *vt* adornar.
adrenalin [ə'drenəlɪn] *n* adrenalina.
Adriatic [eɪdrɪ'ætɪk] *adj* adriático,-a.
■ **the Adriatic Sea** el mar Adriático.
adrift [ə'drɪft] *adj* a la deriva.
adult ['ædʌlt] **1** *adj* adulto,-a. || **2** *n* adulto.
adulterate [ə'dʌltəreɪt] *vt* adulterar.
adultery [ə'dʌltərɪ] *n* adulterio.
advance [əd'vɑːns] **1** *n (movement)* avance *m*. **2** *(progress)* adelanto, progreso. **3** *(payment)* anticipo. || **4** *vt (move forward)* adelantar, avanzar. **5** *(promote)* ascender. **6** *(encourage)* promover, fomentar. **7** *(pay)* adelantar, anticipar. || **8** *vi (move forward)* adelantarse.
advanced [əd'vɑːnst] *adj* avanzado,-a.
advantage [əd'vɑːntɪdʒ] *n* ventaja.
● **to take advantage of** *(thing)* aprovechar; *(person)* aprovecharse de.
advantageous [ædvən'teɪdʒəs] *adj* ventajoso,-a, provechoso,-a.
adventure [əd'ventʃə] *n* aventura.
adventurer [əd'ventʃərə] *n* aventurero.
adventurous [əd'ventʃərəs] **1** *adj* aventurero,-a. **2** *(risky)* arriesgado,-a.
adverb ['ædvɜːb] *n* adverbio.
adversary ['ædvəsərɪ] *n* adversario,-a.
adverse ['ædvɜːs] *adj* adverso,-a.
adversity [əd'vɜːsɪtɪ] *n* adversidad *f*.
advert ['ædvɜːt] *n fam* anuncio.
advertise ['ædvətaɪz] *vt* anunciar.
advertisement [əd'vɜːtɪsmənt] *n* anuncio.
advertiser ['ædvətaɪzə] *n* anunciante *mf*.
advertising ['ædvətaɪzɪŋ] *n* publicidad *f*, propaganda.
advice [əd'vaɪs] *n* consejos *mpl*: ***a piece of advice*** un consejo.
advisable [əd'vaɪzəbl] *adj* aconsejable.
advise [əd'vaɪz] **1** *vt* aconsejar. **2** *(inform)* informar; ***to advise against sth*** desaconsejar algo.
adviser [əd'vaɪzə] *n* consejero,-a.
advocate ['ædvəkət] **1** *n (supporter)* partidario,-a. **2** *(lawyer)* abogado,-a. || **3** *vt* (['ædvəkeɪt]) abogar por, propugnar.
Aegean [ɪ'dʒiːən] *adj* egeo,-a.
■ **the Aegean Sea** el mar Egeo.
aerial ['eərɪəl] **1** *n* antena. || **2** *adj* aéreo,-a.
aerobics [eə'rəʊbɪks] *n* aerobic *m*.
aerodrome ['eərədrəʊm] *n* aeródromo.
aerodynamic [eərəʊdaɪ'næmɪk] *adj* aerodinámico,-a.
aerodynamics [eərəʊdaɪ'næmɪks] *n* aerodinámica.
aeronautics [eərə'nɔːtɪks] *n* aeronáutica.
aeroplane ['eərəpleɪn] *n* avión *m*.
aerosol ['eərəsɒl] *n* aerosol *m*, spray *m*.
aesthetic [iːs'θetɪk] *adj* estético,-a.
aesthetics [iːs'θetɪks] *n* estética.
affable ['æfəbl] *adj* afable.
affair [ə'feə] *n (matter)* asunto.
■ **foreign affairs** asuntos exteriores.
affect [ə'fekt] **1** *vt* afectar. **2** *(move)* conmover, impresionar.
affected [ə'fektɪd] *adj* afectado,-a, falso,-a.
affection [ə'fekʃn] *n* afecto, cariño.
affectionate [ə'fekʃnət] *adj* afectuoso,-a, cariñoso,-a.
affiliated [ə'fɪlɪeɪtɪd] *adj* afiliado,-a.
affiliation [əfɪlɪ'eɪʃn] *n* afiliación *f*.
affinity [ə'fɪnɪtɪ] *n* afinidad *f*.
affirm [ə'fɜːm] *vt* asegurar, afirmar.
affirmative [ə'fɜːmətɪv] **1** *adj* afirmativo,-a. || **2** *n* afirmativo.
afflict [ə'flɪkt] *vt* afligir.
affluence ['æflʊəns] *n* riqueza, prosperidad *f*.
affluent ['æflʊənt] *adj* rico,-a, próspero,-a.
afford [ə'fɔːd] **1** *vt* permitirse, costear: ***I can't afford to pay £750 for a coat***

no puedo (permitirme) pagar 750 libras por un abrigo; ***how does she afford it?*** ¿cómo se lo costea?; ***can you afford to reject his offer?*** ¿puedes permitirte el lujo de rechazar su oferta? **2** *fml* dar, proporcionar.

affordable [ə'fɔːdəbl] *adj* asequible.

Afghan ['æfgæn] **1** *adj* afgano,-a. || **2** *n (person)* afgano,-a.

Afghanistan [æfgænɪ'stæn] *n* Afganistán *m*.

afield [ə'fiːld] *adv*.

● **far afield** lejos.

afloat [ə'fləʊt] *adj* a flote.

afoot [ə'fʊt] *adv*.

● **something's afoot** se está tramando algo.

afraid [ə'freɪd] *adj* temeroso,-a.

● **to be afraid** tener miedo.

afresh [ə'freʃ] *adv* de nuevo.

Africa ['æfrɪkə] *n* África.

■ **South Africa** Sudáfrica.

African ['æfrɪkən] **1** *adj* africano,-a. || **2** *n* africano,-a.

■ **South African** sudafricano,-a.

after ['ɑːftə] **1** *prep (time)* después de: ***after class*** después de la clase. **2** *(following)* detrás de: ***we all went after the thief*** todos fuimos detrás del ladrón; ***the police are after us*** la policía nos está persiguiendo. || **3** *adv* después: ***the day after*** el día después. || **4** *conj* después que: ***after he left, I went to bed*** después de que se marchara, me acosté.

after-effect ['ɑːftərɪfekt] *n* efecto secundario.

afterlife ['ɑːftəlaɪf] *n* vida después de la muerte.

aftermath ['ɑːftəmɑːθ] *n* secuelas *fpl*.

afternoon [ɑːftə'nuːn] *n* tarde *f*: ***good afternoon*** buenas tardes.

afters ['ɑːftəz] *npl fam* postre *m sing*.

after-sales ['ɑːftə'seɪlz] *adj* posventa.

aftershave ['ɑːftəʃeɪv] *n* loción *f* para después del afeitado.

afterwards ['ɑːftəwədz] *adv* después, luego.

again [ə'gen, ə'geɪn] *prep* de nuevo, otra vez.

● **again and again** repetidamente; **now and again** de vez en cuando.

against [ə'genst, ə'geɪnst] **1** *prep* contra: ***against the wall*** contra la pared. **2** *(opposed to)* en contra de: ***it's against the law*** va en contra de la ley; ***I am against the plan*** me opongo al plan.

age [eɪdʒ] **1** *n* edad *f*: ***what is your age?*** ¿qué edad tiene? || **2** *vi - vt* envejecer.

● **of age** mayor de edad; **under age** menor de edad.

■ **age of consent** edad núbil; **the Middle Ages** la Edad Media.

aged ['eɪdʒɪd] **1** *adj* viejo,-a, anciano,-a. **2** ([eɪdʒd]) de ... años: ***a boy aged ten*** un muchacho de diez años.

agency ['eɪdʒnsɪ] *n* agencia.

agenda [ə'dʒendə] *n* orden *f* del día.

agent ['eɪdʒnt] *n* agente *mf*.

ages ['eɪdʒɪz] *npl* años *mpl*: ***it's ages since she left*** hace años que se marchó.

aggravate ['ægrəveɪt] **1** *vt (make worse)* agravar. **2** *fam (annoy)* irritar, molestar.

aggression [ə'greʃn] *n* agresión *f*.

aggressive [ə'gresɪv] *adj* agresivo,-a.

aggressor [ə'gresə] *n* agresor,-ra.

aghast [ə'gɑːst] *adj* horrorizado,-a.

agile ['ædʒaɪl] *adj* ágil.

agility [ə'dʒɪlɪtɪ] *n* agilidad *f*.

agitate ['ædʒɪteɪt] *vt (shake)* agitar.

● **to agitate for** hacer campaña a favor de; **to agitate against** hacer campaña en contra de; **to agitate oneself** ponerse nervioso,-a.

agitated ['ædʒɪteɪtɪd] *adj* nervioso,-a.

AGM ['eɪ'dʒiː'em] *abbr (*annual general meeting*)* junta general anual.

ago [ə'gəʊ] *adv* hace, atrás: ***two years ago*** hace dos años.

agonize ['ægənaɪz] *vi* sufrir angustiosamente.

agony ['ægənɪ] **1** *n (pain)* dolor *m*. **2** *(anguish)* angustia.

agree [ə'griː] **1** *vi - vt (be in agreement)* estar de acuerdo: ***I agree with you*** estoy de acuerdo contigo. **2** *(reach an agreement)* ponerse de acuerdo: ***we agreed not to say anything*** nos pusimos de acuerdo en no decir nada. **3** *(say yes)* acceder, consentir: ***will he agree to our request?*** ¿accederá a nuestra petición? **4** *(square)* concordar, encajar: ***the two men's stories don't agree*** las historias de los dos hombres no encajan. **5** *(food)* sentar bien: ***the prawns didn't agree with me*** las gambas no me sentaron bien. **6** GRAM concordar.

agreeable [ə'griːəbl] **1** *adj (pleasant)* agradable. **2** *(in agreement)* conforme.

agreement [ə'griːmənt] **1** *n* acuerdo. **2** GRAM concordancia.

● **to be in agreement** estar de acuerdo.

agricultural [ægrɪ'kʌltʃərəl] *adj* agrícola.

agriculture ['ægrɪkʌltʃə] *n* agricultura.

ahead [ə'hed] *adv (in front)* delante: ***there's a police checkpoint ahead*** hay un control de policía aquí delante; ***Tom went on ahead to look for water*** Tom se adelantó a por agua; ***we are ahead of the others*** llevamos ventaja sobre los otros.

● **ahead of time** antes del tiempo previsto; **go ahead!** ¡adelante!; **to plan ahead** planear para el futuro; **to think ahead** pensar en el futuro.

aid [eɪd] **1** *n* ayuda, auxilio. || **2** *vt* ayudar, auxiliar.

AIDS [eɪdz] *n* sida *m*.

ailing ['eɪlɪŋ] *adj* enfermo,-a.

ailment ['eɪlmənt] *n* dolencia, achaque *m*.

aim [eɪm] **1** *n (marksmanship)* puntería. **2** *(objective)* meta, objetivo.

♦ **to aim at** *vt* apuntar a ♦ **to aim to** *vt* tener la intención de.

● **to take aim** apuntar; **to miss one's aim** errar el tiro.

air [eə] **1** *n* aire *m*. **2** *(feeling)* aire *m*, aspecto. **3** MUS aire *m*, tonada. || **4** *vt (clothes)* airear, orear. **5** *(room)* ventilar. **6** *(opinions)* airear; *(knowledge)* hacer alarde de.

● **to put on airs** darse tono.

■ **air conditioning** aire *m* acondicionado; **air force** fuerzas *fpl* aéreas; **air gun** pistola de aire comprimido; **air hostess** azafata; **air mail** correo aéreo; **air raid** ataque *m* aéreo.

airbag ['eəbæg] *n* airbag *m*, cojín *m* de seguridad.

air-conditioned [eəkən'dɪʃnd] *adj* con aire acondicionado, climatizado,-a.

aircraft ['eəkrɑːft] *n* (*pl* aircraft) avión *m*.

■ **aircraft carrier** MAR portaaviones *m inv*.

airline ['eəlaɪn] *n* compañía aérea.

airman ['eəmən] *n* (*pl* airmen) aviador *m*.

airplane ['eəpleɪn] *n* US avión *m*.

airport ['eəpɔːt] *n* aeropuerto.

airship ['eəʃɪp] *n* dirigible *m*.

airsick ['eəsɪk] *adj* mareado,-a *(en el avión)*.

airspace ['eəspeɪs] *n* espacio aéreo.

airstrip ['eəstrɪp] *n* pista de aterrizaje.

airtight ['eətaɪt] *adj* hermético,-a.

airway ['eəweɪ] *n* línea aérea, vía aérea.

airy ['eərɪ] **1** *adj (ventilated)* bien ventilado,-a. **2** *(carefree)* despreocupado,-a.

aisle [aɪl] **1** *n (in theatre, shop)* pasillo. **2** *(in church)* nave *f* lateral.

ajar [ə'dʒɑː] *adj* entreabierto,-a.

aka [eɪkeɪ'eɪ] *abbr (*also known as*)* alias.

akin [ə'kɪn] *adj* parecido,-a (to, -a).

alabaster [ælə'bæstə] *n* alabastro.

alarm [ə'lɑːm] **1** *n* alarma. **2** *(fear)* temor *m, alarma*. || **3** *vt* alarmar, asustar.

■ **alarm clock** despertador *m*.

alarming [ə'lɑːmɪŋ] *adj* alarmante.

alas [ə'lɑːs] *interj* ¡ay!, ¡ay de mí!

Albania [æl'beɪnɪə] *n* Albania.

Albanian [æl'beɪnɪən] **1** *adj* albanés, -esa. || **2** *n (person)* albanés,-esa. **3** *(language)* albanés *m*.

albeit [ɔːl'biːɪt] *conj fml* aunque.
albino [æl'biːnəʊ] *adj - n* albino,-a.
album ['ælbəm] *n* álbum *m*.
alcohol ['ælkəhɒl] *n* alcohol *m*.
alcoholic [ælkə'hɒlɪk] *adj* alcohólico, -a.
ale [eɪl] *n* cerveza.
alert [ə'lɜːt] **1** *adj (quick to act)* alerta, vigilante. **2** *(lively)* vivo,-a. ‖ **3** *n* alarma. ‖ **4** *vt* alertar, avisar.
● **on the alert** alerta, sobre aviso.
algae ['ældʒiː] *npl* algas *fpl*.
algebra ['ældʒɪbrə] *n* álgebra.
Algeria [æl'dʒɪərɪə] *n* Argel *m*.
Algerian [æl'dʒɪərɪən] **1** *adj* argelino, -a. ‖ **2** *n* argelino,-a.
Algiers [æl'dʒɪəz] *n* Argel.
algorithm ['ælgərɪðm] *n* algoritmo.
alias ['eɪlɪəs] **1** *adv* alias. ‖ **2** *n* alias *m*.
alibi ['ælɪbaɪ] *n* coartada.
alien ['eɪlɪən] **1** *adj (foreign)* extranjero, -a. **2** *(exterrestrial)* extraterrestre. **3** *(strange)* extraño,-a: ***his ideas are alien to me*** sus ideas me son ajenas. ‖ **4** *n (foreigner)* extranjero,-a. **5** *(extraterrestrial)* extraterrestre *mf*.
alienate ['eɪlɪəneɪt] *vt* ganarse la antipatía de.
alight [ə'laɪt] **1** *adj* encendido,-a, ardiendo. ‖ **2** *vi fml* apearse.
♦ **to alight on** *vt* posarse en.
align [ə'laɪn] **1** *vt* alinear. ‖ **2** *vi* alinearse.
alike [ə'laɪk] **1** *adj* igual: ***you men are all alike!*** ¡todos los hombres sois iguales! ‖ **2** *adv* igualmente: ***dressed alike*** vestidos,-as iguales; ***men and women alike*** tanto hombres como mujeres.
alimony ['ælɪmənɪ] *n* pensión *f* alimenticia.
alive [ə'laɪv] **1** *adj (not dead)* vivo,-a. **2** *(lively)* lleno,-a de vida.
● **alive to** consciente de; **alive with** lleno,-a de.
alkali ['ælkəlaɪ] *n* álcali *m*.
alkaline ['ælkəlaɪn] *adj* alcalino,-a.
all [ɔːl] **1** *adj (singular)* todo,-a; *(plural)* todos,-as: ***all the money*** todo el dinero; ***all the ink*** toda la tinta; ***all the books*** todos los libros; ***all the chairs*** todas las sillas; ***all kinds of ...*** toda clase de .... ‖ **2** *pron (everything)* todo, la totalidad. **3** *(everybody)* todos *mpl*, todo el mundo. ‖ **4** *adv* completamente, muy: ***you're all dirty!*** ¡estás todo sucio!
● **after all** después de todo; **all but** casi; **all of a sudden** de pronto, de repente; **all over** en todas partes; **all right** bueno,-a, competente, satisfactorio,-a: ***are you all right?*** ¿estás bien?; **all the better** tanto mejor; **all the same** igualmente, a pesar de todo; **at all** *(emphatic negative)* en absoluto; **it's all the same to me** me da lo mismo; **not at all** *(you're welcome)* no hay de qué.
all right [ɔːl'raɪt] **1** *adj - adv (acceptable)* bien, bueno. **2** *(well, safe)* bien. ‖ **3** *adv (accepting)* vale, bueno.
allegation [ælə'geɪʃn] *n* acusación *f*, imputación *f*.
allege [ə'ledʒ] *vt* alegar.
alleged [ə'ledʒd] *adj* presunto,-a.
allegiance [ə'liːdʒəns] *n* lealtad *f*.
allegory ['ælɪgərɪ] *n* alegoría.
allergic [ə'lɜːdʒɪk] *adj* alérgico,-a.
allergy ['ælədʒɪ] *n* alergia.
alleviate [ə'liːvɪeɪt] *vt* aliviar.
alley ['ælɪ] *n* callejuela, callejón *m*.
alliance [ə'laɪəns] *n* alianza.
allied ['ælaɪd] **1** *adj* POL aliado,-a. **2** *(related)* relacionado,-a, afín.
alligator ['ælɪgeɪtə] *n* caimán *m*.
allocate ['æləkeɪt] *vt* asignar.
allocation [ælə'keɪʃn] *n* asignación *f*.
allot [ə'lɒt] *vt* asignar.
allotment [ə'lɒtmənt] **1** *n (of time money)* asignación *f*. **2** *(land)* huerto, parcela.
allow [ə'laʊ] **1** *vt (permit)* permitir, dejar: ***to allow sb to do sth*** dejar que algn haga algo; ***dogs are not allowed in*** no se permite la entrada con perros. **2** *(set aside)* conceder, dar, asignar.
♦ **to allow for** *vt* tener en cuenta.

allowance [əˈlaʊəns] **1** *n (money - from government)* prestación *f*, subsidio; *(- from employer)* dietas *fpl*. **2** US *(pocket money)* paga semanal.
• **to make allowances for** tener en cuenta.
alloy [ˈælɔɪ] *n* aleación *f*.
allude [əˈluːd] *vi* aludir (to, a).
alluring [əˈljʊərɪŋ] *adj* seductor,-ra.
allusion [əˈluːʒn] *n* alusión *f*.
ally [ˈælaɪ] **1** *n* aliado,-a. || **2** *vt* aliar. || **3** *vi* aliarse.
almighty [ɔːlˈmaɪtɪ] **1** *adj* todopoderoso,-a. **2** *fam (tremendous)* enorme, tremendo,-a.
almond [ˈɑːmənd] *n* almendra.
■ **almond tree** almendro.
almost [ˈɔːlməʊst] *adv* casi.
alone [əˈləʊn] **1** *adj (unaccompanied)* solo,-a. || **2** *adv (only)* sólo, solamente.
along [əˈlɒŋ] **1** *prep* a lo largo de. || **2** *adv* a lo largo.
• **all along** todo el tiempo; **along with** junto con; **come along** *(sing)* ven; *(plural)* venid; *(including speaker)* vamos.
alongside [əlɒŋˈsaɪd] **1** *prep* al lado de. || **2** *adv* al lado.
aloof [əˈluːf] **1** *adv* a distancia. || **2** *adj* distante.
aloud [əˈlaʊd] *adv* en voz alta.
alphabet [ˈælfəbet] *n* alfabeto.
alphabetical [ælfəˈbetɪkl] *adj* alfabético,-a.
Alps [ælps] *npl* los Alpes.
already [ɔːlˈredɪ] *adv* ya.
also [ˈɔːlsəʊ] *adv* también.
altar [ˈɔːltə] *n* altar *m*.
alter [ˈɔːltə] **1** *vt (gen)* cambiar; *(clothing)* arreglar. || **2** *vi* cambiarse.
alteration [ɔːltəˈreɪʃn] *n* cambio.
alternate [ɔːlˈtɜːnət] **1** *adj* alterno,-a. || **2** *vt* ([ˈɔːltɜːneɪt]) alternar. || **3** *vi* alternarse.
alternating current [ˈɔːltɜːneɪtɪŋˈkʌrənt] *n* corriente *f* alterna.
alternative [ɔːlˈtɜːnətɪv] **1** *adj* alternativo,-a. || **2** *n (option)* alternativa.
although [ɔːlˈðəʊ] *conj* aunque.
altitude [ˈæltɪtjuːd] *n* altitud *f*, altura.
altogether [ɔːltəˈgeðə] **1** *adv (completely)* del todo. **2** *(on the whole)* en conjunto.
• **in the altogether** *fam* en cueros.
altruism [ˈæltrʊɪzm] *n* altruismo.
altruist [ˈæltrʊɪst] *n* altruista *mf*.
aluminium [æljʊˈmɪnɪəm] *n* GB aluminio.
aluminum [əˈluːmɪnəm] *n* US aluminio.
always [ˈɔːlweɪz] *adv* siempre.
a.m. [ˈeɪˈem] *abbr (*ante meridiem*)* de la mañana.
AM [ˈeɪˈem] **1** *abbr* RAD *(*amplitude modulation*)* modulación *f* de amplitud; *(abbreviation)* AM *f*. **2** US → **MA**.
amalgam [əˈmælgəm] *n* amalgama.
amalgamate [əˈmælgəmeɪt] **1** *vt (metals)* amalgamar; *(companies)* fusionar. || **2** *vi (fusionar)* fusionarse.
amass [əˈmæs] *vt* acumular.
amateur [ˈæmətə] *adj* - *n* aficionado,-a.
amaze [əˈmeɪz] *vt* asombrar, pasmar.
amazement [əˈmeɪzmənt] *n* asombro, pasmo.
amazing [əˈmeɪzɪŋ] *adj* asombroso,-a, pasmoso,-a.
Amazon [ˈæməzn] *n* el Amazonas.
ambassador [æmˈbæsədə] *n* embajador,-a.
amber [ˈæmbə] **1** *adj* ámbar. || **2** *n* ámbar *m*.
ambience [ˈæmbɪəns] *n* ambiente *m*.
ambiguity [æmbɪˈgjuːɪtɪ] *n* ambigüedad *f*.
ambiguous [æmˈbɪgjʊəs] *adj* ambiguo,-a.
ambition [æmˈbɪʃn] *n* ambición *f*.
ambitious [æmˈbɪʃəs] *adj* ambicioso,-a.
ambivalent [æmˈbɪvələnt] *adj* ambivalente.
ambulance [ˈæmbjʊləns] *n* ambulancia.
ambush [ˈæmbʊʃ] **1** *n* emboscada. || **2** *vt* tender una emboscada a.
amen [ɑːˈmen] *interj* amén.

amenable [ə'mi:nəbl] *adj* receptivo,-a: ***she's amenable to reason*** atiende a razones.
amend [ə'mend] **1** *vt (law)* enmendar. **2** *(error)* corregir.
amendment [ə'mendmənt] *n* enmienda.
amends [ə'mendz] *n*: ***to make amends to sb for sth*** compensar a algn por algo.
amenities [ə'mi:nɪtɪz] *npl* servicios *mpl.*
America [ə'merɪkə] *n* América.
■ **Central America** América Central, Centroamérica; **Latin America** América Latina, Latinoamérica; **North America** América del Norte, Norteamérica; **South America** América del Sur, Sudamérica.
American [ə'merɪkən] **1** *adj (gen)* americano,-a. **2** *(from USA)* estadounidense. ‖ **3** *n (gen)* americano,-a. **4** *(from USA)* estadounidense *mf.*
amiable ['eɪmɪəbl] *adj* amable.
amicable ['æmɪkəbl] *adj* amistoso,-a.
amid [ə'mɪd] *prep* en medio de, entre.
amidst [ə'mɪdst] *prep* en medio de, entre.
amiss [ə'mɪs] *adj* - *adv* mal.
● **to take amiss** tomar a mal.
ammonia [ə'məʊnɪ] *n* amoníaco.
ammunition [æmjʊ'nɪʃn] *n* municiones *fpl.*
amnesia [əm'ni:zɪə] *n* amnesia.
amnesty ['æmnestɪ] *n* amnistía.
amoeba [æ'mi:bə] *n* (*pl* amoebas *or* amoebae [ə'mi:bi:]) ameba.
amok [ə'mɒk] *adv.*
● **to run amok** volverse loco,-a.
among [ə'mʌŋ] *prep* entre.
amongst [ə'mʌŋst] *prep* entre.
amoral [eɪ'mɒrl] *adj* amoral.
amount [ə'maʊnt] *n* cantidad *f*, suma.
♦ **to amount to** *vt* ascender a; *fig* equivaler a.
amp ['æmp] *n* amperio, ampere *m.*
ampere ['æmpeə] *n* amperio, ampere *m.*
amphetamine [æm'fetəmi:n] *n* anfetamina.
amphibian [æm'fɪbɪən] *n* anfibio.
amphibious [æm'fɪbɪəs] *adj* anfibio,-a.
amphitheatre ['æmfɪθɪətə] *n* anfiteatro.
ample ['æmpl] **1** *adj (enough)* suficiente, bastante. **2** *(plenty)* más que suficiente. **3** *(spacious)* amplio,-a.
amplifier ['æmplɪfaɪə] *n* amplificador *m.*
amplify ['æmplɪfaɪ] *vt (sound)* amplificar.
amputate ['æmpjʊteɪt] *vt* amputar.
amputation [æmpjʊ'teɪʃn] *n* amputación *f.*
amuck [ə'mʌk] *adv* → **amok**.
amuse [ə'mju:z] *vt* entretener, divertir.
● **to amuse oneself** entretenerse.
amusement [ə'mju:zmənt] **1** *n (enjoyment)* diversión *f*, entretenimiento. **2** *(pastime)* pasatiempo.
amusing [ə'mju:zɪŋ] **1** *adj (fun)* entretenido,-a, divertido,-a. **2** *(funny)* gracioso,-a.
an [ən, æn] **1** *det* un,-a: ***an orange*** una naranja. **2** *(per)* por: ***50 kilometers an hour*** 50 kilómetros por hora.
▲ *Se usa delante de las palabras que empiezan por un sonido vocálico; Véase también* a.
anaemia [ə'ni:mɪə] *n* GB anemia.
anaemic [ə'ni:mɪk] *adj* GB anémico,-a.
anaesthesia [ænəs'θi:zɪə] *n* GB anestesia.
anaesthetic [ænəs'θetɪk] *n* GB anestésico.
anaesthetist [ə'ni:sθətɪst] *n* GB anestesista *mf.*
anaesthetize [ə'ni:sθətaɪz] *vt* GB anestesiar.
anagram ['ænəgræm] *n* anagrama *m.*
anal ['eɪnl] *adj* anal.
analgesic [ænəl'dʒi:zɪk] **1** *adj* analgésico,-a. ‖ **2** *n* analgésico.
analog ['ænəlɒg] *adj* US analógico,-a.
analogue ['ænəlɒg] *adj* GB analógico, -a.
analogy [ə'nælədʒɪ] *n* analogía, semejanza.

analyse ['ænəlaɪz] *vt* analizar.
analysis [ə'nælɪsɪs] *n* (*pl* analyses [ə'nælɪsiːz]) análisis *m*.
analyst ['ænəlɪst] *n* analista *mf*.
anarchism ['ænəkɪzm] *n* anarquismo.
anarchist ['ænəkɪst] *n* anarquista *mf*.
anarchy ['ænəkɪ] *n* anarquía.
anatomy [ə'nætəmɪ] *n* anatomía.
ANC ['eɪ'en'siː] *abbr (*African National Congress*)* Congreso Nacional Africano; *(abbreviation)* CNA.
ancestor ['ænsestə] *n* antepasado.
anchor ['æŋkə] **1** *n* ancla, áncora. ‖ **2** *vt* - *vi* anclar.
anchovy ['æntʃəvɪ] *n (salted)* anchoa; *(fresh)* boquerón *m*.
ancient ['eɪnʃnt] **1** *adj* antiguo,-a; *(monument)* histórico,-a. **2** *fam* viejísimo,-a.
and [ænd, ənd] *conj* y; *(before* i- *and* hi-*)* e.
Andalusia [ændə'luːzɪə] *n* Andalucía.
Andalusian [ændə'luːzɪən] **1** *adj* andaluz,-za. ‖ **2** *n (person)* andaluz,-za. **3** *(dialect)* andaluz *m*.
Andes ['ændiːz] *npl* los Andes.
Andorra [æn'dɔːrə] *n* Andorra.
Andorran [æn'dɔːrən] **1** *adj* andorrano,-a. ‖ **2** *n* andorrano,-a.
anecdote ['ænɪkdəʊt] *n* anécdota.
anemia [ə'niːmɪə] *n* US anemia.
anemic [ə'niːmɪk] *adj* US anémico,-a.
anemone [ə'nemənɪ] *n* anémona.
anesthesia [ænəs'θiːzɪə] *n* US anestesia.
anesthetic [ænəs'θetɪk] *n* US anestésico.
anesthetist [ə'niːsθətɪst] *n* US anestesista *mf*.
anesthetize [ə'niːsθətaɪz] *vt* US anestesiar.
angel ['eɪndʒl] *n* ángel *m*.
anger ['æŋgə] **1** *n* cólera, ira. ‖ **2** *vt* enfadar, enojar.
angle ['æŋgl] **1** *n* ángulo. ‖ **2** *vi* pescar *con caña*.
angler ['æŋglə] *n* pescador,-ra *de caña*.
■ **angler fish** rape *m*.
Anglican ['æŋglɪkən] *adj* - *n* anglicano,-a.
angling ['æŋglɪŋ] *n* pesca *con caña*.
Anglosaxon [æŋgləʊ'sæksn] **1** *adj* anglosajón,-ona. ‖ **2** *n (person)* anglosajón,-ona. **3** *(language)* anglosajón *m*.
Angola [æŋ'gəʊlə] *n* Angola.
Angolan [æŋ'gəʊlə] *adj* - *n* angoleño,-a.
angry ['æŋgrɪ] *adj* enfadado,-a, enojado,-a.
● **to get angry** enfadarse, enojarse.
anguish ['æŋgwɪʃ] *n* angustia.
animal ['ænɪml] *n* animal *m*.
animate ['ænɪmət] **1** *adj* animado,-a, vivo,-a. ‖ **2** *vt* (['ænɪmeɪt]) animar.
animated ['ænɪmeɪtɪd] *adj* animado,-a.
ankle ['æŋkl] *n* tobillo.
annex [ə'neks] **1** *vt* anexar. ‖ **2** *n* (['aneks]) US anexo.
annexe ['ænəks] *n* GB anexo.
annihilate [ə'naɪəleɪt] *vt* aniquilar.
annihilation [ənaɪə'leɪʃn] *n* aniquilación *f*.
anniversary [ænɪ'vɜːsərɪ] *n* aniversario.
announce [ə'naʊns] *vt* anunciar.
announcement [ə'naʊnsmənt] *n* anuncio.
announcer [ə'naʊnsə] *n (TV & radio)* presentador,-ra.
annoy [ə'nɔɪ] *vt* molestar, fastidiar.
annoyance [ə'nɔɪəns] *n* molestia.
annoyed [ə'nɔɪd] *adj* enfadado,-a.
annoying [ə'nɔɪɪŋ] *adj* molesto,-a, enojoso,-a.
annual ['æŋjʊəl] *adj* anual.
anomaly [ə'nɒməlɪ] *n* anomalía.
anonymous [ə'nɒnɪməs] *adj* anónimo,-a.
anorexia [ənə'reksɪə] *n* anorexia.
anorexic [ənə'reksɪk] *adj* anoréxico,-a.
another [ə'nʌðə] *adj* - *pron* otro,-a.
answer ['ɑːnsə] **1** *n (reply)* respuesta: ***the correct answer*** la respuesta correcta. **2** *(solution)* solución *f*: ***there's no answer to this problem*** este problema no tiene solución. ‖ **3** *vt* - *vi* responder, contestar.

♦ **to answer back** *vt* - *vi* replicar ♦ **to answer for** *vt* responder por, responder de.
● **to answer the door** abrir la puerta; **to answer the phone** contestar al teléfono.

answering machine ['ɑːnsərɪŋməʃiːn] *n* contestador *m* automático.

ant [ænt] *n* hormiga.
■ **ant hill** hormiguero.

antagonize [æn'tægənaɪz] *vt* enfadar, enojar.

Antarctic [ænt'ɑːktɪk] **1** *adj* antártico, -a. ‖ **2** *n* el Antártico.
■ **the Antarctic Ocean** el océano Antártico.

Antarctica [ænt'ɑːktɪkə] *n* Antártida.

antelope ['æntɪləʊp] *n* antílope *m*.

antenna [æn'tenə] **1** *n* (*pl* antennae [æn'teniː]) Zool antena. **2** (*pl* antennas) TV Rad antena.

anthem ['ænθəm] *n* himno.

anthology [æn'θɒlədʒɪ] *n* antología.

anthracite ['ænθrəsaɪt] *n* antracita.

anthropologist [ænθrə'pɒədʒɪst] *n* antropólogo,-a.

anthropology ['ænθrə'pɒlədʒɪ] *n* antropología.

anti-aircraft ['æntɪ'eəkrɑːft] *adj* antiaéreo,-a.

antibiotic ['æntɪbaɪ'ɒtɪk] **1** *n* antibiótico. ‖ **2** *adj* antibiótico,-a.

antibody ['æntɪbɒdɪ] *n* anticuerpo.

anticipate [æn'tɪsɪpeɪt] **1** *vt (expect)* esperar. **2** *(forsee)* prever.

anticipation [æntɪsɪ'peɪʃn] **1** *n (expectation)* expectación *f*. **2** *(foresight)* previsión *f*.

anticlockwise [æntɪ'klɒkwaɪz] *adj* en el sentido contrario al de las agujas del reloj.

antics ['æntɪks] *npl* payasadas *fpl*.

antidote ['æntɪdəʊt] *n* antídoto.

antifreeze ['æntɪfriːz] *n* anticongelante *m*.

antiquated ['æntɪkweɪtɪd] *adj* anticuado,-a.

antique [æn'tiːk] **1** *adj* antiguo,-a. ‖ **2** *n* antigüedad *f*.

antiseptic [æntɪ'septɪk] **1** *adj* antiséptico,-a. ‖ **2** *n* antiséptico.

antithesis [æn'tɪθəsɪs] *n* antítesis *f*.

antivirus [æntɪ'vaɪrəs] *adj* antivirus.
■ **antivirus software** antivirus *m*.

antlers ['æntlə] *npl* cornamenta *f sing*.

anus ['eɪnəs] *n* (*pl* **anuses**) ano.

anvil ['ænvɪl] *n* yunque *m*.

anxiety [æŋ'zaɪətɪ] *n (worry)* ansiedad *f*, preocupación *f*.

anxious ['æŋkʃəs] **1** *adj (worried)* ansioso,-a, preocupado,-a. **2** *(desirous)* ansioso,-a.

any ['enɪ] **1** *adj (in questions)* algún,-una; *(negative)* ningún,-una; *(no matter which)* cualquier,-ra; *(every)* todo,-a: ***have you got any money/gloves?*** ¿tienes dinero/guantes?; ***he hasn't bought any milk/biscuits*** no ha comprado leche/galletas; ***any fool knows that*** cualquier tonto sabe eso; ***without any difficulty*** sin ninguna dificultad; ***any old rag will do*** cualquier trapo sirve. ‖ **2** *pron (in questions)* alguno,-a; *(negative)* ninguno,-a; *(no matter which)* cualquiera: ***I asked for some snails, but they hadn't got any*** pedí caracoles pero no tenían. ‖ **3** *adv*: ***I don't work there any more*** ya no trabajo allí; ***do you want any more?*** ¿quieres más?
▲ *En preguntas y frases negativas no se usa* any *sino* a *o* an *con nombres contables en singular. Cuando es adverbio generalmente no se traduce.*

anybody ['enɪbɒdɪ] *pron (in questions)* alguien, alguno,-a; *(negative)* nadie, ninguno,-a; *(no matter who)* cualquiera.

anyhow ['enɪhaʊ] **1** *adv (despite that)* en todo caso. **2** *(changing the subject)* bueno, pues. **3** *(carelessly)* de cualquier forma.

anyone ['enɪwʌn] *pron* → **anybody**.

anything ['enɪθɪŋ] *pron (in questions)* algo, alguna cosa; *(negative)* nada; *(no matter what)* cualquier cosa, todo cuanto.

anyway ['enɪweɪ] *adv* → **anyhow**.

anywhere ['enɪweə] **1** *adv (in questions; situation)* en algún sitio; *(direction)* a algún sitio. **2** *(negative; situation)* en nungún sitio; *(direction)* a ningún sitio. **3** *(no matter where; situation)* donde sea, en cualquier sitio; *(direction)* a donde sea, a cualquier sitio.

aorta [eɪ'ɔːtə] *n* aorta.

apart [ə'pɑːt] **1** *adv* separado,-a: ***these nails are too far apart*** estos clavos están demasiado separados. **2** *(in pieces)* en piezas.

● **apart from** aparte de; **to take apart** desarmar, desmontar; **to fall apart** deshacerse.

apartment [ə'pɑːtmənt] *n* piso, AM departamento.

apathetic [æpə'θetɪk] *adj* apático,-a.

apathy ['æpəθɪ] *n* apatía.

ape [eɪp] **1** *n* simio. ‖ **2** *vt* imitar.

Apennines ['æpənaɪnz] **the Apennines** *npl* los Apeninos.

aperitif [əperɪ'tiːf] *n* aperitivo.

apex ['eɪpeks] *n* ápice *m*; *(of triangle)* vértice *m*.

APEX ['eɪpeks] *abbr (*Advance Purchase Excursion*)* APEX.

aphrodisiac [æfrə'dɪzɪæk] **1** *n* afrodisíaco. ‖ **2** *adj* afrodisíaco,-a.

apiece [ə'piːs] *adv* cada uno,-a.

apologetic [əpɒlə'dʒetɪk] *adj* compungido,-a, arrepentido,-a.

apologetically [əpɒlə'dʒetɪklɪ] *adv* disculpándose.

apologize [ə'pɒlədʒaɪz] *vi* disculparse, pedir perdón.

apology [ə'pɒlədʒɪ] *n* disculpa.

apoplexy ['æpəpleksɪ] *n* apoplejía.

apostle [ə'pɒsl] *n* apóstol *m*.

apostrophe [ə'pɒstrəfɪ] *n* apóstrofo.

appal [ə'pɔːl] *vt* horrorizar.

appalling [ə'pɔːlɪŋ] *adj* horroroso,-a, terrible.

apparatus [æpə'reɪtəs] *n (equipment)* aparatos *mpl*.

apparent [ə'pærənt] **1** *adj (obvious)* evidente. **2** *(seeming)* aparente.

apparently [ə'pærəntlɪ] *adv (obviously)* evidentemente; *(seemingly)* aparentemente.

appeal [ə'piːl] **1** *n (request)* ruego, llamamiento; *(plea)* súplica. **2** *(attraction)* atractivo. **3** JUR apelación *f*. ‖ **4** *vi (request)* pedir, solicitar; *(plead)* suplicar: ***to appeal for help*** pedir ayuda. **5** *(attract)* atraer: ***it doesn't appeal to me*** no me atrae. **6** JUR apelar.

appealing [ə'piːlɪŋ] **1** *adj (moving)* suplicante. **2** *(attractive)* atrayente.

appear [ə'pɪə] **1** *vi (become visible)* aparecer. **2** *(before a court etc)* comparecer (before, ante). **3** *(on stage etc)* actuar. **4** *(seem)* parecer.

● **to appear on television** salir en la televisión.

appearance [ə'pɪərəns] **1** *n (becoming visible)* aparición *f*. **2** *(before a court etc)* comparecencia. **3** *(on stage)* actuación *f*. **4** *(look)* apariencia, aspecto.

appendicitis [əpendɪ'saɪtɪs] *n* apendicitis *f inv*.

appendix [ə'pendɪks] *n* apéndice *m*.

appetite ['æpɪtaɪt] *n* apetito.

appetizer ['æpɪtaɪzə] *n* aperitivo.

appetizing ['æpɪtaɪzɪŋ] *adj* apetitoso,-a.

applaud [ə'plɔːd] **1** *vt - vi (clap)* aplaudir. ‖ **2** *vt (praise)* alabar.

applause [ə'plɔːz] *n* aplausos *mpl*.

apple ['æpl] *n* manzana.

■ **apple pie** tarta de manzana; **apple tree** manzano.

appliance [ə'plaɪəns] *n* aparato.

applicable ['æplɪkəbl] *adj* aplicable.

applicant ['æplɪkənt] *n (for job)* candidato,-a.

application [æplɪ'keɪʃn] **1** *n (for job)* solicitud *f*. **2** *(of ointment, theory, etc)* aplicación *f*.

apply [ə'plaɪ] **1** *vt (ointment, theory, etc)* aplicar. ‖ **2** *vi (be true)* aplicarse, ser aplicable. **3** *(for job)* solicitar: ***to apply for information*** pedir información.

appoint [ə'pɔɪnt] **1** *vt (person for job)* nombrar. **2** *(day, date, etc)* fijar, señalar.

appointment [ə'pɔɪntmənt] **1** *n (meeting)* cita; *(with doctor, dentist etc)* hora: ***I've got an appointment with the doctor*** tengo hora con el médico. **2** *(person for job)* nombramiento.
appraisal [ə'preɪzl] *n* valoración *f*, evaluación *f*.
appraise [ə'preɪz] *vt* valorar, evaluar.
appreciate [ə'priːʃɪeɪt] **1** *vt (be thankful for)* agradecer. **2** *(understand)* entender. **3** *(value)* valorar, apreciar. ‖ **4** *vi* valorarse, valorizarse.
appreciation [əpriːʃɪ'eɪʃn] **1** *n (thanks)* agradecimiento, gratitud *f*. **2** *(understanding)* comprensión *f*. **3** *(appraisal)* evaluación *f*. **4** *(increase in value)* apreciación *f*, aumento en valor.
apprehend [æprɪ'hend] **1** *vt (arrest)* detener, capturar. **2** *(understand)* comprender.
apprehension [æprɪ'henʃn] **1** *n (arrest)* detención *f*, captura. **2** *(fear)* temor *m*, recelo.
apprehensive [æprɪ'hensɪv] *adj (fearful)* temeroso,-a, receloso,-a.
apprentice [ə'prentɪs] *n* aprendiz,-za.
apprenticeship [ə'prentɪsʃɪp] *n* aprendizaje *m*.
approach [ə'prəʊtʃ] **1** *n (coming near)* aproximación *f*, acercamiento. **2** *(way in)* entrada, acceso. **3** *(to problem)* enfoque *m*. ‖ **4** *vi (come near)* acercarse, aproximarse. ‖ **5** *vt (come near)* acercarse a, aproximarse a. **6** *(tackle; problem)* enfocar, abordar; *(person)* dirigirse a.
■ **approach road** vía de acceso.
approbation [æprə'beɪʃn] *n* aprobación *f*.
appropriate [ə'prəʊprɪət] **1** *adj* apropiado,-a, adecuado,-a. ‖ **2** *vt* ([ə'prəʊprɪeɪt]) *(allocate)* asignar, destinar. **3** *(steal)* apropiarse de.
● **at the appropriate time** en el momento oportuno.
appropriation [əprəʊprɪ'eɪʃn] **1** *n (allocation)* asignación *f*. **2** *(seizure)* apropiación *f*.
approval [ə'pruːvl] *n* aprobación *f*, visto bueno.
● **on approval** a prueba.
approve [ə'pruːv] *vt* aprobar, dar el visto bueno a.
♦ **to approve of** *vt* aprobar.
approx [ə'prɒx] **1** *abbr (***approximate***)* aproximado,-a. **2** *(***approximately***)* aproximadamente.
approximate [ə'prɒksɪmət] **1** *adj* aproximado,-a. ‖ **2** *vi* ([ə'prɒksɪmeɪt]) aproximarse (to, a).
approximately [ə'prɒksɪmətlɪ] *adv* aproximadamente.
Apr ['eɪprɪl] *abbr (***April***)* abril.
apricot ['eɪprɪkɒt] *n* albaricoque *m*.
■ **apricot tree** albaricoquero.
April ['eɪprɪl] *n* abril *m*.
apron ['eɪprən] *n* delantal *m*.
apt [æpt] **1** *adj (suitable)* apropiado,-a; *(remark)* acertado,-a. **2** *(liable to)* propenso,-a.
APT [eɪ'piː'tiː] *abbr* GB *(*Advanced Passenger Train*)* ≈ AVE *m*.
aptitude ['æptɪtjuːd] *n* aptitud *f*.
aquarium [ə'kweərɪəm] *n* (*pl* aquariums *o* aquaria [ə'kweərɪə]) acuario.
Aquarius [ə'kweərɪəs] *n* Acuario.
aquatic [ə'kwætɪk] *adj* acuático,-a.
aqueduct ['ækwɪdʌkt] *n* acueducto.
Arab ['ærəb] **1** *adj* árabe. ‖ **2** *n (person)* árabe *mf*.
Arabia [ə'reɪbɪə] *n* Arabia.
Arabian [ə'reɪbɪən] **1** *adj* árabe, arábigo,-a. ‖ **2** *n* árabe *mf*.
■ **Arabian Sea** Mar *m* Arábigo.
Arabic ['ærəbɪk] **1** *adj* arábigo,-a, árabe: ***Arabic numerals*** números arábigos. ‖ **2** *n (language)* árabe *m*.
arable ['ærəbl] *adj* cultivable.
arbitrary ['ɑːbɪtrərɪ] *adj* arbitrario,-a.
arbitrate ['ɑːbɪtreɪt] *vt* - *vi* arbitrar.
arc [ɑːk] *n* arco.
arcade [ɑː'keɪd] **1** *n (shopping)* galería comercial. **2** *(amusements)* salón *m* recreativo.
■ **arcade game** videojuego.
arch [ɑːtʃ] **1** *n* ARCH arco; *(vault)* bóve-

da. || **2** *vt* arquear, enarcar. **3** *(vault)* abovedar. || **4** *vi* arquearse. **5** *(vault)* formar bóveda.

archaeological [ɑːkɪəˈlɒdʒɪkl] *adj* arqueológico,-a.

archaeologist [ɑːkɪˈɒlədʒɪst] *n* arqueólogo,-a.

archaeology [ɑːkɪˈɒlədʒɪ] *n* arqueología.

archaic [ɑːˈkeɪɪk] *adj* arcaico,-a.

archbishop [ˈɑːtʃˈbɪʃəp] *n* arzobispo.

archer [ˈɑːtʃə] *n* arquero.

archery [ˈɑːtʃərɪ] *n* tiro con arco.

archetypal [ˈɑːkɪtaɪp] *n* arquetípico,-a.

archipelago [ɑːkɪˈpelɪgəʊ] *n* archipiélago.

architect [ˈɑːkɪtekt] *n* arquitecto,-a.

architecture [ˈɑːkɪtektʃə] *n* arquitectura.

archives [ˈɑːkaɪvz] *npl* archivo.

Arctic [ˈɑːktɪk] **1** *adj* ártico,-a. || **2** *n* el Ártico.

■ **the Arctic Circle** el Círculo Ártico; **the Arctic Ocean** el océano Ártico.

ardent [ˈɑːdnt] *adj* apasionado,-a, fervoroso,-a.

ardour [ˈɑːdə] *n* ardor *m*.

arduous [ˈɑːdjuəs] *adj* arduo,-a.

are [ɑː, ə] *pres* → **be**.

area [ˈeərɪə] **1** *n (surface)* área, superficie *f*. **2** *(region)* región *f*; *(of town)* zona. **3** *(field)* campo.

arena [əˈriːnə] **1** *n (stadium)* estadio. **2** *(ring)* ruedo. **3** *fig* ámbito.

Argentina [ɑːdʒənˈtiːnə] *n* Argentina.

Argentine [ˈɑːdʒəntaɪn] **1** *adj* argentino,-a. || **2 the Argentine** *n* Argentina.

Argentinian [ɑːdʒənˈtɪnɪən] **1** *adj* argentino,-a. || **2** *n* argentino,-a.

argue [ˈɑːgjuː] **1** *vi (quarrel)* discutir. **2** *(reason)* argüir, argumentar.

argument [ˈɑːgjumənt] **1** *n (quarrel)* discusión *f*, disputa. **2** *(reasoning)* argumento.

argumentative [ɑːgjʊˈmentətɪv] *adj* que discute, que replica.

arid [ˈærɪd] *adj* árido,-a.

Aries [ˈeəriːz] *n* Aries *m*.

arise [əˈraɪz] **1** *vi* (*pt* arose; *pp* arisen [əˈrɪzən]) *(crop up)* surgir. **2** *(old use)* levantarse.

aristocracy [ærɪsˈtɒkrəsɪ] *n* aristocracia.

aristocrat [ˈærɪstəkræt] *n* aristócrata *mf*.

aristocratic [ærɪstəˈkrætɪk] *adj* aristocrático,-a.

arithmetic [əˈrɪθmətɪk] *n* aritmética.

ark [ɑːk] *n* arca.

■ **Noah's ark** el arca de Noé.

arm [ɑːm] **1** *n* ANAT brazo. **2** *(of coat etc)* manga; *(of chair)* brazo. || **3** *vt* armar. || **4** *vi* armarse. || **5 arms** *npl (weapons)* armas *fpl*.

● **arm in arm** cogidos,-as del brazo; **with open arms** con los brazos abiertos; **to keep sb at arm's length** mantener a algn a distancia.

■ **arms race** carrera armamentística.

armaments [ˈɑːməmənt] *npl* armamentos *mpl*.

armchair [ˈɑːmˈtʃeə] *n* sillón *m*.

armistice [ˈɑːmɪstɪs] *n* armisticio.

armour [ˈɑːmə] **1** *n* MIL armadura. **2** *(on vehicle)* blindaje *m*.

armpit [ˈɑːmpɪt] *n* sobaco, axila.

army [ˈɑːmɪ] *n* ejército.

aroma [əˈrəʊmə] *n* aroma.

aromatic [ærəˈmætɪk] *adj* aromático,-a.

arose [əˈrəʊz] *pt* → **arise**.

around [əˈraʊnd] **1** *adv (near, in the area)* alrededor: ***is there anybody around?*** ¿hay alguien (cerca)?; ***don't leave your money around, put it away*** no dejes tu dinero por ahí, guárdalo. **2** *(from place to place)* they cycle around together, van juntos en bicicleta. **3** *(available, in existence)*: ***£1 coins have been around for some time*** hace tiempo que circulan las monedas de una libra; ***there isn't much fresh fruit around*** hay poca fruta fresca. **4** *(to face the opposite way)*: ***turn around please*** dese la vuelta por favor. || **5** *prep (approximately)* alrededor de: ***it costs***

around £5,000 cuesta unas cinco mil libras. **6** *(near)*: ***there aren't many shops around here*** hay pocas tiendas por aquí. **7** *(all over)*: ***there were clothes around the room*** había ropa por toda la habitación. **8** *(in a circle or curve)* alrededor de: ***he put his arms around her*** la cogió en los brazos.
• **around the corner** a la vuelta de la esquina.

arouse [ə'raʊz] **1** *vt (awake)* despertar. **2** *(sexually)* excitar.

arrange [ə'reɪndʒ] **1** *vt (hair, flowers)* arreglar; *(furniture etc)* colocar, ordenar. **2** *(plan)* planear, organizar. **3** *(agree on)* acordar.
• **to arrange to do sth** quedar en hacer algo.

arrangement [ə'reɪndʒmənt] **1** *n (of flowers)* arreglo *floral*. **2** *(agreement)* acuerdo, arreglo. **3** MUS adaptación *f*. || **4 arrangements** *npl (plans)* planes *mpl*; *(preparations)* preparativos *mpl*.

arrears [ə'rɪəz] *npl* atrasos *mpl*.

arrest [ə'rest] **1** *n* arresto, detención *f*. || **2** *vt* arrestar, detener. **3** *fml (stop)* detener.

arrival [ə'raɪvl] *n* llegada.

arrive [ə'raɪv] *vi* llegar.

arrogance ['ærəgəns] *n* arrogancia.

arrogant ['ærəgənt] *adj* arrogante.

arrow ['ærəʊ] *n* flecha.

arse [ɑːs] *n vulg* culo.

arsenal ['ɑːsənl] *n* arsenal *m*.

arsenic ['ɑːsnɪk] *n* arsénico.

arson ['ɑːsn] *n* incendio provocado.

art [ɑːt] **1** *n (painting etc)* arte *m*. **2** *(skill)* arte *m*, habilidad *f*. || **3 arts** *npl (branch of knowledge)* letras *fpl*.
■ **arts and crafts** artes *mpl* y oficios.

artery ['ɑːtərɪ] *n* arteria.

arthritic [ɑːθ'rɪtɪk] *adj* artrítico,-a.

arthritis [ɑːθ'raɪtɪs] *n* artritis *f inv*.

artichoke ['ɑːtɪtʃəʊk] *n* alcachofa.

article ['ɑːtɪkl] *n* artículo.
■ **article of clothing** prenda de vestir; **leading article** editorial *m*.

articulate [ɑː'tɪkjʊlət] **1** *adj (person)* que se expresa con facilidad; *(speech)* claro,-a. || **2** *vt* ([ɑː'tɪkjʊleɪt]) articular. **3** *(pronounce)* pronunciar.

artificial [ɑːtɪ'fɪʃl] **1** *adj (flowers, light, etc)* artificial. **2** *(limb, hair)* postizo,-a. **3** *(smile etc)* afectado,-a, fingido,-a.
■ **artificial flavouring** aroma *m* artificial.

artillery [ɑː'tɪlərɪ] *n* artillería.

artisan [ɑːtɪ'zæn] *n* artesano,-a.

artist ['ɑːtɪst] **1** *n* artista *mf*. **2** *(painter)* pintor,-ra.

artistic ['ɑː'tɪstɪk] *adj* artístico,-a.

as [æz, əz] **1** *adv* como: ***he works as a clerk*** trabaja de oficinista; ***dressed as a monkey*** disfrazado,-a de mono. **2** *(in comparatives)*: ***as big as*** tan grande como; ***as much as*** tanto,-a como. || **3** *conj (while)* mientras; *(when)* cuando. **4** *(because)* ya que. **5** *(although)* aunque.
• **as a rule** como regla general; **as far as** hasta; **as far as I know** que yo sepa; **as far as I'm concerned** por lo que a mí respecta; **as for** en cuanto a; **as regards** en cuanto a; **as if** como si; **as long as** mientras; **as of** desde; **as soon as** tan pronto como; **as though** como si; **as well as** además de; **as yet** hasta ahora.

a.s.a.p. ['eɪ'es'eɪ'piː] *abbr (*as soon as possible*)* tan pronto como sea posible.

asbestos [æz'bestəs] *n* amianto.

ascend [ə'send] *vt - vi* ascender, subir.

ascendancy [ə'sendənsɪ] *n* ascendiente *m*.

ascendant [ə'sendnt] *n* ascendiente *m*.

ascent [ə'sent] *n (slope)* subida; *(climb)* ascenso, escalada.

ascertain [æsə'teɪn] *vt* averiguar.

ASCII ['æskiː] *abbr (*American standard code for information interchange*)* ASCII.

ascribe [əs'kraɪb] *vt* atribuir.

ash [æʃ] **1** *n (burnt remains)* ceniza. **2** *(tree)* fresno.
■ **ash tray** cenicero; **Ash Wednesday** miércoles *m* de ceniza.

ashamed [əˈʃeɪmd] *adj* avergonzado,-a.
● **to be ashamed of** avergonzarse de, tener vergüenza de.

ashore [əˈʃɔː] *adv (position)* en tierra; *(movement)* a tierra.
● **to go ashore** desembarcar.

ashtray [ˈæʃtreɪ] *n* cenicero.

Asia [ˈeɪʒə] *n* Asia.

Asian [ˈeɪʒn] **1** *adj* asiático,-a. || **2** *n* asiático,-a.

aside [əˈsaɪd] **1** *adv* al lado, a un lado. || **2** *n* THEAT aparte *m*.
● **to set aside** apartar, reservar; **to step aside** apartarse; **to take sb aside** separar a algn (del grupo) para hablar aparte.

ask [ɑːsk] **1** *vt (inquire)* preguntar. **2** *(request)* pedir. **3** *(invite)* invitar, convidar.
♦ **to ask after** *vt* preguntar por ♦ **to ask back** *vt* invitar a casa ♦ **to ask for** *vt* pedir ♦ **to ask out** *vt* invitar a salir.

asleep [əˈsliːp] *adj - adv* dormido,-a: ***to fall asleep*** dormirse.

asparagus [æsˈpærəgəs] *n (plant)* espárrago; *(shoots)* espárragos *mpl*.

aspect [ˈæspekt] **1** *n* aspecto. **2** *(of building)* orientación *f*.

asphalt [ˈæsfælt] *n* asfalto.

asphyxiate [æsˈfɪksɪeɪt] *vt* asfixiar.

aspiration [æspəˈreɪʃn] **1** *n* GRAM aspiración *f*. **2** *(ambition)* ambición *f*.

aspire [əsˈpaɪə] *vi* aspirar (to, a).

aspirin® [ˈæspɪrɪn] *n* aspirina®.

ass [æs] **1** *n* burro, asno. **2** US *vulg* culo.

assailant [əˈseɪlənt] *n* atacante *mf*, agresor,-ra.

assassin [əˈsæsɪn] *n* asesino,-a.

assassinate [əˈsæsɪneɪt] *vt* asesinar.

assassination [əsæsɪˈneɪʃn] *n* asesinato.

assault [əˈsɔːlt] **1** *n* MIL asalto. **2** JUR agresión *f*. || **3** *vt* MIL asaltar. **4** JUR agredir.

assemble [əˈsembl] **1** *vt (bring together)* reunir. **2** *(put together)* montar. || **3** *vi* reunirse.

assembly [əˈsemblɪ] **1** *n (meeting)* reunión *f*. **2** TECH *(putting together)* montaje *m*.

assent [əˈsent] **1** *n* asentimiento. || **2** *vi* asentir (to, a).

assert [əˈsɜːt] *vt (declare)* aseverar, afirmar.
● **to assert oneself** imponerse.

assertion [əˈsɜːʃn] *n* aseveración *f*.

assess [əˈses] **1** *vt (value)* tasar, valorar. **2** *(calculate)* calcular. **3** *fig* evaluar.

assessment [əˈsesmənt] **1** *n (valuation)* tasación *f*, valoración *f*. **2** *(calculation)* cálculo. **3** *fig* evaluación *f*.

asset [ˈæset] **1** *n (quality)* calidad *f* positiva, ventaja. || **2 assets** *npl* COMM bienes *mpl*.

assign [əˈsaɪn] **1** *vt (allot)* asignar. **2** *(choose)* designar.

assignment [əˈsaɪnmənt] **1** *n (misión)* misión *f*. **2** *(task)* tarea.

assimilate [əˈsɪmɪleɪt] **1** *vt* asimilar. || **2** *vi* asimilarse.

assimilation [əsɪmɪˈleɪʃn] *n* asimilación *f*.

assist [əˈsɪst] *vt* ayudar.

assistance [əˈsɪstəns] *n* ayuda.

assistant [əˈsɪstənt] *n* ayudante *mf*.
■ **assistant manager** subdirector,-ra.

associate [əˈsəʊʃɪɪt] **1** *adj (company)* asociado,-a. **2** *(member)* correspondiente. || **3** *n (partner)* socio,-a. || **4** *vt* asociar. || **5** *vi* asociarse.
● **to associate with sb** relacionarse con algn.

association [əsəʊsɪˈeɪʃn] *n* asociación *f*.

assorted [əˈsɔːtɪd] *adj* surtido,-a, variado,-a.

assortment [əˈsɔːtmənt] *n* surtido, variedad *f*.

assume [əˈsjuːm] **1** *vt (suppose)* suponer. **2** *(power, responsibility)* tomar, asumir. **3** *(attitude, expression)* adoptar.

assumption [əˈsʌmpʃn] **1** *n (supposition)* suposición *f*. **2** *(of power)* toma.

assurance [əˈʃʊərəns] **1** *n (guarantee)* garantía. **2** *(confidence)* confianza. **3** *(insurance)* seguro.

assure [ə'ʃʊə] *vt* asegurar.
assured [ə'ʃʊəd] *adj* seguro,-a.
asterisk ['æstərɪsk] *n* asterisco.
asthma ['æsmə] *n* asma.
asthmatic [æs'mætɪk] *adj* - *n* asmático,-a.
astonish [əs'tɒnɪʃ] *vt* asombrar, sorprender.
astonishing [əs'tɒnɪʃɪŋ] *adj* asombroso,-a, sorprendente.
astonishment [əs'tɒnɪʃmənt] *n* asombro.
astound [əs'taʊnd] *vt* pasmar, asombrar.
astray [ə'streɪ] *adj* - *adv* extraviado,-a.
● **to go astray** descarriarse.
astride [ə'straɪd] *prep* a horcajadas sobre.
astrologer [əs'trɒlədʒə] *n* astrólogo,-a.
astrology [əs'trɒlədʒɪ] *n* astrología.
astronaut ['æstrənɔːt] *n* astronauta *mf*.
astronomer [əs'trɒnəmə] *n* astrónomo,-a.
astronomical [æstrə'nɒmɪkl] *n* astronómico,-a.
astronomy [əs'trɒnəmɪ] *n* astronomía.
astute [əs'tjuːt] *adj* astuto,-a, sagaz.
asylum [ə'saɪləm] *n* asilo, refugio.
at [æt, ət] **1** *prep (position)* en, a: ***at the door*** a la puerta; ***at home*** en casa; ***at school*** en el colegio; ***at work*** en el trabajo. **2** *(time)* a: ***at two o'clock*** a las dos; ***at night*** por la noche; ***at Christmas*** en Navidad; ***at the beginning/end*** al principio/final. **3** *(direction, violence)*: ***to shout at sb*** gritarle a algn; ***to shoot at*** disparar contra; ***to throw a stone at sb*** lanzar una piedra contra algn. **4** *(rate)* a: ***at 50 miles an hour*** a 50 millas la hora; ***at £1000 a ton*** a mil libras la tonelada; ***three at a time*** de tres en tres. **5** *(ability)*: ***he's good at French/painting/swimming*** va bien en francés/pinta bien/es buen nadador.
● **at first** al principio; **at last!** ¡por fin!; **at least** por lo menos; **at once** en seguida.

ate [et] *pt* → **eat**.
atheism ['eɪθɪɪzm] *n* ateísmo.
atheist ['eɪθɪɪst] *n* ateo,-a.
athlete ['æθliːt] *n* atleta *mf*.
athletic [æθ'letɪk] **1** *adj* atlético,-a. **2** *(sporty)* deportista.
athletics [æθ'letɪks] *n* atletismo.
Atlantic [ət'læntɪk] *adj* atlántico,-a.
■ **the Atlantic Ocean** el océano Atlántico.
atlas ['ætləs] *n* atlas *m inv*.
atmosphere ['ætməsfɪə] **1** *n* atmósfera. **2** *(ambience)* ambiente *m*.
atom ['ætəm] *n* átomo.
■ **atom bomb** bomba atómica.
atomic [ə'tɒmɪk] *adj* atómico,-a.
atrocious [ə'trəʊʃəs] **1** *adj (cruel)* atroz. **2** *fam* fatal, malísimo,-a.
atrocity [ə'trɒsɪtɪ] *n* atrocidad *f*.
attach [ə'tætʃ] **1** *vt (fasten)* sujetar. **2** *(tie)* atar. **3** *(stick)* pegar. **4** *(document)* adjuntar.
● **to attach importance to** considerar importante; **to be attached to** tener cariño a.
attachment [ə'tætʃmənt] **1** *n* TECH accesorio. **2** COMPUT *(to e-mail)* archivo adjunto, anexo. **3** *(fondness)* cariño, apego.
attack [ə'tæk] **1** *n* ataque *m*. ‖ **2** *vt* atacar.
attain [ə'teɪn] **1** *vt (ambition)* lograr. **2** *(rank)* llegar a.
attempt [ə'tempt] **1** *n (try)* intento, tentativa. ‖ **2** *vt* intentar.
● **to make an attempt on sb's life** atentar contra la vida de algn.
attend [ə'tend] **1** *vt (be present at)* asistir a. **2** *(care for)* atender, cuidar. **3** *(accompany)* acompañar. ‖ **4** *vi (be present)* asistir.
♦ **to attend to 1** *vt* ocuparse de. **2** *vt (in shop)* despachar.
attendance [ə'tendəns] **1** *n (being present)* asistencia. **2** *(people present)* asistentes *mpl*.
attendant [ə'tendnt] *n (in car park, museum)* vigilante *mf*; *(in cinema)* acomodador,-ra.

attention [ə'tenʃn] 1 *n* atención *f.* 2 MIL ¡firmes!
● **to pay attention** prestar atención; **to stand to attention** cuadrarse.
attentive [ə'tentɪv] 1 *adj* atento,-a. 2 *(helpful)* solícito,-a.
attic ['ætɪk] *n* desván *m*, buhardilla.
attire [ə'taɪə] *n* traje *m*, vestido.
attitude ['ætɪtjuːd] *n* actitud *f.*
attn [fɔːðɪə'tenʃnɒv] *abbr* COMM *(for the attention of)* a la atención de.
attorney [ə'tɜːnɪ] *n* US abogado,-a.
■ **Attorney General** GB Fiscal *mf* General.
attract [ə'trækt] *vt* atraer.
● **to attract attention** llamar la atención.
attraction [ə'trækʃn] 1 *n (power)* atracción *f.* 2 *(thing)* atractivo. 3 *(incentive)* aliciente *m.*
attractive [ə'træktɪv] 1 *adj (person)* atractivo,-a. 2 *(offer)* interesante.
attribute ['ætrɪbjuːt] 1 *n* atributo. ‖ 2 *vt* ([ə'trɪbjuːt]) atribuir.
au pair [əʊ'pae] *n* au pair *f.*
aubergine ['əʊbəʒiːn] *n* berenjena.
auction ['ɔːkʃn] 1 *n* subasta. ‖ 2 *vt* subastar.
audacity [ɔː'dæsɪtɪ] *n* audacia.
audible ['ɔːdɪbl] *adj* audible.
audience ['ɔːdɪəns] 1 *n (spectators)* público, espectadores *mpl.* 2 *(interview)* audiencia.
audio-visual [ɔːdɪəʊ'vɪzjʊəl] *adj* audiovisual.
audit ['ɔːdɪt] 1 *n* revisión *f* de cuentas. ‖ 2 *vt* revisar.
audition [ɔː'dɪʃn] *n* prueba.
auditor ['ɔːdɪtə] *n* revisor,-ra de cuentas.
auditorium [ɔːdɪ'tɔːrɪəm] *n* auditorio, sala.
augment [ɔːg'ment] 1 *vt fml* aumentar. ‖ 2 *vi fml* aumentarse.
august [ɔː'gʌst] *adj* augusto,-a.
August ['ɔːgəst] *n* agosto.
aunt [ɑːnt] *n* tía.
auntie ['ɑːntɪ] *n fam* tía.
aura [ɔːrə] *n (of person)* aura; *(of place)* sensación *f.*
auspices ['ɔːspɪsɪz] *npl* auspicios *mpl*: ***under the auspices of*** bajo los auspicios de.
austere [ɒs'tɪə] *adj* austero,-a.
austerity [ɒs'terɪtɪ] *n* austeridad *f.*
Australia [ɒ'streɪlɪə] *n* Australia.
Australian [ɒ'streɪlɪən] 1 *adj* australiano,-a. ‖ 2 *n (person)* australiano,-a. 3 *(language)* australiano.
Austria ['ɒstrɪə] *n* Austria.
Austrian ['ɒstrɪən] 1 *adj* austríaco,-a, austriaco,-a. ‖ 2 *n* austríaco,-a, austriaco,-a.
authentic [ɔː'θentɪk] *adj* auténtico,-a.
authenticity [ɔːθen'tɪsɪtɪ] *n* autenticidad *f.*
author ['ɔːθə] *n* autor,-ra, escritor,-ra.
authoritarian [ɔːθɒrɪ'teərɪən] *adj* autoritario,-a.
authoritative [ɔː'θɒrɪtətɪv] 1 *adj (reliable)* autorizado,-a, fidedigno,-a. 2 *(authoritarian)* autoritario,-a.
authority [ɔː'θɒrɪtɪ] *n* autoridad *f.*
● **on good authority** de buena tinta.
authorization [ɔːθəraɪ'zeɪʃn] *n* autorización *f.*
authorize ['ɔːθəraɪz] *vt* autorizar.
autobiographical [ɔːtəbaɪə'græfɪkl] *adj* autobiográfico,-a.
autobiography [ɔːtəbaɪ'ɒgrəfɪ] *n* autobiografía.
autograph ['ɔːtəgrɑːf] *n* autógrafo.
automatic [ɒtə'mætɪk] *adj* automático,-a.
automaton [ɔː'tɒmətən] *n* autómata *m.*
automobile ['ɔːtəməbiːl] *n* automóvil *m.*
autonomous [ɔː'tɒnəməs] *adj* autónomo,-a.
autonomy [ɔː'tɒnəmɪ] *n* autonomía.
autopsy ['ɔːtəpsɪ] *n* autopsia.
autoteller ['ɔːtəʊtələ] *n* cajero automático.
autumn ['ɔːtəm] *n* otoño.
auxiliary [ɔːg'zɪljərɪ] *adj* auxiliar.
■ **auxiliary verb** verbo auxiliar.

avail [ə'veɪl] *n.*
• **to no avail** en vano; **to avail oneself of** aprovecharse de.
available [ə'veɪləbl] **1** *adj (thing)* disponible: ***it's available in four colours*** lo hay en cuatro colores. **2** *(person)* libre.
avalanche ['ævəlɑːnʃ] *n* alud *m*; *fig* avalancha.
Ave ['ævənjuː] *abbr (*Avenue*)* Avenida; *(abbreviation)* Av. Avda.
avenge [ə'vendʒ] *vt* vengar.
avenue ['ævənjuː] *n* avenida.
average ['ævərɪdʒ] **1** *n* promedio, media. ‖ **2** *adj* medio,-a. **3** *(not special)* corriente, regular. ‖ **4** *vt* hacer un promedio de: ***I average 10 cigarettes a day*** fumo un promedio de 10 cigarrillos al día. **5** *(calculate)* determinar el promedio de.
• **above average** por encima de la media; **below average** por debajo de la media; **on average** por término medio.
aversion [ə'vɜːʃn] *n* aversión *f.*
avert [ə'vɜːt] *vt (avoid)* evitar.
• **to avert one's eyes** apartar la vista.
aviary ['eɪvjərɪ] *n* pajarera.
aviation [eɪvɪ'eɪʃn] *n* aviación *f.*
aviator ['eɪvɪeɪtə] *n* aviador,-ra.
avid ['ævɪd] *adj* ávido,-a.
avocado [ævə'kɑːdəʊ] *n* aguacate *m.*
▲ *También* avocado pear.
avoid [ə'vɔɪd] **1** *vt* evitar. **2** *(question)* eludir. **3** *(person)* esquivar.
await [ə'weɪt] *vt fml* aguardar, esperar.
awake [ə'weɪk] **1** *adj* despierto,-a. ‖ **2** *vt* (*pt* awoke; *pp* awaked *o* awoken) despertar. ‖ **3** *vi* despertarse.
awaken [ə'weɪkn] *vt - vi* → **awake**.
award [ə'wɔːd] **1** *n (prize)* premio. **2** *(grant)* beca. **3** *(damages)* indemnización *f.* ‖ **4** *vt (prize, grant)* otorgar, conceder. **5** *(damages)* adjudicar.
aware [ə'weə] *adj* consciente.
• **to be aware of** ser consciente de; **to become aware of** darse cuenta de.
away [ə'weɪ] **1** *adv* lejos, fuera, alejándose: ***he lives 4 km away*** vive a 4 km (de aquí); ***the wedding is 6 weeks away*** faltan 6 semanas para la boda. **2** *(indicating continuity)*: ***they worked away all day*** trabajaron todo el día.
• **to be away** estar fuera; *(from school)* estar ausente; **to go away** irse, marcharse; **to play away** SP jugar fuera; **to run away** irse corriendo.
awe [ɔː] **1** *n (fear)* temor *m.* **2** *(wonder)* asombro.
awful ['ɔːfʊl] **1** *adj (shocking)* atroz, horrible. **2** *fam (very bad)* fatal, horrible, espantoso,-a.
awfully ['ɔːflɪ] *adv fam* terriblemente.
awkward ['ɔːkwəd] **1** *adj (clumsy)* torpe. **2** *(difficult)* difícil. **3** *(embarrassing)* embarazoso,-a, delicado,-a. **4** *(inconvenient)* inconveniente, oportuno,-a. **5** *(uncomfortable)* incómodo,-a.
awning ['ɔːnɪŋ] *n* toldo.
awoke [ə'wəʊk] *pt* → **awake**.
awoken [ə'wəʊkn] *pp* → **awake**.
ax [æks] *n* US hacha.
axe [æks] *n* GB hacha.
axis ['æksɪs] *n* eje *m.*
axle ['æksl] *n* eje *m.*
azure ['eɪʒə] **1** *adj* azul celeste. ‖ **2** *n* azul *m* celeste.

B

b [bɔːn] *abbr (*born*)* nacido,-a; *(abbreviation)* n.
B and B ['biːən'biː] *abbr (bed and breakfast) casa de huéspedes que ofrece habitación y desayuno incluido.*
BA ['biː'eɪ] *abbr (*Bachelor of Arts*)* licenciado,-a en letras.
baa [bɑː] *vi* balar.
babble ['bæbl] **1** *vi - vt (excitedly)* barbullar. **2** *(meaninglessly)* balbucear. ‖ **3** *vi (water)* murmurar. ‖ **4** *n (confused voices)* murmullo.
baboon [bə'buːn] *n* mandril *m.*

baby [ˈbeɪbɪ] *n* bebé *m*.
babyish [ˈbeɪbɪɪʃ] *adj* infantil.
baby-sit [ˈbeɪbɪsɪt] *vi* hacer de canguro, cuidar niños.
baby-sitter [ˈbeɪbɪsɪtə] *n* canguro *mf*.
bachelor [ˈbætʃələ] *n* soltero.
■ **Bachelor of Arts** Licenciado,-a en Filosofía y Letras; **Bachelor of Science** Licenciado,-a en Ciencias.
back [bæk] **1** *adj* trasero,-a, posterior: ***back seat*** asiento trasero. || **2** *n* ANAT espalda. **3** *(of animal, book)* lomo. **4** *(of chair)* respaldo. **5** *(of cheque)* dorso. **6** *(of stage, room, cupboard)* fondo. **7** SP *(player)* defensa *mf*; *(position)* defensa *f*. || **8** *adv (at the rear)* atrás; *(towards the rear)* hacia atrás; *(time)* hace: ***several years back*** hace varios años. || **9** *vt (support)* apoyar, respaldar. **10** FIN financiar. **11** *(bet on)* apostar por. || **12** *vt - vi (vehicle)* dar marcha atrás a. || **13** *vi* retroceder.
♦ **to back away** *vi* retirarse ♦ **to back down** *vi* claudicar ♦ **to back out** *vi* volverse atrás ♦ **to back up** *vt* COMPUT hacer una copia de seguridad de.
● **back to front** al revés; **behind sb's back** a espaldas de algn; **to answer back** replicar; **to be back** estar de vuelta; **to come/go back** volver; **to hit back** *(strike)* devolver el golpe; *(answer)* contraatacar; **to have one's back to the wall** estar entre la espada y la pared; **to put/give back** devolver; **to phone back** volver a llamar; **to turn one's back on** volver la espalda a.
■ **back door** puerta trasera; **back number** número atrasado; **back pay** atrasos *mpl*; **back seat** asiento de atrás; **back street** callejuela; **back wheel** rueda trasera.
backache [ˈbækeɪk] *n* dolor *m* de espalda.
backbone [ˈbækbəʊn] **1** *n* columna vertebral, espinazo. **2** *fig* carácter *m*.
backdated [bækˈdeɪtɪd] *adj* con efecto retroactivo.
backer [ˈbækə] **1** *n* FIN promotor,-ra. **2** *(supporter)* partidario,-a.
backfire [bækˈfaɪə] *vt* fallar: ***our plan backfired*** nos salió el tiro por la culata.
background [ˈbækgraʊnd] **1** *n* fondo. **2** *fig (origin)* origen *m*; *(education)* formación *f*.
■ **background music** música de fondo.
backhand [ˈbækhænd] *n* revés *m*.
backing [ˈbækɪŋ] **1** *n (support)* apoyo, respaldo. **2** MUS acompañamiento.
backlash [ˈbæklæʃ] *n* reacción *f* violenta y repentina.
backlog [ˈbæklɒg] *n* acumulación *f*.
backpack [ˈbækpæk] *n* mochila.
backside [bækˈsaɪd] *n fam* trasero.
backstroke [ˈbækstrəʊk] *n* espalda.
backup [ˈbækʌp] **1** *n (suppport)* apoyo. **2** US *(of cars)* caravana.
■ **backup copy** copia de seguridad.
backward [ˈbækwəd] **1** *adj* hacia atrás. **2** *(child)* atrasado,-a. **3** *(country)* subdesarrollado,-a. || **4** *adv* → **backwards**.
backwards [ˈbækwədz] **1** *adv* hacia atrás. **2** *(the wrong way)* al revés.
bacon [ˈbeɪkn] *n* tocino, bacon *m*.
bacterium [bækˈtɪərɪəm] *n* (*pl* **bacteria** [bækˈtɪərɪə]) bacteria.
bad [bæd] **1** *adj* (*comp* worse*; superl* worst) malo,-a; *(before masc noun)* mal. **2** *(rotten)* podrido,-a. **3** *(serious)* grave. **4** *(harmful)* nocivo,-a, perjudicial. **5** *(naughty)* malo,-a, travieso,-a. **6** *(aches, illnesses)* fuerte. || **7** *n* lo malo.
● **to come to a bad end** acabar mal; **to go bad** pudrirse; **to go from bad to worse** ir de mal en peor.
baddie [ˈbædɪ] *n fam* malo,-a de la película.
baddy [ˈbædɪ] *n fam* malo,-a de la película.
bade [beɪd] *pt* → **bid**.
badge [bædʒ] **1** *n* insignia, distintivo. **2** *(metallic)* chapa.
badger [ˈbædʒə] **1** *n* ZOOL tejón *m*. || **2** *vt* acosar, importunar.

badly [ˈbædlɪ] **1** *adv* mal. **2** *(seriously)* gravemente. **3** *(very much)* muchísimo,-a.
badminton [ˈbædmɪntən] *n* bádminton *m*.
bad-tempered [bædˈtempəd] *adj*.
• **to be bad-tempered** *(always)* tener mal carácter; *(temporarily)* estar de mal humor.
baffle [ˈbæfl] *vt* confundir, desconcertar.
BAFTA [ˈbæftə] *abbr (*British Academy of Film and Television Arts*)* academia británica de cine y televisión.
bag [bæg] **1** *n (paper, plastic)* bolsa; *(large)* saco. **2** *(handbag)* bolso. **3** *fam (woman)* arpía. ‖ **4** *vt (put in bags)* embolsar, ensacar. **5** *fam (catch)* cazar.
• **bags of** montones de.
baggage [ˈbægɪdʒ] *n* equipaje *m*, bagaje *m*.
baggy [ˈbægɪ] *adj* holgado,-a, ancho, -a.
bagpipes [ˈbægpaɪps] *npl* gaita *f sing*.
bail [beɪl] *n* JUR fianza.
♦ **to bail out 1** *vt* JUR conseguir la libertad de alguien bajo fianza. **2** *vt fig* sacar de un apuro. **3** *vt* MAR achicar.
bailiff [ˈbeɪlɪf] **1** *n* JUR alguacil *m*. **2** *(steward)* administrador,-ra.
bait [beɪt] **1** *n* cebo. ‖ **2** *vt* cebar. **3** *(torment)* atosigar.
bake [beɪk] **1** *vt* cocer al horno. ‖ **2** *vi* hacer mucho calor.
▪ **baked beans** alubias *fpl* cocidas.
baker [ˈbeɪkə] *n* panadero,-a.
baker's [ˈbeɪkəs] *n* panadería.
bakery [ˈbeɪkrɪ] *n* panadería.
balance [ˈbæləns] **1** *n* equilibrio. **2** *(scales)* balanza. **3** FIN saldo. **4** *(remainder)* resto. ‖ **5** *vt* poner en equilibrio. **6** FIN *(budget)* equilibrar; *(account)* saldar. ‖ **7** *vi* mantenerse en equilibrio. **8** FIN cuadrar.
• **to balance the books** cuadrar las cuentas.
balcony [ˈbælkənɪ] **1** *n* balcón *m*. **2** US THEAT anfiteatro; *(gallery)* gallinero.
bald [bɔːld] **1** *adj* calvo,-a. **2** *(tyre)* desgastado,-a. **3** *(style)* escueto,-a.
baldly [ˈbɔːldlɪ] *adv* francamente.
baldness [ˈbɔːldnəs] *n* calvicie *f*.
Balearic [bælɪˈærɪk] *adj* balear, baleárico,-a.
▪ **the Balearic Islands** las islas Baleares.
balk [bɔːk] **1** *vt* poner obstáculos a, frustrar. ‖ **2** *vi* negarse.
Balkan [ˈbɔːlkən] *adj* balcánico,-a.
▪ **the Balkans** los Balcanes.
ball [bɔːl] **1** *n* pelota; *(football)* balón *m*; *(golf, billiards)* bola. **2** *(of paper)* bola; *(of wool)* ovillo. **3** *(dance)* baile *m*, fiesta. ‖ **4 balls** *npl vulg* cojones *mpl*.
ballad [ˈbæləd] *n* balada.
ballerina [bæləˈriːnə] *n* bailarina.
ballet [ˈbæleɪ] *n* ballet *m*.
ballistics [bəˈlɪstɪks] *n* balística.
balloon [bəˈluːn] *n* globo.
ballot [ˈbælət] **1** *n (vote)* votación *f*. **2** *(paper)* papeleta. ‖ **3** *vt* hacer votar.
▪ **ballot box** urna.
ballpoint [ˈbɔːlpɔɪnt] *n* bolígrafo.
ballroom [ˈbɔːlruːm] *n* sala de baile.
balm [bɑːm] *n* bálsamo.
balmy [ˈbɑːmɪ] *adj (weather)* suave.
balsam [ˈbɔːlsəm] *n* → **balm**.
Baltic [ˈbɔːltɪk] *adj* báltico,-a.
▪ **the Baltic Sea** el mar Báltico.
balustrade [bæləˈstreɪd] *n* balaustrada.
bamboo [bæmˈbuː] *n* bambú *m*.
ban [bæn] **1** *n* prohibición *f*. ‖ **2** *vt* prohibir.
banal [bəˈnɑːl] *adj* banal.
banana [bəˈnɑːnə] *n* plátano, banana.
band [bænd] **1** *n* MUS banda; *(pop)* conjunto. **2** *(strip)* faja, tira. **3** *(youths)* pandilla; *(thieves)* banda.
• **to band together** acuadrillarse.
bandage [ˈbændɪdʒ] **1** *n* venda, vendaje *m*. ‖ **2** *vt* vendar.
bandit [ˈbændɪt] *n* bandido,-a.
bandstand [ˈbændstænd] *n* quiosco de música.

bandwagon ['bændwægn] *n*.
● **to jump on the bandwagon** subirse al tren.
bandy ['bændɪ] *adj* torcido,-a hacia fuera.
♦ **to bandy about** *vt* difundir.
● **to bandy words with** discutir con.
bandy-legged ['bændɪ'legd] *adj* estevado,-a.
bang [bæŋ] **1** *n (blow)* golpe *m*. **2** *(noise)* ruido; *(of gun)* estampido; *(explosion)* estallido; *(of door)* portazo. || **3** *vt - vi* golpear. || **4** *adv fam* justo: ***bang in the middle*** justo en medio.
● **to bang the door** dar un portazo.
banger ['bæŋə] **1** *n (firework)* petardo. **2** GB *fam (sausage)* salchicha. **3** *fam (car)* tartana.
bangle ['bæŋgl] *n* ajorca, brazalete *m*.
banish ['bænɪʃ] *vt* desterrar.
banister ['bænɪstə] *n* barandilla.
banjo ['bændʒəʊ] *n* banjo.
bank [bæŋk] **1** *n* FIN banco. **2** *(of river)* ribera; *(edge)* orilla. **3** *(mound)* loma; *(embankment)* terraplén *m*. **4** *(slope)* pendiente *f*. **5** *(sandbank)* banco. || **6** *vt* ingresar, depositar.
♦ **to bank on** *vt* contar con.
■ **bank holiday** GB día festivo.
banker ['bæŋkə] *n* banquero,-a.
banking ['bæŋkɪŋ] *n* banca.
bankrupt ['bæŋkrʌpt] *adj* quebrado, -a.
● **to go bankrupt** quebrar.
bankruptcy ['bæŋkrʌptsɪ] *n* bancarrota.
banner ['bæntə] **1** *n* bandera. **2** *(placard)* pancarta.
banquet ['bæŋkwɪt] *n* banquete *m*.
banter ['bæntə] **1** *n* bromas *fpl*, chanzas *fpl*. || **2** *vi* bromear.
baptism ['bæptɪzm] *n* bautismo.
baptize [bæp'taɪz] *vt* bautizar.
bar [bɑː] **1** *n (iron, gold)* barra. **2** *(prison)* barrote *m*. **3** *(soap)* pastilla. **4** *(chocolate)* tableta. **5** *(on door)* tranca. **6** *(gymnastics)* barra. **7** *(obstacle)* obstáculo. **8** *(counter)* barra, mostrador *m*. **9** *(room)* bar *m*. || **10** *vt (door)* atrancar; *(road, access)* cortar. **11** *(ban)* prohibir, vedar. || **12** *prep* excepto. || **13 the Bar** *n* JUR el colegio de abogados.
barb [bɑːb] *n* púa, lengüeta.
barbarian [bɑː'beərɪən] *adj - n* bárbaro,-a.
barbaric [bɑː'bærɪk] *adj* bárbaro,-a.
barbecue ['bɑːbɪkjuː] *n* barbacoa.
barbed [bɑːbd] *adj* armado,-a con púas, punzante.
■ **barbed wire** alambre *m* de púas.
barber ['bɑːbə] *n* barbero.
barber's ['bɑːbəs] *n* barbería.
barbiturate [bɑː'bɪtʃʊrət] *n* barbitúrico.
bare [beə] **1** *adj (naked)* desnudo,-a; *(head)* descubierto,-a; *(feet)* descalzo, -a. **2** *(land)* raso,-a. **3** *(empty)* vacío,-a. **4** *(basic)* mero,-a. || **5** *vt* desnudar; *(uncover)* descubrir.
barefaced ['beəfeɪst] *adj* descarado,-a.
barefoot ['beəfʊt] *adj* descalzo,-a.
bareheaded [beə'hedɪd] *adj* con la cabeza descubierta, sin sombrero.
barely ['beəlɪ] *adv* apenas.
bargain ['bɑːgən] **1** *n (agreement)* trato. **2** *(good buy)* ganga. || **3** *vi (negotiate)* negociar. **4** *(haggle)* regatear.
♦ **to bargain for** *vt* contar con.
barge [bɑːdʒ] **1** *n* gabarra. || **2** *vi* irrumpir (through/into, en).
baritone ['bærɪtəʊn] *n* barítono.
bark [bɑːk] **1** *n (of tree)* corteza. **2** *(of dog)* ladrido. || **3** *vi* ladrar.
● **to bark up the wrong tree** ir descaminado,-a.
barley ['bɑːlɪ] *n* cebada.
barmaid ['bɑːmeɪd] *n* camarera.
barman ['bɑːmən] *n* camarero, barman *m*.
barmy ['bɑːmɪ] *adj fam* chiflado,-a.
barn [bɑːn] *n* granero.
barnacle ['bɑːnəkl] *n* percebe *m*.
barometer [bə'rɒmɪtə] *n* barómetro.
baron ['bærən] *n* barón *m*.
baroness ['bærənəs] *n* baronesa.
baroque [bə'rɒk] *adj* barroco,-a.

barrack ['bærək] *vt* abuchear.
barracks ['bærəks] *n* cuartel *m*.
barrage ['bærɑːʒ] **1** *n (dam)* presa. **2** MIL barrera de fuego. **3** *fig* bombardeo.
barrel ['bærl] **1** *n (of beer)* barril *m*; *(of wine)* tonel *m*, cuba. **2** *(of gun)* cañón *m*.
barren ['bærən] *adj* estéril.
barricade [bærɪ'keɪd] **1** *n* barricada. || **2** *vt* poner barricadas en.
barrier ['bærɪə] *n* barrera.
barrister ['bærɪstə] *n* abogado,-a *(capacitado,-a para actuar en tribunales superiores)*.
barrow ['bærəʊ] *n* carretilla.
barter ['bɑːtə] **1** *n* trueque *m*. || **2** *vt* trocar.
basalt ['bæsɔːlt] *n* basalto.
base [beɪs] **1** *adj* bajo,-a, vil. **2** *(metal)* común. || **3** *n* base *f*. || **4** *vt* basar. **5** MIL *(troops)* estacionar.
baseball ['beɪsbɔːl] *n* béisbol *m*.
basement ['beɪsmənt] *n* sótano.
bash [bæʃ] **1** *n fam* golpe *m*. **2** *fam (try)* intento. || **3** *vt fam* golpear.
• **to have a bash at sth** *fam* probar algo, intentar algo.
bashful ['bæʃfʊl] *adj* vergonzoso,-a, tímido,-a, modesto,-a.
basic ['beɪsɪk] **1** *adj* básico,-a. || **2 the basics** *npl* lo esencial.
BASIC ['beɪsɪk] *abbr (*Beginner's All-purpose Symbolic Instruction Code*)* código de instrucción simbólico multiuso para principiantes; *(abbreviation)* BASIC.
basically ['beɪsɪklɪ] *adv* básicamente.
basin ['beɪsn] **1** *n (bowl)* cuenco. **2** *(washbasin)* lavabo. **3** GEOG cuenca.
basis ['beɪsɪs] *n (pl* **bases***)* base *f*, fundamento.
bask [bɑːsk] *vi* tumbarse al sol.
basket ['bɑːskɪt] *n* cesta, cesto.
basketball ['bɑːskɪtbɔːl] *n* baloncesto.
Basque ['bɑːsk] **1** *adj* vasco,-a. || **2** *n (person)* vasco,-a. **3** *(language)* vasco, eusquera *m*, euskera *m*.
■ **the Basque Country** el País Vasco, Euskadi.
bass [beɪs] **1** *adj* MUS bajo,-a. || **2** *n* MUS *(singer)* bajo. **3** MUS *(notes)* graves *mpl*.
bass [bæs] *n (fish)* lubina, róbalo; *(freshwater)* perca.
bassoon [bə'suːn] *n* fagot *m*.
bastard ['bæstəd] **1** *adj - n (illegitimate)* bastardo,-a. || **2** *n vulg (as insult)* cabrón *m*.
baste [beɪst] **1** *vt* CULIN bañar. **2** SEW hilvanar.
bat [bæt] **1** *n* ZOOL murciélago. **2** SP bate *m*; *(table tennis)* pala. || **3** *vi* batear. || **4** *vt* pestañear.
• **without batting an eyelid** sin inmutarse.
batch [bætʃ] *n* lote *m*, remesa; *(bread etc)* hornada.
■ **batch processing** procesamiento por lotes.
bath [bɑːθ] **1** *n* baño. **2** *(tub)* bañera. || **3** *vt* bañar. || **4** *vi* bañarse. || **5 baths** *npl* piscina *f sing* municipal.
• **to have a bath** bañarse.
bathe [beɪð] **1** *vi* bañarse. || **2** *vt* MED lavar.
bather ['beɪðə] *n* bañista *mf*.
bathing ['beɪðɪŋ] *n* baño.
■ **bathing costume** traje *m* de baño; **bathing suit** traje *m* de baño.
bathrobe ['bɑːθrəʊb] *n* albornoz *m*.
bathroom ['bɑːθruːm] *n* cuarto de baño.
bathtub ['bɑːθtʌb] *n* bañera.
baton ['bætən] **1** *n (truncheon)* porra. **2** MUS batuta. **3** SP testigo.
batsman ['bætsmən] *n* bateador *m*.
battalion [bə'tæljən] *n* batallón *m*.
batter ['bætə] **1** *n* CULIN pasta para rebozar. **2** SP bateador,-ra. || **3** *vt* golpear, apalear.
• **in batter** rebozado,-a.
battery ['bætərɪ] **1** *n* ELEC *(wet)* batería; *(dry)* pila. **2** MIL batería.
battle ['bætl] **1** *n* batalla. || **2** *vi* luchar.
battlefield ['bætlfiːld] *n* campo de batalla.

battlements ['bætlmənts] *npl* almenas *fpl*.

battleship ['bætlʃɪp] *n* acorazado.

bauble ['bɔːbl] *n* baratija.

baulk [bɔːk] *vt* → **balk**.

bawdy ['bɔːdɪ] *adj* grosero,-a.

bawl [bɔːl] *vi* - *vt* chillar.

bay [beɪ] **1** *n* GEOG bahía; *(large)* golfo. **2** *(tree)* laurel *m*. **3** ARCH hueco. **4** *(horse)* caballo bayo. ‖ **5** *vi* ladrar.
• **at bay** acorralado,-a.
■ **bay leaf** hoja de laurel; **bay window** ventana saliente; **loading bay** cargadero.

bayonet ['beɪənət] *n* bayoneta.

bazaar [bə'zɑː] **1** *n (eastern)* bazar *m*. **2** *(at church etc)* venta benéfica.

BBC ['biː'biː'siː] *abbr (*British Broadcasting Corporation*)* compañía británica de radiodifusión; *(abbreviation)* BBC *f*.

BC ['biː'siː] *abbr (*before Christ*)* antes de Cristo, antes de Jesucristo; *(abbreviation)* a.d.C., a.d.J.C.

be [biː] **1** *vi (permanent characteristic, essential quality, nationality, occupation, origin, ownership, authorship)* ser: ***she's clever*** ella es inteligente; ***diamonds are hard*** los diamantes son duros; ***John's English*** John es inglés; ***we are both teachers*** los dos somos profesores; ***they are from York*** son de York; ***this house is ours*** esta casa es nuestra; ***this painting is by Fraser*** este cuadro es de Fraser. **2** *(location, temporary state)* estar: ***Whitby is on the coast*** Whitby está en la costa; ***how are you?*** ¿cómo estás?; ***your supper is cold/in the oven*** tu cena está fría/en el horno. **3** *(age)* tener: ***Philip is 17*** Philip tiene 17 años. **4** *(price)* costar, valer: ***a single ticket is £7.50*** un billete de ida sola cuesta £7.50; ***prawns are cheap today*** las gambas están bien de precio hoy. ‖ **5 be +** *pres part aux* estar: ***it is raining*** está lloviendo; ***the train is coming*** viene el tren; ***I am going tomorrow*** iré mañana. **6** *(passive)* ser: ***it has been sold*** ha sido vendido,-a, se ha vendido. **7** *(obligation)*: ***you are not to come here again*** no debes volver aquí; ***you are to do as I say*** tienes que hacer lo que yo te diga. **8** *(future)*: ***the King is to visit Egypt*** el Rey visitará Egipto.
• **there is/are** hay; **there was/were** había; **there will be** habrá; **there would be** habría.
▲ *pres 1st pers* am*, 2nd pers sing & all pl* are*, 3rd pers sing* is*; pt 1st & 3rd pers sing* was*; 2nd pers sing & all pl* were*; pp* been.

beach [biːtʃ] **1** *n* playa. ‖ **2** *vt* varar.
■ **beach umbrella** sombrilla.

beacon ['biːkn] **1** *n (fire)* almenara. **2** AV MAR baliza.

bead [biːd] **1** *n (on necklace)* cuenta. **2** *(of liquid)* gota.

beak [biːk] *n* pico.

beaker ['biːkə] **1** *n* taza alta. **2** CHEM vaso de precipitación *f*.

beam [biːm] **1** *n* ARCH viga. **2** *(of light)* rayo. **3** *(of ship)* manga. **4** *(smile)* sonrisa radiante. ‖ **5** *vi (shine)* brillar. **6** *(smile)* sonreír. ‖ **7** *vt* irradiar, emitir.

bean [biːn] **1** *n* alubia, judía, haba. **2** *(of coffee)* grano.
• **to be full of beans** rebosar vitalidad; **to spill the beans** descubrir el pastel.

bear [beə] **1** *n* ZOOL oso. **2** FIN bajista *mf*. ‖ **3** *vt* (*pt* bore*; pp* borne *o* born) *(carry)* llevar. **4** *(weight)* soportar, aguantar. **5** *(tolerate)* soportar, aguantar. **6** *(fruit)* producir, dar. **7** *(give birth)* dar a luz: ***he was born in London*** nació en Londres.
♦ **to bear out** *vt* confirmar ♦ **to bear up** *vi* mantenerse firme ♦ **to bear with** *vt* tener paciencia con.
• **to bear in mind** tener presente; **to bear a grudge** guardar rencor; **to bear a resemblance to** parecerse a.

bearable ['beərəbl] *adj* soportable.

beard [bɪəd] *n* barba.

bearded ['bɪədɪd] *adj* barbudo,-a.

bearer ['beərə] **1** *n (of news, cheque, etc)*

portador,-ra; *(of passport)* titular *mf*. **2** *(porter)* portador,-ra.

bearing ['beərɪŋ] **1** *n (posture)* porte *m*. **2** *(relevance)* relación *f*. **3** TECH cojinete *m*. **4** MAR orientación *f*.

• **to lose one's bearings** *(get lost)* desorientarse; *(be confused)* perder el norte.

beast [biːst] *n* bestia, animal *m*.

beastly ['biːstlɪ] *adj* GB horroroso,-a, horrible.

beat [biːt] **1** *vt (pt* beat; *pp* beaten ['biːtən]) *(hit)* golpear; *(metals)* martillear; *(person)* azotar; *(drum)* tocar. **2** CULIN batir. **3** *(defeat)* vencer, derrotar. **4** *fam (puzzle)* extrañar. ‖ **5** *vi (heart)* latir. ‖ **6** *n (of heart)* latido. **7** MUS ritmo. **8** *(of policeman)* ronda. ‖ **9** *adj fam* agotado, -a.

♦ **to beat up** *vt* dar una paliza a.

• **to beat about the bush** andarse por las ramas; **to beat time** MUS llevar el compás.

beater ['biːtə] *n* CULIN batidora.

beating ['biːtɪŋ] **1** *n (thrashing)* paliza. **2** *(defeat)* derrota. **3** *(of heart)* latidos *mpl*.

beautician [bjuː'tɪʃn] *n* esteticista *mf*.

beautiful ['bjuːtɪfʊl] **1** *adj* hermoso,-a, bonito,-a. **2** *(wonderful)* maravilloso, -a.

beauty ['bjuːtɪ] *n* belleza, hermosura.

▪ **beauty parlour** salón de belleza; **beauty spot** *(on face)* lunar *m*; *(place)* lugar pintoresco.

beaver ['biːvə] *n* castor *m*.

became [bɪ'keɪm] *pt* → **become**.

because [bɪ'kɒz] **1** *conj* porque. ‖ **2 because of** *prep* a causa de.

beckon ['bekn] **1** *vt* llamar por señas. ‖ **2** *vi* hacer señas.

become [bɪ'kʌm] **1** *vi (pt* became; *pp* become) *(with noun)* convertirse en, hacerse, llegar a ser: ***she became a teacher*** se hizo maestra; ***he never became president*** nunca llegó a la presidencia; ***what has become of Peter?*** ¿qué ha sido de Peter? **2** *(with adj)* volverse, ponerse: ***to become angry*** enfadarse, enojarse; ***to become sad*** entristecerse. **3** *(suit)* favorecer.

becoming [bɪ'kʌmɪŋ] **1** *adj (dress etc)* que sienta bien. **2** *(behaviour)* apropiado,-a.

bed [bed] **1** *n* cama. **2** *(of flowers)* macizo. **3** *(of river)* lecho, cauce *m*; *(of sea)* fondo. **4** GEOL capa, yacimiento.

• **to go to bed** acostarse; **to get out of bed on the wrong side** *fam* levantarse con el pie izquierdo.

bed and breakfast [bedn'brekfəst] *n (service)* alojamiento y desayuno; *(place) casa particular que acoge a huéspedes a los que proporciona alojamiento y desayuno.*

bedbug ['bedbʌg] *n* chinche *m*.

bedclothes ['bedkləʊðz] *npl* ropa de cama.

bedding ['bedɪŋ] *n* ropa de cama.

bedpan ['bedpæn] *n* cuña.

bedridden ['bedrɪdn] *adj* postrado,-a en cama.

bedroom ['bedruːm] *n* dormitorio.

bedside ['bedsaɪd] *n* cabecera.

▪ **bedside table** mesita de noche.

bedsitter [bed'sɪtə] *n* estudio.

bedspread ['bedspred] *n* cubrecama.

bedtime ['bedtaɪm] *n* la hora de acostarse.

bee [biː] *n* abeja.

• **to have a bee in one's bonnet** *fam* tener una obsesión.

beech [biːtʃ] *n* haya.

beef [biːf] **1** *n* carne *f* de vaca. ‖ **2** *vi fam* quejarse.

beefburger ['biːfbɜːgə] *n* hamburguesa *(de vacuno)*.

beefsteak ['biːfsteɪk] *n* bistec *m (de ternera)*.

beehive ['biːhaɪv] *n* colmena.

beeline ['biːlaɪn] *n* línea recta.

been [biːn, bɪn] *pp* → **be**.

beer [bɪə] *n* cerveza.

beetle ['biːtəl] *n* escarabajo.

beetroot ['biːtruːt] *n* remolacha.

before [bɪ'fɔː] **1** *prep (order, time)* antes de. **2** *(place)* delante de; *(in the presence* *of)* ante: ***before God*** ante Dios. || **3** *conj (earlier than)* antes de + *inf*, antes de que + *subj*: ***before you go*** antes de irte, antes de que te vayas. || **4** *adv* antes: ***I told you before*** te lo he dicho antes.

● **the day before yesterday** antes de ayer.

beforehand [bɪ'fɔːhænd] **1** *adv (earlier)* antes. **2** *(in advance)* de antemano, con antelación.

befriend [bɪ'frend] *vt* ofrecer su amistad a.

beg [beg] **1** *vi* mendigar. || **2** *vt (ask for)* pedir. **3** *(beseech)* suplicar, rogar.

● **I beg your pardon?** ¿cómo ha dicho usted? /, ¿qué ha dicho?

began [bɪ'gæn] *pt* → **begin**.

beggar ['begə] **1** *n* mendigo,-a. || **2** *vt (impoverish)* empobrecer, arruinar.

begin [bɪ'gɪn] *vt - vi* (*pt* began; *pp* begun) empezar, comenzar.

beginner [bɪ'gɪnə] *n* principiante *mf*.

beginning [bɪ'gɪnɪŋ] *n* principio.

beguile [bɪ'gaɪl] **1** *vt (cheat)* engañar. **2** *(seduce)* seducir, atraer.

begun [bɪ'gʌn] *pp* → **begin**.

behalf [bɪ'hɑːf] *n*.

● **on behalf of** en nombre de, de parte de.

behave [bɪ'heɪv] *vi* comportarse, portarse.

● **to behave oneself** portarse bien.

behaviour [bɪ'heɪvjə] *n* conducta, comportamiento.

behead [bɪ'hed] *vt* decapitar.

beheld [bɪ'held] *pt & pp* → **behold**.

behind [bɪ'haɪnd] **1** *prep (place)* detrás de. **2** *(in time)* después de. || **3** *adv* detrás. **4** *(late)* atrasado,-a. || **5** *n fam* trasero.

● **behind sb's back** a espaldas de algn; **behind schedule** atrasado,-a; **behind the scenes** entre bastidores; **to leave sth behind** olvidar algo.

behindhand [bɪ'haɪndhænd] **1** *adj* atrasado,-a, retrasado,-a. || **2** *adv* en retraso.

behold [bɪ'həʊld] *vt* (*pt & pp* beheld) contemplar.

beige [beɪʒ] **1** *adj* beige. || **2** *n* beige *m*.

being ['biːɪŋ] **1** *n (living thing)* ser *m*. **2** *(existence)* existencia.

● **for the time being** por ahora.

belated [bɪ'leɪtɪd] *adj* tardío,-a.

belch [beltʃ] **1** *n* eructo. || **2** *vi* eructar. || **3** *vt* vomitar.

Belgian ['beldʒən] *adj - n* belga.

Belgium ['beldʒəm] *n* Bélgica.

belief [bɪ'liːf] **1** *n* creencia. **2** *(opinion)* opinión *f*. **3** *(faith)* fe *f*.

believe [bɪ'liːv] **1** *vt* creer: ***believe me*** créeme. **2** *(suppose)* creer, suponer: ***he is believed to be dead*** se cree que está muerto. || **3** *vi* creer (in, en): ***we believe in God*** creemos en Dios. **4** *(trust)* confiar (in, en). **5** *(support)* ser partidario,-a (in, de): ***they believe in free trade*** creen en el libre comercio.

believer [bɪ'liːvə] *n* creyente *mf*.

belittle [bɪ'lɪtl] *vt* menospreciar.

bell [bel] **1** *n (of church etc)* campana. **2** *(handbell)* campanilla. **3** *(on bicycle, door, etc)* timbre *m*. **4** *(cowbell)* cencerro.

● **that rings a bell** esto me suena.

bellboy ['belbɔɪ] *n* botones *m inv*.

bellhop ['belhɒp] *n* botones *m inv*.

bellow ['beləʊ] **1** *n* bramido. || **2** *vi* bramar.

bellows ['beləʊz] *npl* fuelle *m sing*.

belly ['belɪ] **1** *n (person)* vientre *m*, barriga. **2** *(animal)* panza.

■ **belly button** *fam* ombligo; **belly laugh** carcajada.

bellyache ['belɪeɪk] **1** *n fam* dolor *m* de barriga. || **2** *vi fam* quejarse.

belong [bɪ'lɒŋ] **1** *vi* pertenecer (to, a), ser (to, de). **2** *(to a club)* ser socio,-a (to, de).

belongings [bɪ'lɒŋɪŋz] *npl* pertenencias *fpl*.

beloved [bɪ'lʌvd] **1** *adj* querido,-a, amado,-a. || **2** *n* ([bɪ'lʌvɪd]) amado,-a.

below [bɪ'ləʊ] **1** *prep* debajo de, por debajo de. || **2** *adv* abajo.

• **below zero** bajo cero; **see below** véase más abajo.

belt [belt] **1** *n* cinturón *m*. **2** TECH correa. **3** *(area)* zona. || **4** *vt fam* pegar.
♦ **to belt along** *vi* ir a todo gas ♦ **to belt up 1** *vi* GB *fam (stop talking)* callarse. **2** *vi* GB *fam (put belt on)* abrocharse el cinturón.
■ **a blow below the belt** un golpe bajo.

bemused [bɪ'mjuːzd] *adj* perplejo,-a.

bench [bentʃ] **1** *n* banco. **2** JUR tribunal *m*.

bend [bend] **1** *n (in road etc)* curva. **2** *(in pipe)* ángulo. || **3** *vt* (*pt & pp* **bent**) doblar. **4** *(head)* inclinar. || **5** *vi* doblarse. **6** *(road)* torcer.
♦ **to bend down** *vi* agacharse ♦ **to bend over** *vi* inclinarse.
• **round the bend** loco,-a perdido,-a.

beneath [bɪ'niːθ] **1** *prep* bajo, debajo de. || **2** *adv* abajo, debajo.

benefactor ['benɪfæktə] *n* benefactor *m*.

benefactress ['benɪfæktrəs] *n* benefactora.

beneficial [benɪ'fɪʃl] *adj* beneficioso,-a, provechoso,-a.

beneficiary [benɪ'fɪʃərɪ] *n* beneficiario,-a.

benefit ['benɪfɪt] **1** *n (advantage)* beneficio, provecho. **2** *(good)* bien *m*. **3** *(allowance)* subsidio. || **4** *vt* beneficiar. || **5** *vi* beneficiarse.

benevolence [bɪ'nevələns] *n* benevolencia.

benevolent [bɪ'nevɒlənt] *adj* benévolo,-a.

benign [bɪ'naɪn] *adj* benigno,-a.

bent [bent] **1** *pt & pp* → **bend**. || **2** *adj* torcido,-a, doblado,-a. **3** *fam (corrupt)* corrupto,-a. **4** *sl (homosexual)* de la acera de enfrente. || **5** *n* inclinación *f*.
• **bent on** empeñado,-a en.

benzine ['benziːn] *n* bencina.

bequeath [bɪ'kwiːð] *vt* legar.

bequest [bɪ'kwest] *n* legado.

bereaved [bɪ'riːvd] *adj* desconsolado,-a.

bereavement [bɪ'riːvmənt] **1** *n (loss)* pérdida. **2** *(mourning)* duelo.

beret ['bereɪ] *n* boina.

berk [bɜːk] *n* GB *fam* idiota.

berry ['berɪ] *n* baya.

berserk [bə'sɜːk] *adj* enloquecido,-a.

berth [bɜːθ] **1** *n (in harbour)* amarradero. **2** *(on ship)* camarote *m*, litera. || **3** *vt* poner en dique. || **4** *vi* atracar.

beseech [bɪ'siːtʃ] *vt* (*pt & pp* besought *o* beseeched) implorar, suplicar.

beset [bɪ'set] *vt* (*pt & pp* beset) acosar.

beside [bɪ'saɪd] *prep* al lado de.
• **beside oneself** fuera de sí; **beside oneself with joy** loco,-a de alegría; **beside the point** que no viene al caso.

besides [bɪ'saɪdz] **1** *prep (as well as)* además de. **2** *(except)* excepto. || **3** *adv* además.

besiege [bɪ'siːdʒ] **1** *vt* MIL sitiar. **2** *fig* asediar.

besought [bɪ'sɔːt] *pt & pp* → **beseech**.

best [best] **1** *adj (superl of good)* mejor. || **2** *adv (superl of well)* mejor. || **3** *n* lo mejor.
• **all the best!** ¡que te vaya bien!; **as best you can** lo mejor que puedas; **at best** en el mejor de los casos; **the best part of** la mayor parte de; **to do one's best** esmerarse; **to make the best of** sacar el mejor partido de.
■ **best man** padrino de boda.

best-seller [best'selə] *n* best-seller *m*, superventas *m inv*.

bet [bet] **1** *n* apuesta. || **2** *vt* - *vi* apostar.

betray [bɪ'treɪ] **1** *vt* traicionar. **2** *(secret)* revelar.

betrayal [bɪ'treɪəl] *n* traición *f*.

better ['betə] **1** *adj (comp of good)* mejor. || **2** *adv (comp of well)* mejor. || **3** *vt (improve)* mejorar. **4** *(surpass)* superar. || **5** **betters** *npl* superiores *mpl*.

● **better late than never** más vale tarde que nunca; **had better** más vale que + *subj*: ***we'd better be going*** más vale que nos vayamos; **so much the better** tanto mejor; **to get better** mejorar.
■ **better half** media naranja.
betting ['betɪŋ] *n* apuestas *fpl*.
● **what's the betting that ...?** ¿qué te apuestas a que ...?
bettor ['betə] *n* apostante *mf*.
between [bɪ'twiːn] **1** *prep* entre. || **2** *adv* en medio.
● **between the lines** entre líneas; **between you and me** entre tú y yo, en confianza.
bevel ['bevl] **1** *n* bisel *m*, chaflán *m*. || **2** *vt* biselar.
beverage ['bevərɪdʒ] *n* bebida.
beware [bɪ'weə] *vi* tener cuidado (of, con).
bewilder [bɪ'wɪldə] *vt* desconcertar, confundir.
bewitch [bɪ'wɪtʃ] *vt (put spell on)* hechizar; *(fascinate)* fascinar.
beyond [bɪ'jɒnd] **1** *prep* más allá de. || **2** *adv* más allá. || **3 the beyond** *n* el más allá.
● **beyond belief** increíble; **beyond doubt** indudablemente; **it's beyond me** no lo entiendo.
bias ['baɪəs] **1** *n (prejudice)* parcialidad *f*, prejuicio. **2** *(inclination)* tendencia. || **3** *vt* predisponer.
biased ['baɪəst] *adj* parcial.
bib [bɪb] *n* babero.
Bible ['baɪbl] *n* Biblia.
bibliography [bɪblɪ'ɒgrəfɪ] *n* bibliografía.
biceps ['baɪsəps] *n* bíceps *m inv*.
bicker ['bɪkə] *vi* discutir.
bicycle ['baɪsɪkl] *n* bicicleta.
bid [bɪd] **1** *n (at auction)* puja. **2** *(attempt)* intento. **3** *(offer)* oferta. || **4** *vt* (*pt & pp* bid) *(at auction)* pujar. **5** (*pt* bid *o* bade; *pp* bid *o* bidden) *(say)* decir. **6** *(order)* ordenar, mandar. **7** *(invite)* invitar. || **8** *vi* (*pt & pp* bid) *(at auction)* pujar.
bidder ['bɪdə] *n* postor,-ra.
bidding ['bɪdɪŋ] **1** *n (at auction)* puja. **2** *(order)* orden *f*.
bide [baɪd] *vt* - *vi* (*pt* bode *o* bided).
● **to bide one's time** esperar el momento oportuno.
bidet ['biːdeɪ] *n* bidé *m*.
biennial [baɪ'enɪəl] *adj* bienal.
bifocal [baɪ'fəʊkl] **1** *adj* bifocal. || **2 bifocals** *npl* lentes *fpl* bifocales.
big [bɪg] *adj* grande; *(before sing noun)* gran: ***a big car*** un coche grande; ***a big day*** un gran día.
● **too big for one's boots** muy fanfarrón,-ona.
■ **big brother** hermano mayor; **big game** caza mayor; **big noise** pez gordo; **big shot** pez gordo; **big sister** hermana mayor.
bigamy ['bɪgəmɪ] *n* bigamia.
bighead ['bɪghed] *n* sabihondo,-a, creído,-a.
bigheaded [bɪg'hedɪd] *adj* sabihondo,-a, creído,-a.
big-hearted [bɪg'hɑːtɪd] *adj* de buen corazón, generoso,-a.
bigmouth ['bɪgmaʊθ] *n* bocazas *mf inv*.
bigot ['bɪgət] *n* fanático,-a.
bigotry ['bɪgətrɪ] *n* fanatismo.
bigwig ['bɪgwɪg] *n fam* pez *m* gordo.
bike [baɪk] **1** *n fam (bicycle)* bici *f*. **2** *fam (motorcycle)* moto *f*.
bikini [bɪ'kiːnɪ] *n* biquini *m*.
bilateral [baɪ'lætərəl] *adj* bilateral.
bile [baɪl] *n* bilis *f*, hiel *f*.
bilingual [baɪ'lɪŋgwəl] *adj* bilingüe.
bill [bɪl] **1** *n* factura; *(in restaurant)* cuenta. **2** *(law)* proyecto de ley. **3** US *(banknote)* billete *m*. **4** *(poster)* cartel *m*. || **5** *vt* facturar. **6** THEAT programar.
● **to fit the bill** cumplir los requisitos; **to top the bill** THEAT encabezar el reparto.
■ **bill of exchange** letra de cambio; **bill of lading** conocimiento de embarque; **Bill of Rights** declaración de derechos.

billboard ['bɪlbɔːd] *n* US valla publicitaria.

billiards ['bɪlɪədz] *n* billar *m*.

billion ['bɪlɪən] **1** *n (a million million)* billón *m*. **2** *(a thousand million)* mil millones *mpl*.

billow ['bɪləʊ] **1** *n (of water)* ola. **2** *(of smoke)* nube *f*. ‖ **3** *vt (sea)* ondear. **4** *(sail)* hincharse.

billy-goat ['bɪlɪgəʊt] *n* macho cabrío.

bin [bɪn] **1** *n* arca, cajón *m*. **2** *(for rubbish)* cubo de la basura; *(for paper)* papelera.

binary ['baɪnərɪ] *adj* binario,-a.

bind [baɪnd] **1** *vt* (*pt & pp* **bound**) *(tie up)* atar. **2** Culin ligar. **3** *(book)* encuadernar. **4** *(bandage)* vendar. **5** *(require)* obligar. ‖ **6** *n fam* fastidio, molestia.

binder ['baɪndə] **1** *n* AGR agavilladora. **2** *(file)* carpeta. **3** *(of books)* encuadernador,-ra.

binding ['baɪndɪŋ] **1** *n* SEW ribete *m*. **2** *(of skis)* fijación *f*. **3** *(of book)* encuadernación *f*. ‖ **4** *adj* obligatorio,-a.

binge [bɪndʒ] *n* borrachera.

bingo ['bɪŋgəʊ] *n* bingo.

binoculars [bɪ'nɒkjʊləz] *npl* gemelos *mpl*.

biographer [baɪ'ɒgrəfə] *n* biógrafo,-a.

biographical [baɪə'græfɪkl] *adj* biográfico,-a.

biography [baɪ'ɒgrəfɪ] *n* biografía.

biological [baɪə'lɒdʒɪkl] *adj* biológico,-a.

biologist [baɪ'ɒlədʒɪst] *n* biólogo,-a.

biology [baɪ'ɒlədʒɪ] *n* biología.

biopsy ['baɪɒpsɪ] *n* biopsia.

biorhythm ['baɪərɪðm] *n* biorritmo.

biosphere ['baɪəsfɪə] *n* biosfera.

birch [bɜːtʃ] **1** *n (tree)* abedul *m*. **2** *(rod)* vara de abedul. ‖ **3** *vt* azotar.

bird [bɜːd] **1** *n (large)* ave *f*; *(small)* pájaro. **2** GB *(girl)* chica.

● **a bird in the hand is worth two in the bush** más vale pájaro en mano que ciento volando; **to kill two birds with one stone** matar dos pájaros de un tiro.

■ **bird of prey** ave *f* de rapiña.

birdie ['bɜːdɪ] **1** *n* pajarito. **2** *(golf)* birdie *m*.

birdseed ['bɜːdsiːd] *n* alpiste *m*.

bird's-eye view [bɜːdzaɪ'vjuː] *n* vista de pájaro.

bird-watcher ['bɜːdwɒtʃə] *n* ornitólogo,-a.

Biro® ['baɪrəʊ] *n* GB boli *m*.

birth [bɜːθ] **1** *n (of baby)* nacimiento. **2** MED parto. **3** *(descent)* linaje *m*.

● **to give birth to** dar a luz a.

■ **birth certificate** partida de nacimiento; **birth control** control *m* de natalidad.

birthday ['bɜːθdeɪ] *n* cumpleaños *m inv*.

birthmark ['bɜːθmɑːk] *n* lunar *m*.

birthplace ['bɜːθpleɪs] *n* lugar *m* de nacimiento.

biscuit ['bɪskɪt] *n* galleta.

bisect [baɪ'sekt] *vt* bisecar.

bisexual [baɪ'seksjʊəl] *adj* bisexual.

bishop ['bɪʃəp] **1** *n* obispo. **2** *(chess)* alfil *m*.

bison ['baɪsn] *n* bisonte *m*.

bit [bɪt] **1** *n (small piece)* trozo, pedacito. **2** *(small amount)* poco. **3** *(of bridle)* bocado. **4** *(of drill)* broca. **5** COMPUT bit *m*. **6** *(coin)* moneda. ‖ **7** *pt* → **bite**.

● **bit by bit** poco a poco; **bits and pieces** trastos; **to come to bits** romperse; **to take to bits** desmontar; **to go to bits** *fig* ponerse histérico,-a.

■ **a bit of advice** un consejo.

bitch [bɪtʃ] **1** *n* hembra; *(of dog)* perra. **2** *pej (woman)* bruja. ‖ **3** *vi fam* quejarse.

bite [baɪt] **1** *n (act)* mordisco. **2** *(of insect)* picadura. **3** *(of dog etc)* mordedura. **4** *(of food)* bocado. ‖ **5** *vt - vi* (*pt* bit; *pp* bitten) morder. **6** *(insect)* picar. **7** *(fish)* picar.

biting ['baɪtɪŋ] *adj (wind)* cortante; *(comment)* mordaz.

bitten ['bɪtn] *pp* → **bite**.

bitter ['bɪtə] **1** *adj (gen)* amargo,-a. **2** *(weather)* glacial. **3** *(person)* amargado,-a. **4** *(fight)* enconado,-a. ‖ **5** *n* cerveza amarga. || **6 bitters** *npl* bíter *m sing.*

bitterly ['bɪtəlɪ] *adv* con amargura: ***bitterly disappointed*** terriblemente decepcionado,-a; ***it's bitterly cold*** hace un frío glacial.

bitterness ['bɪtənəs] **1** *n (gen)* amargura. **2** *(of person)* amargura, rencor *m*.

bizarre [bɪ'zɑː] *adj* raro,-a, extraño, -a.

blab [blæb] **1** *vi fam* parlotear. **2** *fam (tell secret)* cantar, descubrir el pastel.

black [blæk] **1** *adj* negro,-a. **2** *(gloomy)* aciago,-a, negro,-a. || **3** *n (colour)* negro. **4** *(person)* negro,-a. **5** *(mourning)* luto. || **6** *vt (make black)* ennegrecer. **7** *(boycott)* boicotear.

♦ **to black out 1** *vt* apagar las luces de. **2** *vi (faint)* desmayarse.

● **black and white** blanco y negro; **to put down sth in black and white** poner algo por escrito.

■ **black coffee** café solo; **black eye** ojo morado, ojo a la funerala; **black hole** agujero negro; **black market** mercado negro; **black marketeer** estraperlista *mf*; **black sheep** oveja negra.

black-and-blue [blækən'bluː] *adj* amoratado,-a.

blackberry ['blækbərɪ] *n* mora, zarzamora.

blackbird ['blækbɜːd] *n* mirlo.

blackboard ['blækbɔːd] *n* pizarra.

blackcurrant [blæk'kʌrənt] *n* grosella negra.

blacken ['blækn] **1** *vt* ennegrecer. **2** *fig (defame)* manchar.

blackhead ['blækhed] *n* espinilla.

blackish ['blækɪʃ] *adj* negruzco,-a.

blackleg ['blækleg] *n* esquirol *m*.

blackmail ['blækmeɪl] **1** *n* chantaje *m*. || **2** *vt* hacer un chantaje a.

blackmailer ['blækmeɪlə] *n* chantajista *mf*.

blackness ['blæknəs] *n* negrura, oscuridad *f*.

blackout ['blækaʊt] **1** *n* apagón *m*. **2** *(fainting)* pérdida de conocimiento.

blacksmith ['blæksmɪθ] *n* herrero.

bladder ['blædə] *n* vejiga.

blade [bleɪd] **1** *n (of sword, knife, etc)* hoja. **2** *(of iceskate)* cuchilla. **3** *(of propeller, oar)* pala. **4** *(of grass)* brizna.

blame [bleɪm] **1** *n* culpa. || **2** *vt* culpar, echar la culpa a.

● **to be to blame** tener la culpa; **to put the blame on** echar la culpa a.

blanch [blɑːntʃ] **1** *vt* CULIN escaldar. || **2** *vi* palidecer.

bland [blænd] *adj* soso,-a.

blank [blæŋk] **1** *adj (page etc)* en blanco. **2** *(look etc)* vacío,-a. || **3** *n* espacio en blanco.

● **my mind went blank** me quedé en blanco; **to draw a blank** no tener éxito.

■ **blank cartridge** cartucho de fogueo; **blank cheque** cheque *m* en blanco; **blank verse** verso blanco.

blanket ['blæŋkɪt] **1** *n* manta. || **2** *adj* general.

blare [bleə] *n* estruendo.

♦ **to blare out** *vi* sonar muy fuerte.

blaspheme [blæs'fiːm] *vi* blasfemar.

blasphemous ['blæsfɪməs] *adj* blasfemo,-a.

blasphemy ['blæsfɪmɪ] *n* blasfemia.

blast [blæːst] **1** *n (of wind)* ráfaga. **2** *(of water, air, etc)* chorro. **3** *(of horn etc)* toque *m*. **4** *(explosion)* explosión *f*, voladura. **5** *(shock wave)* onda expansiva. || **6** *vt (explode)* volar, hacer volar. **7** *(criticize)* criticar. || **8** *interj* ¡maldita sea!

● **at full blast** a todo volumen.

■ **blast furnace** alto horno.

blasted ['blɑːstɪd] *adj* maldito,-a.

blast-off ['blɑːstɒf] *n* despegue *m*.

blatant ['bleɪtnt] *adj* descarado,-a.

blaze [bleɪz] **1** *n (fire)* incendio. **2** *(flame)* llamarada. **3** *(of light)* resplandor *m*. || **4** *vi (fire)* arder. **5** *(sun)* brillar con fuerza.

● **like blazes** a toda pastilla, a todo gas; **to blaze a trail** abrir un camino.

blazer ['bleɪzə] *n* chaqueta de deporte.
bleach [bliːtʃ] **1** *n* lejía. ‖ **2** *vt* blanquear.
bleak [bliːk] **1** *adj (countryside)* desolado,-a. **2** *(weather)* desapacible. **3** *(future)* poco prometedor,-ra.
bleary ['blɪərɪ] **1** *adj (from tears)* nubloso,-a. **2** *(from tiredness)* legañoso,-a.
bleat [bliːt] **1** *n* balido. ‖ **2** *vi* balar.
bled [bled] *pt & pp* → **bleed**.
bleed [bliːd] *vt* - *vi* (*pt & pp* bled) sangrar.
• **to bleed sb dry** sacarle a algn hasta el último céntimo; **to bleed to death** morir desangrado,-a.
bleeding ['bliːdɪŋ] *adj vulg* puñetero, -a.
bleep [bliːp] **1** *n* pitido. ‖ **2** *vi* pitar. ‖ **3** *vt* localizar con un busca.
bleeper ['bliːpə] *n* buscapersonas *m inv*.
blemish ['blemɪʃ] **1** *n* imperfección *f*. **2** *(on fruit)* maca. **3** *fig* mancha.
blend [blend] **1** *n* mezcla, combinación *f*. ‖ **2** *vt (mix)* mezclar, combinar. **3** *(match)* matizar, armonizar. ‖ **4** *vi (mix)* mezclarse, combinarse. **5** *(match)* matizarse, armonizarse.
blender ['blendə] *n* CULIN batidora, minipímer® *m*.
bless [bles] *vt* bendecir.
• **bless you!** ¡Jesús!
blessed ['blesɪd] *adj* bendito,-a.
blessing ['blesɪŋ] **1** *n* bendición *f*. **2** *(advantage)* ventaja.
blew [bluː] *pt* → **blow**.
blight [blaɪt] *n fig* plaga.
blind [blaɪnd] **1** *adj* ciego,-a. ‖ **2** *n (on window)* persiana. ‖ **3** *vt* cegar, dejar ciego,-a. **4** *(dazzle)* deslumbrar.
• **to be blind** estar ciego,-a; **to go blind** quedarse ciego,-a.
blinders ['blaɪndəz] *npl* US anteojeras *fpl*.
blindfold ['blaɪndfəʊld] **1** *n* venda. ‖ **2** *vt* vendar los ojos a. ‖ **3** *adj* - *adv* con los ojos vendados.
blindly ['blaɪndlɪ] *adv* ciegamente, a ciegas.
blindness ['blaɪndnəs] *n* ceguera.
blink [blɪŋk] **1** *n* parpadeo. ‖ **2** *vi* parpadear.
• **on the blink** *fam* averiado,-a.
blinkers ['blɪŋkəz] *npl* anteojeras *fpl*.
bliss [blɪs] *n* felicidad *f*, dicha.
blister ['blɪstə] **1** *n (on skin)* ampolla. **2** *(on paint)* burbuja. ‖ **3** *vt* ampollar. ‖ **4** *vi* ampollarse.
blizzard ['blɪzəd] *n* tempestad *f* de nieve.
bloated ['bləʊtɪd] *adj* hinchado,-a.
blob [blɒb] **1** *n* gota. **2** *(of colour)* mancha.
bloc [blɒk] *n* POL bloque *m*.
block [blɒk] **1** *n* bloque *m*. **2** *(of wood, stone)* taco. **3** *(building)* edificio, bloque *m*. **4** *(group of buildings)* manzana. **5** *(obstruction)* bloqueo. ‖ **6** *vt (pipe etc)* obstruir, cegar, embozar. **7** *(streets etc)* bloquear.
■ **block letters** mayúsculas fpl.
blockade [blɒ'keɪd] **1** *n* MIL bloqueo. ‖ **2** *vt* bloquear.
blockage ['blɒkɪdʒ] *n* obstrucción *f*.
blockhead ['blɒkhed] *n* zoquete *mf*.
bloke [bləʊk] *n* GB *fam* tipo, tío.
blond [blɒnd] *adj* - *n* rubio,-a.
▲ *Suele escribirse* blonde *cuando se refiere a una mujer.*
blood [blʌd] **1** *n* sangre *f*. **2** *(ancestry)* alcurnia.
■ **blood group** grupo sanguíneo; **blood pressure** tensión arterial: ***high/low blood pressure*** tensión alta/baja.
bloodcurdling ['blʌdkɜːdlɪŋ] *adj* horripilante.
bloodhound ['blʌdhaʊnd] *n* sabueso.
bloodless ['blʌdləs] **1** *adj (pale)* pálido,-a. **2** *(revolution etc)* incruento,-a, sin derramamiento de sangre.
bloodshed ['blʌdʃəd] *n* derramamiento de sangre.
bloodshot ['blʌdʃɒt] *adj* rojo,-a, inyectado,-a de sangre.

bloodstream ['blʌdstriːm] *n* corriente *f* sanguínea.
bloodthirsty ['blʌdθɜːstɪ] *adj* sanguinario,-a.
bloody ['blʌdɪ] **1** *adj (battle)* sangriento,-a. **2** *fam (damned)* puñetero,-a, condenado,-a.
bloody-minded [blʌdɪ'maɪndɪd] *adj* tozudo,-a.
bloom [bluːm] **1** *n* flor *f*. ‖ **2** *vi* florecer.
bloomer ['bluːmə] *n* GB *fam* metedura de pata.
bloomers ['bluːməz] *npl* pololos *mpl*.
blooper ['bluːpr] *n* US *fam* metedura de pata.
blossom ['blɒsəm] **1** *n* flor *f*. ‖ **2** *vi* florecer.
blot [blɒt] **1** *n (of ink)* borrón *m*. ‖ **2** *vt (stain)* manchar. **3** *(dry)* secar.
♦ **to blot out 1** *vt (hide)* ocultar. **2** *vt (memory)* borrar.
● **to blot one's copybook** manchar su reputación.
blotch [blɒtʃ] *n* mancha.
blotter ['blɒtə] **1** *n* papel *m* secante. **2** US registro.
blotting-paper ['blɒtɪŋpeɪpə] *n* papel *m* secante.
blouse [blaʊz] *n* blusa.
blow [bləʊ] **1** *n* golpe *m*. ‖ **2** *vi* (*pt* blew; *pp* blown [bləʊn]) *(wind)* soplar. **3** *(instrument)* sonar. **4** *(fuse)* fundirse. **5** *(tyre)* reventarse. ‖ **6** *vt (instrument)* tocar; *(whistle)* pitar; *(horn)* tocar. **7** *fam (money)* despilfarrar.
♦ **to blow out 1** *vt* apagar. **2** *vi* apagarse ♦ **to blow over 1** *vi (storm)* amainar. **2** *vi (scandal)* olvidarse ♦ **to blow up 1** *vt (explode)* hacer explotar. **2** *vt (inflate)* hinchar. **3** *vt (photograph)* ampliar. **4** *vi (explode)* explotar. **5** *vi (lose one's temper)* salirse de sus casillas.
● **blow you!** *fam* ¡vete a hacer puñetas!; **to blow one's nose** sonarse la nariz; **to blow one's top** salirse de sus casillas.
blowlamp ['bləʊlæmp] *n* soplete *m*.
blowout ['bləʊaʊt] **1** *n* AUTO reventón *m*. **2** *fam* comilona.
blowpipe ['bləʊpaɪp] *n* cerbatana.
blowtorch ['bləʊtɔːtʃ] *n* soplete *m*.
blue [bluː] **1** *adj* azul. **2** *(sad)* triste. **3** *(depressed)* deprimido,-a. **4** *(obscene)* verde. ‖ **5** *n* azul *m*.
● **once in a blue moon** de Pascuas a Ramos; **out of the blue** como llovido del cielo.
■ **the blues** *(depression)* melancolía; *(music)* el blues.
blueberry ['bluːbərɪ] *n* arándano.
blue-eyed ['bluːaɪd] *adj* de ojos azules.
■ **blue-eyed boy** niño mimado.
blueprint ['bluːprɪnt] **1** *n* cianotipo. **2** *fig* anteproyecto.
bluetit ['bluːtɪt] *n* herrerillo común.
bluff [blʌf] **1** *adj (person)* francote, campechano,-a. ‖ **2** *n* farol *m*, fanfarronada. ‖ **3** *vi* tirarse un farol, fanfarronear.
bluish ['bluːɪʃ] *adj* azulado,-a.
blunder ['blʌndə] **1** *n* plancha, metedura de pata. ‖ **2** *vi* meter la pata.
blunt [blʌnt] **1** *adj (knife)* desafilado, -a; *(pencil)* despuntado,-a. **2** *(person)* franco,-a. ‖ **3** *vt* desafilar; *(pencil)* despuntar.
bluntly ['blʌntlɪ] *adv* sin rodeos.
blur [blɜː] *n* borrón *m*.
blurred [blɜːd] *adj* borroso,-a.
blurt out ['blɜːt'aʊt] *vt* espetar, soltar bruscamente.
blush [blʌʃ] **1** *n* rubor *m*, sonrojo *m*. ‖ **2** *vi* ruborizarse, sonrojarse.
bluster ['blʌstə] **1** *n* fanfarronadas *fpl*. ‖ **2** *vt* fanfarronear.
blustery ['blʌstərɪ] *adj (windy)* ventoso,-a.
boa ['bəʊə] *n* boa.
boar [bɔː] *n* verraco.
■ **wild boar** jabalí *m*.
board [bɔːd] **1** *n (piece of wood)* tabla, tablero. **2** *(food)* comida, pensión *f*. **3** *(committee)* junta, consejo. ‖ **4** *vt (ship etc)* subirse a, embarcar en. ‖ **5** *vi (lodge)* alojarse.

• **on board** MAR a bordo; **above board** *fig* en regla, legal; **across the board** *fig* general.
■ **board of directors** consejo de administración, junta directiva.
boarder ['bɔːdə] **1** *n* huésped,-da. **2** *(at school)* interno,-a.
boarding ['bɔːdɪŋ] **1** *n* embarque *m*. **2** *(lodging)* pensión *f*, alojamiento.
■ **boarding card** tarjeta de embarque; **boarding house** casa de huéspedes; **boarding school** internado.
boast [bəʊst] **1** *n* jactancia. ‖ **2** *vi* jactarse. ‖ **3** *vt* ostentar, presumir de.
boastful ['bəʊstfʊl] *adj* jactancioso,-a.
boat [bəʊt] *n* barco; *(small)* barca; *(large)* buque *m*; *(launch)* lancha.
boating ['bəʊtɪŋ] *n*.
• **to go boating** dar un paseo en barca.
boatload ['bəʊtləʊd] *n fam* montón *m*.
boatswain ['bəʊsn] *n* contramaestre *m*.
bob [bɒb] **1** *n (haircut)* pelo a lo chico. **2** *fam* chelín *m*. ‖ **3** *vt (hair)* cortar a lo chico.
• **to bob up and down** moverse arriba y abajo.
bobbin ['bɒbɪn] *n* bobina.
bobby ['bɒbɪ] *n* GB *fam* poli *m*.
bode [bəʊd] **1** *pt* → **bide**. ‖ **2** *vt - vi* presagiar.
• **to bode ill/well** ser de buen/mal agüero.
bodice ['bɒdɪs] *n* corpiño.
bodily ['bɒdɪlɪ] **1** *adj* físico,-a, corporal. ‖ **2** *adv* físicamente. **3** *(en masse)* como un solo hombre.
body ['bɒdɪ] **1** *n* cuerpo. **2** *(corpse)* cadáver *m*. **3** *(organization)* organismo, entidad *f*. **4** *(of wine)* cuerpo. **5** *(main part)* parte *f* principal.
body-building ['bɒdɪbɪldɪŋ] *n* culturismo.
bodyguard ['bɒdɪgɑːd] *n* guardaespaldas *m inv*.
bodywork ['bɒdɪwɜːk] *n* AUTO carrocería.
bog [bɒg] **1** *n* pantano, cenagal *m*. **2** *vulg (toilet)* meódromo.
• **to get bogged down** atascarse, encallarse.
bogey ['bəʊgɪ] **1** *n* fantasma *m*. **2** *(golf)* bogey *m*.
bogus ['bəʊgəs] *adj* falso,-a.
bohemian [bəʊ'hiːmɪən] *adj - n* bohemio,-a.
boil [bɔɪl] **1** *n* MED furúnculo. ‖ **2** *vt (water)* hervir; *(food)* hervir, cocer; *(egg)* cocer. ‖ **3** *vi (food)* hervir, cocerse; *(egg)* cocerse.
♦ **to boil down to** *vt* reducirse a.
• **to come to the boil** empezar a hervir.
boiler ['bɔɪlə] *n* caldera.
boiling ['bɔɪlɪn] *adj* hirviente.
■ **boiling point** punto de ebullición.
boisterous ['bɔɪstrəs] *adj* bullicioso,-a.
bold [bəʊld] **1** *adj (brave)* valiente. **2** *(daring)* audaz, atrevido,-a. **3** *(cheeky)* descarado,-a.
■ **bold type** negrita.
boldness ['bəʊldnəs] **1** *n (courage)* valor *m*. **2** *(daring)* audacia. **3** *(cheek)* descaro.
Bolivia [bə'lɪvɪə] *n* Bolivia.
Bolivian [bə'lɪvɪən] *adj - n* boliviano, -a.
bolshie ['bɒlʃɪ] *adj* GB *fam* renegón, -ona.
bolshy ['bɒlʃɪ] *adj* GB *fam* renegón, -ona.
bolster ['bəʊlstə] **1** *n* cabezal *m*, travesaño. ‖ **2** *vt* reforzar.
bolt [bəʊlt] **1** *n (on door etc)* cerrojo; *(small)* pestillo. **2** *(screw)* perno, tornillo. **3** *(lightning)* rayo. ‖ **4** *vt (lock)* cerrar con cerrojo. **5** *(screw)* sujetar con tornillos. **6** *fam (food)* engullir. ‖ **7** *vi (person)* escaparse; *(horse)* desbocarse.
• **bolt upright** tieso,-a; **to make a bolt for it** escaparse.
bomb [bɒm] **1** *n* bomba. ‖ **2** *vt* MIL bombardear; *(terrorist)* colocar una bomba en.
bombard [bɒm'bɑːd] *vt* bombardear.
bombastic [bɒm'bæstɪk] *adj* rimbombante, ampuloso,-a.

bomber ['bɒmə] **1** *n* MIL bombardero. **2** *(terrorist)* terrorista *mf* que coloca bombas.
bombing ['bɒmɪŋ] **1** *n* MIL bombardeo. **2** *(terrorist act)* atentado con bomba.
bomb-proof ['bɒmpruːf] *adj* a prueba de bombas.
bombshell ['bɒmʃel] **1** *n* MIL obús *m*. **2** *fig* bomba. **3** *fam* mujer *f* explosiva.
bona fide [bəʊnə'faɪdɪ] *adj* genuino,-a, auténtico,-a.
bond [bɒnd] **1** *n (link)* lazo, vínculo. **2** FIN bono, obligación *f*. **3** JUR fianza. **4** *(agreement)* pacto, compromiso. **5** *(adhesion)* unión *f*. || **6** *vt (stick)* pegar. || **7** *vi (stick)* pegarse.
bondage ['bɒndɪdʒ] *n* esclavitud *f*, servidumbre *f*.
bone [bəʊn] **1** *n* hueso. **2** *(of fish)* espina. || **3** *vt* deshuesar.
■ **bone of contention** manzana de la discordia.
bone-idle [bəʊn'aɪdl] *adj* holgazán, -ana.
bonfire ['bɒnfaɪə] *n* hoguera.
▲ *en Gran Bretaña* Bonfire night *es la noche del cinco de noviembre; se celebra con hogueras y fuegos artificiales.*
bonkers ['bɒŋkəz] *adj* GB *fam* chalado,-a.
bonnet ['bɒnɪt] **1** *n (child's)* gorro, gorra. **2** AUTO capó *m*.
bonny ['bɒnɪ] *adj* hermoso,-a, lindo,-a.
bonus ['bəʊnəs] *n* prima.
bony ['bəʊnɪ] *adj* huesudo,-a.
boo [buː] **1** *interj* ¡bu! || **2** *n* abucheo. || **3** *vt - vi* abuchear.
boob [buːb] **1** *n fam* metedura de pata. || **2** *vi fam* meter la pata. || **3 boobs** *npl fam* tetas *fpl*.
booby prize ['buːbɪpraɪz] *n* premio de consolación *f*.
booby trap ['buːbɪtræp] **1** *n* trampa explosiva. || **2 booby-trap** *vt* poner una bomba en.
book [bʊk] **1** *n* libro. **2** *(of tickets)* taco; *(of matches)* cajetilla. || **3** *vt (reserve)* reservar; *(contract)* contratar. **4** *(police)* multar; *(referee)* amonestar. || **5 books** *npl* COMM libros *mpl*, cuentas *fpl*.
bookcase ['bʊkkeɪs] *n* librería, estantería.
booking ['bʊkɪŋ] *n* reservación *f*.
■ **booking office** taquilla.
bookkeeping ['bʊkkiːpɪŋ] *n* teneduría de libros.
booklet ['bʊklət] *n* folleto.
bookmaker ['bʊkmeɪkə] *n* GB corredor,-ra de apuestas.
bookseller ['bʊkselə] *n* librero,-a.
bookshelf ['bʊkʃelf] **1** *n* estante *m*. || **2 bookshelves** *npl* librería.
bookshop ['bʊkʃɒp] *n* librería.
bookstore ['bʊkstɔː] *n* librería.
bookworm ['bʊkwɜːm] *n fig* ratón *m* de biblioteca.
boom [buːm] **1** *n (noise)* estampido, retumbo. **2** *fig (success)* boom *m*, auge *m*. **3** MAR botalón *m*. **4** *(of microphone)* jirafa. **5** *(barrier)* barrera. || **6** *vi* tronar. **7** *(prosper)* estar en auge.
boomerang ['buːməræŋ] *n* bumerang *m*.
boor [bʊə] *n* patán *m*.
boorish ['bʊərɪʃ] *adj* tosco,-a, zafio,-a.
boost [buːst] **1** *n* empuje *m*. **2** *fig* estímulo. || **3** *vt* aumentar. **4** *(morale)* levantar.
boot [buːt] **1** *n (footwear)* bota. **2** GB *(of car)* maletero. || **3** *vt - vi* COMPUT arrancar.
♦ **to boot out** *vt* echar, echar a patadas.
● **to boot** además.
booth [buːð] **1** *n* cabina. **2** *(at fair)* puesto.
bootlegger ['buːtlegə] *n* contrabandista *mf*.
booty ['buːtɪ] *n* botín *m*.
booze [buːz] **1** *n fam* bebida, alcohol *m*. || **2** *vi fam* mamar.
boozer ['buːzə] **1** *n fam (person)* borracho,-a. **2** *fam (pub)* tasca.
bop [bɒp] **1** *n fam* baile *m*. || **2** *vi fam* bailar.

border ['bɔːdə] **1** *n (of country)* frontera. **2** *(edge)* borde *m.* **3** SEW ribete *m.*
♦ **to border on** *vt* lindar con; *fig* rayar en.
bore [bɔː] **1** *pt* → **bear**. ‖ **2** *n (person)* pelmazo,-a, pesado,-a; *(thing)* lata, rollo. **3** *(of gun)* ánima, alma; *(calibre)* calibre *m.* ‖ **4** *vt* aburrir. **5** *(perforate)* horadar.
● **to bore a hole in** abrir un agujero en.
bored [bɔːd] *adj* aburrido,-a.
boredom ['bɔːdəm] *n* aburrimiento.
boring ['bɔːrɪŋ] *adj* aburrido,-a.
born [bɔːn] *pp* → **bear**.
● **to be born** nacer.
borne [bɔːn] *pp* → **bear**.
borough ['bʌrə] **1** *n* ciudad *f.* **2** *(district)* barrio.
borrow ['bɒrəʊ] *vt* tomar prestado,-a, pedir prestado,-a.
borrower ['bɒrəʊə] *n* prestatario,-a.
bosom ['bʊzm] **1** *n* pecho. **2** *(centre)* seno.
■ **bosom friend** amigo,-a del alma.
boss [bɒs] *n* jefe,-a.
♦ **to boss around** *vt* mangonear.
bossy ['bɒsɪ] *adj* mandón,-ona.
botanical [bə'tænɪkl] *adj* botánico,-a.
botanist ['bɒtənɪst] *n* botánico,-a.
botany ['bɒtənɪ] *n* botánica.
botch [bɒtʃ] **1** *n* chapuza. ‖ **2** *vt* hacer una chapuza de.
both [bəʊθ] **1** *adj - pron* ambos,-as, los/las dos. ‖ **2** *conj* a la vez: ***it's both cheap and good*** es bueno y barato a la vez.
● **both ... and** tanto ... como.
bother ['bɒðə] **1** *n (nuisance)* molestia. **2** *(problems)* problemas *mpl.* ‖ **3** *vt (be a nuisance)* molestar. **4** *(worry)* preocupar. ‖ **5** *vi (take trouble)* molestarse: ***he didn't even bother to ring*** ni se molestó en llamar. **6** *(worry)* preocuparse.
bottle ['bɒtl] **1** *n* botella; *(small)* frasco. **2** GB *fam (nerve)* agallas *fpl.* ‖ **3** *vt (wine etc)* embotellar; *(fruit)* envasar.
■ **bottle bank** contenedor *m* de vidrio; **bottle opener** abrebotellas *m inv.*
bottleneck ['bɒtlnek] *n fig* cuello de botella.
bottom ['bɒtəm] **1** *n (of sea, box, garden, street, etc)* fondo; *(of bottle)* culo; *(of hill, page)* pie *m*; *(of dress)* bajo; *(of trousers)* bajos *mpl.* **2** *(buttocks)* trasero, culo. ‖ **3** *adj* de abajo.
● **to get to the bottom of sth** llegar al fondo de algo.
bottomless ['bɒtəmləs] *adj* sin fondo, insondable.
bough [baʊ] *n* rama.
bought [bɔːt] *pt & pp* → **buy**.
boulder ['bəʊldə] *n* canto rodado.
bounce [baʊns] **1** *n (of ball)* bote *m.* **2** *fig (energy)* vitalidad *f.* ‖ **3** *vi* rebotar. **4** *(cheque)* ser rechazado por el banco. ‖ **5** *vt* hacer botar.
bouncer ['baʊnsə] *n fam* gorila *m.*
bound [baʊnd] **1** *pt & pp* → **bind**. ‖ **2** *adj (tied)* atado,-a. **3** *(forced)* obligado,-a. **4** *(book)* encuadernado,-a. ‖ **5** *n* salto, brinco. ‖ **6** *vi* saltar.
● **bound for** con destino a, con rumbo a; **to be bound to** ser seguro que: ***Sue's bound to win*** seguro que ganará Sue.
boundary ['baʊndərɪ] *n* límite *m*, frontera.
bounds [baʊndz] *npl* límites *mpl.*
bouquet [buː'keɪ] **1** *n (flowers)* ramillete *m.* **2** *(wine)* aroma.
bourgeois ['bʊəʒwɑː] *adj - n* burgués, -esa.
bourgeoisie [bʊəʒwɑː'ziː] *n* burguesía.
bout [baʊt] **1** *n (period)* rato. **2** *(of illness)* ataque *m.* **3** *(boxing)* encuentro.
boutique [buː'tiːk] *n* boutique *f*, tienda.
bow [baʊ] **1** *n (with body)* reverencia. **2** MAR proa. **3** ([bəʊ]) *(weapon)* arco. **4** *(of violin)* arco. **5** *(knot)* lazo. ‖ **6** *vi (in respect)* inclinarse, hacer una reverencia. **7** *(wall)* arquearse.
■ **bow tie** pajarita.

bowel ['baʊəl] **1** *n* intestino. ‖ **2 bowels** *npl* entrañas *fpl*.
bowl [bəʊl] **1** *n (for soup)* escudilla. **2** *(for mixing)* cuenco. **3** *(for washing; hands)* palangana; *(clothes)* barreño. **4** *(of toilet)* taza. ‖ **5** *vi (play bowls)* jugar a las bochas. **6** *(cricket)* lanzar la pelota. ‖ **7 bowls** *npl (game)* bochas *fpl*. **8** *(ball)* bocha.
bow-legged ['bəʊlegd] *adj* estevado, -a.
bowler ['bəʊlə] **1** *n (hat)* bombín *m*. **2** *(cricket)* lanzador,-ra.
bowling ['bəʊlɪŋ] *n (game)* bolos *mpl*.
● **to go bowling** *(tenpin)* jugar a los bolos; *(bowls)* jugar a las bochas.
■ **bowling alley** bolera.
box [bɒks] **1** *n (gen)* caja; *(large)* cajón *m*. **2** THEAT palco. **3** GB *fam (telly)* caja tonta. **4** *(tree)* boj *m*. ‖ **5** *vt (put in boxes)* poner en cajas, encajonar. ‖ **6** *vi (as sport)* boxear.
■ **box office** taquilla.
boxer ['bɒksə] **1** *n (sportsman)* boxeador,-ra. **2** *(dog)* bóxer *m*.
boxing ['bɒksɪŋ] *n* boxeo.
■ **Boxing Day** GB día *m* de San Esteban.
boy [bɔɪ] *n (baby)* niño; *(child)* chico, muchacho; *(youth)* joven *m*.
■ **boy scout** explorador *m*.
boycott ['bɔɪkɒt] **1** *n* boicot *m*. ‖ **2** *vt* boicotear.
boyfriend ['bɔɪfrend] *n* novio.
boyhood ['bɔɪhʊd] *n* niñez *f*.
boyish ['bɔɪɪʃ] *adj* muchachil, juvenil.
bps ['biː'piː'es] *abbr (*bits per second*)* bps.
bra [brɑː] *n* → **brassiere**.
brace [breɪs] **1** *n (clamp)* abrazadera. **2** *(support)* riostra. **3** *(drill)* berbiquí *m*. **4** *(on teeth)* aparato. **5** *(two)* par *m*. ‖ **6** *vt* reforzar. ‖ **7 braces** *npl* tirantes *mpl*.
● **to brace oneself for sth** prepararse para algo.
bracelet ['breɪslət] *n* brazalete *m*.
bracing ['breɪsɪŋ] *adj* tonificante.
bracket ['brækɪt] **1** *n* paréntesis *m inv*; *(square)* corchete *m*. **2** *(for shelf)* soporte *m*. **3** *(group)* horquilla, banda.
brag [bræg] **1** *n* jactancia. ‖ **2** *vi* jactarse (about, de).
braid [breɪd] **1** *n* galón *m*. **2** US *(plait)* trenza.
Braille [breɪl] *n* braille *m*.
brain [breɪn] **1** *n* cerebro. ‖ **2 brains** *npl* inteligencia *f sing*.
■ **brain wave** idea genial.
brainy ['breɪnɪ] *adj fam* inteligente.
brake [breɪk] **1** *n* freno. ‖ **2** *vt* frenar.
bramble ['bræmbl] *n* zarza.
bran [bræn] *n* salvado.
branch [brɑːntʃ] **1** *n (tree)* rama. **2** *(road etc)* ramal *m*. **3** COMM sucursal *f*. ‖ **4** *vi* bifurcarse.
brand [brænd] **1** *n* COMM marca. **2** *(type)* clase *f*. **3** *(cattle)* hierro. ‖ **4** *vt* marcar.
brandish ['brændɪʃ] *vt* blandir.
brand-new [bræn'njuː] *adj* flamante.
brandy ['brændɪ] *n* brandy *m*.
brass [brɑːs] **1** *n* latón *m*. **2** *fam (money)* pasta.
brassiere ['bræzɪə] *n* sujetador *m*, sostén *m*.
brat [bræt] *n fam* mocoso,-a.
brave [breɪv] **1** *adj* valiente. ‖ **2** *n* guerrero indio. ‖ **3** *vt* desafiar.
bravery ['breɪvərɪ] *n* valentía.
bravo! [brɑː'vəʊ] *interj* ¡bravo!
brawl [brɔːl] **1** *n* reyerta, pelea. ‖ **2** *vi* pelearse.
Brazil [brə'zɪl] *n* Brasil *m*.
Brazilian [brə'zɪlɪən] *adj* - *n* brasileño,-a.
breach [briːtʃ] **1** *n (opening)* brecha, abertura. **2** *(violation)* incumplimiento.
bread [bred] **1** *n* pan *m*. **2** *sl (money)* guita, pasta.
breadth [bredθ] *n* anchura.
break [breɪk] **1** *n* rotura, ruptura. **2** *(pause)* interrupción *f*, pausa. **3** *(chance)* oportunidad *f*. ‖ **4** *vt* (*pt* **broke**; *pp* **broken**) romper. **5** *(record)* batir. **6** *(promise)* faltar a. **7** *(news)* comunicar. **8** *(code)* descifrar. **9** *(fall)* amortiguar. **10** *(jour-*

ney) interrumpir. || **11** *vi* romperse. **12** *(storm)* estallar. **13** *(voice)* cambiar. **14** *(health)* quebrantarse.

♦ **to break down 1** *vt* derribar. **2** *vt (analyse)* desglosar. **3** *vi (car)* averiarse; *(driver)* tener una avería. **4** *vi (appliance)* estropearse ♦ **to break in** *vt* domar ♦ **to break into** *vt (house)* entrar por la fuerza en; *(safe)* forzar ♦ **to break out. 1** *vi (prisoners)* escaparse. **2** *vi (war etc)* estallar ♦ **to break up 1** *vt (crowd)* disolver. **2** *vi (crowd)* disolverse. **3** *vi (marriage)* fracasar; *(couple)* separarse. **4** *vi (school)* empezar las vacaciones.

breakdown [ˈbreɪkdaʊn] **1** *n* avería. **2** MED crisis *f nerviosa.* **3** *(in negotiations)* ruptura. **4** *(analysis)* análisis *m*; *(financial)* desglose *m.*

breakfast [ˈbrekfəst] **1** *n* desayuno. || **2** *vi* desayunar.

break-in [ˈbreɪkɪn] *n* entrada forzada.

breakthrough [ˈbreɪkθruː] *n* avance *m* importante.

breakwater [ˈbreɪkwɔːtə] *n* rompeolas *m inv.*

breast [brest] **1** *n* pecho. **2** *(of chicken etc)* pechuga.

breast-feed [ˈbrestfiːd] *vt* amamantar.

breaststroke [ˈbreststrəʊk] *n* braza.

breath [breθ] *n* aliento.

• **out of breath** sin aliento.

breathalyze [ˈbreθəlaɪz] *vt* hacer la prueba del alcohol a.

breathe [briːð] *vt* - *vi* respirar.

breathing [ˈbriːðɪŋ] *n* respiración *f.*

breathless [ˈbreθləs] *adj* sin aliento, jadeante.

bred [bred] *pt & pp* → **breed**.

breeches [ˈbrɪtʃɪz] *npl* pantalones *mpl.*

breed [briːd] **1** *n* raza. || **2** *vt (pt & pp* bred) criar. || **3** *vi* reproducirse.

breeding [ˈbriːdɪŋ] **1** *n* cría. **2** *(of person)* educación *f.*

breeze [briːz] *n* brisa.

brew [bruː] **1** *n (tea etc)* infusión *f.* **2** *(potion)* brebaje *m.* || **3** *vt (beer)* elaborar. **4** *(tea etc)* preperar. || **5** *vi (tea etc)* reposar.

brewery [ˈbrʊərɪ] *n* cervecería.

bribe [braɪb] **1** *n* soborno. || **2** *vt* sobornar.

bribery [ˈbraɪbərɪ] *n* soborno.

bric-a-brac [ˈbrɪkəbræk] *n* baratijas *fpl.*

brick [brɪk] **1** *n* ladrillo. **2** *(toy)* cubo *(de madera).*

• **to drop a brick** GB *fam* meter la pata.

bricklayer [ˈbrɪkleɪə] *n* albañil *m.*

bride [braɪd] *n* novia, desposada.

bridegroom [ˈbraɪdgruːm] *n* novio, desposado.

bridesmaid [ˈbraɪdzmeɪd] *n* dama de honor.

bridge [brɪdʒ] **1** *n* puente *m.* **2** *(of nose)* caballete *m.* **3** *(on ship)* puente *m* de mando. **4** *(game)* bridge *m.* || **5** *vt (river)* tender un puente sobre.

bridle [ˈbraɪdl] **1** *n* brida. || **2** *vt (horse)* embridar. || **3** *vi* mostrar desagrado (at, por).

brief [briːf] **1** *adj (short)* breve; *(concise)* conciso,-a. || **2** *n (report)* informe *m.* **3** JUR expediente *m.* **4** MIL instrucciones *fpl.* || **5** *vt (inform)* informar. **6** *(instruct)* dar instrucciones a.

briefcase [ˈbriːfkeɪs] *n* maletín *m,* cartera.

brigade [brɪˈgeɪd] *n* brigada.

bright [braɪt] **1** *adj (light, eyes, etc)* brillante. **2** *(day)* despejado,-a. **3** *(colour)* vivo,-a. **4** *(future)* prometedor,-ra. **5** *(clever)* inteligente. **6** *(cheerful)* alegre, animado,-a.

brighten [ˈbraɪtn] *vi* animarse, avivarse.

♦ **to brighten up. 1** *vi (weather)* despejarse. **2** *vi (person)* animarse. **3** *vt* animar, hacer más alegre.

brightness [ˈbraɪtnəs] **1** *n (light)* luminosidad *f.* **2** *(of sun)* resplandor *m.* **3** *(of day)* claridad *f.* **4** *(of colour)* viveza. **5** *(cleverness)* inteligencia.

brilliant [ˈbrɪljənt] **1** *adj* brillante, reluciente. **2** *(person)* brillante, genial. **3** *fam* estupendo,-a, fantástico,-a.

brim [brɪm] **1** *n (of glass)* borde *m.* **2** *(of hat)* ala. || **3** *vi* rebosar (with, de).

bring [brɪŋ] **1** *vt* (*pt & pp* brought) traer: ***he brought his sister to the party*** trajo a su hermana a la fiesta. **2** *(lead)* conducir: ***he was brought before the court*** fue llevado ante el tribunal; ***this path brings you to the church*** este camino te lleva a la iglesia.

♦ **to bring about** *vt* provocar, causar ♦ **to bring back 1** *vt (return)* devolver. **2** *vt (reintroduce)* volver a introducir: ***to bring back memories of*** hacer recordar ♦ **to bring down 1** *vt (cause to fall)* derribar. **2** *vt (reduce)* hacer bajar ♦ **to bring forward** *vt* adelantar ♦ **to bring in 1** *vt (introduce)* introducir. **2** *vt (yield)* producir. **3** *vt* JUR *(verdict)* emitir ♦ **to bring off** *vt* conseguir, lograr ♦ **to bring on** *vt (illness)* provocar ♦ **to bring out** *vt* sacar; *(book etc)* publicar ♦ **to bring round 1** *vt (persuade)* persuadir, convencer. **2** *vt (revive)* hacer volver en sí ♦ **to bring to** *vt* hacer volver en sí ♦ **to bring up 1** *vt (educate)* criar, educar. **2** *vt (mention)* plantear. **3** *vt (vomit)* devolver.

● **to bring a charge against sb** JUR acusar a algn.

brink [brɪŋk] *n* borde *m*.

● **on the brink of** a punto de.

brisk [brɪsk] *adj* enérgico,-a.

● **to go for a brisk walk** caminar a paso ligero.

bristle ['brɪsl] **1** *n* cerda. ‖ **2** *vi* erizarse.

♦ **to bristle with** *vt fig* estar lleno,-a de.

Britain ['brɪtn] *n* Bretaña.

■ **Great Britain** Gran Bretaña.

British ['brɪtɪʃ] **1** *adj* británico,-a. ‖ **2 the British** *npl* los británicos.

brittle ['brɪtl] *adj* quebradizo,-a, frágil.

broad [brɔːd] **1** *adj (wide)* ancho,-a; *(extensive)* amplio,-a, extenso,-a. **2** *(general)* general. **3** *(accent)* marcado, -a, cerrado,-a.

● **in broad daylight** en pleno día.

■ **broad bean** haba.

broadcast ['brɔːdkɑːst] **1** *n* RAD TV emisión *f*. ‖ **2** *vt* (*pt & pp* broadcast) Rad TV emitir, transmitir. **3** *(make known)* difundir.

broadcasting ['brɔːdkɑːstɪŋ] **1** *n* RAD radiodifusión *f*. **2** TV transmisión *f*.

broaden ['brɔːdn] *vt (widen)* ensanchar.

● **to broaden the mind** ampliar los horizontes.

broadly ['brɔːdlɪ] *adv* en términos generales.

broad-minded [brɔːd'maɪndɪd] *adj* liberal, tolerante.

broccoli ['brɒkəlɪ] *n* brécol *m*, bróculi *m*.

brochure ['brəʊʃə] *n* folleto.

broil [brɔɪl] *vt* US asar a la parrilla.

broiler ['brɔɪlə] *n* CULIN pollo *(para asar)*.

broke [brəʊk] **1** *pt* → **break**. ‖ **2** *adj fam (penniless)* sin blanca.

broken ['brəʊkn] **1** *pp* → **break**. ‖ **2** *adj* roto,-a. **3** *(machine)* estropeado,-a. **4** *(bone)* fracturado,-a. **5** *(person)* destrozado,-a. **6** *(language)* chapurreado, -a.

broker ['brəʊkə] *n (on stock exchange)* corredor,-ra *m*, broker *mf*; *(intermediary)* intermediario,-a.

brolly ['brɒlɪ] *n* GB *fam* paraguas *m inv*.

bromide ['brəʊmaɪd] *n* CHEM bromuro.

bromine ['brəʊmaɪn] *n* CHEM bromo.

bronchitis [brɒŋ'kaɪtɪs] *n* bronquitis *f inv*.

bronze [brɒnz] **1** *n* bronce *m*. ‖ **2** *adj (colour)* bronceado,-a.

brooch [brəʊtʃ] *n* broche *m*.

brood [bruːd] **1** *n (birds)* nidada. ‖ **2** *vi (hen)* empollar. **3** *fig* considerar, rumiar.

brook [brʊk] *n* arroyo, riachuelo.

broom [bruːm] *n* escoba.

broomstick ['bruːmstɪk] *n* palo de escoba.

Bros [brɒs] *abbr (*Brothers*)* Hermanos *mpl*; *(abbreviation)* Hnos: ***Jones Bros*** Hnos Jones.

broth [brɒθ] *n* caldo.

brothel ['brɒθl] *n* burdel *m*.
brother ['brʌðə] *n* hermano.
brotherhood ['brʌðəhʊd] *n* hermandad *f*.
brother-in-law ['brʌðərɪnlɔː] *n* cuñado.
brotherly ['brʌdəlɪ] *adj* fraternal.
brought [brɔːt] *pt & pp* → **bring**.
brow [braʊ] **1** *n (eyebrow)* ceja. **2** *(forehead)* frente *f*. **3** *(of hill)* cresta.
browbeat ['braʊbiːt] *vt* intimidar.
▲ *Se conjuga como* beat.
brown [braʊn] **1** *adj* marrón. **2** *(hair etc)* castaño,-a. **3** *(skin)* moreno,-a. || **4** *vt* CULIN dorar. **5** *(tan)* broncear. || **6** *vi (tan)* broncearse.
browse [braʊz] **1** *vi (animal - grass)* pacer; *(- leaves)* ramonear. **2** *(person - in shop)* mirar; *(- through book)* hojear; ***to browse the Web*** navegar por la Web.
browser ['braʊzə] *n* COMPUT navegador.
bruise [bruːz] **1** *n* morado, magulladura, contusión *f*. || **2** *vt (body)* magullar, contusionar. **3** *(fruit)* machucar. || **4** *vi (body)* magullarse, contusionarse. **5** *(fruit)* machucarse.
brunette [bruː'net] **1** *n* morena. || **2** *adj* moreno,-a.
brush [brʌʃ] **1** *n (for teeth, clothes, etc)* cepillo. **2** *(artist's)* pincel *m*. **3** *(house painter's)* brocha. **4** *(undergrowth)* maleza. || **5** *vt* cepillar. **6** *(touch lightly)* rozar.
♦ **to brush up** *vt* refrescar, repasar.
brush-off ['brʌʃɒf] *n*.
● **to give sb the brush-off** no hacer ni el mínimo caso a algn.
brusque [bruːsk] *adj* brusco,-a, áspero,-a.
Brussels ['brʌslz] *prn* Bruselas.
■ **Brussels sprouts** coles *fpl* de Bruselas.
brutal ['bruːtl] *adj* brutal, cruel.
brutality [bruː'tælɪtɪ] *n* brutalidad *f*, crueldad *f*.
brute [bruːt] **1** *adj* brutal, bruto,-a. || **2** *n* bruto,-a, bestia *mf*.
brutish ['bruːtɪʃ] *adj* brutal, bestial.
BSc ['biː'es'siː] *abbr (*Bachelor of Science*)* licenciado,-a en ciencias.
BSE ['biː'es'iː] *abbr (*bovine spongiform encephalopathy*)* encefalopatía espongiforme bovina.
Bt ['bærənət] *abbr (*Baronet*)* baronet *m*.
BTA ['biː'tiː'eɪ] *abbr (British Tourist Authority) organismo británico que regula el turismo*.
bubble ['bʌbl] **1** *n* burbuja. || **2** *vi* burbujear.
bubbly ['bʌblɪ] **1** *adj* burbujeante. **2** *(person)* vivaz.
buck [bʌk] **1** *n (gen)* macho; *(deer)* ciervo. **2** US *fam* dólar *m*. || **3** *vi (horse)* corcovear.
♦ **to buck up 1** *vt fam*: ***buck your ideas up!*** ¡espabílate! **2** *vi* animarse.
● **to pass the buck to sb** echar el muerto a algn.
bucket ['bʌkɪt] *n* cubo.
buckle ['bʌkl] **1** *n* hebilla. || **2** *vt* abrochar. || **3** *vi* torcerse. **4** *(knees)* doblarse.
bucolic [bjuː'kɒlɪk] *adj* bucólico,-a.
bud [bʌd] **1** *n (leaf)* yema; *(flower)* capullo. || **2** *vi* brotar.
Buddhism ['bʊdɪzm] *n* budismo.
Buddhist ['bʊdɪst] **1** *adj* budista. || **2** *n* budista *mf*.
budding ['bʌdɪŋ] *adj* en ciernes.
buddy ['bʌdɪ] *n* US *fam* amigote *m*.
budge [bʌdʒ] **1** *vt* mover. || **2** *vi* moverse. || **3** *vt - vi (give way)* ceder.
budgerigar ['bʌdʒərɪgɑː] *n* periquito.
budget ['bʌdʒɪt] **1** *n* presupuesto. || **2** *vt - vi* presupuestar.
buff [bʌf] **1** *n (colour)* color *m* del ante. **2** *(enthusiast)* aficionado,-a. || **3** *adj* de color del ante. || **4** *vt* dar brillo a.
buffalo ['bʌfələʊ] *n* búfalo.
buffer ['bʌfə] **1** *n* tope *m*. **2** COMPUT memoria intermedia.
buffet ['bʌfeɪ] **1** *n (bar)* bar *m*; *(at station)* cantina, bar *m*. **2** *(meal)* bufet *m* libre. **3** (['bʌfɪt]) *(slap)* bofetada. || **4** *vt* abofetear.

bug [bʌg] **1** *n (insect)* bicho. **2** *fam (microbe)* microbio. **3** *(microphone)* micrófono oculto. **4** *fam (interest)* afición *f*. **5** COMPUT *(error)* error *m*. ‖ **6** *vt fam* ocultar micrófonos en. **7** *(annoy)* molestar.

bugger ['bʌgə] **1** *n (sodomite)* sodomita *m*. **2** *vulg (bastard)* cabrón,-ona. **3** *vulg (thing)* coñazo. ‖ **4** *vt* sodomizar. ‖ **5 bugger!** *interj vulg* ¡joder!
♦ **to bugger about** *vi vulg* hacer el gilipollas ♦ **to bugger off** *vi vulg* largarse ♦ **to bugger up** *vt vulg* joder.

bugle ['bjuːgl] *n* corneta.

build [bɪld] **1** *n (physique)* constitución *f*. ‖ **2** *vt* (*pt & pp* built) construir.
♦ **to build up** *vt* acumular *vi* acumularse.

builder ['bɪldə] *n* constructor,-ra.

building ['bɪldɪŋ] **1** *n* edificio. **2** *(action)* construcción *f*, edificación *f*.
■ **building site** obra; **building society** sociedad *f* hipotecaria.

build-up ['bɪldʌp] **1** *n* aumento. **2** *(of gas)* acumulación *f*. **3** *(of troops)* concentración *f*.

built [bɪlt] *pt & pp* → **build**.

built-in [bɪlt'ɪn] *adj* incorporado,-a.

built-up [bɪlt'ʌp] *adj* urbanizado,-a.

bulb [bʌlb] **1** *n* BOT bulbo. **2** ELEC bombilla.

Bulgaria [bʌl'geərɪə] *n* Bulgaria.

Bulgarian [bʌl'geərɪən] **1** *adj* búlgaro, -a. ‖ **2** *n (person)* búlgaro,-a. **3** *(language)* búlgaro.

bulge [bʌldʒ] **1** *n* bulto. ‖ **2** *vi* hincharse.

bulk [bʌlk] **1** *n (mass)* volumen *m*, masa. **2** *(greater part)* mayor parte *f*.
● **in bulk** COMM a granel.

bulky ['bʌlkɪ] *adj* voluminoso,-a.

bull [bʊl] **1** *n* toro. **2** *(papal)* bula. **3** FIN alcista *mf*.

bulldog ['bʊldɒg] *n* buldog *m*.

bulldozer ['bʊldəʊzə] *n* bulldozer *m*.

bullet ['bʊlɪt] *n* bala.

bulletin ['bʊlɪtɪn] *n* boletín *m*.

bullet-proof ['bʊlɪtpruːf] *adj* antibalas.

bullfight ['bʊlfaɪt] *n* corrida de toros.

bullfighter ['bʊlfaɪtə] *n* torero,-a.

bullfighting ['bʊlfaɪtɪŋ] *n* los toros; *(art)* tauromaquia.

bullion ['bʊljən] *n* oro en barras, plata en barras.

bullock ['bʊlək] *n* buey *m*.

bullring ['bʊlrɪŋ] *n* plaza de toros.

bull's-eye ['bʊlzaɪ] *n (target)* diana.
● **to score a bull's-eye** dar en el blanco.

bullshit ['bʊlʃɪt] *n vulg* chorradas *fpl*.

bully ['bʊlɪ] **1** *n* matón *m*. ‖ **2** *vt* intimidar, atemorizar.

bum [bʌm] **1** *n* GB *fam* culo. **2** US *fam (tramp)* vagabundo,-a. **3** *fam (idler)* vago,-a. ‖ **4** *vt fam* gorrear.

bumblebee ['bʌmblbiː] *n* abejorro.

bumbling ['bʌmblɪŋ] *adj* torpe.

bump [bʌmp] **1** *n (swelling)* chichón *m*. **2** *(in road)* bache *m*. **3** *(blow)* choque *m*, batacazo. ‖ **4** *vt - vi* chocar (into, con), dar (into, contra).
♦ **to bump into** *vt* encontrar por casualidad, tropezar con ♦ **to bump off** *vt* matar.

bumper ['bʌmpə] **1** *adj* abundante. ‖ **2** *n* parachoques *m inv*.

bumpkin ['bʌmpkɪn] *n* paleto,-a.

bumpy ['bʌmpɪ] *adj (road)* lleno,-a de baches.

bun [bʌn] **1** *n (bread)* panecillo; *(sweet)* bollo. **2** *(cake)* magdalena. **3** *(hair)* moño.

bunch [bʌntʃ] **1** *n* manojo. **2** *(flowers)* ramo. **3** *(grapes)* racimo. **4** *(people)* grupo.

bundle ['bʌndl] **1** *n (clothes)* fardo. **2** *(wood)* haz *m*. **3** *(papers)* fajo.

bung [bʌŋ] **1** *n* tapón *m*. ‖ **2** *vt fam (put)* poner. **3** GB *fam (throw)* lanzar.

bungalow ['bʌngələʊ] *n* bungalow *m*.

bungle ['bʌngl] *vt* chapucear.

bungler ['bʌŋglə] *n* chapucero,-a.

bunion ['bʌnjən] *n* juanete *m*.

bunk [bʌŋk] *n* litera.

bunker ['bʌŋkə] **1** *n (for coal)* carbonera. **2** *(golf)* búnker *m*. **3** MIL búnker *m*.

bunny ['bʌnɪ] *n fam* conejito.
buoy [bɔɪ] *n* boya.
buoyant ['bɔɪənt] **1** *adj* flotante. **2** FIN con tendencia alcista. **3** *(person)* animado,-a.
burden ['bɜːdn] **1** *n* carga. ‖ **2** *vt* cargar.
bureau ['bjʊərəʊ] **1** *n* (*pl* bureaus *o* bureaux) *(desk)* escritorio. **2** US *(chest of drawers)* cómoda. **3** *(office)* oficina.
bureaucracy [bjʊə'rɒkrəsɪ] *n* burocracia.
bureaucrat ['bjʊərəkræt] *n* burócrata *mf*.
bureaucratic [bjʊərə'krætɪk] *adj* burocrático,-a.
burger ['bɜːgə] *n* hamburguesa.
burglar ['bɜːglə] *n* ladrón,-ona.
burglary ['bɜːglərɪ] *n* robo.
burgle ['bɜːgl] *vt* robar.
burial ['berɪəl] *n* entierro.
burly ['bɜːlɪ] *adj* corpulento,-a.
burn [bɜːn] **1** *n* quemadura. ‖ **2** *vt* quemar. ‖ **3** *vi* arder, quemarse.
♦ **to burn down** **1** *vt* incendiar. **2** *vi* incendiarse ♦ **to burn out** **1** *vi (fire)* extinguirse. **2** *vi (person, machine)* gastarse.
burner ['bɜːnə] *n* quemador *m*.
burning ['bɜːnɪŋ] **1** *adj (on fire)* incendiado,-a, ardiendo. **2** *(passionate)* ardiente.
■ **burning question** cuestión candente.
burnt [bɜːnt] *pt & pp* → **burn**.
burp [bɜːp] **1** *n fam* eructo. ‖ **2** *vi fam* eructar.
burrow ['bʌrəʊ] **1** *n* madriguera. ‖ **2** *vi* excavar una madriguera.
burst [bɜːst] **1** *n* explosión *f*, estallido. **2** *(of tyre)* reventón *m*. **3** *(of activity)* arranque *m*. **4** *(of applause)* salva. **5** *(of gunfire)* ráfaga. ‖ **6** *vt* (*pt & pp* burst) *(balloon)* reventar. ‖ **7** *vi (balloon, tyre, pipe, etc)* reventarse.
● **to burst into tears** echarse a llorar; **to burst out crying/laughing** echarse a llorar/reír; **river to burst its banks** salirse de madre.
bury ['berɪ] *vt* enterrar.
bus [bʌs] *n* autobús *m*.
■ **bus stop** parada de autobús.
bush [bʊʃ] **1** *n (plant)* arbusto. **2** *(land)* monte *m*.
bushy ['bʊʃɪ] *adj* espeso,-a, tupido,-a.
business ['bɪznəs] **1** *n (commerce)* los negocios. **2** *(firm)* negocio, empresa. **3** *(duty)* deber *m*. **4** *(affair)* asunto.
businesslike ['bɪznəslaɪk] *adj* formal, serio,-a.
businessman ['bɪznəsmən] *n* hombre *m* de negocios, empresario.
businesswoman ['bɪznəswʊmən] *n* mujer *f* de negocios, empresaria.
busker ['bʌskə] *n* GB músico,-a callejero,-a.
bust [bʌst] **1** *n* busto. ‖ **2** *vt fam* romper. ‖ **3** *adj fam* roto,-a.
● **to go bust** *fam* quebrar.
bustle ['bʌsl] *n* bullicio.
♦ **to bustle about** *vi* ir y venir, no parar.
busy ['bɪzɪ] **1** *adj (person)* ocupado,-a, atareado,-a. **2** *(street)* concurrido,-a. **3** *(day)* ajetreado,-a. **4** *(telephone)* ocupado,-a.
● **to busy oneself doing sth** ocuparse en hacer algo.
busybody ['bɪzɪbɒdɪ] *n* entremetido,-a.
but [bʌt] **1** *conj* pero: ***it's cold, but dry*** hace frío, pero no llueve; ***I'd like to, but I can't*** me gustaría, pero no puedo. **2** *(after negative)* sino: ***not two, but three*** no dos, sino tres. ‖ **3** *adv* sólo: ***had I but known ...*** si lo hubiese sabido ...; ***she is but a child*** no es más que una niña. ‖ **4** *prep* excepto, salvo, menos: ***all but me*** todos menos yo.
● **but for** *(past)* si no hubiese sido por; *(present)* si no fuese por: ***but for his help, we would have failed*** si no hubiese sido por su ayuda, habríamos fracasado.
butane ['bjuːteɪn] *n* butano.
butcher ['bʊtʃə] *n* carnicero,-a.
butler ['bʌtlə] *n* mayordomo.

butt [bʌt] **1** *n (of cigarette)* colilla. **2** *(of rifle)* culata. **3** *(barrel)* tonel *m.* **4** *(target)* blanco. **5** *(with head)* cabezazo. **6** US *fam* culo. || **7** *vt (with head)* topetar.
♦ **to butt in** *vi* entrometerse.

butter [ˈbʌtə] **1** *n* mantequilla. || **2** *vt* untar con mantequilla.
♦ **to butter up** *vt fam* dar coba a.
● **to look as if butter wouldn't melt in one's mouth** parecer una mosquita muerta.

butterfingers [ˈbʌtəfɪŋgəz] *n* manazas *mf inv.*

butterfly [ˈbʌtəflaɪ] *n* mariposa.

buttock [ˈbʌtək] *n* nalga.

button [ˈbʌtn] **1** *n* botón *m.* || **2** *vt* abrochar. || **3** *vi* abrocharse.

buttonhole [ˈbʌtnhəʊl] *n* ojal *m.*

buttress [ˈbʌtrɪs] *n* contrafuerte *m.*

butty [ˈbʌtɪ] *n* GB *fam* bocata *m.*

buxom [ˈbʌksəm] *adj* pechugón,-ona.

buy [baɪ] **1** *n* compra. || **2** *vt* (*pt & pp* bought) comprar. **3** *(bribe)* sobornar. **4** *fam (believe)* tragar.

buyer [ˈbaɪə] *n* comprador,-ra.

buzz [bʌz] **1** *n* zumbido. || **2** *vi* zumbar.
● **to give sb a buzz** dar un toque a algn, llamar a algn.

buzzer [ˈbʌzə] *n* zumbador *m.*

by [baɪ] **1** *prep (showing agent)* por: ***painted by Fraser*** pintado por Fraser. **2** *(manner)* por: ***by air/road*** por avión/carretera; ***by car/train*** en coche/tren; ***by hand*** a mano; ***by heart*** de memoria. **3** *(showing difference)* por: ***I won by 3 points*** gané por tres puntos; ***better by far*** muchísimo mejor. **4** *(not later than)* para: ***I need it by ten*** lo necesito para las diez. **5** *(during)* de: ***by day/night*** de día/noche. **6** *(near)* junto a, al lado de: ***sit by me*** siéntate a mi lado. **7** *(according to)* según: ***by the rules*** según las reglas. **8** *(measurements)* por: ***6 metres by 4*** 6 metros por 4. **9** *(rate)* por: ***paid by the hour*** pagado,-a por horas; ***two by two*** de dos en dos. || **10** *adv* de largo: ***he passed by, he didn't stop*** pasó de largo, no se detuvo.
● **by and by** con el tiempo; **by oneself** solo,-a.

bye [baɪ] *interj fam* ¡adiós!, ¡hasta luego!

by-law [ˈbaɪlɔː] *n* ley *f* municipal.

bypass [ˈbaɪpɑːs] **1** *n* AUTO variante *f.* **2** MED by-pass *m.*

by-product [ˈbaɪprɒdʌkt] *n* subproducto, derivado.

bystander [ˈbaɪstændə] *n* espectador,-ra.

byte [baɪt] *n* COMPUT byte *m.*

C

c [ˈsɜːkə] **1** *abbr (***circa***)* hacia; *(abbreviation)* h. **2** ([sent]) *(***cent***)* céntimo. **3** ([ˈkɒpɪraɪt]) *(***copyright***)* propiedad *f* literaria, copyright *m*; *(abbreviation)* c.

c. [ˈsentʃərɪ] *abbr (***century***)* siglo; *(abbreviation)* s.: ***c. 18 literature*** la literatura del s. XVIII.

C of E [ˈsiːəvˈiː] *abbr (***Church of England***)* Iglesia Anglicana.

c/a [kərəntəˈkaʊnt] *abbr (***current account***)* cuenta corriente; *(abbreviation)* c/c.

cab [kæb] **1** *n* taxi *m.* **2** *(in lorry)* cabina de conductor; *(in train)* cabina de maquinista. **3** HIST cabriolé *m.*

cabbage [ˈkæbɪdʒ] *n* col *f*, repollo.

cabin [ˈkæbɪn] **1** *n (wooden)* cabaña. **2** *(on ship)* camarote *m.* **3** *(of plane)* cabina.

cabinet [ˈkæbɪnət] **1** *n (ministers)* gabinete *m.* **2** *(furniture)* armario; *(glass fronted)* vitrina.

cable [ˈkeɪbl] **1** *n (electric)* cable *m.* **2** *(message)* cable *m*, telegrama *m.* || **3** *vt* cablegrafiar, telegrafiar.
■ **cable car** teleférico, telecabina; **cable television** televisión *f* por cable.

cache [kæʃ] **1** *n* alijo. **2** COMPUT caché *m.*
■ **cache memory** memoria caché.

cackle ['kækl] **1** *n* cacareo. **2** *(laugh)* risa socarrona. || **3** *vi* cacarear. **4** *(laugh)* reír socarronamente.

cactus ['kæktəs] *n* (*pl* cacti *or* cactuses) cactus *m*.

CAD [kæd] *abbr (*computer-aided design*)* diseño con ayuda de ordenador.

caddie ['kædɪ] *n* cadi *m*.

caddy ['kædɪ] *n* cajita para el té.

cadet [kə'det] *n* cadete *m*.

cadger ['kædʒə] *n fam* gorrón,-ona.

café ['kæfeɪ] *n* cafetería.

cafeteria [kæfɪ'tɪərɪə] *n* restaurante de autoservicio.

caffeine ['kæfiːn] *n* cafeína.

cage [keɪdʒ] **1** *n* jaula. || **2** *vt* enjaular.

cagey ['keɪdʒɪ] *adj fam* cauteloso,-a.

cagoule [kə'guːl] *n* chubasquero.

cake [keɪk] *n* pastel *m*, tarta.

● **to sell like hot cakes** venderse como rosquillas; **it's a piece of cake** *fam* es pan comido, está chupado,-a.

calamity [kə'læmɪtɪ] *n* calamidad *f*.

calcium ['kælsɪəm] *n* calcio.

calculate ['kælkjʊleɪt] **1** *vt* calcular. || **2** *vi* hacer cálculos, calcular.

calculating ['kælkjʊleɪtɪŋ] *adj* calculador,-ra.

■ **calculating machine** calculadora.

calculation [kælkjʊ'leɪʃn] *n* cálculo.

calculator ['kælkjʊleɪtə] *n* calculadora.

calculus ['kælkjʊləs] *n* cálculo.

calendar ['kælɪndə] *n* calendario.

calf [kɑːf] **1** *n* (*pl* **calves**) Zool ternero,-a, becerro,-a. **2** Anat pantorrilla.

calibre ['kælɪbə] *n* calibre *m*.

call [kɔːl] **1** *n (shout)* grito: ***nobody heard her calls*** nadie oyó sus gritos. **2** *(on phone)* llamada, AM llamado: ***there's a call for you*** tienes una llamada. **3** *(at airport)* aviso, llamada, AM llamado: ***last call for flight CH354*** última llamada para vuelo CH354. **4** *(of animal)* grito; *(of bird)* reclamo. **5** *(demand)* demanda: ***there's not much call for it*** no tiene mucha demanda. **6** *(appeal)* llamada, llamamiento: ***a call for calm*** un llamamiento a la calma. **7** *(visit)* visita: ***we had a call from the police*** recibimos una visita de la policía. || **8** *vt (gen)* llamar: ***he called me into his office*** me llamó a su despacho; ***what is he called?*** ¿cómo se llama?; ***he called me a liar*** me llamó mentiroso. **9** *(on phone)* llamar a, telefonear: ***call your mother*** llama a tu madre. **10** *(meeting, strike)* convocar; *(flight)* anunciar. || **11** *vi (gen)* llamar: ***has anybody called?*** ¿ha llamado alguien? **12** *(visit)* pasar: ***she called on her way to work*** pasó camino del trabajo; ***call at the butcher's*** pásate por la carnicería. **13** *(train)* efectuar parada: ***this train calls at Selby and York*** este tren efectúa parada en Selby y York.

♦ **to call for 1** *vt (pick up)* pasar a buscar. **2** *vt (demand)* exigir. **3** *vt (need)* necesitar: ***this calls for a celebration*** esto hay que celebrarlo ♦ **to call off** *vt (suspend)* suspender ♦ **to call on 1** *vt (visit)* visitar. **2** *vt fml (urge)* instar: ***he called on them to negotiate*** les instó a negociar ♦ **to call out 1** *vt (troops)* sacar a la calle. **2** *vt (doctor)* hacer venir. **3** *vt (workers)* llamar a la huelga. **4** *vt - vi* gritar ♦ **to call up 1** *vt* Mil llamar a filas. **2** *vt (telephone)* llamar.

● **on call** de guardia; **to call into question** poner en duda; **to call to mind** traer a la memoria; **to pay a call on** visitar; **let's call it a day** *fam* dejémoslo por hoy.

■ **call box** GB cabina telefónica; **call girl** prostituta.

caller ['kɔːlə] **1** *n* visita *mf*, visitante *mf*. **2** *(telephone)* persona que llama.

callipers ['kælɪpəz] **1** *npl* Tech calibrador *m sing*. **2** Med aparato *m sing* ortopédico.

callous ['kæləs] *adj* duro,-a, insensible.

calm [kɑːm] **1** *adj (sea)* en calma, sereno,-a. **2** *(person)* tranquilo,-a, sosegado,-a. || **3** *n (of sea)* calma. **4** *(of person)* tranquilidad *f*, serenidad *f*. || **5** *vt* tranquilizar, calmar.

♦ **to calm down** *vt* tranquilizar, calmar.

calorie ['kælərɪ] *n* caloría.
camcorder ['kæmkɔːdə] *n* videocámara.
came [keɪm] *pt* → **come**.
camel ['kæml] *n* camello.
camera ['kæmrə] *n* cámara, máquina fotográfica.
● **in camera** a puerta cerrada.
cameraman ['kæmrəmən] *n* cámara *m*.
Cameroon [kæmə'ruːn] *n* Camerún *m*.
camomile ['kæməmaɪl] *n* BOT manzanilla, camomila.
camouflage ['kæməflɑːʒ] **1** *n* camuflaje *m*. ‖ **2** *vt* camuflar.
camp [kæmp] **1** *n* campamento. ‖ **2** *vi* acampar.
■ **camp bed** cama plegable; **camp site** camping *m*, campamento.
campaign [kæm'peɪn] **1** *n* campaña. ‖ **2** *vi* hacer campaña (for, en favor de).
camper ['kæmpə] **1** *n* campista *mf*. **2** US *(vehicle)* caravana.
camping ['kæmpɪŋ] *n*.
● **to go camping** ir de camping.
■ **camping site** camping *m*, campamento.
campus ['kæmpəs] *n* campus *m*.
can [kæn] **1** *n (for food, drinks)* lata. **2** *(for oil etc)* bidón *m*. ‖ **3** *aux* (*pt & cond* could) *(be able to)* poder: ***can you come tomorrow?*** ¿puedes venir mañana? ‖ **4** *vt (know how to)* saber: ***he can swim*** sabe nadar; ***can you speak Chinese?*** ¿sabes hablar chino? **5** *(be allowed to)* poder: ***you can't smoke here*** no se puede fumar aquí. **6** (*pt & cond could*) *(be possible)* poder: ***he can't be here already!*** ¡no puede ser que ya haya llegado!; ***what can it mean?*** ¿qué querrá decir? **7** (*pt & cond* could) *(put in cans)* enlatar.
Canada ['kænədə] *n* Canadá *m*.
Canadian [kə'neɪdɪən] **1** *adj* canadiense. ‖ **2** *n* canadiense *mf*.
canal [kə'næl] *n* canal *m*.
canary [kə'neərɪ] *n* canario.
Canary Islands [kə'neərɪaɪləndz] *npl* Islas Canarias.
cancel ['kænsl] **1** *vt* cancelar. **2** COMM anular. **3** *(cross out)* tachar.
cancellation [kæns'leɪʃn] **1** *n* cancelación *f*. **2** COMM anulación *f*.
cancer ['kænsə] **1** *n* MED cáncer *m*. **2** ASTROL ASTRON Cáncer *m inv*.
candid ['kændɪd] *adj* franco,-a, sincero,-a.
candidate ['kændɪdɪt] *n* candidato,-a.
candle ['kændl] *n (at home)* vela; *(in church)* cirio.
candlestick ['kændlstɪk] *n* candelero, palmatoria.
candy ['kændɪ] *n* US caramelo.
cane [keɪn] **1** *n* BOT caña. **2** *(stick)* bastón *m*; *(for punishment)* vara. **3** *(furniture)* mimbre *m*. ‖ **4 Cancer** *vt* azotar con la vara.
canine ['keɪnaɪn] *adj* canino,-a.
canister ['kænɪstə] *n* bote *m*, lata.
canned [kænd] **1** *adj (food)* enlatado, -a. **2** *fam (drunk)* mamado,-a.
cannibal ['kænɪbl] **1** *adj* caníbal. ‖ **2** *n* caníbal *mf*.
cannon ['kænən] *n* cañón *m*.
cannot ['kænɒt] *aux* forma compuesta de can + not.
canoe [kə'nuː] **1** *n* canoa, piragua. ‖ **2** *vi* ir en canoa, ir en piragua.
canon ['kænən] **1** *n (rule)* canon *m*. **2** *(priest)* canónigo.
canopy ['kænəpɪ] *n* dosel *m*.
can't [kɑːnt] *aux* contracción de can + not.
canteen [kæn'tiːn] **1** *n (restaurant)* cantina. **2** *(cutlery)* juego de cubiertos.
canter ['kæntə] **1** *n* medio galope. ‖ **2** *vi* ir a medio galope.
canvas ['kænvəs] **1** *n* lona. **2** ART lienzo.
canvass ['kænvəs] *vi* hacer propaganda política.
canyon ['kænjən] *n* cañón *m*.
cap [kæp] **1** *n (man's)* gorro; *(soldier's)* gorra; *(nurse's)* cofia. **2** *(of pen)* capuchón *m*; *(of bottle)* chapa, tapa. ‖ **3** *vt (crown)* cubrir; *(figuratively)* coronar.
● **to cap it all** para colmo.

capability [keɪpə'bɪlɪtɪ] *n* capacidad *f*, aptitud *f*, habilidad *f*.
capable ['keɪpəbl] *adj* capaz: ***he's capable of not coming*** es capaz de no venir.
capacity [kə'pæsɪtɪ] **1** *n (of container)* capacidad *f*, cabida. **2** *(of theatre)* capacidad *f*, aforo. **3** *(ability)* capacidad *f*. **4** *(position)* condición *f*, calidad *f*.
● **to be filled to capacity** estar al completo.
cape [keɪp] **1** *n* GEOG cabo. **2** *(garment)* capa corta.
caper ['keɪpə] **1** *n* BOT alcaparra. **2** *(prank)* travesura.
capital ['kæpɪtl] **1** *adj (letter)* mayúscula: ***capital A*** A mayúscula. **2** GEOG JUR capital. || **3** *n* GEOG capital *f*. **4** FIN capital *m*. **5** *(letter)* mayúscula.
■ **capital punishment** la pena capital.
capitalism ['kæpɪtəlɪzm] *n* capitalismo.
capitalist ['kæpɪtəlɪst] **1** *adj* capitalista. || **2** *n* capitalista *mf*.
capitulate [kə'pɪtjʊleɪt] *vi* capitular (to ante).
capricious [kə'prɪʃəs] *adj* caprichoso, -a, antojadizo,-a.
Capricorn ['kæprɪkɔːn] *n* ASTROL ASTRON Capricornio *m inv*.
capsize [kæp'saɪz] **1** *vi* volcar. || **2** *vt* hacer volcar.
capsule ['kæpsjuːl] *n* cápsula.
captain ['kæptɪn] *n* capitán *m*.
caption ['kæpʃn] *n* leyenda, pie *m* de foto.
captivate ['kæptɪveɪt] *vt* cautivar, fascinar.
captive ['kæptɪv] *adj* - *n* cautivo,-a.
captivity [kæp'tɪvɪtɪ] *n* cautiverio.
● **in captivitity** en cautiverio.
capture ['kæptʃə] **1** *n (of person)* captura, apresamiento; *(of town)* toma. || **2** *vt (person)* capturar, apresar; *(town)* tomar. **3** *(mood etc)* captar.
car [kɑː] **1** *n* AUTO coche *m*, automóvil *m*. **2** *(railways)* vagón *m*, coche *m*.
■ **car bomb** coche bomba *m*; **car park** aparcamiento; **car wash** túnel *m* de lavado.
caramel ['kærəmel] **1** *n* CULIN azúcar quemado. **2** *(sweet)* caramelo.
carat ['kærət] *n* quilate *m*.
caravan [kærə'væn] *n* AUTO caravana.
carbohydrate [kɑːbəʊ'haɪdreɪt] *n* hidrato de carbono.
carbon ['kɑːbn] *n* CHEM carbono.
■ **carbon dioxide** dióxido de carbono; **carbon monoxide** monóxido de carbono; **carbon paper** papel *m* carbón.
carburettor ['kɑːbjʊrətə] *n* carburador *m*.
carcass ['kɑːkəs] **1** *n* res *f* muerta. **2** *(at butcher's)* res *f* abierta en canal.
card [kɑːd] **1** *n (playing card)* carta, naipe *m*. **2** *(business, credit, etc)* tarjeta. **3** *(in file)* ficha. **4** *(membership, identity)* carnet *m*, carné *m*. **5** *(Christmas, birthday)* felicitación *f*. **6** *(stiff paper)* cartulina.
● **to play cards** jugar a las cartas.
cardboard ['kɑːdbɔːd] *n* cartón *m*.
cardiac ['kɑːdɪæk] *adj* cardíaco,-a.
■ **cardiac arrest** paro cardíaco.
cardigan ['kɑːdɪgən] *n* rebeca, chaqueta de punto.
cardinal ['kɑːdɪnl] **1** *adj* cardinal. || **2** *n* REL cardenal *m*.
cardphone ['kɑːdfəʊn] *n* teléfono que funciona con tarjetas.
care [keə] **1** *n (attention, protection, carefulness)* cuidado; *(medical)* asistencia. **2** *(worry)* preocupación *f*, inquietud *f*: ***she was free of all cares*** no tenía preocupaciones. **3** *(custody)* custodia. || **4** *vi (be worried)* preocuparse: ***he doesn't care about others*** no le importan los demás; ***I don't care*** me tiene sin cuidado. **5** *fml (like, want)* apetecer: ***would you care to dance?*** ¿le apetecería bailar? || **6** *vt (mind)* importar: ***I don't care what she says*** no me importa lo que diga.
♦ **to care for 1** *vt (look after)* cuidar. **2** *vt (like)* gustar, interesar.

• **take care!** ¡cuídate!; **to take care of** *(child etc)* cuidar; *(business matters)* ocuparse de, hacerse cargo de; **to take care not to do sth** tener cuidado de no hacer algo.

career [kəˈrɪə] **1** *n (profession)* carrera. **2** *(working life)* vida profesional.

careful [ˈkeəfʊl] **1** *adj* cuidadoso,-a. **2** *(cautious)* prudente: ***a careful driver*** un conductor prudente.

carefully [ˈkeəfʊlɪ] *adv (think, plan)* cuidadosamente; *(act, drive)* con cuidado: ***drive carefully*** conduce con cuidado.

careless [ˈkeələs] *adj (appearance)* descuidado,-a; *(driving)* negligente; *(work)* hecho,-a a la ligera.

caress [kəˈres] **1** *n* caricia. ‖ **2** *vt* acariciar.

caretaker [ˈkeəteɪkə] *n* conserje *m*.

cargo [ˈkɑːgəʊ] *n* carga, cargamento.

Caribbean [kærɪˈbɪən] *adj* caribeño,-a.

■ **the Caribbean** el Caribe.

caricature [ˈkærɪkətjʊə] **1** *n* caricatura. ‖ **2** *vt* caricaturizar.

caries [ˈkeərɪz] *n* caries *f inv*.

carnation [kɑːˈneɪʃn] *n* clavel *m*.

carnival [ˈkɑːnɪvl] *n* carnaval *m*.

carol [ˈkærəl] *n* villancico.

carp [kɑːp] **1** *n (fish)* carpa. ‖ **2** *vi* refunfuñar, quejarse.

carpenter [ˈkɑːpɪntə] *n* carpintero.

carpentry [ˈkɑːpɪntrɪ] *n* carpintería.

carpet [ˈkɑːpɪt] **1** *n* alfombra. ‖ **2** *vt* enmoquetar.

carriage [ˈkærɪdʒ] **1** *n* HIST carruaje *m*. **2** *(railway)* vagón *m*, coche *m*. **3** *(transport)* transporte *m*.

■ **carriage forward** portes a pagar; **carriage paid** portes pagados.

carriageway [ˈkærɪdʒweɪ] *n* GB calzada.

carrier [ˈkærɪə] **1** *n (company, person)* transportista *mf*. **2** MED portador,-ra.

■ **carrier bag** bolsa (de plástico o papel); **carrier pigeon** paloma mensajera.

carrot [ˈkærət] *n* zanahoria.

carry [ˈkærɪ] **1** *vt (gen)* llevar; *(money etc)* llevar encima. **2** *(goods etc)* transportar. **3** ARCH *(load)* sostener. **4** COMM tener en existencia. **5** *(responsibility, penalty)* conllevar. **6** *(news, story)* publicar. **7** *(vote etc)* aprobar. **8** *(disease)* ser portador,-ra de. ‖ **9** *vi (sound)* oírse.

♦ **to carry forward** *vt* llevar a la columna siguiente, llevar a la página siguiente ♦ **to carry off 1** *vt* realizar con éxito. **2** *vt (prize)* llevarse ♦ **to carry on** *vt* seguir, continuar ♦ **to carry on with** *vt* estar liado,-a con ♦ **to carry out** *vt* llevar a cabo, realizar; *(order)* cumplir.

• **to get carried away** exaltarse, dejarse llevar.

carsick [ˈkɑːsɪk] *adj* mareado,-a.

• **to get carsick** marearse en un coche.

cart [kɑːt] **1** *n (horse-drawn)* carro. **2** *(handcart)* carretilla.

cartel [kɑːˈtel] *n* cártel *m*.

cartilage [ˈkɑːtɪlɪdʒ] *n* cartílago.

carton [ˈkɑːtn] **1** *n (of food)* envase *m* de cartón. **2** *(of cigarettes)* cartón *m*.

cartoon [kɑːˈtuːn] **1** *n (drawing)* caricatura. **2** *(film)* dibujos animados. **3** *(comic strip)* historieta, tira cómica.

cartridge [ˈkɑːtrɪdʒ] **1** *n* MIL cartucho. **2** *(for pen)* recambio.

cartwheel [ˈkɑːtwiːl] *n* voltereta.

carve [kɑːv] **1** *vt (wood)* tallar. **2** *(stone)* esculpir. **3** *(meat)* cortar, trinchar.

carving [ˈkɑːvɪŋ] **1** *n (of wood)* talla. **2** *(of stone)* escultura.

■ **carving knife** trinchante *m*, cuchillo de trinchar.

cascade [kæsˈkeɪd] *n* cascada.

case [keɪs] **1** *n (gen)* caso. **2** JUR causa. **3** *(suitcase)* maleta. **4** *(box)* caja. **5** *(for glasses)* estuche *m*, funda. **6** *(reason)* argumento, razones *fpl*.

• **in any case** en todo caso, en cualquier caso; **in case** por si; **in case of** en caso de; **just in case** por si acaso.

cash [kæʃ] **1** *n* efectivo, metálico. ‖ **2** *vt (cheque)* cobrar.

• **cash down** al contado; **cash on de-**

livery contra reembolso; **to pay cash** pagar al contado, pagar en efectivo.
■ **cash desk** caja; **cash dispenser** cajero automático; **cash register** caja registradora.
cash-and-carry [kæʃən'kærɪ] *n* comercio al por mayor.
cashew [kə'ʃuː] *n* anacardo.
cashier [kæ'ʃɪə] *n* cajero,-a.
cashmere [kæʃmɪə] *n* cachemira.
casino [kə'siːnəʊ] *n* casino.
cask [kɑːsk] *n* tonel *m*, barril *m*.
casket ['kɑːskɪt] *n* cofre *m*.
casserole ['kæsərəʊl] **1** *n (dish)* cazuela. **2** *(food)* guisado.
cassette [kə'set] *n* casete *f*.
■ **cassette player** casete *m*; **cassette recorder** casete *m*.
cast [kɑːst] **1** *n* THEAT reparto. **2** TECH molde *m*. **3** *(for broken bone)* yeso, escayola. ‖ **4** *vt* (*pt & pp* cast) *(fishing)* lanzar. **5** Theat dar el papel de: ***he was cast as Hamlet*** le dieron el papel de Hamlet. **6** Tech moldear.
♦ **to cast off 1** *vt* desechar. **2** *vi* MAR soltar amarras.
● **to be cast away** naufragar; **to cast a shadow** proyectar una sombra; **to cast a spell on** hechizar; **to cast a vote** emitir un voto; **to cast doubts on** poner en duda; **to cast suspicion on** levantar sospechas sobre.
■ **cast iron** hierro colado.
castaway ['kɑːstəweɪ] *n* náufrago,-a.
caste [kɑːst] *n* casta.
caster ['kɑːstə] *n* ruedecilla.
■ **caster sugar** azúcar *m & f* extrafino.
Castile [kæ'stiːl] *n* Castilla.
■ **New Castile** Castilla la Nueva; **Old Castile** Castilla la Vieja.
Castilian [kæ'stɪlɪən] **1** *adj* castellano, -a. ‖ **2** *n (person)* castellano,-a. **3** *(language)* castellano.
castle ['kɑːsl] **1** *n* castillo. **2** *(chess)* torre *f*.
castrate [kæs'treɪt] *vt* castrar, capar.
casual ['kæʒjʊəl] **1** *adj* fortuito,-a, casual. **2** *(clothes)* informal. **3** *(not serious)* superficial: ***a casual glance*** una ojeada. **4** *(worker)* ocasional. **5** *(unconcerned)* despreocupado,-a.
casually ['kæʒjʊəlɪ] *adv* sin darle importancia.
casualty ['kæʒjʊəltɪ] **1** *n (of accident)* herido,-a, víctima. **2** MIL baja.
■ **casualty department** urgencias *fpl*.
cat [kæt] *n* gato,-a.
● **to let the cat out of the bag** descubrir el pastel; **to put the cat among the pigeons** armar un revuelo.
Catalan ['kætəlæn] **1** *adj* catalán,-ana. ‖ **2** *n (person)* catalán,-ana. **3** *(language)* catalán.
catalog ['kætəlɒg] **1** *n* catálogo. ‖ **2** *vt* catalogar.
catalogue ['kætəlɒg] **1** *n* catálogo. ‖ **2** *vt* catalogar.
Catalonia [kætə'ləʊnɪə] *n* Cataluña.
catalyst ['kætəlɪst] *n* catalizador *m*.
catapult ['kætəpʌlt] **1** *n (weapon)* catapulta. **2** *(toy)* tirachinas *m inv*. ‖ **3** *vt* catapultar.
cataract ['kætərækt] **1** *n (waterfall)* catarata, cascada. **2** MED catarata.
catarrh [kə'tɑː] *n* catarro.
catastrophe [kə'tæstrəfɪ] *n* catástrofe *f*.
catch [kætʃ] **1** *vt* (*pt & pp* caught) *(gen)* coger, atrapar. **2** *(train etc)* coger, tomar, AM agarrar. **3** *(surprise)* pillar, sorprender. **4** *(intercept)* alcanzar: ***I ran and caught him*** corrí y lo alcancé. **5** *(disease)* contraer, contagiarse: ***to catch a cold*** coger un resfriado. **6** *(hear)* oír. ‖ **7** *vi (sleeve etc)* engancharse (on, en). ‖ **8** *n (of ball)* parada. **9** *(of fish)* pesca. **10** *fam (trick, snag)* pega. **11** *(fastener)* cierre *m*, pestillo.
♦ **to catch on 1** *vi* caer en la cuenta. **2** *vi (become popular)* hacerse popular ♦ **to catch out** *vt* pillar, sorprender ♦ **to catch up 1** *vt* atrapar, alcanzar. **2** *vt (with news)* ponerse al día.
● **to catch fire** prender fuego, encenderse; **to catch hold of** agarrar, echar

mano a; **to catch sb's eye** captar la atención de algn; **to catch sight of** entrever.
catching ['kætʃɪŋ] *adj* contagioso,-a.
catchy ['kætʃɪ] *adj* pegadizo,-a.
catechism ['kætɪkɪzəm] *n* catecismo.
categorical [kætə'gɒrɪkl] *adj* categórico,-a.
category ['kætɪgrɪ] *n* categoría.
cater ['kəɪtə] **1** *vt (food)* proveer comida. **2** *(provide)* atender: ***to cater for sb's needs*** atender a las necesidades de algn.
caterer ['keɪtərə] *n* proveedor,-ra.
caterpillar ['kætəpɪlə] *n* oruga.
cathedral [kə'θiːdrəl] *n* catedral *f.*
Catholic ['kæθlɪk] *adj* - *n* católico,-a.
Catholicism [kə'θɒlɪsɪzm] *n* REL catolicismo.
cattle ['kætl] *n* ganado vacuno.
caught [kɔːt] *pt & pp* → **catch**.
cauliflower ['kɒlɪflaʊə] *n* coliflor *f.*
cause [kɔːz] **1** *n (gen)* causa. **2** *(reason)* razón *f*, motivo. || **3** *vt* causar.
● **to cause sb to do sth** hacer que algn haga algo.
caustic ['kɔːstɪk] *adj* cáustico,-a.
caution ['kɔːʃn] **1** *n* cautela, precaución *f.* **2** *(warning)* aviso, advertencia. || **3** *vt* advertir, amonestar.
cautious ['kɔːʃəs] *adj* cauteloso,-a, prudente.
cavalry ['kævəlrɪ] *n* caballería.
cave [keɪv] *n* cueva.
♦ **to cave in** *vi* hundirse, derrumbarse.
caveman ['keɪvmæn] *n* cavernícola *mf.*
cavern ['kævn] *n* caverna.
caviar ['kævɪɑː] *n* caviar *m.*
cavity ['kævɪtɪ] **1** *n* cavidad *f.* **2** *(in tooth)* caries *f inv.*
CBI ['siː'biː'aɪ] *abbr* GB *(*Confederation of British Industry*)* confederación británica de organizaciones empresariales.
cc ['siː'siː] **1** *abbr (*cubic centimetre*)* centímetro cúbico; *(abbreviation)* cc. **2** *(*carbon copy*)* copia a papel carbón.
CD ['siː'diː] *abbr (*compact disc*)* disco compacto; *(abbreviation)* CD *m.*
CE ['siːəv'iː] *abbr (*Church of England*)* Iglesia Anglicana.
cease [siːs] *vi* - *vt* cesar.
● **to cease fire** cesar el fuego.
cease-fire [siːs'faɪə] *n* alto el fuego.
ceaseless ['siːsləs] *adj* incesante.
cedar ['siːdə] *n* cedro.
ceiling ['siːlɪŋ] **1** *n (house)* techo. **2** *(limit)* tope *m.*
● **to hit the ceiling** *fam* ponerse histérico,-a.
celebrate ['selɪbreɪt] *vt* - *vi* celebrar.
celebrated ['selɪbreɪtɪd] *adj* célebre.
celebration [selɪ'breɪʃn] **1** *n* celebración *f.* || **2 celebrations** *npl* festejos *mpl.*
celebrity [sɪ'lebrɪtɪ] *n* celebridad *f*, famoso,-a.
celery ['selərɪ] *n* apio.
cell [sel] **1** *n (prison etc)* celda. **2** BIOL célula. **3** ELEC elemento, pila.
cellar ['selə] **1** *n* sótano. **2** *(for wine)* bodega.
cellist ['tʃelɪst] *n* violoncelista *mf.*
cello ['tʃeləʊ] *n* violoncelo.
cellophane® ['seləʊfeɪn] *n* celofán® *m.*
cellphone ['selfəʊn] *n* teléfono móvil.
celluloid ['seljʊlɔɪd] *n* celuloide *m.*
cellulose ['seljʊləʊs] *n* celulosa.
Celt [kelt] *n* celta *mf.*
Celtic ['keltɪk] *adj* celta.
cement [sɪ'ment] **1** *n* cemento. || **2** *vt* unir con cemento. **3** *(seal)* cimentar.
■ **cement mixer** hormigonera.
cemetery ['semɪtrɪ] *n* cementerio.
censor ['sensə] **1** *n* censor,-ra. || **2** *vt* censurar.
censorship ['sensəʃɪp] *n* censura.
censure ['senʃə] **1** *n* censura. || **2** *vt* censurar.
census ['sensəs] *n* censo, padrón *m.*
cent [sent] *n* centavo, céntimo.
● **per cent** por ciento.
centenary [sen'tiːnərɪ] *n* centenario.
centennial [sen'tenɪəl] *n* centenario.
centigrade ['sentɪgreɪd] *adj* centígrado.

centimetre ['sentɪmiːtə] *n* centímetro.
centipede ['sentɪpiːd] *n* ciempiés *m inv*.
central ['sentrəl] *adj* central.
■ **central heating** calefacción central; **central processing unit** procesador *m* central.
centralize ['sentrəlaɪz] *vt* centralizar.
centre ['sentə] 1 *n* centro. || 2 *vt* centrar.
■ **centre forward** SP delantero centro; **centre of gravity** centro de gravedad.
century ['sentʃərɪ] *n* siglo.
ceramic [sɪ'ræmɪk] 1 *adj* de cerámica. || 2 **ceramics** *npl* cerámica *f sing*.
cereal ['sɪərɪəl] *n* cereal *m*.
cerebral ['serɪbrəl] *adj* cerebral.
ceremonial [serɪ'məʊnɪəl] *adj* ceremonial.
ceremony ['serɪmənɪ] *n* ceremonia.
certain ['sɜːtn] 1 *adj (sure)* seguro,-a: ***she's certain to pass*** seguro que aprobará. 2 *(particular)* cierto,-a. 3 *(unknown)* cierto,-a: ***a certain Mr Buck*** un tal Sr Buck.
● **for certain** con toda seguridad; **to a certain extent** hasta cierto punto; **to make certain of** asegurarse de.
certainly ['sɜːtnlɪ] *adv* desde luego, por supuesto: ***certainly not*** por supuesto que no.
certainty ['sɜːtntɪ] *n* certeza.
● **it's a certainty that** es seguro que.
certificate [sə'tɪfɪkət] *n (gen)* certificado.
certify ['sɜːtɪfaɪ] *vt* certificar.
cervix ['sɜːvɪks] 1 *n* (*pl* cervixes *o* cervices) *(neck)* cerviz *f*, cuello. 2 *(uterus)* cuello del útero.
cesspit ['sespɪt] *n* pozo negro.
Ceylon [sɪ'lɒn] *n* Ceilán *m*.
cf. ['siː'ef] *abbr (*confer*)* compárese; *(abbreviation)* cfr.
CFC ['siː'ef'siː] *abbr (*chlorofluorocarbon*)* clorofluorocarbono; *(abbreviation)* CFC *m*.
chafe [tʃeɪf] 1 *vt* rozar, escoriar. || 2 *vi* irritarse (at, por).
chain [tʃeɪn] 1 *n* cadena. 2 *(mountains)* cordillera. 3 *(succession)* serie *f*. || 4 *vt* encadenar.
● **to chain smoke** fumar un cigarrillo tras otro.
■ **chain reaction** reacción *f* en cadena.
chair [tʃeə] 1 *n* silla. 2 *(with arms)* sillón *m*. 3 *(position)* presidencia. 4 *(university)* cátedra. || 5 *vt* presidir.
■ **chair lift** telesilla.
chairman ['tʃeəmən] *n* presidente *m*.
chairmanship ['tʃeəmənʃɪp] *n* presidencia.
chairperson ['tʃeəpɜːsn] *n* presidente, -a.
chairwoman ['tʃeəwʊmən] *n* presidenta.
chalet ['ʃæleɪ] *n* chalet *m*, chalé *m*.
chalice ['tʃælɪs] *n* cáliz *m*.
chalk [tʃɔːk] 1 *n* creta. 2 *(for writing)* tiza.
♦ **to chalk up** *vt fam* apuntarse.
challenge ['tʃælɪndʒ] 1 *n* reto, desafío. || 2 *vt* retar, desafiar. 3 *(fact, point)* poner en duda, cuestionar. 4 JUR recusar.
challenger ['tʃælɪndʒə] *n* SP contendiente *mf*, rival *mf*.
chamber ['tʃeɪmbə] 1 *n* cámara. 2 *(of gun)* recámara.
■ **chamber music** música de cámara; **chamber of commerce** cámara de comercio.
chambermaid ['tʃeɪmbəmeɪd] *n* camarera.
chameleon [kə'miːlɪən] *n* camaleón *m*.
champagne [ʃæm'peɪn] *n (French)* champán *m*; *(Catalan)* cava *m*.
champion ['tʃæmpɪən] 1 *n* campeón, -ona. 2 *fig (defender)* defensor,-ra. || 3 *vt fig* defender.
championship ['tʃæmpɪənʃɪp] *n* campeonato.
chance [tʃɑːns] 1 *n (fate)* azar *m*. 2 *(opportunity)* ocasión *f*, oportunidad *f*. 3 *(possibility)* posibilidad *f*. || 4 *vt* arriesgar.
● **by chance** por casualidad; **on the**

chance por si acaso; **to chance on sth** encontrar algo por casualidad; **to chance to do sth** hacer algo por casualidad; **to have a good chance of doing sth** tener buenas posibilidades de hacer algo; **to take a chance** arriesgarse.

chancellor ['tʃɑːnsələ] **1** *n* canciller *m*. **2** GB *(of university)* rector,-ra.
■ **Chancellor of the Exchequer** GB ministro,-a de Hacienda.

chancy ['tsɑːnsɪ] *adj fam* arriesgado,-a.

chandelier [ʃændɪ'lɪə] *n (lamp)* araña.

change [tʃeɪndʒ] **1** *n* cambio. **2** *(money)* cambio, vuelta. ‖ **3** *vt* cambiar (-, de): ***he's changed jobs*** ha cambiado de trabajo. ‖ **4** *vi* cambiar: ***things never change*** las cosas no cambian nunca. **5** cambiarse de ropa: ***he showered and changed*** se duchó y se cambió de ropa.
● **for a change** para variar; **to change one's mind** cambiar de opinión; **to change into** convertirse en, transformarse en; **to change hands** cambiar de dueño.
■ **change of clothes** muda de ropa; **change of heart** cambio de parecer.

changeable ['tʃeɪndʒəbl] **1** *adj (weather)* variable. **2** *(person)* inconstante.

changing ['tʃeɪndʒɪŋ] *adj* cambiante.
■ **changing room** vestuario.

channel ['tʃænl] **1** *n* GEOG canal *m*. **2** RAD TV canal *m*, cadena. **3** *(medium)* vía: ***through the official channels*** por los conductos oficiales. ‖ **4** *vt* canalizar, encauzar.

chant [tʃɑːnt] **1** *n* REL canto litúrgico. **2** *(of crowd)* eslogan *m*. ‖ **3** *vt* - *vi* REL cantar. **4** *(crowd)* corear.

chaos ['keɪɒs] *n* caos *m*.

chaotic [keɪ'ɒtɪk] *adj* caótico,-a.

chap [tʃæp] *n fam* tío, tipo.

chapel ['tʃæpl] *n* capilla.

chaplain ['tʃæplɪn] *n* capellán *m*.

chapter ['tʃæptə] *n (in book)* capítulo.

char [tʃɑː] *n* GB *fam* asistenta.

character ['kærɪktə] **1** *n* carácter *m*. **2** THEAT personaje *m*. **3** *fam* tipo: ***he's a nasty character*** es un mal tipo. **4** *(letter)* carácter *m*.

characteristic [kærɪktə'rɪstɪk] **1** *adj* característico,-a. ‖ **2** *n* característica *f*.

characterize ['kærɪktəraɪz] *vt* caracterizar.

charade [ʃə'rɑːd] **1** *n (farce)* farsa. ‖ **2 charades** *npl (game)* charadas *fpl*.

charcoal ['tʃɑːkəʊl] **1** *n* carbón *m* vegetal. **2** ART carboncillo.

charge [tʃɑːdʒ] **1** *n (price)* precio, coste *m*. **2** JUR cargo. **3** MIL carga, ataque *m*. **4** *(explosive)* carga explosiva. **5** ELEC carga. ‖ **6** *vt* cobrar. **7** JUR acusar (with, de). **8** ELEC cargar. **9** MIL cargar contra, atacar. ‖ **10** *vi* MIL cargar, atacar.
● **to be in charge of** estar a cargo de; **to bring a charge against sb** formular una acusación contra algn; **to charge sb with murder** acusar a algn de asesinato; **to take charge of** hacerse cargo de.

charger ['tʃɑːdʒə] *n* ELEC cargador *m*.

chariot ['tʃærɪət] *n* carro de guerra.

charisma [kə'rɪzmə] *n* carisma *m*.

charismatic [kærɪz'mætɪk] *adj* carismático,-a.

charitable ['tʃærɪtəbl] **1** *adj (person)* caritativo,-a. **2** *(organization)* benéfico,-a.

charity ['tʃærɪtɪ] **1** *n* caridad *f*. **2** *(organization)* institución *f* benéfica.

charm [tʃɑːm] **1** *n* encanto. **2** *(object)* amuleto. **3** *(spell)* hechizo. ‖ **4** *vt* cautivar.
● **to work like a charm** funcionar a las mil maravillas.

charming ['tʃɑːmɪŋ] *adj* encantador,-ra.

chart [tʃɑːt] **1** *n (table)* tabla; *(graph)* gráfico. **2** MAR carta de navegación. ‖ **3** *vt (make a map of)* hacer un mapa de, describir: ***this book charts her rise to fame*** este libro describe su ascenso a la fama.
● **the charts** la lista de éxitos.

charter ['tʃɑːtə] **1** *n (document)* carta; *(of university etc)* estatutos *mpl*. || **2** *vt (plane etc)* fletar.
■ **charter flight** vuelo chárter.
charwoman ['tʃɑːwʊmən] *n* asistenta.
chase [tʃeɪs] **1** *n* persecución *f*. || **2** *vt* perseguir.
chasm ['kæzm] *n* sima, abismo.
chassis ['ʃæsɪ] *n* chasis *m inv*.
chaste [tʃeɪst] *adj* casto,-a.
chastise [tʃæs'taɪz] *vt* reprender.
chastity ['tʃæstɪtɪ] *n* castidad *f*.
chat [tʃæt] **1** *n (talk)* charla. || **2** *vi (talk)* charlar. **3** COMPUT chatear, charlar.
♦ **to chat up** *vt fam* intentar ligar con.
■ **chat room** sala de chat, sala de chateo; **chat show** programa *m* de entrevistas.
chatter ['tʃætə] **1** *n (of people)* cháchara, parloteo. **2** *(of teeth)* castañeteo. || **3** *vi* chacharear, parlotear. **4** *(teeth)* castañetear.
chatterbox ['tʃætəbɒks] *n* parlanchín, -ina.
chatty ['tʃætɪ] *adj* parlanchín,-ina.
chauffeur ['ʃəʊfə] *n* chófer *m*.
chauvinism ['ʃəʊvɪnɪzm] *n* chovinismo.
chauvinist ['ʃəʊvɪnɪst] **1** *adj* chovinista. || **2** *n* chovinista *mf*.
cheap [tʃiːp] **1** *adj* barato,-a, económico,-a. **2** *(contemptible)* vil, bajo,-a.
● **to feel cheap** *fig* sentir vergüenza.
cheapen ['tʃiːpn] **1** *vt* abaratar. **2** *fig* degradar.
cheat [tʃiːt] **1** *n* tramposo,-a. || **2** *vi* hacer trampa. || **3** *vt* engañar, timar.
check [tʃek] **1** *n* comprobación *f*, verificación *f*. **2** US → **cheque**. **3** US *(bill)* nota, cuenta. **4** *(chess)* jaque *m*. **5** *(pattern)* cuadro: ***a check shirt*** una camisa a cuadros. || **6** *vt* comprobar, revisar, verificar. **7** *(stop)* detener. **8** *(hold back)* contener, refrenar. **9** *(chess)* dar jaque a.
♦ **to check in 1** *vi (at airport)* facturar. **2** *vi (at hotel)* registrarse.
● **to keep in check** contener.
checkbook ['tʃekbʊk] *n* talonario de cheques.
checkers ['tʃekəz] *npl* damas *fpl*.
checkmate ['tʃek'meɪt] **1** *n* jaque *m* mate. || **2** *vt* dar mate a.
checkout ['tʃekaʊt] *n* caja.
checkup ['tʃekʌp] *n* chequeo, reconocimiento.
cheek [tʃiːk] **1** *n* ANAT mejilla. **2** *fig* descaro.
cheekbone ['tʃiːkbəʊn] *n* pómulo.
cheeky ['tʃiːkɪ] *n* descarado,-a.
cheer [tʃɪə] **1** *n* viva *m*, vítor *m*. || **2** *vt* - *vi* vitorear, aclamar.
♦ **to cheer up. 1** *vt* animar, alegrar. **2** *vi* animarse, alegrase.
cheerful ['tʃɪəfʊl] *adj* alegre.
cheers [tʃɪəz] **1** *interj* ¡salud! **2** *(thanks)* ¡gracias!
cheese [tʃiːz] *n* queso.
cheesecake ['tʃiːzkeɪk] *n* tarta de queso.
cheesed off [tʃiːzd'ɒf] *adj* GB *fam* harto,-a.
cheetah ['tʃiːtə] *n* guepardo.
chef [ʃef] *n* chef *m*.
chemical ['kemɪkl] **1** *adj* químico,-a. || **2** *n* producto químico.
chemist ['kemɪst] **1** *n* químico,-a. **2** GB farmacéutico,-a.
chemistry ['kemɪstrɪ] *n* química.
chemist's ['kemɪsts] *n* farmacia.
cheque [tʃek] *n* cheque *m*, talón *m*.
■ **cheque book** talonario de cheques.
cherish ['tʃerɪʃ] **1** *vt* apreciar, valorar. **2** *(hope)* abrigar.
cherry ['tʃerɪ] *n* cereza.
■ **cherry tree** cerezo.
cherub ['tʃerəb] *n* (*pl* cherubs *o* cherubim) querubín *m*.
chess [tʃes] *n* ajedrez *m*.
chessboard ['tʃesbɔːd] *n* tablero de ajedrez.
chesspiece ['tʃespiːs] *n* pieza de ajedrez.
chest [tʃest] **1** *n* ANAT pecho. **2** cofre *m*, arca.
● **to get sth off one's chest** desahogarse.
■ **chest of drawers** cómoda.

chestnut ['tʃesnʌt] **1** *n (nut)* castaña. **2** *(colour)* castaño. || **3** *adj (colour)* castaño,-a; *(horse)* alazán,-ana.
■ **chestnut tree** castaño.
chew [tʃuː] *vt* mascar, masticar.
● **to chew sth over** darle vueltas a algo.
chewing gum ['tʃuːɪŋgʌm] *n* goma de mascar, chicle *m*.
chewy ['tʃuːɪ] *adj* correoso,-a, duro,-a.
chic [ʃiːk] *adj* elegante.
chick [tʃɪk] *n* polluelo, pollito,-a.
chicken ['tʃɪkɪn] **1** *n (fowl)* pollo. **2** *fam (coward)* gallina *mf*. || **3** *adj fam* gallina.
♦ **to chicken out** *vi fam* rajarse.
chickenpox ['tʃɪkɪnpɒks] *n* varicela.
chickpea ['tʃɪkpiː] *n* garbanzo.
chicory ['tʃɪkərɪ] *n* achicoria.
chief [tʃiːf] **1** *adj* principal. || **2** *n* jefe *m*.
chiefly ['tʃiːflɪ] *adv* principalmente, sobre todo.
chieftain ['tʃiːftən] *n* cacique *m*.
chihuahua [tʃɪ'wɑːwə] *n* chihuahua *m*.
chilblain ['tʃɪlbleɪn] *n* sabañón *m*.
child [tʃaɪld] **1** *n* (*pl* **children**) niño,-a. **2** *(son)* hijo; *(daughter)* hija.
■ **child minder** niñero,-a.
childbirth ['tʃaɪldbɜːθ] *n* parto.
childhood ['tʃaɪldhʊd] *n* infancia, niñez *f*.
childish ['tʃaɪldɪʃ] *adj* infantil, inmaduro,-a.
childlike ['tʃaɪldlaɪk] *adj* infantil, inocente.
children ['tʃɪldrən] *npl* → **child**.
Chile ['tʃɪlɪ] *n* Chile *m*.
Chilean ['tʃɪlɪən] *adj* - *n* chileno,-a.
chill [tʃɪl] **1** *adj* helado,-a. || **2** *n (coldness)* frío. **3** MED resfriado. || **4** *vt (wine)* enfriar.
chilly ['tʃɪlɪ] *adj* frío,-a.
● **to feel chilly** tener frío.
chime [tʃaɪm] **1** *n (of bells)* repique *m*; *(of clock)* campanada. || **2** *vi (bells)* sonar, repicar; *(clock)* dar.
chimney ['tʃɪmnɪ] *n* chimenea.
■ **chimney sweep** deshollinador *m*.
chimpanzee [tʃɪmpæn'ziː] *n* chimpancé *m*.
chin [tʃɪn] *n* barbilla, mentón *m*.
china ['tʃaɪnə] *n* loza, porcelana.
China ['tʃaɪnə] *n* China.
Chinese [tʃaɪ'niːz] **1** *adj* - *n* chino,-a. || **2 the Chinese** *npl* los chinos.
chink [tʃɪŋk] **1** *n (crack)* grieta. **2** *(noise)* tintineo. || **3** *vi* tintinear.
chip [tʃɪp] **1** *n* CULIN patata frita. **2** COMPUT chip *m*. **3** *(of wood)* astilla; *(of stone)* lasca. **4** *(in plate, glass)* desportilladura. **5** *(in casino)* ficha. || **6** *vt (wood)* astillar; *(stone)* resquebrajar; *(plate, glass)* desportillar; *(paint)* descascarillar. || **7** *vi (wood)* astillarse; *(stone)* resquebrajarse; *(plate, glass)* desportillarse; *(paint)* desconcharse.
chiropodist [kɪ'rɒpədɪst] *n* podólogo,-a, pedicuro,-a.
chirp [tʃɜːp] **1** *vi (bird)* gorjear. **2** *(insect)* chirriar.
chisel ['tʃɪzl] **1** *n (for wood)* formón *m*, escoplo. **2** *(for stone etc)* cincel *m*. || **3** *vt (wood)* tallar. **4** *(stone)* cincelar.
chit [tʃɪt] *n* nota.
chitchat ['tʃɪttʃæt] *n fam* cháchara, charla.
chloride ['klɔːraɪd] *n* cloruro.
chlorine ['klɔːriːn] *n* cloro.
chloroform ['klɒrəfɔːm] *n* cloroformo.
chock [tʃɒk] *n* calzo, cuña.
chock-a-block [tʃɒkə'blɒk] *adj fam* hasta los topes.
chock-full [tʃɒk'fʊl] *adj fam* hasta los topes.
chocolate ['tʃɒklət] **1** *n (substance)* chocolate *m*. **2** *(sweet)* bombón.
choice [tʃɔɪs] **1** *n* elección *f*, selección *f*. **2** *(option)* opción *f*, alternativa. || **3** *adj* selecto,-a.
● **to make a choice** escoger.
choir ['kwaɪə] *n* coro.
choke [tʃəʊk] **1** *n* AUTO estárter *m*. || **2** *vt* ahogar, sofocar. **3** *(block)* atascar. || **4** *vi* ahogarse, sofocarse; *(on food)* atragantarse.
♦ **to choke back** *vt* contener.

cholera ['kɒlərə] *n* cólera *m*.
choose [tʃuːz] **1** *vt* (*pt* chose; *pp* chosen) escoger, elegir. **2** *(decide)* decidir, optar por.
● **there's not much to choose between them** son muy parecidos,-as.
choosy ['tʃuːzɪ] *adj fam* exigente.
chop [tʃɒp] **1** *n (with axe)* hachazo; *(with hand)* golpe *m*. **2** CULIN chuleta. ‖ **3** *vt* cortar.
♦ **to chop down** *vt* talar ♦ **to chop up 1** *vt* cortar en trozos. **2** *vt* CULIN picar.
● **to get the chop** *fam* ser despedido, -a de un trabajo.
choppy ['tʃɒpɪ] *adj (sea)* picado,-a.
chopstick ['tʃɒpstɪks] *n* palillo.
choral ['kɔːrəl] *adj* coral.
chord [kɔːd] **1** *n* MATH cuerda. **2** MUS acorde *m*.
chore [tʃɔː] *n* tarea, faena.
chorus ['kɔːrəs] **1** *n* coro. **2** *(of song)* estribillo.
chose [tʃəʊz] *pt* → **choose**.
chosen ['tʃəʊzn] *pp* → **choose**.
Christ [kraɪst] *n* Cristo.
christen ['krɪsn] *vt* bautizar.
christening ['krɪsnɪŋ] *n* bautizo.
Christian ['krɪstɪən] *adj* - *n* cristiano, -a.
■ **Christian name** nombre *m* de pila.
Christmas ['krɪsməs] *n* Navidad *f*.
■ **Christmas card** tarjeta de Navidad, christmas *m*; **Christmas carol** villancico; **Christmas Eve** Nochebuena.
chrome [krəʊm] *n* cromo.
chromium ['krəʊmɪəm] *n* cromo.
chronic ['krɒnɪk] *adj* crónico,-a.
chronicle ['krɒnɪkl] *n* crónica.
chronological [krɒnə'lɒdʒɪkl] *adj* cronológico,-a.
chronology [krə'nɒlədʒɪ] *n* cronología.
chrysalis ['krɪsəlɪs] *n* crisálida.
chrysanthemum [krɪ'sænθəməm] *n* crisantemo.
chubby ['tʃʌbɪ] *adj* regordete.
chuck [tʃʌk] **1** *vt (throw)* tirar. **2** *(job, boyfriend)* abandonar, dejar.
♦ **to chuck out 1** *vt (person)* echar. **2** *vt (thing)* tirar.
chuckle ['tʃʌkl] **1** *vi* reír para sus adentros. ‖ **2** *n* risita.
chum [tʃʌm] *n fam* compinche *mf*.
chunk [tʃʌŋk] *n fam* cacho, pedazo.
church [tʃɜːtʃ] *n* iglesia.
churchyard ['tʃɜːtʃjɑːd] *n* cementerio.
churn [tʃɜːn] **1** *n* GB *(for milk)* lechera. **2** *(for butter)* mantequera. ‖ **3** *vt (stir up)* agitar, revolver. ‖ **4** *vi (stomach)* revolverse.
♦ **to churn out** *vt* producir en serie.
chute [ʃuːt] *n* tobogán *m*.
CIA ['siː'aiː'eɪ] *abbr (*Central Intelligence Agency*)* agencia central de información; *(abbreviation)* CIA *f*.
CID ['siː'aɪ'diː] *abbr* GB *(*Central Investigation Department*)* ≈ Brigada de Investigación Criminal; *(abbreviation)* BIC *f*.
cider ['saɪdə] *n* sidra.
cig [sɪg] *n fam* pitillo.
cigar [sɪ'gɑː] *n* puro.
cigarette [sɪgə'ret] *n* cigarrillo.
■ **cigarette case** pitillera; **cigarette holder** boquilla; **cigarette lighter** encendedor *m*.
cinch [sɪntʃ] *n fam*.
● **it's a cinch** está chupado.
cinder ['sɪndə] *n* ceniza.
cinema ['sɪnɪmə] *n* cine *m*.
cinnamon ['sɪnəmən] *n* canela.
cipher ['saɪfə] *n* código.
circle ['sɜːkl] **1** *n* círculo. **2** THEAT piso. ‖ **3** *vt (move around)* rodear. **4** *(draw)* trazar un círculo alrededor de. ‖ **5** *vi* dar vueltas.
● **to come full circle** *fig* completar un ciclo; **to go round in circles** dar vueltas.
circuit ['sɜːkɪt] **1** *n* circuito. **2** *(of track)* vuelta.
circular ['sɜːkjʊlə] **1** *adj* circular. ‖ **2** *n* circular *f*.
circulate ['sɜːkjʊleɪt] **1** *vi* circular. ‖ **2** *vt* hacer circular.

circulation [sɜːkjʊ'leɪʃn] **1** *n* circulación *f*. **2** *(newspaper)* tirada.
circumcise ['sɜːkəmsaɪz] *vt* circuncidar.
circumcision [sɜːkəm'sɪʒn] *n* circuncisión *f*.
circumference [sə'kʌmfərəns] *n* circunferencia.
circumflex ['sɜːkəmfleks] *adj* circunflejo,-a.
circumstance ['sɜːkəmstəns] *n* circunstancia.
● **under no circumstances** en ningún caso, bajo ningún concepto.
circumstantial [sɜːkəm'stænʃl] *adj* circunstancial.
circus ['sɜːkəs] **1** *n (show)* circo. **2** GB *(junction)* glorieta, rotonda.
cirrhosis [sɪ'rəʊsɪs] *n* cirrosis *f inv*.
cistern ['sɪstən] *n* cisterna.
cite [saɪt] *vt* citar.
citizen ['sɪtɪzn] *n* ciudadano,-a.
citizenship ['sɪtɪznʃɪp] *n* ciudadanía.
citric ['sɪtrɪk] *adj* cítrico,-a.
citrus fruit ['sɪtrəsfruːts] *n* cítrico.
city ['sɪtɪ] *n* ciudad *f*.
■ **the City** *el centro financiero de Londres.*
civic ['sɪvɪk] **1** *adj (duty, right)* cívico,-a. **2** *(municipal)* público,-a.
civil ['sɪvl] **1** *adj* civil. **2** *(polite)* cortés.
■ **civil law** derecho civil; **civil rights** derechos *mpl* civiles; **civil servant** funcionario,-a; **civil service** administración pública; **civil war** guerra civil.
civilian [sɪ'vɪljən] **1** *adj* civil. || **2** *n* civil *mf*.
civilization [sɪvɪlaɪ'zeɪʃn] *n* civilización *f*.
civilize ['sɪvɪlaɪz] *vt* civilizar.
clad [klæd] **1** *pt & pp* → **clothe**. || **2** *adj* vestido,-a.
claim [kleɪm] **1** *n (demand)* reclamación *f*. **2** *(right)* derecho. **3** *(assertion)* afirmación *f*. || **4** *vt (assert)* afirmar, sostener. **5** *(property, right, etc)* reclamar.
● **to lay claim to** reclamar el derecho a.
clam [klæm] *n* almeja.
♦ **to clam up** *vi fam* cerrar el pico.
clamber ['klæmbə] *vi* trepar.
clammy ['klæmɪ] **1** *adj (weather)* bochornoso,-a. **2** *(hand)* pegajoso,-a.
clamour ['klæmə] **1** *n* clamor *m*, griterío. || **2** *vi* clamar: ***to clamour for sth*** pedir algo a gritos.
clamp [klæmp] **1** *n* abrazadera. || **2** *vt* sujetar.
♦ **to clamp down on** *vt* poner freno a.
clampdown ['klæmpdaʊn] *n* restricción.
clan [klæn] *n* clan *m*.
clandestine [klæn'destɪn] *adj* clandestino,-a.
clang [klæŋ] **1** *n* sonido metálico fuerte. || **2** *vi* sonar. || **3** *vt* hacer sonar.
clap [klæp] **1** *n (applause)* aplauso. **2** *(noise)* ruido seco: ***a clap of thunder*** un trueno. **3** *(tap)* palmada. || **4** *vt - vi (applaud)* aplaudir.
● **to clap eyes on** ver; **to clap one's hands** dar palmadas; **to clap sb on the back** dar una palmada en la espalda a algn.
clapping ['klæpɪŋ] *n* aplausos *mpl*.
clarify ['klærɪfaɪ] **1** *vt* aclarar, clarificar. || **2** *vi* aclararse, clarificarse.
clarinet [klærɪ'net] *n* clarinete *m*.
clarity ['klærɪtɪ] *n* claridad *f*.
clash [klæʃ] **1** *n (fight)* choque *m*, enfrentamiento. **2** *(conflict)* conflicto. **3** *(noise)* estruendo. || **4** *vi (opposing forces)* chocar. **5** *(dates)* coincidir. **6** *(colours)* desentonar. **7** *(cymbals)* sonar.
clasp [klɑːsp] **1** *n (on jewellery)* broche *m*. **2** *(on belt)* hebilla. **3** *(grasp)* apretón *m*. || **4** *vt* asir, agarrar.
class [klɑːs] **1** *n (gen)* clase *f*. || **2** *vt* clasificar.
classic ['klæsɪk] **1** *adj* clásico,-a. || **2** *n* clásico.
classical ['klæsɪkl] *adj* clásico,-a.
classification [klæsɪfɪ'keɪʃn] *n* clasificación *f*.
classified ['klæsɪfaɪd] **1** *adj* clasificado,-a. **2** *(secret)* secreto,-a.
■ **classified advertisements** anuncios *mpl* por palabras.

classify ['klæsɪfaɪ] *vt* clasificar.
classmate ['klɑːsmeɪt] *n* compañero,-a de clase.
classroom ['klɑːsrʊm] *n* aula, clase *f.*
classy ['klɑːsɪ] *adj fam* con clase.
clatter ['klætə] **1** *n* ruido, estrépito. ‖ **2** *vi* hacer ruido.
clause [klɔːz] **1** *n (in contract)* cláusula. **2** GRAM oración *f.*
claustrophobia [klɔːstrə'fəʊbɪə] *n* claustrofobia.
claustrophobic [klɔːstrə'fəʊbɪk] *adj* claustrofóbico,-a.
clavicle ['klævɪkl] *n* clavícula.
claw [klɔː] **1** *n (of bird, large animal)* garra. **2** *(of cat)* uña. **3** *(of crab)* pinza. ‖ **4** *vt* - *vi* arañar.
clay [kleɪ] *n* arcilla.
clean [kliːn] **1** *adj* limpio,-a. ‖ **2** *vt* limpiar.
♦ **to clean out 1** *vt* limpiar a fondo. **2** *vt fam* dejar sin blanca a ♦ **to clean up** *vt* limpiar.
clean-cut [kliːn'kʌt] *adj* definido,-a, nítido,-a.
cleaner ['kliːnə] **1** *n (person)* encargado,-a de la limpieza. **2** *(product)* limpiador *m.*
cleaner's ['kliːnəz] *n* tintorería.
• **to take sb to the cleaner's** dejar a algn sin blanca.
cleanliness ['klenlɪnəs] *n* limpieza.
cleanse [klenz] *vt* limpiar.
clear [klɪə] **1** *adj (explanation)* claro, -a, patente. **2** *(glass etc)* transparente. **3** *(sky, road, view, etc)* despejado,-a. **4** *(writing, voice)* claro,-a. **5** *(television picture)* nítido,-a. **6** *(thinking, mind)* lúcido,-a. ‖ **7** *vt (room, desk, road etc)* despejar. **8** *(table after a meal)* levantar. **9** *(accused person)* absolver. **10** *(obstacle)* salvar. ‖ **11** *vi (fog, clouds, smoke)* despejarse.
♦ **to clear away** *vt* quitar ♦ **to clear off** *vi fam* largarse ♦ **to clear out 1** *vi* largarse. **2** *vt (room etc)* vaciar. **3** *vt (old things)* tirar ♦ **to clear up 1** *vt (solve)* aclarar. **2** *vt (tidy)* ordenar. **3** *vi (weather)* mejorar.
• **to be clear about sth** tener algo claro; **to clear one's throat** aclararse la garganta; **to have a clear conscience** tener la conciencia limpia; **to make oneself clear** explicarse con claridad; **in the clear** *(from danger)* fuera de peligro; *(from suspicion)* fuera de toda sospecha.
clearance ['klɪərəns] **1** *n (of area)* despejo. **2** *(space)* espacio libre. **3** *(permission)* permiso, autorización *f.*
▪ **clearance sale** COMM liquidación *f.*
clear-cut [klɪə'kʌt] *adj* bien definido, -a.
clear-headed ['klɪə'hedɪd] *adj* lúcido, -a.
clearing ['klɪərɪŋ] *n (in wood)* claro.
clearly ['klɪəlɪ] **1** *adv* claramente, con claridad. **2** *(obviously)* evidentemente, obviamente.
clear-sighted [klɪə'saɪtɪd] *adj* clarividente, perspicaz.
cleavage ['kliːvɪdʒ] *n fam (in dress)* escote *m.*
clef [klef] *n* MUS clave *f.*
cleft [kleft] *n* hendidura.
clench [klentʃ] *vt (teeth, fist)* apretar.
clergy ['kleːdʒɪ] *n* clero.
clergyman ['klɜːdʒɪmən] *n* clérigo, eclesiástico.
clerical ['klerɪkəl] **1** *adj* REL eclesiástico,-a. **2** *(to do with clerks)* de oficina.
clerk [klɑːk, US klɜːrk] **1** *n* oficinista *mf.* **2** US *(in shop)* dependiente,-a.
▪ **clerk of the court** secretario,-a de juez.
clever ['klevə] **1** *adj (person)* listo,-a, espabilado,-a. **2** *(idea)* ingenioso,-a.
▪ **clever Dick** sabelotodo *mf.*
cleverness ['klevənəs] **1** *n (intelligence)* inteligencia. **2** *(skill)* destreza, habilidad *f.*
cliché ['kliːʃeɪ] *n* cliché *m.*
click [klɪk] **1** *n (of camera, door)* clic *m.* **2** *(with tongue)* chasquido. ‖ **3** *vt (tongue)* chasquear. ‖ **4** *vi (make noise)* hacer clic. **5** *(realize)* caer en la cuenta: ***suddenly, it clicked*** de pronto, lo entendí.

client [ˈklaɪənt] *n* cliente *mf*.
cliff [klɪf] *n (by sea)* acantilado; *(in land)* barranco.
cliffhanger [ˈklɪfhæŋə] *n* película de suspense, historia de suspense.
climate [ˈklaɪmət] *n* clima *m*.
climatic [klaɪˈmætɪk] *adj* climático,-a.
climax [ˈklaɪmæks] **1** *n* clímax *m*, punto culminante. **2** *(orgasm)* orgasmo.
climb [klaɪm] **1** *n* subida. || **2** *vt (stairs)* subir. **3** *(tree)* trepar a. **4** *(mountain)* escalar. || **5** *vi (onto a chair)* subirse. **6** *(plant)* trepar.
♦ **to climb down** **1** *vi* bajarse. **2** *vi fig* ceder.
climber [ˈklaɪmə] *n* SP alpinista *mf*, escalador,-ra.
clinch [klɪntʃ] *vt fam (deal)* cerrar.
cling [klɪŋ] *vi (pt & pp* **clung**) asirse (to, a), aferrarse (to, a).
clinic [ˈklɪnɪk] *n* clínica.
clinical [ˈklɪnɪkl] *adj* clínico,-a.
clink [klɪŋk] **1** *n (noise)* tintineo. **2** *sl (prison)* chirona. || **3** *vi* tintinear. || **4** *vt* hacer tintinear.
clip [klɪp] **1** *n* clip *m*. **2** *(for hair)* pasador *m*. **3** *(of film)* clip *m*, fragmento. || **4** *vt (cut)* cortar. **5** *fam (hit)* dar un cachete a.
clippers [ˈklɪpəz] *npl (for nails)* cortaúñas *m inv*.
clipping [ˈklɪpɪŋ] *n* recorte *m* de periódico.
clique [kliːk] *n* camarilla, pandilla.
clitoris [ˈklɪtərɪs] *n* clítoris *m inv*.
cloak [kləʊk] *n* capa.
cloakroom [ˈkləʊkrʊm] **1** *n (for coats)* guardarropa. **2** GB *(toilet)* servicios *mpl*.
clock [klɒk] **1** *n* reloj *m* de pared. **2** AUTO *fam* cuentakilómetros *m inv*.
♦ **to clock on** *vi* fichar a la entrada ♦ **to clock off** *vi* fichar a la salida ♦ **to clock up** *vt (miles)* recorrer.
• **against the clock** contra reloj; **round the clock** día y noche; **to put the clock back** atrasar el reloj; **to put the clock forward** adelantar el reloj.
clockwise [ˈklɒkwaɪz] *adj - adv* en el sentido de las agujas del reloj.
clockwork [ˈklɒkwɜːk] *n* mecanismo de relojería.
• **like clockwork** como una seda.
clod [klɒd] *n* terrón *m*.
clog [klɒg] **1** *n* zueco. || **2** *vt* obstruir. || **3** *vi* obstruirse.
cloister [ˈklɔɪstə] *n* claustro.
clone [kləʊn] *n* clon *m*.
close [kləʊz] **1** *vt* ([kləʊz]) *(shut)* cerrar: ***close your eyes*** cierra los ojos. || **2** *vi* cerrarse, cerrar: ***the shop closes at five*** la tienda cierra a las cinco. || **3** *n (end)* fin *m*, conclusión *f*. || **4** *adj* ([kləʊs]) *(near)* cercano,-a. **5** *(friend)* íntimo,-a; *(relative)* cercano,-a. **6** *(careful)* detenido,-a, detallado,-a. || **7** *adv (near)* cerca.
♦ **to close down** *vt - vi* cerrar definitivamente ♦ **to close in** **1** *vi (days)* acortarse. **2** *vi (night)* caer. **3** *vi (get nearer)* acercarse.
• **to bring to a close** concluir; **to close ranks** cerrar filas; **to draw to a close** tocar a su fin; **to keep a close watch on** vigilar estrechamente.
■ **close season** temporada de veda.
closed [kləʊzd] *adj* cerrado,-a.
■ **closed circuit television** televisión por circuito cerrado.
close-fitting [kləʊsˈfɪtɪŋ] *adj* ceñido,-a.
close-knit [kləʊsˈnɪt] *adj* unido,-a.
closely [ˈkləʊslɪ] **1** *adv* estrechamente. **2** *(attentively)* de cerca, atentamente: ***to follow sth closely*** seguir algo de cerca.
closet [ˈklɒzɪt] *n* US armario.
close-up [ˈkləʊsʌp] *n* primer plano.
closing [ˈkləʊzɪŋ] *n* cierre *m*.
■ **closing ceremony** acto de clausura; **closing date** fecha límite; **closing time** hora de cierre.
closure [ˈkləʊʒə] *n* cierre *m*.
clot [klɒt] **1** *n (of blood)* coágulo. **2** GB *fam* tonto,-a. || **3** *vi* coagularse.
cloth [klɒθ] **1** *n (fabric)* tela. **2** *(rag)* trapo.

clothe [kləʊð] *vt (pt & pp* clothed *o* clad) vestir.

clothes [kləʊðz] *npl* ropa *f sing*.
• **in plain clothes** de paisano,-a; **to put one's clothes on** vestirse; **to take one's clothes off** quitarse la ropa.
■ **clothes hanger** percha; **clothes peg** pinza.

clothesline ['kləʊðzlaɪn] *n* tendedero.

clothing ['kləʊðɪŋ] *n* ropa.

cloud [klaʊd] *n* nube *f*.
♦ **to cloud over** *vi* nublarse.
• **every cloud has a silver lining** no hay mal que por bien no venga; **under a cloud** bajo sospecha.

cloudy ['klaʊdɪ] **1** *adj (sky)* nublado,-a. **2** *(liquid)* turbio,-a.

clout [klaʊt] **1** *n fam (blow)* tortazo. **2** *fam (influence)* influencia. ‖ **3** *vt fam* dar un tortazo a.

clove [kləʊv] **1** *pt* → **cleave**. ‖ **2** *n (spice)* clavo. **3** *(of garlic)* diente *m*.

clover ['kləʊvə] *n* trébol *m*.

clown [klaʊn] *n* payaso.
♦ **to clown about/around** *vi* hacer el payaso.

club [klʌb] **1** *n (organization)* club *m*, sociedad *f*. **2** *(stick)* porra, garrote *m*. **3** *(in golf)* palo. **4** *(cards)* trébol *m*. ‖ **5** *vt* aporrear.
♦ **to club together** *vi* hacer una recolecta.

cluck [klʌk] *vi* cloquear.

clue [kluː] *n* pista, indicio: ***he hasn't got a clue*** no tiene ni idea.

clump [klʌmp] **1** *n (of trees)* grupo. **2** *(of plants)* mata. **3** *(of earth)* terrón *m*. ‖ **4** *vi* andar pesada y ruidosamente.

clumsiness ['klʌmzɪnəs] *n* torpeza.

clumsy ['klʌmzɪ] *adj* torpe.

clung [klʌŋ] *pt & pp* → **cling**.

cluster ['klʌstə] **1** *n* grupo. ‖ **2** *vi* agruparse, apiñarse.

clutch [klʌtʃ] **1** *n* TECH embrague *m*. ‖ **2** *vt* estrechar.
♦ **to clutch at** *vt* intentar agarrar.
• **in sb's clutches** en las garras de algn.

clutter ['klʌtə] **1** *n* desorden *m*, confusión *f*. ‖ **2** *vt* llenar, atestar: ***cluttered with toys*** atestado,-a de juguetes.

c/o ['keərɒv] *abbr (*care of*)* en casa de; *(abbreviation)* c/d.

Co [kəʊ] **1** *abbr (*Company*)* Compañía; *(abbreviation)* Cía. **2** *(*County*)* condado.

coach [kəʊtʃ] **1** *n* AUTO autocar *m*. **2** *(carriage)* carruaje *m*. **3** *(on train)* coche *m*. **4** *(tutor)* profesor,-ra particular. **5** *(trainer)* entrenador,-ra. ‖ **6** *vt* preparar, entrenar.
■ **coach station** terminal *f* de autobuses.

coagulate [kəʊ'ægjʊleɪt] *vi* coagularse.

coal [kəʊl] *n* carbón *m*, hulla.
• **to haul sb over the coals** echar un rapapolvo a algn.
■ **coal mine** mina de carbón; **coal mining** minería del carbón.

coalition [kəʊə'lɪʃn] *n* coalición *f*.

coarse [kɔːs] **1** *adj (material)* basto,-a. **2** *(person)* grosero,-a, ordinario,-a.

coast [kəʊst] **1** *n* costa, litoral *m*. ‖ **2** *vi (in car)* ir en punto muerto. **3** *(on bicycle)* ir sin pedalear.
• **the coast is clear** *fam* no hay moros en la costa.

coastal ['kəʊstl] *adj* costero,-a.

coastguard ['kəʊstgɑːd] *n* guardacostas *m inv*.

coastline ['kəʊstlaɪn] *n* costa, litoral *m*.

coat [kəʊt] **1** *n (garment)* abrigo. **2** *(of paint)* capa, mano *f*. **3** *(of animal)* pelaje *m*. ‖ **4** *vt* cubrir (with, de).
■ **coat of arms** escudo de armas.

coating ['kəʊtɪŋ] *n* capa, baño.

coax [kəʊks] *vt (person)* engatusar.
• **to coax sth out of sb** sonsacar algo a algn.

cob [kɒb] *n* mazorca.

cobalt ['kəʊbɔːlt] *n* cobalto.

cobble ['kɒbl] *n* adoquín *m*.
♦ **to cobble together** *vt* amañar, apañar.

cobbled ['kɒbld] *vt* adoquinado,-a.

cobbler ['kɒblə] **1** *n* zapatero. ‖ **2 cobblers** *npl vulg (nonsense)* chorradas *fpl*.

cobweb ['kɒbweb] *n* telaraña.
cocaine [kə'keɪn] *n* cocaína.
cock [kɒk] **1** *n (male hen)* gallo. **2** *(any male bird)* macho. **3** *vulg (penis)* polla. || **4** *vt* alzar, levantar.
♦ **to cock up** *vt* GB *fam* fastidiar.
cockatoo [kɒkə'tuː] *n* cacatúa.
cockerel ['kɒkrəl] *n* gallo joven.
cockle ['kɒkl] *n* berberecho.
cockney ['kɒknɪ] **1** *adj de los barrios obreros del este de Londres.* || **2** *n habitante de los barrios obreros del este de Londres.*
cockpit ['kɒkpɪt] *n (in plane)* cabina del piloto.
cockroach ['kɒkrəʊtʃ] *n* cucaracha.
cocktail ['kɒkteɪl] *n* cóctel *m.*
■ **cocktail shaker** coctelera.
cockup ['kɒkʌp] *n* GB *vulg* chapuza.
cocky ['kɒkɪ] *adj fam* creído,-a, chulo, -a.
cocoa ['kəʊkəʊ] *n* cacao.
coconut ['kəʊkənʌt] *n* coco.
cocoon [kə'kuːn] *n* capullo.
cod [kɒd] *n* bacalao.
COD ['siː'əʊ'diː] *abbr* GB *(*cash on delivery*,* US **collect on delivery***)* contra reembolso.
code [kəʊd] **1** *n* código. **2** *(for telephone)* prefijo. || **3** *vt* poner en clave, codificar.
■ **code name** nombre en clave; **code of practice** código de ética profesional.
coeducation [kəʊedjʊ'keɪʃn] *n* enseñanza mixta.
coffee ['kɒfɪ] *n* café *m.*
■ **coffee cup** taza de café; **coffee grinder** molinillo de café; **coffee shop** cafetería; **coffee table** mesa de centro.
coffeepot ['kɒfɪpɒt] *n* cafetera.
coffer ['kɒfə] *n* arca.
coffin ['kɒfɪn] *n* ataúd *m*, féretro.
cog [kɒg] **1** *n* diente *m* de engranaje. **2** *fig* pieza.
cogent ['kəʊdʒənt] *adj* convincente.
cogwheel ['kɒgwiːl] *n* rueda dentada.
coherence [kəʊ'hɪərəns] *n* coherencia.
coherent [kəʊ'hɪərənt] *adj* coherente.
cohesion [kəʊ'hiːʒn] *n* cohesión *f.*
cohesive [kəʊ'hiːsɪv] *adj* cohesivo,-a.
coil [kɔɪl] **1** *n (of rope)* rollo. **2** *(of hair)* rizo, moño. **3** TECH bobina. **4** MED *(IUD)* espiral *f*, DIU *m.* || **5** *vt* enrollar, enroscar. || **6** *vi* enrollarse, enroscarse.
coin [kɔɪn] **1** *n* moneda. || **2** *vt* acuñar. **3** *fig* inventar.
coincide [kəʊɪn'saɪd] *vi* coincidir.
coincidence [kəʊ'ɪnsɪdəns] *n* coincidencia.
coke [kəʊk] *n sl (drug)* coca.
colander ['kʌləndə] *n* colador *m.*
cold [kəʊld] **1** *adj* frío,-a. || **2** *n* frío. **3** MED resfriado, catarro.
● **to be cold** *(person)* tener frío; *(thing)* estar frío,-a; *(weather)* hacer frío; **to catch a cold** resfriarse; **to feel the cold** ser friolero,-a; **to give sb the cold shoulder** hacerle el vacío a algn; **to have a cold** estar resfriado,-a; **to knock sb out cold** dejar a algn inconsciente.
■ **cold sore** herpes *m*, pupa; **cold war** guerra fría.
cold-blooded [kəʊld'blʌdɪd] **1** *adj (evil)* cruel. **2** ZOOL de sangre fría.
cold-hearted [kəʊld'hɑːtɪd] *adj* insensible.
coldness ['kəʊldnəs] *n* frialdad *f.*
coleslaw ['kəʊlslɔː] *n* ensalada de col.
collaboration [kəlæbə'reɪʃn] *n* colaboración *f.*
collapse [kə'læps] **1** *n (of building)* derrumbamiento. **2** *(of roof)* hundimiento. **3** *(of plan)* fracaso. **4** MED colapso. || **5** *vi (building)* derrumbarse. **6** *(roof)* hundirse. **7** *(person)* desplomarse. **8** *(plan)* venirse abajo.
collapsible [kə'læpsɪbl] *adj* plegable.
collar ['kɒlə] **1** *n (of shirt etc)* cuello. **2** *(for dog)* collar *m.* || **3** *vt fam* pillar, pescar.
collarbone ['kɒləbəʊn] *n* clavícula.
collateral [kə'lætrəl] **1** *adj* colateral. || **2** *n* FIN garantía subsidiaria.

colleague ['kɒli:g] *n* colega *mf*.
collect [kə'lekt] **1** *vt (gather)* reunir, juntar. **2** *(stamps etc)* coleccionar. **3** *(taxes)* recaudar. **4** *(for charity)* hacer una colecta. **5** *(pick up, meet)* ir a buscar, recoger. || **6** *vi (things)* acumularse. **7** *(people)* congregarse.
● **to call collect** US llamar a cobro revertido; **to collect oneself** serenarse, recobrar el dominio de sí mismo.
collected [kə'lektɪd] *adj* dueño,-a de sí mismo,-a.
collection [kə'lekʃn] **1** *n (of stamps etc)* colección *f*. **2** *(for charity)* colecta. **3** *(of mail)* recogida. **4** *(of taxes)* recaudación *f*.
collective [kə'lektɪv] **1** *adj* colectivo,-a. || **2** *n* cooperativa.
collector [kə'lektə] *n (of stamps etc)* coleccionista *mf*.
college ['kɒlɪdʒ] **1** *n (techinical, art)* escuela, instituto. **2** *(of university)* colegio universitario.
collide [kə'laɪd] *vi* colisionar, chocar.
colliery ['kɒljərɪ] *n* mina de carbón.
collision [kə'lɪʒn] *n* colisión *f*, choque *m*.
colloquial [kə'ləʊkwɪəl] *adj* familiar, coloquial.
cologne [kə'ləʊn] *n* colonia.
Colombia [kə'lʌmbɪə] *n* Colombia.
Colombian [kə'lʌmbɪən] *adj* - *n* colombiano,-a.
colon ['kəʊlən] **1** *n* ANAT colón *m*. **2** *(punctuation)* dos puntos.
colonel ['kɜ:nl] *n* coronel *m*.
colonial [kə'ləʊnɪəl] *adj* colonial.
colonialism [kə'ləʊnɪəlɪzm] *n* colonialismo.
colonist ['kɒlənɪst] **1** *n (inhabitant)* colono. **2** *(colonizer)* colonizador,-ra.
colonize ['kɒlənaɪz] *vt* colonizar.
colony ['kɒlənɪ] *n* colonia.
color ['kʌlə] *n* - *vt* - *vi* US → **colour**.
colossal [kə'lɒsl] *adj* colosal.
colour ['kʌlə] **1** *n* color *m*. || **2** *vt (dye)* colorear. **3** *fig* influir. || **4** *vi* sonrojarse, ruborizarse. || **5 colours** *npl* bandera *f sing*, enseña *f sing*.
● **in full colour** a todo color; **to be off colour** no encontrarse bien; **to lose colour** palidecer.
■ **colour bar** discriminación *f* racial; **colour blindness** daltonismo; **colour film** película en color; **colour television** televisión *f* en color.
colour-blind ['kʌləblaɪnd] *adj* daltónico,-a.
coloured ['kʌləd] **1** *adj (drawing etc)* en color. **2** *euph (person)* de color.
colourful ['kʌləfʊl] **1** *adj (story)* lleno,-a de color. **2** *(multicoloured)* vivo,-a, lleno,-a de colorido. **3** *(person)* pintoresco,-a.
colouring ['kʌlərɪŋ] **1** *n (substance)* colorante *m*. **2** *(colour)* colorido.
colt [kəʊlt] *n* potro.
column ['kɒləm] *n* columna.
coma ['kəʊmə] *n* MED coma *m*.
comb [kəʊm] **1** *n* peine *m*. || **2** *vt (hair)* peinar. **3** *(area)* rastrear, peinar.
combat ['kɒmbət] **1** *n* combate *m*. || **2** *vt* - *vi* combatir.
combatant ['kɒmbətənt] *n* combatiente *mf*.
combination [kɒmbɪ'neɪʃn] *n* combinación *f*.
combine [kəm'baɪn] **1** *vt (gen)* combinar. || **2** *vi (elements)* combinarse; *(teams)* unirse; *(companies)* fusionarse. || **3** *n* (['kɒmbaɪn]) grupo de compañías.
combustible [kəm'bʌstɪbl] *adj* combustible.
combustion [kəm'bʌstʃn] *n* combustión *f*.
■ **combustion engine** motor *m* de combustión.
come [kʌm] **1** *vi* (*pt* came; *pp* come) *(move)* venir: ***can I come with you?*** ¿puedo ir contigo?; ***coming!*** ¡ya voy! **2** *(arrive)* llegar. **3** *vulg (reach orgasm)* correrse.
♦ **to come about** *vi* ocurrir, suceder
♦ **to come across 1** *vt* encontrar por casualidad. **2** *vi* causar una impresión: ***to come across badly*** causar mala impresión: ***to come across well*** causar

buena impresión ♦ **to come along** 1 *vi* progresar, avanzar. 2 *vi (arrive)* presentarse ♦ **to come apart** *vi* romperse, partirse ♦ **to come at** *vt* atacar ♦ **to come back** *vi* volver, regresar ♦ **to come before** 1 *vt (in time)* preceder. 2 *vt fig* ser más importante que ♦ **to come by** *vt* conseguir ♦ **to come down** 1 *vi (plane)* caer. 2 *vi (prices)* bajar ♦ **to come down with** *vt fam (illness)* coger ♦ **to come forward** 1 *vi* avanzar. 2 *vi (volunteer)* ofrecerse, presentarse ♦ **to come from** *vt* ser de ♦ **to come in** 1 *vi* entrar: ***come in!*** ¡adelante! 2 *vi (train)* llegar ♦ **to come in for** *vt* ser objeto de ♦ **to come into** *vt (inherit)* heredar ♦ **to come off** 1 *vi (happen)* tener lugar. 2 *vi (be successful)* tener éxito. 3 *vi (break off)* desprenderse ♦ **to come on** 1 *vi* progresar, avanzar. 2 *vi fam (start)* empezar ♦ **to come out** 1 *vi* salir: ***when the sun comes out*** cuando salga el sol. 2 *vi (stain)* quitarse. 3 *vi* GB *(on strike)* declararse en huelga. 4 *vi (photograph)* salir ♦ **to come out with** *vt* soltar ♦ **to come round** 1 *vi (regain consciousness)* volver en sí. 2 *vi (be persuaded)* dejarse convencer, ceder. 3 *vi (visit)* visitar ♦ **to come through** 1 *vi (arrive)* llegar. 2 *vt (survive)* sobrevivir ♦ **to come to** 1 *vi (regain consciousness)* volver en sí. 2 *vt (total)* subir a, ascender a ♦ **to come up** 1 *vi (arise)* surgir. 2 *vi (approach)* acercarse. 3 *vi (sun)* salir ♦ **to come up against** *vt* topar con ♦ **to come up to** *vt* llegar a: ***the water came up to my waist*** el agua me llegaba a la cintura ♦ **to come up with** *vt (idea)* tener; *(solution)* encontrar ♦ **to come upon** *vt* encontrar.

• **come what may** pase lo que pase; **to come down in the world** venir a menos; **to come in handy** ser útil; **to come into fashion** ponerse de moda; **to come into force** entrar en vigor; **to come of age** llegar a la mayoría de edad; **to come out in favour of** declararse a favor de; **to come out against** declararse en contra de; **to come to an end** acabar, terminar; **to come together** juntarse; **to come to one's senses** volver en sí; *fig* recobrar la razón; **to come to pass** acaecer; **to come true** hacerse realidad; **to come under attack** ser atacado,-a; **come again?** *fam* ¿cómo?

comeback ['kʌmbæk] *n fam (of person)* reaparición *f*.

comedian [kə'miːdjən] *n* cómico.

comedienne [kəmiːdɪ'en] *n* cómica.

comedy ['kɒmɪdɪ] *n* comedia.

comet ['kɒmɪt] *n* cometa *m*.

comfort ['kʌmfət] 1 *n (well-being)* comodidad *f*. 2 *(consolation)* consuelo. || 3 *vt* consolar.

comfortable ['kʌmftəbl] 1 *adj (chair etc)* cómodo,-a. 2 *(financially)* acomodado,-a.

• **to make oneself comfortable** ponerse cómodo,-a.

comforting ['kʌmfətɪŋ] *adj* reconfortante.

comfy ['kʌmfɪ] *adj fam* cómodo,-a.

comic ['kɒmɪk] 1 *adj - n* cómico,-a. || 2 *n (magazine)* tebeo.

■ **comic strip** tira cómica.

comical ['kɒmɪkl] *adj* cómico,-a.

coming ['kʌmɪŋ] 1 *adj* próximo,-a. 2 *(generation)* venidero,-a.

■ **comings and goings** idas y venidas.

comma ['kɒmə] *n* coma.

■ **inverted comma** comilla.

command [kə'mɑːnd] 1 *n (order)* orden *f*. 2 *(control)* mando: ***under the command of the king*** bajo el mando del rey. 3 COMPUT comando, instrucción *f*. 4 *(knowledge)* dominio: ***he has a good command of Greek*** domina el griego. || 5 *vt - vi (order)* mandar, ordenar.

commander [kə'mɑːndə] *n* comandante *m*.

commandment [kə'mɑːndmənt] *n* mandamiento.

commando [kə'mɑːndəʊ] *n* comando.

commemorate [kə'meməreɪt] *vt* conmemorar.

commemoration [kəmemə'reɪʃn] *n* conmemoración *f.*

commemorative [kə'memərətɪv] *adj* conmemorativo,-a.

commend [kə'mend] **1** *vt (praise)* elogiar. **2** *(recommend)* recomendar.

comment ['kɒment] **1** *n* comentario. ‖ **2** *vi* comentar.

commentary ['kɒməntrɪ] *n* comentario.

commentator ['kɒmənteɪtə] *n* comentarista *mf.*

commerce ['kɒmɜːs] *n* comercio.

commercial [kə'mɜːʃl] **1** *adj* comercial. ‖ **2** *n* TV anuncio *mf.*

commercialize [kə'mɜːʃəlaɪz] *vt* comercializar.

commission [kə'mɪʃn] **1** *n* comisión *f.* **2** *(task)* encargo. ‖ **3** *vt (order)* encargar, comisionar.

commissioner [kə'mɪʃənə] *n* comisario.

commit [kə'mɪt] *vt (crime)* cometer.
● **to commit oneself** comprometerse; **to commit suicide** suicidarse; **to commit to memory** memorizar; **to commit to prison** encarcelar.

commitment [kə'mɪtmənt] *n* compromiso.

committee [kə'mɪtɪ] *n* comité *m,* comisión *f.*

commodity [kə'mɒdɪtɪ] *n* producto, artículo.

common ['kɒmən] **1** *adj (not special)* corriente, usual. **2** *(shared)* común. **3** *(vulgar)* vulgar, bajo,-a, ordinario,-a. ‖ **4** *n* terreno común.
● **in common** en común; **to be common knowledge** ser de dominio público.
■ **common cold** resfriado común; **common denominator** común denominador *m;* **common factor** factor *m* común; **Common Market** Mercado Común; **common sense** sentido común; **House of Commons** Cámara de los Comunes.

commonplace ['kɒmənpleɪs] *adj* corriente.

commotion [kə'məʊʃn] *n* alboroto, agitación *f.*

communal ['kɒmjʊnl] *adj* comunal, comunitario,-a.

commune ['kɒmjuːn] **1** *n* comuna, comunidad *f.* ‖ **2** *vi* ([kə'mjuːn]) comulgar, estar en comunión (**with**, con).

communicate [kə'mjuːnɪkeɪt] **1** *vt* comunicar. ‖ **2** *vi* comunicarse.

communication [kəmjuːnɪ'keɪʃn] **1** *n (contact)* comunicación *f.* **2** *(message)* comunicado.

communicative [kə'mjuːnɪkətɪv] *adj* comunicativo,-a.

communion [kə'mjuːnjən] *n* comunión *f.*

communiqué [kə'mjuːnɪkeɪ] *n* comunicado.

communism ['kɒmjʊnɪzm] *n* comunismo.

communist ['kɒmjʊnɪst] **1** *adj* comunista. ‖ **2** *n* comunista *mf.*

community [kə'mjuːnɪtɪ] *n* comunidad *f.*
■ **community centre** centro social; **community spirit** civismo.

commute [kə'mjuːt] **1** *vi viajar diariamente de casa al lugar de trabajo.* ‖ **2** *vt* conmutar.

commuter [kə'mjuːtə] *n persona que viaja diariamente al lugar de trabajo.*

compact [kəm'pækt] **1** *adj* compacto, -a. ‖ **2** *n* (['kɒmpækt]) polvera de bolsillo. **3** *(pact)* pacto.
■ **compact disc** disco compacto.

companion [kəm'pænjən] **1** *n* compañero,-a. **2** *(nurse)* acompañante *mf.*

company ['kʌmpənɪ] **1** *n* compañía. **2** *fam (visitors)* visita.
● **to keep sb company** hacer compañía a algn; **to part company** separarse (**with**, de).

comparable ['kɒmpərəbl] *adj* comparable.

comparative [kəm'pærətɪv] **1** *adj* GRAM comparativo,-a. **2** *(relative)* relativo,-a. **3** *(subject)* comparado,-a.
comparatively [kəm'pærətɪvlɪ] *adv* relativamente.
compare [kəm'peə] **1** *vt* comparar (with, con). ‖ **2** *vi* compararse.
• **beyond compare** sin comparación.
comparison [kəm'pærɪsn] *n* comparación *f*.
• **in comparison with/to** en comparación con; **there's no comparison** no hay punto de comparación.
compartment [kəm'pɑːtmənt] *n* compartimiento, compartimento.
compass ['kʌmpəs] **1** *n (magnetic)* brújula. **2** *(for drawing)* compás *m*.
compassion [kəm'pæʃn] *n* compasión *f*.
compassionate [kəm'pæʃənət] *adj* compasivo,-a.
compatible [kəm'pætɪbl] *adj* compatible.
compel [kəm'pel] *vt* obligar, forzar, compeler.
compensate ['kɒmpənseɪt] **1** *vt (counter balance)* compensar. **2** *(money)* indemnizar.
compensation [kɒmpən'seɪʃn] **1** *n (reward)* compensación *f*. **2** *(money)* indemnización *f*.
compere ['kɒmpeə] **1** *n* GB presentador,-ra. ‖ **2** *vt* GB presentar.
compete [kəm'piːt] *vi* competir.
competence ['kɒmpɪtəns] *n* competencia.
competent ['kɒmpɪtənt] *adj* competente.
competition [kɒmpɪ'tɪʃn] **1** *n (contest)* concurso, competición *f*. **2** *(rivalry)* competencia, rivalidad *f*.
competitive [kəm'petɪtɪv] **1** *adj (person)* de espíritu competitivo. **2** *(price etc)* competitivo,-a.
competitor [kəm'petɪtə] **1** *n (rival)* competidor,-ra. **2** *(contestant)* participante *mf*, concursante *mf*.
complacent [kəm'pleɪsnt] *adj* satisfecho,-a de sí mismo,-a.
complain [kəm'pleɪn] *vt* quejarse.
complaint [kəm'pleɪnt] **1** *n* queja. **2** COMM reclamación *f*. **3** MED dolencia.
• **to lodge a complaint** presentar una reclamación.
complement ['kɒmplɪmənt] *n* complemento.
complementary [kɒmplɪ'mentərɪ] *adj* complementario,-a.
complete [kəm'pliːt] **1** *adj* completo, -a. **2** *(finished)* acabado,-a, terminado,-a. **3** *(utter)* total. ‖ **4** *vt* completar. **5** *(finish)* acabar, terminar.
completely [kəm'pliːtlɪ] *adv* por completo, completamente.
completion [kəm'pliːʃn] *n* finalización *f*, terminación *f*.
complex ['kɒmpleks] **1** *adj* complejo, -a. ‖ **2** *n* complejo.
complexion [kəm'plekʃn] *n* cutis *m*, tez *f*.
complexity [kəm'pleksɪtɪ] *n* complejidad *f*.
complicate ['kɒmplɪkeɪt] *vt* complicar.
complicated ['kɒmplɪkeɪtɪd] *adj* complicado,-a.
complication [kɒmplɪ'keɪʃn] *n* complicación *f*.
compliment ['kɒmplɪmənt] **1** *n* cumplido. ‖ **2** *vt* (['kɒmplɪment]) felicitar (on, por). ‖ **3 compliments** *npl* saludos *mpl*: ***my compliments to the chef*** felicite al cocinero de mi parte.
• **with the compliments of ...** obsequio de ....
comply [kəm'plaɪ] *vi (order)* obedecer (with, a): ***it complies with European standards*** cumple con la normativa europea.
component [kəm'pəʊnənt] **1** *adj* componente. ‖ **2** *n* componente *m*.
compose [kəm'pəʊz] *vt* componer.
• **to be composed of** componerse de; **to compose oneself** calmarse, serenarse.
composed [kəm'pəʊzd] *adj* sereno,-a, sosegado,-a.

composer [kəm'pəʊzə] *n* compositor,-ra.

composite ['kɒmpəzɪt] *adj* compuesto,-a.

composition [kɒmpə'zɪʃn] **1** *n* composición *f*. **2** *(essay)* redacción *f*.

compost ['kɒmpɒst] *n* abono.

composure [kəm'pəʊʒə] *n* calma, serenidad *f*.

compound ['kɒmpaʊnd] **1** *adj* compuesto,-a. ‖ **2** *n* compuesto. **3** *(enclosure)* recinto. ‖ **4** *vt* ([kəm'paʊnd]) *(compose)* componerse (of, de), consistir (of, en). **5** *(worsen)* agravar.

comprehend [kɒmprɪ'hend] *vt* comprender.

comprehension [kɒmprɪ'henʃn] *n* comprensión *f*.

comprehensive [kɒmprɪ'hensɪv] **1** *adj* *(thorough)* completo,-a. **2** *(broad)* amplio,-a, extenso,-a.

■ **comprehensive insurance** seguro a todo riesgo; **comprehensive school** GB *instituto de enseñanza secundaria.*

compress ['kɒmpres] **1** *n* compresa. ‖ **2** *vt* ([kəm'pres]) *(compact)* comprimir. **3** *(reduce)* reducir.

compression [kəm'preʃn] *n* compresión *f*.

comprise [kəm'praɪz] **1** *vt* *(consist of)* constar de. **2** *(constitute)* componer, componerse (of, de).

compromise ['kɒmprəmaɪz] **1** *n* arreglo, acuerdo. ‖ **2** *vi* transigir. ‖ **3** *vt* comprometer.

compulsive [kəm'pʌlsɪv] **1** *adj* *(book etc)* fascinante. **2** *(person)* empedernido,-a.

compulsory [kəm'pʌlsərɪ] *adj* obligatorio,-a.

computer [kəm'pjuːtə] *n* ordenador *m*.

■ **computer game** juego de ordenador; **computer programmer** programador,-ra informático,-a; **computer science** informática.

computerize [kəm'pjuːtəraɪz] *vt* informatizar.

computing [kəm'pjuːtɪŋ] *n* informática.

comrade ['kɒmreɪd] *n* compañero,-a; POL camarada *mf*.

con [kɒn] **1** *n fam* estafa, timo. ‖ **2** *vt fam* estafar, timar.

■ **con man** *fam* estafador *m*.

Con [kɒn] *abbr* GB *(*Conservative*)* conservador,-ra.

conceal [kən'siːl] *vt* ocultar.

concede [kən'siːd] **1** *vt (accept)* reconocer, admitir. ‖ **2** *vi* - *vt (give up)* rendirse, admitir la derrota.

conceit [kən'siːt] *n* vanidad *f*, presunción *f*.

conceited [kən'siːtɪd] *adj* engreído,-a, presuntuoso,-a.

conceivable [kən'siːvəbl] *adj* concebible.

conceivably [kən'siːvəblɪ] *adv* posiblemente.

conceive [kən'siːv] *vt* - *vi* concebir.

concentrate ['kɒnsəntreɪt] **1** *vt* concentrar. ‖ **2** *vi* concentrarse.

concentrated ['kɒnsəntreɪtɪd] **1** *adj* *(juice)* concentrado,-a. **2** *(effort)* intenso,-a.

concentration [kɒnsən'treɪʃn] *n* concentración *f*.

■ **concentration camp** campo de concentración.

concept ['kɒnsept] *n* concepto.

conception [kən'sepʃn] **1** *n* MED concepción *f*. **2** *(idea)* concepto, idea.

concern [kən'sɜːn] **1** *n (worry)* preocupación *f*, inquietud *f*. **2** *(matter)* asunto. **3** COMM negocio. ‖ **4** *vt (affect)* afectar, concernir, importar a. **5** *(worry)* preocupar. **6** *(have to do with)* tener que ver con.

● **as far as I'm concerned** por lo que a mí se refiere; **it's no concern of mine** no es asunto mío; **there's no cause for concern** no hay por qué preocuparse; **to whom it may concern** a quien corresponda.

concerned [kən'sɜːnd] **1** *adj (affected)* afectado,-a, involucrado,-a. **2** *(worried)* preocupado,-a.

concerning [kən'sɜːnɪŋ] *prep* referente a, sobre.

concert ['kɒnsət] *n* concierto.

● **in concert** en vivo.

■ **concert house** sala de conciertos.

concerted [kən'sɜːtɪd] *adj* concertado,-a.

concerto [kən'tʃeətəʊ] *n* concierto.

concession [kən'seʃn] *n* concesión *f*.

conciliation [kənsɪlɪ'eɪʃn] *n* conciliación *f*.

concise [kən'saɪs] *adj* conciso,-a.

conclude [kən'kluːd] **1** *vt - vi (gen)* concluir. **2** *(agreement)* llegar a; *(treaty)* firmar; *(deal)* cerrar. || **3** *vi* terminar, concluir.

conclusion [kən'kluːʒn] **1** *n* conclusión *f*. **2** *(end)* final *m*.

conclusive [kən'kluːsɪv] *adj* concluyente.

concoct [kən'kɒkt] **1** *vt (sauce, drink)* preparar. **2** *(story, excuse)* inventar.

concourse ['kɒŋkɔːs] *n (hall)* vestíbulo.

concrete ['kɒŋkriːt] **1** *adj* concreto,-a, específico,-a. || **2** *n* hormigón *m*. || **3** *vt* revestir de hormigón.

■ **concrete mixer** hormigonera.

concur [kən'kɜː] *vi* coincidir.

condemn [kən'dem] **1** *vt* condenar. **2** *(building)* declarar inhabitable.

condemnation [kɒndem'neɪʃn] *n* condena.

condensation [kɒnden'seɪʃn] **1** *n* condensación *f*. **2** *(on window)* vaho.

condense [kən'dens] **1** *vt* condensar. || **2** *vi* condersarse.

■ **condensed milk** leche *f* condensada.

condescend [kɒndɪ'send] **1** *vi (deign)* dignarse. **2** *(patronize)* tratar con condescendencia.

condescending [kɒndɪ'sendɪŋ] *adj* condescendiente.

condescension [kɒndɪ'senʃn] *n* condescendencia.

condiment ['kɒndɪmənt] *n* condimento.

condition [kən'dɪʃn] **1** *n* condición *f*, estado; MED afección *f*. || **2** *vt* condicionar. **3** *(treat)* acondicionar.

● **in bad condition** en mal estado; **in good condition** en buen estado; **on condition that** a condición de que; **to be out of condition** no estar en forma.

conditional [kən'dɪʃənl] **1** *adj* condicional. || **2** *n* condicional *m*.

● **to be conditional on/upon** depender de.

conditioner [kən'dɪʃənə] *n* suavizante *m*.

condolences [kən'dəʊlənsɪz] *npl* pésame *m sing*.

● **please accept my condolences** le acompaño en el sentimiento; **to offer one's condolences** dar el pésame.

condom ['kɒndəm] *n* condón *m*.

condone [kən'dəʊn] *vt* consentir.

condor ['kɒndɔː] *n* cóndor *m*.

conducive [kən'djuːsɪv] *adj* propicio,-a (to, para).

conduct ['kɒndəkt] **1** *n (behaviour)* conducta. **2** *(control)* dirección. || **3** *vt* ([kɒn'dʌkt]) *(run)* dirigir, llevar a cabo: ***to conduct a survey*** realizar un sondeo. **4** *(behave)* comportarse. **5** *(heat etc)* ser conductor,-ra de. || **6** *vt - vi* MUS dirigir.

conductor [kən'dʌktə] **1** *n* MUS director,-ra. **2** *(on bus)* cobrador *m*. **3** *(of heat etc)* conductor *m*.

conductress [kən'dʌktrəs] *n (on bus)* cobradora.

cone [kəʊn] **1** *n (shape)* cono. **2** *(ice cream)* cucurucho. **3** *(of pine etc)* piña.

confectionery [kən'fekʃənərɪ] *n* dulces *mpl*.

confederacy [kən'fedrəsɪ] *n* confederación *f*.

confederation [kənfedə'reɪʃn] *n* confederación *f*.

confer [kən'fɜː] **1** *vt (award)* conferir, conceder. || **2** *vi (consult)* consultar (with, con).

conference ['kɒnfrəns] **1** *n (convention)* congreso. **2** *(meeting)* reunión *f*.

• **to be in conference** estar reunido,-a.
▪ **conference call** teleconferencia.
confess [kən'fes] **1** *vt* confesar. ‖ **2** *vi* confesarse.
confession [kən'feʃn] *n* confesión *f*.
confessional [kən'feʃənl] *n* confesionario.
confidant ['kɒnfɪdænt] *n* confidente *m*.
confidante ['kɒnfɪdænt] *n* confidenta.
confide [kən'faɪd] *vt* - *vi* confiar.
confidence ['kɒnfɪdəns] **1** *n (trust)* confianza: ***I have confidence in him*** confío en él. **2** *(self-assurance)* confianza, seguridad *f (en sí mismo)*. **3** *(secret)* confidencia.
confident ['kɒnfɪdnt] *adj* seguro,-a.
confidential [kɒnfɪ'denʃl] *adj* confidencial.
confidently ['kɒnfɪdntlɪ] *adv* con seguridad.
confine [kən'faɪn] **1** *vt (limit)* limitar. **2** *(shut up)* encerrar. ‖ **3 confines** *npl* (['kɒnfaɪnz]) límites *mpl*.
confinement [kən'faɪnmənt] **1** *n* reclusión *f*. **2** MED parto.
confirm [kən'fɜːm] *vt* confirmar.
confirmation [kɒnfə'meɪʃn] *n* confirmación *f*.
confirmed [kən'fɜːmd] *adj* empedernido,-a, inveterado,-a.
confiscate ['kɒnfɪskeɪt] *vt* confiscar.
conflict ['kɒnflɪkt] **1** *n* conflicto. ‖ **2** *vi* ([kən'flɪkt]) chocar, estar en conflicto.
conflicting [kən'flɪktɪŋ] **1** *adj (evidence)* contradictorio,-a. **2** *(opinions)* contrario,-a.
conform [kən'fɔːm] **1** *vi* conformarse (to/with, con), avenirse (to/with, a). **2** *(to rules etc)* ajustarse (to/with, a).
conformity [kən'fɔːmɪtɪ] *n* conformidad *f*.
• **in conformity with** conforme a.
confront [kən'frʌnt] **1** *vt (danger)* afrontar. **2** *(person)* enfrentarse con.
confuse [kən'fjuːz] **1** *vt (bewilder)* desconcertar. **2** *(muddle)* confundir. **3** *(complicate)* complicar.
confused [kən'fjuːzd] **1** *adj (person)* confundido,-a. **2** *(mind, ideas)* confuso,-a.
confusing [kən'fjuːzɪŋ] *adj* confuso,-a.
confusion [kən'fjuːʒn] *n* confusión *f*.
congeal [kən'dʒiːl] *vi* coagularse.
congenial [kən'dʒiːnjəl] *adj* agradable.
congenital [kən'dʒenɪtl] *adj* congénito,-a.
congested [kən'dʒestɪd] **1** *adj (roads etc)* colapsado,-a, congestionado,-a. **2** MED congestionado,-a.
congestion [kən'dʒestʃn] *n* congestión *f*.
conglomerate [kən'glɒmərət] *n* conglomerado.
congratulate [kən'grætjʊleɪt] *vt* felicitar (on, por).
congratulations [kəngrætjʊ'leɪʃns] *npl* felicidades *fpl*, enhorabuena *f sing*.
congregate ['kɒŋgrɪgeɪt] *vi* congregarse.
congregation [kɒŋgrɪ'geɪʃn] *n* fieles *mpl*.
congress ['kɒŋgres] *n* congreso.
conical ['kɒnɪkl] *adj* cónico,-a.
conifer ['kɒnɪfə] *n* conífera.
conjecture [kən'dʒektʃə] **1** *n* conjetura. ‖ **2** *vt* conjeturar.
conjunction [kən'dʒʌŋkʃn] *n* conjunción *f*.
• **in conjunction with** conjuntamente con.
conjure ['kʌndʒə] **1** *vi* hacer magia, hacer juegos de manos. ‖ **2** *vt* hacer aparecer.
♦ **to conjure up** *vt (memories)* evocar.
conjurer ['kʌndʒərə] *n* mago,-a, prestidigitador,-ra.
conjuror ['kʌndʒərə] *n* mago,-a, prestidigitador,-ra.
connect [kə'nekt] **1** *vt (attach)* conectar. **2** *(link together)* comunicar, unir. **3** *(associate)* relacionar, asociar. **4** *(on telephone)* pasar, poner. ‖ **5** *vi (flight)* enlazar (with, con).
connection [kə'nekʃn] **1** *n* unión *f*, enlace *m*. **2** ELEC TECH conexión *f*. **3** *fig*

relación *f*. **4** *(railways)* correspondencia, conexión *f*.

connexion [kə'nekʃn] **1** *n* unión *f*, enlace *m*. **2** ELEC TECH conexión *f*. **3** *fig* relación *f*. **4** *(railways)* correspondencia, conexión *f*.

connoisseur [kɒnə'sɜː] *n* entendido, -a.

connotation [kɒnə'teɪʃn] *n* connotación *f*.

conquer ['kɒŋkə] **1** *vt (lands)* conquistar. **2** *(enemy)* vencer a.

conqueror ['kɒŋkərə] *n* conquistador, -ra, vencedor,-ra.

conquest ['kɒŋkwest] *n* conquista.

conscience ['kɒnʃəns] *n* conciencia.

conscientious [kɒnʃɪ'enʃəs] *adj* concienzudo,-a.

■ **conscientious objector** objetor,-ra de conciencia.

conscious ['kɒnʃəs] *adj* consciente.

consciousness ['kɒnʃəsnəs] **1** *n* conciencia. **2** MED conocimiento.

• **to lose consciousness** perder el conocimiento; **to regain consciousness** recobrar el conocimiento.

conscript ['kɒnskrɪpt] **1** *n* recluta. ‖ **2** *vt* ([kən'skrɪpt]) reclutar.

conscription [kən'skrɪpʃn] *n* servicio militar obligatorio.

consecutive [kən'sekjʊtɪv] *adj* consecutivo,-a.

consent [kən'sent] **1** *n* consentimiento. ‖ **2** *vi* consentir (to, en).

consequence ['kɒnsɪkwəns] *n* consecuencia.

• **it is of no consequence** no tiene importancia.

consequent ['kɒnsɪkwənt] *adj* consiguiente.

consequently ['kɒnsɪkwəntlɪ] *adv* por consiguiente.

conservation [kɒnsə'veɪʃn] *n* conservación *f*.

conservationist [kɒnsə'veɪʃnɪst] *n* ecologista *mf*.

conservatism [kən'sɜːvətɪzm] *n* POL conservadurismo.

conservative [kən'sɜːvətɪv] **1** *adj* POL conservador,-ra. **2** *(safe)* cauteloso,-a. ‖ **3** *n* conservador,-ra.

conservatory [kən'sɜːvətrɪ] **1** *n (for plants)* invernadero. **2** MUS conservatorio.

conserve [kən'sɜːv] **1** *vt (save)* ahorrar. **2** *(preserve)* conservar. ‖ **3** *n* conserva.

consider [kən'sɪdə] *vt* considerar.

considerable [kən'sɪdrəbl] *adj* importante, considerable.

considerably [kən'sɪdrəblɪ] *adv* bastante.

considerate [kən'sɪdərət] *adj* considerado,-a.

consideration [kənsɪdə'reɪʃn] *n* consideración *f*.

• **to take into consideration** tener en cuenta.

considering [kən'sɪdərɪŋ] **1** *prep* teniendo en cuenta. ‖ **2** *conj* teniendo en cuenta que.

consign [kən'saɪn] **1** *vt (send)* consignar. **2** *(entrust)* confiar.

consist [kən'sɪst] **1** *vi* consistir (of, en). **2** *(comprise)* constar (of, de).

consistency [kən'sɪstənsɪ] **1** *n (coherence)* consecuencia, coherencia. **2** *(firmness)* consistencia.

consistent [kən'sɪstənt] **1** *adj (coherent)* consecuente, coherente. **2** *(regular)* constante.

consolation [kɒnsə'leɪʃn] *n* consolación *f*, consuelo.

console ['kɒnsəʊl] **1** *n* consola. ‖ **2** *vt* ([kən'səʊl]) consolar.

consolidate [kən'sɒlɪdeɪt] **1** *vt* consolidar. ‖ **2** *vi* consolidarse.

consonant ['kɒnsənənt] *n* consonante *f*.

conspicuous [kəns'pɪkjʊəs] *adj* llamativo,-a, visible.

conspiracy [kən'spɪrəsɪ] *n* conspiración *f*.

conspire [kən'spaɪə] *vi* conspirar.

constable ['kʌnstəbl] *n* policía *mf*, guardia *mf*.

constant ['kɒnstənt] **1** *adj (unchanging)*

constante. **2** *(continuous)* continuo,-a. **3** *(loyal)* leal. || **4** *n* constante *f*.
constellation [kɒnstəˈleɪʃn] *n* constelación *f*.
constipated [ˈkɒnstɪpeɪtɪd] *adj* estreñido,-a.
constipation [kɒnstɪˈpeɪʃn] *n* estreñimiento.
constituency [kənˈstɪtjʊənsɪ] *n* circunscripción *f*, distrito electoral.
constituent [kənsˈtɪtjʊənt] **1** *adj (part)* constitutivo,-a. **2** POL constituyente. || **3** *n* componente *m*. **4** POL elector,-ra.
constitute [ˈkɒnstɪtjuːt] *vt* constituir.
constitution [kɒnstɪˈtjuːʃn] *n* constitución *f*.
constitutional [kɒnstɪˈtjuːʃənl] *adj* constitucional.
constrain [kənsˈtreɪn] *vt* forzar, obligar.
constraint [kənsˈtreɪnt] **1** *n (coaction)* coacción *f*. **2** *(restriction)* limitación *f*.
constrict [kənˈstrɪkt] *vt* apretar, constreñir.
construct [kənsˈtrʌkt] *vt* construir.
construction [kənˈstrʌkʃn] *n* construcción *f*.
constructive [kənˈstrʌktɪv] *adj* constructivo,-a.
construe [kənˈstruː] *vt* interpretar.
consul [ˈkɒnsl] *n* cónsul *mf*.
consulate [ˈkɒnsjʊlət] *n* consulado.
consult [kənˈsʌlt] *vt* - *vi* consultar.
consultant [kənˈsʌltənt] **1** *n* asesor,-ra. **2** MED especialista *mf*.
consultation [kɒnsəlˈteɪʃn] *n* consulta.
consume [kənˈsjuːm] *vt* consumir.
consumer [kənˈsjuːmə] *n* consumidor,-ra.
■ **consumer goods** bienes *mpl* de consumo; **consumer society** sociedad *f* de consumo.
consummate [ˈkɒnsəmət] **1** *adj* consumado,-a. || **2** *vt* ([ˈkɒnsəmeɪt]) consumar.
consumption [kənˈsʌmpʃn] **1** *n* consumo. **2** MED tisis *f*.
contact [ˈkɒntækt] **1** *n* contacto. || **2** *vt* ponerse en contacto con, contactar con.
■ **contact lens** lentilla, lente de contacto.
contagious [kənˈteɪdʒəs] *adj* contagioso,-a.
contain [kənˈteɪn] *vt* contener.
container [kənˈteɪnə] **1** *n* recipiente *m*, envase *m*. **2** COMM contenedor *m*.
contaminate [kənˈtæmɪneɪt] *vt* contaminar.
contamination [kəntæmɪˈneɪʃn] *n* contaminación *f*, polución *f*.
contemplate [ˈkɒntempleɪt] **1** *vt (look at)* contemplar. **2** *(consider)* considerar.
contemporary [kənˈtemprərɪ] *adj* - *n* contemporáneo,-a.
contempt [kənˈtempt] **1** *n* desprecio, menosprecio. **2** JUR desacato.
• **to hold in contempt** despreciar.
contend [kənˈtend] **1** *vi (compete)* competir. **2** *(deal)* enfrentarse a. || **3** *vt (claim)* sostener.
content [ˈkɒntent] **1** *n* contenido. || **2** *adj* ([kənˈtent]) contento,-a, satisfecho,-a. || **3** *vt* contentar. || **4 contents** *npl* ([ˈkɒntents]) contenido *m sing*.
• **to content oneself with** contentarse con.
contented [kənˈtentɪd] *adj* contento,-a, satisfecho,-a.
contention [kənˈtenʃn] **1** *n (dispute)* controversia, contienda. **2** *(opinion)* parecer *m*.
contentious [kənˈtenʃəs] *adj* polémico,-a.
contest [ˈkɒntest] **1** *n (competition)* concurso. **2** *(struggle)* contienda, lucha. || **3** *vt* ([kənˈtest]) *(fight for)* luchar por, competir por. **4** *(election)* presentarse como candidato,-a.
contestant [kənˈtestənt] **1** *n (in quiz show)* concursante *mf*. **2** *(for a job)* candidato,-a.
context [ˈkɒntekst] *n* contexto.
continent [ˈkɒntɪnənt] *n* continente *m*.
continental [kɒntɪˈnentl] **1** *adj* continental. **2** GB europeo,-a.

■ **continental breakfast** *desayuno con tostadas, croissants con café o té.*

contingency [kən'tɪndʒənsɪ] *n* contingencia, eventualidad *f.*

contingent [kən'tindʒent] **1** *adj* supeditado,-a (on, a). ‖ **2** *n* contingente *m.*

continual [kən'tɪnjʊəl] *adj* continuo,-a, constante.

continuation [kəntɪnjʊ'eɪʃn] *n* continuación *f.*

continue [kən'tɪnjuː] *vt - vi* continuar, seguir.

continuity [kɒntɪ'njuːɪtɪ] *n* continuidad *f.*

continuous [kən'tɪnjʊəs] *adj* continuo,-a.

contort [kən'tɔːt] *vt - vi* contraer, crispar.

contour ['kɒntʊə] *n* contorno.

■ **contour line** curva de nivel.

contraband ['kɒntrəbænd] *n* contrabando.

contraception [kɒntrə'sepʃn] *n* anticoncepción *f.*

contraceptive [kɒntrə'septɪv] **1** *adj* anticonceptivo,-a. ‖ **2** *n* anticonceptivo *m.*

contract ['kɒntrækt] **1** *n* contrato. ‖ **2** *vi* ([kən'trækt]) *(become smaller)* contraerse. ‖ **3** *vt (illness, marriage, muscle)* contraer.

contraction [kən'trækʃn] *n* contracción *f.*

contractor [kən'træktə] *n* contratista *mf.*

contradict [kɒntrə'dɪkt] *vt* contradecir.

contradiction [kɒntrə'dɪkʃn] *n* contradicción *f.*

contradictory [kɒntrə'dɪktərɪ] *adj* contradictorio,-a.

contrary ['kɒntrərɪ] **1** *adj* contrario,-a. **2** ([kɒn'treərɪ]) *(stubborn)* terco,-a. ‖ **3** *n* contrario.

● **contrary to** en contra de; **on the contrary** al contrario.

contrast ['kɒntræst] **1** *n* contraste *m.* ‖ **2** *vt - vi* ([kɒn'træst]) contrastar.

● **in contrast to** a diferencia de.

contribute [kən'trɪbjuːt] **1** *vt - vi* contribuir. ‖ **2** *vi (to newspaper etc)* colaborar (to, en).

contribution [kɒntrɪ'bjuːʃn] **1** *n* contribución *f.* **2** *(to newspaper)* colaboración *f.*

contributor [kən'trɪbjʊtə] **1** *n* contribuyente *mf.* **2** *(to newspaper)* colaborador,-ra.

contrive [kən'traɪv] *vt* idear, inventar.

● **to contrive to do sth** conseguir hacer algo.

contrived [kən'traɪvd] *adj* artificial, forzado,-a.

control [kən'trəʊl] **1** *n (command)* control *m.* **2** *(device)* mando, control *m.* **3** *(restraint)* dominio. ‖ **4** *vt* controlar.

● **out of control** fuera de control; **to be in control** estar al mando; **to bring under control** conseguir controlar; **to go out of control** descontrolarse; **to lose control** perder el control; **under control** bajo control.

■ **control tower** torre *f* de control.

controller [kən'trəʊlə] **1** *n* FIN interventor,-ra. **2** RAD TV director,-ra de programación *f.*

controversial [kɒntrə'vɜːʃl] *adj* controvertido,-a, polémico,-a.

controversy [kən'trɒvəsɪ] *n* controversia, polémica.

convene [kən'viːn] **1** *vt* convocar. ‖ **2** *vi* reunirse.

convenience [kən'viːnjəns] *n* conveniencia, comodidad *f.*

■ **convenience food** comida preparada.

convenient [kən'viːnjənt] **1** *adj* conveniente, oportuno,-a. **2** *(place)* bien situado,-a.

convent ['kɒnvənt] *n* convento.

convention [kən'venʃn] *n* convención *f.*

conventional [kən'venʃənl] *adj* convencional.

converge [kən'vɜːdʒ] *vi* converger, convergir.

conversant [kən'vɜːsənt] *adj* versado,-a (with, en).

conversation [kɒnvəˈseɪʃn] *n* conversación *f*.
converse [ˈkɒnvɜːs] **1** *adj* opuesto,-a. ‖ **2** *n* lo opuesto.
conversion [kənˈvɜːʃn] *n* conversión *f*.
convert [ˈkɒnvɜːt] **1** *n* converso,-a. ‖ **2** *vt* ([kənˈvɜːt]) convertir. ‖ **3** *vi* convertirse (into/to, en); *(religion)* convertirse (to, a).
convertible [kənˈvɜːtəbl] **1** *adj* convertible. **2** AUTO descapotable. ‖ **3** *n* AUTO descapotable *m*.
convex [ˈkɒnveks] *adj* convexo,-a.
convey [kənˈveɪ] **1** *vt (transport)* llevar, transportar. **2** *(ideas etc)* comunicar, expresar.
conveyor belt [kənˈveɪəbelt] *n* cinta transportadora.
convict [ˈkɒnvɪkt] **1** *n* presidiario,-a. ‖ **2** *vt* ([kənˈvɪkt]) Jur declarar culpable.
conviction [kənˈvɪkʃn] **1** *n (belief)* convicción *f*. **2** JUR condena.
convince [kənˈvɪns] *vt* convencer (of, de).
convincing [kənˈvɪnsɪŋ] *adj* convincente.
convoy [ˈkɒnvɒɪ] *n* convoy *m*.
convulsion [kənˈvʌlʃn] *n* convulsión *f*.
cook [kʊk] **1** *n* cocinero,-ra. ‖ **2** *vt* guisar, cocinar; *(meals)* preparar. ‖ **3** *vi* cocinar, cocer.
♦ **to cock up 1** *vt (plan)* tramar. **2** *vt (excuse)* inventar.
cooker [ˈkʊkə] *n (stove)* cocina.
cookery [ˈkʊkərɪ] *n* cocina.
■ **cookery book** libro de cocina.
cookie [ˈkʊkɪ] *n* US galleta.
cooking [ˈkʊkɪŋ] *n* cocina: ***Spanish cooking*** cocina española.
● **to do the cooking** cocinar.
cool [kuːl] **1** *adj (cold)* fresco,-a. **2** *(calm)* tranquilo,-a. **3** *(unfriendly)* frío,-a. **4** *sl (hip)* en la onda. ‖ **5** *vt* refrescar, enfriar. ‖ **6** *vi* enfriarse.
♦ **to cool down 1** *vt (food)* enfriar; *(person)* calmar. **2** *vi (food)* enfriarse; *(person)* calmarse.
● **to keep one's cool** mantener la calma; **to lose one's cool** perder la calma.
coolness [ˈkuːlnəs] **1** *n* fresco, frescor *m*. **2** *(unfriendliness)* frialdad *f*. **3** *(calm)* serenidad *f*.
coop [kuːp] *n* gallinero.
♦ **to coop up** *vt* encerrar.
cooperate [kəʊˈɒpəreɪt] *vi* cooperar.
cooperation [kəʊɒpəˈreɪʃn] *n* cooperación *f*.
cooperative [kəʊˈɒprətɪv] **1** *adj (collective)* cooperativo,-a. **2** *(helpful)* cooperador,-ra. ‖ **3** *n* cooperativa.
coordinate [kəʊˈɔːdɪneɪt] *vt* coordinar.
coordination [kəʊɔːdɪˈneɪʃn] *n* coordinación *f*.
cop [kɒp] *n fam (policeman)* poli *mf*.
♦ **to cop out** *vi fam* rajarse.
● **it's not much cop** *fam* no es nada del otro mundo.
cope [kəʊp] *vi* arreglárselas: ***I just can't cope!*** ¡es que no doy abasto!
♦ **to cope with** *vt (work)* poder con; *(problem)* hacer frente a.
copious [ˈkəʊpjəs] *adj* copioso,-a.
copper [ˈkɒpə] **1** *n (metal)* cobre *m*. **2** GB *fam (coin)* pela, perra. **3** *fam (policeman)* poli *mf*.
copy [ˈkɒpɪ] **1** *n* copia. **2** *(of book etc)* ejemplar *m*. ‖ **3** *vt* - *vi* copiar.
copycat [ˈkɒpɪkæt] *n fam* copión,-ona.
copyright [ˈkɒpɪraɪt] *n* derechos *mpl* de autor.
coral [ˈkɒrl] *n* coral *m*.
■ **coral reef** arrecife *m* de coral.
cord [kɔːd] **1** *n (string, rope)* cuerda. ‖ **2 cords** *npl fam* pantalones *mpl* de pana.
cordon [ˈkɔːdn] **1** *n* cordón *m*. ‖ **2** *vt* acordonar.
corduroy [ˈkɔːdərɔɪ] *n* pana.
core [kɔː] *n* núcleo, centro; *(of apple etc)* corazón *m*.
● **to the core** *fig* hasta la médula.
cork [kɔːk] *n (material)* corcho.
■ **cork oak** alcornoque.
corkscrew [ˈkɔːkskruː] *n* sacacorchos *m inv*.

corn [kɔːn] **1** *n (maize)* maíz *m.* **2** MED callo. || **3 corns** *npl* cereales *mpl.*
■ **corn on the cob** mazorca de maíz.
cornea ['kɔːnɪə] *n* córnea.
corner ['kɔːnə] **1** *n (exterior angle)* esquina. **2** *(interior angle)* rincón *m.* || **3** *vt* arrinconar. **4** COMM acaparar.
● **in a tight corner** en un aprieto; **just round the corner** a la vuelta de la esquina.
■ **corner kick** córner *m.*
cornerstone ['kɔːnəstəʊn] *n* piedra angular.
cornet ['kɔːnɪt] **1** *n* MUS corneta. **2** GB *(ice-cream)* cucurucho.
cornflakes ['kɔːnfleɪks] *npl* copos *mpl* de maíz.
cornflour ['kɔːnflaʊə] *n* harina de maíz, maicena.
cornstarch ['kɔːnstɑːtʃ] *n* harina de maíz, maicena.
corny ['kɔːnɪ] **1** *adj fam (joke)* gastado, -a, sobado,-a. **2** *fam (film)* cursi, sensiblero,-a.
corollary [kə'rɒlərɪ] *n* corolario.
coronation [kɒrə'neɪʃn] *n* coronación *f.*
coroner ['kɒrənə] *n* juez *mf* de instrucción *f.*
Corp ['kɔːprəl] *abbr (*corporal*)* cabo.
corporal ['kɔːpərəl] *n* MIL cabo.
■ **corporal punishment** castigo corporal.
corporation [kɔːpə'reɪʃn] **1** *n* COMM corporación *f.* **2** GB *(council)* ayuntamiento.
corps [kɔː] *n* (*pl* corps [kɔːz]) cuerpo.
corpse [kɔːps] *n* cadáver *m.*
corpuscle ['kɔːpəsl] *n* glóbulo.
■ **red corpuscle** glóbulo rojo; **white corpuscle** glóbulo blanco.
correct [kə'rekt] **1** *adj (right)* correcto, -a. **2** *(accurate)* exacto,-a. **3** *(proper)* formal. || **4** *vt* corregir.
correction [kə'rekʃn] *n* corrección *f.*
correlation [kɒrə'leɪʃn] *n* correlación *f.*
correspond [kɒrɪs'pɒnd] **1** *vi* corresponderse (con, with). **2** *(write)* escribirse.
correspondence [kɒrɪs'pɒndəns] *n* correspondencia.
■ **correspondence course** curso por correspondencia.
correspondent [kɒrɪs'pɒndnt] *n* corresponsal *mf.*
corresponding [kɒrɪs'pɒndɪŋ] *adj* correspondiente.
corridor ['kɒrɪdɔː] *n* corredor *m,* pasillo.
corrode [kə'rəʊd] *vt* corroer.
corrosion [kə'rəʊʒn] *n* corrosión *f.*
corrosive [kə'rəʊsɪv] *adj* corrosivo,-a.
corrugated ['kɒrəgeɪtɪd] *vt* ondulado, -a.
corrupt [kə'rʌpt] **1** *adj* corrompido,-a, corrupto,-a. || **2** *vt - vi* corromper.
corruption [kə'rʌpʃn] *n* corrupción *f.*
corset ['kɔːsɪt] *n* corsé *m.*
Corsica ['kɔːsɪkə] *n* Córcega.
Corsican ['kɔːsɪkən] *adj - n* corso,-a.
cortisone ['kɔːtɪzəʊn] *n* cortisona.
cosh [kɒʃ] **1** *n* GB porra. || **2** *vt* GB dar un porrazo a.
cosmetic [kɒz'metɪk] *n* cosmético.
■ **cosmetic surgery** cirugía estética.
cosmic ['kɒzmɪk] *adj* cósmico,-a.
cosmopolitan [kɒzmə'pɒlɪtn] *adj* cosmopolita.
cosmos ['kɒzmɒs] *n* cosmos *m inv.*
cost [kɒst] **1** *n* coste *m,* costo, precio. || **2** *vi* (*pt & pp* cost) costar, valer. || **3 costs** *npl* JUR costas *fpl.*
● **at all costs** a toda costa; **at the cost of** a costa de; **whatever the cost** cueste lo que cueste.
■ **cost of living** coste *m* de la vida.
Costa Rica [kɒstə'riːkə] *n* Costa Rica.
Costa Rican [kɒstə'riːkən] *adj - n* costarricense.
costly ['kɒstlɪ] *adj* costoso,-a.
costume ['kɒstjuːm] *n (outfit)* traje *m*; *(for party)* disfraz *m.*
■ **costume jewellery** bisutería.
cosy ['kəʊzɪ] *adj* acogedor,-ra.
cot [kɒt] *n* cuna.
cottage ['kɒtɪdʒ] *n* casa de campo.
■ **cottage cheese** requesón *m.*

cotton ['kɒtn] 1 *n* algodón *m*. 2 *(thread)* hilo.
♦ **to cotton on** *vi* caer en la cuenta.
■ **cotton plant** algodonero; **cotton wool** algodón hidrófilo.
couch [kaʊtʃ] 1 *n* canapé *m*, sofá *m*. || 2 *vt* expresar.
couchette [kuː'ʃet] *n* litera.
cough [kɒf] 1 *n* tos *f*. || 2 *vi* toser.
♦ **to cough up** 1 *vt (bring up)* soltar. 2 *vi fam (pay)* desembolsar, aflojar la pasta.
■ **cough mixture** jarabe *m* para la tos.
could [kʊd, kəd] *pt* → **can**.
council ['kaʊnsɪl] 1 *n (town, city)* ayuntamiento. 2 *(group, organization)* consejo. 3 REL concilio.
councillor ['kaʊnsɪlə] *n* concejal *mf*.
counsel ['kaʊnsəl] 1 *n (advice)* consejo. 2 JUR abogado,-a. || 3 *vt* aconsejar.
count [kaʊnt] 1 *n* cuenta, recuento. 2 *(noble)* conde *m*. || 3 *vt* contar. 4 *(consider)* considerar: ***count yourself lucky you weren't fined*** suerte tienes de que no te multaran. || 5 *vi* contar.
♦ **to count in** *vt fam* incluir, contar con ♦ **to count on** 1 *vt* contar con ♦ **to count out** 1 *vt* ir contando. 2 *vt fam* no contar con.
● **to keep count** llevar la cuenta; **to lose count** perder la cuenta.
countable ['kaʊntəbl] *adj* contable.
countdown ['kaʊntdaʊn] *n* cuenta atrás.
countenance ['kaʊntɪnəns] 1 *n fml* rostro, semblante *m*. || 2 *vt fml* aprobar.
counter ['kaʊntə] 1 *n (in shop)* mostrador *m*. 2 *(in game)* ficha. || 3 *vt* contrarrestar. || 4 *vi* contestar, replicar. || 5 *adv* en contra (to, de).
counteract [kaʊntə'rækt] *vt* contrarrestar.
counterattack ['kaʊntərətæk] 1 *n* contraataque *m*. || 2 *vt - vi* contraatacar.
counterbalance ['kaʊntəbæləns] 1 *n* contrapeso. || 2 *vt* contrapesar.
counterclockwise [kaʊntə'klɒkwaɪz] *adj - adv* US en sentido contrario al de las agujas del reloj.
counterespionage [kaʊntər'espɪənɑːʒ] *n* contraespionaje *m*.
counterfeit ['kaʊntəfɪt] 1 *adj* falso,-a, falsificado,-a. || 2 *n* falsificación *f*. || 3 *vt* falsificar.
counterfoil ['kaʊntəfɔɪl] *n* matriz *f*.
counterpane ['kaʊntəpeɪn] *n* colcha, cubrecama *m*.
counterpart ['kæuntəpɑːt] *n* homólogo,-a.
counterproductive [kaʊntəprə'dʌktɪv] *adj* contraproducente.
countess ['kaʊntəs] *n* condesa.
countless ['kaʊntləs] *adj* incontable, innumerable.
country ['kʌntrɪ] 1 *n (political)* país *m*. 2 *(rural area)* campo. 3 *(region)* tierra, región *f*.
countryman ['kʌntrɪmən] 1 *n* campesino. 2 *(compatriot)* compatriota *m*.
countryside ['kʌntrɪsaɪd] 1 *n* campo. 2 *(scenery)* paisaje *m*.
countrywoman ['kʌntrɪwʊmən] 1 *n* campesina. 2 *(compatriot)* compatriota *mf*.
county ['kaʊntɪ] *n* condado.
coup [kuː] *n* golpe *m*.
■ **coup d'état** golpe *m* de estado.
couple ['kʌpl] 1 *n (things)* par *m*. 2 *(people)* pareja. || 3 *vt (connect)* enganchar, conectar. || 4 *vi (mate)* aparearse.
coupon ['kuːpɒn] 1 *n* cupón *m*. 2 GB SP boleto.
courage ['kʌrɪdʒ] *n* valor *m*, valentía.
courageous [kə'reɪdʒəs] *adj* valeroso, -a, valiente.
courgette [kʊə'ʒet] *n* calabacín *m*.
courier ['kʊərɪə] 1 *n (messenger)* mensajero,-a. 2 *(guide)* guía *mf* turístico,-a.
course [kɔːs] 1 *n (of ship, plane)* rumbo. 2 *(of river)* curso. 3 *(series)* serie *f*, ciclo. 4 *(lessons)* curso: ***a short course*** un cursillo. 5 *(of meal)* plato. 6 *(for golf)* campo.
● **during the course of** durante; **in due course** a su debido tiempo;

in the course of time con el tiempo; **of course** desde luego, por supuesto. ■ **first course** primer plato; **main course** plato principal.

court [kɔːt] **1** *n* JUR tribunal *m*. **2** *(tennis etc)* pista. **3** *(courtyard)* patio. **4** *(royal)* corte *f*. ‖ **5** *vt* cortejar.
• **to take sb to court** llevar a algn a juicio.

courteous ['kɜːtɪəs] *adj* cortés.

courtesy ['kɜːtɪsɪ] *n* cortesía.

court-martial [kɔːt'mɑːʃl] *n* consejo de guerra.

courtship ['kɔːtʃɪp] *n* cortejo.

courtyard ['kɔːt'jɑːd] *n* patio.

cousin ['kʌzn] *n* primo,-a.

cove [kəʊv] *n* cala, ensenada.

covenant ['kʌvnənt] *n* convenio, pacto.

cover ['kʌvə] **1** *n (covering)* cubierta; *(lid)* tapa. **2** *(of book)* cubierta; *(of magazine)* portada. **3** *(insurance)* cobertura. **4** *(shelter)* abrigo, protección *f*. ‖ **5** *vt (gen)* cubrir (with, de). **6** *(with lid)* tapar. **7** *(insurance)* asegurar. **8** *(deal with)* abarcar. **9** *(report on)* cubrir, informar sobre.
♦ **to cover up 1** *vt (put sth over)* cubrir. **2** *vt (hide)* encubrir. **3** *vi* cubrirse, taparse.
• **to take cover** refugiarse; **under cover of** al amparo de, al abrigo de; **under separate cover** por separado. ■ **cover charge** precio del cubierto; **cover girl** modelo de portada; **cover note** GB seguro provisional.

coverage ['kʌvərɪdʒ] **1** *n* reportaje *m*. **2** *(insurance)* cobertura.

covering ['kʌvrɪŋ] *n* cubierta.

covert ['kʌvət] *adj* secreto,-a.

cover-up ['kʌvərʌp] *n* encubrimiento.

covet ['kʌvɪt] *vt* codiciar.

cow [kaʊ] *n* vaca.

coward ['kaʊəd] *n* cobarde *mf*.

cowardice ['kaʊədɪs] *n* cobardía.

cowardly ['kaʊədlɪ] *adj* cobarde.

cowboy ['kaʊbɔɪ] *n* vaquero.

cowshed ['kaʊʃed] *n* establo.

coy [kɔɪ] *adj* tímido,-a.

cpu ['siː'piː'juː] *abbr (*central processing unit*)* unidad *f* central de procesamiento; *(abbreviation)* cpu *f*.

crab [kræb] **1** *n* cangrejo. **2** BOT manzana silvestre.

crack [kræk] **1** *vt (split)* rajar; *(earth)* agrietar. **2** *(safe)* forzar; *(egg, nut)* cascar. **3** *(whip)* chasquear, hacer restallar. **4** *(head)* golpearse: ***he cracked his head against the wall*** se golpeó la cabeza contra la pared. **5** *(joke)* soltar. ‖ **6 crab apple** *vi (split)* rajarse, agrietarse. **7** *(voice)* quebrarse. **8** *(break down)* hundirse, venirse abajo. **9** *(make noise)* crujir. ‖ **10** *n (in cup)* raja; *(in ice etc)* grieta. **11** *(of whip)* restallido. **12** *(attempt)* intento: ***he cracked at solving the problem*** intentó resolver el problema. ‖ **13** *adj fam* de primera.
• **to get cracking** *fam* poner manos a la obra.

cracker ['krækə] *n (biscuit)* galleta salada.

crackle ['krækl] **1** *n* chasquido. ‖ **2** *vi* chasquear.

cradle ['kreɪdl] **1** *n* cuna. **2** *(construction)* andamio colgante. ‖ **3** *vt* acunar.

craft [krɑːft] **1** *n (skill)* arte *m*. **2** *(occupation)* oficio. **3** *(boat)* embarcación *f*.

craftsman ['krɑːftsmən] *n* artesano.

crafty ['krɑːftɪ] *adj* astuto,-a, taimado, -a.

crag [kræg] *n* risco, peñasco.

cram [kræm] **1** *vt* llenar, atestar (with, de). ‖ **2** *vi fam* empollar.

cramp [kræmp] **1** *n* calambre *m*, rampa. ‖ **2** *vt* limitar, restringir.
• **to cramp sb's style** *fam* cortar las alas a algn.

crane [kreɪn] **1** *n (bird)* grulla común. **2** *(device)* grúa. ‖ **3** *vt (stretch)* estirar. ‖ **4** *vi* estirarse.

crank [kræŋk] **1** *n (starting handle)* manivela. ‖ **2** *vt* arrancar con manivela.

cranky ['kræŋkɪ] *adj fam* chiflado,-a, excéntrico,-a.

crap [kræp] **1** *n fam (excrement)* mierda.

2 *fam (nonsense)* gilipolleces. || 3 *vi fam (defecate)* cagar.

crash [kræʃ] **1** *vi* chocar (**into**, con); *(car, plane)* estrellarse (**into**, contra). **2** COMM quebrar. || **3** *n (noise)* estallido, estrépito. **4** *(collision)* choque *m*. **5** COMM quiebra.

crass [kræs] *adj* burdo,-a.

crater ['kreɪtə] *n* cráter *m*.

crave [kreɪv] *vi* ansiar (**for**, -).

craving ['kreɪvɪŋ] *n (strong desire)* ansia; *(in pregnancy)* antojo.

crawfish ['krɔːfɪʃ] *n* langosta.

crawl [krɔːl] **1** *vi (adult)* arrastrarse; *(baby)* gatear; *(car)* avanzar lentamente. || **2** *n* SP crol *m*.

• **to crawl with** estar apestado,-a de; **to make sb's flesh crawl** poner los pelos de punta a algn.

crayfish ['kreɪfɪʃ] *n* cangrejo de río.

crayon ['kreɪɒn] *n* lápiz *m* de cera.

craze [kreɪz] *n* manía, moda.

crazy ['kreɪzɪ] *adj fam* loco,-a, chiflado,-a.

• **to drive sb crazy** volver loco,-a a algn.

creak [kriːk] **1** *vi (floorboard)* crujir; *(hinge)* chirriar. || **2** *n (of floorboards)* crujido; *(of hinge)* chirrido.

cream [kriːm] **1** *n* crema; *(of milk)* nata. **2** *(cosmetic)* crema. **3** *fig* la flor y nata.

▪ **cream cheese** queso cremoso.

crease [kriːs] **1** *n (wrinkle)* arruga; *(ironed)* raya. || **2** *vt (wrinkle)* arrugar. || **3** *vi* arrugarse.

create [kriː'eɪt] **1** *vt (produce)* crear. **2** *(develop)* producir, causar.

creation [kriː'eɪʃn] *n* creación *f*.

creative [kriː'eɪtɪv] *adj* creativo,-a.

creature ['kriːtʃə] *n* criatura.

crèche [kreʃ] *n* guardería.

credentials [krɪ'denʃlz] *npl* credenciales *fpl*.

credibility [kredɪ'bɪlɪtɪ] *n* credibilidad *f*.

credible ['kredɪbl] *adj* creíble.

credit ['kredɪt] **1** *n* mérito, reconocimiento. **2** COMM crédito; *(in accountancy)* haber *m*: ***credit and debit*** debe y haber. || **3** *vt* creer, dar crédito a. **4** COMM abonar, ingresar. || **5 credits** *npl* CINEM TV créditos *mpl*, ficha *f sing* técnica.

• **on credit** a crédito; **to do sb credit** honrar a algn; **to take credit for sth** atribuirse el mérito de algo.

▪ **credit card** tarjeta de crédito.

creditor ['kredɪtə] *n* acreedor,-ra.

creed [kriːd] *n* credo.

creek [kriːk] **1** *n* GB cala. **2** US riachuelo.

creep [kriːp] **1** *vi* (*pt & pp* **crept**) *(insect)* arrastrarse; *(animal)* deslizarse; *(plant)* trepar; *(person)* moverse lenta y silenciosamente: ***he crept out of the room so as not to wake the baby*** salió silenciosamente de la habitación para no despertar al bebé. || **2** *n fam (person)* pelota *mf*.

creeper ['kriːpə] *n* trepadora.

cremation [krɪ'meɪʃn] *n* incineración *f*.

crematorium [kremə'tɔːrɪəm] *n* crematorio.

crept [krept] *pt & pp* → **creep**.

crescent ['kresnt] **1** *adj* creciente. || **2** *n* medialuna.

crest [krest] **1** *n (of cock, wave)* cresta. **2** *(of hill)* cima, cumbre *f*. **3** *(heraldry)* blasón *m*.

crestfallen ['krestfɔːln] *adj* abatido,-a.

crevice ['krevɪs] *n* raja, hendedura.

crew [kruː] **1** *n* AV MAR tripulación *f*. **2** *(team)* equipo. || **3** *pt* → **crow**.

▪ **crew cut** corte *m* al cero.

crib [krɪb] **1** *n (baby's)* cuna. || **2** *vt fam* plagiar.

crick [krɪk] *n* tortícolis *f inv*.

cricket ['krɪkɪt] **1** *n (insect)* grillo. **2** SP cricquet *m*.

crime [kraɪm] **1** *n (serious offence)* crimen *m*. **2** *(minor offence)* delito.

criminal ['krɪmɪnl] **1** *adj* criminal. || **2** *n* criminal *mf*.

▪ **criminal record** antecedentes *mpl* penales.

crimson ['krımzn] **1** *adj* carmesí. || **2** *n* carmesí *m*.
cringe [krındʒ] *vi* abatirse, encogerse.
crinkle ['krıŋkl] **1** *vt* arrugar. || **2** *vi* arrugarse.
cripple ['krıpl] **1** *n* lisiado,-a. || **2** *vt* *(person)* lisiar, tullir. **3** *(industry)* paralizar.
crisis ['kraısıs] *n* (*El pl es* **crises** ['kraısiːz]) crisis *f inv*.
crisp [krısp] **1** *adj (toast etc)* crujiente. **2** *(lettuce)* fresco,-a. **3** *(weather)* frío,-a y seco,-a. **4** *(style)* directo,-a. || **5** *n* GB patata frita *(de bolsa)*.
crisscross ['krıskrɒs] **1** *vt* entrecruzar. || **2** *vi* entrecruzarse.
criterion [kraı'tıərıən] *n* criterio.
critic ['krıtık] *n* crítico,-a.
critical ['krıtıkl] *adj* crítico,-a.
● **in critical condition** grave.
criticism ['krıtısızm] *n* crítica.
criticize ['krıtısaız] *vt* - *vi* criticar.
croak [krəʊk] **1** *n (of raven)* graznido; *(of frog)* canto. **2** *(of person)* voz *f* ronca. || **3** *vi (raven)* graznar; *(frog)* croar. **4** *(person)* hablar con voz ronca.
Croat ['krəʊæt] **1** *adj* croata. || **2** *n (person)* croata *mf*; *(language)* croata *m*.
Croatia [krəʊ'eıʃn] *n* Croacia.
Croatian [krəʊ'eıʃn] **1** *adj* croata. || **2** *n (person)* croata *mf*; *(language)* croata *m*.
crochet ['krəʊʃeı] **1** *n* ganchillo. || **2** *vi* hacer ganchillo.
crockery ['krɒkərı] *n* loza.
crocodile ['krɒkədaıl] *n* cocodrilo.
crocus ['krəʊkəs] *n* azafrán *m*.
crony ['krəʊnı] *n* compinche *mf*.
crook [krʊk] **1** *n* gancho. **2** *(shepherd's)* cayado. **3** *fam* delincuente *mf*.
crooked ['krʊkıd] **1** *adj* torcido,-a. **2** *fam* deshonesto,-a.
crop [krɒp] **1** *n* cultivo; *(harvest)* cosecha. **2** *(hair)* pelado corto. **3** *(of bird)* buche *m*. || **4** *vt (grass)* pacer. **5** *(hair)* cortar al rape.
♦ **to crop up** *vi fam* surgir.
croquet ['krəʊkeı] *n* croquet *m*.
cross [krɒs] **1** *adj (angry)* enojado,-a. || **2** *n* cruz *f*. **3** *(breeds etc)* cruce *m*. || **4** *vt* cruzar. **5** REL to cross oneself, santiguarse. || **6** *vi* cruzar, cruzarse.
♦ **to cross off** *vt* borrar, tachar ♦ **to cross out** *vt* borrar, tachar ♦ **to cross over** *vt* pasar, atravesar.
● **it crossed my mind that ...** se me ocurrió que ....
crossbar ['krɒsbɑː] *n* travesaño.
crossbow ['krɒsbəʊ] *n* ballesta.
crossbred ['krɒsbred] *adj* - *n* híbrido,-a.
cross-country [krɒs'kʌntrı] *adj* - *adv* campo través.
■ **cross-country race** cros *m*.
cross-examine [krɒsıg'zæmın] *vt* interrogar.
cross-eyed ['krɒsaıd] *adj* bizco,-a.
crossing ['krɒsıŋ] **1** *n* cruce *m*. **2** MAR travesía.
cross-reference [krɒs'refrəns] *n* remisión *f*.
crossroads ['krɒsrəʊdz] *n* encrucijada, cruce *m*.
crosswise ['krɒswaız] *adv* en diagonal.
crossword ['krɒswɜːd] *n* crucigrama *m*.
▲ *También* **crossword puzzle**.
crotch [krɒtʃ] *n* entrepierna.
crotchet ['krɒtʃıt] *n* negra.
crouch [kraʊtʃ] *vi* agacharse, agazaparse.
crow [krəʊ] **1** *n* cuervo. || **2** *vi* (*pt* **crowed** *o* **crew**) *(cock)* cantar.
■ **crow's-feet** patas *fpl* de gallo.
crowbar ['krəʊbɑː] *n* palanca.
crowd [kraʊd] **1** *n* multitud *f*, gentío. || **2** *vt* llenar, atestar. || **3** *vi* apiñarse.
crown [kraʊn] **1** *n (of monarchy)* corona. **2** *(of hat, tree)* copa. **3** ANAT coronilla. || **4** *vt* coronar.
crucial ['kruːʃl] *adj* crucial, decisivo,-a.
crucifix ['kruːsıfıks] *n* crucifijo.
crude [kruːd] **1** *n (manner)* tosco,-a, grosero,-a. **2** *(oil)* crudo,-a.
cruel [kruːəl] *adj* cruel.
cruelty ['kruːəltı] *n* crueldad *f*.
cruet ['kruːıt] *n* vinagreras *fpl*.

cruise [kruːz] **1** *vi* hacer un crucero. || **2** *n* crucero.
cruiser ['kruːzə] *n* crucero.
crumb [krʌm] *n* miga, migaja.
crumble ['krʌmbl] **1** *vt* desmenuzar, desmigar. || **2** *vi* desmoronarse.
crumple ['krʌmpl] **1** *vt* arrugar. || **2** *vi* arrugarse.
crunch [krʌntʃ] **1** *vt (food)* mascar. **2** *(with feet etc)* hacer crujir. || **3** *vi* crujir. || **4** *n* crujido.
crusade [kruː'seɪd] *n* cruzada.
crush [krʌʃ] **1** *vt (crowd)* aglomeración *f*, gentío. || **2** *n fam (infatuation)* enamoramiento.
crust [krʌst] **1** *n (of bread)* corteza. **2** *(pastry)* pasta. **3** *(of earth)* corteza.
crustacean [krʌ'steɪʃn] *n* crustáceo.
crutch [krʌtʃ] *n* muleta.
crux [krʌks] *n* quid *m*, meollo.
cry [kraɪ] **1** *vt* - *vi (shout)* gritar. || **2** *vi* llorar, lamentarse. || **3** *n* grito. **4** *(weep)* llanto.
♦ **to cry out** *vi* gritar: ***to cry out for sth*** pedir algo a gritos.
crying ['kraɪɪŋ] **1** *n* llanto. || **2** *adj fig* apremiante.
crypt [krɪpt] *n* cripta.
cryptic ['krɪptɪk] *adj* enigmático,-a.
crystal ['krɪstl] *n* cristal *m*.
crystallize ['krɪstəlaɪz] **1** *vt* cristalizar. || **2** *vi* cristalizarse.
cub [kʌb] *n* cachorro,-a.
Cuba ['kjuːbə] *n* Cuba.
Cuban ['kjuːbən] *adj* - *n* cubano,-a.
cube [kjuːb] **1** *n* MATH cubo. **2** *(of sugar)* terrón *m*. || **3** *vt* MATH elevar al cubo.
■ **cube root** raíz cúbica.
cubic ['kjuːbɪk] *adj* cúbico,-a.
cubicle ['kjuːbɪkl] *n* cubículo.
cuckoo ['kʊkuː] *n* cuco común.
cucumber ['kjuːkʌmbə] *n* pepino.
cuddle ['kʌdl] **1** *vt* abrazar. || **2** *vi* abrazarse. || **3** *n* abrazo.
cue [kjuː] **1** *n* señal *f*. **2** THEAT pie *m*. **3** *(billiards)* taco.
cuff [kʌf] **1** *n (of sleeve)* puño. || **2** *vt* abofetear.
■ **cuff links** gemelos *mpl*.
cul-de-sac ['kʌldəsæk] *n* calle *f* sin salida.
culminate ['kʌlmɪneɪt] *vt* culminar.
culprit ['kʌlprɪt] *n* culpable *mf*.
cult [kʌlt] *n* culto.
cultivate ['kʌltɪveɪt] *vt* cultivar.
cultivated ['kʌltɪveɪtɪd] **1** *adj (person)* culto,-a. **2** *(land etc)* cultivado,-a.
cultivation [kʌltɪ'veɪʃn] *n* cultivo.
culture ['kʌltʃə] *n* cultura.
cultured ['kʌltʃəd] *adj (person)* culto,-a.
cumbersome ['kʌmbəsəm] *adj (awkward)* incómodo,-a.
cumin ['kʌmɪn] *n* comino.
cunning ['kʌnɪŋ] **1** *adj* astuto,-a. || **2** *n* astucia, maña.
cup [kʌp] **1** *n* taza. **2** SP copa.
cupboard ['kʌbəd] *n* armario.
curable ['kjʊərəbl] *adj* curable.
curate ['kjʊərət] *n* coadjutor *m*.
curator ['kjʊəreɪtə] *n* conservador,-ra.
curb [kɜːb] **1** *n (control)* freno, restricción *f*. || **2** *vt* refrenar, contener.
curd [kɜːd] *n* cuajada.
curdle ['kɜːdl] **1** *vt (milk)* cuajar, cortar. **2** *(blood)* helar. || **3** *vi (milk)* cuajarse, cortarse. **4** *(blood)* helarse.
cure [kjʊə] **1** *vt* curar. || **2** *n* cura.
curfew ['kɜːfjuː] *n* toque *m* de queda.
curiosity [kjʊərɪ'ɒsɪtɪ] *n* curiosidad *f*.
curious ['kjʊərɪəs] *adj* curioso,-a.
curl [kɜːl] **1** *vt* rizar. || **2** *vi* rizarse. || **3** *n* rizo, bucle *m*. **4** *(of smoke)* espiral *f*.
curly ['kɜːlɪ] *adj* rizado,-a.
currant ['kʌrənt] *n* pasa.
currency ['kʌrənsɪ] *n* moneda.
current ['kʌrənt] **1** *adj (price)* actual; *(month etc)* en curso. **2** *(idea)* corriente, común; *(issue)* último,-a. || **3** *n* corriente *f*.
■ **current account** cuenta corriente; **current affairs** temas *mpl* de actualidad.
curriculum [kə'rɪkjələm] *n* plan *m* de estudios.
curry ['kʌrɪ] *n* curry *m*.
curse [kɜːs] **1** *n* maldición *f*. **2** *(oath)*

palabrota. **3** *fig* azote *m*. || **4** *vt* - *vi* maldecir.

● **to put a curse on sb** maldecir a algn.

cursory ['kɜːsərɪ] *adj* rápido,-a, superficial.

curt [kɜːt] *adj* seco,-a, brusco,-a.

curtail [kɜː'teɪl] *vt* reducir.

curtain ['kɜːtn] *n* cortina; THEAT telón *m*.

● **to drop the curtain** bajar el telón; **to raise the curtain** alzar el telón.

curve [kɜːv] **1** *n* curva. || **2** *vi* torcer, hacer una curva.

cushion ['kʊʃn] **1** *n (for sitting)* cojín *m*; *(large)* almohadón *m*. || **2** *vt fig* suavizar, amortiguar.

custard ['kʌstəd] *n* natillas *fpl*.

custody ['kʌstədɪ] *n* custodia.

● **to take into custody** detener.

custom ['kʌstəm] *n* costumbre *f*.

customary ['kʌstəmərɪ] *adj* acostumbrado,-a, habitual.

customer ['kʌstəmə] *n* cliente *mf*.

■ **customer services** servicio de atención al cliente.

customs ['kʌstʌmz] *n* aduana.

■ **customs duties** derechos *mpl* de aduana, aranceles *mpl*.

▲ *Puede ser sing or pl.*

cut [kʌt] **1** *vt* cortar. **2** *(stone, glass)* tallar. **3** *(divide up)* dividir: ***he cut the bread in half*** cortó el pan por la mitad. **4** *(reduce)* recortar: ***they want to cut arms spending*** quieren recortar los gastos de armamento. || **5** *n* corte *m*. **6** *(share)* parte *f*. **7** *(reduction)* recorte *m*: ***a wage cut*** un recorte salarial. || **8** *adj* cortado,-a.

♦ **to cut down 1** *vt* talar, cortar. **2** *vt fig* to cut down on, reducir ♦ **to cut in** *vi* interrumpir ♦ **to cut off** *vt* cortar; *(isolate)* aislar: ***after the storm, the town was cut off*** tras la tormenta, la ciudad quedó incomunicada ♦ **to cut out 1** *vt* recortar; *(dress)* cortar. **2** *vt (exclude)* eliminar, suprimir.

● **to cut one's hair** cortarse el pelo; **to cut corners** simplificar.

■ **cold cuts** fiambres *mpl*.

cute [kjuːt] *adj* mono,-a.

cutlery ['kʌtlərɪ] *n* cubiertos *mpl*, cubertería.

cutlet ['kʌtlət] *n* chuleta.

cutting ['kʌtɪŋ] **1** *n* recorte *m*. **2** BOT esqueje *m*. || **3** *adj* cortante.

cuttlefish ['kʌtlfɪʃ] *n* jibia, sepia.

cv ['siː'viː] *abbr (*curriculum vitae*)* currículum *m* vitae.

cwt ['hʌndrədweɪt] *abbr (*hundredweight*)* quintal *m*.

cyanide ['saɪənaɪd] *n* cianuro.

cybercafé ['saɪbəkæfeɪ] *n* COMPUT cibercafé *m*.

cyberspace ['saɪbəspeɪs] *n* COMPUT ciberespacio.

cycle ['saɪkl] **1** *n* ciclo. || **2** *vi* ir en bicicleta.

cycling ['saɪklɪŋ] *n* ciclismo.

cyclist ['saɪklɪst] *n* ciclista *mf*.

cyclone ['saɪkləʊn] *n* ciclón *m*.

cylinder ['sɪlɪndə] **1** *n* cilindro. **2** *(gas)* bombona.

cymbal ['sɪmbl] *n* címbalo.

cynic ['sɪnɪk] *n* cínico,-a.

cynical ['sɪnɪkl] *adj* cínico,-a.

cynicism ['sɪnɪsɪzm] *n* cinismo.

cypress ['saɪprəs] *n* ciprés *m*.

Cypriot ['sɪprɪət] **1** *adj* chipriota,-a. || **2** *n (person)* chipriota *mf*.

Cyprus ['saɪprəs] *n* Chipre *m*.

cyst [sɪst] *n* quiste *m*.

czar [zɑː] *n* zar *m*.

Czech [tʃek] **1** *adj* checo,-a. || **2** *n (person)* checo,-a; *(language)* checo.

■ **Czech Republic** República Checa.

Czechoslovak [tʃekə'sləʊvæk] *adj* - *n* checoslovaco,-a.

Czechoslovakia [tʃekəʊslə'vækɪə] *n* Checoslovaquia.

D

DA ['diː'eɪ] *abbr* US *(*District Attorney*)* fiscal *mf*.

dab [dæb] **1** *n* toque *m*. || **2** *vt* tocar ligeramente. **3** *(with paint)* dar pinceladas a.
dabble ['dæbl] *vi* aficionarse (in, a).
dad [dæd] *n fam* papá *m*.
daddy ['dædɪ] *n fam* papá *m*.
daffodil ['dæfədɪl] *n* narciso.
daft [dɑːft] *adj fam (person)* chalado,-a; *(idea)* tonto,-a.
dagger ['dægə] *n* daga, puñal *m*.
daily ['deɪlɪ] **1** *adj* diario,-a, cotidiano, -a. || **2** *adv* diariamente. || **3** *n* diario.
dainty ['deɪntɪ] **1** *adj (delicate)* delicado,-a. **2** *(refined)* refinado,-a.
dairy ['deərɪ] **1** *n (on farm)* vaquería. **2** *(shop)* lechería.
■ **dairy farming** industria lechera.
daisy ['deɪzɪ] *n* margarita.
dam [dæm] **1** *n (barrier)* dique *m*. **2** *(reservoir)* embalse *m*, presa. || **3** *vt* represar, embalsar. **4** construir un dique en.
damage ['dæmɪdʒ] **1** *vt* dañar. **2** *fig* perjudicar. || **3** *n* daño. **4** *fig* perjuicio. || **5 damages** *npl* daños *mpl* y perjuicios *mpl*.
damaging ['dæmɪdʒɪŋ] *adj* perjudicial.
dame [deɪm] **1** *n (title)* dama. **2** US *fam* tía.
damn [dæm] **1** *interj fam* ¡maldito,-a sea! || **2** *adj fam* maldito,-a. || **3** *vt* condenar.
● **I don't give a damn** me importa un bledo.
damned [dæmd] *adj* maldito,-a.
damp [dæmp] **1** *adj* húmedo,-a; *(wet)* mojado,-a. || **2** *n* humedad *f*.
dampen ['dæmpn] **1** *vt* humedecer. **2** *fig* desalentar.
dance [dɑːns] **1** *n* baile *m*; *(classical, tribal)* danza. || **2** *vi - vt* bailar.
dancer ['dɑːnsə] **1** *n* bailador,-ra. **2** *(professional)* bailarín,-ina.
dandelion ['dændɪlaɪən] *n* diente *m* de león.
dandruff ['dændrəf] *n* caspa.
Dane [deɪn] *n* danés,-esa.
danger ['deɪndʒə] **1** *n* peligro. **2** *(risk)* riesgo.
dangerous ['deɪndʒərəs] **1** *adj* peligroso,-a. **2** *(illness)* grave.
dangle ['dæŋgl] *vt - vi* colgar.
Danish ['deɪnɪʃ] **1** *adj* danés,-esa. || **2** *n (language)* danés *m*. || **3 the Danish** *npl* los daneses.
dank [dæŋk] *adj* húmedo,-a y malsano,-a.
Danube ['dænjuːb] *n* el Danubio.
dare [deə] **1** *vi* atreverse (to, a), osar (to, -). || **2** *vt (challenge)* desafiar. || **3** *n* reto, desafío: ***I dare say ...*** creo que ....
daring ['deərɪŋ] **1** *adj* audaz, osado,-a. || **2** *n* osadía, atrevimiento.
dark [dɑːk] **1** *adj* oscuro,-a. **2** *(hair, skin)* moreno,-a. **3** *fig (gloomy)* triste; *(future)* negro,-a. **4** *fig (secret)* misterioso,-a. || **5** *n* oscuridad *f*. **6** *(nightfall)* anochecer *m*.
● **to be in the dark** *fig* estar a oscuras, no saber nada.
darken ['dɑːkn] **1** *vt* oscurecer. || **2** *vi* oscurecerse.
darkness ['dɑːknəs] *n* oscuridad *f*, tinieblas *fpl*.
● **in darkness** a oscuras.
darling ['dɑːlɪŋ] **1** *n* querido,-a, amado,-a. || **2** *adj* querido,-a.
darn [dɑːn] **1** *n* zurcido. || **2** *vt* zurcir. || **3 darn!** *interj fam euph* ¡ostras!
dart [dɑːt] **1** *n* dardo. **2** *(rush)* movimiento rápido. **3** SEW pinza. || **4** *vt* echar. || **5** *vi* lanzarse, precipitarse.
dartboard ['dɑːtbɔːd] *n* diana.
dash [dæʃ] **1** *n (rush)* carrera. **2** *(small amount)* poco; *(of salt etc)* pizca; *(of liquid)* chorro. **3** *(mark)* raya. **4** *(style)* elegancia. || **5** *vt* lanzar, arrojar. **6** *(smash)* romper, estrellar; *fig* desvanecer. || **7** *vi (rush)* correr.
♦ **to dash off 1** *vt* escribir deprisa y corriendo. **2** *vi* salir corriendo.
dashboard ['dɑːʃbɔːd] *n* salpicadero.
data ['deɪtə] *npl* datos *mpl*.
■ **data base** base *f* de datos; **data processing** procesamiento de datos.
date [deɪt] **1** *n* fecha. **2** *(appointment)*

cita, compromiso. **3** BOT dátil *m*. || **4** *vt* fechar, datar. **5** US *fam (go out with)* salir con.

● **out of date** *(gen)* anticuado,-a; *(clothes)* pasado,-a de moda; *(technology)* desfasado,-a; *(food, ticket)* caducado,-a; **up to date** actualizado,-a, al día; **to be up to date on sth** estar al corriente de algo.

■ **date palm** palmera datilera.

dated ['deɪtɪd] *adj* anticuado,-a.

daub [dɔːb] **1** *n* revestimiento, capa. || **2** *vt* embadurnar; *(with oil)* untar. || **3** *vi fam* pintarrajear.

daughter ['dɔːtə] *n* hija.

daughter-in-law ['dɔːtərɪnlɔː] *n* nuera.

daunt [dɔːnt] *vt* intimidar.

dawn [dɔːn] **1** *n* alba, aurora, amanecer *m*. **2** *fig* albores *mpl*. || **3** *vi* amanecer, alborear.

● **it dawned on me that ...** caí en la cuenta de que ....

day [deɪ] **1** *n* día *m*. **2** *(period of work)* jornada. **3** *(era)* época, tiempo.

● **by day** de día; **the day after tomorrow** pasado mañana; **the day before yesterday** anteayer; **these days** hoy en día.

■ **day off** día *m* libre.

daybreak ['deɪbreɪk] *n* amanecer *m*, alba.

daydream ['deɪdriːm] **1** *n* ensueño. || **2** *vi* soñar despierto,-a.

daylight ['deɪlaɪt] *n* luz *f* de día.

daze [deɪz] **1** *n* aturdimiento. || **2** *vt* aturdir.

dazzle ['dæzl] **1** *n* deslumbramiento. || **2** *vt* deslumbrar.

DDT ['diː'diː'tiː] *abbr (***dichlorodiphenyltrichloroethane***)* diclorodietiltricloroetano; *(abbreviation)* DDT *m*.

DEA ['diː'iː'eɪ] *abbr* US *(***Drug Enforcement Administration***)* agencia norteamericana contra el narcotráfico; *(abbreviation)* DEA.

dead [ded] **1** *adj* muerto,-a. **2** *(still)* estancado,-a. **3** *(numb)* entumecido,-a. **4** *(sound)* sordo,-a. **5** *(total)* total, absoluto,-a: ***dead silence*** silencio total. || **6** *n*: ***in the dead of night/winter*** en plena noche/pleno invierno. || **7** *adv (totally)* totalmente. **8** *(exactly)* justo.

● **to stop dead** pararse en seco.

■ **dead calm** calma chicha; **dead end** callejón *m* sin salida.

deadline ['dedlaɪn] *n (date)* fecha límite; *(time)* hora límite.

deadlock ['dedlɒk] *n* punto muerto.

deadly ['dedlɪ] *adj* mortal; *(weapon, gas)* mortífero,-a.

deaf [def] *adj* sordo,-a.

● **to turn a deaf ear** hacerse el sordo/la sorda.

deaf-and-dumb [defən'dʌm] *adj* sordomudo,-a.

deafen ['defn] *vt* ensordecer.

deafness ['defnəs] *n* sordera.

deal [diːl] **1** *n* trato, pacto. **2** *(amount)* cantidad *f*: ***a great deal of noise*** mucho ruido. **3** *(cards)* reparto. || **4** *vt (pt & pp* **dealt***) (give)* dar; *(blow)* asestar. **5** *(cards)* repartir. || **6** *vi* comerciar (**in**, en).

♦ **to deal with 1** *vt* COMM tratar con. **2** *vt (manage)* abordar, ocuparse de. **3** *vt (treat)* tratar de.

dealer ['diːlə] **1** *n* comerciante *mf*. **2** *(cards)* repartidor,-ra.

dealings ['diːlɪŋz] **1** *npl* trato *m sing*. **2** COMM negocios *mpl*.

dealt [delt] *pt & pp* → **deal**.

dean [diːn] **1** *n* REL deán *m*. **2** EDUC decano,-a.

dear [dɪə] **1** *adj* querido,-a. **2** *(in letter)* querido,-a; *fml* apreciado,-a, estimado,-a. **3** *(expensive)* caro,-a. || **4** *n* querido,-a, cariño. || **5** *adv* caro.

● **dear me!** ¡caramba!, ¡vaya por Dios!; **Dear Sir** Muy señor mío; **oh dear!** ¡caramba!, ¡vaya por Dios!

dearly ['dɪəlɪ] *adv* mucho.

death [deθ] *n* muerte *f*.

● **on pain of death** bajo pena de muerte.

■ **death certificate** certificado de defunción; **death penalty** pena de muerte.
deathly ['deθlɪ] *adj* sepulcral.
deathtrap ['deθtræp] *n fam* trampa mortal.
debate [dɪ'beɪt] **1** *n* debate *m*, discusión *f*. ‖ **2** *vt* - *vi* debatir, discutir.
debit ['debɪt] **1** *n* FIN débito. ‖ **2** *vt* cargar en cuenta.
■ **debit balance** saldo negativo.
debris ['deɪbriː] *n* escombros *mpl*.
debt [det] *n* deuda.
● **to get into debt** endeudarse; **to pay off a debt** saldar una deuda; **to run up debts** endeudarse.
debtor ['detə] *n* deudor,-ra.
debug [diː'bʌg] *vt* COMPUT depurar.
debunk [diː'bʌŋk] *vt fam* desmitificar, desenmascarar; *(idea, belief)* desacreditar.
debut ['deɪbjuː] *n (show)* estreno; *(person)* debut *m*.
decade ['dekeɪd] *n* década, decenio.
decadence ['dekədəns] *n* decadencia.
decadent ['dekədənt] *adj* decadente.
decaffeinated [dɪ'kæfɪneɪtɪd] *adj* descafeinado,-a.
decay [dɪ'keɪ] **1** *n* descomposición *f*. **2** *(ruin)* deterioro. **3** *(of teeth)* caries *f inv*. **4** *fig* decadencia. ‖ **5** *vi* descomponerse. **6** *(deteriorate)* desmoronarse. **7** *(teeth)* cariarse. **8** *fig* corromperse.
deceased [dɪ'siːst] *adj* - *n* difunto,-a, fallecido,-a.
deceit [dɪ'siːt] *n* engaño, falsedad *f*.
deceitful [dɪ'siːtfʊl] *adj* falso,-a, mentiroso,-a.
deceive [dɪ'siːv] *vt* engañar.
December [dɪ'sembə] *n* diciembre *m*.
decency ['diːsnsɪ] *n* decencia.
decent ['diːsnt] **1** *adj* decente. **2** *(adequate)* adecuado,-a, razonable. **3** *fam (kind)* bueno,-a.
deception [dɪ'sepʃn] *n* engaño, mentira, decepción *f*.
deceptive [dɪ'septɪv] *adj* engañoso,-a, falso,-a.
decibel ['desɪbel] *n* decibelio.
decide [dɪ'saɪd] **1** *vt* decidir. ‖ **2** *vi* decidirse.
● **to decide on** optar por.
decided [dɪ'saɪdɪd] **1** *adj (resolute)* decidido,-a. **2** *(clear)* marcado,-a, claro,-a.
decidedly [dɪ'saɪdɪdlɪ] *adv* decididamente; *(clearly)* sin duda.
deciding [dɪ'saɪdɪŋ] *adj* decisivo,-a.
decimal ['desɪml] **1** *adj* decimal. ‖ **2** *n* decimal *m*.
■ **decimal place** punto decimal.
decipher [dɪ'saɪfə] *vt* descifrar.
decision [dɪ'sɪʒn] *n* decisión *f*.
decisive [dɪ'saɪsɪv] **1** *adj* decisivo,-a. **2** *(firm)* decidido,-a.
deck [dek] **1** *n* cubierta. **2** *(of bus, coach)* piso. **3** US *(of cards)* baraja. ‖ **4** *vt* adornar.
deckchair ['dektʃeə] *n* tumbona, silla de playa.
declaration [deklə'reɪʃn] *n* declaración *f*.
declare [dɪ'kleə] **1** *vt* declarar. ‖ **2** *vi* pronunciarse (**against**, en contra de) (**for**, a favor de).
● **to declare war on** declarar la guerra a.
decline [dɪ'klaɪn] **1** *n (decrease)* disminución *f*. **2** *(decay)* deterioro; *(health)* empeoramiento. ‖ **3** *vi* disminuir. **4** *(decay)* deteriorarse; *(health)* empeorarse. ‖ **5** *vt (refuse)* rehusar, rechazar. **6** GRAM declinar.
decorate ['dekəreɪt] **1** *vt* decorar, adornar. **2** *(honour)* condecorar. ‖ **3** *vt* - *vi (paint)* pintar; *(wallpaper)* empapelar.
decoration [dekə'reɪʃn] **1** *n* decoración *f*. **2** *(medal)* condecoración *f*.
decorative ['dekrətɪv] *adj* decorativo,-a.
decoy ['diːkɔɪ] **1** *n (bird)* cimbel *m*; *(artificial)* señuelo. **2** *fig* señuelo. ‖ **3** *vt* atraer con señuelo.
decrease [dɪ'kriːs] **1** *n* disminución *f*. ‖ **2** *vt* - *vi* disminuir, reducir.
decree [dɪ'kriː] **1** *n* decreto. ‖ **2** *vt* decretar.
dedicate ['dedɪkeɪt] *vt* dedicar, consagrar.

dedication [dedɪ'keɪʃn] **1** *n* dedicación *f*, entrega. **2** *(in book etc)* dedicatoria.
deduce [dɪ'djuːs] *vt* deducir, inferir.
deduct [dɪ'dʌkt] *vt* restar, descontar.
deduction [dɪ'dʌkʃn] *n* deducción *f*.
deed [diːd] **1** *n (act)* acto. **2** *(feat)* hazaña. **3** JUR escritura.
deem [diːm] *vt* juzgar, considerar.
deep [diːp] **1** *adj* hondo,-a, profundo, -a. **2** *(sound, voice)* grave. **3** *(colour)* oscuro,-a. **4** *(serious)* grave. || **5** *adv* profundamente. || **6** *n* profundidad *f*.
● **it's ten metres deep** tiene diez metros de profundidad; **to be deep in thought** *fig* estar absorto,-a.
deepen ['diːpn] **1** *vt (gen)* ahondar, profundizar. || **2** *vi (colour, emotion)* intensificarse.
deeply ['diːplɪ] *adv* profundamente.
deer [dɪə] *n* (*pl* deer) ciervo.
default [dɪ'fɔːlt] **1** *n* negligencia. **2** *(failure to pay)* incumplimiento de pago. **3** JUR rebeldía. **4** SP incomparecencia. || **5** *vi* faltar a un compromiso, imcumplir. **6** JUR estar en rebeldía. **7** SP no comparecer.
defeat [dɪ'fiːt] **1** *n* derrota. **2** *fig* fracaso. || **3** *vt* derrotar, vencer. **4** *fig* frustrar.
defect ['diːfekt] **1** *n* defecto; *(flaw)* desperfecto. || **2** *vi* ([dɪ'fekt]) desertar.
defective [dɪ'fektɪv] **1** *adj* defectuoso,-a. **2** *(lacking)* deficiente. **3** GRAM defectivo,-a.
defence [dɪ'fens] *n* defensa.
defenceless [dɪ'fensləs] *adj* indefenso,-a.
defend [dɪ'fend] *vt* defender.
defendant [dɪ'fendənt] *n* demandado,-a, acusado,-a.
defender [dɪ'fendə] *n* defensor,-ra.
defending [dɪ'fendɪŋ] *adj*.
■ **defending counsel** abogado,-a defensor,-ra; **defending champion** campeón,-ona titular.
defensive [dɪ'fensɪv] **1** *adj* defensivo, -a. || **2** *n* defensiva.
defer [dɪ'fɜː] **1** *vt* aplazar, retrasar. || **2** *vi* deferir.
defiance [dɪ'faɪəns] *n* desafío.
● **in defiance of** a despecho de.
defiant [dɪ'faɪənt] *adj* desafiante, provocativo,-a.
deficiency [dɪ'fɪʃənsɪ] *n* deficiencia.
deficient [dɪ'fɪʃənt] *adj* deficiente.
● **to be deficient in sth** estar falto,-a de algo.
deficit ['defɪsɪt] *n* déficit *m*.
define [dɪ'faɪn] *vt* definir.
definite ['defɪnət] **1** *adj* definido,-a. **2** *(clear)* claro,-a, preciso,-a. **3** *(fixed)* determinado,-a.
■ **definite article** artículo determinado.
definitely ['defɪnətlɪ] *adv* definitivamente.
definition [defɪ'nɪʃn] **1** *n* definición *f*. **2** *(clarity)* nitidez *f*.
definitive [dɪ'fɪnɪtɪv] *adj* definitivo,-a.
deflate [dɪ'fleɪt] **1** *vt* desinflar, deshinchar. || **2** *vi* desinflarse, deshincharse.
deflect [dɪ'flekt] **1** *vt* desviar. || **2** *vi* desviarse.
deform [dɪ'fɔːm] *vt* deformar, desfigurar.
deformed [dɪ'fɔːmd] *adj* deforme.
defrost [diː'frɒst] **1** *vt* descongelar. || **2** *vi* descongelarse.
deft [deft] *adj* diestro,-a, hábil.
defunct [dɪ'fʌŋkt] *adj* difunto,-a.
defy [dɪ'faɪ] **1** *vt* desafiar; *(law)* desacatar, desobedecer. **2** *(challenge)* retar.
degenerate [dɪ'dʒenərət] **1** *adj* - *n* degenerado,-a. || **2** *vi* ([dɪ'dʒenəreɪt]) degenerar.
degeneration [dɪdʒenə'reɪʃn] *n* degeneración *f*.
degrade [dɪ'greɪd] *vt* degradar, rebajar.
degrading [dɪ'greɪdɪŋ] *adj* degradante.
degree [dɪ'griː] **1** *n* grado. **2** *(stage)* punto, etapa. **3** EDUC título.
● **by degrees** poco a poco; **to some degree** hasta cierto punto; **to take a degree in sth** licenciarse en algo.
■ **honorary degree** doctorado "honoris causa".
dehydrate [diːhaɪ'dreɪt] *vt* deshidratar.

dejected [dɪ'dʒektɪd] *adj* abatido,-a, desanimado,-a.

delay [dɪ'leɪ] **1** *n* retraso. ‖ **2** *vt (defer)* aplazar, diferir. **3** retrasar; *(person)* entretener. ‖ **4** *vi* retrasarse; *(person)* entretenerse.

delegate ['delɪgət] **1** *adj* - *n* delegado,-a. ‖ **2** *vt* (['delɪgeɪt]) delegar.

delegation [delɪ'geɪʃn] *n* delegación *f*.

delete [dɪ'liːt] *vt* borrar, suprimir.

deliberate [dɪ'lɪbrət] **1** *adj* deliberado,-a, premeditado,-a. **2** *(slow)* pausado,-a, lento,-a. ‖ **3** *vt* - *vi* ([dɪ'lɪbəreɪt]) deliberar.

delicacy ['delɪkəsɪ] **1** *n* delicadeza. **2** *(fragility)* fragilidad *f*. **3** *(food)* manjar *m (exquisito)*.

delicate ['delɪkət] **1** *adj* delicado,-a; *(handiwork)* fino,-a. **2** *(fragile)* frágil. **3** *(subtle)* suave.

delicatessen [delɪkə'tesn] *n* charcutería selecta.

delicious [dɪ'lɪʃəs] **1** *adj* delicioso,-a. **2** *(taste, smell)* exquisito,-a.

delight [dɪ'laɪt] **1** *n* placer *m*, gusto. **2** *(source of pleasure)* encanto, delicia. ‖ **3** *vt* deleitar, encantar, dar gusto. ‖ **4** *vi* deleitarse (in, en/con).

delighted [dɪ'laɪtɪd] *adj* encantado,-a.

delightful [dɪ'laɪtfʊl] **1** *adj (pleasant)* encantador,-ra, ameno,-a. **2** *(delicious)* delicioso,-a.

delinquency [dɪ'lɪŋkwənsɪ] *n* delincuencia.

delinquent [dɪ'lɪŋkwənt] **1** *adj* delincuente. ‖ **2** *n* delincuente *mf*.

deliver [dɪ'lɪvə] **1** *vt (goods etc)* entregar, repartir. **2** *(hit, kick)* dar. **3** *(say)* pronunciar. **4** *(doctor)* asistir al parto de. **5** *fml (free)* liberar.

delivery [dɪ'lɪvrɪ] **1** *n (of goods etc)* entrega, reparto; *(of mail)* reparto. **2** *(of speech etc)* modo de hablar. **3** *(of baby)* parto, alumbramiento.

• **cash on delivery** entrega contra reembolso.

■ **delivery man** repartidor *m*; **delivery note** albarán *m* de entrega; **delivery room** sala de partos; **delivery van** GB furgoneta de reparto.

delta ['deltə] *n* delta *m*.

deluge ['deljuːdʒ] **1** *n* diluvio. **2** *(flood)* inundación *f*. ‖ **3** *vt* inundar (with, de).

delusion [dɪ'luːʒn] **1** *n* engaño. **2** *(false belief)* ilusión *f*.

de luxe [də'lʌks] *adj* de lujo.

demand [dɪ'mɑːnd] **1** *n* solicitud *f*; *(for pay rise etc)* reclamación *f*, petición *f*. **2** *(claim)* exigencia. **3** COMM demanda: ***there's a big demand for computers*** hay una gran demanda de ordenadores. ‖ **4** *vt* exigir; *(rights etc)* reclamar.

• **on demand** a petición.

demanding [dɪ'mɑːndɪŋ] **1** *adj* exigente. **2** *(tiring)* agotador,-ra.

demented [dɪ'mentɪd] *adj* demente.

demise [dɪ'maɪz] *n* fallecimiento, defunción *f*.

demist [diː'mɪst] *vt* desempañar.

democracy [dɪ'mɒkrəsɪ] *n* democracia.

democrat ['deməkræt] *n* demócrata *mf*.

democratic [demə'krætɪk] *adj* democrático,-a.

■ **Democratic party** US partido demócrata.

demolish [dɪ'mɒlɪʃ] **1** *vt* derribar, demoler. **2** *fig* destruir.

demolition [demə'lɪʃn] *n* demolición *f*, derribo.

demon ['diːmən] *n* demonio, diablo.

demonstrate ['demənstreɪt] **1** *vt* demostrar. **2** *(show)* mostrar. ‖ **3** *vi (protest)* manifestarse.

demonstration [demən'streɪʃn] **1** *n* demostración *f*. **2** *(march)* manifestación *f*.

demonstrative [dɪ'mɒnstrətɪv] **1** *adj (person)* abierto,-a, franco,-a. **2** GRAM demostrativo,-a.

demonstrator ['demənstreɪtə] *n* manifestante *mf*.

demoralize [dɪ'mɒrəlaɪz] *vt* desmoralizar.

den [den] *n* guarida.

denial [dɪ'naɪəl] **1** *n* mentís *m inv*. **2** *(refusal)* denegación *f*, negativa.

denim ['denɪm] **1** *n* tela vaquera. ‖ **2** *adj* vaquero,-a, tejano,-a.
Denmark ['denmɑːk] *n* Dinamarca.
denomination [dɪnɒmɪ'neɪʃn] **1** *n* *(belief)* confesión *f*. **2** *(value)* valor *m*.
denominator [dɪ'nɒmɪneɪtə] *n* denominador *m*.
denounce [dɪ'naʊns] *vt* denunciar, censurar.
dense [dens] **1** *adj* denso,-a, espeso, -a. **2** *fam (person)* corto,-a.
density ['densɪtɪ] *n* densidad *f*.
dent [dent] **1** *n* abolladura. ‖ **2** *vt* abollar.
dental ['dentl] *adj* dental.
■ **dental surgeon** odontólogo,-a.
dentist ['dentɪst] *n* dentista *mf*.
dentures ['dentʃəz] *npl* dentadura *f sing* postiza.
deny [dɪ'naɪ] *vt* negar.
deodorant [diː'əʊdərənt] *n* desodorante *m*.
depart [dɪ'pɑːt] **1** *vi fml* partir, salir. **2** *fig* desviarse, apartarse (**from**, de).
department [dɪ'pɑːtmənt] *n* departamento; *(in office, store)* sección *f*.
■ **department store** grandes almacenes *mpl*.
departure [dɪ'pɑːtʃə] **1** *n* partida, marcha; *(of plane, train, etc)* salida. **2** *fig* desviación *f*.
depend [dɪ'pend] *vi* depender (**on**, de).
♦ **to depend on 1** *vt (trust)* confiar en, fiarse de. **2** *vt (vary, be supported by)* depender de.
● **that/it (all) depends** según, (todo) depende.
dependable [dɪ'pendəbl] *adj* fiable.
dependence [dɪ'pəndəns] *n* dependencia (**on/upon**, de).
dependent [dɪ'pendənt] *adj* dependiente.
● **to be dependent on** depender de.
depict [dɪ'pɪkt] **1** *vt* pintar, representar, retratar. **2** *fig* describir.
depilatory [dɪ'pɪlətərɪ] *n* depilatorio.
deplore [dɪ'plɔː] *vt* deplorar, lamentar.
deploy [dɪ'plɔɪ] *vt fig* desplegar.
deport [dɪ'pɔːt] *vt* deportar.
deportation [diːpɔː'teɪʃn] *n* deportación *f*.
depose [dɪ'pəʊz] *vt* deponer, destituir.
deposit [dɪ'pɒzɪt] **1** *n* sedimento. **2** *(mining)* yacimiento. **3** *(wine)* poso. **4** *(bank)* depósito. **5** COMM depósito; *(first payment)* entrada. ‖ **6** *vt* depositar. **7** *(into account)* ingresar.
■ **deposit account** cuenta de ahorros.
depot ['depəʊ] **1** *n (storehouse)* almacén *m*; MIL depósito. **2** US *(railway)* estación *f* de ferrocarriles.
depress [dɪ'pres] **1** *vt* deprimir. **2** *(reduce)* reducir, disminuir.
depressing [dɪ'presɪŋ] *adj* deprimente.
depression [dɪ'preʃn] **1** *n* depresión *f*. **2** COMM crisis *f inv* económica.
depressive [dɪ'presɪv] *adj* depresivo, -a.
deprivation [deprɪ'veɪʃn] *n* privación *f*.
deprive [dɪ'praɪv] *vt* privar (**of**, de).
depth [depθ] **1** *n* profundidad *f*; *(of cupboard etc)* fondo. **2** *(of sound, voice)* gravedad *f*. **3** *(of emotion, colour)* intensidad *f*.
● **in depth** a fondo; **to be out of one's depth** *(in water)* no hacer pie, no tocar fondo; *(in subject, job)* estar perdido,-a.
deputation [depjʊ'teɪʃn] *n* delegación *f*.
deputy ['depjʊtɪ] **1** *n (substitute)* substituto,-a, suplente *mf*. **2** POL diputado, -a.
■ **deputy chairman** vicepresidente, -a.
deranged [dɪ'reɪndʒd] *adj fml* trastornado,-a, loco,-a.
derelict ['derɪlɪkt] *adj* abandonado,-a.
derivative [de'rɪvətɪv] **1** *adj pej* poco original. ‖ **2** *n* derivado.
derive [dɪ'raɪv] **1** *vt* derivar, sacar (**from**, de). ‖ **2** *vi* GRAM derivarse.
derogatory [dɪ'rɒgətrɪ] *adj* despectivo,-a, peyorativo,-a.
derrick ['derɪk] **1** *n* grúa. **2** *(oil)* torre *f* de perforación *f*.

descend [dɪ'send] *vt - vi* descender, bajar.
♦ **to descend on/upon 1** *vt* atacar. **2** *vt fig* visitar: ***they descended on us at supper time*** se dejaron caer por casa a la hora de cenar ♦ **to descend to** *vt* rebajarse a.
descendant [dɪ'sendənt] *n* descendiente *mf*.
descent [dɪ'sent] **1** *n* descenso, bajada. **2** *(slope)* pendiente *f*. **3** *(family origins)* ascendencia.
describe [dɪ'skraɪb] **1** *vt* describir. **2** *(arc etc)* trazar.
description [dɪ'skrɪpʃn] *n* descripción *f*.
• **of some description** de alguna clase.
descriptive [dɪ'skrɪptɪv] *adj* descriptivo,-a.
desert ['dezət] **1** *n* desierto. ‖ **2** *vt* ([dɪ'zɜːt]) abandonar, dejar. ‖ **3** *vi* MIL desertar.
deserve [dɪ'zɜːv] *vt* merecerse: ***you deserve a rest*** te mereces un descanso.
deservedly [dɪ'zɜːvədlɪ] *adv* merecidamente, con toda razón.
deserving [dɪ'zɜːvɪŋ] **1** *adj (person)* que vale, digno,-a. **2** *(action, cause)* meritorio,-a.
design [dɪ'zaɪn] **1** *n* dibujo; *(of fashion)* diseño, creación *f*. **2** *(plan)* plano, proyecto. **3** *(sketch)* boceto. **4** *fig* plan *m*, intención *f*. ‖ **5** *vt* diseñar; *(fashion)* crear. **6** *(develop)* concebir, idear. ‖ **7** *vi* diseñar.
designate ['dezɪgneɪt] **1** *vt fml (indicate)* indicar, señalar. **2** *(appoint)* designar. ‖ **3** *adj* (['dezɪgnət]) designado,-a.
designer [dɪ'zaɪnə] *n* diseñador,-ra.
desirable [dɪ'zaɪərəbl] **1** *adj* deseable, atractivo,-a. **2** *(residence)* de alto standing. **3** *(advisable)* conveniente.
desire [dɪ'zaɪə] **1** *n* deseo. ‖ **2** *vt* desear.
desk [desk] *n (in school)* pupitre *m*; *(in office)* escritorio.
■ **desk work** trabajo de oficina.
desktop ['desktɒp] *n* COMPUT escritorio.
■ **desktop computer** ordenador *m* de sobremesa; **desktop publishing** autoedición *f*.
desolate ['desələt] **1** *adj (place)* desolado,-a, desierto,-a. **2** *(person - sad)* triste, desconsolado,-a; *(- lonely)* solitario,-a.
desolation [desə'leɪʃn] **1** *n (of place)* desolación *f*. **2** *(of person)* desconsuelo, aflicción *f*.
despair [dɪs'peə] **1** *n* desesperación *f*. ‖ **2** *vi* desesperarse (of, de), perder la esperanza (of, de).
despatch [dɪs'pætʃ] *vt - n* → **dispatch**.
desperate ['desprət] **1** *adj (wild)* desesperado,-a. **2** *(critical)* grave. **3** *(need)* apremiante, urgente.
desperately ['desprətlɪ] *adv* desesperadamente.
desperation [despə'reɪʃn] *n* desesperación *f*.
despicable [dɪ'spɪkəbl] *adj* despreciable, vil, bajo,-a.
despise [dɪ'spaɪz] *vt* despreciar, menospreciar.
despite [dɪ'spaɪt] *prep* a pesar de.
despondent [dɪ'spɒndənt] *adj* desalentado,-a, desanimado,-a.
despot ['despɒt] *n* déspota *mf*.
despotism ['despətɪzm] *n* despotismo.
dessert [dɪ'zɜːt] *n* postre *m*.
dessertspoon [dɪ'zɜːtspuːn] **1** *n* cuchara de postre. **2** *(measure)* cucharadita *(de postre)*.
destination [destɪ'neɪʃn] *n* destino.
destined ['destɪnd] **1** *adj* destinado,-a. **2** *fig* condenado,-a: ***destined to fail*** condenado,-a al fracaso. **3** *(bound)* con destino (for, a).
destiny ['destɪnɪ] *n* destino.
destitute ['destɪtjuːt] *adj* indigente, mísero,-a.
• **destitute of** desprovisto,-a de.
destroy [dɪ'strɔɪ] **1** *vt* destruir. **2** *(animal)* matar.
destroyer [dɪ'strɔɪə] **1** *n (warship)* destructor *m*. **2** *(person, thing)* destructor, -ra.

destruction [dɪ'strʌkʃn] *n* destrucción *f*.

destructive [dɪ'strʌktɪv] *adj* destructor, -ra; *(tendency, power)* destructivo,-a.

detach [dɪ'tætʃ] *vt* separar.

detached [dɪ'tætʃt] **1** *adj* separado,-a, suelto,-a. **2** *(impartial)* desinteresado, -a, imparcial.

■ **detached house** casa independiente; **detached retina** desprendimiento de retina.

detachment [dɪ'tætʃmənt] **1** *n* separación *f*. **2** *(aloofness)* desapego, indiferencia. **3** MIL destacamento.

detail ['diːteɪl] **1** *n* detalle *m*, pormenor *m*. ‖ **2** *vt* detallar, enumerar. **3** MIL destacar. ‖ **4 details** *npl (information)* información *f sing*. **5** MIL destacamento.

● **to go into detail** entrar en detalles.

detain [dɪ'teɪn] **1** *vt (hold)* detener. **2** *(delay)* retener, entretener.

detect [dɪ'tekt] *vt* detectar, descubrir.

detective [dɪ'tektɪv] *n* detective *mf*.

■ **detective story** novela policíaca.

detector [dɪ'tektə] *n* detector *m*.

detention [dɪ'tenʃn] *n* detención *f*, arresto.

● **to get detention** *(in school)* quedarse castigado,-a.

deter [dɪ'tɜː] *vt* disuadir (from, de).

detergent [dɪ'tɜːdʒənt] *n* detergente *m*.

deteriorate [dɪ'tɪərɪəreɪt] *vi* deteriorar, empeorar.

determination [dɪtɜːmɪ'neɪʃn] *n* decisión *f*.

determine [dɪ'tɜːmɪn] *vt* determinar.

determined [dɪ'tɜːmɪnd] *adj* decidido,-a, resuelto,-a.

deterrent [dɪ'terənt] **1** *adj* disuasivo, -a. ‖ **2** *n* fuerza disuasoria.

detest [dɪ'test] *vt* detestar.

detonate ['detəneɪt] **1** *vi* estallar, detonar. ‖ **2** *vt* hacer estallar.

detonator ['detəneɪtə] *n* detonador *m*.

detour ['diːtʊə] *n* desvío.

detract [dɪ'trækt] *vt* quitar mérito (from, a).

devaluation [diːvæljuː'eɪʃn] *n* devaluación *f*.

devalue [diː'væljuː] *vt* devaluar.

devastate ['devəsteɪt] *vt* devastar.

devastating ['devəsteɪtɪŋ] *adj* devastador,-ra.

develop [dɪ'veləp] **1** *vt (gen)* desarrollar. **2** *(resources)* explotar; *(site etc)* urbanizar. **3** *(film)* revelar. ‖ **4** *vi* desarrollarse.

development [dɪ'veləpmənt] **1** *n* desarrollo. **2** *(advance)* avance *m*. **3** *(change)* cambio, novedad *f*. **4** *(of resources)* explotación *f*; *(of site etc)* urbanización *f*. **5** *(of film)* revelado.

deviate ['diːvɪeɪt] *vi* desviarse.

device [dɪ'vaɪs] **1** *n* mecanismo, dispositivo. **2** *(plan)* ardid *m*, estratagema.

devil ['devl] *n* diablo.

devious ['diːvɪəs] *adj* tortuoso,-a.

devise [dɪ'vaɪz] *vt* idear, concebir.

devoid [dɪ'vɔɪd] *adj* falto,-a, desprovisto,-a.

devote [dɪ'vəʊt] *vt* consagrar, dedicar.

devoted [dɪ'vəʊtɪd] *adj* fiel, leal.

devotion [dɪ'vəʊʃn] **1** *n* consagración *f*, dedicación *f*. **2** *(fondness)* afecto, cariño. **3** REL devoción *f*.

devour [dɪ'vaʊə] *vt* devorar.

devout [dɪ'vaʊt] **1** *adj* devoto,-a, piadoso,-a. **2** *(sincere)* sincero,-a.

dew [djuː] *n* rocío.

dexterity [dek'sterɪtɪ] *n* destreza, habilidad *f*.

dexterous ['dekstrəs] *adj* diestro,-a, hábil.

diabetes [daɪə'biːtiːz] *n* diabetes *f*.

diabetic [daɪə'betɪk] *adj* - *n* diabético,-a.

diabolical [daɪə'bɒlɪkl] *adj* diabólico, -a.

diagnose ['daɪəgnəʊz] *vt* diagnosticar.

diagnosis [daɪəg'nəʊsɪs] *n* (*pl diagnoses* [daɪəg'nəʊsiːz]) diagnóstico.

diagnostic [daɪəg'nɒstɪk] *adj* diagnóstico,-a.

diagonal [daɪ'ægənl] **1** *adj* diagonal. ‖ **2** *n* diagonal *f*.

diagonally [daɪ'ægnəlɪ] *adv* en diagonal.
diagram ['daɪəgræm] *n* diagrama *m*, esquema *m*; *(graph)* gráfico.
dial ['daɪəl] **1** *n (of clock, barometer)* esfera. **2** *(on radio)* dial *m*. **3** *(telephone)* disco. || **4** *vt* marcar.
dialect ['daɪəlekt] *n* dialecto.
dialogue ['daɪəlɒg] *n* diálogo.
diameter [daɪ'æmɪtə] *n* diámetro.
diamond ['daɪəmənd] **1** *n* diamante *m*. **2** *(shape)* rombo.
diaper ['daɪəpə] *n* US pañal *m*.
diaphragm ['daɪəfræm] *n* diafragma *m*.
diarrhoea [daɪə'rɪə] *n* diarrea.
diary ['daɪərɪ] **1** *n* diario. **2** *(agenda)* agenda.
dice [daɪs] **1** *n* (*pl* **dice**) dado. || **2** *vt* cortar en dados.
dictate ['dɪkteɪt] **1** *n* mandato. || **2** *vt* ([dɪk'teɪt]) dictar; *(impose)* imponer. || **3** *vi* mandar.
dictation [dɪk'teɪʃn] *n* dictado.
dictator [dɪk'teɪtə] *n* dictador,-ra.
dictatorial [dɪktə'tɔːrɪəl] *adj* dictatorial.
dictatorship [dɪk'teɪtəʃɪp] *n* dictadura.
dictionary ['dɪkʃənrɪ] *n* diccionario.
did [dɪd] *pt* → **do**.
didactic [dɪ'dæktɪk] *adj* didáctico,-a.
diddle ['dɪdl] *vt fam* estafar, timar.
didn't ['dɪdnt] *aux* contracción de **did + not**.
die [daɪ] **1** *vi* morir. || **2** *n (for coins)* cuño, troquel *m*.
♦ **to die away** *vi* desvanecerse ♦ **to die down 1** *vi* extinguirse. **2** *vi fig* disminuir ♦ **to die off** *vi* morir uno por uno ♦ **to die out** *vi* perderse, desaparecer.
• **to be dying for/to** *fam* morirse de ganas de.
diesel ['diːzl] *n* gasóleo.
■ **diesel engine** motor *m* diesel.
diet ['daɪət] **1** *n* dieta. **2** *(for slimming)* régimen *m*.
differ ['dɪfə] **1** *vi* diferir (from, de), diferenciarse (from, de). **2** *(disagree)* discrepar.
difference ['dɪfrəns] **1** *n* diferencia. **2** *(disagreement)* desacuerdo.
different ['dɪfrənt] *adj* diferente, distinto,-a.
differentiate [dɪfə'renʃɪeɪt] *vt - vi* diferenciar, distinguir.
differently ['dɪfrəntlɪ] *adv* de otra manera.
difficult ['dɪfɪklt] *adj* difícil.
difficulty ['dɪfɪkltɪ] **1** *n* dificultad *f*. **2** *(problem)* apuro, aprieto.
diffident ['dɪfɪdənt] *adj* discreto,-a, reservado,-a.
diffuse [dɪ'fjuːs] **1** *adj* difuso,-a. **2** *pej* prolijo,-a. || **3** *vt - vi* ([dɪ'fjuːz]) difundir. || **4** *vi* difundirse.
dig [dɪg] **1** *vt* (*pt & pp* **dug**) cavar; *(tunnel)* excavar. **2** *(thrust)* clavar, hincar. || **3** *n (with elbow)* codazo. **4** *fam (gibe)* pulla. || **5 digs** *npl* GB alojamiento *m sing*.
♦ **to dig out/up** *vt* desenterrar.
digest ['daɪdʒest] **1** *n* resumen *m*, compendio. || **2** *vt - vi* ([dɪ'dʒest]) digerir.
digestion [dɪ'dʒestʃn] *n* digestión *f*.
digestive [daɪ'dʒestɪv] *adj* digestivo,-a.
■ **digestive tract** aparato digestivo.
digger ['dɪgə] **1** *n (machine)* excavadora. **2** *(person)* excavador,-ra.
digit ['dɪdʒɪt] *n* dígito.
dignified ['dɪgnɪfaɪd] *adj* solemne, serio,-a.
dignify ['dɪgnɪfaɪ] *vt* dignificar, enaltecer.
dignitary ['dɪgnɪtərɪ] *n* dignatario.
dignity ['dɪgnɪtɪ] *n* dignidad *f*.
dike [daɪk] *n* US → **dyke**.
dilapidated [dɪ'læpɪdeɪtɪd] *adj (building)* en estado ruinoso; *(furniture)* desvencijado,-a; *(car)* destartalado,-a.
dilate [daɪ'leɪt] **1** *vt* dilatar. || **2** *vi* dilatarse.
dilemma [dɪ'lemə] *n* dilema *m*.
diligence ['dɪlɪdʒəns] *n* diligencia.
diligent ['dɪlɪdʒənt] *adj* diligente.
dilute [daɪ'luːt] **1** *vt* diluir. **2** *fig* atenuar, suavizar.
dim [dɪm] **1** *adj (light)* débil, difuso,-a,

tenue. **2** *(hazy)* oscuro,-a. **3** *(memory etc)* borroso,-a. **4** *fam (person)* tonto,-a. || **5** *vt (light)* bajar. **6** *(eyes)* empañar. **7** *fig (memory)* borrar, difuminar.

dime [daɪm] *n* US moneda de diez centavos.

dimension [dɪ'menʃn] *n* dimensión *f.*

diminish [dɪ'mɪnɪʃ] **1** *vt* disminuir, reducir. || **2** *vi* disminuirse, reducirse.

diminutive [dɪ'mɪnjʊtɪv] **1** *adj* diminuto,-a. || **2** *n* diminutivo.

dimple ['dɪmpl] *n* hoyuelo.

din [dɪn] *n* alboroto, estrépito.

dine [daɪn] *vi* cenar.

diner ['daɪnə] **1** *n (person)* comensal *mf.* **2** US restaurante *m* barato.

dinghy ['dɪŋgɪ] *n* bote *m.*

dingy ['dɪndʒɪ] **1** *adj (dirty)* sucio,-a, sórdido,-a. **2** *(faded)* desteñido,-a.

dining car ['daɪnɪŋkɑː] *n* coche *m* restaurante.

dining room ['daɪnɪŋrʊm] *n* comedor *m.*

dinner ['dɪnə] *n (midday)* comida; *(evening)* cena.

■ **dinner jacket** esmoquin *m;* **dinner table** mesa de comedor; **dinnerservice** vajilla.

dinosaur ['daɪnəsɔː] *n* dinosaurio.

diocese ['daɪəsɪs] *n* diócesis *f inv.*

dioxide [daɪ'ɒksaɪd] *n* dióxido.

dip [dɪp] **1** *n (drop)* declive *m,* pendiente *f.* **2** *fam (bathe)* chapuzón *m.* || **3** *vt* sumergir, bañar, mojar. || **4** *vi (drop)* bajar.

♦ **to dip into 1** *vt (glance through)* hojear. **2** *vt (savings etc)* echar mano de.

● **to dip the lights** poner las luces cortas.

diphthong ['dɪfθɒŋ] *n* diptongo.

diploma [dɪ'pləʊmə] *n* diploma *m.*

diplomacy [dɪ'pləʊməsɪ] *n* diplomacia.

diplomat ['dɪpləmæt] *n* diplomático, -a.

diplomatic [dɪplə'mætɪk] *adj* diplomático,-a.

dire ['daɪə] **1** *adj* extremo,-a. **2** *(terrible)* terrible.

direct [dɪ'rekt, 'daɪrekt] **1** *adj* directo,-a. **2** *(person, manner)* franco,-a, sincero, -a. || **3** *adv* directamente; *(flight)* directo; *(broadcast)* en directo. || **4** *vt (lead)* dirigir. **5** *fml (instruct)* mandar, ordenar.

■ **direct object** complemento directo.

direction [dɪ'rekʃn, daɪ'rekʃn] **1** *n* dirección *f.* || **2 directions** *npl (to place)* señas *fpl; (for use)* instrucciones *fpl,* modo *m sing* de empleo.

directly [daɪ'rektlɪ] **1** *adv* directamente. **2** *(speak)* francamente, claro.

directness [dɪ'rektnəs, daɪ'rektnəs] *n* franqueza, sinceridad *f.*

director [dɪ'rektə, daɪ'rektə] *n* director, -ra.

■ **managing director** director,-ra, gerente *mf.*

directory [dɪ'rektrɪ, daɪ'rektrɪ] **1** *n (telephone)* guía telefónica. **2** *(street)* callejero.

dirt [dɜːt] **1** *n* suciedad *f.* **2** *(earth)* tierra.

● **to treat sb like dirt** tratar mal a algn.

dirty ['dɜːtɪ] **1** *adj* sucio,-a. **2** *(indecent)* indecente; *(joke)* verde. **3** *fam (low)* bajo,-a, vil. || **4** *vt* ensuciar. || **5** *vi* ensuciarse.

● **to get dirty** ensuciarse; **to give sb a dirty look** fulminar a algn con la mirada.

■ **dirty trick** cochinada; **dirty word** palabrota.

disability [dɪsə'bɪlɪtɪ] **1** *n (condition)* invalidez *f,* discapacidad *f.* **2** *(handicap)* impedimento, hándicap *m.*

disabled [dɪs'eɪbld] *adj* minusválido, -a.

disadvantage [dɪsəd'vɑːntɪdʒ] **1** *n* desventaja. **2** *(obstacle)* inconveniente *m.*

disadvantageous [dɪsædvɑːn'teɪdʒəs] *adj* desventajoso,-a, desfavorable.

disagree [dɪsə'griː] **1** *vi (differ)* discrepar (with, con). **2** *(food)* sentar mal (with, -).

disagreeable [dɪsə'grɪəbl] *adj* desagradable.
disagreement [dɪsə'griːmənt] *n* desacuerdo.
disappear [dɪsə'pɪə] *vi* desaparecer.
disappearance [dɪsə'pɪərəns] *n* desaparición *f*.
disappoint [dɪsə'pɔɪnt] *vt* decepcionar.
disappointed [dɪsə'pɔɪntɪd] *adj* decepcionado,-a.
disappointment [dɪsə'pɔɪntmənt] *n* desilusión *f*, decepción *f*.
disapproval [dɪsə'pruːvl] *n* desaprobación *f*.
disapprove [dɪsə'pruːv] *vt* desaprobar (of, -).
disarm [dɪs'ɑːm] **1** *vt* desarmar. ‖ **2** *vi* desarmarse.
disarmament [dɪs'ɑːməmənt] *n* desarme *m*.
disaster [dɪ'zɑːstə] *n* desastre *m*.
disastrous [dɪ'zɑːstrəs] *adj* desastroso,-a.
disbelief [dɪsbɪ'liːf] *n* incredulidad *f*.
disc [dɪsk] **1** *n* disco. **2** COMPUT disquete *m*.
■ **disc jockey** disc-jockey *m*.
discard [dɪs'kɑːd] **1** *vt* desechar, deshacerse de. **2** *fig* descartar.
discern [dɪ'sɜːn] *vt* percibir, discernir.
discerning [dɪ'sɜːnɪŋ] *adj* perspicaz, sagaz.
discharge ['dɪstʃɑːdʒ] **1** *n* ELEC descarga. **2** *(of smoke)* emisión *f*. **3** *(of gas)* escape *m*. **4** *(of prisoner)* liberación *f*, puesta en libertad. **5** *(of patient)* alta. **6** MIL licencia. **7** *(of worker)* despido. ‖ **8** *vt - vi* ([dɪs'tʃɑːdʒ]) *(pour)* verter. **9** *(unload)* descargar. **10** *(let out)* emitir. ‖ **11** *vt (prisoner)* liberar, soltar. **12** *(patient)* dar de alta. **13** Mil licenciar. **14** *(dismiss)* despedir. **15** *(pay)* saldar.
disciple [dɪ'saɪpl] *n* discípulo,-a.
discipline ['dɪsɪplɪn] **1** *n* disciplina. **2** *(punishment)* castigo. ‖ **3** *vt* disciplinar. **4** *(punish)* castigar; *(official)* expedientar.
disclose [dɪs'kləʊz] *vt* revelar.
disco ['dɪskəʊ] *n fam* discoteca, disco *f*.
discolour [dɪs'kʌlə] **1** *vt* desteñir. ‖ **2** *vi* desteñirse.
discomfort [dɪs'kʌmfət] **1** *n* incomodidad *f*. **2** *(pain)* malestar *m*, molestia.
disconnect [dɪskə'nekt] *vt* desconectar; *(gas etc)* cortar.
disconnected [dɪskə'nektɪd] **1** *adj* desconectado,-a. **2** *(gas etc)* cortado,-a. **3** *fig* deshilvanado,-a.
discontent [dɪskən'tent] *n* descontento.
discontinue [dɪskən'tɪnjuː] *vt* suspender.
discotheque ['dɪskətek] *n* discoteca.
discount ['dɪskaʊnt] **1** *n* descuento. ‖ **2** *vt* ([dɪs'kaʊnt]) descontar, rebajar. **3** *(disregard)* descartar.
discourage [dɪs'kʌrɪdʒ] **1** *vt* desanimar, desalentar. **2** *(deter)* disuadir (from, de).
discouragement [dɪs'kʌrɪdʒmənt] **1** *n* desaliento, desánimo. **2** *(dissuasion)* disuasión *f*.
discouraging [dɪs'kʌrɪdʒɪŋ] *adj* desalentador,-ra.
discover [dɪ'skʌvə] *vt* descubrir.
discovery [dɪ'skʌvərɪ] *n* descubrimiento.
discreet [dɪ'skriːt] *adj* discreto,-a.
discrepancy [dɪ'skrepənsɪ] *n* discrepancia.
discretion [dɪ'skreʃn] *n* discreción *f*.
● **at the discretion of** a juicio de.
discriminate [dɪ'skrɪmɪneɪt] *vi* discriminar (against, -).
discrimination [dɪskrɪmɪ'neɪʃn] *n (bias)* discriminación *f*.
discus ['dɪskəs] *n* disco.
discuss [dɪ'skʌs] **1** *vt - vi* discutir. ‖ **2** *vt (talk over)* hablar de.
discussion [dɪ'skʌʃn] *n* discusión *f*, debate *m*.
disdain [dɪs'deɪn] **1** *n* desdén *m*, menosprecio. ‖ **2** *vt* desdeñar, menospreciar.
disdainful [dɪs'deɪnfʊl] *adj* desdeñoso,-a.

disease [dɪ'ziːz] *n* enfermedad *f*.
disembark [dɪsɪm'bɑːk] *vt* - *vi* desembarcar.
disenchanted [dɪsɪn'tʃɑːntɪd] *adj* desencantado,-a.
disentangle [dɪsɪn'tæŋgl] *vt* desenredar, desenmarañar.
disfigure [dɪs'fɪgə] *vt* desfigurar.
disgrace [dɪs'greɪs] **1** *n* desgracia. **2** *(shame)* escándalo, vergüenza. ‖ **3** *vt* deshonrar.
disgraceful [dɪs'greɪsfʊl] *adj* vergonzoso,-a.
disguise [dɪs'gaɪz] **1** *n* disfraz *m*. ‖ **2** *vt* disfrazar (as, de). **3** *fig* disimular.
● **in disguise** disfrazado,-a.
disgust [dɪs'gʌst] **1** *n* asco, repugnancia. ‖ **2** *vt* repugnar, dar asco.
disgusting [dɪs'gʌstɪŋ] **1** *adj* asqueroso,-a, repugnante. **2** *(intolerable)* intolerable.
dish [dɪʃ] *n* plato; *(for serving)* fuente *f*.
♦ **to dish out** *vt fam* repartir ♦ **to dish up** *vt* servir.
dishcloth ['dɪʃklɒθ] *n* paño de cocina.
dishearten [dɪs'hɑːtn] *vt* desanimar, descorazonar.
dishevelled [dɪ'ʃevld] *adj (hair)* despeinado,-a; *(appearance)* desaliñado,-a, desarreglado,-a.
dishonest [dɪs'ɒnɪst] **1** *adj (person)* deshonesto,-a, poco honrado,-a. **2** *(means)* fraudulento,-a.
dishonesty [dɪs'ɒnɪstɪ] **1** *n* deshonestidad *f*, falta de honradez. **2** *(of means)* fraude *m*.
dishonour [dɪs'ɒnə] **1** *n* deshonra. ‖ **2** *vt* deshonrar.
dishwasher ['dɪʃwɒʃə] *n* lavavajillas *m inv*.
disillusion [dɪsɪ'luːʒn] *vt* desilusionar.
disinfect [dɪsɪn'fekt] *vt* desinfectar.
disinfectant [dɪsɪn'fektənt] *n* desinfectante *m*.
disinherit [dɪsɪn'herɪt] *vt* desheredar.
disintegrate [dɪs'ɪntɪgreɪt] **1** *vt* desintegrar, disgregar. ‖ **2** *vi* desintegrarse, disgregarse.
disintegration [dɪsɪntɪ'greɪʃn] *n* desintegración *f*.
disinterested [dɪs'ɪntrəstɪd] *adj* desinteresado,-a, imparcial.
disjointed [dɪs'dʒɔɪntɪd] *adj fig* inconexo,-a.
disk [dɪsk] *n* disco.
■ **disk drive** COMPUT disquetera.
diskette [dɪs'ket] *n* disquete *m*.
dislike [dɪs'laɪk] **1** *n* aversión *f*, antipatía. ‖ **2** *vt (thing)* no gustar; *(person)* no gustar, tener antipatía a.
dislocate ['dɪsləkeɪt] *vt* dislocar.
dislodge [dɪs'lɒdʒ] *vt* desalojar, sacar.
disloyal [dɪs'lɔɪəl] *adj* desleal.
dismal ['dɪzməl] *adj* triste, sombrío,-a.
dismantle [dɪs'mæntl] **1** *vt* desmontar. ‖ **2** *vi* desmontarse.
dismay [dɪs'meɪ] **1** *n* consternación *f*. ‖ **2** *vt* consternar, acongojar.
dismiss [dɪs'mɪs] **1** *vt (employee)* despedir; *(official)* destituir. **2** *(send away)* dar permiso para retirarse. **3** *(put aside)* descartar. **4** JUR desestimar, denegar.
dismissal [dɪs'mɪsl] **1** *n (sacking)* despido; *(of official)* destitución *f*. **2** *(rejection)* abandono. **3** JUR desestimación *f*, denegación *f*.
dismount [dɪs'maʊnt] *vi* desmontarse (from, de).
disobedience [dɪsə'biːdɪəns] *n* desobediencia.
disobedient [dɪsə'biːdɪənt] *adj* desobediente.
disobey [dɪsə'beɪ] **1** *vt* - *vi* desobedecer. ‖ **2** *vt (law)* violar.
disorder [dɪs'ɔːdə] *n* desorden *m*.
disorderly [dɪs'ɔːdəlɪ] **1** *adj (untidy)* desordenado,-a. **2** *(unruly)* alborotado,-a, escandaloso,-a.
disorganized [dɪs'ɔːgənaɪzd] *adj* desorganizado,-a.
disorientate [dɪs'ɔːrɪənteɪt] *vt* desorientar.
disown [dɪs'əʊn] *vt* no reconocer.
dispatch [dɪ'spætʃ] **1** *n (report)* despacho, parte *m*, comunicado. **2** *(press)* reportaje *m (de corresponsalía)*. **3** *(send-*

ing) despacho, envío. **4** *fml (haste)* rapidez *f.* || **5** *vt* enviar, expedir, despachar.

■ **dispatch rider** mensajero.

dispel [dɪ'spel] *vt* disipar.

dispensary [dɪ'spensərɪ] *n* dispensario.

dispense [dɪ'spens] **1** *vt* distribuir, repartir. **2** *(provide)* suministrar, administrar. **3** *(medicines)* preparar y despachar.

♦ **to dispense with** *vt* prescindir de, pasar sin.

dispenser [dɪ'spensə] *n* máquina expendedora.

disperse [dɪ'spɜːs] **1** *vt* dispersar. || **2** *vi* dispersarse.

displace [dɪs'pleɪs] **1** *vt* desplazar; *(bone)* dislocar. **2** *(replace)* sustituir, reemplazar.

■ **displaced person** expatriado,-a.

display [dɪ'spleɪ] **1** *n (of goods)* exposición *f.* **2** *(of force, military)* exhibición *f,* despliegue *m.* **3** COMPUT visualización *f.* || **4** *vt* exhibir, mostrar; *(goods)* exponer. **5** COMPUT visualizar.

displease [dɪs'pliːz] *vt fml* disgustar.

disposable [dɪ'spəʊzəbl] *adj* desechable.

disposal [dɪ'spəʊzl] *n (removal)* eliminación *f.*

● **at sb's disposal** a la disposición de algn.

dispose [dɪ'spəʊz] *vt* disponer, colocar.

♦ **to dispose of** *vt (rubbish)* tirar; *(object)* deshacerse de.

disposition [dɪspə'zɪʃn] *n fml* carácter *m.*

dispossess [dɪspə'zes] *vt* desposeer.

disproportionate [dɪsprə'pɔːʃnət] *adj* desproporcionado,-a.

disprove [dɪs'pruːv] *vt* refutar.

dispute ['dɪspjuːt] **1** *n* discusión *f,* controversia; *(quarrel)* disputa. || **2** *vt* ([dɪ'spjuːt]) *(doubt)* refutar. || **3** *vt - vi (argue)* disputar, discutir.

● **beyond dispute** indiscutiblemente.

disqualification [dɪskwɒlɪfɪ'keɪʃn] *n* descalificación *f.*

disqualify [dɪs'kwɒlɪfaɪ] **1** *vt* SP descalificar. **2** *(make unfit)* incapacitar.

disregard [dɪsrɪ'gɑːd] **1** *n* indiferencia, despreocupación *f.* || **2** *vt* no hacer caso de.

disrespect [dɪsrɪ'spekt] *n* falta de respeto, desacato.

disrespectful [dɪsrɪ'spektfʊl] *adj* irrespetuoso,-a.

disrupt [dɪs'rʌpt] *vt* trastornar.

disruption [dɪs'rʌpʃn] *n* trastorno.

disruptive [dɪs'rʌptɪv] *adj* perjudicial.

dissatisfaction [dɪssætɪs'fækʃn] *n* insatisfacción *f,* descontento.

dissatisfied [dɪs'sætɪsfaɪd] *adj* descontento,-a.

dissect [dɪ'sekt, daɪ'sekt] *vt* disecar.

disseminate [dɪ'semɪneɪt] *vt fml* diseminar.

dissent [dɪ'sent] **1** *n* disensión *f.* || **2** *vi* disentir.

dissertation [dɪsə'teɪʃən] **1** *n* disertación *f.* **2** EDUC tesina.

dissident ['dɪsɪdənt] **1** *adj* disidente. || **2** *n* disidente *mf.*

dissimilar [dɪ'sɪmɪlə] *adj* diferente.

dissociate [dɪ'səʊʃɪeɪt] *vt* disociar, separar.

dissolution [dɪsə'luːʃn] *n* disolución *f; (of agreement)* rescisión *f.*

dissolve [dɪ'zɒlv] **1** *vt* disolver. || **2** *vi* disolverse. **3** *fig* deshacerse: ***to dissolve into tears/laughter*** deshacerse en lágrimas/risa.

dissuade [dɪ'sweɪd] *vt* disuadir (from, de).

dissuasion [dɪ'sweɪʒn] *n* disuasión *f.*

distance ['dɪstəns] **1** *n* distancia. || **2** *vt* distanciar.

● **in the distance** a lo lejos; **to keep one's distance** mantener la distancia.

distant ['dɪstənt] **1** *adj* lejano,-a. **2** *(cold)* distante, frío,-a.

distaste [dɪs'teɪst] *n* aversión *f.*

distasteful [dɪs'teɪstfʊl] *adj* desagradable, de mal gusto.

distend [dɪ'stend] **1** *vt* dilatar. || **2** *vi* dilatarse.

distil [dɪs'tɪl] *vt* destilar.
distillery [dɪ'stɪlərɪ] *n* destilería.
distinct [dɪ'stɪŋkt] **1** *adj* distinto,-a. **2** *(clear)* marcado,-a, inconfundible.
distinction [dɪ'stɪŋkʃn] **1** *n (difference)* diferencia. **2** *(worth)* distinción *f.* **3** EDUC sobresaliente *m.*
distinctive [dɪ'stɪŋktɪv] *adj* característico,-a, distintivo,-a.
distinguish [dɪ'stɪŋgwɪʃ] **1** *vt* distinguir. ‖ **2** *vi* distinguirse.
distort [dɪ'stɔːt] *vt* deformar; *fig* distorsionar.
distortion [dɪ'stɔːʃn] *n* deformación *f*; *fig* distorsión *f.*
distract [dɪ'strækt] *vt* distraer (from, de).
distracted [dɪ'stræktɪd] *adj* distraído,-a.
distraction [dɪ'strækʃn] **1** *n* distracción *f.* **2** *(confusion)* confusión *f.*
● **to drive sb to distraction** sacar a algn de quicio.
distraught [dɪ'strɔːt] *adj* angustiado,-a, turbado,-a.
distress [dɪ'stres] **1** *n* aflicción *f.* ‖ **2** *vt* afligir.
■ **distress call/signal** señal *f* de socorro.
distressing [dɪ'stresɪŋ] *adj* penoso,-a.
distribute [dɪ'strɪbjuːt] *vt* distribuir, repartir.
distribution [dɪstrɪ'bjuːʃn] *n* distribución *f.*
district ['dɪstrɪkt] *n (of town)* distrito, barrio; *(of country)* región *f.*
■ **district council** municipio.
distrust [dɪs'trʌst] **1** *n* desconfianza, recelo. ‖ **2** *vt* desconfiar, recelar.
disturb [dɪ'stɜːb] **1** *vt* molestar. **2** *(interrupt)* interrumpir. **3** *(worry)* perturbar, inquietar. **4** *(stir)* mover.
disturbance [dɪ'stɜːbəns] **1** *n (public)* disturbio, alboroto. **2** *(nuisance)* molestia.
disturbed [dɪ'stɜːbd] *adj* desequilibrado,-a.
disuse [dɪs'juːs] *n* desuso.
ditch [dɪtʃ] **1** *n* zanja, foso, cuneta; *(for water)* acequia. ‖ **2** *vt fam* dejar tirado,-a.
dither ['dɪðə] *vi* vacilar, titubear.
ditto ['dɪtəʊ] *adv* ídem.
dive [daɪv] **1** *n (into water)* zambullida, inmersión *f*; *(of diver)* buceo. **2** *(birds, planes)* picado. **3** SP salto. **4** *fam* antro. ‖ **5** *vi (into water)* zambullirse, tirarse de cabeza; *(under water)* bucear. **6** *(birds, planes)* bajar en picado. **7** SP saltar. **8** *(dash)* moverse rápidamente: ***she dived for the phone*** se precipitó hacia el teléfono.
▲ *En inglés americano, pt* dove.
diver ['daɪvə] **1** *n* buceador,-ra; *(professional)* buzo. **2** *(athlete)* saltador,-ra.
diverge [daɪ'vɜːdʒ] *vi* divergir; *(roads)* bifurcarse.
diverse [daɪ'vɜːs] *adj fml* diverso,-a.
diversify [daɪ'vɜːsɪfaɪ] **1** *vt* diversificar. ‖ **2** *vi* diversificarse.
diversion [daɪ'vɜːʃn] **1** *n (detour)* desvío, desviación *f.* **2** *(distraction)* distracción *f.*
diversity [daɪ'vɜːsɪtɪ] *n* diversidad *f.*
divert [daɪ'vɜːt] **1** *vt* desviar. **2** *(distract)* distraer.
divide [dɪ'vaɪd] **1** *vt* dividir, separar. **2** *(share)* repartir (among/between, entre). ‖ **3** *vi (road, stream)* bifurcarse. **4** dividirse, separarse. ‖ **5** *n* división *f.*
dividend ['dɪvɪdend] **1** *n* dividendo. **2** *fig* beneficio.
divine [dɪ'vaɪn] **1** *adj* divino,-a. ‖ **2** *vt - vi* adivinar.
diving ['daɪvɪŋ] **1** *n (under water)* submarinismo. **2** *(from board)* saltos *mpl* de trampolín.
■ **diving board** trampolín *m.*
division [dɪ'vɪʒn] *n* división *f.*
divisor [dɪ'vaɪzə] *n* divisor *m.*
divorce [dɪ'vɔːs] **1** *n* divorcio. ‖ **2** *vt - vi* divorciarse de: ***he divorced her*** se divorció de ella.
divorcé [dɪ'vɔːseɪ] *n* divorciado.
divorcée [dɪvɔː'siː] *n* divorciada.
divulge [daɪ'vʌldʒ] *vt* divulgar.

DIY ['diː'aɪ'waɪ] *abbr* GB *(*do-it-yourself*)* bricolaje *m.*

dizziness ['dɪzɪnəs] *n* mareo; *(of heights)* vértigo.

dizzy ['dɪzɪ] *adj* mareado,-a.

DJ ['diː'dʒeɪ] **1** *abbr* GB *fam (*dinner jacket*)* esmoquin *m,* smoking *m.* **2** *fam (*disc jockey*)* disc-jockey *m.*

DNA ['diː'en'eɪ] *abbr (*deoxyribonucleic acid*)* ácido desoxirribonucleico; *(abbreviation)* ADN *m.*

do [duː] **1** *aux* (*pt* did*; pp* done) *(questions and negatives)*: ***do you smoke?*** ¿fumas?; ***I don't want to dance*** no quiero bailar. **2** *(emphatic)*: ***do come with us!*** ¡anda, vente con nosotros! **3** *(substituting main verb)*: ***he likes them and so do I*** a él le gustan, y a mí también; ***who went?, I did*** ¿quién fue?, yo. **4** *(in question tags)*: ***you don't smoke, do you?*** no fumas, ¿verdad? ‖ **5** *vt* hacer, realizar: ***what are you doing?*** ¿qué haces? **6** *(suffice)* ser suficiente: ***ten packets will do us*** con diez paquetes tenemos suficiente. ‖ **7** *vi (act)* hacer: ***do as I tell you*** haz lo que te digo. **8** *(proceed)*: ***how are you doing?*** ¿cómo te van las cosas?; ***she did badly in the exams*** le fueron mal los exámenes. **9** *(suffice)* bastar, servir: ***that will do*** (así) basta; ***this cushion will do as/for a pillow*** este cojín servirá de almohada. ‖ **10** *n fam (occasion)* ocasión *f*; *(party)* fiesta.
♦ **to do away with 1** *vt* abolir. **2** *vt fam* acabar con, eliminar ♦ **to do in 1** *vt fam (kill)* matar, cargarse. **2** *vt (tire)* agotar: ***I'm done in*** estoy hecho,-a polvo ♦ **to do up 1** *vt fam (fasten, belt)* abrocharse; *(laces)* atar. **2** *vt (wrap)* envolver. **3** *vt (dress up)* arreglar; *(decorate)* renovar ♦ **to do with** *vt (need)*: ***I could do with a rest*** un descanso me vendría muy bien ♦ **to do without** *vt* pasar sin.
• **how do you do?** *(greeting)* ¿cómo está usted?; *(answer)* mucho gusto, encantado,-a; **to do one's best** hacer lo mejor posible; **to do one's hair** peinarse; **to do the cleaning** cocinar; **to do the cooking** limpiar; **well done!** *fam* ¡enhorabuena!
■ **do's and don'ts** normas *pl* de conducta.

docile ['dəʊsaɪl] *adj* dócil; *(animal)* manso,-a.

dock [dɒk] **1** *n* MAR muelle *m*; *(for cargo)* dársena. **2** JUR banquillo *(de los acusados)*. ‖ **3** *vt* - *vi* MAR atracar (**at,** a). ‖ **4** *vt (animal's tail)* cortar; *(wages)* recortar.

docker ['dɒkə] *n* estibador *m.*

dockyard ['dɒkjɑːd] *n* astillero.

doctor ['dɒktə] **1** *n* médico,-a, doctor, -ra. **2** EDUC doctor,-ra (**of,** en). ‖ **3** *vt (alter)* falsificar, amañar. **4** *(animal)* capar, castrar.

doctrine ['dɒktrɪn] *n* doctrina.

document ['dɒkjʊmənt] **1** *n* documento. ‖ **2** *vt* documentar.

documentary [dɒkjʊ'mentrɪ] **1** *adj* documental. ‖ **2** *n* documental *m.*

doddery ['dɒdərɪ] *adj fam* chocho,-a.

doddle ['dɒdl] *n fam* pan *m* comido.

dodge [dɒdʒ] **1** *n* regate *m,* evasión *f.* **2** *fam* truco, astucia. ‖ **3** *vt* - *vi (blow etc)* esquivar. ‖ **4** *vt (pursuer)* despistar, dar esquinazo a. **5** *(tax)* evadir.

dodgy ['dɒdʒɪ] *adj* de poco fiar.

doe [dəʊ] **1** *n (deer)* gama. **2** *(rabbit)* coneja.

does [dʌz] *3rd pers sing pres* → **do**.

dog [dɒg] **1** *n* perro,-a. ‖ **2** *vt* acosar.

dogged ['dɒgɪd] *adj* terco,-a, obstinado,-a.

doggy ['dɒgɪ] *n* perrito,-a.

dogma ['dɒgmə] *n* dogma *m.*

dogmatic [dɒg'mætɪk] *adj* dogmático, -a.

dogsbody ['dɒgzbɒdɪ] *n* GB *fam* burro de carga.

do-it-yourself [duːɪtjɔː'self] *n* bricolaje *m.*

doldrums ['dɒldrəmz] *npl.*

● **in the doldrums** abatido,-a, deprimido,-a.

dole [dəʊl] *n* GB *fam* subsidio de desempleo.

♦ **to dole out** *vt* repartir.

● **to be on the dole** estar en el paro.

doll [dɒl] *n* muñeca.

● **to get dolled up** emperifollarse.

dollar ['dɒlə] *n* dólar *m*.

dolly ['dɒlɪ] *n* muñeca.

dolphin ['dɒlfɪn] *n* delfín *m*.

domain [də'meɪn] **1** *n (territory)* dominio. **2** *(sphere)* campo, esfera. **3** COMPUT dominio.

■ **domain name** nombre *m* de dominio.

dome [dəʊm] *n* ARCH cúpula.

domestic [də'mestɪk] **1** *adj* doméstico,-a. **2** *(home-loving)* hogareño,-a, casero,-a. **3** POL nacional. ‖ **4** *n* criado, -a.

dominant ['dɒmɪnənt] *adj* dominante.

dominate ['dɒmɪneɪt] *vt* - *vi* dominar.

domination [dɒmɪ'neɪʃn] *n* dominación *f*.

domineering [dɒmɪ'nɪərɪŋ] *adj pej* dominante.

Dominica [dɒmɪ'niːkə] *n* Dominica.

Dominican [də'mɪnɪkən] *adj* - *n* dominicano,-a.

■ **Dominican Republic** República Dominicana.

domino ['dɒmɪnəʊ] **1** *n* (*pl* dominoes) ficha de dominó. ‖ **2 dominos** *npl (game)* dominó *m sing*.

donate [dəʊ'neɪt] *vt* donar; *(money)* hacer un donativo de.

donation [dəʊ'neɪʃn] **1** *n (act)* donación *f*. **2** *(gift)* donativo.

done [dʌn] **1** *pp* → **do**. ‖ **2** *adj (finished)* terminado,-a, acabado,-a: ***the job is done*** el trabajo está terminado. **3** *fam (tired)* agotado,-a. **4** *(cooked)* cocido,-a; *(meat)* hecho,-a. ‖ **5 done!** *interj fam* ¡trato hecho!

● **it isn't done to ...** es de mal gusto ....

donkey ['dɒŋkɪ] *n* burro,-a.

donor ['dəʊnə] *n* donante *mf*.

don't [dəʊnt] *aux* contracción de *do* + *not*.

doodle ['duːdl] **1** *vi* garabatear, garrapatear. ‖ **2** *n* garabato.

doom [duːm] **1** *n (fate)* destino; *(ruin)* perdición *f*. ‖ **2** *vt* condenar.

door [dɔː] **1** *n* puerta. **2** *(doorway)* portal *m*.

● **(from) door to door** de puerta en puerta; **next door (to)** (en) la casa de al lado (de); **by the back door** *fig* por la puerta falsa; **to be on the door** *fam* hacer de portero,-a.

doorbell ['dɔːbel] *n* timbre *m*.

doorman ['dɔːmən] *n* portero.

doorstep ['dɔːstep] *n* peldaño.

door-to-door [dɔːtə'dɔː] *adj* a domicilio.

doorway ['dɔːweɪ] *n* entrada, portal *m*.

dope [dəʊp] **1** *n sl* droga. **2** *fam (person)* imbécil *mf*. ‖ **3** *vt fam (food, drink)* poner droga en. **4** SP dopar.

dopey ['dəʊpɪ] **1** *adj (silly)* estúpido,-a. **2** *fam (with drugs, sleep)* grogui.

dormitory ['dɔːmɪtrɪ] **1** *n (room)* dormitorio. **2** US colegio mayor.

dosage ['dəʊsɪdʒ] *n (amount)* dosis *f*; *(written on leaflet)* posología.

dose [dəʊs] *n* dosis *f inv*.

doss [dɒs] *vi* GB *sl* echarse a dormir, acostarse.

dossier ['dɒsɪeɪ] *n* expediente *m*, dossier *m*.

dot [dɒt] **1** *n* punto. ‖ **2 to doss (down)** *vt* poner el punto a. **3** *(scatter)* esparcir.

● **on the dot** *fam* en punto.

■ **dot matrix printer** impresora marticial, impresora de agujas.

dote [dəʊt] *vi* adorar (on/upon, -).

double ['dʌbl] **1** *adj* - *adv* doble: ***a double whisky*** un whisky doble. ‖ **2** *n (amount)* doble *m*: ***to earn double*** ganar el doble. **3** *(person)* imagen *f* viva. ‖ **4** *vt* doblar, duplicar. ‖ **5** *vi* doblarse, duplicarse. ‖ **6 doubles** *npl (tennis)* dobles *mpl*.

♦ **to double up 1** *vt* retorcer. **2** *vi* doblarse. **3** *vi (share)* compartir.

● **to double as** hacer las veces de; **on the double** enseguida.

■ **double agent** agente *mf* doble; **double bass** contrabajo; **double bed** cama de matrimonio; **double cream** nata para montar; **double chin** papada; **double meaning** doble sentido; **double room** habitación *f* doble; **double talk** ambigüedades *fpl*.

double-cross [dʌbl'krɒs] *vt* engañar, traicionar.

double-decker [dʌbl'dekə] *n* GB autobús *m* de dos pisos.

doubly ['dʌblɪ] *adv* doblemente.

doubt [daʊt] **1** *n* duda, incertidumbre *f*. || **2** *vt (distrust)* dudar/desconfiar de. **3** *(not be sure)* dudar: ***I doubt if she'll come*** dudo que venga.

● **beyond doubt** sin duda alguna; **no doubt** sin duda.

doubtful ['daʊtfʊl] **1** *adj (uncertain)* dudoso,-a; *(look etc)* de duda. **2** *(unlikely)* improbable.

doubtless ['daʊtləs] *adv* sin duda.

dough [dəʊ] **1** *n* CULIN masa. **2** *fam (money)* pasta.

doughnut ['dəʊnʌt] *n* rosquilla, donut *m*.

douse [daʊs] **1** *vt (fire)* apagar. **2** *(wet)* mojar.

dove [dʌv] **1** *n* paloma. || **2** *pt* ([dəʊv]) US → **dive**.

dowdy ['daʊdɪ] *adj pej (dress)* sin gracia; *(person)* mal vestido,-a.

down [daʊn] **1** *prep* abajo, hacia abajo: ***down the street*** calle abajo. **2** *(along)* por: ***cut it down the middle*** córtalo por la mitad. || **3** *adv* abajo, hacia abajo; *(to the floor)* al suelo; *(to the ground)* a tierra: ***she fell down and broke her leg*** se cayó y se rompió la pierna. **4** *(at lower level)* abajo: ***down here/there*** aquí/allí abajo. **5** *(less)*: ***sales are down this year*** las ventas han bajado este año. **6** *(on paper)*: ***to write sth down*** apuntar algo. || **7** *adj fam* depre, deprimido. || **8** *vt (knock to floor)* derribar. **9** *fam (drink)* tomarse de un trago. || **10** *n (on bird)* plumón *m*; *(hair)* pelusa, pelusilla.

● **down with ...!** ¡abajo ...!; **face down** boca abajo.

■ **down payment** entrada.

downcast ['daʊnkɑːst] *adj* abatido,-a.

downfall ['daʊnfɔːl] *n fig* perdición *f*.

downgrade [daʊn'greɪd] *vt* degradar.

downhearted [daʊn'hɑːtɪd] *adj* desanimado,-a.

downhill [daʊn'hɪl] **1** *adv* cuesta abajo. || **2** *adj* en pendiente; *(skiing)* de descenso.

● **to go downhill** empeorar.

download ['daʊn'ləʊd] *vt* bajar, descargar.

downpour ['daʊnpɔː] *n* chaparrón *m*.

downright ['daʊnraɪt] *adj* total.

downstairs [daʊn'steəz] **1** *adv* abajo: ***to go downstairs*** bajar la escalera. **2** *(on ground floor)* en la planta baja. || **3** *adj* en la planta baja.

downstream [daʊn'striːm] *adv* río abajo.

downtown [daʊn'taʊn] *adv* US *(movement)* al centro de la ciudad; *(position)* en el centro de la ciudad.

downward ['daʊnwəd] **1** *adj* descendente. **2** FIN a la baja.

downwards ['daʊnwədz] *adv* hacia abajo: ***face downwards*** boca abajo.

dowry ['daʊərɪ] *n* dote *f*.

dowse [daʊs] *vt* → **douse**.

doz ['dʌzn] *abbr (dozen)* docena; *(abbreviation)* doc.

doze [dəʊz] **1** *n* cabezada. || **2** *vi* dormitar, echar una cabezada.

♦ **to doze off** *vi* quedarse dormido,-a.

dozen ['dʌzn] *n* docena.

dozy ['dəʊzɪ] **1** *adj (sleepy)* amodorrado,-a. **2** *(stupid)* idiota.

DPP ['diː'piː'piː] *abbr* GB *(Director of Public Prosecutions)* ≈ Fiscal General del Estado.

Dr ['dɒktə] *abbr (Doctor)* Doctor,-ra; *(abbreviation)* Dr., Dra.

drab [dræb] **1** *adj (colour)* pardo,-a. **2** *(dreary)* monótono,-a, gris.

draft [drɑːft] **1** *n (rough copy)* borrador *m*; *(sketch)* esbozo. **2** *(bill)* letra de cambio, giro. **3** US MIL servicio militar obligatorio. **4** US → **draught**. || **5** *vt (letter)* hacer un borrador de; *(plan)* redactar. **6** US MIL reclutar.

draftsman ['drɑːftsmən] *n* US → **draughtsman**.

drafty ['drɑːftɪ] *adj* US → **draughty**.

drag [dræg] **1** *n (act)* arrastre *m*. **2** *(resistance)* resistencia; *fig* estorbo. **3** *fam (bore)* lata, rollo. **4** *fam (puff)* calada, chupada. || **5** *vt (pull)* arrastrar. **6** *(trawl)* rastrear, dragar. || **7** *vi* arrastrarse. **8** *(go slowly)* rezagarse.

♦ **to drag on** *vi* prolongarse ♦ **to drag out** *vt* alargar, prolongar ♦ **to drag up** *vt fam (revive)* sacar a relucir.

● **in drag** vestido de mujer.

dragon ['drægn] *n* dragón *m*.

drain [dreɪn] **1** *n (pipe)* desagüe *m*; *(for sewage)* alcantarilla. **2** *fig* desgaste *m*, agotamiento: ***the boys are a drain on her*** los niños la dejan agotada. || **3** *vt (marsh)* drenar; *(lake)* desecar, avenar. **4** *(glass)* apurar; *(tank, radiator)* vaciar. **5** *(vegetables etc)* escurrir. || **6** *vi* escurrirse.

● **to go down the drain** echarse a perder, irse al traste.

drainpipe ['dreɪnpaɪp] *n* tubo de desagüe.

drama ['drɑːmə] **1** *n (play)* obra de teatro, drama *m*. **2** *(subject)* teatro. **3** *fig* drama.

dramatic [drə'mætɪk] **1** *adj* THEAT dramático,-a. **2** *(exciting)* emocionante. **3** *(sharp)* notable.

dramatist ['dræmətɪst] *n* dramaturgo, -a.

drank [dræŋk] *pt* → **drink**.

drape [dreɪp] **1** *vt* cubrir (with/in, con). **2** *(part of body)* dejar colgado,-a. || **3 drapes** *npl* US cortinas *fpl*.

drastic ['dræstɪk] *adj* drástico,-a.

draught [drɑːft] **1** *n* corriente *f* de aire. **2** *(drink)* trago. || **3 draughts** *npl* GB damas *fpl*.

● **on draught** a presión, de barril.

draughtsman ['drɑːftsmən] *n* delineante *mf*.

draw [drɔː] **1** *n (raffle)* sorteo. **2** *(score)* empate *m*. **3** *(attraction)* atracción *f*. || **4** *vt* (*pt* drew; *pp* drawn) *(picture)* dibujar; *(line, circle)* trazar. **5** *(pull)* arrastrar, tirar de. **6** *(curtains; open)* descorrer; *(close)* correr. **7** *(take out)* sacar; *(sword)* desenvainar. **8** *(salary)* cobrar; *(cheque)* girar, extender. **9** *(attract)* atraer. **10** *(breath)* aspirar. **11** *(conclusion)* sacar. || **12** *vi (sketch)* dibujar. **13** *(move)* moverse: ***the train drew into/out of the station*** el tren entró en/salió de la estación. **14** SP empatar. **15** *(chimney)* tirar.

♦ **to draw back 1** *vi* retroceder. **2** *vi (pull out)* echarse para atrás ♦ **to draw in** *vi* apartarse, echarse a un lado ♦ **to draw on** *vt* recurrir a ♦ **to draw out** *vt (lengthen)* alargar ♦ **to draw up 1** *vt (contract)* preparar; *(plan)* esbozar. **2** *vi (arrive)* llegar.

● **to draw apart** separarse (**from,** de); **to draw attention to** llamar la atención sobre; **to draw blood** hacer sangrar; **to draw near** acercarse; **the luck of the draw** *fig* toca a quien toca; **to draw the line** decir basta (**at,** a).

drawback ['drɔːbæk] *n* inconveniente *m*, desventaja.

drawbridge ['drɔːbrɪdʒ] *n* puente *m* levadizo.

drawer ['drɔːə] *n* cajón *m*.

drawing ['drɔːɪŋ] *n* dibujo.

■ **drawing pin** GB chincheta; **drawing room** sala de estar, salón *m*.

drawl [drɔːl] **1** *n* voz *f* cansina. || **2** *vi* hablar arrastrando las palabras.

drawn [drɔːn] **1** *pp* → **draw**. || **2** *adj (match)* empatado,-a. **3** *(face)* ojeroso, -a.

dread [dred] **1** *n* temor *m*, pavor *m*. || **2** *vt - vi* temer, tener pavor a.

dreadful ['dredfʊl] **1** *adj* terrible, espantoso,-a. **2** *fam* fatal, horrible.

dreadfully ['dredfʊlɪ] **1** *adv (horribly)* horriblemente, terriblemente. **2** *fam (very)* enormemente.

dream [driːm] **1** *n* sueño. **2** *(while awake)* ensueño. **3** *fam* maravilla. || **4** *vt - vi* (*pt & pp* dreamed *o* dreamt) soñar.

♦ **to dream up** *vt fam pej* inventarse.

dreamer ['driːmə] *n* soñador,-ra.

dreamt [dremt] *pt & pp* → **dream**.

dreary ['drɪərɪ] **1** *adj* triste, deprimente. **2** *fam* aburrido,-a.

dredge [dredʒ] *vt - vi* dragar, rastrear.

drench [drentʃ] *vt* mojar, empapar.

dress [dres] **1** *n (frock)* vestido. **2** *(clothing)* ropa, vestimenta. || **3** *vt* vestir. **4** *(wound)* vendar. **5** CULIN aderezar; *(salad)* aliñar. || **6** *vi* vestirse.

♦ **to dress down** *vt (scold)* regañar ♦ **to dress up 1** *vi (child)* disfrazarse (**as,** de); *(formal)* ponerse de tiros largos. **2** *vt fig* disfrazar.

■ **dress rehearsal** THEAT ensayo general.

dresser ['dresə] **1** *n* GB aparador *m*. **2** US tocador *m*.

dressing ['dresɪŋ] **1** *n (bandage)* vendaje *m*. **2** *(for salad)* aliño.

■ **dressing gown** batín *m*; **dressing table** tocador *m*.

drew [druː] *pt* → **draw**.

dribble ['drɪbl] **1** *n (of liquid)* gotas *fpl*, hilo. **2** *(of saliva)* baba. || **3** *vi (liquid)* gotear. **4** *(baby)* babear. || **5** *vt* dejar caer. **6** SP driblar.

drier ['draɪə] *n* → **dryer**.

drift [drɪft] **1** *n (flow)* flujo. **2** *(of snow)* ventisquero; *(of sand)* montón *m*. **3** *fig (meaning)* significado. || **4** *vi (snow etc)* amontonarse. **5** *(boat)* ir a la deriva. **6** *fig (person)* vagar.

drill [drɪl] **1** *n (tool)* taladro. **2** MIL instrucción *f*. **3** *(exercise)* ejercicio. **4** *(material)* dril *m*. **5** *(dentist's)* fresa. || **6** *vt* taladrar. **7** MIL instruir. || **8** *vi* taladrar. **9** MIL entrenarse.

drink [drɪŋk] **1** *n* bebida; *(alcoholic)* copa. || **2** *vt - vi* (*pt* drank; *pp* drunk) beber.

♦ **to drink in** *vt (scene etc)* apreciar.

● **to drink to STH/SB** brindar por algo/ALGN; **to have sth to drink** tomar algo.

drinking ['drɪŋkɪŋ] *n*.

■ **drinking fountain** fuente *f (de agua potable)*; **drinking water** agua potable.

drip [drɪp] **1** *n* goteo. **2** MED gota a gota *m inv*. **3** *fam (person)* soso,-a. || **4** *vi* gotear. || **5** *vt* dejar caer gota a gota.

drive [draɪv] **1** *n* paseo en coche. **2** *(road)* calle *f*; *(to house)* camino de entrada. **3** SP *(golf)* golpe *m* inicial; *(tennis)* golpe *m* fuerte. **4** *(energy)* energía, ímpetu *m*. **5** *(campaign)* campaña. **6** TECH transmisión *f*; AUTO tracción *f*. **7** COMPUT unidad *f* de disco. || **8** *vt* (*pt* drove; *pp* driven) *(vehicle)* conducir. **9** *(take)* llevar, acompañar: ***I'll drive you home*** te acompañaré a casa. **10** *(power)* impulsar. **11** *(force - cattle)* arrear; *(ball)* mandar. **12** *(strike in)* clavar. **13** *(make)* volver: ***you drive me mad*** me vuelves loco.

♦ **to drive at** *vt fam* insinuar.

drivel ['drɪvl] *n* tonterías *fpl*.

driven ['drɪvn] *pp* → **drive**.

driver ['draɪvə] **1** *n (of bus, car)* conductor,-ra. **2** *(of taxi)* taxista *mf*. **3** *(of lorry)* camionero,-a. **4** *(of racing car)* piloto *mf*.

driving ['draɪvɪŋ] *adj*.

■ **driving licence** carnet *m*, permiso de conducir; **driving school** autoescuela.

drizzle ['drɪzl] **1** *n* llovizna. || **2** *vi* lloviznar.

droll [drəʊl] *adj* gracioso,-a, curioso,-a.

dromedary ['drɒmədrɪ] *n* dromedario.

drone [drəʊn] **1** *n (bee)* zángano. **2** *(noise)* zumbido. || **3** *vi* zumbar.

drool [druːl] **1** *n* baba. || **2** *vi* babear.

droop [druːp] **1** *n* caída, inclinación *f*. || **2** *vi* inclinarse, caerse. **3** *(flower)* marchitarse.

drop [drɒp] **1** *n (of liquid)* gota. **2** *(sweet)* pastilla. **3** *(descent)* pendiente *f*, desnivel *m*. **4** *(fall)* caída. || **5** *vt* dejar caer: ***he dropped the glass*** se le cayó el vaso. **6** *fam (leave)* dejar. **7** *(abandon)* abandonar. **8** *(omit - in speaking)* comerse; *(- in writing)* omitir. **9** SP *(from team)* no seleccionar. **10** *(in knitting)* soltar. || **11** *vi (fall)* caerse. **12** *(voice, price, etc)* bajar, caer. **13** *(wind)* amainar.

♦ **to drop away** *vi* disminuir ♦ **to drop by/in/round** *vi* dejarse caer, pasar ♦ **to drop off 1** *vi fam* quedarse dormido,-a. **2** *vi (lessen)* disminuir ♦ **to drop out** *vi (of school)* dejar los estudios; *(match)* retirarse.

● **to drop sb a line** escribir cuatro líneas a algn.

dropper ['drɒpə] *n* cuentagotas *m inv*.

droppings ['drɒpɪŋz] *npl* excrementos *mpl*, cagadas *fpl*.

drought [draʊt] *n* sequía.

drove [drəʊv] **1** *pt* → **drive**. || **2** *n (of cattle)* manada. **3** *(of people)* multitud *f*.

drown [draʊn] **1** *vt* ahogar. **2** *(flood)* inundar. || **3** *vi* ahogarse.

drowse [draʊz] *vi* dormitar.

drowsiness ['draʊzɪnəs] *n* somnolencia.

drowsy ['draʊzɪ] *adj* somnoliento,-a, soñoliento,-a.

● **to feel drowsy** estar amodorrado, -a.

drug [drʌg] **1** *n (medicine)* medicamento, medicina. **2** *(narcotic)* droga, estupefaciente *m*, narcótico. || **3** *vt* drogar.

● **to be on/take drugs** drogarse.

■ **drug addict** drogadicto,-a; **drug pusher** traficante *mf* de drogas; **drug squad** brigada de estupefacientes.

drugstore ['drʌgstɔː] *n* US establecimiento donde se compran medicamentos, periódicos, etc.

drum [drʌm] **1** *n (musical instrument)* tambor *m*. **2** *(container)* bidón *m*. **3** *(part of machine)* tambor *m*. || **4** *vi (play drum)* tocar el tambor. **5** *(with fingers)* tamborilear. || **6 drums** *npl* batería *f sing*.

drummer ['drʌmə] *n (in band)* tambor *mf*; *(in pop group)* batería *mf*.

drumstick ['drʌmstɪk] **1** *n* MUS baqueta. **2** *(of turkey)* muslo.

drunk [drʌŋk] **1** *pp* → **drink**. || **2** *adj - n* borracho,-a.

● **to get drunk** emborracharse.

drunkard ['drʌŋkəd] *n* borracho,-a.

drunken ['drʌŋkn] *adj* borracho,-a.

dry [draɪ] **1** *adj* seco,-a. **2** *(dull)* aburrido,-a. || **3** *vt* secar. || **4** *vi* secarse.

dry-clean [draɪ'kliːn] *vt* limpiar en seco.

dryer ['draɪə] *n* secadora.

dryness ['draɪnəs] *n* sequedad *f*.

DSS ['diː'es'es] *abbr* GB (Department of Social Services) departamento de servicios sociales.

DTI ['diː'tiː'aɪ] *abbr* GB *(Department of Trade and Industry)* departamento de comercio e industria.

dual ['djuːəl] *adj* dual, doble.

■ **dual carriageway** autovía de doble calzada.

dub [dʌb] **1** *vt (subtitle)* doblar (**into**, a). **2** *(nickname)* apodar.

dubious ['djuːbɪəs] *adj* dudoso,-a.

Dublin ['dʌblɪn] *n* Dublín.

Dubliner ['dʌblɪnə] *n (person)* dublinés,-esa.

duchess ['dʌtʃəs] *n* duquesa.

duck [dʌk] **1** *n* pato,-a. **2** CULIN pato. || **3** *vt (lower)* agachar. **4** *(go under water)* zambullir. || **5** *vi (lower)* agacharse. **6** *(go under water)* zambullirse.

duckling ['dʌklɪŋ] *n* patito.

duct [dʌkt] *n* conducto.

dud [dʌd] **1** *adj fam (not working)* defectuoso,-a; *(useless)* inútil; *(battery)* sin carga. **2** *fam (fake)* falso,-a. || **3** *n (bomb etc) bomba que no estalla*. **4** *fam (useless thing)* birria, porquería.

due [djuː] **1** *adj* debido,-a. **2** *(payable)* pagadero,-a. **3** *(expected)* esperado,-a: ***I'm due for a rise*** me toca una subida de sueldo; ***she's due to arrive tomorrow*** está previsto que llegue mañana;

the train is due at five el tren debe llegar a las cinco. || **4** *n* merecido: ***to give sb his/her due*** dar a algn su merecido. || **5** *adv* derecho hacia. || **6 dues** *npl* cuota *f sing.*
● **in due course/time** a su debido tiempo; **to be due to** deberse a.
■ **due date** plazo, vencimiento.
duel ['dju:əl] **1** *n* duelo. || **2** *vi* batirse en duelo.
duet [dju:'et] *n* dúo.
duffle coat ['dʌflkəʊt] *n* trenca.
dug [dʌg] *pt & pp* → **dig**.
duke [dju:k] *n* duque *m*.
dull [dʌl] **1** *adj (not bright)* apagado,-a; *(weather)* gris. **2** *(sound)* sordo,-a. **3** *(slow)* torpe. **4** *(uninteresting)* monótono,-a, pesado,-a. || **5** *vt (pain)* aliviar; *(sound)* amortiguar.
duly ['dju:lɪ] **1** *adv (properly)* debidamente. **2** *(as expected)* como era de esperar.
dumb [dʌm] **1** *adj* mudo,-a. **2** *fam (stupid)* tonto,-a.
dumbfound [dʌm'faʊnd] *vt* dejar sin habla.
dumbfounded [dʌm'faʊndɪd] *adj* pasmado,-a.
dumbly ['dʌmlɪ] *adv* sin decir nada.
dummy ['dʌmɪ] **1** *n (sham)* imitación *f*. **2** *(model)* maniquí *m*. **3** GB *(for baby)* chupete *m*. **4** *fam* imbécil *mf*.
dump [dʌmp] **1** *n (tip)* vertedero; *(for cars)* cementerio de coches. **2** *fam pej (town)* poblacho; *(dwelling)* tugurio. || **3** *vt (tip)* verter; *(leave)* dejar. **4** COMPUT copiar de memoria interna.
● **down in the dumps** pocho,-a, depre.
dumpling ['dʌmplɪŋ] **1** *n (in stew)* bola de masa hervida para acompañar carnes etc. **2** *(as dessert)* tipo de budín relleno.
dumpy ['dʌmpɪ] *adj fam* rechoncho,-a.
dune [dju:n] *n* duna.
dung [dʌŋ] *n* estiércol *m*.
dungarees [dʌngə'ri:z] *n (child's)* pantalones *mpl* con peto; *(workman's)* mono.
dungeon ['dʌndʒən] *n* mazmorra.
duo ['dju:əʊ] *n* dúo.
dupe [dju:p] **1** *n* ingenuo,-a. || **2** *vt* embaucar.
duplicate ['dju:plɪkət] **1** *adj* duplicado,-a. || **2** *n* duplicado. || **3** *vt* (['dju:plɪkeɪt]) duplicar.
durable ['djuərəbl] *adj* duradero,-a.
duration [djʊə'reɪʃn] *n* duración *f*.
during ['djʊərɪŋ] *prep* durante.
dusk [dʌsk] *n* anochecer *m*.
dust [dʌst] **1** *n* polvo. || **2** *vt* desempolvar, quitar el polvo a. **3** *(sprinkle)* espolvorear.
dustbin ['dʌstbɪn] *n* GB cubo de la basura.
duster ['dʌstə] **1** *n* paño, trapo. **2** *(for blackboard)* borrador *m*.
dustman ['dʌstmən] *n* GB basurero.
dustpan ['dʌstpæn] *n* recogedor *m*.
dusty ['dʌstɪ] *adj* polvoriento,-a, lleno,-a de polvo.
Dutch [dʌtʃ] **1** *adj* holandés,-esa, neerlandés,-esa. || **2** *n (language)* holandés *m*. || **3 the Dutch** *npl* los holandeses.
■ **Dutch cap** diafragma *m*.
duty ['dju:tɪ] **1** *n* deber *m*, obligación *f*. **2** *(task)* cometido. **3** *(tax)* impuesto. **4** *(availability)* guardia.
● **to be on/off duty** estar/no estar de servicio/guardia; **to do one's duty** cumplir con su deber.
duty-free ['dju:tɪfri:] **1** *adj* libre de impuestos. || **2** *adv* sin pagar impuestos. || **3** *n* duty-free *m*.
duvet ['du:veɪ] *n* edredón *m*.
DVD [di:'vi:'di:] *abbr (*Digital Versatile Disk*)* DVD.
dwarf [dwɔ:f] **1** *n* enano,-a. || **2** *vt* achicar.
dwell [dwel] *vi* (*pt & pp* dwelt) *fml* habitar, morar.
♦ **to dwell on/upon** *vt* insistir en.
dwelling ['dwelɪŋ] *n* morada.
dwelt [dwelt] *pt & pp* → **dwell**.
dwindle ['dwɪndl] *vi* menguar, disminuir.

dye [daɪ] **1** *n* tinte *m*, colorante *m*. ‖ **2** *vt* teñir. ‖ **3** *vi* teñirse.
dyke [daɪk] **1** *n (bank)* dique *m*, barrera. **2** *(causeway)* terraplén *m*. **3** *sl pej (lesbian)* tortillera.
dynamic [daɪ'næmɪk] *adj* dinámico,-a.
dynamics [daɪ'næmɪks] *n* dinámica.
dynamite ['daɪnəmaɪt] *n* dinamita.
dynamo ['daɪnəməʊ] *n* dinamo *f*.
dynasty ['dɪnəstɪ] *n* dinastía.
dysentery ['dɪsntrɪ] *n* disentería.
dyslexia [dɪs'leksɪə] *n* dislexia.

E

E [iːst] *abbr (*east*)* este *m*; *(abbreviation)* E.
each [iːtʃ] **1** *adj* cada: ***each day*** cada día, todos los días. ‖ **2** *pron* cada uno,-a: ***each with his wife*** cada uno con su esposa. ‖ **3** *adv* cada uno,-a: ***the apples cost 15p each*** las manzanas van a 15 peniques cada una.
● **each other** el/la uno,-a al/a la otro,-a: ***we love each other*** nos queremos.
eager ['iːgə] *adj* ávido,-a, ansioso,-a, impaciente.
eagerly ['iːgəlɪ] *adv* con impaciencia, con afán.
eagle ['iːgl] *n* águila.
ear [ɪə] **1** *n* oreja. **2** *(sense)* oído. **3** *(of corn)* espiga.
ear-ache ['ɪəreɪk] *n* dolor *m* de oídos.
eardrum ['ɪədrʌm] *n* tímpano.
early ['ɜːlɪ] **1** *adj* temprano,-a: ***early in the morning/afternoon*** a primera hora de la mañana/tarde. ‖ **2** *adv* temprano.
● **in the early morning** de madrugada.
earmark ['ɪəmɑːk] *vt* destinar (**for**, a).
earn [ɜːn] **1** *vt (gen)* ganar. **2** *(interest)* devengar.
earnest ['ɜːnɪst] *adj* serio,-a, formal.
● **in earnest** en serio.
earningse ['ɜːnɪŋz] *npl* ingresos *mpl*.
earphones ['ɪəfəʊnz] *npl* auriculares *mpl*.
earplug ['ɪəplʌg] *n* tapón *m* (para los oídos).
earring ['ɪərɪŋ] *n* pendiente *m*.
earth [ɜːθ] **1** *n* tierra. **2** *(fox's)* madriguera.
● **what/where on earth ...?** ¿qué/dónde demonios ...?
earthly ['ɜːθlɪ] *adj* terrenal.
● **not to have an earthly (chance)** no tener la más mínima posibilidad.
earthquake ['ɜːθkweɪk] *n* terremoto.
earthworm ['ɜːθwɜːm] *n* lombriz *f*.
earwig ['ɪəwɪg] *n* tijereta.
ease [iːz] **1** *n (lack of difficulty)* facilidad *f*. **2** *(lack of worry)* tranquilidad *f*. **3** *(comfort)* comodidad *f*. ‖ **4** *vt (pain)* aliviar. ‖ **5** *vi (tension)* disminuir.
♦ **to ease off** *vi* disminuir.
● **at ease** relajado,-a; **to set sb's mind at ease** tranquilizar a algn.
easel ['iːzl] *n* caballete *m*.
easily ['iːzɪlɪ] **1** *adv* fácilmente. **2** *(by a long way)* con mucho.
east [iːst] **1** *n* este *m*, oriente *m*. ‖ **2** *adj* oriental, (del) este. ‖ **3** *adv* hacia el este.
Easter ['iːstə] **1** *n* REL Pascua (de Resurrección). **2** *(holiday)* Semana Santa.
easterly ['iːstəlɪ] **1** *adj (to the east)* al este, hacia el este. **2** *(from the east)* del este.
eastern ['iːstn] *adj* oriental.
eastward ['iːstwəd] *adj* hacia el este.
eastwards ['iːstwədz] *adv* hacia el este.
easy ['iːzɪ] **1** *adj* fácil, sencillo,-a. **2** *(comfortable)* cómodo,-a, holgado,-a.
● **take it easy!** ¡tranquilo,-a!; **to take things easy** tomar las cosas con calma; **I'm easy** *fam* me es igual.
■ **easy chair** sillón *m*; **easy terms** facilidades *fpl* de pago.
easy-going ['iːzɪgəʊɪŋ] *adj* calmado,-a, tranquilo,-a.

eat [iːt] *vt* - *vi* (*pt* ate; *pp* eaten) comer.
♦ **to eat away** *vt* desgastar; *(metal)* corroer ♦ **to eat into** *vt fig* consumir ♦ **to eat out** *vi* comer fuera ♦ **to eat up** *vt* comerse *(todo)*.
eaten ['iːtn] *pp* → **eat**.
eavesdrop ['iːvzdrɒp] *vi* escuchar a escondidas.
ebb [eb] **1** *n* reflujo. || **2** *vi* bajar, menguar.
● **at a low ebb** en un punto bajo.
■ **ebb and flow** flujo y reflujo; **ebb-tide** marea menguante.
ebony ['ebənɪ] *n* ébano.
eccentric [ɪk'sentrɪk] *adj* - *n* excéntrico,-a.
echo ['ekəʊ] **1** *n* eco. || **2** *vt* repetir. || **3** *vi* hacer eco, resonar.
eclipse [ɪ'klɪps] **1** *n* eclipse *m*. || **2** *vt* eclipsar.
ecological [iːkə'lɒdʒɪkl] *adj* ecológico,-a.
ecologist [ɪ'kɒlədʒɪst] *n* ecólogo,-a, ecologista *mf*.
ecology [ɪ'kɒlədʒɪ] *n* ecología.
economic [iːkə'nɒmɪk] **1** *adj* económico,-a. **2** *(profitable)* rentable.
economical [iːkə'nɒmɪkl] *adj* barato, -a, económico,-a.
economics [iːkə'nɒmɪks] *n* economía, ciencias *fpl* económicas.
economist [ɪ'kɒnəmɪst] *n* economista *mf*.
economize [iː'kɒnəmaɪz] *vi* economizar, ahorrar.
economy [ɪ'kɒnəmɪ] *n* economía.
ecosystem ['iːkɒsɪstɪm] *n* ecosistema *m*.
ecstasy ['ekstəsɪ] *n* éxtasis *m inv*.
Ecuador ['ekwədɔː] *n* Ecuador *m*.
Ecuadorian [ekwə'dɔːrɪən] *adj* - *n* ecuatoriano,-a.
eczema ['eksɪmə] *n* eccema *m*.
edge [edʒ] **1** *n* borde *m*. **2** *(of coin, step, etc)* canto. **3** *(of knife)* filo. **4** *(of water)* orilla. **5** *(of town)* afueras *fpl*. || **6** *vt* ribetear.
♦ **to edge forward** *vi* avanzar lentamente.
● **on edge** impaciente; **to have the edge on/over sb** llevar ventaja a algn.
edgy ['edʒɪ] *adj* nervioso,-a.
edible ['edɪbl] *adj* comestible.
edict ['iːdɪkt] *n* edicto.
Edinburgh ['edɪnbrə] *n* Edimburgo.
edit ['edɪt] **1** *vt (prepare for printing)* preparar para la imprenta. **2** *(correct)* corregir. **3** *(newspaper etc)* dirigir. **4** CINEM TV montar, editar; *(cut)* cortar.
edition [ɪ'dɪʃn] *n* edición *f*.
editor ['edɪtə] **1** *n (of book)* editor,-ra; *(writer)* redactor,-ra. **2** *(of newspaper etc)* director,-ra. **3** CINEM TV montador,-ra.
editorial [edɪ'tɔːrɪəl] **1** *adj* editorial. || **2** *n* editorial *m*.
■ **editorial staff** redacción *f*.
educate ['edjʊkeɪt] *vt* educar.
educated ['edjʊkeɪtɪd] *adj* culto,-a.
education [edjʊ'keɪʃn] **1** *n (gen)* educación *f*. **2** *(instruction)* enseñanza. **3** *(studies)* estudios *mpl*. **4** *(field of study)* pedagogía.
educational [edjʊ'keɪʃnəl] *adj* educativo,-a.
eel [iːl] *n* anguila.
eerie ['ɪərɪ] *adj* misterioso,-a.
effect [ɪ'fekt] **1** *n* efecto. || **2** *vt* efectuar. || **3 effects** *npl (property)* efectos *mpl*.
● **in effect** de hecho; **to come into effect** entrar en vigor; **to take effect** *(drug etc)* surtir efecto, hacer efecto; *(law)* entrar en vigor: ***to the effect that*** en el sentido de que.
effective [ɪ'fektɪv] **1** *adj* eficaz. **2** *(real)* efectivo,-a. **3** *(impressive)* impresionante.
effeminate [ɪ'femɪnət] *adj* afeminado,-a.
effervescent [efə'vesnt] *adj* efervescente.
efficiency [ɪ'fɪʃənsɪ] **1** *n (of person)* eficiencia, competencia. **2** *(of product)* eficacia. **3** *(of machine)* rendimiento.

efficient [ɪ'fɪʃnt] **1** *adj (person)* eficiente, competente. **2** *(product)* eficaz. **3** *(machine)* de buen rendimiento.
effort ['efət] **1** *n* esfuerzo. **2** *(attempt)* intento.
EFL ['iː'ef'el] *abbr (*English as a foreign language*)* inglés como idioma extranjero.
egg [eg] *n* huevo.
♦ **to egg on** *vt* animar.
■ **boiled egg** huevo pasado por agua; **egg cup** huevera; **fried egg** huevo frito; **hard-boiled egg** huevo duro.
eggplant ['egplɑːnt] *n* berenjena.
ego ['iːgəʊ] **1** *n (in psychology)* yo. **2** *fam* amor *m* propio.
egocentric [iːgəʊ'sentrɪk] *adj* egocéntrico,-a.
egoism ['iːgəʊɪzm] *n* egoísmo.
egoist ['iːgəʊɪst] *n* egoísta *mf.*
Egypt ['iːdʒɪpt] *n* Egipto.
Egyptian [ɪ'dʒɪpʃn] **1** *adj* egipcio,-a. ‖ **2** *n (person)* egipcio,-a; *(language)* egipcio.
eiderdown ['aɪdədaʊn] *n* edredón *m*.
eight [eɪt] *num* ocho.
eighteen [eɪ'tiːn] *num* dieciocho.
eighteenth [eɪ'tiːnθ] **1** *adj* decimoctavo,-a. ‖ **2** *n (fraction)* decimoctavo, decimoctava parte *f*; *(in dates)* dieciocho.
eighth [eɪtθ] **1** *adj* octavo,-a. ‖ **2** *n (fraction)* octavo, octava parte *f*; *(in dates)* ocho.
eightieth ['eɪtɪɪθ] **1** *adj* octogésimo,-a. ‖ **2** *n (fraction)* octogésimo, octogésima parte *f.*
eighty ['eɪtɪ] *num* ochenta.
Eire ['eərə] *n* Eire *m*, Irlanda.
either ['aɪðə, 'iːðə] **1** *adj (affirmative)* cualquiera: ***either of them*** cualquiera de los dos. **2** *(negative)* ni el uno/la una ni el otro/la otra, ninguno,-a: ***I don't like either of them*** no me gusta ninguno de los dos. **3** cada, los/las dos, ambos,-as: ***with a gun in either hand*** con una pistola en cada mano. ‖ **4** *conj* o: ***either red or green*** o rojo o verde. ‖ **5** *adv* tampoco: ***Ann didn't come either*** tampoco vino Ana.
eject [iː'dʒekt] **1** *vt (throw out)* expulsar. ‖ **2** *vi (from plane)* eyectar, eyectarse.
El Salvador [el'sælvədɔː] *n* El Salvador.
elaborate [ɪ'læbərət] **1** *adj (detailed)* detallado,-a. **2** *(complex)* complicado, -a. ‖ **3** *vt* ([ɪ'læbəreɪt]) *(embellish)* adornar. ‖ **4** *vi (say more)* extenderse.
elastic [ɪ'læstɪk] **1** *adj* elástico,-a. ‖ **2** *n* elástico.
■ **elastic band** goma elástica.
elbow ['elbəʊ] **1** *n* codo. **2** *(bend)* recodo. ‖ **3** *vt* dar un codazo a.
elder ['eldə] **1** *adj* mayor. ‖ **2** *n* mayor *m*. **3** BOT saúco.
elderly ['eldəlɪ] *adj* mayor, anciano,-a.
eldest ['eldɪst] *adj* mayor.
elect [ɪ'lekt] **1** *adj* electo,-a. ‖ **2** *vt* elegir.
election [ɪ'lekʃn] *n* elección *f.*
electorate [ɪ'lektərət] *n* electorado.
electric [ɪ'lektrɪk] **1** *adj* eléctrico,-a. **2** *fig* electrizante.
■ **electric chair** silla eléctrica; **electric shock** electrochoque *m*, descarga eléctrica.
electrical [ɪ'lektrɪkl] *adj* eléctrico,-a.
■ **electrical appliance** electrodoméstico.
electrician [ɪlek'trɪʃn] *n* electricista *mf.*
electricity [ɪlek'trɪsɪtɪ] *n* electricidad *f.*
electrocute [ɪ'lektrəkjuːt] *vt* electrocutar.
electrode [ɪ'lektrəʊd] *n* electrodo.
electron [ɪ'lektrɒn] *n* electrón *m*.
electronic [ɪlek'trɒnɪk] *adj* electrónico,-a.
■ **electronic mail** correo electrónico.
electronics [ɪlek'trɒnɪks] *n* electrónica.
elegance ['elɪgəns] *n* elegancia.
elegant ['elɪgənt] *adj* elegante.
element ['elɪmənt] **1** *n (gen)* elemento. **2** *(component)* componente *m*. **3** ELEC resistencia. ‖ **4 elements** *npl (base)* fundamentos *mpl.*
elementary [elɪ'mentərɪ] *adj* elemental.
■ **elementary education** enseñanza primaria.

elephant ['elɪfənt] *n* elefante *m*.
elevate ['elɪveɪt] **1** *vt* elevar. **2** *(in rank)* ascender.
elevation [elɪ'veɪʃn] **1** *n* elevación *f*. **2** *(in rank)* ascenso. **3** *(height)* altitud *f*.
elevator ['elɪveɪtə] **1** *n* US ascensor *m*. **2** GB escalera mecánica.
eleven [ɪ'levn] **1** *num* once. || **2** *n* SP equipo, once *m*.
eleventh [ɪ'levnθ] **1** *adj* undécimo,-a. || **2** *n (fraction)* onceavo, onceava parte *f*; *(in dates)* once.
elicit [ɪ'lɪsɪt] *vt* sonsacar, obtener.
eligible ['elɪdʒəbl] *adj* elegible.
eliminate [ɪ'lɪmɪneɪt] *vt* eliminar.
elk [elk] *n* alce *m*.
elm [elm] *n* olmo.
eloquent ['eləkwənt] *adj* elocuente.
else [els] *adv* más: ***anything else?*** ¿algo más?; ***nobody else*** nadie más; ***someone else*** otra persona más.
• **or else** si no: ***behave yourself or else*** pórtate bien, si no (ya verás).
elsewhere [els'weə] *adv* en otro sitio.
elude [ɪ'luːd] *vt* eludir.
e-mail ['iːmeɪl] **1** *n* correo electrónico. || **2** *vt (person)* enviar un correo electrónico a; *(file)* enviar por correo electrónico.
■ **e-mail address** dirección *f* de correo electrónico.
embankment [ɪm'bæŋkmənt] **1** *n* terraplén *m*. **2** *(river bank)* dique *m*.
embargo [em'bɑːgəʊ] **1** *n* embargo. || **2** *vt (prohibit)* prohibir. **3** *(seize)* embargar.
embark [ɪm'bɑːk] **1** *vt* embarcar. || **2** *vi* embarcarse.
• **to embark on sth** emprender algo.
embarrass [ɪm'bærəs] *vt* avergonzar.
• **to be embarrassed** sentir vergüenza.
embarrassing [ɪm'bærəsɪŋ] *adj* embarazoso,-a, violento,-a.
embarrassment [ɪm'bærəsmənt] **1** *n (state)* vergüenza, desconcierto. **2** *(object)* molestia, estorbo.
embassy ['embəsɪ] *n* embajada.
ember ['embə] *n* ascua, rescoldo.
embrace [ɪm'breɪs] **1** *n* abrazo. || **2** *vt* abrazar. || **3** *vi* abrazarse. || **4** *vt (include)* abarcar. **5** *(religion etc)* abrazar.
embroider [ɪm'brɔɪdə] **1** *vt* bordar. **2** *fig* adornar.
embroidery [ɪm'brɔɪdərɪ] **1** *n* bordado. **2** *fig* adorno.
embryo ['embrɪəʊ] *n* embrión *m*.
embryonic [embrɪ'ɒnɪk] *adj* embrionario,-a.
emerald ['emərəld] **1** *n (stone)* esmeralda. **2** *(colour)* esmeralda *m*. || **3** *adj* de color esmeralda.
emerge [ɪ'mɜːdʒ] *vi* emerger, aparecer: ***it emerged that ...*** resultó que ....
emergency [ɪ'mɜːdʒənsɪ] **1** *n* emergencia. **2** MED urgencia.
■ **emergency exit** salida de emergencia.
emery ['emərɪ] *n* esmeril *m*.
■ **emery board** lima de uñas.
emigrate ['emɪgreɪt] *vi* emigrar.
emigration [emɪ'greɪʃn] *n* emigración *f*.
eminence ['emɪnəns] *n* eminencia.
emirate ['emɪrət] *n* emirato.
■ **United Arab Emirates** Emiratos Árabes Unidos.
emission [ɪ'mɪʃn] *n* emisión *f*.
emit [ɪ'mɪt] *vt* emitir.
emotion [ɪ'məʊʃn] *n* emoción *f*.
emotional [ɪ'məʊʃənl] **1** *adj* emocional. **2** *(moving)* emotivo,-a.
emperor ['empərə] *n* emperador *m*.
emphasis ['emfəsɪs] *n* énfasis *m inv*.
• **to place emphasis on** hacer hincapié en.
emphasize ['emfəsaɪz] *vt* enfatizar, hacer hincapié en, subrayar.
emphatic [em'fætɪk] *adj* enfático,-a, enérgico,-a.
empire ['empaɪə] *n* imperio.
employ [ɪm'plɔɪ] **1** *n* empleo. || **2** *vt* emplear.
employee [em'plɔɪiː, emplɔɪ'iː] *n* empleado,-a.
employer [em'plɔɪə] *n* patrón,-ona.

employment [em'plɔɪmənt] *n* empleo.
empress ['emprəs] *n* emperatriz *f*.
emptiness ['emptɪnəs] *n* vacío.
empty ['emptɪ] **1** *adj* vacío,-a. || **2** *vt* vaciar. || **3** *vi* vaciarse.
enable [ɪ'neɪbl] *vt* permitir.
enact [ɪ'nækt] **1** *vt (law)* promulgar. **2** *(play)* representar.
enamel [ɪ'næml] **1** *n* esmalte *m*. || **2** *vt* esmaltar.
enchanting [ɪn'tʃɑːntɪŋ] *adj* encantador,-ra.
enchantment [ɪn'tʃɑːntmənt] *n* encanto, hechizo.
encircle [ɪn'sɜːkl] *vt* rodear, cercar.
enclose [ɪn'kləʊz] **1** *vt* cercar, rodear. **2** *(with letter)* adjuntar.
enclosure [ɪn'kləʊʒə] **1** *n (area)* cercado. **2** *(with letter)* anexo.
encore ['ɒŋkɔː] **1** *interj* ¡otra! || **2** *n* repetición *f*.
encounter [ɪn'kaʊntə] **1** *n* encuentro. || **2** *vt* encontrar, encontrarse con.
encourage [ɪn'kʌrɪdʒ] **1** *vt (cheer)* animar. **2** *(develop)* fomentar.
encouragement [ɪn'kʌrɪdʒmənt] **1** *n* aliento, ánimo. **2** *(development)* fomento.
encouraging [ɪn'kʌrɪdʒɪŋ] **1** *adj* alentador,-ra. **2** *(promising)* prometedor, -ra.
encyclopaedia [ensaɪkləʊ'piːdjə] *n* enciclopedia.
end [end] **1** *n (of rope)* cabo; *(of street)* final *m*; *(of table)* extremo; *(point)* punta. **2** *(time)* fin *m*, final *m*, conclusión *f*. **3** *(aim)* objeto, objetivo. || **4** *vt* acabar. || **5** *vi* acabarse, terminarse.
♦ **to end up** *vi* acabar, terminar.
● **at the end of** al final de; **in the end** al fin; **to come to an end** acabarse.
endanger [ɪn'deɪndʒə] *vt* poner en peligro.
endearing [ɪn'dɪərɪŋ] *adj* simpático,-a.
endeavour [ɪn'devə] **1** *n* esfuerzo, empeño. || **2** *vi* esforzarse.
ending ['endɪŋ] **1** *n* final *m*. **2** GRAM terminación *f*.
endive ['endaɪv] *n* endibia.
endless ['endləs] *adj* sin fin, interminable.
endorse [ɪn'dɔːs] **1** *vt* endosar. **2** *(approve)* aprobar.
endow [ɪn'daʊ] *vt* dotar.
endurance [ɪn'djʊərəns] *n* resistencia, aguante *m*.
endure [ɪn'djʊə] **1** *vt* soportar, resistir. || **2** *vi* durar.
enemy ['enəmɪ] *n* enemigo,-a.
energetic [enə'dʒetɪk] *adj* enérgico,-a.
energy ['enədʒɪ] *n* energía.
enforce [ɪn'fɔːs] *vt (law)* hacer cumplir.
engage [ɪn'geɪdʒ] **1** *vt (hire)* contratar. **2** *(attention)* atraer. **3** TECH engranar con.
● **to engage sb in conversation** entablar conversación con algn.
engaged [ɪn'geɪdʒd] **1** *adj (to be married)* prometido,-a. **2** *(busy)* ocupado, -a; *(phone)* comunicando.
● **to get engaged** prometerse.
engagement [ɪn'geɪdʒmənt] **1** *n (to be married)* petición *f* de mano; *(period)* noviazgo. **2** *(appointment)* compromiso, cita. **3** MIL combate *m*.
engine ['endʒɪn] **1** *n* motor *m*. **2** *(of train)* máquina, locomotora.
■ **engine driver** maquinista *mf*; **engine room** sala de máquinas.
engineer [endʒɪ'nɪə] **1** *n* ingeniero,-a. **2** US maquinista *mf*. || **3** *vt fig* maquinar.
engineering [endʒɪ'nɪərɪŋ] *n* ingeniería.
England ['ɪŋglənd] *n* Inglaterra.
English ['ɪŋglɪʃ] **1** *adj* inglés,-esa. || **2** *n (language)* inglés *m*. || **3** the English *npl* los ingleses *mpl*.
■ **English Channel** Canal *m* de la Mancha.
Englishman ['ɪŋglɪʃmən] *n* (*pl* Englishmen) inglés *m*.
Englishwoman ['ɪŋglɪʃwʊmən] *n* (*pl* Englishwomen) inglesa.
engrave [ɪn'greɪv] *vt* grabar.
engrossed [ɪn'grəʊst] *adj* absorto,-a.

engulf [ɪn'gʌlf] *vt* sumergir, sumir.
enhance [ɪn'hɑːns] *vt* realzar.
enigma [ɪ'nɪgmə] *n* enigma *m*.
enigmatic [enɪg'mætɪk] *adj* enigmático,-a.
enjoy [ɪn'dʒɔɪ] *vt* gozar de, disfrutar de: ***did you enjoy the show?*** ¿te gustó el espectáculo?
● **to enjoy oneself** divertirse, pasarlo bien.
enjoyable [ɪn'dʒɔɪəbl] *adj* agradable.
enjoyment [ɪn'dʒɔɪmənt] *n* placer *m*, gusto, goce *m*, disfrute *m*.
enlarge [ɪn'lɑːdʒ] **1** *vt (gen)* aumentar; *(photograph)* ampliar. || **2** *vi* aumentarse, ampliarse.
♦ **to enlarge upon** *vt* extenderse sobre.
enlargement [ɪn'lɑːdʒmənt] *n (photograph)* ampliación *f*.
enlighten [ɪn'laɪtn] *vt* iluminar.
● **to enlighten sb on sth** aclararle algo a algn.
enlist [ɪn'lɪst] **1** *vt* MIL alistar. || **2** *vi* MIL alistarse.
enormous [ɪ'nɔːməs] *adj* enorme.
enough [ɪ'nʌf] **1** *adj* bastante, suficiente. || **2** *adv* bastante. || **3** *n* lo suficiente.
enquire [ɪŋ'kwaɪə] **1** *vi* preguntar. **2** JUR investigar.
enquiry [ɪŋ'kwaɪərɪ] **1** *n* pregunta. **2** JUR investigación *f*.
● **to make an enquiry** preguntar.
enrage [ɪn'reɪdʒ] *vt* enfurecer.
enrich [ɪn'rɪtʃ] *vt* enriquecer.
enrol [ɪn'rəʊl] **1** *vt* matricular. || **2** *vi* matricularse, inscribirse.
enrolment [ɪn'rəʊlmənt] *n* matrícula, inscripción *f*.
ensue [ɪn'sjuː] **1** *vi* seguir. **2** *(result)* resultar.
ensure [ɪn'ʃʊə] *vt* asegurar.
entail [ɪn'teɪl] **1** *vt* suponer, implicar, acarrear. **2** JUR vincular.
entangle [ɪn'tæŋgl] *vt* enredar, enmarañar.
enter ['entə] **1** *vt (gen)* entrar en. **2** *(join)* ingresar en; *(competition)* inscribirse a. **3** *(write down)* anotar, apuntar. **4** COMPUT dar entrada a. || **5** *vi* entrar.
♦ **to enter into 1** *vt (negotiations)* iniciar. **2** *vt (contract)* firmar. **3** *vt (conversation)* entablar.
enterprise ['entəpraɪz] **1** *n* empresa. **2** *(spirit)* energía, iniciativa, espíritu *m* emprendedor.
entertain [entə'teɪn] **1** *vt (amuse)* entretener, divertir. **2** *(act as host)* agasajar. **3** *(consider)* considerar.
entertainer [entə'teɪnə] *n* artista *mf*.
entertaining [entə'teɪnɪŋ] *adj* divertido,-a.
entertainment [entə'teɪnmənt] **1** *n (amusement)* entretenimiento, diversión *f*. **2** THEAT espectáculo.
enthral [ɪn'θrɔːl] *vt* cautivar.
enthralling [ɪn'θrɔːlɪŋ] *adj* cautivador,-ra.
enthusiasm [ɪn'θjuːzɪæzm] *n* entusiasmo.
enthusiast [ɪn'θjuːzɪæst] *n* entusiasta *mf*.
enthusiastic [ɪnθjuːzɪ'æstɪk] **1** *adj* entusiástico,-a. **2** *(person)* entusiasta.
enthusiastically [ɪnθjuːzɪ'æstɪklɪ] *adv* con entusiasmo.
entice [ɪn'taɪs] *vt* atraer.
entire [ɪn'taɪə] *adj* entero,-a, completo,-a, íntegro,-a.
entirely [ɪn'aɪəlɪ] *adv* completamente, totalmente.
entitle [ɪn'taɪtl] *vt* dar derecho a.
● **to be entitled** *(book)* titularse; *(person)* tener derecho (**to,** a).
entity ['entɪtɪ] *n* entidad *f*.
entrails ['entreɪlz] *npl* entrañas *fpl*, vísceras *fpl*.
entrance ['entrəns] **1** *n* entrada. **2** THEAT entrada en escena. || **3** *vt* ([en'trɑːns]) encantar, hechizar.
● **"No entrance"** "Se prohíbe la entrada".
■ **entrance examination** examen *m* de ingreso.
entrant ['entrənt] *n* participante *mf*.

entrepreneur [ɒntrəprəˈnɜː] *n* empresario,-a.
entrust [ɪnˈtrʌst] *vt* confiar.
entry [ˈentrɪ] **1** *n* entrada. **2** *(competition)* participante *mf*.
● **"No entry"** "Prohibida la entrada".
enunciate [ɪˈnʌnsɪeɪt] **1** *vt* pronunciar. **2** *(express)* expresar.
envelop [ɪnˈveləp] *vt* envolver.
envelope [ˈenvələʊp] *n* sobre *m*.
envious [ˈenvɪəs] *adj* envidioso,-a.
environment [ɪnˈvaɪrənmənt] **1** *n* medio ambiente *m*. **2** *fig* contexto.
environmental [envaɪrənˈmentl] *adj* medioambiental.
envisage [ɪnˈvɪzɪdʒ] **1** *vt* prever. **2** *(imagine)* concebir.
envoy [ˈenvɔɪ] *n* enviado,-a.
envy [ˈenvɪ] **1** *n* envidia. ‖ **2** *vt* envidiar.
enzyme [ˈenzaɪm] *n* enzima *m & f*.
ephemeral [ɪˈfemərəl] *adj* efímero,-a.
epic [ˈepɪk] **1** *adj* épico,-a. ‖ **2** *n* epopeya.
epidemic [epɪˈdemɪk] *n* epidemia.
epilepsy [ˈepɪlepsɪ] *n* epilepsia.
epileptic [epɪˈleptɪk] *adj* - *n* epiléptico,-a.
episode [ˈepɪsəʊd] *n* episodio.
epitaph [ˈepɪtɑːf] *n* epitafio.
epoch [ˈiːpɒk] *n* época.
equal [ˈiːkwəl] **1** *adj* igual. ‖ **2** *n* igual *mf*. ‖ **3** *vt* MATH ser igual a, equivaler a. **4** *(match)* igualar.
● **all things being equal** en igualdad de circunstancias; **to be equal to** *(occasion)* estar a la altura de; *(task)* sentirse con fuerzas para.
■ **equal rights** igualdad de derechos.
equality [ɪːˈkwɒlɪtɪ] *n* igualdad *f*.
equalize [ˈiːkwəlaɪz] *vi* SP igualar el marcador.
equally [ˈiːkwəlɪ] *adv* igualmente, por igual.
equate [ɪˈkweɪt] *vt* equiparar.
equation [ɪˈkweɪʒn] *n* ecuación *f*.
equator [ɪˈkweɪtə] *n* ecuador *m*.
equilibrium [iːkwɪˈlɪbrɪəm] *n* equilibrio.
equip [ɪˈkwɪp] *vt* equipar.
equipment [ɪˈkwɪpmənt] **1** *n* equipo. **2** *(act of equipping)* equipamiento.
equitable [ˈekwɪtəbl] *adj* equitativo,-a.
equivalence [ɪˈkwɪvələns] *n* equivalencia.
equivalent [ɪˈkwɪvələnt] **1** *adj* equivalente. ‖ **2** *n* equivalente *m*.
● **to be equivalent to** equivaler a.
era [ˈɪərə] *n* era.
eradicate [ɪˈrædɪkeɪt] *vt* erradicar, extirpar, desarraigar.
erase [ɪˈreɪz] *vt* borrar.
eraser [ɪˈreɪzə] *n* goma de borrar; *(blackboard)* borrador.
erect [ɪˈrekt] **1** *adj* derecho,-a, erguido,-a. **2** *(penis)* erecto,-a. ‖ **3** *vt* levantar, erigir.
erection [ɪˈrekʃn] **1** *n (penis)* erección *f*. **2** *(building)* construcción *f*.
erode [ɪˈrəʊd] **1** *vt (rock)* erosionar. **2** *(metal)* corroer, desgastar. **3** *fig (power)* mermar.
erosion [ɪˈrəʊʒn] **1** *n (of rock)* erosión *f*. **2** *(of metal)* corrosión *f*, desgaste *m*.
erotic [ɪˈrɒtɪk] *adj* erótico,-a.
errand [ˈerənd] *n* encargo, recado.
erratic [ɪˈrætɪk] *adj* irregular, inconstante.
error [ˈerə] *n* error *m*.
erupt [ɪˈrʌpt] **1** *vi (volcano)* entrar en erupción. **2** *(violence)* estallar.
eruption [ɪˈrʌpʃn] **1** *n (volcano)* erupción *f*. **2** *(violence)* estallido. **3** MED erupción *f*.
escalate [ˈeskəleɪt] **1** *vi (war)* intensificarse. **2** *(prices)* aumentar.
escalation [eskəˈleɪʃn] **1** *n (war)* escalada. **2** *(prices)* subida, aumento.
escalator [ˈeskəleɪtə] *n* escalera mecánica.
escapade [eskəˈpeɪd] *n* aventura.
escape [ɪˈskeɪp] **1** *n* fuga, huida. **2** *(gas)* fuga, escape *m*. ‖ **3** *vi* escaparse, fugarse, huir. **4** *(gas)* escapar. ‖ **5** *vt (avoid)* evitar, librarse de.
● **to make one's escape** escaparse.
escort [eˈskɔːt] **1** *n* acompañante *mf*. **2**

MIL escolta. || **3** *vt* ([ɪ'skɔːt]) acompañar. **4** MIL escoltar.
ESP ['iː'es'piː] **1** *abbr (*extrasensory perception*)* percepción *f* extrasensorial. **2** *(*English for Specific Purposes*)* cursos de inglés especializados.
especial [ɪ'speʃl] *adj* especial, particular.
especially [ɪ'speʃlɪ] *adv* especialmente, sobre todo.
espionage ['espɪənɑːʒ] *n* espionaje *m*.
Esq. [ɪ'skwaɪə] *abbr* GB Sr D..
essay ['eseɪ] **1** *n (school)* redacción *f*; *(university)* trabajo. **2** *(literary)* ensayo.
essence ['esns] *n* esencia.
essential [ɪ'senʃl] **1** *adj (central)* esencial. **2** *(vital)* vital, indispensable. || **3** *n* esencia.
essentially [ɪ'senʃlɪ] *adv* esencialmente.
EST ['iː'es'tiː] *abbr* US *(*Eastern Standard Time*)* hora del meridiano 75 al oeste de Greenwich.
establish [ɪ'stæblɪʃ] **1** *vt* establecer, fundar, crear. **2** *(proof)* demostrar. **3** *(facts)* constatar. **4** *(precedent)* sentar. **5** *(fame)* consolidar.
establishment [ɪ'stæblɪʃmənt] **1** *n (shop)* establecimiento. **2** GB el poder.
estate [ɪ'steɪt] **1** *n (in country)* finca. **2** *(with houses)* urbanización *f*. **3** *(goods)* bienes *mpl*.
■ **estate agent** agente *mf* inmobiliario,-a; **estate agent's** agencia inmobiliaria; **estate car** GB coche *m* familiar.
esteem [ɪ'stiːm] **1** *vt* apreciar. **2** *(regard)* juzgar, considerar. || **3 the Establishment** *n* aprecio.
● **to hold sb in high esteem** apreciar mucho a algn.
estimate ['estɪmət] **1** *n (calculation)* cálculo. **2** *(for work)* presupuesto. || **3** *vt* (['estɪmeɪt]) calcular.
estimation [estɪ'meɪʃn] *n* opinión *f*, juicio.
Estonia [e'stəʊnɪə] *n* Estonia.
Estonian [e'stəʊnɪən] **1** *adj* estonio,-a. || **2** *n (person)* estonio,-a; *(language)* estonio.
estuary ['estjʊərɪ] *n* estuario.
ETA ['iː'tiː'eɪ] *abbr (*estimated time of arrival*)* hora prevista de llegada.
etch [etʃ] *vt* grabar al aguafuerte.
etching ['etʃɪŋ] *n* aguafuerte *m & f*.
eternal [ɪ'tɜːnl] *adj* eterno,-a.
eternity [ɪ'tɜːnɪtɪ] *n* eternidad *f*.
ether ['iːθə] *n* éter *m*.
ethic ['eθɪk] *n* ética.
ethical ['eθɪkl] *adj* ético,-a.
Ethiopia [iːθɪ'əʊpɪə] *n* Etiopía.
Ethiopian [iːθɪ'əʊpɪən] **1** *adj* etíope,-a. || **2** *n (person)* etíope *mf*, etiope *mf*, etiópico,-a; *(language)* etiópico.
ethnic ['eθnɪk] *adj* étnico,-a.
ethyl ['iːθaɪl] *n* CHEM etilo.
■ **ethyl alcohol** alcohol *m* etílico.
etiquette ['etɪket] *n* protocolo, etiqueta.
eucalyptus [juːkə'lɪptəs] *n* eucalipto.
euphemism ['juːfɪmɪzm] *n* eufemismo.
euphemistic [juːfɪ'mɪstɪk] *adj* eufemístico,-a.
Europe ['jʊərəp] *n* Europa.
European [jʊərə'pɪən] *adj - n* europeo,-a.
■ **European Community** Comunidad *f* Europea; **European Union** Unión *f* Europea.
euthanasia [juːθə'neɪzɪə] *n* eutanasia.
evacuate [ɪ'vækjʊeɪt] **1** *vt (people)* evacuar. **2** *(place)* desalojar, desocupar.
evade [ɪ'veɪd] *vt* evadir, eludir, evitar.
evaluate [ɪ'væljʊeɪt] **1** *vt* evaluar. **2** MATH calcular.
evangelical [iːvæn'dʒelɪkl] *adj* evangélico,-a.
evangelism [ɪ'vændʒɪlɪzm] *n* evangelismo.
evangelist [ɪ'vændʒɪlɪst] *n* evangelista *mf*.
evaporate [ɪ'væpəreɪt] **1** *vt* evaporar. || **2** *vi* evaporarse.
evasion [ɪ'veɪʒn] *n* evasión *f*.
evasive [ɪ'veɪsɪv] *adj* evasivo,-a.
eve [iːv] *n* víspera, vigilia.
even ['iːvn] **1** *adj (level)* llano,-a. **2**

(smooth) liso,-a. **3** *(uniform)* uniforme, regular. **4** *(evenly matched)* igual, igualado,-a. **5** *(number)* par. || **6** *adv* hasta, incluso: ***even John was there*** hasta John estaba allí. **7** *(with negative)* siquiera: ***not even John was there*** ni siquiera John estaba allí. || **8** *vt* igualar. || **9** *vi* igualarse, nivelarse.
♦ **to even out** *vt* - *vi* igualar.
● **even as** mientras; **even if** aunque + *subj*; **even so** incluso, aun así; **even though** aunque, aun cuando; **to break even** cubrir gastos; **to get even with sb** desquitarse con algn.

evening ['iːvnɪŋ] *n (early)* tarde *f*; *(late)* noche *f*: ***yesterday evening*** ayer por la tarde; ***tomorrow evening*** mañana por la tarde.
● **good evening!** ¡buenas tardes!, ¡buenas noches!
■ **evening dress** *(woman's)* vestido de noche; *(man's)* traje *m* de etiqueta.

evenly ['iːvnlɪ] **1** *adv (uniformly)* uniformemente. **2** *(fairly)* equitativamente.

event [ɪ'vent] **1** *n* suceso, acontecimiento. **2** *(case)* caso. **3** SP prueba.
● **at all events** en todo caso; **in any event** pase lo que pase; **in the event of** en caso de.

eventful [ɪ'ventfʊl] *adj* lleno,-a de acontecimientos, memorable.

eventual [ɪ'ventʃʊəl] **1** *adj (final)* final. **2** *(resulting)* consiguiente.

eventuality [ɪventʃʊ'ælɪtɪ] *n* eventualidad *f*.

eventually [ɪ'ventʃʊəlɪ] *adv* finalmente.

ever ['evə] **1** *adv (never)* nunca, jamás: ***nobody ever comes*** no viene nunca nadie. **2** *(at some time)* alguna vez: ***have you ever seen her?*** ¿la has visto alguna vez? **3** *(always)* siempre: ***ever since the war*** desde la guerra. **4** *(at any time)*: ***better than ever*** mejor que nunca; ***the best ever*** el mejor que se ha visto nunca. **5** *(with questions)* demonios: ***¿what ever shall I do?*** ¿qué demonios hago?
● **ever so ...** muy ...; **for ever (and ever)** para siempre; **hardly ever** casi nunca.

evergreen ['evəgriːn] *adj* BOT de hoja perenne.
■ **evergreen oak** encina.

everlasting [evə'lɑːstɪŋ] *adj* eterno,-a.

every ['evrɪ] *adj* cada, todos,-as: ***every day*** cada día, todos los días; ***every other day*** un día sí un día no.
● **every now and then** de vez en cuando.

everybody ['evrɪbɒdɪ] *pron* todos,-as, todo el mundo.

everyday ['evrɪdeɪ] *adj* diario,-a, cotidiano,-a.

everyone ['evrɪwʌn] *pron* → **everybody**.

everything ['evrɪθɪŋ] *pron* todo.

everywhere ['evrɪweə] **1** *adv (situation)* en/por todas partes. **2** *(movement)* a todas partes.

evict [ɪ'vɪkt] *vt* desahuciar.

eviction [ɪ'vɪkʃn] *n* desahucio.

evidence ['evɪdəns] **1** *n (proof)* pruebas *fpl*. **2** *(signs)* indicios *mpl*. **3** JUR testimonio.
● **to give evidence** prestar declaración.

evident ['evɪdənt] *adj* evidente, patente.

evidently ['evɪdəntlɪ] **1** *adv* evidentemente. **2** *(apparently)* por lo visto.

evil ['iːvl] **1** *adj (person)* malo,-a, malvado,-a. **2** *(thing)* malo,-a, perjudicial. || **3** *n* mal *m*.

evocative [ɪ'vɒkətɪv] *adj* evocador,-ra.

evoke [ɪ'vəʊk] *vt* evocar.

evolution [iːvə'luːʃn] *n* evolución *f*.

evolve [ɪ'vɒlv] **1** *vt* desarrollar. || **2** *vi* evolucionar, desarrollarse.

ewe [juː] *n* oveja.

exact [ɪg'zækt] **1** *adj* exacto,-a. **2** *(thorough)* preciso,-a. || **3** *vt* exigir, imponer.

exacting [ɪg'zæktɪŋ] *adj* exigente.

exactly [ɪg'zæktlɪ] *adv* exactamente.

exaggerate [ɪg'zædʒəreɪt] *vt* - *vi* exagerar.

exaggeration [ɪgzædʒə'reɪʃn] *n* exageración *f*.

exalt [ɪg'zɔːlt] *vt* exaltar.
exam [ɪg'zæm] *n fam* examen *m*.
examination [ɪgzæmɪ'neɪʃn] **1** *n* EDUC examen *m*. **2** MED reconocimiento. **3** JUR interrogatorio.
examine [ɪg'zæmɪn] **1** *vt (inspect)* inspeccionar. **2** EDUC examinar. **3** MED hacer un reconocimiento a. **4** JUR interrogar.
examiner [ɪg'zæmɪnə] *n* examinador, -ra.
example [ɪg'zɑːmpl] **1** *n* ejemplo. **2** *(specimen)* ejemplar *m*.
• **for example** por ejemplo.
exasperate [ɪg'zɑːspəreɪt] *vt* exasperar, irritar.
excavate ['ekskəveɪt] *vt* excavar.
excavation [ekskə'veɪʃn] *n* excavación *f*.
excavator ['ekskəveɪtə] **1** *n (person)* excavador,-ra. **2** *(machine)* excavadora.
exceed [ɪk'siːd] *vt* exceder, sobrepasar.
exceedingly [ɪk'siːdɪŋlɪ] *adv* extremadamente, sumamente.
excel [ɪk'sel] **1** *vt* aventajar, superar. ‖ **2** *vi* sobresalir.
• **to excel oneself** superarse.
excellence ['eksələns] *n* excelencia.
excellent ['eksələnt] *adj* excelente.
except [ɪk'sept] **1** *prep* excepto, salvo, a excepción de. ‖ **2** *vt* excluir, exceptuar.
exception [ɪk'sepʃn] *n* excepción *f*.
• **to take exception to sth** ofenderse por algo.
exceptional [ɪk'sepʃənl] *adj* excepcional.
excerpt ['eksɜːpt] *n* extracto, pasaje.
excess [ɪk'ses] **1** *n* exceso. **2** COMM excedente *m*.
• **in excess of** superior a.
excessive [ɪk'sesɪv] *adj* excesivo,-a.
exchange [ɪks'tʃeɪndʒ] **1** *n (gen)* cambio. **2** *(of ideas etc)* intercambio. **3** *(of prisoners, documents, etc)* canjeo. **4** FIN cambio. **5** *(building)* lonja. **6** *(telephone)* central *f* telefónica. ‖ **7** *vt* cambiar; *(ideas)* intercambiar. **8** *(prisoners, documents, etc)* canjear.
• **in exchange for** a cambio de.
■ **exchange rate** tipo de cambio.
exchequer [ɪks'tʃekə] *n* tesoro público.
excitable [ɪk'saɪtəbl] *adj* excitable.
excite [ɪk'saɪt] **1** *vt* emocionar, entusiasmar; *(sexually)* excitar. **2** *(give rise to)* provocar, despertar.
excited [ɪk'saɪtɪd] *adj* emocionado,-a, entusiasmado,-a; *(sexually)* excitado, -a.
excitement [ɪk'saɪtmənt] **1** *n* emoción *f*. **2** *(commotion)* agitación *f*, alboroto.
exciting [ɪk'saɪtɪŋ] *adj* emocionante, apasionante.
exclaim [ɪks'kleɪm] *vt* - *vi* exclamar.
exclamation [eksklə'meɪʃn] *n* exclamación *f*.
■ **exclamation mark** signo de admiración *f*.
exclude [ɪks'kluːd] *vt* excluir.
excluding [ɪk'sluːdɪŋ] *prep* excepto.
exclusive [ɪks'kluːsɪv] **1** *adj* exclusivo, -a. **2** *(select)* selecto,-a.
• **exclusive of** con exclusión de.
exclusively [ɪk'skluːsɪvlɪ] *adv* exclusivamente.
excommunicate [ekskə'mjuːnɪkeɪt] *vt* excomulgar.
excommunication [ekskəmjuːnɪ'keɪʃn] *n* excomunión *f*.
excrement ['ekskrɪmənt] *n* excremento.
excrete [ɪk'skriːt] *vt* excretar.
excretion [ɪk'skriːʃn] *n* excreción *f*.
excruciating [ɪk'skruːʃieɪtɪŋ] *adj* insoportable.
excursion [ɪk'skɜːʃn] *n* excursión *f*.
excusable [ɪk'skjuːzəbl] *adj* excusable.
excuse [ɪk'skjuːs] **1** *n* disculpa. **2** *(pretext)* excusa. ‖ **3** *vt* ([ɪk'skjuːz]) perdonar, disculpar. **4** *(justify)* justificar.
• **excuse me** *(interrupting)* perdone, por favor; *(leaving)* disculpe; **to excuse sb from doing sth** eximir a algn de hacer algo.
execute ['eksɪkjuːt] **1** *vt (put to death)*

ejecutar, ajusticiar. **2** *(perform)* ejecutar. **3** *(order)* cumplir. **4** *(music etc)* interpretar. **5** JUR *(will)* cumplir.

execution [eksɪ'kjuːʃn] **1** *n (gen)* ejecución *f*. **2** *(of order)* cumplimiento. **3** *(of music etc)* interpretación *f*.

executioner [eksɪ'kjuːʃnə] *n* verdugo.

executive [ɪg'zekjʊtɪv] *adj - n* ejecutivo,-a.

executor [ɪg'zekjʊtə] *n* JUR albacea.

exemplify [ɪg'zemplɪfaɪ] *vt* ejemplificar.

exempt [ɪg'zempt] **1** *adj* exento,-a, libre. || **2** *vt* eximir.

exemption [ɪg'zempʃn] *n* exención *f*.

exercise ['eksəsaɪz] **1** *n* ejercicio. || **2** *vt* ejercer. **3** *(dog)* sacar de paseo. || **4** *vi* hacer ejercicio.

■ **exercise book** cuaderno.

exert [ɪg'zɜːt] *vt* ejercer.

● **to exert oneself** esforzarse.

exhale [eks'heɪl] *vt - vi* espirar.

exhaust [ɪg'zɔːst] **1** *n (system)* escape *m*. **2** *(fumes)* gases *mpl* de combustión *f*. || **3** *vt* agotar.

■ **exhaust pipe** tubo de escape.

exhausted [ɪg'zɔːstɪd] *adj* agotado,-a.

exhausting [ɪg'zɔːstɪŋ] *adj* agotador,-ra.

exhaustion [ɪg'zɔːstʃn] *n* agotamiento.

exhibit [ɪg'zɪbɪt] **1** *n (on show)* objeto en exposición. **2** JUR prueba instrumental. || **3** *vt (art etc)* exponer. **4** *(manifest)* mostrar, dar muestras de.

exhibition [eksɪ'bɪʃn] **1** *n (art etc)* exposición *f*. **2** *(display)* demostración *f*.

● **to make an exhibition of oneself** ponerse en ridículo.

exhibitor [ɪg'zɪbɪtə] *n* expositor,-ra.

exhilarating [ɪg'zɪləreɪtɪŋ] *adj* estimulante.

exile ['eksaɪl] **1** *n (action)* destierro, exilio. **2** *(person)* desterrado,-a, exiliado,-a. || **3** *vt* desterrar, exiliar.

exist [ɪg'zɪst] **1** *vi* existir. **2** *(subsist)* subsistir.

existence [ɪg'zɪstəns] *n* existencia.

● **to come into existence** nacer, crearse, fundarse.

existential [egzɪ'stenʃl] *adj* existencial.

existing [egzɪ'stɪŋ] *adj* existente, actual.

exit ['eksɪt] **1** *n* salida. **2** THEAT mutis *m*. || **3** *vi* THEAT hacer mutis, salir de escena.

exorbitant [ɪg'zɔːbɪtənt] *adj* exorbitante, desorbitado,-a.

exotic [eg'zɒtɪk] *adj* exótico,-a.

expand [ɪk'spænd] **1** *vt* ampliar. || **2** *vi* ampliarse. || **3** *vt (gas, metal)* dilatar. || **4** *vi (gas, metal)* dilatarse. || **5** *vt (trade)* desarrollar. || **6** *vi (trade)* desarrollarse.

♦ **to expand on** *vt* ampliar.

expanse [ɪk'spæns] *n* extensión *f*.

expansion [ɪk'spænʃn] **1** *n* ampliación *f*, expansión *f*. **2** *(gas, metal)* dilatación *f*. **3** *(trade)* desarrollo.

expatriate [ek'spætrɪət] **1** *adj - n* expatriado,-a. || **2** *vt* ([eks'pætrɪeɪt]) desterrar, expatriar.

expect [ɪk'spekt] **1** *vt* esperar. **2** *(suppose)* suponer, imaginar.

● **to be expecting** *fam* estar embarazada.

expectancy [ɪk'spektənsɪ] *n* expectación *f*.

expectant [ɪk'spektənt] *adj* ilusionado,-a.

■ **expectant mother** futura madre.

expectation [ekspek'teɪʃn] *n* expectativa.

● **contrary to expectations** contrariamente a lo que se esperaba.

expedient [ɪk'spiːdjənt] **1** *adj* conveniente. || **2** *n* expediente *m*, recurso.

expedition [ekspɪ'dɪʃn] *n* expedición *f*.

expel [ɪk'spel] *vt* expulsar.

expend [ɪk'spend] **1** *vt (money)* gastar. **2** *(resources)* consumir, agotar. **3** *(effort)* invertir.

expendable [ɪk'spendəbl] *adj* prescindible.

expenditure [ɪk'spendɪtʃə] *n* gasto, desembolso.

expense [ɪk'spens] **1** *n* gasto, desembolso. || **2** **expenses** *npl* COMM gastos *mpl* de representación *f*.

● **to spare no expense** no escatimar

gastos; **at the expense of** *fig* a expensas de, a costa de.

expensive [ɪk'spensɪv] *adj* caro,-a, costoso,-a.

experience [ɪk'spɪərɪəns] 1 *n* experiencia. || 2 *vt* experimentar; *(difficulty)* tener.

experienced [ɪk'spɪərɪənst] *adj* experimentado,-a, con experiencia.

experiment [ɪk'sperɪmənt] 1 *n* experimento. || 2 *vi* experimentar.

experimental [ɪksperɪ'mentl] *adj* experimental.

expert ['ekspɜːt] *adj* - *n* experto,-a.

expertise [ekspɜː'tiːz] *n* pericia.

expire [ɪk'spaɪə] 1 *vi (die)* expirar, morir. 2 *(contract)* vencer; *(passport)* caducar.

expiry [ɪk'spaɪərɪ] 1 *n* expiración *f*. 2 *(of contract)* vencimiento.

■ **expiry date** fecha de caducidad *f*.

explain [ɪk'spleɪn] 1 *vt* - *vi* explicar. 2 *(clarify)* aclarar.

● **to explain oneself** explicarse.

explanation [eksplə'neɪʃn] 1 *n* explicación *f*. 2 *(clarification)* aclaración *f*.

explanatory [ɪk'splænətrɪ] *adj* explicativo,-a.

explicit [ɪk'splɪsɪt] *adj* explícito,-a.

explode [ɪk'spləʊd] 1 *vt* hacer estallar, hacer explotar. || 2 *vi* estallar, explotar, hacer explosión.

exploit ['eksplɔɪt] 1 *n* hazaña, proeza. || 2 *vt* ([ɪk'splɔɪt]) explotar.

exploitation [eksplɔɪ'teɪʃn] *n* explotación *f*.

exploration [eksplə'reɪʃn] *n* exploración *f*.

explore [ɪk'splɔː] *vt* explorar.

explorer [ɪk'splɔːrə] *n* explorador,-ra.

explosion [ɪk'spləʊʒn] *n* explosión *f*, estallido.

explosive [ɪk'spləʊsɪv] 1 *adj* explosivo,-a. || 2 *n* explosivo.

■ **explosive device** artefacto explosivo.

export ['ekspɔːt] 1 *n (trade)* exportación *f*. 2 *(article)* artículo de exportación *f*. || 3 *vt* ([ɪk'spɔːt]) exportar.

exporter [ek'spɔːtə] *n* exportador,-ra.

expose [ɪk'spəʊz] 1 *vt (gen)* exponer. 2 *(reveal truth about)* descubrir.

exposure [ɪk'spəʊʒə] 1 *n (gen)* exposición *f*. 2 *(revelation of truth)* descubrimiento. 3 *(photo)* fotografía.

● **to die of exposure** morir de frío.

express [ɪk'spres] 1 *adj* expreso,-a. 2 *(mail)* urgente. || 3 *n* expreso, tren *m* expreso. || 4 *vt* expresar. 5 *(juice)* exprimir. || 6 *adv* urgente.

expression [ɪk'spreʃn] *n* expresión *f*.

expressive [ɪk'spresɪv] *adj* expresivo, -a.

expulsion [ɪk'spʌlʃn] *n* expulsión *f*.

exquisite ['ekskwɪzɪt] *adj* exquisito,-a.

extend [ɪk'stend] 1 *vt* extender. 2 *(enlarge)* ampliar. 3 *(lengthen)* alargar. 4 *(prolong)* alargar; *(visa etc)* prorrogar. 5 *(limb)* alargar. 6 *(give)* dar. || 7 *vi (stretch)* alargarse, extenderse. 8 *(stick out)* sobresalir.

● **to extend an invitation to sb** invitar a algn.

extension [ɪk'stenʃn] 1 *n (gen)* extensión *f*, ampliación *f*. 2 *(time)* prórroga.

extensive [ɪk'stensɪv] *adj* extenso,-a, amplio,-a.

extensively [ɪk'stensɪvlɪ] *adv* extensamente.

extent [ɪk'stent] 1 *n* extensión *f*. 2 *(limit)* límite *m*.

● **to a certain extent** hasta cierto punto; **to a greater or lesser extent** en mayor o menor grado; **to a large extent** en gran parte; **to what extent?** ¿hasta qué punto?

extenuate [ɪk'stenjʊeɪt] *vt* atenuar.

exterior [ɪk'stɪərɪə] 1 *adj* exterior. || 2 *n* exterior *m*.

exterminate [ɪk'stɜːmɪneɪt] *vt* exterminar.

extermination [ɪkstɜːmɪ'neɪʃn] *n* exterminio.

external [ek'stɜːnl] *adj* externo,-a, exterior.

extinct [ɪk'stɪŋkt] 1 *adj (volcano)* extinto,-a. 2 *(animal)* extinguido,-a.

extinction [ɪk'stɪŋkʃn] *n* extinción *f*.
extinguish [ɪk'stɪŋgwɪʃ] *vt* extinguir, apagar.
extort [ɪk'stɔːt] *vt* obtener bajo amenaza.
extortion [ɪk'stɔːʃn] *n* extorsión *f*.
extortionate [ɪk'stɔːʃənət] *adj* desorbitado,-a.
extra ['ekstrə] **1** *adj* extra, adicional, más: ***two extra plates*** dos platos más. **2** *(spare)* de sobra: ***have you got an extra pen?*** ¿tienes un boli de sobra? || **3** *adv* extra: ***we paid extra*** pagamos un suplemento. || **4** *n* extra *m*. **5** *(charge)* suplemento. **6** CINEM extra *mf*.
■ **extra charge** suplemento.
extract ['ekstrækt] **1** *n* extracto. || **2** *vt* ([ɪk'strækt]) extraer.
extractor [ɪk'stræktə] *n* extractor *m*.
extradition [ekstrə'dɪʃn] *n* extradición *f*.
extramarital [ekstrə'mærɪtl] *adj* extramatrimonial.
extraordinary [ɪk'strɔːdnrɪ] **1** *adj* extraordinario,-a. **2** *(strange)* raro,-a.
extraterrestrial [ekstrətə'restrɪəl] **1** *adj* extraterrestre. || **2** *n* extraterrestre *mf*.
extravagance [ɪk'strævəgəns] *n* despilfarro, derroche *m*.
extravagant [ɪk'strævəgənt] **1** *adj (wasteful)* derrochador,-ra. **2** *(exaggerated)* exagerado,-a, excesivo,-a.
extreme [ɪk'striːm] **1** *adj* extremo,-a; *(case)* excepcional. || **2** *n* extremo.
extremely [ɪk'striːmlɪ] *adv* sumamente, extremadamente.
extremist [ɪk'striːmɪst] *n* extremista *mf*.
extremity [ɪk'stremɪtɪ] *n* extremidad *f*.
extricate ['ekstrɪkeɪt] *vt* librar.
extrovert ['ekstrəvɜːt] *adj - n* extrovertido,-a.
exuberant [ɪg'zjuːbərənt] *adj (person)* eufórico,-a.
exude [ɪg'zjuːd] **1** *vt - vi (charm, confidence)* emanar. **2** *(wound, resine)* exudar.
exultant [ɪg'zʌltənt] *adj* exultante, triunfante.
eye [aɪ] **1** *n (gen)* ojo. || **2** *vt* mirar.
● **to turn a blind eye to** hacer la vista gorda a.
eyeball ['aɪbɔːl] *n* globo ocular.
eyebrow ['aɪbraʊ] *n* ceja.
eyelash ['aɪlæʃ] *n* pestaña.
eyelid ['aɪlɪd] *n* párpado.
eyeshadow ['aɪʃædəʊ] *n* sombra de ojos.
eyesight ['aɪsaɪt] *n* vista.
eyesore ['aɪsɔː] *n* monstruosidad *f*.
eyewitness ['aɪ'wɪtnəs] *n* testigo *mf* presencial.

F

f ['femɪnɪn] *abbr* GRAM *(***feminine***)* femenino; *(abbreviation)* f.
F ['færənhaɪt] *abbr (***Fahrenheit***)* Fahrenheit; *(abbreviation)* F.
FA ['ef'eɪ] *abbr* GB *(***Football Association***)* Federación *f* de fútbol.
fable ['feɪbl] *n* fábula.
fabric ['fæbrɪk] **1** *n* tela, tejido. **2** *fig* estructura.
fabulous ['fæbjʊləs] *adj* fabuloso,-a.
facade [fə'sɑːd] *n* fachada.
façade [fə'sɑːd] *n* fachada.
face [feɪs] **1** *n* cara, rostro, semblante *m*. **2** *(surface)* superficie *f*. **3** *(of card, coin)* cara. **4** *(of dial)* cuadrante *m*. **5** *(of watch)* esfera. **6** *fig (of earth)* faz *f*. **7** *(look)* apariencia. || **8** *vt (look onto)* dar a, mirar hacia. **9** *(confront)* hallarse frente a, encontrarse ante. **10** *(deal with)* afrontar, enfrentarse con/a. **11** *(tolerate)* soportar. **12** *(cover)* revestir (with, de). || **13** *vi* mirar hacia.
♦ **to face up to** *vt* hacer cara a, afrontar.
● **in the face of** ante; **to lose face** desprestigiarse; **to pull faces** hacer muecas; **to save face** guardar las apariencias.

■ **face cream** crema facial; **face value** valor *m* nominal.
faceless ['feɪsləs] *adj* anónimo,-a.
facelift ['feɪslɪft] **1** *n* lifting *m*, estiramiento facial. **2** *fig* renovación *f*.
facet ['fæsɪt] *n* faceta.
facial ['feɪʃl] *adj* facial.
facile ['fæsaɪl] *adj pej* superficial.
facilitate [fə'sɪlɪteɪt] *vt* facilitar.
facility [fə'sɪlɪtɪ] **1** *n* facilidad *f*. ‖ **2 facilities** *npl* instalaciones *fpl*, servicios *mpl*.
facsimile [fæk'sɪmɪlɪ] *n* facsímil(e) *m*.
fact [fækt] **1** *n* hecho. **2** *(truth)* realidad *f*: ***in fact*** de hecho, en realidad.
● **as a matter of fact** en realidad.
■ **the facts of life** los misterios de la vida.
faction ['fækʃn] *n (group)* facción *f*.
factor ['fæktə] *n* factor *m*.
factory ['fæktrɪ] *n* fábrica.
factual ['fækʃʊəl] *adj* factual.
faculty ['fækltɪ] **1** *n (department)* facultad *f*. **2** US *(staff)* profesorado.
fad [fæd] **1** *n* capricho. **2** *(fashion)* moda.
fade [feɪd] **1** *vt* desteñir. ‖ **2** *vi* desteñirse, perder el color. **3** *(light)* apagarse.
♦ **to fade away** *vi* desvanecerse.
faeces ['fiːsiːz] *npl* heces *fpl*.
fag [fæg] **1** *n fam (drag)* lata, rollo. **2** GB *fam (cigarette)* pitillo. **3** US *fam (gay)* marica *m*.
fail [feɪl] **1** *n* EDUC suspenso. ‖ **2** *vt - vi* fallar. **3** EDUC suspender. ‖ **4** *vi* fracasar. **5** COMM quebrar.
● **to fail to** *(be unable to)* no lograr; *(neglect)* dejar de; **without fail** sin falta.
failing ['feɪlɪŋ] **1** *n* defecto, fallo. ‖ **2** *prep* a falta de.
failure ['feɪljə] **1** *n* fracaso, malogro. **2** COMM quiebra. **3** EDUC suspenso. **4** *(breakdown)* fallo, avería. **5** *(inability)* negativa: ***her failure to answer*** el hecho de que no contestara.
faint [feɪnt] **1** *adj* débil. **2** *(colour)* pálido,-a. **3** *(slight)* vago,-a. ‖ **4** *vi* desmayarse.
fair [feə] **1** *adj (just)* justo,-a, equitativo,-a. **2** *(considerable)* considerable. **3** *(weather)* bueno,-a. **4** *(hair)* rubio,-a; *(skin)* blanco,-a. **5** *fml* bello,-a. ‖ **6** *n (market)* mercado. **7** *(show)* feria.
● **fair and square** *(honestly)* merecidamente; **fair enough** de acuerdo.
■ **fair play** juego limpio.
fairground ['feəgraʊnd] *n* recinto ferial.
fairly ['feəlɪ] **1** *adv* justamente. **2** *(quite)* bastante.
fairness ['feənəs] **1** *n* justicia. **2** *(of hair)* color *m* rubio; *(of skin)* palidez *f*, blancura.
fairy ['feərɪ] **1** *n* hada. **2** *fam* marica *m*.
■ **fairy tale** cuento de hadas.
faith [feɪθ] *n* fe *f*.
● **in bad faith** de mala fe; **in good faith** de buena fe.
faithful ['feɪθfʊl] *adj* fiel (to, a/con).
faithfully ['feɪθfʊlɪ] *adv* fielmente.
● **yours faithfully** *(in letter)* le saluda atentamente.
faithfulness ['feɪθfʊlnəs] *n* fidelidad *f*.
fake [feɪk] **1** *n* falsificación *f*. **2** *(person)* impostor,-ra, farsante *mf*. ‖ **3** *adj* falso,-a, falsificado,-a. ‖ **4** *vt* falsificar. **5** *(pretend)* fingir.
falcon ['fɔːlkən] *n* halcón *m*.
fall [fɔːl] **1** *n* caída. **2** *(of rock)* desprendimiento: ***fall of snow*** nevada. **3** *(decrease)* baja, descenso. **4** US otoño. ‖ **5** *vi* (*pt* fell; *pp* fallen) caer(se). **6** *fml (be killed)* caer, perecer. **7** *(decrease)* bajar. ‖ **8 falls** *npl* cascada *f sing*.
♦ **to fall back** *vi* retroceder ♦ **to fall back on** *vt* recurrir a, echar mano de ♦ **to fall behind** *vi* retrasarse ♦ **to fall for 1** *vt (be tricked)* dejarse engañar por. **2** *vt fam (in love)* enamorarse de ♦ **to fall off** *vi* caer, caerse ♦ **to fall out** *vi* reñir (**with,** con) ♦ **to fall through** *vi* fracasar.
● **to fall asleep** dormirse; **to fall in love** enamorarse; **to fall short** no alcanzar (**of,** -); **to fall flat** *fig* salir mal.
fallacy ['fæləsɪ] *n* falacia.

fallen ['fɔːlən] *pp* → **fall**.

fallible ['fælɪbl] *adj* falible.

fall-out ['fɔːlaʊt] *n* lluvia radiactiva.

■ **fall-out shelter** refugio atómico.

fallow ['fæləʊ] *adj* en barbecho.

false [fɔːls] *adj* falso,-a.

■ **false alarm** falsa alarma; **false bottom** doble fondo; **false start** salida nula; **false teeth** dentadura postiza.

falsehood ['fɔːlshʊd] *n* falsedad *f*.

falsely ['fɔːlslɪ] *adv* falsamente.

falsify ['fɔːlsɪfaɪ] **1** *vt* falsificar. **2** *(misrepresent)* falsear.

falter ['fɔːltə] *vi* vacilar, titubear; *(voice)* fallar.

fame [feɪm] *n* fama.

familiar [fə'mɪlɪə] **1** *adj* familiar. **2** *(aware)* al corriente (with, de). **3** *(intimate)* íntimo,-a.

familiarity [fəmɪlɪ'ærɪtɪ] *n* familiaridad *f*.

familiarize [fə'mɪljəraɪz] **1** *vt* familiarizar. **2** *(divulge)* popularizar.

family ['fæmɪlɪ] *n* familia.

● **to run in the family** venir de familia.

■ **family doctor** médico,-a de cabecera; **family film** película apta para todos los públicos; **family name** US apellido; **family planning** planificación *f* familiar; **family tree** árbol *m* genealógico.

famine ['fæmɪn] *n* hambre *f*.

famished ['fæmɪʃt] *adj* muerto,-a de hambre.

famous ['feɪməs] *adj* famoso,-a, célebre.

famously ['feɪməslɪ] *adv fam* estupendamente.

fan [fæn] **1** *n* abanico. **2** ELEC ventilador *m*. **3** *(follower)* aficionado,-a; *(of pop star etc)* admirador,-ra, fan *mf*. **4** *(of football)* hincha *mf*. ‖ **5** *vt* abanicar; ELEC ventilar. **6** *fig* avivar.

♦ **to fan out** *vi* abrirse en abanico.

fanatic [fə'nætɪk] *adj* - *n* fanático,-a.

fanciful ['fænsɪfʊl] **1** *adj (idea)* imaginario,-a. **2** *(extravagant)* caprichoso,-a, rebuscado,-a.

fancy ['fænsɪ] **1** *n* fantasía, imaginación *f*. **2** *(whim)* capricho, antojo. ‖ **3** *adj* de fantasía. ‖ **4** *vt* imaginarse, figurarse. **5** *(like)* apetecer.

● **fancy that!** ¡figúrate!, ¡imagínate!; **to take a fancy to sth** encapricharse con algo.

■ **fancy dress** disfraz *m*.

fancy-free [fænsɪ'friː] *adj* sin compromiso.

fanfare ['fænfeə] *n* fanfarria.

fang [fæŋ] *n* colmillo.

fantastic [fæn'tæstɪk] *adj* fantástico,-a.

fantasy ['fæntəsɪ] *n* fantasía.

FAO ['ef'eɪ'əʊ] *abbr (*Food and Agriculture Organization*)* Organización para la Agricultura y la Alimentación; *(abbreviation)* FAO *f*.

far [fɑː] **1** *adj* lejano,-a. **2** *(more distant)* opuesto,-a, extremo,-a. ‖ **3** *adv* lejos (from, de): ***how far is it?*** ¿a qué distancia está? **4** *(with comp)* mucho: ***far better*** mucho mejor.

● **as/so far as I know** que yo sepa; **by far** con mucho; **far and wide** por todas partes; **far away** lejos; **in so far as ...** en la medida en que ...; **so far** *(until now)* hasta ahora; *(to a point)* hasta cierto punto.

▲ *Comp* farther *o* further*; superl* farthest *o* furthest.

faraway ['fɑːrəweɪ] *adj* lejano,-a, remoto,-a; *(look)* perdido,-a.

farce [fɑːs] *n* farsa.

farcical ['fɑːsɪkl] *adj* absurdo,-a.

fare [feə] **1** *n (price)* tarifa, precio del billete/viaje; *(boat)* pasaje *m*. **2** *(passenger)* viajero,-a, pasajero,-a. **3** *(food)* comida. ‖ **4** *vi* desenvolverse: ***he fared well in the exam*** le fue bien el examen.

farewell [feə'wel] **1** *interj* ¡adiós! ‖ **2** *n* despedida.

far-fetched [fɑː'fetʃt] *adj* rebuscado,-a, inverosímil.

farm [fɑːm] **1** *n* granja, AM hacienda. ‖ **2** *vt* cultivar, labrar. ‖ **3** *vi* cultivar la tierra.

■ **farm labourer** peón *m* agrícola.

farmer ['fɑːmə] *n* granjero,-a, agricultor,-ra, AM hacendado,-a.
farmhouse ['fɑːmhaʊs] *n* granja, AM hacienda.
farming ['fɑːmɪŋ] *n* agricultura.
■ **farming industry** industria agropecuaria.
farmyard ['fɑːmjɑːd] *n* corral *m*.
far-reaching [fɑː'riːtʃɪŋ] *adj* de gran alcance.
far-sighted [fɑː'saɪtɪd] *adj* previsor,-ra.
fart [fɑːt] **1** *n fam* pedo. ‖ **2** *vi fam* tirarse un pedo.
farther ['fɑːðə] *adj - adv comp* → **far**.
farthest ['fɑːðɪst] *adj - adv superl* → **far**.
fascinate ['fæsɪneɪt] *vt* fascinar.
fascinating ['fæsɪneɪtɪŋ] *adj* fascinante.
fascination [fæsɪ'neɪʃn] *n* fascinación *f*.
fascism ['fæʃɪzm] *n* fascismo.
fascist ['fæʃɪst] **1** *adj* fascista. ‖ **2** *n* fascista *mf*.
fashion ['fæʃn] **1** *n (style)* moda. **2** *(way)* modo. ‖ **3** *vt (clay)* formar; *(metal)* labrar.
● **in fashion** de moda; **out of fashion** pasado,-a de moda.
fashionable ['fæʃnəbl] *adj* de moda.
fashionably ['fæʃnəblɪ] *adv* a la moda.
fast [fɑːst] **1** *adj (quick)* rápido,-a. **2** *(tight etc)* firme, seguro,-a. **3** *(colour)* sólido,-a. **4** *(clock)* adelantado,-a. ‖ **5** *adv* rápidamente, deprisa: ***how fast?*** ¿a qué velocidad?; ***to drive fast*** correr. **6** *(securely)* firmemente: ***fast asleep*** profundamente dormido,-a. ‖ **7** *vi* ayunar. ‖ **8** *n* ayuno.
● **to stand fast** mantenerse firme; **not so fast!** *fam* ¡un momento!
■ **fast food** comida rápida.
fasten ['fɑːsn] **1** *vt (attach)* fijar, sujetar. **2** *(tie)* atar. **3** *(door)* cerrar. ‖ **4** *vi (door)* cerrarse; *(belt, dress)* abrochar(se).
fastener ['fɑːsnə] *n* cierre *m*.
fastidious [fæ'stɪdɪəs] *adj* quisquilloso,-a.
fat [fæt] **1** *adj* gordo,-a. **2** *(thick)* grueso,-a. ‖ **3** *n* grasa.
● **to get fat** engordar.
fatal ['feɪtl] *adj* fatal.
fatality [fə'tælɪtɪ] *n* víctima mortal.
fate [feɪt] **1** *n* destino. **2** *(end)* suerte *f*.
fated ['feɪtɪd] *adj* predestinado,-a.
fateful ['feɪtfʊl] *adj* fatídico,-a.
father ['fɑːðə] **1** *n* padre *m*. ‖ **2** *vt* engendrar.
■ **Father Christmas** Papá *m* Noel; **Our Father** REL Padre *m* Nuestro.
father-in-law ['fɑːðərɪnlɔː] *n* suegro.
fatherland ['fɑːðəlænd] *n* patria.
fatherly ['fɑːðəlɪ] *adj* paternal.
fathom ['fæðəm] **1** *n* brazo. ‖ **2** *vt* penetrar en, comprender.
fatigue [fə'tiːg] **1** *n* fatiga, cansancio. **2** TECH fatiga. **3** MIL faena. ‖ **4** *vt fml* fatigar, cansar.
fatten ['fætn] **1** *vt (animal)* cebar. **2** *(person)* engordar.
fatty ['fætɪ] **1** *adj (food)* graso,-a. **2** *(person)* gordito,-a.
fatuous ['fætjʊəs] *adj* fatuo,-a.
faucet ['fɔːsɪt] *n* US grifo.
fault [fɔːlt] **1** *n (defect)* defecto; *(in merchandise)* defecto, desperfecto. **2** *(blame)* culpa: ***it's his fault*** es culpa suya. **3** *(mistake)* error *m*, falta. **4** *(in earth)* falla. **5** *(tennis)* falta. ‖ **6** *vt* criticar.
● **to be at fault** tener la culpa; **to find fault with** poner reparos a.
fault-finding ['fɔːltfaɪndɪŋ] *adj* criticón,-ona.
faultless ['fɔːltləs] *adj* perfecto,-a.
faulty ['fɔːltɪ] *adj* defectuoso,-a.
fauna ['fɔːnə] *n* fauna.
faux pas [fəʊ'pɑː] *n* metedura de pata.
favour ['feɪvə] **1** *n* favor *m*. ‖ **2** *vt* favorecer. **3** *(approve)* estar a favor de.
● **in favour of** partidario,-a de.
favourable ['feɪvrəbl] *adj* favorable.
favourite ['feɪvrɪt] *adj - n* preferido, -a.
favouritism ['feɪvrɪtɪzm] *n* favoritismo.
fawn [fɔːn] **1** *n* ZOOL cervato. ‖ **2** *adj (colour)* beige. ‖ **3** *n (colour)* beige.
♦ **to fawn on** *vt* adular, lisonjear.
fax [fæks] **1** *n* fax *m*. ‖ **2** *vt* enviar por fax.

FBI ['efbiː'aɪ] *abbr (*Federal Bureau of Investigation*)* oficina federal de investigación; *(abbreviation)* FBI *f.*
FC ['efsiː] *abbr* GB *(*Football Club*)* Club *m* de Fútbol; *(abbreviation)* CF.
fear [fɪə] **1** *n* miedo, temor *m.* || **2** *vt - vi* temer, tener miedo (a).
● **I fear (that) ...** me temo que ....
fearful ['fɪəfʊl] **1** *adj (frightened)* miedoso,-a. **2** *(terrible)* terrible, espantoso,-a, tremendo,-a.
fearless ['fɪələs] *adj* intrépido,-a.
fearsome ['fɪəsəm] *adj* aterrador,-a.
feasible ['fiːzəbl] *adj* factible, viable.
feast [fiːst] **1** *n* festín *m,* banquete *m.* **2** *fam* comilona. **3** REL fiesta de guardar.
● **to feast your eyes on sth** regalarse la vista con algo.
feat [fiːt] *n* proeza, hazaña.
feather ['feðə] *n* pluma.
feature ['fiːtʃə] **1** *n (of face)* rasgo, facción *f.* **2** *(characteristic)* rasgo, característica. **3** *(press)* crónica especial. || **4** *vt* poner de relieve. **5** *(in film etc)* tener como protagonista. || **6** *vi* figurar, constar.
■ **feature (film)** largometraje *m.*
Feb [feb] *abbr (*February*)* febrero.
February ['februərɪ] *n* febrero.
fed [fed] **1** *pt & pp* → **feed**. || **2 fed up** *adj fam* harto,-a (with, de).
federal ['fedrəl] *adj* federal.
federation [fedə'reɪʃn] *n* federación *f.*
fee [fiː] *n (doctor's etc)* honorarios *mpl*; *(membership)* cuota.
feeble ['fiːbl] *adj* débil.
feed [fiːd] **1** *n (for cattle)* pienso. || **2** *vt (pt & pp* fed) alimentar, dar de comer a; *fig* cebar. **3** *(insert)* introducir. || **4** *vi* alimentarse (on, de).
feedback ['fiːdbæk] **1** *n* realimentación *f.* **2** *fig* reacción *f.*
feel [fiːl] **1** *n* tacto, sensación. || **2** *vt (pt & pp* felt) tocar, palpar. **3** *(search)* tantear. **4** *(sense)* sentir; *(notice)* notar, apreciar. **5** *(believe)* creer. || **6** *vi* sentir(se), encontrarse. **7** *(seem)* parecer: ***it feels like leather*** parece piel. **8** *(opinion)* opinar.
♦ **to feel for** *vt (have sympathy for)* compadecer a, compadecerse de.
● **to feel like** apetecer: ***I feel like an ice cream*** me apetece un helado; **to feel like doing sth** tener ganas de hacer algo.
feeler ['fiːlə] *n (of insect)* antena.
feeling ['fiːlɪŋ] **1** *n (emotion)* sentimiento, sensación *f.* **2** *(concern)* compasión *f.* **3** *(impression)* impresión *f.* **4** *(artistic)* sensibilidad *f,* talento. **5** *(opinion)* sentir *m,* opinión *f.* || **6** *adj* sensible, compasivo,-a.
● **no hard feelings** *fam* no nos guardemos rencor.
feet [fiːt] *npl* → **foot**.
feign [feɪn] *vt* fingir, aparentar.
feint [feɪnt] *n fml (fencing)* finta.
feline ['fiːlaɪn] *adj - n* felino,-a.
fell [fel] **1** *pt* → **fall**. || **2** *adj* feroz. || **3** *vt (tree)* talar. **4** *(enemy)* derribar.
fellow ['feləʊ] **1** *n fam* tipo, tío. **2** *(member)* socio,-a. || **3** *adj* con-: ***fellow citizen*** conciudadano,-a; ***fellow student*** compañero,-a de estudios; ***fellow worker*** compañero,-a de trabajo.
fellowship ['feləʊʃɪp] **1** *n (group)* asociación *f,* sociedad *f.* **2** *(companionship)* compañerismo. **3** EDUC beca.
felony ['felənɪ] *n* crimen *m,* delito mayor.
felt [felt] **1** *pt & pp* → **feel**. || **2** *n* fieltro.
felt-tip ['felttɪp] *adj.*
■ **felt-tip pen** rotulador *m.*
female ['fiːmeɪl] **1** *n* hembra. **2** *(woman)* mujer *f*; *(girl)* chica. || **3** *adj* femenino, -a. **4** ZOOL hembra.
feminine ['femɪnɪn] **1** *adj* femenino,-a. || **2** *n* femenino.
feminism ['femɪnɪzm] *n* feminismo.
feminist ['feminist] **1** *adj* feminista. || **2** *n* feminista *mf.*
fence [fens] **1** *n* valla, cerca. **2** *fam* perista *mf.* || **3** *vi* practicar la esgrima. **4** cercar. **5** *fig* hablar con evasivas.

♦ **to fence off** *vt* separar mediante cercas.
● **to sit on the fence** ver los toros desde la barrera.

fencing ['fensɪŋ] **1** *n* SP esgrima. **2** *(fences)* cercado. **3** *(material)* material *m* para cercas.

fend [fend] **to fend for oneself** *phr* valerse por sí mismo,-a.
♦ **to fend off** *vt* parar, desviar; *fig* esquivar.

fender ['fendə] **1** *n* pantalla. **2** US parachoques *m inv*.

fennel ['fenl] *n* hinojo.

ferment ['fɜːmənt] **1** *n* fermento. ‖ **2** *vt* - *vi* ([fə'ment]) fermentar.

fermentation [fɜːmen'teɪʃn] *n* fermentación *f*.

fern [fɜːn] *n* helecho.

ferocious [fə'rəʊʃəs] *adj* feroz.

ferocity [fə'rɒsɪtɪ] *n* ferocidad *f*.

ferret ['ferɪt] **1** *n* hurón *m*. ‖ **2** *vi* huronear.
♦ **to ferret out** *vt* descubrir.

ferrous ['ferəs] *adj* ferroso,-a.

ferry ['ferɪ] **1** *n* barca de pasaje; *(large)* transbordador *m*, ferry *m*. ‖ **2** *vt* - *vi* transportar.

fertile ['fɜːtaɪl] *adj* fértil, fecundo,-a.

fertility [fə'tɪlɪtɪ] *n* fertilidad *f*.

fertilize ['fɜːtɪlaɪz] **1** *vt* fertilizar, abonar. **2** *(egg)* fecundar.

fertilizer ['fɜːtɪlaɪzə] *n* fertilizante *m*, abono.

fervent ['fɜːvnt] *adj* ferviente, fervoroso,-a.

fervour ['fɜːvə] *n* fervor *m*.

fester ['festə] *vi* supurar.

festival ['festɪvl] **1** *n* festival *m*. **2** *(feast)* fiesta.

fetch [fetʃ] **1** *vt (go and get)* ir a por, ir a buscar, buscar. **2** *fam (sell for)* venderse por.

fête [feɪt] **1** *n* fiesta. ‖ **2** *vt* festejar.

fetid ['fetɪd] *adj* fétido,-a.

fetish ['fetɪʃ] *n* fetiche *m*, manía.

fetishist ['fetɪʃɪst] *n* fetichista *mf*.

fetter ['fetə] **1** *vt* encadenar. ‖ **2 fetters** *npl* grillo *m sing*, grilletes *mpl*, cadenas *fpl*.

feud [fjuːd] *n* enemistad *f* (duradera).

feudal ['fjuːdl] *adj* feudal.

feudalism ['fjuːdəlɪzm] *n* feudalismo.

fever ['fiːvə] *n* fiebre *f*.

feverish ['fiːvərɪʃ] *adj* febril.

few [fjuː] **1** *adj* - *pron (not many)* pocos,-as. **2** unos,-as cuantos,-as, algunos,-as: ***a few of them*** algunos de ellos.
● **as few as** solamente; **no fewer than** no menos de; **quite a few** un buen número (de).

fiancé [fɪ'ænseɪ] *n* prometido.

fiancée [fɪ'ænseɪ] *n* prometida.

fiasco [fɪ'æskəʊ] *n* fiasco, fracaso.

fib [fɪb] **1** *n fam* bola. ‖ **2 a few** *vi fam* contar bolas.

fibre ['faɪbə] *n* fibra.

fibreglass ['faɪbəglɑːs] *n* fibra de vidrio.

fibrous ['faɪbrəs] *adj* fibroso,-a.

fickle ['fɪkl] *adj* inconstante, voluble.

fiction ['fɪkʃn] **1** *n (novels)* novela, narrativa. **2** *(invention)* ficción *f*.

fictional ['fɪkʃnəl] *adj* ficticio,-a.

fictitious [fɪk'tɪʃəs] *adj* ficticio,-a.

fiddle ['fɪdl] **1** *n fam* violín *m*. **2** *fam (shady deal)* estafa, trampa. ‖ **3** *vi fam* juguetear (with, con). ‖ **4** *vt fam* falsificar.
♦ **to fiddle about/around** *vi fam* perder el tiempo.

fiddler ['fɪdlə] *n fam* violinista *mf*.

fidelity [fɪ'delɪtɪ] *n* fidelidad *f*.

fidget ['fɪdʒɪt] **1** *n* persona inquieta. ‖ **2** *vi* moverse, no poder estar(se) quieto,-a.
● **to fidget with** jugar con.

fidgety ['fɪdʒɪtɪ] *adj* inquieto,-a.

field [fiːld] **1** *n* campo. **2** *(for mining)* yacimiento. **3** *(subject, area)* campo, terreno.

fiend [fiːnd] **1** *n* demonio, diablo. **2** *fam* fanático,-a.

fiendish ['fiːndɪʃ] *adj* diabólico,-a.

fierce [fɪəs] **1** *adj* feroz. **2** *fig* fuerte, intenso,-a.

fiery ['faɪərɪ] **1** *adj (colour)* encendido,-a. **2** *fig* fogoso,-a.

fifteen [fɪf'tiːn] *num* quince.

fifteenth [fɪf'tiːnθ] **1** *adj* decimoquinto,-a. || **2** *n (fraction)* decimoquinto, decimoquinta parte *f*; *(in dates)* quince.

fifth [fɪfθ] **1** *adj* quinto,-a. || **2** *n (fraction)* quinto, quinta parte *f*; *(in dates)* cinco.

fiftieth ['fɪftɪəθ] **1** *adj* quincuagésimo,-a. || **2** *n (fraction)* quincuagésimo, quincuagésima parte *f*.

fifty ['fɪftɪ] *num* cincuenta.

fig [fɪg] *n* higo.

■ **fig tree** higuera.

fight [faɪt] **1** *n* lucha. **2** *(physical violence)* pelea. **3** *(boxing)* combate *m*. || **4** *vi* (*pt & pp* **fought**) *(quarrel)* pelearse, discutir. || **5** *vt (bull)* lidiar. **6** *(battle)* librar. || **7** *vt - vi (with physical violence)* pelearse, luchar. **8** *fig* luchar (against/for, contra/por), combatir.

♦ **to fight back** *vi* resistir, defenderse

♦ **to fight off** **1** *vt* rechazar. **2** *vt fig (illness)* librarse de, cortar.

fighter ['faɪtə] **1** *n* combatiente *mf*. **2** *(boxing)* boxeador,-ra, púgil *m*. **3** *fig* luchador,-ra.

■ **fighter plane** caza *m*, avión *m* de caza.

figurative ['fɪgrətɪv] *adj* figurado,-a.

figure ['fɪgə, ëusë 'fɪgjər] **1** *n (shape)* forma. **2** *(of body)* figura, tipo. **3** *(personality)* figura, personaje *m*. **4** MATH cifra, número. || **5** *vi (appear)* figurar, constar. || **6** *vt* US suponer.

♦ **to figure out** *vt fam* comprender, explicarse.

● **that figures!** ¡ya me parecía a mí!

■ **figure of speech** figura retórica; **figure skating** patinaje *m* artístico.

figurehead ['fɪgəhed] **1** *n* MAR mascarón *m* de proa. **2** *fig* figura decorativa.

filament ['fɪləmənt] *n* filamento.

file [faɪl] **1** *n (tool)* lima. **2** *(folder)* carpeta. **3** *(archive)* archivo, expediente *m*. **4** COMPUT archivo. **5** *(line)* fila. || **6** *vt (smooth)* limar. **7** *(put away)* archivar; *(in cardindex)* fichar. **8** JUR presentar. || **9** *vi* desfilar.

● **in single file** en fila india; **to be on file** estar archivado,-a.

filigree ['fɪlɪgriː] *n* filigrana.

filing ['faɪlɪŋ] **1** *n* clasificación *f*. || **2 filings** *npl* limaduras *fpl*.

■ **filing cabinet** archivador *m*.

Filipino [fɪlɪ'piːnəʊ] *adj - n* filipino,-a.

fill [fɪl] **1** *n* saciedad *f*. || **2** *vt* llenar (**with**, de). **3** *(cover)* cubrir. **4** CULIN rellenar. **5** *(tooth)* empastar.

♦ **to fill in** **1** *vt (space, form)* rellenar. **2** *vt (inform)* poner al corriente (**on**, de) ♦ **to fill in for** *vt* sustituir a ♦ **to fill out** **1** *vi* llenarse (**with**, de). **2** *vi* engordar ♦ **to fill up** *vt - vi* llenar(se).

● **to have had one's fill** estar harto,-a (**of**, de).

fillet ['fɪlɪt] **1** *n* filete *m*. || **2** *vt* cortar a filetes.

filling ['fɪlɪŋ] **1** *n (in tooth)* empaste *m*. **2** CULIN relleno.

■ **filling station** gasolinera.

filly ['fɪlɪ] *n* potra.

film [fɪlm] **1** *n* película, film(e) *m*. **2** *(of dust etc)* capa. **3** *(roll)* película. || **4** *vt* rodar, filmar.

filter ['fɪltə] **1** *n* filtro. || **2** *vt* filtrar. || **3** *vi* filtrarse.

filth [fɪlθ] **1** *n* suciedad *f*, porquería. **2** *fig (obscenity)* obscenidades *fpl*.

filthy ['fɪlθɪ] *adj* sucio,-a, asqueroso,-a.

fin [fɪn] *n* aleta.

final ['faɪnl] **1** *adj* final, último,-a. **2** *(definitive)* definitivo,-a. || **3** *n* SP final *f*. || **4 finals** *npl* exámenes *mpl* finales.

finalist ['faɪnlɪst] *n* finalista *mf*.

finalize ['faɪnlaɪz] *vt* ultimar.

finally ['faɪnlɪ] **1** *adv (at last)* por fin. **2** *(definitively)* definitivamente.

finance ['faɪnæns] **1** *vt* financiar. || **2** *n* finanzas *fpl*. || **3 finances** *npl* fondos *mpl*.

financial [faɪ'nænʃl] *adj* financiero,-a.

financier [faɪ'nænsɪə] *n* financiero,-a.

find [faɪnd] **1** *n* hallazgo. ‖ **2** *vt* (*pt & pp* found) encontrar, hallar. **3** *(end up)* venir a parar. **4** *(discover)* descubrir. **5** Jur declarar.
♦ **to find out 1** *vt - vi* averiguar. **2** *vi (discover)* enterarse (**about,** de).
● **to find one's way** encontrar el camino.

findings [ˈfaɪndɪŋz] *npl* conclusiones *fpl*, resultados *mpl*.

fine [faɪn] **1** *n* multa. ‖ **2** *vt* multar, poner una multa. ‖ **3** *adj (thin)* fino,-a. **4** *(subtle)* sutil. **5** *(excellent)* excelente. **6** *(weather)* bueno,-a. **7** *iron* menudo,-a. ‖ **8** *adv (finely)* fino, finamente. **9** *fam (very well)* muy bien.

finger [ˈfɪŋgə] **1** *n* dedo. ‖ **2** *vt* tocar.

fingernail [ˈfɪŋgəneɪl] *n* uña.

fingerprint [ˈfɪŋgəprɪnt] *n* huella digital, huella dactilar.

fingertip [ˈfɪŋgətɪp] *n* punta del dedo, yema del dedo.
● **to have sth at one's fingertips** *fig* saberse algo al dedillo.

finicky [ˈfɪnɪkɪ] *adj* remilgado,-a.

finish [ˈfɪnɪʃ] **1** *n* fin *m*, final *m*. **2** Sp llegada. **3** *(surface)* acabado. ‖ **4** *vt - vi (end)* acabar, terminar. ‖ **5** *vt (consume)* acabar, agotar: ***finish (up) your potatoes*** termínate las patatas. **6** *fam (tire out)* agotar; *(use up)* acabar, agotar.
♦ **to finish with 1** *vt* acabar con. **2** *vt (person)* romper con.
● **a close finish** Sp un final muy reñido; **to the finish** hasta el final.

finishing [ˈfɪnɪʃɪŋ] *adj* final.
■ **finishing line** meta, línea de meta.

finite [ˈfaɪnaɪt] *adj* finito,-a.

Finland [ˈfɪnlənd] *n* Finlandia.

Finn [fɪn] *n (person)* finlandés,-esa.

Finnish [ˈfɪnɪʃ] **1** *adj* finlandés,-a. ‖ **2 to finish (off)** *n (language)* finlandés *m*. ‖ **3 the Finnish** *npl* los finlandeses *mpl*.

fir [fɜː] *n* abeto.

fire [ˈfaɪə] **1** *n* fuego. **2** *(blaze)* incendio, fuego. **3** *(heater)* estufa. **4** Mil fuego. ‖ **5** *vt (weapon)* disparar; *(rocket)* lanzar. **6** *(pottery)* cocer. **7** *fig* inflamar, enardecer. **8** *fam (sack)* despedir, echar. ‖ **9** *vi (shoot)* disparar (at, sobre). ‖ **10** *interj* ¡fuego!
● **to be on fire** estar ardiendo, estar en llamas; **to catch fire** incendiarse; **to set fire to sth** prender fuego a algo, incendiar algo.
■ **fire engine** camión *m* de bomberos; **fire escape** escalera de incendios; **fire extinguisher** extintor *m*; **fire station** parque *m* de bomberos; **fire hydrant** boca de incendio.

firearm [ˈfaɪərɑːm] *n* arma de fuego.

fireman [ˈfaɪəmən] *n* bombero.

fireplace [ˈfaɪəpleɪs] **1** *n* chimenea. **2** *(hearth)* hogar *m*.

fireproof [ˈfaɪəpruːf] *adj* incombustible.

firewall [ˈfaɪəwɔːl] *n* cortafuego.

firewood [ˈfaɪəwʊd] *n* leña.

fireworks [ˈfaɪəwɜːks] *npl* fuegos *mpl* artificiales.

firing [ˈfaɪərɪŋ] *n* tiroteo.
■ **firing squad** pelotón *m* de fusilamiento; **firing range** campo de tiro.

firm [fɜːm] **1** *adj* firme. ‖ **2** *n* empresa, firma.

firmly [ˈfɜːmlɪ] *adv* firmemente.

firmness [ˈfɜːmnəs] *n* firmeza.

first [fɜːst] **1** *adj* primero,-a. ‖ **2** *adv* primero. ‖ **3** *n (fraction)* primero,-a. **4** *(in dates)* uno. **5** *(beginning)* principio. **6** *(degree classification)* sobresaliente *m*.
● **at first** al principio; **at first sight** a primera vista; **first of all** en primer lugar.
■ **first aid** primeros auxilios *mpl*; **first aid kit** botiquín *m* de primeros auxilios; **first floor** GB primer piso; US planta baja; **first name** nombre *m* de pila; **first degree** licenciatura; **first refusal** primera opción *f*.

first-class [ˈfɜːstklɑːs] **1** *adj* de primera clase. **2** *fig* excelente. ‖ **3** *adv* en primera.

firstly [ˈfɜːstlɪ] *adv* en primer lugar, ante todo.

first-rate [ˈfɜːstreɪt] *adj* excelente.

fiscal ['fɪskl] *adj* fiscal.

fish [fɪʃ] **1** *n* pez *m*. **2** CULIN pescado. || **3** *vi* pescar (for, -).

■ **fish and chips** pescado con patatas; **fish finger** palito de pescado; **fish shop** pescadería.

fisherman ['fɪʃəmən] *n* pescador *m*.

fishing ['fɪʃɪŋ] *n* pesca.

● **to go fishing** ir de pesca.

■ **fishing boat** barca de pesca; **fishing rod** caña de pescar.

fishmonger ['fɪʃmʌŋgə] *n* GB pescadero,-a.

fishmonger's ['fɪʃmʌŋgəs] *n* pescadería.

fishy ['fɪʃɪ] **1** *adj (taste, smell)* a pescado. **2** *(suspicious)* sospechoso,-a.

fission ['fɪʃn] *n* fisión *f*.

fissure ['fɪʃə] *n* fisura, grieta.

fist [fɪst] *n* puño.

fistful ['fɪstfʊl] *n* puñado.

fit [fɪt] **1** *n* MED ataque *m*, acceso. **2** *fig* arranque *m*, arrebato. **3** SEW corte *m*. || **4** *vt* ir bien a. **5** *(slot)* encajar en. **6** *(install)* poner, colocar. **7** *(correspond)* encajar con. || **8** *vi* caber. **9** *(match)* cuadrar. || **10** *adj (suitable)* apto,-a, adecuado, -a: ***he isn't fit to drive*** no está en condiciones de conducir. **11** *(healthy)* en (plena) forma.

♦ **to fit in 1** *vi (adapt)* encajar. **2** *vi (match)* cuadrar. **3** *vt* encontrar un hueco para ♦ **to fit out** *vt* equipar.

● **by fits and starts** a trompicones; **to see fit** estimar oportuno.

fitness ['fɪtnəs] *n (health)* buena forma (física).

fitted ['fɪtɪd] *adj* empotrado,-a.

fitting ['fɪtɪŋ] **1** *adj fml* apropiado,-a. || **2** *n* SEW prueba. || **3 fittings** *npl* accesorios *mpl*.

five [faɪv] *num* cinco.

fix [fɪks] **1** *vt (fasten)* fijar. **2** *(repair)* arreglar. **3** *(arrange)* arreglar. **4** *(dishonestly)* amañar. **5** US *(get ready)* preparar. || **6** *n fam* apuro, aprieto. **7** *sl (drugs)* pico.

♦ **to fix on** *vt* decidir, optar por ♦ **to fix up** *vt* proveer (**with,** de).

● **to fix one's eyes on sth** fijar los ojos en algo.

fixation [fɪk'seɪʃn] *n* obsesión *f*.

fixed [fɪkst] *adj* fijo,-a.

fixture ['fɪkstʃə] **1** *n* SP encuentro. || **2 fixtures** *npl* muebles *mpl* empotrados.

fizz [fɪz] **1** *n* burbujeo. || **2** *vi* burbujear.

fizzle ['fɪzl] *vi* chisporrotear.

♦ **to fizzle out** *vi* ir perdiendo fuerza hasta quedarse en nada.

fizzy ['fɪzɪ] *adj* gaseoso,-a, con gas; *(wine)* espumoso,-a.

flabbergasted ['flæbəgɑːstɪd] *adj* pasmado,-a, atónito,-a.

flabby ['flæbɪ] *adj* fofo,-a.

flaccid ['flæksɪd] *adj* fláccido,-a.

flag [flæg] **1** *n* bandera. **2** MAR pabellón *m*. **3** *(for charity)* banderita. || **4** *vi* decaer.

flagship ['flægʃɪp] *n* buque *m* insignia.

flagstone ['flægstəʊn] *n* losa.

flair [fleə] *n* talento, don *m*.

flake [fleɪk] **1** *n (of snow, oats)* copo. **2** *(of skin, soap)* escama. **3** *(of paint)* desconchón *m*. || **4** *vi (gen)* descamarse. **5** *(paint)* desconcharse.

flamboyant [flæm'bɔɪənt] *adj* llamativo,-a, extravagante.

flame [fleɪm] **1** *n* llama. **2** COMPUT llamarada.

flamingo [flə'mɪŋgəʊ] *n* flamenco.

flan [flæn] *n* CULIN tarta rellena.

flange [flændʒ] *n* brida, reborde *m*.

flank [flæŋk] **1** *n* ijada, ijar *m*. **2** MIL flanco. || **3** *vt* flanquear, bordear.

flannel ['flænl] *n* franela.

flap [flæp] **1** *n (of envelope, pocket)* solapa. **2** *(of tent)* faldón *m*. || **3** *vt* batir. || **4** *vi (wings)* aletear. **5** *(flag)* ondear.

flare [fleə] **1** *n (flame)* llamarada. **2** *(signal)* bengala. || **3** *vi* llamear.

♦ **to flare up** *vi* estallar.

flared [fleəd] *adj* acampanado,-a.

flash [flæʃ] **1** *n* destello: ***like a flash*** como un rayo. **2** *(burst)* ráfaga. **3** *(photography)* flash *m*. || **4** *vi* destellar. **5** *(dash)* pasar como un rayo. || **6** *vt (light)* despedir, lanzar; *(torch)* encender. **7** *(send)* enviar.

■ **flash of lightning** relámpago; **(news) flash** flash *m*, noticia de última hora.

flashback ['flæʃbæk] *n* escena retrospectiva.

flashlight ['flæʃlaɪt] *n* linterna.

flashy ['flæʃɪ] *adj* llamativo,-a.

flask [flæsk] **1** *n* frasco. **2** CHEM matraz *m*.

■ **(thermos) flask** termo.

flat [flæt] **1** *adj (surface)* llano,-a, plano,-a. **2** *(tyre)* desinflado,-a. **3** *(battery)* descargado,-a. **4** *(drink)* sin gas. **5** *fig (dull)* monótono,-a, soso,-a. **6** *(firm)* rotundo,-a. **7** MUS bemol. ‖ **8** *n (plain)* superficie *f* plana, llanura. **9** *(of hand)* palma. **10** GB *(apartment)* piso. ‖ **11** *adv (exactly)*: ***in ten seconds flat*** en diez segundos justos.

■ **flat rate** precio fijo; **flat roof** azotea.

flatly ['faltlɪ] *adv* rotundamente.

flatten ['flætn] **1** *vt* allanar. ‖ **2** *vi* allanarse, aplanarse. ‖ **3** *vt (crush)* aplastar.

flatter ['flætə] **1** *vt* adular, halagar. **2** *(suit)* favorecer.

flattering ['flætrɪŋ] **1** *adj* lisonjero,-a, halagador,-a. **2** *(attractive)* favorecedor,-ra.

flattery ['flætərɪ] *n* adulación *f*, halago.

flatulence ['flætjʊlens] *n fml* flatulencia.

flaunt [flɔːnt] *vt* hacer alarde de.

flautist ['flɔːtɪst] *n* flautista *mf*.

flavour ['fleɪvə] **1** *n* sabor *m*. **2** *fig* atmósfera. ‖ **3** *vt* sazonar, condimentar.

flavouring ['fleɪvərɪŋ] *n* condimento.

flaw [flɔː] **1** *n (failing)* defecto. **2** *(fault)* desperfecto.

flawless ['flɔːləs] *adj* impecable.

flea [fliː] *n* pulga.

fleck [flek] *n* mota, punto.

flee [fliː] **1** *vt (pt & pp* **fled** [fled]) huir de. ‖ **2** *vi* huir (from, de).

fleece [fliːs] **1** *n (on sheep)* lana; *(sheared)* vellón *m*. ‖ **2** *vt fam (cheat)* desplumar, robar.

fleet [fliːt] **1** *n* MAR armada. **2** *(of cars)* flota, parque móvil.

fleeting ['fliːtɪŋ] *adj* fugaz, efímero,-a.

flesh [fleʃ] *n* carne *f*.

fleshy ['fleʃɪ] *adj* gordo,-a.

flew [fluː] *pt* → **fly**.

flex [fleks] **1** *n* GB cable *m*. ‖ **2** *vt (body, joints)* doblar; *(muscles)* flexionar.

flexible ['fleksɪbl] *adj* flexible.

flick [flɪk] **1** *n (jerk)* movimiento rápido, movimiento brusco. ‖ **2** *vt (switch)* dar. **3** *(whip)* chasquear.

flicker ['flɪkə] **1** *n* parpadeo. **2** *fig (trace)* indicio. ‖ **3** *vi (eyes)* parpadear; *(flame)* vacilar.

flight [flaɪt] **1** *n* vuelo. **2** *(flock of birds)* bandada. **3** *(of stairs)* tramo. **4** *(escape)* huida, fuga.

● **to take flight** darse a la fuga.

flighty ['flaɪtɪ] *adj fig* frívolo,-a.

flimsy ['flɪmzɪ] **1** *adj (thin)* fino,-a. **2** *(structure)* poco sólido,-a. **3** *fig (excuse)* poco creíble.

flinch [flɪntʃ] **1** *vi (wince)* estremecerse. **2** *(shun)* retroceder.

fling [flɪŋ] **1** *n (throw)* lanzamiento. **2** *(wild time)* juerga. **3** *(affair)* lío (amoroso). ‖ **4** *vt (pt & pp* **flung**) arrojar, tirar, lanzar.

● **to have a fling** echar una cana al aire.

flint [flɪnt] **1** *n (stone)* pedernal *m*. **2** *(of lighter)* piedra.

flip [flɪp] **1** *n* capirotazo. ‖ **2** *vt (toss)* echar (al aire). **3** *(turn over)* dar la vuelta a. ‖ **4** *vi fam (freak out)* perder los estribos. ‖ **5** **flip!** *interj fam* ¡ostras!

flippant ['flɪpənt] *adj* frívolo,-a.

flipper ['flɪpə] *n* aleta.

flirt [flɜːt] **1** *n* coqueto,-a. ‖ **2** *vi* flirtear, coquetear.

flirtation [flɜː'teɪʃn] *n* coqueteo.

float [fləʊt] **1** *n (fishing)* flotador *m*. **2** *(swimming)* flotador *m*. **3** *(vehicle)* carroza. ‖ **4** *vi* flotar. ‖ **5** *vt* hacer flotar. **6** FIN *(shares)* emitir.

flock [flɒk] **1** *n (of sheep, goats)* rebaño; *(of birds)* bandada. **2** *fam (crowd)* tropel *m*. **3** REL grey *f*. ‖ **4** *vi* acudir en masa.

● **to flock together** congregarse.

flog [flɒg] **1** *vt (whip)* azotar. **2** GB *fam (sell)* vender.

flood [flʌd] **1** *n* inundación *f*. **2** *(of river)* riada. **3** *fig* torrente *m*, avalancha. || **4** *vt* inundar. || **5** *vi* desbordarse.

floodlight ['flʌdlaɪt] *n* foco.

floor [flɔː] **1** *n (surface)* suelo, piso. **2** *(storey - block of flats)* piso; *(- offices, shops)* planta. || **3** *vt (knock down)* derribar. **4** *fig* dejar perplejo,-a.

flop [flɒp] **1** *n fam* fracaso. || **2** *vi fam (fall heavily)* dejarse caer. **3** *fam* fracasar.

floppy ['flɒpɪ] *adj* blando,-a, flexible.

■ **floppy disk** COMPUT disco flexible, disquete *m*.

flora ['flɔːrə] *n* flora.

floral ['flɔːrl] *adj* floral.

florid ['flɒrɪd] *adj pej (style)* florido,-a, recargado,-a.

florist ['flɒrɪst] *n* florista *mf*.

■ **florist's** floristería.

flounce [flaʊns] *n* SEW volante *m*.

♦ **to flounce in** *vi* entrar airadamente.

flounder ['flaʊndə] **1** *n (fish)* platija. || **2** *vi (energetically)* forcejear, luchar. **3** *fig (dither)* vacilar.

flour ['flaʊə] *n* harina.

flourish ['flʌrɪʃ] **1** *n (gesture)* ademán *m*, gesto. || **2** *vt (wave)* ondear, agitar. || **3** *vi* florecer.

flourishing ['flʌrɪʃɪŋ] *adj* floreciente, próspero,-a.

flow [fləʊ] **1** *n (gen)* flujo. **2** *(of river)* corriente *f*. **3** *(of traffic)* circulación *f*. || **4** *vi* fluir, manar. **5** *(traffic)* circular. **6** *(blood, ideas)* correr, fluir.

● **to flow into** desembocar en.

■ **flow chart** *(gen)* diagrama *m* de flujo; COMPUT organigrama *m*.

flower ['flaʊə] **1** *n* flor *f*. || **2** *vi* florecer.

■ **flower bed** parterre *m*.

flowerpot ['flaʊəpɒt] *n* maceta, tiesto.

flowery ['flaʊərɪ] **1** *adj (pattern)* de flores. **2** *(style)* florido,-a.

flowing ['fləʊɪŋ] **1** *adj (liquid)* que fluye. **2** *(style)* fluido,-a, suelto,-a.

flown [fləʊn] *pp* → **fly**.

flu [fluː] *n* gripe *f*.

fluctuate ['flʌktjʊeɪt] *vi* fluctuar.

fluency ['fluːənsɪ] **1** *n* fluidez *f*. **2** *(of language)* dominio (in, de).

fluent ['fluːənt] *adj* fluido,-a.

fluently ['fluːəntlɪ] *adv* con soltura.

fluff [flʌf] **1** *n* pelusa, lanilla. || **2** *vt fam* pifiarla (-, en), equivocarse (-, en).

♦ **to fluff out/up 1** *vt (hair etc)* encrespar, erizar. **2** *vi* encresparse, erizarse.

fluffy ['flʌfɪ] *vi* mullido,-a.

fluid ['fluːɪd] **1** *adj* fluido,-a. || **2** *n* fluido.

fluke [fluːk] *n fam* chiripa.

flung [flʌŋ] *pt & pp* → **fling**.

fluorescent [flʊə'resnt] *adj* fluorescente.

■ **fluorescent light** fluorescente *m*.

flurry ['flʌrɪ] **1** *n (of snow)* nevisca. **2** *fig (burst)* oleada. || **3** *vt* poner nervioso,-a.

flush [flʌʃ] **1** *adj (level)* a ras (with, de). || **2** *n (blush)* rubor *m*. || **3** *vt (clean)* limpiar con agua. **4** *fig (enemy)* hacer salir. || **5** *vi (blush)* ruborizarse.

● **to flush the lavatory** tirar de la cadena (del wáter); **to be flush** *fam* andar bien de dinero.

fluster ['flʌstə] *vt* poner nervioso,-a.

● **to get in a fluster** ponerse nervioso,-a.

flute [fluːt] *n* flauta.

flutter ['flʌtə] **1** *n* agitación *f*. **2** *(of wings)* aleteo. **3** *(of eyelashes)* parpadeo. **4** *fam (bet)* apuesta. || **5** *vi (wave)* ondear. **6** *(butterfly)* revolotear.

● **to be in a flutter** *fig* estar nervioso, -a; **to flutter one's eyelashes** parpadear.

fly [flaɪ] **1** *n (insect)* mosca. || **2** *vi (pt* flew*; pp* flown) volar. **3** *(go by plane)* ir en avión. **4** *(flag)* estar izado,-a. **5** *(sparks)* saltar. **6** *(leave quickly)* irse volando. || **7** *vt* AV pilotar. **8** *(send by plane)* enviar por avión. **9** *(travel over)* sobrevolar. **10** *(kite)* hacer volar. **11** *(flag)* izar. || **12 flies** *npl (zip)* bragueta *f sing*.

flying ['flaɪɪŋ] **1** *n* Av aviación *f*. **2** *(action)* vuelo. || **3** *adj (soaring)* volante. **4** *(quick)* rápido,-a.
• **to pass (an exam) with flying colours** salir airoso,-a (de un examen).
▪ **flying saucer** platillo volante; **flying visit** visita relámpago.

flyover ['flaɪəʊvə] *n* GB paso elevado.

FM ['efem] *abbr (*Frequency Modulation*)* modulación *f* de frecuencia; *(abbreviation)* FM *f*.

FO ['efəʊ] *abbr* GB *(*Foreign Office*)* ≈ Ministerio de Asuntos Exteriores.

foal [fəʊl] *n* potro,-a.

foam [fəʊm] **1** *n* espuma. || **2** *vi (bubble)* hacer espuma.
▪ **foam rubber** gomaespuma.

foamy ['fəʊmɪ] *adj* espumoso,-a.

fob [fɒb] *vt*.
• **to fob off** embaucar, engañar; **to fob sb off with excuses** darle largas a algn.

focus ['fəʊkəs] **1** *n* foco. || **2** *vt (pt & pp* focused *o* focussed) enfocar. || **3** *vi* centrarse (on, en).
• **in focus** enfocado,-a; **out of focus** desenfocado,-a.

foetus ['fiːtəs] *n* feto.

fog [fɒg] **1** *n* niebla. || **2** *vt - vi* to fog up, empañar.

foggy ['fɒgɪ] *vi* de niebla: ***it's foggy*** hay niebla.

foglamp ['fɒglæmp] *n* faro antiniebla.

foible ['fɔɪbl] *n (habit)* manía.

foil [fɔɪl] **1** *n (metal paper)* papel *m* de aluminio. **2** *(contrast)* contraste *m*. || **3** *vt fml* frustrar.

fold [fəʊld] **1** *n (crease)* pliegue *m*. **2** *(for sheep)* redil *m*, aprisco. || **3** *vt* doblar, plegar. || **4** *vi* doblarse, plegarse.
• **to fold one's arms** cruzar los brazos.

folder ['fəʊldə] *n* carpeta.

folding ['fəʊldɪŋ] *adj* plegable.

foliage ['fəʊlɪɪdʒ] *n fml* follaje *m*.

folk [fəʊk] **1** *adj* popular. || **2** *npl* gente *f sing*. **3** *fam (family)* familia *f sing*.
▪ **folk music** música popular; **folk song** canción *f* popular.

folklore ['fəʊklɔː] *n* folclor(e) *m*.

follow ['fɒləʊ] **1** *vt - vi* seguir. **2** *(understand)* entender, seguir: ***I don't follow (you)*** no (te) entiendo. || **3 folks** *vt (pursue)* perseguir. || **4** *vi (be logical)* resultar, derivarse.
♦ **to follow out** *vt* ejecutar ♦ **to follow through** *vt* llevar a cabo ♦ **to follow up** *vt* seguir de cerca, profundizar en.

follower ['fɒləʊə] *n* seguidor,-ra.

following ['fɒləʊɪŋ] **1** *adj* siguiente. || **2** *n* seguidores *mpl*.

follow-up ['fɒləʊʌp] *n* continuación *f*.

folly ['fɒlɪ] *n fml* locura, desatino.

fond [fɒnd] **1** *adj (loving)* cariñoso,-a. **2** *(partial)* ser aficionado,-a (of, a).
• **to be fond of sb** tenerle cariño a algn.

fondle ['fɒndl] *vt* acariciar.

fondly ['fɒndlɪ] **1** *adv (lovingly)* cariñosamente. **2** *(naively)* ingenuamente.

fondness ['fɒndnəs] **1** *n* cariño. **2** *(liking)* afición *f* (for, a/por).

font [fɒnt] *n* pila bautismal.

food [fuːd] *n* comida, alimento.
▪ **food poisoning** intoxicación *f* alimentaria.

foodstuffs ['fuːdstʌfs] *npl* alimentos *mpl*, productos *mpl* alimenticios.

fool [fuːl] **1** *n* tonto,-a, imbécil *mf*: ***don't be a fool*** no seas tonto,-a. **2** *(jester)* bufón,-ona. || **3** *vt* engañar. || **4** *vi* bromear.
♦ **to fool about/around** *vi* hacer el tonto.
• **to make a fool of** poner en ridículo a; **to play the fool** hacer el tonto.

foolhardy ['fuːlhɑːdɪ] **1** *adj (risky)* temerario,-a. **2** *(person)* imprudente *mf*, intrépido,-a.

foolish ['fuːlɪʃ] *adj* estúpido,-a.

foolishness ['fuːlɪʃnəs] *n* estupidez *f*.

foolproof ['fuːlpruːf] *adj* infalible.

foot [fʊt] **1** *n (pl* feet) *(gen)* pie *m*. **2** *(of animal)* pata. || **3** *vt fam (pay)* pagar.
• **on foot** a pie; **to set foot in** entrar en; **to get off on the wrong foot** *fam*

empezar con mal pie; **to put one's foot down** *(be firm)* imponerse; *(accelerate)* pisar a fondo; **to put one's feet up** descansar, relajarse.

football ['fʊtbɔːl] **1** *n* fútbol *m*. **2** *(ball)* balón *m*.

■ **football pools** quinielas *fpl*.

footballer ['fʊtbɔːlə] *n* futbolista *mf*.

footlights ['fʊtlaɪts] *npl* candilejas *fpl*.

footnote ['fʊtnəʊt] *n* nota a pie de página.

footpath ['fʊtpɑːθ] *n* sendero, camino.

footprint ['fʊtprɪnt] *n* huella, pisada.

footstep ['fʊtstep] *n* paso, pisada.

footwear ['fʊtweə] *n* calzado.

for [fɔː] **1** *prep (intended)* para: ***it's for you*** es para ti. **2** *(purpose)* para: ***what's this for?*** ¿para qué sirve esto? **3** *(in lieu of)* por: ***do it for me*** hazlo por mí. **4** *(because of)* por. **5** *(during)* por, durante: ***for two weeks*** durante dos semanas. **6** *(distance)*: ***I walked for five miles*** caminé cinco millas. **7** *(destination)* para, hacia. **8** *(price)* por: ***I got it for £500*** lo conseguí por quinientas libras. **9** *(in favour of)* a favor de. **10** *(despite)* a pesar de. **11** *(as)* como: ***what do they use for fuel?*** ¿qué utilizan como combustible? **12 for +** *object* **+** *inf* ***it's time for you to go*** es hora de que te marches. ‖ **13** *conj* ya que.

● **as for me** por mi parte, en cuanto a mí; **for all I know** que yo sepa; **for good** para siempre; **for one thing** para empezar; **what for?** ¿para qué?

forage ['fɒrɪdʒ] **1** *n* forraje *m*. ‖ **2** *vt* hurgar, fisgar.

forbade [fɔː'beɪd] *pt* → **forbid**.

forbear [fɔː'beə] *vi* (*pt* forbore; *pp* forborne) *fml* abstenerse (from, de).

forbid [fə'bɪd] *vt* (*pt* forbade; *pp* forbidden [fə'bɪdən]) prohibir.

forbidding [fə'bɪdɪŋ] *adj* severo,-a.

forbore [fɔː'bɔː] *pt* → **forbear**.

forborne [fɔː'bɔːn] *pp* → **forbear**.

force [fɔːs] **1** *n* fuerza. **2** MIL cuerpo. ‖ **3** *vt* forzar.

● **by force** a/por la fuerza; **to come into force** entrar en vigor.

forceful ['fɔːsfʊl] *adj* enérgico,-a.

forceps ['fɔːseps] *npl* fórceps *m inv*.

ford [fɔːd] **1** *n* vado. ‖ **2** *vt* vadear.

forearm ['fɔːrɑːm] *n* antebrazo.

foreboding [fɔː'bəʊdɪŋ] *n* presentimiento.

forecast ['fɔːkɑːst] **1** *n* pronóstico, previsión *f*. ‖ **2** *vt* (*pt & pp* forecast *o* forecasted ['fɔːkɑːstɪd]) pronosticar.

forefathers ['fɔːfɑːðəz] *npl* antepasados *mpl*.

forefinger ['fɔːfɪŋgə] *n* dedo índice.

forefront ['fɔːfrʌnt] *n* vanguardia.

forego [fɔː'gəʊ] *vt* (*pt* forewent; *pp* foregone) renunciar a, sacrificar.

foregoing [fɔː'gəʊɪŋ] *adj* precedente.

foregone [fɔː'gɒn] *pp* → **forego**.

foreground ['fɔːgraʊnd] *n* primer plano.

forehead ['fɒrɪd, ɪfɔːhed] *n* frente *f*.

foreign ['fɒrɪn] **1** *adj* extranjero,-a. **2** *(policy etc)* exterior. **3** *(strange)* ajeno, -a.

■ **foreign exchange** FIN divisas *fpl*; **Foreign Office** GB Ministerio de Asuntos Exteriores; **foreign currency** divisa; **foreign exchange** divisas *fpl*.

foreigner ['fɒrɪnə] *n* extranjero,-a.

foreman ['fɔːmən] *n* capataz *m*.

foremost ['fɔːməʊst] *adj* principal.

forensic [fə'rensɪk] *adj* forense.

forerunner ['fɔːrʌnə] *n* precursor,-ra.

foresee [fɔː'siː] *vt* (*pt* foresaw [fɔː'sɔː], *pp* foreseen *[fO:'si:n]*) prever.

foresight ['fɔːsaɪt] *n* previsión *f*.

foreskin ['fɔːskɪn] *n* prepucio.

forest ['fɒrɪst] *n (small)* bosque *m*; *(tropical)* selva.

■ **forest fire** incendio forestal.

forestall [fɔː'stɔːl] *vt* anticiparse a.

forestry ['fɒrɪstrɪ] *n* silvicultura.

foretell [fɔː'tel] *vt* (*pt & pp* foretold) presagiar, pronosticar.

forethought ['fɔːθɔːt] **1** *n* previsión *f*. **2** JUR premeditación *f*.

foretold [fɔːˈtəʊld] *pt & pp* → **foretell**.
forever [fəˈrevə] **1** *adv* siempre. **2** *(for good)* para siempre.
forewarn [fɔːˈwɔːn] *vt* prevenir.
forewent [fɔːˈwent] *pp* → **forego**.
foreword [ˈfɔːwɜːd] *n* prólogo.
forfeit [ˈfɔːfɪt] **1** *n* pena, multa. **2** *(in games)* prenda. || **3** *vt* perder, renunciar a.
forgave [fəˈgeɪv] *pt* → **forgive**.
forge [fɔːdʒ] **1** *n (apparatus)* fragua. **2** *(blacksmith's)* herrería. || **3** *vt (counterfeit)* falsificar. **4** *(metal)* forjar, fraguar. **5** *fig* forjar.
forgery [ˈfɔːdʒərɪ] *n* falsificación *f*.
forget [fəˈget] *vt* (*pt* forgot; *pp* forgotten) olvidar, olvidarse de.
• **forget it!** ¡olvídalo!, ¡déjalo!; **to forget oneself** *fig* perder los estribos.
forgetful [fəˈgetfʊl] *adj* despistado,-a.
forgive [fəˈgɪv] *vt* (*pt* forgave; *pp* forgiven [fəˈgɪvn]) perdonar.
forgiveness [fəˈgɪvnəs] *n* perdón *m*.
forgo [fɔːˈgəʊ] *vt* → **forego**.
forgone [fɔːˈgɒn] *pp* → **forego**.
forgot [fəˈgɒt] *pt* → **forget**.
forgotten [fəˈgɒtn] *pp* → **forget**.
fork [fɔːk] **1** *n* tenedor *m*. **2** AGR horca, horquilla. **3** *(in road)* bifurcación *f*. || **4** *vi* bifurcarse.
♦ **to fork out** *vt fam (money)* soltar, aflojar.
forlorn [fəˈlɔːn] **1** *adj* abandonado,-a. **2** *(desolate)* triste. **3** *(hopeless)* desesperado,-a.
form [fɔːm] **1** *n (gen)* forma. **2** *(kind)* clase *f*, tipo. **3** *(formality)* formas *fpl*. **4** *(document)* formulario. **5** EDUC curso. || **6** *vt* formar. || **7** *vi* formarse.
• **off form** en baja forma; **on form** en forma.
■ **form of address** tratamiento.
formal [ˈfɔːml] **1** *adj* formal. **2** *(dress)* de etiqueta. **3** *(person, language)* ceremonioso,-a.
formality [fɔːˈmælɪtɪ] *n* formalidad *f*.
formally [ˈfɔːmlɪ] *adv* formalmente.
format [ˈfɔːmæt] **1** *n* formato. || **2** *vt* COMPUT formatear.
formation [fɔːˈmeɪʃn] *n* formación *f*.
former [ˈfɔːmə] **1** *adj* anterior. **2** *(onetime)* antiguo,-a. **3** *(person)* ex-: ***the former champion*** el excampeón. || **4** **the former** *pron* aquél, aquélla.
formerly [ˈfɔːməlɪ] *adv* antiguamente.
formidable [ˈfɔːmɪdəbl] **1** *adj* formidable. **2** *(daunting)* temible.
formula [ˈfɔːmjʊlə] *n* (*pl* formulas *o* formulae [ˈfɔːmjʊliː]) fórmula.
formulate [ˈfɔːmjʊleɪt] *vt* formular.
fornicate [ˈfɔːnɪkeɪt] *vi fml* fornicar.
forsake [fəˈseɪk] **1** *vt* (*pt* forsook [fɔːˈsʊk]; *pp* forsaken [fɔːˈseɪkən]) *fml* abandonar. **2** *(give up)* renunciar a.
fort [fɔːt] *n* fuerte *m*, fortaleza.
forte [ˈfɔːteɪ] *n* fuerte *m*.
forth [fɔːθ] *adv* en adelante.
• **and so forth** y así sucesivamente.
forthcoming [fɔːθˈkʌmɪŋ] **1** *adj* próximo,-a. **2** *(available)* disponible.
fortieth [ˈfɔːtɪəθ] **1** *adj* cuadragésimo,-a. || **2** *n* cuadragésimo, cuadragésima parte *f*; *(in dates)* catorce.
fortification [fɔːtɪfɪˈkeɪʃn] *n* fortificación *f*.
fortify [ˈfɔːtɪfaɪ] **1** *vt* MIL fortificar. **2** *fig* fortalecer.
fortnight [ˈfɔːtnaɪt] *n* GB quincena, dos semanas.
fortnightly [ˈfɔːtnaɪtlɪ] **1** *adj* quincenal. || **2** *adv* cada quince días.
fortress [ˈfɔːtrəs] *n* fortaleza.
fortunate [ˈfɔːtʃənət] *adj* afortunado,-a.
fortunately [ˈfɔːtʃənətlɪ] *adv* afortunadamente.
fortune [ˈfɔːtʃən] **1** *n (gen)* fortuna. **2** *(luck)* suerte *f*.
fortune-teller [ˈfɔːtʃəntelə] *n* adivino, -a.
forty [ˈfɔːtɪ] *num* cuarenta.
forward [ˈfɔːwəd] **1** *adv (gen)* hacia adelante: ***to go forward*** ir hacia adelante. **2** *(time)* en adelante: ***from this day forward*** de ahora en adelante, de aquí en adelante. || **3** *adj* hacia adelan-

te. **4** *(position)* delantero,-a, frontal. **5** *(advanced)* adelantado,-a. **6** *(person)* atrevido,-a, descarado,-a. || **7** *n* SP delantero,-a. || **8** *vt (send on)* remitir. **9** *fml (further)* adelantar.

● **to bring sth forward** adelantar algo; **to put the clock forward** adelantar el reloj.

forwards ['fɔːwədz] *adv* → **forward**.

forwent [fɔː'went] *pt* → **forego**.

fossil ['fɒsl] *n* fósil *m*.

foster ['fɒstə] **1** *vt (child)* criar. || **2** *adj* adoptivo,-a.

■ **foster child** hijo,-a adoptivo,-a; **foster mother** madre *f* adoptiva.

fought [fɔːt] *pt & pp* → **fight**.

foul [faʊl] **1** *adj* asqueroso,-a. **2** *(smell)* fétido,-a. **3** *fml (evil)* vil, atroz. || **4** *n* SP falta. || **5** *vt (dirty)* ensuciar. || **6** *vi (dirty)* ensuciarse. || **7** *vt* SP cometer una falta contra.

♦ **to foul up** *vt fam* estropear.

foul-mouthed [faʊl'maʊðd] *adj* malhablado,-a.

found [faʊnd] **1** *pt & pp* → **find**. || **2** *vt (establish)* fundar. **3** TECH fundir.

foundation [faʊn'deɪʃn] **1** *n (act, organization)* fundación *f*. **2** *(basis)* fundamento, base *f*. || **3 foundations** *npl* cimientos *mpl*.

founder ['faʊndə] **1** *n (person)* fundador,-ra. || **2** *vi* irse a pique.

foundry ['faʊndrɪ] *n* fundición *f*.

fountain ['faʊntən] **1** *n* fuente *f*. **2** *(jet)* surtidor *m*.

■ **fountain pen** pluma estilográfica.

four [fɔː] *num* cuatro.

● **on all fours** a gatas.

fourteen [fɔː'tiːn] *num* catorce.

fourteenth [fɔː'tiːnθ] **1** *adj* decimocuarto,-a. || **2** *n (fraction)* decimocuarto, decimocuarta parte *f*; *(in dates)* catorce.

fourth [fɔːθ] **1** *adj* cuarto,-a. || **2** *n (fraction)* cuarto, cuarta parte *f*; *(in dates)* cuatro.

fowl [faʊl] *n* (*pl* fowl) ave *f* de corral.

fox [fɒks] **1** *n* zorro,-a. || **2** *vt fam (trick)* engañar.

foxy ['fɒksɪ] *adj fam* astuto,-a.

foyer ['fɔɪeɪ, 'fɔɪə] *n* vestíbulo.

fraction ['frækʃn] *n* fracción *f*.

fracture ['fræktʃə] **1** *n* fractura. || **2** *vt* fracturar. || **3** *vi* fracturarse, romperse.

fragile ['frædʒaɪl] **1** *adj* frágil. **2** *fig (health)* delicado,-a.

fragility [frə'dʒɪlɪtɪ] *n* fragilidad *f*.

fragment ['frægmənt] **1** *n* fragmento. || **2** *vi* ([fræg'ment]) fragmentarse.

fragrance ['freɪgrəns] *n* fragancia.

frail [freɪl] *adj* frágil, delicado,-a.

frame [freɪm] **1** *n (of building, machine)* armazón *f*. **2** *(of bed)* armadura. **3** *(of bicycle)* cuadro. **4** *(of spectacles)* montura. **5** *(of human, animal)* cuerpo. **6** *(of window, door, etc)* marco. || **7** *vt (picture)* enmarcar. **8** *(door)* encuadrar. **9** *fam (set up)* tender una trampa a algn para que parezca culpable. **10** *fml (question)* formular.

■ **frame of mind** estado de ánimo.

framework ['freɪmwɜːk] **1** *n* armazón *f*. **2** *fig* estructura.

franc [fræŋk] *n* franco.

France [frɑːns] *n* Francia.

franchise ['fræntʃaɪz] **1** *n* COMM concesión *f*, licencia, franquicia. **2** *(vote)* derecho de voto.

frank [fræŋk] *adj* franco,-a.

frankness ['fræŋknəs] *n* franqueza.

frantic ['fræntɪk] **1** *adj (hectic)* frenético,-a. **2** *(anxious)* desesperado,-a.

fraternal [frə'tɜːnl] *adj* fraternal.

fraternity [frə'tɜːnɪtɪ] **1** *n (society)* asociación *f*; REL hermandad *f*, cofradía. **2** US *(university)* asociación *f* de estudiantes.

fraternize ['frætənaɪz] *vi* fraternizar.

fraud [frɔːd] **1** *n (act)* fraude *m*. **2** *(person)* impostor,-ra.

fraught [frɔːt] **1** *adj (full)* lleno,-a (with, de), cargado,-a (with, de). **2** *fam (anxious)* nervioso,-a, alterado,-a.

fray [freɪ] **1** *n (fight)* combate *m*. || **2** *vi (cloth)* deshilacharse; *(become worn)* desgastarse. **3** *fig (nerves)* crisparse.

freak [friːk] **1** *n (monster)* monstruo.

2 *sl (fan)* fanático,-a. ‖ 3 *adj (unusual)* insólito,-a.

♦ **to freak out** *vt - vi sl* flipar, alucinar.

freakish ['fri:kɪʃ] *adj* insólito,-a.

freckle ['frekl] *n* peca.

freckled ['frekld] *adj* pecoso,-a.

free [fri:] **1** *adj (gen)* libre. **2** *(without cost)* gratuito,-a. **3** *(generous)* generoso,-a. ‖ **4** *adv (gratis)* gratis. **5** *(loose)* suelto,-a. ‖ **6** *vt (liberate)* poner en libertad. **7** *(release)* liberar. **8** *(let loose, disengage)* soltar.

• **feel free!** ¡tú mismo,-a!; **free and easy** despreocupado,-a; **to run free** andar suelto,-a; **to set sb free** liberar a algn, poner en libertad a algn.

■ **free speech** libertad *f* de expresión; **free trade** libre comercio; **free will** libre albedrío.

freedom ['fri:dəm] *n* libertad *f*.

free-for-all ['fri:fərɔ:l] *n fam* pelea.

freelance ['fri:lɑ:ns] **1** *adj* autónomo, -a, freelance. ‖ **2** *n* colaborador,-ra externo,-a.

freelancer ['fri:lɑ:nsə] *n* colaborador, -ra externo,-a.

freely ['fri:lɪ] **1** *adv* libremente. **2** *(without cost)* gratis.

freemason ['fri:meɪsn] *n* (franc)masón,-ona.

free-range [fri:'reɪndʒ] *adj* de corral.

free-style ['fri:staɪl] *n* estilo libre.

freeway ['fri:weɪ] *n* US autopista.

freeze [fri:z] **1** *n* helada. **2** COMM congelación *f*. ‖ **3** *vt* (*pt* froze; *pp* frozen) congelar. ‖ **4** *vi (liquid)* helarse; *(food)* congelarse. **5** *fig (become still)* quedarse inmóvil.

freezer ['fri:zə] *n* congelador *m*.

freezing ['fri:zɪŋ] **1** *adj* helado. ‖ **2** *n* congelación *f*.

■ **freezing point** punto de congelación.

freight [freɪt] **1** *n (transport)* transporte *m*. **2** *(goods)* carga, flete *m*.

■ **freight train** tren *m* de mercancías.

French [frentʃ] **1** *adj* francés,-a. ‖ **2** *n (language)* francés *m*. ‖ **3 the French** *npl* los franceses *mpl*.

■ **French bean** judía verde; **French fries** patatas fritas.

frenzy ['frenzɪ] *n* frenesí *m*.

frequency ['fri:kwənsɪ] *n* frecuencia.

frequent ['fri:kwənt] **1** *adj* frecuente. ‖ **2** *vt* ([frɪ'kwent]) frecuentar.

frequently ['fri:kwəntlɪ] *adv* frecuentemente.

fresco ['freskəʊ] *n* fresco.

fresh [freʃ] **1** *adj (gen)* fresco,-a. **2** *(water)* dulce. **3** *(air)* puro,-a. **4** *(complexion)* sano,-a. **5** *fig (new)* nuevo,-a.

• **in the fresh air** al aire libre.

■ **fresh water** agua dulce; **fresh air** aire *m* fresco.

freshen ['freʃn] **1** *vt* refrescar. ‖ **2** *vi* refrescarse.

♦ **to freshen up 1** *vt* asear. **2** *vi* asearse.

fresher ['freʃə] *n* estudiante *mf* de primer curso.

freshly ['freʃlɪ] *adv* recién.

freshman ['freʃmən] *n* estudiante *mf* de primer curso.

freshness ['freʃnəs] **1** *n (brightness)* frescura. **2** *(cool)* frescor *m*. **3** *(newness)* novedad *f*. **4** *fam (cheek)* descaro.

fret [fret] **1** *n (on guitar)* traste *m*. ‖ **2** *vi* preocuparse.

♦ **to fret for** *vt* añorar.

fretful ['fretfʊl] *adj* preocupado,-a.

Fri ['fraɪdɪ] *abbr (*Friday*)* viernes *m*; *(abbreviation)* viern.

friar ['fraɪə] *n* fraile *m*.

friction ['frɪkʃn] *n* fricción *f*.

Friday ['fraɪdɪ] *n* viernes *m inv*.

fridge [frɪdʒ] *n* nevera, frigorífico.

fried [fraɪd] *adj* frito,-a.

friend [frend] *n* amigo,-a.

• **to make friends (with sb)** hacerse amigo,-a (de algn).

friendly ['frendlɪ] **1** *adj (person)* simpático,-a. **2** *(atmosphere)* acogedor,-ra.

• **to become friendly** hacerse amigos,-as.

■ **friendly game/match** partido amistoso.

friendship ['frendʃɪp] *n* amistad *f*.

frieze [friːz] *n* friso.

frigate ['frɪgət] *n* fragata.

fright [fraɪt] **1** *n (shock)* susto. **2** *(fear)* miedo.
● **to get a fright** pegarse un susto; **to take fright** asustarse; **to look a fright** *fam* estar hecho,-a un adefesio.

frighten ['fraɪtn] *vt* asustar, espantar.
♦ **to frighten away/off** *vt* ahuyentar.

frightened ['fraɪtnd] *adj* asustado,-a.
● **to be frightened** tener miedo.

frightening ['fraɪtnɪŋ] *adj* espantoso,-a.

frightful ['fraɪtfʊl] *adj* espantoso,-a, horroroso,-a.

frightfully ['fraɪtfʊlɪ] *adv fam* muchísimo.

frigid ['frɪdʒɪd] **1** *adj* MED frígido,-a. **2** *(icy)* frío,-a.

frill [frɪl] **1** *n (on dress)* volante *m*. **2** *(decoration)* adorno.
● **with no frills** sencillo,-a.

fringe [frɪndʒ] **1** *n (decorative)* fleco. **2** *(of hair)* flequillo. **3** *(edge)* borde *m*.

frisk [frɪsk] *vt* registrar, cachear.

frisky ['frɪskɪ] **1** *adj (child, animal)* retozón,-ona, juguetón,-ona. **2** *(adult)* vivo,-a.

fritter ['frɪtə] *n* CULIN buñuelo.
♦ **to fritter away** *vi pej* malgastar.

frivolous ['frɪvləs] *adj* frívolo,-a.

frizzy ['frɪzɪ] *adj* crespo,-a, rizado,-a.

fro [frəʊ] **to and fro** *phr* de un lado para otro.

frog [frɒg] *n* rana.

frogman ['frɒgmən] *n* hombre *m* rana.

frolic ['frɒlɪk] *vi* juguetear, retozar.

from [frɒm] **1** *prep (gen)* de. **2** *(number, position)* de, desde. **3** *(time)* desde, a partir de. **4** *(train, plane)* procedente de. **5** *(according to)* según, por: ***from experience*** por experiencia.
● **from now on** de ahora en adelante, a partir de ahora.

front [frʌnt] **1** *n (forward part)* parte *f* delantera. **2** METEOR frente *m*. **3** *(facade)* fachada. **4** MIL frente *m*. **5** *fig (business etc)* tapadera. ‖ **6** *adj* delantero,-a, de delante. ‖ **7** *vi* dar (on/onto, a).
● **in front (of)** delante (de); **from the front** por delante, de frente.
■ **front door** puerta principal, puerta de entrada.

frontal ['frʌntl] *adj* frontal.

frontier ['frʌntɪə] *n* frontera.

frost [frɒst] **1** *n (covering)* escarcha. **2** *(freezing)* helada. ‖ **3** *vi* to frost (over), helarse.

frostbite ['frɒstbaɪt] *n* congelación *f*.

frosted ['frɒstɪd] *adj (glass)* esmerilado,-a.

frosty ['frɒstɪ] *adj* helado,-a.

froth [frɒθ] **1** *n (gen)* espuma. **2** *(from mouth)* espumarajos *mpl*. ‖ **3** *vi* espumar.

frothy ['frɒθɪ] *adj* espumoso,-a.

frown [fraʊn] **1** *n* ceño. ‖ **2** *vi* fruncir el ceño.
♦ **to frown upon** *vt fig* desaprobar, censurar.

froze [frəʊz] *pt* → **freeze**.

frozen ['frəʊzn] *pp* → **freeze**.

frugal ['fruːgl] *adj* frugal.

fruit [fruːt] **1** *n* fruta. **2** BOT fruto. ‖ **3** *vi* dar fruto.
■ **fruit dish** frutero; **fruit machine** máquina tragaperras; **fruit salad** macedonia.

fruitful ['fruːtfʊl] *adj* fructífero,-a.

fruitless ['fruːtləs] *adj* infructífero,-a.

frustrate [frʌ'streɪt] *vt* frustrar.

frustration [frʌ'streɪʃn] *n* frustración *f*.

fry [fraɪ] **1** *vt* freír. ‖ **2** *vi* freírse. ‖ **3** *npl (fish)* alevines *mpl*.

frying pan ['fraɪɪŋpæn] *n* sartén *f*.

ft ['fʊt, 'fiːt] *abbr (*foot, feet*)* pie *m*, pies *mpl*.

fuchsia ['fjuːʃə] *n* fucsia.

fuck [fʌk] *vt* - *vi vulg* joder, follar.
● **fuck (it)!** *vulg* ¡joder!; **fuck off!** *vulg* ¡vete a la mierda!

fucking ['fʌkɪŋ] *adj vulg* jodido,-a: ***you're a fucking idiot!*** ¡eres un gilipollas!

fudge [fʌdʒ] *n* dulce hecho con azúcar, leche y mantequilla.

fuel [fjʊəl] **1** *n* combustible *m*. **2** *(for motors)* carburante *m*. || **3** *vt (plane)* abastecer de combustible. || **4** *vi (plane)* abastecerse de combustible. || **5** *vt fig* empeorar.

fugitive ['fjuːdʒɪtɪv] *adj - n* fugitivo, -a.

fulfil [fʊl'fɪl] **1** *vt (promise)* cumplir. **2** *(task)* realizar, efectuar. **3** *(need)* satisfacer.

fulfilment [fʊl'fɪlmənt] **1** *n* realización *f*. **2** *(of duty)* cumplimiento.

full [fʊl] **1** *adj (gen)* lleno,-a. **2** *(entire, complete)* completo,-a. **3** *(clothing)* holgado,-a. || **4** *adv (directly)* justo, de lleno.

● **at full speed** a toda velocidad; **full well** perfectamente; **in full** en su totalidad; **to be full of oneself** ser un/una engreído,-a; **in full swing** *fam* en pleno auge.

■ **full board** pensión *f* completa; **full moon** luna llena; **full stop** punto.

full-grown [fʊl'grəʊn] **1** *adj (plant)* crecido,-a. **2** *(person, animal)* adulto,-a.

full-length [fʊl'leŋθ] **1** *adj (image, portrait)* de cuerpo entero. **2** *(garment)* largo,-a. **3** *(film)* de largo metraje.

full-scale [fʌl'skeɪl] **1** *adj (model)* de tamaño natural. **2** *(total)* completo,-a, total.

full-time [fʊl'taɪm] **1** *adj* de jornada completa. || **2** *adv* a jornada completa.

fully ['fʊlɪ] *adv* completamente, enteramente.

fumble ['fʌmbl] *vi* revolver torpemente.

fume [fjuːm] **1** *vi* echar humo. **2** *fig (person)* subirse por las paredes. || **3** **fumes** *npl* humos *mpl*, vapores *mpl*.

fumigate ['fjuːmɪgeɪt] *vt* fumigar.

fun [fʌn] **1** *n* diversión *f*. || **2** *adj* divertido,-a.

● **in/for fun** en broma; **to be (great) fun** ser (muy) divertido,-a; **to have fun** divertirse, pasarlo bien; **to make fun of** reírse de.

function ['fʌŋkʃn] **1** *n (purpose)* función *f*. **2** *(ceremony)* acto, ceremonia. || **3** *vi* funcionar.

functional ['fʌŋkʃənl] *adj* funcional.

fund [fʌnd] **1** *n* fondo. || **2** *vt* patrocinar.

fundamental [fʌndə'mentl] **1** *adj* fundamental. || **2** **fundamentals** *npl* fundamentos *mpl*.

funeral ['fjuːnərl] *n* entierro, funerales *mpl*.

■ **funeral procession** cortejo fúnebre; **funeral parlor** US funeraria.

funfair ['fʌnfeə] *n* GB feria, parque *m* de atracciones.

fungus ['fʌŋgəs] *n* (*pl* **funguses** *o* **fungi** ['fʌŋdʒaɪ]) hongo.

funnel ['fʌnl] **1** *n (for liquid)* embudo. **2** *(chimney)* chimenea. || **3** *vt* verter por un embudo. || **4** *vi* verterse por un embudo. || **5** *vt fig* encauzar.

funny ['fʌnɪ] **1** *adj (amusing)* gracioso, -a, divertido,-a. **2** *(strange)* raro,-a, extraño,-a, curioso,-a.

fur [fɜː] **1** *n (of living animal)* pelo, pelaje *m*. **2** *(of dead animal)* piel *f*. **3** *(on appliance, tongue)* sarro.

■ **fur coat** abrigo de pieles.

furious ['fjʊərɪəs] *adj* furioso,-a.

furnace ['fɜːnəs] *n* horno.

furnish ['fɜːnɪʃ] **1** *vt (house etc)* amueblar. **2** *fml (supply)* suministrar.

furnishings ['fɜːnɪʃɪŋz] **1** *npl* muebles *mpl*, mobiliario *m sing*. **2** *(fittings)* accesorios *mpl*.

furniture ['fɜːnɪtʃə] *n* mobiliario, muebles *mpl*.

● **a piece of furniture** un mueble.

■ **furniture van** camión *m* de mudanzas.

furrow ['fʌrəʊ] **1** *n* surco. **2** *(wrinkle)* arruga. || **3** *vt* surcar. **4** *(forehead)* arrugar.

furry ['fʌrɪ] *adj* peludo,-a.

further ['fɜːðə] **1** *adj - adv comp* → **far**. || **2** *adj (new)* nuevo,-a. **3** *(additional)* adicional. **4** *(later)* ulterior, posterior. || **5** *adv* más: ***further along*** más adelante. **6** *fml (besides)* además. || **7** *vt* fomentar, promover.

furthermore [fɜːðə'mɔː] *adv fml* además.
furthest ['fɜːðɪst] *adj* - *adv superl* → **far**.
furtive ['fɜːtɪv] *adj* furtivo,-a.
fury ['fjʊərɪ] *n* furia, furor *m*.
fuse [fjuːz] **1** *n* ELEC fusible *m*, plomo. **2** *(of bomb)* mecha; *(detonator)* espoleta. ‖ **3** *vt (gen)* fundir. ‖ **4** *vi (gen)* fundirse. ‖ **5** *vt fig (merge)* fusionar. ‖ **6** *vi fig (merge)* fusionarse.
■ **fuse box** caja de fusibles.
fusion ['fjuːʒn] *n* fusión *f*.
fuss [fʌs] **1** *n* alboroto, jaleo. ‖ **2** *vi* preocuparse (over, de).
● **to kick up a fuss** armar un escándalo; **to make a fuss** quejarse.
fussy ['fʌsɪ] *adj* quisquilloso,-a.
fusty ['fʌstɪ] **1** *adj (musty)* mohoso,-a. **2** *(old-fashioned)* chapado,-a a la antigua.
futile ['fjuːtaɪl] *adj* vano,-a, inútil.
future ['fjuːtʃə] **1** *adj* futuro,-a. ‖ **2** *n* futuro, porvenir *m*. **3** GRAM futuro.
● **in the future** en el futuro; **in the near future** en un futuro próximo.
fuzz [fʌz] **1** *n* pelusa. ‖ **2** *vt* rizar.
■ **the fuzz** *sl* la bofia.
fuzzy ['fʌzɪ] **1** *adj (hair)* rizado,-a, crespo,-a. **2** *(blurred)* borroso,-a.
fwd ['fɔːwəd] *abbr (*forward*)* adelante.
FYI ['efwar'aɪ] *abbr (*for your information*)* para su información, para que lo sepa.

G

gab [gæb] **1** *n* labia. ‖ **2** *vi* charlar.
● **to have the gift of the gab** tener mucha labia.
gabardine ['gæbədiːn] *n* gabardina.
gabble ['gæbl] **1** *n* farfulla, habla atropellada. ‖ **2** *vt* farfullar, hablar atropelladamente.
gadget ['gædʒɪt] *n* aparato, chisme *m*.
Gaelic ['geɪlɪk] **1** *adj* gaélico,-a. ‖ **2** *n* gaélico.
gaffe [gæf] *n* metedura de pata.
● **to make a gaffe** meter la pata.
gag [gæg] **1** *n* mordaza. **2** *(joke)* chiste *m*, broma. ‖ **3** *vt* amordazar.
gage [geɪdʒ] *n* US → **gauge**.
gaily ['geɪlɪ] *adv* alegremente.
gain [geɪn] **1** *n (achievement)* logro. **2** *(profit)* ganancia, beneficio. **3** *(increase)* aumento. ‖ **4** *vt (achieve)* lograr, conseguir. **5** *(obtain)* ganar. **6** *(increase)* aumentar. ‖ **7** *vi (clock)* adelantarse. **8** *(shares)* subir. **9** *(weight)* engordar.
● **to gain ground** ganar terreno.
gait [geɪt] *n* porte *m*, andares *mpl*.
gal [gæl] *abbr (*gallon*)* galón *m*.
galactic [gə'læktɪk] *adj* galáctico,-a.
galaxy ['gæləksɪ] *n* galaxia.
gale [geɪl] *n* vendaval *m*.
■ **gales of laughter** carcajadas.
Galicia [gə'lɪʃɪə] *n* Galicia.
Galician [gə'lɪʃɪən] **1** *adj* gallego,-a. ‖ **2** *n (person)* gallego,-a. **3** *(language)* gallego.
gall [gɔːl] **1** *n fig* descaro. ‖ **2** *vt* irritar.
gallant ['gælənt] **1** *adj (brave)* valiente. **2** *(chivalrous)* galante.
gallantry ['gæləntrɪ] **1** *n (bravery)* valentía. **2** *(chivalry)* galantería.
galleon ['gælɪən] *n* galeón *m*.
gallery ['gælərɪ] **1** *n* galería. **2** THEAT gallinero.
■ **art gallery** galería de arte.
galley ['gælɪ] **1** *n (ship)* galera. **2** *(kitchen)* cocina.
gallivant [gælɪ'vænt] *vi* callejear.
gallon ['gælən] *n* galón *m*.
gallop ['gæləp] **1** *n* galope *m*. ‖ **2** *vi* galopar.
gallows ['gæləʊz] *n* horca, patíbulo.
galore [gə'lɔː] *adv* en abundancia.
galvanize ['gælvənaɪz] *vt* galvanizar.
gamble ['gæmbl] **1** *n* jugada, empresa arriesgada. **2** *(risk)* riesgo. ‖ **3** *vi* jugar. ‖ **4** *vt (bet)* apostar, jugar.
gambler ['gæmblə] *n* jugador,-ra.

gambling ['gæmblɪŋ] *n* juego.
■ **gambling den** casa de juego.
gambol ['gæmbl] *vi* brincar, retozar.
game [geɪm] **1** *n* juego. **2** *(match)* partido. **3** *(of cards, chess, etc)* partida. **4** *(hunting)* caza; *fig* presa. ‖ **5** *adj* dispuesto,-a, listo,-a. ‖ **6 games** *npl* EDUC educación *f sing* física.
■ **game reserve** coto de caza; **Olympic Games** Juegos Olímpicos.
gamekeeper ['geɪmkiːpə] *n* guardabosque *mf*.
gammon ['gæmən] *n* jamón *m*.
gamut ['gæmət] *n* gama, serie *f*.
gander ['gændə] *n* ganso.
gang [gæŋ] **1** *n (criminals)* banda. **2** *(youths)* pandilla. **3** *(workers)* cuadrilla, brigada. **4** *(friends)* pandilla.
♦ **to gang up on** *vt* unirse contra.
gangplank ['gæŋplæŋk] *n* MAR plancha.
gangrene ['gæŋgriːn] *n* gangrena.
gangster ['gæŋstə] *n* gángster *m*.
gangway ['gæŋweɪ] **1** *n (passage)* pasillo. **2** MAR *(disembarking)* pasarela.
gaol [dʒeɪl] *n* cárcel *f*.
gap [gæp] **1** *n (hole)* abertura, hueco. **2** *(empty space)* espacio. **3** *(blank)* blanco. **4** *(time)* intervalo. **5** *(deficiency)* laguna.
gape [geɪp] **1** *vi* abrirse. **2** *(stare)* mirar boquiabierto,-a.
garage ['gærɑːʒ, ˌgærɪdʒ] **1** *n* garaje *m*. **2** *(for repairs)* taller *m* mecánico. **3** *(for petrol etc)* gasolinera.
garbage ['gɑːbɪdʒ] *n* basura.
garbled ['gɑːbld] *adj* confuso,-a, incomprensible.
garden ['gɑːdn] **1** *n* jardín *m*. ‖ **2** *vi* cuidar el jardín.
gardener ['gɑːdnə] *n* jardinero,-a.
gardening ['gɑːdnɪŋ] *n* jardinería.
gargle ['gɑːgl] *vi* hacer gárgaras.
garish ['geərɪʃ] *adj* chillón,-ona.
garlic ['gɑːlɪk] *n* ajo.
garment ['gɑːmənt] *n* prenda.
garnish ['gɑːnɪʃ] **1** *n* guarnición *f*. ‖ **2** *vt* guarnecer.
garrison ['gærɪsn] **1** *n* MIL guarnición *f*. ‖ **2** *vt* MIL guarnecer.
garrulous ['gærələs] *adj* locuaz.
garter ['gɑːtə] *n (garment)* liga.
gas [gæs] **1** *n* gas *m*. **2** US gasolina. ‖ **3** *vt* asfixiar con gas. ‖ **4** *vi fam (chat)* charlotear.
■ **gas chamber** cámara de gas; **gas mask** careta antigás, máscara antigás; **gas station** gasolina.
gaseous ['gæsɪəs] *adj* gaseoso,-a.
gash [gæʃ] **1** *n* raja, cuchillada. ‖ **2** *vt* rajar, acuchillar.
gasoline ['gæsəliːn] *n* US gasolina.
gasp [gɑːsp] *vi* abrir la boca con asombro/miedo.
● **to gasp for air** hacer esfuerzos por respirar.
gassy ['gæsɪ] *adj* gaseoso,-a.
gastric ['gæstrɪk] *adj* gástrico,-a.
gastronomy [gæs'trɒnəmɪ] *n* gastronomía.
gate [geɪt] **1** *n (entrance)* puerta; *(metal barier)* verja. **2** *(at airport)* puerta.
gateau ['gætəʊ] *n* (*pl* **gateaux** ['gætəʊz]) pastel *m*.
gatecrash ['geɪtkræʃ] *vt* - *vi fam* colarse.
gateway ['geɪtweɪ] *n* puerta.
gather ['gæðə] **1** *vt (collect)* juntar. **2** *(call together)* reunir. **3** *(pick up)* recoger. **4** *(fruit, flowers)* coger. **5** *(taxes)* recaudar. **6** *(speed)* ganar. **7** SEW fruncir. **8** *(deduce)* deducir, inferir. ‖ **9** *vi (come together)* reunirse. **10** *(build up)* acumularse.
gathering ['gæðərɪŋ] *n* reunión *f*.
gauche [gəʊʃ] *adj* torpe.
gaudy ['gɔːdɪ] *adj (colour)* chillón,-ona.
gauge [geɪdʒ] **1** *n (device)* indicador *m*. **2** *(measure)* medida estándar. **3** *(gun)* calibre. **4** *(railways)* ancho de vía. ‖ **5** *vt (measure)* medir. **6** *fig* juzgar.
gaunt [gɔːnt] *adj* demacrado,-a.
gauze [gɔːz] *n* gasa.
gave [geɪv] *pt* → **give**.
gawky ['gɔːkɪ] *adj* desgarbado,-a.

gawp [gɔːp] *vi* mirar boquiabierto,-a (at, -).
gay [geɪ] **1** *adj (happy, lively)* alegre. **2** *(appearance)* vistoso,-a. **3** *(homosexual)* gay, homosexual. ‖ **4** *n (man)* gay *m*, homosexual *m*. **5** *(woman)* lesbiana.
gaze [geɪz] **1** *n* mirada fija. ‖ **2** *vi* mirar fijamente (at, a).
gazelle [gəˈzel] *n* gacela.
gazette [gəˈzet] *n* gaceta.
GB [ˈdʒiːˈbiː] *abbr* GB *(*Great Britain*)* Gran Bretaña.
GCSE [ˈdʒiːˈsiːˈesˈiː] *abbr* GB *(*General Certificate of Secondary Education*)* ≈ Enseñanza Secundaria Ordinaria; *(abbreviation)* ESO *f*.
GDP [ˈdʒiːˈdiːpiː] *abbr (*gross domestic product*)* producto interior bruto; *(abbreviation)* PIB *m*.
gear [gɪə] **1** *n* TECH engranaje *m*. **2** AUTO marcha, velocidad *f*. **3** *(equipment)* equipo. **4** *fam (belongings)* efectos *mpl* personales; *(clothes)* ropa.
■ **gear lever** palanca de cambio.
gearbox [ˈgɪəbɒks] *n* caja de cambios.
gee [dʒiː] *interj* US ¡caramba!
geese [giːs] *npl* → **goose**.
gelatine [dʒeləˈtiːn] *n* gelatina.
gem [dʒem] **1** *n* gema, piedra preciosa. **2** *fig* joya.
Gemini [ˈdʒemɪnaɪ] *n* Géminis *m*.
gen [dʒen] *n fam* información *f*.
gender [ˈdʒendə] **1** *n* GRAM género. **2** *(sex)* sexo.
gene [dʒiːn] *n* gen *m*.
genealogy [dʒiːnɪˈælədʒɪ] *n* genealogía.
general [ˈdʒenrəl] **1** *adj* general. ‖ **2** *n* MIL general *m*.
• **in general** por lo general.
■ **general practitioner** médico,-a de cabecera.
generalization [dʒenərəlaɪˈzeɪʃn] *n* generalización *f*.
generalize [ˈdʒenərəlaɪz] *vt* - *vi* generalizar.
generally [ˈdʒenrəlɪ] *adv* generalmente, en general.
generate [ˈdʒenəreɪt] *vt* ELEC generar; *fig* producir.
generation [dʒenəˈreɪʃn] *n* generación *f*.
■ **generation gap** diferencia generacional.
generator [ˈdʒenəreɪtə] *n* generador *m*.
generic [dʒɪˈnerɪk] *adj* genérico,-a.
generosity [dʒenəˈrɒsɪtɪ] *n* generosidad *f*.
generous [ˈdʒenərəs] **1** *adj* generoso,-a. **2** *(abundant)* abundante, copioso,-a.
genetic [dʒəˈnetɪk] *adj* genético,-a.
genetics [dʒəˈnetɪks] *n* genética.
genial [ˈdʒiːnɪəl] *adj* simpático,-a.
genital [ˈdʒenɪtl] **1** *adj* genital. ‖ **2** **genitals** *npl* genitales *mpl*.
genitive [ˈdʒenɪtɪv] **1** *adj* genitivo,-a. ‖ **2** *n* genitivo.
genius [ˈdʒiːnɪəs] **1** *n (person)* genio. **2** *(gift)* don *m*.
genocide [ˈdʒenəsaɪd] *n* genocidio.
genre [ˈʒɑːnrə] *n* género.
gent [dʒent] **1** *n fam* caballero. **2** *fam* servicio de caballeros.
genteel [dʒenˈtiːl] **1** *adj* fino,-a. **2** *pej* cursi.
gentile [ˈdʒentaɪl] *adj* - *n* no judío,-a, gentil.
gentle [ˈdʒentl] **1** *adj (person)* amable. **2** *(breeze, movement, touch, etc)* suave. **3** *(hint)* discreto,-a. **4** *(animal)* manso,-a.
gentleman [ˈdʒentlmən] *n* caballero.
gently [ˈdʒentlɪ] **1** *adv* suavemente. **2** *(slowly)* despacio.
genuine [ˈdʒenjʊɪn] **1** *adj (object)* genuino,-a, auténtico,-a. **2** *(person, feeling)* sincero,-a.
genuinely [ˈdʒenjʊɪnlɪ] **1** *adv* verdaderamente, realmente. **2** sinceramente.
genus [ˈdʒiːnəs] *n* (*pl* genera [ˈdʒenərə]) género.
geographical [dʒɪəˈgræfɪkl] *adj* geográfico,-a.
geography [dʒɪˈɒgrəfɪ] *n* geografía.
geological [dʒɪəˈlɒdʒɪkl] *adj* geológico,-a.

geology [dʒɪ'ɒlədʒɪ] *n* geología.
geometrical [dʒɪə'metrɪk] *adj* geométrico,-a.
geometry [dʒɪ'ɒmɪtrɪ] *n* geometría.
geranium [dʒɪ'reɪnɪəm] *n* geranio.
geriatric [dʒerɪ'ætrɪk] **1** *adj* geriátrico, -a. || **2 geriatrics** *n* geriatría.
germ [dʒɜːm] *n* germen *m*.
German ['dʒɜːmən] **1** *adj* alemán,-ana. || **2** *n (person)* alemán,-ana. **3** *(language)* alemán *m*.
Germany ['dʒɜːmnɪ] *n* Alemania.
■ **East Germany** Alemania oriental; **West Germany** Alemania occidental.
germinate ['dʒɜːmɪneɪt] *vt - vi* germinar.
gerund ['dʒerənd] *n* gerundio.
gesticulate [dʒes'tɪkjʊleɪt] *vi* gesticular.
gesticulation [dʒestɪkjʊ'leɪʃn] *n* gesticulación *f*.
gesture ['dʒestʃə] **1** *n* ademán *m*, gesto. **2** *(token)* muestra, detalle *m*. || **3** *vi* hacer un ademán.
● **as a gesture of** en señal de.
get [get] **1** *vt* (*pt* got; *pp* got, us gotten) *(obtain)* obtener, conseguir: ***I want to get a job*** quiero conseguir un trabajo; ***she got £2,000 for her car*** le dieron dos mil libras por su coche. **2** *(receive)* recibir: ***he got a prize for his painting*** recibió un premio por su cuadro; ***I got a bike for my birthday*** me regalaron una bici para mi cumpleaños. **3** *(fetch)* traer: ***can you get my slippers for me?*** ¿me traes las zapatillas? **4** *(catch)* coger: ***he got the flu*** cogió la gripe. **5** *(take)* tomar, coger: ***will you get the bus or the train?*** ¿cogerás el autobús o el tren? **6** *(persuade)* persuadir, convencer: ***can you get him to help us?*** ¿puedes convencerlo para que nos ayude? **7** *(meals, drinks)* preparar, hacer: ***can I get you a coffee?*** ¿te hago un café? **8** *fam (jokes)* entender: ***he told me a joke, but I didn't get it*** me explicó un chiste, pero no lo entendí. **9** *(annoy)* molestar, reventar: ***what gets me is that he never does a stroke of work!*** ¡lo que me revienta es que no pega golpe! || **10** *vi (become)* ponerse, volverse: ***he got really angry*** se puso furioso; ***to get better*** mejorar; ***to get dirty*** ensuciarse; ***to get tired*** cansarse; ***to get wet*** mojarse. **11** *(go)* ir: ***how do you get there?*** cómo se va hasta allí? **12** *(arrive)* llegar: ***we got to Edinburgh at six o'clock*** llegamos a Edimburgo a las seis. **13** *(come to)* llegar a: ***you'll get to like it in the end*** acabará gustándote; ***I never got to see that film*** nunca llegué a ver esa película.
♦ **to get about** *vi (move about)* moverse; *(travel)* viajar ♦ **to get across 1** *vt (cross)* cruzar. **2** *vt (communicate)* comunicar ♦ **to get ahead** *vi* adelantar, progresar ♦ **to get along 1** *vi (manage)* arreglárselas. **2** *vi (leave)* marcharse ♦ **to get along with** *vt* llevarse (bien) con ♦ **to get around** *vi (move about)* moverse; *(travel)* viajar ♦ **to get around to** *vt* encontrar el tiempo para ♦ **to get at 1** *vt (reach)* alcanzar, llegar a. **2** *vt (insinuate)* insinuar: ***what are you getting at?*** ¿qué insinúas? **3** *vt (criticize)* meterse con ♦ **to get away** *vi* escaparse ♦ **to get away with** *vt* salir impune de ♦ **to get back 1** *vi (return)* volver, regresar. **2** *vt (recover)* recuperar ♦ **to get behind** *vi* atrasarse ♦ **to get by 1** *vi (manage)* arreglárselas. **2** *vi (pass)* pasar ♦ **to get down 1** *vt (depress)* deprimir. **2** *vi (descend)* bajarse ♦ **to get down to** *vt* ponerse a ♦ **to get in 1** *vi (arrive)* llegar. **2** *vi (enter)* entrar; *(car)* subir ♦ **to get into 1** *vt (arrive)* llegar a. **2** *vt (enter)* entrar en; *(car)* subir a ♦ **to get off 1** *vt (remove)* quitar. **2** *vt (vehicle, horse, etc)* bajarse de. **3** *vi (from vehicle, horse, etc)* bajarse. **4** *vi (start journey)* salir. **5** *vi (begin)* comenzar. **6** *vi (escape)* escaparse, librarse ♦ **to get off with** *vt (partner)* ligar ♦ **to get on 1** *vt (vehicle)* subir a, subirse a; *(bicycle, horse, etc)* montar.

2 *vi (make progress)* progresar, avanzar; *(succeed)* tener éxito. **3** *vi (be friendly)* llevarse bien, avenirse. **4** *vi (continue)* seguir: ***get on with your work!*** ¡seguid con vuestro trabajo! **5** *vi (grow old)* envejecerse; *(grow late)* hacerse tarde ♦ **to get on for** *vt* ser casi: ***it's getting on for 5 o'clock*** son casi las cinco ♦ **to get onto 1** *vt (person)* ponerse en contacto con. **2** *vt (subject)* empezar a hablar de. **3** *vt (vehicle, horse)* subirse a ♦ **to get out 1** *vt (thing)* sacar; *(stain)* quitar. **2** *vi (leave)* salir. **3** *vi (escape)* escapar ♦ **to get out of** *vt (avoid)* librarse de ♦ **to get over 1** *vt (illness)* recuperarse de. **2** *vt (loss)* sobreponerse a. **3** *vt (obstacle)* salvar; *(difficulty)* vencer. **4** *vt (idea)* comunicar ♦ **to get over with** *vt* acabar con ♦ **to get round 1** *vt (obstacle)* salvar; *(law)* soslayar. **2** *vt (person)* convencer ♦ **to get round to** *vt* encontrar el tiempo para ♦ **to get through 1** *vi (on telephone)* conseguir hablar (**to,** con). **2** *vi (arrive)* llegar. **3** *vt (finish)* acabar; *(consume)* consumir; *(money)* gastar; *(drink)* beber. **4** *vt (exam)* aprobar. **5** *vt (make understand)* hacer entender ♦ **to get together** *vi* reunirse, juntarse ♦ **to get up 1** *vi* levantar. **2** *vt* levantar ♦ **to get up to** *vt* hacer.

● **to get on one's nerves** irritar, poner nervioso,-a; **to get ready** preparar, prepararse; **to get rid of** deshacerse de; **to get to know sb** llegar a conocer a algn.

getaway ['getəweɪ] *n* fuga.

get-together ['gettəgeðə] **1** *n fam (meeting)* reunión *f*. **2** *fam (party)* fiesta.

getup ['getʌp] *n fam* atavío.

ghastly ['gɑːstlɪ] **1** *adj* horrible, horroroso,-a. **2** *(pale)* lívido,-a.

gherkin ['gɜːkɪn] *n* pepinillo.

ghetto ['getəʊ] *n* ghetto, gueto.

ghost [gəʊst] *n* fantasma *m*.

■ **Holy Ghost** Espíritu Santo.

ghoul [guːl] *n* persona de gustos macabros.

giant ['dʒaɪənt] **1** *n* gigante,-a. ‖ **2** *adj* gigante, gigantesco,-a.

gibberish ['dʒɪbərɪʃ] *n* galimatías *m inv*.

gibbet ['dʒɪbɪt] *n* horca, patíbulo.

gibe [dʒaɪb] **1** *n* mofa. ‖ **2** *vi* mofarse (at, de).

Gibraltar [dʒɪb'rɔːltə] *n* Gibraltar *m*.

giddy ['gɪdɪ] *adj* mareado,-a.

gift [gɪft] **1** *n (present)* regalo. **2** *(talent)* don *m*.

gifted ['gɪftɪd] *adj* dotado,-a.

gigantic [dʒaɪ'gæntɪk] *adj* gigantesco, -a.

giggle ['gɪgl] **1** *n* risita tonta. ‖ **2** *vi* reírse tontamente.

● **to have the giggles** tener la risa tonta.

gild [gɪld] *vt* dorar.

● **to gild the pill** dorar la píldora.

gills [gɪl] *npl (of fish)* agallas.

gilt [gɪlt] **1** *adj* dorado,-a. ‖ **2** *n* dorado.

gimmick ['gɪmɪk] *n* reclamo.

gin [dʒɪn] *n* ginebra.

ginger ['dʒɪndʒə] **1** *n (plant, spice)* jengibre *m*. ‖ **2** *adj (hair, person)* pelirrojo, -a.

gingerly ['dʒɪndʒəlɪ] *adv* cautelosamente.

gipsy ['dʒɪpsɪ] *n* gitano,-a.

giraffe [dʒɪ'rɑːf] *n* jirafa.

girdle ['gɜːdl] *n* faja.

girl [gɜːl] *n* chica, muchacha, joven *f*; *(small)* niña.

girlfriend ['gɜːlfrend] **1** *n* novia. **2** US amiga, compañera.

girlish ['gɜːlɪʃ] *adj* de niña.

giro ['dʒaɪrəʊ] *n* giro.

gist [dʒɪst] *n* esencia: ***I understood the gist of the message*** entendí la esencia del mensaje.

give [gɪv] **1** *vt (pt* gave; *pp* given ['gɪvn]) dar: ***give this letter to your parents*** da esta carta a tus padres. **2** *(as a gift)* dar, regalar; *(as donation)* donar: ***we gave her a mobile phone for her birthday*** por su cumpleaños le regalamos un móvil; ***they gave me a present*** me hicieron un regalo. **3** *(pay)* dar, pagar: ***how much did they give you for your car?*** ¿cuánto te dieron por el coche? || **4** *vi* dar de sí, ceder: ***the shoes are tight now, but they'll give*** los zapatos aprietan ahora, pero darán de sí. || **5** *n* *(elasticity)* elasticidad *f.*

♦ **to give away 1** *vt (as a gift)* regalar. **2** *vt (betray)* delatar, traicionar ♦ **to give back** *vt* devolver ♦ **to give in 1** *vi (yield)* ceder, rendirse. **2** *vt (hand in)* entregar ♦ **to give off** *vt (send out)* desprender ♦ **to give out 1** *vt (distribute)* repartir. **2** *vt (announce)* anunciar. **3** *vi (run out)* acabarse, agotarse ♦ **to give over 1** *vi (stop)* parar. **2** *vt (hand over)* entregar ♦ **to give up 1** *vt* dejar: ***to give up smoking*** dejar de fumar. **2** *vi (surrender)* rendirse; *(to police etc)* entregarse.

● **to give sb to understand that** dar a entender a algn que; **to give sb up for dead** dar por muerto,-a a algn; **to give the game away** descubrir el pastel; **to give way** *(yield)* ceder; AUTO ceder el paso.

glacial ['gleɪsɪl] *adj* glacial.

glacier ['glæsɪə] *n* glaciar *m.*

glad [glæd] *adj* feliz, contento,-a.

● **to be glad of** agradecer; **to be glad to do sth** tener mucho gusto en hacer algo.

gladden ['glædn] *vt* alegrar.

gladly ['glædlɪ] *adv* de buena gana, con mucho gusto.

glamorize ['glæməraɪz] *vt* hacer más atractivo,-a.

glamorous ['glæmərəs] **1** *adj* atractivo,-a. **2** *(charming)* encantador,-ra.

glamour ['glæmə] **1** *n* atractivo. **2** *(charm)* encanto.

glance [glɑːns] **1** *n* vistazo, mirada. || **2** *vi* echar un vistazo (at, a), echar una mirada (at, a).

● **at first glance** a primera vista.

gland [glænd] *n* glándula.

glare [gleə] **1** *n* luz *f* deslumbrante. **2** *(dazzle)* deslumbramiento. **3** *(look)* mirada feroz. || **4** *vi* deslumbrar. **5** *(look)* mirar ferozmente (at, -).

glaring ['gleərɪŋ] **1** *adj (dazzling)* deslumbrador,-ra. **2** *(bright)* resplandeciente. **3** *(blatant)* patente, evidente.

glass [glɑːs] **1** *n (material)* vidrio, cristal *m.* **2** *(for drinking)* vaso; *(with stem)* copa. || **3 glasses** *npl (spectacles)* gafas *fpl.*

glassware ['glɑːsweə] *n* cristalería.

glassy ['glɑːsɪ] *adj (eye)* vidrioso,-a.

glaze [gleɪz] **1** *n (pottery)* vidriado. **2** *(varnish)* barniz. || **3** *vt (pottery)* vidriar, esmaltar. **4** *(windows)* poner cristales a. **5** CULIN glasear.

■ **double glazing** doble acristalamiento.

gleam [gliːm] **1** *n* destello. || **2** *vi* relucir, brillar.

● **a gleam of hope** un rayo de esperanza.

glean [gliːn] **1** *vt* espigar. **2** *fig (information)* recoger.

glee [gliː] *n* regocijo.

glen [glen] *n* cañada.

glib [glɪb] *adj* charlatán,-ana.

glide [glaɪd] **1** *n (gentle movement)* deslizamiento. **2** AV planeo. || **3** *vi (move gently)* deslizarse. **4** AV planear.

glider ['glaɪdə] *n* planeador *m.*

glimmer ['glɪmə] **1** *n* luz *f* tenue. || **2** *vi* brillar con luz tenue.

● **a glimmer of hope** un rayo de esperanza.

glimpse [glɪmps] **1** *n* visión *f* fugaz. || **2** *vt* vislumbrar.

● **to catch a glimpse of** vislumbrar.

glint [glɪnt] **1** *n* destello, centelleo. || **2** *vi* destellar, centellear.

glisten ['glɪsn] *vi* brillar, relucir.

glitter ['glɪtə] **1** *n* brillo. || **2** *vi* brillar, relucir.

● **all that glitters is not gold** no es oro todo lo que reluce.

gloat [gləʊt] *vi* regocijarse (over, con).

global ['gləʊbl] **1** *adj* mundial. **2** *(total)* global.

■ **global warming** calentamiento global del planeta.

globe [gləʊb] **1** *n* globo. **2** *(map)* globo terrestre.

■ **globe-trotter** trotamundos *mf sing.*

globule ['glɒbjuːl] *n* glóbulo.

gloom [gluːm] **1** *n (darkness)* penumbra. **2** *(sadness)* tristeza. **3** *(pessimism)* pesimismo.

gloomy ['gluːmɪ] **1** *adj (dark)* lóbrego, -a. **2** *(sad)* triste. **3** *(pessimistic)* pesimista.

glorify ['glɔːrɪfaɪ] *vt* glorificar.

glorious ['glɔːrɪəs] **1** *adj* glorioso,-a. **2** *(wonderful)* espléndido,-a, magnífico,-a.

glory ['glɔːrɪ] **1** *n* gloria. **2** *fig* esplendor *m*. ‖ **3** *vi* gloriarse (in, de).

gloss [glɒs] **1** *n* lustre *m*, brillo. **2** *(explanation)* glosa. ‖ **3** *vt* glosar.

♦ **to gloss over** *vt* omitir, pasar por alto.

■ **gloss paint** esmalte *m* brillante.

glossary ['glɒsərɪ] *n* glosario.

glossy ['glɒsɪ] *adj* brillante, lustroso,-a.

glove [glʌv] *n* guante *m*.

glow [gləʊ] **1** *n (light)* luz *f*. **2** *(brightness)* brillo. **3** *fig (feeling)* sensación *f* de bienestar, sensación de satisfacción. ‖ **4** *vi* brillar.

glower ['glaʊə] *vi* mirar con el ceño fruncido.

glowing ['gləʊɪŋ] *adj fig* entusiasta, favorable.

glucose ['gluːkəʊz] *n* glucosa.

glue [gluː] **1** *n* cola, pegamento. ‖ **2** *vt* encolar, pegar.

glum [glʌm] *adj* desanimado,-a.

glut [glʌt] **1** *n* superabundancia, exceso. ‖ **2** *vt (market)* inundar, saturar.

● **to glut oneself** hartarse.

glutton ['glʌtn] *n* glotón,-ona.

gluttony ['glʌtənɪ] *n* glotonería, gula.

glycerine [glɪsə'riːn] *n* glicerina.

GMT ['dʒiː'em'diː] *abbr (*Greenwich Mean Time*)* hora media de Greenwich; *(abbreviation)* GMT.

gnarled [nɑːld] *adj* nudoso,-a.

gnash [næʃ] *vi* hacer rechinar.

gnat [næt] *n* mosquito.

gnaw [nɔː] *vt* roer.

GNP ['dʒiː'en'piː] *abbr (*gross national product*)* producto nacional bruto; *(abbreviation)* PNB *m*.

go [gəʊ] **1** *vi* (*pt* went; *pp* gone) ir: ***I'm going to the cinema*** voy al cine. **2** *(leave)* marcharse, irse; *(bus, train, etc)* salir: ***it's late, I'm going*** es tarde, me marcho; ***we arrived late and the bus had gone*** llegamos tarde y el autobús ya había salido. **3** *(vanish)* desaparecer: ***where's my car? - it's gone*** ¿dónde está mi coche? - ha desaparecido. **4** *(function)* ir, funcionar: ***the car's old, but it still goes well*** el coche es viejo, pero aún va bien. **5** *(become)* volverse, ponerse, quedarse: ***he's gone deaf*** se ha vuelto sordo. **6** *(fit)* entrar, caber: ***the car won't go in the garage*** el coche no entra en el garaje. **7** *(break)* romperse, estropearse: ***telly's gone again!*** ¡la tele ha vuelto a estropearse! **8** *(be kept)* guardarse: ***where do the plates go?*** ¿dónde se guardan los platos? ‖ **9** *vt (make a noise)* hacer: ***it goes tick-tock*** hace tic-tac. ‖ **10** *n (energy)* energía, empuje *m*: ***the kids are so full of go*** los niños están llenos de energía. **11** *(turn)* turno: ***it's my go now*** ahora me toca a mí. **12** *(try)* intento: ***let me have a go*** deja que lo intente yo.

♦ **to go after** *vt (chase)* perseguir ♦ **to go along with 1** *vt (agree)* estar de acuerdo con. **2** *vt (accompany)* acompañar ♦ **to go around** *vi* → go round ♦ **to go away** *vi* marcharse ♦ **to go back** *vi* volver ♦ **to go back on** *vt* romper ♦ **to go by** *vi* pasar ♦ **to go down 1** *vi (prices etc)* bajar; *(tyre)* deshincharse. **2** *vi (be received)* ser acogido,-a ♦ **to go down with** *vt (illness)* coger, pillar ♦ **to go for 1** *vt (attack)* atacar. **2** *vt (fetch)* ir a buscar. **3** *vt fam (like)* gustar: ***I don't go for flamenco much*** el flamenco no me gusta mucho. **4** *vt fam (be valid)* valer para: ***that goes for me too!*** ¡eso vale para mí también! ♦ **to go in for** *vt* dedicarse a: ***I don't go in for that sort of thing*** eso tipo de cosas no me va ♦ **to go into 1** *vt (investigate)* investigar. **2** *vt (crash)* chocar contra ♦ **to go off 1** *vi (bomb)* estallar; *(alarm)* sonar; *(gun)* dispararse. **2** *vi (food)* estropearse. **3** *vt* perder el gusto por, perder el interés por ♦ **to go on 1** *vi (continue)* seguir. **2** *vi (happen)* pasar. **3** *vi (complain)* quejarse (**about,** de) ♦ **to go out 1** *vi (gen)* salir. **2** *vi (fire, light)* apagarse ♦ **to go over** *vt (check, revise)* revisar ♦ **to go over to** *vt* pasarse a ♦ **to go round 1** *vi* dar vueltas, girar. **2** *vi (be enough)* haber bastante: ***I don't think the beer will go round*** no creo que haya bastante cerveza para todos. **3** *vi (spend time)* salir, estar: ***he goes round with a funny crowd*** se le ve con gente extraña. **4** *vi (rumour)* circular, correr ♦ **to go through 1** *vt (undergo)* sufrir, padecer. **2** *vt (examine)* examinar; *(search)* registrar. **3** *vi* ser aprobado,-a ♦ **to go through with** *vt* llevar a cabo ♦ **to go under** *vi* hundirse; *fig* fracasar ♦ **to go up 1** *vi (rise, increase)* subir. **2** *vi (explode)* estallar ♦ **to go without** *vt* pasar sin, prescindir de.

• **to go about one's business** ocuparse de sus asuntos; **to go to sleep** dormirse; **to have a go at sb** criticar a algn; **to make a go of sth** tener éxito en algo.

goal [gəʊl] **1** *n* SP meta, portería. **2** SP *(point)* gol *m*, tanto. **3** *(aim)* fin *m*, objeto.

• **to score a goal** marcar un tanto.

goalkeeper ['gəʊlkiːpə] *n* portero, guardameta *m*.

goat [gəʊt] *n (female)* cabra; *(male)* macho cabrío.

gobble ['gɒbl] *vt* engullir.

go-between ['gəʊbɪtwiːn] **1** *n* intermediario,-a. **2** *(between lovers)* alcahueta.

goblet ['gɒblət] *n* copa.

god [gɒd] *n* dios *m*.

• **for God's sake!** ¡por Dios!; **my good!** ¡Dios mío!; **God willing** si Dios quiere.

godchild ['gɒdtʃaɪld] *n* ahijado,-a.

goddaughter ['gɒddɔːtə] *n* ahijada.

goddess ['gɒdəs] *n* diosa.

godfather ['gɒdfɑːðə] *n* padrino.

godforsaken ['gɒdfəseɪkn] *adj* dejado,-a de la mano de Dios.

godmother ['gɒdmʌðə] *n* madrina.

godparents ['gɒdpeərənts] *npl* padrinos *mpl*.

godsend ['gɒdsend] *n* regalo caído del cielo.

godson ['gɒdsʌn] *n* ahijado.

goggle ['gɒgl] **1** *vi* quedarse atónito, -a. ‖ **2 goggles** *npl* gafas *fpl* protectoras.

going ['gəʊɪŋ] **1** *n (leaving)* ida. **2** *(pace)* paso, ritmo. **3** *(conditions)* estado del camino. ‖ **4** *adj (current)* actual. **5** *(business)* que marcha bien.

going-over [gəʊɪŋ'əʊvə] **1** *n fam (check)* inspección *f*. **2** *fam (beating)* paliza.

goings-on [gəʊɪŋz'ɒn] *npl fam* cosas *fpl*: ***there have been some strange goings-on next door*** has pasado cosas rasas en la casa de al lado.

gold [gəʊld] **1** *n (metal)* oro. **2** *(colour)* dorado.

■ **gold leaf** pan *m* de oro.

golden ['gəʊldn] **1** *adj* de oro. **2** *(colour)* dorado,-a.

■ **golden jubilee** quincuagésimo aniversario; **golden wedding** bodas *fpl* de oro.

goldfish ['gəʊldfɪʃ] *n* (*pl* goldfish *or* goldfishes) pez *m* de colores.

gold-plated [gəʊld'pleɪtɪd] *adj* chapado,-a en oro.

goldsmith ['gəʊldsmɪθ] *n* orfebre *m*.

golf [gɒlf] *n* golf *m*.

■ **golf club** *(stick)* palo de golf; *(place)* club *m* de golf; **golf course** campo de golf.

golfer ['gɒlfə] *n* jugador,-a de golf.

gone [gɒn] *pp* → **go**.

gong [gɒŋ] *n* gong *m*.

good [gʊd] **1** *adj* (*comp* better; *superl* best) *(gen)* bueno,-a. **2** *(healthy)* sano, -a. ‖ **3** *interj* ¡bien! ‖ **4** *n* bien *m*. ‖ **5 goods** *npl (possessions)* bienes *mpl*. **6** Comm género *m sing*, artículos *mpl*.
● **as good as** prácticamente; **a good deal (of)** bastante; **for good** para siempre; **good afternoon** buenas tardes; **good evening** *(evening - hello)* buenas tardes; *(evening - goodbye)* buenas noches; *(night - hello)* buenas noches; **Good Friday** Viernes Santo; **good morning** buenos días; **good night** buenas noches; **to do good** hacer bien.

goodbye [gʊd'baɪ] **1** *n* adiós *m*. ‖ **2** *interj* ¡adiós!
● **to say goodbye to** despedirse de.

good-for-nothing ['gʊdfənʌθɪŋ] **1** *adj* inútil. ‖ **2** *n* inútil *mf*.

good-humoured [gʊd'hjuːməd] *adj* de buen humor.

good-looking [gʊd'lʊkɪŋ] *adj* guapo, -a.

good-natured [gʊd'neɪtʃɪd] *adj* bondadoso,-a.

goodness ['gʊdnəs] **1** *n (virtue)* bondad *f*. **2** *(in food)* lo nutritivo.
● **for goodness sake!** ¡por Dios!; **my goodness!** ¡Dios mío!

goodwill [gʊd'wɪl] *n* buena voluntad *f*.

goody ['gʊdɪ] **1** *n fam* el bueno: ***he plays a goody in this film*** hace de bueno en esta película. ‖ **2 goodies** *npl fam* cosas *fpl* buenas: ***there were delicious goodies at the party*** en la fiesta había cosas riquísimas.

goody-goody ['gʊdɪgʊdɪ] *adj - n fam* santurrón,-ona.

goose [guːs] *n* (*pl* geese) ganso, oca.
■ **goose pimples** piel *f sing* de gallina: ***he came out in goose pimples*** se le puso la piel de gallina.

gooseberry ['guːsbrɪ] *n* grosella espinosa.

gooseflesh ['guːsfleʃ] *n* piel *f* de gallina.

gore [gɔː] **1** *n* sangre *f* derramada. ‖ **2** *vt* cornear.

gorge [gɔːdʒ] *n* desfiladero.
● **to gorge oneself** atiborrarse (**on,** de), hartarse (**on,** de).

gorgeous ['gɔːdʒəs] **1** *adj* magnífico, -a, espléndido,-a. **2** *(person)* guapísimo,-a.

gorilla [gə'rɪlə] *n* gorila *m*.

gory ['gɔːrɪ] *adj* sangriento,-a.

gosh [gɒʃ] *interj fam* ¡cielos!

go-slow [gəʊ'sləʊ] *n* huelga de celo.

gospel ['gɒspl] *n* evangelio.

gossip ['gɒsɪp] **1** *n (talk)* cotilleo, chismorreo. **2** *(person)* cotilla *mf*, chismoso,-a. ‖ **3** *vi* cotillear, chismorrear.
■ **gossip column** crónica de sociedad.

gossipy ['gɒsɪpɪ] *adj (style)* informal.

got [gɒt] *pt & pp* → **get**.

gourmet ['gʊəmeɪ] *n* gastrónomo,-a.

gout [gaʊt] *n* Med gota.

govern ['gʌvn] **1** *vt* gobernar. **2** Gram regir. **3** *(determine)* dictar.

governess ['gʌvnəs] *n* institutriz *f*.

government ['gʌvnmənt] *n* gobierno.

governmental [gʌvn'mentl] *adj* gubernamental.

governor ['gʌvnə] **1** *n (town)* gobernador,-ra. **2** *(prison)* director,-ra. **3** *(school)* administrador,-ra.

gown [gaʊn] **1** *n* vestido largo. **2** *(judge's, academic's)* toga. **3** *(surgeon's)* bata.

GP ['dʒiː'piː] *abbr* (*pl* GPs) *(*general practioner*)* médico,-a de cabecera.

GPO ['dʒiː'piː'əʊ] *abbr* GB *(*General Post Office*)* Oficina Central de Correos.

grab [græb] **1** *vt (seize)* asir, coger. **2** *fam* entusiasmar: ***how does that grab you?*** ¿qué te parece eso?

grace [greɪs] **1** *n (fineness)* gracia, elegancia. **2** *(blessing)* bendición *f*. **3** *(courtesy)* delicadeza, cortesía. **4** *(delay)* plazo. ‖ **5** *vt (adorn)* adornar. **6** *(honour)* honrar.

graceful ['greɪsfʊl] *adj* elegante.

gracious ['greɪʃəs] **1** *adj (shownig grace)*

gracioso. **2** *(polite)* cortés. **3** *(kind)* amable. **4** *(monarch)* gracioso,-a. || **5** *interj* ¡Dios mío!

grade [greɪd] **1** *n (degree)* grado. **2** *(of quality)* clase *f*, calidad *f*. **3** US *(gradient)* pendiente *f*. **4** US *(mark)* nota. **5** US *(form)* clase *f*. || **6** *vt* clasificar.

● **to make the grade** tener éxito.

gradient ['greɪdɪənt] *n* pendiente *f*.

gradual ['grædjʊəl] *adj* gradual.

gradually ['grædjʊəlɪ] *adv* poco a poco, gradualmente.

graduate ['grædjʊət] **1** *n* graduado,-a, licenciado,-a. || **2** *vt* (['grædjʊeɪt]) graduar. || **3** *vi* graduarse (**in**, en).

graduation [grædjʊ'eɪʃn] *n* graduación *f*.

graffiti [grə'fi:tɪ] *npl* pintadas *fpl*, grafiti *mpl*.

graft [grɑ:ft] **1** *n* AGR MED injerto. **2** GB *fam* trabajo duro. **3** US *fam* corrupción *f*. || **4** *vt* AGR MED injertar. || **5** *vi* GB *fam* currar, pringar. **6** US *fam* timar, estafar.

grain [greɪn] **1** *n (gen)* grano. **2** *(cereals)* cereales *mpl*. **3** *(in wood)* fibra. **4** *(in stone)* veta.

gram [græm] *n* gramo.

grammar ['græmə] *n* gramática.

■ **grammar school** GB instituto de enseñanza secundaria.

grammatical [grə'mætɪkl] **1** *adj* gramatical. **2** *(correct)* correcto,-a.

gramme [græm] *n* gramo.

granary ['grænərɪ] *n* granero.

grand [grænd] **1** *adj (splendid)* grandioso,-a, espléndido,-a. **2** *(impressive)* impresionante. **3** *(person)* distinguido,-a. **4** *fam (great)* fenomenal.

■ **grand piano** piano de cola; **grand total** total *m*.

grandchild ['græntʃaɪld] *n* nieto,-a.

granddad ['grændæd] *n fam* abuelo.

granddaughter ['grændɔ:tə] *n* nieta.

grandeur ['grændʒə] *n* grandeza.

grandfather ['grænfɑ:ðə] *n* abuelo.

■ **grandfather clock** reloj *m* de caja.

grandiose ['grændɪəʊs] *adj* grandioso,-a.

grandma ['grænmɑ:] *n fam* abuela.

grandmother ['grænmʌðə] *n* abuela.

grandpa ['grænpɑ:] *n fam* abuelo.

grandparents ['grænpeərənts] *npl* abuelos *mpl*.

grandson ['grænsʌn] *n* nieto.

grandstand ['grændstænd] *n* tribuna.

granite ['grænɪt] *n* granito.

granny ['grænɪ] *n fam* abuela.

grant [grɑ:nt] **1** *n* EDUC beca. **2** *(subsidy)* subvención *f*. || **3** *vt* conceder. **4** *(admit)* reconocer.

● **to take sb for granted** no valorar a algn; **to take sth for granted** dar algo por sentado.

granulated ['grænjʊleɪtɪd] *adj* granulado,-a.

grape [greɪp] *n* uva.

grapefruit ['greɪpfru:t] *n* pomelo.

grapevine ['greɪpvaɪn] *n* vid *f*; *(climbing)* parra.

● **to hear sth on the grapevine** enterarse de algo por ahí.

graph [grɑ:f] *n* gráfica.

■ **graph paper** papel *m* cuadriculado.

graphic ['græfɪk] *adj* gráfico,-a.

graphics ['græfɪks] **1** *n (study)* grafismo. **2** COMPUT gráficas *fpl*.

graphite ['græfaɪt] *n* grafito.

grapple ['græpl] *vi* forcejear.

● **to grapple with** *(SB)* luchar con; *(problem)* esforzarse por resolver.

grasp [grɑ:sp] **1** *n (firm hold)* asimiento. **2** *(of hands)* apretón *m*. **3** *(understanding)* comprensión *f*. || **4** *vt (hold firmly)* asir, agarrar. **5** *(understand)* comprender.

● **to have a good grasp of** dominar.

grass [grɑ:s] **1** *n* hierba. **2** *(lawn)* césped *m*. **3** *(pasture)* pasto. **4** *sl (drug)* hierba. || **5** *vi* delatar (**on**, a).

■ **grass roots** POL base *f*, fundamento.

grasshopper ['grɑ:shɒpə] *n* saltamontes *m inv*.

grassland ['grɑ:slænd] *n* prado, tierra de pasto.

grassy ['grɑːsɪ] *adj* cubierto,-a de hierba.
grate [greɪt] **1** *n (in fireplace)* rejilla, parrilla. **2** *(fireplace)* chimenea. ‖ **3** *vt* CULIN rallar. **4** hacer rechinar. ‖ **5** *vi* rechinar.
grateful ['greɪtfʊl] *adj* agradecido,-a.
● **to be grateful for** agradecer.
grater ['greɪtə] *n* rallador *m*.
gratification [grætɪfɪ'keɪʃn] **1** *n (pleasure)* placer *m*, satisfacción *f*. **2** *(reward)* gratificación *f*.
gratify ['grætɪfaɪ] *vt* complacer, satisfacer.
gratifying ['grætɪfaɪɪŋ] *adj* grato,-a, gratificante.
grating ['greɪtɪŋ] **1** *n* rejilla, reja. ‖ **2** *adj (noise)* chirriante. **3** *(voice)* irritante.
gratis ['grætɪs] *adv* gratis.
gratitude ['grætɪtjuːd] *n* gratitud *f*, agradecimiento.
gratuitous [grə'tjuːɪtəs] *adj* gratuito, -a.
gratuity [grə'tjuːɪtɪ] **1** *n* gratificación *f*. **2** *(tip)* propina.
grave [greɪv] **1** *n* tumba. ‖ **2** *adj (serious)* grave, serio,-a. **3** ([grɑːv]) Gram *(accent)* grave.
gravedigger ['greɪvdɪgə] *n* sepulturero,-a, enterrador,-ra.
gravel ['grævl] *n* grava, gravilla.
gravestone ['greɪvstəʊn] *n* lápida.
graveyard ['greɪvjɑːd] *n* cementerio.
gravitate ['grævɪteɪt] *vi* gravitar.
♦ **to gravitate towards** *vt* sentirse atraido,-a por.
gravity ['grævɪtɪ] *n* gravedad *f*.
gravy ['greɪvɪ] *n* CULIN salsa.
gray [greɪ] *adj* US → **grey**.
graze [greɪz] **1** *n (wound)* roce *m*, rasguño. ‖ **2** *vt (scrape)* rozar, rascar. ‖ **3** *vi (feed)* pacer, pastar.
grease [griːs] **1** *n* grasa. ‖ **2** *vt* engrasar.
greasy ['griːsɪ] **1** *adj* grasiento,-a; *(hair, food)* graso,-a. **2** *(slippery)* resbaladizo,-a.
great [greɪt] **1** *adj (large)* grande; *(before sing noun)* gran. **2** *(important)* considerable, importante. **3** *fam (excellent)* estupendo,-a, fantástico,-a.
great-aunt [greɪt'ɑːnt] *n* tía abuela.
great-grandchild [greɪt'græntʃaɪld] *n* bisnieto,-a.
great-granddaughter [greɪt'grændɔːtə] *n* bisnieta.
great-grandfather [greɪt'grænfɑːðə] *n* bisabuelo.
great-grandmother [greɪt'grænmʌðə] *n* bisabuela.
great-grandson [greɪt'grænsʌn] *n* bisnieto.
great-great-grandfather [greɪtgreɪt'grænfɑːðə] *n* tatarabuelo.
great-great-grandmother [greɪtgreɪt'grænmʌðə] *n* tatarabuela.
greatly ['greɪtlɪ] *adv* muy, mucho.
greatness ['greɪtnəs] *n* grandeza.
Greece [griːs] *n* Grecia.
greed [griːd] **1** *n* codicia, avaricia. **2** *(food)* gula.
greediness ['griːdɪnəs] **1** *n* codicia, avaricia. **2** *(food)* gula.
greedy ['griːdɪ] **1** *adj* codicioso,-a, avaro,-a. **2** *(food)* glotón,-ona.
Greek [griːk] **1** *adj* griego,-a. ‖ **2** *n (person)* griego,-a. **3** *(language)* griego.
green [griːn] **1** *adj (colour)* verde. **2** *(inexperienced)* novato,-a; *(gullible)* ingenuo,-a. **3** *(pale)* pálido,-a. ‖ **4** *n (colour)* verde *m*. **5** *(in golf)* green *m*. ‖ **6 greens** *npl* verduras *fpl*.
● **to be green with envy** morirse de envidia.
■ **green bean** judía verde.
greenery ['griːnərɪ] *n* follaje *m*.
greengrocer ['griːngrəʊsə] *n* verdulero,-a.
greengrocer's ['griːngrəʊsə] *n* verdulería.
greenhouse ['griːnhaʊs] *n* invernadero.
Greenland ['griːnlənd] *n* Groenlandia.
greet [griːt] **1** *vt* saludar. **2** *(welcome)* dar la bienvenida a. **3** *(receive)* recibir.
greeting ['griːtɪŋ] **1** *n* saludo. **2** *(welcome)* bienvenida.

■ **greetings card** tarjeta de felicitación.
gregarious [gre'geərɪəs] *adj* gregario,-a.
gremlin ['gremlɪn] *n* duende *m*.
grenade [grɪ'neɪd] *n* granada.
grew [gruː] *pt* → **grow**.
grey [greɪ] **1** *adj (gen)* gris. **2** *(hair)* cano,-a. **3** *(gloomy)* triste. ‖ **4** *n* gris *m*.
greyhound ['greɪhaʊnd] *n* galgo.
grid [grɪd] **1** *n* reja, parrilla. **2** ELEC red *f* nacional. **3** *(on map)* cuadrícula.
griddle ['grɪdl] *n* CULIN plancha.
grief [griːf] *n* dolor *m*, pena.
• **to come to grief** sufrir un percance; *(fail)* fracasar; **good grief!** ¡Dios mío!
grievance [griːvəns] **1** *n (complaint)* queja. **2** *(claim)* reivindicación.
grieve [griːv] **1** *vt* afligir. ‖ **2** *vi* afligirse.
grievous ['griːvəs] **1** *adj* doloroso,-a, penoso,-a. **2** *(serious)* muy grave.
grill [grɪl] **1** *n (aparatus)* parrilla. **2** *(food)* parrillada: ***mixed grill*** parrillada de carne. ‖ **3** *vt (cook)* asar a la parrilla. **4** *fam (interrogate)* interrogar.
grille [grɪl] *n* rejilla.
grim [grɪm] **1** *adj* terrible. **2** *(place)* lúgubre, deprimente. **3** *(person)* severo,-a, muy serio,-a; *(expression)* ceñudo,-a.
• **the grim truth** la pura verdad.
grimace ['grɪməs] **1** *n* mueca. ‖ **2** *vi* hacer una mueca.
grime [graɪm] *n* mugre *f*, suciedad *f*.
grimy ['graɪmɪ] *adj* mugriento,-a, sucio,-a.
grin [grɪn] **1** *n* sonrisa. ‖ **2** *vi* sonreír.
grind [graɪnd] **1** *vt* (*pt & pp* ground) *(coffee, corn, etc)* moler; *(stone)* pulverizar. **2** *(sharpen)* afilar. **3** *(teeth)* hacer rechinar. ‖ **4** *n fam* rutina.
grinder ['graɪndə] *n* molinillo.
grindstone ['graɪnstəʊn] *n* muela, piedra de afilar.
grip [grɪp] **1** *vt (hold firmly)* asir, agarrar; *(- hand)* apretar. ‖ **2** *n* asimiento; *(handshake)* apretón *m*; *(of tyre)* adherencia. **3** *(control)* dominio.
• **to lose one's grip** perder el control.
gripe [graɪp] **1** *vi fam (complain)* quejarse. ‖ **2** *n (complaint)* queja.
gripping ['grɪpɪŋ] *adj* apasionante.
grisly ['grɪzlɪ] *adj* espeluznante.
grit [grɪt] **1** *n (fine)* arena; *(coarse)* gravilla. **2** *fam* valor *m*.
• **to grit one's teeth** apretar los dientes.
grizzly bear [grɪzlɪ'beə] *n* oso pardo.
groan [grəʊn] **1** *n (with pain)* gemido, quejido. **2** *fam (of disapproval)* gruñido. ‖ **3** *vi (with pain)* gemir. **4** *(creak)* crujir. **5** *fam (complain)* quejarse.
grocer ['grəʊsə] *n* tendero,-a.
■ **grocer's (shop)** tienda de comestibles.
groceries ['grəʊsərɪz] *npl* comestibles *mpl*.
groggy ['grɒgɪ] **1** *adj fam* grogui, atontado,-a. **2** *fam (weak)* débil.
groin [grɔɪn] *n* ingle *f*.
groom [gruːm] **1** *n (bridegroom)* novio. **2** *(for horses)* mozo de cuadra. ‖ **3** *vt (take care of - horse)* almohazar; *(- person)* cuidar, arreglar, asear. **4** *(prepare)* preparar.
groove [gruːv] **1** *n* ranura. **2** *(on record)* surco.
grope [grəʊp] **1** *vi* andar a tientas. ‖ **2** *vt sl* sobar.
• **to grope for** buscar a tientas.
gross [grəʊs] **1** *adj (fat)* obeso,-a. **2** *(coarse)* grosero,-a, tosco,-a, basto,-a. **3** *(injustice)* grave. **4** *(error)* craso,-a. **5** *(weight, amount)* bruto,-a. ‖ **6** *vt* ganar en bruto.
grossly ['grəʊslɪ] *adv* enormemente.
grotesque [grəʊ'tesk] *adj* grotesco,-a.
grotty ['grɒtɪ] *adj* GB *fam* asqueroso,-a, malísimo,-a.
grouch [graʊtʃ] **1** *n fam (person)* gruñón,-ona. **2** *fam (complaint)* queja. ‖ **3** *vi fam* refunfuñar (**about**, por), quejarse (**about**, de).
grouchy ['graʊtʃɪ] *adj* refunfuñón,-ona.
ground [graʊnd] **1** *pt & pp* → **grind**. ‖ **2** *adj* molido,-a. ‖ **3** *n (floor)* tierra,

suelo. **4** *(terrain)* terreno. **5** *(for football, battle, etc)* campo. ‖ **6** *vt* AV obligar a quedarse en tierra. **7** *(base)* fundamentar. ‖ **8** *vi* MAR encallar. ‖ **9** **grounds** *npl (reasons)* razón *f sing*, motivo. **10** *(of coffee)* poso. **11** *(gardens)* jardines *mpl*.

■ **ground floor** planta baja.

grounding ['graʊndɪŋ] *n* base *f*.

groundnut ['graʊndnʌt] *n* GB cacahuete *m*.

group [gruːp] **1** *n* grupo, conjunto. ‖ **2** *vt* agrupar. ‖ **3** *vi* agruparse, juntarse.

grouse [graʊs] **1** *n (bird)* urogallo. ‖ **2** *vi fam (complain)* quejarse.

grove [grəʊv] *n* arboleda.

grovel ['grɒvl] *vi* arrastrarse.

grow [grəʊ] **1** *vi* (*pt* grew; *pp* grown) crecer. **2** *(increase)* aumentarse. **3** *(become)* hacerse, volverse. ‖ **4** *vt (crops)* cultivar. **5** *(beard)* dejarse.

♦ **to grow into** *vt* convertirse en ♦ **to grow on** *vt* llegar a gustar ♦ **to grow up** *vi* hacerse mayor.

grower ['grəʊə] *n* cultivador,-ra.

growl [graʊl] **1** *n* gruñido. ‖ **2** *vi* gruñir.

grown [grəʊn] *pp* → **grow**.

grown-up ['grəʊnʌp] *adj* - *n* adulto,-a.

growth [grəʊθ] **1** *n (process)* crecimiento; *(increase)* aumento. **2** *(lump)* bulto; *(tumour)* tumor *m*.

grub [grʌb] **1** *n (insect)* larva. **2** *fam (food)* manduca, papeo.

grubby ['grʌbɪ] *adj* sucio,-a.

grudge [grʌdʒ] **1** *n* resentimiento, rencor *m*. ‖ **2** *vt (unwillingly)* hacer a regañadientes. **3** *(envy)* envidiar.

grudgingly ['grʌdʒɪŋlɪ] *adv* de mala gana.

gruelling ['gruːəlɪŋ] *adj* agotador,-ra.

gruesome ['gruːsəm] *adj* horrible, horripilante.

gruff [grʌf] **1** *adj (manner)* rudo,-a, malhumorado,-a. **2** *(voice)* bronco,-a.

grumble ['grʌmbl] **1** *n* queja. ‖ **2** *vi* refunfuñar (**about**, por), quejarse (**about**, de).

grumbler ['grʌmblə] *n* refunfuñón,-ona.

grumpily ['grʌmpɪlɪ] *adv* de mal humor.

grumpy ['grʌmpɪ] *adj* gruñón,-ona.

grunt [grʌnt] **1** *n* gruñido. ‖ **2** *vi* gruñir.

guarantee [gærən'tiː] **1** *n* garantía. ‖ **2** *vt* garantizar. **3** *(assure)* asegurar.

guarantor [gærən'tɔː] *n* garante *mf*.

guard [gɑːd] **1** *n* MIL *(duty)* guardia; *(sentry)* guardia *mf*; *(group of sentries)* guardia. **2** *(on train)* jefe *m* de tren. **3** *(on machine)* dispositivo de seguridad *f*. ‖ **4** *vt* guardar, proteger, defender; *(prisoner)* vigilar. ‖ **5** *vi* guardarse.

● **off one's guard** desprevenido,-a; **on guard** de guardia; **on one's guard** en guardia.

■ **guard dog** perro guardián.

guarded ['gɑːdɪd] *adj* cauteloso,-a.

guardian ['gɑːdɪən] **1** *n* guardián,-ana. **2** JUR tutor,-ra.

■ **guardian angel** ángel *m* de la guarda.

Guatemala [gwəʊtə'mɑːlə] *n* Guatemala.

Guatemalan [gwætə'mɑːlən] *adj* - *n* guatemalteco,-a.

guerrilla [gə'rɪlə] *n* guerrillero,-a.

■ **guerrilla warfare** guerra de guerrillas.

guess [ges] **1** *vt* - *vi* adivinar: ***guess what happened to me today*** adivina qué me ha pasado hoy. **2** *fam (imagine)* suponer: ***I guess you're right*** supongo que tienes razón. ‖ **3** *n* conjetura: ***have a guess!*** ¡a ver si lo adivinas!; ***I'll give you three guesses*** te dos tres oportunidades para adivinarlo. **4** *(estimate)* cálculo.

guesswork ['geswɜːk] *n* conjetura.

guest [gest] **1** *n (invited)* invitado,-a. **2** *(in hotel)* cliente,-a, huésped,-a.

guesthouse ['gesthaʊs] *n* casa de huéspedes.

guffaw [gʌ'fɔː] **1** *n* carcajada. ‖ **2** *vi* reírse a carcajadas.

guidance ['gaɪdns] **1** *n (gen)* orientación *f*. **2** *(advice)* consejo.

guide [gaɪd] **1** *n (person)* guía *mf*. **2** *(book, device)* guía. ‖ **3** *vt* guiar, orientar.

guidebook ['gaɪdbʊk] *n* guía.
guideline ['gaɪdlaɪn] *n* pauta, directriz *f*.
guild [gɪld] *n* gremio, cofradía.
guile [gaɪl] *n* astucia.
guileless ['gaɪlləs] *adj* ingenuo,-a.
guillotine ['gɪlətiːn] **1** *n* guillotina. ‖ **2** *vt* guillotinar.
guilt [gɪlt] **1** *n* culpa. **2** JUR culpabilidad *f*.
guilty ['gɪltɪ] *adj* culpable.
guinea ['gɪnɪ] *n* guinea.
■ **guinea pig** conejillo de Indias.
guise [gaɪz] *n* apariencia.
guitar [gɪ'tɑː] *n* guitarra.
guitarist [gɪ'tɑːrɪst] *n* guitarrista *mf*.
gulf [gʌlf] **1** *n* GEOG golfo. **2** *fig* abismo.
gull [gʌl] *n* gaviota.
gullible ['gʌlɪbl] *adj* crédulo,-a.
gully ['gʌlɪ] *n* torrentera, riera.
gulp [gʌlp] **1** *n* trago. ‖ **2** *vt* tragar. ‖ **3** *vi (with fear)* tragar saliva.
gum [gʌm] **1** *n* ANAT encía. **2** *(substance)* goma; *(glue)* goma, pegamento. ‖ **3** *vt* engomar, pegar con goma.
gumption ['gʌmpʃn] *n* sentido común.
gun [gʌn] **1** *n (gen)* arma de fuego. **2** *(handgun)* pistola, revólver *m*. **3** *(rifle)* rifle *m*, fusil *m*. **4** *(shotgun)* escopeta. **5** *(cannon)* cañón *m*.
♦ **to gun down** *vt* matar a tiros.
■ **gun dog** perro de caza.
gunfire ['gʌnfaɪə] **1** *n* fuego, disparos *mpl*. **2** *(shooting)* tiroteo.
gunman ['gʌnmən] *n* pistolero.
gunner ['gʌnə] *n* artillero.
gunpoint ['gʌnpɔɪnt] **at gunpoint** *phr* a punta de pistola.
gunpowder ['gʌnpaʊdə] *n* pólvora.
gunrunner ['gʌnrʌnə] *n* traficante *mf* de armas.
gunrunning ['gʌnrʌnɪŋ] *n* tráfico de armas.
gunshot ['gʌnʃɒt] *n* disparo.
gurgle ['gɜːgl] **1** *n (water)* gorgoteo. **2** *(baby)* gorjeo. ‖ **3** *vi (water)* gorgotear. **4** *(baby)* gorjear.
guru ['gʊruː] *n* gurú *m*.
gush [gʌʃ] **1** *n* chorro. ‖ **2** *vi* brotar a borbotones. **3** *(person)* ser efusivo,-a.
gushing ['gʌʃɪŋ] **1** *adj (water)* que sale a borbotones. **2** *(person)* efusivo,-a.
gust [gʌst] *n* ráfaga, racha.
gusto ['gʌstəʊ] *n* entusiasmo.
gusty ['gʌstɪ] *adj (wind)* racheado,-a.
gut [gʌt] **1** *n* ANAT intestino, tripa. **2** *(catgut)* cuerda de tripa. ‖ **3** *vt (fish)* destripar. **4** *(building)* destruir el interior de. ‖ **5 guts** *npl (entrails)* entrañas *fpl*, vísceras *fpl*. **6** *fam (courage)* agallas *fpl*.
gutter ['gʌtə] **1** *n (in street)* arroyo, canalón *m*. **2** *(on roof)* canal *m*.
■ **gutter press** prensa amarilla.
guy [gaɪ] *n fam* tipo, tío, individuo.
guzzle ['gʌzl] *vt* zamparse, engullirse.
gym [dʒɪm] **1** *n fam (place)* gimnasio. **2** *(sport)* gimnasia.
■ **gym shoes** zapatillas *fpl* de deporte.
gymkhana [dʒɪm'kɑːnə] *n* gymkhana.
gymnasium [dʒɪm'neɪzɪəm] *n* gimnasio.
gymnast ['dʒɪmnæst] *n* gimnasta *mf*.
gymnastics [dʒɪm'næstɪks] *n* gimnasia.
gynaecological [gaɪnɪkə'lɒdʒɪkl] *adj* ginecológico,-a.
gynaecologist [gaɪnɪ'kɒlədʒɪst] *n* ginecólogo,-a.
gynaecology [gaɪnɪ'kɒlədʒɪ] *n* ginecología.
gypsum ['dʒɪpsəm] *n* yeso.
gypsy ['dʒɪpsɪ] *adj* - *n* gitano,-a.
gyrate [dʒaɪ'reɪt] *vi* girar, dar vueltas.

H

habit ['hæbɪt] **1** *n* hábito, costumbre *f*. **2** *(garment)* hábito.
habitable ['hæbɪtəbl] *adj* habitable.
habitat ['hæbɪtæt] *n* hábitat *m*.
habitual [hə'bɪtjʊəl] **1** *adj (usual)* habitual, acostumbrado,-a. **2** *(liar etc)* empedernido,-a.

hack [hæk] **1** *n* machaca *mf.* || **2** *vt* tajar, cortar.
hacksaw ['hæksɔː] *n* sierra para metales.
had [hæd] *pt & pp* → **have**.
haddock ['hædək] *n* eglefino.
haemorrhage ['hemərɪdʒ] *n* hemorragia.
haemorrhoids ['hemərɔɪdz] *npl* hemorroides *fpl.*
hag [hæg] *n* bruja.
haggard ['hægəd] *adj* ojeroso,-a.
haggle ['hægl] *vi* regatear.
hail [heɪl] **1** *n* METEOR granizo, pedrisco. || **2** *vi* METEOR granizar. **3** *(call)* llamar. **4** *(acclaim)* aclamar.
● **to hail from** ser de.
hailstone ['heɪlstəʊn] *n* granizo.
hailstorm ['heɪlstɔːm] *n* granizada.
hair [heə] **1** *n (on head)* cabello, pelo. **2** *(on body)* vello.
hairbrush ['heəbrʌʃ] *n* cepillo para el pelo.
haircut ['heəkʌt] *n* corte *m* de pelo.
hairdo ['heəduː] *n* (*pl* hairdos) *fam* peinado.
hairdresser ['heədresə] *n* peluquero,-a.
■ **hairdresser's** peluquería.
hairdryer ['heədraɪə] *n* secador *m* de pelo.
hairpiece ['heəpiːs] *n* peluquín *m.*
hairpin ['heəpɪn] *n* horquilla.
hair-raising ['heəreɪzɪŋ] *adj* espeluznante.
hairspray ['heəspreɪ] *n* laca para el pelo.
hairstyle ['heəstaɪl] *n* peinado.
hairy ['heərɪ] **1** *adj* peludo,-a. **2** *fig* espeluznante.
hake [heɪk] *n* merluza.
half [hɑːf] **1** *n* (*pl* halves) mitad *f*: ***a kilo and a half*** un kilo y medio. || **2** *adv* medio,-a: ***half a dozen*** media docena. **3** medio, a medias: ***half dead*** medio muerto,-a.
● **to go halves on** pagar a medias.
half-brother ['hɑːfbrʌðə] *n* hermanastro.
half-caste ['hɑːfkɑːst] *adj - n* mestizo,-a.
half-hearted [hɑːf'hɑːtɪd] *adj* poco entusiasta.
halfpenny ['heɪpnɪ] *n* medio penique.
half-sister ['hɑːfsɪstə] *n* hermanastra.
half-time [hɑːf'taɪm] *n* SP descanso.
half-way ['hɑːfweɪ] **1** *adj* intermedio, -a. || **2** *adv* a medio camino.
half-wit ['hɑːfwɪt] *n* imbécil *mf.*
hall [hɔːl] **1** *n (entrance)* vestíbulo. **2** *(for concerts)* sala. **3** *(mansion)* casa solariega.
■ **hall of residence** colegio mayor.
hallmark ['hɔːlmɑːk] **1** *n (on gold etc)* contraste *m.* **2** *fig* sello.
hallo! [hə'ləʊ] *interj* → **hello**.
Halloween [hæləʊ'iːn] *n* víspera de Todos los Santos.
hallucination [həluːsɪ'neɪʃn] *n* alucinación *f.*
halo ['heɪləʊ] *n* halo.
halt [hɔːlt] **1** *n* alto, parada. || **2** *vt* parar. || **3** *vi* pararse, detenerse.
halter ['hɔːltə] *n* cabestro.
halting ['hɔːltɪŋ] *adj* vacilante.
halve [hɑːv] **1** *vt* partir en dos. **2** *(reduce)* reducir a la mitad.
ham [hæm] *n* jamón *m.*
● **to ham it up** exagerar.
hamburger ['hæmbɜːgə] *n* hamburguesa.
hammer ['hæmə] **1** *n* martillo. || **2** *vt - vi* golpear con un martillo. || **3** *vt fam (trounce)* dar una paliza a.
hammock ['hæmək] *n* hamaca.
hamper ['hæmpə] **1** *n* cesta. || **2** *vt* estorbar.
hamster ['hæmstə] *n* hámster *m.*
hand [hænd] **1** *n* mano *f.* **2** *(worker)* trabajador,-ra, operario,-a; MAR tripulante *mf.* **3** *(of clock)* manecilla. **4** *(handwriting)* letra. **5** *(of cards)* mano. **6** *(applause)* aplauso. || **7** *vt* dar, entregar.
♦ **to hand back** *vt* devolver ♦ **to hand in** *vt* entregar, presentar ♦ **to hand out** *vt* repartir ♦ **to hand over** *vt* entregar ♦ **to hand round** *vt* ofrecer.

• **at first hand** de primera mano; **at hand** a mano; **by hand** a mano; **hands up!** ¡manos arriba!; **on hand** disponible; **on the one hand** por una parte; **on the other hand** por otra parte; **to have the upper hand** llevar ventaja; **to hold hands** estar cogidos,-as de la mano; **to lend a hand** echar una mano.

handbag ['hændbæg] *n* bolso.

handball ['hændbɔːl] *n* balonmano.

handbook ['hændbʊk] *n* manual *m*.

handbrake ['hændbreɪk] *n* freno de mano.

handcuff ['hændkʌf] **1** *vt* esposar. || **2 handcuffs** *npl* esposas *fpl*.

handful ['hændfʊl] *n* puñado.

handicap ['hændɪkæp] **1** *n* MED incapacidad *f*, invalidez *f*. **2** SP hándicap *m*. || **3** *vt* obstaculizar.

handicapped ['hændɪkæpt] **1** *adj (physically)* minusválido,-a; *(mentally)* retrasado,-a. **2** *fig* desfavorecido,-a.

handicraft ['hændɪkrɑːft] *n* artesanía.

handkerchief ['hæŋkətʃiːf] *n* pañuelo.

handle ['hændl] **1** *n (of door)* manilla. **2** *(of drawer)* tirador *m*. **3** *(of cup)* asa. **4** *(of knife)* mango. || **5** *vt* manejar. **6** *(people)* tratar. **7** *(tolerate)* aguantar. || **8** *vi (car)* comportarse.

handlebar ['hændlbɑː] *n* manillar *m*.

handmade [hænd'meɪd] *adj* hecho,-a a mano.

handout ['hændaʊt] **1** *n (leaflet)* folleto. **2** EDUC material *m*. **3** *(press)* nota de prensa. **4** *(charity)* limosna.

handshake ['hændʃeɪk] *n* apretón *m* de manos.

handsome ['hænsəm] **1** *adj (man)* guapo,-a, de buen ver. **2** *(generous)* generoso,-a.

handwriting ['hændraɪtɪŋ] *n* letra.

handwritten [hænd'rɪtn] *adj* escrito,-a a mano.

handy ['hændɪ] **1** *adj (person)* hábil. **2** *(useful)* práctico,-a, útil. **3** *(near)* a mano.

hang [hæŋ] **1** *vt* (*pt & pp* hung) *(gen)* colgar. **2** *(wallpaper)* colocar. **3** (*pt & pp* hunged) JUR ahorcar. || **4** *vi* (*pt & pp* hung) colgar, pender; *(float)* flotar. **5** (*pt & pp* hunged) JUR ser ahorcado,-a. **6** (*pt & pp* hung) *(dress etc)* caer. || **7** *n (of dress etc)* caída.

♦ **to hang about, hang around 1** *vi (wait)* esperar. **2** *vi (waste time)* perder el tiempo ♦ **to hang back** *vi* quedarse atrás ♦ **to hang out 1** *vt* tender. **2** *vi fam* frecuentar: ***he hangs out in sleazy bars*** frecuenta baretos sórdidos ♦ **to hang up** *vt - vi* colgar.

• **to get the hang of** cogerle el truquillo a.

hangar ['hæŋə] *n* hangar *m*.

hanger ['hæŋə] *n* percha.

hang-glider ['hæŋglaɪdə] *n* ala delta.

hang-gliding ['hæŋglaɪdɪŋ] *n* vuelo libre.

hanging ['hæŋɪŋ] **1** *adj* colgante. || **2** *n* ejecución *f* en la horca. **3** *(on wall)* colgadura.

hangman ['hæŋmæn] **1** *n* verdugo. **2** *(game)* el ahorcado.

hangout ['hæŋaʊt] *n fam* guarida.

hangover ['hæŋəʊvə] *n* resaca.

hang-up ['hæŋʌp] *n fam* complejo, manía.

hanker ['hæŋkə] **to hanker after** *vi* ansiar, anhelar.

hanky-panky [hæŋkɪ'pæŋkɪ] *n fam (underhand activity)* chanchullos *mpl*; *(sexual)* magreo.

haphazard [hæp'hæzəd] **1** *adj* desordenado,-a. **2** *(plans etc)* improvisado,-a.

happen ['hæpn] *vi* ocurrir, pasar, suceder: ***if you happen to ...*** si por casualidad ...

happening ['hæpnɪŋ] *n* acontecimiento.

happily ['hæpɪlɪ] **1** *adv* felizmente. **2** *(luckily)* afortunadamente.

happiness ['hæpɪnəs] *n* felicidad *f*.

happy ['hæpɪ] **1** *adj (cheerful)* feliz, alegre. **2** *(glad)* contento,-a.

harass ['hærəs] *vt* acosar, hostigar.

harassment ['hærəsmənt] *n* acoso.
harbour ['hɑːbə] **1** *n* puerto. ‖ **2** *vt (criminal)* encubrir. **3** *(doubts)* abrigar.
hard [hɑːd] **1** *adj (gen)* duro,-a. **2** *(difficult)* difícil. **3** *(harsh)* severo,-a. ‖ **4** *adv* fuerte.
• **hard of hearing** duro,-a de oído; **to work hard** trabajar mucho; **to be hard up** *fam* estar sin blanca.
▪ **hard court** pista rápida; **hard disk** disco duro; **hard labour** trabajos *mpl* forzados; **hard shoulder** arcén *m*.
harden ['hɑːdn] **1** *vt* endurecer. ‖ **2** *vi* endurecerse.
hard-headed ['hɑːdhedɪd] *adj* frío,-a, cerebral, realista.
hard-hearted ['hɑːdhɑːtɪd] *adj* cruel, duro,-a.
hardly ['hɑːdlɪ] *adv* apenas.
hardness ['hɑːdnəs] **1** *n* dureza. **2** *(difficulty)* dificultad *f*.
hardship ['hɑːdʃɪp] *n* apuro, dificultad *f*.
hardware ['hɑːdweə] **1** *n* ferretería. **2** COMPUT hardware *m*.
▪ **hardware store** ferretería.
hardworking ['hɑːdwɜːkɪŋ] *adj* trabajador,-ra.
hardy ['hɑːdɪ] **1** *adj* fuerte, robusto. **2** *(plant)* resistente.
hare [heə] *n* liebre *f*.
harebrained ['heəbreɪnd] **1** *adj (person)* impulsivo,-a. **2** *(idea)* descabellada.
harem [hɑː'riːm] *n* harén *m*.
haricot bean [hærɪkəʊ'biːn] *n* alubia.
harlequin ['hɑːlɪkwɪn] *n* arlequín *m*.
harlot ['hɑːlət] *n* ramera.
harm [hɑːm] **1** *n* mal *m*, daño, perjuicio. ‖ **2** *vt* dañar, perjudicar.
harmful ['hɑːmfʊl] *adj* dañino,-a, nocivo,-a, perjudicial.
harmless ['hɑːmləs] *adj* inofensivo,-a.
harmonic [hɑː'mɒnɪk] **1** *adj* armónico,-a. ‖ **2** *n* armónico.
harmonica [hɑː'mɒnɪkæ] *n* armónica.
harmonious [hɑː'məʊnɪəs] *adj* armonioso,-a.
harmonize ['hɑːmənaɪz] *vt* - *vi* armonizar.
harmony ['hɑːmənɪ] *n* armonía.
harness ['hɑːnəs] **1** *n* arnés *m*, arreos *mpl*. ‖ **2** *vt (horse)* poner los arreos a. **3** *(resources)* aprovechar.
harp [hɑːp] *n* arpa.
♦ **to harp on about** *vt* insistir en.
harpoon [hɑː'puːn] **1** *n* arpón *m*. ‖ **2** *vt* arponear.
harpsichord ['hɑːpsɪkɔːd] *n* clavicordio.
harrowing ['hærəʊɪŋ] *adj* angustioso,-a.
harry ['hærɪ] *vt* acosar.
harsh [hɑːʃ] **1** *adj (cruel)* cruel, severo,-a. **2** *(dazzling)* deslumbrante. **3** *(rough)* áspero,-a.
harvest ['hɑːvɪst] **1** *n* cosecha. **2** *(grapes)* vendimia. ‖ **3** *vt* cosechar. **4** *(grapes)* vendimiar.
harvester ['hɑːvɪstə] **1** *n* segador,-ra. **2** *(machine)* segadora.
has [hæz] *3rd pers sing pres* → **have**.
hash [hæʃ] **1** *n* CULIN picadillo. **2** *fam* hachís *m*.
• **to make a hash of sth** estropear algo.
hashish ['hæʃiːʃ] *n* hachís *m*.
hassle ['hæsl] **1** *n fam* rollo, problema *m*, lío. **2** *fam (argument)* discusión *f*. ‖ **3** *vt fam* molestar, fastidiar.
haste [heɪst] *n* prisa.
hasten ['heɪsn] **1** *vt* apresurar. ‖ **2** *vi* apresurarse.
hasty ['heɪstɪ] **1** *adj* apresurado,-a. **2** *(rash)* precipitado,-a.
hat [hæt] *n* sombrero.
hatch [hætʃ] **1** *n (gen)* trampilla; *(on ship)* escotilla. ‖ **2** *vt* empollar, incubar. **3** *fig* idear, tramar. ‖ **4** *vi* salir del cascarón.
hatchet ['hætʃɪt] *n* hacha.
hate [heɪt] **1** *n* odio. ‖ **2** *vt* odiar, detestar. **3** *(regret)* lamentar.
hateful ['heɪtfʊl] *adj* odioso,-a.
hatred ['heɪtrɪd] *n* odio.
haughty ['hɔːtɪ] *adj* arrogante.

haul [hɔːl] **1** *n (pull)* tirón *m*. **2** *(fish)* redada. **3** *(loot)* botín *m*. || **4** *vt* tirar de, arrastrar.
● **a long haul** un largo camino.
haulage ['hɔːlɪdʒ] *n* transporte *m*.
haulier ['hɔːljə] *n* transportista *mf*.
haunch [hɔːntʃ] **1** *n* cadera y muslo. **2** CULIN pierna.
haunt [hɔːnt] **1** *n* sitio preferido. || **2** *vt* frecuentar. **3** *(thought)* obsesionar. **4** *(ghost - place)* rondar por; *(- person)* atormentar.
haunted ['hɔːntɪd] *adj* encantado,-a.
have [hæv] **1** *vt* (*3rd pers pres sing* has; *pt & pp* had) *(posess)* tener, poseer: ***he has lots of momey*** tiene mucho dinero. **2** *(food)* comer; *(drink)* beber; *(cigarette)* fumar: ***to have breakfast*** desayunar; ***to have lunch*** comer; ***to have tea*** merendar; ***to have dinner*** cenar. **3** *(shower, bath)* tomar: ***to have a bath*** bañarse; ***to have a shower*** ducharse. **4** *(illness)* tener: ***she has flu*** tiene la gripe. **5** *(party, meeting)* hacer, celebrar: ***are you having a birthday party?*** ¿harás una fiesta de cumpleaños? **6** *(baby)* tener, dar a luz: ***Anna's had a baby girl*** Anna ha dado a luz a una niña. **7** *(cause to happen)* hacer, mandar: ***he had the house painted*** hizo pintar la casa. **8** *(allow)* permitir, consentir: ***I won't have it!*** ¡no lo consentiré! || **9** *aux* haber: ***I have seen a ghost*** he visto un fantasma; ***I had seen the film before*** había visto la película antes.
♦ **to have on 1** *vt (wear)* llevar puesto,-a. **2** *vt (tease)* tomar el pelo ♦ **to have out** *vt (tooth)* sacarse; *(appendix)* operarse de.
● **had better** más vale que: ***you'd better come alone*** más vale que vengas solo,-a; **have got** GB tener; **to have done with** acabar con; **to have had it** *(be broken)* estar estropeado,-a; *(be in trouble)* estar apañado,-a; **to have just** acabar de; **to have sb on** tomarle el pelo a algn; **to have sth on** tener algo planeado, tener algo que hacer; **to have it in for sb** tenerla tomada con algn; **to have it out with sb** ajustar las cuentas con algn; **to have to** tener que, haber de; **to have to do with** tener que ver con; **to have it away, have it off** *vulg* echar un polvo.
haven ['heɪvən] *n fig* refugio.
haversack ['hævəsæk] *n* mochila.
havoc ['hævək] *n* estragos *mpl*.
hawk [hɔːk] *n* halcón *m*.
hay [heɪ] *n* heno.
hay-fever ['heɪfiːvə] *n* fiebre *f* del heno.
haywire ['heɪwaɪə] *adj* loco,-a.
● **to go haywire** descontrolarse.
hazard ['hæzəd] **1** *n* riesgo, peligro. || **2** *vt* arriesgar, poner en peligro.
hazardous ['hæzədəs] *adj* arriesgado,-a, peligroso,-a.
haze [heɪz] *n* neblina.
hazel ['heɪzl] **1** *n* avellano. || **2** *adj* *(colour)* avellana.
hazelnut ['heɪzlnʌt] *n* avellana.
hazy ['heɪzɪ] **1** *adj* brumoso,-a. **2** *fig* vago,-a, confuso,-a.
he [hiː] **1** *pron* él: ***he came yesterday*** (él) vino ayer. || **2** *adj* varón, macho.
head [hed] **1** *n (gen)* cabeza. **2** *(on tape recorder)* cabezal *m*. **3** *(of bed, table)* cabecera. **4** *(of page)* principio. **5** *(on beer)* espuma. **6** *(cape)* cabo. **7** *(of school, company)* director,-ra. **8** *(cattle)* res *f*. || **9** *vt* encabezar. **10** *(ball)* rematar de cabeza.
♦ **to head for** *vt* dirigirse hacia.
● **heads or tails?** ¿cara o cruz?
headache ['hedeɪk] *n* dolor *m* de cabeza.
header ['hedə] *n* cabezazo.
heading ['hedɪŋ] **1** *n* encabezamiento. **2** *(letterhead)* membrete *m*.
headlamp ['hedlæmp] *n* faro.
headland ['hedlənd] *n* cabo.
headlight ['hedlaɪt] *n* faro.
headline ['hedlaɪn] *n* titular *m*.
headlong ['hedlɒŋ] *adj* de cabeza.

headmaster ['hedmɑːstə] *n* director *m*.
headmistress [hed'mɪstrəs] *n* directora.
headphones ['hedfəʊnz] *npl* auriculares *mpl*.
headquarters ['hedkwɔːtəz] **1** *npl* sede *f sing*. **2** MIL cuartel *m sing* general.
headstrong ['hedstrɒŋ] *adj* obstinado,-a, testarudo,-a.
headteacher ['hed'tiːtʃə] *n* director, -ra.
headway ['hedweɪ] *n*.
• **to make headway** avanzar.
headword ['hedwɜːd] *n* entrada.
heal [hiːl] **1** *vt* curar. ‖ **2** *vi* curarse.
health [helθ] **1** *n* salud *f*. **2** *(service)* sanidad *f*.
■ **health centre** ambulatorio.
healthy ['helθɪ] **1** *adj* sano,-a. **2** *(good for health)* saludable.
heap [hiːp] **1** *n* montón *m*. ‖ **2** *vt* amontonar.
hear [hɪə] *vt* - *vi* (*pt & pp* heard [hɜːd]) oír.
• **to hear from** tener noticias de; **to hear of** oír hablar de.
hearer ['hɪərə] *n* oyente *mf*.
hearing ['hɪərɪŋ] **1** *n* oído. **2** JUR audiencia.
hearsay ['hɪəseɪ] *n* rumores *mpl*.
hearse [hɜːs] *n* coche *m* fúnebre.
heart [hɑːt] **1** *n* corazón *m*. **2** *(courage)* valor *m*. **3** *(of lettuce etc)* cogollo. ‖ **4 hearts** *npl (cards)* corazones *mpl*; *(Spanish pack)* copas **fpl**.
• **by heart** de memoria.
■ **heart attack** infarto de miocardio.
heartbeat ['hɑːtbiːt] *n* latido del corazón.
heartbreaking ['hɑːtbreɪkɪŋ] *n* desgarrador,-ora.
heartbroken ['hɑːtbrəʊkn] *adj* desconsolado,-a.
• **to be heartbroken** tener el corazón destrozado.
hearten ['hɑːtn] *vt* animar.
hearth [hɑːθ] *n* hogar *m*, chimenea.
heartless ['hɑːtləs] *adj* cruel.
heartthrob ['hɑːtθrɒb] *n* ídolo.
hearty ['hɑːtɪ] **1** *adj (person)* campechano,-a. **2** *(welcome)* cordial. **3** *(meal)* abundante.
heat [hiːt] **1** *n* calor *m*. **2** *(heating)* calefacción *f*. **3** SP eliminatoria. ‖ **4** *vt* calentar. ‖ **5** *vi* calentarse.
• **on heat** en celo.
heated ['hiːtɪd] *adj fig (argument)* acalorado,-a.
heater ['hiːtə] *n* calentador *m*.
heath [hiːθ] **1** *n (land)* brezal *m*. **2** *(plant)* brezo.
heathen ['hiːðn] *adj* - *n* pagano,-a.
heather ['heðə] *n* brezo.
heating ['hiːtɪŋ] *n* calefacción *f*.
heatwave ['hiːtweɪv] *n* ola de calor.
heave [hiːv] **1** *n (pull)* tirón *m*. ‖ **2** *vt (pull)* tirar. **3** *fam (throw)* lanzar. ‖ **4** *vi* subir y bajar; *(chest)* suspirar.
heaven ['hevn] **1** *n* cielo. **2** *fam* gloria.
heavenly ['hevnlɪ] **1** *adj* celestial. **2** *fig* divino,-a. **3** ASTRON celeste.
■ **heavenly body** cuerpo celeste.
heavily ['hevɪlɪ] **1** *adv* mucho: ***it was raining heavily*** llovía mucho. **2** fuertemente: ***they are heavily armed*** van fuertemente armados.
heavy ['hevɪ] **1** *adj (gen)* pesado,-a. **2** *(rain, blow)* fuerte. **3** *(traffic)* denso,-a. **4** *(sleep)* profundo,-a. **5** *(crop)* abundante.
heavyweight ['hevɪweɪt] *n* peso pesado.
heckle ['hekl] *vt* interrumpir.
hectare ['hektɑː] *n* hectárea.
hectic ['hektɪk] *adj* agitado,-a, ajetreado,-a.
hedge [hedʒ] **1** *n* seto vivo. **2** *fig* protección *f*. ‖ **3** *vi* contestar con evasivas.
hedgehog ['hedʒhɒg] *n* erizo.
heed [hiːd] **1** *n* atención *f*. ‖ **2** *vt* prestar atención a.
heel [hiːl] **1** *n* talón *m*. **2** *(on shoe)* tacón *m*.
hefty ['heftɪ] *adj* fuerte.

heifer ['hefə] *n* vaquilla.
height [haɪt] **1** *n* altura. **2** *(altitude)* altitud *f*. **3** *(of person)* estatura.
heighten ['haɪtn] *vt fig* intensificar.
heinous ['heɪnəs] *adj* atroz.
heir [eə] *n* heredero.
heiress ['eərəs] *n* heredera.
heirloom ['eəluːm] *n* reliquia de familia.
held [held] *pt & pp* → **hold**.
helicopter ['helɪkɒptə] *n* helicóptero.
helium ['hiːlɪəm] *n* helio.
hell [hel] *n* infierno.
• **a hell of a** *fam (good)* estupendo,-a, fantástico,-a; *(bad)* fatal, horrible.
hellish ['helɪʃ] *adj fam* infernal.
hello! [he'ləʊ] **1** *interj* ¡hola! **2** *(on phone)* ¡diga!
helm [helm] *n* timón *m*.
helmet ['helmət] *n* casco.
help [help] **1** *n* ayuda. ‖ **2** *interj* ¡socorro! ‖ **3** *vt* ayudar. **4** *(avoid)* evitar.
• **help yourself** sírvete tú mismo,-a; **I can't help it** no lo puedo evitar; **it can't be helped** no hay nada que hacer.
helper ['helpə] *n* ayudante *mf*.
helpful ['helpfʊl] **1** *adj (thing)* útil. **2** *(person)* amable.
helping ['helpɪŋ] *n* ración *f*.
helpless ['helpləs] **1** *adj* indefenso,-a. **2** *(powerless)* impotente.
helter-skelter [heltə'skeltə] **1** *adv* atropelladamente. ‖ **2** *n (at fair)* tobogán *m*.
hem [hem] **1** *n* dobladillo. ‖ **2** *vt* hacer un dobladillo en.
♦ **to hem in** *vt* cercar, rodear.
he-man ['hiːmæn] *n* machote *m*.
hemisphere ['hemɪsfɪə] *n* hemisferio.
hemp [hemp] *n* cáñamo.
hen [hen] *n* gallina.
hence [hens] **1** *adv (so)* por eso. **2** *(from now)* de aquí a.
henceforth [hens'fɔːθ] *adv* de ahora en adelante.
henchman ['hentʃmən] *n* secuaz *m*.
hepatitis [hepə'taɪtɪs] *n* hepatitis *f inv*.
her [hɜː] **1** *pron (direct object)* la: ***I love her*** la quiero. **2** *(indirect object)* le; *(with other pronouns)* se: ***give her the money*** dale el dinero; ***give it to her*** dáselo. **3** *(after preposition)* ella: ***go with her*** vete con ella. ‖ **4** *adj* su, sus; *(emphatic)* de ella.
herald ['herəld] **1** *n* heraldo. ‖ **2** *vt* anunciar.
heraldry ['herəldrɪ] *n* heráldica.
herb [hɜːb] *n* hierba.
herbal ['hɜːbəl] *adj* herbario,-a.
herbalist ['hɜːbəlɪst] *n* herbolario,-a.
herbivorous ['hɜːbɪvərəs] *adj* herbívoro,-a.
herd [hɜːd] **1** *n (of cattle)* manada; *(of goats)* rebaño; *(of pigs)* piara. ‖ **2** *vt* juntar en manada, juntar en rebaño.
here [hɪə] *adv* aquí.
hereafter [hɪər'ɑːftə] *adv* de ahora en adelante.
hereby [hɪə'baɪ] *adv* por la presente.
hereditary [hɪ'rədɪtrɪ] *adj* hereditario, -a.
heredity [hɪ'redɪtɪ] *n* herencia.
heresy ['herəsɪ] *n* herejía.
heretic ['herətɪk] *n* hereje *mf*.
heritage ['herɪtɪdʒ] *n* herencia, patrimonio.
hermaphrodite [hɜː'mæfrədaɪt] **1** *adj* hermafrodita. ‖ **2** *n* hermafrodita *mf*.
hermetic [hɜː'metɪk] *adj* hermético,-a.
hermit ['hɜːmɪt] *n* ermitaño.
hernia ['hɜːnɪə] *n* hernia.
hero ['hɪərəʊ] *n* héroe *m*.
heroic [hɪ'rəʊkɪk] *adj* heroico,-a.
heroin ['herəʊɪn] *n (drug)* heroína.
■ **heroin addict** heroinómano,-a.
heroine ['herəʊɪn] *n* heroína.
heroism ['herəʊɪzm] *n* heroísmo.
herring ['herɪŋ] *n* arenque *m*.
hers [hɜːz] *pron* (el) suyo, (la) suya, (los) suyos, (las) suyas.
herself [hɜː'self] **1** *pron* se. **2** *(emphatic)* ella misma, sí misma.
hesitant ['hezɪtənt] *adj* indeciso,-a.
hesitate ['hezɪteɪt] *vi* vacilar, dudar.
hesitation [hezɪ'teɪʃn] *n* duda.

heterogeneous [hetərəʊ'dʒiːnɪəs] *adj* heterogéneo,-a.

heterosexual [hetərəʊ'seksjuːəl] **1** *adj* heterosexual. || **2** *n* heterosexual *mf*.

hexagon ['heksəgən] *n* hexágono.

hey! [heɪ] *interj* ¡oye!, ¡oiga!

heyday ['heɪdeɪ] *n* auge *m*, apogeo.

HGV ['eɪtʃ'dʒiː'viː] *abbr* GB (heavy goods vehicle) vehículo de carga pesada.

hi! [haɪ] *interj* ¡hola!

hibernate ['haɪbəneɪt] *vi* hibernar.

hibernation [haɪbə'neɪʃn] *n* hibernación *f*.

hiccough ['hɪkʌp] **1** *n* hipo. || **2** *vi* tener hipo.

hiccup ['hɪkʌp] **1** *n* hipo. || **2** *vi* tener hipo.

hid [hɪd] *pt & pp* → **hide**.

hidden ['hɪdn] **1** *pp* → **hide**. || **2** *adj* escondido,-a, oculto,-a.

hide [haɪd] **1** *n* piel *f*, cuero. || **2** *vt* (*pt* hid; *pp* hid *o* hidden) esconder. || **3** *vi* esconderse.

hide-and-seek [haɪdən'siːk] *n* escondite *m*.

hideous ['hɪdɪəs] **1** *adj* horroroso,-a. **2** *(ugly)* horrendo,-a.

hiding ['haɪdɪŋ] *n* paliza.

• **to go into hiding** esconderse.

hierarchy ['haɪərɑːkɪ] *n* jerarquía.

hieroglyph ['haɪərəglɪf] *n* jeroglífico.

high [haɪ] **1** *adj* alto,-a. **2** *(food)* pasado,-a. **3** *(game)* manido,-a. **4** *sl (on drugs)* flipado,-a. || **5** *n* punto máximo.

• **high and low** por todas partes.

■ **high court** tribunal *m* supremo; **high chair** trona; **high fidelity** alta fidelidad; **high school** instituto; **high street** calle *f* mayor; **high tide** pleamar *f*.

highbrow ['haɪbraʊ] *adj* intelectual.

higher ['haɪə] *adj* superior.

■ **higher education** enseñanza superior.

high-heeled ['haɪhiːld] *adj* de tacón alto.

highlands ['haɪləndz] *npl* tierras *fpl* altas.

highlight ['haɪlaɪt] *vt* hacer resaltar.

highly ['haɪlɪ] *adv* muy; *(favourably)* muy bien.

Highness ['haɪnəs] *n* Alteza *mf*.

high-pitched ['haɪpɪtʃt] *adj* agudo,-a.

high-speed ['haɪspiːd] *adj* de gran velocidad.

highway ['haɪweɪ] *n* US autovía.

■ **Highway Code** GB código de la circulación.

highwayman ['haɪweɪmən] *n* salteador *m* de caminos, bandolero.

hijack ['haɪdʒæk] **1** *n* secuestro. || **2** *vt* secuestrar.

hijacker ['haɪdʒækə] *n* secuestrador, -ra.

hike [haɪk] **1** *n (walk)* excursión *f*. || **2** *vi* ir de excursión.

hiker ['haɪkə] *n* excursionista *mf*.

hilarious [hɪ'leərɪəs] *adj* graciosísimo, -a.

hill [hɪl] **1** *n* colina. **2** *(slope)* cuesta.

hillside ['hɪlsaɪd] *n* ladera.

hilly ['hɪlɪ] *adj* montañoso,-a.

hilt [hɪlt] *n* empuñadura.

• **up to the hilt** al máximo.

him [hɪm] **1** *pron (direct object)* lo: ***I love him*** lo quiero. **2** *(indirect object)* le; *(with other pronouns)* se: ***give him the money*** dale el dinero; ***give it to him*** dáselo. **3** *(after preposotion)* él: ***we went with him*** fuimos con él.

Himalayas [hɪmə'leɪəz] *npl* el Himalaya *m sing*.

himself [hɪm'self] **1** *pron* se. **2** *(emphatic)* él mismo, sí mismo.

hind [haɪnd] *adj* trasero,-a.

hinder ['hɪndə] *vt - vi* entorpecer, estorbar.

hindrance ['hɪndrəns] *n* estorbo, obstáculo.

hindsight ['haɪndsaɪt] *n* retrospectiva.

Hindu [hɪn'duː] *adj - n* hindú.

hinge [hɪndʒ] *n* bisagra, gozne *m*.

• **to hinge on** depender de.

hint [hɪnt] **1** *n* insinuación *f*, indirecta. **2** *(advice)* consejo. **3** *(clue)* pista. || **4** *vt* insinuar. || **5** *vi* lanzar indirectas.

hinterland ['hɪntəlænd] *n* interior *m*.
hip [hɪp] *n* cadera.
• **hip hip hooray!** ¡hurra!
hippie ['hɪpɪ] **1** *adj fam* hippie. ‖ **2** *n fam* hippie *mf*.
hippo ['hɪpəʊ] *n* hipopótamo.
hippopotamus [hɪpə'pɒtəməs] *n* hipopótamo.
hippy ['hɪpɪ] **1** *adj fam* hippie. ‖ **2** *n fam* hippie *mf*.
hire ['haɪə] **1** *n* alquiler *m*. ‖ **2** *vt* alquilar.
• **on hire purchase** a plazos.
his [hɪz] **1** *adj* su, sus: ***his dog*** su perro. **2** *(emphatic)* de él. ‖ **3** *pron* (el) suyo, (la) suya, (los) suyos, (las) suyas.
hiss [hɪs] **1** *n* siseo, silbido. **2** *(protest)* silbido. ‖ **3** *vi* sisear, silbar. **4** *(in protest)* silbar.
historian [hɪs'tɔːrɪən] *n* historiador,-ra.
historic [hɪs'tɒrɪk] *adj* histórico,-a.
historical [hɪs'tɒrɪkl] *adj* histórico,-a.
history ['hɪstrɪ] *n* historia.
hit [hɪt] **1** *n (blow)* golpe *m*. **2** *(success)* éxito. **3** COMPUT visita. ‖ **3** *vt* (*pt & pp* hit) golpear, pegar: ***he hit his head on the door*** dio con la cabeza contra la puerta. **4** *(crash into)* chocar contra. **5** *(affect)* afectar. **6** *(reach)* alcanzar.
• **to hit it off with** llevarse bien con; **to score a direct hit** dar en el blanco.
hit-and-miss ['hɪtənmɪs] *adj* a la buena de Dios.
hitch [hɪtʃ] **1** *n (problem)* tropiezo, dificultad *f*. ‖ **2** *vt (tie)* enganchar, atar. ‖ **3** *vi fam (travel)* hacer autoestop, ir a dedo.
hitch-hike ['hɪtʃhaɪk] *vi* hacer autoestop.
hitch-hiker ['hɪtʃhaɪkə] *n* autoestopista *mf*.
hitherto [hɪðə'tuː] *adv* hasta ahora.
HIV ['eɪtʃaɪ'viː] *abbr (*human immunodeficiency virus*)* virus *m* de inmunodeficiencia humana; *(abbreviation)* VIH *m*.
• **to be diagnosed HIV negative** dar negativo,-a en la prueba del sida; **to be HIV positive** ser seropositivo,-a, ser portador,-ra del virus del sida.
■ **HIV carrier** seropositivo,-a, portador,-ra del virus del sida.
hive [haɪv] *n* colmena.
HMS ['eɪtʃem'es] *abbr* GB *(*His/Her Majesty's Ship*) barco de su majestad.*
HNC ['eɪtʃen'siː] *abbr* GB *(*Higher National Certificate*) título de formación profesional.*
HND ['eɪtʃen'diː] *abbr* GB *(*Higher National Diploma*) título de formación profesional.*
hoard [hɔːd] **1** *n* provisión *f*. **2** *(money)* tesoro. ‖ **3** *vt* acumular. **4** *(money)* atesorar.
hoarding ['hɔːdɪŋ] *n* valla.
hoarse [hɔːs] *adj* ronco,-a, áspero,-a.
hoax [həʊks] **1** *n* trampa, engaño. ‖ **2** *vt* engañar.
hobble ['hɒbl] *vi* cojear.
hobby ['hɒbɪ] *n* afición *f*, hobby *m*.
hockey ['hɒkɪ] *n* hockey *m*.
hog [hɒg] **1** *n* cerdo. ‖ **2** *vt* acaparar.
hoist [hɔɪst] **1** *n* grúa. **2** *(lift)* montacargas *m inv*. ‖ **3** *vt* levantar. **4** *(flag)* izar.
hold [həʊld] **1** *n (grip)* agarro, asimiento. **2** *(place to grip)* asidero. **3** *(on ship, plane)* bodega. ‖ **4** *vt* (*pt & pp* **held**) aguantar, sostener; *(tightly)* agarrar. **5** *(contain)* dar cabida a, tener capacidad para. **6** *(meeting)* celebrar; *(conversation)* mantener. **7** *(think)* creer, considerar. **8** *(keep)* guardar. ‖ **9** *vi* resistir; *fig* seguir siendo válido,-a.
♦ **to hold back 1** *vt* retener. **2** *vt (information)* ocultar ♦ **to hold forth** *vi* hablar largo y tendido ♦ **to hold on 1** *vi* agarrar fuerte. **2** *vi (wait)* esperar; *(on telephone)* no colgar ♦ **to hold out 1** *vt (hand)* tender. **2** *vi* durar; *(person)* resistir ♦ **to hold over** *vt* aplazar ♦ **to hold up 1** *vt (rob)* atracar, asaltar. **2** *vt (delay)* retrasar. **3** *vt (raise)* levantar. **4** *vt (support)* aguantar, sostener ♦ **to hold with** *vt* estar de acuerdo con.
• **to get hold of** asir; *(obtain)* hacerse con.

holder ['həʊldə] **1** *n* poseedor,-ra; *(of passport)* titular *mf.* **2** *(container)* recipiente *m.*

holding ['həʊldɪŋ] **1** *n* posesión *f.* **2** COMM holding *m.*

hold-up ['həʊldʌp] **1** *n* atraco. **2** *(delay)* retraso. **3** AUTO atasco.

hole [həʊl] **1** *n* agujero; *(in ground)* hoyo. **2** *(golf)* hoyo. **3** *(in road)* bache *m.*

holiday ['hɒlɪdeɪ] **1** *n* *(one day)* fiesta. **2** *(period)* vacaciones *fpl.*

holiday-maker ['hɒlɪdeɪmeɪkə] *n* turista *mf.*

holiness ['həʊlɪnəs] *n* santidad *f.*

Holland ['hɒlənd] *n* Holanda.

hollow ['hɒləʊ] **1** *adj* hueco,-a. **2** *fig* falso,-a. || **3** *n* hueco. **4** GEOG hondonada.

holly ['hɒlɪ] *n* acebo.

holocaust ['hɒləkɔːst] *n* holocausto.

holster ['həʊlstə] *n* pistolera.

holy ['həʊlɪ] **1** *adj* santo,-a, sagrado,-a. **2** *(blessed)* bendito,-a.

homage ['hɒmɪdʒ] *n* homenaje *m.*

home [həʊm] **1** *n* hogar *m,* casa. **2** *(institution)* asilo. || **3** *adj* casero,-a.

● **at home** en casa; **make yourself at home** póngase cómodo,-a; **to feel at home** estar a gusto; **to go home** irse a casa; **to leave home** irse de casa.

■ **home help** asistenta; **Home Office** Ministerio del Interior; **home page** *(first page)* página inicial; *(personal page)* página personal; **Home Secretary** Ministro,-a del Interior.

homeland ['həʊmlænd] *n* patria.

homeless ['həʊmləs] **1** *adj* sin techo, sin hogar. || **2 the homeless** *npl* los sin techo.

homely ['həʊmlɪ] **1** *adj* sencillo,-a, casero,-a. **2** US feo,-a.

home-made [həʊm'meɪd] *adj* casero, -a, hecho,-a en casa.

homesick ['həʊmsɪk] *adj* nostálgico,-a.

● **to be homesick** tener morriña.

homesickness ['həʊmsɪknəs] *n* añoranza, morriña.

homework ['həʊmwɜːk] *n* deberes *mpl.*

homicidal [hɒmɪ'saɪdl] *adj* homicida.

homicide ['hɒmɪsaɪd] **1** *n* *(crime)* homicidio. **2** *(criminal)* homicida *mf.*

homogeneous [hɒmə'dʒiːnɪəs] *adj* homogéneo,-a.

homosexual [həʊməʊ'seksjʊəl] **1** *adj* homosexual. || **2** *n* homosexual *mf.*

Honduran [hɒn'djʊrən] *adj* - *n* hondureño,-a.

Honduras [hɒn'djʊərəs] *n* Honduras *m.*

honest ['ɒnɪst] **1** *adj* honrado,-a, honesto,-a. **2** *(frank)* sincero,-a, franco, -a.

honestly ['ɒnɪstlɪ] **1** *adv* honradamente. **2** *(frankly)* con franqueza.

honesty ['ɒnɪstɪ] *n* honradez *f,* rectitud *f.*

honey ['hʌnɪ] **1** *n* miel *f.* **2** US *(dear)* cariño.

honeymoon ['hʌnɪmuːn] *n* luna de miel.

honk [hɒŋk] **1** *n* *(goose)* graznido. **2** *(car horn)* bocinazo. || **3** *vi* *(goose)* graznar. **4** *(car)* tocar la bocina.

honour ['ɒnə] **1** *n* honor *m,* honra. || **2** *vt* honrar. **3** *(cheque)* pagar; *(promise)* cumplir.

■ **Your Honour** Su Señoría.

honourable ['ɒnərəbl] **1** *adj* *(person)* honrado,-a; *(title)* honorable. **2** *(actions)* honroso,-a.

Hons ['hɒnəz] *abbr* GB *(***Honours***)* licenciado,-a.

hood [hʊd] **1** *n* capucha. **2** *(on pram etc)* capota. **3** US AUTO *(bonnet)* capó *m.*

hoof [huːf] **1** *n* pezuña. **2** *(of horse)* casco.

hook [hʊk] **1** *n* gancho. **2** *(for fishing)* anzuelo. **3** *(boxing)* gancho. || **4** *vt* enganchar.

♦ **to hook up** *vt* conectar.

hooked [hʊkt] **1** *adj* *(nose)* aquilino,-a. **2** *(on drug etc)* enganchado,-a.

hooligan ['huːlɪgən] *n* gamberro,-a.

hooliganism ['huːlɪgənɪzm] *n* gamberrismo.
hoop [huːp] *n* aro.
hoorah! [huː'rɑː] *interj* ¡hurra!
hooray! [huː'reɪ] *interj* ¡hurra!
hoot [huːt] **1** *n (of owl)* ululato, grito. **2** *(of car)* bocinazo. || **3** *vi (owl)* ulular, gritar. **4** *(car)* dar un bocinazo; *(driver)* tocar la bocina.
hooter ['huːtə] **1** *n (siren)* sirena; *(on car)* bocina. **2** *fam (nose)* napias *fpl*.
hop [hɒp] **1** *n* salto. **2** BOT lúpulo. || **3** *vi* saltar (con un solo pie).
hope [həʊp] **1** *n* esperanza. || **2** *vt - vi* esperar.
hopeful ['həʊpfʊl] **1** *adj* esperanzado, -a. **2** *(promising)* prometedor,-ra.
hopefully ['həʊpfʊlɪ] **1** *adv (with hope)* con esperanza, con ilusión. **2** *(all being well)* se espera que.
hopeless ['həʊpləs] **1** *adj* desesperado,-a. **2** *fam (useless)* inútil.
horizon [hə'raɪzn] *n* horizonte *m*.
horizontal [hɒrɪ'zɒntl] *adj* horizontal.
hormone ['hɔːməʊn] *n* hormona.
horn [hɔːn] **1** *n* ZOOL asta, cuerno. **2** AUTO bocina. **3** MUS trompa.
horny ['hɔːnɪ] **1** *adj* calloso,-a. **2** *fam (sexually)* cachondo,-a.
horoscope ['hɒrəskəʊp] *n* horóscopo.
horrible ['hɒrɪbl] *adj* horrible.
horrid ['hɒrɪd] *adj* horroroso,-a.
horrific [hə'rɪfɪk] *adj* horrendo,-a.
horrify ['hɒrɪfaɪ] *vt* horrorizar.
horror ['hɒrə] *n* horror *m*.
■ **horror film** película de terror.
hors d'oeuvre [ɔː'dɜːvrə] *n* entremés *m*.
horse [hɔːs] **1** *n* caballo. **2** *(in gym)* potro.
■ **horse show** concurso hípico.
horseman ['hɔːsmən] *n* jinete *m*.
horsemanship ['hɔːsmənʃɪp] *n* equitación *f*.
horsepower ['hɔːspaʊə] *n* caballo (de vapor).
horseshoe ['hɔːsʃuː] *n* herradura.
horsewoman ['hɔːswʊmən] *n* amazona.
horticultural [hɔːtɪ'kʌltʃərl] *adj* hortícola.
horticulture ['hɔːtɪkʌltʃə] *n* horticultura.
hose [həʊz] **1** *n (pipe)* manguera. || **2** *npl (socks)* calcetines *mpl*; *(stockings)* medias *fpl*.
hospitable [hɒ'spɪtəbl] *adj* hospitalario,-a.
hospital ['hɒspɪtl] *n* hospital *m*.
hospitality [hɒspɪ'tælɪtɪ] *n* hospitalidad *f*.
host [həʊst] **1** *n* anfitrión *m*. **2** TV presentador *m*. **3** *(large number)* multitud *f*. **4** REL hostia. || **5** *vt* TV presentar.
hostage ['hɒstɪdʒ] *n* rehén *mf*.
hostel ['hɒstl] *n (at university)* residencia; *(inn)* hostal *m*; *(youth hostel)* albergue *m*.
hostess ['həʊstəs] **1** *n* anfitriona. **2** *(on plane etc)* azafata. **3** *(in club)* camarera. **4** TV presentadora.
hostile ['hɒstaɪl] *adj* hostil.
hostility [hɒ'stɪlɪtɪ] *n* hostilidad *f*.
hot [hɒt] **1** *adj* caliente. **2** METEOR caluroso,-a, cálido,-a. **3** CULIN picante. **4** *(news)* de última hora.
• **to be hot** *(person)* tener calor; *(weather)* hacer calor.
■ **hot dog** perrito caliente.
hotchpotch ['hɒtʃpɒtʃ] *n fam* revoltijo.
hotel [həʊ'tel] *n* hotel *m*.
hotelier [həʊ'telɪeɪ] *n* hotelero,-a.
hot-headed ['hɒthedɪd] *adj* impetuoso,-a.
hothouse ['hɒthaʊs] *n* invernadero.
hotplate ['hɒtpleɪt] *n* placa de cocina.
hound [haʊnd] **1** *n* perro de caza. || **2** *vt* acosar.
hour ['aʊə] *n* hora.
■ **hour hand** aguja horaria.
hourly ['aʊəlɪ] **1** *adj* cada hora. || **2** *adv* a cada hora.
house [haʊs] **1** *n* casa. **2** POL cámara. **3** THEAT sala. || **4** *vt* ([haʊz]) alojar.
■ **House of Commons** Cámara de los Comunes.

housebreaking ['haʊsbreɪkɪŋ] *n* JUR allanamiento de morada.

household ['haʊshəʊld] *n* casa, familia.

householder ['haʊshəʊldə] *n* dueño, -a de la casa.

housekeeper ['haʊskiːpə] *n* ama de llaves.

housekeeping ['haʊskiːpɪŋ] **1** *n (running)* administración *f* de la casa. **2** *(money)* dinero para los gastos de la casa.

house-trained ['haʊstreɪnd] *adj (pet)* adiestrado,-a.

housewife ['haʊswaɪf] *n* ama de casa.

housework ['haʊswɜːk] *n* tareas *fpl* de la casa.

housing ['haʊzɪŋ] **1** *n* vivienda. **2** TECH caja.

■ **housing development** conjunto residencial; **housing estate** urbanización *f*.

hovel ['hɒvl] *n* cuchitril *m*.

hover ['hɒvə] **1** *vi* permanecer inmóvil (en el aire). **2** *(bird)* cernerse.

hovercraft ['hɒvəkrɑːft] *n* hovercraft *m*.

how [haʊ] **1** *adv* cómo. **2** *(in exclamations)* qué.

● **how are you?** ¿cómo estás?; **how do you do?** ¿cómo está usted?; **how much** cuánto,-a; **how many** cuántos,-as; **how old are you?** ¿cuántos años tienes?

however [haʊ'evə] **1** *conj* sin embargo, no obstante. ‖ **2** *adv*: ***however much*** por más que, por mucho que.

howl [haʊl] **1** *n* aullido. ‖ **2** *vi* aullar.

HP ['eɪtʃ'piː] **1** *abbr* GB *(*hire-purchase*)* compra a plazos. **2** *(*horsepower*)* caballos *mpl* de vapor; *(abbreviation)* cv *mpl*.

HQ ['eɪtʃ'kjuː] *abbr (*headquarters*)* cuartel *m* general.

hr [aʊə] *abbr (*hour*)* hora; *(abbreviation)* h.

HTML ['eɪtʃ'tiː'em'el] *abbr (*hypertext markup language*)* HTML.

HTTP ['eɪtʃ'tiː'tiː'piː] *abbr (*hypertext transfer protocol*)* HTTP.

hub [hʌb] **1** *n* AUTO cubo. **2** *fig* centro, eje *m*.

hubbub ['hʌbʌb] *n* bullicio.

hubby ['hʌbɪ] *n fam* marido.

huddle ['hʌdl] **1** *n* montón *m*. ‖ **2** *vi (crouch)* acurrucarse. **3** *(cluster)* apiñarse.

hue [hjuː] *n* matiz *m*, tinte *m*.

● **hue and cry** protesta.

huff [hʌf] *n* enfado, enojo.

hug [hʌg] **1** *n* abrazo. ‖ **2** *vt* abrazar.

huge [hjuːdʒ] *adj* enorme, inmenso,-a.

hulk [hʌlk] **1** *n (ship)* buque *m* viejo. **2** *(mass)* mole *f*.

hull [hʌl] **1** *n (of ship)* casco. ‖ **2** *vt* desvainar.

hullabaloo [hʌləbə'luː] *n* barullo.

hullo [hʌ'ləʊ] *interj* → **hello**.

hum [hʌm] **1** *n* zumbido. ‖ **2** *vi* zumbar. ‖ **3** *vt - vi (sing)* tararear, canturrear.

human ['hjuːmən] **1** *adj* humano,-a. ‖ **2** *n* humano.

■ **human being** ser *m* humano.

humane [hjuː'meɪn] *adj* humano,-a.

humanism ['hjuːmənɪzm] *n* humanismo.

humanitarian [hjuːmænɪ'teərɪən] *adj* humanitario,-a.

humanity [hjuː'mænɪtɪ] **1** *n* humanidad *f*. **2** *(mankind)* género humano.

humble ['hʌmbl] **1** *adj* humilde. ‖ **2** *vt* humillar.

humbleness ['hʌmblnəs] *n* humildad *f*.

humdrum ['hʌmdrʌm] *adj* monótono,-a, aburrido,-a.

humid ['hjuːmɪd] *adj* húmedo,-a.

humidity [hjuː'mɪdɪtɪ] *n* humedad *f*.

humiliate [hjuː'mɪlɪeɪt] *vt* humillar.

humiliation [hjuːmɪlɪ'eɪʃn] *n* humillación *f*.

humility [hjuː'mɪlɪtɪ] *n* humildad *f*.

humming-bird ['hʌmɪŋbɜːd] *n* colibrí *m*.

humorist ['hjuːmərɪst] *n* humorista *mf*.

humorous ['hjuːmərəs] *adj (funny)* gracioso,-a.

humour ['hjuːmə] 1 *n* humor *m*. ‖ 2 *vt* complacer.
hump [hʌmp] 1 *n* giba, joroba. ‖ 2 *vt* *(carry)* cargar.
hunch [hʌntʃ] 1 *n* presentimiento. ‖ 2 *vt* encorvar.
hundred ['hʌndrəd] 1 *adj* cien, ciento. ‖ 2 *n* cien *m*, ciento.
hundredth ['hʌndrədθ] 1 *adj* - *n* centésimo,-a. ‖ 2 *n* *(fraction)* centésimo, centésima parte *f*.
hundredweight ['hʌndrədweɪt] *n* quintal *m*.
▲ *En Gran Bretaña equivale a 50,8 kg; en Estados Unidos equivale a 45,4 kg.*
hung [hʌŋ] *pt & pp* → **hang**.
Hungarian [hʌŋ'geərɪən] 1 *adj* húngaro,-a. ‖ 2 *n* *(person)* húngaro,-a. 3 *(language)* húngaro.
Hungary ['hʌŋgərɪ] *n* Hungría.
hunger ['hʌŋgə] 1 *n* hambre *f*. ‖ 2 *vi fig* tener hambre.
• **to hunger for** ansiar.
hungry ['hʌŋgrɪ] *adj* hambriento,-a.
• **to be hungry** tener hambre.
hunk [hʌŋk] 1 *n fam (piece)* pedazo *(grande)*. 2 *fam (man)* tío cachas *m*.
hunt [hʌnt] 1 *n* caza. 2 *(search)* búsqueda. ‖ 3 *vt* - *vi* cazar.
• **to hunt for** buscar.
hunter ['hʌntə] *n* cazador *m*.
hunting ['hʌntɪŋ] *n* caza, montería.
• **to go hunting** ir de caza.
huntress ['hʌntrəs] *n* cazadora.
hurdle ['hɜːdl] 1 *n* SP valla. 2 *fig* obstáculo.
hurl [hɜːl] *vt* lanzar, arrojar.
hurly-burly ['hɜːlɪbɜːlɪ] *n* bullicio.
hurrah [hʊ'rɑː] *interj* ¡hurra!
hurray [hʊ'reɪ] *interj* ¡hurra!
hurricane ['hʌrɪkən] *n* huracán *m*.
hurried ['hʌrɪd] *adj* apresurado,-a, hecho,-a de prisa.
hurry ['hʌrɪ] 1 *n* prisa. ‖ 2 *vt* dar prisa a, apresurar. ‖ 3 *vi* apresurarse, darse prisa.
• **to be in a hurry** tener prisa.
hurt [hɜːt] 1 *n* daño, dolor *m*, mal *m*. ‖ 2 *adj (physically)* herido,-a. 3 *(offended)* dolido,-a. ‖ 4 *vt* (*pt & pp* hurt) *(physically)* lastimar, hacer daño. 5 *(offend)* herir, ofender. ‖ 6 *vi* doler.
hurtful ['hɜːtfʊl] *adj* hiriente.
hurtle ['hɜːtl] *vi* precipitarse.
husband ['hʌzbənd] *n* marido, esposo.
hush [hʌʃ] 1 *n* quietud *f*, silencio. ‖ 2 *vt* callar, calmar.
hush-hush ['hʌʃhʌʃ] *adj fam* confidencial.
husk [hʌsk] *n* cáscara.
huskiness ['hʌskɪnəs] *n* ronquera.
husky ['hʌskɪ] 1 *adj* ronco,-a. ‖ 2 *n* perro esquimal.
hustle ['hʌsl] 1 *n* bullicio. ‖ 2 *vt* dar prisa a. ‖ 3 *vi* apresurarse.
hustler ['hʌslə] 1 *n* *(cheat)* estafador, -ra. 2 US *sl (woman)* puta; *(man)* chapero.
hut [hʌt] 1 *n* cabaña. 2 *(in garden)* cobertizo.
hutch [hʌtʃ] *n* conejera.
hyaena [haɪ'iːnə] *n* hiena.
hybrid ['haɪbrɪd] 1 *adj* híbrido,-a. ‖ 2 *n* híbrido.
hydrant ['haɪdrənt] *n* boca de riego.
hydraulic [haɪ'drɔːlɪk] *adj* hidráulico, -a.
hydrochloric [haɪdrəʊ'klɒrɪk] *adj* clorhídrico,-a.
hydroelectric [haɪdrəʊɪ'lektrɪk] *adj* hidroeléctrico,-a.
hydrofoil ['haɪdrəfɔɪl] *n* hidroala.
hydrogen ['haɪdrɪdʒən] *n* hidrógeno.
hydroplane ['haɪdrəʊpleɪn] *n* hidroavión *m*.
hyena [haɪ'iːnə] *n* hiena.
hygiene ['haɪdʒiːn] *n* higiene *f*.
hygienic [haɪ'dʒiːnɪk] *adj* higiénico,-a.
hymen ['haɪmen] *n* himen *m*.
hymn [hɪm] *n* himno.
■ **hymn book** cantoral *m*.
hyperbola [haɪ'pɜːbələ] *n* hipérbola.
hyperbole [haɪ'pɜːbəlɪ] *n* hipérbole *f*.
hypermarket ['haɪpəmɑːkɪt] *n* hipermercado.
hyphen ['haɪfn] *n* guión *m*.

hyphenate ['haɪfneɪt] *vt* escribir con guión.
hypnosis [hɪp'nəʊsɪs] *n* hipnosis *f inv*.
hypnotic [hɪp'nɒtɪk] *adj* hipnótico,-a.
hypnotism ['hɪpnətɪzm] *n* hipnotismo.
hypnotist ['hɪpnətɪst] *n* hipnotizador,-a.
hypnotize ['hɪpnətaɪz] *vt* hipnotizar.
hypochondriac [haɪpəʊ'kɒndrɪæk] *n* hipocondríaco,-a.
hypocrisy [hɪ'pɒkrɪsɪ] *n* hipocresía.
hypocrite ['hɪpəkrɪt] *n* hipócrita *mf*.
hypocritical [hɪpə'krɪtɪkl] *adj* hipócrita.
hypodermic [haɪpəʊ'dɜːmɪk] *adj* hipodérmico,-a.
hypotenuse [haɪ'pɒtɪnjʊːz] *n* hipotenusa.
hypothesis [haɪ'pɒθɪsɪs] *n* hipótesis *f inv*.
hypothetical [haɪpə'θetɪkəl] *adj* hipotético,-a.
hysterectomy [hɪstə'rektəmɪ] *n* histerectomía.
hysteria [hɪ'stɪərɪə] *n* histeria.
hysterical [hɪ'sterɪkl] *adj* histérico,-a.
hysterics [hɪ'sterɪks] *n* ataque *m* de histeria.

I

I [aɪ] *pron* yo.
Iberia [aɪ'bɪərɪə] *n* Iberia.
Iberian [aɪ'bɪərɪən] **1** *adj* ibero,-a, íbero,-a, ibérico,-a. || **2** *n (person)* ibero,-a, íbero,-a. **3** *(language)* ibero, íbero.
■ **Iberian Peninsula** Península Ibérica.
ice [aɪs] **1** *n* hielo. **2** *(ice-cream)* helado. || **3** *vt (cake)* glasear.
♦ **to ice over/up** *vi* helarse.
■ **ice cube** cubito.
iceberg ['aɪsbɜːg] *n* iceberg *m*.
icebox ['aɪsbɒks] *n* nevera.
ice-cream [aɪs'kriːm] *n* helado.
Iceland ['aɪslənd] *n* Islandia.
Icelander ['aɪsləndə] *n (person)* islandés,-esa.
Icelandic [aɪs'lændɪk] **1** *adj* islandés, -esa. || **2** *n (language)* islandés *m*.
ice-skate ['aɪsskeɪt] *vi* patinar sobre hielo.
ice-skating ['aɪskeɪtɪŋ] *n* patinaje *m* sobre hielo.
icicle ['aɪsɪkl] *n* carámbano.
icing ['aɪsɪŋ] *n* glaseado.
■ **icing sugar** azúcar *m & f* glas.
icon ['aɪkən] *n* icono.
icy ['aɪsɪ] **1** *adj* helado,-a. **2** *(wind)* glacial.
ID ['aɪ'diː] *abbr (*identification*)* identificación *f*.
■ **ID card** documento nacional de identidad, DNI *m*.
idea [aɪ'dɪə] **1** *n (gen)* idea. **2** *(opinion)* opinión *f*.
ideal [aɪ'diːl] **1** *adj* ideal. || **2** *n* ideal *m*.
idealize [aɪ'dɪəlaɪz] *vt* idealizar.
ideally [aɪ'iːəlɪ] *adv* idealmente.
identical [aɪ'dəntɪkl] *adj* idéntico,-a.
identification [aɪdentɪfɪ'keɪʃn] **1** *n* identificación *f*. **2** *(papers)* documentación *f*.
■ **identification parade** rueda de identificación.
identify [aɪ'dentɪfaɪ] *vt* identificar.
identity [aɪ'dentɪtɪ] *n* identidad *f*.
■ **identity card** carnet *m* de identidad.
ideology [aɪdɪ'ɒlədʒɪ] *n* ideología.
idiom ['ɪdɪəm] **1** *n (phrase)* locución *f*, modismo. **2** *(language)* lenguaje *m*.
idiot ['ɪdɪət] *n* idiota *mf*.
idiotic [ɪdɪ'ɒtɪk] *adj* idiota.
idle ['aɪdl] **1** *adj (lazy)* perezoso,-a. **2** *(not working)* parado,-a. **3** *(gossip etc)* frívolo,-a; *(threat)* futil.
♦ **to idle away** *vt* desperdiciar.
idol ['aɪdl] *n* ídolo.
ie ['aɪ'iː] *abbr (*id est*)* esto es, a saber; *(abbreviation)* i.e.
if [ɪf] **1** *conj (gen)* si: ***if I were you*** yo de ti; ***if you want*** si quieres. **2** *(although)* aunque: ***a clever if rather talkative***

child un niño inteligente aunque demasiado hablador.

• **as if** como si; **if so** de ser así.

igloo [ˈɪgluː] *n* iglú *m*.

ignition [ɪgˈnɪʃn] **1** *n* ignición *f*. **2** AUTO encendido.

■ **ignition key** llave *f* de contacto.

ignorance [ˈɪgnərəns] *n* ignorancia.

ignorant [ˈɪgnərənt] *adj* ignorante.

• **to be ignorant of** desconocer, ignorar.

ignore [ɪgˈnɔː] **1** *vt (gen)* ignorar. **2** *(order, warning, person)* no hacer caso de. **3** *(behaviour)* pasar por alto.

ill [ɪl] **1** *adj (sick)* enfermo,-a. **2** *(bad)* malo,-a; *(before masc sing noun)* mal. || **3** *n* mal *m*. || **4** *adv* mal: ***I can ill afford it*** mal me lo puedo permitir.

■ **ill health** mala salud; **ill will** rencor *m*.

illegal [ɪˈliːgl] *adj* ilegal.

illegible [ɪˈledʒɪbl] *adj* ilegible.

illegitimate [ɪlɪˈdʒɪtɪmət] *adj* ilegítimo,-a.

illicit [ɪˈlɪsɪt] *adj* ilícito,-a.

illiterate [ɪˈlɪtərət] **1** *adj* - *n* analfabeto,-a. **2** *(uneducated)* inculto,-a.

illness [ˈɪlnəs] *n* enfermedad *f*.

illogical [ɪˈlɒdʒɪkl] *adj* ilógico,-a.

illuminate [ɪˈluːmɪneɪt] *vt* iluminar.

illusion [ɪˈluːʒn] *n* ilusión *f*.

• **to be under the illusion that ...** engañarse pensando que ...

illustrate [ˈɪləstreɪt] *vt* ilustrar.

illustration [ɪləsˈtreɪʃn] **1** *n* ilustración *f*. **2** *(example)* ejemplo.

image [ˈɪmɪdʒ] *n (gen)* imagen *f*.

imaginary [ɪˈmædʒɪnərɪ] *adj* imaginario,-a.

imagination [ɪmædʒɪˈneɪʃn] *n* imaginación *f*.

imaginative [ɪˈmædʒɪnətɪv] *adj* imaginativo,-a.

imagine [ɪˈmædʒɪn] **1** *vt (visualize)* imaginar. **2** *(suppose)* suponer, imaginar.

imbalance [ɪmˈbæləns] *n* desequilibrio.

IMF [ˈaɪemˈef] *abbr (*International Monetary Fund*)* Fondo Monetario Internacional; *(abbreviation)* FMI *m*.

IMHO [ˈaɪemˈeɪtʃəʊ] *abbr (*in my humble opinion*)* a mi modesto entender.

imitate [ˈɪmɪteɪt] *vt* imitar.

imitation [ɪmɪˈteɪʃn] *n* imitación *f*.

immaculate [ɪˈmækjʊlət] *adj* inmaculado,-a; *(clothes)* impecable.

immature [ɪməˈtjʊə] *adj* inmaduro,-a.

immediate [ɪˈmiːdɪət] **1** *adj* inmediato,-a. **2** *(near)* próximo,-a, cercano,-a.

immediately [ɪˈmiːdɪətlɪ] **1** *adv (straightaway)* inmediatamente, de inmediato, en seguida. **2** *(directly)* directamente. || **3** *conj* en cuanto.

immense [ɪˈmens] *adj* inmenso,-a.

immerse [ɪˈmɜːs] *vt* sumergir.

immigrant [ˈɪmɪgrənt] **1** *adj* inmigrante. || **2** *n* inmigrante *mf*.

immigration [ɪmɪˈgreɪʃn] *n* inmigración *f*.

imminent [ˈɪmɪnənt] *adj* inminente.

immobile [ɪˈməʊbaɪl] *adj* inmóvil.

immobilize [ɪˈməʊbɪlaɪz] *vt* inmovilizar.

immoral [ɪˈmɒrl] *adj* inmoral.

immortal [ɪˈmɔːtl] **1** *adj* inmortal. **2** *fig* imperecedero,-a.

immortality [ɪmɔːˈtælɪtɪ] *n* inmortalidad *f*.

immune [ɪˈmjuːn] *adj* inmune.

immunity [ɪˈmjuːnɪtɪ] *n* inmunidad *f*.

immunize [ˈɪmjʊnaɪz] *vt* inmunizar.

imp [ɪmp] **1** *n* diablillo. **2** *fig (child)* pillo.

impact [ˈɪmpækt] **1** *n* impacto. **2** *(crash)* choque *m*.

impair [ɪmˈpeə] **1** *vt* perjudicar, afectar. **2** *(weaken)* debilitar.

impartial [ɪmˈpɑːʃl] *adj* imparcial.

impassive [ɪmˈpæsɪv] *adj* impasible, imperturbable.

impatience [ɪmˈpeɪʃns] *n* impaciencia.

impatient [ɪmˈpeɪʃnt] *adj* impaciente.

impending [ɪmˈpendɪŋ] *adj* inminente.

imperative [ɪmˈperætɪv] **1** *adj (vital)*

esencial, imprescindible. **2** GRAM imperativo,-a. || **3** *n* GRAM imperativo.

imperfect [ɪm'pɜːfekt] **1** *adj* GRAM imperfecto,-a. **2** *(faulty)* defectuoso,-a. || **3** *n* GRAM imperfecto.

imperfection [ɪmpə'fekʃn] *n* imperfección *f*.

imperial [ɪm'pɪərɪəl] *adj* imperial.

imperialism [ɪm'pɪərɪəlɪzm] *n* imperialismo.

impersonal [ɪm'pɜːsənl] *adj* impersonal.

impersonate [ɪm'pɜːsəneɪt] **1** *vt* hacerse pasar por. **2** *(actor)* imitar.

impersonation [ɪmpɜːsə'neɪʃn] *n* imitación *f*.

impertinent [ɪm'pɜːtɪnənt] *adj* impertinente.

implant ['ɪmplɑːnt] *vt* implantar.

implausible [ɪm'plɔːzəbl] *adj* inverosímil, poco convincente.

implement ['ɪmplɪmənt] **1** *n* instrumento, utensilio; *(tool)* herramienta. || **2** *vt* (['ɪmplɪment]) llevar a cabo, poner en práctica. **3** *(law)* aplicar.

implicate ['ɪmplɪkeɪt] *vt* implicar, involucrar.

implication [ɪmplɪ'keɪʃn] *n* implicación *f*, consecuencia.

implicit [ɪm'plɪsɪt] **1** *adj* implícito,-a. **2** *(complete)* absoluto,-a, incondicional.

implied [ɪm'plaɪd] *adj* implícito,-a.

implore [ɪm'plɔː] *vt* implorar.

imply [ɪm'plaɪ] **1** *vt (involve)* implicar. **2** *(mean)* significar. **3** *(hint)* insinuar.

impolite [ɪmpə'laɪt] *adj* maleducado,-a.

import ['ɪmpɔːt] **1** *n* COMM *(article)* artículo de importación. **2** COMM *(activity)* importación *f*. **3** *fml (meaning)* significado. **4** *fml (importance)* importancia. || **5** *vt* COMM importar.

importance [ɪm'pɔːtəns] *n* importancia.

important [ɪm'pɔːtənt] *adj* importante.

impose [ɪm'pəʊz] *vt* imponer.

• **to impose on** abusar de.

impossibility [ɪmpɒsə'bɪlɪtɪ] *n* imposibilidad *f*.

impossible [ɪm'pɒsəbl] *adj* imposible.

impotence ['ɪmpətəns] *n* impotencia.

impotent ['ɪmpətənt] *adj* impotente.

impractical [ɪm'præktɪkl] *adj* poco práctico,-a.

imprecise [ɪmprɪ'saɪs] *adj* impreciso,-a.

imprecision [ɪmprɪ'sɪʒn] *n* imprecisión *f*.

impress [ɪm'pres] **1** *vt* impresionar: ***I was favourably/unfavourably impressed*** me causó una buena/mala impresión. **2** *(stress)* subrayar.

impression [ɪm'preʃn] **1** *n (gen)* impresión *f*. **2** *(imitation)* imitación *f*.

impressive [ɪm'presɪv] *adj* impresionante.

imprisonment [ɪm'prɪznmənt] *n* encarcelamiento.

improbable [ɪm'prɒbəbl] **1** *adj* improbable. **2** *(story)* inverosímil.

impromptu [ɪm'prɒmptjuː] **1** *adj* improvisado,-a. || **2** *adv* de improviso, improvisadamente.

improper [ɪm'prɒpə] **1** *adj (behaviour)* impropio,-a. **2** *(condition, method)* inadecuado,-a. **3** *(proposal)* deshonesto, -a.

improve [ɪm'pruːv] **1** *vt (gen)* mejorar. **2** *(knowledge)* perfeccionar. || **3** *vi* mejorar, mejorarse.

♦ **to improve on** *vt* mejorar respecto a.

improvement [ɪm'pruːvmənt] **1** *n* mejora. **2** *(in knowledge)* perfeccionamiento.

• **to be an improvement on** ser mejor que.

improvise ['ɪmprəvaɪz] *vt* - *vi* improvisar.

impulse ['ɪmpʌls] *n* impulso.

impulsive [ɪm'pʌlsɪv] *adj* impulsivo,-a.

in [ɪntʃ] *abbr (*inch*)* pulgada.

in [ɪn] **1** *prep (within, inside)* en, dentro de: ***in May*** en mayo; ***in the box*** en la caja; ***in the morning*** por la mañana; ***we'll be back in twenty minutes*** estaremos de vuelta dentro de veinte minutos. **2** *(motion)* en: ***put it in your pocket*** métetelo en el bolsillo; ***we***

arrived in Bonn llegamos a Bonn. **3** *(wearing)* en, vestido,-a de: ***the man in black*** el hombre vestido de negro. **4** *(manner)* en: ***in public*** en público; ***written in Greek*** escrito en griego. ‖ **5** *adv* dentro. **6** *(at home)* en casa. **7** *(fashionable)* de moda. **8** *(in power)* en el poder. **9** *(with pres part)* al: ***in doing that*** al hacer eso. **10** *(with superlative)* de: ***the biggest in the world*** el más grande del mundo.

● **in so far as** en lo que, hasta donde; **to be in for sth** estar a punto de recibir algo; **to be in on sth** estar enterado,-a de algo; **to be (well) in with sb** llevarse (muy) bien con algn.

■ **ins and outs** detalles *mpl*, pormenores *mpl*.

inability [ɪnə'bɪlɪtɪ] *n* incapacidad *f*.

inaccurate [ɪn'ækjʊrət] *adj* inexacto, -a, incorrecto,-a.

inadequacy [ɪn'ædɪkwəsɪ] **1** *n* insuficiencia. **2** *(personal)* ineptitud *f*.

inadequate [ɪn'ædɪkwət] **1** *adj* insuficiente. **2** *(person)* inepto.

inappropriate [ɪnə'prəʊprɪət] **1** *adj* poco apropiado,-a, inadecuado, -a. **2** *(inopportune)* inoportuno,-a.

inaugural [ɪ'nɔːgjʊrəl] *adj* inaugural.

inaugurate [ɪ'nɔːgjʊreɪt] **1** *vt* inaugurar. **2** *(as president)* investir.

inborn ['ɪnbɔːn] *adj* innato,-a.

inbred ['ɪnbred] *adj* innato,-a.

Inc [ɪn'kɔːpəreɪtɪd] *abbr* US *(*Incorporated*)* ≈ sociedad *f* anónima; *(abbreviation)* S.A.

incapable [ɪn'keɪpəbl] *adj* incapaz.

incapacitate [ɪnkə'pæsɪteɪt] *vt* incapacitar.

incapacity [ɪnkə'pæsɪtɪ] *n* incapacidad *f*.

incense ['ɪnsens] **1** *n* incienso. ‖ **2** *vt* ([ɪn'sens]) enfurecer.

incentive [ɪn'sentɪv] *n* incentivo.

incessant [ɪn'sesnt] *adj* incesante.

incessantly [ɪn'sestlɪ] *adv* sin cesar.

incest ['ɪnsest] *n* incesto.

inch [ɪntʃ] *n* pulgada.

incidence ['ɪnsɪdəns] **1** *n (frequency)* índice *m*. **2** *(effect)* incidencia.

incident ['ɪnsɪdnt] *n* incidente *m*.

incidental [ɪnsɪ'dentl] *adj* incidental, incidente.

incidentally [ɪnsɪ'dentlɪ] *adv* a propósito.

incinerate [ɪn'sɪnəreɪt] *vt* incinerar.

incinerator [ɪn'sɪnəreɪtə] *n* incinerador *m*.

incision [ɪn'sɪʒn] *n* incisión *f*.

incisive [ɪn'saɪsɪv] **1** *adj* incisivo,-a. **2** *(mind)* penetrante. **3** *(voice)* agudo,-a.

incisor [ɪn'saɪzə] *n* diente *m* incisivo.

incite [ɪn'saɪt] *vt* incitar.

inclination [ɪnklɪ'neɪʃn] *n* inclinación *f*.

incline ['ɪnklaɪn] **1** *n* pendiente *f*, cuesta. ‖ **2** *vt* ([ɪn'klaɪn]) inclinar. ‖ **3** *vi (tend)* tender (to, a). **4** *(slope)* inclinarse.

include [ɪn'kluːd] *vt* incluir.

including [ɪn'kluːdɪŋ] *prep* incluso, inclusive.

inclusion [ɪn'kluːʒn] *n* inclusión *f*.

inclusive [ɪn'kluːsɪv] *adj* inclusivo,-a.

● **to be inclusive of** incluir.

incoherence [ɪnkəʊ'hɪərəns] *n* incoherencia.

incoherent [ɪnkəʊ'hɪərənt] *adj* incoherente.

income ['ɪnkʌm] *n* ingresos *mpl*, renta.

■ **income tax** impuesto sobre la renta; **income tax return** declaración *f* de la renta.

incoming ['ɪnkʌmɪŋ] *adj* entrante, nuevo,-a.

incompatible [ɪnkəm'pætɪbl] *adj* incompatible.

incompetence [ɪn'kɒmpɪtəns] *n* incompetencia, ineptitud *f*.

incompetent [ɪn'kɒmpɪtənt] *adj* incompetente, inepto,-a.

incomplete [ɪnkəm'pliːt] **1** *adj* incompleto,-a. **2** *(unfinished)* inacabado,-a.

incomprehensible [ɪnkɒmprɪ'hensɪbl] *adj* incomprensible.

inconceivable [ɪnkən'siːvəbl] *adj* inconcebible.

inconclusive [ɪnkən'kluːsɪv] **1** *adj (dis-*

cussion etc) no decisivo,-a. **2** *(proof)* no concluyente.

incongruous [ɪnˈkɒŋgrʊəs] *adj* incongruente, inapropiado,-a.

inconsequential [ɪnkɒnsɪˈkwenʃl] *adj* de poca importancia.

inconsiderate [ɪnkənˈsɪdərət] *adj* desconsiderado,-a.

inconsistent [inkənˈsɪstənt] *adj* inconsecuente, contradictorio,-a: ***it's inconsistent with the facts*** no concuerda con los hechos.

inconspicuous [ɪnkənˈspɪkjʊəs] *adj* que pasa desapercibido,-a, que no llama la atención.

inconvenience [ɪnkənˈviːnɪəns] **1** *n* inconveniente *m*, molestia. ‖ **2** *vt* causar molestia a, molestar.

inconvenient [ɪnkənˈviːnɪənt] *adj (gen)* molesto,-a; *(place)* mal situado,-a; *(time)* inoportuno,-a.

incorporate [ɪnˈkɔːpəreɪt] *vt* incorporar.

incorrect [ɪnkəˈrekt] *adj* incorrecto,-a.

increase [ˈɪnkriːs] **1** *n* aumento, incremento. ‖ **2** *vt* - *vi* ([ɪnˈkriːs]) aumentar; *(price)* subir.

● **to be on the increase** ir en aumento.

increasing [ɪnˈkriːsɪŋ] *adj* creciente.

increasingly [ɪnˈkriːsɪŋlɪ] *adv* cada vez más.

incredible [ɪnˈkredɪbl] *adj* increíble.

incredulous [ɪnˈkredjʊləs] *adj* incrédulo,-a.

increment [ˈɪnkrɪmənt] *n* incremento, aumento.

incriminate [ɪnˈkrɪmɪneɪt] *vt* incriminar.

incriminating [ɪnˈkrɪmɪneɪtɪŋ] *adj* incriminatorio,-a.

incubate [ˈɪnkjʊbeɪt] *vt* - *vi* incubar.

incubator [ˈɪnkjʊbeɪtə] *n* incubadora.

incur [ɪnˈkɜː] **1** *vt* incurrir en. **2** *(debt)* contraer.

incurable [ɪnˈkjʊərəbl] *adj* incurable.

Ind [ɪndɪˈpendənt] *abbr* GB *(***Independent***)* independiente *mf*.

indebted [ɪnˈdetɪd] **1** *adj* endeudado,-a. **2** *fig* agradecido,-a.

indecent [ɪnˈdiːsnt] *adj* indecente.

indecisive [ɪndɪˈsaɪsɪv] *adj* indeciso,-a.

indeed [ɪnˈdiːd] **1** *adv* en efecto, efectivamente. **2** *(intensifier)* realmente, de veras: ***thank you very much indeed*** muchísimas gracias.

indefinite [ɪnˈdefɪnət] *adj* indefinido,-a.

indefinitely [ɪnˈdefɪnətlɪ] *adv* indefinidamente.

indelible [ɪnˈdelɪbl] *adj* indeleble, imborrable.

indemnity [ɪnˈdemnɪtɪ] **1** *n* indemnidad *f*. **2** *(compensation)* indemnización *f*. **3** *(exemption)* inmunidad.

independence [ɪndɪˈpendəns] *n* independencia.

independent [ɪndɪˈpendnt] *adj* independiente.

● **to become independent** independizarse.

in-depth [ɪnˈdepθ] *adj* exhaustivo,-a, a fondo.

indescribable [ɪndɪˈskraɪbəbl] *adj* indescriptible.

indestructible [ɪndɪˈstrʌktəbl] *adj* indestructible.

index [ˈɪndeks] **1** *n* índice *m*. ‖ **2** *vt* *(book)* poner un índice a; *(collection)* catalogar.

India [ˈɪndɪə] *n* India.

Indian [ˈɪndɪən] *adj* - *n* indio,-a.

■ **the Indian Ocean** el océano Índico.

indicate [ˈɪndɪkeɪt] **1** *vt* indicar. ‖ **2** *vi* AUTO poner el intermitente.

indication [ɪndɪˈkeɪʃn] *n* indicio, señal *f*.

indicative [ɪnˈdɪkətɪv] **1** *adj* indicativo,-a. ‖ **2** *n* indicativo.

indicator [ˈɪndɪkeɪtə] **1** *n (gen)* indicador *f*. **2** *(in car)* intermitente *m*.

indictment [ɪnˈdaɪtmənt] **1** *n* acta de acusación. **2** *fig* crítica feroz.

indifference [ɪnˈdɪfrəns] *n* indiferencia.

indifferent [ɪnˈdɪfrənt] **1** *adj* indiferente. **2** *(mediocre)* mediocre, regular.

indigenous [ɪn'dɪdʒɪnəs] *adj* indígena.
indigestion [ɪndɪ'dʒestʃn] *n* indigestión *f*.
indignant [ɪn'dɪgnənt] *adj (person)* indignado,-a; *(look etc)* de indignación.
indignation [ɪndɪg'neɪʃn] *n* indignación *f*.
indirect [ɪndɪ'rekt] *adj* indirecto,-a.
indiscreet [ɪndɪ'skriːt] *adj* indiscreto, -a.
indiscretion [ɪndɪ'skreʃn] *n* indiscreción *f*.
indiscriminate [ɪndɪ'skrɪmɪnət] *adj* indiscriminado,-a.
indispensable [ɪndɪ'spensəbl] *adj* indispensable, imprescindible.
indisposed [ɪndɪ'spəʊzd] *adj* indispuesto,-a.
indisputable [ɪndɪ'spjuːtəbl] **1** *adj (argument, winner, etc)* indiscutible. **2** *(evidence)* irrefutable.
indistinct [ɪndɪ'stɪŋkt] *adj (memory)* vago,-a; *(shape)* borroso,-a, poco definido,-a.
individual [ɪndɪ'vɪdjʊəl] **1** *adj (separate)* individual. **2** *(different)* particular, personal. || **3** *n* individuo.
indoctrination [ɪndɒktrɪ'neɪʃn] *n* adoctrinamiento.
Indonesia [ɪndə'niːzɪə] *n* Indonesia.
Indonesian [ɪndə'niːzɪən] *adj - n* indonesio,-a.
indoor ['ɪndɔː] *adj* interior; *(clothes etc)* de estar por casa; *(swimming pool, tennis court)* cubierto,-a.
■ **indoor football** fútbol *m* sala; **indoor pool** piscina cubierta.
indoors [ɪn'dɔːz] *adv* dentro.
● **to stay indoors** quedarse en casa.
induce [ɪn'djuːs] **1** *vt (gen)* inducir. **2** *(cause)* causar, producir.
indulge [ɪn'dʌldʒ] **1** *vt* satisfacer. **2** *(person)* complacer; *(child)* mimar.
● **to indulge in** permitirse o darse el lujo de.
indulgence [ɪn'dʌlʒəns] **1** *n* indulgencia. **2** *(luxury)* pequeño lujo.
indulgent [ɪn'dʌldʒənt] *adj* indulgente.
industrial [ɪn'dʌstrɪəl] *adj* industrial.
■ **industrial accident** accidente *m* laboral; **industrial action** huelga; **industrial dispute** conflicto laboral; **industrial estate** polígono industrial.
industrialist [ɪn'dʌstrɪəlɪst] *n* industrial *mf*, empresario,-a.
industrialize [ɪn'dʌstrɪəlaɪz] **1** *vt* industrializar. || **2** *vi* industrializarse.
industrious [ɪn'dʌstrɪəs] *adj* trabajador,-ra, aplicado,-a.
industry ['ɪndəstrɪ] **1** *n* industria. **2** *(hard work)* diligencia.
inedible [ɪn'edɪbl] *adj* incomestible.
ineffective [ɪnɪ'fektɪv] **1** *adj* ineficaz, inútil. **2** *(person)* incompetente, inepto,-a.
ineffectual [ɪnɪ'fektʃʊəl] **1** *adj* ineficaz, inútil. **2** *(person)* incompetente, inepto,-a.
inefficiency [ɪnɪ'fɪʃnsɪ] **1** *n* ineficacia. **2** *(of person)* incompetencia, ineptitud *f*.
inefficient [ɪnɪ'fɪʃənt] **1** *adj* ineficaz, ineficiente. **2** *(person)* incompetente, inepto,-a.
inept [ɪ'nept] *adj* inepto,-a.
inequality [ɪnɪ'kwɒlɪtɪ] *n* desigualdad *f*.
inert [ɪ'nɜːt] *adj* inerte.
inertia [ɪ'nɜːʃə] *n* inercia.
inescapable [ɪnɪ'skeɪpəbl] *adj* ineludible.
inevitable [ɪn'evɪtəbl] *adj* inevitable.
inexact [ɪnɪg'zækt] *adj* inexacto,-a.
inexpensive [ɪnɪk'spensɪv] *adj* barato, -a.
inexperience [ɪnɪk'spɪərɪəns] *n* inexperiencia.
inexperienced [ɪnɪk'spɪərɪənst] *adj* inexperto,-a.
inexpert [ɪn'ekspɜːt] *adj* inexperto,-a.
inexplicable [ɪnɪk'splɪkəbl] *adj* inexplicable.
inexpressive [ɪnɪk'spresɪv] *adj* inexpresivo,-a.
infallible [ɪn'fæləbl] *adj* infalible.
infamous ['ɪnfəməs] *adj* infame.
infancy ['ɪnfənsɪ] *n* infancia.
infant ['ɪnfənt] *n* niño,-a.

infantile [ˈɪnfəntaɪl] *adj* infantil.
infantry [ˈɪnfəntrɪ] *n* infantería.
infatuated [ɪnˈfætjʊeɪtɪd] *adj* encaprichado,-a.
infect [ɪnˈfekt] **1** *vt* infectar. **2** *(person)* contagiar.
infection [ɪnˈfekʃn] **1** *n (of wound)* infección *f*. **2** *(with illness)* contagio.
infectious [ɪnˈfekʃəs] *adj* infeccioso,-a, contagioso,-a.
infer [ɪnˈfɜː] *vt* inferir.
inferior [ɪnˈfɪərɪə] **1** *adj* inferior. || **2** *n* inferior *mf*.
inferiority [ɪnfɪərɪˈɒrɪtɪ] *n* inferioridad *f*.
infertile [ɪnˈfɜːtaɪl] *adj* estéril.
infest [ɪnˈfest] *vt* infestar.
infidelity [ɪnfɪˈdelɪtɪ] *n* infidelidad *f*.
infiltrate [ˈɪnfɪltreɪt] *vt* infiltrarse en.
infinite [ˈɪnfɪnət] *adj* infinito,-a.
infinitive [ɪnˈfɪnɪtɪv] *n* infinitivo.
infinity [ɪnˈfɪnɪtɪ] **1** *n* MATH infinito. **2** *fig* infinidad *f*.
infirm [ɪnˈfɜːm] *adj* débil, enfermizo, -a.
infirmary [ɪnˈfɜːmərɪ] **1** *n* hospital *m*. **2** *(in school etc)* enfermería.
inflammable [ɪnˈflæməbl] *adj* inflamable; *fig* explosivo,-a.
inflammation [ɪnfləˈmeɪʃn] *n* inflamación *f*.
inflate [ɪnˈfleɪt] **1** *vt* inflar, hinchar. || **2** *vi* inflarse, hincharse.
inflation [ɪnˈfleɪʃn] *n* inflación *f*.
inflexible [ɪnˈfleksɪbl] **1** *adj (behaviour, method)* inflexible. **2** *(material)* rígido, -a.
inflict [ɪnˈflɪkt] **1** *vt* infligir. **2** *(views etc)* imponer. **3** *(pain, damage)* causar, ocasionar.
influence [ˈɪnflʊəns] **1** *n* influencia. || **2** *vt* influir en.
influential [ɪnflʊˈenʃl] *adj* influyente.
influenza [ɪnflʊˈenzə] *n* gripe *f*.
influx [ˈɪnflʌks] *n* afluencia.
info [ˈɪnfəʊ] *n fam* información *f*.
inform [ɪnˈfɔːm] *vt* informar.
• **to inform on sb** delatar a algn, denunciar a algn.
informal [ɪnˈfɔːml] *adj (gen)* informal; *(language)* coloquial.
informality [ɪnfɔːˈmælɪtɪ] *n* sencillez *f*.
informant [ɪnˈfɔːmənt] *n* informante *mf*, informador,-a.
information [ɪnfəˈmeɪʃn] **1** *n* información *f*. **2** *(knowledge)* conocimientos *mpl*.
informative [ɪnˈfɔːmətɪv] *adj* informativo,-a.
informer [ɪnˈfɔːmə] **1** *n* delator,-ra. **2** *(to police)* informador,-ra, chivato,-a.
infrared [ɪnfrəˈred] *adj* infrarrojo,-a.
infrastructure [ˈɪnfrəstrʌktʃə] *n* infraestructura.
infrequent [ɪnˈfriːkwənt] *adj* infrecuente.
infringe [ɪnˈfrɪndʒ] *vt* infringir, transgredir.
• **to infringe on** usurpar, invadir.
infuriate [ɪnˈfjʊərɪeɪt] *vt* enfurecer.
infuriating [ɪnˈfjʊərɪeɪtɪŋ] *adj* exasperante, irritante.
ingenious [ɪnˈdʒiːnɪəs] *adj* ingenioso, -a.
ingenuity [ɪndʒɪˈnjuːɪtɪ] *n* ingenio, inventiva.
ingot [ˈɪŋgət] *n* lingote *m*.
ingrained [ɪnˈgreɪnd] **1** *adj (dirt)* incrustado,-a. **2** *(habit)* arraigado,-a.
ingredient [ɪnˈgriːdɪənt] **1** *n* ingrediente *m*. **2** *fig* componente *m*.
inhabit [ɪnˈhæbɪt] *vt* habitar, vivir en.
inhabitant [ɪnˈhæbɪtənt] *n* habitante *mf*.
inhale [ɪnˈheɪl] **1** *vt* aspirar; MED inhalar. || **2** *vi (smoker)* tragarse el humo.
inherit [ɪnˈherɪt] *vt* heredar.
inheritance [ɪnˈherɪtəns] *n* herencia.
inhibit [ɪnˈhɪbɪt] *vt* inhibir.
inhibition [ɪnhɪˈbɪʃən] *n* inhibición *f*.
inhuman [ɪnˈhjuːmən] *adj* inhumano, -a.
inimitable [ɪˈnɪmɪtəbl] *adj* inimitable.
initial [ɪˈnɪʃl] **1** *adj* inicial. || **2** *n* inicial *f*. || **3** *vt* firmar con las iniciales.
initiate [ˈɪnɪʃɪeɪt] *vt* iniciar.
initiative [ɪˈnɪʃɪətɪv] *n* iniciativa.

inject [ɪn'dʒekt] *vt* inyectar.
injection [ɪn'dʒekʃn] *n* inyección *f*.
injure ['ɪndʒə] *vt* herir.
injured ['ɪndʒəd] *adj* herido,-a; *(look etc)* ofendido,-a.
injury ['ɪndʒərɪ] *n* herida.
■ **injury time** SP tiempo de descuento.
injustice [ɪn'dʒʌstɪs] *n* injusticia.
ink [ɪŋk] *n* tinta.
inkjet printer ['ɪŋkdʒet'prɪntə] *n* impresora de chorro de tinta.
inkling ['ɪŋklɪŋ] **1** *n* noción *f*, vaga idea. **2** *(suspicion)* sospecha, presentimiento. **3** *(hint)* indicio.
inland ['ɪnlənd] **1** *adj* de tierra adentro. ‖ **2** *adv* ([ɪn'lænd]) *(travel)* tierra adentro; *(live)* en el interior.
■ **Inland Revenue** GB Hacienda Pública.
inlet ['ɪnlet] **1** *n (in coast)* cala, ensenada. **2** TECH entrada.
inmate ['ɪnmeɪt] **1** *n (gen)* residente *mf*. **2** *(of prison)* preso,-a. **3** *(of hospital)* enfermo,-a. **4** *(of asylum)* interno,-a.
inn [ɪn] **1** *n* posada, fonda, mesón *m*. **2** *(pub)* taberna.
innate [ɪ'neɪt] *adj* innato,-a.
inner ['ɪnə] *adj* interior.
■ **inner tube** cámara.
innermost ['ɪnəməʊst] **1** *adj* más interior. **2** *(thoughts)* más íntimo,-a.
innocence ['ɪnəsns] *n* inocencia.
innocent ['ɪnəsnt] **1** *adj* inocente. ‖ **2** *n* inocente *mf*.
innovation [ɪnə'veɪʃn] *n* innovación *f*.
innovative ['ɪnəvətɪv] *adj* innovador, -ra.
innuendo [ɪnjʊ'endəʊ] *n* insinuación *f*.
innumerable [ɪ'njuːmərəbl] *adj* innumerable.
inoculate [ɪ'nɒkjʊleɪt] *vt* inocular.
in-patient ['ɪnpeɪʃnt] *n* paciente *mf* interno,-a.
input ['ɪnpʊt] **1** *n* entrada; *(of money)* inversión *f*; *(of data)* input *m*, entrada. ‖ **2** *vt* (*pt & pp* **input**) Comput entrar, introducir.
inquest ['ɪnkwest] **1** *n* investigación *f* judicial. **2** *fam fig* investigación *f*.
inquire [ɪn'kwaɪə] *vt* preguntar.
● **"Inquire within"** "Razón aquí"; **to inquire about sth** preguntar por algo; **to inquire into sth** investigar algo.
inquiry [ɪn'kwaɪərɪ] **1** *n* pregunta. **2** *(investigation)* investigación *f*.
● **"Inquiries"** "Información".
inquisition [ɪnkwɪ'zɪʃn] *n* inquisición *f*, interrogatorio.
inquisitive [ɪn'kwɪzɪtɪv] *adj* curioso,-a.
insane [ɪn'seɪn] *adj* demente, loco,-a.
insanity [ɪn'sænɪtɪ] *n* locura, demencia.
inscribe [ɪn'skraɪb] *vt* inscribir, grabar.
inscription [ɪn'skrɪpʃn] *n* inscripción *f*.
insect ['ɪnsekt] *n* insecto.
insecticide [ɪn'sektɪsaɪd] *n* insecticida *m*.
insecure [ɪnsɪ'kjʊə] *adj* inseguro,-a.
insecurity [ɪnsɪ'kjʊərɪtɪ] *n* inseguridad *f*.
insensitive [ɪn'sensɪtɪv] *adj* insensible.
inseparable [ɪn'sepərəbl] *adj* inseparable.
insert [ɪn'sɜːt] *vt* insertar, introducir.
inside [ɪn'saɪd] **1** *n* interior *m*. ‖ **2** *adj* interior, interno,-a. ‖ **3** *adv (position)* dentro; *(movement)* adentro. ‖ **4** *prep* dentro de. ‖ **5 insides** *npl* tripas *fpl*, entrañas *fpl*.
● **inside out** de dentro afuera, al revés.
insider [ɪn'saɪdə] *n* persona enterada.
insight ['ɪnsaɪt] **1** *n (faculty)* perspicacia, penetración *f*. **2** *(idea)* idea.
insignificant [ɪnsɪg'nɪfɪkənt] *adj* insignificante.
insincere [ɪnsɪn'sɪə] *adj* falso,-a.
insinuate [ɪn'sɪnjʊeɪt] *vt* insinuar.
insist [ɪn'sɪst] *vi* insistir (on, en).
insistence [ɪn'sɪstəns] *n* insistencia.
insistent [ɪn'sɪstənt] *adj* insistente.
insolent ['ɪnsələnt] *adj* insolente.
insomnia [ɪn'sɒmnɪə] *n* insomnio.
inspect [ɪn'spekt] **1** *vt (gen)* inspeccionar. **2** *(luggage)* registrar. **3** *(troops)* pasar revista a.
inspection [ɪn'spekʃn] **1** *n (gen)* inspec-

ción *f*. **2** *(of luggage)* registro. **3** *(of troops)* revista.
inspector [ɪn'spektə] **1** *n (gen)* inspector,-ra. **2** *(on train)* revisor,-ra.
inspiration [ɪnspɪ'reɪʃn] *n* inspiración *f*.
inspire [ɪn'spaɪə] **1** *vt (gen)* inspirar. **2** *(encourage)* animar.
instability [ɪnstə'bɪlɪtɪ] *n* inestabilidad *f*.
install [ɪn'stɔːl] *vt* instalar.
installation [ɪnstə'leɪʃn] *n* instalación *f*.
instalment [ɪn'stɔːlmənt] **1** *n (of payment)* plazo. **2** *(of book etc)* entrega. **3** *(of series)* episodio, capítulo.
instance ['ɪnstəns] *n* ejemplo, caso.
● **for instance** por ejemplo; **in the first instance** en primer lugar.
instant ['ɪnstənt] **1** *n* instante *m*, momento. ‖ **2** *adj* inmediato,-a. **3** *(coffee etc)* instantáneo,-a.
instantaneous [ɪnstən'teɪnɪəs] *adj* instantáneo,-a.
instantly ['ɪnstəntlɪ] *adv* al instante, inmediatamente.
instead [ɪn'sted] *adv* en cambio.
● **instead of** en lugar de, en vez de.
instep ['ɪnstep] *n* empeine *m*.
instigate ['ɪnstɪgeɪt] *vt* instigar.
instinct ['ɪnstɪŋkt] *n* instinto.
instinctive [ɪn'stɪŋktɪv] *adj* instintivo,-a.
institute ['ɪnstɪtjuːt] **1** *n* instituto. **2** *(of professionals)* colegio, asociación *f*. ‖ **3** *vt* instituir.
institution [ɪnstɪ'tjuːʃn] **1** *n* institución *f*. **2** *(home)* asilo.
instruct [ɪn'strʌkt] **1** *vt* instruir. **2** *(order)* ordenar, mandar.
instruction [ɪn'strʌkʃn] **1** *n* instrucción *f*. ‖ **2 instructions** *npl* instrucciones *fpl*, indicaciones *fpl*.
instructor [ɪn'strʌktə] **1** *n (gen)* instructor,-ra. **2** *(of driving)* profesor,-ra. **3** SP monitor,-ra.
instrument ['ɪnstrʊmənt] *n* instrumento.
instrumental [ɪnstrə'mentl] *adj* instrumental.
● **to be instrumental in** contribuir decisivamente a.
insufficient [ɪnsə'fɪʃnt] *adj* insuficiente.
insular ['ɪnsjʊlə] *adj* insular.
insulate ['ɪnsjʊleɪt] *vt* aislar.
insulation [ɪnsjʊ'leɪʃn] *n* aislamiento.
insulin ['ɪnsjʊlɪn] *n* insulina.
insult ['ɪnsʌlt] **1** *n (words)* insulto. **2** *(action)* afrenta. ‖ **3** *vt* ([ɪn'sʌlt]) insultar.
insurance [ɪn'ʃʊərəns] *n* seguro.
■ **insurance policy** póliza de seguro.
insure [ɪn'ʃʊə] *vt* asegurar.
intact [ɪn'tækt] *adj* intacto,-a.
intake ['ɪnteɪk] **1** *n (of food etc)* consumo. **2** *(of students etc)* número de admitidos.
integral ['ɪntɪgrəl] **1** *adj (essential)* integral. **2** *(built-in)* incorporado,-a. **3** MATH integral. ‖ **4** *n* MATH integral *f*.
integrate ['ɪntɪgreɪt] **1** *vt* integrar. ‖ **2** *vi* integrarse.
integration [ɪntɪ'greɪʃn] *n* integración *f*.
integrity [ɪn'tegrɪtɪ] *n* integridad *f*.
intellect ['ɪntɪlekt] *n* intelecto, inteligencia.
intellectual [ɪntɪ'lektjʊəl] **1** *adj* intelectual. ‖ **2** *n* intelectual *mf*.
intelligence [ɪn'telɪdʒəns] **1** *n* inteligencia. **2** *(information)* información *f*.
intelligent [ɪn'telɪʒənt] *adj* inteligente.
intend [ɪn'tend] *vt* tener la intención de, proponerse.
intended [ɪn'tendɪd] **1** *adj (desired)* deseado,-a. **2** *(intentional)* intencionado,-a.
● **intended for** para, dirigido,-a a.
intense [ɪn'tens] **1** *adj* intenso,-a. **2** *(person)* muy serio,-a.
intensify [ɪn'tensɪfaɪ] **1** *vt* intensificar. ‖ **2** *vi* intensificarse.
intensity [ɪn'tensɪtɪ] *n* intensidad *f*.
intensive [ɪn'tensɪv] *adj* intensivo,-a.
intent [ɪn'tent] **1** *adj (look etc)* fijo,-a. ‖ **2** *n* intención *f*.
● **to be intent on** estar decidido,-a a, estar empeñado,-a en; **with intent to** con la intención de.

intention [ɪn'tenʃn] *n* intención *f*.
intentional [ɪn'tenʃənl] *adj* intencional.
intentionally [ɪn'tenʃnəlɪ] *adv* adrede.
interactive [ɪntər'æktɪv] *adj* interactivo,-a.
intercede [ɪntə'siːd] *vi* interceder.
● **to intercede on sb's behalf** interceder por algn.
intercept [ɪntə'sept] *vt* interceptar.
interchange ['ɪntətʃeɪndʒ] **1** *n* intercambio. **2** AUTO enlace *m*.
intercom ['ɪntəkɒm] *n* interfono.
intercourse ['ɪntəkɔːs] **1** *n* trato. **2** *(sexual)* coito, relaciones *fpl* sexuales.
interest ['ɪntrɪst] **1** *n (gen)* interés *m*. **2** *(in business)* participación *f*. || **3** *vt* interesar.
● **in the interests of ...** en pro de ...; **to be of interest** interesar; **to take an interest in** interesarse por.
■ **interest rate** tipo de interés.
interested ['ɪntrɪstɪd] *adj* interesado, -a.
interesting ['ɪntrɪstɪŋ] *adj* interesante.
interface ['ɪntəfeɪs] *n* COMPUT interface *f*.
interfere [ɪntə'fɪə] **1** *vi (meddle)* entrometerse. **2** PHYS interferir.
● **to interfere with** *(hinder)* dificultar, estorbar; *(block)* obstaculizar.
interference [ɪntə'fɪərəns] **1** *n (meddling)* intromisión *f*. **2** *(hindrance)* dificultad *f*, estorbo. **3** PHYS interferencia.
interfering [ɪntə'fɪərɪŋ] *adj* entrometido,-a.
interior [ɪn'tɪərɪə] **1** *adj* interior. || **2** *n* interior *m*.
interjection [ɪntə'dʒekʃn] **1** *n (part of speech)* interjección *f*. **2** *(comment)* comentario.
interloper ['ɪntələʊpə] *n* intruso,-a.
interlude ['ɪntəluːd] **1** *n* intermedio. **2** *(in music)* interludio.
intermediate [ɪntə'miːdɪət] *adj* intermedio,-a.
intermission [ɪntə'mɪʃn] *n* intermedio.
intern ['ɪntɜːn] **1** *n* US MED interno,-a. || **2** *vt* ([ɪn'tɜːn]) internar.
internal [ɪn'tɜːnl] *adj* interior; *(in group, body, organization)* interno,-a.
■ **Internal Revenue** US Hacienda Pública.
international [ɪntə'næʃənl] *adj* internacional.
Internet ['ɪntənet] *n* Internet *f*.
■ **Internet access provider** proveedor de acceso a Internet; **Internet service provider** proveedor de Internet.
interplay ['ɪntəpleɪ] *n* interacción *f*.
Interpol ['ɪntəpɒl] *abbr (*International Criminal Police Organization*)* Interpol *f*.
interpret [ɪn'tɜːprət] **1** *vt* interpretar. || **2** *vi* actuar de intérprete.
interpretation [ɪntɜːprɪ'teɪʃn] *n* interpretación *f*.
interpreter [ɪn'tɜːprɪtə] *n* intérprete *mf*.
interrogate [ɪn'terəgeɪt] *vt* interrogar.
interrogation [ɪnterə'geɪʃn] *n* interrogatorio.
interrogative [ɪntə'rɒgətɪv] **1** *adj* interrogativo,-a. || **2** *n (word)* palabra interrogativa; *(phrase)* oración *f* interrogativa.
interrupt [ɪntə'rʌpt] *vt - vi* interrumpir.
interruption [ɪntə'rʌpʃn] *n* interrupción *f*.
intersection [ɪntə'sekʃn] *n* cruce *m*, intersección *f*.
interval ['ɪntəvl] **1** *n* intervalo. **2** *(in play etc)* descanso, intermedio.
intervene [ɪntə'viːn] **1** *vi* intervenir. **2** *(event)* sobrevenir, ocurrir. **3** *(time)* transcurrir.
intervention [ɪntə'venʃn] *n* intervención *f*.
interview ['ɪntəvjuː] **1** *n* entrevista, interviú *m*. || **2** *vt* entrevistar.
interviewer ['ɪntəvjuːə] *n* entrevistador,-ra.
intestine [ɪn'testɪn] *n* intestino.
intimacy ['ɪntɪməsɪ] *n* intimidad *f*.
intimate ['ɪntɪmət] **1** *adj* íntimo,-a. || **2** *vt* (['ɪntɪmeɪt]) dar a entender, insinuar.

intimidate [ɪn'tɪmɪdeɪt] *vt* intimidar.
intimidating [ɪn'tɪmɪdeɪtɪŋ] *adj* amenazador,-ra.
into ['ɪntʊ] *prep* en, dentro de.
● **to be into sth** *fam* apetecerle algo a algn; *(hobby)* ser aficionado,-a a.
intolerable [ɪn'tɒlərəbl] *adj* intolerable.
intolerance [ɪn'tɒlərəns] *n* intolerancia.
intolerant [ɪn'tɒlərənt] *adj* intolerante.
intonation [ɪntə'neɪʃn] *n* entonación *f*.
intoxicated [ɪn'tɒksɪkeɪt] *adj* ebrio,-a.
intoxication [ɪntɒksɪ'keɪʃn] *n* embriaguez *f*.
intranet ['ɪntrənet] *n* intranet *f*.
intransitive [ɪn'trænsɪtɪv] *adj* intransitivo,-a.
intrigue [ɪn'triːg] **1** *n* intriga. ‖ **2** *vt* - *vi* intrigar.
introduce [ɪntrə'djuːs] **1** *vt* introducir. **2** *(person)* presentar. **3** *(law)* promulgar.
introduction [ɪntrə'dʌkʃn] **1** *n* introducción *f*. **2** *(of person)* presentación *f*. **3** *(of law)* promulgación *f*.
introductory [ɪntrə'dʌktərɪ] *adj* introductorio,-a; *(words)* preliminar.
introvert ['ɪntrəvɜːt] *n* introvertido,-a.
introverted ['ɪntrəvɜːtɪd] *adj* introvertido,-a.
intrude [ɪn'truːd] **1** *vi* entrometerse. **2** *(disturb)* molestar, estorbar.
intruder [ɪn'truːdə] *n* intruso,-a.
intrusion [ɪn'truːʒn] **1** *n* intrusión *f*. **2** *(on privacy)* invasión *f*.
intuition [ɪntjuːɪ'ʃn] *n* intuición *f*.
intuitive [ɪn'tjuːɪtɪv] *adj* intuitivo,-a.
invade [ɪn'veɪd] *vt* invadir.
invader [ɪn'veɪdə] *n* invasor,-ra.
invalid [ɪn'vælɪd] **1** *adj* inválido,-a, nulo,-a. ‖ **2** *n (person; disabled)* inválido,-a; *(ill)* enfermo,-a.
invalidate [ɪn'vælɪdeɪt] *vt* invalidar, anular.
invaluable [ɪn'væljʊəbl] *adj* inestimable.
invasion [ɪn'veɪʒn] *n* invasión *f*.
invent [ɪn'vent] *vt* inventar.
invention [ɪn'venʃn] **1** *n (thing)* invento. **2** *(action)* invención *f*.
inventor [ɪn'ventə] *n* inventor,-ra.
inventory ['ɪnventrɪ] *n* inventario.
inversion [ɪn'vɜːʒn] *n (of order)* inversión.
invert [ɪn'vɜːt] *vt* invertir.
invertebrate [ɪn'vɜːtɪbrət] *adj* - *n* invertebrado,-a.
inverted [ɪn'vɜːtɪd] *adj* invertido,-a.
■ **inverted commas** comillas.
invest [ɪn'vest] **1** *vt (money)* invertir. ‖ **2** *vi* invertir dinero en; *(buy)* comprar.
investigate [ɪn'vestɪgeɪt] *vt* investigar.
investigation [ɪnvestɪ'geɪʃn] *n* investigación *f*.
investigator [ɪn'vestɪgeɪtə] *n* investigador,-ra.
investment [ɪn'vestmənt] *n (money)* inversión *f*.
investor [ɪn'vestə] *n* inversor,-ra.
invincible [ɪn'vɪnsɪbl] *adj* invencible.
invisible [ɪn'vɪzəbl] *adj* invisible.
■ **invisible ink** tinta simpática.
invitation [ɪnvɪ'teɪʃn] *n* invitación *f*.
invite [ɪn'vaɪt] **1** *vt* invitar. **2** *(comments etc)* solicitar; *(problems etc)* provocar.
inviting [ɪn'vaɪtɪŋ] *adj* tentador,-ra.
invoice ['ɪnvɔɪs] **1** *n* factura. ‖ **2** *vt* facturar.
involuntary [ɪn'vɒləntrɪ] *adj* involuntario,-a.
involve [ɪn'vɒlv] **1** *vt* involucrar, comprometer. **2** *(affect)* tener que ver con, afectar a. **3** *(entail)* suponer, implicar.
involved [ɪn'vɒlvd] *adj* complicado,-a.
● **to get involved in** meterse en, enredarse en.
involvement [ɪn'vɒlvmənt] **1** *n* participación *f*. **2** *(in crime)* complicidad *f*. **3** *(relationship)* relación *f*.
inward ['ɪnwəd] **1** *adj* interior. ‖ **2** *adv* hacia adentro.
inwards ['ɪnwədz] *adv* hacia adentro.
iodine ['aɪədiːn] *n* yodo.
ion [aɪən] *n* ion *m*.
IOU ['aɪ'əʊ'juː] *abbr (*I owe you*)* pagaré *m*.

IQ ['aɪ'kjuː] *abbr (*intelligence quotient*)* coeficiente *m* de inteligencia; *(abbreviation)* CI *m*.
IRA ['aɪ'ɑːr'eɪ] *abbr (*Irish Republican Army*)* Ejército Republicano irlandés; *(abbreviation)* IRA *m*.
Iran [ɪ'rɑːn] *n* Irán.
Iranian [ɪ'reɪnɪən] *adj* - *n* iraní.
Iraq [ɪ'rɑːk] *n* Irak.
Iraqi [ɪ'rɑːkɪ] **1** *adj* iraquí. ‖ **2** *n* iraquí *mf*.
irate [aɪ'reɪt] *adj* furioso,-a.
Ireland ['aɪələnd] *n* Irlanda.
■ **Northern Ireland** Irlanda del norte.
iris ['aɪrɪs] **1** *n (of eye)* iris *m inv*. **2** BOT lirio.
Irish ['aɪrɪʃ] **1** *adj* irlandés,-esa. ‖ **2** *n (language)* irlandés *m*. ‖ **3 the Irish** *npl* los irlandeses *mpl*.
• **Northern Irish** norirlandés,-esa.
■ **Irish Sea** Mar *m* de Irlanda.
iron ['aɪən] **1** *n* hierro. **2** *(appliance)* plancha. ‖ **3** *vt (clothes)* planchar.
■ **Iron Age** Edad *f* de Hierro.
ironic [aɪ'rɒnɪk] *adj* irónico,-a.
ironing ['aɪənɪŋ] *n (not ironed)* ropa por planchar; *(ironed)* ropa planchada.
• **to do the ironing** planchar.
■ **ironing board** tabla de planchar.
ironmonger ['aɪənmʌŋgə] *n* ferretero, -a.
■ **ironmonger's** ferretería.
irony ['aɪrənɪ] *n* ironía.
irrational [ɪ'ræʃənl] *adj* irracional.
irregular [ɪ'regjʊlə] *adj* irregular.
irregularity [ɪregjʊ'lærɪtɪ] *n* irregularidad *f*.
irrelevant [ɪ'relɪvənt] *adj* irrelevante.
irresistible [ɪrɪ'zɪstəbl] *adj* irresistible.
irresponsible [ɪrɪ'spɒnsəbl] *adj* irresponsable.
irrigate ['ɪrɪgeɪt] *vt* regar.
irrigation [ɪrɪ'geɪʃn] *n* riego.
irritable ['ɪrɪtəbl] *adj* irritable.
irritate ['ɪrɪteɪt] *vt* irritar.
irritating ['ɪrɪteɪtɪŋ] *adj* irritante.
irritation [ɪrɪ'teɪʃn] *n* irritación *f*.
is [ɪz] *3rd pers sing pres* → **be**.
Islam ['ɪzlɑːm] *n* islam *m*.
Islamic [ɪz'læmɪk] *adj* islámico,-a.
island ['aɪlənd] *n* isla.
isle [aɪl] *n* isla.
isolate ['aɪsəleɪt] *vt* aislar.
isolation [aɪsə'leɪʃn] *n* aislamiento.
ISP ['aɪ'es'piː] *abbr (*Internet Service Provider*)* proveedor *m* de servicios Internet, proveedor *m* de Internet; *(abbreviation)* PSI.
Israel ['ɪzrɪəl] *n* Israel.
Israeli [ɪz'reɪlɪ] **1** *adj* israelí. ‖ **2** *n* israelí *mf*.
Israelite ['ɪzrɪəlaɪt] **1** *adj* israelita. ‖ **2** *n* israelita *mf*.
issue ['ɪʃuː] **1** *n (topic)* asunto, tema *m*. **2** *(of book)* edición *f*; *(of newspaper)* número. **3** *(of stamps, shares, etc)* emisión *f*. **4** *(of passport)* expedición *f*. **5** *fml (children)* descendencia. ‖ **6** *vt (book)* publicar. **7** *(stamps, shares, etc)* emitir. **8** *(passport)* expedir. **9** *(order)* dar; *(decree)* promulgar.
isthmus ['ɪsməs] *n* istmo.
it [ɪt] **1** *pron (subject)* él, ella, ello. **2** *(object; direct)* lo, la; *(indirect)* le. **3** *(after prep)* él, ella, ello.
IT ['aɪ'tiː] *abbr (*information technology*)* informática.
Italian [ɪ'tælɪən] **1** *adj* italiano,-a. ‖ **2** *n (person)* italiano,-a. **3** *(language)* italiano.
italics [ɪ'tælɪks] *n* cursiva.
Italy ['ɪtəlɪ] *n* Italia.
itch [ɪtʃ] **1** *n* picazón *f*, picor *m*. ‖ **2** *vi* picar.
• **to be itching to do sth** estar impaciente por hacer algo.
itchy [ɪtʃɪ] *adj* que pica.
item ['aɪtəm] **1** *n* artículo, cosa. **2** *(on agenda)* asunto. **3** *(on bill)* partida. **4** *(piece of news)* noticia.
itemize ['aɪtəmaɪz] **1** *vt* hacer una lista de. **2** *(specify)* detallar.
itinerary [aɪ'tɪnərərɪ] *n* itinerario.
its [ɪts] *adj* su, sus.
itself [ɪt'self] **1** *pron (reflexive)* se. **2** *(emphatic)* él mismo, ello mismo, ella misma. **3** *(after prep)* sí, sí mismo,-a.

ITV ['aɪ'tiː'viː] *abbr* GB (Independent Television) *conjunto de televisiones privadas.*
ivory ['aɪvərɪ] *n* marfil *m.*
ivy ['aɪvɪ] *n* hiedra.

J

jab [dʒæb] **1** *n* pinchazo. || **2** *vt* pinchar.
jabber ['dʒæbə] *vi* - *vt* farfullar.
jack [dʒæk] **1** *n* AUTO gato. **2** *(in cards)* jota; *(Spanish pack)* sota.
jackal ['dʒækɔːl] *n* chacal *m.*
jackass ['dʒækæs] *n* burro.
jacket ['dʒækɪt] **1** *n* chaqueta; *(of suit)* americana. **2** *(leather etc)* cazadora. **3** *(of book)* sobrecubierta.
jack-knife ['dʒæknaɪf] **1** *n* navaja. || **2** *vi (lorry)* colear.
jack-of-all-trades ['dʒækəvɔːltreɪdz] *n* persona de muchos oficios, manitas *mf.*
jackpot ['dʒækpɒt] *n* premio gordo.
jade [dʒeɪd] *n* jade *m.*
jaded ['dʒeɪdɪd] *adj* agotado,-a, cansado,-a.
jagged ['dʒægɪd] *adj* dentado,-a.
jaguar ['dʒægjʊə] *n* jaguar *m.*
jail [dʒeɪl] **1** *n* cárcel *f*, prisión *f.* || **2** *vt* encarcelar.
jailer ['dʒeɪlə] *n* carcelero,-a.
jam [dʒæm] **1** *n* confitura, mermelada. **2** *(tight spot)* aprieto. **3** *(traffic)* embotellamiento, atasco. || **4** *vt (crowd)* atestar, apiñar: ***the room was jammed with children*** la sala estaba atestada de niños. **5** *(cram)* embutir, meter: ***he jammed his clothes into the case*** metió la ropa en la maleta. **6** RAD interferir con. || **7** *vi (become stuck)* atascarse: ***the lock has jammed*** se ha atascado la cerradura.
Jamaica [dʒə'meɪkə] *n* Jamaica.
Jamaican [dʒə'meɪkən] *adj* - *n* jamaicano,-a.
jamboree [dʒæmbə'riː] **1** *n (party)* juerga. **2** *(scout meeting)* reunión *f* de muchachos exploradores.
jammy ['dʒæmɪ] *adj fam* suertudo,-a.
jam-packed [dʒæm'pækt] *adj fam* atestado,-a.
jangle ['dʒæŋgl] **1** *vi* sonar de un modo discordante. || **2** *vt* hacer sonar de un modo discordante.
janitor ['dʒænɪtə] *n* portero.
January ['dʒænjʊərɪ] *n* enero.
Japan [dʒə'pæn] *n* Japón *m.*
Japanese [dʒæpə'niːz] **1** *adj* japonés, -esa. || **2** *n (person)* japonés,-esa. **3** *(language)* japonés *m.* || **4 the Japanese** *npl* los japoneses *mpl.*
jar [dʒɑː] **1** *n (glass)* tarro, pote *m.* || **2** *vt* hacer mover, sacudir. || **3** *vi (sounds)* chirriar. **4** *(colours)* chocar.
jargon ['dʒɑːgən] *n* jerga, jerigonza.
jasmin ['dʒæzmɪn] *n* jazmín *m.*
jaundice ['dʒɔːndɪs] *n* ictericia.
jaundiced ['dʒɔːndɪst] *adj fig* amargado,-a.
jaunt [dʒɔːnt] *n* excursión *f*, viaje *m.*
javelin ['dʒævlɪn] *n* jabalina.
jaw [dʒɔː] *n* mandíbula.
jay [dʒeɪ] *n* arrendajo común.
jaywalker ['dʒeɪwɔːlkə] *n* peatón *m* imprudente.
jazz [dʒæz] *n* jazz *m.*
♦ **to jazz up** *vt* animar, alegrar.
jazzy ['dʒæzɪ] *adj fam* llamativo,-a.
jealous ['dʒeləs] *adj* celoso,-a.
jealousy ['dʒeləsɪ] *n* celos *mpl.*
jeans [dʒiːnz] *npl* tejanos *mpl*, vaqueros *mpl.*
jeep [dʒiːp] *n* jeep *m.*
jeer [dʒɪə] **1** *vi* burlarse (at, de). **2** *(boo)* abuchear. || **3** *n* burla. **4** *(boo)* abucheo.
Jehovah [dʒɪ'həʊvə] *n* REL Jehová *m.*
■ **Jehova's Witness** testigo de Jehová.
jelly ['dʒelɪ] **1** *n (preserve)* jalea. **2** *(dessert)* gelatina.
jellyfish ['dʒelɪfɪʃ] *n* medusa.
jeopardize ['dʒepədaɪz] *vt* poner en peligro.

jeopardy ['dʒepədɪ] *n* peligro.
jerk [dʒɜːk] **1** *n* tirón *m,* sacudida. **2** *fam* imbécil *mf.* ‖ **3** *vt* sacudir, tirar de. ‖ **4** *vi* dar una sacudida.
♦ **to jerk off** *vi vulg* hacerse una paja.
jerkin ['dʒɜːkɪn] *n* chaleco.
jerry-built ['dʒerɪbɪlt] *adj* mal construido,-a.
jersey ['dʒɜːzɪ] *n* jersey *m,* suéter *m.*
jest [dʒest] *n* broma.
● **in jest** en broma.
jet [dʒet] **1** *n* AV reactor *m.* **2** *(stream)* chorro. ‖ **3** *vi* salir disparado,-a. **4** *fam* viajar en avión.
jet-lag ['dʒetlæg] *n* jet-lag *m.*
jet-set ['dʒetset] *n* jetset.
jetty ['dʒetɪ] *n* malecón *m.*
Jew [dʒuː] *n* judío.
jewel ['dʒuːəl] **1** *n (jewellry)* joya, alhaja. **2** *(stone)* piedra preciosa.
jeweller ['dʒuːələ] *n* joyero,-a.
■ **jeweller's** joyería.
jewellery ['dʒuːəlrɪ] *n* joyas *fpl.*
Jewish ['dʒʊɪʃ] *adj* judío,-a.
jibe [dʒaɪb] *n* - *vi* → **gibe**.
jiffy ['dʒɪfɪ] *n fam* instante: ***it'll only take a jiffy*** en un momento está hecho.
● **in a jiffy** en un santiamén.
jigsaw ['dʒɪgsɔː] *n (puzzle)* rompecabezas *m inv.*
jilt [dʒɪlt] *vi* dejar plantado,-a a.
jingle ['dʒɪŋgl] **1** *n (sound)* tintineo. **2** TV sintonía. ‖ **3** *vi* tintinear.
jingoism ['dʒɪŋgəʊɪzm] *n* patriotería.
jinx [dʒɪŋks] **1** *n* gafe *mf.* **2** *(bad luck)* mala suerte *f.*
jitters ['dʒɪtəz] *npl fam* nervios *mpl.*
● **to get the jitters** ponerse como un flan.
jittery ['dʒɪtərɪ] *adj* nervioso,-a.
job [dʒɒb] *n* trabajo.
● **it's a good job that ...** menos mal que ...; **out of a job** parado,-a, sin trabajo.
jobless ['dʒɒbləs] *adj* parado,-a, sin trabajo.
jockey ['dʒɒkɪ] *n* jockey *m.*
jockstrap ['dʒɒkstræp] *n* suspensorio.
jog [dʒɒg] **1** *n (pace)* trote *m.* ‖ **2** *vt* empujar, sacudir. **3** *(memory)* refrescar. ‖ **4** *vi* hacer footing, correr.
jogging ['dʒɒgɪŋ] *n* footing *m.*
join [dʒɔɪn] **1** *vt (bring together)* juntar, unir: ***he joined the beds*** juntó las camas. **2** *(meet)* reunirse con: ***he said he'd join us after work*** dijo que vendría después del trabajo. **3** *(company etc)* unirse a, incorporarse a. **4** *(army)* alistarse en. **5** *(club)* hacerse socio,-a de. **6** *(party)* afiliarse a. ‖ **7** *vi* juntarse. **8** *(roads, rivers)* confluir.
♦ **to join in** *vi* participar.
joiner ['dʒɔɪnə] *n* carpintero.
joint [dʒɔɪnt] **1** *n* junta, juntura, unión *f*; *(wood)* ensambladura. **2** ANAT articulación *f.* **3** CULIN corte *m* de carne. **4** *sl (drugs)* porro. **5** *sl (place)* antro. ‖ **6** *adj* conjunto,-a, compartido,-a.
■ **joint account** cuenta conjunta; **joint owership** propiedad compartida; **joint venture** empresa conjunta.
jointly ['dʒɔɪntlɪ] *adv* conjuntamente.
joke [dʒəʊk] **1** *n (story)* chiste *m.* **2** *(action)* broma. ‖ **3** *vi* bromear.
● **to crack a joke** contar un chiste; **to play a joke on** gastar una broma a.
joker ['dʒəʊkə] **1** *n (person)* bromista *mf.* **2** *(card)* comodín *m.*
jolly ['dʒɒlɪ] **1** *adj* alegre. ‖ **2** *adv* muy.
● **jolly good!** ¡estupendo!
jolt [dʒəʊlt] **1** *n* sacudida. ‖ **2** *vt* sacudir. ‖ **3** *vi* dar tumbos.
Jordan ['dʒɔːdn] **1** *n (country)* Jordania. **2** *(river)* el Jordán *m.*
jostle ['dʒɒsl] **1** *vt* empujar. ‖ **2** *vi* dar empujones.
jot [dʒɒt] *n* pizca.
● **not to care a jot** no importar lo más mínimo.
jotter ['dʒɒtə] *n* GB bloc *m.*
journal ['dʒɜːnl] **1** *n (magazine)* revista. **2** *(diary)* diario.
journalism ['dʒɜːnlɪzm] *n* periodismo.
journalist ['dʒɜːnlɪst] *n* periodista *mf.*
journey ['dʒɜːnɪ] **1** *n* viaje *m.* **2** *(dis-*

tance) trayecto: ***a 20 mile journey*** un trayecto de 20 millas.
jowl [dʒaʊl] *n (cheek)* carrillo.
joy [dʒɔɪ] *n* gozo, júbilo, alegría.
joyful ['dʒɔɪfʊl] *adj* jubiloso,-a, alegre.
joyous ['dʒɔɪəs] *adj lit* alegre.
joyride ['dʒɔɪraɪd] *n fam* paseo en un coche robado.
joystick ['dʒɔɪstɪk] **1** *n* AV palanca de mando. **2** COMPUT joystick *m.*
JP ['dʒeɪ'piː] *abbr (Justice of the Peace)* juez *mf* de paz.
jubilant ['dʒuːbɪlənt] *adj* jubiloso,-a.
jubilee ['dʒuːbɪliː] *n* aniversario.
judder ['dʒʌdə] *vi* trepidar.
judge [dʒʌdʒ] **1** *n (man)* juez *m*; *(woman)* juez *f*, jueza. || **2** *vt* - *vi* juzgar. || **3** *vt (calculate)* calcular.
judgement ['dʒʌdʒment] **1** *n (ability)* juicio, criterio. **2** *(opinion)* juicio, opinión *f.* **3** *(decision)* fallo.
■ **judgement day** día *m* del juicio.
judicial [dʒuː'dɪʃl] *adj* judicial.
judicious [dʒuː'dɪʃəs] *adj* juicioso,-a.
judo ['dʒuːdəʊ] *n* judo.
jug [dʒʌg] *n* jarro.
juggernaut ['dʒʌgənɔːt] *n* GB camión *f* pesado.
juggle ['dʒʌgl] *vi* hacer juegos malabares.
juggler ['dʒʌglə] *n* malabarista *mf.*
juice [dʒuːs] **1** *n (gen)* jugo. **2** *(of fruit)* zumo.
juicy ['dʒuːsɪ] **1** *adj (fruit)* jugoso,-a. **2** *fam (gossip)* picante.
jukebox ['dʒuːkbɒks] *n* máquina de discos.
Jul [dʒuː'laɪ] *abbr (July)* julio.
July [dʒuː'laɪ] *n* julio.
jumble ['dʒʌmbl] **1** *n* revoltijo, confusión *f.* || **2** *vt* mezclar.
jumbo ['dʒʌmbəʊ] **1** *adj* gigante. || **2** *n (plane)* jumbo.
jump [dʒʌmp] **1** *n* salto. || **2** *vt* - *vi* saltar. || **3** *vi (rise sharply)* dar un salto.
♦ **to jump at** *vt* aceptar sin pensarlo.
jumper ['dʒʌmpə] **1** *n* GB jersey *m.* **2** US *(skirt)* pichi *m.*
jump-suit ['dʒʌmpsuːt] *n* mono.
jumpy ['dʒʌmpɪ] *adj* nervioso,-a.
Jun [dʒuːn] **1** *abbr (June)* junio. **2** (['dʒuːnɪə]) *(junior)* hijo.
junction ['dʒʌŋkʃn] **1** *n (railways)* empalme *m.* **2** *(roads)* cruce *m.*
juncture ['dʒʌŋktʃə] *n* coyuntura.
June [dʒuːn] *n* junio.
jungle ['dʒʌŋgl] *n* jungla, selva.
junior ['dʒuːnɪə] **1** *adj (in age)* menor, más joven. **2** *(in rank)* subalterno,-a. || **3** *n (in age)* menor *mf.* **4** *(in rank)* subalterno,-a. **5** GB alumno,-a de básica. **6** US *(after name)* hijo,-a.
juniper ['dʒuːnɪpə] *n* enebro.
junk [dʒʌnk] **1** *n* trastos *mpl.* **2** *(boat)* junco.
■ **junk food** comida basura; **junk mail** propaganda *(que se recibe por correo).*
junkie ['dʒʌŋkɪ] *n sl* yonqui *mf.*
Jupiter ['dʒuːpɪtə] *n* Júpiter *m.*
jurisdiction [dʒʊərɪs'dɪkʃn] *n* jurisdicción *f.*
juror ['dʒʊərə] *n* jurado.
jury ['dʒʊərɪ] *n* jurado.
just [dʒʌst] **1** *adj (fair)* justo,-a. || **2** *adv (exactly)* exactamente, justo: ***that's just what I expected*** eso es exactamente lo que esperaba. **3** *(only)* solamente: ***there's just one left*** sólo queda uno. **4** *(at this very moment)* justo ahora: ***I'm just about to leave*** estoy a punto de salir. **5** *(barely)* justo: ***I arrived just in time*** llegué justo a tiempo.
• **just about** prácticamente; **just in case** por si acaso; **just now** ahora mismo; **to have just done sth** acabar de hacer algo.
justice ['dʒʌstɪs] *n* justicia.
■ **Justice of the Peace** juez de paz.
justifiable [dʒʌstɪ'faɪəbl] *adj* justificable.
justification [dʒʌstɪfɪ'keɪʃn] *n* justificación *f.*
justified ['dʒʌstɪfaɪd] *adj* justificado,-a.
justify ['dʒʌstɪfaɪ] *vt* justificar.
jut [dʒʌt] *vi* sobresalir.
jute [dʒuːt] *n* yute *m.*

juvenile ['dʒuːvɪnaɪl] **1** *adj* juvenil. **2** *(childish)* infantil. || **3** *n* menor *mf*.

juxtapose ['dʒʌkstəpəʊz] *vt* yuxtaponer.

K

kaftan ['kæftæn] *n* caftán *m*.

kaleidoscope [kə'laɪdəskəʊp] *n* calidoscopio.

kamikaze [kæmɪ'kɑːzɪ] *adj* - *n* kamikaze *mf*.

kangaroo [kæŋgə'ruː] *n* canguro.

kaput [kə'pʊt] *adj fam* roto,-a, estropeado,-a.

karate [kə'rɑːtɪ] *n* kárate *m*.

kayak ['kaɪæk] *n* kayac *m*.

kebab [kɪ'bæb] *n* pincho moruno.

keel [kiːl] *n* quilla.

♦ **to keel over** *vi (ship)* zozobrar; *(person)* desplomarse.

keen [kiːn] **1** *adj (eager)* entusiasta, muy aficionado,-a. **2** *(sharp - mind etc)* agudo,-a; *(- look)* penetrante; *(- wind)* cortante. **3** *(competition)* fuerte. **4** *(price)* competitivo,-a.

• **keen on** aficionado,-a a; **I'm not very keen on it** no me gusta demasiado; **to be keen to do sth** tener muchas ganas de hacer algo; **to take a keen interest in** mostrar un gran interés por.

keep [kiːp] **1** *n (board)* sustento, mantenimiento. **2** *(of castle)* torreón *m*, torre *f* del homenaje. || **3** *vt* (*pt & pp* kept) *(not give back)* guardar. **4** *(put away, save)* guardar, tener guardado,-a. **5** *(detain)* retener, detener; *(hold up)* entretener: ***sorry to keep you waiting*** discúlpeme por hacerlo esperar. **6** *(shop etc)* tener. **7** *(things for sale)* tener, vender. **8** *(accounts)* llevar. **9** *(diary)* escribir. **10** *(order)* mantener. **11** *(promise)* cumplir. **12** *(secret)* guardar. **13** *(appointment)* acudir a, no faltar a. **14** *(person)* mantener. **15** *(chickens, pigs, etc)* criar. || **16** *vi (do continually)* no dejar de. **17** *(food)* conservarse (bien).

♦ **to keep away** *vt* mantener a distancia ♦ **to keep back** *vt (money)* reservar, guardar; *(information)* ocultar *vt (enemy)* tener a raya ♦ **keep back from** *vi* mantenerse lejos de ♦ **to keep down** *vt (oppress)* oprimir ♦ **to keep in** *vt* no dejar salir ♦ **to keep on 1** *vi (go on)* seguir, continuar. **2** *vt (clothes)* no quitarse ♦ **to keep out 1** *vt* no dejar entrar. **2** *vi* no entrar ♦ **to keep up 1** *vt* mantener. **2** *vt (from sleeping)* mantener despierto,-a, tener en vela.

• **keep the change** quédese con la vuelta; **to keep going** seguir (adelante); **to keep one's head** no perder la cabeza; **to keep quiet** callarse, no hacer ruido; **to keep sb company** hacerle compañía a algn; **to keep sth clean** conservar algo limpio,-a; **to keep sth to oneself** guardar algo para sí.

keeper ['kiːpə] *n (in zoo)* guardián, -ana; *(in park)* guarda *mf*.

keeping ['kiːpɪŋ] *n* cuidado, custodia.

• **in keeping with** en consonancia con.

keg [keg] *n* barril *m*.

kennel ['kenl] **1** *n* perrera, caseta para perros. || **2 kennels** *npl (boarding)* residencia *f sing* canina.

Kenya ['kenjə] *n* Kenia.

Kenyan ['kenjən] *adj* - *n* keniano,-a.

kept [kept] *pt & pp* → **keep**.

kerb [kɜːb] *n* bordillo.

kerfuffle [kə'fʌfl] *n fam* jaleo.

kernel ['kɜːnl] **1** *n (of fruit, nut)* semilla. **2** *fig* núcleo.

ketchup ['ketʃəp] *n* ketchup *m*, catsup *m*.

kettle ['ketl] *n* hervidor *m*.

key [kiː] **1** *n (of lock)* llave *f*. **2** *(to mystery)* clave *f*. **3** *(on keyboard)* tecla. **4** MUS tono. || **5** *adj* clave. || **6** *vt* COMPUT teclear.

♦ **to key in** *vt* COMPUT introducir, entrar.

■ **key ring** llavero.

keyboard ['kiːbɔːd] *n* teclado.

keyed up [kiːd'ʌp] *adj* nervioso,-a, excitado,-a.

keyhole ['kiːhəʊl] *n* ojo de la cerradura.

khaki ['kɑːkɪ] **1** *adj* caqui. ‖ **2** *n* caqui *m*.

kick [kɪk] **1** *n (by person)* puntapié *m*, patada. **2** *(by animal)* coz *f*. **3** *(thrill)* emoción *f*. ‖ **4** *vt (person)* dar un puntapié a, dar una patada a. **5** *(animal)* dar coces a.

♦ **to kick out** *vt* echar.

● **to kick the bucket** *fam* estirar la pata; **to kick up a fuss** *fam* armar un escándalo.

kick-off ['kɪkɒf] *n* SP saque *m* inicial.

kid [kɪd] **1** *n (animal)* cabrito. **2** *(leather)* cabritilla. **3** *fam (child)* niño,-a, chico, -a. ‖ **4** *vt (tease)* tomar el pelo a. ‖ **5** *vi* estar de broma: ***you must be kidding!*** ¡debes de estar de broma!

kidnap ['kɪdnæp] *vt* secuestrar.

kidnapper ['kɪdnæpə] *n* secuestrador, -ra.

kidnapping ['kɪdnæpɪŋ] *n* secuestro.

kidney ['kɪdnɪ] *n* riñón *m*.

kill [kɪl] *vt* matar.

♦ **to kill off** *vt* exterminar.

● **to kill two birds with one stone** matar dos pájaros de un tiro.

killer ['kɪlə] *n* asesino,-a.

killing ['kɪlɪŋ] *n (of animal)* matanza; *(of person)* asesinato.

● **to make a killing** hacer su agosto.

killjoy ['kɪldʒɔɪ] *n* aguafiestas *mf inv*.

kiln [kɪln] *n* horno.

kilo ['kiːləʊ] *n* kilo.

kilogram ['kɪləgræm] *n* kilogramo.

▲ *También* kilogramme.

kilometre [kɪ'lɒmɪtə] *n* kilómetro.

kilowatt ['kɪləwɒt] *n* kilovatio.

kilt [kɪlt] *n* falda escocesa.

kin [kɪn] *n* parientes *mpl*, familia.

kind [kaɪnd] **1** *adj* simpático,-a, amable. ‖ **2** *n (sort)* tipo, género, clase *f*.

● **in kind** *(payment)* en especie; *(treatment)* con la misma moneda; **to be so kind as to** tener la bondad de.

kindergarten ['kɪndəgæːtn] *n* parvulario, jardín *m* de infancia.

kind-hearted [kaɪnd'hɑːtɪd] *adj* bondadoso,-a.

kindle ['kɪndl] *vt* encender.

kindly ['kaɪndlɪ] **1** *adj* bondadoso,-a, amable. ‖ **2** *adv* bondadosamente. **3** *(please)* por favor.

kindness ['kaɪndnəs] **1** *n (thoughtfulness)* bondad *f*, amabilidad *f*. **2** *(favour)* favor *m*.

kinetic [kɪ'netɪk] *adj* cinético,-a.

kinetics [kɪ'netɪks] *n* cinética.

king [kɪŋ] *n* rey *m*.

kingdom ['kɪŋdəm] *n* reino.

kink [kɪŋk] **1** *n (in hair)* rizo. **2** *fig (peculiarity)* vicio, manía.

kinky ['kɪŋkɪ] *adj fam (weird)* peculiar; *(sexually)* pervertido, -a.

kinship ['kɪnʃɪp] *n* parentesco.

kiosk ['kiːɒsk] **1** *n* quiosco. **2** *(telephone)* cabina telefónica.

kip [kɪp] *vi fam* dormir.

● **to have a kip** dormir.

kipper ['kɪpə] *n* arenque *m* ahumado.

kiss [kɪs] **1** *n* beso. ‖ **2** *vt* besar. ‖ **3** *vi* besarse.

kit [kɪt] **1** *n (equipment)* equipo. **2** MIL avíos *mpl*. **3** *(model)* maqueta, kit *m*.

kitchen ['kɪtʃɪn] *n* cocina.

kite [kaɪt] *n* cometa.

kitten ['kɪtn] *n* gatito,-a.

kitty ['kɪtɪ] **1** *n fam* minino,-a. **2** *fam (money)* bote *m*.

kiwi ['kiːwiː] *n* kiwi *m*.

kleptomania [kleptə'meɪnɪə] *n* cleptomanía.

kleptomaniac [kleptə'meɪnɪæk] *n* cleptómano,-a.

km [kɪ'lɒmɪtə, 'kɪləmiːtə] *abbr (***kilometre***)* kilómetro; *(abbreviation)* km.

▲ *pl* km *o* kms.

knack [næk] *n* maña, truquillo.

knacker ['nækə] **1** *n* matarife *m*. ‖ **2 knackers** *npl vulg* cojones *mpl*.

knackered ['nækəd] *adj fam (person)* reventado,-a, hecho,-a polvo; *(thing)* escoñado,-a, jodido,-a.

knapsack ['næpsæk] *n* mochila.

knead [niːd] *vt* amasar.

knee [niː] *n* rodilla.
• **on one's knees** de rodillas.

kneecap ['niːkæp] *n* rótula.

kneel [niːl] *vi* (*pt & pp* knelt) arrodillarse.

knelt [nelt] *pt & pp* → **kneel**.

knew [njuː] *pt* → **know**.

knickers ['nɪkəz] *npl* bragas *fpl*.

knick-knack ['nɪknæk] *n* chuchería.

knife [naɪf] **1** *n* cuchillo. || **2** *vt* apuñalar.

knight [naɪt] **1** *n* HIST caballero. **2** *(chess)* caballo. || **3** *vt* armar caballero.

knit [nɪt] **1** *vt* (*pt & pp* knit *o* knitted) tejer. || **2** *vi* hacer punto, hacer calceta, tricotar. **3** Med soldarse.

knitting ['nɪtɪŋ] *n* punto, calceta.
■ **knitting needle** aguja de hacer punto.

knob [nɒb] **1** *n (on door - large)* pomo; *(- small)* tirador *m*. **2** *(on stick)* puño. **3** *(natural)* bulto, protuberancia. **4** *(on radio etc)* botón *m*.

knobbly ['nɒblɪ] *adj* nudoso,-a.

knock [nɒk] **1** *n (blow)* golpe *m*. **2** *fig (bad luck)* revés *m*. || **3** *vt* golpear. **4** *(criticize)* criticar. || **5** *vi (at door)* llamar.
♦ **to knock back** *vt* beber de un trago ♦ **to knock down 1** *vt (building)* derribar. **2** *vt (with a car)* atropellar ♦ **to knock off 1** *vt* tirar. **2** *vt fam (steal)* birlar, mangar. **3** *vt fam (kill)* liquidar a. **4** *vt (price)* rebajar. **5** *vi (stop work)* acabar, salir del trabajo ♦ **to knock out** *vt* dejar sin conocimiento; *(boxing)* dejar fuera de combate ♦ **to knock over** *vt (object)* volcar; *(with a car)* atropellar ♦ **to knock up 1** *vt* GB *fam* despertar. **2** *vt* US *fam* dejar preñada. **3** *vi (tennis etc)* pelotear.

knocker ['nɒkə] **1** *n* aldaba. || **2 knockers** *npl fam* tetas *fpl*.

knock-kneed [nɒk'niːd] *adj* patizambo,-a.

knockout ['nɒkaʊt] **1** *n* knock-out *m*, fuera *m* de combate. **2** SP eliminatoria. **3** *fam* maravilla.

knot [nɒt] **1** *n* nudo. || **2** *vt* anudar.

knotty ['nɒtɪ] **1** *adj* nudoso,-a. **2** *(problem)* difícil, espinoso,-a.

know [nəʊ] **1** *vt - vi* (*pt* knew; *pp* known) *(be acquainted with)* conocer: ***do you know Colin?*** ¿conoces a Colin? **2** *(have knowledge of)* saber: ***I don't know the answer*** no sé la respuesta.
• **as far as I know** que yo sepa; **to know by sight** conocer de vista; **to know how to do sth** saber hacer algo.

know-all ['nəʊɔːl] *n* sabelotodo *mf*.

know-how ['nəʊhaʊ] *n* conocimiento práctico.

knowing ['nəʊɪŋ] *adj (smile, look)* de complicidad.

knowingly ['nəʊɪŋlɪ] *adv (intentionally)* intencionadamente, a sabiendas, adrede.

knowledge ['nɒlɪdʒ] **1** *n (awareness)* conocimiento. **2** *(learning)* conocimientos *mpl*.
• **to have a good knowledge of** conocer bien.

knowledgeable ['nɒlɪdʒəbl] *adj* erudito, -a, entendido,-a.

known [nəʊn] *pp* → **know**.

knuckle ['nʌkl] *n* nudillo.
♦ **to knuckle down** *vi fam* ponerse a trabajar en serio ♦ **to knuckle under** *vi* pasar por el aro.

KO ['keɪ'əʊ] *abbr* (knockout) fuera de combate *m*; *(abbreviation)* KO *m*.

koala [kəʊ'ɑːlə] *n* koala *m*.

Koran [kɔː'rɑːn] *n* Corán *m*.

Korea [kə'rɪə] *n* Corea.
■ **North Korea** Corea del Norte; **South Korea** Corea del Sur.

Korean [kə'rɪən] **1** *adj* coreano,-a. || **2** *n (person)* coreano,-a. **3** *(language)* coreano.
■ **North Korean** norcoreano,-a; **South Korean** surcoreano,-a.

kph ['keɪpiː'eɪtʃ] *abbr* (kilometres per

hour) kilómetros *mpl* por hora; *(abbreviation)* km/h.
Kuwait [kʊ'weɪt] *n* Kuwait.
Kuwaiti [kʊ'weɪtɪ] **1** *adj* kuwaití. || **2** *n* kuwaití *mf*.

L

L [el] **1** *abbr (*Learner driver*)* conductor en prácticas. **2** *(*large size*)* talla grande; *(abbreviation)* G.
Lab ['leɪbə] *abbr (*Labour*)* laborista.
label ['leɪbl] **1** *n* etiqueta. || **2** *vt* etiquetar.
laboratory [lə'bɒrətərɪ] *n* laboratorio.
laborious [le'bɔːrɪəs] *adj* laborioso,-a.
labour ['leɪbə] **1** *n* trabajo. **2** *(task)* tarea, faena. **3** *(workforce)* mano *f* de obra. || **4** *vt* insistir en.
• **Labour Party** partido laborista.
labourer ['leɪbərə] *n* peón *m*.
labyrinth ['læbərɪnθ] *n* laberinto.
lace [leɪs] **1** *n (of shoe)* cordón *m*. **2** *(material)* encaje *m*. || **3** *vt (shoes)* atar.
lack [læk] **1** *n* falta, carencia. || **2** *vt* carecer de.
lacking ['lækɪŋ] *adj* carente de.
lacquer ['lækə] **1** *n* laca, fijador *m*. || **2** *vt (paint)* lacar; *(hair)* poner laca a.
lad [læd] *n* muchacho, chaval *m*.
ladder ['lædə] **1** *n* escalera. **2** *(in stocking)* carrera.
laden ['leɪdn] *adj* cargado,-a.
lading ['leɪdɪŋ] *n* embarque *m*.
ladle ['leɪdl] *n* cucharón *m*.
lady ['leɪdɪ] *n* señora, dama.
ladybird ['leɪdɪbɜːd] *n* mariquita.
ladylike ['leɪdɪlaɪk] *adj* delicado,-a, elegante.
lag [læg] **1** *n* retraso. || **2** *vt* TECH revestir.
• **to lag behind** rezagarse.
lager ['lɑːgə] *n* cerveza rubia.
lagoon [lə'guːn] *n* laguna.
laid [leɪd] *pt & pp* → **lay**.
lain [leɪn] *pp* → **lie**.
lair [leə] *n* guarida.
lake [leɪk] *n* lago.
lamb [læm] **1** *n* cordero. **2** *(meat)* carne *f* de cordero.
lame [leɪm] *adj* cojo,-a.
lameness ['leɪmnəs] *n* cojera.
lament [lə'ment] **1** *n* lamento. || **2** *vt* lamentar. || **3** *vi* lamentarse.
lamentable ['læmentəbl] *adj* lamentable.
laminate ['læmɪnət] **1** *n* laminado. || **2** *vt* (['læmɪneɪt]) laminar.
lamp [læmp] **1** *n* lámpara. **2** AUTO faro.
lampoon [læm'puːn] **1** *n* pasquín *m*. || **2** *vt* satirizar.
lamp-post ['læmppəʊst] *n* poste *m* de farol.
lampshade ['læmpʃeɪd] *n* pantalla *(de lámpara)*.
lance [lɑːns] **1** *n (spear)* lanza. **2** MED lanceta. || **3** *vt* MED abrir con lanceta.
land [lænd] **1** *n (gen)* tierra. **2** *(soil)* suelo, tierra. **3** *(property)* terreno, finca. || **4** *vi (plane)* aterrizar, tomar tierra. || **5** *vt (fish)* sacar del agua. **6** *fig* conseguir. || **7** *vt* - *vi (from ship)* desembarcar.
landing ['lændɪŋ] **1** *n (plane)* aterrizaje *m*. **2** *(on stairs)* descansillo, rellano. **3** *(of people)* desembarco.
landlady ['lændleɪdɪ] **1** *n (of flat)* propietaria, casera. **2** *(of boarding house)* dueña.
landlocked ['lændlɒkt] *adj (country)* sin salida al mar.
landlord ['lænlɔːd] **1** *n (of flat)* propietario, casero. **2** *(of boarding house)* dueño.
landmark ['lændmɑːk] **1** *n (place)* lugar muy conocido; *(building)* edificio muy conocido. **2** *fig* hito.
landowner ['lændəʊnə] *n* propietario,-a, terrateniente *mf*.
landscape ['lændskeɪp] *n* paisaje *m*.
landslide ['lændslaɪd] *n* desprendimiento de tierras.

lane [leɪn] **1** *n* camino. **2** AUTO carril *m*. **3** SP calle *f*. **4** AV MAR ruta.
language ['læŋgwɪdʒ] **1** *n (faculty, way of speaking)* lenguaje *m*. **2** *(tongue)* lengua, idioma *m*.
languid ['læŋgwɪd] *adj* lánguido,-a.
languish ['læŋgwɪʃ] *vi* languidecer.
lank [læŋk] *adj* lacio,-a.
lanky ['læŋkɪ] *adj* larguirucho,-a.
lanolin ['lænəlɪn] *n* lanolina.
lantern ['læntən] *n* linterna, farol *m*.
Lao [laʊ] *n (language)* laosiano.
Laos [laʊz, laʊs] *n* Laos.
Laotian ['laʊʃɪən] *adj* - *n* laosiano,-a.
lap [læp] **1** *n* regazo; *(knees)* rodillas *fpl*. **2** SP vuelta; *fig* etapa. || **3** *vt* SP doblar. **4** *(drink)* lamer, beber lamiendo. || **5** *vi (waves)* chapalear.
lapel [lə'pel] *n* solapa.
lapse [læps] **1** *n (in time)* transcurso, lapso. **2** *(slip)* desliz *m*; *(speaking)* lapsus *m inv*. || **3** *vi (err)* cometer un desliz. **4** *(contract)* caducar, vencer. **5** *(custom)* desaparecer.
laptop ['læptɒp] *n* ordenador *m* portátil.
larceny ['lɑːsnɪ] *n* latrocinio.
lard [lɑːd] *n* manteca de cerdo.
larder ['lɑːdə] *n* despensa.
large [lɑːdʒ] **1** *adj* grande; *(before sing noun)* gran. **2** *(sum)* importante.
• **at large** suelto,-a, en libertad.
largely ['lɑːdʒlɪ] *adv* en gran parte.
large-scale ['lɑːdʒskeɪl] **1** *adj* de gran escala. **2** *(map)* a gran escala.
lark [lɑːk] **1** *n (bird)* alondra. **2** *(joke)* broma.
♦ **to lark about/around** *vi* hacer tonterías, hacer el indio.
laryngitis [lærɪn'dʒaɪtɪs] *n* laringitis *f inv*.
larynx ['lærɪŋks] *n* laringe *f*.
lascivious [lə'sɪvɪəs] *adj* lascivo,-a.
laser ['leɪzə] *n* láser *m*.
lash [læʃ] **1** *n* latigazo, azote *m*. **2** *(thong)* tralla. **3** *(eyelash)* pestaña. || **4** *vt (gen)* azotar. **5** *(tie)* atar.
♦ **to lash out 1** *vi* repartir golpes a diestro y siniestro. **2** *vi (spend)* despilfarrar ♦ **to lash out at** *vt* criticar ♦ **to lash out on** *vt* gastar mucho dinero en.
lass [læs] *n* chica, chavala, muchacha.
lasso [læ'suː] *n* lazo.
last [lɑːst] **1** *adj (final)* último,-a, final. **2** *(latest)* último,-a. **3** *(days)* pasado,-a: ***last Monday*** el lunes pasado; ***last night*** anoche. || **4** *adv* por última vez. **5** *(at the end)* en último lugar; *(in race)* en última posición. || **6** *n (person)* el/la último,-a. **7** *(for shoes)* horma. || **8** *vt* - *vi* durar.
• **at last** al fin, por fin; **last but one** penúltimo,-a; **to the last** hasta el final.
lasting ['lɑːstɪŋ] *adj* duradero,-a, perdurable.
lastly ['lɑːstlɪ] *adv* finalmente.
latch [lætʃ] *n* picaporte *m*, pestillo.
late [leɪt] **1** *adj* tardío,-a. **2** *(in period)* tarde: ***in late May*** a finales de Mayo. **3** *euph* difunto,-a. || **4** *adv* tarde.
• **to arrive late** llegar tarde.
lately ['leɪtlɪ] *adv* últimamente.
latent ['leɪtənt] *adj* latente.
later ['leɪtə] **1** *adj* más tardío,-a. **2** *(more recent)* más reciente. **3** *(in series)* posterior. || **4** *adv* más tarde. **5** *(afterwards)* después, luego.
lateral ['lætərəl] *adj* lateral.
latest ['leɪtɪst] *adj* último,-a.
• **at the latest** a más tardar.
latex ['leɪteks] *n* látex *m*.
lathe [leɪð] *n* torno.
lather ['lɑːðə] **1** *n (of soap)* espuma. || **2** *vt* enjabonar. || **3** *vi* hacer espuma.
Latin ['lætɪn] **1** *adj* latino,-a. || **2** *n (person)* latino,-a. **3** *(language)* latín *m*.
latitude ['lætɪtjuːd] *n* latitud *f*.
latter ['lætə] **1** *adj* último,-a. || **2 the latter** *pron* éste,-a, este,-a último,-a.
lattice ['lætɪs] *n* celosía, enrejado.
laudable ['lɔːdəbl] *adj* laudable.
laugh [lɑːf] **1** *n* risa. || **2** *vi* reír, reírse.
• **to laugh at** reírse de.
laughable ['lɑːfəbl] *adj* ridículo,-a.

laughing [ˈlɑːfɪŋ] **1** *adj* risueño,-a. ‖ **2** *n* risas *fpl*.
■ **laughing gas** gas *m* hilarante.
laughing-stock [ˈlɑːfɪŋstɒk] *n* hazmerreír *m inv*.
laughter [ˈlɑːftə] *n* risas *fpl*.
launch [lɔːntʃ] **1** *n* (*gençtion*) lanzamiento; (*of boat*) botadura; (*of film*) estreno. **2** (*boat*) lancha. ‖ **3** *vt* (*gen*) lanzar; (*boat*) botar; (*film*) estrenar.
launder [ˈlɔːndə] **1** *vt* (*clothes*) lavar y planchar. **2** (*money*) blanquear.
launderette [lɔːndˈret] *n* lavandería automática.
laundry [ˈlɔːndrɪ] **1** *n* (*place*) lavandería. **2** (*clothes*) colada; (*clean*) ropa lavada.
laurel [ˈlɒrl] *n* laurel *m*.
lava [ˈlɑːvə] *n* lava.
lavatory [ˈlævətrɪ] **1** *n* wáter *m*. **2** (*room*) lavabo, baño. **3** (*public*) servicios *mpl*.
lavender [ˈlævɪndə] *n* espliego, lavanda.
lavish [ˈlævɪʃ] **1** *adj* (*generous*) pródigo, -a, generoso,-a. **2** (*abundant*) abundante. **3** (*luxurious*) lujoso,-a. ‖ **4** *vt* prodigar.
law [lɔː] **1** *n* ley *f*. **2** (*subject*) derecho. **3** *fam* la pasma.
● **law and order** orden público.
law-abiding [ˈlɔːəbaɪdɪŋ] *adj* observante de la ley.
law-breaker [ˈlɔːbreɪkə] *n* infractor,-ra de la ley.
lawful [ˈlɔːfʊl] *adj* legal, legítimo,-a, lícito,-a.
lawless [ˈlɔːləs] **1** *adj* sin ley. **2** (*person*) rebelde.
lawn [lɔːn] *n* césped *m*.
lawnmower [ˈlɔːnməʊə] *n* cortacésped *m & f*.
lawsuit [ˈlɔːsjuːt] *n* pleito.
lawyer [ˈlɔːjə] *n* abogado,-a.
lax [læks] **1** *adj* laxo,-a. **2** (*careless*) descuidado,-a.
laxative [ˈlæksətɪv] **1** *adj* laxante. ‖ **2 the law** *n* laxante *m*.
lay [leɪ] **1** *pt* → **lie**. ‖ **2** *vt* (*pt & pp* laid) (*gen*) poner. **3** (*cable, pipe*) tender. **4** (*foundations*) echar. **5** (*eggs*) poner. **6** *vulg* (*have sex with*) tirarse, follarse. ‖ **7** *adj* Rel laico,-a, seglar. **8** (*not professional*) lego,-a, no profesional. ‖ **9** *n* (*ballad*) balada.
♦ **to lay down 1** *vt* (*tools*) dejar; (*arms*) deponer. **2** *vt* (*wine*) guardar (en bodega) ♦ **to lay in** *vt* proveerse de ♦ **to lay into** *vt* atacar ♦ **to lay off 1** *vt* (*worker*) despedir. **2** *vt fam* dejar en paz ♦ **to lay on** *vt* proveer ♦ **to lay out 1** *vt* tender, extender. **2** *vt* (*town etc*) hacer el trazado de; (*garden*) diseñar. **3** *vt fam* (*knock down*) dejar fuera de combate ♦ **to lay up** *vt* almacenar.
● **to be laid up** tener que guardar cama; **to lay one's hands on sb** pillar a algn.
layabout [ˈleɪəbaʊt] *n fam* holgazán, -ana.
lay-by [ˈleɪbaɪ] *n* área de descanso.
layer [ˈleɪə] *n* capa; (*of rock*) estrato.
layman [ˈleɪmən] **1** *n* Rel laico. **2** (*not expert*) profano.
layout [ˈleɪaʊt] **1** *n* disposición *f*. **2** (*of town*) trazado.
laziness [ˈleɪzɪnəs] *n* pereza.
lazy [ˈleɪzɪ] *adj* perezoso,-a.
lb [paʊnd] *abbr* (*pl* lb *or* lbs) (**pound**) libra.
LCD [elsiːˈdiː] *abbr* (*of* **liquid crystal display**) pantalla de cristal líquido.
lead [led] **1** *n* (*metal*) plomo. **2** (*in pencil*) mina.
lead [liːd] **1** *n* (*front position*) delantera. **2** Sp liderato; (*difference*) ventaja. **3** (*for dog*) correa. **4** Theat primer papel *m*. **5** Elec cable *m*. **6** (*clue*) pista. ‖ **7** *vt* (*pt & pp* lead [led]) (*guide*) llevar, conducir. **8** (*be leader of*) liderar, dirigir. **9** (*be first in*) ocupar el primer puesto en. ‖ **10** *vi* (*go first*) ir primero,-a; (*in race*) llevar la delantera. **11** (*command*) tener el mando. **12** (*road*) conducir (to, a).
● **to be in the lead** ir en cabeza; **to lead sb on** engañar a algn; **to lead sb to believe sth** llevar a algn a creer

algo; **to lead the way** enseñar el camino; **to take the lead** tomar la delantera.

leader [liːdə] **1** *n* POL líder *mf*, dirigente *mf*. **2** *(in race)* líder *mf*. **3** *(in newspaper)* editorial *m*.

leadership ['liːdəʃɪp] **1** *n (position)* liderato, liderazgo. **2** *(qualities)* dotes *mpl* de mando. **3** *(leaders)* dirección *f*.

lead-free ['ledfriː] *adj* sin plomo.

leading ['liːdɪŋ] *adj* destacado,-a, principal.

leaf [liːf] *n* hoja.

leaflet ['liːflət] *n* folleto.

leafy ['liːfɪ] *adj* frondoso,-a.

league [liːg] *n* liga.

leak [liːk] **1** *n (of gas, fluid)* escape *m*; *fig* filtración *f*. **2** *(hole)* agujero. **3** *(in roof)* gotera. **4** *fam (piss)* meada. || **5** *vi (gas, fluid)* escaparse; *(information)* filtrarse. **6** *(container)* tener un agujero. **7** *(pipe)* tener un escape. **8** *(shoes)* dejar entrar agua. **9** *(roof)* gotear.

leaky ['liːkɪ] **1** *adj (pipe)* que tiene escapes. **2** *(container)* que tiene agujeros. **3** *(shoe)* que deja entrar agua. **4** *(roof)* que tiene goteras.

lean [liːn] **1** *adj (person)* delgado,-a, flaco,-a. **2** *(meat)* magro,-a. || **3** *vt (pt & pp* leant *o* leaned) *(against sth)* apoyar. || **4** *vi (against sth)* apoyarse. **5** inclinarse.

leaning ['liːnɪŋ] **1** *adj* inclinado,-a. || **2** *n* inclinación *f*, tendencia.

leant [lent] *pt & pp* → **lean**.

leap [liːp] **1** *n* salto, brinco. || **2** *vi (pt & pp* leapt *o* leaped) saltar, brincar.

■ **leap year** año bisiesto.

leapfrog ['liːpfrɒg] *n*.

● **to play leapfrog** saltar al potro.

leapt [lept] *pt & pp* → **leap**.

learn [lɜːn] **1** *vt - vi (pt & pp* learnt *o* learned) aprender. || **2** *vt (find out about)* enterarse de.

learned ['lɜːnɪd] *adj* erudito,-a.

learner ['lɜːnə] *n* estudiante *mf*.

■ **learner driver** aprendiz,-za de conductor.

learning ['lɜːnɪŋ] *n* conocimientos *mpl*, saber *m*.

learnt [lɜːnt] *pt & pp* → **learn**.

lease [liːs] **1** *n* contrato de arrendamiento. || **2** *vt* arrendar.

leash [liːʃ] *n* correa.

least [liːst] **1** *adj* mínimo,-a, menor. || **2** *adv* menos. || **3** *n* lo menos: ***it's the least you can do for him*** es lo menos que puedes hacer por él.

● **at least** por lo menos; **not in the least** en lo más mínimo.

leather ['leðə] *n* piel *f*, cuero.

leave [liːv] **1** *n* permiso; *(holidays)* vacaciones *fpl*. || **2** *vt (pt & pp* left) dejar, abandonar; *(go out of)* salir de. **3** *(forget)* olvidarse. || **4** *vi* marcharse, irse, partir.

♦ **to leave out** *vt (omit)* omitir.

● **to take one's leave of** despedirse de.

Lebanese [lebə'niːz] **1** *adj - n* libanés,-esa. || **2 the Lebanese** *npl* los libaneses *mpl*.

Lebanon ['lebənən] *n* Líbano.

lecherous ['letʃərəs] *adj* lujurioso,-a, lascivo,-a.

lectern ['lektən] **1** *n* atril *m*. **2** *(in church)* facistol *m*.

lecture ['lektʃə] **1** *n* conferencia. **2** *(in university)* clase *f*. **3** *(reproof)* reprensión *f*, sermón *m*. || **4** *vi* dar una conferencia. **5** *(in university)* dar clase. **6** *(scold)* sermonear. || **7** *vt* echar una reprimenda a.

lecturer ['lektʃərə] **1** *n* conferenciante *mf*. **2** *(in university)* profesor,-ra.

led [led] *pt & pp* → **lead**.

ledge [ledʒ] **1** *n* repisa. **2** *(of rock)* saliente *m*.

ledger ['ledʒə] *n* COMM libro de contabilidad.

leech [liːtʃ] *n* sanguijuela.

leek [liːk] *n* puerro.

leer [lɪə] **1** *vi* mirar con lascivia. || **2** *n* mirada lasciva.

lees [liːz] *npl* poso *m sing*.

left [left] **1** *pt & pp* → **leave**. || **2** *adj*

izquierdo,-a. **3** POL de izquierdas. || **4** *n* izquierda. || **5** *adv* a la izquierda, hacia la izquierda.

• **on the left** a mano izquierda; **to be left over** quedar, sobrar.

left-hand ['lefthænd] *adj* izquierdo,-a.

left-handed [left'hændɪd] *adj* zurdo, -a.

leftist ['leftɪst] **1** *adj* izquierdista. || **2** *n* izquierdista *mf*.

left-luggage [left'lʌgɪdʒ] **left-luggage office** *n* consigna.

left-wing ['leftwɪŋ] *adj* de izquierdas.

leg [leg] **1** *n* ANAT pierna. **2** *(of animal, furniture)* pata. **3** CULIN *(lamb etc)* pierna; *(chicken etc)* muslo. **4** *(of trousers)* pernera.

• **to pull sb's leg** tomar el pelo a algn.

legacy ['legəsɪ] *n* legado, herencia.

legal ['liːgl] **1** *adj* legal, legítimo,-a, lícito,-a. **2** *(relating to the law)* legal, jurídico,-a.

■ **legal tender** moneda de curso legal.

legalize ['liːgəlaɪz] *vt* legalizar.

legend ['ledʒənd] *n* leyenda.

legendary ['ledʒəndrɪ] *adj* legendario,-a.

leggings ['legɪŋgz] *npl* mallas *fpl*.

legible ['ledʒəbl] *adj* legible.

legion ['liːdʒən] *n* legión *f*.

legislate ['ledʒɪsleɪt] *vi* legislar.

legislation [ledʒɪs'leɪʃn] *n* legislación *f*.

legislature ['ledʒɪsleɪtʃə] *n* cuerpo legislativo.

legitimate [lɪ'dʒɪtɪmət] *adj* legítimo,-a.

legitimize [lɪ'dʒɪtɪmaɪz] *vt* legitimar.

leisure ['leʒə] *n* ocio, tiempo libre.

■ **leisure centre** centro recreativo.

leisurely ['leʒəlɪ] *adj* sin prisa.

lemon ['lemən] *n* limón *m*.

■ **lemon tree** limonero.

lemonade [lemə'neɪd] *n* limonada.

lend [lend] *vt* (*pt & pp* **lent**) dejar, prestar.

• **to lend a hand** echar una mano.

length [leŋθ] **1** *n* longitud *f*: ***it's 5 metres in length*** mide 5 metros de largo. **2** *(time)* duración *f*. **3** *(piece)* trozo. **4** *(of road)* tramo; *(of swimming pool)* largo.

lengthen ['leŋθn] **1** *vt* alargar. || **2** *vi* alargarse.

lengthy ['leŋθɪ] *adj* largo,-a.

lenient ['liːnɪənt] *adj* indulgente, benévolo,-a.

lens [lenz] **1** *n* lente *f*. **2** *(of camera)* objetivo. **3** ANAT cristalino.

lent [lent] **1** *pt & pp* → **lend**. || **2 Lent** *n* REL Cuaresma.

lentil ['lentɪl] *n* lenteja.

Leo [liːəʊ] *n* Leo.

leopard ['lepəd] *n* leopardo.

leotard ['liːətɑːd] *n* malla.

leper ['lepə] *n* leproso,-a.

leprosy ['leprəsɪ] *n* lepra.

lesbian ['lezbɪən] **1** *adj* lesbiano,-a. || **2** *n* lesbiana.

less [les] *adj-adv-prep* menos.

lessen ['lesn] **1** *vt* disminuir. || **2** *vi* disminuirse.

lesser ['lesə] *adj* menor.

lesson ['lesn] *n* lección *f*, clase *f*.

lest [lest] *conj fml* para que no.

let [let] **1** *vt* (*pt & pp* let) *(allow)* dejar, permitir. **2** *(rent)* arrendar, alquilar. || **3** *aux*: ***let this be a warning*** que esto sirva de advertencia; ***let us pray*** oremos.

♦ **to let down 1** *vt (deflate)* deshinchar. **2** *vt (lengthen)* alargar. **3** *vt (disappoint)* defraudar ♦ **to let in** *vt* dejar entrar, dejar pasar ♦ **to let off 1** *vt (bomb)* hacer explotar; *(firework)* hacer estallar. **2** *vt (forgive)* perdonar ♦ **to let on** *vi fam* descubrir el pastel: ***you won't let on, will you?*** no dirás nada, ¿verdad? ♦ **to let out 1** *vt* dejar salir; *(release)* soltar. **2** *vt (rent)* alquilar. **3** *vt (utter)* soltar ♦ **to let through** *vt* dejar pasar ♦ **to let up** *vi* cesar.

• **let alone ...** y mucho menos ...; **to let alone** dejar en paz, no tocar; **to let go of** soltar; **to let loose** soltar, desatar; **to let off steam** desfogarse; **to let sb in on sth** revelar algo a algn; **to let sb know** hacer saber a algn.

letdown ['letdaʊn] *n* decepción *f*.
lethal ['li:θl] *adj* letal, mortal.
lethargic [lɪ'θɑ:dʒɪk] *adj* aletargado, -a.
lethargy ['leθədʒɪ] *n* letargo.
letter ['letə] **1** *n (of alphabet)* letra. **2** *(message)* carta.
■ **letter box** buzón *m*.
lettuce ['letɪs] *n* lechuga.
leukaemia [lu:'ki:mɪə] *n* leucemia.
level ['levl] **1** *adj* llano,-a, plano,-a. **2** *(equal)* a nivel, nivelado,-a. || **3** *n* nivel *m*. || **4** *vt* nivelar. **5** *(raze)* arrasar.
● **on the level** *fam* de fiar, honrado, -a, legal.
■ **level crossing** paso a nivel.
lever ['li:və] *n* palanca.
levitate ['levɪteɪt] **1** *vt* levitar. || **2** *vt - vi* hacer levitar.
levy ['levɪ] **1** *n* recaudación *f*. || **2** *vt* recaudar.
lewd [lu:d] **1** *adj* lascivo,-a. **2** *(obscene)* obsceno,-a.
lexicographer [leksɪ'kɒgrəfə] *n* lexicógrafo,-a.
lexicography [leksɪ'kɒgrəfɪ] *n* lexicografía.
liability [laɪə'bɪlɪtɪ] **1** *n* JUR responsabilidad *f*. || **2 liabilities** *npl* COMM pasivo *m sing*.
liable ['laɪəbl] **1** *adj* JUR responsable. **2** *(to colds etc)* propenso,-a.
● **to be liable to do sth** tener tendencia a hacer algo.
liaise [lɪ'eɪz] *vi* comunicarse.
liaison [lɪ'eɪzn] **1** *n* enlace *m*. **2** *(love affair)* amorío.
liar ['laɪə] *n* mentiroso,-a.
libel ['laɪbl] **1** *n* libelo, difamación *f*. || **2** *vt* difamar.
liberal ['lɪbrəl] **1** *adj* liberal. **2** *(abundant)* abundante. || **3** *n* POL liberal *mf*.
liberalize ['lɪbrəlaɪz] *vt* liberalizar.
liberate ['lɪbəreɪt] *vt* liberar.
liberation [lɪbə'reɪʃn] *n* liberación *f*.
liberator ['lɪbəreɪtə] *n* libertador,-ra.
liberty ['lɪbətɪ] *n* libertad *f*.
Libra ['li:brə] *n* Libra.
librarian [laɪ'breərɪən] *n* bibliotecario, -a.
library ['laɪbrərɪ] *n* biblioteca.
Libya ['lɪbɪə] *n* Libia.
Libyan ['lɪbɪən] *adj - n* libio,-a.
lice [laɪs] *npl* → **louse**.
licence ['laɪsəns] *n* licencia, permiso.
license ['laɪsəns] *vt* autorizar.
licensee [laɪsən'si:] **1** *n* concesionario, -a. **2** *(of pub)* dueño,-a.
licentious [laɪ'senʃəs] *adj* licencioso,-a.
lichen ['laɪkn] *n* liquen *m*.
lick [lɪk] **1** *n* lamedura. || **2** *vt* lamer.
licking ['lɪkɪŋ] *n fam* paliza.
licorice ['lɪkrɪs] *n* regaliz *m*.
lid [lɪd] *n* tapa, tapadera.
lie [laɪ] **1** *n (untruth)* mentira. || **2** *vi (pt & pp* lied) *(tell lies)* mentir. **3** *(pt* lay; *pp* lain) *(in a flat position; act)* acostarse, tumbarse; *(state)* estar acostado,-a, estar tumbado,-a. **4** *(be buried)* yacer. **5** *(be situated)* estar situado,-a, encontrarse. **6** *(remain)* quedarse, permanecer.
♦ **to lie back** *vi* recostarse ♦ **to lie down** *vi* acostarse, tumbarse.
● **to lie low** estar escondido,-a.
lie-down ['laɪdaʊn] *n* siesta.
lieu [lu:] **in lieu of** *phr* en lugar de.
lieutenant [lef'tenənt] *n* MIL teniente *m*.
life [laɪf] *n* vida.
■ **life belt** salvavidas *m inv*; **life imprisonment** cadena perpetua; **life jacket** chaleco salvavidas; **life sentence** cadena perpetua.
life-boat ['laɪfbəʊt] **1** *n (on ship)* bote *m* salvavidas. **2** *(on shore)* lancha de socorro.
lifeguard ['laɪfgɑ:d] *n* socorrista *mf*.
lifelike ['laɪflaɪk] **1** *adj* natural. **2** *(portrait)* fiel.
lifelong [laɪflɒŋ] *adj* de toda la vida.
life-sized ['laɪfsaɪzd] *adj* de tamaño natural.
lifestyle ['laɪfstaɪl] *n* estilo de vida.
lifetime ['laɪftaɪm] *n* vida.
lift [lɪft] **1** *n* GB ascensor *m*. **2** *fig (boost)*

estímulo. || **3** *vt - vi* levantar. || **4** *vt fam (steal)* afanar, birlar.

• **to give sb a lift** llevar a algn en coche.

lift-off ['lɪftɒf] *n* despegue *m*.

ligament ['lɪgəmənt] *n* ligamento.

light [laɪt] **1** *n (gen)* luz *f*. **2** *(lamp)* luz *f*, lámpara. **3** *(for cigarette etc)* fuego. || **4** *vt* (*pt & pp* **lighted** *o* **lit**) encender. || **5** *vi* encenderse. || **6** *vt (illuminate)* iluminar, alumbrar. || **7** *adj (not heavy)* ligero,-a. **8** *(colour)* claro,-a. **9** *(room)* con mucha claridad.

• **in the light of** en vista de; **to come to light** salir a luz; **to travel light** viajar con poco equipaje.

■ **light bulb** bombilla; **light year** año luz.

lighten ['laɪtn] **1** *vt (colour)* aclarar. || **2** *vi (colour)* aclararse. || **3** *vt (illuminate)* iluminar. **4** *(make less heavy)* aligerar. || **5** *vi* relampaguear.

lighter ['laɪtə] **1** *n (for cigarettes)* encendedor *m*, mechero. **2** *(boat)* gabarra.

light-fingered ['laɪtfɪŋgəd] *adj* de dedos largos.

light-headed [laɪt'hedɪd] **1** *adj (foolish)* ligero,-a de cascos. **2** *(dizzy)* mareado,-a.

lighthouse ['laɪthaʊs] *n* faro.

lighting ['laɪtɪŋ] **1** *n (act)* iluminación *f*. **2** *(system)* alumbrado.

lightly ['laɪtlɪ] **1** *adv* ligeramente. **2** *(not seriously)* a la ligera.

lightning ['laɪtnɪŋ] *n* rayo; *(flash only)* relámpago.

like [laɪk] **1** *adj (similar)* semejante, parecido,-a. **2** *(equal)* igual. || **3** *prep* como. || **4** *vt* gustar: ***I like wine*** me gusta el vino; ***do you like him?*** ¿te gusta?; ***would you like me to leave?*** ¿quieres que me vaya? || **5** *n* cosa parecida. || **6 likes** *npl* gustos *mpl*.

• **like father, like son** de tal palo tal astilla; **like this** así; **to look like** parecerse a; **to feel like** tener ganas de.

likeable ['laɪkəbl] *adj* simpático,-a.

likelihood ['laɪklɪhʊd] *n* probabilidad *f*.

likely ['laɪklɪ] **1** *adj* probable. || **2** *adv* probablemente.

liken ['laɪkn] *vt* comparar.

likeness ['laɪknəs] **1** *n* semejanza, parecido. **2** *(portrait)* retrato.

likewise ['laɪkwaɪz] **1** *adv* también. **2** *(the same)* lo mismo.

liking ['laɪkɪŋ] *n* gusto, preferencia.

• **to be to sb's liking** gustarle a algn.

Lilo® ['laɪləʊ] *n* colchoneta.

lilt [lɪlt] *n* melodía.

lily ['lɪlɪ] *n* lirio, azucena.

limb [lɪmb] *n* miembro.

limber up [lɪmbər'ʌp] *vi* calentar, hacer ejercicios de calentamiento.

lime [laɪm] **1** *n* CHEM cal *f*. **2** *(citrus fruit)* lima. **3** *(tree)* tilo.

limelight ['laɪmlaɪt] *n* foco.

• **to be in the limelight** ser el centro de atención.

limestone ['laɪmstəʊn] *n* piedra caliza.

limit ['lɪmɪt] **1** *n* límite *m*. || **2** *vt* limitar.

limitation [lɪmɪ'teɪʃn] *n* limitación *f*.

limited ['lɪmɪtɪd] *adj* limitado,-a.

■ **limited company** sociedad anónima.

limousine [lɪmə'ziːn] *n* limusina.

limp [lɪmp] **1** *n* cojera. || **2** *vi* cojear. || **3** *adj* flojo,-a, fláccido,-a. **4** *(weak)* débil.

limpet ['lɪmpɪt] *n* lapa.

limpid ['lɪmpɪd] *adj* límpido,-a.

linchpin ['lɪntʃpɪn] *n fig* pieza clave.

linden ['lɪndən] *n* tilo.

line [laɪn] **1** *n (gen)* línea. **2** *(drawn on paper)* raya. **3** *(of text)* línea. **4** *(cord)* cuerda, cordel *m*; *(fishing)* sedal *m*. **5** US *(queue)* cola. **6** *(wrinkle)* arruga. || **7** *vt (clothes)* forrar. **8** TECH revestir.

♦ **to line up 1** *vt* poner en fila. **2** *vt fam* preparar, organizar. **3** *vi (get in line)* ponerse en fila.

linear ['lɪnɪə] *adj* lineal.

lined [laɪnd] **1** *adj (paper)* rayado,-a. **2** *(face)* arrugado,-a. **3** *(garment)* forrado,-a.

linen ['lɪnɪn] **1** *n* lino. **2** *(sheets etc)* ropa blanca.

liner ['laɪnə] *n* transatlántico.

linesman ['laɪnzmn] *n* juez *mf* de línea.
linger ['lɪŋgə] **1** *vi (stay)* quedarse. **2** *(persist)* persistir.
lingerie ['lɑːnʒəriː] *n* lencería.
lingering ['lɪŋgərɪŋ] **1** *adj (slow)* lento,-a. **2** *(persistent)* persistente.
linguist ['lɪŋgwɪst] **1** *n* lingüista *mf*. **2** *(polyglot)* políglota *mf*.
linguistic [lɪŋ'gwɪstɪk] *adj* lingüístico,-a.
linguistics [lɪŋ'gwɪstɪks] *n* lingüística.
lining ['laɪnɪŋ] **1** *n* forro. **2** TECH revestimiento.
link [lɪŋk] **1** *vt* unir, conectar. **2** *fig* vincular, relacionar. || **3** *n (in chain)* eslabón *m*. **4** *(connection)* enlace *m*. **5** *fig* vínculo. || **6 links** *npl* campo *m sing* de golf.
linkage ['lɪŋkɪdʒ] *n* conexión *f*.
linoleum [lɪ'nəʊlɪəm] *n* linóleo.
lint [lɪnt] *n* hilas *fpl*.
lintel ['lɪntl] *n* dintel *m*.
lion ['laɪən] *n* león *m*.
lioness ['laɪənəs] *n* leona.
lip [lɪp] **1** *n* labio. **2** *(of cup etc)* borde *m*. **3** *fam (cheek)* impertinencia.
lip-read ['lɪpriːd] *vt* - *vi* leer los labios.
lipstick ['lɪpstɪk] *n* pintalabios *m inv*.
liquefy ['lɪkwɪfaɪ] **1** *vt* licuar. || **2** *vi* licuarse.
liqueur [lɪ'kjʊə] *n* licor *m*.
liquid ['lɪkwɪd] **1** *adj* líquido,-a. || **2** *n* líquido.
liquidate ['lɪkwɪdeɪt] *vt* liquidar.
liquidize ['lɪkwɪdaɪz] *vt* licuar.
liquor ['lɪkə] *n* bebidas *fpl* alcohólicas.
liquorice ['lɪkərɪs] *n* regaliz *m*.
lisp [lɪsp] **1** *n* ceceo. || **2** *vi* cecear.
list [lɪst] **1** *n* lista. **2** MAR escora. || **3** *vt* hacer una lista de. || **4** *vi* MAR escorar.
listen ['lɪsn] **1** *vi* escuchar. **2** *(pay attention)* prestar atención.
listener ['lɪsnə] **1** *n* oyente *mf*. **2** RAD radioyente *mf*.
listless ['lɪstləs] *adj* decaído,-a.
lit [lɪt] *pt & pp* → **light**.
literacy ['lɪtrəsɪ] *n* alfabetización *f*.
literal ['lɪtrəl] *adj* literal.
literally ['lɪtrəlɪ] *adv (really)* literalmente.
literary ['lɪtrərɪ] *adj* literario,-a.
literate ['lɪtrət] *adj* alfabetizado,-a.
literature ['lɪtrɪtʃə] **1** *n* literatura. **2** *(booklets etc)* información *f*.
lithe [laɪð] *adj* ágil.
lithography [lɪ'θɒgrəfɪ] *n* litografía.
litigate ['lɪtɪgeɪt] *vi* litigar.
litigation [lɪtɪ'geɪʃn] *n* litigio.
litmus ['lɪtməs] *n* tornasol *m*.
litre ['liːtə] *n* litro.
litter ['lɪtə] **1** *n* basura; *(paper)* papeles *mpl*. **2** *(of young)* camada. || **3** *vt* ensuciar, dejar en desorden: ***littered with books*** lleno de libros, cubierto de libros.
little ['lɪtl] **1** *adj (small)* pequeño,-a. **2** *(not much)* poco,-a. || **3** *pron* poco. || **4** *adv* poco.
● **little by little** poco a poco.
liturgy ['lɪtədʒɪ] *n* liturgia.
live [laɪv] **1** *adj (not dead)* vivo,-a. **2** TV RAD en directo. **3** ELEC con corriente. **4** *(ammunition)* real. || **5** *vt* - *vi* ([lɪv]) vivir.
♦ **to live down** *vt* lograr que se olvide.
● **to live it up** pasárselo bomba.
livelihood ['laɪvlɪhʊd] *n* sustento.
liveliness ['laɪvlɪnəs] *n* vivacidad *f*, animación *f*.
lively ['laɪvlɪ] **1** *adj (person)* vivo,-a. **2** *(event, place)* animado,-a.
liven up [laɪvn'ʌp] **1** *vt* animar. || **2** *vi* animarse.
liver ['lɪvə] *n* hígado.
livestock ['laɪvstɒk] *n* ganado.
livid ['lɪvɪd] **1** *adj* lívido. **2** *fam* furioso,-a.
living ['lɪvɪŋ] **1** *adj* vivo,-a, viviente. || **2** *n* vida.
■ **living room** sala de estar.
lizard ['lɪzəd] *n* lagarto; *(small)* lagartija.
llama ['lɑːmə] *n* ZOOL llama.
load [ləʊd] **1** *n* carga. **2** *(weight)* peso. || **3** *vt* - *vi* cargar.
● **loads of ...** montones de ...

loaded ['ləʊdɪd] **1** *adj* cargado,-a. **2** *(question)* tendencioso,-a. **3** *fam (rich)* forrado,-a.
loaf [ləʊf] **1** *n* pan *m*; *(French)* barra. **2** *fam (head)* mollera. || **3** *vi* holgazanear.
loafer ['ləʊfə] *n* vago,-a.
loan [ləʊn] **1** *n* préstamo. || **2** *vt* prestar.
loath [ləʊθ] *adj* reacio,-a.
loathe [ləʊð] *vt* detestar, odiar.
loathing ['ləʊðɪŋ] *n* odio.
loathsome ['ləʊðsəm] *adj* odioso,-a.
lob [lɒb] **1** *n (tennis)* lob *m*, globo. || **2** *vi* hacer un lob. **3** *fam (throw)* tirar.
lobby ['lɒbɪ] **1** *n* vestíbulo. **2** POL grupo de presión *f*. || **3** *vt* POL presionar, ejercer presión sobre.
lobe [ləʊb] *n* lóbulo.
lobster ['lɔbstə] *n* bogavante *m*.
■ **spiny lobster** langosta.
local ['ləʊkl] **1** *adj (gen)* local. **2** *(person)* del barrio, del pueblo, de la ciudad. **3** *(government)* municipal, regional. || **4** *n (person)* lugareño,-a. **5** GB *fam* bar *m* del barrio.
locale [ləʊ'kɑːl] *n* lugar *m*.
locality [ləʊ'kælɪtɪ] *n* localidad *f*.
locate [ləʊ'keɪt] **1** *vt (find)* localizar. **2** *(situate)* situar, ubicar.
location [ləʊ'keɪʃn] **1** *n (place)* lugar *m*. **2** *(act of placing)* ubicación *f*. **3** *(finding)* localización *f*.
loch [lɒk] *n (in Scotland)* lago.
lock [lɒk] **1** *n (on door etc)* cerradura. **2** *(in canal)* esclusa. **3** *(of hair)* mecha, mechón *m*. || **4** *vt* cerrar con llave.
locker ['lɒkə] *n* taquilla, armario.
locket ['lɒkɪt] *n* guardapelo, medallón *m*.
lockout ['lɒkaʊt] *n* cierre *m* patronal.
locksmith ['lɒksmɪθ] *n* cerrajero.
locomotive [ləʊkə'məʊtɪv] **1** *adj* locomotor,-ra. || **2** *n* locomotora.
locum ['ləʊkm] *n* suplente *mf*.
locust ['ləʊkəst] *n* langosta.
locution [lə'kjuːʃn] *n* locución *f*.
lodge [lɒdʒ] **1** *n* casita. **2** *(porter's)* portería. **3** *(masonic)* logia. || **4** *vi (as guest)* alojarse, hospedarse. **5** *(fix)* quedarse, fijarse. || **6** *vt (complaint)* presentar.
lodger ['lɒdʒə] *n* inquilino,-a.
lodging ['lɒdʒɪŋ] *n* alojamiento.
loft [lɒft] *n* desván *m*.
log [lɒg] **1** *n* tronco; *(for fire)* leño. **2** MAR cuaderno de bitácora. **3** AV diario de vuelo. || **4** *vt* registrar.
♦ **to log in/log on** *vi* COMPUT entrar (en sistema) ♦ **to log off/log out** *vi* COMPUT salir (del sistema).
logarithm ['lɒgərɪðm] *n* logaritmo.
loggerheads ['lɒgəhedz] *npl*.
● **to be at loggerheads** tener malas relaciones.
logic ['lɒdʒɪk] *n* lógica.
logical ['lɒdʒɪkl] *adj* lógico,-a.
logistic [lə'dʒɪstɪk] *adj* logístico,-a.
loin [lɔɪn] **1** *n* ijada. **2** CULIN *(pork)* lomo; *(beef)* solomillo.
loincloth ['lɔɪnklɒθ] *n* taparrabos *m sing*.
loiter ['lɔɪtə] **1** *vi* holgazanear. **2** *(lag behind)* rezagarse. **3** *(suspiciously)* merodear.
loll [lɒl] *vi (sit)* repantigarse.
lollipop ['lɒlɪpɒp] **1** *n* piruleta, pirulí *m*. **2** *(iced)* polo.
lolly ['lɒlɪ] **1** *n fam (lollipop)* piruleta, pirulí *m*. **2** *fam (iced)* polo. **3** *fam (money)* pasta.
London ['lʌndən] *n* Londres.
Londoner ['lʌndənə] *n* londinense *mf*.
lone [ləʊn] **1** *adj* solo,-a. **2** *(solitary)* solitario,-a.
loneliness ['ləʊnlɪnəs] *n* soledad *f*.
lonely ['ləʊnlɪ] **1** *adj* solo,-a, solitario, -a. **2** *(place)* aislado,-a.
long [lɒŋ] **1** *adj* largo,-a: ***how long is the film?*** ¿cuánto dura la película?; ***the garden is 30 metres long*** el jardín hace 30 metros de largo. || **2** *adv* mucho tiempo: ***how long have you had this problem?*** ¿desde cuándo tienes este problema? || **3 to long for** *vi* anhelar. **4** tener muchas ganas de.
● **as long as** mientras, con tal que; **in the long run** a la larga; **long ago**

hace mucho tiempo; **so long** hasta la vista.

■ **long jump** salto de longitud.

longbow ['lɒŋbəʊ] *n* arco.

long-distance [lɒŋ'dɪstəns] **1** *adj* de larga distancia. **2** *(phone call)* interurbano,-a. **3** *(runner)* de fondo.

longhand ['lɒŋhænd] *n* escritura a mano.

longing ['lɒŋɪŋ] **1** *n* ansia, anhelo. **2** *(nostalgia)* nostalgia.

longitude ['lɒndʒɪtjuːd] *n* longitud *f.*

long-playing [lɒŋ'pleɪɪŋ] *adj* de larga duración.

long-range [lɒŋ'reɪndʒ] **1** *adj (distance)* de largo alcance. **2** *(time)* de largo plazo.

long-sighted [lɒŋ'saɪtɪd] *adj* MED présbita.

long-standing [lɒŋ'stændɪŋ] *adj* antiguo,-a.

long-suffering [lɒŋ'sʌfərɪŋ] *adj* sufrido,-a.

long-term [lɒŋ'tɜːm] *adj* a largo plazo.

longways ['lɒŋweɪz] *adv* a lo largo.

loo [luː] *n fam* wáter *m*, servicio.

look [lʊk] **1** *vi* mirar. **2** *(seem)* parecer. ‖ **3 to long to** *n* mirada. **4** *(appearance)* aspecto, apariencia. **5** *(expression)* expresión *f.* ‖ **6 looks** *npl* belleza *f sing.*

♦ **to look after 1** *vt (deal with)* ocuparse de. **2** *vt (take care of)* cuidar ♦ **to look ahead** *vi* mirar al futuro ♦ **to look at** *vt* mirar ♦ **to look down on** *vt* despreciar ♦ **to look for** *vt* buscar ♦ **to look forward to** *vt* esperar (con ansia) ♦ **to look into** *vt* investigar ♦ **to look on 1** *vt* considerar. **2** *vi* mirar ♦ **to look onto** *vt* dar a ♦ **to look out** *vi* vigilar, ir con cuidado ♦ **to look round 1** *vi* volver la cabeza. **2** *vi (in shop)* mirar. **3** *vt (town)* visitar ♦ **to look through** *vt* examinar, revisar; *(book, quickly)* hojear ♦ **to look up 1** *vi* mejorar. **2** *vt* buscar. **3** *vt (visit)* ir a visitar.

lookalike ['lʊkəlaɪk] *n* doble *mf*, sosia *m.*

lookout ['lʊkaʊt] **1** *n (person)* vigía *mf.* **2** *(place)* atalaya.

• **to be on the lookout for** estar al acecho de.

loom [luːm] **1** *n* telar *m.* ‖ **2** *vi* vislumbrarse.

loony ['luːnɪ] *adj fam* chalado,-a.

loop [luːp] **1** *n (in string)* lazo. **2** COMPUT bucle *m.*

loophole ['luːphəʊl] *n fig* escapatoria.

loose [luːs] **1** *adj (gen)* suelto,-a. **2** *(not tight)* flojo,-a; *(clothes)* holgado,-a. **3** *(not tied)* desatado,-a. ‖ **4** *vt* soltar.

• **on the loose** suelto,-a.

loosen ['luːsn] **1** *vt* soltar. ‖ **2** *vi* soltarse, aflojarse.

loot [luːt] **1** *n (spoils)* botín *m.* **2** *fam (money)* pasta. ‖ **3** *vt - vi* saquear.

lop [lɒp] *vt* podar.

lope [ləʊp] *vi* andar con paso largo.

lopsided [lɒp'saɪdɪd] *adj* torcido,-a, desequilibrado,-a.

loquacious [lə'kweɪʃəs] *adj* locuaz.

lord [lɔːd] **1** *n* señor *m.* **2** *(title)* lord *m.*

■ **the Lord** el Señor; **the Lord's Prayer** el padrenuestro.

lordship ['lɔːdʃɪp] *n (title)* señoría.

lore [lɔː] *n* saber *m* popular.

lorry ['lɒrɪ] *n* camión *m.*

lose [luːz] **1** *vt - vi (pt & pp* lost) *(gen)* perder. **2** *(clock)* atrasarse.

• **to lose one's way** perderse.

loser ['luːzə] *n* perdedor,-a.

• **to be a bad loser** no saber perder; **to be a good loser** saber perder.

loss [lɒs] *n* pérdida.

lost [lɒst] **1** *pt & pp* → **lose**. ‖ **2** *adj* perdido,-a.

• **to get lost** perderse.

■ **lost property** objetos *mpl* perdidos.

lot [lɒt] **1** *n (fate)* suerte *f.* **2** US *(land)* solar *m.* **3** *(in auction)* lote *m.* **4** *(large number)* cantidad *f*: ***a lot*** mucho, muchísimo; ***a lot of ...*** muchísimo,-a, muchísimos,-as; ***lots of ...*** cantidad de ...

• **to cast lots** echar suertes.

lotion ['ləʊʃn] *n* loción *f.*

lottery ['lɒtərɪ] *n* lotería.

loud [laʊd] **1** *adj (sound)* fuerte. **2**

(voice) alto,-a. **3** *(colour)* chillón,-ona. **4** *(behaviour)* vulgar, ordinario,-a. || **5** *adv* fuerte, alto.

loudmouth ['laʊdmaʊθ] *n pej* bocazas *mf inv*.

loudspeaker [laʊd'spiːkə] *n* altavoz *m*.

lounge [laʊndʒ] **1** *n* salón *m*. || **2** *vi* no hacer nada, holgazanear. **3** *(on sofa etc)* repantigarse.

louse [laʊs] **1** *n* (*pl* lice) piojo. **2** (*pl* louses) *fam* canalla *mf*.

lousy ['laʊzɪ] **1** *adj (infested)* piojoso,-a. **2** *fam (awful)* fatal, malísimo,-a; *(vile)* asqueroso,-a.

lout [laʊt] *n* patán *m*.

loutish ['laʊtɪʃ] *adj* bruto,-a.

lovable ['lʌvəbl] *adj* adorable.

love [lʌv] **1** *n* amor *m*. **2** *(tennis)* cero. || **3** *vt* amar a, querer a. **4** *(like a lot)* tener afición a: ***I love fish*** me encanta el pescado.

• **not for love or money** por nada del mundo; **to be in love with** estar enamorado,-a de.

■ **love affair** aventura amorosa; **love at first sight** amor a primera vista.

lovely ['lʌvlɪ] *adj* maravilloso,-a; *(beautiful)* hermoso,-a, precioso,-a; *(charming)* encantador,-ra.

lover ['lʌvə] *n* amante *mf*.

loving ['lʌvɪŋ] *adj* afectuoso,-a.

low [ləʊ] **1** *adj (gen)* bajo,-a. **2** *(depressed)* abatido,-a. || **3** *adv* bajo. || **4** *vi* mugir.

■ **low tide** bajamar *f*.

lowdown ['ləʊdaʊn] *n fam* detalles *mpl*.

lower ['ləʊə] **1** *adj* inferior. || **2** *vt (gen)* bajar. **3** *(flag)* arriar.

■ **lower case** caja baja, minúscula.

lower-class [ləʊə'klɑːs] *adj* de clase baja.

low-fat ['ləʊ'fæ] *adj* bajo,-a en grasas.

lowly ['ləʊlɪ] *adj* humilde, modesto,-a.

low-necked [ləʊ'nekt] *adj* escotado,-a.

loyal ['lɔɪəl] *adj* leal, fiel.

loyalty ['lɔɪəltɪ] *n* lealtad *f*, fidelidad *f*.

lozenge ['lɒzɪndʒ] *n* pastilla.

LP ['el'piː] *abbr (***long-player***)* disco de larga duración, elepé *m*; *(abbreviation)* LP.

LSD ['el'es'diː] *abbr (***lysergic acid diethylamide***)* dietilamida del ácido lisérgico; *(abbreviation)* LSD.

Ltd ['lɪmɪtɪd] *abbr* GB *(***Limited***)* Limitada; *(abbreviation)* Ltda.

lubricant ['luːbrɪkənt] *n* lubricante *m*.

lubricate ['luːbrɪkeɪt] *vt* lubricar.

lubrication [luːbrɪ'keɪʃn] *n* lubricación *f*.

lucid ['luːsɪd] *adj* lúcido,-a.

luck [lʌk] *n* suerte *f*.

luckily ['lʌkɪlɪ] *adv* afortunadamente.

luckless ['lʌkləs] *adj* desafortunado,-a.

lucky ['lʌkɪ] *adj* afortunado,-a.

lucrative ['luːkrətɪv] *adj* lucrativo,-a.

ludicrous ['luːdɪkrəs] *adj* ridículo,-a.

lug [lʌg] **1** *vt fam (carry)* cargar con. || **2** *n* GB *fam (ear)* oreja.

luggage ['lʌgɪdʒ] *n* equipaje *m*.

lugubrious [lə'gjuːbrɪəs] *adj* lúgubre.

lukewarm ['luːkwɔːm] *adj* templado, -a.

lull [lʌl] **1** *n* momento de calma, recalmón *m*. || **2** *vt* adormecer.

lullaby ['lʌləbaɪ] *n* canción *f* de cuna, nana.

lumbago [lʌm'beɪgəʊ] *n* lumbago.

lumber ['lʌmbə] **1** *n (wood)* madera. **2** *(junk)* trastos *mpl* viejos. || **3** *vi* moverse pesadamente.

lumberjack ['lʌmbədʒæk] *n* leñador *m*.

luminous ['luːmɪnəs] *adj* luminoso,-a.

lump [lʌmp] **1** *n* pedazo, trozo. **2** *(sugar)* terrón *m*. **3** *(swelling)* bulto. **4** *(in sauce)* grumo.

♦ **to lump together** *vt* juntar.

• **to lump it** *fam* apechugar.

■ **lump sum** suma global.

lumpy ['lʌmpɪ] **1** *adj* lleno,-a de bultos. **2** *(sauce)* grumoso,-a.

lunacy ['luːnəsɪ] *n* locura.

lunar ['lu:nə] *adj* lunar.
lunatic ['lu:nətɪk] *adj* - *n* loco,-a.
lunch [lʌntʃ] **1** *n* comida, almuerzo. || **2** *vi* comer, almorzar.
luncheon ['lʌntʃn] *n fml* almuerzo.
lunchtime ['lʌntʃtaɪm] *n* hora de comer.
lung [lʌŋ] *n* pulmón *m*.
lunge [lʌndʒ] **1** *n* arremetida, embestida. || **2** *vi* arremeter, embestir.
lurch [lɜ:tʃ] **1** *n* sacudida, tumbo, bandazo. || **2** *vi* dar sacidudas, dar bandazos. **3** *(person)* tambalearse.
● **to leave in the lurch** dejar en la estacada.
lure [ljʊə] **1** *n* señuelo. **2** *fig* atractivo. || **3** *vt* atraer.
lurid ['ljuərɪd] **1** *adj (colours etc)* chillón, -ona. **2** *(details)* horripilante, espeluznante.
lurk [lɜ:k] *vi* estar al acecho.
luscious ['lʌʃəs] *adj* delicioso,-a, exquisito,-a.
lush [lʌʃ] *adj* exuberante.
lust [lʌst] **1** *n* codicia. **2** *(sexual)* lujuria.
♦ **to lust after** *vt* codiciar.
lustful ['lʌstfʊl] *adj* lujurioso,-a.
lustre ['lʌstə] *n* lustre *m*, brillo.
lusty ['lʌstɪ] *adj* fuerte, robusto,-a.
lute [lu:t] *n* laúd *m*.
Luxembourg ['lʌksəmbɜ:g] *n* Luxemburgo.
luxurious [lʌg'zjʊərɪəs] *adj* lujoso,-a.
luxury ['lʌkʃərɪ] *n* lujo.
LW ['lɒŋweɪv] *abbr (*long wave*)* onda larga; *(abbreviation)* OL.
lying ['laɪɪŋ] **1** *adj* mentiroso,-a. || **2** *n* mentiras *fpl*.
lymphatic [lɪm'fætɪk] *adj* linfático,-a.
lynch [lɪntʃ] *vt* linchar.
lynching ['lɪntʃɪŋ] *n* linchamiento.
lynx [lɪŋks] *n* lince *m*.
lyre ['laɪə] *n* MUS lira.
lyric ['lɪrɪk] **1** *adj* lírico,-a. || **2 lyrics** *npl (of song)* letra *f sing*.
lyrical ['lɪrɪkl] *adj* lírico,-a.
lyricist ['lɪrɪsɪst] *n* letrista *mf*.

M

M ['mɪlɪən] **1** *abbr (*million*)* millón: ***£24M*** veinticuatro millones de libras. **2** (['mi:dɪəm]) *(*medium size*)* talla mediana; *(abbreviation)* M. **3** ([em]) GB *(*motorway*)* autopista: ***there are roadworks on the M18*** hay obras en la autopista M18.
MA ['em'eɪ] *abbr (*Master of Arts*)* máster de humanidades.
ma'am [mæm, mɑ:m] *n fml* señora.
mac [mæk] *n* impermeable *m*.
macabre [mə'kɑ:brə] *adj* macabro,-a.
macaroni [mækə'rəʊnɪ] *n* macarrones *mpl*.
machine [mə'ʃi:n] *n* máquina, aparato.
■ **machine gun** ametralladora.
machinery [mə'ʃi:nərɪ] **1** *n (machines)* maquinaria. **2** *(workings)* mecanismo.
mackerel ['mækrəl] *n* caballa.
mackintosh ['mækɪntɒʃ] *n* impermeable *m*.
mad [mæd] **1** *adj* loco,-a. **2** *(idea, plan)* disparatado,-a, insensato,-a. **3** *(uncontrolled)* desenfrenado,-a. **4** *(dog)* rabioso,-a.
● **to be mad about** estar loco,-a por; **to be mad** estar enfadado,-a (**at/with,** con); **to drive sb mad** volver loco,-a a algn; **to go mad** volverse loco,-a.
■ **mad cow disease** enfermedad *f* de las vacas locas.
madam ['mædəm] *n fml* señora.
madden ['mædn] *vt* enfurecer.
made [meɪd] *pt & pp* → **make**.
made-up ['meɪdʌp] **1** *adj (face)* maquillado,-a; *(eyes)* pintado,-a. **2** *(invented)* inventado,-a.
madhouse ['mædhaʊs] *n fam* casa de locos, manicomio.
madly ['mædlɪ] **1** *adv (wildly)* locamente. **2** *(hurriedly)* precipitadamente. **3** *fam (very)* terriblemente.

madman ['mædmən] *n* loco.
madness ['mædnəs] *n* locura.
magazine [mægə'ziːn] **1** *n (publication)* revista. **2** *(in gun)* recámara.
maggot ['mægət] *n* larva, gusano.
magic ['mædʒɪk] **1** *n* magia. || **2** *adj* mágico,-a.
● **as if by magic** como por arte de magia.
magical ['mædʒɪkl] *adj* mágico,-a.
magician [mə'dʒɪʃn] *n* prestidigitador, -ra, mago,-a.
magistrate ['mædʒɪstreɪt] *n* juez *mf*.
magnet ['mægnət] *n* imán *m*.
magnetic [mæg'netɪk] *adj* magnético, -a.
■ **magnetic field** campo magnético; **magnetic tape** cinta magnetofónica.
magnificent [mæg'nɪfɪsnt] *adj* magnífico,-a, espléndido,-a.
magnify ['mægnɪfaɪ] **1** *vt (increase)* aumentar, ampliar. **2** *(overdo)* exagerar.
magnifying glass ['mægnɪfaɪɪŋglɑːs] *n* lupa.
magnitude ['mægnɪtjuːd] *n* magnitud *f*.
mahogany [mə'hɒgənɪ] *n* caoba.
maid [meɪd] **1** *n (servant)* criada, sirvienta. **2** *(in hotel)* camarera.
■ **maid of honour** dama de honor.
maiden ['meɪdn] **1** *n* doncella. || **2** *adj (unmarried)* soltera. **3** *(voyage)* inaugural.
■ **maiden name** apellido de soltera.
mail [meɪl] **1** *n* correo. || **2** *vt* US *(post)* echar al buzón. **3** *(send)* enviar por correo.
■ **mail order** venta por correo; **mail train** tren *m* correo.
mailbox ['meɪlbɔks] *n* US buzón *m*.
maim [meɪm] *vt* mutilar, lisiar.
main [meɪn] **1** *adj (chief)* principal. **2** *(essential)* esencial. || **3** *n (pipe, wire)* conducto principal. **4** ELEC red *f* eléctrica.
■ **main beam** ARCH viga maestra; **main course** plato principal; **main office** oficina central; **main street** calle *f* mayor.
▲ *3 y 4 generalmente pl.*
mainland ['meɪnlənd] *n* continente *m*.
mainly ['meɪnlɪ] **1** *adv (chiefly)* principalmente. **2** *(mostly)* en su mayoría.
maintain [meɪn'teɪn] *vt* mantener.
maintenance ['meɪntənəns] **1** *n* mantenimiento. **2** JUR pensión *f*.
maisonette [meɪzə'net] *n* dúplex.
maize [meɪz] *n* maíz *m*.
majesty ['mædʒəstɪ] *n* majestad *f*.
major ['meɪdʒə] **1** *adj (main)* mayor, principal. **2** *(important)* importante, considerable. **3** MUS mayor. || **4** *n* MIL comandante *m*. **5** JUR persona mayor de edad.
Majorca [mə'dʒɔːkə] *n* Mallorca.
majority [mə'dʒɒrɪtɪ] *n* mayoría.
■ **majority rule** gobierno mayoritario.
make [meɪk] **1** *vt (pt & pp* made) *(gen)* hacer: ***she made me a cake*** me hizo un pastel; ***he made a phone call*** hizo una llamada. **2** *(cause to)* hacer: ***the film made me cry*** la película me hizo llorar; ***the traffic made me late*** el tráfico hizo que llegara tarde, llegué tarde por el tráfico. **3** *(compel, force)* obligar: ***they made him move his car*** le obligaron a retirar su coche. **4** *(earn)* ganar: ***how much do you make a year?*** ¿cuánto ganas al año? **5** *(achieve)* conseguir: ***I made it!*** ¡lo conseguí! **6** *(equal)* ser: ***three plus nine makes twelve*** tres más nuevo son doce. || **7** *n* marca.
♦ **to make for 1** *vt (move towards)* dirigirse hacia. **2** *vt (result in)* contribuir a ♦ **to make out 1** *vt (write - list, receipt)* hacer; *(- cheque)* extender. **2** *vt (see)* distinguir; *(writing)* descifrar. **3** *vt (understand)* entender. **4** *vt (pretend)* pretender. **5** *vi (manage)* arreglárselas ♦ **to make up 1** *vt (invent)* inventar. **2** *vt (put together)* hacer; *(package)* empaquetar. **3** *vt (complete)* completar. **4** *vt (constitute)* componer, formar. **5** *vt (cosmetics)* maquillar. **6** *vi (cosmetics)* ma-

quillarse ♦ **to make up for** *vt* compensar.

● **to be made of** ser de, estar hecho, -a de; **to make a decision** tomar una decisión; **to make a speech** pronunciar un discurso; **to make a start** empezar; **to make a living** ganarse la vida; **to make a mistake** equivocarse; **to make believe** fingir; **to make do** arreglárselas (**with,** con); **to make fun of** burlarse de; **to make it up with sb** hacer las paces; **to make love to sb** hacer el amor con algn; **to make sense** tener sentido; **to make sb angry** enfadar a algn; **to make sth clear** aclarar algo; **to make sth known** dar a conocer algo; **to make sure** asegurarse (**of,** de); **to make the best/most of sth** sacar el máximo provecho de algo; **to make up one's mind** decidirse.

make-believe ['meɪkbɪliːv] *n* fantasía, invención *f.*

maker ['meɪkə] *n (manufacturer)* fabricante *mf.*

makeshift ['meɪkʃɪft] *adj* provisional.

make-up ['meɪkʌp] **1** *n (cosmetics)* maquillaje *m.* **2** *(composition)* composición *f.* **3** *(of person)* carácter *m.* **4** *(of book, page)* compaginación *f.* **5** *(of clothes)* confección *f.*

■ **make-up remover** desmaquillador *m.*

making ['meɪkɪŋ] **1** *n (manufacture)* fabricación *f.* **2** *(construction)* construcción *f.* **3** *(creation)* creación *f.*

● **to have the makings of sth** tener madera de algo.

malaria [mə'leərɪə] *n* malaria, paludismo.

Malay [mə'leɪ] **1** *adj* malayo,-a. ‖ **2** *n (person)* malayo,-a. **3** *(language)* malayo.

Malaysia [mə'leɪzɪə] *n* Malaysia.

Malaysian [mə'leɪzɪən] *adj - n* malasio,-a.

male [meɪl] **1** *adj - n (animal, plant)* macho. ‖ **2** *adj (person)* varón. **3** *(sex)* masculino,-a. ‖ **4** *n (person)* varón *m.*

■ **male chauvinism** machismo; **male chauvinist** machista *m.*

malfunction [mæl'fʌnkʃn] **1** *n* funcionamiento defectuoso. ‖ **2** *vi* funcionar mal.

malice ['mælɪs] *n* malicia, maldad *f.*

● **to bear sb malice** guardar rencor a algn.

malicious [mə'lɪʃəs] **1** *adj (wicked)* malévolo,-a. **2** *(bitter)* rencoroso,-a.

malignant [mə'lɪgnənt] **1** *adj (person)* malvado,-a. **2** MED maligno,-a.

malnutrition [mælnjuː'trɪʃn] *n* desnutrición *f.*

malpractice [mæl'præktɪs] **1** *n* MED negligencia. **2** JUR procedimiento ilegal.

malt [mɔːlt] *n* malta.

mammal ['mæml] *n* mamífero.

mammoth ['mæməθ] **1** *n* mamut *m.* ‖ **2** *adj* gigantesco,-a, descomunal.

man [mæn] **1** *n* (*pl* men) hombre *m.* **2** *(chess)* pieza; *(draughts)* ficha. ‖ **3** *vt (boat, plane)* tripular. **4** *(post)* servir. ‖ **5 Man** *n (humanity)* el hombre.

■ **man and wife** marido y mujer; **the man in the street** ciudadano de a pie.

Man [mæn] **Isle of Man** *n* Isla de Man.

manage ['mænɪdʒ] **1** *vt (business)* dirigir, llevar. **2** *(property)* administrar. **3** *(household)* llevar. **4** *(affairs, child)* manejar. **5** *(succeed)* conseguir: ***can you manage (to do) it?*** ¿puedes con eso? ‖ **6** *vi* poder. **7** *(financially)* arreglárselas, apañarse.

manageable ['mænɪdʒəbəl] *adj* manejable.

management ['mænɪdʒmənt] **1** *n (of business etc)* dirección *f,* administración *f.* **2** *(board of directors)* junta directiva, consejo de administración *f.*

manager ['mænɪdʒə] **1** *n (of company)* director,-ra, gerente *mf.* **2** *(of property)* administrador,-ra. **3** *(of restaurant etc)* encargado,-a. **4** THEAT empresario,-a. **5** *(of actor)* representante *mf,* mánager *mf.* **6** *(sports)* entrenador *m,* mánager *mf.*

manageress [mænɪdʒə'res] **1** *n (of company)* directora, gerente *f.* **2** *(of shop etc)* encargada, jefa.
mandate ['mændeɪt] *n* mandato.
mane [meɪn] *n (of horse)* crin *f*; *(of lion)* melena.
mangle ['mæŋgl] **1** *n (wringer)* escurridor *m*, rodillo. ‖ **2** *vt (wet clothes)* escurrir. **3** *(cut to pieces)* destrozar. **4** *(crush)* aplastar.
mango ['mæŋgəʊ] *n* mango.
manhood ['mænhʊd] *n* madurez *f.*
● **to reach manhood** llegar a la edad viril.
mania ['meɪnɪə] *n* manía.
maniac ['meɪnɪæk] **1** *n* MED maníaco,-a. **2** *fam (fanatic)* fanático,-a. **3** *fam (madman)* loco,-a.
manicure ['mænɪkjʊə] **1** *n* manicura. ‖ **2** *vi* hacer la manicura.
manifesto [mænɪ'festəʊ] *n* manifiesto.
manipulate [mə'nɪpjʊleɪt] *vt* manipular.
mankind [mæn'kaɪnd] *n* la humanidad *f*, el género humano.
manly ['mænlɪ] *adj* varonil, viril, macho.
man-made [mæn'meɪd] **1** *adj (lake etc)* artificial. **2** *(fabric etc)* sintético,-a.
manner ['mænə] **1** *n* manera, modo. **2** *(way of behaving)* forma de ser, comportamiento. ‖ **3 manners** *npl* maneras *fpl*, modales *mpl*.
● **in a manner of speaking** por decirlo así; **in this manner** de esta manera, así; **to be bad manners** ser de mala educación.
mannerism ['mænərɪzm] *n* peculiaridad *f.*
manoeuvre [mə'nuːvə] **1** *n* maniobra. ‖ **2** *vt - vi* maniobrar. ‖ **3** *vt (person)* manipular.
manor ['mænə] *n* señorío.
■ **manor house** casa solariega.
manpower ['mænpaʊə] *n* mano *f* de obra.
mansion ['mænʃn] *n (large house)* mansión; *(country)* casa solariega.
manslaughter ['mænslɔːtə] *n* homicidio involuntario.
mantelpiece ['mæntlpiːs] *n* repisa de chimenea.
manual ['mænjʊəl] **1** *adj* manual. ‖ **2** *n* manual *m.*
manually ['mænjʊəlɪ] *adv* a mano.
manufacture [mænjʊ'fæktʃə] **1** *n (gen)* fabricación *f.* **2** *(of clothing)* confección *f.* **3** *(of food)* elaboración *f.* ‖ **4** *vt (gen)* fabricar. **5** *(clothing)* confeccionar. **6** *(food)* elaborar.
manufacturer [mænjʊ'fæktʃərə] *n* fabricante *mf.*
manure [mə'njʊə] **1** *n* abono, estiércol *m.* ‖ **2** *vt* abonar, estercolar.
manuscript ['mænjʊskrɪpt] *n* manuscrito.
many ['menɪ] *adj - pron* (*comp* more; *superl* most) muchos,-as.
● **as many ... as** tantos,-as ... como; **how many?** ¿cuántos,-as?; **many people** mucha gente; **not many** pocos,-as; **too many** demasiados,-as.
map [mæp] **1** *n (of country, region)* mapa *m.* **2** *(of town, transport)* plano. ‖ **3** *vt (design)* trazar un mapa/plano.
♦ **to map out** *vt (plan)* proyectar, planear.
■ **map of the world** mapamundi *m.*
maple ['meɪpl] *n* arce *m.*
Mar [mɑːtʃ] *abbr (*March*)* marzo.
marathon ['mærəθən] **1** *n* maratón *m.* ‖ **2** *adj* maratoniano,-a.
marble ['mɑːbl] **1** *n* mármol *m.* **2** *(glass ball)* canica. ‖ **3** *adj* de mármol.
march [mɑːtʃ] **1** *n* MIL marcha; *(walk)* caminata. **2** *(demonstration)* manifestación *f.* **3** *fig (of time)* paso. ‖ **4** *vi* MIL marchar, hacer una marcha; *(walk)* caminar.
♦ **to march past** *vi* desfilar.
● **to march sb off** llevarse a algn (a la fuerza).
March [mɑːtʃ] *n* marzo.
mare [meə] *n* yegua.
margarine [mɑːdʒə'riːn] *n* margarina.
margin ['mɑːdʒɪn] *n* margen *m.*

marginal ['mɑːdʒɪnl] **1** *adj* marginal. **2** *(small)* insignificante.
marigold ['mærɪgəʊld] *n* maravilla, caléndula.
marine [mə'riːn] **1** *n* marino,-a, marítimo,-a. **2** soldado de infantería de marina.
marionette [mærɪə'net] *n* marioneta, títere *m*.
marital ['mærɪtl] *adj* matrimonial.
■ **marital status** estado civil.
maritime ['mærɪtaɪm] *adj* marítimo,-a.
mark [mɑːk] **1** *n (imprint)* huella; *(from blow)* señal *f*. **2** *(stain)* mancha. **3** *(sign)* señal *f*, marca. **4** Educ nota, calificación *f*. **5** *(target)* blanco. **6** *(currency)* marco. ‖ **7** *vt* marcar. **8** *(stain)* manchar. **9** *(indicate)* señalar. **10** Educ *(correct)* corregir; *(give mark to)* puntuar, calificar.
♦ **to mark down 1** *vt (lower prices)* rebajar. **2** *vt (lower marks)* bajar la nota. **3** *vt (write)* anotar, apuntar ♦ **to mark out 1** *vt (area)* delimitar. **2** *vt (person)* destinar (**for,** a).
• **mark my words!** ¡verás cómo tengo razón!; **on your marks!** ¡preparados!; **to hit the mark** dar en el blanco; **to make one's mark** distinguirse; **to mark time** *fig* hacer tiempo.
marked [mɑːkt] *adj* marcado,-a, apreciable.
marker ['mɑːkə] **1** *n (stake)* jalón *m*. **2** *(pen)* rotulador *m*.
market ['mɑːkɪt] **1** *n* mercado. ‖ **2** *vt* vender, poner en venta.
• **to be on the market** estar a la venta, estar en venta.
marketing ['mɑːkɪtɪŋ] *n* márketing *m*.
marksman ['mɑːksmən] *n* tirador *m*.
marmalade ['mɑːməleɪd] *n* mermelada *(de cítricos)*.
maroon [mə'ruːn] **1** *adj* granate. ‖ **2** *n* granate *m*. ‖ **3** *vt* aislar, abandonar.
marquee [mɑː'kiː] *n* carpa, entoldado.
marriage ['mærɪdʒ] **1** *n* matrimonio. **2** *(wedding)* boda.
married ['mærɪd] *adj* casado,-a (to, con).
• **to get married** casarse.
■ **married name** apellido de casada.
marrow ['mærəʊ] **1** *n (of bone)* tuétano, médula. **2** Bot calabacín *m*.
marry ['mærɪ] **1** *vt (take in marriage)* casarse con. **2** *(unite in marriage)* casar.
• **to marry into money** emparentar con una familia adinerada.
marsh [mɑːʃ] **1** *n (bog)* pantano, ciénaga *f*. **2** *(near sea or river)* marisma.
marshal ['mɑːʃl] **1** *n* Mil mariscal *m*. **2** *(at event)* oficial *mf*. **3** US jefe,-a de policía.
martial ['mɑːʃl] *adj* marcial.
■ **martial law** ley *f* marcial.
martyr ['mɑːtə] **1** *n* mártir *mf*. ‖ **2** *vt* martirizar.
marvel ['mɑːvəl] **1** *n* maravilla. ‖ **2** *vi* maravillarse.
marvellous ['mɑːvləs] *adj* maravilloso,-a, estupendo,-a.
Marxism ['mɑːksɪzm] *n* marxismo.
marzipan ['mɑːzɪpæn] *n* mazapán *m*.
mascara [mæ'skɑːrə] *n* rímel *m*.
mascot ['mæskɒt] *n* mascota.
masculine ['mɑːskjʊlɪn] **1** *adj* masculino,-a. ‖ **2** *n* masculino.
mash [mæʃ] **1** *vt (crush)* triturar. **2** *(potatoes etc)* hacer un puré de. ‖ **3** *n fam* puré *m* de patatas.
mask [mɑːsk] **1** *n* máscara. **2** Med mascarilla. ‖ **3** *vt* enmascarar.
■ **masked ball** baile *m* de disfraces.
masochism ['mæsəkɪzm] *n* masoquismo.
mason ['meɪsn] *n* albañil *m*.
mass [mæs] **1** *n* masa. **2** *(large quantity)* montón *m*. **3** Rel misa. ‖ **4** *vi* congregarse.
• **to mass produce** fabricar en serie.
■ **mass media** medios *mpl* de comunicación *(de masas)*; **mass production**

fabricación *f* en serie; **the masses** la masa.

massacre ['mæsəkə] **1** *n* masacre *f*, carnicería, matanza. || **2** *vt* masacrar.

massage ['mæsɑːʒ] **1** *n* masaje *m*. || **2** *vt* dar masajes a.

massive ['mæsɪv] **1** *adj (solid)* macizo, -a. **2** *(huge)* enorme, descomunal.

mast [mɑːst] *n* mástil *m*.

master ['mɑːstə] **1** *n* amo. **2** *(owner)* dueño. **3** *(teacher)* maestro, profesor *m* de instituto. **4** *(expert)* maestro. || **5** *vt (control)* dominar. **6** *(learn)* llegar a dominar.

■ **master builder** maestro de obras, contratista *mf*; **master key** llave *f* maestra; **master of ceremonies** maestro de ceremonias.

masterpiece ['mɑːstəpiːs] *n* obra maestra.

masturbate ['mæstəbeɪt] **1** *vt* masturbar. || **2** *vi* masturbarse.

mat [mæt] **1** *n (rug)* alfombrilla. **2** *(doormat)* felpudo. **3** *(tablemat)* salvamanteles *m inv*. **4** SP colchoneta. || **5** *adj* mate.

match [mætʃ] **1** *n* fósforo, cerilla. **2** *(equal)* igual *mf*. **3** SP partido, encuentro. || **4** *vt (be equal to)* igualar. **5** *(compare)* equiparar. **6** *(clothes, colours)* hacer juego con, combinar con. || **7** *vi (clothes, colours)* hacer juego, combinar.

● **to match up to** estar a la altura de; **to be a good match** *(clothes etc)* hacer juego; *(people)* hacer buena pareja; **to meet one's match** encontrar uno la horma de su zapato.

matchbox ['mætʃbɒks] *n* caja de cerillas.

matching ['mætʃɪŋ] *adj* que hace juego.

mate [meɪt] **1** *n (companion)* compañero,-a, colega *mf*. **2** ZOOL pareja; *(male)* macho; *(female)* hembra. **3** MAR piloto. **4** *(chess)* mate *m*. || **5** *vt* aparear. || **6** *vi* aparearse, acoplarse.

material [mə'tɪərɪəl] **1** *adj* material. **2** *(important)* importante, substancial. || **3** *n (substance)* materia. **4** *(cloth)* tela, tejido. **5** *(information, ideas, etc)* material *m*. || **6** **materials** *npl* material *m sing*, materiales *mpl*.

materialism [mə'tɪərɪəlɪzm] *n* materialismo.

materialize [mə'tɪərɪəlaɪz] *vi* realizarse.

maternity [mə'tɜːnɪtɪ] *n* maternidad *f*.

■ **maternity hospital** maternidad *f*; **maternity leave** baja por maternidad.

mathematics [mæθə'mætɪks] *n* matemáticas *fpl*.

maths [mæθs] *n fam* mates *fpl*.

matron ['meɪtrən] **1** *n (in hospital)* enfermera jefe, enfermera jefa. **2** *(in school)* ama de llaves.

matter ['mætə] **1** *n (substance)* materia. **2** *(affair, subject)* asunto, cuestión *f*. || **3** *vi* importar: ***it doesn't matter to me*** no me importa, me da igual.

● **as a matter of fact** en realidad, de hecho; **it's a matter of ...** es cuestión de ...; **no matter ...**: ***I never win, no matter what I do*** nunca gano, haga lo que haga; ***no matter where you go*** vayas donde vayas; ***no matter how busy he is*** por muy ocupado que esté; **the matter**: ***what's the matter?*** ¿qué pasa?, ¿qué ocurre?; ***there's nothing the matter*** no pasa nada; ***what's the matter with you?*** ¿qué te pasa?; **to make matters worse** para colmo de desgracias.

matter-of-fact [mætərəv'fækt] *adj* práctico,-a, realista.

mattress ['mætrəs] *n* colchón *m*.

mature [mə'tʃʊə] **1** *adj* maduro,-a. **2** FIN vencido,-a. || **3** *vt - vi* madurar. || **4** *vi* FIN vencer.

maturity [mə'tʃʊərɪtɪ] *n* madurez *f*.

mauve [məʊv] **1** *adj* malva. || **2** *n* malva *m*.

max [mæks, 'mæksɪməm] *abbr (*maximum*)* máximo; *(abbreviation)* max.

maximum ['mæksɪməm] **1** *adj* máximo,-a. || **2** *n* máximo.

• **as a maximum** como máximo; **to the maximum** al máximo.

may [meɪ] **1** *aux* poder, ser posible: ***he may come*** es posible que venga, puede que venga. **2** *(permission)* poder: ***may I go?*** ¿puedo irme? **3** *(wish)* ojalá: ***may it be so*** ojalá sea así.

• **come what may** pase lo que pase; **may as well**: ***you may as well buy the big one*** ya puestos, cómprate el grande; ***I may as well tell you, you'll find out anyway*** más vale que te lo diga, te enterarás de todas maneras.

May [meɪ] *n* mayo.

maybe ['meɪbiː] *adv* quizá, quizás, tal vez: ***maybe it'll rain*** tal vez llueva.

mayonnaise [meɪə'neɪz] *n* mayonesa, mahonesa.

mayor [meə] *n* alcalde *m*.

maze [meɪz] *n* laberinto.

MB ['megəbaɪt] *abbr (*megabyte*)* megabyte *m*; *(abbreviation)* Mb.

MC ['em'siː] **1** *abbr (*Master of Ceremonies*)* maestro de ceremonias. **2** *(*musicassette*)* casete *f*.

MD ['em'diː] *abbr (*Doctor of Medicine*)* doctor,-a en Medicina; *(abbreviation)* Dr.,-ra. en Medicina.

me [miː] **1** *pron* me; *(with prep)* mí: ***follow me*** sígueme; ***it's for me*** es para mí. **2** *(emphatic)* yo: ***it's me!*** ¡soy yo!

• **with me** conmigo.

meadow ['medəʊ] *n* prado, pradera.

meager ['miːgr] *adj* US escaso,-a.

meagre ['miːgə] *adj* escaso,-a.

meal [miːl] **1** *n* comida. **2** *(flour)* harina.

• **to have a meal** comer.

mean [miːn] **1** *adj (miserly)* tacaño,-a. **2** *(unkind)* malo,-a. **3** US *(nasty)* antipático,-a. **4** *(humble)* humilde. **5** *(average)* medio,-a: ***mean temperature*** temperatura media. || **6** *n* media. || **7** *vt* (*pt & pp* meant) *(signify)* querer decir. **8** *(be important)* significar: ***this means a lot to me*** esto significa mucho para mí. **9** *(intend)* tener intención de: ***I didn't mean to do it*** lo hice sin querer. **10** *(entail)* suponer, implicar. **11** *(destine)* destinar (**for,** para).

• **to mean it** decirlo en serio; **to mean well** tener buenas intenciones; **what do you mean?** ¿qué quieres decir?

meaning ['miːnɪŋ] *n* sentido, significado.

meaningful ['miːnɪŋfʊl] *adj* significativo,-a.

meaningless ['miːnɪŋləs] *adj* sin sentido.

means [miːnz] **1** *npl (way)* medio, manera. || **2** *n* (*pl* **means**) *(resources)* medios *mpl*, recursos *mpl* económicos.

• **a man of means** un hombre acaudalado; **by all means!** ¡naturalmente!; **by means of** por medio de, mediante; **by no means** de ninguna manera, de ningún modo.

■ **means of transport** medio de transporte.

meant [ment] *pt & pp* → **mean**.

meantime ['miːntaɪm] **in the meantime** *phr* mientras tanto, entretanto.

meanwhile ['miːnwaɪl] *adv* mientras tanto, entretanto.

measles ['miːzlz] *n* sarampión *m*.

■ **German measles** rubéola.

measure ['meʒə] **1** *n (gen)* medida. **2** MUS compás *m*. || **3** *vt (area etc)* medir. **4** *(person)* tomar las medidas de.

♦ **to measure up** *vi* estar a la altura (**to,** de).

• **in some measure** hasta cierto punto; **to take measures** tomar medidas.

measurement ['meʒəmənt] **1** *n (act)* medición *f*. **2** *(length)* medida.

meat [miːt] **1** *n* carne *f*. **2** *fig* esencia.

■ **meat pie** empanada de carne.

meatball ['miːtbɔːl] *n* albóndiga.

mechanic [mɪ'kænɪk] *n* mecánico,-a.

mechanical [mɪ'kænɪkl] *adj* mecánico,-a.

mechanics [mɪ'kænɪks] **1** *n* mecánica. **2** *(ways)* mecanismos *mpl*.

mechanism ['mekənɪzm] *n* mecanismo.
mechanize ['mekənaɪz] *vt* mecanizar.
medal ['medl] *n* medalla.
medallion [mɪ'dælɪən] *n* medallón *m*.
meddle ['medl] *vi* entrometerse (in, en).
media ['miːdɪə] *npl* medios *mpl* de comunicación *f*.
▲ *See also* medium.
mediaeval [medɪ'iːvl] *adj* medieval.
mediate ['miːdɪeɪt] *vi* mediar.
mediator ['miːdɪeɪtə] *n* mediador,-ra.
medical ['medɪkl] **1** *adj* médico,-a. ‖ **2** *n fam* chequeo, reconocimiento médico.
■ **medical record** historial *m* médico; **medical student** estudiante *mf* de medicina.
medication [medɪ'keɪʃn] *n* medicación *f*.
medicine ['medsɪn] *n* medicina.
medieval [medɪ'iːvl] *adj* medieval.
mediocre [miːdɪ'əʊkə] *adj* mediocre.
meditate ['medɪteɪt] *vi* meditar, reflexionar.
meditation [medɪ'teɪʃn] *n* meditación *f*.
Mediterranean [medɪtə'reɪnɪən] *adj* - *n* mediterráneo,-a.
■ **The Mediterranean** el mar Mediterráneo.
medium ['miːdɪəm] **1** *n* (*pl* media) medio. **2** *(TV, radio, etc)* medio de comunicación *f*. **3** *(environment)* medio ambiente. **4** *(person)* médium *mf*. ‖ **5** *adj* mediano,-a.
medley ['medlɪ] **1** *n* MUS popurrí *m*. **2** *(mixture)* mezcla.
meek [miːk] *adj* manso,-a, dócil.
meet [miːt] **1** *vt* (*pt & pp* met) *(by chance)* encontrar, encontrarse con. **2** *(by arrangement)* reunirse con. **3** *(get to know)* conocer. **4** *(collect)* ir a buscar, venir a buscar: ***I'll meet you at the station*** te iré a buscar a la estación. **5** *(danger, death)* encontrar. **6** *(requirements)* satisfacer. **7** *(expenses)* cubrir. ‖ **8** *vi (by chance)* encontrarse. **9** *(by arrangement)* reunirse, verse. **10** *(get acquainted)* conocerse. **11** Sp enfrentarse. **12** *(join)* unirse; *(rivers)* confluir; *(roads)* empalmar. ‖ **13** *n* Sp encuentro. **14** *(hunting)* partida de caza.
♦ **to meet up** *vi fam (by arrangement)* quedar ♦ **to meet with 1** *vt (difficulty)* tropezar con; *(success)* tener. **2** *vt (person)* reunirse con, encontrarse con.
● **pleased to meet you!** ¡encantado, -a de conocerle!; **to make ends meet** *fam* llegar a fin de mes.
meeting ['miːtɪŋ] **1** *n (gen)* reunión *f*. **2** FIN junta. **3** POL mítin *m*. **4** *(chance encounter)* encuentro. **5** *(by arrangement)* cita. **6** SP encuentro.
■ **meeting point** lugar *m* de encuentro.
megaphone ['megəfəʊn] *n* megáfono, altavoz *m*.
melancholy ['melənkəlɪ] **1** *n* melancolía. ‖ **2** *adj* melancólico,-a.
mellow ['meləʊ] **1** *adj (fruit)* maduro, -a; *(wine)* añejo,-a. **2** *(colour, voice)* suave. **3** *(person)* sereno,-a. ‖ **4** *vt - vi* madurar. ‖ **5** *vt (colour, voice)* suavizar. ‖ **6** *vi (colour, voice)* suavizarse. ‖ **7** *vt (person)* serenar. ‖ **8** *vi (person)* serenarse.
melodrama ['melədrɑːmə] *n* melodrama *m*.
melody ['melədɪ] *n* melodía.
melon ['melən] *n* melón *m*.
melt [melt] **1** *vt (ice, snow)* derretir. ‖ **2** *vi (ice, snow)* derretirse. ‖ **3** *vt (metal)* fundir. ‖ **4** *vi (metal)* fundirse. ‖ **5** *vt fig (anger etc)* atenuar. ‖ **6** *vi fig (anger etc)* atenuarse, disiparse.
♦ **to melt away 1** *vi (ice, snow)* derretirse. **2** *vi (money, people)* desaparecer. **3** *vi (feeling)* desvanecerse.
● **to melt into tears** deshacerse en lágrimas.
member ['membə] **1** *n (gen)* miembro. **2** *(of club)* socio,-a. **3** POL afiliado,-a. **4** ANAT miembro.
■ **member of staff** empleado,-a; **Member of Parliament** POL diputado,-a.

membership ['membəʃɪp] **1** *n (state)* calidad *f* de miembro,-a/socio,-a. **2** *(members)* número de miembros, número de socios.

■ **membership card** tarjeta de socio; **membership fee** cuota de socio.

memo ['meməʊ] *n* → **memorandum**.

memoirs ['memwɑːz] *npl* memorias *fpl*.

memorable ['memərəbl] *adj* memorable.

memorandum [memə'rændəm] **1** *n* (*pl* memorandums *o* memoranda [memə'rændə]) memorándum *m*. **2** *(personal note)* nota, apunte *m*.

memorial [mə'mɔːrɪəl] **1** *adj* conmemorativo,-a. ‖ **2** *n* monumento conmemorativo.

memorize ['meməraɪz] *vt* memorizar, aprender de memoria.

memory ['memərɪ] **1** *n (ability)* memoria. **2** *(recollection)* recuerdo.

● **from memory** de memoria; **in memory of sb** en memoria de algn.

men [men] *npl* → **man**.

menace ['menəs] **1** *n* amenaza. **2** *fam (person)* pesado,-a. ‖ **3** *vt* amenazar.

menacing ['menəsɪŋ] *adj* amenazador,-ra.

mend [mend] **1** *n* remiendo. ‖ **2** *vt (repair)* reparar, arreglar. **3** *(clothes)* remendar. ‖ **4** *vi (health)* mejorar, mejorarse.

● **to mend one's ways** reformarse.

menopause ['menəʊpɔːz] *n* menopausia.

menstruation [menstrʊ'eɪʃn] *n* menstruación *f*, regla.

menswear ['menzweə] *n* ropa de caballero.

mental ['mentl] **1** *adj* mental. **2** *fam (mad)* chalado,-a, tocado,-a.

■ **mental asylum** manicomio; **mental hospital** hospital *m* psiquiátrico.

mention ['menʃn] **1** *n* mención *f*. ‖ **2** *vt* mencionar, hacer mención de.

● **don't mention it!** ¡de nada!, ¡no hay de qué!

menu ['menjuː] **1** *n (list)* carta. **2** *(fixed meal)* menú *m*. **3** COMPUT menú *m*.

MEP ['em'iː'piː] *abbr (*Member of the European Parliament*)* miembro del Parlamento Europeo.

mercenary ['mɜːsənərɪ] *adj* - *n* mercenario,-a.

merchandise ['mɜːtʃəndaɪz] *n* mercancías *fpl*, géneros *mpl*.

merchant ['mɜːtʃənt] *n* comerciante *mf*.

■ **merchant navy** marina mercante.

merciless ['mɜːsɪləs] *adj* despiadado, -a.

mercury ['mɜːkjʊrɪ] *n* mercurio.

mercy ['mɜːsɪ] *n* misericordia, clemencia, compasión *f*.

● **at the mercy of** a la merced de.

mere [mɪə] *adj* mero,-a, simple.

merely ['mɪəlɪ] *adv* solamente, simplemente.

merge [mɜːdʒ] **1** *vt (gen)* unir; *(roads)* empalmar. ‖ **2** *vi* unirse, combinarse; *(roads)* empalmarse. ‖ **3** *vt* COMM fusionar. ‖ **4** *vi* COMM fusionarse.

merger ['mɜːdʒə] *n* fusión *f*.

meringue [mə'ræŋ] *n* merengue *m*.

merit ['merɪt] **1** *n* mérito. ‖ **2** *vt* merecer.

mermaid ['mɜːmeɪd] *n* sirena.

merry ['merɪ] *adj* alegre.

● **merry Christmas!** ¡felices Navidades!

merry-go-round ['merɪgəʊraʊnd] *n* tiovivo, caballitos *mpl*.

mesh [meʃ] **1** *n* malla. **2** TECH engranaje *m*. ‖ **3** *vi* engranar.

mesmerize ['mezməraɪz] *vt* hipnotizar.

mess [mes] **1** *n (disorder)* desorden *m*. **2** *(confusion)* lío, follón *m*. **3** MIL comedor *m*.

♦ **to mess about/around 1** *vi (idle)* gandulear. **2** *vi (act the fool)* hacer el tonto. **3** *vt* fastidiar ♦ **to mess up 1** *vt fam (make untidy)* desordenar. **2** *vt (spoil)* estropear. **3** *vt (dirty)* ensuciar.

● **to look a mess** *fam* estar horroroso,-a; **to make a mess of** *fam* estropear.

message ['mesɪdʒ] *n* mensaje *m*.

• **to get the message** *fam* entender.

messenger ['mesɪndʒə] *n* mensajero, -a.

Messrs ['mesəz] *abbr* COMM *(messieurs)* Señores; *(abbreviation)* Sres.

messy ['mesɪ] **1** *adj (untidy)* desordenado,-a. **2** *(dirty)* sucio,-a.

met [met] *pt & pp* → **meet**.

metabolism [me'tæbəlɪzm] *n* metabolismo.

metal ['metl] **1** *n* metal *m*. || **2** *adj* metálico,-a, de metal.

metallic [mə'tælɪk] *adj* metálico,-a.

metaphor ['metəfɔː] *n* metáfora.

meteor ['miːtɪə] *n* meteorito, aerolito.

meteorite ['miːtɪəraɪt] *n* bólido.

meter ['miːtə] **1** *n* contador *m*. **2** US → **metre**.

method ['meθəd] **1** *n* método. **2** *(technique)* técnica.

methodical [mə'θɒdɪkl] *adj* metódico,-a.

meticulous [mə'tɪkjʊləs] *adj* meticuloso,-a.

metre ['miːtə] *n* metro.

metric ['metrɪk] *adj* métrico,-a.

mew [mjuː] **1** *n* maullido. || **2** *vi* maullar.

Mexican ['meksɪkən] *adj - n* mejicano,-a.

Mexico ['meksɪləʊ] *n* Méjico.

■ **Gulf of Mexico** golfo de Méjico; **New Mexico** Nuevo Méjico.

mezzanine ['mezəniːn] *n* entresuelo.

MHz ['megəhɜːts] *abbr* *(***megahertz***)* megahercio *m*; *(abbreviation)* MHz.

mice [maɪs] *npl* → **mouse**.

microbe ['maɪkrəʊb] *n* microbio.

microchip ['maɪkrəʊtʃɪp] *n* microchip *m*.

microphone ['maɪkrəfəʊn] *n* micrófono.

microprocessor [maɪkrəʊ'prəʊsesə] *n* microprocesador *m*.

microscope ['maɪkrəskəʊp] *n* microscopio.

microwave ['maɪkrəʊweɪv] *n (wave)* microonda; *(oven)* microondas *m inv*.

■ **microwave oven** horno microondas.

midday [mɪd'deɪ] *n* mediodía *m*.

• **at midday** al mediodía.

middle ['mɪdl] **1** *adj (central)* de en medio, central. **2** *(medium)* mediano, -a. || **3** *n* medio, centro. **4** *(halfway point)* mitad *f*. **5** *fam* cintura.

• **in the middle of** en medio de; *(activity)* metido,-a en.

■ **middle age** mediana edad *f*; **middle class** clase *f* media; **middle name** segundo nombre; **the Middle Ages** la Edad *f* Media.

middleman ['mɪdlmən] *n* intermediario.

middle-of-the-road [mɪdləvðə'rəʊd] *adj fig* moderado,-a.

midget ['mɪdʒɪt] **1** *n* enano,-a. || **2** *adj* diminuto,-a. **3** *(miniature)* en miniatura.

midnight ['mɪdnaɪt] *n* medianoche *f*.

midway ['mɪdweɪ] **1** *adv* a medio camino. || **2** *adj* intermedio,-a.

midweek ['mɪdwiːk] **1** *adj* de entre semana. || **2** *adv* entre semana.

midwife ['mɪdwaɪf] *n* comadrona.

might [maɪt] **1** *aux* → **may**. || **2** *n* poder *m*, fuerza.

• **with all one's might** con todas sus fuerzas.

mighty ['maɪtɪ] *adj* fuerte, poderoso, -a.

migraine ['maɪgreɪn] *n* jaqueca, migraña.

migrant ['maɪgrənt] **1** *adj (animal)* migratorio,-a. **2** *(person)* emigrante.

migrate [maɪ'greɪt] *vi* emigrar.

mike [maɪk] *n fam* micro.

mild [maɪld] **1** *adj (person)* apacible. **2** *(climate, soap, etc)* suave.

mildew ['mɪldjuː] **1** *n (on leather etc)* moho. **2** *(on plants)* añublo.

mildly ['maɪldlɪ] **1** *adv (softly)* suavemente. **2** *(slightly)* ligeramente.

mile [maɪl] *n* milla.
● **it's miles away** *fam* está lejísimos.
milestone ['maɪlstəʊn] *n* hito.
militant ['mɪlɪtənt] *adj* militante.
military ['mɪlɪtrɪ] **1** *adj* militar. || **2 the military** *n* los militares, las fuerzas armadas.
■ **military takeover** golpe *m* militar.
milk [mɪlk] **1** *n* leche *f.* || **2** *vt (cow etc)* ordeñar.
● **to milk sb of sth** *fam* quitarle algo a algn.
■ **milk chocolate** chocolate *m* con leche; **milk products** productos *mpl* lácteos; **milk shake** batido (de leche).
milkman ['mɪlkmən] *n* lechero, repartidor *m* de la leche.
milky ['mɪlkɪ] **1** *adj* lechoso,-a; *(coffee)* con mucha leche. **2** *(colour)* pálido,-a.
■ **Milky Way** Vía Láctea.
mill [mɪl] **1** *n* molino. **2** *(for coffee etc)* molinillo. **3** *(factory)* fábrica. || **4** *vt* moler.
♦ **to mill about/around** *vi* arremolinarse.
millennium [mɪ'lenɪəm] *n* milenio.
millimetre ['mɪlɪmiːtə] *n* milímetro.
million ['mɪljən] *n* millón *m*: ***one million dollars*** un millón de dólares.
millionaire [mɪljə'neə] *n* millonario, -a.
millionth ['mɪljənθ] **1** *adj* millonésimo,-a. || **2** *n* millonésimo, millonésima parte *f.*
mime [maɪm] **1** *n (art)* mímica. **2** *(person)* mimo. || **3** *vt* imitar.
mimic ['mɪmɪk] **1** *n* mimo. || **2** *adj* mímico,-a. || **3** *vt* (*pt & pp* **mimicked**) imitar.
mince [mɪns] **1** *n* GB carne *f* picada. || **2** *vt* picar.
● **not to mince one's words** no tener pelos en la lengua.
mincemeat ['mɪnsmiːt] *n* conserva de picadillo de fruta.
mind [maɪnd] **1** *n (intellect)* mente *f.* **2** *(mentality)* mentalidad *f.* || **3** *vt (heed)* hacer caso de. **4** *(look after)* cuidar. **5** *(be careful)* tener cuidado con. || **6** *vt* - *vi (object)* importar: ***do you mind if I close the window?*** ¿le importa que cierre la ventana?; ***I don't mind staying*** no tengo inconveniente en quedarme.
● **mind out!** ¡ojo!, ¡cuidado!; **mind you ...** ten en cuenta que ...; **mind your own business** no te metas en lo que no te importa; **never mind** no importa, da igual; **to bear sth in mind** tener algo en cuenta; **to change one's mind** cambiar de opinión; **to have sth in mind** estar pensando en algo; **to lose one's mind** perder el juicio; **to make up one's mind** decidirse; **to speak one's mind** hablar sin rodeos.
mindless ['maɪndləs] *adj* absurdo,-a, estúpido,-a.
mine [maɪn] **1** *pron* (el) mío, (la) mía, (los) míos, (las) mías: ***she's a friend of mine*** es amiga mía; ***these keys are mine*** estas llaves son mías. || **2** *n* mina. || **3** *vt (minerals)* extraer. **4** *(road)* sembrar minas en; *(ship)* volar con minas, minar.
miner ['maɪnə] *n* minero,-a.
mineral ['mɪnərl] **1** *adj* mineral. || **2** *n* mineral *m.*
■ **mineral water** agua mineral.
mingle ['mɪŋgl] **1** *vt* mezclar. || **2** *vi* mezclarse.
miniature ['mɪnɪtʃə] **1** *n* miniatura. || **2** *adj* en miniatura. **3** *(tiny)* diminuto,-a.
minibus ['mɪnɪbʌs] *n* minibús *m.*
minimal ['mɪnɪml] *adj* mínimo,-a.
minimum ['mɪnɪməm] **1** *adj* mínimo, -a. || **2** *n* mínimo.
mining ['maɪnɪŋ] *n* minería, explotación *f* de minas.
■ **mining industry** industria minera.
minister ['mɪnɪstə] **1** *n* ministro,-a. **2** REL pastor,-ra.
ministry ['mɪnɪstrɪ] **1** *n* ministerio. **2** REL sacerdocio.
mink [mɪŋk] *n* visón *m.*
minor ['maɪnə] **1** *adj* menor. || **2** *n* menor *mf.*

Minorca [mɪ'nɔːkə] *n* Menorca.
minority [maɪ'nɒrɪtɪ] **1** *n* minoría. || **2** *adj* minoritario,-a.
mint [mɪnt] **1** *n* BOT menta. **2** *(sweet)* pastilla de menta. || **3** *vt* acuñar.
• **in mint condition** en perfecto estado.
▪ **the Mint** FIN la Casa de la Moneda.
minus ['maɪnəs] **1** *prep* menos: ***four minus three*** cuatro menos tres; ***minus five degrees*** cinco grados bajo cero. || **2** *adj* negativo,-a.
▪ **minus sign** signo menos.
minute ['mɪnɪt] **1** *adj* ([maɪ'njuːt]) *(tiny)* diminuto,-a. **2** *(exact)* minucioso,-a. || **3** *n (sixty seconds)* minuto. **4** *(moment)* momento: ***just a minute!*** ¡un momentito!, ¡un segundo! || **5 minutes** *npl (notes)* actas *fpl*.
• **at the last minute** al último momento; **the minute (that) ...** en cuanto ...
▪ **minute hand** minutero.
miracle ['mɪrəkl] *n* milagro.
• **to work miracles** hacer milagros.
miraculous [mɪ'rækjʊləs] *adj* milagroso,-a.
miraculously [mɪ'rækjʊləslɪ] *adv* de milagro.
mirage [mɪ'rɑːʒ] *n* espejismo.
mirror ['mɪrə] **1** *n* espejo; *(in car)* retrovisor *m*. || **2** *vt* reflejar.
misbehave [mɪsbɪ'heɪv] *vi* portarse mal.
miscalculate [mɪs'kælkjʊleɪt] *vt - vi* calcular mal.
miscarriage [mɪs'kærɪdʒ] *n* aborto *(espontáneo)*.
miscellaneous [mɪsɪ'leɪnɪəs] *adj* diverso,-a, variado,-a.
mischief ['mɪstʃɪf] *n* travesura.
• **to get up to mischief** hacer travesuras.
mischievous ['mɪstʃɪvəs] **1** *adj (naughty - person)* travieso,-a. **2** *(- look)* pícaro,-a.
misconception [mɪskən'sepʃn] *n* idea equivocada.
misconduct [mɪs'kɒndʌkt] **1** *n* mala conducta. || **2** *vi* portarse mal.
misdemeanour [mɪsdɪ'miːnə] **1** *n* fechoría. **2** JUR delito menor.
miser ['maɪzə] *n* avaro,-a.
miserable ['mɪzərəbl] **1** *adj (unhappy)* desgraciado,-a. **2** *(bad)* desagradable. **3** *(paltry)* miserable.
misery ['mɪzərɪ] **1** *n (wretchedness)* desgracia, desdicha. **2** *(suffering)* sufrimiento. **3** *(poverty)* miseria.
misfire [mɪs'faɪə] *vi* fallar.
misfortune [mɪs'fɔːtʃn] *n* infortunio, desgracia.
misgiving [mɪs'gɪvɪŋ] *n* duda, recelo.
misguided [mɪs'gaɪdɪd] *adj* equivocado,-a.
mishap ['mɪshæp] *n* percance *m*, contratiempo.
misinterpret [mɪsɪn'tɜːprət] *vt* malinterpretar.
misjudge [mɪs'dʒʌdʒ] *vt* juzgar mal.
mislaid [mɪs'leɪd] *pt & pp* → **mislay**.
mislay [mɪs'leɪ] *vt* (*pt & pp* mislaid) extraviar, perder.
mislead [mɪs'liːd] *vt* (*pt & pp* misled) despistar, desorientar.
misled [mɪs'led] *pt & pp* → **mislead**.
mismanagement [mɪs'mænɪdʒmənt] *n* mala administración *f*.
misplace [mɪs'pleɪs] **1** *vt (trust etc)* encauzar mal. **2** *(lose)* perder, extraviar.
misprint ['mɪsprɪnt] *n* errata, error *m* de imprenta.
miss [mɪs] **1** *n* señorita: ***Miss Brown*** la señorita Brown. **2** *(wrong throw etc)* fallo; *(shot)* tiro errado. || **3** *vt - vi (throw etc)* fallar; *(shot)* errar. || **4** *vt (fail to catch)* perder: ***he missed the train*** perdió el tren. **5** *(fail to see, hear, etc)* no entender. **6** *(long for; person)* echar de menos; *(place)* añorar. **7** *(not find)* echar en falta. || **8** *vi (be lacking)* faltar: ***nobody is missing*** no falta nadie.
♦ **to miss out** *vt (omit)* saltarse ♦ **to miss out on** *vi* dejar pasar, perderse.
• **to miss class** faltar a clase; **to miss the boat** *fig* perder la ocasión; **to give**

sth a miss *fam* pasar de algo, no hacer algo.

missile ['mɪsaɪl] *n* misil *m*.

■ **missile launcher** lanzamisiles *m inv*.

missing ['mɪsɪŋ] *adj (object)* perdido,-a, extraviado,-a; *(person)* desaparecido, -a.

mission ['mɪʃn] *n* misión *f*.

missionary ['mɪʃnərɪ] *n* misionero,-a.

Mississippi [mɪsɪ'sɪpɪ] **1** *n (river)* el Misisipí *m*. **2** *(state)* Misisipí *m*.

mist [mɪst] **1** *n (fog)* niebla. **2** *(on window)* vaho.

♦ **to mist over/up 1** *vi (window)* empañarse. **2** *vi (countryside)* cubrirse de neblina.

mistake [mɪs'teɪk] **1** *n* equivocación *f*, error *m*; *(in test)* falta. ‖ **2** *vt* (*pt* mistook; *pp* mistaken [mɪs'teɪkən]) *(misunderstand)* entender mal. **3** *(confuse)* confundir (for, con).

● **by mistake** por error o descuido; **to make a mistake** equivocarse.

mister ['mɪstə] *n* señor *m*.

mistook [mɪs'tʊk] *pt* → **mistake**.

mistress ['mɪstrəs] **1** *n (of house)* ama, señora. **2** *(lover)* amante *f*.

mistrust [mɪs'trʌst] **1** *n* desconfianza, recelo. ‖ **2** *vt* desconfiar de.

misty ['mɪstɪ] **1** *adj* METEOR neblinoso,-a, con neblina. **2.**

misunderstand [mɪsʌndə'stænd] *vt - vi* (*pt & pp* misunderstood) entender mal.

misunderstanding [mɪsʌndə'stændɪŋ] *n* malentendido.

misunderstood [mɪsʌndə'stʊd] *pt & pp* → **misunderstand**.

misuse [mɪs'juːs] **1** *n* mal uso. **2** *(of power)* abuso. ‖ **3** *vt* ([mɪs'juːz]) emplear mal. **4** *(of power)* abusar de.

mitten ['mɪtn] *n* manopla.

mix [mɪks] **1** *n* mezcla. ‖ **2** *vt (gen)* mezclar. ‖ **3** *vi (gen)* mezclarse. **4** *(person)* llevarse bien (with, con).

♦ **to mix up 1** *vt* mezclar. **2** *vt (confuse)* confundir. **3** *vt (mess up)* revolver.

mixed [mɪkst] **1** *adj* variado,-a. **2** *(feelings)* contradictorio,-a. **3** *(for both sexes)* mixto,-a.

mixer ['mɪksə] *n* batidora.

mixture ['mɪkstʃə] *n* mezcla.

mix-up ['mɪksʌp] *n fam* lío, confusión *f*.

moan [məʊn] **1** *n* gemido, quejido. ‖ **2** *vi* gemir. **3** *pej (complain)* quejarse (about, de).

moat [məʊt] *n* foso.

mob [mɒb] **1** *n (crowd)* muchedumbre *f*, gentío. **2** *(gang)* pandilla. ‖ **3** *vt* acosar, rodear.

mobile ['məʊbaɪl] **1** *adj* móvil. ‖ **2** *n* móvil *m*.

■ **mobile home** caravana, remolque *m*; **mobile phone** móvil *m*, teléfono móvil.

moccasin ['mɒkəsɪn] *n* mocasín *m*.

mock [mɒk] **1** *adj (object)* de imitación. **2** *(event)* de prueba, simulado,-a. ‖ **3** *vt* burlarse de. ‖ **4** *vi* burlarse (at, de).

mockery ['mɒkərɪ] **1** *n (ridicule)* burla, mofa. **2** *(farce)* farsa.

MOD ['en'əʊ'diː] *abbr* GB (Ministry of Defence) Ministerio de Defensa.

model ['mɒdl] **1** *n (gen)* modelo. **2** *(of fashion)* modelo *mf*. ‖ **3** *adj (plane etc)* en miniatura; *(building)* maqueta. **4** *(exemplary)* ejemplar. ‖ **5** *vt* modelar. **6** *(clothes)* presentar.

■ **model home** casa piloto.

modem ['məʊdəm] *n* módem *m*.

moderate ['mɒdrət] **1** *adj* moderado, -a; *(price)* módico,-a. **2** *(average)* mediano,-a, regular. **3** POL centrista. ‖ **4** *n* POL centrista *mf*. ‖ **5** *vt* moderar. ‖ **6** *vi* moderarse.

moderately ['mɒdrətlɪ] *adv* medianamente.

moderation [mɒdə'reɪʃn] *n* moderación *f*.

● **in moderation** con moderación.

modern ['mɒdn] **1** *adj* moderno,-a. **2** *(literature etc)* contemporáneo,-a.

modernize ['mɒdənaɪz] *vt* modernizar, actualizar.

modest ['mɒdɪst] **1** *adj* modesto,-a. **2** *(rise, success)* discreto,-a.
modesty ['mɒdɪstɪ] *n* modestia.
modify ['mɒdɪfaɪ] *vt* modificar.
module ['mɒdjuːl] *n* módulo.
moist [mɔɪst] **1** *adj (damp)* húmedo,-a. **2** *(slightly wet)* ligeramente mojado,-a.
moisten ['mɔɪsn] **1** *vt* humedecer. **2** *(wet)* mojar ligeramente.
moisture ['mɔɪstʃə] *n* humedad *f*.
moisturizer ['mɔɪstʃəraɪzə] *n* hidratante *m*.
molar ['məʊlə] *n* muela.
mold [məʊld] *n* US → **mould**.
moldy ['məʊldɪ] *adj* US → **mouldy**.
mole [məʊl] **1** *n* ZOOL topo. **2** *(spot)* lunar *m*.
molecule ['mɒləkjuːl] *n* molécula.
molest [mə'lest] *vt (trouble)* hostigar, acosar; *(sexually)* agredir sexualmente.
mom [mɒm] *n* US *fam* mamá *f*.
moment ['məʊmənt] *n* momento.
• **at any moment** de un momento a otro: ***at every moment*** constantemente; **at the moment** en este momento; **at the last moment** a última hora; **for the moment** de momento.
momentarily [məʊmən'terılı] *adv* momentáneamente.
momentum [məʊ'mentəm] **1** *n* PHYS momento. **2** *fig* ímpetu *m*, impulso.
Mon ['mʌndɪ] *abbr (*Monday*)* lunes *m*; *(abbreviation)* lun.
Monaco ['mɒnəkəʊ] *n* Mónaco.
monarch ['mɒnək] *n* monarca *m*.
monarchy ['mɒnəkɪ] *n* monarquía.
monastery ['mɒnəstrɪ] *n* monasterio.
Monday ['mʌndɪ] *n* lunes *m inv*.
Monegasque ['mɒnəgæsk] *adj - n* monegasco,-a.
monetary ['mʌnɪtrɪ] *adj* monetario,-a.
money ['mʌnɪ] **1** *n* dinero. **2** *(currency)* moneda.
• **to get one's money's worth** sacar partido del dinero; **to make money** *(person)* ganar dinero; *(business)* rendir; **to be in the money** *fam* ser rico,-a.
■ **money order** giro postal.
moneybox ['mʌnɪbɒks] *n* hucha.
moneyed ['mʌnɪd] *adj* adinerado,-a.
mongrel ['mʌŋgrl] *n (dog)* perro cruzado.
monitor ['mɒnɪtə] **1** *n (screen)* monitor *m*. **2** *(pupil)* responsable *mf*. || **3** *vt (listen to)* escuchar. **4** *(follow)* seguir de cerca.
monk [mʌŋk] *n* monje *m*.
monkey ['mʌŋkɪ] **1** *n* mono. **2** *fam (child)* diablillo.
■ **monkey wrench** llave *f* inglesa.
monologue ['mɒnəlɒg] *n* monólogo.
monopolize [mə'nɒpəlaɪz] **1** *vt* monopolizar. **2** *fig* acaparar.
monopoly [mə'nɒpəlɪ] *n* monopolio.
monotonous [mə'nɒtənəs] *adj* monótono,-a.
monotony [mə'nɒtənɪ] *n* monotonía.
monster ['mɒnstə] **1** *n* monstruo. || **2** *adj* enorme.
monstrosity [mɒn'strɒsɪtɪ] *n* monstruosidad *f*.
monstrous ['mɒnstrəs] **1** *adj* enorme, monstruoso,-a. **2** *(shocking)* escandaloso,-a.
month [mʌnθ] *n* mes *m*.
monthly ['mʌnθlɪ] **1** *adj* mensual. || **2** *adv* mensualmente, cada mes.
■ **monthly instalment** mensualidad *f*.
monument ['mɒnjʊmənt] *n* monumento.
monumental [mɒnjʊ'mentl] *adj* monumental.
moo [muː] **1** *n* mugido. || **2** *vi* mugir.
mood [muːd] **1** *n* humor *m*. **2** GRAM modo.
• **to be in a bad mood** estar de mal humor; **to be in a good mood** estar de buen humor; **to be in the mood for** tener ganas de.
moody ['muːdɪ] *adj* malhumorado,-a.
moon [muːn] *n* luna.
• **once in a blue moon** de Pascuas a Ramos; **to be over the moon** estar en el séptimo cielo.
■ **moon landing** alunizaje *m*.
moonlight ['muːnlaɪt] **1** *n* luz *f* de

luna, claro de luna. || **2** *vi fam* estar pluriempleado,-a.

moor [mʊə] **1** *n* páramo, brezal *m*. || **2** *vt* amarrar; *(with anchor)* anclar.

Moor [mʊə] *n* moro,-a.

mop [mɒp] **1** *n* fregona. **2** *fam (of hair)* mata de pelo. || **3** *vt* fregar.

♦ **to mop up 1** *vt (clean)* enjuagar, limpiar. **2** *vt (beat)* acabar con.

mope [məʊp] *vi* estar deprimido,-a, estar abatido,-a.

moped ['məʊped] *n* ciclomotor *m*, Vespa®.

moral ['mɒrl] **1** *adj* moral. || **2** *n* moraleja. || **3 morals** *npl* moral *f sing*.

morale [mə'rɑːl] *n* moral *f*.

moratorium [mɒrə'tɔːrɪəm] *n* (*pl* moratoria) moratoria.

morbid ['mɔːbɪd] *adj* enfermizo,-a, morboso,-a.

more [mɔː] *adj* - *adv* más: ***more than twenty people*** más de veinte personas.

● **... any more** ya no ...: ***I don't live here any more*** ya no vivo aquí; **more and more expensive** cada vez más caro,-a; **more or less** más o menos; **once more** una vez más; **the more he has, the more he wants** cuanto más tiene más quiere; **would you like some more?** ¿quieres más?

▲ *SEE* many *y* much.

moreover [mɔː'rəʊvə] *adv fml* además, por otra parte.

morgue [mɔːg] *n* depósito de cadáveres.

morning ['mɔːnɪŋ] **1** *n* mañana. || **2** *adj* matutino,-a, de la mañana.

● **good morning!** ¡buenos días!; **in the morning** por la mañana; **tomorrow morning** mañana por la mañana.

Moroccan [mə'rɒkən] **1** *adj* marroquí. || **2** *n* marroquí *mf*.

Morocco [mə'rɒkəʊ] *n* Marruecos.

moron ['mɔːrɒn] *n pej* imbécil *mf*, idiota *mf*.

morphine ['mɔːfiːn] *n* morfina.

morsel ['mɔːsl] **1** *n* bocado. **2** *fig* pizca.

mortal ['mɔːtl] **1** *adj* mortal. || **2** *n* mortal *mf*.

mortality [mɔː'tælɪtɪ] *n* mortalidad *f*.

mortally ['mɔːtlɪ] *adv* mortalmente, de muerte.

mortar ['mɔːtə] *n* mortero.

mortgage ['mɔːgɪdʒ] **1** *n* hipoteca. || **2** *vt* hipotecar.

■ **mortgage loan** préstamo hipotecario; **mortgage rate** tipo de interés hipotecario.

mosaic [mə'zeɪɪk] *adj* mosaico.

Moslem ['mɒzləm] *adj* - *n* musulmán,-ana.

mosque [mɒsk] *n* mezquita.

mosquito [məs'kiːtəʊ] *n* mosquito.

■ **mosquito net** mosquitero.

moss [mɒs] *n* musgo.

most [məʊst] **1** *adj* más: ***he's got the most points*** él tiene más puntos. **2** *(majority)* la mayoría: ***most people live in flats*** la mayoría de la gente vive en pisos. || **3** *adv* más: ***the most difficult question*** la pregunta más difícil. || **4** *pron* la mayor parte. **5** *(people)* la mayoría.

● **at most** como máximo; **for the most part** por lo general; **most likely** muy probablemente; **to make the most of sth** aprovechar algo al máximo.

▲ → many *y* much.

mostly ['məʊstlɪ] *adv* principalmente.

MOT ['em'əʊ'tiː] *abbr* GB *(***Ministry of Transport***)* Ministerio de Trasporte: ***MOT test*** inspección *f* técnica de vehículos, ITV *f*.

motel [məʊ'tel] *n* motel *m*.

moth [mɒθ] **1** *n* mariposa nocturna. **2** *(of clothes)* polilla.

mother ['mʌðə] **1** *n* madre *f*. || **2** *vt (give birth)* dar a luz. **3** *(care for)* cuidar como una madre; *(- excessively)* mimar.

■ **mother country** patria, madre patria; **mother tongue** lengua materna.

motherhood ['mʌðəhʊd] *n* maternidad *f*.

mother-in-law ['mʌðərɪnlɔː] *n* (*pl* mothers-in-law) suegra.
motif [məʊ'tiːf] **1** *n* ART motivo. **2** *(subject)* tema.
motion ['məʊʃn] **1** *n (movement)* movimiento. **2** *(gesture)* gesto, ademán *m*. **3** POL moción *f*. || **4** *vi* hacer señas. || **5** *vt* indicar con señas.
● **in motion** en marcha; **in slow motion** CINEM a cámara lenta.
■ **motion picture** película de cine.
motivation [məʊtɪ'veɪʃn] *n* motivación *f*.
motive ['məʊtɪv] **1** *n* motivo. **2** JUR móvil *m*.
motor ['məʊtə] **1** *n (engine)* motor *m*. **2** *fam (car)* coche *m*.
■ **motor racing** carreras *fpl* de coches; **motor show** salón *m* del automóvil.
motorbike ['məʊtəbaɪk] *n fam* moto *f*.
motorboat ['məʊtəbəʊt] *n* lancha motora.
motorcycle ['məʊtəsaɪkl] *n* motocicleta, moto *f*.
motorist ['məʊtərɪst] *n* automovilista *mf*.
motorway ['məʊtəweɪ] *n* GB autopista.
motto ['mɒtəʊ] *n* (*pl* **mottos** *o* **mottoes**) lema *m*.
mould [məʊld] **1** *n (growth)* moho. **2** *(cast)* molde *m*. || **3** *vt* moldear; *(clay)* modelar.
mouldy ['məʊldɪ] *adj* mohoso,-a, enmohecido,-a.
mound [maʊnd] *n* montón *m*.
mount [maʊnt] **1** *n (mountain)* monte *m*. **2** *(horse)* montura. **3** *(base)* montura, marco. || **4** *vt (horse)* subirse a; *(bicycle)* montar en. **5** *fml (climb)* subir. **6** *(photo)* enmarcar. **7** *(jewel)* montar.
♦ **to mount up** *vi* subir, aumentar.
mountain ['maʊntən] **1** *n* montaña. || **2** *adj* de montaña, montañés,-esa.
■ **mountain bike** bicicleta de montaña; **mountain range** cordillera, sierra.
mountaineer [maʊntə'nɪə] *n* montañero,-a.
mountainous ['maʊntənəs] *adj* montañoso,-a.
mourn [mɔːn] **1** *vt (dead person)* llorar la muerte de. **2** *(lost thing)* echar de menos.
mourning ['mɔːnɪŋ] *n* luto, duelo.
● **to be in mourning** estar de luto.
mouse [maʊs] *n* (*pl* mice) ratón *m*.
mousetrap ['maʊstræp] *n* ratonera.
moustache [məs'tɑːʃ] *n* bigote *m*.
mouth [maʊθ] **1** *n* boca. **2** *(of river)* desembocadura. **3** *(of cave)* entrada. || **4** *vt* ([maʊð]) *(words)* articular. **5** *(insults)* proferir.
● **by word of mouth** de palabra; **down in the mouth** deprimido,-a; **to keep one's mouth shut** no decir esta boca es mía.
■ **mouth organ** armónica.
mouthful ['maʊθfʊl] *n (of food)* bocado; *(of drink)* sorbo; *(of air)* bocanada.
mouth-organ ['maʊθɔːgən] *n* armónica.
mouthpiece ['maʊθpiːs] **1** *n* MUS boquilla. **2** *(of phone)* micrófono.
move [muːv] **1** *n* movimiento. **2** *(in game)* turno, jugada. **3** *(to new home)* mudanza. || **4** *vt (gen)* mover. **5** *(emotionally)* conmover. **6** *(persuade)* convencer, inducir. || **7** *vi* moverse. **8** *(travel, go)* ir. **9** *(game)* jugar.
♦ **to move along** *vi* avanzar ♦ **to move away 1** *vi* apartarse. **2** *vi (change house)* mudarse de casa, trasladarse ♦ **to move forward 1** *vt* - *vi* avanzar. **2** *vt (clock)* adelantar ♦ **to move in 1** *vi (into new home)* instalarse. **2** *vi (go into action)* intervenir ♦ **to move on 1** *vi (continue a journey)* circular, seguir. **2** *vi (change to)* pasar a ♦ **to move over** *vt* - *vi* correr.
● **to make a move** *(take action)* dar un paso; *(leave)* irse; **to move house** mudarse de casa; **to get a move on** *fam* darse prisa.
movement ['muːvmənt] **1** *n (gen)* movimiento. **2** *(of goods)* traslado; *(of troops)* desplazamiento. **3** *(mechanism)* mecanismo.
movie ['muːvɪ] *n* US película.
● **to go to the movies** ir al cine.

moving ['muːvɪŋ] **1** *adj (that moves)* móvil. **2** *(causing motion)* motor,-ra, motriz. **3** *(emotional)* conmovedor,-ra.
■ **moving staircase** escalera mecánica.

mow [məʊ] *vt (pp* mowed *o* mown [məʊn]) segar.

MP ['em'piː] **1** *abbr (*Member of Parliament*)* miembro de la Cámara de los Comunes. **2** *(*Military Police*)* policía militar.

mpg ['em'piː'dʒiː] *abbr (*miles per gallon*)* ≈ litros/100 km.

mph ['em'piː'eɪtʃ] *abbr (*miles per hour*)* millas por hora.

MSc ['em'es'siː] *abbr (*Master of Science*)* máster en ciencias.

much [mʌtʃ] **1** *adj (comp* more*; superl* most) mucho,-a. || **2** *adv - pron* mucho.
● **as much ... as** tanto,-a ... como; **how much?** ¿cuánto?; **so much** tanto; **very much** muchísimo; **to make much of sth** dar mucha importancia a algo.

muck [mʌk] **1** *n (dirt)* suciedad *f*. **2** *(manure)* estiércol *m*.
♦ **to muck about/around** *vi* perder el tiempo ♦ **to muck in** *vi fam* echar una mano ♦ **to muck up 1** *vt (dirty)* ensuciar. **2** *vt (spoil, ruin)* echar a perder.

mucus ['mjuːkəs] *n* mucosidad *f*.

mud [mʌd] *n* barro, lodo.

muddle ['mʌdl] **1** *n (mess)* desorden *m*. **2** *(mix-up)* embrollo, lío. || **3** *vt (confuse)* confundir.
♦ **to muddle through** *vi* ingeniárselas.
● **to be in a muddle** *(person)* estar hecho,-a un lío.

muddy ['mʌdɪ] **1** *adj (path etc)* fangoso,-a, lodoso,-a. **2** *(person)* cubierto,-a de barro, lleno,-a de barro. **3** *(water)* turbio,-a.

mudguard ['mʌdgɑːd] *n* guardabarros *m inv*.

muffler ['mʌflə] **1** *n (scarf)* bufanda. **2** US AUTO silenciador *m*.

mug [mʌg] **1** *n (large cup)* taza. **2** *(tankard)* jarra. **3** GB *fam (dupe)* primo,-a, ingenuo,-a. || **4** *vt (attack)* asaltar, atacar.

mugger ['mʌgə] *n* atracador,-ra.

muggy ['mʌgɪ] *adj* bochornoso,-a.

mule [mjuːl] *n* mulo,-a.

multinational [mʌltɪ'næʃənl] **1** *adj* multinacional. || **2** *n* multinacional *f*.

multiple ['mʌltɪpl] **1** *adj* múltiple. || **2** *n* múltiplo.

multiplication [mʌltɪplɪ'keɪʃn] *n* multiplicación *f*.

multiply ['mʌltɪplaɪ] **1** *vt* multiplicar. || **2** *vi* multiplicarse.

multitude ['mʌltɪtjuːd] *n* multitud *f*.

mum [mʌm] *n* GB *fam* mamá *f*.

mumble ['mʌmbl] *vt - vi* murmurar, musitar.

mummy ['mʌmɪ] **1** *n (corpse)* momia. **2** GB *fam (mother)* mamá *f*.

mumps [mʌmps] *n* paperas *fpl*.

munch [mʌntʃ] *vt - vi* mascar.

municipal [mjuː'nɪsɪpl] *adj* municipal.

murder ['mɜːdə] **1** *n* asesinato, homicidio. || **2** *vt* asesinar, matar.

murderer ['mɜːdərə] *n* asesino,-a, homicida *mf*.

murky ['mɜːkɪ] **1** *adj (place, night)* oscuro,-a, tenebroso,-a. **2** *(business, past)* turbio,-a.

murmur ['mɜːmə] **1** *n (of voice, river)* murmullo; *(of wind)* susurro; *(of traffic)* rumor *m*. || **2** *vt - vi* murmurar.
● **without a murmur** sin rechistar.

muscle ['mʌsl] *n* músculo.
● **she didn't move a muscle** ni se inmutó.

muscular ['mʌskjʊlə] **1** *adj* muscular. **2** *(person)* musculoso,-a.

muse [mjuːz] **1** *vi* meditar, reflexionar (on/over, sobre). || **2** *n* musa.

museum [mjuː'zɪəm] *n* museo.

mushroom ['mʌʃrʊm] **1** *n* BOT seta, hongo. **2** CULIN champiñón *m*. || **3** *vi* crecer rápidamente.

music ['mjuːzɪk] *n* música.
● **to face the music** dar la cara.
■ **music hall** teatro de variedades; **music score** partitura; **music stand** atril *m*.

musical ['mjuːzɪkl] **1** *adj* musical. **2**

(person; gifted) dotado,-a para la música; *(fond of music)* aficionado,-a a la música. || **3** *n* comedia musical.
musician [mjuːˈzɪʃn] *n* músico,-a.
musk [mʌsk] *n* almizcle *m*.
musketeer [mʌskəˈtɪə] *n* mosquetero.
Muslim [ˈmʌzlɪm] *adj* - *n* musulmán, -ana.
mussel [ˈmʌsl] *n* mejillón *m*.
must [mʌst] **1** *aux (obligation)* deber, tener que: ***I must leave*** debo marcharme; ***you must never do that again*** nunca vuelvas a hacer eso. **2** *(probability)* deber de: ***she must be ill*** debe de estar enferma; ***he must have got lost*** debe de haberse perdido. || **3** *n (grape juice)* mosto. **4** *fam (need)* cosa imprescindible: ***a visit to the palace is a must*** una visita al palacio es imprescindible.
mustard [ˈmʌstəd] *n* mostaza.
musty [ˈmʌstɪ] **1** *adj (food)* rancio,-a. **2** *(smell)* enrarecido,-a.
mute [mjuːt] *adj* - *n* mudo,-a.
muted [ˈmjuːtɪd] **1** *adj (sound)* apagado,-a, sordo,-a. **2** *(colour)* apagado,-a, suave.
mutilate [ˈmjuːtɪleɪt] *vt* mutilar.
mutineer [mjuːtɪˈnɪə] *n* amotinado,-a.
mutiny [ˈmjuːtɪnɪ] **1** *n* motín *m*. || **2** *vi* amotinarse.
mutter [ˈmʌtə] **1** *n* refunfuño. || **2** *vt* decir entre dientes. || **3** *vi* refunfuñar.
mutton [ˈmʌtn] *n* carne *f* de oveja.
mutual [ˈmjuːtʃʊəl] *adj* mutuo,-a, recíproco,-a.
● **by mutual consent** de común acuerdo.
mutually [ˈmjuːtʃʊəlɪ] *adv* mutuamente.
muzzle [ˈmʌzl] **1** *n (snout)* hocico. **2** *(device)* bozal *m*. **3** *(of gun)* boca. || **4** *vt (dog)* poner bozal a. **5** *fig* amordazar.
MW [ˈmiːdɪəmweɪv] *abbr (*medium wave*)* onda media; *(abbreviation)* OM.
my [maɪ] **1** *adj* mi, mis: ***my book*** mi libro; ***my friends*** mis amigos. || **2** *interj* ¡caramba!
myopia [maɪˈəʊpɪə] *n* miopía.
myself [maɪˈself] **1** *pron (reflexive)* me: ***I cut myself*** me corté. **2** *(after preposition)* mí: ***I kept it for myself*** lo guardé para mí.
● **by myself** yo mismo,-a, yo solo,-a: ***I did it by myself*** lo hice yo mismo.
mysterious [mɪˈstɪərɪəs] *adj* misterioso,-a.
mystery [ˈmɪstrɪ] *n* misterio.
mystic [ˈmɪstɪk] *adj* - *n* místico,-a.
mystify [ˈmɪstɪfaɪ] *vt* dejar perplejo,-a, desconcertar.
mystique [mɪsˈtiːk] *n* misterio.
myth [mɪθ] *n* mito.
mythology [mɪˈθɒlədʒɪ] *n* mitología.

N

N [nɔːθ] *abbr (*north*)* norte *m*; *(abbreviation)* N.
nab [næb] *vt fam* pescar, pillar.
nag [næg] **1** *vt* dar la tabarra a. || **2** *vi* quejarse.
nail [neɪl] **1** *n* ANAT uña. **2** *(metal)* clavo. || **3** *vt* clavar.
■ **nail file** lima de uñas; **nail varnish** esmalte *m* de uñas.
naive [naɪˈiːv] *adj* ingenuo,-a.
naked [ˈneɪkɪd] *adj* desnudo,-a.
● **with the naked eye** a simple vista.
name [neɪm] **1** *n* nombre *m*. **2** *(surname)* apellido. || **3** *vt* poner nombre, llamar. **4** *(appoint)* nombrar.
● **in sb's name** a nombre de algn; **in the name of** en nombre de; **what's your name?** ¿cómo te llamas?
nameless [ˈneɪmləs] **1** *adj (unknown)* anónimo,-a. **2** *(fear)* indescriptible.
namely [ˈneɪmlɪ] *adv* a saber.
namesake [ˈneɪmseɪk] *n* tocayo,-a.
nanny [ˈnænɪ] *n* niñera.
nap [næp] **1** *n* siesta. || **2** *vi* dormir la siesta.

● **to catch napping** coger desprevenido,-a; **to catch a nap** echarse una siesta.
nape [neɪp] *n* nuca, cogote *m*.
napkin ['næpkɪn] *n* servilleta.
nappy ['næpɪ] *n* pañal *m*.
narcotic [nɑː'kɒtɪk] **1** *adj* narcótico,-a. || **2** *n* narcótico.
narrate [nə'reɪt] *vt* narrar.
narrative ['nærətɪv] **1** *adj* narrativo,-a. || **2** *n (account)* narración *f*. **3** *(genre)* narrativa.
narrow ['nærəʊ] **1** *adj* estrecho,-a. **2** *(restricted)* reducido,-a, restringido,-a. || **3** *vt* estrechar. || **4** *vi* estrecharse.
♦ **to narrow down** *vt* reducir.
narrowly ['nærəʊlɪ] *adv* por poco.
narrow-minded [nærəʊ'maɪndɪd] *adj* estrecho,-a de miras.
NASA ['næsə] *abbr* US (National Aeronautics and Space Administration) Administración *f* Nacional de Aeronáutica y del Espacio; *(abbreviation)* NASA *f*.
nasal ['neɪzl] *adj* nasal.
nasty ['nɑːstɪ] **1** *adj (revolting)* desagradable, repugnante: ***a nasty smell*** un olor asqueroso. **2** *(mean)* malo,-a, malintencionado,-a: ***he was very nasty to her*** era muy cruel con ella. **3** *(severe)* serio,a, feo,-a, grave: ***that was a nasty fall*** tuvo una caída seria. **4** *(fricky)* peliagudo,-a, difícil: ***we had a nasty exam*** tuvimos un examen difícil.
nation ['neɪʃn] *n* nación *f*.
national ['næʃnəl] **1** *adj* nacional. || **2** *n* súbdito,-a.
■ **national anthem** himno nacional.
nationalism ['næʃnəlɪzm] *n* nacionalismo.
nationalist ['næʃnəlɪst] **1** *adj* nacionalista. || **2** *n* nacionalista *mf*.
nationality [næʃə'nælɪtɪ] *n* nacionalidad *f*.
nationalize [næʃnə'laɪz] *vt* nacionalizar.
nationwide ['neɪʃnwaɪd] **1** *adj* a escala nacional. || **2** *adv* ([neɪʃn'waɪd]) por todo el país.
native ['neɪtɪv] **1** *adj* natal. **2** *(plant animal)* originario,-a. || **3** *n* natural *mf*, nativo,-a. **4** *(original inhabitant)* indígena *mf*.
Nativity [nə'tɪvɪtɪ] *n* Natividad *f*.
NATO ['neɪtəʊ] *abbr* (North Atlantic Treaty Organization) Organización *f* del Tratado del Atlántico Norte; *(abbreviation)* OTAN *f*.
▲ *También se escribe* Nato.
natter ['nætə] *vi fam* charlar.
natty ['nætɪ] *adj (smart)* elegante.
natural ['nætʃrəl] **1** *adj* natural. **2** *(born)* nato,-a.
● **by nature** por naturaleza.
naturalist ['nætʃrəlɪst] *n* naturalista *mf*.
naturally ['nætʃrəlɪ] *adv* naturalmente.
nature ['neɪtʃə] **1** *n* naturaleza. **2** *(type)* índole *f*.
naturist ['neɪtʃərɪst] *n* naturista *mf*.
naught [nɔːt] *n* nada.
naughty ['nɔːtɪ] **1** *adj* travieso,-a. **2** *(risqué)* atrevido,-a.
nausea ['nɔːzɪə] *n* náusea.
nauseating ['nɔːzɪeɪtɪŋ] *adj* nauseabundo,-a.
nautical ['nɔːtɪkl] *adj* náutico,-a.
naval ['neɪvl] *adj* naval.
nave [neɪv] *n* nave *f*.
navel ['neɪvl] *n* ombligo.
navigate ['nævɪgeɪt] **1** *vt (river)* navegar por. **2** *(ship)* gobernar. || **3** *vi* navegar.
navigation [nævɪ'geɪʃn] *n* navegación *f*.
navigator ['nævɪgeɪtə] *n* MAR navegante *mf*.
navy ['neɪvɪ] *n* marina de guerra, armada.
■ **navy blue** azul marino.
Nazi ['nɑːtsɪ] **1** *adj* nazi. || **2** *n* nazi *mf*.
NB ['en'biː] *abbr* (nota bene) observa bien; *(abbreviation)* N.B..
▲ *También se escribe* nb, N.B. *y* n.b..
NBA ['en'biː'eɪ] *abbr* US (National Basketball Association) asociación nacional de baloncesto; *(abbreviation)* NBA *f*.
NE [nɔːθ'iːst] *abbr* (northeast) nordeste *m*; *(abbreviation)* NE.

near [nɪə] 1 *adj (distance)* cercano,-a. 2 *(time)* próximo,-a. 3 *(utmost)* casi. || 4 *adv (in distance)* cerca. 5 *(in the verge of)* a punto de: ***she was near to tears*** estaba al borde de las lágrimas. || 6 *prep* cerca de. || 7 *vt* acercarse a.
nearby ['nɪəbaɪ] 1 *adj* cercano,-a. || 2 *adv* cerca.
nearly ['nɪəlɪ] *adv* casi.
neat [niːt] 1 *adj (room)* ordenado,-a; *(garden)* bien arreglado,-a. 2 *(person)* pulcro,-a; *(in habits)* ordenado,-a. 3 *(writing)* claro,-a. 4 *(skilful)* hábil. 5 *(drink)* solo,-a.
neatly ['niːtlɪ] *adv* con cuidado, con pulcritud.
necessarily [nesə'serɪlɪ] *adv* necesariamente.
necessary ['nesɪsrɪ] *adj* necesario,-a.
necessitate [nɪ'sesɪteɪt] *vt* exigir.
necessity [nɪ'sesɪtɪ] 1 *n* necesidad *f*. 2 *(item)* requisito indispensable.
● **of necessity** por necesidad.
neck [nek] 1 *n* cuello. || 2 *vi fam* besuquearse.
● **to be up to one's neck in sth** estar hasta el cuello de algo.
necklace ['nekləs] *n* collar *m*.
neckline ['neklaɪn] *n* escote *m*.
nectar ['nektə] *n* néctar *m*.
née [neɪ] *adj* de soltera.
need [niːd] 1 *n* necesidad *f*. || 2 *vt (require)* necesitar. || 3 *aux (be obliged to)* tener que: ***I need to cut my hair*** me tengo que cortar el pelo.
needful ['niːdfʊl] *adj* necesario,-a.
needle ['niːdl] 1 *n* aguja. || 2 *vt fam* pinchar.
needless ['niːdləs] *adj* innecesario,-a.
needy ['niːdɪ] *adj* necesitado,-a.
negation [nɪ'geɪʃn] *n* negación *f*.
negative ['negətɪv] 1 *adj* negativo,-a. || 2 *n* GRAM negación *f*. 3 *(answer)* negativa. 4 *(photograph)* negativo.
neglect [nɪ'glekt] 1 *n* descuido, negligencia. || 2 *vt* descuidar.
neglectful [nɪ'glektfʊl] *adj* negligente.
negligée ['neglɪdʒeɪ] *n* salto de cama.
negligence ['neglɪdʒəns] *n* negligencia.
negligent ['neglɪdʒənt] *adj* negligente.
negligible ['neglɪdʒɪbl] *adj* insignificante.
negotiate [nɪ'gəʊʃɪeɪt] 1 *vt* - *vi* negociar. || 2 *vt (obstacle)* salvar.
negotiation [nɪgəʊʃɪ'eɪʃn] *n* negociación *f*.
negro ['niːgrəʊ] *adj* - *n* negro,-a.
neigh [neɪ] 1 *n* relincho. || 2 *vi* relinchar.
neighbour ['neɪbə] *n* vecino,-a.
neighbourhood ['neɪbəhʊd] *n* vecindad *f*.
neighbouring ['neɪbərɪŋ] *adj* vecino, -a.
neighbourly ['neɪbəlɪ] *adj* amable.
neither ['naɪðə, 'niːðə] 1 *adj* - *pron* ninguno,-a de los dos/las dos: ***neither of us*** ninguno de los dos; ***neither car is his*** ninguno de los dos coches es suyo. || 2 *adv* - *conj* ni: ***it's neither good nor bad*** no es ni bueno ni malo.
● **neither ... nor...** ni ... ni ....
neolithic [niːəʊlɪθɪk] *adj* neolítico,-a.
neon ['niːən] *n* neón *m*.
Nepal [nə'pɔːl] *n* Nepal.
Nepalese [nepə'liːz] 1 *adj* nepalés,-esa, nepalí. || 2 *n (person)* nepalés,-esa, nepalí *mf*. 3 *(language)* nepalés *m*, nepalí *m*. || 4 the Nepalese *npl* los nepaleses *mpl*, los nepalíes *mpl*.
nephew ['nevjuː] *n* sobrino.
nerve [nɜːv] 1 *n* nervio. 2 *(daring)* valor *m*. 3 *(cheek)* descaro.
● **to get on sb's nerves** poner nervioso,-a a algn.
nervous ['nɜːvəs] 1 *adj* nervioso,-a. 2 *(afraid)* miedoso,-a, tímido,-a.
nervousness ['nɜːvəsnəs] 1 *n* nerviosismo, nerviosidad *f*. 2 *(fear)* miedo.
nest [nest] 1 *n* nido. || 2 *vi* anidar.
nestle ['nesl] *vi* acomodarse.
net [net] 1 *n* red *f*. || 2 *adj* neto,-a. || 3 *vt* coger con red. 4 *(earn)* ganar neto,-a. || 5 **the Net** *n (Internet)* la Red.
■ **Net user** internauta *mf*.

netball ['netbɔːl] *n* baloncesto femenino.

Netherlands ['neðələndʒ] *n* los Países Bajos.

netting ['netɪŋ] *n* malla.

nettle ['netl] **1** *n* ortiga. || **2** *vt* irritar.

network ['netwɜːk] *n* red *f*.

neurotic [njʊ'rɒtɪk] *adj* - *n* neurótico,-a.

neuter ['njuːtə] **1** *adj* neutro,-a. || **2** *n* GRAM neutro. || **3** *vt* castrar.

neutral ['njuːtrəl] **1** *adj* neutro,-a. **2** POL neutral. || **3** *n* AUTO punto muerto.

neutralize ['njuːtrəlaɪz] *vt* neutralizar.

never ['nevə] *adv* nunca, jamás.

never-ending [nevə'rendɪŋ] *adj* interminable.

nevertheless [nevəðə'les] *adv* sin embargo.

new [njuː] *adj* nuevo,-a.
■ **New Year** Año Nuevo.

newborn ['njuːbɔːn] *adj* recién nacido,-a.

newcomer ['njuːkʌmə] *n* recién llegado,-a.

newly ['njuːlɪ] *adv* recién, recientemente.

newlywed ['njuːlɪwed] *n* recién casado,-a.

news [njuːz] *n* noticias *fpl*.
• **to break the news to sb** dar la noticia a algn.
■ **a piece of news** una noticia; **news bulletin** boletín *m* informativo.

newsagent ['njuːzeɪdʒənt] *n* vendedor,-ra de periódicos.
■ **newsagent's** quiosco de periódicos.

newsflash ['njuːzflæʃ] *n* noticia de última hora.

newsgroup ['njuːzgruːp] *n* COMPUT grupo de noticias.

newsletter ['njuːzletə] *n* hoja informativa.

newspaper ['njuːspeɪpə] *n* diario, periódico.

newsreader ['njuːzriːdə] *n* presentador,-ra del informativo.

newsworthy ['njuːzwɜːðɪ] *adj* de interés periodístico.

newt [njuːt] *n* tritón *m*.

next [nekst] **1** *adj (following)* próximo, -a, siguiente. **2** *(time)* próximo,-a: ***next year*** el año que viene. **3** *(room, house, etc)* de al lado: ***he lives next door*** vive en la casa de al lado. || **4** *adv* luego, después, a continuación.
• **next to** al lado de.
■ **next of kin** pariente(s) más cercano(s).

NGO ['en'dʒiː'əʊ] *abbr (*Non-Governmental Organization*)* Organización *f* no gubernamental; *(abbreviation)* ONG *f*.

NHS ['en'eɪtʃ'es] *abbr* GB *(*National Health Service*)* ≈ Insalud *m*.

nib [nɪb] *n* plumilla.

nibble ['nɪbl] **1** *n* mordisco. **2** *(piece)* bocadito. || **3** *vt* - *vi* mordisquear.

Nicaragua [nɪkə'rægjʊə] *n* Nicaragua.

Nicaraguan [nɪkə'rægjʊən] *adj* - *n* nicaragueño,-a.

nice [naɪs] **1** *adj (person)* amable, simpático,-a, majo,-a. **2** *(thing)* bueno,-a, agradable. **3** *(pretty)* bonito,-a, mono, -a, guapo,-a.

nicely ['naɪslɪ] *adv* muy bien.

niche [niːʃ] *n* nicho, hornacina.

nick [nɪk] **1** *n* mella, muesca. **2** GB *sl (gaol)* chirona. || **3** *vt* mellar. **4** *fam (steal)* birlar, mangar. **5** *fam (arrest)* pillar.
• **in the nick of time** justo a tiempo; **in good nick** *sl* en buenas condiciones.

nickel ['nɪkl] **1** *n (metal)* níquel *m*. **2** US moneda de cinco centavos.

nickname ['nɪkneɪm] **1** *n* apodo. || **2** *vt* apodar.

niece [niːs] *n* sobrina.

niggle ['nɪgl] **1** *n (doubt)* duda. **2** *(worry)* preocupación *f*. || **3** *vi (worry)* preocupar.

night [naɪt] *n* noche *f*.
• **at/by night** de noche; **last night** anoche.

nightclub ['naɪtklʌb] *n* club *m* nocturno.
nightdress ['naɪtdres] *n* camisón *m*.
nightgown ['naɪtgaʊn] *n* camisón *m*.
nightingale ['naɪtɪŋgeɪl] *n* ruiseñor *m*.
nightlife ['naɪtlaɪf] *n* vida nocturno.
nightly ['naɪtlɪ] *adv* cada noche.
nightmare ['naɪtmeə] *n* pesadilla.
nil [nɪl] **1** *n* nada. **2** SP cero.
Nile [naɪl] *n* el Nilo.
nimble ['nɪmbl] *adj* ágil.
nine [naɪn] *num* nueve.
ninepins ['naɪnpɪnz] *n juego de* bolos.
nineteen [naɪn'tiːn] *num* diecinueve.
nineteenth [naɪn'tiːnθ] **1** *adj* decimonono,-a. || **2** *n (fraction)* decimonono, decimonona parte *f*.
ninetieth ['naɪntɪəθ] **1** *adj* nonagésimo,-a. || **2** *n (fraction)* nonagésimo, nonagésima parte *f*.
ninety ['naɪntɪ] *num* noventa.
ninth [naɪnθ] **1** *adj* nono,-a, noveno, -a. || **2** *n (fraction)* noveno, novena parte *f*.
nip [nɪp] **1** *n (pinch)* pellizco. **2** *(bite)* mordisco. **3** *(drink)* trago. || **4** *vt - vi* pellizcar. **5** *(bite)* mordisquear. || **6** *vi (go quickly)* ir (en un momento).
• **to nip in the bud** cortar de raíz.
nipper ['nɪpə] *n fam* chaval,-la.
nipple ['nɪpl] **1** *n (female)* pezón *m*. **2** *(male)* tetilla. **3** *(teat)* boquilla.
nippy ['nɪpɪ] **1** *adj fam (quick)* rápido, -a. **2** *fam (cold)* fresquito,-a.
nit [nɪt] **1** *n* liendre *f*. **2** *fam* imbécil *mf*.
nitrogen ['naɪtrɪdʒən] *n* nitrógeno.
No ['nʌmbə] *abbr (*number*)* número; *(abbreviation)* n°, núm..
no [nəʊ] **1** *adv* no. || **2** *adj* ninguno,-a; *(before masc sing)* ningún: ***I have no time*** no tengo tiempo.
nobility [nəʊ'bɪlɪtɪ] *n* nobleza.
noble ['nəʊbl] **1** *adj* noble. || **2** *n* noble *mf*.
nobleman ['nəʊblmən] *n* noble *m*.
noblewoman ['nəʊblwʊmən] *n* noble *f*.
nobody ['nəʊbədɪ] **1** *pron* nadie. || **2** *n* nadie *m*.
nocturnal [nɒk'tɜːnl] *adj* nocturno,-a.
nod [nɒd] **1** *n* saludo *(con la cabeza)*. **2** *(in agreement)* señal *f* de asentimiento. || **3** *vi* saludar *(con la cabeza)*. **4** *(agree)* asentir *(con la cabeza)*.
♦ **to nod off** *vi* dormirse.
nohow ['nəʊhaʊ] *adv* de ninguna manera.
noise [nɔɪz] *n* ruido, sonido.
noiseless ['nɔɪzləs] *adj* silencioso,-a.
noisy ['nɔɪzɪ] *adj* ruidoso,-a.
nomad ['nəʊməd] **1** *adj* nómada. || **2** *n* nómada *mf*.
nominal ['nɒmɪnəl] **1** *adj* nominal. **2** *(price)* simbólico,-a.
nominate ['nɒmɪneɪt] **1** *vt* nombrar. **2** *(propose)* proponer.
nomination [nɒmɪ'neɪʃn] **1** *n* nombramiento. **2** *(proposal)* propuesta.
nonchalant ['nɒnʃələnt] *adj* impasible.
noncommittal [nɒnkə'mɪtl] *adj* no comprometedor,-ra.
nonconformist [nɒnkən'fɔːmɪst] **1** *adj* inconformista. || **2** *n* inconformista *mf*.
nondescript ['nɒndɪskrɪpt] *adj* aburrido,-a.
none [nʌn] **1** *pron (not any)* ninguno, -a: ***none of this is mine*** nada de esto es mío. **2** *(no one)* nadie: ***none could afford it*** nadie podía pagarlo. || **3** *adv* nada: ***he is none the wiser*** no ha entendido nada.
nonentity [nɒ'nentɪtɪ] *n* nulidad *f*.
nonetheless [nʌnðə'les] *adv* no obstante.
nonexistent [nɒnɪg'zɪstnt] *adj* inexistente.
nonplussed [nɒn'plʌst] *adj* perplejo, -a.
nonsense ['nɒnsəns] *n* tonterías *fpl*.
nonsmoker [nɒn'sməʊkə] *n* no fumador,-ra.
nonstick [nɒn'stɪk] *adj* antiadherente.
nonstop [nɒn'stɒp] **1** *adj (flight)* directo,-a. **2** *(rain)* continuo,-a. || **3** *adv* sin parar.
noodle ['nuːdl] *n* fideo.
nook [nʊk] *n* rincón *m*.

noon [nuːn] *n* mediodía *m*.
no-one ['nəʊwʌn] *pron* nadie.
noose [nuːs] **1** *n (for trapping)* lazo. **2** *(hangman's)* dogal *m*.
nor [nɔː] **1** *conj* ni: ***neither you nor I*** ni tú ni yo. **2** tampoco: ***nor do I*** yo tampoco.
norm [nɔːm] *n* norma.
normal ['nɔːml] *adj* normal.
normality [nɔː'mælɪtɪ] *n* normalidad *f*.
normally ['nɔːmlɪ] *adv* normalmente.
north [nɔːθ] **1** *n* norte *m*. || **2** *adj* del norte. || **3** *adv* al norte.
■ **North America** Norteamérica, América del norte; **North America** norteamericano,-a; **North Pole** Polo Norte; **North Sea** Mar *m* del norte.
northeast [nɔːθ'iːst] **1** *n* nordeste *m*, noreste *m*. || **2** *adj* del nordeste, del noreste. || **3** *adv* al nordeste, hacia el nordeste.
northerly ['nɔːðəlɪ] *adj* del norte, septentrional.
northern ['nɔːðn] *adj* del norte, septentrional.
northerner ['nɔːðnə] *n* norteño,-a.
northwest [nɔːθ'west] **1** *n* noroeste *m*. || **2** *adj* del noroeste. || **3** *adv* al noroeste, hacia el noroeste.
Norway ['nɔːweɪ] *n* Noruega.
Norwegian [nɔː'wiːdʒən] **1** *adj* noruego,-a. || **2** *n (person)* noruego,-a. **3** *(language)* noruego.
nose [nəʊz] **1** *n (of person)* nariz *f*; *(of animal)* hocico; *(of car)* morro. **2** *(sense)* olfato.
● **to nose about** curiosear; **to keep one's nose out of sth** no meter las narices en algo.
nosebleed ['nəʊzbliːd] *n* hemorragia nasal.
nosey ['nəʊzɪ] *adj fam* curioso,-a, entrometido,-a.
nosey-parker [nəʊzɪ'pɑːkə] *n fam* entrometido,-a, metomentodo *mf*.
nosh [nɒʃ] *n sl* papeo.
nostalgia [nɒ'stældʒɪə] *n* nostalgia.
nostril ['nɒstrɪl] *n* fosa nasal.
not [nɒt] *adv* no.
● **thanks, not at all** gracias, de nada.
notable ['nəʊtəbl] *adj* notable.
notation [nəʊ'teɪʃn] *n* notación *f*.
notch [nɒtʃ] **1** *n* muesca. || **2** *vt* hacer muescas en.
note [nəʊt] **1** *vt (notice)* notar, observar. **2** *(write down)* apuntar, anotar. || **3** *n* MUS nota; *(key)* tecla. **4** *(message)* nota. **5** *(money)* billete *m*. || **6 notes** *npl* apuntes *mpl*.
● **of note** de importancia; **to take note of** tomar nota de.
notebook ['nəʊtbʊk] *n* libreta, cuaderno.
noted ['nəʊtɪd] *adj* conocido,-a, célebre.
notepaper ['nəʊtpeɪpə] *n* papel *m* de cartas.
noteworthy ['nəʊtwɜːðɪ] *adj* digno,-a de mención.
nothing ['nʌθɪŋ] *pron* nada.
● **for nothing** *(free)* gratis; *(for no purpose)* en vano, en balde: ***he worked for nothing*** trabajaba sin cobrar; ***all this effort for nothing*** todo este esfuerzo para nada; **if nothing else** al menos; **nothing but** tan sólo.
notice ['nəʊtɪs] **1** *n (sign)* letrero. **2** *(announcement)* anuncio. **3** *(attention)* atención *f*. **4** *(warning)* aviso. || **5** *vt* notar, fijarse en, darse cuenta de.
● **to take no notice of** no hacer caso de; **until further notice** hasta nuevo aviso.
noticeable ['nəʊtɪsəbl] *adj* que se nota, evidente.
noticeboard ['nəʊtɪsbɔːd] *n* tablón *m* de anuncios.
notify ['nəʊtɪfaɪ] *vt* notificar, avisar.
notion ['nəʊʃn] **1** *n* noción *f*, idea, concepto. || **2 notions** *npl* US artículos *mpl* de mercería.
notorious [nəʊ'tɔːrɪəs] *adj pej* célebre.
notwithstanding [nɒtwɪθ'stændɪŋ] **1** *adv* no obstante. || **2** *prep* a pesar de.
nougat ['nuːgɑː] *n* turrón *m* blando.
nought [nɔːt] *n* cero: ***nought point six six*** cero coma sesenta y seis.

noun [naʊn] *n* nombre *m,* sustantivo.
nourish ['nʌrɪʃ] *vt* nutrir, alimentar.
nourishing ['nʌrɪʃɪŋ] *adj* nutritivo,-a.
nourishment ['nʌrɪʃmənt] *n* nutrición *f.*
Nov ['nəʊvembə] *abbr (November)* noviembre *m.*
novel ['nɒvl] **1** *adj* original. ‖ **2** *n* novela.
novelist ['nɒvlɪst] *n* novelista *mf.*
novelty ['nɒvltɪ] *n* novedad *f.*
November [nəʊ'vembə] *n* noviembre *m.*
novice ['nɒvɪs] **1** *n* novato,-a. **2** REL novicio,-a.
now [naʊ] **1** *adv* ahora. **2** *(these days)* hoy en día, actualmente.
• **from now on** de ahora en adelante; **now and then** de vez en cuando; **now that** ahora que.
nowadays ['naʊədeɪz] *adv* hoy día, hoy en día.
nowhere ['nəʊweə] *adv* en ninguna parte.
• **nowhere else** en ninguna otra parte.
noxious ['nɒkʃəs] *adj* nocivo,-a.
nozzle ['nɒzl] *n* boquilla.
nr [nɪə] *abbr (near)* cerca de.
NT ['næʃnət'trʌst] *abbr* GB *(*National Trust*) organización que vela por el patrimonio nacional, tanto natural como arquitectónico.*
nuance [njuː'ɑːns] *n* matiz *m.*
nuclear ['njuːklɪə] *adj* nuclear.
■ **nuclear bomb** bomba atómica; **nuclear energy** energía nuclear.
nucleus ['njuːklɪəs] *n* núcleo.
nude [njuːd] **1** *adj* desnudo,-a. ‖ **2** *n* desnudo.
nudge [nʌdʒ] **1** *n* codazo. ‖ **2** *vt* dar un codazo a.
nudist ['njuːdɪst] **1** *adj* nudista. ‖ **2** *n* nudista *mf.*
nudity ['njuːdɪtɪ] *n* desnudez *f.*
nugget ['nʌgɪt] *n* pepita.
nuisance ['njuːsns] **1** *n (thing)* molestia, fastidio, lata. **2** *(person)* pesado,-a.
null [nʌl] *adj* nulo,-a.
numb [nʌm] **1** *adj* entumecido,-a. ‖ **2** *vt* entumecer.
number ['nʌmbə] **1** *n* número. ‖ **2** *vt* numerar. **3** *(count)* contar: ***his days are numbered*** tiene los días contados.
numberplate ['nʌmbəpleɪt] *n* GB placa de la matrícula.
numbness ['nʌmnəs] *n* entumecimiento.
numeral ['njuːmərəl] *n* número, cifra.
numerate ['njuːmərət] *adj* que tiene conocimientos de matemáticas.
numerical [njuː'merɪkl] *adj* numérico, -a.
numerous ['njuːmərəs] *adj* numeroso,-a.
numismatics [njuːmɪz'mætɪks] *n* numismática.
nun [nʌn] *n* monja, religiosa.
nuncio ['nʌnʃɪəʊ] *n* nuncio apostólico.
nunnery ['nʌnərɪ] *n* convento *(de monjas).*
nuptial ['nʌpʃl] *adj* nupcial.
nurse [nɜːs] **1** *n* enfermero,-a. **2** *(children's)* niñera. ‖ **3** *vt (look after)* cuidar. **4** *(suckle)* amamantar. **5** *(feeling)* guardar: ***to nurse a grudge against sb*** guardar rencor a algn.
nursery ['nɜːsrɪ] **1** *n (in house)* cuarto de los niños. **2** *(kindergarten)* guardería, parvulario. **3** *(for plants)* vivero.
■ **nursery school** parvulario.
nursing ['nɜːsɪŋ] *n* enfermería.
■ **nursing home** *(for old people)* hogar *m* de ancianos; *(for women)* clínica de maternidad.
nurture ['nɜːtʃə] *vt* criar.
nut [nʌt] **1** *n* BOT fruto seco. **2** TECH tuerca. **3** *fam (fanatic)* forofo,-a, fanático,-a. **4** *fam (nutcase)* chalado,-a.
nutcase ['nʌtkeɪs] *n fam* chalado,-a.
nutcracker ['nʌtkrækə] *n* cascanueces *m inv.*
nutmeg ['nʌtmeg] *n* nuez *f* moscada.
nutrient ['njuːtrɪənt] *n* sustancia nutritiva.
nutrition [njuː'trɪʃn] *n* nutrición *f.*

nutritious [njuː'trɪʃəs] *adj* nutritivo,-a.
nutshell ['nʌtʃel] *n* cáscara.
• **in a nutshell** en pocas palabras.
nutter ['nʌtə] *n fam* chalado,-a.
nuzzle ['nʌzl] *vt* rozar con el hocico.
• **to nuzzle up against** acurrucarse contra.
NW [nɔːθ'west] *abbr (*northwest*)* noroeste *m; (abbreviation)* NO.
nylon ['naɪlɒn] **1** *n* nilón *m*. ‖ **2 nylons** *npl* medias *fpl* de nilón.
nymph [nɪmf] *n* ninfa.
nymphomaniac [nɪmfə'meɪnɪæk] *n* ninfómana.

O

O [əʊ] **1** *n (letter)* o *f*. **2** *(number)* cero.
oaf [əʊf] *n* palurdo,-a, zoquete *mf*.
oak [əʊk] *n* roble *m*.
OAP ['əʊ'eɪ'piː] *abbr* GB *(*old-age pensioner*)* pensionista *mf*.
oar [ɔː] *n* remo.
oarsman ['ɔːzmən] *n* remero.
oasis [əʊ'eɪsɪs] *n* oasis *m inv*.
oath [əʊθ] **1** *n* juramento. **2** *(swearword)* palabrota.
oats [əʊt] *npl* avena *f sing*.
obedience [ə'biːdɪəns] *n* obediencia.
obedient [ə'biːdɪənt] *adj* obediente.
obelisk ['ɒbɪlɪsk] *n* obelisco.
obese [əʊ'biːs] *adj* obeso,-a.
obesity [əʊ'biːsɪtɪ] *n* obesidad *f*.
obey [ə'beɪ] *vt* obedecer.
obituary [ə'bɪtjʊərɪ] *n* necrología, obituario.
object ['ɒbdʒɪkt] **1** *n (thing)* objeto. **2** *(aim)* objetivo. **3** GRAM complemento. ‖ **4** *vt* ([əb'dʒekt]) objetar. ‖ **5** *vi* oponerse.
• **money is no object** el dinero no importa.
objection [əb'dʒekʃn] *n* objeción *f*, reparo.
• **to have no objection** no tener ningún reparo.
objectionable [əb'dʒekʃənəbl] *adj* desagradable.
objective [əb'dʒektɪv] **1** *adj* objetivo, -a. ‖ **2** *n* objetivo.
objector [əb'dʒektə] *n* objetor,-ra.
obligation [ɒblɪ'geɪʃn] *n* obligación *f*.
obligatory [ɒ'blɪgətrɪ] *adj* obligatorio, -a.
oblige [ə'blaɪdʒ] **1** *vt (compel)* obligar. **2** *(do a favour)* hacer un favor a.
• **much obliged** muy agradecido,-a.
obliging [ə'blaɪdʒɪŋ] *adj* complaciente.
obliterate [ə'blɪtəreɪt] *vt* borrar.
oblivion [ə'blɪvɪən] *n* olvido.
oblivious [ə'blɪvɪəs] *adj* inconsciente.
oblong ['ɒblɒŋ] **1** *adj* oblongo,-a. ‖ **2** *n* rectángulo.
obnoxious [əb'nɒkʃəs] *adj* repugnante.
oboe ['əʊbəʊ] *n* oboe *m*.
obscene [ɒb'siːn] *adj* obsceno,-a.
obscenity [əb'senɪtɪ] *n* obscenidad *f*.
obscure [əbs'kjʊə] **1** *adj* obscuro,-a. **2** *(unknown)* poco conocido,-a. ‖ **3** *vt* obscurecer.
obscurity [əb'skjʊərɪtɪ] *n* obscuridad *f*.
observant [əb'zɜːvənt] *adj* observador,-ra.
observation [ɒbzə'veɪʃən] *n* observación *f*.
observatory [əb'zɜːvətrɪ] *n* observatorio.
observe [əb'zɜːv] **1** *vt (gen)* observar. **2** *(law)* cumplir.
observer [əb'zɜːvə] *n* observador,-ra.
obsess [əb'ses] *vt* obsesionar.
obsession [əb'seʃn] *n* obsesión *f*.
obsolete ['ɒbsəliːt] *adj* obsoleto,-a.
obstacle ['ɒbstəkl] *n* obstáculo.
obstetrics [ɒb'stetrɪks] *n* obstetricia.
obstinacy ['ɒbstɪnəsɪ] *n* obstinación *f*.
obstinate ['ɒbstɪnət] *adj* obstinado,-a.
obstruct [əb'strʌkt] **1** *vt (block)* obstruir. **2** *(hinder)* obstaculizar.
obstruction [əb'strʌkʃn] **1** *n (blockage)* obstrucción *f*. **2** *(hindrance)* obstáculo.

obtain [əb'teɪn] *vt* obtener, conseguir.
obtrusive [əb'truːsɪv] *adj* molesto,-a.
obtuse [əb'tjuːs] *adj* obtuso,-a.
obvious ['ɒbvɪəs] *adj* obvio,-a, evidente.
obviously ['ɒbvɪəslɪ] *adv* obviamente, evidentemente.
occasion [ə'keɪʒn] **1** *n (time)* vez *f*, ocasión *f*. **2** *(event)* acontecimiento. ‖ **3** *vt* ocasionar.
● **on the occasion of** con motivo de.
occasional [ə'keɪʒənl] *adj* esporádico, -a.
occasionally [ə'keɪʒnəlɪ] *adv* de vez en cuando, ocasionalmente.
occult ['ɒkʌlt] *adj* oculto,-a.
■ **the occult** las ciencias ocultas.
occupant ['ɒkjʊpənt] **1** *n* ocupante *mf*. **2** *(of flat)* inquilino,-a.
occupation [ɒkjʊ'peɪʃn] **1** *n* ocupación *f*. **2** *(job)* profesión *f*.
occupier ['ɒkjʊpaɪə] *n* → **occupant**.
occupy ['ɒkjʊpaɪ] *vt* ocupar.
occur [ə'kɜː] **1** *vi* ocurrir, suceder. **2** *(come to mind)* ocurrirse: ***nothing occurs to me*** no se me ocurre nada.
occurrence [ə'kʌrəns] *n* suceso: ***a common occurrence*** un caso frecuente.
ocean ['əʊʃn] *n* océano.
Oceania [əʊʃɪ'ɑːnɪə] *n* Oceanía.
oceanic [əʊʃɪ'ænɪk] *adj* oceánico,-a.
ochre ['əʊkə] **1** *adj* ocre. ‖ **2** *n* ocre *m*.
o'clock [ə'klɒk] *adv*: ***it's one o'clock*** es la una; ***it's two o'clock*** son las dos.
octave ['ɒktɪv] *n* octava.
October [ɒk'təʊbə] *n* octubre *m*.
octopus ['ɒktəpəs] *n* pulpo.
odd [ɒd] **1** *adj (strange)* extraño,-a, raro,-a. **2** *(number)* impar. **3** *(after numbers)* y pico: ***thirty odd*** treinta y pico. **4** *(sock etc)* suelto,-a, desparejado,-a. **5** *(occasional)* ocasional, esporádico,-a.
oddity ['ɒdɪtɪ] *n* rareza.
odds [ɒdz] *npl* probabilidades *fpl*: ***the odds are that ...*** lo más probable es que ...
● **it makes no odds** lo mismo da; **to be at odds** estar reñidos,-as; **to fight against the odds** luchar contra las fuerzas superiores.
■ **odds and ends** cositas *fpl*, cosas *fpl* sueltas.
odontology [ɒdɒn'tɒlədʒɪ] *n* odontología.
odour ['əʊdə] *n* olor *m*.
OECD ['əʊ'iː'siː'diː] *abbr (*Organization for Economic Cooperation and Development*)* Organización *f* para la Cooperación y el Desarrollo Económico; *(abbreviation)* OCDE *f*.
oesophagus [iː'sɒfəgəs] *n* esófago.
of [ɒv, unstressed əv] *prep* de.
off [ɒf] **1** *prep (from)* de: ***it fell off the wall*** se cayó de la pared. **2** *(not wanting)*: ***I'm off coffee*** he perdido el gusto por el café. **3** *(close)* cerca: ***off the coast*** cerca de la costa. **4** *(removed from)*: ***there's a button off your coat*** a tu abrigo le falta un botón. **5** *(deducted from)*: ***there's 15% off the price*** hay un descuento del 15%. ‖ **6** *adv (away)*: ***he ran off*** se fue corriendo. **7** *(on holiday)*: ***two days off*** dos días libres. ‖ **8** *adj (ill - from school)* ausente; *(- from work)* de baja. **9** *(machinery)* desconectado,-a. **10** *(gas, electricity)* apagado,-a. **11** *(water, tap)* cerrado,-a. **12** *(event)* suspendido,-a. **13** *(bad)* malo,-a, pasado,-a; *(milk)* agrio,-a.
offal ['ɒfl] *n* asaduras *fpl*.
off-colour ['ɒfkʌlə] *adj (ill)* indispuesto,-a.
offence [ə'fens] **1** *n* ofensa. **2** JUR infracción *f*, delito.
offend [ə'fend] *vt* ofender.
offender [ə'fendə] *n* delincuente *mf*.
offensive [ə'fensɪv] **1** *adj* ofensivo,-a. ‖ **2** *n* ofensiva.
offer ['ɒfə] **1** *n* oferta. ‖ **2** *vt* ofrecer.
● **on offer** de oferta; **to offer to ...** ofrecerse para ...
offering ['ɒfərɪŋ] **1** *n* ofrecimiento. **2** REL ofrenda.
offhand [ɒfː'hænd] **1** *adv* de improviso. ‖ **2** *adj* descortés, brusco,-a.

office ['ɒfɪs] **1** *n (room)* despacho, oficina. **2** *(post)* cargo.
● **in office** en el poder; **to take office** tomar posesión del cargo.
■ **office hours** horas *fpl* de oficina; **office worker** oficinista *mf*.
officer ['ɒfɪsə] **1** *n* MIL oficial *m*. **2** *(police)* agente, policía *mf*.
official [ə'fɪʃl] **1** *adj* oficial. ‖ **2** *n* funcionario,-a.
officially [ə'fɪʃlɪ] *adv* oficialmente.
off-key [ɒf'kiː] *adj* MUS desafinado,-a.
off-licence ['ɒflaɪsəns] *n* GB tienda de bebidas alcohólicas.
off-line ['ɒflaɪn] *adj* COMPUT desconectado,-a.
off-peak ['ɒfpiːk] *adj* de tarifa reducida.
offset [ɒf'set] *vt* (*pt & pp offset*) compensar.
offshoot ['ɒfʃuːt] *n* BOT vástago, retoño.
offside [ɒf'saɪd] *adj* - *adv* SP fuera de juego.
offspring ['ɔːfsprɪŋ] *n* (*pl* **offspring**) descendiente *mf*.
often ['ɒfn] *adv* a menudo, frecuentemente.
● **every so often** de vez en cuando; **more often than not** la mayoría de las veces.
oh [əʊ] *interj* ¡oh!
ohm [əʊm] *n* ohmio, ohm *m*.
oil [ɔɪl] **1** *n* aceite *m*. **2** *(petroleum)* petróleo. **3** *(paint)* óleo, pintura al óleo. ‖ **4** *vt* engrasar, lubricar, lubrificar.
■ **oil industry** industria petrolera; **oil paint** pintura al óleo; **oil slick** marea negra; **oil tanker** petrolero.
oilcan ['ɔɪlkæn] *n* aceitera.
oilcloth ['ɔɪlklɒθ] *n* hule *m*.
oilfield ['ɔɪlfiːld] *n* yacimiento petrolífero.
oily ['ɔɪlɪ] **1** *adj* aceitoso,-a, grasiento,-a. **2** *(skin)* graso,-a.
ointment ['ɔɪntmənt] *n* ungüento.
okay [əʊ'keɪ] **1** *interj* ¡vale!, ¡de acuerdo! ‖ **2** *adj* - *adv* bien. ‖ **3** *n* visto bueno. ‖ **4** *vt* dar el visto bueno a.
old [əʊld] **1** *adj (gen)* viejo,-a. **2** *(person)* mayor, viejo,-a. **3** *(wine)* añejo,-a. **4** *(former)* antiguo,-a.
● **how old are you?** ¿cuántos años tienes?
■ **old age** vejez *f*, senectud *f*; **old boy** antiguo alumno; **old girl** antigua alumna; **old maid** solterona; **old people's house** residencia de ancianos; **Old Testament** Antiguo Testamento.
old-fashioned [əʊld'fæʃnd] *adj* anticuado,-a.
olive ['ɒlɪv] **1** *n (tree)* olivo. **2** *(fruit)* aceituna, oliva.
■ **olive oil** aceite *m* de oliva; **olive tree** olivo.
Olympiad [ə'lɪmpɪæd] *n* Olimpíada, Olimpiada.
Olympic [ə'lɪmpɪk] *adj* olímpico,-a.
■ **Olympic Games** Juegos *mpl* Olímpicos.
omelette ['ɒmlət] *n* US tortilla.
omen ['əʊmən] *n* agüero, presagio.
ominous ['ɒmɪnəs] *adj* de mal agüero, amenazador,-ra.
omission [əʊ'mɪʃn] *n* omisión *f*.
omit [əʊ'mɪt] **1** *vt (leave out)* omitir. **2** *(not do)* pasar por alto. **3** *(forget)* olvidar.
omnibus ['ɒmnɪbəs] *n (collection)* antología.
■ **omnibus edition** *(book)* antología; *(programme) todos los capítulos de la semana de una serie seguidos.*
omnipotent [ɒm'nɪpətənt] *adj* omnipotente.
on [ɒn] **1** *prep (gen)* en. **2** *(on top of)* sobre, encima de, en: ***on the floor*** en el suelo; ***on the table*** sobre la mesa. **3** *(about)* sobre: ***a talk on birds*** una charla sobre las aves. **4** *(time expressions)*: ***on my birthday*** el día de mi cumpleaños; ***on Sunday*** el domingo; ***on Sundays*** los domingos. **5** *(indicating means of transport)*: ***he got on the bus*** se subió al autobús. **6** *(indicating means)*: ***he's on the phone*** está al teléfono. ‖ **7** *adv (machinery)* conectado,-a,

puesto,-a. **8** *(gas, electricity)* encendido, -a. **9** *(water, tap)* abierto,-a. **10** *(clothes)* puesto,-a: ***what dress did she have on?*** ¿qué vestido llevaba? **11** *(event)*: ***the match is on after all*** el partido se celebra según lo previsto.
• **and so on** y así sucesivamente; **it's on the house** invita la casa; **on and off** de vez en cuando; **on and on** sin parar: ***he talked on and on*** no paró de hablar.

once [wʌns] **1** *adv* una vez: ***once a week*** una vez por semana. **2** *(before)* antes, anteriormente. || **3** *conj* una vez que.
• **all at once** repentinamente; **at once** *(at the same time)* a la vez, de una vez; *(immediately)* enseguida; **once and for all** de una vez para siempre; **once upon a time** érase una vez.

once-over [wʌns'əʊvə] *n fam* vistazo.
• **to give sth the once-over** dar un repaso a algo.

oncoming ['ɒnkʌmɪŋ] *adj* que viene de frente.

one [wʌn] **1** *adj* un, una. **2** *(only)* único,-a. || **3** *num* uno. || **4** *pron* uno,-a: ***a red one*** uno,-a rojo,-a; ***one has to be careful*** hay que ir con cuidado; ***the one who*** el que, la que; ***this one*** éste, -a.
• **one another** el uno al otro, mutuamente.

one-armed ['wʌnɑːmd] *adj* manco,-a.
■ **one-armed bandit** máquina tragaperras.

one-eyed ['wʌnaɪd] *adj* tuerto,-a.

one-off ['wʌnɒf] *adj fam* único,-a.

onerous ['ɒnərəs] *adj* oneroso,-a.

oneself [wʌn'self] **1** *pron* uno,-a mismo,-a, sí mismo,-a: ***to enjoy oneself*** divertirse. **2** *(alone)* uno,-a mismo,-a.
• **by oneself** solo.

one-sided ['wʌnsaɪdɪd] **1** *adj (unequal)* desigual. **2** *(view)* parcial.

one-time ['wʌntaɪm] *adj* antiguo,-a.

one-way ['wʌnweɪ] **1** *adj (street)* de sentido único. **2** *(ticket)* de ida.

ongoing ['ɒngəʊɪŋ] *adj* que sigue, en curso.

onion ['ʌnɪən] *n* cebolla.

on-line ['ɒn'laɪn] *adj* COMPUT *(user)* conectado,-a; *(help etc)* en línea.

onlooker ['ɒnlʊkə] *n* espectador,-ra.

only ['əʊnlɪ] **1** *adj* único,-a. || **2** *adv* sólo, solamente, únicamente. || **3** *conj* pero.
• **if only** ojalá.

ono [ɔː'nɪərɪst'ɒfə] *abbr* GB *(*or nearest offer*)* u oferta aproximada.

onrush ['ɒnrʌʃ] *n* arremetida, avalancha.

onset ['ɒnset] *n* principio.

onslaught ['ɒnslɔːt] *n* ataque *m* violento.

onto ['ɒntʊ] **1** *prep (on)* sobre: ***the cat jumped onto the table*** el gato saltó sobre la mesa. **2** *(aware of)*: ***the police are onto the thieves*** la policía está siguiendo la pista de los ladrones.

onus ['əʊnəs] *n* responsabilidad *f*.

onwards ['ɒnwədz] *adj* adelante, hacia adelante.
• **from now onwards** de ahora en adelante.

onyx ['ɒnɪks] *n* ónice *m*.

oops [uːps] *interj* ¡ay!

ooze [uːz] **1** *n* fango, cieno. || **2** *vi* rezumar. || **3** *vt (charm etc)* desprender, irradiar.

opal ['əʊpl] *n* ópalo.

opaque [əʊ'peɪk] *adj* opaco,-a.

OPEC ['əʊpek] *abbr (*Organization of Petroleum Exporting Countries*)* Organización *f* de los Países Exportadores de Petróleo; *(abbreviation)* OPEP *f*.

open ['əʊpən] **1** *adj* abierto,-a. **2** *(sincere)* sincero,-a. || **3** *vt* abrir. || **4** *vi* abrirse.
• **in the open air** al aire libre.
■ **open season** temporada de caza.

open-air ['əʊpneə] *adj* al aire libre.

opener ['əʊpnə] *n* abridor *m*.

opening ['əʊpənɪŋ] **1** *n (act)* comienzo. **2** *(hole)* abertura, brecha. **3** *(chance)* oportunidad *f*. **4** *(vacancy)* vacante *f*.

■ **opening hours** horario de apertura; **opening night** noche *f* de estreno.
openly ['əʊpnlɪ] *adv* abiertamente.
open-minded [əʊpən'maɪndɪd] *adj* tolerante.
opera ['ɒprə] *n* ópera.
■ **opera house** ópera.
operate ['ɒpəreɪt] **1** *vt (machine)* hacer funcionar. **2** *(switch)* accionar. **3** *(business)* dirigir. ‖ **4** *vi (machine)* funcionar. **5** MED operar (on, a).
operation [ɒpə'reɪʃn] **1** *n* operación *f*. **2** *(of machine)* funcionamiento. **3** MED operación *(quirúrgica)*.
operational [ɒpə'reɪʃənl] **1** *adj (ready for use)* operativo,-a. **2** *(in use)* en funcionamiento.
operative ['ɒprətɪv] **1** *adj* JUR vigente. ‖ **2** *n* operario,-a.
● **the operative word** la palabra clave.
operator ['ɒpəreɪtə] **1** *n (telephone)* operador,-a, telefonista *mf*. **2** *(employee)* operario,-a.
opinion [ə'pɪnɪən] *n* opinión *f*.
● **in my opinion** a mi juicio, a mi parecer; **to have a high opinion of sb** tener buen concepto de algn; **to have a low opinion of sb** tener mal concepto de algn.
opinionated [ə'pɪnɪəneɪtɪd] *adj* dogmático,-a.
opium ['əʊpɪəm] *n* opio.
opponent [ə'pəʊnənt] *n* adversario,-a.
opportune ['ɒpətjuːn] *adj* oportuno,-a.
opportunity [ɒpə'tjuːnɪtɪ] *n* oportunidad *f*.
● **to take the opportunity to do sth** aprovechar la oportunidad para hacer algo.
oppose [ə'pəʊz] *vt* oponerse a.
opposed [ə'pəʊzd] *adj* opuesto,-a, contrario,-a.
● **as opposed to** en vez de, en lugar de.
opposing [ə'pəʊzɪŋ] *adj* contrario,-a, adversario,-a.
opposite ['ɒpəzɪt] **1** *adj (facing)* de enfrente. **2** *(contrary)* opuesto,-a, contrario,-a. ‖ **3** *prep* enfrente de, frente a. ‖ **4** *adv* enfrente. ‖ **5** *n* antítesis *f inv*, contrario.
■ **opposite sex** sexo opuesto.
opposition [ɒpə'zɪʃn] *n* oposición *f*.
oppress [ə'pres] *vt* oprimir.
oppression [ə'preʃn] *n* opresión *f*.
oppressor [ə'presə] *n* opresor,-ra.
opt [ɒpt] *vi* optar.
optical ['ɒptɪkl] *adj* óptico,-a.
■ **optical fibre** fibra óptica; **optical illusion** ilusión *f* óptica.
optician [ɒp'tɪʃn] *n* óptico,-a.
■ **optician's** óptica.
optimism ['ɒptɪmɪzm] *n* optimismo.
optimist ['ɒptɪmɪst] *n* optimista *mf*.
optimistic [ɒptɪ'mɪstɪk] *adj* optimista.
optimize ['ɒptɪmaɪz] *vt* optimizar.
optimum ['ɒptɪməm] **1** *adj* óptimo,-a. ‖ **2** *n* grado óptimo.
option ['ɒpʃn] *n* opción *f*.
optional ['ɒpʃənl] *adj* opcional, optativo,-a.
opulence ['ɒpjʊləns] *n* opulencia.
opulent ['ɒpjʊlənt] *adj* opulento,-a.
or [ɔː] **1** *conj* o. **2** *(with negative)* ni.
● **or else** de lo contrario, si no.
oracle ['ɒrəkl] *n* oráculo.
oral ['ɔːrəl] **1** *adj* oral. ‖ **2** *n* examen *m* oral.
orange ['ɒrɪndʒ] **1** *n (fruit)* naranja *f*. **2** *(colour)* naranja *m*. ‖ **3** *adj* naranja, de color naranja.
■ **orange blossom** azahar *m*; **orange tree** naranjo.
orang-utan [ɔːræŋuː'tæn] *n* orangután *m*.
orator ['ɒrətə] *n* orador,-ra.
oratory ['ɒrətrɪ] **1** *n (speech)* oratoria. **2** *(chapel)* oratorio, capilla.
orb [ɔːb] *n* esfera.
orbit ['ɔːbɪt] **1** *n* órbita. ‖ **2** *vt* girar alrededor de.
orchard ['ɔːtʃəd] *n* huerto.
orchestra ['ɔːkɪstrə] *n* orquesta.
■ **orchestra pit** foso de la orquesta.

orchestral [ɔːˈkestrəl] *adj* orquestal.
orchid [ˈɔːkɪd] *n* orquídea.
ordain [ɔːˈdeɪn] *vt* JUR REL ordenar.
ordeal [ɔːˈdiːl] *n fig* calvario.
order [ˈɔːdə] **1** *n (command)* orden *f*. **2** COMM pedido. **3** *(series)* orden *m*, serie *f*. **4** *(condition)* condiciones *fpl*. **5** *(tidiness, peace)* orden *m*. **6** *(class, type)* orden *m*. **7** REL orden *f*. **8** *(medal)* orden *f*. ‖ **9** *vt (command)* ordenar, mandar. **10** *(organize)* ordenar. **11** *(ask for)* pedir.
● **in order** *(ordered)* en orden; *(acceptable)* bien; **in order to** para, a fin de; **"Out of order"** "No funciona".
■ **order form** hoja de pedido.
orderly [ˈɔːdəlɪ] **1** *adj* ordenado,-a, metódico,-a. **2** *(not rowdy)* disciplinado,-a. ‖ **3** *n* MED auxiliar *mf*, ayudante *mf*. **4** MIL ordenanza *m*.
ordinal [ˈɔːdɪnl] **1** *adj* ordinal. ‖ **2** *n* ordinal *m*.
ordinance [ˈɔːdɪnəns] *n fml* ordenanza.
ordinary [ˈɔːdɪnrɪ] *adj* normal, corriente.
● **out of the ordinary** fuera de lo común.
ordination [ɔːdɪˈneɪʃn] *n* ordenación *f*.
ore [ɔː] *n* mineral *m*, mena.
oregano [ɒrɪˈgɑːnəʊ] *n* orégano.
organ [ˈɔːgən] *n* órgano.
organic [ɔːˈgænɪk] *adj* orgánico,-a.
organism [ˈɔːgənɪzm] *n* organismo.
organist [ˈɔːgənɪst] *n* organista *mf*.
organization [ɔːgənaɪˈzeɪʃn] *n* organización *f*.
■ **organization chart** organigrama.
organize [ˈɔːgənaɪz] **1** *vt* organizar. ‖ **2** *vi* organizarse.
orgasm [ˈɔːgæzm] *n* orgasmo.
orgy [ˈɔːdʒɪ] *n* orgía.
Orient [ˈɔːrɪənt] *n* oriente *m*.
Oriental [ɔːrɪˈentl] **1** *adj* oriental. ‖ **2** *n* oriental *mf*.
orientate [ˈɔːrɪənteɪt] *vt* orientar.
orientation [ɔːrɪenˈteɪʃn] *n* orientación *f*.
orifice [ˈɒrɪfɪs] *n* orificio.
origin [ˈɒrɪdʒɪn] *n* origen *m*.
original [əˈrɪdʒɪnl] **1** *adj* original. ‖ **2** *n* original *m*.
● **in the original** en versión original.
originality [ərɪdʒɪˈnælɪtɪ] *n* originalidad *f*.
originally [əˈrɪdʒɪnəlɪ] *adv* originariamente.
originate [əˈrɪdʒɪneɪt] **1** *vt* originar, crear. ‖ **2** *vi* tener su origen (in/from, en).
ornament [ˈɔːnəmənt] **1** *n* ornamento, adorno. ‖ **2** *vt* adornar, decorar.
ornamental [ɔːnəˈmentl] *adj* ornamental, decorativo,-a.
ornate [ɔːˈneɪt] *adj* recargado,-a.
ornithology [ɔːnɪˈθɒlədʒɪ] *n* ornitología.
orphan [ˈɔːfn] *n* huérfano,-a.
● **to be orphaned** quedar huérfano, -a.
orphanage [ˈɔːfnɪdʒ] *n* orfanato.
orthodox [ˈɔːθədɒks] *adj* ortodoxo,-a.
orthodoxy [ˈɔːθədɒksɪ] *n* ortodoxia.
orthography [ɔːˈθɒgrəfɪ] *n* ortografía.
orthopaedic [ɔːθəʊˈpiːdɪk] *adj* ortopédico,-a.
oscillate [ˈɒsɪleɪt] *vi* oscilar.
ostensible [ɒˈstensɪbl] *adj* aparente.
ostensibly [ɒˈstensɪblɪ] *adv* aparentemente.
ostentation [ɒstenˈteɪʃn] *n* ostentación *f*.
ostentatious [ɒstenˈteɪʃəs] *adj* ostentoso,-a.
ostracize [ˈɒstrəsaɪz] *vt* condenar al ostracismo.
ostrich [ˈɒstrɪtʃ] *n* avestruz *m*.
other [ˈʌðə] *adj* - *pron* otro,-a.
● **every other day** días alternos; **other than** *(except)* aparte de, salvo.
otherwise [ˈʌðəwaɪz] **1** *adv (differently)* de otra manera, de manera distinta. **2** *(apart from that)* por lo demás. ‖ **3** *conj* si no, de lo contrario.
otter [ˈɒtə] *n* nutria.
ouch [aʊtʃ] *interj* ¡ay!
ought [ɔːt] **1** *aux (obligation)* deber:

I ought to write to thank her debería escribir para darle las gracias. **2** *(expectation)*: ***you ought to get the job*** seguramente conseguirás el trabajo.

ounce [aʊns] *n* onza.
▲ *equivale a 28,35 g.*

our ['aʊə] *adj* nuestro,-a.

ours ['aʊəz] *pron* (el) nuestro, (la) nuestra, (los) nuestros, (las) nuestras.

ourselves [aʊə'selvz] **1** *pron* nos. **2** *(emphatic)* nosotros,-as mismos,-as.

oust [aʊst] *vt* echar.

out [aʊt] **1** *adv (outside)* fuera, afuera: ***he ran out*** salió corriendo. **2** *(absent)* fuera: ***he's out at the moment*** ha salido un momento. **3** *(wrong)* equivocado,-a: ***my calculation was out by £50*** mi cálculo tenía un error de 50 libras. **4** *(not fashionable)*: ***white socks are out*** los calcetines blancos ya no se llevan. **5** *(unconscious)* inconsciente. **6** *(on strike)* en huelga. **7** *(light, fire, etc)* apagado,-a. **8** SP *(ball)* fuera; *(player)* eliminado,-a. **9** *(published)* publicado, -a: ***the band has a new record out*** el grupo acaba de sacar un nuevo disco. **10** *(visible)*: ***the Sun is out*** ha salido el Sol. **11** *(dismissed)* despedido,-a: ***the boss said he was out*** el jefe dijo que estaba despedido. || **12 out of** *prep* fuera de: ***he was out of the country*** estaba fuera del país. **13** *(using)* de: ***made out of wood*** hecho,-a de madera. **14** *(from)* de: ***out of a tin*** de una lata. **15** *(showing motive)* por: ***out of spite*** por despecho. **16** *(lacking)* sin: ***we're out of tea*** se nos ha acabado el té. **17** *(mark)* sobre: ***five out of ten in French*** (un) cinco sobre diez en francés. **18** *(proportion)* de cada: ***eight women out of ten*** ocho de cada diez mujeres.
● **out of date** *(clothes)* anticuado,-a; *(passport)* caducado,-a; **out of doors** al aire libre; **out of favour** en desgracia; **out of print** fuera de catálogo; **out of sorts** indispuesto,-a; **out of this world** extraordinario,-a; **out of work** parado,-a; **out to win** decidido,-a a vencer.

outboard ['aʊtbɔːd] *adj* fueraborda.

outbreak ['aʊtbreɪk] **1** *n (of violence)* estallido. **2** *(of war)* comienzo. **3** *(of disease)* brote *m*.

outbuilding ['aʊtbɪldɪŋ] *n* dependencia.

outburst ['aʊtbɜːst] *n* explosión *f*, arranque *m*.

outcast ['aʊtkɑːst] *n* marginado,-a.

outcome ['aʊtkʌm] *n* resultado.

outcry ['aʊtkraɪ] *n* protesta.

outdated [aʊt'deɪtɪd] *adj* anticuado,-a.

outdo [aʊt'duː] *vt* (*pt* **outdid** [aʊt'dɪd]; *pp* outdone [aʊt'dʌn) superar.
● **not to be outdone** para no ser menos.

outdoor [aʊt'dɔː] **1** *adj* al aire libre. || **2 outdoors** *adv* fuera, al aire libre.

outer ['aʊtə] *adj* exterior, externo,-a.
■ **outer space** espacio exterior.

outfit ['aʊtfɪt] **1** *n (clothes)* conjunto, traje. **2** *(equipment)* equipo. **3** *fam* grupo.

outflow ['aʊtfləʊ] *n* desagüe, flujo, salida.

outgoing [aʊt'gəʊɪŋ] **1** *adj (departing)* saliente. **2** *(sociable)* sociable. || **3 outgoings** *npl* gastos *mpl*.

outgrow [aʊt'grəʊ] *vt* (*pt* **outgrew** [aʊt'gruː]; pp **outgrown** [aʊt'grəʊn]): ***he's outgrown his shoes*** se le han quedado pequeños los zapatos.

outing ['aʊtɪŋ] *n* salida, excursión *f*.

outlandish [aʊt'lændɪʃ] *adj* extravagante.

outlaw ['aʊtlɔː] **1** *n* forajido,-a, proscrito,-a. || **2** *vt* prohibir.

outlay ['aʊtleɪ] *n* desembolso.

outlet ['aʊtlet] **1** *n* salida. **2** *(for water)* desagüe *m*.

outline ['aʊtlaɪn] **1** *n* contorno, perfil *m*. **2** *(summary)* resumen *m*. || **3** *vt* perfilar. **4** *(summarize)* resumir.

outlive [aʊt'lɪv] *vt* sobrevivir a.

outlook ['aʊtlʊk] **1** *n (view)* vista. **2** *(point of view)* punto de vista. **3** *(prospect)* perspectiva.

outlying ['aʊtlaɪɪŋ] **1** *adj* alejado,-a. **2** *(suburb)* periférico,-a.

outnumber [aʊt'nʌmbə] *vt* exceder en número, ser más que.

outpatient ['aʊtpeɪʃnt] *n* paciente *mf* externo,-a.

outpost ['aʊtpəʊst] *n* MIL avanzada.

output ['aʊtpʊt] **1** *n* producción *f*. **2** COMPUT salida.

outrage ['aʊtreɪdʒ] **1** *n (feeling)* indignación, atropello. **2** *(violent action)* atrocidad *f*. ‖ **3** *vt* ultrajar.

outrageous [aʊt'reɪdʒəs] **1** *adj (shocking)* escandaloso,-a, indignante. **2** *(unusual)* extravagente.

outright [aʊt'raɪt] **1** *adv (say, ask)* abiertamente, directamente. **2** *(kill)* instantáneamente. **3** *(deny)* categóricamente, totalmente. **4** *(win)* claramente. ‖ **5** *adj* (['aʊtraɪt]) *(absolute)* absoluto,-a, total.

outset ['aʊtset] *n* principio.

• **at the outset** al principio; **from the outset** desde el principio.

outside [aʊt'saɪd] **1** *n* exterior *m*, parte *f* exterior. ‖ **2** *prep* fuera de. ‖ **3** *adv* fuera, afuera. ‖ **4** *adj* (['aʊtsaɪd]) exterior.

• **at the outside** como máximo.

outsider [aʊt'saɪdə] *n* forastero,-a.

outskirts ['aʊtskɜːts] *npl* afueras *fpl*.

outspoken [aʊt'spəʊkn] *adj* sincero,-a: ***to be outspoken*** no tener pelos en la lengua.

outstanding [aʊt'stændɪŋ] **1** *adj (excellent)* destacado,-a, sobresaliente. **2** *(payment, question)* pendiente.

outstretched [aʊt'stretʃt] *adj* extendido,-a.

outstrip [aʊt'strɪp] *vt* dejar atrás.

outward ['aʊtwəd] **1** *adj (appearance, sign)* exterior, externo,-a. **2** *(journey)* de ida. ‖ **3 outwards** *adv* hacia fuera, hacia afuera.

outweigh [aʊt'weɪ] *vt* pesar más que.

outwit [aʊt'wɪt] *vt* ser más listo,-a que.

oval ['əʊvl] **1** *adj* oval, ovalado,-a. ‖ **2** *n* óvalo.

ovary ['əʊvərɪ] *n* ovario.

ovation [əʊ'veɪʃn] *n* ovación *f*.

oven ['ʌvn] *n* horno.

over ['əʊvə] **1** *adv (across)*: ***come over here*** ven aquí; ***over there*** allí; ***come over for supper sometime*** ven a casa a cenar algún día. **2** *(down)*: ***he fell over*** se cayó; ***she knocked the bottle over with her elbow*** tiró la botella con el codo. **3** *(more)*: ***children of twelve and over*** niños mayores de doce años. **4** *(repetition)*: ***we had to start all over again*** tuvimos que volver a empezar; ***over and over again*** una y otra vez. ‖ **5** *adj (finished)* acabado,-a: ***the class is over*** la clase ha acabado. ‖ **6** *prep (above)* encima de, por encima de: ***there's a sign over the door*** hay un letrero encima de la puerta. **7** *(covering)* cubriendo: ***he put his hand over his mouth*** se tapó la boca con la mano. **8** *(more than)* más de: ***there were over a hundred*** había más de cien. **9** *(across)* al otro lado de: ***they live over the road*** viven al otro lado de la calle, viven enfrente. **10** *(during)* durante: ***over the holidays*** durante las vacaciones. **11** *(recovered from)* recuperado,-a de: ***are you over your illness yet?*** ¿ya te has recuperado de tu enfermedad? **12** *(by means of)* por: ***over the phone*** por teléfono. **13** *(because of)* por: ***they had an argument over a woman*** discutieron por una mujer.

• **all over** en todas partes: ***all over the world*** en todo el mundo.

overall ['əʊvərɔːl] **1** *adj* global, total. **2** *(general)* general. ‖ **3** *adv* ([əʊvər'ɔːl]) en total. **4** *(in general)* en conjunto. ‖ **5 overalls** *npl (prenda)* mono *m sing*.

overbearing [əʊvə'beərɪŋ] *adj* dominante, despótico,-a.

overboard ['əʊvəbɔːd] *adv* por la borda.

• **to go overboard** *fam* pasarse.

overcame [əʊvə'keɪm] *pt* → **overcome**.

overcast ['əʊvəkɑːst] *adj* cubierto,-a, nublado,-a.
overcharge [əʊvə'tʃɑːdʒ] *vt* cobrar demasiado.
overcoat ['əʊvəkəʊt] *n* abrigo.
overcome [əʊvə'kʌm] **1** *vt* (*pt* overcame; *pp* overcome) *(deal with)* vencer, superar. **2** *(overwhelm)* abrumar.
overcrowded [əʊvə'kraʊdɪd] *adj* atestado,-a.
overdo [əʊvə'duː] **1** *vt* (*pt* **overdid** [əʊvə'dɪd]; pp **overdone** [əʊvə'dʌn]) exagerar. **2** Culin cocer demasiado.
overdose ['əʊvədəʊs] *n* sobredosis *f inv*.
overdraft ['əʊvədrɑːft] *n* saldo deudor.
overdue [əʊvə'djuː] **1** *adj (train etc)* atrasado,-a. **2** COMM vencido,-a y sin pagar.
overestimate [əʊvər'estɪmeɪt] *vt* sobreestimar.
overexposed [əʊvərɪk'spəʊʒd] *adj* sobreexpuesto,-a.
overflow ['əʊvəfləʊ] **1** *n (excess)* desbordamiento. **2** *(in bath etc)* desagüe *m*. || **3** *vi* ([əʊvə'fləʊ]) desbordarse.
overgrown [əʊvə'grəʊn] **1** *adj* cubierto,-a de maleza. **2** *(too big)* demasiado,-a grande.
overhaul ['əʊvəhɔːl] **1** *n* revisión *f* general. || **2** *vt* ([əʊvə'hɔːl]) repasar, revisar.
overhead ['əʊvəhed] **1** *adj* aéreo,-a, elevado,-a. || **2** *adv* ([əʊvə'hed]) en lo alto, por encima. || **3 overheads** *npl* (['əʊvəhedz]) gastos *mpl* generales.
overhear [əʊvə'hɪə] *vt* (*pt & pp* overheard [əʊvə'hɜːd]) oír por casualidad.
overheat [əʊvə'hiːt] *vi* recalentarse.
overjoyed [əʊvə'dʒɔɪd] *adj* encantadísimo,-a.
overland ['əʊvəlænd] *adj - adv* por tierra.
overlap [əʊvə'læp] *vi* superponerse.
overleaf [əʊvə'liːf] *adv* al dorso.
overlook [əʊvə'lʊk] **1** *vt (not see)* pasar por alto. **2** *(ignore)* hacer la vista gorda a. **3** *(have a view)* dar a, tener vistas a.
overnight [əʊvə'naɪt] **1** *adj (during the night)* de noche, de una noche. **2** *(sudden)* de la noche a la manaña. || **3** *adv (during the night)* durante la noche. **4** *(suddenly)* de la noche a la mañana.
• **to stay overnight** pasar la noche.
overpower [əʊvə'paʊə] **1** *vt* dominar. **2** *fig* abrumar.
overran [əʊvə'ræn] *pt* → **overrun**.
overrate [əʊvə'reɪt] *vt* sobrevalorar.
override [əʊvə'raɪd] **1** *vt* (*pt* **overrode** [əʊvə'rəʊd]; pp **overridden** [əʊvə'rɪdən]) *(dominate)* predominar. **2** *(overrule)* desautorizar.
overrule [əʊvə'ruːl] **1** *vt (decision, request)* denegar, invalidar. **2** *(person)* desautorizar.
overrun [əʊvə'rʌn] **1** *vt* (*pt* overran; *pp* overrun) invadir. || **2** *vi* durar más de lo previsto.
overseas [əʊvə'siːz] **1** *adj* de ultramar, del extranjero. || **2** *adv* en ultramar, en el extranjero.
oversee [əʊvə'siː] *vt* (*pt* **oversaw** [əʊvə'sɔː]; pp **overseen** [əʊvə'siːn]) supervisar.
overseer ['əʊvəsɪə] *n* supervisor,-ra.
overshadow [əʊvə'ʃædəʊ] *vt fig* eclipsar.
oversight ['əʊvəsaɪt] *n* descuido.
oversleep [əʊvə'sliːp] *vi* (*pt & pp* overslept [əʊvə'slept]) dormirse.
overstep [əʊvə'step] *vt* sobrepasar, pasar de.
• **to overstep the mark** pasarse de la raya.
overt ['əʊvɜːt, əʊ'vɜːt] *adj* declarado,-a, abierto,-a.
overtake [əʊvə'teɪk] *vt* (*pt* **overtook** [əʊvə'tʊk]; pp **overtaken** [əʊvə'teɪkən]) Auto adelantar a.
overthrow [əʊvə'θrəʊ] *vt* (*pt* overthrew [əʊvə'θruː]; pp overthrown [əʊvə'θrəʊn]) derribar, derrocar.
overtime ['əʊvətaɪm] *n* horas *fpl* extraordinarias, horas extra.
overture ['əʊvətjʊə] *n* MUS obertura.
overturn [əʊvə'tɜːn] *vt - vi* volcar.
overweight [əʊvə'weɪt] *adj* demasiado gordo,-a.

• **to be overweight** tener exceso de peso.
overwhelm [əʊvəˈwelm] **1** *vt (defeat)* arrollar. **2** *fig (overcome)* abrumar.
overwhelming [əʊvəˈwelmɪŋ] *adj* aplastante, arrollador,-ra.
overwork [əʊvəˈwɜːk] **1** *vt* trabajar demasiado. ‖ **2** *vi* hacer trabajar demasiado.
overwrought [əʊvəˈrɔːt] *adj* muy nervioso,-a.
ovulation [ɒvjʊˈleɪʃn] *n* ovulación *f*.
ovum [ˈəʊvəm] *n* (*pl* **ova** [ˈəʊvə]) óvulo.
owe [əʊ] *vt* deber.
owing [ˈəʊɪŋ] *adj* que se debe.
• **owing to** debido a.
owl [aʊl] *n* búho, mochuelo, lechuza.
own [əʊn] **1** *adj* propio,-a: ***he has his own car*** tiene su propio coche. ‖ **2** *pron*: ***my/your/his own*** lo mío/tuyo/suyo. ‖ **3** *vt* poseer, ser dueño,-a de, tener.
♦ **to own up** *vi* confesar.
owner [ˈəʊnə] *n* dueño,-a, propietario,-a, poseedor,-ra.
ownership [ˈəʊnəʃɪp] *n* propiedad *f*, posesión *f*.
ox [ɒks] *n* (*pl* **oxen** [ˈɒksən]) buey *m*.
oxide [ˈɒksaɪd] *n* óxido.
oxidize [ˈɒksɪdaɪz] **1** *vt* oxidar. ‖ **2** *vi* oxidarse.
oxygen [ˈɒksɪdʒən] *n* oxígeno.
■ **oxygen mask** máscara de oxígeno.
oyster [ˈɔɪstə] *n* ostra.
oz [aʊns] *abbr (***ounce***)* onza.
▲ *pl* oz *o* ozs.
ozone [ˈəʊzəʊn] *n* ozono.
■ **ozone layer** capa de ozono.

P

p [piː, ˈpenɪ, pens] *abbr* GB *fam (***penny, pence***)* penique *m*, peniques *mpl*.
P [ˈkaːpaːk] **1** *abbr (***Parking, car park***)* aparcamiento; *(abbreviation)* P. **2** ([peɪdʒ]) *(***page***)* página; *(abbreviation)* p., pág.
p and p [ˈpiːənˈpiː] *abbr* GB *(***postage and packing***)* gastos de embalaje y envío.
pa [pərˈænəm] *abbr (per annum)* al año.
PA [ˈpiːˈeɪ] **1** *abbr (***personal assistant***)* ayudante *mf* personal. **2** *(***public address***)* megafonía, sistema *m* de megafonía.
pace [peɪs] **1** *n* paso. **2** *(rhythm)* marcha, ritmo. ‖ **3** *vt* - *vi* ir de un lado a otro (-, de).
• **to keep pace with sb** seguir el ritmo de algn; **to keep pace with sth** mantenerse al corriente de algo.
pacemaker [ˈpeɪsmeɪkə] **1** *n* SP liebre *f*. **2** MED marcapasos *m inv*.
pacific [pəˈsɪfɪk] *adj* pacífico,-a.
Pacific [pəˈsɪfɪk] *adj* del Pacífico.
■ **the Pacific** el Pacífico.
pacifist [ˈpæsɪfɪst] **1** *adj* pacifista. ‖ **2** *n* pacifista *mf*.
pacify [ˈpæsɪfaɪ] *vt* pacificar, apaciguar.
pack [pæk] **1** *n (packet)* paquete *m*. **2** *(of cards)* baraja. **3** *(of thieves)* banda. **4** *(of wolves)* manada. **5** *(of hounds)* jauría. **6** *(of lies)* sarta. ‖ **7** *vt (packet)* empaquetar. **8** *(suitcase)* hacer. **9** *(fill)* atestar, abarrotar. **10** *(compress)* apretar. ‖ **11** *vi* hacer las maletas.
♦ **to pack up 1** *vi (finish work)* terminar de trabajar. **2** *vi (machine)* estropearse.
package [ˈpækɪdʒ] **1** *n* paquete *m*. ‖ **2** *vt* empaquetar, envasar.
■ **package tour** viaje *m* organizado.
packaging [ˈpækɪdʒɪŋ] *n* embalaje *m*.
packet [ˈpækɪt] *n* paquete *m*.
• **to cost a packet** costar un ojo de la cara.
packing [ˈpækɪŋ] *n* embalaje *m*.
pact [pækt] *n* pacto.
pad [pæd] **1** *n* almohadilla. **2** *(of paper)* taco, bloc *m*. **3** *fam* casa, piso. ‖ **4** *vt* acolchar.
padded [ˈpædɪd] *adj* acolchado,-a.

padding ['pædɪŋ] **1** *n (in chair)* relleno, acolchado. **2** *(in writing etc)* paja.
paddle ['pædl] **1** *n (for canoe)* pala. ‖ **2** *vt - vi* remar con pala. ‖ **3** *vi* chapotear.
paddock ['pædək] *n (field)* cercado, prado.
padlock ['pædlɒk] **1** *n* candado. ‖ **2** *vt* cerrar con candado.
pagan ['peɪgn] *adj - n* pagano,-a.
page [peɪdʒ] **1** *n (in book)* página. **2** *(at hotel)* botones *m inv*. ‖ **3** *vt* llamar por un altavoz.
pageboy ['peɪdʒbɔɪ] *n (at wedding)* paje *m*.
paid [peɪd] *pt & pp* → **pay**.
pail [peɪl] *n* cubo.
pain [peɪn] **1** *n (ache)* dolor *m*. **2** *(person)* pesado,-a. ‖ **3** *vt* doler.
• **on pain of** so pena de; **to be a pain in the neck** *(persona)* ser un plomo; *(thing)* ser una lata; **to take pains to** esforzarse en.
painful ['peɪnfʊl] *adj* doloroso,-a.
painkiller ['peɪnkɪlə] *n* calmante *m*, analgésico.
painless ['peɪnləs] *adj* indoloro,-a.
painstaking ['peɪnzteɪkɪŋ] *adj* meticuloso,-a, minucioso,-a.
paint [peɪnt] **1** *n* pintura. ‖ **2** *vt - vi* pintar.
paintbrush ['peɪntbrʌʃ] **1** *n (for walls)* brocha. **2** *(artist's)* pincel *m*.
painter ['peɪntə] *n* pintor,-ra.
painting ['peɪntɪŋ] **1** *n (activity)* pintura. **2** *(picture)* cuadro.
pair [peə] **1** *n (of shoes, socks, etc)* par *m*: ***a pair of scissors*** unas tijeras; ***a pair of trousers*** un pantalón. **2** *(of people)* pareja.
♦ **to pair off** *vi* formar pareja (**with**, con) ♦ **to pair up 1** *vt* emparejar. **2** *vi* emparejarse.
pajamas [pə'dʒæməz] *vi* pijama *m sing*.
Pakistan [pɑːkɪ'stɑːn] *n* Paquistán.
Pakistani [pɑːkɪ'stɑːnɪ] **1** *adj* paquistaní. ‖ **2** *n* paquistaní *mf*.
pal [pæl] *n fam* camarada *mf*, colega *mf*.
palace ['pæləs] *n* palacio.
palate ['pælət] *n* paladar *m*.
pale [peɪl] **1** *adj (person)* pálido,-a. **2** *(colour)* claro,-a. ‖ **3** *vi* palidecer.
Palestine ['pælɪstaɪn] *n* Palestina.
Palestinian [pælɪ'stɪnɪən] *adj - n* palestino,-a.
pall [pɔːl] **1** *n (of smoke)* cortina. ‖ **2** *vi* aburrir, cansar.
palm [pɑːm] **1** *n* ANAT palma. **2** *(tree)* palmera.
• **to palm sth off on sb** endosar algo a algn.
■ **Palm Sunday** Domingo de Ramos.
paltry ['pɔːltrɪ] *adj* mísero,-a.
pamper ['pæmpə] *vt* mimar.
pamphlet ['pæmflət] **1** *n (for publicity)* folleto. **2** *(political)* panfleto.
pan [pæn] *n* cazo, olla.
■ **frying pan** sartén *f*.
Panama ['pænəmɑː] *n* Panamá.
■ **Panama Canal** Canal *m* de Panamá.
Panamanian [pænə'meɪnɪən] *adj - n* panameño,-a.
pancake ['pænkeɪk] *n* crepe *f*, tortita.
pancreas ['pæŋkrɪəs] *n* páncreas *m inv*.
panda ['pændə] *n* oso panda, panda *m*.
■ **panda car** coche *m* patrulla.
pander ['pændə] **to pander to** *vi* satisfacer.
pane [peɪn] *n* cristal *m*, vidrio.
panel ['pænl] **1** *n (in wall, door)* panel *m*. **2** *(of instruments)* tablero, cuadro. **3** *(group of people)* grupo, equipo. **4** *(jury)* jurado.
pang [pæŋ] *n* punzada, dolor *m* agudo.
panic ['pænɪk] **1** *n* pánico. ‖ **2** *vi* entrar el pánico, tener miedo.
panic-striken ['pænɪkstrɪkn] *adj* aterrorizado,-a.
pansy ['pænzɪ] **1** *n* BOT pensamiento. **2** *fam* mariquita *m*.
pant [pænt] **1** *n* jadeo, resuello. ‖ **2** *vi* jadear, resollar.
panther ['pænθə] *n* pantera.
panties ['pæntɪz] *npl* bragas *fpl*.
pantomime ['pæntəmaɪm] **1** *n* panto-

mima. **2** GB representación *f* teatral navideña basada en cuentos infantiles.

pantry ['pæntrɪ] *n* despensa.

pants [pænts] **1** *npl (men's)* calzoncillos *mpl*; *(women's)* bragas *fpl*. **2** US pantalones *mpl*.

papa [pæ'pɑː] *n fam* papá *m*.

paper ['peɪpə] **1** *n* papel *m*. **2** *(newspaper)* diario, periódico. **3** *(examination)* examen *m*. **4** *(essay)* estudio, ensayo. ‖ **5** *vt* empapelar.

■ **paper money** papel moneda; **paper shop** quiosco de periódicos.

paperback ['peɪpəbæk] *n* libro en rústica.

paperclip ['peɪpəklɪp] *n* clip *m*.

paperweight ['peɪpəweɪt] *n* pisapapeles *m inv*.

paperwork ['peɪpəwɜːk] *n* papeleo.

paprika ['pæprɪkə] *n* paprika, pimentón *m* dulce.

par [pɑː] **1** *n* igualdad *f*. **2** *(in golf)* par *m*.

● **on a par with** al mismo nivel que.

parable ['pærəbl] *n* parábola.

parabolic [pærə'bɒlɪk] *adj* parabólico, -a.

parachute ['pærəʃuːt] **1** *n* paracaídas *m inv*. ‖ **2** *vi* lanzarse en paracaídas.

parachutist ['pærəʃuːtɪst] *n* paracaidista *mf*.

parade [pə'reɪd] **1** *n* desfile *m*. **2** MIL revista. ‖ **3** *vi* desfilar. **4** MIL pasar revista. ‖ **5** *vt (show off)* hacer alarde de.

paradise ['pærədaɪs] *n* paraíso.

paradox ['pærədɒks] *n* paradoja.

paraffin ['pærəfɪn] *n* parafina.

paragraph ['pærəgrɑːf] *n* párrafo.

Paraguay [pærə'gwaɪ] *n* Paraguay.

Paraguayan [pærə'gwaɪən] *adj* - *n* paraguayo,-a.

parakeet ['pærəkiːt] *n* periquito.

parallel ['pærəlel] **1** *adj* paralelo,-a. ‖ **2** *n* GEOG paralelo. **3** MATH paralela. **4** *(similarity)* paralelismo. ‖ **5** *vt* ser análogo,-a a.

paralyse ['pærəlaɪz] *vt* paralizar.

paralysis [pə'rælɪsɪs] *n* parálisis *f inv*.

paralytic [pærə'lɪtɪk] *adj* - *n* paralítico,-a.

paramilitary [pærə'mɪlɪtrɪ] *adj* paramilitar.

paramount ['pærəmaʊnt] *adj* supremo,-a, vital, fundamental: ***of paramount importance*** de suma importancia.

paranoia [pærə'nɔɪə] *n* paranoia.

paranoic [pærə'nɔɪk] *adj* - *n* paranoico,-a.

paranoid ['pærənɔɪd] *adj* - *n* paranoico,-a.

paraphrase ['pærəfreɪz] **1** *n* paráfrasis *f inv*. ‖ **2** *vt* parafrasear.

parasite ['pærəsaɪt] *n* parásito,-a.

parasol [pærə'sɒl] *n* sombrilla.

paratrooper ['pærətruːpə] *n* paracaidista *mf*.

parcel ['pɑːsl] *n* paquete *m*.

♦ **to parcel out** *vt* repartir ♦ **to parcel up** *vt* empaquetar.

parched [pɑːtʃt] **1** *adj (dry)* abrasado, -a, reseco,-a. **2** *(thirsty)* muerto,-a de sed.

parchment ['pɑːtʃmənt] *n* pergamino.

pardon ['pɑːdn] **1** *n* perdón *m*. **2** JUR indulto, amnistía. ‖ **3** *vt* perdonar. **4** JUR indultar.

● **pardon?** ¿perdón?, ¿cómo dice?; **pardon me!** ¡perdón!, ¡disculpe!

pare [peə] **1** *vt (fruit)* pelar. **2** *(nails)* cortar.

parent ['peərənt] **1** *n (father)* padre *m*; *(mother)* madre *f*. ‖ **2 parents** *npl* padres *mpl*.

parenthesis [pə'renθəsɪs] *n* paréntesis *m inv*.

parish ['pærɪʃ] *n* parroquia.

parishioner [pə'rɪʃənə] *n* feligrés,-esa.

park [pɑːk] **1** *n* parque *m*. ‖ **2** *vt* - *vi* aparcar.

parking ['pɑːkɪŋ] *n* aparcamiento.

■ **parking lot** US aparcamiento; **parking meter** parquímetro; **parking place** sitio para aparcar; **parking ticket** multa por aparcamiento indebido.

parliament ['pɑːləmənt] *n* parlamento.
parliamentary [pɑːlə'mentərɪ] *adj* parlamentario,-a.
parlour ['pɑːlə] *n* salón *m.*
parody ['pærədɪ] **1** *n* parodia. || **2** *vt* parodiar.
parole [pə'rəʊl] *n* libertad *f* condicional.
• **on parole** en libertad condicional.
parquet ['pɑːkeɪ] *n* parqué *m.*
parrot ['pærət] *n* loro.
parsley ['pɑːslɪ] *n* perejil *m.*
parsnip ['pɑːsnɪp] *n* chirivía.
parson ['pɑːsn] *n* párroco, cura *m.*
part [pɑːt] **1** *n (gen)* parte *f.* **2** TECH pieza. **3** THEAT papel *m.* || **4** *vt* separar. **5** *(hair)* peinar con raya: ***she parts her hair down the middle*** se peina con la raya al medio. || **6** *vi (lovers)* separarse.
♦ **to part with** *vi* separarse de.
• **for my part** por mi parte; **to take an important part in** desempeñar un papel importante; **to take part in** participar en.
partial ['pɑːʃl] *adj* parcial.
• **to be partial to** ser aficionado,-a a.
partiality [pɑːʃɪ'ælɪtɪ] **1** *n* parcialidad *f.* **2** *(liking)* afición *f.*
partially ['pɑːʃlɪ] *adv* parcialmente.
participant [pɑː'tɪsɪpnt] *n* participante *mf.*
participate [pɑː'tɪsɪpeɪt] *vi* participar.
participation [pɑːtɪsɪ'peɪʃn] *n* participación *f.*
participle ['pɑːtɪsɪpl] *n* participio.
particle ['pɑːtɪkl] *n* partícula.
particular [pə'tɪkjʊlə] **1** *adj (specific)* particular. **2** *(special)* especial. **3** *(fussy)* exigente. || **4 particulars** *npl* detalles *mpl.*
• **in particular** en particular.
particularly [pə'tɪkjʊləlɪ] *adv* especialmente.
parting ['pɑːtɪŋ] **1** *n (goodbye)* despedida. **2** *(in hair)* raya.
partisan [pɑːtɪ'zæn] **1** *n (supporter)* partidario,-a. **2** MIL partisano,-a.
partition [pɑː'tɪʃn] **1** *n* partición *f.* **2** *(wall)* tabique *m.* || **3** *vt* partir, dividir.
partly ['pɑːtlɪ] *adv* parcialmente, en parte.
partner ['pɑːtnə] **1** *n (in activity)* compañero,-a. **2** COMM socio,-a. **3** SP pareja. **4** *(spouse)* cónyuge *mf.*
partridge ['pɑːtrɪdʒ] *n* perdiz *f* pardilla.
part-time [pɑːt'taɪm] **1** *adj* de media jornada. || **2** *adv* a tiempo parcial.
party ['pɑːtɪ] **1** *n (event)* fiesta. **2** POL partido. **3** *(group)* grupo. **4** *(in contract)* parte *f.*
pass [pɑːs] **1** *n* GEOG puerto. **2** *(document)* pase *m.* **3** *(in exam)* aprobado. **4** SP pase *m.* || **5** *vt - vi (gen)* pasar. **6** *(overtake)* adelantar. **7** *(exam)* aprobar. **8** *(approve)* aprobar.
♦ **to pass away** *vi* pasar a mejor vida ♦ **to pass by** *vi* pasar, pasar cerca ♦ **to pass off 1** *vi (happen)* transcurrir. **2** *vi (disappear)* desaparecer. **3** *vt (succeed in presenting)* hacer pasar por ♦ **to pass on 1** *vt* pasar: ***he passed on the information to his colleagues*** pasó la información a sus colegas: ***le paso con su secretaria*** I'll pass you on to her secretary. **2** *vi (die)* pasar a mejor vida ♦ **to pass out** *vi* desmayarse ♦ **to pass over** *vt* hacer caso omiso de ♦ **to pass through** *vi* estar de paso ♦ **to pass up** *vt* dejar pasar.
• **to pass judgment on** juzgar; **to pass water** orinar.
passable ['pɑːsəbl] **1** *adj* pasable. **2** *(road)* transitable.
passage ['pæsɪdʒ] **1** *n (street)* pasaje *m.* **2** *(in building)* pasillo. **3** *(movement)* paso. **4** MAR travesía, viaje *m.* **5** *(extract)* pasaje *m.*
passageway ['pæsɪdʒweɪ] **1** *n (in a house)* pasillo. **2** *(alley)* callejón.
passé [pæ'seɪ] *adj* pasado,-a de moda.
passenger ['pæsɪndʒə] *n* viajero,-a, pasajero,-a.
passer-by [pɑːsə'baɪ] *n* transeúnte *mf.*

passing ['pɑːsɪŋ] **1** *adj (fashion)* pasajero,-a. **2** *(remark)* de pasada.
• **to say sth in passing** decir algo de pasada.
passion ['pæʃn] *n* pasión *f.*
passionate ['pæʃnət] *adj* apasionado, -a.
passive ['pæsɪv] **1** *adj* pasivo,-a. || **2** *n* GRAM voz *f* pasiva.
■ **passive smoker** fumador,-a pasivo, -a.
passover ['pɑːsəʊvə] *n* Pascua judía.
passport ['pɑːspɔːt] *n* pasaporte *m.*
password ['pɑːswɜːd] *n* contraseña.
past [pɑːst] **1** *adj* pasado,-a: ***over the past week*** la semana pasada. **2** *(last)* último,-a: ***the past few days*** los últimos días. **3** *(over)* acabado,-a, terminado,-a: ***the danger is now past*** ya pasó el peligro. **4** *(former)* antiguo,-a, anterior: ***based on past experience*** basado en experiencias anteriores. || **5** *n* pasado. || **6** *prep (beyond)* más allá de: ***it's just past the cinema*** está un poco más allá del cine. **7** *(in front of)* por delante de: ***she ran past me*** pasó por mi lado corriendo. **8** *(time)* y: ***five past six*** las seis y cinco.
• **to be past caring** traerle a algn sin cuidado.
■ **past participle** participio pasado; **past tense** pasado.
pasta ['pæstə] *n* pasta.
paste [peɪst] **1** *n (gen)* pasta. **2** *(glue)* engrudo. || **3** *vt* pegar.
pastel ['pæstl] *n* pastel *m.*
pasteurized ['pɑːstʃəraɪzd] *adj* pasteurizado,-a.
pastime ['pɑːstaɪm] *n* pasatiempo.
pastor ['pɑːstə] *n* pastor *m.*
pastoral ['pɑːstrəl] **1** *adj (rustic)* pastoril. **2** REL pastoral.
pastry ['peɪstrɪ] **1** *n (mixture)* pasta. **2** *(cake)* pastel *m.*
pasture ['pɑːstʃə] *n* pasto.
pasty ['pæstɪ] **1** *n* CULIN empanada. || **2** *adj (pale)* pálido,-a.
pat [pæt] **1** *n* golpecito, palmadita. **2** *(of butter)* porción *f.* || **3** *vt* dar golpecitos a, dar palmaditas a.
• **to know sth off pat** saberse algo al dedillo.
patch [pætʃ] **1** *n (mend)* remiendo. **2** *(over eye)* parche *m.* **3** *(of ground)* trozo, parcela. **4** *(of colour, damp, etc)* mancha. || **5** *vt* remendar.
• **not to be a patch on** no tener ni punto de comparación con.
■ **a bad patch** una mala racha.
pâté ['pæteɪ] *n* paté *m.*
patent ['peɪtənt] **1** *adj (obvious)* patente, evidente. **2** COMM patentado. || **3** *n* patente *f.* || **4** *vt* patentar.
■ **patent leather** charol *m.*
paternal [pə'tɜːnl] **1** *adj (fatherly)* paternal. **2** *(side of family)* paterno,-a.
paternalistic [pətɜːn'lɪstɪk] *adj* paternalista.
paternity [pə'tɜːnɪtɪ] *n* paternidad *f.*
path [pɑːθ] **1** *n* camino, sendero. **2** *(of bullet)* trayectoria.
• **on the right path** bien encaminado,-a.
pathetic [pə'θetɪk] **1** *adj* patético,-a. **2** *(awful)* malísimo,-a.
pathway ['pɑːθweɪ] *n* camino, sendero.
patience ['peɪʃns] **1** *n* paciencia. **2** *(card game)* solitario.
• **to try sb's patience** poner a prueba la paciencia de algn.
patient ['peɪʃnt] **1** *adj* paciente. || **2** *n* paciente *mf*, enfermo,-a.
patio ['pætɪəʊ] *n* patio.
patriarch ['peɪtrɪɑːk] *n* patriarca *m.*
patrimony ['pætrɪmənɪ] *n* patrimonio.
patriot ['peɪtrɪət] *n* patriota *mf.*
patriotic [pætrɪ'ɒtɪk] *adj* patriótico,-a.
patriotism ['pætrɪətɪzm] *n* patriotismo.
patrol [pə'trəʊl] **1** *n* patrulla. || **2** *vi* - *vt* patrullar (-, por).
• **on patrol** de patrulla.
■ **patrol car** coche *m* patrulla.
patron ['peɪtrən] **1** *adj (sponsor)* patrocinador,-ra. **2** *(customer)* cliente,-a habitual. **3** *(of arts)* mecenas *m inv.*

■ **patron saint** patrón,-ona, santo,-a patrón,-ona.
patronage ['pætrənɪdʒ] *n* patrocinio.
patronize ['pætrənaɪz] **1** *vt (shop etc)* ser cliente,-a habitual de, frecuentar. **2** *(sponsor)* patrocinar. **3** *(arts)* proteger. **4** *pej* tratar con condescendencia.
patter ['pætə] **1** *n (of rain)* tamborileo. **2** *(of feet)* pasitos *mpl*. **3** *fam (talk)* labia. ‖ **4** *vt (rain)* golpetear, tamborilear. **5** *(feet)* corretear.
pattern ['pætn] **1** *n (model)* modelo. **2** *(for clothes)* patrón *m*. **3** *(design)* dibujo, diseño. **4** *(order)* pauta.
pause [pɔːz] **1** *n* pausa. ‖ **2** *vi (in speaking)* hacer una pausa. **3** *(in moving)* detenerse.
pave [peɪv] *vt* pavimentar, adoquinar.
● **to pave the way** *fig* preparar el terreno.
pavement ['peɪvmənt] *n* acera.
pavillion [pə'vɪlɪən] *n* pabellón *m*.
paw [pɔː] **1** *n (of animal)* pata; *(of tiger)* garra, zarpa. ‖ **2** *vt* manosear, sobar.
pawn [pɔːn] **1** *n (in chess)* peón *m*. ‖ **2** *vt* empeñar.
pawnbroker ['pɔːnbrəʊkə] *n* prestamista *mf*.
pawnshop ['pɔːnʃɒp] *n* casa de empeños.
pay [peɪ] **1** *n* paga, sueldo. ‖ **2** *vt - vi (pt & pp* paid) pagar. ‖ **3** *vi (be profitable)* ser rentable.
♦ **to pay back** *vt* devolver ♦ **to pay in** *vt* ingresar ♦ **to pay off 1** *vt (debt)* saldar. **2** *vt (mortgage)* acabar de pagar. **3** *vt (worker)* dar el finiquito a. **4** *vi (be successful)* salir bien.
● **to pay attention** prestar atención; **to pay a visit** hacer una visita.
■ **pay packet** *(envelope)* sobre *m* del sueldo; *(wages)* paga.
payable ['peɪəbl] *adj* pagadero,-a.
payday ['peɪdeɪ] *n* día *m* de paga.
PAYE ['piː'eɪ'waɪ'iː] *abbr* GB *(*pay as you earn*) recaudación de impuestos mediante retenciones practicadas sobre el sueldo.*
payee [peɪ'iː] *n* beneficiario,-a.
payment ['peɪmənt] *n* pago.
payroll ['peɪrəʊl] *n* nómina.
payslip ['peɪslɪp] *n* nómina.
pc [pɜː'sent] **1** *abbr (***per cent***)* por ciento; *(abbreviation)* p.c. **2** ['pəʊstkɑːd] *(***postcard***)* tarjeta postal, postal *f*. **3** ['piː'siː] *(***personal computer***)* ordenador *m* personal; *(abbreviation)* PC.
PC ['piː'siː] *abbr* GB *(*Police Constable*)* agente *mf* de policía.
PE ['piː'iː] *abbr (*physical education*)* educación física.
pea [piː] *n* guisante *m*.
peace [piːs] **1** *n* paz *f*. **2** *(calm)* tranquilidad *f*.
● **at peace/in peace** en paz; **to make one's peace** hacer las paces.
■ **peace of mind** tranquilidad de espíritu.
peaceful ['piːsfʊl] **1** *adj* pacífico,-a. **2** *(calm)* tranquilo,-a.
peace-keeping ['piːskiːpɪŋ] *adj* de pacificación.
peach [piːtʃ] *n* melocotón *m*.
■ **peach tree** melocotonero.
peacock ['piːkɒk] *n* pavo real.
peak [piːk] **1** *n (mountain)* pico. **2** *(highest point)* apogeo. **3** *(of cap)* visera. ‖ **4** *adj (maximum)* máximo,-a. ‖ **5** *vi* alcanzar su punto máximo.
■ **peak hour** hora punta; **peak period** período de tarifa máxima; **peak season** temporada alta.
peal [piːl] **1** *n (of bells)* repique *m*. **2** *(of thunder)* estrépito, estruendo. ‖ **3** *vt - vi (bells)* repicar.
peanut ['piːnʌt] *n* cacahuete *m*.
■ **peanut butter** mantequilla de cacahuete.
pear [peə] *n* pera.
■ **pear tree** peral *m*.
pearl [pɜːl] *n* perla.
peasant ['peznt] **1** *n* campesino,-a. **2** *pej* inculto,-a.
peat [piːt] *n* turba.
pebble ['pebl] *n* guija, guijarro, china.
peck [pek] **1** *n (with beak)* picotazo.

2 *fam (kiss)* beso. || 3 *vt (with beak)* picotear.
peckish ['pekɪʃ] *adj* algo hambriento,-a.
pectoral ['pektrəl] 1 *adj* pectoral. || 2 *n* pectoral *m.*
peculiar [pɪ'kjuːlɪə] 1 *adj (strange)* extraño,-a, raro,-a. 2 *(particular)* peculiar, propio,-a.
peculiarity [pɪkjuːlɪ'ærɪtɪ] 1 *n (oddity)* rareza. 2 *(feature)* característica, peculiaridad *f.*
pedagogical [pedə'gɒdzɪkl] *adj* pedagógico,-a.
pedagogy ['pedəgɒdʒɪ] *n* pedagogía.
pedal ['pedl] 1 *n* pedal *m.* || 2 *vi* pedalear.
peddle ['pedl] 1 *vt - vi* vender *(de puerta en puerta)*. 2 *(drugs)* traficar con.
peddler ['pedlə] *n* traficante *mf* de drogas.
pedestrian [pɪ'destrɪən] 1 *n* peatón *m.* || 2 *adj* pedestre.
■ **pedestrian crossing** paso de peatones; **pedestrian precinct** zona peatonal.
pediatrician [piːdɪə'trɪʃn] *n* pediatra *mf.*
pediatrics [piːdɪ'ætrɪks] *n* pediatría.
pedigree ['pedɪgriː] 1 *n (of animals)* pedigrí *m.* || 2 *adj* de raza.
pee [piː] 1 *n fam* pis *m.* || 2 *vi fam* hacer pis.
peek [piːk] 1 *n* ojeada. || 2 *vi* mirar, espiar.
● **to have a peek at** echar una ojeada a.
peel [piːl] 1 *n (gen)* piel *f.* 2 *(of orange etc)* corteza. || 3 *vt* pelar. || 4 *vi* pelarse.
peep [piːp] 1 *n (look)* ojeada. 2 *(noise)* pío.
● **to have a peep at** echar una ojeada a.
peep-hole ['piːphəʊl] *n* mirilla.
peeping Tom [piːpɪŋ'tɒm] *n* mirón *m.*
peer [pɪə] 1 *n* par *m.* 2 *(noble)* par *m.* || 3 *vi* mirar atentamente.
peeved ['piːvd] *adj fam* fastidiado,-a.
peg [peg] 1 *n (for hanging clothes)* pinza. 2 *(hanger)* percha, colgador *m.* || 3 *vt (prices)* fijar.
pejorative [pə'dʒɒrətɪv] *adj* peyorativo,-a, despectivo,-a.
pelican ['pelɪkən] *n* pelícano.
pellet ['pelɪt] 1 *n* pelotilla, bolita. 2 *(shot)* perdigón *m.*
pelt [pelt] 1 *n* piel, pellejo. || 2 *vt* atacar: ***they pelted him with eggs*** le tiraron huevos. || 3 *vi (rain)* llover a cántaros. 4 *(run)* correr.
pelvis ['pelvɪs] *n* pelvis *f inv.*
pen [pen] 1 *n (fountain pen)* pluma. 2 *(ballpoint)* bolígrafo. 3 *(for animals)* corral *m*; *(for sheep)* aprisco. || 4 *vt (write)* escribir. 5 *(shut up)* acorralar.
penal ['piːnl] *adj* penal.
penalize ['piːnlaɪz] 1 *vt (punish)* castigar. 2 SP penalizar.
penalty ['penltɪ] 1 *n (punishment)* pena, castigo. 2 SP castigo; *(football)* penalti *m.*
■ **penalty area** área de castigo.
penance ['penəns] *n* penitencia.
pence [pens] *npl* → **penny**.
penchant ['pɒnʃɒn] *n* inclinación *f*, tendencia.
pencil ['pensl] *n* lápiz *m.*
■ **pencil case** plumier *m*, estuche *m*; **pencil sharpener** sacapuntas *m inv.*
pendant ['pendnt] *n* colgante *m.*
pending ['pendɪŋ] 1 *adj* pendiente. || 2 *prep* en espera de.
pendulum ['pendjʊləm] *n* péndulo.
penetrate ['penɪtreɪt] *vt* penetrar.
penetrating ['penɪtreɪtɪŋ] 1 *adj (gen)* penetrante. 2 *(mind)* perspicaz.
penetration [penɪ'treɪʃn] *n* penetración *f.*
penfriend ['penfrend] *n* amigo,-a por correspondencia.
penguin ['peŋgwɪn] *n* pingüino.
penicillin [penɪ'sɪlɪn] *n* penicilina.
peninsula [pə'nɪnsjʊlə] *n* península.
penis ['piːnɪs] *n* pene *m.*
penitent ['penɪtent] 1 *adj (sorry)* arrepentido,-a. || 2 *n* REL penitente *mf.*

penitentiary [penɪ'tenʃərɪ] *n* US penitenciaría.
penknife ['pennaɪf] *n* cortaplumas *m inv*.
pennant ['penənt] *n* gallardete *m*.
penniless ['penɪləs] *adj* sin dinero.
penny ['penɪ] *n* (*pl* pence) GB penique *m*; US centavo.
• **to spend a penny** *fam* ir al servicio.
pension ['penʃn] *n* pensión *f*.
• **to pension sb off** jubilar a algn.
▪ **pension fund** fondo de pensiones; **pension plan** plan *m* de pensiones.
pensioner ['penʃnə] *n* jubilado,-a, pensionista *mf*.
pentagon ['pentəgən] *n* pentágono.
pentathlon [pen'tæθlən] *n* pentatlón *m*.
Pentecost ['pentɪkɒst] *n* Pentecostés *m*.
penthouse ['penthaʊs] *n* ático.
penultimate [pɪ'nʌltɪmət] *adj* penúltimo,-a.
people ['piːpl] **1** *npl (gen)* gente *f sing*, personas *fpl*: ***there are some people waiting*** hay gente esperando. ‖ **2** *n* (*pl* people) pueblo. ‖ **3** *vt* poblar.
pep [pep] *n fam* energía, brío, empuje *m*.
pepper ['pepə] **1** *n (spice)* pimienta. **2** *(vegetable)* pimiento. ‖ **3** *vt* CULIN sazonar con pimienta.
peppermint ['pepəmɪnt] *n* menta.
per [pɜː] *prep* por.
• **as per** según: ***as per instructions*** según las instrucciones; **per cent** por ciento; **per person** por persona.
perceive [pə'siːv] *vt* percibir, ver, distinguir.
percentage [pə'sentɪdʒ] *n* porcentaje *m*.
perceptible [pə'septɪbl] *adj* perceptible.
perception [pə'sepʃn] *n* percepción *f*.
perch [pɜːtʃ] **1** *n (for bird)* percha. **2** *(fish)* perca. **3** *(high position)* posición *f* privilegiada. ‖ **4** *vi (bird)* posarse.
percolator ['pɜːkəleɪtə] *n* cafetera de filtro.
percussion [pɜː'kʌʃn] *n* percusión *f*.
perennial [pə'renɪəl] *adj* perenne.
perfect ['pɜːfɪkt] **1** *adj* perfecto,-a. **2** *(total)* total, absoluto,-a, completo,-a. ‖ **3** *vt* ([pə'fekt]) perfeccionar.
perfection [pə'fekʃn] *n* perfección *f*.
perfectly ['pɜːfɪktlɪ] *adv* perfectamente, a la perfección.
perforate ['pɜːfəreɪt] *vt* perforar.
perform [pə'fɔːm] **1** *vt* hacer, ejecutar, realizar. **2** *(piece of music)* interpretar. **3** *(play)* representar. ‖ **4** *vi (actor)* actuar. **5** *(machine)* funcionar.
performance [pə'fɔːməns] **1** *n* ejecución *f*, realización *f*. **2** MUS interpretación *f*. **3** THEAT representación *f*. **4** *(of machine)* funcionamiento. **5** *(of car)* rendimiento. **6** *(fuss)* lío.
performer [pə'fɔːmə] **1** *n* THEAT actor, actriz. **2** MUS intérprete *mf*.
perfume ['pɜːfjuːm] **1** *n* perfume *m*. ‖ **2** *vt* perfumar.
perhaps [pə'hæps] *adv* quizá, quizás, tal vez.
perimeter [pə'rɪmɪtə] *n* perímetro.
period ['pɪərɪəd] **1** *n* período, periodo, época. **2** *(class)* clase *f*. **3** *(menstruation)* regla. **4** *(full stop)* punto final. ‖ **5** *adj* de época.
periodic [pɪərɪ'ɒdɪk] *adj* periódico,-a.
periodical [pɪərɪ'ɒdɪkl] **1** *adj* periódico,-a. ‖ **2** *n* revista.
peripheral [pə'rɪfərəl] **1** *adj (minor)* secundario,-a. **2** *(at edge)* periférico. ‖ **3** *n* COMPUT unidad *f* periférica.
periphery [pə'rɪfərɪ] *n* periferia.
periscope ['perɪskəʊp] *n* periscopio.
perish ['perɪʃ] **1** *vi (die)* perecer, fenecer. ‖ **2** *vt (decay)* estropear. ‖ **3** *vi (decay)* estropearse.
perishable ['perɪʃəbl] **1** *adj* perecedero,-a. ‖ **2** **perishables** *npl* productos *mpl* perecederos.
perjury ['pɜːdʒərɪ] *n* perjurio.
perk [pɜːk] *n fam* beneficio.
♦ **to perk up** *vi* animarse, reanimarse.
perky ['pɜːkɪ] *adj* animado,-a.
perm [pɜːm] **1** *n fam* permanente *f*. ‖ **2** *vt fam* hacer la permanente a algn.

permanent ['pɜːmənənt] **1** *adj* permanente. **2** *(job, address)* fijo,-a.
permeate ['pɜːmɪeɪt] *vt - vi* penetrar.
permission [pə'mɪʃn] *n* permiso.
permissive [pə'mɪsɪv] *adj* permisivo, -a.
permit ['pɜːmɪt] **1** *n* permiso. **2** *(pass)* pase *m*. ‖ **3** *vt* ([pə'mɪt]) permitir.
perpendicular [pɜːpən'dɪkjʊlə] **1** *adj* perpendicular. ‖ **2** *n* perpendicular *f*.
perpetrate ['pɜːpɪtreɪt] *vt* perpetrar.
perpetual [pə'petjʊəl] **1** *adj* perpetuo, -a. **2** *(continual)* continuo,-a, incesante.
perpetuate [pə'petjʊeɪt] *vt* perpetuar.
perplex [pə'pleks] *vt* dejar perplejo,-a.
persecute ['pɜːsɪkjuːt] *vt* perseguir.
persecution [pɜːsɪ'kjuːʃn] *n* persecución *f*.
persevere [pɜːsɪ'vɪə] *vi* perseverar.
Persia ['pɜːʒə] *n* Persia.
Persian ['pɜːzn] **1** *adj* persa. ‖ **2** *n (person)* persa *mf*. **3** *(language)* persa *m*.
■ **Persian Gulf** golfo Pérsico.
persist [pə'sɪst] *vi* persistir.
● **to persist in doing sth** empeñarse en hacer algo.
persistent [pə'sɪstənt] *adj* persistente.
person ['pɜːsn] *n* persona.
● **in person** en persona.
▲ *El plural suele ser people.*
personal ['pɜːsənl] **1** *adj (gen)* personal. **2** *(private)* particular, privado,-a. **3** *(in person)* en persona.
■ **personal organizer** agenda personal; **personal property** bienes *mpl* personales.
personality [pɜːsə'nælɪtɪ] *n* personalidad *f*.
personify [pɜː'sɒnɪfaɪ] *vt* personificar.
personnel [pɜːsə'nel] *n* personal *m*.
perspective [pə'spektɪv] *n* perspectiva.
perspiration [pɜːspɪ'reɪʃn] *n* transpiración *f*, sudor *m*.
perspire [pə'spaɪə] *vt - vi* transpirar, sudar.
persuade [pə'sweɪd] *vt* persuadir, convencer.
● **to persuade sb to do sth** convencer a algn para que haga algo.
persuasion [pə'sweɪʒn] **1** *n (act)* persuasión *f*. **2** *(ability)* persuasiva. **3** *(belief)* creencia.
persuasive [pə'sweɪsɪəv] *adj* persuasivo,-a, convincente.
pert [pɜːt] **1** *adj (hat)* coqueto,-a. **2** *(cheeky)* fresco,-a, descarado,-a.
pertinent ['pɜːtɪnənt] *adj* pertinente, oportuno,-a.
perturb [pə'tɜːb] *vt* perturbar, inquietar.
Peru [pə'ruː] *n* Perú.
Peruvian [pə'ruːvɪən] *adj - n* peruano,-a.
pervade [pɜː'veɪd] *vt* impregnar.
perverse [pəvɜːs] *adj* perverso,-a.
perversion [pə'vɜːʃn] **1** *n* perversión *f*. **2** *(of truth etc)* tergiversación *f*.
pervert ['pɜːvɜːt] **1** *n* pervertido,-a. ‖ **2** *vt* pervertir. **3** ([pə'vɜːt]) *(truth etc)* tergiversar.
pessimism ['pesɪmɪzm] *n* pesimismo.
pessimist ['pesɪmɪst] *n* pesimista *mf*.
pessimistic [pesɪ'mɪstɪk] *adj* pesimista.
pest [pest] **1** *n* insecto nocivo, plaga. **2** *fam (person)* pelma *mf*.
pester ['pestə] *vt* molestar.
pesticide ['pestɪsaɪd] *n* pesticida.
pestle ['pesl] *n* mano *f* de mortero.
pet [pet] **1** *n* animal *m* doméstico. **2** *(person)* favorito,-a. ‖ **3** *adj (tame)* domesticado,-a. **4** *(favourite)* favorito,-a. ‖ **5** *vt* acariciar. ‖ **6** *vi fam* besuquearse.
petal ['petl] *n* pétalo.
peter out [piːtər'aʊt] *vi* acabarse, agotarse.
petition [pə'tɪʃn] **1** *n* petición *f*, solicitud *f*. ‖ **2** *vt* presentar una solicitud a.
petrify ['petrɪfaɪ] *vt* petrificar.
petrol ['petrəl] *n* gasolina.
■ **petrol pump** surtidor *m* de gasolina; **petrol station** gasolinera; **petrol tank** depósito de gasolina.
petroleum [pə'trəʊlɪəm] *n* petróleo.
petticoat ['petɪkəʊt] **1** *n (underskirt)* enaguas *fpl*. **2** *(slip)* combinación *f*.

petty ['petɪ] **1** *adj (trivial)* insignificante. **2** *(mean)* mezquino,-a.
■ **petty cash** dinero para gastos menores; **petty officer** suboficial *m* de marina.
pew [pjuː] *n* banco *(de iglesia)*.
pewter ['pjuːtə] *n* peltre *m*.
phallic ['fælɪk] *adj* fálico,-a.
phallus ['fæləs] *n* falo.
phantom ['fæntəm] *n* fantasma *m*.
pharmaceutical [fɑːmə'sjuːtɪkl] *adj* farmacéutico,-a.
pharmacist ['fɑːməsɪst] *n* farmacéutico,-a.
pharmacy ['fɑːməsɪ] *n* farmacia.
phase [feɪz] *n* fase *f*.
♦ **to phase in** *vt* introducir progresivamente ♦ **to phase out** *vt* retirar progresivamente.
PhD ['piː'eɪtʃ'diː] *abbr (*Doctor of Philosophy *- person)* doctor,-ra *(en cualquier especialidad académica)*; *(- degree)* doctorado.
pheasant ['feznt] *n* faisán *m*.
phenomenon [fɪ'nɒmɪnən] *n* fenómeno.
philanthropist [fɪ'lænθrəpɪst] *n* filántropo,-a.
philharmonic [fɪlæː'mɒnɪk] *adj* filarmónico,-a.
Philippine ['fɪlɪpiːn] *adj* filipino,-a.
■ **Philippine Sea** Mar *m* de Filipinas.
Philippines ['fɪlɪpiːnz] *n* Filipinas.
philosopher [fɪ'lɒsəfə] *n* filósofo,-a.
philosophical [fɪlə'sɒfɪkl] *adj* filosófico,-a.
philosophy [fɪ'lɒsəfɪ] *n* filosofía.
phlegm [flem] *n* flema.
phlegmatic [fleg'mætɪk] *adj* flemático,-a.
phobia ['fəʊbɪə] *n* fobia.
phone [fəʊn] *n - vt - vi fam* → **telephone**.
■ **phone book** listín *m* telefónico; **phone box** cabina telefónica; **phone call** llamada telefónica; **phone line** *(connection)* línea telefónica; *(wire)* cable *m* del teléfono; **phone number** número de teléfono.

phonecard ['fəʊnkɑːd] *n* tarjeta telefónica.
phonetic [fə'netɪk] *adj* fonético,-a.
phonetics [fə'netɪks] *n* fonética.
phoney ['fəʊnɪ] *adj fam* falso,-a.
phony ['fəʊnɪ] *adj fam* falso,-a.
phosphate ['fɒsfeɪt] *n* fosfato.
phosphorus ['fɒsfərəs] *n* fósforo.
photo ['fəʊtəʊ] *n fam* foto *f*.
● **to take a photo of sb** hacerle una foto a algn.
photocopier ['fəʊtəʊkɒpɪə] *n* fotocopiadora.
photocopy ['fəʊtəʊkɒpɪ] **1** *n* fotocopia. ‖ **2** *vt* fotocopiar.
photograph ['fəʊtəgrɑːf] **1** *n* fotografía. ‖ **2** *vt - vi* fotografiar.
photographer [fə'tɒgrəfə] *n* fotógrafo, -a.
photographic [fəʊtə'græfɪk] *adj* fotográfico,-a.
photography [fə'tɒgrəfɪ] *n* fotografía.
phrasal verb [freɪzl'vɜːb] *n* verbo compuesto, verbo preposicional.
phrase [freɪz] **1** *n* frase *f*. ‖ **2** *vt* expresar.
phrasebook ['freɪzbʊk] *n* manual de conversación.
physical ['fɪzɪkl] *adj* físico,-a.
■ **physical education** educación *f* física; **physical examination** examen *m* médico.
physician [fɪ'zɪʃn] *n* médico,-a.
physicist ['fɪzɪsɪst] *n* físico,-a.
physics ['fɪzɪks] *n* física.
physiological [fɪzɪə'lɒdʒɪkl] *adj* fisiológico,-a.
physiology [fɪzɪ'ɒlədʒɪ] *n* fisiología.
physiotherapy [fɪzɪəʊ'θerəpɪ] *n* fisioterapía.
physique [fɪ'ziːk] *n* físico.
pianist ['pɪənɪst] *n* pianista *mf*.
piano [pɪ'ænəʊ] *n* piano.
pick [pɪk] **1** *n (tool)* pico. ‖ **2** *vt (choose)* escoger. **3** *(flowers, fruit)* coger. **4** *(pocket)* robar. **5** *(lock)* forzar. **6** *(teeth)* mondarse. **7** *(nose)* hurgarse.
♦ **to pick off** *vt* matar uno a uno ♦ **to**

pick on *vt* meterse con ♦ **to pick out** 1 *vt (choose)* escoger. 2 *vt (see)* distinguir ♦ **to pick up** 1 *vt (take)* coger; *(from floor)* recoger. 2 *vt (acquire)* conseguir. 3 *vt (go and get)* ir a buscar. 4 *vt (on radio)* captar. 5 *vt (learn)* aprender. 6 *vt fam (sex partner)* ligarse.
• **take your pick** escoge el/la que quieras; **the pick of** la flor y nata de; **to pick a fight with** buscar camorra con; **to pick holes in** encontrar defectos en; **to pick one's nose** hurgarse la nariz.

pickaxe ['pɪkæks] *n* pico.

picket ['pɪkɪt] 1 *n* piquete *m*. || 2 *vt* piquetear. || 3 *vi* hacer de piquete.

pickle ['pɪkl] 1 *n* CULIN encurtido, escabeche *m*. 2 *(mess)* aprieto. || 3 *vt* CULIN encurtir, escabechar.

pick-me-up ['pɪkmiːʌp] *n* tónico.

pickpocket ['pɪkpɒkɪt] *n* carterista *mf*.

pick-up ['pɪkʌp] 1 *n* ELEC fonocaptor *m*. 2 *(vehicle)* furgoneta.

picnic ['pɪknɪk] 1 *n* merienda, picnic *m*. || 2 *vi* hacer un picnic.

pictorial [pɪk'tɔːrɪəl] *adj* ilustrado,-a.

picture ['pɪktʃə] 1 *n (painting)* pintura, cuadro. 2 *(portrait)* retrato. 3 *(drawing)* dibujo. 4 *(photo)* fotografía. 5 *(illustration)* lámina. 6 *(film)* película. 7 TV imagen *f*. || 8 *vt* pintar, retratar. 9 *(imagine)* imaginar, imaginarse.
• **to take a picture** hacer una foto.

picturesque [pɪktʃə'resk] *adj* pintoresco,-a.

piddling ['pɪdlɪŋ] *adj fam* insignificante.

pidgin ['pɪdʒɪn] *n* lengua macarrónica.

pie [paɪ] 1 *n (sweeet)* pastel *m*, tarta. 2 *(savoury)* pastel *m*, empanada.

piece [piːs] 1 *n (bit)* trozo. 2 *(part)* pieza. 3 *(coin)* moneda. 4 MUS pieza.
♦ **to piece together** *vt* reconstruir.
• **to take to pieces** desmontar; **in one piece** *(person)* sano y salvo; *(thing)* intacto,-a; **it's a piece of cake** *fam* es pan comido.
▲ *Sirve para individualizar los nombres incontables:* news, *noticias;* a piece of news, *una noticia.*

piecemeal ['piːsmiːl] *adv* poco a poco.

piecework ['piːswɜːk] *n* trabajo a destajo.

pier [pɪə] 1 *n* muelle *m*, embarcadero. 2 *(pillar)* pilar *m*.

pierce [pɪəs] *vt* perforar, agujerear.

piercing ['pɪəsɪŋ] 1 *adj (look)* penetrante. 2 *(scream)* desgarrador,-a.

piety ['paɪətɪ] *n* piedad *f*.

pig [pɪg] 1 *n* cerdo,-a. 2 *(glutton)* glotón,-ona. 3 *sl (copper)* madero.
• **to make a pig of oneself** darse un atracón.
■ **pig farm** granja porcina.

pigeon ['pɪdʒɪn] *n* paloma.

pigeonhole ['pɪdʒɪnhəʊl] *n* casilla.

pig-headed [pɪg'hedɪd] *adj* testarudo, -a.

piglet ['pɪglət] *n* cochinillo, lechón *m*.

pigment ['pɪgmənt] *n* pigmento.

pigsty ['pɪgstaɪ] *n* pocilga.

pigtail ['pɪgteɪl] *n* trenza.

pike [paɪk] 1 *n* MIL pica. 2 *(fish)* lucio.

pile [paɪl] 1 *n (heap)* montón *m*. 2 ARCH pilote *m*. 3 *fam (fortune)* fortuna. || 4 *vt* amontonar, apilar. || 5 **piles** *npl* MED almorranas *fpl*.
♦ **to pile up** *vt* - *vi* amontonarse.

pile-up ['paɪlʌp] *n* choque *m* en cadena.

pilfer ['pɪlfə] *vt* - *vi* hurtar.

pilgrim ['pɪlgrɪm] *n* peregrino,-a.

pilgrimage ['pɪlgrɪmɪdʒ] *n* peregrinación *f*.

pill [pɪl] *n* píldora, pastilla.
• **to be on the pill** tomar la píldora.

pillar ['pɪlə] *n* pilar *m*, columna.

pillow ['pɪləʊ] *n* almohada.

pilot ['paɪlət] 1 *n* piloto. || 2 *adj* piloto. || 3 *vt* pilotar.

pimento [pɪ'mentəʊ] *n* pimiento morrón.

pimp [pɪmp] *n* chulo, macarra *m*.

pimple ['pɪmpl] *n* grano.

pin [pɪn] 1 *n (for sewing)* alfiler *m*. 2 TECH clavija. || 3 *vt (fasten)* prender *con alfileres*. 4 *(notice)* clavar.

♦ **to pin down** 1 *vt (identify)* definir, precisar. 2 *vt (prevent from)* inmovilizar.

pinafore ['pɪnəfɔː] *n* delantal *m*.

pincers ['pɪnsəz] 1 *npl (tool)* tenazas *fpl*. 2 *(crab's etc)* pinzas *fpl*.

pinch [pɪntʃ] 1 *n (nip)* pellizco. 2 *(bit)* pizca. ‖ 3 *vt (nip)* pellizcar. 4 *(shoes)* apretar. 5 *fam (steal)* birlar, afanar.

pine [paɪn] 1 *n* pino. ‖ 2 **to pine (away)** *vi* consumirse.

■ **pine cone** piña; **pine nut** piñón *m*.

pineapple ['paɪnæpl] *n* piña.

ping [pɪŋ] 1 *n* sonido metálico. ‖ 2 *vi* hacer un sonido metálico.

ping-pong ['pɪŋpɒŋ] *n* tenis *m* de mesa, pimpón *m*.

pinion ['pɪnɪən] 1 *n* TECH piñón *m*. ‖ 2 *vt* maniatar.

pink [pɪŋk] 1 *adj* rosa, de color rosa, rosado,-a. ‖ 2 *n (colour)* rosa *m*. 3 BOT clavel *m*, clavellina.

pinnacle ['pɪnəkl] 1 *n* pináculo. 2 *(of mountain)* cima, cumbre *f*.

pinpoint ['pɪnpɔɪnt] *vt* señalar, determinar.

pint [paɪnt] *n* pinta.

▲ *en Gran Bretaña equivale a 0,57 litros; en Estados Unidos equivale a 0,47 litros.*

pioneer [paɪə'nɪə] 1 *n* pionero,-a. ‖ 2 *vt* iniciar.

pip [pɪp] 1 *n (seed)* pepita. 2 *(sound)* pitido, señal *f*.

● **to be pipped at the post** perder por los pelos.

pipe [paɪp] 1 *n (for gas, water)* tubería, cañería. 2 *(for smoking)* pipa. 3 MUS caramillo. ‖ 4 *vt* llevar por tubería, conducir por tubería.

♦ **to pipe down** *vi* callarse.

pipeline ['paɪplaɪn] 1 *n (for water)* tubería. 2 *(for gas)* gasoducto. 3 *(oil)* oleoducto.

● **in the pipeline** en trámite.

piper ['paɪpə] *n* gaitero,-a.

piping ['paɪpɪŋ] *n* tuberías *mpl*.

● **piping hot** muy caliente.

piracy ['paɪərəsɪ] *n* piratería.

piranha [pɪ'rɑːnə] *n (fish)* piraña.

pirate ['paɪərət] 1 *n* pirata *m*. ‖ 2 *vt* piratear.

Pisces ['paɪsiːz] *n* Piscis *m inv*.

piss [pɪs] 1 *n fam* meada. ‖ 2 *vi fam* mear.

♦ **to piss off** 1 *vi sl* largarse. ‖ 2 *vt sl* cabrear, poner de mala leche.

● **to take the piss** cachondearse (**out of,** de); **to piss it down** *fam* llover a cántaros.

pissed [pɪst] 1 *adj* GB *fam (drunk)* trompa, pedo. 2 US *fam (fed up)* harto,-a.

pistachio [pɪs'tɑːʃɪəʊ] *n* pistacho.

pistol ['pɪstl] *n* pistola.

piston ['pɪstn] *n* TECH pistón *m*, émbolo.

pit [pɪt] 1 *n (hole)* hoyo, foso. 2 *(mine)* mina. 3 *(for orchestra)* foso de la orquesta. 4 US *(in fruit)* hueso. ‖ 5 *vt (mark)* picar.

● **to pit one's strength/wits against** medirse con.

pitch [pɪtʃ] 1 *n* MUS tono. 2 SP campo, terreno. 3 *(degree)* grado, nivel *m*. 4 *(slope)* pendiente *f*. 5 *(throw)* lanzamiento. ‖ 6 *vt (throw)* tirar, arrojar, lanzar. 7 *(set)* fijar. 8 *(tent)* plantar, armar. ‖ 9 *vi (fall)* caerse.

♦ **to pitch into** *vt* atacar: ***he pitched into his work*** se puso a trabajar.

■ **pitched battle** batalla campal.

pitcher ['pɪtʃə] 1 *n* GB *(jug)* cántaro; US jarro. 2 SP lanzador,-ra; *(baseball)* bateador,-a.

pitchfork ['pɪtʃfɔːk] *n* AGR horca.

pitfall ['pɪtfɔːl] *n* escollo.

pith [pɪθ] 1 *n (of bone, plant)* médula. 2 *(of orange etc)* piel *f* blanca. 3 *(of theory)* meollo.

pitiful ['pɪtɪfʊl] 1 *adj* lastimoso,-a. 2 *(bad)* lamentable.

pitiless ['pɪtɪləs] *adj* despiadado,-a.

pittance ['pɪtns] *n* miseria.

pity ['pɪtɪ] 1 *n* pena, lástima. ‖ 2 *vt* compadecerse de.

● **what a pity!** ¡qué lástima!

pivot ['pɪvət] **1** *n* pivote *m*, eje *m*. ‖ **2** *vi* girar.
pizza ['piːtsə] *n* pizza.
■ **pizza parlour** pizzería.
placard ['plækɑːd] *n* pancarta.
placate [plə'keɪt] *vt* aplacar, apaciguar.
place [pleɪs] **1** *n* lugar *m*, sitio. **2** *(seat)* asiento, sitio. **3** *(in school etc)* plaza. **4** *(in race etc)* posición *f*. **5** *fam (house)* casa, piso. ‖ **6** *vt* colocar, poner, situar. **7** *(remember)* recordar.
● **in place** en su sitio; **in the first place** en primer lugar; **out of place** fuera de lugar; **to place an order** hacer un pedido; **to take place** tener lugar; **to take the place of** sustituir.
■ **place mat** mantel individual; **place name** topónimo.
placenta [plə'sentə] *n* placenta.
plague [pleɪg] **1** *n (epidemic)* plaga. **2** *(disease)* peste *f*. ‖ **3** *vt (afflict)* plagar. **4** *(pester)* acosar, importunar.
plaice [pleɪs] *n (fish)* solla.
plaid [plæd] *n* tejido escocés.
plain [pleɪn] **1** *adj (clear)* claro,-a, evidente: ***the plain truth*** la pura verdad. **2** *(simple)* sencillo,-a. **3** *(unattractive)* sin atractivo. **4** *(frank)* franco,-a, directo,-a. **5** *(without pattern)* liso,-a. **6** *(chocolate)* sin leche. ‖ **7** *n* llanura.
● **in plain clothes** vestido,-a de paisano; **to make sth plain** dejar algo bien claro.
■ **plain yoghurt** yogur natural.
plain-spoken [pleɪn'spəʊkn] *adj* franco,-a.
plaintiff ['pleɪntɪf] *n* demandante *mf*.
plait [plæt] **1** *n* trenza. ‖ **2** *vt* trenzar.
plan [plæn] **1** *n (project)* plan *m*. **2** *(map, drawing)* plano. ‖ **3** *vt* planear, planificar. ‖ **4** *vi* hacer planes.
plane [pleɪn] **1** *n (surface)* plano. **2** AV aeroplano, avión *m*. **3** *(for wood)* cepillo, garlopa. ‖ **4** *vt* cepillar.
■ **plane tree** plátano.
planet ['plænət] *n* planeta *m*.
plank [plæŋk] *n* tablón *m*, tabla.
plankton ['plæŋktən] *n* plancton *m*.
planning ['plænɪŋ] *n* planificación *f*.
■ **planning permission** permiso de obras.
plant [plɑːnt] **1** *n* BOT planta. **2** *(equipment)* maquinaria. **3** *(factory)* fábrica, planta. ‖ **4** *vt (flower)* plantar. **5** *(seed)* sembrar. **6** *(bomb)* colocar.
■ **plant pot** maceta, tiesto.
plantation [plæn'teɪʃn] *n* plantación *f*.
plaque [plæk] *n* placa.
plasma ['plæzmə] *n* plasma *m*.
plaster ['plɑːstə] **1** *n* yeso. **2** MED escayola. **3** *(dressing)* tirita®. ‖ **4** *vt (put plaster on)* enyesar. **5** *(cover)* cubrir.
■ **plaster cast** escayola.
plastic ['plæstɪk] **1** *adj* plástico,-a. ‖ **2** *n* plástico.
plasticine® ['plæstɪsiːn] *n* plastilina®.
plate [pleɪt] **1** *n (dish)* plato. **2** *(sheet)* placa. **3** *(illustration)* grabado, lámina. ‖ **4** *vt* chapar.
plateau ['plætəʊ] *n* meseta.
platform ['plætfɔːm] **1** *n (gen)* plataforma. **2** *(stage)* tarima, tribuna, estrado. **3** *(railway)* andén *m*. **4** POL programa *m*.
platinum ['plætɪnəm] *n* platino.
platonic [plə'tɒnɪk] *adj* platónico,-a.
platoon [plə'tuːn] *n* pelotón *m*.
plausible ['plɔːzɪbl] *adj* verosímil.
play [pleɪ] **1** *n (gen)* juego. **2** THEAT obra de teatro. **3** TECH *(movement)* juego. ‖ **4** *vt* - *vi (gen)* jugar. **5** MUS tocar. ‖ **6** *vt* THEAT *(part)* hacer el papel de. **7** SP *(sport)* jugar a. **8** SP *(opponent)* jugar contra. **9** *(record, song)* poner.
♦ **to play along** *vi* seguir la corriente
♦ **to play down** *vt* quitar importancia a ♦ **to play on** *vt* aprovecharse de
♦ **to play up 1** *vt* causar problemas a. **2** *vi (machine)* no funcionar bien. **3** *vi (child)* dar guerra.
● **to play a trick on** hacer una mala jugada a; **to play for time** tratar de ganar tiempo; **to play hard to get** hacerse de rogar; **to play the fool** hacer el indio; **to play truant** hacer novi-

llos; **to play it by ear** decidir sobre la marcha.

■ **play on words** juego de palabras.

playboy ['pleɪbɔɪ] *n* playboy *m*.

player ['pleɪə] **1** *n (of game)* jugador,-ra. **2** THEAT actor *m*, actriz *f*.

playful ['pleɪfʊl] *adj* juguetón,-ona.

playground ['pleɪgraʊnd] *n* patio de recreo.

playhouse ['pleɪhaʊs] *n* teatro.

playing field ['pleɪŋgfiːld] *n* campo de juego.

playmate ['pleɪmeɪt] *n* compañero,-a de juego.

play-off ['pleɪɒf] *n* partido de desempate.

plaything ['pleɪθɪŋ] *n* juguete *m*.

playtime ['pleɪtaɪm] *n* recreo.

playwright ['pleɪraɪt] *n* dramaturgo, -a.

PLC ['piː'el'siː] *abbr* GB *(*Public Limited Company*)* Sociedad Anónima; *(abbreviation)* S.A.

▲ *También se escribe* plc.

plea [pliː] **1** *n (appeal)* petición, súplica. **2** *(excuse)* excusa. **3** JUR declaración *f*.

plead [pliːd] **1** *vi* suplicar (with, -). ‖ **2** *vt (give as excuse)* alegar.

• **to plead guilty** declararse culpable; **to plead not guilty** declararse inocente.

pleasant ['pleznt] **1** *adj (weather)* agradable. **2** *(person)* simpático,-a, amable.

please [pliːz] **1** *vt - vi* agradar, gustar, placer, complacer. ‖ **2** *interj* por favor.

• **as you please** como quieras; **please yourself** haz lo que quieras.

pleased [pliːzd] *adj* contento,-a, satisfecho,-a.

• **pleased to meet you!** ¡encantado, -a!, ¡mucho gusto!; **to be pleased to do sth** alegrarse de hacer algo, tener el placer de hacer algo.

pleasing ['pliːzɪŋ] *adj* agradable.

pleasurable ['pleʒərəbl] *adj* agradable.

pleasure ['pleʒə] *n* placer *m*.

• **it gives me great pleasure to ...** me complace ...; **it's my pleasure** de nada, no hay de qué; **with pleasure** con mucho gusto.

pleat [pliːt] **1** *n* pliegue *m*. ‖ **2** *vt* plisar.

pledge [pledʒ] **1** *n (promise)* promesa. **2** *(guarantee)* prenda. ‖ **3** *vt - vi* prometer.

plentiful ['plentɪfʊl] *adj* abundante.

plenty ['plentɪ] *n* abundancia.

• **plenty of** de sobra, en abundancia.

pliable ['plaɪəbl] *adj* flexible.

pliers ['plaɪəz] *npl* alicates *mpl*.

plight [plaɪt] *n* situación *f* grave.

plimsolls ['plɪmslz] *npl* GB playeras *fpl*.

plod [plɒd] **1** *vi (walk)* andar pesadamente. **2** *(work)* hacer laboriosamente.

plonk [plɒŋk] **1** *vt* dejar caer. ‖ **2** *n (sound)* golpe *m* seco, ruido seco. **3** *fam (wine)* vino peleón.

plot [plɒt] **1** *n (conspiracy)* conspiración *f*, complot *m*. **2** *(of book, film, etc)* trama, argumento. **3** *(of land)* parcela, terreno. ‖ **4** *vt (plan)* tramar. **5** *(graph)* trazar. ‖ **6** *vi* conspirar.

plough [plaʊ] **1** *n* arado. ‖ **2** *vt - vi* arar, labrar.

plow [plaʊ] *n - vt - vi* US → **plough**.

pluck [plʌk] **1** *n* valor *m*. ‖ **2** *vt (flower)* arrancar. **3** *(bird)* desplumar.

• **to pluck up courage** armarse de valor.

plug [plʌg] **1** *n (for sink etc)* tapón *m*. **2** ELEC *(on cable)* enchufe *m*, clavija; *(socket)* enchufe *m*, toma. **3** *(spark plug)* bujía. ‖ **4** *vt* tapar.

♦ **to plug in 1** *vt* enchufar. **2** *vi* enchufarse.

• **to plug one's eyebrows** depilarse las cejas.

plughole ['plʌghəʊl] *n* desagüe *m*.

plum [plʌm] *n* ciruela.

■ **plum tree** ciruelo.

plumage ['pluːmɪdʒ] *n* plumaje *m*.

plumb [plʌm] **1** *n* plomada. ‖ **2** *adj - adv* a plomo. ‖ **3** *adv* US completamente. **4** US *(exactly)* justo: ***plumb in the middle*** justo en el centro. || **5** *vt* sondar, sondear.

plumber ['plʌmə] *n* fontanero,-a.

plumbing ['plʌmɪŋ] *n* fontanería.

plume [pluːm] *n* penacho.

plummet ['plʌmət] *vi* caer en picado.

plump [plʌmp] *adj* rechoncho,-a, rollizo,-a.

♦ **to plump for** *vt* optar por.

plunder ['plʌndə] **1** *n (raiding)* pillaje *m*, saqueo. **2** *(loot)* botín *m*. || **3** *vt* saquear.

plunge [plʌndʒ] **1** *n* zambullida. || **2** *vi (dive)* zambullirse, tirarse de cabeza. **3** *(fall)* caer en picado. || **4** *vt (immerse)* sumergir. **5** *(thrust)* hundir.

● **to take the plunge** dar el paso decisivo.

plunger ['plʌndʒə] *n (for sink etc)* desatascador *m*.

pluperfect [pluː'pɜːfekt] *n* pluscuamperfecto.

plural ['plʊərəl] **1** *adj* plural. || **2** *n* plural *m*.

plus [plʌs] **1** *prep* más. || **2** *adj* MATH positivo,-a. || **3** *n* ventaja.

■ **plus sign** signo de más.

plush [plʌʃ] *adj fam* lujoso,-a.

ply [plaɪ] *vi (ship)* hacer el trayecto, navegar.

● **to ply one's trade** ejercer su oficio; **to ply sb with sth** no parar de ofrecer algo a algn.

plywood ['plaɪwʊd] *n* contrachapado.

pm ['piː'em] *abbr (*post meridiem*)* después del mediodía: ***at 4 pm*** a las cuatro de la tarde.

▲ *En Estados Unidos también se escribe* PM.

PM ['piː'em] *abbr* GB *(*Prime Minister*)* Primer,-a Ministro,-a.

PMT ['piː'em'tiː] *abbr (*premenstrual tension*)* tensión premenstrual.

pneumatic [njuː'mætɪk] *adj* neumático,-a.

pneumonia [njuː'məʊnɪə] *n* pulmonía.

PO ['pəʊstɒfɪs] **1** *abbr (*Post Office*)* correos *mpl*. **2** (['pəʊstlɔːdə]) *(*postal order*)* giro postal; *(abbreviation)* g.p.

poach [pəʊtʃ] **1** *vi* cazar en vedado, pescar en vedado. || **2** *vt* CULIN hervir; *(eggs)* escalfar.

pocket ['pɒkɪt] **1** *n* bolsillo. || **2** *vt* embolsar.

■ **pocket money** dinero de bolsillo.

pocketbook ['pɒkɪtbʊk] **1** *n* US *(handbag)* bolso. **2** US *(notebook)* libreta.

pod [pɒd] *n* vaina.

podgy ['pɒdʒɪ] *adj* regordete,-a.

podium ['pəʊdɪəm] *n* podio.

poem ['pəʊəm] *n* poema *m*, poesía.

poet ['pəʊət] *n* poeta *mf*.

poetic [pəʊ'etɪk] *adj* poético,-a.

poetry ['pəʊətrɪ] *n* poesía.

poignant ['pɔɪnjənt] *adj* conmovedor,-ra.

point [pɔɪnt] **1** *n (sharp end)* punta. **2** *(in space)* punto. **3** *(in time)* punto, momento. **4** *(on scale)* punto: ***freezing point*** punto de congelación. **5** *(in score)* punto, tanto. **6** *(item)* punto, cuestión *f*. **7** *(in decimals)* coma: ***5 point 66*** cinco coma sesenta y seis. **8** *(purpose)* sentido: ***what's the point of arguing?*** ¿de qué sirve discutir? || **9** *vi (gen)* indicar; *(with finger)* señalar: ***the sign points right*** la señal indica hacia la derecha. || **10** *vt (with weapon)* apuntar: ***he pointed a gun at me*** me apuntó con una pistola. || **11 points** *n (on railway)* agujas.

♦ **to point out** *vt* señalar.

● **beside the point** fuera de propósito; **on the point of** a punto de; **there's no point in ...** no vale la pena ...; **to come to the point** ir al grano; **up to a point** hasta cierto punto.

■ **point of view** punto de vista; **weak point** punto débil.

point-blank [pɔɪnt'blæŋk] **1** *adj (refusal)* categórico,-a. **2** *(shot)* a quemarropa. || **3** *adv (refuse)* categóricamente. **4** *(shoot)* a quemarropa.

pointed ['pɔɪntɪd] **1** *adj (sharp)* puntiagudo,-a. **2** *(comment)* intencionado,-a.

pointer ['pɔɪntə] **1** *n.* indicador *m.* **2** *(dog)* perro de muestra.

pointless ['pɔɪntləs] *adj* sin sentido.

poise [pɔɪz] *n (of body)* porte *m*, elegancia.

poison ['pɔɪzn] **1** *n* veneno. || **2** *vt* envenenar.

poisonous ['pɔɪznəs] *adj* venenoso,-a.

poke [pəʊk] **1** *n* empujón *m*, golpe *m*; *(with elbow)* codazo. || **2** *vt* empujar; *(with elbow)* dar un codazo. **3** *(fire)* atizar. **4** *(stick out)* asomar: ***he poked his head out of the window*** asomó la cabeza por la ventana.

poker ['pəʊkə] **1** *n* atizador *m*. **2** *(game)* póquer *m*.

Poland ['pəʊlənd] *n* Polonia.

polar ['pəʊlə] *adj* polar.

■ **polar bear** oso polar.

polarize ['pəʊləraɪz] **1** *vt* polarizar. || **2** *vi* polarizarse.

pole [pəʊl] **1** *n (post)* poste: ***telegraph pole*** poste telegráfico. **2** ELEC polo. **3** GEOG Polo. **4** *(stick)* pértiga.

● **to be poles apart** ser polos opuestos.

■ **pole star** estrella polar; **pole vault** salto con pértiga.

Pole [pəʊl] *n* polaco,-a.

polemic [pə'lemɪk] **1** *adj* polémico,-a. || **2** *n* polémica.

police [pə'liːs] **1** *npl* policía *f sing.* || **2** *vt* vigilar.

■ **police car** coche *m* patrulla; **police record** antecedentes *mpl* policiales; **police station** comisaría de policía.

policeman [pə'liːsmən] *n* policía *m*, guardia *m*.

policewoman [pə'liːswʊmən] *n* mujer *f* policía.

policy ['pɒlɪsɪ] **1** *n (practice)* política. **2** *(insurance)* póliza.

polish ['pɒlɪʃ] **1** *n* pulimento; *(wax)* cera; *(for shoes)* betún *m*. **2** *(shine)* lustre *m*, brillo. || **3** *vt (floor)* abrillantar, sacar brillo a. **4** *(style)* pulir.

♦ **to polish off 1** *vt (work)* despachar. **2** *vt (food)* zamparse.

Polish ['pəʊlɪʃ] **1** *adj* polaco,-a. || **2** *n (language)* polaco.

polite [pə'laɪt] *adj* cortés, bien educado,-a.

politeness [pə'laɪtnəs] *n* cortesía, educación *f*.

politic ['pɒlɪtɪk] *adj* prudente.

political [pə'lɪtɪkl] *adj* político,-a.

■ **political asylum** asilo político.

politician [pɒlɪ'tɪʃn] *n* político,-a.

politics ['pɒlɪtɪks] **1** *n* política. || **2** *npl* opiniones *fpl* políticas.

poll [pəʊl] **1** *n* votación *f*. **2** *(opinion poll)* encuesta, sondeo. || **3** *vt (votes)* obtener.

pollen ['pɒlən] *n* polen *m*.

pollutant [pə'luːtənt] *n* contaminante *m*.

pollute [pɒ'luːt] *vt* contaminar.

pollution [pɒ'luːʃn] *n* contaminación *f*.

polo ['pəʊləʊ] *n* polo.

■ **polo neck** cuello alto.

polyester [pɒlɪ'estə] *n* poliéster *m*.

polystyrene [pɒlɪ'staɪriːn] *n* poliestireno.

polytechinic [pɒlɪ'teknɪk] *n* escuela politécnica.

polyurethane [pɒlɪ'jʊərəθeɪn] *n* poliuretano.

pomegranate ['pɒmɪgrænət] *n* BOT granada.

pomp [pɒmp] *n* pompa.

pompom ['pɒmpɒm] *n* pompón *m*.

pompous ['pɒmpəs] *adj* pomposo,-a.

pond [pɒnd] *n* estanque *m*.

ponder ['pɒndə] *vt* ponderar, considerar.

pong [pɒŋ] **1** *n fam* tufo. || **2** *vt fam* apestar.

pontoon [pɒn'tuːn] **1** *n (bridge)* pontón *m*. **2** *(game)* veintiuna.

pony ['pəʊnɪ] *n* poni *m*.

ponytail ['pəʊnɪteɪl] *n* cola de caballo.

poodle ['puːdl] *n* caniche *m*.

poof [pʊf] *n sl* marica *m*.

pooh-pooh [puː'puː] *vt* despreciar.

pool [puːl] 1 *n (puddle)* charco. 2 *(pond)* estanque *m*. 3 *(money)* fondo común. 4 *(game)* billar *m* americano. ‖ 5 *vt* reunir.

poor [pʊə] 1 *adj* pobre. 2 *(bad quality)* malo,-a, de mala calidad.

poorly ['pʊəlɪ] 1 *adj (ill)* mal, malo,-a. ‖ 2 *adv* mal.

pop [pɒp] 1 *n (sound)* estallido. 2 *(of cork)* taponazo. 3 *fam (drink)* gaseosa. 4 *fam (music)* música pop. 5 *fam (dad)* papá *m*. ‖ 6 *vt (put)* poner: ***pop it in your pocket*** métetelo en el bolsillo. ‖ 7 *vt - vi* reventar, estallar.

♦ **to pop in** *vi* entrar un momento ♦ **to pop out** *vi* salir un momento ♦ **to pop up** *vi* aparecer.

popcorn ['pɒpkɔːn] *n* palomitas *fpl*, rosetas *fpl* de maíz.

pope [pəʊp] *n* papa *m*, pontífice *m*.

poplar ['pɒplə] *n* álamo, chopo.

poppy ['pɒpɪ] *n* amapola.

popular ['pɒpjʊlə] *adj* popular.

popularity [pɒpjʊ'lærɪtɪ] *n* popularidad *f*.

popularize ['pɒpjʊləraɪz] *vt* popularizar.

populate ['pɒpjʊleɪt] *vt* poblar.

population [pɒpjʊ'leɪʃn] *n* población *f*, habitantes *mpl*.

■ **population explosion** explosión *f* demográfica.

porcelain ['pɔːslɪn] *n* porcelana.

porch [pɔːtʃ] *n* pórtico, entrada.

porcupine ['pɔːkjʊpaɪn] *n* puerco espín.

pore [pɔː] *n* poro.

♦ **to pore over** *vt* estudiar detenidamente.

pork [pɔːk] *n* carne *f* de cerdo.

■ **pork chop** chuleta de cerdo.

pornographic [pɔːnə'græfɪk] *adj* pornográfico,-a.

pornography [pɔː'nɒgrəfɪ] *n* pornografía.

porpoise ['pɔːpəs] *n* marsopa.

porridge ['pɒrɪdʒ] *n* gachas *fpl* de avena.

port [pɔːt] 1 *n (place)* puerto. 2 MAR babor *m*. 3 *(wine)* vino de Oporto.

portable ['pɔːtəbl] *adj* portátil.

portal ['pɔːtl] *n* COMPUT *(web page)* portal *m*.

porter ['pɔːtə] 1 *n* portero,-a. 2 *(at station)* mozo.

portfolio [pɔːt'fəʊlɪəʊ] 1 *n* carpeta. 2 POL cartera.

porthole ['pɔːthəʊl] *n* portilla.

portion ['pɔːʃn] 1 *n (part)* porción *f*, parte *f*. 2 *(helping)* ración *f*.

♦ **to portion out** *vt* repartir.

portly ['pɔːtlɪ] *adj* corpulento,-a.

portrait ['pɔːtreɪt] *n* retrato.

portray [pɔː'treɪ] 1 *vt (paing)* retratar. 2 *(describe)* describir.

Portugal ['pɔːtjʊgl] *n* Portugal.

Portuguese [pɔːtj'giːz] 1 *adj* portugués,-esa. ‖ 2 *n (person)* portugués, -esa. 3 *(language)* portugués *m*. ‖ 4 **the Portuguese** *npl* los portugueses *mpl*.

pose [pəʊz] 1 *n (posture)* actitud *f*, postura. 2 *(pretence)* afectación *f*. ‖ 3 *vt (problem etc)* plantear. 4 *(threat)* representar. ‖ 5 *vi (behave affectedly)* presumir. 6 *(as model)* posar.

● **to pose as** hacerse pasar por.

posh [pɒʃ] *adj* GB *fam (place)* elegante; *(person)* presumido,-a.

position [pə'zɪʃn] 1 *n (gen)* posición *f*. 2 *(posture)* postura, actitud *f*. 3 *(job)* puesto, empleo. 4 *(state)* situación *f*: ***it was an awkward position*** era una situación incómoda. ‖ 5 *vt* colocar.

positive ['pɒzɪtɪv] 1 *adj* positivo,-a. 2 *(sure)* seguro,-a. 3 *fam (total)* auténtico,-a.

possess [pə'zes] 1 *vt (own)* poseer, tener. 2 *(grip)* apoderarse de: ***jealousy possessed him*** los celos se apoderaron de él.

possession [pə'zeʃn] *n* posesión *f*.

possessive [pə'zesɪv] *adj* posesivo,-a.

possibility [pɒsɪ'bɪlɪtɪ] *n* posibilidad *f*.

possible ['pɒsɪbl] *adj* posible.

● **as much as possible** todo lo posible; **as soon as possible** cuanto antes.

possibly ['pɒsɪblɪ] *adv* posiblemente.

post [pəʊst] **1** *n (wooden)* poste *m*. **2** *(job)* puesto, cargo. **3** *(mail)* correo. **4** MIL puesto. || **5** *vt (letter)* echar al correo. **6** *(notice)* poner. **7** *(send)* enviar, destinar.

■ **post office** oficina de correos; **post office box** apartado de correos.

postage ['pəʊstɪdʒ] *n* franqueo, porte *m*.

● **postage and packing** gastos *mpl* de envío.

■ **postage stamp** sello de correos.

postal ['pəʊstl] *adj* postal.

■ **postal district** distrito postal; **postal order** giro postal.

postbox ['pəʊstbɒks] *n* buzón *m*.

postcard ['pəʊstkɑːd] *n* tarjeta postal, postal *f*.

postcode ['pəʊstkəʊd] *n* código postal.

poster ['pəʊstə] *n* póster *m*, cartel *m*.

posterior [pɒ'stɪərɪə] **1** *adj* posterior. || **2** *n fam* trasero.

posterity [pɒs'terɪtɪ] *n* posteridad *f*.

postgraduate [pəʊst'grædjʊət] *n* postgraduado,-a.

posthumous ['pɒstjʊməs] *adj* póstumo,-a.

postman ['pəʊstmən] *n* cartero.

postmark ['pəʊstmɑːk] *n* matasellos *m inv*.

postmortem [pəʊst'mɔːtəm] *n* autopsia.

postpone [pəs'pəʊn] *vt* aplazar, posponer.

postponement [pəs'pəʊnmənt] *n* aplazamiento.

postscript ['pəʊstskrɪpt] *n* posdata.

posture ['pɒstʃə] *n* postura.

postwoman ['pəʊstwʊmən] *n* cartera.

pot [pɒt] **1** *n (for jam)* pote *m*, tarro. **2** *(teapot)* tetera. **3** *(coffee pot)* cafetera. **4** *(of paint)* bote *m*. **5** *(for cooking)* olla. **6** *(flower pot)* maceta, tiesto. **7** *(chamber pot)* orinal *m*. **8** *sl* maría, hierba.

● **to go to pot** *fam* irse al traste.

potassium [pə'tæsɪəm] *n* potasio.

potato [pə'teɪtəʊ] *n* patata.

potent ['pəʊtənt] *adj* potente.

potential [pə'tenʃl] **1** *adj* potencial. || **2** *n* potencial *m*.

pothole ['pɒthəʊl] **1** *n (cave)* cueva. **2** *(in road)* bache *m*.

potluck [pɒt'lʌk] *n*.

● **to take potluck** comer de lo que haya.

potted ['pɒtɪd] **1** *adj (food)* en conserva. **2** *(plant)* en maceta, en tiesto.

potter ['pɒtə] *n* alfarero,-a.

♦ **to potter about/around** *vi* entretenerse.

pottery ['pɒtərɪ] **1** *n (craft, place)* alfarería. **2** *(objects)* cerámica.

potty ['pɒtɪ] **1** *n* orinal *m*. || **2** *adj fam* chiflado,-a.

pouch [paʊtʃ] **1** *n (small bag)* bolsa. **2** *(for tobacco)* petaca.

poultice ['pəʊltɪs] *n* cataplasma *m*.

poultry ['pəʊltrɪ] *n* aves *fpl* de corral.

pounce [paʊns] *vi* abalanzarse (on, sobre).

pound [paʊnd] **1** *n (unit of money, weight)* libra. **2** *(for dogs)* perrera. **3** *(for cars)* depósito de coches. || **4** *vt (pulverize)* machacar. **5** *(beat)* golpear. || **6** *vi (heart)* palpitar.

pour [pɔː] **1** *vt (liquid)* verter, echar; *(substance)* echar. || **2** *vi (rush)* correr, fluir: ***refugees poured into the country*** grandes cantidades de refugiados entraron en el país. **3** *(rain)* llover a cántaros.

pout [paʊt] **1** *n* puchero. || **2** *vi* hacer pucheros.

poverty ['pɒvətɪ] *n* pobreza.

POW ['piː'əʊ'dʌbljuː] *abbr (*prisioner of war*)* prisionero,-a de guerra.

powder ['paʊdə] **1** *n* polvo. || **2** *vt* empolvar.

power ['paʊə] **1** *n (strength)* fuerza. **2** *(ability)* poder *m*, capacidad *f*. **3** *(faculty)* facultad *f*. **4** ELEC fuerza, corriente *f*. **5** *(authority)* poder *m*, autoridad *f*. **6** *(energy)* energía. **7** *(nation)* potencia. **8** MATH TECH potencia. || **9** *vt* mover, propulsar.

● **in power** en el poder.

■ **power cut** apagón *m*; **power point** toma de corriente; **power station** central eléctrica.

powerful ['paʊəfʊl] **1** *adj (influential)* poderoso,-a. **2** *(strong)* fuerte. **3** *(medicine etc)* potente, eficaz.

powerless ['paʊələs] *adj* impotente.

pp ['peɪdʒɪz] *abbr (*pages*)* páginas *fpl*; *(abbreviation)* pgs.

PR ['piː'ɑː] *abbr (*public relations*)* relaciones públicas.

practicable ['præktɪkəbl] *adj* factible.

practical ['præktɪkl] *adj* práctico,-a.

practically ['præktɪklɪ] *adv* casi, prácticamente.

practice ['præktɪs] **1** *vt* - *vi* practicar. **2** *(profession)* ejercer. || **3** *vi* SP entrenar. **4** THEAT ensayar. || **5** *n* práctica: ***theory and practice*** teoría y práctica. **6** *(training)* entrenamiento. **7** MUS ensayo. **8** *(habit)* costumbre *f*. **9** *(of profession)* ejercicio. **10** *(doctor's office)* consulta. **11** *(lawyer's office)* bufete *m*.

● **in practice** en la práctica; **to be out of practice** faltar práctica; **to put into practice** poner en práctica.

practise ['præktɪs] **1** *vt* - *vi* practicar. **2** *(profession)* ejercer. || **3** *vi* SP entrenar. **4** THEAT ensayar.

practitioner [præk'tɪʃnə] *n* médico,-a.

pragmatic [præg'mætɪk] *adj* pragmático,-a.

prairie ['preərɪ] *n* pradera, llanura.

praise [preɪz] **1** *n* alabanza, elogio. || **2** *vt* alabar.

pram [præm] *n* GB cochecito de niño.

prank [præŋk] *n* travesura, broma.

prattle ['prætl] **1** *n* charla, parloteo. || **2** *vi* charlar, parlotear.

prawn [prɔːn] *n* gamba.

pray [preɪ] *vi* orar, rezar.

prayer [preə] **1** *n* REL oración *f*. **2** *(entreaty)* ruego, súplica.

■ **prayer book** misal *m*.

preach [priːtʃ] *vt* - *vi* predicar.

preacher ['priːtʃə] *n* predicador,-ra.

precarious [prɪ'keərɪəs] *adj* precario,-a, inseguro,-a.

precaution [prɪ'kɔːʃn] *n* precaución *f*.

precede [prɪ'siːd] *vt* - *vi* preceder.

precedence ['presɪdns] *n* precedencia, prioridad *f*.

precedent ['presɪdnt] *adj* precedente.

precept ['priːsept] *n* precepto.

precinct ['priːsɪŋkt] **1** *n (area)* distrito, zona. || **2** **precincts** *npl* recinto.

precious ['preʃəs] **1** *adj (valuable)* precioso,-a. **2** *(dear)* querido,-a, preciado,-a. || **3** *adv* muy.

■ **precious stone** piedra preciosa.

precipice ['precɪpɪs] *n* precipicio.

precipitate [prɪ'sɪpɪtət] **1** *adj* precipitado,-a. || **2** *vt* ([prɪ'sɪpɪteɪt]) precipitar.

precise [prɪ'saɪs] **1** *adj* preciso,-a, exacto,-a. **2** *(meticulous)* meticuloso,-a.

precisely [prɪ'saɪslɪ] *adv* precisamente.

precision [prɪ'sɪʒn] *n* precisión *f*, exactitud *f*.

preclude [prɪ'kluːd] *vt* excluir, descartar.

precocious [prɪ'kəʊʃəs] *adj* precoz.

preconceived [priːkən'siːvd] *adj* preconcebido,-a.

precooked [priː'kʊkt] *vt* precocinado, -a.

predator ['predətə] *n* depredador *m*.

predecessor ['priːdɪsesə] *n* predecesor,-ra.

predestination [priːdestɪ'neɪʃn] *n* predestinación *f*.

predestine [priː'destɪn] *vt* predestinar.

predetermine [priːdɪ'tɜːmɪn] *vt* predeterminar.

predicament [prɪ'dɪkəmənt] *n* apuro, aprieto.

predict [prɪ'dɪkt] *vt* predecir, vaticinar.

predictable [prɪ'dɪktəbl] *adj* previsible.

prediction [prɪ'dɪkʃn] *n* predicción *f*, vaticinio.

predispose [priːdɪs'pəʊz] *vt* predisponer.

predominant [prɪ'dɒmɪnənt] *adj* predominante.

predominate [prɪ'dɒmɪneɪt] *vi* predominar.
pre-eminent [priː'emɪnənt] *adj* preeminente.
pre-empt [priː'empt] *vt* adelantarse a.
prefabricated [priː'fæbrɪkeɪtɪd] *adj* prefabricado,-a.
preface ['prefəs] *n* prefacio, prólogo.
prefect ['priːfekt] **1** *n (official)* prefecto. **2** GB *(school)* monitor,-ra.
prefer [prɪ'fɜː] **1** *vt* preferir. **2** JUR *(charge)* presentar.
preferable ['prefrəbl] *adj* preferible.
preference ['prefrəns] *n* preferencia.
preferential [prefə'renʃl] *adj* preferente.
prefix ['priːfɪks] *n* prefijo.
pregnancy ['pregnənsɪ] *n* embarazo.
■ **pregnancy test** prueba del embarazo.
pregnant ['pregnənt] **1** *adj (animal)* preñada. ‖ **2** *n (woman)* embarazada.
● **to be pregnant by sb** quedarse embarazada de algn; **to get pregnant** quedarse embarazada.
prehistoric [priːhɪ'stɒrɪk] *n* prehistórico,-a.
prejudge [priː'dʒʌdʒ] *vt* prejuzgar.
prejudice ['predʒədɪs] **1** *n* prejuicio. ‖ **2** *vt (influence)* predisponer. **3** *(harm)* perjudicar, dañar.
prejudiced ['predʒədɪst] *adj* con prejuicios.
● **to be prejudiced** tener prejuicios.
prejudicial [predʒə'dɪʃl] *adj* perjudicial.
preliminary [prɪ'lɪmɪnrɪ] **1** *adj* preliminar. ‖ **2** *n* preliminar *m.*
prelude ['preljuːd] *n* preludio.
premature [premə'tjʊə] *adj* prematuro,-a.
premeditated [priː'medɪteɪtɪd] *adj* premeditado,-a.
premier ['premɪə] **1** *adj* primero,-a, principal. ‖ **2** *n* primer,-ra ministro,-a.
première ['premɪeə] *n* estreno.
premise ['premɪs] **1** *n* premisa. ‖ **2** **premises** *npl* local *m sing.*
premium ['priːmɪəm] *n* prima.
premonition [priːmə'nɪʃn] *n* premonición *f.*
preoccupation [priːɒkjʊ'peɪʃn] *n* preocupación *f* (with, por).
preoccupy [priː'ɒkjʊpaɪ] *vt* preocupar.
prepaid [priː'peɪd] *adj* pagado,-a por adelantado.
preparation [prepə'reɪʃn] **1** *n (action)* preparación *f.* **2** *(substance)* preparado. ‖ **3** **preparations** *npl* preparativos *mpl.*
preparatory [prɪ'pærətrɪ] *adj* preparatorio,-a, preliminar.
prepare [prɪ'peə] **1** *vt* preparar. ‖ **2** *vi* prepararse.
prepared [prɪ'peəd] **1** *adj (ready)* listo, -a, preparado,-a. **2** *(willing)* dispuesto,-a.
preposition [prepə'zɪʃn] *n* preposición *f.*
prepossessing [priːpə'zesɪŋ] *adj* atractivo,-a.
preposterous [prɪ'pɒstrəs] *adj* absurdo,-a, descabellado,-a.
prerequisite [priː'rekwɪzɪt] *n* requisito previo.
prerogative [prɪ'rɒgətɪv] *n* prerrogativa.
Presbyterian [prezbɪ'tɪərɪən] *adj* - *n* presbiteriano,-a.
preschool [priː'skuːl] *adj* preescolar.
prescribe [prɪs'kraɪb] **1** *vt (order)* prescribir. **2** *(medicine)* recetar.
prescription [prɪs'krɪpʃn] *n* receta médica.
● **on prescription** con receta médica.
presence ['prezns] *n* presencia.
present ['preznt] **1** *adj (attending)* presente. **2** *(current)* actual. **3** GRAM presente. ‖ **4** *n (now)* presente *m,* actualidad *f.* **5** GRAM presente *m.* **6** *(gift)* regalo. ‖ **7** *vt* ([prɪ'zent]) *(introduce)* presentar. **8** *(give)* entregar, presentar, dar. **9** *(play)* representar. **10** TV Rad presentar.
● **at present** actualmente; **at the present time** actualmente; **for the present**

por ahora; **to be present** estar presente, asistir; **to present a problem** plantear un problema.

presentable [prɪ'zentəbl] *adj* presentable.

● **to make oneself presentable** arreglarse.

presentation [prezn'teɪʃn] *n* presentación *f*.

presenter [prɪ'zentə] **1** *n* RAD locutor,-ra. **2** TV presentador,-ra.

presently ['prezntlɪ] **1** *adv* GB pronto. **2** US ahora.

preservation [prezə'veɪʃn] *n* conservación *f*, preservación *f*.

preservative [prɪ'zɜːvətɪv] *n* conservante *m*.

preserve [prɪ'zɜːv] **1** *n* CULIN *(fruits, vegetables)* conserva; *(jam)* confitura. **2** *(hunting)* coto, vedado. ‖ **3** *vt* conservar.

preside [prɪ'zaɪd] *vi* presidir.

president ['prezɪdnt] *n* presidente,-a.

press [pres] **1** *n* *(newspapers)* prensa. **2** *(machine)* prensa. **3** *(printing business)* imprenta. ‖ **4** *vt* *(button)* pulsar, apretar. **5** *(grapes, olives, etc)* prensar. **6** *(clothes)* planchar. **7** *(urge)* presionar. ‖ **8** *vi* apretar.

♦ **to press ahead/on** *vi* seguir adelante ♦ **to press for** *vt* exigir, reclamar.

■ **press briefing** rueda de prensa; **press release** comunicado de prensa.

pressing ['presɪŋ] *adj* urgente, apremiante.

press-up ['presʌp] *n* flexión *f*.

pressure ['preʃə] **1** *n* presión *f*. **2** *(tension)* tensión *f*. **3** *(t)* presionar.

● **to put pressure on** presionar a.

■ **pressure cooker** olla a presión; **pressure group** grupo de presión.

pressurize ['preʃəraɪz] **1** *vt* TECH presurizar. **2** *(force)* presionar.

prestige [pres'tiːʒ] *n* prestigio.

prestigious [pres'tɪdʒəs] *adj* prestigioso,-a.

presumably [prɪ'zjuːməblɪ] *adv* se supone que.

presume [prɪ'zjuːm] *vt* - *vi* suponer.

presumption [prɪ'zʌmpʃn] **1** *n* *(assumption)* suposición *f*. **2** *(arrogance)* presunción *f*.

presumptuous [prɪ'zʌmptjʊəs] *adj* presuntuoso,-a.

presuppose [priːsə'pəʊz] *vt* presuponer.

pretence [prɪ'tens] **1** *n* *(make-believe)* fingimiento, simulación *f*. **2** *(claim)* pretensión *f*.

● **under false pretences** con engaño, fraudulentamente.

pretend [prɪ'tend] **1** *vt* - *vi* *(feign)* aparentar, fingir. ‖ **2** *vi* *(claim)* pretender.

pretentious [prɪ'tenʃəs] *adj* pretencioso,-a, presumido,-a.

pretext ['priːtekst] *n* pretexto.

pretty ['prɪtɪ] **1** *adj* bonito,-a, guapo,-a, mono,-a. ‖ **2** *adv* bastante.

● **pretty much** más o menos.

■ **pretty well** casi.

prevail [prɪ'veɪl] **1** *vi* *(be usual)* predominar. **2** *(win)* prevalecer (over, sobre).

● **to prevail upon** convencer, persuadir.

prevailing [prɪ'veɪlɪŋ] *adj* predominante.

prevalent ['prevələnt] *adj* predominante.

prevaricate [prɪ'værɪkeɪt] *vi* andarse con evasivas.

prevent [prɪ'vent] **1** *vt* *(stop)* impedir. **2** *(avoid)* evitar.

prevention [prɪ'venʃn] *n* prevención *f*.

preventive [prɪ'ventɪv] *adj* preventivo,-a.

preview ['priːvjuː] *n* preestreno.

previous ['priːvɪəs] *adj* previo,-a, anterior.

● **previous to** antes de.

■ **previous convictions** antecedentes *mpl* penales.

previously ['priːvɪəslɪ] *adv* previamente, con anterioridad.

prey [preɪ] **1** *n* *(animal)* presa. **2** *(person)* víctima.

♦ **to prey on 1** *vt* *(to live off)* alimen-

tarse de. **2** *vt (trouble)* atormentar: ***fear preyed on his mind*** el miedo hizo presa en él.
price [praɪs] **1** *n* precio, importe *m*. || **2** *vt* poner un precio a.
● **at any price** a toda costa.
priceless ['praɪsləs] *adj* que no tiene precio.
pricey ['praɪsɪ] *adj fam* caro,-a.
prick [prɪk] **1** *n (wound)* pinchazo. **2** *vulg (person)* gilipollas *mf inv*. **3** *vulg (penis)* polla. || **4** *vt* pinchar.
● **to prick up one's ears** aguzar el oído.
prickle ['prɪkl] **1** *n (thorn)* pincho, púa, espina. **2** *(sensation)* picor *m*. || **3** *vt - vi* pinchar, picar.
prickly ['prɪklɪ] **1** *adj (thorny)* espinoso,-a. **2** *(touchy)* irritable.
pricy ['praɪsɪ] *adj fam* caro,-a.
pride [praɪd] **1** *n* orgullo. **2** *(self respect)* amor *m* propio.
● **to pride oneself on** enorgullecerse de; **to take pride in** enorgullecerse de.
priest [priːst] *n* sacerdote *m*.
priestess ['priːstes] *n* sacerdotisa.
prig [prɪg] *n* mojigato,-a.
prim [prɪm] *adj* remilgado,-a.
primarily [praɪ'merɪlɪ] *adv* ante todo.
primary ['praɪmərɪ] **1** *adj (main)* principal. **2** *(basic)* primario,-a.
■ **primary colour** color *m* primario; **primary school** primaria.
primate ['praɪmeɪt] **1** *n* ZOOL primate *m*. **2** (['praɪmət]) Rel primado.
prime [praɪm] **1** *adj* primero,-a, principal. **2** MATH primo. **3** *(best quality)* selecto,-a, de primera.
■ **Prime Minister** primer ministro; **prime of life** flor *f* de la vida; **prime time** franja de mayor audiencia.
primitive ['prɪmɪtɪv] *adj* primitivo,-a.
primrose ['prɪmrəʊz] *n* primavera.
prince [prɪns] *n* príncipe *m*.
princess ['prɪnses] *n* princesa.
principal ['prɪnsɪpl] **1** *adj* principal. || **2** *n (of school)* director,-ra. **3** FIN capital *m*.
principle ['prɪnsɪpl] *n* principio.
● **on principle** por principio.
print [prɪnt] **1** *n (mark)* impresión *f*, huella. **2** *(type size)* letra. **3** *(photo)* copia. **4** *(picture)* grabado. **5** *(fabric)* estampado. || **6** *vt (book)* imprimir. **7** *(publish)* publicar. **8** *(photo)* sacar una copia de. **9** *(write)* escribir con letra de imprenta.
♦ **to print out** *vt* COMPUT imprimir.
● **in print** en catálogo; **out of print** descatalogado,-a.
printer ['prɪntə] **1** *n (person)* impresor, -ra. **2** *(machine)* impresora.
printing ['prɪntɪŋ] **1** *n (action)* impresión *f*. **2** *(art)* imprenta.
print-out ['prɪntaʊt] *n* COMPUT impresión *f*; *(copy)* copia impresa.
prior ['praɪə] **1** *adj* anterior, previo,-a. || **2** *n* REL prior *m*.
● **prior to** antes de.
priority [praɪ'ɒrɪtɪ] *n* prioridad *f*.
prise [praɪz] *vt* abrir/levantar/quitar haciendo palanca: ***they prised the door open*** abrieron la puerta haciendo palanca.
prism ['prɪzm] *n* prisma.
prison ['prɪzn] *n* prisión *f*, cárcel *f*.
prisoner ['prɪznə] **1** *n (in jail)* preso,-a. **2** *(captive)* prisionero,-a.
privacy ['praɪvəsɪ] *n* intimidad *f*.
private ['praɪvət] **1** *adj* privado,-a. **2** *(personal)* personal, particular: ***for your private use*** para su uso personal. **3** *(confidential)* confidencial. **4** *(class)* particular. **5** *(school)* privado,-a, de pago. || **6** *n* MIL soldado raso.
● **in private** en privado.
■ **private enterprise** empresa privada; **private eye** detective *m* privado; **private income** renta personal.
privately ['praɪvətlɪ] **1** *adv (confidentially)* en privado. **2** *(not publically)* de forma privada.
● **privately owned** de propiedad privada.
privatize ['praɪvətaɪz] *vt* privatizar.
privilege ['prɪvɪlɪdʒ] *n* privilegio.

privileged ['prɪvɪlɪdʒd] *adj* privilegiado,-a.

privy ['prɪvɪ] *adj* enterado,-a (to, de).

prize [praɪz] **1** *n* premio. || **2** *adj* de primera. || **3** *vt* apreciar. **4** → **prise**.

pro [prəʊ] **1** *n (advantage)* pro: ***the pros and cons*** los pros y contras. **2** *(professional)* profesional *mf*.

probability [prɒbə'bɪlɪtɪ] *n* probabilidad *f*.

probable ['prɒbəbl] *adj* probable.

probably ['prɒbəblɪ] *adv* probablemente.

probation [prə'beɪʃn] *n* JUR libertad *f* condicional.

probe [prəʊb] **1** *n* sonda. **2** *(investigation)* investigación *f*. || **3** *vt* sondar, sondear. **4** *(investigate)* investigar.

problem ['prɒbləm] *n* problema *m*.

problematic [prɒblə'mætɪk] *adj* problemático,-a.

problematical [prɒblə'mætɪkl] *adj* problemático,-a.

procedure [prə'siːdʒə] *n* procedimiento.

proceed [prə'siːd] **1** *vi (continue)* continuar, proseguir, seguir. **2** *(act)* proceder. || **3 proceeds** *npl* (['prəʊsiːdz]) beneficios *mpl*.

proceedings [prə'siːdɪŋz] *npl* actas *fpl*.

• **to take proceedings against sb** JUR proceder contra algn.

process ['prəʊses] **1** *n* proceso. || **2** *vt (gen)* procesar. **3** *(photo)* revelar.

• **to be in the process of doing sth** estar en vías de hacer algo.

processing ['prəʊsesɪŋ] *n* COMPUT procesamiento.

procession [prə'seʃn] *n* desfile *m*, procesión *f*.

proclaim [prə'kleɪm] *vt* proclamar.

procrastinate [prə'kræstɪneɪt] *vi* dejar para más tarde.

prod [prɒd] **1** *n* golpecito *m*. || **2** *vt* dar un golpecito.

prodigal ['prɒdɪgl] *adj* pródigo,-a.

prodigious [prə'dɪdʒəs] *adj* prodigioso,-a.

prodigy ['prɒdɪdʒɪ] *n* prodigio.

produce [prə'djuːs] **1** *vt (gen)* producir. **2** *(show)* enseñar, presentar. **3** *(cause)* causar, provocar. **4** RAD TV realizar. **5** CINEM producir. **6** THEAT dirigir. || **7** *n* (['prɒdjuːs]) productos *mpl* (agrícolas).

producer [prə'djuːsə] **1** *n* productor,-ra. **2** RAD TV realizador,-ra. **3** CINEM director,-ra.

product ['prɒdʌkt] **1** *n (gen)* producto. **2** *(result)* resultado, fruto.

production [prə'dʌkʃn] **1** *n (gen)* producción *f*. **2** *(showing)* presentación *f*. **3** RAD TV realización *f*. **4** CINEM producción *f*. **5** THEAT representación *f*.

▪ **production line** cadena de producción.

productive [prə'dʌktɪv] **1** *adj (efficient)* productivo,-a. **2** *(fruitful)* fructífero,-a.

productivity [prɒdʌk'tɪvɪtɪ] *n* productividad *f*.

Prof [prə'fesə] *abbr (*Professor*)* catedrático,-a de universidad.

profane [prə'feɪn] **1** *adj* sacrílego,-a. || **2** *vt* profanar.

profess [prə'fes] **1** *vt (declare)* profesar, declarar. **2** *(claim)* pretender.

profession [prə'feʃn] *n* profesión *f*.

professional [prə'feʃənl] **1** *adj* profesional. || **2** *n* profesional *mf*.

professor [prə'fəsə] *n* GB catedrático,-a.

proficiency [prə'fɪʃnsɪ] *n* competencia, habilidad *f*.

proficient [prə'fɪʃnt] *adj* hábil, competente: ***she's proficient in French*** tiene un buen nivel de francés.

profile ['prəʊfaɪl] *n* perfil *m*.

• **in profile** de perfil.

▪ **high profile** notoriedad *f*.

profit ['prɒfɪt] **1** *n* FIN ganancia, beneficio. **2** *(advantage)* provecho. || **3** *vi* sacar provecho de.

• **to make a profit** obtener beneficios.

▪ **profit and loss** ganancias y pérdidas.

profitable ['prɒfɪtəbl] **1** *adj* FIN rentable. **2** *(advantageous)* provechoso,-a.

profound [prə'faʊnd] *adj* profundo,-a.
profuse [prə'fjuːs] *adj* profuso,-a.
profusely [prə'fjuːslɪ] *adv* con profusión.
profusion [prə'fjuːʒn] *n* profusión *f*.
progeny ['prɒdʒənɪ] *n* progenie *f*.
program ['prəʊgræm] **1** *n* US programa *m*. ‖ **2** *vt* US programar.
▲ *Esta grafía se usa también en informática.*
programme ['prəʊgræm] **1** *n* GB programa *m*. ‖ **2** *vt* GB programar.
programmer ['prəʊgræmə] *n* programador,-ra.
progress ['prəʊgres] **1** *n* progreso, avance *m*. ‖ **2** *vi* ([prəʊ'gres]) progresar, avanzar.
● **in progress** en curso; **to make progress** avanzar.
progressive [prə'gresɪv] **1** *adj (gradual)* progresivo,-a. **2** POL progresista. ‖ **3** *n* POL progresista *mf*.
prohibit [prə'hɪbɪt] *vt* prohibir.
prohibition [prəʊɪ'bɪʃn] *n* prohibición *f*.
project ['prɒdʒekt] **1** *n (plan)* proyecto. **2** *(at school)* trabajo. ‖ **3** *vt* ([prə'dʒekt]) proyectar. ‖ **4** *vi* sobresalir.
projectile [prə'dʒektaɪl] *n* proyectil *m*.
projector [prə'dʒektə] *n* proyector *m*.
proletarian [prəʊlə'tɜərɪən] *adj* proletario,-a.
prolific [prə'lɪfɪk] *adj* prolífico,-a.
prologue ['prəʊlɒg] *n* prólogo.
prolong [prə'lɒŋ] *vt* prolongar, alargar.
promenade [prɒmə'nɑːd] *n* paseo marítimo.
prominence ['prɒmɪnəns] **1** *n (noticeable position)* prominencia. **2** *(relevance)* importancia.
prominent ['prɒmɪnənt] **1** *adj (noticeable)* prominente. **2** *(relevant)* importante.
promiscuous [prə'mɪskjʊəs] *adj* promiscuo,-a.
promise ['prɒmɪs] **1** *n* promesa. ‖ **2** *vt - vi* prometer.
● **to make a promise** hacer una promesa.
promising ['prɒmɪsɪŋ] *adj* prometedor,-ra.
promote [prə'məʊt] **1** *vt (in rank)* promover, ascender. **2** *(encourage)* promover, fomentar. **3** COMM promocionar.
● **to be promoted** SP subir de categoría.
promotion [prə'məʊʃn] *n* promoción *f*.
■ **promotion drive** campaña de promoción.
prompt [prɒmpt] **1** *adj* inmediato, -a, rápido,-a. **2** *(punctual)* puntual. ‖ **3** *adv* en punto. ‖ **4** *vt (motivate)* inducir, impulsar. **5** THEAT apuntar.
prompter ['prɒmptə] *n* apuntador,-ra.
prone [prəʊn] *adj* boca abajo.
● **prone to** propenso,-a a.
prong [prɒŋ] *n* diente *m*, punta.
pronoun ['prəʊnaʊn] *n* pronombre *m*.
pronounce [prə'naʊns] **1** *vt* pronunciar. **2** *(declare)* declarar.
● **to pronounce sentence** dictar sentencia.
pronounced [prə'naʊnst] *adj* pronunciado,-a, marcado,-a.
pronunciation [prənʌnsɪ'eɪʃn] *n* pronunciación *f*.
proof [pruːf] **1** *n (gen)* prueba. **2** *(alcohol)* graduación *f*.
● **proof against** a prueba de.
prop [prɒp] **1** *n (object)* puntal *m*. **2** *(person)* apoyo. **3** THEAT accesorio.
♦ **to prop up 1** *vt (roof)* apuntalar. **2** *vt (person)* apoyar, sostener.
propaganda [prɒpə'gændə] *n* propaganda.
propagate ['prɒpəgeɪt] **1** *vt* propagar. ‖ **2** *vi* propagarse.
propel [prə'pel] *vt* propulsar, impulsar.
propeller [prə'pelə] *n* hélice *f*.
propensity [prə'pensɪtɪ] *n* propensión *f*.
proper ['prɒpə] **1** *adj (suitable)* adecuado,-a. **2** *(right)* correcto,-a. **3** *(decent)* decente. **4** *(after noun)* propiamente dicho,-a. **5** *fam (real)* auténtico,-a, correcto,-a; *(as it should be)* digno,-a, en condiciones.
■ **proper noun** nombre *m* propio.

properly [ˈprɒpəlɪ] *adv* bien, correctamente.
property [ˈprɒpətɪ] *n* propiedad *f*.
prophecy [ˈprɒfəsɪ] *n* profecía.
prophesy [ˈprɒfəsaɪ] *vt* - *vi* REL profetizar.
prophet [ˈprɒfɪt] *n* profeta *m*.
prophetic [prəˈfetɪk] *adj* profético,-a.
proportion [prəˈpɔːʃn] *n* proporción *f*.
● **out of proportion** desproporcionado,-a.
proportional [prəˈpɔːʃənl] *adj* proporcional.
proportionate [prəˈpɔːʃnət] *adj* proporcionado,-a.
proposal [prəˈpəʊzl] *n* propuesta.
propose [prəˈpəʊz] **1** *vt (suggest)* proponer. **2** *(intend)* pensar, tener la intención de. ‖ **3** *vi* declararse (**to**, a).
proposition [prɒpəˈzɪʃn] *n* proposición *f*, propuesta *f*.
proprietor [prəˈpraɪətə] *n* propietario,-a, dueño,-a.
propriety [prəˈpraɪətɪ] **1** *n* corrección *f*, decencia. **2** *(suitability)* conveniencia.
propulsion [prəˈpʌlʃn] *n* propulsión *f*.
prose [prəʊz] *n* prosa.
prosecute [ˈprɒsɪkjuːt] *vt* procesar, enjuiciar.
prosecution [prɒsɪˈkjuːʃn] **1** *n (action)* proceso, juicio. **2** *(person)* acusación *f*.
prosecutor [ˈprɒsɪkjuːtə] *n* fiscal *mf*, abogado,-a de la acusación.
prospect [ˈprɒspekt] **1** *n* perspectiva. **2** *(probability)* probabilidad *f*. ‖ **3** *vt* ([prəˈspekt]) explorar. ‖ **4** *vi* buscar (**for**, -).
prospective [prəˈspektɪv] **1** *adj (future)* futuro,-a. **2** *(possible)* posible.
prospectus [prəˈspektəs] *n* prospecto.
prosper [ˈprɒspə] *vi* prosperar.
prosperity [prɒˈsperɪtɪ] *n* prosperidad *f*.
prosperous [ˈprɒsprəs] *adj* próspero,-a.
prostate [ˈprɒsteɪt] *n* próstata.
prostitute [ˈprɒstɪtjuːt] *n* prostituta.
prostitution [prɒstɪˈtjuːʃn] *n* prostitución *f*.
prostrate [ˈprɒstreɪt] **1** *adj* postrado,-a. ‖ **2** *vt* ([prɒˈstreɪt]) postrar.
protagonist [prəʊˈtægənɪst] **1** *n (character)* protagonista *mf*. **2** *(supporter)* defensor,-ra.
protect [prəˈtekt] *vt* proteger.
protection [prəˈtekʃn] *n* protección *f*.
protective [prəˈtektɪv] *adj* protector,-ra.
protector [prəˈtektə] **1** *n (person)* protector,-ra. **2** *(object)* protector *m*.
protégé [ˈprəʊtəʒeɪ] *n* protegido.
protégée [ˈprəʊtəʒeɪ] *n* protegida.
protein [ˈprəʊtiːn] *n* proteína.
protest [ˈprəʊtest] **1** *n* protesta. ‖ **2** *vt* - *vi* ([prəˈtest]) protestar.
■ **protest march** manifestación *f*.
Protestant [ˈprɒtɪstənt] **1** *adj* protestante. ‖ **2** *n* protestante *mf*.
protocol [ˈprəʊtəkɒl] *n* protocolo.
prototype [ˈprəʊtətaɪp] *n* prototipo.
protracted [prəˈtræktɪd] *vt* prolongado,-a.
protrude [prəˈtruːd] *vi* sobresalir.
protruding [prəˈtruːdɪŋ] *adj* saliente, prominente.
proud [praʊd] *adj* orgulloso,-a.
● **to be proud of** enorgullecerse de; **to be proud to** tener el honor de.
prove [pruːv] **1** *vt* (*pp* **proved** *o* **proven** [ˈpruːvn]) *(demonstrate)* probar, demostrar. ‖ **2** *vi (turn out to be)* resultar.
● **to prove sb right** demostrar que algn tiene razón; **to prove sb wrong** demostrar que algn está equivocado,-a.
proverb [ˈprɒvɜːb] *n* proverbio, refrán *m*.
proverbial [prəˈvɜːbɪəl] *adj* proverbial.
provide [prəˈvaɪd] **1** *vt (supply)* proporcionar, facilitar, suministrar. **2** *(law)* estipular.
♦ **to provide for 1** *vt (family)* mantener. **2** *vt (future event)* prevenir.
provided [prəˈvaɪdɪd] *conj* siempre que, con tal que.
providence [ˈprɒvɪdəns] *n* providencia.

provident ['prɒvɪdnt] *adj* previsor,-ra.
providential [prɒvɪ'denʃl] *adj* providencial.
providing [prə'vaɪdɪŋ] *conj* → **provided**.
province ['prɒvɪns] *n* provincia.
• **it's not my province** no es de mi competencia.
provincial [prə'vɪnʃl] **1** *adj (of a province)* provincial. **2** *pej (attitude)* provinciano,-a.
provision [prə'vɪʒn] **1** *n* suministro, provisión *f*. **2** JUR disposición *f*.
• **to make provision for** prever.
provisional [prə'vɪʒənl] *adj* provisional.
proviso [prə'vaɪzəʊ] *n* condición *f*.
provocative [prə'vɒkətɪv] **1** *adj (sexy)* provocativo,-a. **2** *(controversial)* provocador,-a.
provoke [prə'vəʊk] *vt* provocar.
provoking [prə'vəʊkɪŋ] *adj* provocador,-ra.
prow [praʊ] *n* proa.
prowess ['praʊəs] *n* destreza, habilidad *f*.
prowl [praʊl] *vi* merodear.
proximity ['prɒksɪmɪtɪ] *n* proximidad *f*.
proxy ['prɒksɪ] **1** *n (authorization)* poder *m*. **2** *(person)* apoderado,-a.
• **by proxy** por poder, por poderes.
prude [pruːd] *n* remilgado,-a, mojigato,-a.
prudence ['pruːdns] *n* prudencia.
prudent ['pruːdnt] *adj* prudente.
prudish ['pruːdɪʃ] *adj* remilgado,-a.
prune [pruːn] **1** *n* ciruela pasa. ‖ **2** **provided (that)** *vt* podar.
pry [praɪ] **1** *vi* husmear. ‖ **2** *vt* → **prise**.
PS ['piː'es] *abbr* (**postscript**) posdata; *(abbreviation)* P.S., P.D.
psalm [sɑːm] *n* salmo.
pseudonym ['suːdənɪm] *n* seudónimo.
psyche ['saɪkɪ] *n* psique *f*.
psychiatrist [saɪ'kaɪətrɪst] *n* psiquiatra *mf*.
psychiatry [saɪ'kaɪətrɪ] *n* psiquiatría.
psychoanalysis [saɪkəʊə'nælɪsɪs] *n* psicoanálisis *m inv*.
psychoanalyst [saɪkəʊ'ænəlɪst] *n* psicoanalista *mf*.
psychological [saɪkə'lɒdʒɪkl] *adj* psicológico,-a.
psychologist [saɪ'kɒlədʒɪst] *n* psicólogo,-a.
psychology [saɪ'kɒledʒɪ] *n* psicología.
psychopath ['saɪkəʊpæθ] *n* psicópata *mf*.
psychosis [saɪ'kəʊsɪs] *n* psicosis *f inv*.
pt [pɑːt] **1** *abbr* (**part**) parte *f*. **2** [paɪnt] (**pint**) pinta. **3** [pɔɪnt] (**point**) punto.
PTA ['piː'tiː'eɪ] *abbr* (**Parent-Teacher Association**) asociación de padres de alumnos y profesores.
PTO ['piː'tiː'əʊ] *abbr* (**please turn over**) sigue.
pub [pʌb] *n* bar *m*, pub *m*, taberna.
puberty ['pjuːbətɪ] *n* pubertad *f*.
pubic ['pjuːbɪk] *adj* púbico,-a.
public ['pʌblɪk] **1** *adj* público,-a. ‖ **2** *n* público.
■ **public convenience** GB aseos *mpl* públicos; **public holiday** fiesta nacional; **public house** bar *m*, pub *m*; **public prosecutor** fiscal *mf*; **public school** GB colegio privado; *(elsewhere)* colegio público; **public servant** funcionario,-a; **public utility** servicio público; **public works** obras *fpl* públicas.
publication [pʌblɪ'keɪʃn] *n* publicación *f*.
publicity [pʌ'blɪsɪtɪ] *n* publicidad *f*.
publicize [pʌblɪ'saɪz] **1** *vt (spread)* divulgar, hacer público,-a. **2** *(advertise)* promocionar.
publish ['pʌblɪʃ] *vt* publicar, editar.
publisher ['pʌblɪʃə] **1** *n (person)* editor, -ra. **2** *(company)* editorial *f*.
pudding ['pʊdɪŋ] **1** *n (sweet)* budín *m*, pudín *m*. **2** *(dessert)* postre *m*.
puddle ['pʌdl] *n* charco.
Puerto Rican ['pweətəʊ 'riːkn] *adj* - *n* puertorriqueño,-a, portorriqueño,-a.
Puerto Rico ['pweətəʊ 'riːkəʊ] *n* Puerto Rico.

puff [pʌf] **1** *n (action)* soplo. **2** *(at cigarette)* calada. **3** *(of wind)* ráfaga; *(of smoke)* bocanada. || **4** *vi* soplar. **5** *(pant)* jadear.
♦ **to puff up 1** *vt* hinchar. **2** *vi* hincharse.
■ **puff pastry** hojaldre *m*.

puke ['pjuːk] *vi fam* vomitar.

pull [pʊl] **1** *n* tirón *m*. **2** *(attraction)* atracción *f*. **3** *fam (influence)* influencia. || **4** *vt* tirar de, dar un tirón a: ***he pulled his hair*** le tiró del pelo. **5** *(drag)* arrastrar, tirar de: ***the cart was pulled by a donkey*** un burro tiraba de la carreta. **6** *fam (attract)* atraer. || **7** *vi* tirar.
♦ **to pull apart** *vt (machine)* desmontar ♦ **to pull away** *vi (vehicle)* alejarse ♦ **to pull down** *vt (gen)* bajar; *(building)* derribar ♦ **to pull in 1** *vt (customer)* atraer. **2** *vi (train)* entrar en la estación ♦ **to pull off 1** *vt (achieve)* llevar a cabo. **2** *vt (remove)* quitar, sacar ♦ **to pull out 1** *vt (gen)* sacar; *(tooth)* arrancar. **2** *vi (train)* salir de la estación. **3** *vi (withdraw)* retirarse ♦ **to pull through** *vi* reponerse ♦ **to pull together** *vi (cooperate)* trabajar como equipo ♦ **to pull up 1** *vt (sock)* subir. **2** *vt (plant)* arrancar. **3** *vi* detenerse.
● **to pull a face** hacer una mueca; **to pull a gun on sb** amenazar a algn con una pistola; **to pull oneself together** serenarse; **to pull sb's leg** tomar el pelo a algn; **to pull to pieces** hacer pedazos, destrozar; **to pull strings** tocar muchas teclas, mover hilos; **to pull a fast one on sb** *fam* hacer una mala jugada a algn.

pulley ['pʊlɪ] *n* polea.

pullover ['pʊləʊvə] *n* jersey *m*.

pulp [pʌlp] **1** *n (of fruuit)* pulpa. **2** *(wood)* pasta (*de papel*).

pulpit ['pʊlpɪt] *n* púlpito.

pulsate [pʌl'seɪt] *vi* palpitar, latir.

pulse [pʌls] **1** *n* pulsación *f*. **2** ANAT pulso. **3** BOT legumbre *f*. || **4** *vi* palpitar, latir.

puma ['pjuːmə] *n* puma *m*.

pumice stone ['pʌmɪsstəʊn] *n* piedra pómez.

pump [pʌmp] **1** *n (for air, liquids)* bomba. **2** *(for petrol)* surtidor *m*. **3** *(shoe)* zapatilla. || **4** *vt (drain)* bombear. **5** *fam (for information)* sonsacar.

pumpkin ['pʌmpkɪn] *n* calabaza.

pun [pʌn] *n* juego de palabras.

punch [pʌntʃ] **1** *n (blow)* puñetazo. **2** *(drink)* ponche *m*. **3** *(tool)* punzón *m*; *(for tickets)* perforadora. **4** *(vigour)* empuje *m*. || **5** *vt* dar un puñetazo a. **6** *(make a hole in)* perforar; *(ticket)* picar.

punch-up ['pʌntʃʌp] *n fam* riña, pelea.

punctual ['pʌŋktjʊəl] *adj* puntual.

punctuality [pʌŋktjʊ'ælɪtɪ] *n* puntualidad *f*.

punctuate ['pʌŋktjʊeɪt] *vt* puntuar.

punctuation [pʌŋktjʊ'eɪʃn] *n* puntuación *f*.
■ **punctuation mark** signo de puntuación.

puncture ['pʌŋktʃə] **1** *n* pinchazo. || **2** *vt* pinchar. || **3** *vi* pincharse.

pungent ['pʌndʒənt] **1** *adj (smell)* acre. **2** *(remark)* mordaz.

punish ['pʌnɪʃ] *vt* castigar.

punishment ['pʌnɪʃmənt] *n* castigo.

punk [pʌnk] *n fam* punk *mf*.

punt [pʌnt] **1** *n* batea. || **2** *vi* ir en batea.

punter ['pʌntə] **1** *n fam (in betting)* apostante *mf*. **2** *fam (customer)* cliente, -a.

puny ['pjuːnɪ] *adj* endeble, canijo,-a.

pup [pʌp] *n* cría, cachorro,-a.

pupil ['pjuːpɪl] **1** *n (student)* alumno,-a. **2** ANAT pupila.

puppet ['pʌpɪt] *n* títere *m*, marioneta.
■ **puppet show** teatro de títeres.

puppy ['pʌpɪ] *n* cachorro,-a.

purchase ['pɜːtʃəs] **1** *n* compra. || **2** *vt* comprar, adquirir.
■ **purchasing power** poder *m* adquisitivo.

purchaser ['pɜːtʃəsə] *n* comprador,-ra.

pure ['pjʊə] *adj* puro,-a.

purée ['pjʊəreɪ] **1** *n* puré *m*. || **2** *vt* hacer un puré de.

purely ['pjʊəlɪ] *adv* simplemente.

purge [pɜːdʒ] **1** *n* purga. || **2** *vt* purgar.

purifier ['pjʊərɪfaɪə] *n* purificador *m*.

Puritan ['pjʊərɪtn] *adj* - *n* puritano,-a.

purity ['pjʊərɪtɪ] *n* pureza.

purple ['pɜːpl] **1** *adj* púrpura, morado,-a. || **2** *n* púrpura *m*, morado.

purport [pɜː'pɔːt] **1** *n* significado. || **2** *vt* pretender, dar a entender.

purpose ['pɜːpəs] **1** *n (intention)* propósito. **2** *(use)* utilidad *f*.
• **on purpose** a propósito.

purposely ['pɜːpəslɪ] *adv* a propósito.
• **to no purpose** en vano.

purr [pɜː] **1** *n* ronroneo. || **2** *vi* ronronear.

purse [pɜːs] **1** *n* GB *(for money)* monedero. **2** US *(handbag)* bolso. **3** *(prize)* premio. || **4** *vt (lips)* apretar.

pursue [pə'sjuː] **1** *vt (follow)* perseguir. **2** *(continue with)* proseguir, seguir con.

pursuit [pə'sjuːt] **1** *n (chase)* persecución *f*. **2** *(search)* búsqueda. **3** *(occupation)* actividad *f*, pasatiempo.

purveyor [pɜː'veɪə] *n* proveedor,-ra.

pus [pʌs] *n* pus *m*.

push [pʊʃ] **1** *n* empujón *m*, empuje *m*. || **2** *vt* - *vi (gen)* empujar. || **3** *vt (button)* pulsar, apretar. **4** *fam (try to sell)* promocionar. **5** *fam (person)* presionar. **6** *sl (drugs)* vender, pasar.
♦ **to push around** *vt* dar órdenes a ♦ **to push off** *vi fam* largarse ♦ **to push on** *vi* seguir, continuar.
• **to give sb the push** *(in relationship)* dar calabazas a algn; *(from job)* poner a algn de patitas en la calle; **to push one's luck** arriesgarse demasiado.

pushchair ['pʌʃtʃeə] *n* cochecito de niño.

pusher ['pʊʃə] *n fam (of drugs)* camello.

pushover ['pʊʃəʊvə] *n fam* cosa fácil.
• **it's a pushover** está chupado.

pushy ['pʊʃɪ] *adj fam* insistente.

pussy ['pʊsɪ] *n* minino.

put [pʊt] **1** *vt (gen)* poner, colocar. **2** *(express)* expresar: ***try to put it in French*** intenta expresarlo en francés. **3** *(write)* escribir: ***what can I put?*** ¿qué escribo? **4** Sp *(shot)* lanzar.
♦ **to put across. 1** *vt* comunicar ♦ **to put aside 1** *vt (money)* ahorrar, guardar **2** *vt (work)* dejar a un lado ♦ **to put away 1** *vt (thing)* guardar. **2** *vt (person)* encerrar ♦ **to put back 1** *vt (pospone)* aplazar, retrasar. **2** *vt (reset)* atrasar. **3** *vt (replace)* devolver a su sitio ♦ **to put down 1** *vt (lay dawn)* dejar. **2** *vt (rebellion)* sofocar. **3** *vt (animal)* sacrificar. **4** *vt (write)* apuntar, escribir. **5** *vt fam (humble)* humillar ♦ **to put down to** *vt* atribuir a ♦ **to put forward 1** *vt (plan)* proponer. **2** *vt (clock)* adelantar ♦ **to put in 1** *vt (time)* dedicar. **2** *vt (claim)* presentar ♦ **to put in for** *vt* solicitar ♦ **to put off 1** *vt (postpone)* aplazar. **2** *vt (distract)* distraer. **3** *vt (discourage)* desanimar, quitar las ganas a uno ♦ **to put on 1** *vt (gen)* poner. **2** *vt (clothes, glasses, etc)* ponerse. **3** *vt (weight, speed)* ganar. **4** *vt (play, show)* montar ♦ **to put out 1** *vt (fire, light)* apagar. **2** *vt (cause trouble to)* molestar ♦ **to put over** *vt* comunicar, transmitir ♦ **to put through 1** *vt (on phone)* conectar (**to**, con). **2** *vt (cause to suffer)* someter ♦ **to put to** *vt* proponer ♦ **to put together 1** *vt (gather)* reunir, juntar. **2** *vt (assemble)* montar ♦ **to put up 1** *vt (raise)* levantar. **2** *vt (lodge)* alojar. **3** *vt (tent)* armar. **4** *vt (building)* construir. **5** *vt (painting)* colgar. **6** *vt (prices, taxes)* aumentar, subir ♦ **to put up with** *vt* soportar, aguantar.
• **put together** juntos,-as; **to be hard put to do sth** ser difícil hacer algo; **to put an end to** acabar con, echar por tierra; **to put a question to sb** hacerle una pregunta a algn; **to put it about that** hacer correr la voz que; **to put one over on sb** engañar a algn; **to put right** arreglar; **to put sb up to sth** incitar a algn a hacer algo; **to put**

the blame on echar la culpa a; **to put the clocks back** retrasar la hora; **to put the clocks forward** adelantar la hora; **to put to bed** acostar; **to put to death** ejecutar; **to put to sea** zarpar; **to put to the vote** someter a votación; **to put two and two together** atar cabos; **to put up a fight** ofrecer resistencia; **to put up for sale** poner en venta; **to put paid to** *fam* acabar con; **to stay put** *fam* quedarse quieto,-a.

putrid ['pjuːtrɪd] *adj* pútrido,-a.

putt [pʌt] **1** *n* tiro al hoyo. || **2** *vt* - *vi* tirar al hoyo.

putty ['pʌtɪ] *n* masilla.

puzzle ['pʌzl] **1** *n* rompecabezas *m inv*. **2** *(mystery)* misterio. || **3** *vt* dejar perplejo,-a.

♦ **to puzzle out** *vt* descifrar, resolver.

● **to puzzle about/over sth** dar vueltas a algo (en la cabeza).

puzzled ['pʌzld] *adj* perplejo,-a, desconcertado,-a.

puzzling ['pʌzlɪŋ] *adj* desconcertante.

PVC ['piː'viː'siː] *abbr (*polyvinyl chloride*)* policloruro de vinilo; *(abbreviation)* PVC *m*.

pygmy ['pɪgmɪ] *adj* - *n* pigmeo,-a.

pyjamas [pə'dʒɑːməz] *npl* pijama *m sing*.

pylon ['paɪln] *n* torre *f (de tendido eléctrico)*.

pyramid ['pɪrəmɪd] *n* pirámide *f*.

Pyrenees [pɪrə'niːz] *n* los Pirineos *mpl*.

Q

quack [kwæk] **1** *n (of duck)* graznido. **2** *(doctor)* curandero,-a. || **3** *vi (duck)* graznar.

quad [kwɒd] **1** *n* GB *(quadrangle)* patio interior. **2** *fam (quadruplet)* cuatrillizo, -a.

quadrangle ['kwɒdræŋgl] *n* patio interior.

quadrant ['kwɒdrənt] *n* cuadrante *m*.

quadraphonic [kwɒdrə'fɒnɪk] *adj* cuadrafónico,-a.

quadruped ['kwɒdrəped] *n* cuadrúpedo.

quadruple ['kwɒdrʊpl] **1** *n* cuádruplo. || **2** *adj* cuádruple. || **3** *vt* cuadruplicar. || **4** *vi* cuadruplicarse.

quadruplet ['kwɒdrʊplət] *n* cuatrillizo,-a.

quagmire ['kwɒgmaɪə[r]] *n* cenagal *m*.

quail [kweɪl] **1** *n (bird)* codorniz *f*. || **2** *vi (be afraid)* acobardarse.

quaint [kweɪnt] **1** *adj (attractive)* pintoresco,-a, típico,-a. **2** *(odd)* singular, original.

quake [kweɪk] **1** *n fam* terremoto. || **2** *vi* temblar.

Quaker ['kweɪkə[r]] *adj* - *n* cuáquero,-a.

qualification [kwɒlɪfɪ'keɪʃn] **1** *n (for job)* requisito. **2** *(paper)* diploma *m*, título. **3** *(reservation)* salvedad *f*, reserva.

qualified ['kwɒlɪfaɪd] *adj (for job)* capacitado,-a.

qualify ['kwɒlɪfaɪ] **1** *vt (entitle)* capacitar. **2** *(modify)* modificar, matizar. || **3** *vi* reunir las condiciones necesarias. **4** *(obtain degree)* obtener el título (as, de). **5** Sp calificarse.

qualitative ['kwɒlɪtətɪv] *adj* cualitativo,-a.

quality ['kwɒlɪtɪ] **1** *n* calidad *f*. **2** *(attribute)* cualidad *f*.

qualm [kwɑːm] *n* duda, inquietud *f*.

● **to have no qualms about doing sth** no tener escrúpulos en hacer algo.

quandary ['kwɒndrɪ] *n* dilema *m*.

quantify ['kwɒntɪfaɪ] *vt* cuantificar.

quantity ['kwɒntɪtɪ] *n* cantidad *f*.

■ **quantity surveyor** aparejador,-ra.

quarantine ['kwɒrəntiːn] **1** *n* cuarentena. || **2** *vt* poner en cuarentena.

quarrel ['kwɒrl] **1** *n* riña, pelea. || **2** *vi* reñir, pelear.

quarrelsome ['kwɒrlsəm] *adj* pendenciero,-a.

quarry ['kwɒrɪ] **1** *n* cantera. **2** *(in hunting)* presa. || **3** *vt* extraer.

quart [kwɔːt] *n* cuarto de galón.

▲ *En Gran Bretaña equivale a 1,14 litros; en Estados Unidos equivale a 0,95 litros.*

quarter ['kwɔːtəʳ] **1** *vt* dividir en cuatro. **2** *(reduce)* reducir a la cuarta parte. **3** *(lodge)* alojar. || **4** *n* cuarto. **5** *(area)* barrio. **6** *(three months)* trimestre *m*. **7** US veinticinco centavos. || **8 quarters** *npl* alojamiento *m sing*.

● **from all quarters** de todas partes; **to give no quarter** no dar cuartel.

quarterfinal [kwɔːtə'faɪnl] *n* cuarto de final.

quarterly ['kwɔːtəlɪ] **1** *adj* trimestral. || **2** *adv* trimestralmente. || **3** *n* revista trimestral.

quartermaster ['kwɔːtəmɑːstəʳ] *n* oficial *m* de intendencia.

quartet [kwɔː'tet] *n* cuarteto.

quartz [kwɔːts] *n* cuarzo.

quash [kwɒʃ] **1** *vt* sofocar. **2** JUR anular.

quaver ['kweɪvəʳ] **1** *n (note)* corchea. **2** *(voice)* trémolo. || **3** *vi* temblar.

quay [kiː] *n* muelle *m*.

queasy ['kwiːzɪ] *adj* mareado,-a.

queen [kwiːn] **1** *n (monarch)* reina. **2** *(chess, cards)* reina, dama. **3** *sl* loca, maricona.

■ **queen bee** abeja reina; **queen mother** reina madre.

queer [kwɪəʳ] **1** *adj (odd)* raro,-a, extraño,-a. **2** *(ill)* malucho,-a. **3** *fam* gay. || **4** *n fam* gay *m*.

quell [kwel] *vt* reprimir, sofocar.

quench [kwentʃ] **1** *vt* saciar. **2** *(fire)* apagar.

querulous ['kwerjʊləs] *adj* quejumbroso,-a.

query ['kwɪərɪ] **1** *n* pregunta, duda. || **2** *vt* poner en duda.

quest [kwest] *n* búsqueda.

question ['kwestʃn] **1** *n* pregunta. **2** *(matter)* cuestión *f*. **3** *(topic)* cuestión *f*, problema, asunto. || **4** *vt* hacer preguntas a, interrogar. **5** *(cast doubt on)* cuestionar, poner en duda.

● **out of the question** imposible; **to call into question** poner en duda.

■ **question mark** interrogante *m*.

questionable ['kwestʃənəbl] **1** *adj* cuestionable, discutible. **2** *(doubtful)* dudoso,-a, sospechoso,-a.

questionnaire [kwestʃə'neəʳ] *n* cuestionario.

queue [kjuː] **1** *n* cola. || **2** *vi* hacer cola.

quibble ['kwɪbl] **1** *n* pega. || **2** *vi* poner pegas.

quick [kwɪk] **1** *adj* rápido,-a. **2** *(clever)* espabilado,-a, despierto,-a. || **3 quickly** *adv* rápido, rápidamente.

● **to cut to the quick** herir en lo vivo; **to have a quick temper** tener mucho genio.

quicken ['kwɪkn] **1** *vt* acelerar. || **2** *vi* acelerarse.

quickie ['kwɪkɪ] *n fam* uno,-a rápido,-a.

quicksand ['kwɪksænd] *n* arenas *fpl* movedizas.

quick-tempered [kwɪk'tempəd] *adj* de genio vivo.

quick-witted [kwɪk'wɪtɪd] *adj* agudo,-a, listo,-a.

quid [kwɪd] *n (pl* **quid***)* GB libra.

quiet ['kwaɪət] **1** *adj (silent)* callado,-a, silencioso,-a. **2** *(peaceful)* tranquilo,-a. || **3** *n (silence)* silencio. **4** *(calm)* tranquilidad *f*, calma. || **5** *vt - vi* US → **quieten**. || **6 quietly** *adv* silenciosamente, sin hacer ruido.

● **on the quiet** a la chita callando.

quieten ['kwaɪətn] **1** *vt* callar. **2** *(calm down)* tranquilizar. || **3** *vi* callarse. **4** *(calm down)* tranquilizarse.

quietness ['kwaɪətnəs] **1** *n (silence)* silencio. **2** *(calm)* tranquilidad *f*.

quill [kwɪl] **1** *n (feather)* pluma. **2** *(spine)* púa.

quilt [kwɪlt] **1** *n* colcha, edredón *m*. || **2** *vt* acolchar.

quince [kwɪns] *n* membrillo.

quinine ['kwɪniːn] *n* quinina.

quintessence [kwɪn'tesns] *n* quintaesencia.
quintet [kwɪn'tet] *n* quinteto.
quintuplet [kwɪn'tjʊplət] *n* quintillizo,-a.
quip [kwɪp] **1** *n* ocurrencia, chiste *m*. ‖ **2** *vi* bromear.
quirk [kwɜːk] **1** *n* manía. **2** *(of fate)* avatar *m*, vicisitud *f*.
quirky ['kwɜːkɪ] *adj* raro,-a.
quit [kwɪt] **1** *vt* dejar, abandonar. **2** *(stop)* dejar de. ‖ **3** *vi* marcharse.
● **to call it quits** hacer las paces.
quite [kwaɪt] **1** *adv (rather)* bastante. **2** *(totally)* completamente, realmente, verdaderamente: ***I quite understand*** lo entiendo perfectamente.
quiver ['kwɪvəʳ] **1** *n (for arrows)* carcaj *m*. **2** *(tremble)* temblor *m*. ‖ **3** *vi* temblar, estremecerse.
quiz [kwɪz] **1** *n* RAD TV concurso. ‖ **2** *vt* preguntar.
quoit [kwɔɪt] *n* tejo.
quorum ['kwɔːrəm] *n* quórum *m*.
quota ['kwəʊtə] **1** *n (share)* cuota. **2** *(fixed limit)* cupo.
quotation [kwəʊ'teɪʃn] **1** *n* cita. **2** FIN cotización *f*. **3** COMM presupuesto.
■ **quotation marks** comillas *fpl*.
quote [kwəʊt] **1** *n* cita. ‖ **2** *vt* citar. **3** COMM dar el precio de. **4** FIN cotizar.
quotient ['kwəʊʃnt] *n* cociente *m*.

R

r [raɪt] *abbr (*right*)* derecho,-a; *(abbreviation)* dcho,-a.
RA ['ɑːr'eɪ] **1** *abbr* GB *(*Royal Academy*)* Real Academia de las Artes. **2** GB *(*Royal Academician*)* miembro de la Real Academia de las Artes.
rabbi ['ræbaɪ] *n* rabí *m*, rabino.
rabbit ['ræbɪt] *n* conejo.
● **to rabbit on** no parar de hablar.
rabble ['ræbl] *n* populacho.
rabid ['ræbɪd] **1** *adj* rabioso,-a. **2** *fig* furioso,-a.
rabies ['reɪbiːz] *n* rabia.
RAC ['ɑːr'eɪ'siː] *abbr* GB *(*Royal Automobile Club*)* automóvil club británico.
raccoon [rə'kuːn] *n* mapache *m*.
race [reɪs] **1** *n (people)* raza. **2** SP carrera. ‖ **3** *vi* correr, competir.
racecourse ['reɪskɔːs] *n* GB hipódromo.
racehorse ['reɪhɔːs] *n* caballo de carreras.
racial ['reɪʃl] *adj* racial.
racing ['reɪsɪŋ] *n* carreras *fpl*.
racism ['reɪsɪzm] *n* racismo.
racist ['reɪsɪst] **1** *adj* racista. ‖ **2** *n* racista *mf*.
rack [ræk] **1** *n* estante *m*. **2** AUTO baca. **3** *(on train)* rejilla. **4** *(for plates)* escurreplatos *m inv*. **5** *(for torture)* potro. ‖ **6** *vt* atormentar.
● **to rack one's brains** devanarse los sesos.
racket ['rækɪt] **1** *n* SP raqueta. **2** *(din)* alboroto, ruido. **3** *fam (fraud)* timo.
racoon [rə'kuːn] *n* mapache *m*.
racy ['reɪsɪ] *adj* atrevido,-a.
radar ['reɪdɑː] *n* radar *m*.
radiant ['reɪdɪənt] *adj* radiante.
radiate ['reɪdɪeɪt] *vt* - *vi* irradiar.
radiation [reɪdɪ'eɪʃn] *n* radiación *f*.
radiator ['reɪdɪeɪtə] *n* radiador *m*.
radical ['rædɪkl] **1** *adj* radical. ‖ **2** *n* radical *mf*.
radio ['reɪdɪəʊ] *n* radio *f*.
radioactive [reɪdɪəʊ'æktɪv] *adj* radiactivo,-a.
radioactivity [reɪdɪəʊæk'tɪvɪtɪ] *n* radiactividad *f*.
radio-controlled [reɪdɪəʊkɒn'trəʊld] *adj* teledirigido,-a.
radish ['rædɪʃ] *n* rábano.
radium ['reɪdɪəm] *n* radio.
radius ['reɪdɪəs] *n* (*pl* **radii** ['reɪdɪaɪ]) radio.
RAF ['ɑːr'eɪ'ef] *abbr* GB *(*Royal Air Force*)* fuerzas aéreas británicas.

raffle ['ræfl] **1** *n* rifa. || **2** *vt* - *vi* rifar, sortear.
raft [rɑːft] *n* balsa.
rafter ['rɑːftə] *n* viga.
rag [ræg] **1** *n* harapo, andrajo, pingajo. **2** *(for cleaning)* trapo. **3** *(joke)* broma pesada. **4** *fam (newspaper)* periódico malo. **5** GB función *f* benéfica universitaria. || **6** *vt* gastar bromas a.
• **in rags** harapiento,-a, andrajoso,-a.
rage [reɪdʒ] **1** *n* rabia, furor *m*, cólera. || **2** *vi (person)* rabiar. **3** *(fire etc)* hacer estragos.
• **to be all the rage** hacer furor; **to fly into a rage** montar en cólera.
ragged ['rægɪd] **1** *adj (person)* andrajoso,-a, harapiento,-a. **2** *(clothes)* roto,-a, deshilachado,-a.
raid [reɪd] **1** *n* MIL incursión *f*, ataque *m*. **2** *(by police)* redada. **3** *(robbery)* atraco. || **4** *vt* MIL hacer una incursión en. **5** *(police)* hacer una redada en. **6** *(rob)* atracar, asaltar.
rail [reɪl] **1** *n* barra. **2** *(handrail)* pasamano, barandilla. **3** *(for train)* raíl *m*, carril *m*, riel *m*.
• **to rail against** despotricar contra.
▪ **rail strike** huelga de ferroviarios.
railings ['reɪlɪŋz] *npl* verja *f sing*.
railroad ['reɪlrəʊd] *n* ferrocarril *m*.
railway ['reɪlweɪ] *n* ferrocarril *m*.
rain [reɪn] **1** *n* lluvia. || **2** *vi* llover.
• **in the rain** bajo la lluvia.
▪ **rain forest** selva tropical.
rainbow ['reɪnbəʊ] *n* arco iris.
raincoat ['reɪnkəʊt] *n* impermeable *m*.
raindrop ['reɪndrɒp] *n* gota de lluvia.
rainfall ['reɪnfɔːl] **1** *n* precipitación *f*. **2** *(quantity)* pluviosidad *f*.
rainy ['reɪnɪ] *adj* lluvioso,-a.
raise [reɪz] **1** *n* US → **rise**. || **2** *vt (lift up)* levantar. **3** *(increase)* subir, aumentar. **4** *(laugh etc)* provocar. **5** *(children)* criar, educar. **6** *(matter)* plantear. || **7** *n* aumento de sueldo.
raisin ['reɪzn] *n* pasa.
rake [reɪk] **1** *n (tool)* rastrillo. **2** *(man)* libertino. || **3** *vt* rastrillar.
• **to be raking it in** estar forrándose; **to rake up the past** desenterrar el pasado.
rake-off ['reɪkɒf] *n sl* tajada.
rally ['rælɪ] **1** *n* reunión *f*. **2** POL mitin *m*. **3** AUTO rally *m*. **4** *(tennis)* intercambio de golpes. || **5** *vi* reponerse.
♦ **to rally round** *vi* unirse.
ram [ræm] **1** *n* ZOOL carnero. **2** TECH pisón *m*. || **3** *vt* TECH apisonar. **4** *(cram)* apretar, embutir. **5** *(crash into)* chocar contra.
RAM [ræm] *abbr (*random access memory*)* memoria de acceso aleatorio; *(abbreviation)* RAM *f*.
ramble ['ræmbl] **1** *n* excursión *f*. || **2** *vi* ir de excursión. **3** *(digress)* divagar.
rambler ['ræmblə] *n* excursionista *mf*.
rambling ['ræmblɪŋ] **1** *adj (speech etc)* enmarañado,-a. **2** *(house etc)* laberíntico,-a.
ramp [ræmp] *n* rampa.
rampage [ræm'peɪdʒ] *vi* comportarse como un loco.
rampant ['ræmpənt] *adj* incontrolado,-a.
ramshackle ['ræmʃækl] *adj* destartalado,-a.
ran [ræn] *pt* → **run**.
ranch [ræntʃ] *n* rancho, hacienda.
rancid ['rænsɪd] *adj* rancio,-a.
random ['rændəm] *adj* fortuito,-a.
• **at random** al azar.
randy ['rændɪ] *adj fam* cachondo,-a.
rang [ræŋ] *pp* → **ring**.
range [reɪndʒ] **1** *n (choice)* gama, surtido. **2** *(reach)* alcance *m*. **3** *(of mountains)* cordillera, sierra. || **4** *vi* variar, oscilar: ***they range from ... to...*** van desde ... hasta ... **5** *(wander)* vagar (over, por).
rank [ræŋk] **1** *n (line)* fila. **2** MIL *(position)* graduación *f*. || **3** *vi (be)* figurar, estar. || **4** *adj (plants)* exuberante. **5** *(smelly)* fétido,-a. **6** *(complete)* total, completo,-a.
ranking ['ræŋkɪŋ] *n* clasificación *f*, ranking *m*.

ransack ['rænsæk] **1** *vt* saquear, desvalijar. **2** *(search)* registrar.
ransom ['rænsəm] **1** *n* rescate *m*. ‖ **2** *vt* rescatar.
● **to hold to ransom** pedir rescate por.
rap [ræp] **1** *n* golpe *m* seco. **2** MUS rap *m*. ‖ **3** *vi* golpear.
● **to take the rap** pagar el pato.
rape [reɪp] **1** *n* violación *f*. **2** BOT colza. ‖ **3** *vt* violar.
rapid ['ræpɪd] **1** *adj* rápido,-a. ‖ **2** **rapids** *npl* rápidos *mpl*.
rapist ['reɪpɪst] *n* violador,-ra.
rapport [ræ'pɔː] *n* compenetración *f*.
rapt [ræpt] *adj* arrebatado,-a, absorto, -a.
rare [reə] **1** *adj (uncommom)* poco común, raro,-a. **2** *(air)* enrarecido,-a. **3** CULIN poco hecho,-a.
rarely ['reəlɪ] *adv* raras veces.
rascal ['rɑːskl] *n* bribón *m*, pillo.
rash [ræʃ] **1** *adj* imprudente. ‖ **2** *n* MED sarpullido. **3** *(series)* sucesión *f*.
rasher ['ræʃə] *n (of bacon)* loncha.
rasp [rɑːsp] **1** *n* escofina. ‖ **2** *vt* raspar. **3** *(say)* decir con voz áspera.
raspberry ['rɑːzbərɪ] **1** *n* frambuesa. **2** *fam (noise)* pedorreta.
rat [ræt] **1** *n* rata. **2** *fam* canalla *m*.
● **to rat on** *(person)* chivar a; *(promise)* romper; **to smell a rat** olerse algo raro.
rate [reɪt] **1** *vt* considerar. **2** *(fix value)* tasar. ‖ **3** *n* tasa, índice *m*. **4** *(speed)* velocidad *f*. **5** *(price)* tarifa, precio. ‖ **6** **rates** *npl* GB contribución *f sing* urbana.
● **at any rate** de todos modos; **at the rate of** a razón de; **first rate** de primera categoría; **second rate** de segunda categoría.
ratepayer ['reɪtpeɪə] *n* GB contribuyente *mf*.
rather ['rɑːðə] *adv* bastante, algo, un tanto.
● **I would rather** preferiría; **or rather** o mejor dicho; **rather than** en vez de, mejor que.
rating ['reɪtɪŋ] **1** *n* valoración *f*. **2** MAR marinero. ‖ **3** **ratings** *npl* TV índice *m sing* de audiencia.
ratio ['reɪʃɪəʊ] *n* razón *f*, relación *f*, proporción *f*.
ration ['ræʃn] **1** *n* ración *f*. ‖ **2** *vt* racionar.
rational ['ræʃnəl] *adj* racional.
rattle ['rætl] **1** *n (baby's)* sonajero. **2** *(instrument)* carraca, matraca. **3** *(noise)* traqueteo. ‖ **4** *vi* sonar. ‖ **5** *vt* hacer sonar. **6** *fam* poner nervioso,-a.
♦ **to rattle off** *vt (speaking)* decir a toda prisa; *(writing)* escribir a toda prisa ♦ **to rattle on** *vi* hablar sin parar ♦ **to rattle through** *vt* despachar rápidamente.
rattlesnake ['rætlsneɪk] *n* serpiente *f* de cascabel.
ravage ['rævɪʒ] **1** *n* estrago. ‖ **2** *vt* devastar.
rave [reɪv] **1** *vi* delirar. **2** *(rage)* enfurecerse. **3** *fam* entusiasmarse.
raven ['reɪvn] *n* cuervo.
ravenous ['rævnəs] *adj* voraz.
rave-up ['reɪvʌp] *n fam* juerga.
ravine [rə'viːn] *n* barranco.
raving ['reɪvɪŋ] *adj* - *adv* de atar.
● **raving mad** loco,-a de atar.
ravish ['rævɪʃ] **1** *vt* extasiar. **2** *(rape)* violar.
ravishing ['rævɪʃɪŋ] *adj* deslumbrante, magnífico,-a.
raw [rɔː] **1** *adj (uncooked)* crudo,-a. **2** *(unprocessed)* bruto,-a. **3** *(inexperienced)* novato,-a. **4** *(weather)* crudo,-a.
■ **raw material** materia prima.
ray [reɪ] **1** *n* rayo. **2** *(fish)* raya. **3** MUS re *m*.
rayon ['reɪɒn] *n* rayón *m*.
razor ['reɪzə] **1** *n* navaja de afeitar. **2** *(electric)* maquinilla de afeitar.
RC ['ɑː'siː, 'rəʊmən'kæθlɪk] *abbr (*Roman Catholic*)* católico,-a.
Rd [rəʊd] *abbr (*Road*)* calle; *(abbreviation)* c/.
re [riː] **1** *prep* respecto a, con referencia a. ‖ **2** *n* MUS re *m*.

R.E. ['ɑːr'iː] *abbr (*religious education*)* educación religiosa.
reach [riːtʃ] **1** *n* alcance *m.* || **2** *vt (arrive)* llegar a. **3** *(be able to touch)* alcanzar, llegar a. **4** *(contact)* contactar. **5** *(pass)* alcanzar. || **6** *vi (arrive)* llegar. **7** *(be able to touch)* alcanzar, llegar.
• **within reach of** al alcance de.
react [rɪ'ækt] *vi* reaccionar.
reaction [rɪ'ækʃn] *n* reacción *f.*
reactionary [rɪ'ækʃnrɪ] *adj* - *n* reaccionario,-a.
read [riːd] **1** *vt* (*pt & pp* **read** [red]) leer. **2** *(decipher)* descifrar. **3** *(interpret)* interpretar. **4** *(at university)* estudiar, cursar. || **5** *vi (instrument)* indicar, marcar. **6** *(sign, notice)* decir, poner.
♦ **to read up on** *vt* investigar, buscar datos sobre.
• **to read back** volver a leer, releer; **to read out** leer en voz alta.
reader ['riːdə] *n* lector,-ra.
readily ['redɪlɪ] **1** *adv (easily)* fácilmente. **2** *(willingly)* de buena gana.
reading ['riːdɪŋ] **1** *n* lectura. **2** *(of instrument)* indicación *f.*
ready ['redɪ] **1** *n* preparado,-a, listo,-a. **2** *(willing)* dispuesto,-a. **3** *(quick)* rápido,-a.
ready-made [redɪ'meɪd] *adj* hecho,-a, confeccionado,-a.
real [rɪəl] **1** *adj* real, verdadero,-a. **2** *(genuine)* genuino,-a, auténtico,-a. || **3** *adv fam* muy.
▪ **real estate** bienes *mpl* inmuebles.
realism ['rɪəlɪzm] *n* realismo.
realistic [rɪə'lɪstɪk] *adj* realista.
reality [rɪ'ælɪtɪ] *n* realidad *f.*
realization [rɪəlaɪ'zeɪʃn] **1** *n* realización *f.* **2** comprensión *f.*
realize ['rɪəlaɪz] **1** *vt* darse cuenta de. **2** *(carry out)* realizar. **3** COMM realizar.
really ['rɪəlɪ] *adv* realmente, verdaderamente.
realm [relm] **1** *n* reino. **2** *(field)* campo, terreno.
reap [riːp] *vt* cosechar.
reappear [riːə'pɪə] *vi* reaparecer.
rear [rɪə] **1** *adj* trasero,-a, último,-a, posterior. || **2** *n* parte *f* de atrás. **3** *(of room)* fondo. **4** *fam (of person)* trasero. || **5** *vt (raise)* criar. **6** *(lift up)* levantar. || **7 to rear (up)** *vi* encabritarse.
rearmament [riː'ɑːməment] *n* rearme *m.*
rearrange [riːə'reɪndʒ] **1** *vt (objects)* colocar de otra manera. **2** *(event)* cambiar la fecha/hora de.
rear-view ['rɪəvjuː] *adj.*
▪ **rear-view mirror** retrovisor *m.*
reason ['riːzn] **1** *n* razón *f.* || **2** *vi* razonar.
• **it stands to reason** es lógico.
reasonable ['riːzənəbl] *adj* razonable.
reasoning ['riːznɪŋ] *n* razonamiento.
reassurance [riːə'ʃʊərəns] *n* tranquilidad *f,* consuelo.
reassure [riːə'ʃʊə] *vt* tranquilizar, dar confianza a.
reassuring [riːə'ʃʊərɪŋ] *adj* tranquilizador,-ra.
rebate ['riːbeɪt] *n* FIN devolución *f.*
rebel ['rebl] **1** *adj* rebelde. || **2** *n* rebelde *mf.* || **3** *vi* ([rɪ'bel]) rebelarse.
rebellion [rɪ'belɪən] *n* rebelión *f.*
rebellious [rɪ'belɪəs] *adj* rebelde.
rebound ['riːbaʊnd] **1** *n* rebote *m.* || **2** *vi* ([ri'baʊnd]) rebotar.
• **on the rebound** de rebote.
rebuff [rɪ'bʌf] **1** *n* repulsa, desaire *m.* || **2** *vt* repulsar, desairar.
rebuild [riː'bɪld] *vt* (*pt & pp* **rebuilt** [riː'bɪlt]) reconstruir.
rebuke [rɪ'bjuːk] **1** *n* reproche *m,* reprimenda. || **2** *vt* reprender.
recall [rɪ'kɔːl] **1** *n* llamada. **2** *(memory)* memoria. || **3** *vt* llamar. **4** *(withdraw)* retirar. **5** *(remember)* recordar.
recapture [riː'kæptʃə] **1** *vt* volver a capturar. **2** *fig* hacer revivir.
receipt [rɪ'siːt] **1** *n* recibo. || **2 receipts** *npl* COMM entradas *fpl.*
receive [rɪ'siːv] *vt* recibir.
receiver [rɪ'siːvə] **1** *n (person)* receptor,-ra. **2** RAD TV receptor *m.* **3** *(telephone)* auricular *m.*

recent ['riːsnt] *adj* reciente.
recently ['riːsntlɪ] *adv* recientemente.
reception [rɪ'sepʃn] **1** *n (gen)* recepción *f*. **2** *(welcome)* acogida. **3** *(at wedding)* banquete *m*.
receptionist [rɪ'sepʃnɪst] *n* recepcionista *mf*.
recess ['riːses] **1** *n (in wall)* hueco. **2** *(rest)* descanso. **3** Pol período de vacaciones.
recession [rɪ'seʃn] *n* recesión *f*.
recharge [riː'tʃɑːdʒ] *vt* recargar.
rechargeable [riː'tʃɑːdʒəbl] *adj* recargable.
recipe ['resəpɪ] *n* receta.
recipient [rɪ'sɪpɪənt] *n* receptor,-ra.
reciprocal [rɪ'sɪprəkl] *adj* recíproco,-a.
reciprocate [rɪ'sɪprəkeɪt] **1** *vi* corresponder. || **2** *vt (invitation)* devolver.
recital [rɪ'saɪtl] *n* recital *m*.
recite [rɪ'saɪt] *vt* - *vi* recitar.
reckless ['rekləs] **1** *adj (hasty)* precipitado,-a. **2** *(careless)* temerario,-a.
reckon ['rekn] **1** *vt* - *vi (count)* contar. **2** *(calculate)* calcular. || **3** *vt (think)* creer, considerar.
♦ **to reckon on** *vt* contar con ♦ **to reckon with** **1** *vt* tener en cuenta. **2** *vt (deal with)* vérselas con.
reckoning ['reknɪŋ] *n* cálculos *mpl*.
• **by my reckoning** según mis cálculos.
reclaim [rɪ'kleɪm] **1** *vt (money, right, etc)* reclamar. **2** *(land)* ganar *(al mar)*. **3** *(recycle)* reciclar.
recline [rɪ'klaɪn] **1** *vt* reclinar. || **2** *vi* reclinarse.
recognition [rekəg'nɪʃn] *n* reconocimiento.
recognize ['rekəgnaɪz] *vt* reconocer.
recoil ['riːkɔɪl] **1** *n (of guns)* retroceso. || **2** *vi* ([rɪ'kɔɪl]) retroceder.
recollect [rekə'lekt] *vt* - *vi* recordar.
recollection [rekə'lekʃn] *n* recuerdo.
recommend [rekə'mend] *vt* recomendar.
recommendation [rekəmen'deɪʃn] *n* recomendación *f*.
recompense ['rekmpens] **1** *n* recompensa. || **2** *vt* recompensar.
reconcile ['rekənsaɪl] **1** *vt (people)* reconciliar. **2** *(ideas)* conciliar.
• **to reconcile oneself to** resignarse a.
reconciliation [rekənsɪlɪ'eɪʃn] *n* reconciliación *f*.
reconsider [riːkən'sɪdə] *vt* reconsiderar.
reconstruct [riːkəns'trʌkt] *vt* reconstruir.
record ['rekɔːd] **1** *n* constancia escrita. **2** *(facts about a person)* historial *m*. **3** Mus disco. **4** Sp récord *m*, marca. || **5** *vt* ([rɪ'kɔːd]) hacer constar. **6** *(write down)* anotar. **7** *(voice, music)* grabar.
• **off the record** confidencialmente.
■ **record player** tocadiscos *m*.
recorder [rɪ'kɔːdə] *n* Mus flauta dulce.
recording [rɪ'kɔːdɪŋ] *n* grabación *f*.
recount [rɪ'kaʊnt] **1** *vt* contar, relatar. **2** ([riː'kaʊnt]) *(count again)* volver a contar. || **3** *n* (['riːkaʊnt]) recuento.
recourse [rɪ'kɔːs] *n* recurso.
• **to have recourse to** recurrir a.
recover [rɪ'kʌvə] **1** *vt* recuperar. || **2** *vi* recuperarse.
recovery [rɪ'kʌvərɪ] *n* recuperación *f*.
recreation [rekrɪ'eɪʃn] *n* diversión *f*.
recruit [rɪ'kruːt] **1** *n* recluta *m*. || **2** *vt* reclutar.
rectangle ['rektæŋgl] *n* rectángulo.
rectangular [rekt'æŋgjʊlə] *adj* rectangular.
rectify ['rektɪfaɪ] *vt* rectificar, corregir.
recuperate [rɪk'uːpəreɪt] *vi* recuperar, recuperarse.
recuperation [rɪk'uːpəreɪʃn] *n* recuperación.
recur [rɪ'kɜː] *vi* repetirse, reproducirse.
recycle [riː'saɪkl] *vt* reciclar.
recycling [riː'saɪklɪŋ] *n* reciclaje *m*.
red [red] **1** *adj* rojo,-a. || **2** *n* rojo. || **3** *adj (hair)* pelirrojo,-a.
• **to be in the red** estar en números rojos; **to turn red** ponerse colorado, -a, sonrojarse.
■ **red corpuscle** glóbulo rojo; **red tape**

papeleo burocrático; **red wine** vino tinto; **Red Cross** Cruz *f* Roja.
reddish ['redɪʃ] *adj* rojizo,-a.
redeem [rɪ'diːm] **1** *vt* rescatar, recuperar. **2** REL redimir. **3** *(promise)* cumplir.
red-handed [red'hændɪd] *adj* con las manos en la masa, in fraganti.
redhead ['redhed] *n* pelirrojo,-a.
red-hot [red'hɒt] *adj* al rojo vivo.
redress [rɪ'dres] **1** *n* reparación *f*, desagravio. ‖ **2** *vt* reparar, corregir.
reduce [rɪ'djuːs] **1** *vt* reducir. ‖ **2** *vi* reducirse.
reduction [rɪ'dʌkʃn] *n* reducción *f*.
redundancy [rɪ'dʌndənsɪ] *n* despido.
redundant [rɪ'dʌndənt] **1** *adj* redundante. **2** *(worker)* despedido,-a.
● **to be made redundant** perder el empleo, ser despedido,-a.
reed [riːd] **1** *n* caña, junco. **2** MUS lengüeta.
reef [riːf] *n* arrecife *m*.
reek [riːk] **1** *n* tufo. ‖ **2** *vi* apestar.
reel [riːl] **1** *n* carrete *m*. **2** CINEM bobina. ‖ **3** *vi* tambalear, tambalearse. **4** *(head)* dar vueltas.
ref ['refrəns] *abbr (***reference***)* referencia; *(abbreviation)* ref.
refer [rɪ'fɜː] **1** *vt* remitir, enviar. ‖ **2** *vi (mention)* referirse (to, a). **3** *(consult)* consultar (to, -).
referee [refə'riː] **1** *n* SP árbitro. **2** *(for job)* garante *m*, avalador,-ra. ‖ **3** *vt* arbitrar.
reference ['refrəns] *n* referencia.
● **with reference to** referente a.
■ **reference book** libro de consulta.
referendum [refə'rendəm] *n* (*pl* referendums *o* referenda [refə'rendə]) referéndum *m*.
refill ['riːfɪl] **1** *n* recambio. ‖ **2** *vt* ([riː'fɪl]) rellenar.
refine [rɪ'faɪn] *vt* refinar.
refined [rɪ'faɪnd] *adj* refinado,-a.
refinement [rɪ'faɪnmənt] *n* refinamiento.
refinery [rɪ'faɪnərɪ] *n* refinería.
reflect [rɪ'flekt] **1** *vt* reflejar. ‖ **2** *vi (think)* reflexionar.
♦ **to reflect on** *vt* perjudicar.
reflection [rɪ'flekʃn] **1** *n (image)* reflejo. **2** *(thought)* reflexión *f*. **3** *(aspersion)* descrédito.
reflector [rɪ'flektə] *n* AUTO catafaro, reflector *m*.
reflex ['riːfleks] *adj* reflejo.
reflexive [rɪ'fleksɪv] *adj* reflexivo,-a.
reform [rɪ'fɔːm] **1** *n* reforma. ‖ **2** *vt* reformar.
refrain [rɪ'freɪn] **1** *n* MUS estribillo. ‖ **2** *vi* abstenerse.
refresh [rɪ'freʃ] *vt* refrescar.
refreshing [rɪ'freʃɪŋ] *adj* refrescante.
refreshment [rɪ'freʃmənt] *n* refresco, refrigerio.
refrigerate [rɪ'frɪdʒəreɪt] *vt* refrigerar.
refrigerator [rɪ'frɪdʒəreɪtə] *n* frigorífico, nevera.
refuel [riː'fjʊəl] *vt - vi* repostar.
refuge ['refjuːdʒ] *n* refugio.
refugee [refjuː'dʒiː] *n* refugiado,-a.
refund ['riːfʌnd] **1** *n* reembolso. ‖ **2** *vt* ([riː'fʌnd]) reembolsar.
refusal [rɪ'fjuːzəl] *n* negativa.
refuse ['refjuːs] **1** *n* basura. ‖ **2** *vt* ([rɪ'fjuːz]) rehusar, rechazar. ‖ **3** *vi* negarse.
regain [rɪ'geɪn] *vt* recobrar, recuperar.
regard [rɪ'gɑːd] **1** *vt* considerar. ‖ **2** *n* respeto, consideración *f*. ‖ **3 regards** *npl* recuerdos *mpl*.
● **with regard to** con respecto a; **without regard to** sin hacer caso de.
regarding [rɪ'gɑːdɪŋ] *prep* tocante a, respecto a.
regardless [rɪ'gɑːdləs] **1** *adv* a pesar de todo. ‖ **2 regardless of** *prep* sin tener en cuenta.
regime [reɪ'ʒiːm] *n* régimen *m*.
regiment ['redʒɪmənt] **1** *n* regimiento. ‖ **2** *vt* regimentar.
region ['riːdʒən] *n* región *f*.
register ['redʒɪstə] **1** *n* registro. ‖ **2** *vi (at hotel)* registrarse; *(for classes)* matricularse; *(with doctor)* inscribirse. ‖ **3** *vt*

(letter) certificar. **4** *(birth, marriage)* inscribir en el registro. **5** *(temperature etc)* indicar, registrar.

registrar [redʒɪs'trɑː] **1** *n (record keeper)* registrador,-ra. **2** *(in university)* secretario,-a. **3** GB *(in hospital)* médico, -a.

registration [redʒɪs'treɪʃn] **1** *n* registro. **2** *(of luggage)* facturación *f*. **3** *(for classes)* matrícula.

■ **registration number** AUTO matrícula.

registry ['redʒɪstrɪ] *n* registro.

■ **registry office** registro civil.

regret [rɪ'gret] **1** *n* remordimiento. **2** *(sadness)* pesar *m*. ‖ **3** *vt* lamentar, arrepentirse de.

regretful [rɪ'gretfʊl] *adj* arrepentido, -a.

regrettable [rɪ'gretəbl] *adj* lamentable.

regular ['regjʊlə] **1** *adj* regular. **2** *(methodical)* metódico,-a. **3** *(normal)* normal. ‖ **4** *n fam* cliente *mf* habitual.

regularity [regjʊ'lærətɪ] *n* regularidad *f*.

regulate ['regjʊleɪt] *vt* regular.

regulation [regjʊ'leɪʃn] **1** *n* regulación *f*. **2** *(rule)* regla.

rehabilitate [riːhə'bɪlɪteɪt] *vt* rehabilitar.

rehearsal [rɪ'hɜːsl] *n* ensayo.

rehearse [rɪ'hɜːs] *vt* ensayar.

reign [reɪn] **1** *n* reinado. ‖ **2** *vi* reinar.

reimburse [riːɪm'bɜːs] *vt* reembolsar.

rein [reɪn] **1** *n* rienda. ‖ **2 reins** *npl (child's)* andadores *mpl*.

reindeer ['reɪndɪə] *n* reno.

reinforce [riːɪn'fɔːs] *vt* reforzar.

■ **reinforced concrete** hormigón *m* armado.

reinforcement [riːɪn'fɔːsmənt] *n* refuerzo.

reinstate [riːɪn'steɪt] *vt (to job)* readmitir, reincorporar.

reject ['riːdʒekt] **1** *n* desecho. ‖ **2** *vt* ([rɪ'dʒekt]) rechazar, rehusar.

rejection [rɪ'dʒekʃn] *n* rechazo.

rejoice [rɪ'dʒɔɪs] *vi* alegrarse, regocijarse.

rejuvenate [rɪ'dʒuːvəneɪt] *vt* rejuvenecer.

relapse [rɪ'læps] **1** *n* MED recaída. **2** *(crime)* reincidencia. ‖ **3** *vi* MED recaer. **4** *(crime)* reincidir.

relate [rɪ'leɪt] **1** *vt (tell)* relatar, contar. **2** *(connect)* relacionar (con, to). ‖ **3** *vi (be connected)* estar relacionado,-a (to, con). **4** *(identify)* identificarse (to, con), entenderse (to, con).

related [rɪ'leɪtɪd] **1** *adj* relacionado,-a. **2** *(family)* emparentado,-a.

relation [rɪ'leɪʃn] **1** *n (connection)* relación *f*. **2** *(family)* pariente,-a.

relationship [rɪ'leɪʃnʃɪp] **1** *n* relación *f*. **2** *(between people)* relaciones *fpl*.

relative ['relətɪv] **1** *adj* relativo,-a. ‖ **2** *n* pariente,-a.

relax [rɪ'læks] **1** *vt* relajar. ‖ **2** *vi* relajarse.

relaxation [riːlæk'seɪʃn] **1** *n* relajación *f*. **2** *(rest)* descanso. **3** *(pastime)* diversión *f*.

relaxed [rɪ'lækst] *adj* relajado,-a.

relaxing [rɪ'læksɪŋ] *adj* relajante.

relay ['riːleɪ] **1** *n* relevo. **2** ELEC relé *m*. ‖ **3** *vt* RAD TV retransmitir.

release [rɪ'liːs] **1** *n* liberación *f*, puesta en libertad. **2** CINEM estreno. **3** *(record)* disco recién salido. ‖ **4** *vt* liberar, poner en libertad. **5** CINEM estrenar. **6** *(record)* sacar. **7** *(let go of)* soltar.

relegate ['relɪgeɪt] *vt* relegar.

• **to be relegated** SP descender.

relent [rɪ'lent] *vi* ablandarse, apiadarse.

relevant ['reləvənt] *adj* pertinente.

reliable [rɪ'laɪəbl] **1** *adj (person)* fiable, de fiar. **2** *(news etc)* fidedigno,-a. **3** *(machine)* seguro,-a.

reliance [rɪ'laɪəns] *n* dependencia.

relic ['relɪk] **1** *n* vestigio. **2** REL reliquia.

relief [rɪ'liːf] **1** *n* alivio. **2** *(help)* auxilio, socorro. **3** *(person)* relevo. **4** GEOG relieve *m*.

relieve [rɪ'liːv] **1** *vt* aliviar. **2** *(brighten up)* alegrar. **3** *(take over from)* relevar.

religion [rɪ'lɪdʒn] *n* religión *f*.

religious [rɪ'lɪdʒəs] *adj* religioso,-a.
relinquish [rɪ'lɪŋkwɪʃ] *vt* renunciar a.
relish ['relɪʃ] 1 *n* gusto, deleite *m*. 2 CULIN condimento. || 3 *vt* disfrutar de: ***I don't relish the idea*** no me gusta la idea.
reluctance [rɪ'lʌktəns] *n* reticencia.
reluctant [rɪ'lʌktənt] *adj* reacio,-a.
rely [rɪ'laɪ] *vi* confiar en, contar con.
remain [rɪ'meɪn] 1 *vi (stay)* quedarse, permanecer. 2 *(be left)* quedar, sobrar. || 3 **remains** *npl* restos *mpl*.
remainder [rɪ'meɪndə] *n* resto.
remaining [rɪ'meɪnɪŋ] *adj* restante.
remark [rɪ'mɑːk] 1 *n* observación *f*, comentario. || 2 *vt* observar, comentar.
remarkable [rɪ'mɑːkəbl] *adj* notable, extraordinario,-a.
remedy ['remədɪ] 1 *n* remedio. || 2 *vt* remediar.
remember [rɪ'membə] 1 *vt* recordar, acordarse de. 2 *(commemorate)* conmemorar.
• **remember me to ...** recuerdos a ... de mi parte.
remind [rɪ'maɪnd] *vt* recordar: ***remind her to phone me*** recuérdale que me llame.
reminder [rɪ'maɪndə] *n* recordatorio.
reminisce [remɪ'nɪs] *vt* - *vi* rememorar.
reminiscent [remɪ'nɪsnt] *adj* lleno,-a de recuerdos.
• **reminiscent of ...** que recuerda ...
remit [rɪ'mɪt] *vt* remitir.
remittance [rɪ'mɪtəns] *n (money)* giro.
remnant ['remnənt] 1 *n* resto. 2 *(cloth)* retal *m*.
remorse [rɪ'mɔːs] *n* remordimiento.
remorseful [rɪ'mɔːsfʊl] *adj* arrepentido,-a.
remote [rɪ'məʊt] *adj* remoto,-a.
• **not the remotest idea** ni la más mínima idea.
■ **remote control** mando a distancia.
removal [rɪ'muːvl] 1 *n* eliminación *f*. 2 *(house)* traslado, mudanza. 3 *(extraction)* extracción. 4 MED extirpación.
remove [rɪ'muːv] 1 *vt* quitar, eliminar. 2 *(dismiss)* despedir. || 3 *vi* trasladarse.
Renaissance [rə'neɪsns] *n* Renacimiento.
render ['rendə] 1 *vt (give)* dar, prestar. 2 *(make)* hacer, convertir en. 3 *(song)* cantar; *(music)* interpretar.
rendezvous ['rɒndɪvuː] 1 *n* (*pl* rendezvous) cita. 2 *(place)* lugar *m* de reunión.
rendition ['rendɪʃn] *n* interpretación *f*.
renew [rɪ'njuː] 1 *vt* renovar. 2 *(start again)* reanudar.
renewable [rɪ'njuːəbl] *adj* renovable.
renewal [rɪ'njuːəl] 1 *n* renovación *f*. 2 *(new start)* reanudación *f*.
renounce [rɪ'naʊns] *vt* renunciar.
renovate ['renəveɪt] *vt (building)* restaurar.
renovation [renə'veɪʃn] *n* restauración *f*.
renown [rɪ'naʊn] *n* renombre *m*, fama.
renowned [rɪ'naʊnd] *adj* renombrado,-a, famoso,-a.
rent [rent] 1 *n (for flat etc)* alquiler *m*. 2 *(for land)* arriendo. || 3 *vt* alquilar, arrendar. || 4 *pt & pp* → **rend**.
rental ['rentl] *n* alquiler *m*.
reopen [riː'əʊpən] 1 *vt* reanudar. || 2 *vi* reanudarse.
reorganization [riːɔːgənaɪ'zeɪʃn] *n* reorganización *f*.
reorganize [riː'ɔːgənaɪz] *vt* reorganizar.
repair [rɪ'peə] 1 *n* reparación *f*. || 2 *vt* reparar, arreglar.
• **in good repair** en buen estado.
repatriate [riː'pætrɪeɪt] *vt* repatriar.
repay [riː'peɪ] *vt* devolver.
repayment [riː'peɪmənt] *n* devolución *f*, reembolso.
repeal [rɪ'piːl] 1 *n* abrogación *f*, revocación *f*. || 2 *vt* abrogar, revocar.
repeat [rɪ'piːt] 1 *n* repetición *f*. || 2 *vt* repetir.
repeatedly [rɪ'piːtɪdlɪ] *adv* repetidamente.
repel [rɪ'pel] 1 *vt (gen)* repeler. 2 *(disgust)* repugnar.

repellent [rɪ'pelənt] **1** *adj* repelente. || **2** *n* ahuyentador *m* de insectos.
repent [rɪ'pent] **1** *vi* arrepentirse. || **2** *vt* arrepentirse de.
repercussion [riːpə'kʌʃn] *n* repercusión *f*.
repertoire ['repətwɑː] *n* repertorio.
repetition [repə'tɪʃn] *n* repetición *f*.
repetitive [rɪ'petɪtɪv] *adj* repetitivo,-a.
replace [rɪ'pleɪs] **1** *vt* devolver a su sitio. **2** *(substitute)* reemplazar, substituir.
replacement [rɪ'pleɪsmənt] **1** *n* sustitución *f*. **2** *(person)* sustituto,-a. **3** *(part)* pieza de cambio.
replay ['riːpleɪ] **1** *n* TV repetición *f*. **2** SP partido de desempate. || **3** *vt* ([riː'pleɪ]) TV repetir.
reply [rɪ'plaɪ] **1** *n* respuesta, contestación *f*. || **2** *vi* responder (to, a), contestar (to, a).
report [rɪ'pɔːt] **1** *n* informe *m*. **2** *(news)* noticia. **3** RAD TV reportaje *m*. **4** *(rumour)* rumor *m*. || **5** *vt* informar sobre, dar parte de. **6** *(to authority)* denunciar. **7** *(for work)* presentarse.
reporter [rɪ'pɔːtə] *n* reportero,-a, periodista *mf*.
repose [rɪ'pəʊz] **1** *n* reposo. || **2** *vi* reposar, descansar.
represent [reprɪ'zent] *vt* representar.
representation [reprɪzen'teɪʃn] *n* representación *f*.
representative [reprɪ'zentətɪv] **1** *adj* representativo,-a. || **2** *n* representante *mf*. **3** US POL diputado,-a.
repress [rɪ'pres] *vt* reprimir.
repression [rɪ'preʃn] *n* represión *f*.
repressive [rɪ'presɪv] *adj* represivo,-a.
reprieve [rɪ'priːv] **1** *n* indulto. **2** *fig* respiro, tregua. || **3** *vt* indultar.
reprimand ['reprɪmɑːnd] **1** *n* reprimenda, reprensión *f*. || **2** *vt* reprender.
reprint ['riːprɪnt] **1** *n* reimpresión *f*. || **2** *vt* ([riː'prɪnt]) reimprimir.
reprisal [rɪ'praɪzl] *n* represalia.
reproach [rɪ'prəʊtʃ] **1** *n* reproche *m*. || **2** *vt* reprochar.
reproduce [riːprə'djuːs] **1** *vt* reproducir. || **2** *vi* reproducirse.
reproduction [riːprə'dʌkʃn] *n* reproducción *f*.
reproductive [riːprə'dʌktɪv] *adj* reproductor,-ra.
reptile ['reptaɪl] *n* reptil *m*.
republic [rɪ'pʌblɪk] *n* república.
republican [rɪ'pʌblɪkən] *adj* - *n* republicano,-a.
repudiate [rɪ'pjuːdɪeɪt] *vt* rechazar.
repugnant [rɪ'pʌgnənt] *adj* repugnante.
repulse [rɪ'pʌls] *vt* rechazar.
repulsive [rɪ'pʌlsɪv] *adj* repulsivo,-a.
reputable ['repjʊtəbl] **1** *adj* acreditado,-a. **2** *(person)* de confianza.
reputation [repjʊ'teɪʃn] *n* reputación *f*, fama.
repute [rɪ'pjuːt] *n* reputación *f*, fama.
reputed [rɪ'pjuːtɪd] *adj* considerado,-a.
reputedly [rɪ'pjuːtɪdlɪ] *adv* según se dice.
request [rɪ'kwest] **1** *n* solicitud *f*, petición *f*. || **2** *vt* pedir, solicitar.
require [rɪ'kwaɪə] **1** *vt* requerir, exigir. **2** *(need)* necesitar.
requirement [rɪ'kwaɪəment] **1** *n* requisito, condición *f*. **2** *(need)* necesidad *f*.
requisite ['rekwɪzɪt] **1** *adj* requerido, -a, necesario,-a. || **2** *n* requisito.
rescue ['reskjuː] **1** *n* rescate *m*. || **2** *vt* rescatar.
rescuer ['reskjʊə] *n* salvador,-ra.
research [rɪ'sɜːtʃ] **1** *n* investigación *f*. || **2** *vt* - *vi* investigar.
researcher [rɪ'sɜːtʃə] *n* investigador, -ra.
resemblance [rɪ'zembləns] *n* parecido, semejanza.
resemble [rɪ'zembl] *vt* parecerse a.
resent [rɪ'zent] *vt* ofenderse por, tomar a mal.
resentful [rɪ'zentfʊl] *adj* resentido,-a, ofendido,-a.
resentment [rɪ'zentmənt] *n* resentimiento, rencor *m*.

reservation [rezə'veɪʃn] *n* reserva.
reserve [rɪ'zɜːv] **1** *n* reserva. || **2** *vt* reservar.
reserved [rɪ'zɜːvd] *adj* reservado,-a.
reservoir ['rezəvwɑː] *n* embalse *m.*
reshuffle [riː'ʃʌfl] **1** *n* POL reorganización *f.* || **2** *vt* POL reorganizar. **3** *(cards)* volver a barajar.
reside [rɪ'zaɪd] *vi* residir.
residence ['rezɪdəns] *n* residencia.
resident ['rezɪdnt] **1** *adj* residente. || **2** *n* residente *mf.*
residential [resɪ'denʃl] *adj* residencial.
residue ['rezɪdjuː] *n* residuo.
resign [rɪ'zaɪn] *vt* - *vi* dimitir (from, de).
• **to resign oneself to sth** resignarse a algo.
resignation [rezɪg'neɪʃn] **1** *n* dimisión *f.* **2** *(acceptance)* resignación *f.*
resilient [rɪ'zɪlɪənt] **1** *adj* elástico,-a. **2** *(strong)* fuerte, resistente.
resin ['rezɪn] *n* resina.
resist [rɪ'zɪst] **1** *vt* resistir (a). **2** *(fight)* oponer resistencia a.
resistance [rɪ'zɪstəns] *n* resistencia.
resistant [rɪ'zɪstənt] *adj* resistente.
resolute ['rezəluːt] *adj* resuelto,-a.
resolution [rezə'luːʃn] *n* resolución *f.*
resolve [rɪ'zɒlv] **1** *n* resolución *f.* || **2** *vt* resolver. || **3** *vi* resolverse.
resort [rɪ'zɔːt] **1** *n (place)* lugar *m* de vacaciones. **2** *(recourse)* recurso. || **3** *vi* recurrir (to, a).
resound [rɪ'zaʊnd] *vi* resonar.
resounding [rɪ'zaʊndɪŋ] **1** *adj* resonante. **2** *fig* enorme, importante.
resource [rɪ'zɔːs] *n* recurso.
resourceful [rɪ'zɔːsfʊl] *adj* ingenioso,-a.
respect [rɪ'spekt] **1** *n* respeto. || **2** *vt* respetar.
• **with respect to** con respeto a.
respectable [rɪ'spektəbl] **1** *adj* respetable. **2** *(decent)* decente, presentable.
respectful [rɪ'spektfʊl] *adj* respetuoso,-a.
respective [rɪ'spektɪv] *adj* respectivo, -a.
respiratory ['resprətrɪ] *adj* respiratorio,-a.
respite ['respaɪt] *n* respiro, alivio.
respond [rɪ'spɒnd] *vi* responder.
• **to respond to a treatment** responder a un tratamiento.
response [rɪ'spɒns] *n* respuesta.
responsibility [rɪspɒnsɪ'bɪlɪtɪ] *n* responsabilidad *f.*
responsible [rɪ'spɒnsəbl] *adj* responsable.
responsive [rɪ'spɒnsɪv] *adj* receptivo,-a.
rest [rest] **1** *n* descanso, reposo. **2** *(peace)* paz *f*, tranquilidad *f.* **3** *(support)* soporte *m.* **4** *(remainder)* resto: ***the rest*** lo demás, los demás. || **5** *vt* - *vi* descansar. || **6** *vi (be calm)* quedarse tranquilo,-a. || **7** *vt (lean)* apoyar.
♦ **to rest with** *vi* corresponder a, depender de.
restaurant ['restrɒnt] *n* restaurante *m.*
restful ['restfʊl] *adj* tranquilo,-a.
restive ['restɪv] *adj* inquieto,-a.
restless ['restləs] *adj* inquieto,-a.
restoration [restə'reɪʃn] **1** *n* restauración *f.* **2** *(return)* devolución *f.*
restore [rɪ'stɔː] **1** *vt* restaurar. **2** *(return)* devolver. **3** *(order)* restablecer.
restrain [rɪ'streɪn] *vt* contener, reprimir.
restraint [rɪ'streɪnt] **1** *n* limitación *f.* **2** *(moderation)* moderación *f.*
restrict [rɪ'strɪkt] *vt* restringir.
restriction [rɪ'strɪkʃn] *n* restricción *f.*
restrictive [rɪ'strɪktɪv] *adj* restrictivo,-a.
result [rɪ'zʌlt] **1** *n* resultado. **2** *(consequence)* consecuencia. || **3** *vi* to result from, resultar de.
♦ **to result in** *vt* producir, causar.
resume [rɪ'zjuːm] **1** *vt* reanudar. || **2** *vi* reanudarse.
• **to resume one's seat** volver a sentarse.
résumé ['rezjuːmeɪ] *n* resumen *m.*
resurrect [rezə'rekt] *vt* resucitar.
resurrection [rezə'rekʃn] *n* resurrección *f.*

resuscitate [rɪ'sʌsɪteɪt] *vt* - *vi* resucitar.
retail ['riːteɪl] **1** *n* venta al detall, venta al por menor. || **2** *vt* vender al por menor. || **3** *vi* venderse al por menor.
retailer ['riːteɪlə] *n* detallista *mf*.
retain [rɪ'teɪn] **1** *vt* retener, conservar. **2** *(in possession)* guardar.
retaliate [rɪ'tælɪeɪt] *vi* vengarse, tomar represalias.
retaliation [rɪtælɪ'eɪʃn] *n* represalias *fpl*.
retarded [rɪ'tɑːdɪd] *adj* retrasado, -a.
retch [retʃ] *vi* tener arcadas, tener náuseas.
retention [rɪ'tenʃn] *n* retención *f*.
reticent ['retɪsnt] *adj* reticente.
retina ['retɪnə] *n* retina.
retire [rɪ'taɪə] **1** *vt (from work)* jubilar. || **2** *vi (from work)* jubilarse. **3** retirarse. **4** *(to bed)* acostarse.
retired [rɪ'taɪəd] *adj* jubilado,-a.
retirement [rɪ'taɪəmənt] *n* jubilación *f*.
retiring [rɪ'taɪərɪŋ] **1** *adj (shy)* retraído, -a, tímido,-a. **2** *(from post)* saliente.
retort [rɪ'tɔːt] **1** *n* réplica. **2** CHEM retorta. || **3** *vt* replicar.
retrace [rɪ'treɪs] *vt* desandar, volver sobre.
● **to retrace one's steps** volver sobre sus pasos.
retract [rɪ'trækt] **1** *vt (promise)* retractarse de. **2** *(claws)* retraer; *(landing gear)* replegar.
retreat [rɪ'triːt] **1** *n* retirada. **2** *(place)* retiro, refugio. || **3** *vi* retirarse.
retrial [riː'traɪəl] *n* nuevo juicio.
retribution [retrɪ'bjuːʃn] *n* justo castigo.
retrieval [rɪ'triːvl] *n* recuperación *f*.
retrieve [rɪ'triːv] *vt* recuperar.
retrograde ['retrəgreɪd] *adj* retrógrado,-a.
retrospect ['retrəspekt] **in retrospect** *phr* retrospectivamente.
retrospective [retrə'spektɪv] **1** *adj* retrospectivo,-a. **2** *(law)* retroactivo,-a.
return [rɪ'tɜːn] **1** *n* vuelta, regreso, retorno. **2** *(giving back)* devolución *f*. **3** *(profit)* beneficio. || **4** *vi* volver, regresar. || **5** *vt (give back)* devolver. **6** POL elegir. **7** *(verdict)* pronunciar.
● **in return for** a cambio de; **many happy returns (of the day)!** ¡feliz cumpleaños!
■ **return ticket** billete *m* de ida y vuelta.
reunion [riː'juːnɪən] *n* reunión *f*, reencuentro.
reunite [riːjuː'naɪt] *vt* reunir.
revalue [riː'væljuː] *vi* revalorizar.
reveal [rɪ'viːl] *vt* revelar, descubrir.
reveille [rɪ'vælɪ] *n* MIL diana.
revel ['revl] *vi* to revel in, disfrutar mucho con.
revelation [rev'leɪʃn] *n* revelación *f*.
revelry ['revlrɪ] *n* juerga.
revenge [rɪ'vendʒ] **1** *n* venganza. || **2** *vt* vengar.
● **to revenge oneself** vengarse.
revenue ['revənjuː] *n* renta.
reverberate [rɪ'vɜːbəreɪt] *vt* resonar, retumbar.
reverberation [rɪvɜːbə'reɪʃn] *n* resonancia, retumbo.
revere [rɪ'vɪə] *vt* reverenciar.
reverence ['revrəns] *n* reverencia.
reverend ['revrənd] *adj* reverendo,-a.
reverent ['revrənt] *adj* reverente.
reverie ['revərɪ] *n* ensueño.
reversal [rɪ'vɜːsl] **1** *n (in order)* inversión *f*. **2** *(change)* cambio completo.
reverse [rɪ'vɜːs] **1** *adj* inverso,-a, contrario,-a. || **2** *n* lo contrario. **3** *(of coin)* reverso. **4** *(of cloth)* revés *m*. **5** AUTO marcha atrás. **6** *(setback)* revés *m*. || **7** *vt* invertir. **8** *(turn round)* volver al revés. || **9** *vi* AUTO poner marcha atrás, dar marcha atrás.
● **to reverse the charges** llamar a cobro revertido.
revert [rɪ'vɜːt] *vi* volver (to, a).
review [rɪ'vjuː] **1** *n* revista. **2** *(examination)* examen *m*. **3** *(of film, book, etc)* crítica. || **4** *vt (troops)* pasar revista a. **5** *(examine)* examinar. **6** *(film, book, etc)* hacer una crítica.

reviewer [rɪ'vjuːə] *n* crítico,-a.
revile [rɪ'vaɪl] *vt* injuriar, vilipendiar.
revise [rɪ'vaɪz] **1** *vt* revisar. **2** *(correct)* corregir. **3** *(change)* modificar. || **4** *vt - vi (for exam)* repasar.
revision [rɪ'vɪʒn] **1** *n* revisión *f*. **2** *(correction)* corrección *f*. **3** *(change)* modificación *f*. **4** *(for exam)* repaso.
revitalize [riː'vaɪtlaɪz] *vt* revivificar.
revival [rɪ'vaɪvl] **1** *n (rebirth)* renacimiento. **2** *(of economy)* reactivación *f*. **3** *(of play)* reestreno.
revive [rɪ'vaɪv] **1** *vt* reanimar, reavivar, despertar. **2** *(economy)* reactivar. **3** *(play)* reestrenar. **4** MED hacer volver en sí. || **5** *vi* MED volver en sí.
revoke [rɪ'vəʊk] *vt* revocar.
revolt [rɪ'vəʊlt] **1** *n* revuelta, rebelión *f*. || **2** *vi* sublevarse, rebelarse. || **3** *vt* repugnar.
revolting [rɪ'vəʊltɪŋ] *adj* repugnante.
revolution [revə'luːʃn] *n* revolución *f*.
revolutionary [revəl'uːʃnərɪ] *adj - n* revolucionario,-a.
revolve [rɪ'vɒlv] *vi* girar, dar vueltas.
revolver [rɪ'vɒlvə] *n* revólver *m*.
revolving [rɪ'vɒlvɪŋ] *adj* giratorio,-a.
revulsion [rɪ'vʌlʃn] *n* revulsión *f*.
reward [rɪ'wɔːd] **1** *n* recompensa. || **2** *vt* recompensar.
rewarding [rɪ'wɔːdɪŋ] *adj* gratificador,-ra.
rewind [riː'waɪnd] *vt* rebobinar.
rhetoric ['retərɪk] *n* retórica.
rheumatic [ruː'mætɪk] *adj* reumático, -a.
rheumatism ['ruːmətɪzm] *n* reumatismo, reuma *m*.
rhinoceros [raɪ'nɒsərəs] *n* rinoceronte *m*.
rhubarb ['ruːbɑːb] *n* ruibarbo.
rhyme [raɪm] **1** *n* rima. || **2** *vt - vi* rimar.
• **without rhyme or reason** sin ton ni son.
rhythm ['rɪðm] *n* ritmo.
rhythmic ['rɪðmɪk] *adj* rítmico,-a.
rib [rɪb] *n* costilla.
ribbon ['rɪbn] **1** *n* cinta. **2** *(for hair)* lazo.
rice [raɪs] *n* arroz *m*.
■ **rice field** arrozal *m*.
rich [rɪtʃ] **1** *adj* rico,-a. **2** *(luxurious)* suntuoso,-a, lujoso,-a. **3** *(fertile)* fértil. **4** *(food)* fuerte, pesado,-a. **5** *(voice)* sonoro,-a.
riches ['rɪtʃɪz] *npl* riqueza *f sing*.
rickets ['rɪkɪts] *npl* raquitismo *m sing*.
rickety ['rɪkətɪ] **1** *adj* desvencijado,-a. **2** *(unsteady)* tambaleante.
ricochet ['rɪkəʃeɪ] **1** *n* rebote *m*. || **2** *vi* rebotar.
rid [rɪd] *vt* (*pt & pp* **rid** *o* **ridded**) librar.
• **to get rid of** deshacerse de, desembarazarse de.
ridden ['rɪdn] *pp* → **ride**.
riddle ['rɪdl] **1** *n* acertijo, adivinanza. **2** *(sieve)* criba. || **3** *vt* cribar. **4** *(with bullets)* acribillar.
ride [raɪd] **1** *n* paseo, viaje *m*, vuelta. || **2** *vi* (*pt* **rode**; *pp* **ridden**) *(horse)* montar a caballo. **3** *(in vehicle)* viajar. || **4** *vt (horse)* montar. **5** *(bicycle)* montar en, andar en.
♦ **to ride on** *vt* depender de ♦ **to ride out** *pt* rode, *pp* ridden aguantar hasta el final de.
• **to take sb for a ride** tomar el pelo a algn.
rider ['raɪdə] **1** *n (on horse)* jinete *m*, amazona. **2** *(on bicycle)* ciclista *mf*. **3** *(on motorcycle)* motorista *mf*.
ridge [rɪdʒ] **1** *n* GEOG cresta. **2** *(of roof)* caballete *m*.
ridicule ['rɪdɪkjuːl] **1** *n* ridículo. || **2** *vt* ridiculizar, poner en ridículo.
ridiculous [rɪ'dɪkjʊləs] *adj* ridículo,-a.
riding ['raɪdɪŋ] *n* equitación *f*.
rife [raɪf] *adj* abundante.
• **to be rife** abundar.
riffraff ['rɪfræf] *n* chusma.
rifle ['raɪfl] **1** *n* rifle *m*, fusil *m*. || **2** *vt* robar.
rift [rɪft] **1** *n* hendedura, grieta. **2** *fig* ruptura, desavenencia.

rig [rɪg] **1** *n* rig *m*, plataforma petrolífera. ‖ **2** *vt* MAR aparejar. **3** *fam (fix)* amañar.
♦ **to rig up** *vt* improvisar.

rigging ['rɪgɪŋ] *n* MAR aparejo, jarcia.

right [raɪt] **1** *adj (not left)* derecho,-a. **2** *(correct)* correcto,-a. **3** *(just)* justo,-a. **4** *(suitable)* apropiado,-a, adecuado,-a. **5** *fam (total)* auténtico,-a, total. ‖ **6** *adv* a la derecha, hacia la derecha. **7** *(correctly)* bien, correctamente. **8** *(immediately)* inmediatamente. **9** *(very)* muy. ‖ **10** *n (not left)* derecha. **11** *(entitlement)* derecho. ‖ **12** *vt* corregir. **13** MAR enderezar.
● **all right!** ¡bien!, ¡conforme!, ¡vale!; **it serves you** *etc* **right** te *etc* está bien empleado; **right away** en seguida; **right now** ahora mismo; **to be right** tener razón; **to put right** arreglar.
■ **right and wrong** el bien y el mal; **right angle** ángulo recto; **right of way** *(to cross land)* derecho de paso; *(over other vehicle)* prioridad *f*; **right wing** POL derecha.

righteous ['raɪtʃəs] **1** *adj* recto,-a, justo,-a. **2** *(justified)* justificado,-a.

rightful ['raɪtfʊl] *adj* legítimo,-a.

right-hand ['raɪthænd] *adj* derecho,-a.

rightly ['raɪtlɪ] *adv* con razón, correctamente.

right-wing ['raɪtwɪŋ] *adj* POL de derechas.

rigid ['rɪdʒɪd] *adj* rígido,-a.

rigour ['rɪgə] *n* rigor *m*.

rile [raɪl] *vt fam* poner nervioso,-a, irritar.

rim [rɪm] **1** *n* borde *m*, canto. **2** *(of wheel)* llanta.

rind [raɪnd] *n* corteza.

ring [rɪŋ] **1** *n (for finger)* anillo, sortija. **2** *(hoop)* anilla, aro. **3** *(circle)* círculo; *(of people)* corro. **4** *(circus)* pista, arena. **5** *(boxing)* ring *m*, cuadrilátero. **6** *(of bell)* tañido, toque *m*; *(of doorbell)* llamada. **7** *(phonecall)* llamada. ‖ **8** *vi* (*pt* rang; *pp* rung) *(bell)* sonar. **9** *(ears)* zumbar. ‖ **10** *vt (call)* llamar. **11** *(bell)* tocar. **12** *(bird)* anillar. **13** *(encircle)* rodear.
■ **ring road** cinturón *m* de ronda.

ringing ['rɪŋɪŋ] **1** *n* campaneo, repique *m*. **2** *(in ears)* zumbido.

ringleader ['rɪŋliːdə] *n* cabecilla *mf*.

ringlet ['rɪŋlət] *n* rizo.

ringside ['rɪŋsaɪd] **1** *adj* de primera fila. ‖ **2** *n* primera fila.

rink [rɪŋk] *n* pista de patinaje.

rinse [rɪns] **1** *vt* aclarar. **2** *(dishes, mouth)* enjuagar.

riot ['raɪət] **1** *n* disturbio. **2** *(in prison)* motín *m*. ‖ **3** *vi* amotinarse.

rioter ['raɪətə] **1** *n (in prison)* amotinado,-a. **2** *(in street)* alborotador,-ra.

rip [rɪp] **1** *n* rasgadura. ‖ **2** *vt* - *vi* rasgar.
♦ **to rip off 1** *vi* arrancar. **2** *vt fam* timar.

RIP ['ɑːr'aɪ'piː] *abbr (*rest in peace, requiescat in pace*)* en paz descanse; *(abbreviation)* E.P.D.

ripe [raɪp] *adj* maduro,-a.

ripen ['raɪpn] *vt* - *vi* madurar.

ripeness ['raɪpnəs] *n* madurez *f*.

rip-off ['rɪpɒf] *n fam* timo.

ripple ['rɪpl] **1** *n* onda. **2** *(sound)* murmullo. ‖ **3** *vt* rizar. ‖ **4** *vi* rizarse. **5** murmurar.

rise [raɪz] **1** *n* ascenso, subida. **2** *(increase)* aumento. **3** *(slope)* subida, cuesta. ‖ **4** *vi* (*pt* rose; *pp* risen ['rɪzən]) ascender, subir. **5** *(increase)* aumentar. **6** *(stand up)* ponerse de pie. **7** *(get up)* levantarse. **8** *(sun)* salir. **9** *(river)* nacer. **10** *(level of river)* crecer. **11** *(mountains)* elevarse.
● **to give rise to** dar origen a; **to rise to the occasion** ponerse a la altura de las circunstancias.

rising ['raɪzɪŋ] *n (rebellion)* levantamiento.

risk [rɪsk] **1** *n* riesgo, peligro. ‖ **2** *vt* arriesgar.
● **to risk doing sth** exponerse a hacer algo.

risky ['rɪskɪ] *adj* arriesgado,-a.

rite [raɪt] *n* rito.
ritual ['rɪtjʊəl] **1** *adj* ritual. ‖ **2** *n* ritual *m.*
rival ['raɪvl] **1** *adj* competidor,-ra, rival. ‖ **2** *n* competidor,-ra, rival *mf.* ‖ **3** *vt* competir con, rivalizar con.
rivalry ['raɪvlrɪ] *n* rivalidad *f*, competencia.
river ['rɪvə] *n* río.
river-bank ['rɪvəbænk] *n* ribera, orilla.
river-bed ['rɪvəbed] *n* lecho.
riverside ['rɪvəsaɪd] *n* ribera, orilla.
rivet ['rɪvɪt] **1** *n* remache *m.* ‖ **2** *vt* remachar. **3** *fig* fijar, absorber.
riveting ['rɪvɪtɪŋ] *adj fig* fascinante.
rly ['reɪlweɪ] *abbr (***railway***)* ferrocarril; *(abbreviation)* FC.
road [rəʊd] **1** *n* carretera. **2** *(way)* camino.
• **in the road** *fam* estorbando el paso.
■ **road sweeper** barrendero,-a; **road safety** seguridad *f* vial; **road sign** señal *f* de tráfico.
roadblock ['rəʊdblɒk] *n* control *m* policial.
roadway ['rəʊdweɪ] *n* calzada.
roadworthy ['rəʊdwɜːðɪ] *adj* AUTO en buen estado.
roam [rəʊm] **1** *vt* vagar por. ‖ **2** *vi* vagar.
roar [rɔː] **1** *n* bramido. **2** *(of lion)* rugido. **3** *(of crowd)* griterío, clamor *m.* ‖ **4** *vi* rugir, bramar.
roaring ['rɔːrɪŋ] *adj fig* tremendo,-a, enorme.
roast [rəʊst] **1** *adj* asado,-a. ‖ **2** *n* asado. ‖ **3** *vt* asar. **4** *(coffee, nuts, etc)* tostar. ‖ **5** *vi* asarse.
roasting ['rəʊstɪŋ] **1** *adj* abrasador,-ra. ‖ **2** *n* sermón *m*, bronca.
• **to give sb a roasting** echar un rapapolvo a algn.
rob [rɒb] **1** *vt* robar. **2** *(bank)* atracar.
robber ['rɒbə] **1** *n* ladrón,-ona. **2** *(of bank)* atracador,-ra.
robbery ['rɒbərɪ] **1** *n* robo. **2** *(of bank)* atraco.
robe [rəʊb] **1** *n* bata. **2** *(ceremonial)* vestidura, toga.
robin ['rɒbɪn] *n* petirrojo.
robot ['rəʊbɒt] *n* robot *m.*
robust [rəʊ'bʌst] *adj* robusto,-a, fuerte.
rock [rɒk] **1** *n* roca. **2** MUS rock *m.* ‖ **3** *vt (chair)* merecer. ‖ **4** *vi (chair)* merecerse. ‖ **5** *vt (baby)* acunar. **6** *(upset)* sacudir.
• **on the rocks** arruinado,-a; *(drink)* con hielo.
rock-climbing ['rɒkklaɪmɪŋ] *n* alpinismo.
rocker ['rɒkə] *n* balancín *m.*
• **off one's rocker** *fam* mal de la cabeza.
rocket ['rɒkɪt] **1** *n* cohete *m.* ‖ **2** *vi (rise)* dispararse.
Rockies ['rɒkɪz] *n* las Montañas Rocosas.
rocking-chair ['rɒkɪŋtʃeə] *n* mecedora.
rocky ['rɒkɪ] *adj* rocoso,-a.
rod [rɒd] **1** *n* vara. **2** *(thick)* barra.
rode [rəʊd] *pt* → **ride**.
rodent ['rəʊdnt] *n* roedor *m.*
roe [rəʊ] *n* hueva.
rogue [rəʊg] *n* pícaro, bribón *m.*
role [rəʊl] *n* papel *m.*
rôle [rəʊl] *n* papel *m.*
roll [rəʊl] **1** *n* rollo. **2** *(list)* lista. **3** *(of bread)* bollo, panecillo. ‖ **4** *vt* hacer rodar. **5** *(into a ball)* enroscar. **6** *(paper)* enrollar. **7** *(flatten)* allanar. ‖ **8** *vi* rodar. **9** *(into a ball)* enroscarse. **10** *(paper)* enrollarse. ‖ **11** *vt - vi (move)* mover *lentamente.*
♦ **to roll out** *vt (pastry)* extender ♦ **to roll up 1** *vt* enrollar. **2** *vi* enrollarse. **3** *vt (into a ball)* enroscar. **4** *vi (into a ball)* enroscarse.
• **to roll up one's sleeves** arremangarse; **to be rolling in it** *fam* estar forrado,-a.
roller ['rəʊlə] **1** *n* rodillo. **2** *(wave)* ola grande. **3** *(for hair)* rulo.
■ **roller coasting** montaña rusa; **roller skating** patinaje *m* sobre ruedas.
roller-skate ['rəʊləskeɪt] *vi* patinar sobre ruedas.
rolling ['rəʊlɪŋ] *adj* ondulante.

■ **rolling pin** rodillo; **rolling stock** material *m* rodante.

ROM [rɒm] *abbr (*read-only memory*)* memoria sólo de lectura; *(abbreviation)* ROM *f*.

Roman ['rəʊmən] *adj - n* romano,-a.

romance [rəʊ'mæns] **1** *n* romance *m*. **2** *(novel)* novela romántica. **3** *(quality)* lo romántico. **4** *(affair)* idilio.

Romania [ruː'meɪnɪə] *n* Rumanía.

Romanian [ruː'meɪnɪən] **1** *adj* rumano,-a. || **2** *n (person)* rumano,-a. **3** *(language)* rumano.

romantic [rəʊ'mæntɪk] *adj* romántico, -a.

romp [rɒmp] *vi* jugar, retozar.

rompers ['rɒmpəz] *npl* pelele *m sing*.

roof [ruːf] **1** *n* tejado; *(tiled)* techado. **2** *(of mouth)* cielo. **3** AUTO techo. || **4** *vt* techar.

roof-rack ['ruːfræk] *n* baca.

rook [rʊk] **1** *n (bird)* grajo. **2** *(in chess)* torre *f*.

room [ruːm] **1** *n* cuarto, habitación *f*. **2** *(space)* espacio, sitio.

roomy ['ruːmɪ] *adj* espacioso,-a, amplio,-a.

roost [ruːst] **1** *n* percha. || **2** *vi* posarse.

rooster ['ruːstə] *n* gallo.

root [ruːt] **1** *n* raíz *f*. || **2** *vt - vi* arraigar. || **3** *vi (search)* buscar.

● **to take root** arraigar.

rope [rəʊp] **1** *n* cuerda. || **2** *vt* atar, amarrar.

♦ **to rope in** *vt fam* enganchar.

rosary ['rəʊzərɪ] *n* rosario.

rose [rəʊz] **1** *n (flower)* rosa. **2** *(bush)* rosal *m*. || **3** *pt* → **rise**.

rosé ['rəʊzeɪ] *n* vino rosado.

rosemary ['rəʊzmərɪ] *n* romero.

rosette [rəʊ'zet] *n* escarapela.

roster ['rɒstə] *n* lista.

rosy ['rəʊzɪ] **1** *adj* rosado,-a, sonrosado,-a. **2** *(future)* prometedor,-ra.

rot [rɒt] **1** *n* putrefacción *f*. || **2** *vt* pudrir. || **3** *vi* pudrirse.

rota ['rəʊtə] *n* → **roster**.

rotate [rəʊ'teɪt] **1** *vt* hacer girar, dar vueltas a. || **2** *vi* girar, dar vueltas. || **3** *vt - vi fig* alternar.

rotten ['rɒtn] **1** *adj* podrido,-a. **2** *(tooth)* picado,-a. **3** *fam* malísimo,-a.

rotter ['rɒtə] *n fam* sinvergüenza *mf*.

rouge [ruːʒ] *n* colorete *m*.

rough [rʌf] **1** *adj* áspero,-a, basto,-a. **2** *(road)* lleno,-a de baches. **3** *(edge)* desigual. **4** *(terrain)* escabroso,-a. **5** *(sea)* agitado,-a. **6** *(weather)* tempestuoso, -a. **7** *(wine)* áspero,-a. **8** *(rude)* rudo,-a. **9** *(violent)* violento,-a. **10** *(approximate)* proximado,-a. **11** *fam (bad)* fatal.

● **to rough it** vivir sin comodidades; **to sleep rough** dormir al raso.

■ **rough copy** borrador *m*; **rough sea** marejada; **rough version** borrador *m*.

roughen ['rʌfn] *vt* poner áspero,-a.

roughly ['rʌflɪ] **1** *adv (about)* aproximadamente. **2** *(not gently)* bruscamente.

roughness ['rʌfnəs] **1** *n* aspereza. **2** *(violence)* violencia.

roulette [ruː'let] *n* ruleta.

round [raʊnd] **1** *adj* redondo,-a. || **2** *n (circle)* círculo. **3** *(series)* serie *f*, tanda; *(one of a series)* ronda. **4** SP ronda; *(boxing)* asalto. **5** *(of drinks)* ronda. **6** *(of policeman etc)* ronda. **7** *(shot)* disparo. || **8** *adv (about)* por ahí. **9** *(to visit)*: ***they came round to see me*** vinieron a verme. || **10** *prep* alrededor de. || **11** *vt* dar la vuelta a.

♦ **to round off** *vt* completar, acabar

♦ **to round up 1** *vt (number)* redondear. **2** *vt (cattle)* acorralar. **3** *vt (people)* reunir.

● **all the year round** durante todo el año; **round the clock** día y noche; **round the corner** a la vuelta de la esquina; **the other way round** al revés; **to go round** dar vueltas; **to turn round** hacer girar alrededor de.

roundabout ['raʊndəbaʊt] **1** *adj* indirecto,-a. || **2** *n* tiovivo. **3** AUTO plaza circular.

rounders ['raʊndəz] *n especie de béisbol infantil*.

round-up ['raʊndʌp] **1** *n (cattle)* rodeo. **2** *(by police)* redada. **3** *(summary)* resumen *m*.

rouse [raʊz] **1** *vt* despertar. || **2** *vi* despertarse. || **3** *vt (provoke)* provocar.

rousing ['raʊzɪŋ] **1** *adj* apasionante. **2** *(moving)* conmovedor,-ra.

rout [raʊt] **1** *n* derrota. || **2** *vt* derrotar.

route [ruːt] **1** *n* ruta, camino, vía. **2** *(of bus)* línea, trayecto.

routine [ruː'tiːn] **1** *n* rutina. || **2** *adj* rutinario,-a.

rove [rəʊv] *vi* vagar, errar.

row [raʊ] **1** *n* riña, pelea. **2** *(noise)* jaleo, ruido. **3** ([rəʊ]) *(line)* fila, hilera. **4** *(in a boat)* paseo en bote. || **5** *vi* pelearse. **6** *(in a boat)* remar. || **7** *vt* impeler mediante remos.

rowdy ['raʊdɪ] **1** *adj* alborotador,-ra. **2** *(noisy)* ruidoso,-a.

rowing ['rəʊɪŋ] *n* remo.

■ **rowing boat** bote *m* de remos.

royal ['rɔɪəl] *adj* real.

royalist ['rɔɪəlɪst] *adj - n* monárquico,-a.

royalty ['rɔɪəltɪ] **1** *n* realeza. **2** *(people)* miembros *mpl* de la familia real. || **3 royalties** *npl* derechos *mpl* (de autor).

RRP ['ɑːr'ɑːr'piː] *abbr (*recommended retail price*)* precio recomendado de venta al público.

RSC ['ɑːr'es'siː] *abbr* GB *(*Royal Shakespeare Company*) compañía real shakesperiana.*

RSPCA ['ɑːr'es'piː'siː'eɪ] *abbr* GB *(*Royal Society for the Prevention of Cruelty to Animals*)* ≈ Sociedad Protectora de Animales; *(abbreviation)* SPA.

RSVP ['ɑːr'es'viː'piː] *abbr (*répondez s'il vous plaît*)* se ruega contestación; *(abbreviation)* S. R. C.

Rt. Hon [raɪt'ɒnrəbl] *abbr* GB *(*Right Honourable*)* su Señoría.

rub [rʌb] **1** *n* friega. || **2** *vt* frotar; *(hard)* restregar. || **3** *vi* rozar.

♦ **to rub out** *vt* borrar.

● **to rub it in** *fam* restregarlo por las narices a algn.

rubber ['rʌbə] **1** *n* caucho, goma. **2** *(eraser)* goma de borrar. **3** US *fam (condom)* goma.

■ **rubber band** goma elástica.

rubbish ['rʌbɪʃ] **1** *n (refuse)* basura. **2** *fam (thing)* birria, porquería: ***that film's rubbish*** esa película es una porquería. **3** *(nonsense)* tonterías *fpl*: ***don't talk rubbish*** no digas tonterías.

rubble ['rʌbl] *n* escombros *mpl*.

rubella [ruː'belə] *n* rubéola.

ruby ['ruːbɪ] *n* rubí *m*.

RUC ['ɑː'juː'siː] *abbr* GB *(*Royal Ulster Constabulary*) cuerpo de policía de Irlanda del Norte.*

rucksack ['rʌksæk] *n* mochila.

ructions ['rʌkʃnz] *npl fam* follón *m sing*.

rudder ['rʌdə] *n* timón *m*.

ruddy ['rʌdɪ] **1** *adj* colorado,-a. **2** GB *fam* maldito,-a.

rude [ruːd] **1** *adj* maleducado,-a, descortés. **2** *(simple)* rudo,-a, tosco,-a. **3** *(improper)* grosero,-a.

rudeness ['ruːdnəs] **1** *n* falta de educación *f*. **2** *(simplicity)* rudeza, tosquedad *f*. **3** *(impropriety)* grosería.

rudimentary [ruːdɪ'mentrɪ] *adj* rudimentario,-a.

ruffle ['rʌfl] **1** *n* chorrera. **2** *(on cuffs)* volante *m*. || **3** *vt* agitar. **4** *(feathers)* erizar. **5** *(hair)* despeinar. **6** *(annoy)* irritar.

rug [rʌg] *n* alfombra, alfombrilla.

rugby ['rʌgbɪ] *n* rugby *m*.

rugged ['rʌgɪd] *adj (terrain)* escabroso, -a.

ruin [ruːɪn] **1** *n* ruina. || **2** *vt* arruinar. **3** *(spoil)* estropear.

ruined ['ruːɪnd] **1** *adj* arruinado,-a. **2** *(spoilt)* estropeado,-a. **3** *(building)* en ruinas.

rule [ruːl] **1** *n* regla, norma. **2** *(control)* dominio. **3** *(of monarch)* reinado. **4** *(measure)* regla. || **5** *vt - vi* gobernar, mandar. **6** *(monarch)* reinar. **7** *(decree)* decretar.

♦ **to rule out** *vt* excluir, descartar.

● **as a rule** por regla general.

ruler ['ruːlə] 1 *n* gobernante *mf*, dirigente *mf*. 2 *(monarch)* soberano,-a. 3 *(instrument)* regla.

ruling ['ruːlɪŋ] 1 *adj* dirigente. || 2 *n* JUR fallo.

rum [rʌm] *n* ron *m*.

Rumania [ruː'meɪnɪə] *n* → **Romania**.

Rumanian [ruː'meɪnɪən] *adj* - *n* → **Romanian**.

rumble ['rʌmbl] 1 *n* retumbo, ruido sordo. 2 *(stomach)* borborigmo. || 3 *vi* retumbar, hacer un ruido sordo. 4 *(stomach)* hacer ruidos.

ruminant ['ruːmɪnənt] 1 *adj* rumiante. || 2 *n* rumiante *m*.

ruminate ['ruːmɪneɪt] *vt* - *vi* rumiar.

rummage ['rʌmɪdʒ] *vt* - *vi* revolver *buscando*.

rumour ['ruːmə] 1 *n* rumor *m*. || 2 *vt* rumorear.

rump [rʌmp] 1 *n* ancas *fpl*. 2 *(of person)* trasero.

rumple ['rʌmpl] 1 *vt* arrugar. 2 *(hair)* despeinar.

rumpus ['rʌmpəs] *n fam* jaleo, escándalo.

run [rʌn] 1 *vi* (*pt* ran; *pp* run) *(gen)* correr. 2 *(flow)* correr, discurrir. 3 *(drip)* gotear. 4 *(operate)* funcionar. 5 *(in election)* presentarse. 6 *(last)* durar. 7 *(bus, train)* circular. 8 *(colour)* desteñirse. || 9 *vt (race)* correr en. 10 *(take by car)* llevar. 11 *(manage)* llevar, dirigir, regentar. 12 *(organize)* organizar, montar. 13 *(operate)* hacer funcionar. 14 COMPUT *(macro, program)* pasar. || 15 *n* carrera. 16 *(trip)* viaje *m*; *(for pleasure)* paseo. 17 *(sequence)* racha. 18 *(ski run)* pista. 19 *(in stocking)* carrera. 20 *(demand)* gran demanda.

♦ **to run after** *vt* perseguir ♦ **to run along** *vi* irse ♦ **to run away** *vi* escaparse ♦ **to run down** 1 *vt (knock down)* atropellar. 2 *vt (criticize)* criticar. 3 *vt (battery)* agotar. 4 *vi (battery)* agotarse. 5 *vi (clock)* pararse ♦ **to run in** 1 *vt (car)* rodar. 2 *vt (criminal)* detener ♦ **to run into** 1 *vt (car)* chocar con. 2 *vt (meet)* tropezar con ♦ **to run off** 1 *vi (escape)* escaparse. 2 *vt (print)* imprimir ♦ **to run off with** *vt* escaparse con ♦ **to run out** *vi* acabarse: ***I've run out of sugar*** se me ha acabado el azúcar ♦ **to run over** 1 *vt (knock down)* atropellar. 2 *vi (overflow)* rebosar. 3 *vi (spill)* derramar ♦ **to run through** 1 *vt* ensayar. 2 *vt (read)* echar un vistazo a ♦ **to run up** 1 *vt (debts)* acumular. 2 *vt (flag)* izar.

● **in the long run** a la larga.

runaway ['rʌnəweɪ] 1 *adj (out of control)* incontrolado,-a. 2 *(tremendous)* aplastante. || 3 *adj* - *n* fugitivo,-a.

rung [rʌŋ] 1 *n* escalón *m*. || 2 *pp* → **ring**.

runner ['rʌnə] 1 *n* corredor,-ra. 2 *(of sledge)* patín *m*.

■ **runner bean** judía verde.

runner-up [rʌnər'ʌp] *n* (*pl* **runners-up**) subcampeón,-ona.

running ['rʌnɪŋ] 1 *n* atletismo. || 2 *adj* corriente. 3 *(continuous)* continuo,-a. || 4 *adv* seguido,-a.

● **in the running** con posibilidades de ganar; **out of the running** sin posibilidades de ganar.

■ **running costs** gastos *mpl* de mantenimiento.

runny ['rʌnɪ] 1 *adj* blando,-a, líquido, -a. 2 *(nose)* que moquea.

run-of-the-mill [rʌnəvðə'mɪl] *adj* corriente y moliente.

run-up ['rʌnʌp] *n* etapa preliminar.

runway ['rʌnweɪ] *n* pista de aterrizaje.

rupture ['rʌptʃə] 1 *n* hernia. 2 *fig* ruptura. || 3 *vt* romper.

● **to rupture oneself** herniarse.

rural ['rʊərəl] *adj* rural.

rush [rʌʃ] 1 *n* prisa, precipitación *f*. 2 *(movement)* movimiento impetuoso, avance *m* impetuoso. 3 BOT junco. || 4 *vt* precipitar. || 5 *vi* precipitarse, apresurarse. || 6 *vt (job etc)* hacer de prisa. 7 *fam* cobrar.

● **to be rushed off one's feet** ir de culo.

■ **rush hour** hora punta.

rusk [rʌsk] *n* galleta.
Russia ['rʌʃə] *n* Rusia.
Russian ['rʌʃn] **1** *adj* ruso,-a. || **2** *n (person)* ruso,-a. **3** *(language)* ruso.
rust [rʌst] **1** *n* óxido. || **2** *vt* oxidar. || **3** *vi* oxidarse.
rustic ['rʌstɪk] *adj* rústico,-a.
rustle ['rʌsl] **1** *n* crujido. || **2** *vt* hacer crujir. || **3** *vi* robar ganado. **4** crujir.
rustler ['rʌslə] *n* cuatrero,-a.
rusty ['rʌstɪ] *adj* oxidado,-a.
rut [rʌt] **1** *n* surco. **2** ZOOL celo.
● **in a rut** esclavo,-a de la rutina.
ruthless ['ruːθləs] *adj* cruel, despiadado,-a.
rye [raɪ] *n* centeno.

S

S [saʊθ] *abbr (*south*)* sur *m*; *(abbreviation)* S.
sabbatical [sə'bætɪkl] *n* año sabático.
sabotage ['sæbətɑːʒ] **1** *n* sabotaje *m*. || **2** *vt* sabotear.
sack [sæk] **1** *n* saco. || **2** *vt* MIL saquear. **3** *fam* despedir a, echar del trabajo a.
● **to get the sack** *fam* ser despedido,-a; **to hit the sack** *fam* irse al catre.
sacred ['seɪkrəd] *adj* sagrado,-a.
■ **sacred music** música religiosa.
sacrifice ['sækrɪfaɪs] **1** *n* sacrificio. **2** *(offering)* ofrenda. || **3** *vt* sacrificar.
sacrilege ['sækrɪlɪdʒ] *n* sacrilegio.
sad [sæd] *adj* triste.
saddle ['sædl] **1** *n (for horse)* silla *(de montar)*. **2** *(of bicycle)* sillín *m*. || **3** *vt* ensillar.
sadism ['seɪdɪzm] *n* sadismo.
sadly ['sadli] **1** *adv (with sorrow)* tristemente. **2** *(unfortunately)* desgraciadamente, lamentablemente.
sadness ['sædnəs] *n* tristeza.
safe [seɪf] **1** *adj (unharmed)* ileso,-a. **2** *(out of danger)* a salvo, fuera de peligro. **3** *(not harmful)* inocuo,-a. **4** *(secure)* seguro,-a. || **5** *n* caja fuerte.
● **safe and sound** sano,-a y salvo,-a; **safe from** a salvo de; **to be on the safe side** para mayor seguridad.
safeguard ['seɪfgɑːd] **1** *n* salvaguarda. || **2** *vt* salvaguardar.
safely ['seɪflɪ] **1** *adv (surely)* con toda seguridad. **2** *(without mishap)* sin contratiempos. **3** *(without danger)* sin peligro, con seguridad.
safety ['seɪftɪ] *n* seguridad *f*.
■ **safety belt** cinturón *m* de seguridad; **safety drill** instrucciones *fpl* de seguridad; **safety pin** imperdible *m*; **safety valve** válvula de seguridad.
saffron ['sæfrən] *n* azafrán *m*.
sag [sæg] **1** *vi (wood, iron)* combarse. **2** *(roof)* hundirse. **3** *(wall)* pandear. **4** *fig* flaquear, decaer.
Sagittarius [sædʒɪ'teərɪəs] *n* Sagitario.
said [sed] *pt & pp* → **say**.
sail [seɪl] **1** *n (canvas)* vela. **2** *(trip)* paseo en barco. || **3** *vt* navegar. || **4** *vi* ir en barco. **5** *(leave)* zarpar.
● **to set sail** zarpar; **to sail through sth** *fig* encontrar algo muy fácil.
sailing ['seɪlɪŋ] **1** *n (gen)* navegación *f*. **2** *(yachting)* vela.
■ **sailing boat** velero, barco de vela; **sailing ship** velero, buque *m* de vela.
sailor ['seɪlə] *n* marinero.
saint [seɪnt] *n* san *m*, santo,-a.
sake [seɪk] *n* bien *m*.
● **for old times' sake** por los viejos tiempos; **for the sake of** por, por el bien de; **for God's/goodness'/Heaven's sake!** ¡por el amor de Dios!
salad ['sæləd] *n* ensalada.
■ **salad bowl** ensaladera; **salad dressing** aliño, aderezo.
salary ['sælərɪ] *n* salario, sueldo.
sale [seɪl] **1** *n (gen)* venta. **2** *(special offering)* liquidación *f*, rebajas *fpl*. **3** *(auction)* subasta.
● **for sale** en venta; **on sale** rebajado,-a, en liquidación.
■ **sales manager** jefe,-a de ventas, director,-ra comercial.

salesclerk ['seɪlzklɑːk] *n* dependiente, -a.

salesman ['seɪlzmən] **1** *n (gen)* vendedor *m.* **2** *(in shop)* dependiente *m.* **3** *(travelling)* representante *m,* viajante *m.*

saleswoman ['seɪlzwʊmən] **1** *n* vendedora. **2** *(in shop)* dependienta. **3** *(travelling)* representante *f,* viajante *f.*

saliva [sə'laɪvə] *n* saliva.

salmon ['sæmən] *n* salmón *m.*

salon ['sælɒn] *n* salón *m.*

salt [sɔːlt] **1** *n* sal *f.* || **2** *adj* salado,-a. || **3** *vt (cure)* curar. **4** *(put salt on)* salar, echar sal en.

● **the salt of the earth** *fig* la sal de la tierra.

■ **salt beef** cecina; **salt pork** tocino.

SALT [sɔːlt] *abbr (*Strategic Arms Limitation Talks*)* conversaciones para la limitación de armas estratégicas.

saltwater ['sɔːltwɔːtə] *adj* de agua salada.

salty ['sɔːltɪ] *adj* salado,-a.

salute [sə'luːt] **1** *n* saludo. || **2** *vt - vi* saludar.

Salvadorian [sælvə'dɔːrɪən] *adj - n* salvadoreño,-a.

salvage ['sælvɪdʒ] **1** *n (rescue)* salvamento, rescate *m.* **2** *(property)* objetos *mpl* recuperados. || **3** *vt* salvar, rescatar.

salvation [sæl'veɪʃn] *n* salvación *f.*

same [seɪm] **1** *adj* mismo,-a: ***we have the same car*** tenemos el mismo coche. || **2 the same** *pron* lo mismo: ***I want the same as you*** quiero lo mismo que tú. || **3** *adv* igual, del mismo modo: ***the two words are pronounced the same*** las dos palabras se pronuncian igual.

● **all the same** a pesar de todo; **at the same time** a la vez, al mismo tiempo; **same here** *fam* yo también; **the same to you!** *fam* ¡igualmente!

sample ['sɑːmpl] **1** *n* muestra. || **2** *vt (gen)* probar; *(wine)* catar.

sanatorium [sænə'tɔːrɪəm] *n (pl* sanatoriums *o* sanatoria [sænə'tɔːrɪə]) sanatorio.

sanction ['sæŋkʃn] **1** *n* sanción *f.* || **2** *vt* sancionar.

sanctuary ['sæŋktjʊərɪ] **1** *n (holy place)* santuario. **2** *(asylum)* asilo. **3** *(for animals)* reserva.

sand [sænd] *n* arena.

■ **sand dune** duna.

sandal ['sændl] *n* sandalia.

sandbank ['sændbæŋk] *n* banco de arena.

sandpaper ['sændpeɪpə] **1** *n* papel *m* de lija. || **2** *vt* lijar.

sandstone ['sændstəʊn] *n* arenisca.

sandwich ['sænwɪdʒ] **1** *n* sandwich *m,* bocadillo. || **2** *vt* meter, encajonar.

sandy ['sændɪ] **1** *adj (beach)* arenoso, -a. **2** *(hair)* rubio rojizo.

sane [seɪn] **1** *adj (not mad)* cuerdo,-a. **2** *(sensible)* sensato,-a.

sang [sæŋ] *pt* → **sing**.

sanitary ['sænɪtərɪ] **1** *adj (concerned with health)* sanitario,-a, de sanidad. **2** *(clean)* higiénico,-a.

■ **sanitary towel** compresa.

sanitation [sænɪ'teɪʃn] *n* sanidad *f* pública.

sanity ['sænɪtɪ] **1** *n (mental health)* cordura, juicio. **2** *(sense)* sensatez *f.*

sank [sæŋk] *pt* → **sink**.

sap [sæp] **1** *n* savia. || **2** *vt fig* minar, debilitar.

sapphire ['sæfaɪə] *n* zafiro.

sarcasm ['sɑːkæzm] *n* sarcasmo, sorna.

sarcastic [sɑː'kæstɪk] *adj* sarcástico,-a.

sardine [sɑː'diːn] *n* sardina.

Sardinia [sɑː'dɪnɪə] *n* Cerdeña.

Sardinian [sɑː'dɪnɪən] *adj - n* sardo, -a.

sash [sæʃ] **1** *n (waistband)* faja. **2** *(frame)* marco *(de ventana).*

■ **sash window** ventana de guillotina.

sat [sæt] *pt & pp* → **sit**.

Sat ['sætədɪ] *abbr (*Saturday*)* sábado; *(abbreviation)* sáb.

satchel ['sætʃl] *n* cartera *(de colegial).*

satellite ['sætəlaɪt] *n* satélite *m.*

■ **satellite dish aerial** antena parabólica; **satellite television** televisión *f* por satélite.
satin ['sætɪn] *n* satén *m*, raso.
satire ['sætaɪə] *n* sátira.
satirical [sə'tɪrɪkl] *adj* satírico,-a.
satisfaction [sætɪs'fækʃn] *n* satisfacción *f*.
satisfactory [sætɪs'fæktrɪ] *adj* satisfactorio,-a.
satisfy ['sætɪsfaɪ] **1** *vt* satisfacer. **2** *(requirements)* cumplir. **3** *(convince)* convencer.
saturate ['sætʃəreɪt] **1** *vt (fill)* saturar. **2** *(soak)* empapar.
Saturday ['sætədɪ] *n* sábado.
sauce [sɔːs] **1** *n* CULIN salsa. **2** *fam (cheek)* frescura, descaro.
■ **sauce boat** salsera.
saucepan ['sɔːspən] **1** *n* cazo, cacerola. **2** *(large)* olla.
saucer ['sɔːsə] *n* platillo.
Saudi ['saʊdɪ] **1** *adj* saudí, saudita. ‖ **2** *n* saudí *mf*, saudita *mf*.
■ **Saudi Arabia** Arabia Saudita.
sauna ['sɔːnə] *n* sauna.
saunter ['sɔːntə] *vi* pasearse.
sausage ['sɒsɪdʒ] **1** *n (uncooked)* salchicha. **2** *(cooked)* embutido.
savage ['sævɪdʒ] **1** *adj (fierce)* feroz. **2** *(cruel)* salvaje, cruel. **3** *(uncivilized)* salvaje. ‖ **4** *n* salvaje *mf*. ‖ **5** *vt* embestir.
save [seɪv] **1** *vt (rescue)* salvar. **2** *(keep)* guardar. **3** *(money, time, energy)* ahorrar, ahorrarse. ‖ **4** *vi* ahorrar. ‖ **5** *prep fml* salvo: ***the house was empty save for a few chairs*** la casa estaba vacía a excepción de unas cuantas sillas.
saving ['seɪvɪŋ] **1** *n* ahorro, economía. ‖ **2 savings** *npl* ahorros *mpl*.
■ **savings account** cuenta de ahorros; **savings bank** caja de ahorros.
saviour ['seɪvɪə] *n* salvador,-ra.
savour ['seɪvə] **1** *n* sabor *m*. ‖ **2** *vt* saborear.
savoury ['seɪvrɪ] **1** *adj* salado,-a. ‖ **2** *n* canapé *m*, entremés *m*.
saw [sɔː] **1** *pt* → **see**. ‖ **2** *n (tool)* sierra. ‖ **3** *vt* - *vi* (*pp* sawed *o* sawn [sɔːn]) serrar.
sawdust ['sɔːdʌst] *n* serrín *m*.
sawn [sɔːn] *pp* → **saw**.
saxophone ['sæksəfəʊn] *n* saxofón *m*.
say [seɪ] **1** *vt* (*pt & pp* said) decir: ***he says he's innocent*** dice que es inocente. **2** *(clock, meter)* marcar. **3** *(suppose)* poner, suponer: ***let's say it costs about £20*** pongamos que cuesta unas veinte libras. ‖ **4** *n* opinión *f*.
● **it is said that ...** dicen que ..., se dice que ...; **that is to say** es decir; **to have one's say** dar su opinión; **to say the least** como mínimo; **you don't say!** *fam* ¡no me digas!
saying ['seɪɪŋ] *n* dicho, decir *m*.
scab [skæb] **1** *n (in wound)* costra, postilla. **2** *pej (blackleg)* esquirol *m*.
scaffold ['skæfəʊld] **1** *n (for building)* andamio. **2** *(for criminals)* patíbulo.
scaffolding ['skæfəldɪŋ] *n* andamiaje *m*.
scald [skɔːld] **1** *n* escaldadura. ‖ **2** *vt (burn)* escaldar. **3** *(liquid)* calentar.
scale [skeɪl] **1** *n (gen)* escala. **2** *(of fish etc)* escama. **3** *(on pipes etc)* incrustaciones *fpl*. ‖ **4** *vt (climb up)* escalar. **5** *(fish)* escamar. ‖ **6 scales** *npl (for weighing)* balanza *f sing*; *(in bathroom)* báscula *f sing*.
♦ **to scale down** *vt* reducir ♦ **to scale up** *vt* ampliar.
● **on a large scale** a gran escala; **on a small scale** a pequeña escala; **to scale** a escala.
■ **scale drawing** dibujo a escala; **scale model** maqueta.
scalp [skælp] *n* cuero cabelludo.
scalpel ['skælpl] *n* bisturí *m*.
scamper ['skæmpə] *vi* corretear.
scampi ['skæmpɪ] *n* colas *fpl* de cigala empanadas.
scan [skæn] **1** *vt (examine)* escrutar. **2** *(glance over)* echar un vistazo a, examinar. ‖ **3** *n* ecografía.
scandal ['skændl] **1** *n (event)* escándalo. **2** *(gossip)* chismes *mpl*.

Scandinavia [skændɪ'neɪvɪə] *n* Escandinavia.
Scandinavian [skændɪ'neɪvɪən] *adj* - *n* escandinavo,-a.
scant [skænt] *adj* escaso,-a.
scapegoat ['skeɪpgəʊt] *n fig* cabeza de turco, chivo expiatorio.
scar [skɑː] **1** *n (physical)* cicatriz *f.* **2** *fig* marca, huella. || **3** *vt* dejar cicatriz en.
scarce [skeəs] *adj* escaso,-a.
● **to be scarce** escasear.
scarcely ['skeəslɪ] *adv* apenas.
● **scarcely anyone** casi nadie; **scarcely ever** casi nunca.
scarcity ['skeəsɪtɪ] *n* escasez *f.*
scare [skeə] **1** *n (fright)* susto. **2** *(widespread)* alarma, pánico. || **3** *vt* asustar, espantar. || **4** *vi* asustarse, espantarse.
♦ **to scare away/off** *vt* espantar, ahuyentar.
scarecrow ['skeəkrəʊ] *n* espantapájaros *m inv*.
scarf [skɑːf] **1** *n* (*pl* scarfs *o* scarves [skɑːvz]) *(square)* pañuelo. **2** *(long, woolen)* bufanda.
scarlet ['skɑːlət] **1** *adj* escarlata. || **2** *n* escarlata *m.*
■ **scarlet fever** escarlatina.
scary ['skeərɪ] *adj (film, story)* de miedo.
scatter ['skætə] **1** *vt (disperse)* dispersar. || **2** *vi (disperse)* dispersarse. || **3** *vt* - *vi (spread)* esparcir, derramar.
scavenge ['skævɪndʒ] **1** *vi* hurgar, escarbar. || **2** *vt* buscar en la basura.
scenario [sɪ'nɑːrɪəʊ] **1** *n* CINEM guión *m.* **2** *(situation) posible* situación *f,* circunstancias *fpl.*
scene [siːn] **1** *n (gen)* escena. **2** *(place)* escenario. **3** *(view)* vista, panorama *m.*
● **behind the scenes** entre bastidores; **the scene of the crime** el lugar del crimen; **to make a scene** armar un escándalo.
scenery ['siːnərɪ] **1** *n* paisaje *m.* **2** THEAT decorado.
scent [sent] **1** *n* olor *m.* **2** *(perfume)* perfume *m.* **3** *(track)* pista, rastro. || **4** *vt (smell)* olfatear; *(suspect)* presentir. **5** *(add perfume to)* perfumar.
schedule ['ʃedjuːl, 'skedjuːl] **1** *n (programme)* programa *m.* **2** *(list)* lista. **3** US *(timetable)* horario. || **4** *vt* programar, fijar.
● **on schedule** a la hora prevista; **to be ahead of schedule** ir adelantado, -a; **to be behind schedule** ir retrasado,-a.
■ **scheduled flight** vuelo regular.
scheme [skiːm] **1** *n (plan)* plan *m,* programa *m.* **2** *(plot)* intriga; *(trick)* ardid *m.* || **3** *vi* conspirar, tramar.
schizophrenia [skɪtsəʊ'friːnɪə] *n* esquizofrenia.
scholar ['skɒlə] **1** *n (learned person)* erudito,-a. **2** *(holder of scholarship)* becario,-a.
scholarship ['skɒləʃɪp] **1** *n (grant)* beca. **2** *(learning)* erudición *f.*
school [skuːl] **1** *n (gen)* escuela. **2** *(of university)* facultad *f.* **3** *(of fish)* banco. || **4** *vt (teach)* enseñar, instruir.
■ **school book** libro de texto; **school of thought** corriente *f* de opinión; **school year** año escolar.
schoolchild ['skuːltʃaɪld] *n* (*pl* schoolchildren ['skuːltʃɪldrən]) alumno,-a.
schooling ['skuːlɪŋ] *n* estudios *mpl.*
schoolmaster ['skuːlmɑːstə] **1** *n (secondary education)* profesor *m.* **2** *(primary education)* maestro.
schoolmistress ['skuːlmɪstrəs] **1** *n (secondary education)* profesora. **2** *(primary education)* maestra.
science ['saɪəns] **1** *n* ciencia. **2** *(subject)* ciencias *fpl.*
■ **science fiction** ciencia ficción *f.*
scientific [saɪən'tɪfɪk] *adj* científico,-a.
scientist ['saɪəntɪst] *n* científico,-a.
scissors ['sɪzəz] *npl* tijeras *fpl.*
● **a pair of scissors** unas tijeras.
scoff [skɒf] **1** *vi (mock)* mofarse (at, de), burlarse (at, de). **2** *fam (eat fast)* zamparse.
scold [skəʊld] *vt* reñir, regañar.
scoop [skuːp] **1** *n (for suggar etc)* pala; *(for ice-cream)* cucharón *m.* **2** *(amount - of suggar etc)* cucharada; *(- of ice-cream)* bola. **3** *(exclusive)* exclusiva.

♦ **to scoop out** *vt* sacar con pala, sacar con cucharón.

scooter ['sku:tə] **1** *n (adult's)* Vespa®. **2** *(child's)* patinete *m*.

scope [skəʊp] **1** *n (range)* alcance *m*; *(of undertaking)* ámbito. **2** *(room)* posibilidades *fpl*: ***there isn't much scope for improvement*** no hay muchas posibilidades de mejorar.

scorch [skɔ:tʃ] **1** *vt (singe)* chamuscar. **2** *(burn)* abrasar.

score [skɔ:] **1** *n* SP tanteo; *(golf, cards)* puntuación *f*. **2** *(result)* resultado. **3** MUS partitura; *(of film)* música. ‖ **4** *vt* - *vi* SP marcar. ‖ **5** *vi (in test)* obtener una puntuación. ‖ **6** *vt (win)* lograr, conseguir.

● **on that score** a ese respecto; **to keep the score** seguir el marcador; **what's the score?** ¿cómo van?

scoreboard ['skɔ:bɔ:d] *n* marcador *m*.

scorn [skɔ:n] **1** *n* desdén *m*, desprecio. ‖ **2** *vt* desdeñar, despreciar.

Scorpio ['skɔ:pɪəʊ] *n* Escorpión *m*.

scorpion ['skɔ:pɪən] *n* escorpión *m*.

Scot [skɒt] *n* escocés,-esa.

Scotland ['skɒtlənd] *n* Escocia.

Scots [skɒts] *adj* escocés,-esa.

Scottish ['skɒtɪʃ] **1** *adj* escocés,-esa. ‖ **2 the Scottish** *npl* los escoceses *mpl*.

scoundrel ['skaʊndrəl] *n* canalla *m*, sinvergüenza *mf*.

scour ['skaʊə] **1** *vt (search)* recorrer, registrar. **2** *(clean)* fregar, restregar.

scout [skaʊt] **1** *n* explorador,-ra. ‖ **2** *vi* reconocer el terreno.

scowl [skaʊl] **1** *n* ceño fruncido. ‖ **2** *vi* fruncir el ceño.

scramble ['skræmbl] **1** *n (climb)* subida. **2** *(struggle)* lucha. ‖ **3** *vi (climb)* trepar. **4** *(struggle)* pelearse: ***to scramble for seats*** pelearse por encontrar asiento. ‖ **5** *vt* revolver, mezclar.

■ **scrambled eggs** huevos *mpl* revueltos.

scrap [skræp] **1** *vt* desechar. ‖ **2** *n* trozo, pedazo. ‖ **3 scraps** *npl* restos *mpl*; *(of food)* sobras *fpl*.

■ **scrap metal** chatarra; **scrap paper** papel *m* borrador.

scrape [skreɪp] **1** *n (act)* raspado. **2** *(predicament)* lío, apuro: ***he always got into scrapes*** siempre se metía en líos. ‖ **3** *vt (paint)* raspar. **4** *(skin)* hacerse un rasguño en.

♦ **to scrape along** *vi* ir tirando ♦ **to scrape through** *vt (exam)* aprobar por los pelos.

scratch [skrætʃ] **1** *n (gen)* arañazo; *(on record, photo)* raya. ‖ **2** *vt (gen)* arañar, rasguñar; *(paintwork etc)* rayar. **3** *(itch)* rascar.

● **to be up to scratch** dar la talla; **to start from scratch** partir de cero.

■ **scratch team** equipo improvisado.

scream [skri:m] **1** *n* grito, chillido. ‖ **2** *vt* - *vi* gritar.

● **it was a scream** *fam* fue la monda.

screech [skri:tʃ] **1** *n (of person)* chillido. **2** *(of tyres etc)* chirrido. ‖ **3** *vi (person)* chillar. **4** *(tyres etc)* chirriar.

screen [skri:n] **1** *n (partition)* biombo. **2** *(cinema, TV, etc)* pantalla. **3** *fig* cortina: ***a screen of trees*** una cortina de árboles. ‖ **4** *vt (protect)* proteger. **5** *(hide)* ocultar, tapar. **6** *(test)* examinar. **7** *(film)* proyectar.

■ **screen test** CINEM prueba; **screen door** puerta de tela metálica; **screen saver** protector *m* de pantalla.

screw [skru:] **1** *n (for fastening)* tornillo. **2** *(propeller)* hélice *f*. ‖ **3** *vt* atornillar. ‖ **4** *vt* - *vi vulg (have sex with)* joder.

♦ **to screw up 1** *vt (twist)* arrugar; *(face)* hacer una mueca. **2** *vt sl (ruin)* jorobar, fastidiar.

● **to screw money out of sb** *fam* sacarle dinero a algn.

screwdriver ['skru:draɪvə] *n* destornillador *m*.

scribble ['skrɪbl] **1** *n* garabatos *mpl*. ‖ **2** *vt* - *vi* garabatear.

script [skrɪpt] **1** *n (writing)* escritura. **2** *(handwriting)* letra. **3** CINEM guión *m*.

scrounge [skraʊndʒ] **1** *vi* gorrear, vivir de gorra. ‖ **2** *vt* gorrear (from, de/a).

● **to scrounge off sb** vivir a costa de algn.

scrub [skrʌb] **1** *n (undergrowth)* maleza. **2** *(cleaning)* fregado. || **3** *vt (gen)* fregar; *(clothes)* lavar.

scruff [skrʌf] *n* cogote *m*.

scruffy ['skrʌfɪ] *adj* desaliñado,-a.

scruple ['skruːpl] *n* escrúpulo.

scrupulous ['skruːpjʊləs] *adj* escrupuloso,-a.

scrutinize ['skruːtɪnaɪz] *vt* escudriñar, examinar a fondo.

scuba diving ['skuːbədaɪvɪŋ] *n* submarinismo.

sculptor ['skʌlptə] *n* escultor,-ra.

sculptress ['skʌlptrəs] *n* escultora.

sculpture ['skʌlptʃə] **1** *n* escultura. || **2** *vt* esculpir.

scum [skʌm] **1** *n (froth)* espuma. **2** *fig* escoria.

scurry ['skʌrɪ] *vi* correr.

♦ **to scurry away/off** *vi* escabullirse.

scuttle ['skʌtl] *vt* MAR hundir.

♦ **to scuttle away/off** *vi* escabullirse.

SE [saʊθ'iːst] *abbr (***southeast***)* sudeste *m*, sureste *m*; *(abbreviation)* SE.

sea [siː] *n* mar *m & f*.

● **at sea** *(sailing)* en el mar; *(disoriented)* desorientado,-a; **by the sea** a orillas del mar.

■ **sea level** nivel *m* del mar; **sea lion** león marino; **sea trout** trucha de mar, reo.

seafood ['siːfuːd] *n* mariscos *mpl*.

seafront ['siːfrənt] *n* paseo marítimo.

seagull ['siːgʌl] *n* gaviota.

sea-horse ['siːhɔːs] *n* caballito de mar.

seal [siːl] **1** *n* ZOOL foca. **2** *(stamp)* sello. || **3** *vt (envelope)* sellar; *(bottle)* tapar, cerrar.

♦ **to seal off 1** *vt (close)* cerrar. **2** *vt (block)* cerrar el acceso a.

■ **seal of approval** visto bueno, aprobación *f*.

seam [siːm] **1** *n (stitching)* costura. **2** TECH juntura, junta. **3** MED sutura. **4** *(of mineral)* veta.

seamstress ['semstrəs] *n* costurera.

search [sɜːtʃ] **1** *n* búsqueda. **2** *(of building, person)* registro. || **3** *vi* buscar (for, -). || **4** *vt (building)* registrar; *(person)* registrar, cachear.

● **in search of** en busca de.

■ **search engine** motor *m* de búsqueda; **search party** equipo de rescate; **search warrant** orden *f* de registro.

searchlight ['sɜːtʃlaɪt] *n* reflector *m*, proyector *m*.

seasick ['siːsɪk] *adj* mareado,-a.

seaside ['siːsaɪd] *n* playa, costa.

■ **seaside resort** centro turístico en la costa.

season ['siːzn] **1** *n (of year)* estación *f*. **2** *(time)* época. **3** *(for sport etc)* temporada. || **4** *vt (food)* sazonar.

● **in season** *(fruit)* en sazón; *(animal)* en celo; *(tourism)* en temporada alta; **out of season** *(fruit)* fuera de temporada; *(tourism)* en temporada baja.

■ **season ticket** abono.

seashore ['siːʃɔː] *n* orilla del mar.

seat [siːt] **1** *n* asiento. **2** *(at theatre etc)* localidad *f*. **3** *(of cycle)* sillín *m*. **4** *(centre)* sede *f*, centro. **5** *(in parliament)* escaño. || **6** *vt* sentar. **7** *(accommodate)* tener cabida para.

● **to take a seat** sentarse, tomar asiento.

■ **seat belt** cinturón *m* de seguridad.

secluded [sɪ'kluːdɪd] *adj* aislado,-a, apartado,-a.

second ['seknd] **1** *adj* segundo,-a. || **2** *n (time)* segundo. || **3** *adv* segundo, en segundo lugar. || **4** *vt (support)* apoyar, secundar. **5** ([sɪ'kɒnd]) GB *(transfer)* trasladar temporalmente. || **6 seconds** *npl* COMM artículos *mpl* defectuosos.

● **to have second thoughts about sth** dudar de algo.

■ **second class** segunda clase *f*; **second hand** *(of watch)* segundero.

secondary ['sekəndərɪ] *adj* secundario,-a.

second-class ['sekəndklɑːs] *adj* de segunda clase.

second-hand ['sekəndhænd] *adj* de segunda mano.
secondly ['sekndlı] *adv* en segundo lugar.
secrecy ['siːkrəsı] *n* secreto.
secret ['siːkrət] **1** *adj* secreto,-a. ‖ **2** *n* secreto.
• **in secret** en secreto.
■ **secret service** servicio secreto.
secretary ['sekrətrı] *n* secretario,-a.
■ **Secretary of State** *(in GB)* ministro,-a con cartera; *(in US)* ministro,-a de Asuntos Exteriores.
secrete [sı'kriːt] *vt* secretar, segregar.
secretly ['siːkrətlı] *adv* en secreto.
sect [sekt] *n* secta.
section ['sekʃn] **1** *n (gen)* sección *f*. ‖ **2** *vt* cortar, seccionar.
sector ['sektə] *n* sector *m*.
secular ['sekjʊlə] **1** *adj (education)* laico,-a. **2** *(art, music)* profano,-a.
secure [sı'kjʊə] **1** *adj* seguro,-a. ‖ **2** *vt (fasten)* sujetar, fijar; *(window etc)* asegurar. **3** *(make safe)* proteger. **4** *(obtain)* obtener, conseguir.
security [sı'kjʊərıtı] **1** *n (safety)* seguridad *f*. **2** *(property)* fianza, aval *m*. ‖ **3 securities** *npl* COMM valores *mpl*.
■ **security guard** guardia *m* de seguridad.
sedative ['sedətıv] **1** *adj* sedativo,-a, sedante. ‖ **2** *n* calmante *m*, sedante *m*.
sedentary ['sedntrı] *adj* sedentario,-a.
sediment ['sedımənt] *n* sedimento.
seduce [sı'djuːs] *vt* seducir.
see [siː] **1** *vt* - *vi* (*pt* **saw**; *pp* **seen**) ver. **2** *(ensure)* procurar: ***see that you arrive on time*** procura llegar a la hora. **3** *(accompany)* acompañar (to, a): ***he saw her to the door*** la acompañó a la puerta. ‖ **4** *n* sede *f*.
♦ **to see about** *vt* ocuparse de ♦ **to see off** *vt* despedirse de ♦ **to see out 1** *vt (last)* durar. **2** *vt (go to door with)* acompañar hasta la puerta ♦ **to see through** *vt* calar a, verle el plumero a ♦ **to see to** *vt* ocuparse de.
• **see you later!** ¡hasta luego!; **to be seeing things** ver visiones; **to see red** ponerse hecho,-a una furia; **we'll see** ya veremos.
seed [siːd] **1** *n (of plant)* semilla; *(of fruit)* pepita. **2** SP cabeza *m* de serie.
seedy ['siːdı] **1** *adj* sórdido,-a. **2** *(unwell)* pachucho,-a.
seek [siːk] **1** *vt* (*pt* & *pp* **sought**) *(look for)* buscar. **2** *(ask for)* solicitar.
♦ **to seek out** *vt* buscar.
seem [siːm] *vi* parecer: ***it seems to me that ...*** me parece que ...
• **so it seems** eso parece.
seeming ['siːmıŋ] *adj* aparente.
seemingly ['siːmıŋlı] *adv* aparentemente, al parecer.
seen [siːn] *pp* → **see**.
seep [siːp] *vi* filtrarse.
seesaw ['siːsɔː] *n* balancín *m*.
see-through ['siːθruː] *adj* transparente.
segment ['segmənt] *n* segmento.
segregate ['segrıgeıt] *vt* segregar.
segregation [segrı'geıʃn] *n* segregación *f*.
seize [siːz] **1** *vt (grab)* asir, agarrar, coger. **2** JUR incautar, embargar. **3** MIL tomar, apoderarse de.
♦ **to seize up** *vi* agarrotarse.
seizure ['siːʒə] **1** *n* JUR incautación *f*, embargo. **2** MED ataque *m (de apoplejía)*.
seldom ['seldəm] *adv* raramente, rara vez.
select [sı'lekt] **1** *vt* escoger, elegir. **2** SP seleccionar. ‖ **3** *adj* selecto,-a, escogido,-a.
selection [sı'lekʃn] **1** *n* selección *f*. **2** *(choosing)* elección *f*. **3** *(range)* surtido.
selective [sı'lektıv] *adj* selectivo,-a.
self [self] *n* (*pl* **selves** [selvz]) yo, identidad *f* propia: ***my other self*** mi otro yo.
self-assured [selfə'ʃʊəd] *adj* seguro,-a de sí mismo,-a.
self-centred [self'sentəd] *adj* egocéntrico,-a.

self-confidence [self'kɒnfɪdəns] *n* confianza en sí mismo,-a.
self-conscious [self'kɒnʃəs] *adj* cohibido,-a, tímido,-a.
self-defence [selfdɪ'fens] *n* defensa personal, autodefensa.
● **in self-defence** en defensa propia.
self-employed [selfɪm'plɔɪd] *adj* autónomo,-a, que trabaja por cuenta propia.
self-government [self'gʌvnmənt] *n* autonomía, autogobierno.
selfish ['selfɪʃ] *adj* egoísta.
selfishness ['selfɪʃnəs] *n* egoísmo.
self-respect [selfrɪ'spekt] *n* amor *m* propio, dignidad *f.*
self-righteous [self'raɪtʃəs] *adj* altivo, -a.
self-service [self'sɜːvɪs] **1** *adj* de autoservicio. ‖ **2** *n* autoservicio.
sell [sel] *vt* - *vi* (pt & pp sold) vender.
♦ **to sell off 1** *vt (cheaply)* liquidar. **2** *vi* venderse ♦ **to sell out 1** *vi (be disloyal)* claudicar, venderse. **2** *vt* agotarse: ***the tickets are sold out*** las localidades están agotadas ♦ **to sell up** *vi* venderlo todo.
● **to be sold on sth** *fam* entusiasmarse por algo.
sell-by date ['selbaɪdeɪt] *n* fecha de caducidad *f.*
seller ['selə] *n* vendedor,-ra.
Sellotape® ['selәteɪp] *n* Celo®, cinta adhesiva.
semen ['siːmən] *n* semen *m.*
semester [sɪ'mestə] *n* semestre *m.*
semicircle ['semɪsɜːkl] *n* semicírculo.
semicolon [semɪ'kəʊlən] *n* punto y coma.
semidetached [semɪdɪ'tætʃt] **1** *adj* adosado,-a. ‖ **2** *n* casa adosada.
semifinal [semɪ'faɪnl] *n* semifinal *f.*
seminar ['semɪnɑ] *n* seminario.
senate ['senət] *n* senado.
senator ['senətə] *n* senador,-ra.
send [send] **1** *vt* (*pt & pp* sent) *(gen)* enviar, mandar: ***send me the results*** envíeme los resultados. **2** *(cause to become)* volver: ***the noise sent her mad*** el ruido la volvió loca.
♦ **to send away** *vt* despachar ♦ **to send away for** *vt* pedir algo por correo ♦ **to send back 1** *vt (goods etc)* devolver. **2** *vt (person)* hacer volver ♦ **to send for 1** *vt (person)* mandar llamar a. **2** *vt (thing, by post)* pedir por correo ♦ **to send in 1** *vt (post)* mandar, enviar. **2** *vt (visitor)* hacer pasar ♦ **to send off 1** *vt (post)* enviar. **2** *vt (football)* expulsar ♦ **to send on 1** *vt (letter)* hacer seguir. **2** *vt (luggage)* mandar por adelantado.
● **to send sb packing** *fam* mandar a algn a freír espárragos; **to send sth flying** hacer saltar por los aires; **to send word** mandar recado.
sender ['sendə] *n* remitente *mf.*
send-off ['sendɒf] *n fam* despedida.
senile ['siːnaɪl] *adj* senil.
senior ['siːnɪə] **1** *adj (in age)* mayor; *(in rank)* superior. **2** *(with longer service)* de más antigüedad. ‖ **3** *n (in age)* mayor *mf*; *(in rank)* superior *m.*
■ **senior citizen** jubilado,-a, persona de la tercera edad.
sensation [sen'seɪʃn] *n* sensación *f.*
● **to be a sensation** ser todo un éxito.
sensational [sen'seɪʃənl] **1** *adj* sensacional. **2** *(exaggerated)* sensacionalista.
sense [sens] **1** *n (gen)* sentido. **2** *(feeling)* sentimiento, sensación *f.* **3** *(wisdom)* juicio, sentido común. **4** *(meaning)* sentido, significado. ‖ **5** *vt* sentir, percibir.
● **in a sense** hasta cierto punto; **there's no sense in ...** ¿de qué sirve ...?; **to come to one's senses** recobrar el juicio; **to make sense** *(have meaning)* tener sentido; *(be sensible)* ser sensato,-a; **to make sense of sth** entender algo.
■ **sense of humour** sentido del humor.
senseless ['sensləs] **1** *adj (unconscious)* inconsciente. **2** *(foolish)* absurdo,-a, insensato,-a.

sensibility [sensɪ'bɪlɪtɪ] *n* sensibilidad *f*.
sensible ['sensɪbl] *adj* sensato,-a, razonable.
sensitive ['sensɪtɪv] **1** *adj (responsive)* sensible (to, a). **2** *(touchy)* susceptible. **3** *(document)* confidencial.
sensual ['sensjʊel] *adj* sensual.
sent [sent] *pt & pp* → **send**.
sentence ['sentəns] **1** *n* frase *f*, oración *f*. **2** JUR sentencia, fallo, condena. ‖ **3** *vt* JUR condenar (to, a).
● **to pass sentence on sb** imponer una pena a algn.
sentimental [sentɪ'mentl] *adj* sentimental.
sentry ['sentrɪ] *n* centinela *m & f*.
Sep [sep'tembə] *abbr (*September*)* setiembre, septiembre.
separate ['seprət] **1** *vt (move apart)* separar. **2** *(divide)* dividir (into, en). ‖ **3** *vi* separarse. ‖ **4** *adj* (['seprət]) *(individual)* separado,-a: ***they sleep in separate rooms*** duermen en habitaciones separadas. **5** *(different)* distinto,-a.
separately ['seprətlɪ] *adv* por separado.
separation [sepə'reɪʃn] *n* separación *f*.
September [səp'tembə] *n* septiembre *m*.
sequel ['siːkwəl] **1** *n (consequence)* secuela. **2** *(follow up)* continuación *f*.
sequence ['siːkwəns] **1** *n (scene)* secuencia. **2** *(series)* sucesión *f*.
serene [sə'riːn] *adj* sereno,-a, tranquilo,-a.
sergeant ['sɑːdʒənt] **1** *n* MIL sargento. **2** *(of police)* cabo.
■ **sergeant major** sargento mayor, brigada *m*.
serial ['sɪərɪəl] *n* TV serial *m*; *(book)* novela por entregas.
■ **serial killer** asesino,-a en serie.
series ['sɪəriːz] **1** *n* (*pl* series) serie *f*. **2** *(of films, lectures)* ciclo.
serious ['sɪərɪəs] **1** *adj* serio,-a. **2** *(causing concern)* grave.
● **seriously wounded** herido,-a de gravedad; **to be serious** person hablar en serio.
seriously ['sɪərɪəslɪ] **1** *adv (in earnest)* en serio. **2** *(severely)* seriamente, gravemente.
● **to take seriously** tomarse en serio.
seriousness ['sɪərɪəsnəs] *n* seriedad *f*, gravedad *f*.
sermon ['sɜːmən] *n* sermón *m*.
servant ['sɜːvnt] *n* criado,-a.
serve [sɜːv] **1** *vt* - *vi (work for)* servir: ***he has served the company for thirty years*** sirvió a la empresa durante treinta años. **2** *(food, drink)* servir. **3** *(in shop)* despachar, servir. **4** SP sacar. ‖ **5** *vt (provide)* equipar (with, de). **6** *(sentence)* cumplir.
● **to serve time** cumplir una condena; **it serves him** *etc* right *fam* lo tiene bien merecido.
service ['seːvɪs] **1** *n* servicio. **2** *(maintenance)* revisión *f*; *(of car)* puesta a punto. **3** REL oficio. **4** *(of dishes)* juego, servicio. **5** *(tennis)* saque *m*, servicio.
● **at your service** a su disposición; **in service** en funicionamiento; **out of service** fuera de servicio.
■ **service station** estación *f* de servicio.
serviceman ['sɜːvɪsmən] *n* militar *m*.
serviette [sɜːvɪ'et] *n* GB servilleta.
session ['seʃn] *n* sesión *f*.
set [set] **1** *n* juego; *(of books, poems)* colección *f*. **2** MATH conjunto. **3** *(tennis)* set *m*. **4** TV plató; CINEM THEAT escenario, decorado. **5** TV RAD aparato. ‖ **6** *adj (fixed)* fijo,-a. **7** *(rigid)* rígido,-a; *(opinion)* inflexible. **8** *(ready)* listo,-a (for/to, para): ***are you all set to go?*** ¿estáis listos para salir? ‖ **9** *vt* (*pt & pp* set) *(put, place)* poner, colocar; *(trap)* tender; *(table)* poner. **10** *(arrange)* fijar. **11** *(adjust)* ajustar; *(clock, alarm)* poner. **12** *(give, assign)* poner. **13** *(precious stone)* montar. **14** *(hair)* marcar. ‖ **15** *vi (sun)* ponerse. **16** *(liquid, jelly)* cuajar; *(cement)* endurecerse.
♦ **to set about** *vt* empezar a: ***they set about cleaning the house*** se pusieron a limpiar la casa ♦ **to set aside 1** *vt*

(save) guardar, reservar. **2** *vt (disregard)* dejar de lado ♦ **to set back 1** *vt (at a distance)* apartar: ***the house is set back from the road*** la casa está apartada de la carretera. **2** *vt (make late)* retrasar. **3** *vt fam (cost)* costar ♦ **to set down 1** *vt (write)* poner por escrito. **2** *vt* GB *(leave off)* dejar ♦ **to set in** *vi (bad weather)* comenzar; *(problems etc)* surgir ♦ **to set off 1** *vi* salir, ponerse en camino. **2** *vt (bomb)* hacer estallar; *(alarm)* hacer sonar, hacer saltar ♦ **to set out 1** *vi* partir, salir (**for,** para). **2** *vi (intend)* proponerse (**to,** -), pretender (**to,** -). **3** *vt* disponer, exponer ♦ **to set up 1** *vt (raise)* levantar; *(tent, stall)* montar. **2** *vt (found)* crear, montar. **3** *vt (arrange)* planear, convocar.

• **to set (oneself) up** establecerse (**as,** como); **to be set on doing sth** estar empeñado,-a en hacer algo; **to set sb free** poner a algn en libertad; **to set the pace** marcar el paso; **to set to work** ponerse a trabajar.

■ **set lunch** menú *m* del día; **set phrase** frase *f* hecha; **set price** precio fijo.

setback ['setbæk] *n* revés *m,* contratiempo.

settee [se'tiː] *n* sofá *m.*

setting ['setɪŋ] **1** *n (of jewel)* engaste *m.* **2** *(background)* marco; *(of film etc)* escenario. **3** *(of machine etc)* posición *f.*

settle ['setl] **1** *vt (decide on)* acordar. **2** *(sort out)* resolver. **3** *(calm)* calmar. **4** *(debt)* pagar. **5** *(colonize)* colonizar, poblar. ‖ **6** *vi (bird)* posarse; *(sediment, dust)* depositarse, asentarse. **7** *(sit down)* acomodarse (**into,** en). **8** *(go and live)* afincarse, establecerse. **9** *(calm down)* calmarse; *(weather)* estabilizarse.

♦ **to settle down 1** *vi (in place)* instalarse, afincarse. **2** *vi (live a quiet life)* sentar la cabeza. **3** *vi (adapt)* adaptarse ♦ **to settle for** *vt* conformarse con ♦ **to settle in** *vi (in job)* adaptarse; *(in home)* instalarse ♦ **to settle on** *vt* decidirse por.

• **to settle out of court** JUR llegar a un acuerdo amistoso.

settlement ['setlmənt] **1** *n (village)* poblado; *(colony)* colonia. **2** *(agreement)* acuerdo. **3** *(of bill, debt)* pago.

settler ['setlə] *n* poblador,-ra, colono.

setup ['setʌp] **1** *n (arrangement)* sistema *m,* organización *f.* **2** *fam* montaje *m.*

seven ['sevn] *num* siete.

seventeen [sevn'tiːn] *num* diecisiete.

seventeenth [sevn'tiːnθ] **1** *adj* decimoséptimo,-a. ‖ **2** *n (fraction)* decimoséptimo, decimoséptima parte *f.*

seventh ['sevnθ] **1** *adj - n* séptimo, -a. ‖ **2** *n (fraction)* séptimo, séptima parte *f.*

seventieth ['sevntɪəθ] **1** *adj - n* septuagésimo,-a. ‖ **2** *n (fraction)* septuagésimo, septuagésima parte *f.*

seventy ['sevntɪ] *num* setenta.

sever ['sevə] **1** *vt* cortar. ‖ **2** *vi* romperse.

several ['sevrəl] *adj - pron (a few)* varios,-as.

severe [sɪ'vɪə] **1** *adj (strict)* severo,-a. **2** *(pain)* agudo,-a; *(illness)* grave; *(climate)* duro,-a.

severely [sɪ'vɪəlɪ] **1** *adv (sternly)* severamente. **2** *(badly)* gravemente.

sew [səʊ] *vt - vi* (*pp* **sewed** *o* **sewn**) coser (**on,** a).

sewage ['sjuːɪdʒ] *n* aguas *fpl* residuales.

■ **sewage system** alcantarillado.

sewer [sjʊə] *n* alcantarilla, cloaca.

sewing ['səʊɪŋ] *n* costura.

■ **sewing machine** máquina de coser.

sewn [səʊn] *pp* → **sew**.

sex [seks] *n* sexo.

• **to have sex with** tener relaciones sexuales con.

■ **sex appeal** atractivo sexual.

sexist ['seksɪst] **1** *adj* sexista. ‖ **2** *n* sexista *mf.*

sexual ['seksjʊəl] *adj* sexual.

sexuality [seksjʊ'ælɪtɪ] *n* sexualidad *f.*

sexy ['seksɪ] *adj* sexi.

shabby ['ʃæbɪ] **1** *adj (clothes)* raído,-a,

desharrapado,-a. **2** *(person)* mal vestido,-a. **3** *(mean)* mezquino,-a.

shack [ʃæk] *n* choza.

shade [ʃeɪd] **1** *n (shadow)* sombra. **2** *(of lamp)* pantalla. **3** *(of colour)* matiz *m*. ‖ **4** *vt (eyes)* proteger contra el sol o la luz; *(place)* dar sombra.

shadow [ˈʃædəʊ] **1** *n* sombra. ‖ **2** *vt fig* seguir la pista a.

● **without a shadow of doubt** sin lugar a dudas.

shady [ˈʃeɪdɪ] **1** *adj (place)* a la sombra. **2** *fam (suspicious)* sospechoso,-a.

shaft [ʃɑːft] **1** *n (of axe, tool)* mango; *(of arrow)* astil *m*. **2** TECH eje *m*. **3** *(of mine)* pozo; *(of lift)* hueco. **4** *(of light)* rayo.

shaggy [ˈʃægɪ] *adj (person)* desgreñado,-a; *(dog)* peludo,-a.

shake [ʃeɪk] **1** *n (act)* sacudida. **2** *(milkshake)* batido. ‖ **3** *vt* (*pt* shook; *pp* shaken [ˈʃeɪkən]) *(agitate)* sacudir, agitar; *(building etc)* hacer temblar. **4** *(shock)* trastornar, conmocionar. ‖ **5** *vi* temblar.

♦ **to shake off 1** *vt (get rid)* sacudirse. **2** *vt (elude)* quitarse de encima ♦ **to shake up 1** *vt (liquid)* agitar. **2** *vt (shock)* conmocionar. **3** *vt (rearrange)* reorganizar.

● **to shake hands** darse la mano; **to shake one's head** negar con la cabeza.

shake-up [ˈʃeɪkʌp] *n fig* reorganización *f*.

shaky [ˈʃeɪkɪ] **1** *adj (gen)* tembloroso,-a; *(ladder etc)* inestable, poco firme. **2** *(health)* débil. **3** *fig (argument etc)* sin fundamento.

shall [ʃæl, unstressed ʃəl] **1** *aux (future)*: ***I shall go tomorrow*** iré mañana; ***we shall see them on Sunday*** los veremos el domingo. **2** *(offers)*: ***shall I close the window?*** ¿cierro la ventana? **3** *(emphatic, command)*: ***you shall leave immediately*** debes irte enseguida.

shallow [ˈʃæləʊ] **1** *adj (not deep)* poco profundo,-a. **2** *fig* superficial.

sham [ʃæm] **1** *n* farsa. ‖ **2** *adj* falso,-a. ‖ **3** *vt - vi* fingir.

shambles [ˈʃæmbəlz] *n* desorden *m*, confusión *f*.

● **in a shambles** patas arriba.

shame [ʃeɪm] **1** *n (remorse)* vergüenza. **2** *(pity)* lástima, pena. ‖ **3** *vt* avergonzar.

● **to put to shame** dejar en mal lugar; **what a shame!** ¡qué pena!, ¡qué lástima!

shameful [ˈʃeɪmfʊl] *adj* vergonzoso,-a.

shameless [ˈʃeɪmləs] *adj* desvergonzado,-a.

shampoo [ʃæmˈpuː] **1** *n* champú *m*. ‖ **2** *vt* lavar con champú.

shandy [ˈʃændɪ] *n* GB clara, cerveza con gaseosa.

shape [ʃeɪp] **1** *n (gen)* forma; *(shadow)* figura, silueta. **2** *(condition)* estado. ‖ **3** *vt (gen)* dar forma a; *(clay)* modelar. **4** *(influence)* determinar, formar. ‖ **5 to shape (up)** *vi* desenvolverse.

● **out of shape** en baja forma; **to get into shape** ponerse en forma.

shapeless [ˈʃeɪpləs] *adj* informe, sin forma.

share [ʃeə] **1** *n (portion)* parte *f*. **2** FIN acción *f*. ‖ **3** *vt - vi* compartir. ‖ **4** *vt (divide)* repartir, dividir.

● **to do one's share** hacer uno su parte.

shareholder [ˈʃeəhəʊldə] *n* accionista *mf*.

shark [ʃɑːk] **1** *n* ZOOL tiburón *m*. **2** *fam (person)* estafador,-ra, timador,-ra.

sharp [ʃɑːp] **1** *adj (knife)* afilado,-a; *(pointed object)* puntiagudo,-a. **2** *(alert)* avispado,-a, espabilado,-a. **3** *(intense)* fuerte; *(pain, cry)* agudo,-a. **4** *(sudden)* brusco,-a. **5** *(distinct)* definido,-a, nítido,-a. **6** *(criticism)* mordaz; *(scolding)* severo,-a. **7** MUS sostenido,-a: ***F sharp*** fa sostenido. ‖ **8** *adv* en punto: ***at ten o'clock sharp*** a las diez en punto.

sharpen [ˈʃɑːpn] **1** *vt (knife)* afilar; *(pencil)* sacar punta a. **2** *fig* agudizar.

sharpener [ˈʃɑːpnə] *n (for knife)* afilador *m*; *(for pencil)* sacapuntas *m inv*.

shatter [ˈʃætə] **1** *vt (break)* romper, hacer añicos. **2** *(destroy)* destrozar, destruir. **3** *(exhaust)* agotar. || **4** *vi* romperse, hacerse añicos.

● **to be shattered** estar destrozado,-a.

shave [ʃeɪv] **1** *n* afeitado. || **2** *vt (person)* afeitar. || **3** *vi (person)* afeitarse.

● **to have a close shave** *fig* salvarse por los pelos.

shaver [ˈʃeɪvə] *n* máquina de afeitar.

shaving [ˈʃeɪvɪŋ] **1** *n* afeitado. **2** *(wood)* viruta.

■ **shaving brush** brocha de afeitar; **shaving foam** espuma de afeitar.

shawl [ʃɔːl] *n* chal *m*.

she [ʃiː] *pron* ella.

shear [ʃɪə] **1** *vt* (*pp* sheared *o* shorn) esquilar. || **2 shears** *npl* tijeras *fpl (grandes)*.

sheath [ʃiːθ] **1** *n* (*pl* sheaths [ʃiːðz]) *(for sword)* vaina; *(for knife)* funda. **2** *(condom)* preservativo.

shed [ʃed] **1** *n (in garden)* cobertizo; *(workman's)* barraca. || **2** *vt* (*pt & pp* shed) *(pour forth)* derramar. **3** *(throw off)* despojarse de; *(get rid of)* deshacerse de.

● **to shed its skin** mudar de piel.

sheep [ʃiːp] *n* (*pl* sheep) oveja.

sheer [ʃɪə] **1** *adj (cliff)* escarpado,-a. **2** *(stockings etc)* fino,-a.

sheet [ʃiːt] **1** *n (on bed)* sábana. **2** *(of paper)* hoja; *(of metal, glass, etc)* lámina; *(of ice)* capa.

■ **sheet metal** chapa de metal; **sheet music** partitura.

shelf [ʃelf] **1** *n (on wall)* estante *m*. || **2 shelves** *npl* estantería *f sing*.

shell [ʃel] **1** *n (of egg, nut)* cáscara. **2** *(of pea)* vaina. **3** *(of tortoise, lobster)* caparazón *m*. **4** *(of snail, oyster)* concha. **5** *(of building)* armazón *m*, esqueleto. **6** MIL proyectil *m*. || **7** *vt (nuts)* descascarar; *(peas)* desvainar. **8** MIL bombardear.

♦ **to shell out** *vt fam* soltar, pagar.

shellfish [ˈʃelfɪʃ] *n (pl* shellfish*)* marisco.

shelter [ˈʃeltə] **1** *n (protection)* abrigo, protección *f*. **2** *(building)* refugio. **3** *(for homeless)* asilo. || **4** *vt* abrigar, amparar. || **5** *vi* refugiarse.

● **to take shelter** refugiarse (**from,** de).

shelve [ʃelv] **1** *vt (put on shelf)* poner en la estantería. **2** *fig (postpone)* dar carpetazo.

shepherd [ˈʃepəd] *n* pastor *m*.

sherry [ˈʃerɪ] *n vino de* jerez *m*.

shield [ʃiːld] **1** *n* MIL escudo; *(of police)* placa. **2** TECH pantalla protectora. || **3** *vt* proteger (from, de).

shift [ʃɪft] **1** *n (change)* cambio. **2** *(of work, workers)* turno. || **3** *vt (change)* cambiar; *(move)* cambiar de sitio, desplazar. || **4** *vi (change)* cambiar; *(move)* cambiarse de sitio, desplazarse.

shilling [ˈʃɪlɪŋ] *n* chelín *m*.

shimmer [ˈʃɪmə] **1** *n* luz *f* trémula. || **2** *vi* relucir, rielar.

shin [ʃɪn] *n* espinilla.

shine [ʃaɪn] **1** *n* brillo, lustre *m*. || **2** *vi* (*pt & pp* shone) brillar; *(metal)* relucir. **3** *fig (excel)* sobresalir (at, en). || **4** *vt (light)* dirigir. **5** (*pt & pp* shined) *(shoes)* sacar brillo a.

shingle [ˈʃɪŋgl] **1** *n (pebbles)* guijarros *mpl*. || **2 shingles** *npl* MED herpes *m inv*.

shining [ˈʃaɪnɪŋ] **1** *adj (gleaming)* brillante, reluciente. **2** *(outstanding)* destacado,-a.

shiny [ˈʃaɪnɪ] *adj* brillante.

ship [ʃɪp] **1** *n* barco, buque *m*. || **2** *vt (send)* enviar; *(by ship)* enviar por barco.

● **on board ship** a bordo.

shipment [ˈʃɪpmənt] **1** *n (goods)* cargamento. **2** *(act)* envío.

shipping [ˈʃɪpɪŋ] **1** *n (ships)* barcos *mpl*. **2** *(sending)* envío; *(transporting)* transporte *m*.

shipwreck [ˈʃɪprek] *n* naufragio.

● **to be shipwrecked** naufragar.

shipyard [ˈʃɪpjɑːd] *n* astillero.

shirt [ʃɜːt] *n* camisa.

● **in shirt sleeves** en mangas de camisa.

shit [ʃɪt] **1** *n vulg* mierda. || **2** *vi* (*pt & pp* shitted *o* shit) *vulg* cagar.
shiver ['ʃɪvə] **1** *n* escalofrío. || **2** *vi* tiritar, estremecerse.
shock [ʃɒk] **1** *n (jolt)* choque *m*, sacudida. **2** *(upset)* golpe *m*. **3** *(scare)* susto. **4** MED shock *m*. || **5** *vt (upset)* conmocionar. **6** *(startle)* asustar.
shocking ['ʃɒkɪŋ] **1** *adj (horrific)* espantoso,-a, horroroso,-a. **2** *(disgraceful)* chocante. **3** *(colour)* chillón: ***shocking pink*** rosa chillón.
shod [ʃɒd] *pt & pp* → **shoe**.
shoddy ['ʃɒdɪ] *adj* chapucero,-a.
shoe [ʃuː] **1** *n* zapato. **2** *(for horse)* herradura. || **3** *vt* (*pt & pp* shod) *(horse)* herrar.
■ **shoe polish** betún *m*; **shoe shop** zapatería.
shoehorn ['ʃuːhɔːn] *n* calzador *m*.
shoemaker ['ʃuːmeɪkə] *n* zapatero,-a.
shone [ʃɒn] *pt & pp* → **shine**.
shook [ʃʊk] *pt* → **shake**.
shoot [ʃuːt] **1** *n* BOT brote *m*, retoño. **2** GB *(shooting party)* cacería. || **3** *vt* (*pt & pp* shot) pegar un tiro a. **4** *(missile)* lanzar; *(arrow, bullet)* disparar. **5** *(film)* rodar; *(photo)* fotografiar. || **6** *vi* disparar (at, a).
♦ **to shoot down** *vt (aircraft)* derribar
♦ **to shoot out** *vi* salir disparado,-a
♦ **to shoot past** *vi* pasar volando ♦ **to shoot up 1** *vi (flames)* salir; *(prices)* dispararse; *(plant, child)* crecer rápidamente. **2** *vi sl (heroin etc)* chutarse.
■ **shooting star** estrella fugaz.
shop [ʃɒp] **1** *n (gen)* tienda. **2** *(business)* comercio, negocio. **3** *(workshop)* taller *m*. || **4** *vi* hacer compras.
● **to set up shop** abrir un negocio; **to talk shop** hablar del trabajo.
■ **shop assistant** dependiente,-a; **shop floor** obreros *mpl*, trabajadores *mpl*; **shop window** escaparate *m*.
shoplifting ['ʃɒplɪftɪŋ] *n* hurto *(en tiendas)*.
shopper ['ʃɒpə] *n* comprador,-ra.
shopping ['ʃɒpɪŋ] *n* compras *fpl*.
● **to go shopping** ir de compras.
■ **shopping arcade** galerías *fpl* (comerciales); **shopping centre** centro comercial.
shore [ʃɔː] *n (of sea, lake)* orilla; *(coast)* costa.
♦ **shore up** *vt (building)* apuntalar.
● **on shore** en tierra.
shorn [ʃɔːn] *pp* → **shear**.
short [ʃɔːt] **1** *adj* corto,-a. **2** *(person)* bajo,-a. **3** *(brief)* breve, corto,-a. **4** *(curt)* seco,-a, brusco,-a. || **5** *adv* bruscamente. || **6** *n (drink)* bebida corta, copa. **7** CINEM cortometraje *m*. **8** ELEC cortocircuito. || **9** **shorts** *npl* pantalón *m sing* corto.
● **at short notice** con poca antelación; **in short** en pocas palabras; **for short** para abreviar; **shortly after** poco después; **to be short of** andar escaso,-a de, andar mal de; **to be sth short** faltar algo: ***we're a chair short*** nos falta una silla; **to cut short** interrumpir; **to stop short** frenar en seco.
■ **short circuit** cortocircuito; **short cut** atajo.
shortage ['ʃɔːtɪdʒ] *n* falta, escasez *f*.
shortcomings ['ʃɔːtkʌmɪŋz] *npl* defectos *mpl*.
shorten ['ʃɔːtn] **1** *vt* acortar, abreviar, reducir. || **2** *vi* acortarse.
shorthand ['ʃɔːthænd] *n* taquigrafía.
■ **shorthand typing** taquimecanografía.
shortly ['ʃɔːtlɪ] *adv* dentro de poco, en breve.
● **shortly after** poco después; **shortly before** poco antes.
short-sighted [ʃɔːt'saɪtɪd] *adj* corto,-a de vista.
short-term ['ʃɔːttɜːm] *adj* a corto plazo.
shot [ʃɒt] **1** *pt & pp* → **shoot**. || **2** *n (with gun)* tiro, disparo, balazo. **3** *(projectile)* bala. **4** *(person)* tirador,-ra. **5** *(kick)* tiro *a gol*, chut *m*. **6** *(try)* intento. **7** *(injection)* inyección *f*, pinchazo. **8** *(drink)* trago. **9** *(photo)* foto *f*; *(cinema)* toma.

● **to be off like a shot** salir disparado,-a; **to have a shot at sth** intentar hacer algo; **not by a long shot** *fig* ni mucho menos.

shotgun ['ʃɒtgʌn] *n* escopeta.

should [ʃʊd] **1** *aux (duty, advice)* deber: ***you should see the dentist*** deberías ir al dentista. **2** *(probability)* deber de: ***the clothes should be dry now*** la ropa ya debe de estar seca.

● **I should like to ask a question** quisiera hacer una pregunta; **I should think so** me imagino que sí.

shoulder ['ʃəʊldə] **1** *n (of person)* hombro. **2** *(of meat)* espalda. || **3** *vt* cargar con.

● **shoulder to shoulder** hombro con hombro; **to give sb the cold shoulder** volver la espalda a algn.

■ **shoulder bag** bolso (de bandolera); **shoulder blade** omoplato, omóplato.

shout [ʃaʊt] **1** *n* grito. || **2** *vt* - *vi* gritar.

♦ **to shout down** *vt* hacer callar a gritos.

shove [ʃʌv] **1** *n* empujón *m*. || **2** *vt* - *vi* empujar.

♦ **to shove off** *vi fam* largarse.

shovel ['ʃʌvl] **1** *n* pala. || **2** *vt* mover con pala, quitar con pala.

show [ʃəʊ] **1** *n* THEAT *(entertainment)* espectáculo; *(performance)* función *f*. **2** RAD TV programa *m*. **3** *(exhibition)* exposición *f*. **4** *(display)* demostración *f*. || **5** *vt* (*pp* showed *o* shown) *(gen)* mostrar, enseñar. **6** *(teach)* enseñar. **7** *(indicate)* indicar. **8** *(demonstrate)* demostrar. **9** *(at exhibition)* exponer. **10** *(guide)* llevar, acompañar. || **11** *vt* - *vi* Cinem TV poner: ***what's showing?*** ¿qué ponen? || **12** *vi* notarse, verse: ***the stain doesn't show*** no se ve la mancha.

♦ **to show off** *vi* fardar, fanfarronear

♦ **to show up 1** *vt (reveal)* hacer resaltar, destacar. **2** *vt (embarrass)* dejar en ridículo. **3** *vi fam (arrive)* presentarse, aparecer.

● **time will show** el tiempo lo dirá; **to be on show** estar expuesto,-a; **to make a show of** hacer gala de, hacer alarde de; **to show sb in** hacer pasar a algn; **to steal the show** llevarse la palma.

■ **show business** el mundo del espectáculo; **show of hands** votación *f* a mano alzada.

showdown ['ʃəʊdaʊn] *n* enfrentamiento.

shower ['ʃaʊə] **1** *n (bath)* ducha. **2** METEOR chubasco, chaparrón *m*. **3** *(fall)* lluvia. || **4** *vt fig (bestow)* inundar, colmar. **5** *(spray)* regar. || **6** *vi (fall)* caer. **7** *(in bath)* ducharse.

● **to have a shower** ducharse.

shown [ʃəʊn] *pp* → **show**.

show-off ['ʃəʊɒf] *n fam* fanfarrón, -ona.

showroom ['ʃəʊrʊm] *n* ART sala de exposiciones.

showy ['ʃəʊɪ] *adj* ostentoso,-a, llamativo,-a.

shrank [ʃræŋk] *pt* → **shrink**.

shrapnel ['ʃræpnl] *n* metralla.

shred [ʃred] **1** *n (gen)* triza; *(of cloth)* jirón *m*; *(of paper)* tira. **2** *fig (bit)* pizca. || **3** *vt (paper)* hacer trizas; *(cloth)* hacer jirones; *(vegetables)* rallar.

● **to tear sth to shreds** hacer algo trizas.

shrewd [ʃruːd] *adj* astuto,-a, perspicaz.

shriek [ʃriːk] **1** *n* chillido, grito. || **2** *vi* chillar, gritar.

shrill [ʃrɪl] *adj* agudo,-a, chillón,-ona.

shrimp [ʃrɪmp] **1** *n* camarón *m*, gamba. **2** *pej* enano,-a.

shrine [ʃraɪn] **1** *n (holy place)* santuario. **2** *(chapel)* capilla; *(remote)* ermita.

shrink [ʃrɪŋk] **1** *vt* (*pt* shrank; *pp* shrunk) encoger. || **2** *vi* encogerse. || **3** *n fam* loquero, psiquiatra *mf*.

♦ **to shrink away from** *vi* retroceder, echarse atrás.

● **to shrink from doing sth** no tener valor para hacer algo.

shrivel ['ʃrɪvl] *vi* marchitarse.

shroud [ʃraʊd] 1 *n (cloth)* mortaja, sudario. 2 *(veil)* velo: ***a shroud of mistery*** un velo de misterio. ‖ 3 *vt fig* envolver.

shrub [ʃrʌb] *n* arbusto.

shrug [ʃrʌg] *vi* encogerse de hombros.
♦ **to shrug off** *vt* quitar importancia a.
● **to give a shrug** encogerse de hombros; **to shrug one's shoulders** encogerse de hombros.

shrunk [ʃrʌŋk] *pp* → **shrink**.

shudder ['ʃʌdə] 1 *n* escalofrío, estremecimiento. ‖ 2 *vi* estremecerse, temblar (**with**, de).

shuffle ['ʃʌfl] 1 *n (gait)*: ***to walk with a shuffle*** andar arrastrando los pies. 2 *(of cards)*: ***to give the cards a shuffle*** barajar las cartas. ‖ 3 *vt (cards)* barajar; *(papers)* revolver. ‖ 4 *vi* andar arrastrando los pies.

shush! [ʃʊʃ] *interj* ¡chis!, ¡chitón!

shut [ʃʌt] 1 *vt* (*pt & pp* **shut**) cerrar. ‖ 2 *vi* cerrarse.
♦ **to shut away** 1 *vt (person)* encerrar. 2 *vt (papers)* guardar bajo llave ♦ **to shut down** 1 *vt* cerrar. 2 *vi* cerrarse ♦ **to shut off** 1 *vt (interrupt)* cortar, cerrar. 2 *vt (isolate)* aislar (**from**, de) ♦ **to shut up** 1 *vt (close)* cerrar. 2 *vt fam (quieten)* hacer callar. 3 *vi fam (stop talking)* callar, callarse.

shutdown ['ʃʌtdaʊn] *n* cierre *m*.

shutter ['ʃʌtə] 1 *n (of window)* postigo, contraventana. 2 *(of camera)* obturador *m*.

shuttle ['ʃʌtl] 1 *n (by air)* puente *m* aéreo; *(bus, train)* servicio regular. 2 *(spacecraft)* transbordador *m*. ‖ 3 *vt* transportar. ‖ 4 *vi* ir y venir.

shy [ʃaɪ] 1 *adj* tímido,-a. ‖ 2 *vi* espantarse (**at**, de).
● **to be shy to do sth** no atreverse a hacer algo; **to shy away from sth** huir de algo.

shyness ['ʃaɪnəs] *n* timidez *f*.

Sicily ['sɪsɪlɪ] *n* Sicilia.

sick [sɪk] 1 *adj (ill)* enfermo,-a. 2 *(nauseated)* mareado,-a. 3 *(morbid)* morboso,-a.
● **to be sick** *(throw up)* vomitar; *(fed up)* estar harto,-a (**of**, de); **it makes me sick** *fam* me pone enfermo,-a.
■ **sick leave** baja por enfermedad; **sick pay** subsidio por enfermedad.

sicken ['sɪkn] 1 *vt* poner enfermo,-a. 2 *(revolt)* dar asco. ‖ 3 *vi* caer enfermo, -a, ponerse enfermo,-a.

sickening ['sɪknɪŋ] *adj* repugnante, asqueroso,-a.

sickly ['sɪklɪ] 1 *adj (unhealthy)* enfermizo,-a. 2 *(pale)* pálido,-a. 3 *(smell, taste)* empalagoso,-a. 4 *(colour)* horrible.

sickness ['sɪknəs] 1 *n (disease)* enfermedad *f*. 2 *(nausea)* náusea, mareo.

side [saɪd] 1 *n (gen)* lado. 2 *(of person)* costado; *(of animal)* ijar *m*, ijada. 3 *(edge)* borde *m*; *(of lake etc)* orilla. 4 *(faction)* bando, lado. 5 Sp equipo. 6 *(line of parentage)* parte: ***on my father's side*** por parte de mi padre. ‖ 7 *vi* ponerse del lado (**with**, de).
● **side by side** juntos,-as, uno,-a al lado de otro,-a; **to look on the bright side** ver el lado bueno de las cosas; **to put sth to one side** apartar algo; **to take sides with sb** ponerse de parte de algn.
■ **side dish** guarnición *f*; **side door** puerta lateral; **side entrance** entrada lateral; **side effect** efecto secundario.

sideboard ['saɪdbɔːd] 1 *n* aparador *m*. ‖ 2 **sideboards** *npl* patillas *fpl*.

sidelight ['saɪdlaɪt] *n* luz *f* de posición.

sideline ['saɪdlaɪn] 1 *n* Sp línea de banda. 2 *(extra job)* empleo suplementario.

sidelong ['saɪdlɒŋ] 1 *adj* de soslayo. ‖ 2 *adv* de lado.

sidetrack ['saɪdtræk] *vt* despistar, distraer.

sidewalk ['saɪdwɔːk] *n* US acera.

sideways ['saɪdweɪz] 1 *adj (movement)* lateral; *(look)* de soslayo. ‖ 2 *adv (movement)* de lado. 3 *(look)* de soslayo.

siege [siːdʒ] *n* sitio, cerco.
● **to lay siege to** sitiar, cercar.

sieve [sɪv] 1 *n (for flour)* tamiz *m*; *(for grain)* criba; *(for liquids)* colador *m*. ‖ 2 *vt (flour)* tamizar; *(grain)* cribar; *(liquid)* colar.

sift [sɪft] *vt* tamizar, cribar.
● **to sift through** examinar cuidadosamente.

sigh [saɪ] 1 *n* suspiro. ‖ 2 *vi* suspirar.

sight [saɪt] 1 *n (gen)* vista. 2 *(spectacle)* espectáculo. 3 *(thing seen)* imagen *f*. 4 *(on gun)* mira. ‖ 5 *vt* observar, ver; *(land)* divisar. ‖ 6 **sights** *npl (of city)* atracciones *fpl*, monumentos *mpl*. ‖ 7 **a sight** *adv fam* mucho: ***a sight cheaper*** mucho más barato,-a.
● **at first sight** a primera vista; **in sight** a la vista; **to catch sight of** ver, divisar; **to come into sight** aparecer; **to disappear out of sight** perderse de vista; **to know sb by sight** conocer a algn de vista; **to lose sight of** perder de vista; **to see the sights** visitar la ciudad.

sightseeing ['saɪtsiːɪŋ] *n* visita turística, turismo.

sign [saɪn] 1 *n (symbol)* signo. 2 *(gesture)* señal *f*, gesto. 3 *(board)* letrero; *(notice)* anuncio, aviso. 4 *(trace)* rastro, huella. ‖ 5 *vt - vi (name)* firmar.
♦ **to sign away** *vt* ceder ♦ **to sign in** *vi* firmar el registro ♦ **to sign on/up** *vt (worker)* contratar; *(player)* fichar.
● **as a sign of** como muestra de.

signal ['sɪgnl] 1 *n (indication)* señal *f*. 2 RAD TV sintonía. ‖ 3 *vi (with hands)* hacer señales; *(in car)* señalar. ‖ 4 *vt (indicate)* indicar, señalar. 5 *(gesture)* hacer señas.

signature ['sɪgnɪtʃə] *n* firma.

significance [sɪg'nɪfɪkəns] *n* trascendencia, importancia.

significant [sɪg'nɪfɪkənt] *adj* significativo,-a.

signify ['sɪgnɪfaɪ] 1 *vt (mean)* significar. 2 *(show)* mostrar.

signpost ['saɪnpəʊst] *n* señal *f* indicadora, poste *m* indicador.

silence ['saɪləns] 1 *n* silencio. ‖ 2 *vt* acallar, hacer callar.
● **in silence** en silencio.

silent ['saɪlənt] 1 *adj (gen)* silencioso,-a. 2 *(not talking)* callado,-a. 3 *(film, letter)* mudo,-a.
● **to be silent** callarse.

silently ['saɪləntlɪ] *adv* silenciosamente, en silencio.

silhouette [sɪluː'et] *n* silueta.

silk [sɪlk] *n* seda.

silkworm ['sɪlkwɜːm] *n* gusano de la seda.

silky ['sɪlkɪ] *adj* sedoso,-a.

sill [sɪl] *n* alféizar *m*, antepecho.

silly ['sɪlɪ] 1 *adj* tonto,-a, necio,-a. 2 *(absurd)* absurdo,-a.
● **to do sth silly** hacer una tontería.

silver ['sɪlvə] 1 *n (metal)* plata. 2 *(coins)* monedas *fpl* de plata. 3 *(tableware)* vajilla de plata, plata. ‖ 4 *adj* de plata, plateado,-a.
■ **silver foil** papel *m* de plata; **silver jubilee** veinticinco aniversario; **silver wedding** bodas *fpl* de plata.

silversmith ['sɪlvəsmɪθ] *n* platero,-a.

similar ['sɪmɪlə] *adj* parecido,-a, similar, semejante.

similarity [sɪmɪ'lærɪtɪ] *n* semejanza, parecido.

similarly ['sɪmɪləlɪ] *adv* igualmente, del mismo modo.

simmer ['sɪmə] 1 *vt* cocer a fuego lento. ‖ 2 *vi* cocerse a fuego lento.

simple ['sɪmpl] 1 *adj (gen)* sencillo,-a. 2 *(foolish)* simple, tonto,-a.

simplicity [sɪm'plɪsɪtɪ] 1 *n (gen)* sencillez *f*. 2 *(foolishness)* simpleza.

simplify ['sɪmplɪfaɪ] *vt* simplificar.

simplistic [sɪm'plɪstɪk] *adj* simplista.

simply ['sɪmplɪ] *adv* simplemente.

simulate ['sɪmjʊleɪt] *vt* simular, imitar.

simultaneous [sɪml'teɪnɪəs] *adj* simultáneo,-a.

simultaneously [sɪml'teɪnɪəslɪ] *adv* simultáneamente, a la vez.

sin [sɪn] 1 *n* pecado. ‖ 2 *vi* pecar.

since [sɪns] 1 *adv* desde entonces: ***we***

met at the party and I haven't seen him since nos encontramos en la fiesta y desde entonces no nos hemos vuelto a ver. || **2** *prep* desde: ***I've been here since four o'clock*** llevo aquí desde las cuatro. || **3** *conj (time)* desde que: ***you've learned a lot since you joined the company*** has aprendido mucho desde que entraste en la empresa. **4** *(because)* ya que, puesto que.

sincere [sɪn'sɪə] *adj* sincero,-a.

sincerely [sɪn'sɪəlɪ] *adv* sinceramente.
 • **yours sincerely** *(in letter)* atentamente.

sincerity [sɪn'serɪtɪ] *n* sinceridad *f*.

sinful ['sɪnfʊl] **1** *adj (person)* pecador,-ra. **2** *(thought, act)* pecaminoso,-a.

sing [sɪŋ] *vt - vi* (*pt* sang; *pp* sung) cantar.

Singapore [sɪŋgə'pɔː] *n* Singapur.

singer ['sɪŋə] *n* cantante *mf*.

singing ['sɪŋɪŋ] *n* canto, cantar *m*.

single ['sɪŋgl] **1** *adj (solitary)* solo,-a. **2** *(only one)* único,-a. **3** *(not double)* individual. **4** *(unmarried)* soltero,-a. || **5** *n* GB *(ticket)* billete *m* sencillo, billete de ida. **6** *(record)* single *m*. || **7 singles** *npl* SP individuales *mpl*.
 ♦ **to single out 1** *vt (choose)* escoger. **2** *vt (distinguish)* destacar.
 • **every single ...** todos los ...: ***every single day*** todos los días; **in single file** en fila india.
 ▪ **single bed** cama individual; **single room** habitación *f* individual.

single-handed [sɪŋgl'hændɪd] *adj - adv* sin ayuda, solo,-a.

singly ['sɪŋglɪ] *adv* por separado, uno por uno.

singular ['sɪŋgjʊlə] **1** *adj* GRAM singular. **2** *fml* excepcional. || **3** *n* GRAM singular *m*.

sinister ['sɪnɪstə] *adj* siniestro,-a.

sink [sɪŋk] **1** *n (in kitchen)* fregadero. **2** US *(in bathroom)* lavabo. || **3** *vt* (*pt* sank; *pp* sunk) *(ship)* hundir, echar a pique. **4** *(ruin)* hundir, acabar con. **5** *(hole, shaft)* cavar; *(well)* abrir. **6** *(teeth)* hincar (into, en). **7** *(invest)* invertir. || **8** *vi (gen)* hundirse. **9** *(sun, moon)* ponerse. **10** *(decrease)* bajar.
 ♦ **to sink in 1** *vi* caer en la cuenta de. **2** *vi fig* causar impresión.

sinner ['sɪnə] *n* pecador,-ra.

sip [sɪp] **1** *n* sorbo. || **2** *vt* beber a sorbos.

sir [sɜː] **1** *n fml* señor *m*: ***yes, sir*** sí, señor. **2** *(title)*: ***Sir Winston Churchill*** Sir Winston Churchill.
 • **Dear Sir** muy señor mío, estimado señor.

siren ['saɪərən] *n* sirena.

sirloin ['sɜːlɔɪn] *n* solomillo.

sister ['sɪstə] **1** *n* hermana. **2** GB enfermera jefe. **3** REL hermana, monja; *(before name)* sor *f*.
 ▪ **sister ship** barco gemelo.

sister-in-law ['sɪstərɪnlɔː] *n* (*pl* sisters-in-law) cuñada.

sit [sɪt] **1** *vt* (*pt & pp* sat) sentar: ***he's sitting in my chair*** está sentado en mi silla. || **2** *vi* sentarse. **3** *(for artist)* posar. **4** *(be a member)* ser miembro: ***he sits on a jury*** es miembro de un jurado. **5** *(have meeting)* reunirse. || **6** *vt* GB *(exam)* presentarse a.
 ♦ **to sit about/around** *vi fam* hacer el vago ♦ **to sit down** *vi* sentarse ♦ **to sit in for** *vt* sustituir a ♦ **to sit on 1** *vt (be member of)* formar parte de. **2** *vt fam (delay)* retener, no tramitar ♦ **to sit out/through** *vt* aguantar (hasta el final) ♦ **to sit up 1** *vi (in bed)* incorporarse. **2** *vi (stay up late)* quedarse levantado,-a.

site [saɪt] **1** *n (location)* emplazamiento, zona. **2** *(area)* terreno.

sit-in ['sɪtɪn] *n* sentada, protesta.

sitting ['sɪtɪŋ] **1** *n (of meal)* turno. **2** *(meeting)* sesión *f*.
 ▪ **sitting member** POL miembro activo; **sitting room** sala de estar, salón *m*.

situated ['sɪtjʊeɪtɪd] *adj* situado,-a, ubicado,-a.

situation [sɪtjʊ'eɪʃn] *n* situación *f*.

■ **"Situations vacant"** "Bolsa de trabajo".
six [sɪks] *num* seis.
sixteen [sɪks'tiːn] *num* dieciséis.
sixteenth [sɪks'tiːnθ] **1** *adj - n* decimosexto,-a. ‖ **2** *n (fraction)* decimosexto, decimosexta parte *f*.
sixth [sɪksθ] **1** *adj - n* sexto,-a. ‖ **2** *n (fraction)* sexto, sexta parte *f*.
sixtieth ['sɪkstɪəθ] **1** *adj - n* sexagésimo,-a. ‖ **2** *n (fraction)* sexagésimo, sexagésima parte *f*.
sixty ['sɪkstɪ] *num* sesenta.
size [saɪz] **1** *n* tamaño. **2** *(of garment, person)* talla; *(of shoes)* número. **3** *(magnitude)* magnitud *f*.
♦ **to size up** *vt* evaluar.
● **to cut sb down to size** *fig* bajarle los humos a algn.
skate [skeɪt] **1** *n* patín *m*. ‖ **2** *vi* patinar.
skateboard ['skeɪtbɔːd] *n* monopatín *m*.
skating ['skeɪtɪŋ] *n* patinaje *m*.
■ **skating rink** pista de patinaje.
skeleton ['skelɪtn] **1** *n (of person, animal)* esqueleto. **2** *(of building, ship)* armazón *m*. ‖ **3** *adj* reducido,-a.
■ **skeleton key** llave *f* maestra.
sketch [sketʃ] **1** *n (rough drawing)* boceto, bosquejo, esbozo. **2** *(outline)* esquema *m*. **3** THEAT TV sketch *m*. ‖ **4** *vt (rough drawing)* bosquejar, esbozar.
■ **sketch map** croquis *m*.
ski [skiː] **1** *n* esquí *m*. ‖ **2** *vi* esquiar.
■ **ski instructor** monitor,-ra de esquí; **ski lift** telesquí *m*; *(with seats)* telesilla *m*; **ski resort** estación *f* de esquí.
skid [skɪd] **1** *n* patinazo, derrape *m*. ‖ **2** *vi* patinar, derrapar.
skier ['skɪə] *n* esquiador,-ra.
skiing ['skɪɪŋ] *n* esquí *m*.
skilful ['skɪlfʊl] *adj* diestro,-a, hábil.
skilfully ['skɪlfʊlɪ] *adv* hábilmente, con destreza.
skill [skɪl] **1** *n (ability)* habilidad *f*, destreza. **2** *(technique)* técnica, arte *m*.
skilled [skɪld] **1** *adj (specialized)* cualificado,-a, especializado,-a. **2** *(able)* hábil, experto,-a.
skim [skɪm] **1** *vt (milk)* desnatar, descremar. **2** *(brush against)* rozar.
skin [skɪn] **1** *n (gen)* piel *f*; *(of face)* cutis *m*; *(complexion)* tez *f*. **2** *(of animal, sausage)* pellejo. **3** *(peeling)* monda, mondadura. **4** *(on paint)* capa. **5** *(on milk)* nata. ‖ **6** *vt (animal)* desollar, despellejar. **7** *(fruit, vegetable)* pelar. **8** *(elbow, knee)* hacer un rasguño en.
● **to get under one's skin** *fig* irritarle a uno; **to save one's skin** *fam* salvar el pellejo.
skin-diving ['skɪndaɪvɪŋ] *n* buceo, submarinismo.
skinhead ['skɪnhed] *n* cabeza *mf* rapada.
skinny ['skɪnɪ] *adj fam* flaco,-a.
skip [skɪp] **1** *n* salto, brinco. **2** *(container)* contenedor *m*, container *m*. ‖ **3** *vi* saltar, dar brincos. ‖ **4** *vt fig* saltarse.
■ **skipping rope** comba.
skirmish ['skɜːmɪʃ] *n* MIL escaramuza; *(fight)* refriega, pelea.
skirt [skɜːt] **1** *n (garment)* falda. ‖ **2** *vt (border)* bordear, rodear. **3** *(bypass)* evitar, eludir.
■ **skirting board** GB zócalo, rodapié *m*.
skittle ['skɪtl] **1** *n* bolo. ‖ **2 skittles** *npl* bolos *mpl*, boliche *m sing*.
skull [skʌl] *n* cráneo, calavera.
sky [skaɪ] *n* cielo.
sky-diving ['skaɪdaɪvɪŋ] *n* paracaidismo.
skylight ['skaɪlaɪt] *n* tragaluz *m*, claraboya.
skyscraper ['skaɪskreɪpə] *n* rascacielos *m inv*.
slab [slæb] **1** *n (of stone)* losa. **2** *(of cake)* trozo. **3** *(of chocolate)* tableta.
slack [slæk] **1** *adj (not taut, not strict)* flojo,-a. **2** *(careless)* descuidado,-a. **3** *(sluggish)* flojo,-a; *(season)* bajo,-a. ‖ **4** *n* parte *f* floja. ‖ **5** *vi pej* gandulear.
slacken ['slækn] **1** *vt (loosen)* aflojar. ‖

2 *vi (loosen)* aflojarse. **3** *(lessen)* reducirse, disminuir.

slag [slæg] **1** *n (waste material)* escoria. **2** GB *sl (woman)* fulana.

slain [sleɪn] *pp* → **slay**.

slam [slæm] **1** *n (sound)* golpe *m*; *(of door)* portazo. ‖ **2** *vt (shut)* cerrar de golpe. **3** *fig (attack)* criticar duramente. ‖ **4** *vi* cerrarse de golpe.

● **to slam on the brakes** AUTO dar un frenazo; **to slam the door** dar un portazo.

slander ['slɑːndə] **1** *n* difamación *f*, calumnia. ‖ **2** *vt* difamar, calumniar.

slang [slæŋ] *n* argot *m*, jerga.

slant [slɑːnt] **1** *n (gen)* inclinación *f*; *(slope)* declive *m*. **2** *(point of view)* punto de vista. ‖ **3** *vt (slope)* inclinar. **4** *pej (news, problem)* enfocar subjetivamente. ‖ **5** *vi* inclinarse.

slap [slæp] **1** *n (on back)* palmadita; *(smack)* cachete *m*; *(in face)* bofetada. ‖ **2** *adv fam* justo, de lleno. ‖ **3** *vt (hit)* pegar (con la mano); *(in face)* abofetear, dar una bofetada a.

slash [slæʃ] **1** *n (with sword)* tajo; *(with knife)* cuchillada; *(with razor)* navajazo. **2** *(mark)* barra oblicua. **3** *sl* meada. ‖ **4** *vt (with sword)* dar un tajo a; *(with knife)* acuchillar, cortar. **5** *fig (lower)* rebajar, reducir.

● **to have a slash** *vulg* mear.

slate [sleɪt] **1** *n* pizarra. ‖ **2** *vt* GB *(attack)* criticar duramente.

slaughter ['slɔːtə] **1** *n (of animals)* matanza; *(of people)* carnicería. ‖ **2** *vt (animals)* matar; *(many people)* masacrar. **3** *fam (defeat)* dar una paliza a.

slaughterhouse ['slɔːtəhaʊs] *n* matadero.

Slav [slɑːv] *n (person)* eslavo,-a.

slave [sleɪv] *n* esclavo,-a.

■ **slave trade** trata de esclavos.

slavery ['sleɪvərɪ] *n* esclavitud *f*.

slay [sleɪ] *vt (pt* slew; *pp* slain) matar, asesinar.

sledge [sledʒ] *n* trineo.

sleek [sliːk] **1** *adj (hair)* liso,-a, lustroso,-a. **2** *(appearance)* impecable, elegante.

sleep [sliːp] **1** *n* sueño. ‖ **2** *vt - vi (pt & pp* slept) dormir. ‖ **3** *vi fam (numb)* entumecerse. ‖ **4** *vt (accommodate)* tener camas para.

♦ **to sleep in** *vi* quedarse en la cama, dormir hasta tarde ♦ **to sleep through** *vt* no oír, no despertarse con.

● **to go to sleep** irse a dormir; **to sleep on sth** *fig* consultar algo con la almohada; **to sleep it off** *fam* dormir la mona; **to sleep like a log/top** dormir como un tronco; **to sleep with** acostarse con.

sleeping ['sliːpɪŋ] *adj* durmiente, dormido,-a.

■ **sleeping bag** saco de dormir; **sleeping car** coche-cama *m*; **sleeping pill** somnífero.

sleepwalker ['sliːpwɔːkə] *n* sonámbulo,-a.

sleepy ['sliːpɪ] *adj* soñoliento,-a.

● **to be sleepy** tener sueño; **to make sleepy** dar sueño.

sleet [sliːt] **1** *n* aguanieve *f*. ‖ **2** *vi* caer aguanieve.

sleeve [sliːv] **1** *n (of garment)* manga. **2** *(of record)* funda.

● **to have sth up one's sleeve** guardar una carta en la manga.

sleigh [sleɪ] *n* trineo.

slender ['slendə] **1** *adj (thin)* delgado,-a, esbelto,-a. **2** *(scarce)* escaso,-a.

slept [slept] *pt & pp* → **sleep**.

slew [sluː] *pt* → **slay**.

slice [slaɪs] **1** *n (of bread)* rebanada; *(of ham)* lonja, loncha; *(of beef etc)* tajada; *(of salami, lemon)* rodaja; *(of cake)* porción *f*, trozo. **2** *fig (share)* parte *f*. **3** *(tool)* pala, paleta. ‖ **4** *vt* cortar a rebanadas/lonjas *etc*. ‖ **5** *vi* SP dar efecto a la pelota.

♦ **to slice off/through** *vt* cortar.

slick [slɪk] **1** *adj (skilful)* hábil. **2** *pej (clever)* despabilado,-a. ‖ **3** *n* marea negra.

slide [slaɪd] **1** *n (movement)* deslizamiento, desliz *m*; *(slip)* resbalón *m*. **2** *(in playground)* tobogán *m*. **3** *fig (fall)* baja. **4** *(film)* diapositiva. **5** *(of microscope)* portaobjetos *m inv*. || **6** *vi* (*pt & pp* slid [slɪd]) deslizarse. **7** *(slip)* resbalar. || **8** *vt* deslizar.
● **to let sth slide** no ocuparse de algo.
■ **slide projector** proyector *m* de diapositivas; **slide rule** regla de cálculo; **sliding door** puerta corredera.

slight [slaɪt] **1** *adj (small)* ligero,-a. **2** *(person)* delicado,-a. || **3** *n* desaire *m*. || **4** *vt* despreciar.

slightly ['slaɪtlɪ] *adv* ligeramente, un poco.

slim [slɪm] **1** *adj* delgado,-a, esbelto,-a. **2** *fig* remoto,-a. || **3** *vi* adelgazar.

slime [slaɪm] **1** *n (mud)* lodo, cieno. **2** *(of snail)* baba.

sling [slɪŋ] **1** *n* MED cabestrillo. **2** *(catapult)* honda. || **3** *vt* (*pt & pp* **slung**) tirar, arrojar.

slink [slɪŋk] *vi* (*pt & pp* **slunk**) desplazarse sigilosamente.
♦ **to slink away o off** *vi* escabullirse.

slip [slɪp] **1** *n (slide)* resbalón *m*; *(trip)* traspié *m*. **2** *fig (mistake)* error *m*; *(moral)* desliz *m*. **3** *(women's)* combinación *f*. **4** *(of paper)* trocito *de papel*. || **5** *vi* resbalar. **6** *(move quickly)* escabullirse. **7** *(decline)* empeorar. || **8** *vt (give)* dar a escondidas.
♦ **to slip away/by** *vi* pasar volando ♦ **to slip into/on** *vt (clothes)* ponerse rápidamente ♦ **to slip off** *vt (clothes)* quitarse ♦ **to slip up** *vi* cometer un desliz, equivocarse.
● **to give sb the slip** dar el esquinazo a algn; **to let a chance slip** dejar escapar una oportunidad; **to slip one's memory/mind** írsele a uno de la memoria.
■ **slip of the pen/tongue** lapsus *m*.

slipper ['slɪpə] *n* zapatilla.

slippery ['slɪpərɪ] **1** *adj (ground)* resbaladizo,-a. **2** *(viscous)* escurridizo,-a.

slit [slɪt] **1** *n (opening)* abertura, hendedura; *(cut)* corte *m*. || **2** *vt* (*pt & pp* slit) cortar, rajar, hender.

sliver ['slɪvə] *n* astilla.

slob [slɒb] *n fam* dejado,-a.

slog [slɒg] **1** *n* GB *fam* paliza. || **2** *vi* GB *fam* currar.

slogan ['sləʊgən] *n* eslogan *m*, lema *m*.

slop [slɒp] **1** *vt* derramar. || **2** *vi* derramarse, verterse.

slope [sləʊp] **1** *n (incline)* cuesta, pendiente *f*. **2** *(of mountain)* vertiente *f*. || **3** *vi* inclinarse.
● **to be in a slippery slope** estar en un callejón sin salida.

sloppy ['slɒpɪ] **1** *adj (person)* descuidado,-a. **2** *(work)* chapucero,-a.

sloshed [slɒʃt] *adj fam* borracho.
● **to get sloshed** pillar una trompa.

slot [slɒt] **1** *n (gen)* abertura; *(for coin)* ranura; *(groove)* muesca. **2** TV espacio. || **3** *vt* meter, introducir.
■ **slot machine** *(vending machine)* distribuidor *m* automático; *(for gambling)* tragaperras *f inv*.

slouch [slaʊtʃ] *vi (walk)* andar con los hombros caídos; *(sit)* sentarse con los hombros caídos.

slow [sləʊ] **1** *adj (gen)* lento,-a; *(clock)* atrasado,-a. **2** *(not lively)* lento,-a. **3** *(person)* lento,-a, torpe. || **4** *adv* despacio, lentamente.
♦ **to slow down** *vi (gen)* ir más despacio; *(vehicle)* reducir la velocidad.
● **in slow motion** a cámara lenta.

slug [slʌg] *n* babosa.

sluggish ['slʌgɪʃ] **1** *adj (movement)* lento,-a. **2** COMM inactivo,-a.

slum [slʌm] **1** *n (area)* barrio bajo. **2** *(place)* casucha, tugurio.

slump [slʌmp] **1** *n (crisis)* crisis *f* económica; *(drop)* bajón *m*. || **2** *vi (economy)* hundirse; *(prices)* desplomarse; *(demand)* caer en picado. **3** *(fall)* caer: ***she slumped to the floor*** se desmayó y se cayó al suelo.

slung [slʌŋ] *pt & pp* → **sling**.

slunk [slʌŋk] *pt & pp* → **slink**.

slur [slɜː] **1** *n (in speech)* mala pronunciación *f.* **2** *(insult)* calumnia, difamación *f.* ‖ **3** *vt (letters, syllables)* comerse, pronunciar mal.

slush [slʌʃ] **1** *n (snow)* aguanieve *f.* **2** *fam (mush)* sentimentalismo.

slut [slʌt] *n pej* fulana, ramera.

sly [slaɪ] **1** *adj* astuto,-a, taimado,-a. **2** *(secretive)* furtivo,-a.
• **on the sly** a escondidas, a hurtadillas.

smack [smæk] **1** *n (slap)* bofetada, cachete *m.* **2** *sl (heroin)* caballo. ‖ **3** *vt (slap)* dar una bofetada a, abofetear; *(hit)* golpear.
♦ **to smack of** *vt fig* oler a.
• **to smack one's lips** *fig* relamerse.

small [smɔːl] **1** *adj (gen)* pequeño,-a. **2** *(scant)* escaso,-a. **3** *(minor)* insignificante.
• **a small table** una mesita; **small wonder that ...** no me extraña que ...; **in the small hours** a altas horas de la noche.
▪ **small ads** anuncios *mpl* clasificados; **small change** cambio, suelto; **small fry** gente *f sing* de poca monta.

smallish ['smɔːlɪʃ] *adj* más bien pequeño,-a.

small-minded [smɔːl'maɪndɪd] *adj* de miras estrechas.

smallpox ['smɔːlpɒks] *n* viruela.

smart [smɑːt] **1** *adj (elegant)* elegante, fino,-a. **2** US listo,-a, inteligente. **3** *(quick)* rápido,-a. ‖ **4** *vi* picar, escocer.
▪ **the smart set** la gente bien.

smash [smæʃ] **1** *n (noise)* estrépito. **2** *(collision)* choque *m* violento. **3** *(tennis)* smash *m*, mate *m.* ‖ **4** *vt (gen)* romper, hacer pedazos. **5** *(car)* estrellar (into, contra). **6** *(crush)* aplastar. **7** *(hit)* pegar, golpear. ‖ **8** *vi (gen)* romperse, hacerse pedazos. **9** *(car)* estrellarse (into, contra).
▪ **smash hit** gran éxito, exitazo.

smashing ['smæʃɪŋ] *adj* GB *fam* estupendo,-a, fenomenal.

smattering ['smætrɪŋ] *n* nociones *fpl*: ***he has a smattering of French*** tiene nociones de francés.

smear [smɪə] **1** *n (stain)* mancha. **2** *(slander)* calumnia, difamación *f.* ‖ **3** *vt (spread)* untar. **4** *(stain)* manchar. **5** *(slander)* calumniar, difamar.

smell [smel] **1** *n (sense)* olfato. **2** *(odour)* olor *m.* ‖ **3** *vt* oler. **4** (*pt & pp* smelled *o* smelt) *fig* olfatear. ‖ **5** *vi* oler (of, a): ***it smells good*** huele bien; ***it smells of lemon*** huele a limón.

smelly ['smelɪ] *adj* apestoso,-a, pestilente.

smelt [smelt] **1** *vt* fundir. ‖ **2** *pt & pp* → **smell**.

smile [smaɪl] **1** *n* sonrisa. ‖ **2** *vi* sonreír.

smirk [smɜːk] **1** *n* sonrisa satisfecha. ‖ **2** *vi* sonreír satisfecho,-a.

smock [smɒk] *n* blusón *m.*

smog [smɒg] *n* niebla tóxica, smog *m.*

smoke [sməʊk] **1** *n* humo. ‖ **2** *vt - vi (cigarettes etc)* fumar. ‖ **3** *vt (meat etc)* ahumar. ‖ **4** *vi* echar humo.
• **"No smoking"** "Prohibido fumar"; **to have a smoke** *fam* fumarse un cigarrillo.
▪ **smoke screen** cortina de humo.

smoked [sməʊkt] *adj* ahumado,-a.

smoker ['sməʊkə] *n* fumador,-ra.

smoky ['sməʊkɪ] **1** *adj (fire etc)* humeante. **2** *(room)* lleno,-a de humo. **3** *(food, colour)* ahumado,-a.

smooth [smuːð] **1** *adj (gen)* liso,-a. **2** *(road)* llano,-a. **3** *(liquid)* sin grumos. **4** *(wine etc)* suave. **5** *fig (flight etc)* agradable, tranquilo,-a. **6** *pej (person)* zalamero,-a, meloso,-a. ‖ **7** *vt* alisar.
♦ **to smooth back/down/out** *vt* alisar.
• **to smooth the path** allanar el camino; **to smooth things over** limar asperezas.

smoothly ['smuːðlɪ] **1** *adv (evenly)* suavemente. **2** *(without problems)* sin complicaciones.

smother ['smʌðə] **1** *vt (suffocate)* asfixiar. **2** *(cover)* cubrir (with, de). ‖ **3** *vi* asfixiarse.

smoulder ['sməʊldə] **1** *vi (fire)* arder sin llama. **2** *(passion)* arder.

smudge [smʌdʒ] **1** *n (stain)* borrón *m*. || **2** *vt (smear)* ensuciar; *(with ink)* emborronar. || **3** *vi* emborronarse.

smug [smʌg] *adj* engreído,-a, satisfecho,-a.

smuggle ['smʌgl] *vt* pasar de contrabando.

smuggler ['smʌglə] *n* contrabandista *mf*.

smugly ['smʌglɪ] *adv* con engreimiento.

snack [snæk] *n* bocado, tentempié *m*; *(afternoon)* merienda.

■ **snack bar** cafetería, bar *m*.

snag [snæg] *n fig* pega, problema *m*.

snail [sneɪl] *n* caracol *m*.

snake [sneɪk] **1** *n* serpiente *f*; *(small)* culebra. || **2** *vi fig* serpentear.

snap [snæp] **1** *n (sharp noise)* ruido seco; *(of fingers)* chasquido. || **2** *adj* instantáneo,-a, repentino,-a. || **3** *vt (break)* partir *(en dos)*. || **4** *vt - vi (make sharp noise)* chasquear. || **5** *vi (break)* partirse *(en dos)*. **6** *(speak sharply)* decir bruscamente.

♦ **to snap up** *vt* no dejar escapar.

● **to snap shut** cerrarse de golpe; **to snap out of it** *fam* animarse.

snapshot ['snæpʃɒt] *n* foto *f* instantánea.

snarl [snɑːl] **1** *n (growl)* gruñido. || **2** *vi (growl)* gruñir.

snatch [snætʃ] **1** *n fam* robo, hurto. **2** *(bit)* trozo, fragmento. || **3** *vt* arrebatar. **4** *fam (steal)* robar; *(kidnap)* secuestrar.

● **to snatch an opportunity** aprovechar una ocasión; **to snatch some sleep** sacar tiempo para dormir.

sneak [sniːk] **1** *n fam* chivato,-a, soplón,-ona. || **2** *vt fam (tell tales)* chivarse (on, de).

♦ **to sneak away/off** *vi* escabullirse

♦ **to sneak in** *vi* entrar a hurtadillas

♦ **to sneak out** *vi* salir a hurtadillas

♦ **to sneak up** *vt* acercarse sigilosamente (**on,** a).

sneakers ['sniːkrz] *npl* US zapatillas *fpl* de deporte.

sneer [snɪə] **1** *n (look)* mueca de desprecio. **2** *(remark)* comentario desdeñoso. || **3** *vi* burlarse (at, de).

sneeze [sniːz] **1** *n* estornudo. || **2** *vi* estornudar.

sniff [snɪf] **1** *n (inhaling)* inhalación *f*; *(by dog)* olfateo, husmeo. || **2 to sniff at** *vt - vi* oler; *(suspiciously)* olfatear, husmear.

snip [snɪp] **1** *n (cut)* tijeretazo. **2** *(small piece)* recorte *m*. **3** GB *fam (bargain)* ganga, chollo. || **4** *vt (cut)* cortar.

♦ **to snip off** *vt* cortar con tijeras.

sniper ['snaɪpə] *n* francotirador,-ra.

snob [snɒb] *n* esnob *mf*, snob *mf*.

snobbish ['snɒbɪʃ] *adj* esnob, snob.

snooker ['snuːkə] *n* snooker *m*.

snooze [snuːz] **1** *n fam* cabezada. || **2** *vi fam* dormitar.

● **to have a snooze** *fam* echar una cabezada.

snore [snɔː] **1** *n* ronquido. || **2** *vi* roncar.

snorkel ['snɔːkl] *n* tubo respiratorio.

snort [snɔːt] *vi* resoplar.

snout [snaʊt] *n* hocico.

snow [snəʊ] **1** *n* nieve *f*. || **2** *vi* nevar.

● **to be snowed in/up** quedar aislado,-a por la nieve; **to be snowed under with work** estar agobiado,-a de trabajo.

snowball ['snəʊbɔːl] *n* bola de nieve.

snowfall ['snəʊfɔːl] *n* nevada.

snowflake ['snəʊfleɪk] *n* copo de nieve.

snowman ['snəʊmæn] *n* muñeco de nieve.

Snr ['siːnɪə] *abbr (***senior***)* padre.

snub [snʌb] **1** *n* desaire *m*. || **2** *vt (person)* desairar; *(offer)* rechazar.

snuff [snʌf] *n* rapé *m*.

♦ **to snuff out** *vt* sofocar.

snug [snʌg] **1** *adj (cosy)* cómodo,-a; *(warm)* calentito,-a. **2** *(tight)* ajustado,-a, ceñido,-a.

so [səʊ] **1** *adv (very)* tan, tanto,-a: ***she's***

so tired that ... está tan cansada que ...; ***you're so right that ...*** tienes tanta razón que .... **2** *(intensifier)* mucho: ***I miss you so*** te echo mucho de menos. **3** *(confirmation)* así: ***Mary is there - So it is*** Mary está allí - Así es. **4** *(reply - yes)* que sí; *(- no)* que no: ***I guess so*** supongo que sí; ***I don't think so*** creo que no. **5** *(also)* también: ***I went to the demonstration and so did David*** fui a la manifestación y David también. || **6** *conj (result)* así que, por lo tanto. **7** *(purpose)* para: ***they went early so as to get good seats*** fueron pronto para conseguir buenos asientos.

• **and so on** y así sucesivamente; **an hour or so** una hora más o menos; **if so** en ese caso; **not so ... as ...** no tan ... como ...; **so many** tantos,-as; **so much** tanto,-a; **so (that) ...** para (que) ...; **so what?** *fam* ¿y qué?

soak [səʊk] **1** *vt (immerse)* poner en remojo, remojar. **2** *(wet)* empapar. || **3** *vi* estar en remojo.

♦ **to soak through** *vi* penetrar, calar

♦ **to soak up** *vt* absorber.

• **soaked to the skin** calado,-a hasta los huesos; **to get soaked** empaparse.

soap [səʊp] **1** *n* jabón *m*. || **2** *vt* enjabonar, jabonar.

■ **soap opera** *(on TV)* telenovela, culebrón *m*; *(on radio)* radionovela; **soap powder** jabón *m* en polvo.

soapy ['səʊpɪ] *adj* jabonoso,-a.

soar [sɔː] **1** *vi (bird, plane)* remontar el vuelo. **2** *fig (price, cost)* crecer, aumentar.

sob [sɒb] **1** *n* sollozo. || **2** *vi* sollozar.

sober ['səʊbə] **1** *adj (not drunk)* sobrio, -a. **2** *(thoughtful)* sensato,-a, serio,-a. **3** *(colour)* discreto,-a.

♦ **to sober up** *vi* pasársele a uno la borrachera.

so-called ['səʊkɔːld] *adj* supuesto,-a, llamado,-a.

soccer ['sɒkə] *n* fútbol *m*.

sociable ['səʊʃəbl] *adj* sociable.

social ['səʊʃl] **1** *adj (gen)* social. **2** *(sociable)* sociable.

■ **social climber** arribista *mf*; **social event** acto social; **social science** ciencias *fpl* sociales; **social security** seguridad *f* social; **social worker** asistente,-a social; **Social Democrat** socialdemócrata *mf*.

socialism ['səʊʃəlɪzm] *n* socialismo.

socialist ['səʊʃəlɪst] **1** *adj* socialista. || **2** *n* socialista *mf*.

socialize ['səʊʃəlaɪz] *vi* relacionarse, alternar.

society [sə'saɪətɪ] **1** *n (gen)* sociedad *f*. **2** *(company)* compañía.

■ **society column** ecos *mpl* de sociedad.

sociology [səʊsɪ'ɒlədʒɪ] *n* sociología.

sock [sɒk] *n* calcetín *m*.

socket ['sɒkɪt] **1** *n (of eye)* cuenca. **2** ELEC enchufe *m*.

sod [sɒd] **1** *n (turf)* terrón *m*. **2** *fam (bastard)* cabrón,-ona. **3** *fam (wretch)* desgraciado,-a.

• **sod it!** *fam* ¡maldito,-a sea!

soda ['səʊdə] **1** *n* CHEM sosa. **2** US gaseosa.

■ **soda water** soda, sifón *m*.

sofa ['səʊfə] *n* sofá *m*.

■ **sofa bed** sofá cama *m*.

soft [sɒft] **1** *adj (not hard)* blando,-a. **2** *(smooth, quiet)* suave. **3** *(weak)* débil.

■ **soft drink** refresco.

soften ['sɒfn] **1** *vt (make less tough)* ablandar. **2** *(smooth)* suavizar. || **3** *vi (make less tough)* ablandarse. **4** *(smooth)* suavizarse.

softly ['sɒftlɪ] *adv* suavemente.

software ['sɒftweə] *n* software *m*.

■ **software package** paquete *m* de software.

soggy ['sɒgɪ] *adj (wet)* empapado,-a.

soil [sɔɪl] **1** *n* tierra. || **2** *vt (dirty)* ensuciar; *(stain)* manchar.

solar ['səʊlə] *adj* solar.

sold [səʊld] *pt & pp* → **sell**.

solder ['sɒldə] **1** *n* soldadura. || **2** *vt* soldar.
soldier ['səʊldʒə] *n* soldado.
sole [səʊl] **1** *n (of foot)* planta. **2** *(of shoe)* suela. **3** *(fish)* lenguado. || **4** *adj* único,-a.
solely ['səʊllɪ] *adv* solamente, únicamente.
solemn ['sɒləm] *adj* solemne.
solicitor [sə'lɪsɪtə] **1** *n* JUR abogado,-a, procurador,-ra. **2** *(for wills)* notario,-a.
solid ['sɒlɪd] **1** *adj (gen)* sólido,-a. **2** *(not hollow)* macizo,-a. **3** *(firm, strong)* fuerte, macizo,-a. **4** *(continuous)* entero,-a: ***we waited for two solid hours*** esperamos dos horas enteras. **5** *(pure)* puro,-a. || **6** *n* sólido.
solidarity [sɒlɪ'dærɪtɪ] *n* solidaridad *f.*
solidify [sə'lɪdɪfaɪ] **1** *vt* solidificar. || **2** *vi* solidificarse.
solidity [sə'lɪdɪtɪ] *n* solidez *f.*
solitary ['sɒlɪtrɪ] **1** *adj (alone)* solitario,-a. **2** *(only, sole)* solo,-a.
solitude ['sɒlɪtjuːd] *n* soledad *f.*
solo ['səʊləʊ] **1** *n* solo. || **2** *adj* en solitario. || **3** *adv* solo,-a, a solas.
solution [sə'luːʃn] *n* solución *f.*
solve [sɒlv] *vt* resolver, solucionar.
sombre ['sɒmbə] *adj (dark)* sombrío,-a; *(gloomy)* lúgubre, umbrío,-a.
some [sʌm] **1** *adj (with pl nouns)* unos,-as, algunos,-as: ***there were some flowers in a vase*** había unas flores en un florero. **2** *(with sing nouns)* un poco (de): ***would you like some coffee?*** ¿quieres un poco de café? **3** *(certain)* cierto,-a, alguno,-a: ***some cars are better than others*** algunos coches son mejores que otros. **4** *(unspecified)* algún,-una: ***some day*** algún día. **5** *(quite a lot of)* bastante: ***it cost him some money*** le costó bastante dinero. || **6** *pron (unspecified)* algunos,-as, unos,-as. **7** *(a little)* algo, un poco: ***can I have some?*** ¿puedo coger un poco?
● **in some ways** en cierto modo, en cierta manera; **some ... or other** algún,-una ... que otro,-a; **some other time** en otro momento.
somebody ['sʌmbədɪ] *pron* alguien.
● **somebody else** otro,-a, otra persona.
somehow ['sʌmhaʊ] **1** *adv (in some way)* de algún modo. **2** *(for some reason)* por alguna razón.
someone ['sʌmwʌn] *pron* → **somebody**.
somersault ['sʌməsɔːlt] *n (by acrobat)* salto mortal; *(by child etc)* voltereta; *(by car)* vuelta de campana.
something ['sʌmθɪŋ] *n* algo.
● **something else** otra cosa.
sometime ['sʌmtaɪm] **1** *adv* un día, algún día. || **2** *adj* antiguo,-a, ex-.
● **sometime or other** un día de éstos.
sometimes ['sʌmtaɪmz] *adv* a veces, de vez en cuando.
somewhat ['sʌmwɒt] *adv* algo, un tanto.
somewhere ['sʌmweə] **1** *adv (position)* en alguna parte; *(direction)* a alguna parte. || **2** *pron* un lugar, un sitio.
● **somewhere else** en otra parte.
son [sʌn] *n* hijo.
song [sɒŋ] **1** *n* canción *f.* **2** *(singing)* canto.
● **to burst into song** ponerse a cantar.
son-in-law ['sʌnɪnlɔː] *n* (*pl* sons-in-law) yerno, hijo político.
soon [suːn] **1** *adv (within a short time)* pronto, dentro de poco. **2** *(early)* pronto, temprano.
● **as soon as** en cuanto; **as soon as possible** cuanto antes; **I would as soon ...** preferiría ...; **soon afterwards** poco después.
sooner ['suːnə] *adv* más temprano.
● **I would sooner** preferiría; **no sooner ...** nada más ...: ***no sooner did he call than ...*** acababa de llamar cuando ...; **sooner or later** tarde o temprano.
soot [sʊt] *n* hollín *m.*
soothe [suːð] **1** *vt (nerves)* calmar. **2** *(pain)* aliviar.
sophisticated [sə'fɪstɪkeɪtɪd] *adj* sofisticado,-a.
soprano [sə'prɑːnəʊ] *n* soprano *mf.*

sorcerer ['sɔːsərə] *n* hechicero, brujo.
sordid ['sɔːdɪd] *adj* sórdido,-a.
sore [sɔː] **1** *adj (painful)* dolorido,-a, inflamado,-a. **2** *fam (angry)* enfadado, -a (at, con). ‖ **3** *n* llaga, úlcera.
● **to have a sore throat** tener dolor de garganta.
■ **sore point** asunto delicado; **sore throat** dolor *m* de garganta.
sorely ['sɔːlɪ] *adv* profundamente, muy.
sorrow ['sɒrəʊ] *n* pena, pesar *m*, dolor *m*.
sorry ['sɒrɪ] **1** *adj (pitiful)* triste, lamentable. ‖ **2** *interj* ¡perdón!, ¡disculpe!
● **to be sorry** sentirlo: ***I'm sorry*** lo siento; ***I'm sorry about your father*** siento lo de tu padre; ***I'm sorry I'm late*** siento haber llegado tarde; **to feel sorry for sb** compadecer a algn.
sort [sɔːt] **1** *n (type)* clase *f*, tipo. **2** *fam (person)* tipo. ‖ **3** *vt* clasificar.
♦ **to sort out 1** *vt* clasificar, ordenar. **2** *vt (solve)* arreglar, solucionar.
● **all sorts of** todo tipo de; **of sorts** de alguna clase; **out of sorts** *(unwell)* pachucho,-a; *(moody)* de mal humor; **sort of** un poco, más o menos; **to be sort of ...** *fam* estar como ....
so-so ['səʊsəʊ] *adv fam* así así, regular.
sought [sɔːt] *pt & pp* → **seek**.
soul [səʊl] *n* alma.
● **not a soul** ni un alma.
sound [saʊnd] **1** *n (gen)* sonido. **2** *(noise)* ruido. **3** GEOG estrecho. ‖ **4** *vt* tocar, hacer sonar. ‖ **5** *vi (give the impression)* sonar: ***it sounds like Mozart*** suena a Mozart. **6** *fig (seem)* parecer: ***she sounded angry*** parecía enojada. ‖ **7** *adj (healthy)* sano,-a: ***safe and sound*** sano y salvo. **8** *(in good condition)* en buen estado. **9** *(reasonable)* razonable. **10** *(robust)* fuerte, robusto,-a. **11** *(sleep)* profundo,-a.
● **to be sound asleep** estar profundamente dormido,-a.
■ **sound barrier** barrera del sonido.
soundproof ['saʊndpruːf] **1** *adj* insonorizado,-a. ‖ **2** *vt* insonorizar.
soundtrack ['saʊndtræk] *n* banda sonora.
soup [suːp] **1** *n* sopa. **2** *(clear, thin)* caldo, consomé *m*.
■ **soup plate** plato hondo, plato sopero; **soup spoon** cuchara sopera.
sour ['saʊə] **1** *adj* ácido,-a, agrio,-a. **2** *(milk)* cortado,-a, agrio,-a. **3** *fig (bitter)* amargado,-a.
source [sɔːs] **1** *n (origin)* fuente *f*. **2** *(of information)* fuente *f*.
south [saʊθ] **1** *n* sur *m*. ‖ **2** *adj* del sur. ‖ **3** *adv* hacia el sur, al sur.
southeast [saʊθ'iːst] **1** *n* sudeste *m*. ‖ **2** *adj* del sudeste. ‖ **3** *adv* hacia el sudeste, al sudeste.
southern ['sʌðən] *adj* del sur, meridional.
southwest [saʊθ'west] **1** *n* sudoeste *m*. ‖ **2** *adj* del sudoeste. ‖ **3** *adv* al sudoeste, hacia el sudoeste.
souvenir [suːvə'nɪə] *n* recuerdo.
sovereign ['sɒvrɪn] *adj - n* soberano, -a.
sow [saʊ] *n* cerda, puerca.
sow [səʊ] *vt (pp* sowed *o* sown) sembrar.
space [speɪs] **1** *n (gen)* espacio. **2** *(room)* sitio, lugar *m*. ‖ **3** *vt* espaciar.
■ **space age** era espacial; **space shuttle** transbordador *m* espacial.
spacecraft ['speɪskrɑːft] *n* nave *f* espacial.
spacious ['speɪʃəs] *adj* espacioso,-a, amplio,-a.
spade [speɪd] **1** *n* pala. **2** *(cards)* pica; *(Spanish pack)* espada.
Spain [speɪn] *n* España.
span [spæn] **1** *n (of time)* lapso, espacio. **2** *(of wing)* envergadura; *(of arch etc)* luz *f*, ojo. ‖ **3** *vt (bridge etc)* atravesar. **4** *(life etc)* abarcar.
Spaniard ['spænjəd] *n (person)* español,-la.
Spanish ['spænɪʃ] **1** *adj* español,-la. ‖ **2** *n (language)* español *m*. ‖ **3 the Spanish** *npl* los españoles *mpl*.
spank [spæŋk] *vt* zurrar, pegar.

spanner ['spænə] *n* llave *f* de tuerca.

spare [speə] **1** *adj (extra)* de sobra, de más; *(free)* libre: ***there's a spare seat*** hay un asiento libre. ‖ **2** *n (for car etc)* recambio, pieza de recambio. ‖ **3** *vt (do without)* prescindir de, pasar sin. **4** *(begrudge)* escatimar: ***they spared no effort*** no escatimaron esfuerzos. **5** *(save)* ahorrar: ***you can spare the details*** puedes ahorrarte los detalles.
• **can you spare five minutes?** ¿tienes cinco minutos?
■ **spare time** tiempo libre; **spare wheel** rueda de recambio.

sparing ['speərɪŋ] *adj* frugal.

sparingly ['speərɪŋlɪ] *adv* en poca cantidad, con moderación.

spark [spɑːk] **1** *n* chispa. ‖ **2** *vi* echar chispas. ‖ **3** *vt* provocar.
♦ **to spark off** *vt* provocar.
■ **spark plug** bujía.

sparkle ['spɑːkl] **1** *n (of gem, eyes)* centelleo, brillo. **2** *(of person)* viveza. ‖ **3** *vi (gem, eyes)* centellear, destellar. **4** *(person)* brillar.

sparrow ['spærəʊ] *n* gorrión *m*.

sparse [spɑːs] *adj (thin)* escaso,-a.

spasm ['spæzm] **1** *n* MED espasmo. **2** *(of anger, coughing)* acceso.

spat [spæt] **1** *pt & pp* → **spit**. ‖ **2** *n* polaina.

spate [speɪt] *n (of letters)* avalancha; *(of accidents)* racha.

spatter ['spætə] *vt* salpicar, rociar.

speak [spiːk] **1** *vi* (*pt* spoke; *pp* spoken) *(gen)* hablar. **2** *(give speech)* pronunciar un discurso. ‖ **3** *vt (utter)* decir: ***he spoke the truth*** dijo la verdad. **4** *(language)* hablar.
♦ **to speak out** *vi* hablar claro ♦ **to speak up** *vi* hablar más fuerte ♦ **to speak (up) for** *vi* salir en defensa de.
• **generally speaking** en términos generales; **so to speak** por así decirlo; **speaking of ...** halbando de ...; **to be nothing to speak of** no ser nada especial; **to speak one's mind** hablar claro, hablar sin rodeos.

speaker ['spiːkə] **1** *n* persona que habla, el/la que habla. **2** *(in dialogue)* interlocutor,-ra. **3** *(lecturer)* conferenciante *mf*. **4** *(of language)* hablante *mf*. **5** *(loudspeaker)* altavoz *m*.

spear [spɪə] **1** *n (gen)* lanza. **2** *(harpoon)* arpón *m*.

special ['speʃl] **1** *adj* especial. **2** *(specific, unusual)* particular. ‖ **3** *n (train)* tren *m* especial. **4** RAD TV programa *m* especial.
■ **special delivery** correo urgente; **special offer** oferta.

specialist ['speʃlɪst] *n* especialista *mf*.

speciality [speʃɪ'ælɪtɪ] *n* especialidad *f*.

specialize ['speʃəlaɪz] *vi* especializarse.

specially ['speslɪ] *adv* especialmente.

species ['spiːʃiːz] *n* (*pl* **species**) especie *f*.

specific [spə'sɪfɪk] **1** *adj (particular)* específico,-a. **2** *(exact)* preciso,-a. ‖ **3** **specifics** *npl* datos *mpl concretos*.

specifically [spə'sɪfɪklɪ] *adv* concretamente, en concreto.

specifications [spesɪfɪ'keɪʃnz] *npl* datos *mpl* específicos.

specify ['spesɪfaɪ] *vt* especificar, precisar.

specimen ['spesɪmən] *n* espécimen *m*, muestra, ejemplar *m*.

speck [spek] **1** *n (of dust, soot)* mota. **2** *(trace)* pizca. **3** *(dot)* punto negro.

spectacle ['spektəkl] **1** *n* espectáculo. ‖ **2** **spectacles** *npl* gafas *fpl*.

spectacular [spek'tækjʊlə] **1** *adj* espectacular. ‖ **2** *n* superproducción *f*.

spectator [spek'teɪtə] *n* espectador,-ra.

spectre ['spektə] *n* espectro, fantasma *m*.

speculate ['spekjʊleɪt] *vi* especular (on/about, sobre).

speculation [spekjʊ'leɪʃn] *n* especulación *f*.

sped [sped] *pt & pp* → **speed**.

speech [spiːtʃ] **1** *n (faculty)* habla. **2** *(pronunciation)* pronunciación *f*. **3** *(address)* discurso.

● **to make a speech** pronunciar un discurso.
speechless ['spiːtʃləs] *adj* mudo,-a, boquiabierto,-a.
speed [spiːd] **1** *n* velocidad *f*. ‖ **2** *vi* (*pt & pp* speeded *o* sped) *(go fast)* ir corriendo, ir a toda prisa. **3** *(driving)* exceder el límite de velocidad permitido.
♦ **to speed past** *vi* pasar volando ♦ **to speed up 1** *vt (car)* acelerar; *(person)* apresurar. **2** *vi (car)* acelerar; *(person)* apresurarse.
● **at speed** a gran velocidad; **at top speed** a gran velocidad.
■ **speed limit** límite *m* de velocidad.
speedometer [spɪ'dɒmɪtə] *n* velocímetro.
speedy ['spiːdɪ] *adj* rápido,-a, veloz.
spell [spel] **1** *n (magical)* hechizo, encanto. **2** *(period)* período, temporada; *(short)* racha. **3** *(shift)* tanda. ‖ **4** *vt - vi* (*pt & pp* **spelled** *o* **spelt**) *(letter by letter)* deletrear. **5** *(write)* escribir correctamente. ‖ **6** *vt fig (denote)* representar.
spelling ['spelɪŋ] *n* ortografía.
■ **spelling mistake** falta de ortografía.
spelt [spelt] *pt & pp* → **spell**.
spend [spend] **1** *vt* (*pt & pp* spent) *(money)* gastar (on, en). **2** *(time)* pasar: ***we spent two days there*** pasamos allí dos días. **3** *(devote)* dedicar.
spending ['spendɪŋ] *n* gasto.
■ **spending power** poder *m* adquisitivo.
spent [spent] *pt & pp* → **spend**.
sperm [spɜːm] *n* esperma *m & f*.
sphere [sfɪə] *n* esfera.
spice [spaɪs] **1** *n (seasoning)* especia. **2** *fig (interest)* sazón *m*, sal *f*. ‖ **3** *vt* sazonar, condimentar.
spicy ['spaɪsɪ] **1** *adj* sazonado,-a; *(hot)* picante. **2** *fig (story)* picante.
spider ['spaɪdə] *n* araña.
■ **spider's web** telaraña.
spike [spaɪk] **1** *n (sharp point)* punta. **2** *(metal rod)* pincho. **3** *(on shoes)* clavo. **4** BOT espiga. **5** *(stake)* estaca.
spiky ['spaɪkɪ] **1** *adj (sharp)* puntiagudo,-a. **2** *fam (hair)* de punta.
spill [spɪl] **1** *n* derrame *m*. ‖ **2** *vt* (*pt & pp* spilled *o* spilt) derramar, verter. ‖ **3** *vi* derramarse, verterse.
♦ **to spill over** *vt* desbordarse.
● **to spill the beans** *fam* descubrir el pastel.
spin [spɪn] **1** *n (turn)* vuelta, giro. **2** *(of washing machine)* centrifugado. **3** *(of ball)* efecto. ‖ **4** *vt* (*pt* **spun** *o* **span**; *pp* **spun**) *(turn)* hacer girar, dar vueltas (a). **5** *(clothes)* centrifugar. ‖ **6** *vi (turn)* girar, dar vueltas (a). ‖ **7** *vt - vi (cotton, wool, etc)* hilar.
♦ **to spin out** *vt* prolongar.
● **to go for a spin** dar una vuelta (en coche o moto); **to spin sb a yarn** *fam* pegarle un rollo a algn.
spinach ['spɪnɪdʒ] *n* espinacas *fpl*.
spinal ['spaɪnl] *adj* espinal, vertebral.
■ **spinal column** columna vertebral; **spinal cord** médula espinal.
spin-dryer [spɪn'draɪə] *n* secadora.
spine [spaɪn] **1** *n* ANAT columna vertebral, espina dorsal. **2** *(of book)* lomo. **3** ZOOL púa.
spinning ['spɪnɪŋ] *n (act)* hilado; *(art)* hilandería.
■ **spinning top** peonza, trompo; **spinning wheel** rueca, torno de hilar.
spinster ['spɪnstə] *n* soltera.
● **to be an old spinster** *pej* ser una vieja solterona.
spiral ['spaɪrəl] **1** *adj* espiral. ‖ **2** *n* espiral *f*. ‖ **3** *vi* moverse en espiral.
■ **spiral staircase** escalera de caracol.
spire ['spaɪə] *n* aguja.
spirit ['spɪrɪt] **1** *n (gen)* espíritu *m*. **2** *(ghost)* fantasma *m*. **3** *(force, vitality)* vigor *m*, ánimo; *(personality)* carácter *m*. **4** CHEM alcohol *m*. ‖ **5 spirits** *npl (mood)* humor *m sing*, moral *f sing*. **6** *(drink)* licores *mpl*.
♦ **to spirit away/off** *vt* llevarse como por arte de magia.
● **to be in high spirits** estar animado,-a; **to be in low spirits** estar desanimado,-a.

■ **spirit level** nivel *m* de burbuja; **the Holy Spirit** el Espíritu Santo.

spiritual ['spɪrɪtjʊəl] **1** *adj* espiritual. || **2** *n* espiritual *m* negro.

spit [spɪt] **1** *n* saliva, esputo. **2** CULIN asador *m*. || **3** *vt* - *vi* (*pt & pp* spat) escupir.

♦ **to spit out** *vt* escupir.

spite [spaɪt] **1** *n* rencor *m*, ojeriza. || **2** *vt* fastidiar.

● **in spite of** a pesar de, pese a; **out of spite** por despecho.

spiteful ['spaɪtfʊl] *adj* rencoroso,-a, malévolo,-a.

spitefully ['spaɪtfʊlɪ] *adv* con rencor.

splash [splæʃ] **1** *n (noise)* chapoteo. **2** *(spray)* salpicadura, rociada. **3** *fig (of light etc)* mancha. || **4** *vt* salpicar, rociar (with, de). || **5** *vi* chapotear. || **6** *interj* ¡plaf!

♦ **to splash out** *vi fam* derrochar dinero.

● **to make a splash** causar sensación.

splendid ['splendɪd] *adj* espléndido,-a, maravilloso,-a.

splendour ['splendə] *n* esplendor *m*.

splint [splɪnt] *n* tablilla.

splinter ['splɪntə] **1** *n (of wood)* astilla; *(of metal, bone)* esquirla; *(of glass)* fragmento. || **2** *vt* astillar, hacer astillas. || **3** *vi* astillarse, hacerse astillas.

■ **splinter group** POL grupo disidente, facción *f*.

split [splɪt] **1** *n (crack)* grieta, hendidura. **2** *(tear)* desgarrón *m*. **3** *fig (division)* división *f*, ruptura. **4** POL escisión *f*. || **5** *adj (damaged)* partido,-a, hendido,-a. **6** *(divided)* dividido,-a. || **7** *vt* (*pt & pp* split) *(crack)* agrietar. || **8** *vi (crack)* agrietarse, henderse. || **9** *vt (in two)* partir. || **10** *vi (in two)* partirse. || **11** *vt (tear)* rajar, rasgar. || **12** *vi (tear)* rajarse. || **13** *vt (divide)* dividir. || **14** *vi (divide)* dividirse. **15** Pol escindirse. **16** *sl* largarse.

♦ **to split up 1** *vt* partir, dividir. **2** *vi* dispersarse; *(couple)* separarse.

● **in a split second** en una fracción de segundo.

spoil [spɔɪl] **1** *vt* (*pt & pp* spoiled *o* spoilt [spɔɪlt]) *(ruin)* estropear, echar a perder. **2** *(child etc)* mimar. || **3** *vi* estropearse, echarse a perder. || **4 spoils** *npl* botín *m sing*.

spoke [spəʊk] **1** *pt* → **speak**. || **2** *n* radio, rayo.

spoken ['spəʊkn] *pp* → **speak**.

spokesman ['spəʊksmən] *n* portavoz *mf*.

sponge [spʌndʒ] **1** *n* esponja. || **2** *vt* lavar/limpiar con una esponja. || **3** *vi pej* vivir de gorra, gorrear.

♦ **to sponge off** *vt pej* vivir a costa de.

■ **sponge cake** bizcocho.

sponger ['spʌndʒə] *n pej* gorrón,-ona, sablista *mf*.

sponsor ['spɒnsə] **1** *n (gen)* patrocinador,-ra. **2** REL *(man)* padrino; *(woman)* madrina. || **3** *vt (gen)* patrocinar. **4** REL apadrinar.

spontaneous [spɒn'teɪnɪəs] *adj* espontáneo,-a.

spoof [spuːf] *n* parodia.

spooky ['spuːkɪ] *adj fam* escalofriante.

spool [spuːl] *n* carrete *m*, bobina.

spoon [spuːn] *n* cuchara; *(small)* cucharilla, cucharita.

spoonful ['spuːnfʊl] *n* (*pl* **spoonfuls** *o* spoonsful) cucharada.

sport [spɔːt] **1** *n* deporte *m*. || **2** *vt* lucir.

● **to be a good sport** *fam* ser buena persona.

■ **sports car** coche *m* deportivo; **sports jacket** chaqueta (de) sport.

sportsman ['spɔːtsmən] *n* deportista *m*.

sportswear ['spɔːtsweə] *n* ropa *f* deportiva.

sportswoman ['spɔːtswʊmən] *n* deportista.

spot [spɒt] **1** *n (dot)* punto; *(on fabric)* lunar *m*. **2** *(stain)* mancha. **3** *(on face)* grano. **4** *(place)* sitio, lugar *m*. **5** *(fix)* aprieto, apuro. **6** *(advert)* spot *publicitario*. **7** *fam (bit)* poquito. || **8** *vt (pick* *out)* descubrir, encontrar. **9** *(notice)* darse cuenta de. **10** *(mark with spots)* motear.

• **to be on the spot** estar allí, estar presente; **to put sb on the spot** poner a algn en un aprieto.

spotless ['spɒtləs] **1** *adj (clothes)* limpísimo,-a, impecable. **2** *fig (reputation)* intachable.

spotlight ['spɒtlaɪt] *n* foco.

• **to be in the spotlight** *fig* ser el centro de atención.

spotty ['spɒtɪ] *adj* lleno,-a de granos.

spouse [spaʊz] *n* cónyuge *mf*.

spout [spaʊt] **1** *n (of jug)* pico; *(of fountain)* surtidor *m*; *(of roof - gutter)* canalón *m*. **2** *(of water)* chorro. || **3** *vt* echar, arrojar. || **4** *vi* salir a chorros.

sprain [spreɪn] **1** *n* torcedura. || **2** *vt* torcerse: ***she sprained her ankle*** se torció el tobillo.

sprang [spræŋ] *pt* → **spring**.

sprawl [sprɔːl] **1** *vi (person)* tumbarse, repantigarse. **2** *(city etc)* extenderse.

spray [spreɪ] **1** *n (of water)* rociada; *(from sea)* espuma. **2** *(from can)* pulverización *f*. **3** *(aerosol)* espray *m*, atomizador *m*. **4** *(of flowers)* rama. || **5** *vt (water)* rociar; *(perfume)* atomizar; *(insecticide)* pulverizar.

■ **spray can** aerosol *m*, espray *m*; **spray paint** pintura en aerosol.

spread [spred] **1** *n (gen)* extensión *f*. **2** *(of ideas, news)* difusión *f*. **3** *(of disease, fire)* propagación *f*. **4** *(of wings, sails)* envergadura. **5** CULIN pasta *(para untar)*: ***cheese spread*** queso para untar. **6** *fam (meal)* comilona. || **7** *vt* (*pt & pp* spread) *(gen)* extender. **8** *(unfold)* desplegar. **9** *(news etc)* difundir. **10** *(disease, fire)* propagar. **11** *(butter etc)* untar. || **12** *vi (gen)* extenderse. **13** *(unfold)* desplegarse. **14** *(news etc)* difundirse. **15** *(disease, fire)* propagarse.

spreadsheet ['spredʃiːt] *n* hoja de cálculo.

spree [spriː] *n* juerga, parranda.

• **to go on a spree** ir de juerga.

spring [sprɪŋ] **1** *n (season)* primavera. **2** *(source)* manantial *m*, fuente *f*. **3** *(of furniture etc)* muelle *m*; *(of watch, lock, etc)* resorte *m*; *(of car)* ballesta. **4** *(elasticity)* elasticidad *f*. || **5** *vi* (*pt* sprang; *pp* sprung) *(jump)* saltar. || **6** *vt fig* espetar (on, a): ***he sprang the news on me*** me espetó la noticia.

♦ **to spring up** *vi* aparecer, surgir.

• **to spring a leak** hacer agua; **to spring to one's feet** levantarse de un salto.

■ **spring onion** cebolleta; **spring roll** rollito de primavera.

springboard ['sprɪŋbɔːd] *n* trampolín *m*.

springtime ['sprɪŋtaɪm] *n* primavera.

sprinkle ['sprɪŋkl] **1** *vt (with water)* rociar, salpicar (with, de). **2** *(with flour etc)* espolvorear (with, de).

sprinkler ['sprɪŋklə] *n* aspersor *m*.

sprint [sprɪnt] **1** *n (in sport)* esprint *m*, sprint *m*; *(dash)* carrera corta. || **2** *vi (in sport)* esprintar; *(run fast)* correr a toda velocidad.

sprout [spraʊt] **1** *n* brote *m*, retoño. || **2** *vi (plant)* brotar. **3** *fig (appear)* crecer rápidamente.

■ **(Brussels) sprouts** coles *fpl* de Bruselas.

sprung [sprʌŋ] *pp* → **spring**.

spun [spʌn] *pt & pp* → **spin**.

spur [spɜː] **1** *n (rider's)* espuela. **2** ZOOL espolón *m*. **3** *(incentive)* aguijón *m*, estímulo. || **4** *vt (horse)* espolear. **5** *(urge on)* estimular, incitar.

• **on the spur of the moment** sin pensarlo.

spurt [spɜːt] **1** *n (of liquid)* chorro. **2** *(of speed, effort, etc)* racha, ataque *m*. **3** SP esfuerzo, sprint *m* final. || **4** *vi (liquid)* chorrear, salir a chorro. **5** *(runner)* acelerar.

spy [spaɪ] **1** *n* espía *mf*. || **2** *vi* espiar (on, a).

sq [skweə] *abbr (*square*)* cuadrado,-a.

Sq [skweə] *abbr (*Square*)* Plaza; *(abbreviation)* Pza., Plza.

squabble ['skwɒbl] **1** *n* disputa, riña. || **2** *vi* disputar, reñir (over, por).

squad [skwɒd] **1** *n* MIL pelotón *m*. **2** *(of police)* brigada.

■ **squad car** coche *m* patrulla.

squadron ['skwɒdrən] **1** *n* MIL escuadrón *m*. **2** AV escuadrilla.

squalid ['skwɒlɪd] **1** *adj (filthy)* sucio, -a, mugriento,-a. **2** *(poor)* miserable.

squalor ['skwɒlə] **1** *n (dirtiness)* suciedad *f*, mugre *f*. **2** *(poverty)* miseria.

squander ['skwɒndə] *vt* derrochar, malgastar.

square [skweə] **1** *n (shape)* cuadrado; *(on fabric)* cuadro. **2** *(on chessboard, paper)* casilla. **3** *(in town)* plaza. **4** MATH cuadrado. **5** *fam (person)* carroza *mf*. || **6** *adj* cuadrado,-a. **7** *(meal)* bueno,-a, decente. **8** *fam (fair)* justo,-a. || **9** *adv* justo, exactamente: ***square in the middle*** justo en el medio. || **10** *vt - vi* cuadrar. || **11** *vt* MATH elevar al cuadrado. **12** *(settle)* ajustar, arreglar.

♦ **to square up** *vi fam* ajustar las cuentas.

● **to get a square deal** recibir un trato justo.

■ **square brackets** corchetes *mpl*; **square metre** metro cuadrado; **square root** raíz *f* cuadrada; **squared paper** papel *m* cuadriculado.

squash [skwɒʃ] **1** *n (crowd)* apiñamiento, agolpamiento. **2** *(drink)* zumo. **3** BOT calabaza. **4** SP squash *m*. || **5** *vt* aplastar. **6** *fig (person)* apabullar, hacer callar. || **7** *vi* aplastarse, chafarse.

squat [skwɒt] **1** *adj* rechoncho,-a, achaparrado,-a. || **2** *vi (crouch)* agacharse, sentarse en cuclillas. **3** *(in building)* ocupar ilegalmente.

squatter ['skwɒtə] *n* ocupante *mf* ilegal.

squawk [skwɔːk] **1** *n* graznido, chillido. || **2** *vi* graznar, chillar.

squeak [skwiːk] **1** *n (of animal)* chillido. **2** *(of wheel etc)* chirrido. || **3** *vi (animal)* chillar; *(wheel etc)* chirriar, rechinar.

squeal [skwiːl] **1** *n* chillido. || **2** *vi (person, animal)* chillar. **3** *(brakes)* chirriar. **4** *fam (tell)* cantar, chivarse (on, de).

squeamish ['skwiːmɪʃ] *adj* impresionable.

squeeze [skwiːz] **1** *n (of hand)* apretón *m*. **2** *(difficulty)* aprieto. || **3** *vt (gen)* apretar. **4** *(lemon etc)* exprimir. **5** *(sponge)* estrujar.

♦ **to squeeze in 1** *vt* meter con dificultad. **2** *vi* meterse con dificultad.

squeezer ['skwiːzə] *n* exprimidor *m*.

squid [skwɪd] *n* calamar *m*; *(small)* chipirón *m*.

squint [skwɪnt] **1** *n* MED bizquera. **2** *fam (look)* vistazo, ojeada. || **3** *vi* MED bizquear, ser bizco,-a. **4** *(in sunlight)* entrecerrar los ojos.

squirm [skwɜːm] *vi* retorcerse.

squirrel ['skwɪrl] *n* ardilla.

squirt [skwɜːt] **1** *n* chorro. **2** *fam pej (person)* mequetrefe *mf*. || **3** *vt* lanzar a chorro.

♦ **to squirt out** *vi* salir a chorro.

Sr ['siːnɪə] *abbr (*Senior*)* → **Snr**.

st [stəʊn] *abbr* GB (stone*) unidad de peso que equivale a 6,350 kilogramos.*

St [seɪnt] **1** *abbr (*Saint*)* San, Santo, Santa; *(abbreviation)* S., Sto. Sta. **2** *(*Street*)* calle; *(abbreviation)* c/.

stab [stæb] **1** *n* puñalada, navajazo. || **2** *vt - vi* apuñalar, acuchillar.

■ **stab of pain** punzada de dolor.

stability [stə'bɪlɪtɪ] *n* estabilidad *f*.

stabilize ['steɪblaɪz] **1** *vt* estabilizar. || **2** *vi* estabilizarse.

stable ['steɪbl] **1** *adj (firm)* estable. **2** *(mental health)* equilibrado,-a. || **3** *n* cuadra, caballeriza, establo.

stack [stæk] **1** *n* montón *m*. || **2** *vt* apilar, amontonar.

stadium ['steɪdɪəm] *n* estadio.

staff [stɑːf] **1** *n (personnel)* personal *m*, empleados *mpl*. **2** *(stick)* bastón *m*; *(bishop's)* báculo. **3** MUS pentagrama *m*. || **4** *vt* proveer de personal.

stag [stæg] *n* ciervo, venado.

■ **stag party** despedida de soltero.

stage [steɪdʒ] **1** *n (period)* etapa, fase *f*. **2** THEAT escenario, escena. || **3** *vt* THEAT poner en escena, representar. **4** *(carry out)* llevar a cabo.

● **by this stage** a estas alturas; **in stages** por etapas; **on stage** en escena; **to go on stage** salir al escenario.

■ **stage manager** director,-ra de escena.

stagger ['stægə] **1** *vi* tambalearse. || **2** *vt (hours, work)* escalonar. **3** *(amaze)* dejar atónito,-a.

stain [steɪn] **1** *n* mancha. || **2** *vt* manchar. || **3** *vi* mancharse.

■ **stained glass** vidrio de colores; **stain remover** quitamanchas *m inv*.

stainless ['steɪnləs] *adj* inoxidable.

■ **stainless steel** acero inoxidable.

stair [steə] **1** *n* escalón *m*, peldaño. || **2 stairs** *npl* escalera *f sing*.

staircase ['steəkeɪs] *n* escalera.

stake [steɪk] **1** *n (stick)* estaca, palo. **2** *(bet)* apuesta, puesta. **3** *(interest)* intereses *mpl*. || **4** *vt (bet)* apostar.

♦ **to stake out** *vt* delimitar.

● **at stake** *(at risk)* en juego; *(in danger)* en peligro.

stale [steɪl] **1** *adj (bread)* duro,-a; *(food)* pasado,-a. **2** *(smell)* a cerrado. **3** *(joke)* gastado,-a.

stalemate ['steɪlmeɪt] **1** *n (chess)* tablas *fpl*. **2** *(deadlock)* punto muerto.

stalk [stɔːk] **1** *n (of plant)* tallo. **2** *(of fruit)* rabo, rabillo. || **3** *vt* acechar. || **4** *vi* andar con paso majestuoso.

stall [stɔːl] **1** *vt* AUTO calar, parar. || **2** *vi* AUTO calarse, pararse. **3** *fam (delay)* andarse con rodeos. || **4** *n (in market)* puesto; *(at fair)* caseta. || **5 stalls** *npl* platea *f sing*.

stallion ['stælɪən] *n* semental *m*.

stammer ['stæmə] **1** *n* tartamudeo. || **2** *vi* tartamudear.

stamp [stæmp] **1** *n (postage)* sello; *(fiscal)* timbre *m*. **2** *(of rubber)* sello de goma, tampón *m*. || **3** *vt (post)* poner sello a. **4** *(with rubber stamp)* sellar. || **5** *vi (stomp)* patear, patalear; *(in dancing)* zapatear.

♦ **to stamp out** *vt fig* acabar con.

● **to stamp one's feet** patalear; *(in dancing)* zapatear.

■ **stamp collecting** filatelia.

stampede [stæm'piːd] **1** *n* estampida, desbandada. || **2** *vi* salir en estampida.

stance [stæns] *n* postura.

stand [stænd] **1** *n (position)* posición *f*, postura. **2** *(of lamp etc)* pie *m*. **3** *(market stall)* puesto; *(at exhibition)* stand *m*, pabellón *m*. **4** *(platform)* plataforma. **5** SP tribuna. || **6** *vi (pt & pp* stood) *(be upright)* estar de pie; *(get up)* ponerse de pie, levantarse; *(stay upright)* quedarse de pie. **7** *(measure)* medir. **8** *(be situated)* encontrarse. **9** *(remain valid)* seguir en pie. **10** *(be)* estar: ***the house stands empty*** la casa está vacía. || **11** *vt* poner, colocar. **12** *fam (bear)* aguantar: ***I can't stand him*** no lo aguanto.

♦ **to stand back** *vi* apartarse, alejarse (**from,** de) ♦ **to stand by 1** *vi (remain inactive)* quedarse sin hacer nada. **2** *vi (be ready)* estar preparado,-a. **3** *vt (person)* respaldar a; *(decision etc)* atenerse a ♦ **to stand for 1** *vt (signify)* significar. **2** *vt (put up with)* tolerar. **3** *vt (support)* defender ♦ **to stand in for** *vt* sustituir a ♦ **to stand out** *vi* destacar ♦ **to stand up 1** *vi* ponerse de pie. **2** *vt fam* dejar plantado,-a ♦ **to stand up for** *vt fig* defender.

● **as things stand** tal como están las cosas; **to stand to reason** ser lógico,-a; **to stand up to sb** *fig* hacer frente a algn.

standard ['stændəd] **1** *n (level)* nivel *m*. **2** *(principle)* criterio, valor *m*. **3** *(norm)* norma. **4** *(flag)* estandarte *m*. **5** *(measure)* patrón *m*. || **6** *adj* normal, corriente, estándar.

● **to be below standard** no satisfacer los requisitos; **to be up to standard** satisfacer los requisitos.

■ **standard of living** nivel *m* de vida; **standard time** hora oficial.

standby ['stændbaɪ] *n* sustituto,-a.

● **to be on standby** *(passenger)* estar en lista de espera; *(soldier)* estar de retén.

standing ['stændɪŋ] **1** *adj (not sitting)* de pie. **2** *(committee)* permanente. || **3** *n (position)* rango, estatus *m*. **4** *(duration)* duración *f*.

■ **standing invitation** invitación *f* abierta; **standing order** FIN domiciliación *f* de pago; **standing ovation** ovación *f* calurosa; **standing start** SP salida parada.

standpoint ['stændpɔɪnt] *n* punto de vista.

standstill ['stændstɪl] *n* paralización *f*.

● **at a standstill** *(traffic etc)* parado,-a; *(industry)* paralizado,-a.

stank [stæŋk] *pt* → **stink**.

staple ['steɪpl] **1** *n (fastener)* grapa. **2** *(product)* producto básico. || **3** *adj (food, diet)* básico,-a. || **4** *vt* grapar.

stapler ['steɪplə] *n* grapadora.

star [stɑː] **1** *n* estrella. || **2** *adj* estelar. || **3** *vi* protagonizar (in, -). || **4** *vt* tener como protagonista a.

■ **star sign** signo del zodiaco.

starboard ['stɑːbəd] *n* estribor *m*.

starch [stɑːtʃ] *n* almidón *m*; *(of potatoes)* fécula.

stardom ['stɑːdəm] *n* estrellato.

stare [steə] **1** *n* mirada fija. || **2** *vi* mirar fijamente (at, -), clavar la vista (at, en).

● **to stare into space** mirar al vacío.

starfish ['stɑːfɪʃ] *n* estrella de mar.

stark [stɑːk] **1** *adj (landscape)* desolado,-a. **2** *(décor, colour)* sobrio,-a, austero,-a. **3** *fig (truth etc)* crudo,-a, puro,-a. || **4** *adv* completamente.

● **stark mad** loco,-a de remate; **stark naked** *fam* en cueros.

starry ['stɑːrɪ] *adj* estrellado,-a.

start [stɑːt] **1** *n (beginning)* principio, comienzo. **2** *(of race)* salida. **3** *(advantage)* ventaja. **4** *(fright)* susto, sobresalto. || **5** *vt - vi (gen)* empezar, comenzar. **6** *(car, engine)* arrancar. || **7** *vi (jerk)* sobresaltarse, asustarse.

♦ **to start back** *vi* emprender la vuelta ♦ **to start off/out 1** *vi (begin)* empezar. **2** *vi (leave)* salir, partir ♦ **to start up** *vt - vi (car etc)* arrancar.

● **for a start** para empezar; **from the start** desde el principio; **to make an early start** salir a primera hora.

■ **starting point** punto de partida.

starter ['stɑːtə] **1** *n* SP *(official)* juez *mf* de salida. **2** AUTO motor *m* de arranque. **3** *(dish)* primer plato.

● **for starters** *fig* para empezar.

startle [stɑːtl] *vt* asustar, sobresaltar.

starvation [stɑː'veɪʃn] *n* hambre *f*, inanición *f*.

starve [stɑːv] **1** *vi (go hungry)* pasar hambre. **2** *(be hungry)* tener mucha hambre: ***I'm starving!*** ¡me muero de hambre! || **3** *vt* matar de hambre, hacer pasar hambre.

● **to starve to death** morirse de hambre.

state [steɪt] **1** *n (gen)* estado. || **2** *adj* POL estatal, del Estado. || **3** *vt (say)* afirmar. **4** *(facts)* exponer. **5** *(date etc)* fijar.

● **to be in state about sth** tener los nervios de punta por algo; **to lie in state** estar de cuerpo presente.

■ **state education** enseñanza pública; **state of mind** estado de ánimo; **state visit** visita oficial.

stately ['steɪtlɪ] *adj* majestuoso,-a.

statement ['steɪtmənt] **1** *n (gen)* declaración *f*, afirmación *f*. **2** *(official, formal)* comunicado. **3** FIN extracto de cuentas.

● **to make a statement** JUR prestar declaración.

statesman ['steɪtsmən] *n* estadista *m*, hombre *m* de Estado.

station ['steɪʃn] **1** *n (railway, bus)* estación *f*. **2** *(radio)* emisora; *(TV)* canal *m*. **3** *(position)* puesto. || **4** *vt* MIL estacionar, apostar. **5** *(position)* situar, colocar.

stationary ['steɪʃnrɪ] **1** *adj (still)* inmóvil. **2** *(unchanging)* estacionario,-a.

stationery ['steɪʃnrɪ] **1** *n (paper)* papel *m* de carta. **2** *(other materials)* artículos *mpl* de escritorio.
statistics [stə'tɪstɪks] **1** *n (science)* estadística. ‖ **2** *npl (numbers)* estadísticas *fpl*.
statue ['stætju:] *n* estatua.
status ['steɪtəs] **1** *n (position)* estado, condición *f*. **2** *(prestige)* estatus *m*, prestigio.
■ **status quo** statu quo *m*.
statute ['stætju:t] *n* estatuto.
staunch [stɔ:ntʃ] *adj* fiel, leal.
stave [steɪv] *n* MUS pentagrama *m*.
♦ **to stave off 1** *vt (avoid)* evitar. **2** *vt (delay)* aplazar.
stay [steɪ] **1** *n* estancia. ‖ **2** *vi (gen)* quedarse, permanecer. **3** *(in hotel etc)* alojarse.
♦ **to stay in** *vi* quedarse en casa, no salir ♦ **to stay on** *vi* quedarse ♦ **to stay out** *vi* quedarse fuera ♦ **to stay up** *vi* no acostarse: ***to stay up late*** acostarse tarde.
● **to stay away from sth** no acercarse a algo.
steadily ['stedɪlɪ] *adv* constantemente.
steady ['stedɪ] **1** *adj (gen)* firme, seguro,-a; *(table etc)* estable. **2** *(constant)* constante, regular. **3** *(voice)* sereno,-a. **4** *(stable)* estable, serio,-a; *(work)* fijo, -a. ‖ **5** *vt* estabilizar. ‖ **6** *vi* estabilizarse.
● **to steady sb's nerves** calmarle a algn los nervios.
steak [steɪk] *n* bistec *m*, filete *m*.
steal [sti:l] *vt* - *vi* (*pt* stole; *pp* stolen) robar, hurtar.
♦ **to steal away** *vi* escabullirse.
● **to steal into a room** colarse en una habitación; **to steal the show** acaparar la atención de todos.
steam [sti:m] **1** *n* vapor *m*. ‖ **2** *vt* cocer al vapor. ‖ **3** *vi* echar vapor; *(soup etc)* humear.
♦ **to steam up** *vi* empañarse.
■ **steam engine** máquina de vapor; **steam iron** plancha de vapor.
steamer ['sti:mə] *n* → **steamship**.
steamroller ['sti:mrəʊlə] *n* apisonadora.
steamship ['sti:mʃɪp] *n* buque *m* de vapor, vapor *m*.
steel [sti:l] *n* acero.
● **to steel oneself** *fig* armarse de valor.
■ **steel industry** industria siderúrgica; **steel wool** estropajo de acero.
steep [sti:p] **1** *adj (hill)* empinado,-a, escarpado,-a. **2** *fig (price etc)* excesivo,-a. ‖ **3** *vt* remojar.
steeple ['sti:pl] *n* aguja, chapitel *m*.
steer [stɪə] **1** *vt (gen)* dirigir. **2** *(vehicle)* conducir. **3** *(ship)* gobernar. **4** *fig (conversation)* llevar.
steering ['stɪərɪŋ] *n* dirección *f*.
■ **steering wheel** volante *m*.
stem [stem] **1** *n* BOT tallo. **2** *(of glass)* pie *m*. **3** GRAM raíz *f*. ‖ **4** *vt* contener, detener.
♦ **to stem from** *vt* derivarse de.
stench [stentʃ] *n* hedor *m*, peste *f*.
step [step] **1** *n (gen)* paso. **2** *(stair)* escalón *m*, peldaño. **3** *(formality)* gestión *f*, trámite *m*. ‖ **4** *vi* dar un paso, andar. ‖ **5 steps** *npl (outdoor)* escalinata *f sing*; *(indoor)* escalera *f sing*.
♦ **to step aside** *vi* apartarse ♦ **to step back 1** *vi (move back)* retroceder, dar un paso atrás. **2** *vi (become detached)* distanciarse ♦ **to step down** *vi* renunciar (**from,** a) ♦ **to step in** *vi* intervenir ♦ **to step out** *vi* salir ♦ **to step up** *vt fam* aumentar.
● **step by step** paso a paso, poco a poco; **to step on sth** pisar algo; **to take steps** tomar medidas; **to watch one's step** *fig* ir con cuidado.
stepbrother ['stepbrʌðə] *n* hermanastro.
stepchild ['steptʃaɪld] *n* hijastro,-a.
stepdaughter ['stepdɔ:tə] *n* hijastra.
stepfather ['stepfɑ:ðə] *n* padrastro.
stepladder ['steplædə] *n* escalera de tijera.
stepmother ['stepmʌðə] *n* madrastra.
stepsister ['stepsɪstə] *n* hermanastra.

stepson ['stepsʌn] *n* hijastro.

stereo ['sterɪəʊ] **1** *n (set)* equipo estereofónico. **2** *(sound)* estéreo. || **3** *adj* estereofónico,-a.

stereotype ['sterɪətaɪp] **1** *n* estereotipo. || **2** *vt* estereotipar.

sterile ['steraɪl] **1** *adj (barren)* estéril. **2** *(germ-free)* esterilizado,-a.

sterling ['stɜːlɪŋ] **1** *n* libra esterlina. || **2** *adj* puro,-a, de ley: ***sterling silver*** plata de ley.

stern [stɜːn] **1** *adj* austero,-a, severo,-a. || **2** *n* popa.

stew [stjuː] **1** *n* estofado, guisado. || **2** *vt (meat)* estofar, guisar; *(fruit)* cocer.

steward ['stjuːəd] *n (on ship)* camarero; *(on plane)* auxiliar *m* de vuelo.

stewardess ['stjuːədes] *n (on ship)* camarera; *(on plane)* azafata.

stick [stɪk] **1** *n (rod)* palo. **2** *(for walking)* bastón *m*. **3** MUS batuta. **4** *(of celery etc)* rama. || **5** *vt* (*pt & pp* stuck) *(pointed object)* clavar, hincar. **6** *fam* poner, meter. **7** *(fix, glue)* pegar. **8** *fam (bear)* aguantar. || **9** *vi (become attached)* pegarse. **10** *(get caught)* atrancarse; *(machine part)* encasquillarse.

♦ **to stick around** *vi fam* quedarse ♦ **to stick at** *vt* seguir con ♦ **to stick by** *vt fam (friend)* apoyar; *(promise)* cumplir con ♦ **to stick out 1** *vi (protrude)* sobresalir. **2** *vi fam (be obvious)* saltar a la vista. **3** *vt* sacar ♦ **to stick to 1** *vt (keep to)* atenerse a. **2** *vt (carry out)* cumplir con ♦ **to stick up 1** *vi (project)* salir, sobresalir; *(hair)* estar de punta. **2** *vt (raise)* levantar ♦ **to stick up for** *vt fam* defender.

• **to stick one's neck out** *fig* jugarse el tipo; **to get hold of the wrong end of the stick** *fam* coger el rábano por las hojas.

sticker ['stɪkə] **1** *n (label)* etiqueta adhesiva. **2** *(with message, picture)* pegatina.

sticky ['stɪkɪ] **1** *adj (tacky)* pegajoso,-a. **2** *(weather)* bochornoso,-a. **3** *fam (situation)* difícil.

stiff [stɪf] **1** *adj (rigid)* rígido,-a, tieso,-a. **2** *(joint)* entumecido,-a. **3** *(firm)* espeso,-a. **4** *(manner)* frío,-a, estirado,-a. **5** *fig (difficult)* difícil, duro,-a. **6** *fam (drink)* fuerte, cargado,-a.

• **to feel stiff** tener agujetas; **to keep a stiff upper lip** poner a mal tiempo buena cara; **to be scared stiff** *fam* estar muerto,-a de miedo.

stiffen ['stɪfn] **1** *vt (fabric)* reforzar; *(collar)* almidonar. **2** *(paste)* endurecer. || **3** *vi (person)* ponerse rígido,-a; *(joint)* entumecerse. || **4** *vt (make stronger)* fortalecer. || **5** *vi (become stronger)* fortalecerse.

stifle ['staɪfl] **1** *vt* ahogar. || **2** *vi* ahogarse, sofocarse.

stigma ['stɪgmə] *n* estigma *m*.

still [stɪl] **1** *adj (not moving)* quieto,-a. **2** *(calm)* tranquilo,-a. **3** *(drink)* sin gas. || **4** *adv* todavía, aún: ***I can still hear it*** todavía lo oigo. **5** *(even so)* aun así. **6** *(however)* sin embargo. || **7** *n fml* silencio. **8** CINEM vista fija. || **9** *vt fml* acallar.

• **to keep still** estarse quieto,-a; **to stand still** no moverse.

■ **still life** ART naturaleza muerta, bodegón *m*.

stillborn ['stɪlbɔːn] *adj* nacido,-a muerto,-a.

stillness ['stɪlnəs] *n (calm)* calma, quietud *f*.

stilt [stɪlt] *n* zanco.

stilted ['stɪltɪd] *adj* afectado,-a.

stimulant ['stɪmjʊlənt] *n* estimulante *m*.

stimulate ['stɪmjʊleɪt] *vt* estimular.

stimulus ['stɪmjʊləs] *n* (*pl* stimuli ['stɪmjʊliː]) estímulo.

sting [stɪŋ] **1** *n (of bee)* aguijón *m*. **2** *(wound)* picadura. **3** *(burning)* escozor *m*, picazón *f*. **4** *fig (of remorse)* punzada. || **5** *vt - vi* (*pt & pp* stung) picar. || **6** *vt fig (remark)* herir en lo más hondo.

stingy ['stɪndʒɪ] *n* tacaño,-a, roñoso,-a.

stink [stɪŋk] **1** *n* peste *f*, hedor *m*. || **2** *vi* (*pt* stank *o* stunk; *pp* stunk) apestar (of, a), heder (of, a).

stint [stɪnt] **1** *n* período, temporada. ‖ **2** *vt* escatimar.

stipulate ['stɪpjʊleɪt] *vt* estipular.

stir [stɜː] **1** *vt (coffee etc)* remover. **2** *(move)* mover, agitar. **3** *(affect)* conmover, estimular. ‖ **4** *vi (move)* moverse; *(get up)* levantarse. ‖ **5** *n fig* revuelo, conmoción *f*.

♦ **to stir up 1** *vt (cause)* provocar. **2** *vt (water, mud)* remover.

● **to stir to action** incitar a la acción.

stirrup ['stɪrəp] *n* estribo.

stitch [stɪtʃ] **1** *n (sewing)* puntada. **2** *(knitting)* punto. **3** MED punto de sutura. ‖ **4** *vt* coser (on, a). **5** MED suturar.

● **to be in stitches** *fam* troncharse de risa.

stock [stɒk] **1** *n (supply)* reserva. **2** COMM existencias *fpl*, stock *m*. **3** FIN *(capital)* capital *m* social. **4** *(livestock)* ganado. **5** CULIN caldo. **6** *(descent)* linaje *m*. ‖ **7** *adj pej* consabido,-a, muy visto,-a. **8** COMM normal, de serie. ‖ **9** *vt (have in stock)* tener (en el almacén). **10** *(provide)* surtir (with, de). **11** *(fill up)* llenar (with, de).

♦ **to stock up** *vi* abastecerse (**on/with,** de).

● **in stock** en almacén; **to be out of stock** estar agotado,-a; **to take stock of** *fig* evaluar.

■ **stock exchange** bolsa; **stock market** bolsa de valores, mercado de valores.

stockbroker ['stɒkbrəʊkə] *n* corredor,-ra de bolsa.

stocking ['stɒkɪŋ] *n* media.

stocky ['stɒkɪ] *adj* robusto,-a, fornido,-a.

stoke [stəʊk] *vt* atizar, avivar.

♦ **to stoke up** *vi fig* atiborrarse (**on,** de).

stole [stəʊl] **1** *pt* → **steal**. ‖ **2** *n* estola.

stolen ['stəʊlən] *pp* → **steal**.

stolid ['stɒlɪd] *adj* impasible.

stomach ['stʌmək] **1** *n* estómago. ‖ **2** *vt fig* aguantar, tragar.

● **on an empty stomach** en ayunas.

■ **stomach ache** dolor *m* de estómago.

stone [stəʊn] **1** *n (mineral)* piedra. **2** *(of fruit)* hueso. **3** *(weight)* 6,348 kg: ***she weighs 9 stone*** pesa 57 kilos. ‖ **4** *adj* de piedra. ‖ **5** *vt (person)* apedrear.

● **at a stone's throw** *fig* a tiro de piedra.

■ **Stone Age** Edad *f* de Piedra.

stone-cold [stəʊn'kəʊld] *adj* helado,-a.

stoned [stəʊnd] **1** *adj sl (on drugs)* flipado,-a, colocado,-a. **2** *fam (drunk)* trompa.

stony ['stəʊnɪ] **1** *adj (with stones)* pedregoso,-a. **2** *(unfriendly)* frío,-a, glacial.

stood [stʊd] *pt & pp* → **stand**.

stool [stuːl] *n* taburete *m*.

stoop [stuːp] **1** *n* encorvamiento. ‖ **2** *vi (bend)* inclinarse, agacharse. **3** *(habitually)* ser cargado,-a de espaldas.

♦ **to stoop to** *vt fig* rebajarse a.

stop [stɒp] **1** *n (halt)* parada, alto. **2** GRAM punto. **3** *(for bus etc)* parada. ‖ **4** *vt* parar. **5** *(prevent)* impedir, evitar: ***I tried to stop him from coming*** traté de evitar que viniera. **6** *(production)* paralizar. **7** *(put an end to)* poner fin a, poner término a, acabar con. **8** *(suspend)* suspender. **9** *(cease)* dejar de: ***stop smoking!*** ¡deja de fumar! ‖ **10** *vi* pararse, detenerse. **11** *(cease)* terminar. ‖ **12** *interj* ¡pare!, ¡alto!

♦ **to stop by** *vi fam* pasar (**at,** por) ♦ **to stop off** *vi* hacer una parada (**at/in,** en) ♦ **to stop up** *vt* tapar, taponar.

● **to come to a stop** pararse.

■ **stop sign** señal *f* de stop.

stopover ['stɒpəʊvə] *n* parada; *(on flight)* escala.

stoppage ['stɒpɪdʒ] **1** *n (of work)* interrupción *f*, paro; *(strike)* huelga. **2** *(deduction)* deducción *f*. **3** *(blockage)* obstrucción *f*.

stopper ['stɒpə] *n* tapón *m*.

stopwatch ['stɒpwɒtʃ] *n* cronómetro.

storage ['stɔːrɪdʒ] *n* almacenaje *m*, almacenamiento.

■ **storage heater** placa acumuladora; **storage unit** armario.

store [stɔː] 1 *n (supply)* provisión *f*, reserva. 2 *(shop)* tienda; *(warehouse)* almacén *m*. ‖ 3 *vt (put in storage)* almacenar; *(keep)* guardar.

♦ **to store up** *vt* acumular.

● **in store** de reserva.

storey ['stɔːrɪ] *n* piso, planta.

stork [stɔːk] *n* cigüeña.

storm [stɔːm] 1 *n (gen)* tormenta; *(at sea)* tempestad *f*; *(with wind)* borrasca. 2 *fig (uproar)* revuelo. ‖ 3 *vi* echar pestes, vociferar.

stormy ['stɔːmɪ] 1 *adj (weather)* tormentoso,-a. 2 *(quarrel)* acalorado,-a, tempestuoso,-a.

story ['stɔːrɪ] 1 *n (gen)* historia. 2 *(tale)* cuento. 3 *(account)* relato. 4 *(article)* artículo. 5 *(plot)* argumento.

stout [staʊt] 1 *adj (fat)* gordo,-a, robusto,-a. 2 *(strong)* sólido,-a. 3 *(determined)* firme, resuelto,-a. ‖ 4 *n* cerveza negra.

stove [stəʊv] 1 *n (for heating)* estufa. 2 *(cooker)* cocina; *(ring)* hornillo.

stow [stəʊ] *vt* guardar.

stowaway ['stəʊəweɪ] *n* polizón *mf*.

straddle ['strædl] *vt* sentarse a horcajadas sobre.

straggle ['strægl] 1 *vi (spread)* desparramarse. 2 *(lag behind)* rezagarse.

straight [streɪt] 1 *adj* recto,-a, derecho,-a. 2 *(hair)* liso,-a. 3 *(successive)* seguido,-a: ***eight hours straight*** ocho horas seguidas. 4 *(honest)* honrado,-a, de confianza. 5 *(answer etc)* sincero,-a. 6 THEAT serio,-a. 7 *(drink)* solo,-a. 8 *sl (conventional)* carca. ‖ 9 *adv (in a line)* en línea recta. 10 *(directly)* directamente: ***he went straight to the office*** fue directamente al despacho. 11 *(immediately)* enseguida. 12 *(frankly)* francamente. 13 *(clearly)* con claridad. ‖ 14 *n (in race)* recta.

● **straight ahead** todo recto; **straight off** sin pensarlo; **to get things straight** hablar claro; **to keep a straight face** contener la risa.

straightaway [streɪtə'weɪ] *adv* en seguida.

straighten ['streɪtn] 1 *vt (gen)* enderezar, poner bien, arreglar. 2 *(hair)* estirar.

♦ **to straighten out** 1 *vt* resolver. 2 *vi* resolverse ♦ **to straighten up** 1 *vt (tidy)* ordenar. 2 *vt (make straight)* poner derecho,-a. 3 *vi* ponerse derecho, -a.

straightforward [streɪt'fɔːwəd] *adj* franco,-a, honrado,-a.

strain [streɪn] 1 *n (gen)* presión *f*, tensión *f*. 2 *(nervous)* estrés *m*, tensión *f*. 3 MED torcedura. 4 *(breed)* raza. 5 *(streak)* vena. ‖ 6 *vt (stretch)* estirar, tensar. 7 *(muscle)* torcerse, hacerse un esguince; *(voice, eyes)* forzar. 8 *(filter)* colar. ‖ 9 *vi* tirar (**at**, de).

strainer ['streɪnə] *n* colador *m*.

strait [streɪt] *n* GEOG estrecho.

● **in dire straits** en un gran aprieto.

straitjacket ['streɪtdʒækɪt] *n* camisa de fuerza.

strand [strænd] 1 *n (of thread)* hebra, hilo. 2 *(of rope)* ramal *m*. 3 *(of hair)* pelo. 4 *(of pearls)* sarta. ‖ 5 *vt* MAR varar. 6 *fig* abandonar: ***he was left stranded*** le dejaron plantado.

strange [streɪndʒ] 1 *adj (bizarre)* extraño,-a, raro,-a. 2 *(unknown)* desconocido,-a.

strangely ['streɪndʒlɪ] *adv* extrañamente: ***strangely enough*** aunque parezca extraño.

stranger ['streɪndʒə] *n* extraño,-a, desconocido,-a.

strangle ['strængl] *vt* estrangular.

strap [stræp] 1 *n (gen)* correa. 2 *(on dress)* tirante *m*. ‖ 3 *vt* atar con correa, sujetar con correa.

strategic [strə'tiːdʒɪk] *adj* estratégico,-a.

strategy ['strætədʒɪ] *n* estrategia.

straw [strɔː] 1 *n (material)* paja: ***straw hat*** sombrero de paja. 2 *(for drinking)* paja, pajita.

● **that's the last straw!** *fam* ¡es el colmo!

strawberry ['strɔːbrɪ] *n* fresa; *(large)* fresón *m*.

stray [streɪ] **1** *adj* perdido,-a. ‖ **2** *n* animal *m* extraviado. ‖ **3** *vi* extraviarse, perderse.

streak ['striːk] **1** *n (line)* raya, lista. **2** *(in hair)* mecha, mechón *m*. **3** *fig (of madness etc)* vena; *(of luck)* racha.

streaky ['striːkɪ] **1** *adj (hair)* con mechas. **2** *(bacon)* entreverado,-a.

stream [striːm] **1** *n (brook)* arroyo, riachuelo. **2** *(current)* corriente *f*. **3** *(of water)* flujo; *(of blood)* chorro. **4** *fig (of people)* oleada, torrente *m*. ‖ **5** *vi* manar, correr, chorrear. **6** *fig (people etc)* desfilar.

streamer ['striːmə] *n* serpentina.

streamline ['striːmlaɪn] **1** *n* línea aerodinámica. ‖ **2** *vt (car)* aerodinamizar. **3** *(organization, system, etc)* racionalizar.

street [striːt] *n* calle *f*.
■ **street lamp** farola.

streetlamp ['striːtlæmp] *n* farol *m*.

strength [streŋθ] **1** *n (gen)* fuerza. **2** *(of currency)* valor *m*. **3** *(of emotion, colour)* intensidad *f*. **4** *(power)* poder *m*, potencia.
● **in strength** en gran número; **on the strength of** basándose en.
■ **strength of will** fuerza de voluntad.

strengthen ['streŋθn] **1** *vt (gen)* fortalecer. **2** *(colour)* intensificar. ‖ **3** *vi (gen)* fortalecerse, reforzarse. **4** *(colour)* intensificarse.

strenuous ['strenjʊəs] *adj* fatigoso,-a, agotador,-ra.

stress [stres] **1** *n* tensión *f* nerviosa, estrés *m*. **2** Tech tensión *f*. **3** *(emphasis)* hincapié *m*, énfasis *m*. **4** Gram acento. ‖ **5** *vt* recalcar, subrayar. **6** Gram acentuar.
● **to be under stress** estar estresado,-a; **to lay great stress on sth** hacer hincapié en algo, poner énfasis en algo.

stressful ['stresfʊl] *adj* estresante.

stretch [stretʃ] **1** *n (gen)* extensión *f*. **2** *(elasticity)* elasticidad *f*. **3** *(length)* trecho, tramo. **4** *(of time)* período, intervalo. ‖ **5** *vt (spread)* extender. ‖ **6** *vi (spread)* extenderse. ‖ **7** *vt (elastic)* estirar. ‖ **8** *vi (elastic)* estirarse; *(shoes)* ensancharse.
♦ **to stretch out 1** *vt* estirar. **2** *vt (lengthen)* alargar. **3** *vi* estirarse; *(lie down)* tumbarse. **4** *vi (lengthen)* alargarse.
● **to stretch one's legs** estirar las piernas; **at a stretch** de un tirón.

stretcher ['stretʃə] *n* camilla.

stretchy ['stretʃɪ] *adj* elástico,-a.

stricken ['strɪkn] *adj (with grief)* afligido,-a; *(by disaster)* afectado,-a.

strict [strɪkt] *adj* estricto,-a.
● **in the strictest confidence** en el más absoluto secreto; **strictly speaking** en sentido estricto.

stride [straɪd] **1** *n* zancada, trancada. ‖ **2** *vi* (*pt* **strode**; *pp* **stridden** ['strɪdən]) andar a zancadas.
● **to take sth in one's stride** *fig* tomarse las cosas con calma.

strident ['straɪdnt] *adj* estridente.

strife [straɪf] *n* conflictos *mpl*, luchas *fpl*.

strike [straɪk] **1** *n (by workers etc)* huelga. **2** *(blow)* golpe *m*. **3** *(find)* hallazgo. **4** Mil ataque *m*. ‖ **5** *vt* (*pt & pp* **struck**) *(hit)* pegar, golpear. **6** *(collide with)* chocar contra; *(lightning, bullet)* alcanzar. **7** *(gold, oil)* descubrir. **8** *(coin)* acuñar. **9** *(match)* encender. **10** *(clock)* dar, tocar. **11** *(deal)* cerrar. ‖ **12** *vi (attack)* atacar. **13** *(workers etc)* hacer huelga. **14** *(clock)* dar la hora, tocar la hora.
♦ **to strike back** *vi* devolver el golpe ♦ **to strike down** *vt* abatir ♦ **to strike off 1** *vt* tachar. **2** *vt* Jur suspender ♦ **to strike up** *vt* entablar.
● **it strikes me that ...** se me ocurre que ...; **to be on strike** estar en huelga; **to go on strike** declararse en huelga; **to be struck dumb** quedarse mudo,-a; **to strike out on one's own**

volar con sus propias alas; **to strike it rich** *fam* hacerse rico,-a.

striker ['straɪkə] **1** *n (worker)* huelguista *mf.* **2** *(footballer)* delantero,-a.

striking ['straɪkɪŋ] **1** *adj (noticeable)* llamativo,-a, impresionante. **2** *(on strike)* en huelga.

string [strɪŋ] **1** *n (gen)* cuerda; *(lace)* cordón *m.* **2** *(of garlic, lies)* ristra. **3** *(of events)* serie *f.* || **4** *vt* (*pt & pp* **strung**) *(beads)* ensartar. **5** *(racket etc)* encordar.

♦ **to string along** *vi* seguir la corriente (**with,** a).

● **to pull strings for sb** *fig* enchufar a algn.

■ **string bean** judía verde.

stringent ['strɪndʒənt] *adj* severo,-a, estricto,-a.

strip [strɪp] **1** *n (of paper, leather)* tira. **2** *(of land)* franja. **3** *(cartoon)* historieta. || **4** *vt (paint etc)* quitar; *(room)* vaciar. **5** *(undress)* desnudar. || **6** *vi (undress)* desnudarse.

♦ **to strip down** *vt* desmontar ♦ **to strip off** *vi* desnudarse.

● **to strip sb of sth** despojar a algn de algo.

stripe [straɪp] **1** *n (band)* raya, lista. **2** MIL galón *m.*

striped [straɪpt] *adj* a rayas.

strive [straɪv] *vi* (*pt* **strove**; *pp* **striven** ['strɪvən]) esforzarse (**after/for,** por).

strode [strəʊd] *pt* → **stride**.

stroke [strəʊk] **1** *n (gen)* golpe *m.* **2** *(swimming)* brazada. **3** *(of bell)* campanada. **4** *(of engine)* tiempo. **5** *(of brush)* pincelada; *(of pen)* trazo. **6** MED apoplejía. || **7** *vt* acariciar.

■ **stroke of luck** golpe *m* de suerte.

stroll [strəʊl] **1** *n* paseo. || **2** *vi* pasear, dar un paseo.

● **to take a stroll** dar una vuelta.

strong [strɒŋ] **1** *adj (gen)* fuerte. **2** *(firm)* firme, acérrimo,-a. **3** *(forceful)* enérgico,-a. || **4** *adv* fuerte.

● **to be ... strong** contar con ... miembros: ***the army was 2000 strong*** el ejército contaba con 2000 personas.

■ **strong room** cámara acorazada.

strongly ['strɒŋlɪ] *adv* fuertemente.

strong-minded [strɒŋ'maɪndɪd] *adj* resuelto,-a, decidido,-a.

stroppy ['strɒpɪ] *adj* GB *fam* de mala uva.

strove [strəʊv] *pt* → **strive**.

struck [strʌk] *pt & pp* → **strike**.

structural ['strʌktʃrəl] *adj* estructural.

structure ['strʌktʃə] **1** *n* estructura. **2** *(thing constructed)* construcción *f.* || **3** *vt* estructurar.

struggle ['strʌgl] **1** *n* lucha. **2** *(physical)* pelea, forcejeo. || **3** *vi (contend)* luchar. **4** *(physically)* forcejear.

strung [strʌŋ] *pt & pp* → **string**.

strut [strʌt] **1** *n* ARCH puntal *m,* riostra. || **2** *vi* pavonearse.

stub [stʌb] **1** *n (of cigarette)* colilla. **2** *(of pencil, candle)* cabo. **3** *(of cheque)* matriz *f.* **4** *(of receipt)* resguardo.

stubble ['stʌbl] **1** *n (in field)* rastrojo. **2** *(on chin)* barba incipiente.

stubborn ['stʌbən] *adj* terco,-a, testarudo,-a, obstinado,-a.

stuck [stʌk] *pt & pp* → **stick**.

stuck-up [stʌk'ʌp] *adj fam* creído,-a.

stud [stʌd] **1** *n (on clothing)* tachón *m.* **2** *(on furniture)* tachuela. **3** *(animal)* semental *m.* || **4** *vt* tachonar (**with,** de).

student ['stjuːdnt] *n* estudiante *mf.*

■ **student teacher** profesor,-ra en prácticas.

studied ['stʌdɪd] **1** *adj* estudiado,-a, pensado,-a. **2** *pej* afectado,-a.

studio ['stjuːdɪəʊ] *n* estudio; *(artist's)* taller *m.*

■ **studio flat** estudio.

studious ['stjuːdɪəs] *adj* estudioso,-a, aplicado,-a.

study ['stʌdɪ] **1** *n* estudio. || **2** *vt - vi (gen)* estudiar. || **3** *vt (examine)* analizar, examinar.

stuff [stʌf] **1** *n fam (things)* cosas *fpl,* trastos *mpl.* **2** *(object)* cosa: ***what's that stuff on the table?*** ¿qué es eso que hay en la mesa? || **3** *vt (fill)* rellenar (**with,** de). **4** *(animal)* disecar. **5** *(cram)* atiborrar (**with,** de).

• **to do one's stuff** *fam* hacer uno lo suyo; **to stuff oneself** *fam* hartarse de comida.
■ **stuffed shirt** *fam* persona estirada; **stuffed toy** muñeco de peluche.
stuffing ['stʌfɪŋ] *n* relleno.
stuffy ['stʌfɪ] **1** *adj* cargado,-a, mal ventilado,-a. **2** *(person)* estirado,-a.
stumble ['stʌmbl] **1** *n* tropezón *m*, traspié *m*. || **2** *vi* tropezar (across/on, con), dar un traspié.
■ **stumbling block** escollo, tropiezo.
stump [stʌmp] **1** *n (of tree)* tocón *m*. **2** *(of pencil, candle)* cabo. **3** *(of arm, leg)* muñón *m*, chueca. **4** *(cricket)* estaca. || **5** *vt fam* desconcertar. || **6** *vi* pisar fuerte.
stun [stʌn] **1** *vt (daze)* aturdir, atontar. **2** *(shock)* sorprender.
stung [stʌŋ] *pt & pp* → **sting**.
stunk [stʌŋk] *pt & pp* → **stink**.
stunning ['stʌnɪŋ] **1** *adj (shocking)* pasmoso. **2** *(incredible)* estupendo,-a, impresionante.
stunt [stʌnt] **1** *n* CINEM escena peligrosa. **2** *(trick)* truco. || **3** *vt* atrofiar.
■ **stunt man/woman** doble *mf*, especialista *mf*.
stupid ['stjuːpɪd] **1** *adj* tonto,-a, imbécil. || **2** *n* tonto,-a, imbécil *mf*.
stupidity [stjuː'pɪdɪtɪ] *n* estupidez *f*.
stupor ['stjuːpə] *n* estupor *m*.
sturdy ['stɜːdɪ] *adj* robusto,-a, fuerte.
stutter ['stʌtə] **1** *n* tartamudeo. || **2** *vi* tartamudear.
stutterer ['stʌtərə] *n* tartamudo,-a.
sty [staɪ] *n* pocilga.
style [staɪl] **1** *n (gen)* estilo. **2** *(of hair)* peinado. **3** *(fashion)* moda.
stylish ['staɪlɪʃ] **1** *adj (smart)* elegante. **2** *(fashionable)* a la moda.
suave [swɑːv] *adj* afable.
subconscious [sʌb'kɒnʃəs] **1** *adj* subconsciente. || **2** *n* subconsciente *m*.
subdivide [sʌbdɪ'vaɪd] *vt* subdividir.
subdue [səb'djuː] **1** *vt (conquer)* someter, dominar. **2** *(feelings etc)* contener. **3** *(colour)* atenuar, suavizar.
subject ['sʌbdʒekt] **1** *n (topic)* tema *m*. **2** *(at school)* asignatura. **3** *(citizen)* súbdito. **4** GRAM sujeto. || **5** *adj (gen)* sujeto,-a (to, a). **6** *(fine)* expuesto,-a (to, a). **7** *(delay)* susceptible (to, de). || **8** *vt* ([səb'dʒekt]) someter.
• **subject to approval** previa aprobación.
subjective [səb'dʒektɪv] *adj* subjetivo, -a.
subjunctive [səb'dʒʌŋktɪv] **1** *adj* subjuntivo,-a. || **2** *n* subjuntivo.
sublet [sʌb'let] *vt - vi* (*pt & pp* sublet) realquilar, subarrendar.
sublime [sə'blaɪm] *adj* sublime.
submarine [sʌbmə'riːn] *n* submarino.
submerge [səb'mɜːdʒ] **1** *vt* sumergir. || **2** *vi* sumergirse.
submission [səb'mɪʃn] **1** *n (yielding)* sumisión *f*. **2** *(of documents)* presentación *f*.
submissive [səb'mɪsɪv] *adj* sumiso,-a.
submit [səb'mɪt] **1** *vt (person)* someter. **2** *(application etc)* presentar. || **3** *vi (surrender)* someterse.
subordinate [sə'bɔːdɪnət] **1** *adj - n* subordinado,-a. || **2** *vt* ([sə'bɔːdɪneɪt]) subordinar (to, a).
subscribe [səb'skraɪb] **1** *vi (to magazine)* subscribirse (to, a). **2** *(opinion)* estar de acuerdo (to, con).
subscriber [səb'scraɪbə] *n (to magazine)* subscriptor,-ra; *(to service)* abonado,-a.
subscription [səb'skɪpʃn] *n (to magazine)* subscripción *f*; *(to service)* abono.
subsequent ['sʌbsɪkwənt] *adj* subsiguiente, posterior (to, a).
subsequently ['sʌbsɪkwəntlɪ] *adv* posteriormente.
subside [səb'saɪd] **1** *vi (sink)* hundirse. **2** *(weather, anger)* amainar, apaciguarse.
subsidiary [səb'sɪdɪərɪ] **1** *adj* secundario,-a. || **2** *n* filial *f*, sucursal *f*.
subsidize ['sʌbsɪdaɪz] *vt* subvencionar.
subsidy ['sʌbsɪdɪ] *n* subvención *f*, subsidio.
subsist [səb'sɪst] *vi* subsistir.

• to subsist on ... subsistir a base de ...

subsistence [səb'sɪstns] *n* subsistencia.

■ subsistence wage sueldo miserable.

substance ['sʌbstəns] **1** *n* substancia. **2** *fig (essence)* esencia.

substantial [səb'stænʃl] **1** *adj (considerable)* importante, substancial. **2** *(solid)* sólido,-a. **3** *(meal)* abundante.

substitute ['sʌbstɪtjuːt] **1** *n (person)* substituto,-a, suplente *mf*. **2** *(food)* sucedáneo. || **3** *vt* substituir.

substitution [sʌbstɪ'tjuːʃn] **1** *n (gen)* substitución *f*. **2** *(in job)* suplencia.

subterranean [sʌbtə'reɪnɪən] *adj* subterráneo,-a.

subtitle ['sʌbtaɪtl] **1** *n* subtítulo. || **2** *vt* subtitular.

subtle ['sʌtl] **1** *adj (gen)* sutil. **2** *(taste etc)* delicado,-a. **3** *(remark)* agudo,-a.

subtly ['sʌtlɪ] *adv* sutilmente.

subtract [səb'trækt] *vt* restar (**from**, de).

subtraction [səb'trækʃn] *n* resta.

suburb ['sʌbɜːb] *n* barrio periférico, barrio residencial.

■ the suburbs las afueras.

subversive [sʌb'vɜːsɪv] *adj* - *n* subversivo,-a.

subway ['sʌbweɪ] **1** *n* GB paso subterráneo. **2** US metro.

succeed [sək'siːd] **1** *vi (gen)* tener éxito, triunfar; *(plan)* salir bien. || **2** *vt* suceder a.

• to succeed in doing sth conseguir hacer algo.

success [sək'ses] *n* éxito.

• to be a success tener éxito.

successful [sək'sesful] **1** *adj (person, film, etc)* que tiene éxito, de éxito; *(plan)* acertado,-a. **2** *(business)* próspero,-a; *(marriage)* feliz.

successfully [sʌk'sesfulɪ] *adv* con éxito.

succession [sək'seʃn] *n* sucesión *f*.

successive [sək'sesɪv] *adj* sucesivo,-a.

successor [sək'sesə] *n* sucesor,-ra.

succumb [sə'kʌm] *vi* sucumbir (**to**, a).

such [sʌtʃ] **1** *adj (of that sort)* tal, semejante: ***there's no such thing*** no existe tal cosa. **2** *(in comparisons - + adj)* tan ... como; *(- + noun)* tanto,-a ... que: ***he's not such a nice person as his brother*** no es una persona tan agradable como su hermano; ***he was in such a hurry that he forgot his briefcase*** tenía tanta prisa que se olvidó el maletín. || **3** *adv (intensifier - very, a lot of)* muy, mucho,-a; *(- in exclamations)* tan, tanto,-a: ***she's such a clever woman*** es una mujer muy inteligente, ¡es una mujer tan inteligente!; ***there were such a lot of books*** había muchos libros.

• at such and such a time a tal hora; **in such a way that ...** de tal manera que ....

suck [sʌk] **1** *n* chupada. || **2** *vt* - *vi (gen)* chupar; *(baby)* mamar. || **3** *vt (vacuum cleaner)* aspirar. **4** *(whirlpool)* tragar.

• to suck up to sb *fam* dar coba a algn.

sucker ['sʌkə] **1** *n* ZOOL ventosa. **2** BOT chupón *m*. **3** *fam (mug)* primo,-a, bobo,-a.

suckle ['sʌkl] **1** *vt* amamantar. || **2** *vi* mamar.

suction ['sʌkʃn] *n* succión *f*.

■ suction pump bomba de aspiración.

sudden ['sʌdn] **1** *adj (quick)* repentino,-a. **2** *(unexpected)* inesperado,-a, imprevisto,-a.

• all of a sudden de repente, de pronto.

suddenly ['sʌdnlɪ] *adv* de repente, de pronto.

suds [sʌdz] *npl* jabonaduras *fpl*, espuma *f sing*.

sue [suː] *vt* - *vi* demandar (**for**, por).

suede [sweɪd] **1** *n* ante *m*, gamuza. || **2** *adj* de ante, de gamuza.

suffer ['sʌfə] **1** *vt* - *vi* sufrir (from, de). || **2** *vt (bear)* aguantar, soportar.
suffering ['sʌfərɪŋ] **1** *n* sufrimiento. **2** *(pain)* dolor *m*.
sufficient [sə'fɪʃnt] *adj* suficiente, bastante.
sufficiently [sə'fɪʃntlɪ] *adv* suficientemente.
suffix ['sʌfɪks] *n* sufijo.
suffocate ['sʌfəkeɪt] **1** *vt* asfixiar. || **2** *vi* asfixiarse, ahogarse.
sugar ['ʃʊgə] **1** *n* azúcar *m & f*. || **2** *vt* echar azúcar.
■ **sugar bowl** azucarero; **sugar cane** caña de azúcar; **suggar lump** terrón *m* de azúcar.
sugarbeet ['ʃʊgəbiːt] *n* remolacha azucarera.
sugary ['ʃʊgərɪ] **1** *adj (with suggar)* azucarado,-a. **2** *(sentimental)* almibarado, -a, meloso,-a.
suggest [sə'dʒest] **1** *vt (propose)* sugerir. **2** *(advise)* aconsejar. **3** *(imply)* implicar.
suggestion [sə'dʒestʃn] **1** *n (proposal)* sugerencia. **2** *(insinuation)* insinuación *f*. **3** *(hint)* sombra, traza.
suggestive [sə'dʒestɪv] **1** *adj (indicative)* sugestivo,-a. **2** *(indecent)* provocativo,-a.
suicidal [sjuːɪ'saɪdl] *adj* suicida.
suicide ['sjuːɪsaɪd] *n* suicidio.
● **to commit suicide** suicidarse.
suit [sjuːt] **1** *n (man's)* traje *m*; *(woman's)* traje *m* de chaqueta. **2** *(lawsuit)* pleito. **3** *(cards)* palo. || **4** *vt (be convenient for)* convenir a, venir bien a. **5** *(be right)* sentar bien: ***the cold doesn't suit me*** el frío no me sienta bien. **6** *(look good on)* favorecer: ***red really suits you*** el rojo te favorece mucho. **7** *(please)* satisfacer.
● **suit yourself!** ¡como quieras!; **suits me!** ¡a mí me está bien!; **to follow suit** seguir el ejemplo.
suitable ['sjuːtəbl] **1** *adj* conveniente. **2** *(appropriate)* adecuado,-a, apto,-a: ***suitable for children*** apto,-a para niños.
suitcase ['suːtkeɪs] *n* maleta.
suite [swiːt] **1** *n (of furniture)* juego. **2** *(musical, in hotel)* suite *f*.
suitor ['sjuːtə] *n (wooer)* pretendiente *mf*.
sulk [sʌlk] *vi* enfurruñarse, estar de mal humor.
sulky ['sʌlkɪ] *adj* malhumorado,-a.
sullen ['sʌlən] *adj* hosco,-a, huraño,-a.
sulphur ['sʌlfə] *n* azufre *m*.
sultana [sʌl'tɑːnə] *n (raisin)* pasa de Esmirna.
sultry ['sʌltrɪ] **1** *adj (muggy)* bochornoso,-a, sofocante. **2** *(seductive)* sensual.
sum [sʌm] **1** *n (gen)* suma. **2** *(of invoice, money)* importe *m*.
♦ **to sum up** *vt* resumir.
● **in sum** en suma, en resumen.
■ **sum total** (suma) total *m*.
summarize ['sʌməraɪz] *vt* resumir.
summary ['sʌmərɪ] *n* resumen *m*.
summer ['sʌmə] **1** *n* verano. || **2** *adj (gen)* de verano. **3** *(weather)* veraniego,-a. **4** *(resort)* de veraneo.
summertime ['sʌmətaɪm] *n* verano.
summit ['sʌmɪt] *n* cumbre *f*.
summon ['sʌmən] *vt* llamar.
● **to summon up one's strength** armarse de valor.
summons ['sʌmənz] **1** *n (call)* llamamiento. **2** JUR citación *f*. || **3** *vt* JUR citar.
sun [sʌn] *n* sol *m*.
● **in the sun** al sol; **to sun oneself** tomar el sol.
Sun ['sʌndɪ] *abbr (*Sunday*)* domingo; *(abbreviation)* dom.
sunbathe ['sʌnbeɪð] *vi* tomar el sol.
sunburnt ['sʌnbɜːnt] *adj* quemado,-a por el sol.
Sunday ['sʌndeɪ] *n* domingo.
■ **Sunday school** catequesis *f inv*.
sundial ['sʌndaɪəl] *n* reloj *m* de sol.
sunflower ['sʌnflaʊə] *n* girasol *m*.
sung [sʌŋ] *pp* → **sing**.
sunglasses ['sʌnglɑːsɪz] *npl* gafas *fpl* de sol.
sunk [sʌŋk] *pp* → **sink**.

sunlight ['sʌnlaɪt] *n* luz *f* del sol.

sunny ['sʌnɪ] **1** *adj (day, room)* soleado,-a. **2** *(person)* alegre.
• **to be sunny** hacer sol.

sunrise ['sʌnraɪz] *n* salida del sol, amanecer *m*.

sunset ['sʌnset] *n* puesta del sol, ocaso.

sunshade ['sʌnʃeɪd] **1** *n (parasol)* sombrilla. **2** *(awning)* toldo.

sunshine ['sʌnʃaɪn] *n* luz *f* de sol.

sunstroke ['sʌnstrəʊk] *n* insolación *f*.

suntan ['sʌntæn] *n* bronceado.

super ['suːpə] *adj fam* fenomenal, de primera.

superb [suː'pɜːb] *adj* estupendo,-a, magnífico,-a.

superficial [suːpə'fɪʃl] *adj* superficial.

superfluous [suː'pɜːflʊəs] *adj* superfluo,-a.

superhuman [suːpə'hjuːmən] *adj* sobrehumano,-a.

superintendent [suːpərɪn'tendənt] *n* inspector,-ra, supervisor,-ra.

superior [suː'pɪərɪə] **1** *adj (gen)* superior. **2** *(haughty)* altanero,-a. || **3** *n* superior,-ra.

superiority [suːpɪərɪ'ɒrɪtɪ] *n* superioridad *f*.

superlative [suː'pɜːlətɪv] **1** *adj* superlativo,-a. || **2** *n* superlativo.

supermarket [suːpə'mɑːkɪt] *n* supermercado.

supernatural [suːpə'nætʃrəl] *adj* sobrenatural.

superpower ['suːpəpaʊə] *n* superpotencia.

supersonic [suːpə'sɒnɪk] *adj* supersónico,-a.

superstition [suːpə'stɪʃn] *n* superstición *f*.

superstitious [sjuːpə'stɪʃəs] *adj* supersticioso,-a.

supervise ['suːpəvaɪz] **1** *vt (watch over)* vigilar. **2** *(activity)* supervisar.

supervision [suːpə'vɪʒn] *n* inspección *f*, vigilancia.

supervisor ['suːpəvaɪzə] *n* supervisor, -ra.

supper ['sʌpə] *n* cena.
• **to have supper** cenar.

supple ['sʌpl] *adj* flexible.

supplement ['sʌplɪmənt] **1** *n* suplemento. || **2** *vt* (['sʌplɪment]) complementar.

supplementary [sʌplɪ'mentrɪ] *adj* suplementario,-a.

supplier [sə'plaɪə] *n* suministrador,-ra, proveedor,-ra.

supply [sə'plaɪ] **1** *vt (gen)* suministrar; *(person, company, etc)* abastecer, proveer. **2** *(troops)* aprovisionar. **3** *(information)* facilitar. || **4** *n (provision)* suministro, abastecimiento. **5** *(stock)* surtido, existencias *fpl*. || **6 supplies** *npl (food)* víveres *mpl*.
• **supply and demand** la oferta y la demanda.

support [sə'pɔːt] **1** *n (gen)* apoyo. **2** *(financial)* ayuda económica. || **3** *vt (weight etc)* sostener. **4** *(back up)* apoyar, respaldar. **5** SP seguir. **6** *(maintain)* mantener: ***he has to support his family*** tiene que mantener a su familia.
• **to support oneself** ganarse la vida.

supporter [sə'pɔːtə] **1** *n* POL partidiario,-a. **2** SP seguidor,-ra; *(fan)* hincha *mf*, forofo,-a.

supportive [sə'pɔːtɪv] *adj* comprensivo,-a.

suppose [sə'pəʊz] **1** *vt* suponer. **2** *(suggestion)*: ***suppose we leave now?*** ¿y si nos fuéramos ya?
• **I suppose so/not** supongo que sí/no; **to be supposed to ...** *(supposition)* se supone que ...; *(obligation)* deber ...: ***you're supposed to be in bed*** deberías estar en la cama.

supposed [sə'pəʊzd] *adj* supuesto,-a.

supposedly [sə'pəʊzədlɪ] *adv* supuestamente.

suppository [sə'pɒzɪtrɪ] *n* supositorio.

suppress [sə'pres] **1** *vt (text)* suprimir. **2** *(feelings, revolt, etc)* reprimir.

suppression [sə'preʃn] **1** *n (of text)* supresión *f*. **2** *(of feelings, revolt, etc)* represión *f*.

supremacy [suː'preməsɪ] *n* supremacía.

supreme [suː'priːm] *adj* supremo,-a.
■ **supreme court** JUR tribunal *m* supremo.

supremely [suː'priːmlɪ] *adv* sumamente.

surcharge ['sɜːtʃɑːdʒ] *n* recargo.

sure [ʃʊə] **1** *adj* seguro,-a. ‖ **2** *adv (of course)* claro. **3** *(certainly)* seguro. **4** US *(really)*: ***he sure is handsome*** ¡qué guapo es!
● **sure enough** efectivamente; **to be sure to ...** no olvidarse de ...; **to make sure** asegurarse (**of**, de).

surely ['ʃʊəlɪ] *adv (no doubt)* seguramente, sin duda.

surf [sɜːf] **1** *n (waves)* oleaje *m*. **2** *(foam)* espuma. ‖ **3** *vi* hacer surf.
● **to surf the Net** navegar por Internet.

surface ['sɜːfəs] **1** *n (gen)* superficie *f*. **2** *(of road)* firme *m*. ‖ **3** *vt* revestir. ‖ **4** *vi (submarine, diver)* salir a la superficie; *(problems)* surgir.

surge [sɜːdʒ] **1** *n (of sea)* oleaje *m*. **2** *(growth)* alza, aumento. **3** *(of people)* oleada. **4** *(of emotion)* arranque *m*, arrebato. ‖ **5** *vi (sea)* agitarse, encresparse.

surgeon ['sɜːdʒn] *n* cirujano,-a.

surgery ['sɜːdʒərɪ] **1** *n* cirugía. **2** GB *(consulting room)* consultorio.

surgical ['sɜːdʒɪkl] *adj* quirúrgico,-a.

surly ['sɜːlɪ] *adj* hosco,-a, arisco,-a.

surname ['sɜːneɪm] *n* apellido.

surpass [sɜː'pɑːs] *vt* superar, sobrepasar.

surplus ['sɜːpləs] **1** *adj* sobrante. ‖ **2** *n (of stock)* sobrante *m*, excedente *m*. **3** *(of budget)* superávit *m*.

surprise [sə'praɪz] **1** *n* sorpresa. ‖ **2** *adj* inesperado,-a; *(attack)* sorpresa. ‖ **3** *vt* sorprender.
● **to take sb by surprise** coger desprevenido,-a a algn.

surprising [sə'praɪzɪŋ] *adj* sorprendente.

surreal [sə'rɪəl] *adj* surrealista.

surrealism [sə'rɪəlɪzm] *n* surrealismo.

surrender [sə'rendə] **1** *n* MIL rendición *f*; *(of weapons)* entrega. ‖ **2** *vt* rendir, entregar. ‖ **3** *vi* rendirse, entregarse.

surround [sə'raʊnd] *vt* rodear (**with**, de).

surrounding [sə'raʊndɪŋ] **1** *adj* circundante. ‖ **2 surroundings** *npl (of place)* alrededores *mpl*. **3** *(environment)* entorno *m sing*.

surveillance [sɜː'veɪləns] *n* vigilancia.

survey ['sɜːveɪ] **1** *n (of opinion)* sondeo; *(of trends etc)* encuesta, estudio. **2** *(of building, land)* reconocimiento; *(in topography)* medición *f*. **3** *(view)* panorama, visión *f* general. ‖ **4** *vt* ([sə'veɪ]) *(look at)* contemplar. **5** *(study)* estudiar, analizar. **6** *(building, land)* inspeccionar.

surveyor [sə'veɪə] *n* agrimensor,-ra, topógrafo,-a.

survival [sə'vaɪvl] **1** *n* supervivencia. **2** *(relic)* vestigio.

survive [sə'vaɪv] **1** *vt* sobrevivir a. ‖ **2** *vi* sobrevivir.

survivor [sə'vaɪvə] *n* superviviente *mf*.

susceptible [sə'septɪbl] **1** *adj (to attack etc)* susceptible. **2** *(to illness)* propenso,-a. **3** *(to flattery etc)* sensible.

suspect ['sʌspekt] **1** *adj* - *n* sospechoso,-a. ‖ **2** *vt* ([sə'spekt]) *(gen)* sospechar. **3** *(imagine)* imaginar.

suspend [sə'spend] **1** *vt (stop)* suspender. **2** *(pupil)* expulsar. **3** SP *(player)* sancionar.
■ **suspended sentence** JUR condena condicional.

suspender [sə'spendə] **1** *n* liga. ‖ **2 suspenders** *npl* tirantes *mpl*.

suspense [səs'spens] **1** *n (anticipation)* incertidumbre *f*. **2** *(intrigue)* suspense *m*.

suspension [sə'spenʃn] **1** *n (gen)* suspensión *f*. **2** *(of pupil)* expulsión *f*. **3** SP *(of player)* sanción *f*.
■ **suspension bridge** puente *m* colgante.

suspicion [sə'spɪʃn] **1** *n* sospecha. **2** *(mistrust)* recelo, desconfianza.

suspicious [sə'spɪʃəs] **1** *adj* sospechoso,-a. **2** *(wary)* desconfiado,-a.

suspiciously [sʌ'spɪʃəslɪ] **1** *adv* de modo sospechoso. **2** *(warily)* con recelo.

sustain [sə'steɪn] **1** *vt (gen)* sostener. **2** *(nourish)* sustentar. **3** *(suffer)* sufrir.

SW ['ʃɔːtweɪv] **1** *abbr (*short wave*)* onda corta; *(abbreviation)* OC. **2** [saʊθ'west] *(*southwest*)* sudoeste, suroeste; *(abbreviation)* SO.

swagger ['swægə] *vi* contonearse.

swallow ['swɒləʊ] **1** *n (of drink)* trago; *(of food)* bocado. **2** *(bird)* golondrina. || **3** *vt - vi* tragar. || **4** *vt (believe)* tragarse.

swam [swæm] *pt* → **swim**.

swamp [swɒmp] **1** *n* pantano, ciénaga. || **2** *vt (flood)* inundar (by/with, de). **3** *(sink)* hundir. **4** *(overwhelm)* abrumar (with, de).

swan [swɒn] *n* cisne *m*.

swank [swæŋk] **1** *n fam* fanfarronada. || **2** *vi fam* fanfarronear, fardar.

swap [swɒp] *vt - vi fam* intercambiar, cambiar.

♦ **to swap round** *vt* cambiar de sitio.

swarm [swɔːm] **1** *n* enjambre *m*. || **2** *vi* enjambrar. **3** *fig* rebosar (with, de).

swarthy ['swɔːðɪ] *adj* moreno,-a, atezado,-a.

swat [swɒt] *vt* aplastar.

sway [sweɪ] **1** *n (movement)* balanceo, vaivén *m*. **2** *(influence)* dominio. || **3** *vt (swing)* balancear, mecer. **4** *(influence)* convencer. || **5** *vi (swing)* balancearse, mecerse. **6** *(totter)* tambalearse.

swear [sweə] **1** *vt - vi (pt* swore*; pp* sworn*) (vow)* jurar. || **2** *vi (curse)* decir palabrotas; *(blaspheme)* jurar, blasfemar.

♦ **to swear by** *vt fam* tener entera confianza en.

● **to be sworn in** jurar el cargo.

swear-word ['sweəwɜːd] *n* palabrota, taco.

sweat [swet] **1** *n* sudor *m*. **2** *fam (hard work)* trabajo duro. || **3** *vt - vi* sudar.

● **to sweat it out** *fam* aguantar.

sweater ['swetə] *n* suéter *m*, jersey *m*.

sweatshirt ['swetʃɜːt] *n* sudadera.

Swede [swiːd] *n (person)* sueco,-a.

Sweden ['swiːdn] *n* Suecia.

Swedish ['swiːdɪʃ] **1** *adj* sueco,-a. || **2** *n (language)* sueco. || **3 the Swedish** *npl* los suecos *mpl*.

sweep [swiːp] **1** *n (of broom)* barrido. **2** *(of arm)* movimiento amplio, gesto amplio. **3** *(police)* redada. **4** *fam (person)* deshollinador,-ra. || **5** *vt - vi (pt & pp* swept*) (with broom)* barrer. || **6** *vt (wind, waves)* barrer. **7** *(spread)* recorrer, extenderse por. **8** *(carry away)* arrastrar.

♦ **to sweep aside** *vt fig* rechazar.

● **to sweep in/out/past** entrar/salir/pasar rápidamente; **to sweep sb off his/her feet** hacerle a algn perder la cabeza; **to make a clean sweep of things** *fig* hacer tabla rasa.

sweeper ['swiːpə] **1** *n (person)* barrendero,-a. **2** *(machine)* barredora.

sweeping ['swiːpɪŋ] **1** *adj (broad)* amplio,-a. **2** *(victory etc)* arrollador,-ra.

sweet [swiːt] **1** *adj* dulce. **2** *(pleasant)* agradable; *(smell)* fragante. || **3** *n (candy)* caramelo, golosina. **4** *(dessert)* postre *m*.

● **to have a sweet tooth** ser goloso, -a.

■ **sweet corn** maíz *m*; **sweet pea** guisante *m* de olor; **sweet potato** boniato.

sweetcorn ['swiːtkɔːn] *n* maíz *m* tierno.

sweeten ['swiːtn] *vt* endulzar, azucarar.

sweetener ['swiːtnə] *n* edulcorante *m*.

sweetheart ['swiːthɑːt] **1** *n (dear)* cariño. **2** *(loved one)* novio,-a.

swell [swel] **1** *n* marejada, oleaje *m*. || **2** *adj* US *fam* fenomenal. || **3** *vi (pp* swollen*) (sea)* levantarse; *(river, sales)* crecer. **4** *(body)* hincharse.

swelling ['swelɪŋ] *n* hinchazón *f*.
swept [swept] *pt & pp* → **sweep**.
swerve [swɜːv] **1** *n* viraje *m brusco*. ‖ **2** *vt* desviar bruscamente. ‖ **3** *vi* desviarse bruscamente.
swift [swɪft] **1** *adj fml* rápido,-a, veloz. ‖ **2** *n (bird)* vencejo común.
swim [swɪm] **1** *n* baño. ‖ **2** *vi* (*pt* swam; *pp* swum) nadar.
• **to go for a swim** ir a nadar, ir a bañarse.
swimmer ['swɪmə] *n* nadador,-ra.
swimming ['swɪmɪŋ] *n* natación *f*.
■ **swimming baths** piscina *f sing* (interior); **swimming costume** bañador *m sing*; **swimming pool** piscina; **swimming trunks** bañador *m sing*.
swimsuit ['swɪmsuːt] *n* bañador *m*, traje *m* de baño.
swindle ['swɪndl] **1** *n* estafa, timo. ‖ **2** *vt* estafar, timar.
swindler ['swɪndlə] *n* estafador,-ra, timador,-ra.
swine [swaɪn] **1** *n* (*pl* swine) *(pig)* cerdo. **2** (*pl* swines) *fam (person)* cerdo,-a, canalla *mf*.
swing [swɪŋ] **1** *n (movement)* balanceo, oscilación *f*. **2** *(plaything)* columpio. **3** *fig (change)* giro. **4** SP MUS swing *m*. ‖ **5** *vt* (*pt & pp* swung) *(to and fro)* balancear. **6** *(arms etc)* menear. **7** *(on plaything)* columpiar. **8** *(turn)* hacer girar. ‖ **9** *vi (to and fro)* balancearse. **10** *(arms etc)* menearse. **11** *(on plaything)* columpiarse. ‖ **12** *vt - vi fig* girar, virar.
• **in full swing** en plena marcha.
swipe [swaɪp] **1** *n* golpe *m*. ‖ **2** *vt* golpear, pegar. **3** *fam (pinch)* birlar, mangar.
swirl [swɜːl] **1** *n (gen)* remolino. **2** *(of smoke)* voluta. **3** *(of skirt)* vuelo. ‖ **4** *vi* arremolinarse. **5** *(person)* dar vueltas.
Swiss [swɪs] **1** *adj - n* suizo,-a. ‖ **2 the Swiss** *npl* los suizos *mpl*.
switch [swɪtʃ] **1** *n* ELEC interruptor *m*, llave *f*. **2** *(change)* cambio repentino. **3** *(exchange)* intercambio, canje *m*. ‖ **4** *vt (gen)* cambiar de. **5** *(train, attention, support)* desviar.
♦ **to switch off** *vt (radio, TV, etc)* apagar; *(current)* cortar ♦ **to switch on** *vt (light)* encender; *(radio, TV)* poner ♦ **to switch over** *vi* cambiar.
• **to switch one's attention to** desviar la atención a.
switchboard ['swɪtʃbɔːd] *n* centralita.
■ **switchboard operator** telefonista *mf*.
Switzerland ['swɪtsələnd] *n* Suiza.
swivel ['swɪvl] **1** *vt* girar. ‖ **2** *vi* girarse.
■ **swivel chair** silla giratoria.
swollen ['swəʊlən] *pp* → **swell**.
swoop [swuːp] **1** *vi (bird)* abalanzarse. **2** *(plane)* bajar en picado. **3** *(police)* hacer una redada.
sword [sɔːd] *n* espada.
swordfish ['sɔːdfɪʃ] *n* pez *m* espada.
swore [swɔː] *pt* → **swear**.
sworn [swɔːn] *pp* → **swear**.
swot [swɒt] **1** *n fam* empollón,-ona. ‖ **2** *vi fam* empollar.
swum [swʌm] *pp* → **swim**.
swung [swʌŋ] *pt & pp* → **swing**.
sycamore ['sɪkəmɔː] *n* sicomoro.
syllable ['sɪləbl] *n* sílaba.
syllabus ['sɪləbəs] *n* programa *m* de estudios.
symbol ['sɪmbl] *n* símbolo.
symbolic [sɪm'bɒlɪk] *adj* simbólico,-a.
symmetrical [sɪ'metrɪkl] *adj* simétrico,-a.
symmetry ['sɪmɪtrɪ] *n* simetría.
sympathetic [sɪmpə'θetɪk] **1** *adj (showing pity)* compasivo,-a. **2** *(understanding)* comprensivo,-a (to, con). **3** *(approving)* favorable.
sympathize ['sɪmpəθaɪz] **1** *vi (show pity)* compadecerse (with, de). **2** *(understand)* comprender (with, -).
sympathizer ['sɪmpəθaɪzə] *n* simpatizante *mf*.
sympathy ['sɪmpəθɪ] **1** *n (pity)* compasión *f*, lástima. **2** *(condolences)* condolencia, pésame *m*. **3** *(understanding)* comprensión *f*.

• **to express one's sympathy** dar el pésame.
symphony ['sɪmfənɪ] *n* sinfonía.
symptom ['sɪmptəm] *n* síntoma *m*.
synagogue ['sɪnəgɒg] *n* sinagoga.
synchronize ['sɪŋkrənaɪz] *vt* sincronizar.
syndicate ['sɪndɪkət] **1** *n (group)* organización *f*, agrupación *f*. **2** *(agency)* agencia *de prensa*.
syndrome ['sɪndrəʊm] *n* síndrome *m*.
synonym ['sɪnənɪm] *n* sinónimo.
synonymous [sɪ'nɒnɪməs] *adj* sinónimo,-a (with, de).
syntax ['sɪntæks] *n* sintaxis *f inv*.
synthesis ['sɪnθəsɪs] *n* síntesis *f inv*.
synthesize ['sɪnθəsaɪz] *vt* sintetizar.
synthetic [sɪn'θetɪk] **1** *adj* sintético,-a. || **2** *n* fibra sintética.
syringe [sɪ'rɪndʒ] *n* jeringa, jeringuilla.
syrup ['sɪrəp] **1** *n* MED jarabe *m*. **2** CULIN almíbar *m*.
system ['sɪstəm] *n* sistema *m*.
■ **systems analyst** analista *mf* de sistemas.
systematic [sɪstə'mætɪk] *adj* sistemático,-a.
systematize ['sɪstɪmətaɪz] *vt* sistematizar.

T

ta [tɑː] *interj* GB *fam* ¡gracias!
tab [tæb] **1** *n (flap)* lengüeta. **2** *(label)* etiqueta.
table ['teɪbl] **1** *n (piece of furniture)* mesa. **2** *(grid)* tabla, cuadro. || **3** *vt* presentar.
■ **table tennis** tenis *m* de mesa.
tablecloth ['teɪblklɒθ] *n* mantel *m*.
tablespoon ['teɪblspuːn] *n* cucharón *m*.
tablet ['tæblət] **1** *n (pill)* pastilla. **2** *(stone)* lápida.
tabloid ['tæblɔɪd] *n* periódico de formato pequeño.
taboo [tə'buː] **1** *adj* tabú. || **2** *n* tabú *m*.
tacit ['tæsɪt] *adj* tácito,-a.
tack [tæk] **1** *n (nail)* tachuela. **2** *(direction)* táctica. || **3** *vt* clavar con tachuelas. **4** SEW hilvanar.
• **to change tack** cambiar de táctica.
tackle ['tækl] **1** *n* equipo, aparejos *mpl*. **2** *(pulleys etc)* polea. **3** SP *(football)* entrada; *(rugby)* placaje *m*. || **4** *vt (deal with)* abordar. **5** SP *(football)* entrarle a; *(rugby)* placar.
tacky ['tækɪ] **1** *adj (sticky)* pegajoso,-a. **2** *(cheap)* hortera.
tact [tækt] *n* tacto.
tactful ['tæktfʊl] *adj* discreto,-a.
tactics ['tæktɪks] *npl* táctica *f sing*.
tactless ['tæktləs] *adj* falto,-a de tacto.
tadpole ['tædpəʊl] *n* renacuajo.
tag [tæg] **1** *n (label)* etiqueta. **2** *(game)* pillapilla *m*. **3** *(phrase)* coletilla. || **4** *vt* etiquetar.
♦ **to tag on** *vt* añadir.
tail [teɪl] **1** *vt* seguir. || **2** *n* cola. || **3 tails** *npl (of coin)* cruz *f sing*.
tailback ['teɪlbæk] *n (holdup)* caravana, cola.
tailor ['teɪlə] **1** *n* sastre,-a. || **2** *vt fig* adaptar.
tailor-made [teɪlə'meɪd] *adj* hecho,-a a la medida.
taint [teɪnt] *vt* macillar.
Taiwan [taɪ'wæn] *n* Taiwan.
take [teɪk] **1** *vt* (*pt* took; *pp* taken) tomar, coger, am agarrar. **2** *(meals, drink, etc)* tomar. **3** *(accept)* aceptar: ***he refused to take the money*** se negó a aceptar el dinero. **4** *(transport, carry)* llevar. **5** *(need)* requerir, necesitar: ***it took two men to carry it*** tuvieron que llevarlo dos hombres. **6** *(write down)* apuntar, anotar. **7** *(occupy)* ocupar. **8** *(stand)* aguantar: ***he can't take a joke*** no sabe aceptar una broma. **9** *(suppose)* suponer. **10** *(time)* llevar, tardar: ***it will take two weeks*** tardará dos semanas. || **11** *n* Cinem toma.

♦ **to take after** *vt* parecerse a ♦ **to take away 1** *vt (carry away)* llevarse. **2** *vt (remove)* quitar. **3** *vt* MATH restar ♦ **to take back 1** *vt (return)* devolver. **2** *vt (one's word)* retractarse: ***he took back what he said*** se retractó de lo dicho ♦ **to take down 1** *vt (remove)* desmontar. **2** *vt (coat etc)* descolgar. **3** *vt (write)* apuntar ♦ **to take in 1** *vt (shelter)* dar cobijo a. **2** *vt (deceive)* engañar. **3** *vt (grasp)* asimilar. **4** *vt (include)* incluir. **5** *vt (clothes)* meter ♦ **to take off 1** *vt (clothes)* quitarse. **2** *vt (imitate)* imitar. **3** *vi (plane)* despegar ♦ **to take on 1** *vt (job)* hacerse cargo de, aceptar. **2** *vt (worker)* contratar, emplear ♦ **to take out 1** *vt (remove)* sacar. **2** *vt (person)* invitar a salir. **3** *vt (insurance)* hacer ♦ **to take over 1** *vt (country)* apoderarse de. **2** *vi* tomar el poder ♦ **to take over from** *vt* relevar ♦ **to take to 1** *vt (person)* tomar cariño a. **2** *vt (vice)* darse a. **3** *vt (start to do)* empezar a ♦ **to take up 1** *vt (time, space)* ocupar. **2** *vt (continue)* continuar. **3** *vt (offer)* aceptar. **4** *vt (start to do)* empezar a.

• **to take it out on sb** tomarla con algn: ***she took it out on me*** la tomó conmigo; **to take sth up with sb** consultar algo con algn; **to take to one's heels** darse a la fuga.

takeaway ['teɪkəweɪ] *n establecimiento m* que vende comida para llevar.

taken ['teɪkn] *pp* → **take**.

takeoff ['teɪkɒf] **1** *n* AV despegue *m*. **2** *(imitation)* imitación *f*.

takeover ['teɪkəʊvə] **1** *n (of government)* toma de posesión *f*. **2** COMM adquisición *f*.

takings ['teɪkɪŋz] *npl* recaudación *f sing*.

talcum powder ['tælkəmpaʊdə] *n* polvos *mpl* de talco.

tale [teɪl] *n* cuento.

• **to tell tales** contar cuentos.

talent ['tælənt] *n* talento.

■ **talent scout** cazatalentos *mf inv*.

talented ['tæləntɪd] *adj* de talento.

talk [tɔːk] **1** *vt* - *vi* hablar. ‖ **2** *n* conversación *f*, charla. **3** *(rumour)* rumor *m*.

♦ **to talk over** *vt* discutir ♦ **to talk round** *vt* convencer.

• **to talk sb into sth** convencer a algn para que haga algo; **to talk sb out of sth** disuadir a algn de hacer algo.

■ **talk show** programa *m* de entrevistas.

talkative ['tɔːkətɪv] *adj* hablador,-ra.

talker ['tɔːkə] *n* hablador,-ra.

talking-to ['tɔːkɪŋtuː] *n fam* bronca.

tall [tɔːl] *adj* alto,-a: ***how tall are you?*** ¿cuánto mides?; ***it's 5 metres tall*** mide 5 metros de alto.

■ **tall story** cuento chino.

tally ['tælɪ] **1** *n* cuenta. ‖ **2** *vi* concordar (with, con).

tambourine [tæmbə'riːn] *n* pandereta.

tame [teɪm] **1** *adj (by nature)* manso,-a, dócil. **2** *(tamed)* domesticado,-a. **3** *fig (dull)* soso,-a. ‖ **4** *vt* domar, domesticar.

tamper ['tæmpə] **1 to tamper with** *vt (meddle with)* interferir en. **2** *(document)* falsificar.

tampon ['tæmpɒn] *n* tampón *m*.

tan [tæn] **1** *n* color *m* canela. **2** *(suntan)* bronceado. ‖ **3** *vt (leather)* curtir. **4** *(skin)* broncear, poner moreno,-a. ‖ **5** *vi (skin)* broncearse, ponerse moreno,-a.

tangent ['tændʒənt] *n* tangente *f*.

• **to go off at a tangent** salirse por la tangente.

tangerine [tændʒəriːn] *n* mandarina.

tangle ['tæŋgl] **1** *n* enredo. ‖ **2** *vt* enredar. ‖ **3** *vi* enredarse, enmarañarse.

♦ **to tangle with** *vt* meterse con.

tango ['tæŋgəʊ] *n* tango.

tank [tæŋk] **1** *n* depósito, tanque *m*. **2** MIL tanque *m*.

tanker ['tæŋkə] **1** *n (ship)* buque *m* cisterna. **2** *(for oil)* petrolero. **3** *(lorry)* camión *m* cisterna.

tantamount ['tæntəmaʊnt] **tantamount to** *prep* equivalente a.

tantrum ['tæntrəm] *n* berrinche *m*, rabieta.

tap [tæp] **1** *n (for water)* grifo. **2** *(blow)* golpecito. || **3** *vt (hit)* golpear suavemente. **4** *fig (resources)* explotar. **5** *(phone)* pinchar, intervenir.

■ **tap dance** claqué *m*.

tape [teɪp] **1** *n* cinta. || **2** *vt (with adhesive tape)* pegar con cinta. **3** *(record)* grabar.

■ **tape measure** cinta métrica; **tape recorder** magnetófono.

tapestry ['tæpəstrɪ] *n* tapiz *m*.

tar [tɑː] *n* alquitrán *m*.

target ['tɑːgɪt] **1** *n (of arrow)* blanco. **2** *(aim)* meta.

tariff ['tærɪf] *n* tarifa, arancel *m*.

tarmac ['tɑːmæk] **1** *n* alquitrán *m*. || **2** *vt* alquitranar.

tarnish ['tɑːnɪʃ] **1** *vt (make dull)* deslustrar. **2** *(damage)* empañar. || **3** *vi* deslustrarse.

tart [tɑːt] **1** *adj (bitter)* acre, agrio,-a. **2** *(reply)* mordaz. || **3** *n (pastry)* tarta, pastel *m*. **4** *sl (prostitute)* fulana.

tartan ['tɑːtn] *n* tartán *m*.

task [tɑːsk] *n* tarea, labor *f*.

taste [teɪst] **1** *n (sense)* gusto. **2** *(flavour)* sabor *m*. **3** *(liking)* afición *f*, gusto (for, por). || **4** *vt (food)* probar. **5** *(wine)* catar. || **6** *vi* saber (of, a).

● **in bad taste** de mal gusto; **in good taste** de buen gusto; **to have good taste in sth** tener buen gusto para algo.

tasteful ['teɪstfʊl] *adj* de buen gusto.

tasteless ['teɪstləs] **1** *adj (offensive)* de mal gusto. **2** *(insipid)* insípido,-a, soso,-a.

tasty ['teɪstɪ] *adj* sabroso,-a.

ta-ta [tæ'tɑː] *interj* GB *fam* ¡adiós!

tattered ['tætəd] *adj* harapiento,-a, andrajoso,-a.

tatters ['tætəz] *npl* harapos *mpl*, andrajos *mpl*.

● **in tatters** andrajoso,-a.

tattoo [tə'tuː] **1** *n (on skin)* tatuaje *m*. **2** MIL retreta. **3** *(show)* espectáculo militar. || **4** *vt* tatuar.

tatty ['tætɪ] **1** *adj (furniture)* en mal estado. **2** *(clothes)* raído,-a.

taught [tɔːt] *pt & pp* → **teach**.

taunt [tɔːnt] **1** *n* mofa, pulla. || **2** *vt* mofarse de.

Taurus ['tɔːrəs] *n* Tauro.

taut [tɔːt] *adj* tirante, tieso,-a.

tavern ['tævən] *n* taberna, mesón *m*.

tax [tæks] **1** *n* impuesto, contribución *f*. || **2** *vt (thing)* gravar. **3** *(person)* imponer contribuciones a.

■ **tax avoidance** evasión *f* de impuestos; **tax evasion** fraude *m* fiscal; **tax return** declaración *f* de la renta.

taxation [tæk'seɪʃn] *n* impuestos *mpl*.

taxi ['tæksɪ] *n* taxi *m*.

■ **taxi driver** taxista *mf*.

taxpayer ['tækspeɪə] *n* contribuyente *mf*.

TB ['tiː'biː] *abbr (***tuberculosis***)* tuberculosis *f*.

tbsp ['teɪblspuːn] *abbr (***tablespoon***)* cucharada.

▲ *pl* tbsps.

tea [tiː] **1** *n* té *m*. **2** *(light meal)* merienda. **3** *(full meal)* cena.

■ **tea set** juego de té; **tea spoon** cucharilla.

teach [tiːtʃ] **1** *vt (pt & pp* taught) enseñar. **2** *(subject)* dar clases de. || **3** *vi* dar clases.

teacher ['tiːtʃə] *n* maestro,-a, profesor,-ra.

teaching ['tiːtʃɪŋ] *n* enseñanza.

■ **teaching staff** cuerpo docente, profesorado.

teacloth ['tiːklɒθ] *n* paño de cocina.

teacup ['tiːkʌp] *n* taza de té.

team [tiːm] *n* equipo.

teapot ['tiːpɒt] *n* tetera.

tear [tɪə] **1** *n* lágrima. **2** *(rip)* rasgón *m*, desgarrón *m*. || **3** *vt (pt* tore; *pp* torn) *(rip)* rasgar, desgarrar.

♦ **to tear down** *vt* derribar ♦ **to tear into** *vt* arremeter contra ♦ **to tear up** *vt* romper en pedazos.

● **to burst into tears** romper a llorar.

■ **tear gas** gas *m* lacrimógeno.

teardrop ['tɪədrɒp] *n* lágrima.
tearful ['tɪəfʊl] *adj* lloroso,-a.
tease [tiːz] *vt* tomar el pelo a.
teaspoon ['tiːspuːn] *n* cucharilla.
teaspoonful ['tiːspuːnfʊl] *n* cucharadita.
teat [tiːt] **1** *n* ZOOL teta. **2** *(on bottle)* tetina.
technical ['teknɪkl] *adj* técnico,-a.
technician [tek'nɪʃn] *n* técnico,-a.
technique [tek'niːk] *n* técnica.
technological [teknə'lɒdʒɪkl] *adj* tecnológico,-a.
technology [tek'nɒlədʒɪ] *n* tecnología.
teddy bear ['tedɪbeə] *n* osito de peluche.
tedious ['tiːdɪəs] *adj* tedioso,-a, aburrido,-a.
teem [tiːm] *vi.*
● **to teem with** abundar en, estar lleno,-a de.
teenage ['tiːneɪdʒ] *adj* adolescente.
teenager ['tiːneɪdʒə] *n* adolescente *mf (de 13 a 19 años).*
teeny ['tiːnɪ] *adj fam* chiquitín,-ina.
▲ *También* teeny-weeny.
tee-shirt ['tiːʃɜːt] *n* camiseta.
teeter ['tiːtə] *vi* balancearse.
teeth [tiːθ] *npl* → **tooth**.
teethe [tiːð] *vi* echar los dientes.
teetotaller [tiː'təʊtlə] *n* abstemio,-a.
TEFL ['tefl, 'tiː'iː'ef'el] *abbr (*teaching of English as a foreign language*) la enseñanza del inglés como idioma extranjero.*
tel [tel, 'telɪfəʊn] *abbr (*telephone*)* teléfono; *(abbreviation)* tel.
telecommunications ['telɪkəmjuːnɪ'keɪʃnz] *npl* telecomunicaciones *fpl.*
telegram ['telɪgræm] *n* telegrama *m.*
telegraph ['telɪgrɑːf] **1** *n* telégrafo. ‖ **2** *vt - vi* telegrafiar.
■ **telegraph pole** poste *m* telegráfico.
telepathy [tɪ'lepəθɪ] *n* telepatía.
telephone ['telɪfəʊn] **1** *n* teléfono. ‖ **2** *vt - vi* telefonear, llamar por teléfono.
■ **telephone box** cabina telefónica; **telephone directory** guía telefónica; **telephone number** número de teléfono; **telephone operator** operador, -ra, telefonista *mf.*
telephoto lens [telɪfəʊtəʊ'lenz] *n* teleobjetivo.
telescope ['telɪskəʊp] *n* telescopio.
televise ['telɪvaɪz] *vt* televisar.
television ['telɪvɪʒn] **1** *n (medium)* televisión *f.* **2** *(set)* televisor *m.*
● **on television** en televisión.
■ **television set** televisor *m.*
telex ['teleks] **1** *n* télex *m.* ‖ **2** *vt* enviar por télex a.
tell [tel] **1** *vt (inform)* decir. **2** *(story)* contar. **3** *(one from another)* distinguir: ***to tell right from wrong*** distinguir el bien del mal. ‖ **4** *vi (know)* saber: ***you never can tell*** nunca se sabe.
♦ **to tell apart** *vt* distinguir ♦ **to tell off** *vt* echar una bronca a, reñir ♦ **to tell on 1** *vt (have effect)* afectar a. **2** *vt (tell tales)* chivar.
teller ['telə] *n (in bank)* cajero,-a.
telling-off [telɪŋ'ɒf] *n fam* bronca.
telltale ['telteɪl] *n* chivato,-a, acusica *mf.*
telly ['telɪ] *n fam* tele *f.*
temper ['tempə] **1** *n* humor *m.* **2** *(bad temper)* mal genio. **3** *(nature)* temperamento. ‖ **4** *vt* templar, suavizar.
● **to be in a temper** estar de mal humor; **to lose one's temper** enfadarse.
temperament ['temprəmənt] *n* temperamento.
temperate ['temprət] **1** *adj (person)* moderado,-a. **2** *(climate)* templado,-a.
temperature ['temprətʃə] *n* temperatura.
● **to have a temperature** tener fiebre.
tempest ['tempəst] *n* tempestad *f.*
temple ['templ] **1** *n (religious)* templo. **2** ANAT sien *f.*
tempo ['tempəʊ] **1** *n* MUS tempo. **2** *fig* ritmo.
temporary ['temprərɪ] *adj* temporal, provisional.

tempt [tempt] *vt* tentar.
temptation [temp'teɪʃn] *n* tentación *f.*
tempting ['temptɪŋ] *adj* tentador,-ra.
ten [ten] **1** *adj* diez. || **2** *n* diez *m.*
tenacious [tə'neɪʃəs] *adj* tenaz.
tenacity [tə'næsɪtɪ] *n* tenacidad *f.*
tenant ['tenənt] *n* inquilino,-a, arrendatario,-a.
tend [tend] **1** *vi* tender a, tener tendencia a. || **2** *vt* cuidar.
tendency ['tendənsɪ] *n* tendencia.
tender ['tendə] **1** *adj (meat etc)* tierno,-a. **2** *(loving)* tierno,-a, cariñoso,-a. **3** *(sore)* dolorido,-a. || **4** *n* COMM oferta. **5** *(of train)* ténder *m.* **6** MAR lancha auxiliar. || **7** *vt* presentar.
tenderhearted ['tendəhɑːtɪd] *adj* compasivo,-a, bondadoso,-a.
tenderness ['tendənəs] *n* ternura.
tendon ['tendən] *n* tendón *m.*
tenement ['tenəmənt] *n* casa *f* de vecinos.
tennis ['tenɪs] *n* tenis *m.*
■ **tennis court** pista de tenis; **tennis player** tenista *mf.*
tenor ['tenə] **1** *n* MUS tenor *m.* **2** *(meaning)* tenor *m,* contenido.
tense [tens] **1** *adj* tenso,-a. || **2** *n* GRAM tiempo. || **3** *vt* tensar. || **4** *vi* tensarse.
tension ['tenʃn] *n* tensión *f.*
tent [tent] *n* tienda de campaña.
tentacle ['tentəkl] *n* tentáculo.
tentative ['tentətɪv] **1** *adj (plan)* de prueba, provisional. **2** *(person)* indeciso,-a.
tenth [tenθ] **1** *adj - n* décimo,-a. || **2** *n* décimo, décima parte *f.*
tenuous ['tenjʊəs] *adj* tenue, sutil.
tenure ['tenjə] *n* tenencia, posesión *f.*
tepid ['tepɪd] *adj* tibio,-a.
term [tɜːm] **1** *vt* calificar de, llamar. || **2** *n* EDUC trimestre *m.* **3** *(period)* período. **4** *(expression, word)* término. || **5 terms** *npl* COMM condiciones *fpl.* **6** *(relations)* relaciones *fpl.*
● **in terms of** por lo que se refiere a; **to be on good terms with** tener buenas relaciones con; **to come to terms with sth** aceptar algo, llegar a un arreglo.
terminal ['tɜːmɪnl] **1** *adj* terminal. || **2** *n* COMPUT terminal *m.* **3** *(at airport etc)* terminal *f.*
terminate ['tɜːmɪneɪt] *vt - vi* terminar.
terminology [tɜːmɪ'nɒlədʒɪ] *n* terminología.
terminus ['tɜːmɪnəs] *n (pl* **terminuses** *o* **termini** ['tɜːmɪnaɪ]) término.
termite ['tɜːmaɪt] *n* termita.
terrace ['terəs] **1** *n (patio)* terraza. **2** *(of houses)* hilera. || **3 terraces** *npl* SP gradas *fpl.*
terrain [tə'reɪn] *n* terreno.
terrestrial [tə'restrɪəl] *adj* terrestre.
terrible ['terɪbl] **1** *adj (as intensifier)* terrible. **2** *fam (very bad)* fatal.
terribly ['terɪblɪ] **1** *adv (severely)* terriblemente. **2** *(very)* muy.
terrific [tə'rɪfɪk] *adj* fabuloso,-a, estupendo,-a.
terrify ['terɪfaɪ] *vt* aterrar, aterrorizar.
terrifying ['terɪfaɪɪŋ] *adj* aterrador,-ra.
territory ['terɪtrɪ] *n* territorio.
terror ['terə] *n* terror *m,* espanto.
terrorism ['terərɪzm] *n* terrorismo.
terrorist ['terərɪst] **1** *adj* terrorista. || **2** *n* terrorista *mf.*
terrorize ['terəraɪz] *vt* aterrorizar.
terse [tɜːs] *adj* lacónico,-a.
test [test] **1** *n (trial)* prueba. **2** EDUC examen *m,* test *m.* **3** MED análisis *m.* || **4** *vt* probar, poner a prueba.
■ **test tube** tubo de ensayo; **test tube baby** bebé *m* probeta.
testament ['testəmənt] *n* testamento.
testicle ['testɪkl] *n* testículo.
testify ['testɪfaɪ] **1** *vt* declarar, testificar. || **2** *vi* prestar declaración, declarar.
testimony ['testɪmənɪ] *n* testimonio.
tetanus ['tetənəs] *n* tétanos *m inv.*
tether ['teðə] *vt* atar.
● **at the end of one's tether** hasta la coronilla.
text [tekst] *n* texto.
textbook ['tekstbʊk] *n* libro de texto.

textile ['tekstaɪl] **1** *adj* textil. || **2** *n* textil *m*, tejido.
texture ['tekstʃə] *n* textura.
Thai [taɪ] **1** *adj* tailandés,-esa. || **2** *n* *(person)* tailandés,-esa. **3** *(language)* tailandés *m*.
Thailand ['taɪlænd] *n* Tailandia.
Thames [temz] *n* el Támesis.
than [ðæn, ðn] **1** *conj* que: ***he is taller than you*** él es más alto que tú. **2** *(with numbers)* de: ***more than once*** más de una vez.
thank [θæŋk] **1** *vt* dar las gracias a, agradecer. || **2 thanks** *npl* gracias *fpl*.
● **thanks God!** ¡gracias a Dios!; **thanks to** gracias a; **thank you** gracias.
thankful ['θæŋkfʊl] *adj* agradecido,-a.
thanksgiving [θæŋks'gɪvɪŋ] *n* acción *f* de gracias.
that [ðæt] **1** *adj* (*pl* those) ese, esa; *(remote)* aquel, aquella: ***look at that cow*** mira esa vaca. || **2** *pron* ése *m*, ésa; *(remote)* aquél *m*, aquélla: ***this is mine, that is yours*** ésta es mía, ésa es tuya. **3** *(indefinite)* eso; *(remote)* aquello: ***what's that?*** ¿qué es eso? **4** *(relative)* que: ***the car (that) he drives*** el coche que tiene. **5** *(with preposition)* que, el/la que, el/la cual: ***the door (that) he went through*** la puerta por la que/cual pasó. || **6** *conj* que: ***I know (that) it's true*** sé que es verdad. || **7** *adv fam* tan: ***it's not that dear!*** ¡no es tan caro!
● **that is** es decir; **that's it!** ¡basta!, ¡se acabó!; **that much** tanto,-a; **that's right** eso es.
thatch [θætʃ] *n* paja.
thaw [θɔː] **1** *n* deshielo. || **2** *vt* descongelar. || **3** *vi* descongelarse.
the [ðə] **1** *det* el, la; *(plural)* los, las. || **2** *adv*: ***the more you have the more you want*** cuanto más se tiene más se quiere; ***the sooner, the better*** cuanto antes mejor.
▲ *Delante de una vocal se pronuncia [DI]; con énfasis [Di:].*
theatre ['θɪətə] **1** *n* teatro. **2** MED quirófano.
theatrical [θɪ'ætrɪkl] *adj* teatral.
theft [θeft] *n* robo, hurto.
their [ðeə] *adj* su; *(plural)* sus.
theirs [ðeəz] *pron* (el) suyo, (la) suya; *(plural)* (los) suyos, (las) suyas.
them [ðem, ðm] **1** *pron (direct object)* los, las; *(indirect object)* les. **2** *(with preposition, stressed)* ellos, ellas.
theme [θiːm] *n* tema *m*.
■ **theme park** parque *m* temático.
themselves [ðəm'selvz] **1** *pron (subject)* ellos mismos, ellas mismas. **2** *(object)* se: ***they enjoyed themselves*** se divirtieron. **3** *(after preposition)* sí mismos, sí mismas: ***they did it by themselves*** lo hicieron ellos solos.
then [ðen] **1** *adv* entonces: ***we'll see you then*** nos veremos entonces. **2** *(next)* entonces, luego, después. **3** *(in that case)* pues, en ese caso. || **4** *adj* (de) entonces.
● **now and then** de vez en cuando; **now then** pues bien; **then again** también: ***he may come and then again he may not*** puede que venga, y también puede que no.
theology [θɪ'ɒlədʒɪ] *n* teología.
theorem ['θɪərəm] *n* teorema *m*.
theoretical [θɪə'retɪcl] *adj* teórico,-a.
theorize ['θɪəraɪz] *vi* teorizar.
theory ['θɪərɪ] *n* teoría.
therapeutic [θerə'pjuːtɪk] *adj* terapéutico,-a.
therapy ['θerəpɪ] *n* terapia, terapéutica.
there [ðeə] *adv* allí, allá, ahí.
● **there is/are** hay; **there was/were** había; **there you are** ahí tiens.
thereabouts [ðeərə'baʊts] *adv* por ahí.
thereafter [ðeə'ræftə] *adv* a partir de entonces.
thereby ['ðeəbaɪ] *adv* de ese modo.
therefore ['ðeəfɔ] *adv* por lo tanto.
thermal ['θɜːməl] **1** *adj* termal. **2** PHYS térmico,-a.
■ **thermal springs** fuentes *fpl* termales, termas *fpl*.

thermometer [θe'mɒmɪtə] *n* termómetro.
thermos® ['θɜːmɒs] *n* termo.
▲ *También* thermos flask.
thermostat ['θɜːməstæt] *n* termostato.
thesaurus [θɪ'sɔːrəs] *n* diccionario ideológico.
these [ðiːz] **1** *adj* estos,-as. ‖ **2** *pron* éstos,-as.
thesis ['θiːsɪs] *n* (*pl* theses ['θiːsiːz]) tesis *f.*
they [ðeɪ] *pron* ellos,-as.
● **they say that** dicen que, se dice que.
thick [θɪk] **1** *adj (layer)* grueso,-a: ***two inches thick*** de dos pulgadas de grueso. **2** *(liquid, gas, forest, etc)* espeso,-a. **3** *(beard)* poblado,-a, tupido,-a. **4** *fam (stupid)* corto,-a de alcances, de pocas luces.
thicken ['θɪkn] **1** *vt* espesar. ‖ **2** *vi* espesarse.
thickness ['θɪknəs] *n* espesor *m*, grueso, grosor *m.*
thief [θiːf] *n* ladrón,-ona.
thieve [θiːv] *vt* - *vi* robar, hurtar.
thigh [θaɪ] *n* muslo.
thimble ['θɪmbl] *n* dedal *m.*
thin [θɪn] **1** *n (person)* delgado,-a, flaco,-a. **2** *(slice, material)* fino,-a. **3** *(hair, vegetation,etc)* ralo,-a. **4** *(liquid)* claro,-a, poco espeso,-a. ‖ **5** *vt (liquid)* diluir.
♦ **to thin down 1** *vt* aclarar. **2** *vi* adelgazar.
thing [θɪŋ] *n* cosa.
● **for one thing** entre otras cosas; **poor thing!** ¡pobrecito,-a!; **the thing is ...** el caso es que ....
think [θɪŋk] **1** *vt* - *vi* (*pt & pp* thought) *(gen)* pensar. **2** *(imagine)* pensar, imaginar: ***I thought so*** me lo imaginaba. ‖ **3** *vt (believe)* pensar, creer. **4** *(remember)* acordarse.
♦ **to think back** *vi* recordar, hacer memoria ♦ **to think over** *vt* meditar, reflexionar ♦ **to think up** *vt* inventar, idear.
● **think nothing of it** no tiene importancia; **to think better of it** pensárselo mejor.
thinker ['θɪŋkə] *n* pensador,-ra.
thinking ['θɪŋkɪŋ] *n* opinión *f*, parecer *m.*
third [θɜːd] **1** *adj* tercero,-a. ‖ **2** *n (in series)* tercero,-a. **3** *(fraction)* tercio, tercera parte *f.*
■ **third party** tercera persona; **third party insurance** seguro a terceros; **Third World** Tercer Mundo.
thirst [θɜːst] *n* sed *f.*
thirsty ['θɜːstɪ] *adj* sediento,-a.
● **to be thirsty** tener sed.
thirteen [θɜː'tiːn] **1** *adj* trece. ‖ **2** *n* trece *m.*
thirteenth [θɜː'tiːnθ] **1** *adj* - *n* decimotercero,-a. ‖ **2** *n* decimotercero, decimotercera parte *f.*
thirtieth ['θɜːtɪəθ] **1** *adj* - *n* trigésimo,-a. ‖ **2** *n* trigésimo, trigésima parte *f.*
thirty ['θɜːtɪ] **1** *adj* treinta. ‖ **2** *n* treinta *m.*
this [ðɪs] **1** *adj* este, esta. ‖ **2** *pron* éste, ésta; *(indefinite)* esto. ‖ **3** *adv* así: ***it was this big*** era así de grande.
● **like this** así.
thistle ['θɪsl] *n* cardo.
thong [θɒŋ] *n* correa.
thorn [θɔːn] *n* espina, pincho.
thorny ['θɔːnɪ] *adj* espinoso,-a.
thorough ['θʌrə] **1** *adj (deep)* profundo,-a. **2** *(careful)* cuidadoso,-a, minucioso,-a. **3** *(total)* total.
thoroughfare ['θʌrəfeə] *n* vía pública.
thoroughly ['θʌrəlɪ] **1** *adv (fully)* a fondo. **2** *(totally)* totalmente.
those [ðəʊz] **1** *adj* esos,-as; *(remote)* aquellos,-as. ‖ **2** *pron* ésos,-as; *(remote)* aquéllos,-as.
though [ðəʊ] **1** *conj* aunque, si bien. ‖ **2** *adv* sin embargo.
● **as though** como si; **even though** aunque.
thought [θɔːt] **1** *pt & pp* → **think**. ‖

2 *n (gen)* pensamiento. **3** *(idea)* idea: ***he just had a thought*** se le acaba de ocurrir una idea. **4** *(consideration)* consideración *f*.

thoughtful ['θɔːtfʊl] **1** *adj (pensive)* pensativo,-a, meditabundo,-a. **2** *(considerate)* considerado,-a, atento,-a.

thoughtfulness ['θɔːtfʊlnəs] **1** *n (pensiveness)* meditación *f*. **2** *(consideration)* consideración *f*, atención *f*.

thoughtless ['θɔːtləs] **1** *adj (person)* desconsiderado,-a. **2** *(unthinking)* irreflexivo,-a.

thoughtlessness ['θɔːtləsnəs] *n* irreflexión *f*, falta de consideración *f*.

thousand ['θaʊznd] **1** *adj* mil. ‖ **2** *n* mil *m*.

thousandth ['θaʊzənθ] **1** *adj - n* milésimo,-a. ‖ **2** *n (fraction)* milésimo, milésima parte *f*.

thrash [θræʃ] **1** *vt* azotar, dar una paliza a. **2** *(defeat)* derrotar. ‖ **3** *vi* revolcarse, agitarse.

thrashing ['θræʃɪŋ] *n* zurra, paliza.

thread [θred] **1** *n (filament)* hilo. **2** *(of screw)* rosca. ‖ **3** *vt (needle)* enhebrar. **4** *(beads)* ensartar.

threat [θret] *n* amenaza.

threaten ['θretn] *vt - vi* amenazar.

threatening ['θretnɪŋ] *adj* amenazador,-ra.

three [θriː] **1** *adj* tres. ‖ **2** *n* tres *m*.

three-dimensional [θriːdɪ'menʃənl] *adj* tridimensional.

thresh [θreʃ] *vt - vi* trillar.

threshold ['θreʃəʊld] *n* umbral *m*.

threw [θruː] *pt* → **throw**.

thrifty ['θrɪftɪ] *adj* económico,-a, frugal.

thrill [θrɪl] **1** *n* emoción *f*. ‖ **2** *vt* emocionar. ‖ **3** *vi* emocionarse.

thriller ['θrɪlə] *n (novel)* novela de suspense; *(film)* película de suspense.

thrilling ['θrɪlɪŋ] *adj* emocionante.

thrive [θraɪv] **1** *vi* (*pt* throve *o* thrived; *pp* thrived *o* thriven ['θrɪvən]) *(grow)* crecer. **2** *(prosper)* prosperar.

thriving ['θraɪvɪŋ] *adj* próspero,-a, floreciente.

throat [θrəʊt] *n* garganta.

● **to be at each other's throats** tirarse los platos a la cabeza.

throb [θrɒb] **1** *n* latido, palpitación *f*. ‖ **2** *vi* latir, palpitar.

thrombosis [θrɒm'bəʊsɪs] *n* trombosis *f*.

throne [θrəʊn] *n* trono.

throng [θrɒŋ] **1** *n* muchedumbre *f*, tropel *m*. ‖ **2** *vi* apiñarse, agolparse. ‖ **3** *vt* atestar.

throttle ['θrɒtl] **1** *n* válvula reguladora. ‖ **2** *vt* estrangular.

through [θruː] **1** *prep (from one side to the other)* por, a través de: ***through the door*** por la puerta. **2** *(because of)* por, a causa de: ***off work through illness*** de baja por enfermedad. **3** *(time)* durante todo,-a: ***we danced through the night*** bailamos durante toda la noche. **4** *(to the end)* hasta el final de: ***he read through the book*** leyó todo el libro. **5** *(by means of)* a través de: ***I found out through a friend*** me enteré a través de un amigo. ‖ **6** *adv* de un lado a otro: ***he let me through*** me dejó pasar. **7** *(to the end)* hasta el final: ***he read the book through*** leyó todo el libro. ‖ **8** *adj (train)* directo,-a.

● **to be through with** haber acabado con; **through and through** de arriba abajo.

throughout [θruː'aʊt] **1** *prep (everywhere in)* por, en todo,-a: ***throughout the world*** en todo el mundo. **2** *(time)* durante todo,-a, a lo largo de: ***throughout the year*** durante todo el año. ‖ **3** *adv (all over)* por todas partes, en todas partes. **4** *(completely)* completamente. **5** *(from start to end)* desde el principio hasta el fin.

throve [θrəʊv] *pt* → **thrive**.

throw [θrəʊ] **1** *n* lanzamiento, tiro. **2** *(of dice)* tirada. ‖ **3** *vt* (*pt* threw; *pp* thrown [θrəʊn]) tirar, arrojar, lanzar. **4** *(put)* poner: ***she threw a blanket over him*** le puso una manta encima.

♦ **to throw away 1** *vt (discard)* tirar. **2**

vt (chance) desaprovechar ♦ **to throw back** *vt* devolver ♦ **to throw in** *vt fam* incluir *(gratis)* ♦ **to throw off** *vt* librarse de ♦ **to throw out 1** *vt (kick out)* echar. **2** *vt (reject)* rechazar ♦ **to throw up** *vi* vomitar.

thru [θruː] *prep* - *adv* US → **through**: ***Monday thru Friday*** de lunes a viernes.

thrush [θrʌʃ] *n (bird)* tordo.

thrust [θrʌst] **1** *n* PHYS empuje *m*. **2** *(with sword)* estocada. ‖ **3** *vt (push)* empujar. **4** *(sword)* clavar.

thud [θʌd] **1** *n* ruido sordo. ‖ **2** *vt* hacer un ruido sordo.

thug [θʌg] *n* matón *m*.

thumb [θʌm] *n* pulgar *m*.

thumbtack ['θʌmtæk] *n* US chincheta.

thump [θʌmp] **1** *n* golpe *m*. ‖ **2** *vt* golpear.

thunder ['θʌndə] **1** *n* trueno. ‖ **2** *vi* tronar.

thunderstorm ['θʌndəstɔːm] *n* tormenta.

Thurs ['θɜːzdɪ] *abbr (*Thursday*)* jueves *m*; *(abbreviation)* juev.

▲ *También se escribe* Thur.

Thursday ['θɜːzdɪ] *n* jueves *m inv*.

thus [ðʌs] *adv* así, de este modo.

thwart [θwɔːt] *vt* desbaratar, frustrar.

thyme [taɪm] *n* tomillo.

tic [tɪk] *n* tic *m*.

tick [tɪk] **1** *n* ZOOL garrapata. **2** *(noise)* tictac *m*. **3** *(mark)* marca, señal *f*. **4** *fam* momento, instante *m*. **5** *fam* crédito. ‖ **6** *vi (clock)* hacer tictac. ‖ **7** *vt* señalar, marcar.

♦ **to tick off 1** *vt (mark off)* marcar. **2** *vt (scold)* regañar.

ticket ['tɪkɪt] **1** *n (for bus etc)* billete *m*. **2** *(for zoo, cinema, etc)* entrada. **3** *(label)* etiqueta. **4** *fam (fine)* multa.

■ **ticket collector** revisor,-ra; **ticket machine** máquina expendedora de billetes; **ticket office** taquilla.

ticking-off [tɪkɪŋ'ɒf] *n fam* rapapolvo.

tickle ['tɪkl] **1** *vt* hacer cosquillas a. ‖ **2** *vi* tener cosquillas.

ticklish ['tɪklɪʃ] *adj*.

● **to be ticklish** *(person)* tener cosquillas; *(situation)* ser delicado,-a.

tick-tock ['tɪktɒk] *n* tic-tac *m*.

tide [taɪd] **1** *n (of sea)* marea. **2** *fig (of opinion)* corriente *f*.

♦ **to tide over** *vt* ayudar, sacar de un apuro.

● **to swim against the tide** ir contra la corriente; **to swim with the tide** dejarse llevar por la corriente.

tidy ['taɪdɪ] **1** *adj (room)* ordenado,-a. **2** *(appearance)* arreglado,-a.

♦ **to tidy up 1** *vt (room)* ordenar, arreglar; *(person)* arreglar, acicalar: ***tidy yourself up a bit*** arréglate un poco. **2** *vi* poner las cosas en orden, recoger.

tie [taɪ] **1** *n (man's)* corbata. **2** *(bond)* lazo, vínculo. **3** SP *(draw)* empate *m*. **4** *(hindrance)* atadura. ‖ **5** *vt (fasten)* atar; *(knot)* hacer. ‖ **6** *vi* empatar.

♦ **to tie down** *vt* sujetar ♦ **to tie up** *vt* atar.

tier [tɪə] **1** *n (of seats)* grada, fila. **2** *(of cake)* piso.

tiff [tɪf] *n fam* desavenencia.

tiger ['taɪgə] *n* tigre *m*.

tight [taɪt] **1** *adj* apretado,-a. **2** *(rope)* tirante, tenso,-a. **3** *(clothes)* ajustado,-a, ceñido,-a. **4** *(severe)* estricto,-a, riguroso,-a. **5** *(schedule)* apretado,-a. **6** *(match)* reñido,-a. **7** *fam (stingy)* agarrado,-a. **8** *fam (scarce)* escaso,-a. ‖ **9** *adv* con fuerza: ***hold tight!*** ¡agárrate fuerte! ‖ **10 tights** *npl* ([taɪts]) panties *mpl*, medias *fpl*. **11** *(thick)* leotardos *mpl*.

■ **tight spot** aprieto, brete *m*.

tighten ['taɪtn] **1** *vt* apretar; *(rope)* tensar. ‖ **2** *vi* apretarse; *(rope)* tensarse.

tightfisted [taɪt'fɪstɪd] *adj* tacaño,-a.

tightrope ['taɪtrəʊp] *n* cuerda floja.

● **to be on a tightrope** andar en la cuerda floja.

■ **tightrope walker** funámbulo,-a.

tile [taɪl] **1** *n (wall)* azulejo. **2** *(floor)* baldosa. **3** *(roof)* teja.

till [tɪl] **1** *prep* hasta. ‖ **2** *conj* hasta que. ‖ **3** *n (for cash)* caja.

tilt [tɪlt] **1** *n* inclinación *f*, ladeo. || **2** *vt* inclinar. || **3** *vi* inclinarse, ladearse.
● **at full tilt** a toda velocidad.
timber ['tɪmbə] **1** *n* madera *(de construcción)*. **2** *(beam)* viga. **3** *(trees)* árboles *mpl* maderables.
time [taɪm] **1** *n (gen)* tiempo: ***time flies*** el tiempo vuela. **2** *(short period)* rato: ***we spoke for a time*** hablamos durante un rato. **3** *(of day)* hora: ***it's time to go*** es hora de marchar; ***what time is it?*** ¿qué hora es? **4** *(age, period, season)* época: ***at that time*** en aquella época. **5** *(occasion)* vez *f*: ***how many times?*** ¿cuántas veces?; ***two at a time*** de dos en dos. **6** MUS compás *m*. || **7** *vt (measure time)* medir la duración de; *(sports event)* cronometrar. **8** *(set time)* fijar la hora de. **9** *(arrival)* elegir el mejor momento para: ***she timed her entrance perfectly*** eligió el momento más oportuno para entrar. || **10 times** *prep* por, multiplicado por: ***five times three*** cinco por tres.
● **at any time** en cualquier momento; **at no time** nunca; **at the same time** al mismo tiempo; **at times** a veces; **behind the times** anticuado; **for the time being** de momento; **from time to time** de vez en cuando; **in time** *(in the long run)* con el tiempo; *(not late)* con tiempo de sobra; *(on time)* puntual; **it's about time** ya va siendo hora; **on time** puntualmente; **to have a good time** divertirse, pasarlo bien; **to play for time** intentar ganar tiempo.
■ **time bomb** bomba de relojería.
timely ['taɪmlɪ] *adj* oportuno,-a.
timer ['taɪmə] *n (machine)* temporizador *m*.
timetable ['taɪmteɪbl] *n* horario.
timid ['tɪmɪd] *adj* tímido,-a.
timing ['taɪmɪŋ] **1** *n (choice of time)* momento elegido. **2** *(measuring)* cronometraje *m* inverso.
tin [tɪn] **1** *n (metal)* estaño. **2** *(can)* lata, bote *m*. **3** *(for baking)* molde *m*. || **4** *vt* enlatar.
■ **tin opener** abrelatas *m inv*.
tinfoil ['tɪnfɔɪl] *n* papel *m* de estaño.
tinge [tɪndʒ] **1** *n* tinte *m*, matiz *f*. || **2** *vt* teñir.
tingle ['tɪŋgl] **1** *n* hormigueo. || **2** *vi* sentir hormigueo.
tinker ['tɪŋkə] **1** *n* hojalatero,-a. || **2 to tinker with** *vi* tratar de arreglar.
tinkle ['tɪŋkl] **1** *n* tintineo. || **2** *vi* tintinear.
● **to give sb a tinkle** GB *fam* llamar a algn por teléfono.
tinned [tɪnd] *adv* enlatado,-a, en conserva.
tinny ['tɪnɪ] **1** *adj (sound)* metálico,-a. **2** *(cheap)* de pacotilla.
tinsel ['tɪnsl] *n* oropel *m*.
tint [tɪnt] **1** *n* tinte *m*, matiz *f*. || **2** *vt* teñir, matizar.
tiny ['taɪnɪ] *adj* diminuto,-a.
tip [tɪp] **1** *n* extremo, punta. **2** *(money)* propina. **3** *(advice)* consejo. **4** *(for rubbish)* vertedero, basurero. || **5** *vt (tilt)* inclinar. **6** *(rubbish)* verter. **7** *(give money)* dar una propina a. || **8** *vi (tilt)* inclinarse, ladearse.
♦ **to tip off** *vt* dar un soplo a ♦ **to tip over/up 1** *vt* volcar. **2** *vi* volcarse.
tip-off ['tɪpɒf] *n fam* soplo.
tipsy ['tɪpsɪ] *adj* achispado,-a.
tiptoe ['tɪptəʊ] *n*.
● **on tiptoe** de puntillas.
tiptop ['tɪptɒp] *adj fam* de primera.
TIR ['tiː'aɪ'ɑː] *abbr (***transport international routier***)* transporte internacional por carretera; *(abbreviation)* TIR.
tire ['taɪə] **1** *vt* cansar. || **2** *vi* cansarse, fatigarse.
♦ **to tire out** *vt* agotar, cansar.
tired ['taɪəd] *adj* cansado,-a.
tireless ['taɪələs] *adj* incansable.
tiresome ['taɪəsəm] *adj* molesto,-a, pesado,-a.
tiring ['taɪərɪŋ] *adj* cansado,-a, agotador,-ra.
tissue ['tɪʃuː] **1** *n (handkerchief)* pañuelo de papel. **2** BIOL tejido.
● **a tissue of lies** una sarta de mentiras.
■ **tissue paper** papel *m* de seda.

tit [tɪt] *n fam* teta.
• **tit for tat** donde las dan las toman.
titbit ['tɪtbɪt] *n* golosina.
title ['taɪtl] *n* título.
■ **title deed** título de propiedad; **title page** portada.
titter ['tɪtə] **1** *n* risita ahogada. ‖ **2** *vi* reírse disimuladamente.
tittle-tattle ['tɪtltætl] *n* chismes *mpl.*
tizzy ['tɪzɪ] *n fam.*
• **to get into a tizzy** ponerse nervioso,-a.
TM ['treɪdmɑːk] *abbr (***trademark***)* marca registrada.
TNT ['tiː'en'tiː] *abbr (***trinitrotoluene***)* trinitrotolueno; *(abbreviation)* TNT.
to [tʊ, t] **1** *prep (gen)* a. **2** *(towards)* hacia. **3** *(as far as)* a, hasta: ***to count to ten*** contar hasta diez. **4** *(telling time)* menos: ***ten to two*** las dos menos diez. **5** *(in order to)* para, a fin de: ***he's doing it to help you*** lo hace para ayudarte. **6** *(with indirect object)* a, para: ***I wrote a letter to my friend*** escribí una carta a mi amigo.
• **to and fro** de acá para allá.
toad [təʊd] *n* sapo.
toadstool ['təʊdstuːl] *n* hongo venenoso.
toast [təʊst] **1** *n* pan *m* tostado: ***a piece of toast*** una tostada. **2** *(drink)* brindis *m.* ‖ **3** *vt (bread)* tostar. **4** *(drink)* brindar por.
• **to drink a toast to** hacer un brindis por.
toaster ['təʊstə] *n* tostador *m.*
tobacco [tə'bækəʊ] *n* tabaco.
tobacconist [tə'bækənɪst] *n* estanquero,-a.
■ **tobacconist's** estanco.
toboggan [tə'bɒgn] **1** *n* trineo. ‖ **2** *vi* ir en trineo.
today [tə'deɪ] **1** *n* hoy *m.* ‖ **2** *adv (this day)* hoy. **3** *(nowadays)* hoy en día.
toddler ['tɒdlə] *n* niño,-a que empieza a andar.
to-do [tə'duː] *n* lío, jaleo.
toe [təʊ] **1** *n (of foot)* dedo del pie. **2** *(of shoe)* puntera.
toenail ['təʊneɪl] *n* uña del dedo del pie.
toffee ['tɒfɪ] *n* caramelo.
together [tə'geðə] *adv* junto, juntos,-as.
• **all together** todos,-as juntos,-as; **to come together** juntarse; **together with** junto con.
togs [tɒgz] *npl fam* ropa *f sing.*
toil [tɔɪl] **1** *n* trabajo, esfuerzo. ‖ **2** *vi* afanarse, esforzarse.
toilet ['tɔɪlət] **1** *n (at home)* wáter *m,* lavabo. **2** *(public)* servicios *mpl.* **3** *(washing)* aseo.
■ **toilet bag** neceser *m;* **toilet paper** papel *m* higiénico.
token ['təʊkn] **1** *n (symbol)* señal *f,* prueba. **2** *(coupon)* vale *m.* **3** *(coin)* ficha. ‖ **4** *adj* simbólico,-a.
• **by the same token** del mismo modo.
told [təʊld] *pt & pp* → **tell**.
tolerance ['tɒlərəns] *n* tolerancia.
tolerant ['tɒlərənt] *adj* tolerante.
tolerate ['tɒləreɪt] *vt* tolerar.
toll [təʊl] **1** *n (fee)* peaje *m.* **2** *(figure)* número: ***the death toll*** el número de víctimas mortales. **3** *(of bell)* tañido. ‖ **4** *vt - vi* tañer, doblar.
tomato [tə'mɑːtəʊ, us tə'meɪtəʊ] *n* tomate *m.*
tomb [tuːm] *n* tumba, sepulcro.
tomboy ['tɒmbɔɪ] *n* marimacho *f.*
tombstone ['tuːmstəʊn] *n* lápida.
tomcat ['tɒmkæt] *n* gato macho.
tomorrow [tə'mɒrəʊ] **1** *adv* mañana. ‖ **2** *n* mañana *m.*
■ **the day after tomorrow** pasado mañana; **tomorrow morning** mañana por la mañana.
ton [tʌn] *n* tonelada.
• **tons of** un montón de.
tone [təʊn] *n* tono.
♦ **to tone down** *vt* atenuar, suavizar.
tone-deaf [təʊn'def] *adj* duro,-a de oído.

tongs [tɒŋz] *npl* tenacillas *fpl*, pinzas *fpl*.
tongue [tʌŋ] *n* lengua.
● **to have a loose tongue** hablar más de la cuenta; **to hold one's tongue** callarse.
■ **tongue twister** trabalenguas *m inv*.
tonic ['tɒnɪk] **1** *adj* tónico,-a. ‖ **2** *n* tónico.
tonight [tə'naɪt] **1** *adv* esta noche. ‖ **2** *n* esta noche *f*.
tonnage ['tʌnɪdʒ] *n* tonelaje *m*.
tonne [tʌn] *n* tonelada.
tonsil ['tɒnsl] *n* amígdala.
tonsillitis [tɒns'laɪtəs] *n* amigdalitis *f*.
too [tuː] **1** *adv (excessively)* demasiado. **2** *(also)* también. **3** *(besides)* además.
● **too many** demasiados,-as; **too much** demasiado,-a.
took [tʊk] *pt* → **take**.
tool [tuːl] *n* herramienta, instrumento.
toot [tuːt] **1** *n* AUTO bocinazo. ‖ **2** *vt (horn)* tocar. ‖ **3** *vi* tocar la bocina.
tooth [tuːθ] **1** *n* (*pl* teeth) diente *m*; *(molar)* muela. **2** *(of comb)* púa. **3** *(of saw)* diente *m*.
● **to be fed up to the back teeth with sth** estar hasta la coronilla de algo.
toothache ['tuːθeɪk] *n* dolor *m* de muelas.
toothbrush ['tuːθbrʌʃ] *n* cepillo de dientes.
toothless ['tuːθləs] *adj* desdentado,-a.
toothpaste ['tuːθpeɪst] *n* pasta de dientes.
toothpick ['tuːθpɪk] *n* mondadientes *m inv*, palillo.
top [tɒp] **1** *n (highest point)* parte *f* superior, parte de arriba. **2** *(of mountain)* cumbre *m*. **3** *(of tree)* copa. **4** *(surface)* superficie *f*. **5** *(of bottle)* tapón *m*, tapa. **6** *(of list)* cabeza. **7** *(toy)* peonza. **8** *(clothes)* blusa corta, top *m*. ‖ **9** *adj (highest)* de arriba, superior, más alto,-a. **10** *(best)* mejor. ‖ **11** *vt (be first in)* encabezar. **12** *(better)* superar.
♦ **to top up** *vt* llenar hasta arriba.
● **at the top of one's voice** a voz en grito; **at top speed** a toda velocidad; **from top to bottom** de arriba abajo; **on top of** encima de; **to go over the top** pasarse de la raya.
■ **top hat** chistera.
topic ['tɒpɪk] *n* tema *m*.
topical ['tɒpɪkl] *adj* de actualidad.
topless ['tɒpləs] *adj* desnudo,-a de cintura para arriba.
topple ['tɒpl] **1** *vt* volcar. **2** *fig (government)* derribar, derrocar. ‖ **3** *vi (fall)* caer.
top-secret [tɒp'siːkrət] *adj* sumamente secreto,-a.
torch [tɔːtʃ] **1** *n* antorcha. **2** *(electric)* linterna.
tore [tɔː] *pt* → **tear**.
torment ['tɔːmənt] **1** *n* tormento, tortura. ‖ **2** *vt* ([tɔː'ment]) atormentar, torturar.
torn [tɔːn] **1** *pp* → **tear**. ‖ **2** *adj* rasgado,-a, roto,-a.
tornado [tɔː'neɪdəʊ] *n* tornado.
torpedo [tɔː'piːdəʊ] **1** *n* torpedo. ‖ **2** *vt* torpedear.
torrent ['tɒrənt] *n* torrente *m*.
torso ['tɔːsəʊ] *n* torso.
tortoise ['tɔːtəs] *n* tortuga *(de tierra)*.
tortuous ['tɔːtjʊəs] *adj* tortuoso,-a.
torture ['tɔːtʃə] **1** *n* tortura, tormento. ‖ **2** *vt* torturar, atormentar.
Tory ['tɔːrɪ] *adj* - *n* GB POL conservador,-a.
toss [tɒs] **1** *n (of head)* sacudida. **2** *(of coin)* sorteo a cara o cruz. ‖ **3** *vt (head)* sacudir, menear. **4** *(ball)* arrojar, lanzar. ‖ **5** *vi (move)* moverse, agitarse.
♦ **to toss up for** *vt* echar a cara y cruz.
toss-up ['tɒsʌp] *n*: ***it's a toss-up who'll win*** tanto puede ganar uno como otro.
tot [tɒt] **1** *n (child)* chiquitín,-na. **2** *fam (drink)* trago.
♦ **to tot up** *vt* sumar.
total ['təʊtl] **1** *adj* - *n* total *m*. ‖ **2** *vt* - *vi* sumar.
● **in total** en total.

totalitarian [təʊtælɪ'teərɪən] *adj* totalitario,-a.
totally ['təʊtlɪ] *adv* totalmente.
tote [təʊt] *vt fam* acarrear.
totter ['tɒtə] *vi* tambalearse.
touch [tʌtʃ] **1** *n* toque *m*. **2** *(sense)* tacto. **3** *(detail)* detalle *m*. **4** *fam* habilidad *f*. ‖ **5** *vt* tocar. ‖ **6** *vi* tocarse. ‖ **7** *vt (move)* conmover. **8** *(equal)* igualar.
♦ **to touch down 1** *vi (plane)* aterrizar. **2** *vi* SP hacer un ensayo ♦ **to touch off** *vt* provocar ♦ **to touch up** *vt* retocar.
• **to get in touch with** ponerse en contacto con.
touchdown ['tʌtʃdaʊn] **1** *n (on land)* aterrizaje *m*. **2** *(on sea)* amerizaje *m*. **3** SP ensayo.
touched [tʌtʃt] **1** *adj* conmovido,-a. **2** *(crazy)* tocado,-a.
touchiness ['tʌtʃɪnəs] *n* susceptibilidad *f*.
touching ['tʌtʃɪŋ] *adj* conmovedor,-ra.
touchy ['tʌtʃɪ] *adj* susceptible.
tough [tʌf] **1** *adj* fuerte, resistente. **2** *(difficult, severe)* difícil, duro,-a. **3** *(meat)* duro,-a.
■ **tough luch** mala suerte *f*.
toughen ['tʌfn] **1** *vt* endurecer. ‖ **2** *vi* endurecerse.
toughness ['tʌfnəs] **1** *n (of material)* dureza, resistencia. **2** *(difficulty)* dificultad *f*. **3** *(severity)* severidad *f*.
toupee ['tuːpeɪ] *n* peluquín *m*.
tour [tʊə] **1** *n (journey)* viaje *m*. **2** *(round building)* visita. **3** SP THEAT gira. ‖ **4** *vt (country)* recorrer. **5** *(building)* visitar.
tourism ['tʊərɪzm] *n* turismo.
tourist ['tʊərɪst] *n* turista *mf*.
tournament ['tʊənəmənt] *n* torneo.
tout [taʊt] **1** *n* revendedor,-ra. ‖ **2** *vt* revender. ‖ **3** *vi* intentar captar clientes.
tow [təʊ] *vt* remolcar.
• **on tow** a remolque; **to give a tow** remolcar.
towards [tə'wɔːdz] **1** *prep (in the direction of)* hacia. **2** *(of time)* hacia, alrededor de. **3** *(attitude)* para con. **4** *(payment)* para: ***he gave me some money towards the present*** me dio dinero para el regalo.
▲ *También* toward.
towel ['taʊəl] *n* toalla.
tower ['taʊə] **1** *n* torre *f*. ‖ **2** *vi* elevarse.
♦ **to tower above/over** *vt* destacar sobre.
■ **tower block** bloque *m* de edificios.
towering ['taʊərɪŋ] *adj* alto,-a.
town [taʊn] **1** *n* ciudad *f*. **2** *(small)* población *f*, municipio, pueblo. **3** *(centre)* centro.
• **on the town** de juerga; **to paint the town red** ir de juerga.
■ **town clerk** secretario,-a del ayuntamiento; **town council** ayuntamiento; **town hall** ayuntamiento; **town planning** urbanismo.
toxic ['tɒksɪk] *n* tóxico,-a.
toy [tɔɪ] *n* juguete *m*.
♦ **to toy with 1** *vt (thing)* juguetear. **2** *vt (idea)* contemplar, darle vueltas a.
toyshop ['tɔɪʃɒp] *n* juguetería.
trace [treɪs] **1** *n* indicio, rastro. ‖ **2** *vt (draw)* trazar, esbozar. **3** *(copy)* calcar. **4** *(track)* seguir la pista de. **5** *(find origin)* buscar el origen de.
tracing ['treɪsɪŋ] *n* calco.
track [træk] **1** *n (marks)* pista, huellas *fpl*. **2** *(path)* camino. **3** SP pista. **4** *(for motor-racing)* circuito. **5** *(of railway)* vía. ‖ **6** *vt* seguir la pista de.
♦ **to track down** *vt* localizar, encontrar.
tracksuit ['træksuːt] *n* chándal *m*.
tract [trækt] **1** *n (land)* extensión *f*. **2** *(treatise)* tratado.
traction ['trækʃn] *n* tracción *f*.
tractor ['træktə] *n* tractor *m*.
trade [treɪd] **1** *n (job)* oficio. **2** *(business)* negocio; *(industry)* industria. **3** *(commerce)* comercio. ‖ **4** *vi* comerciar. ‖ **5** *vt (exchange)* cambiar, trocar.
■ **trade union** sindicato obrero.
trademark ['treɪdmɑːk] *n* marca comercial.

trader ['treɪdə] *n* comerciante *mf*.
tradesman ['treɪdzmən] *n* comerciante *m*.
trading ['treɪdɪŋ] *n* comercio.
■ **trading estate** polígono industrial.
tradition [trə'dɪʃn] *n* tradición *f*.
traditional [trə'dɪʃənl] *adj* tradicional.
traffic ['træfɪk] **1** *n* AUTO tráfico, tránsito, circulación *f*. **2** *(trade)* tráfico. ‖ **3** *vi* traficar.
■ **traffic jam** embotellamiento, atasco; **traffic light** semáforo; **traffic sign** señal *f* de tráfico; **traffic warden** ≈ guardia *mf* urbano.
trafficker ['træfɪkə] *n* traficante *mf*.
tragedy ['trædʒədɪ] *n* tragedia.
tragic ['trædʒɪk] *adj* trágico,-a.
trail [treɪl] **1** *n* rastro, pista. **2** *(path)* camino, sendero. **3** *(of comet, jet)* estela. ‖ **4** *vt (follow)* seguir, seguir la pista de. **5** *(drag)* arrastrar. ‖ **6** *vi (drag)* arrastrarse. **7** *(lag behind)* rezagarse. **8** *(plant)* arrastrarse.
trailer ['treɪlə] **1** *n* AUTO remolque *m*. **2** CINEM tráiler *m*.
train [treɪn] **1** *n* tren *m*. **2** *(of dress)* cola. ‖ **3** *vt* SP entrenar. ‖ **4** *vi* SP entrenarse. **5** *(teach)* formarse. ‖ **6** *vt (teach)* formar. **7** *(animal)* adiestrar. ‖ **8** *vt - vi (gun)* apuntar (on, a).
trainee [treɪ'niː] *n* aprendiz,-za.
trainer ['treɪnə] **1** *n* SP entrenador,-ra. **2** *(of dogs)* amaestrador,-ra. **3** *(shoe)* zapatilla.
training ['treɪnɪŋ] **1** *n (for job)* formación *f*. **2** SP entrenamiento. **3** *(of dogs)* amaestramiento.
trait [treɪt] *n* rasgo.
traitor ['treɪtə] *n* traidor,-ra.
tram [træm] *n* tranvía *m*.
tramp [træmp] **1** *n* vagabundo,-a. ‖ **2** *vi* caminar *(con pasos pesados)*.
trample ['træmpl] *vt* pisotear.
trampoline ['træmpliːn] *n* cama elástica.
trance [trɑːns] *n* trance *m*.
● **in a trance** en trance.
tranquillize ['træŋkwɪlaɪz] *vt* tranquilizar.
tranquillizer ['træŋkwɪlaɪzə] *n* tranquilizante *m*, calmante *m*.
transaction [træn'zækʃn] *n* operación *f*, transacción *f*.
transatlantic [trænzət'læntɪk] *adj* transatlántico,-a.
transcend [træn'send] *vt* sobrepasar, trascender.
transcribe [træn'skraɪb] *vt* transcribir.
transcript ['trænskrɪpt] *n* transcripción *f*.
transfer ['trænsfɜː] **1** *n (of money)* transferencia. **2** *(of employee)* traslado. **3** JUR traspaso. ‖ **4** *vt* ([træns'fɜː]) *(money)* transferir. **5** Jur traspasar. ‖ **6** *vi (change)* hacer trasbordo.
transform [træns'fɔːm] **1** *vt* transformar. ‖ **2** *vi* transformarse.
transformation [trænsfə'meɪʃn] *n* transformación *f*.
transformer [træns'fɔːmə] *n* ELEC transformador *m*.
transfusion [træns'fjuːʒn] *n* transfusión *f de sangre*.
transient ['trænzɪənt] *adj* transitorio,-a.
transistor [træn'zɪstə] *n* transistor *m*.
transit ['trænsɪt] *n* tránsito, paso.
transition [træn'zɪʃən] *n* transición *f*.
transitive ['trænsɪtɪv] *adj* transitivo,-a.
translate [træns'leɪt] *vt* traducir.
translation [træns'leɪʃn] *n* traducción *f*.
translator [træns'leɪtə] *n* traductor,-ra.
translucent [trænz'luːsnt] *adj* translúcido,-a.
transmission [trænz'mɪʃn] *n* transmisión *f*.
transmit [trænz'mɪt] *vt* transmitir.
transmitter [trænz'mɪtə] *n* transmisor *m*.
transparency [træns'peərensɪ] **1** *n (of material)* transparencia. **2** *(slide)* diapositiva, transparencia.
transparent [træns'peərənt] *adj* transparente.

transpiration [trænspɪ'reɪʃn] *n* transpiración *f*.
transpire [træns'paɪə] **1** *vt* - *vi* transpirar. || **2** *vi (become apparent)* resultar: ***it transpires that ...*** resulta que .... **3** *(happen)* ocurrir, pasar.
transplant ['trænsplɑːnt] **1** *n* trasplante *m*. || **2** *vt* ([træns'plɑːnt]) trasplantar.
transport ['trænspɔːt] **1** *n* transporte *m*. || **2** *vt* ([træns'pɔːt]) transportar.
transportation [trænspɔː'teɪʃn] *n* transporte *m*.
transporter [træns'pɔːtə] *n* transportador *m*.
transvestite [trænz'vestaɪt] *n* travestido,-a, travesti *m*, travestí *m*.
trap [træp] **1** *n* trampa. || **2** *vt* atrapar.
• **to set a trap** tender una trampa.
trapeze [trə'piːz] *n* trapecio.
trapper ['træpə] *n* trampero,-a.
trash [træʃ] *n* US basura.
trashy ['træʃɪ] *adj* de pacotilla.
traumatic [trɔː'mætɪk] *adj* traumático,-a.
travel ['trævl] **1** *n* viajes *mpl*. || **2** *vi* viajar.
▪ **travel agency** agencia de viajes; **travel brochure** catálogo turístico.
traveller ['trævlə] **1** *n* viajero,-a. **2** COMM viajante *mf*.
▪ **traveller's cheque** cheque *m* de viaje.
travelling ['trævlɪŋ] *adj* ambulante.
▪ **travelling expenses** gastos *mpl* de viaje.
travel-sick ['trævlsɪk] *adj* mareado,-a.
travel-sickness ['trævlsɪknəs] *n* mareo.
travesty ['trævəstɪ] **1** *n* parodia. || **2** *vt* parodiar.
trawl [trɔːl] **1** *n* red *f* barredera. || **2** *vi* pescar al arrastre.
trawler ['trɔːlə] *n* barco de arrastre.
tray [treɪ] *n* bandeja.
treacherous ['tretʃərəs] **1** *adj (disloyal)* traidor,-ra, traicionero,-a. **2** *(dangerous)* muy peligroso,-a.
tread [tred] **1** *n (step)* paso. **2** *(on tyre)* banda, dibujo. || **3** *vt* - *vi* (*pt* trod; *pp* trodden *o* trod) pisar.
• **to tread carefully** andar con pies de plomo.
treason ['triːzn] *n* traición *f*.
treasure ['treʒə] **1** *n* tesoro. || **2** *vt (keep)* guardar como oro en paño. **3** *(value)* apreciar mucho.
treasurer ['trəʒərə] *n* tesorero,-a.
treasury ['treʒərɪ] *n* tesorería.
▪ **The Treasury** Ministerio de Hacienda.
treat [triːt] **1** *n (present)* regalo. **2** *(pleasure)* placer *m*, deleite *m*. || **3** *vt* tratar. **4** *(invite)* convidar, invitar.
treatise ['triːtɪs] *n* tratado.
treatment ['triːtmənt] **1** *n* tratamiento. **2** *(behaviour)* trato, conducta.
treaty ['triːtɪ] *n* tratado.
treble ['trebl] **1** *adj* triple. **2** MUS de tiple. || **3** *vt* triplicar. || **4** *vi* triplicarse.
tree [triː] *n* árbol *m*.
trek [trek] **1** *n* viaje *m (largo y difícil)*; *(on foot)* caminata. || **2** *vi (on foot)* caminar.
tremble ['trembl] *vi* temblar, estremecerse.
tremendous [trɪ'mendəs] **1** *adj (impressive)* tremendo,-a, inmenso,-a. **2** *fam (great)* fantástico,-a, estupendo,-a.
tremor ['tremə] *n* temblor *m*.
trench [trentʃ] **1** *n (ditch)* zanja. **2** MIL trinchera.
trend [trend] *n* tendencia.
trendy ['trendɪ] *adj fam* moderno,-a.
trespass ['trespəs] **1** *n* entrada ilegal. || **2** *vi* entrar ilegalmente.
• **"No trespassing"** "Prohibido el paso".
trestle ['tresl] *n* caballete *m*.
trial ['traɪəl] **1** *n* JUR proceso, juicio. **2** *(test)* prueba. **3** *(suffering)* aflicción *f*.
• **on trial** a prueba.
▪ **trial run** ensayo.
triangle ['traɪæŋgl] *n* triángulo.
triangular [traɪ'æŋgjʊlə] *adj* triangular.
tribal ['traɪbl] *adj* tribal.

tribe [traɪb] *n* tribu *f*.
tribulation [trɪbjʊ'leɪʃn] *n* tribulación *f*.
tribunal [traɪ'bjuːnl] *n* tribunal *m*.
tributary ['trɪbjʊtrɪ] *n* afluente *m*.
tribute ['trɪbjuːt] **1** *n (acknowledgement)* homenaje *m*. **2** *(payment)* tributo.
• **to pay tribute to sb** rendir homenaje a algn.
trice [traɪs] *n*.
• **in a trice** en un santiamén.
trick [trɪk] **1** *n (skill, magic)* truco. **2** *(deception)* ardid *m*, engaño. **3** *(joke)* broma. **4** *(cards won)* baza. ‖ **5** *vt* engañar. **6** *(swindle)* timar, estafar.
• **to play a trick on** gastar una broma a.
trickery ['trɪkərɪ] *n* artimañas *fpl*, engaño.
trickle ['trɪkl] **1** *n* goteo, hilo. ‖ **2** *vi* gotear.
tricky ['trɪkɪ] **1** *adj (person)* taimado,-a, astuto,-a. **2** *(situation)* difícil, delicado,-a.
tricycle ['traɪsɪkl] *n* triciclo.
trident ['traɪdnt] *n* tridente *m*.
trifle ['traɪfl] **1** *n* fruslería, bagatela, nimiedad *f*. **2** CULIN GB postre *m* de bizcocho borracho, fruta, gelatina, crema y nata. ‖ **3** *vi* jugar (with, con).
trifling ['traɪflɪŋ] *adj* insignificante.
trigger ['trɪgə] **1** *n (of camera)* disparador *m*. **2** *(of gun)* gatillo. ‖ **3** *vt* desencadenar.
♦ **to trigger off** *vt* provocar, desencadenar.
trigonometry [trɪgə'nɒmətrɪ] *n* trigonometría.
trill [trɪl] **1** *n* trino. ‖ **2** *vt* - *vi* trinar.
trillion ['trɪlɪən] **1** *n* GB trillón *m*. **2** US billón *m*.
trilogy ['trɪlədʒɪ] *n* trilogía.
trim [trɪm] **1** *adj (neat)* bien arreglado,-a. **2** *(slim)* esbelto,-a. ‖ **3** *n (cut)* recorte *m*. **4** *(condition)* estado, condiciones *fpl*. ‖ **5** *vt (cut)* recortar. **6** *(decorate)* decorar.
• **in trim** en forma.
trimmings ['trɪmɪŋs] **1** *npl (on clothes)* adornos *mpl*, decoración *f sing*. **2** CULIN guarnición *f sing*.
trinket ['trɪŋkɪt] *n* baratija.
trio ['triːəʊ] *n* trío.
trip [trɪp] **1** *n* viaje *m*. **2** *(excursion)* excursión *f*. **3** *sl (drugs)* viaje *m*. ‖ **4** *vi* tropezar. ‖ **5** **trip (up)** *vt* poner la zancadilla a.
♦ **to trip over** *vt* - *vi* tropezar *(y caerse)*.
tripe [traɪp] **1** *n* CULIN callos *mpl*. **2** *fam (nonsense)* bobadas *fpl*.
triple ['trɪpl] **1** *adj* triple. ‖ **2** *vt* triplicar. ‖ **3** *vi* triplicarse.
triplet ['trɪplət] *n* trillizo,-a.
triplicate ['trɪplɪkət] *adj* triplicado,-a.
• **in triplicate** por triplicado.
tripod ['traɪpɒd] *n* trípode *m*.
trite [traɪt] *adj* gastado,-a, trillado,-a.
triumph ['traɪəmf] **1** *n* triunfo. ‖ **2** *vi* triunfar.
triumphal [traɪ'ʌmfl] *adj* triunfal.
triumphant [traɪ'ʌmfənt] *adj* triunfante.
trivial ['trɪvɪəl] *adj* trivial.
trod [trɒd] *pt & pp* → **tread**.
trodden ['trɒdn] *pp* → **tread**.
trolley ['trɒlɪ] *n* carro, carrito.
trombone [trɒm'bəʊn] *n* trombón *m*.
troop [truːp] **1** *n (of people)* grupo, banda. **2** MIL tropa. ‖ **3** *vi* marchar en masa, ir en masa.
trooper ['truːpə] *n* soldado de caballería.
trophy ['trəʊfɪ] *n* trofeo.
tropic ['trɒpɪk] *n* trópico.
tropical ['trɒpɪkl] *adj* tropical.
trot [trɒt] **1** *n* trote *m*. ‖ **2** *vi* trotar.
• **on the trot** seguidos,-as: ***four times on the trot*** cuatro veces seguidas.
trotter ['trɒtə] *n (pig's)* mano *f*, pie *m*.
trouble ['trʌbl] **1** *n (problem)* problema *m*, dificultad *f*. **2** *(worry)* preocupación *f*. **3** *(anxiety)* ansiedad *f*, pena. **4** *(inconvenience)* molestia. ‖ **5** *vt (worry)* preocupar. **6** *(bother)* molestar. ‖ **7** *vi (bother)* molestarse. ‖ **8** **troubles** *npl*

(worries) preocupaciones *fpl*. **9** *(strife)* conflictos *mpl*, disturbios *mpl*.
● **to be in trouble** estar en un apuro, tener problemas; **it's not worth the trouble** no vale la pena; **to get sb into trouble** *fam* dejar embarazada a algn; **to take the trouble to do sth** tomarse la molestia de hacer algo.
■ **trouble spot** punto conflictivo.

trouble-free ['trʌblfriː] *adj* sin problemas.

troublemaker ['trʌblmeɪkə] *n* alborotador,-ra.

troubleshooter ['trʌblʃuːtə] *n* conciliador,-ra, mediador,-ra.

troublesome ['trʌblsəm] *adj* molesto,-a, fastidioso,-a.

trough [trɒf] **1** *n (for water)* abrevadero. **2** *(for food)* comedero. **3** METEOR depresión *f*.

trounce [traʊns] *vt* zurrar.

troupe [truːp] *n* compañía.

trousers ['traʊzəz] *npl* pantalón *m sing*.

trousseau ['truːsəʊ] *n* (*pl* **trousseaus** *o* **trousseaux**) ajuar *m* de novia.

trout [traʊt] *n* trucha.

trowel ['traʊəl] **1** *n (for cement)* paleta. **2** *(garden tool)* desplantador *m*.

truant ['truːənt] *n* alumno,-a que hace novillos.
● **to play truant** hacer novillos.

truce [truːs] *n* tregua.

truck [trʌk] **1** *n* GB vagón *m*. **2** US camión *m*.
■ **truck driver** camionero,-a.

trucker ['trʌkə] *n* US camionero,-a.

trudge [trʌdʒ] *vi* andar penosamente.

true [truː] **1** *adj* verdadero,-a, cierto,-a. **2** *(genuine)* auténtico,-a, genuino,-a. **3** *(faithful)* fiel, leal. **4** *(exact)* exacto,-a.
● **it's true** es verdad; **to come true** hacerse realidad.

truffle ['trʌfl] *n* trufa.

truly ['truːlɪ] *adv* verdaderamente.
● **yours truly** atentamente.

trump [trʌmp] **1** *n* triunfo. || **2** *vt* matar con un triunfo.
♦ **to trump up** *vt* inventar.
■ **trump card** baza.

trumpet ['trʌmpɪt] *n* trompeta.
■ **trumpet player** trompetista *mf*.

truncheon ['trʌntʃn] *n* porra.

trunk [trʌŋk] **1** *n (of tree, body)* tronco. **2** *(box)* baúl *m*. **3** *(elephant's)* trompa. **4** US AUTO maletero. || **5 trunks** *npl* bañador *m sing*.
■ **trunk call** conferencia interurbana.

truss [trʌs] *n* MED braguero.

trust [trʌst] **1** *n* confianza, fe *f*. **2** *(responsibility)* responsabilidad *f*: ***he occupies a position of trust*** ocupa un cargo de confianza. **3** FIN trust *m*. || **4** *vt (have confidence in)* confiar en, fiarse de. **5** *(hope)* esperar.
● **to put one's trust in sb/sth** depositar la confianza en algo/ALGN.

trustee [trʌs'tiː] *n* fideicomisario,-a, depositario,-a.

trustful ['trʌstfʊl] *adj* confiado,-a.

trusting ['trʌstɪŋ] *adj* confiado,-a.

trustworthy ['trʌstwɜːðɪ] **1** *adj* digno,-a de confianza. **2** *(news etc)* fidedigno,-a.

truth [truːθ] *n* verdad *f*.
● **to tell the truth** decir la verdad.

truthful ['truːθfʊl] **1** *adj (story)* verídico,-a. **2** *(person)* veraz.

try [traɪ] **1** *n (attempt)* intento, tentativa. **2** *(rugby)* ensayo. || **3** *vt - vi (attempt)* intentar. || **4** *vt (sample)* probar. **5** JUR juzgar. **6** *(test)* probar, poner a prueba.
♦ **to try on** *vt* probarse ♦ **to try out** *vt* probar.
● **to have a try at sth** intentar hacer algo.

trying ['traɪɪŋ] *adj* pesado,-a, difícil.

T-shirt ['tiːʃɜːt] *n* camiseta.

tsp ['tiːspuːn] *abbr (***teaspoon***)* cucharadita.
▲*pl* tsps.

tub [tʌb] **1** *n* tina. **2** *(bath)* bañera, baño.

tuba ['tjuːbə] *n* tuba.

tubby ['tʌbɪ] *adj* rechoncho,-a.

tube [tjuːb] **1** *n (cylinder)* tubo. **2** ANAT trompa. **3** GB *(underground)* metro.
• **by tube** en metro.
■ **tube station** estación de metro.
tuber ['tjuːbə] *n* tubérculo.
tuberculosis [tjʊbɜːkjʊ'ləʊsɪs] *n* tuberculosis *f inv*.
tubular ['tjuːbjʊlə] *adj* tubular.
tuck [tʌk] *n* pliegue *m*.
♦ **to tuck in 1** *vi* comer con apetito. **2** *vt (sheets, clothes, etc)* meter. **3** *vt (person)* arropar.
Tues ['θjuːzdɪ] *abbr (*Tuesday*)* martes *m*; *(abbreviation)* mar.
Tuesday ['tjuːzdɪ] *n* martes *m inv*.
tuft [tʌft] **1** *n (hair)* mechón *m*. **2** *(grass)* mata. **3** *(feathers)* copete *m*.
tug [tʌg] **1** *n (pull)* tirón *m*, estirón *m*. **2** *(boat)* remolcador *m*. ‖ **3** *vt* tirar de, arrastrar. **4** *(boat)* remolcar.
tugboat ['tʌgbəʊt] *n* remolcador *m*.
tuition [tjʊ'ɪʃn] *n* enseñanza, instrucción *f*.
tulip ['tjuːlɪp] *n* tulipán *m*.
tumble ['tʌmbl] **1** *n* caída. ‖ **2** *vi* caer, caerse.
■ **tumble dryer** secadora.
tumbler ['tʌmblə] *n* vaso.
tummy ['tʌmɪ] *n fam* barriga.
tumour ['tjuːmə] *n* tumor *m*.
tuna ['tjuːnə] *n* (*pl* **tuna**) atún *m*, bonito.
tundra ['tʌndrə] *n* tundra.
tune [tjuːn] **1** *n* melodía. ‖ **2** *vt* MUS afinar. **3** *(engine)* poner a punto. **4** RAD sintonizar.
♦ **to tune in to** *vt* RAD sintonizar.
• **in tune** afinado,-a; **out of tune** desafinado,-a; **to sing out of tune** desafinar.
tuneful ['tjuːnfʊl] *adj* melodioso,-a.
tuner ['tjuːnə] **1** *n* MUS afinador,-ra. **2** RAD sintonizador *m*.
tunic ['tjuːnɪk] *n* túnica.
tuning fork ['tjuːnɪŋfɔːk] *n* diapasón *m*.
Tunis ['tjuːnɪs] *n* Túnez.
Tunisia [tjuː'nɪsɪə] *n* Túnez.
Tunisian [tjuː'nsɪən] *adj* - *n* tunecino, -a.
tunnel ['tʌnl] **1** *n* túnel *m*. ‖ **2** *vt* abrir un túnel.
tunny ['tʌnɪ] *n* atún *m*, bonito.
turban ['tɜːbn] *n* turbante *m*.
turbine ['tɜːbaɪn] *n* turbina.
turbojet ['tɜːbəʊdʒet] *n* turborreactor *m*.
turbot ['tɜːbət] *n* (*pl* **turbot**) rodaballo.
turbulence ['tɜːbjʊləns] *n* turbulencia.
turbulent ['tɜːbjʊlənt] *adj* turbulento, -a.
tureen [tə'riːn] *n* sopera.
turf [tɜːf] *n* césped *m*.
♦ **to turf out** *vt fam* poner de patitas en la calle.
■ **the turf** las carreras de caballos.
Turk [tɜːk] *n (person)* turco,-a.
turkey ['tɜːkɪ] *n* pavo.
Turkey ['tɜːkɪ] *n* Turquía.
Turkish ['tɜːkɪʃ] **1** *adj* turco,-a. ‖ **2** *n (language)* turco.
turmoil ['tɜːmɔɪl] *n* confusión *f*, alboroto.
turn [tɜːn] **1** *n (change of direction)* vuelta, giro. **2** *(rotation)* vuelta. **3** *(bend)* curva, recodo. **4** *(in game)* turno: ***whose turn is it?*** ¿a quién le toca? **5** *(favour)* favor *m*. **6** *(turning)* bocacalle *f*. **7** *fam (shock)* susto. ‖ **8** *vt (knob)* girar. **9** *(chair)* dar la vuelta a. **10** *(corner)* doblar. **11** *(page)* pasar. ‖ **12** *vi (rotate)* girar, dar vueltas. **13** *(person)* volverse, dar la vuelta. **14** *(direction)* torcer, girar: ***the car turned left*** el coche giró a la izquierda. **15** *(become)* hacerse, ponerse, volverse: ***his face turned red*** se le puso la cara colorada.
♦ **to turn away 1** *vt* no dejar entrar. **2** *vi* apartarse ♦ **to turn back 1** *vt* hacer retroceder. **2** *vi* volver, volverse ♦ **to turn down 1** *vt (reject)* rechazar. **2** *vt (radio etc)* bajar ♦ **to turn in 1** *vt* entregar a la policía. **2** *vi fam* acostarse ♦ **to turn into** *vt* convertir, transformar: ***they turned the bedroom into an office*** convirtieron el dormitorio en un

despacho ♦ **to turn off 1** *vt (electricity)* desconectar; *(light, gas)* apagar; *(water)* cerrar; *(machine)* parar. **2** *vt (off road)* salir de ♦ **to turn on 1** *vt (electricity)* conectar; *(light)* encender; *(gas, tap)* abrir; *(machine)* poner en marcha. **2** *vt (attack)* atacar. **3** *vt fam* excitar ♦ **to turn out 1** *vt (gas, light)* apagar. **2** *vt (produce)* producir. **3** *vt (empty)* vaciar. **4** *vi (prove to be)* salir, resultar. **5** *vi (attend)* acudir. **6** *vi (crowds)* salir a la calle ♦ **to turn over 1** *vt (reverse)* dar la vuelta a. **2** *vt (idea)* dar vueltas a. **3** *vt (hand over)* entregar. **4** *vt* COMM facturar. **5** *vi* darse la vuelta, volcarse ♦ **to turn to 1** *vt (resort)* recurrir. **2** *vt (page)* buscar ♦ **to turn up 1** *vi (be found)* aparecer. **2** *vi (arrive)* presentarse, llegar. **3** *vt (light, gas, etc)* subir.
● **by turns** sucesivamente; **to take turns** turnarse.

turncoat ['tɜːnkəʊt] *n* tránsfuga *mf*.

turning ['tɜːnɪŋ] *n* bocacalle *f*, esquina.
■ **turning point** punto decisivo.

turnip ['tɜːnɪp] *n* nabo.

turnout ['tɜːnaʊt] *n* asistencia, concurrencia.

turnover ['tɜːnəʊvə] *n* COMM facturación *f*.

turnpike ['tɜːnpaɪk] *n* US autopista de peaje.

turntable ['tɜːnteɪbl] *n* plato giratorio.

turn-up ['tɜːnʌp] *n* GB vuelta.

turpentine ['tɜːpəntaɪn] *n* trementina, aguarrás *m*.

turquoise ['tɜːkwɔɪz] **1** *n (gem)* turquesa. **2** *(colour)* azul *m* turquesa. || **3** *adj* de color turquesa.

turret ['tʌrət] *n* torrecilla.

turtle ['tɜːtl] *n* tortuga.

turtleneck ['tɜːtlnek] *n* cuello cisne, cuello alto.

tusk [tʌsk] *n* colmillo.

tussle ['tʌsl] **1** *n* pelea. || **2** *vi* pelearse (over, por).

tutor ['tjuːtə] **1** *n* profesor,-ra particular. **2** *(at university)* tutor,-ra.

tutorial [tjuː'tɔːrɪəl] *n* clase *f* con grupo reducido.

tuxedo [tʌk'siːdəʊ] *n* US esmoquin *m*.

TV ['tiː'viː] *abbr* (television) televisión; *(abbreviation)* TV.

twaddle ['twɒdl] *n fam* tonterías *fpl*.

twang [twæŋ] **1** *n (of string)* sonido vibrante. **2** *(of voice)* gangueo.

tweed [twiːd] *n* tweed *m*.

tweet [twiːt] **1** *n* pío. || **2** *vi* piar.

tweezers ['twiːzəz] *npl* pinzas *fpl*.

twelfth [twelfθ] **1** *adj - n* duodécimo,-a. || **2** *n (fraction)* duodécimo, duodécima parte.
■ **twelfth night** noche *f* de reyes.

twelve [twelv] *num* doce.

twentieth ['twentɪəθ] **1** *adj - n* vigésimo,-a. || **2** *n* vigésimo, vigésima parte.

twenty ['twentɪ] *num* veinte.

twice [twaɪs] *adv* dos veces: ***twice as big as this one*** el doble de grande que éste.

twiddle ['twɪdl] *vt* dar vueltas a.

twig [twɪg] *n* ramita.

twilight ['twaɪlaɪt] *n* crepúsculo.

twin [twɪn] *n* gemelo,-a, mellizo,-a.
■ **twin room** habitación *f* con dos camas.

twine [twaɪn] **1** *n* cordel *m*. || **2** *vt* enroscar.

twinge [twɪndʒ] *n* punzada.

twinkle ['twɪŋkl] **1** *n* centelleo, brillo. || **2** *vi* centellear. **3** *(eyes)* brillar.

twirl [twɜːl] **1** *vt - vi (baton)* girar rápidamente. **2** *(spin)* retorcer.

twist [twɪst] **1** *n (in road)* recodo, vuelta. **2** *(action)* torsión *f*. **3** MED torcedura. **4** *(dance)* twist *m*. || **5** *vt* torcer. || **6** *vi* torcerse. **7** *(dance)* bailar el twist.

twit [twɪt] *n fam* tonto,-a.

twitch [twɪtʃ] **1** *n (pull)* tirón *m*. **2** *(nervous)* tic *m* nervioso. || **3** *vt* tirar de, dar un tirón a. || **4** *vi* moverse nerviosamente.

twitter ['twɪtə] **1** *n* gorjeo. || **2** *vi* gorjear.

two [tuː] *num* dos *m*.

twofaced [tuːˈfeɪst] *adj* hipócrita.
two-piece [ˈtuːpiːs] *adj* de dos piezas.
tycoon [taɪˈkuːn] *n* magnate *m*.
type [taɪp] **1** *n* tipo, clase *f*. **2** *(letter)* letra, carácter *m*. ‖ **3** *vt* escribir a máquina, mecanografiar.
typewriter [ˈtaɪpraɪtə] *n* máquina de escribir.
typewritten [ˈtaɪprɪtn] *adj* escrito,-a a máquina.
typhoid [ˈtaɪfɔɪd] *n* fiebre *f* tifoidea.
typhoon [taɪˈfuːn] *n* tifón *m*.
typical [ˈtɪpɪkl] *adj* típico,-a (of, de).
typify [ˈtɪpɪfaɪ] *vt* tipificar.
typing [ˈtaɪpɪŋ] *n* mecanografía.
typist [ˈtaɪpɪst] *n* mecanógrafo,-a.
tyrannical [tɪˈrænɪkl] *adj* tiránico,-a.
tyrannize [ˈtɪrənaɪz] *vt* tiranizar.
tyranny [ˈtɪrənɪ] *n* tiranía.
tyrant [ˈtaɪərənt] *n* tirano,-a.
tyre [ˈtaɪə] *n* neumático.

U

udder [ˈʌdə] *n* ubre *f*.
UEFA [juːˈeɪfə] *abbr (*Union of European Football Associations*)* Unión de Asociaciones Europeas de Fútbol; *(abbreviation)* UEFA.
UFO [ˈjuːˈefˈəʊ] *abbr (*unidentified flying object*)* objeto volador no identificado; *(abbreviation)* OVNI *m*, ovni *m*.
ugly [ˈʌglɪ] **1** *adj* feo,-a. **2** *(situation etc)* desagradable.
UHF [ˈjuːˈeɪtʃˈef] *abbr (*ultra high frequency*)* frecuencia ultraalta; *(abbreviation)* UHF *f*.
UHT [ˈjuːˈeɪtʃˈtiː] *abbr* uperizado,-a.
■ **UHT milk** leche *f* uperizada; **UHT treatment** uperización *f*.
UK [ˈjuːˈkeɪ] *abbr (*United Kingdom*)* Reino Unido; *(abbreviation)* R.U.
ulcer [ˈʌlsə] **1** *n* llaga. **2** *(in stomach)* úlcera.
ultimate [ˈʌltɪmət] *adj* último,-a, final.
ultimately [ˈʌltɪmətlɪ] **1** *adv* finalmente. **2** *(basically)* en el fondo.
ultimatum [ʌltɪˈmeɪtəm] *n* ultimátum *m*.
umbrella [ʌmˈbrelə] *n* paraguas *m inv*.
umpire [ˈʌmpaɪə] **1** *n* árbitro. ‖ **2** *vt* arbitrar.
umpteen [ʌmpˈtiːn] *adj fam* la tira de, un montón de.
umpteenth [ʌmpˈtiːnθ] *adj* enésimo, -a.
UN [ˈjuːˈen] *abbr (*United Nations Organization*)* Organización de las Naciones Unidas; *(abbreviation)* ONU *f*.
unable [ʌnˈeɪbl] *adj* incapaz.
• **to be unable to** ser incapaz de, no poder.
unabridged [ʌnəˈbrɪdʒd] *adj* íntegro, -a.
unacceptable [ʌnəkˈseptəbl] *adj* inaceptable.
unaccompanied [ʌnəˈkʌmpənɪd] **1** *adj* solo,-a. **2** MUS sin acompañamiento.
unadulterated [ʌnəˈdʌltəreɪtɪd] *adj* puro,-a.
unadvisable [ʌnədˈvaɪzəbl] *adj* poco aconsejable.
unanimous [juːˈnænɪməs] *adj* unánime.
unarmed [ʌnˈɑːmd] *adj* desarmado,-a.
unassuming [ʌnəˈsjuːmɪŋ] *adj* modesto,-a.
unattainable [ʌnəˈteɪnəbl] *adj* inasequible.
unattended [ʌnəˈtendɪd] *adj* sin vigilar.
unauthorized [ʌnˈɔːθəraɪzd] *adj* no autorizado,-a.
unavailable [ʌnəˈveɪləbl] *adj* no disponible.
unavoidable [ʌnəˈvɔɪdəbl] *adj* inevitable, ineludible.
unaware [ʌnəˈweə] *adj* inconsciente.
• **to be unaware of** ignorar.
unawares [ʌnəˈweəz] *adv* desprevenido,-a.

unbalanced [ʌn'bælənst] *adj* desequilibrado,-a.

unbearable [ʌn'beərəbl] *adj* insoportable.

unbeatable [ʌn'biːtəbl] **1** *adj (rival)* invencible, insuperable. **2** *(price etc)* inmejorable.

unbelievable [ʌnbɪ'liːvəbl] *adj* increíble.

unbiassed [ʌn'baɪəst] *adj* imparcial.

unborn [ʌn'bɔːn] **1** *adj* aún no nacido,-a. **2** *fig* nonato,-a.

unbreakable [ʌn'breɪkəbl] *adj* irrompible.

unbutton [ʌn'bʌtn] *vt* desabrochar.

uncanny [ʌn'kænɪ] *adj* misterioso,-a, extraño,-a.

uncertain [ʌn'sɜːtn] **1** *adj* incierto,-a, dudoso,-a. **2** *(indecisive)* indeciso,-a.

uncertainty [ʌn'sɜːtntɪ] *n* incertidumbre *f*.

unchanged [ʌn'tʃeɪndʒd] *adj* igual.

uncivilized [ʌn'sɪvɪlaɪzd] *adj* incivilizado,-a.

uncle ['ʌnkl] *n* tío.

unclear [ʌn'klɪər] *adj* poco claro,-a.

uncomfortable [ʌn'kʌmfətəbl] *adj* incómodo,-a.

uncommon [ʌn'kɔmən] **1** *adj* poco común. **2** *(strange)* insólito,-a.

uncommonly [ʌn'kɒmənlɪ] *adv* extraordinariamente.

uncompromising [ʌn'kɔmprəmaɪzɪŋ] *adj* inflexible, intransigente.

unconcerned [ʌnkən'sɜːnd] *adj* indiferente.

unconditional [ʌnkən'dɪʃənl] *adj* incondicional.

unconscious [ʌn'kɔnʃəs] *adj* inconsciente.

unconstitutional [ʌnkɒnstɪ'tjuːʃənl] *adj* inconstitucional.

uncontrollable [ʌnkən'trəuləbl] *adj* incontrolable.

unconventional [ʌnkən'venʃənl] *adj* poco convencional.

uncooperative [ʌnkəu'ɒprətɪv] *adj* poco cooperativo,-a.

uncork [ʌn'kɔːk] *vt* descorchar.

uncouth [ʌn'kuːθ] *adj (manners)* tosco,-a, inculto,-a; *(person)* ordinario,-a.

uncover [ʌn'kʌvə] **1** *vt* destapar. **2** *(secret)* revelar.

undecided [ʌndɪ'saɪdɪd] **1** *adj* indeciso,-a. **2** *(question)* no resuelto,-a.

undeniable [ʌndɪ'naɪəbl] *adj* innegable, indiscutible.

under ['ʌndə] **1** *prep* bajo, debajo de. **2** *(less than)* menos de. **3** *(ruler)* bajo: ***under Cromwell*** bajo Cromwell. **4** *(according to)* conforme a, según. ‖ **5** *adv* abajo, debajo.

underclothes ['ʌndəkləuðz] *npl* ropa interior.

undercoat ['ʌndəkəut] *n (of paint)* primera mano *f*.

undercover [ʌndə'kʌvə] *adj* clandestino,-a.

undercurrent ['ʌndəkʌrənt] **1** *n* corriente *f* submarina. **2** *fig* corriente *f* subyacente.

underdeveloped [ʌndədɪ'veləpt] *adj* subdesarrollado,-a.

underdog ['ʌndədɒg] *n* desvalido,-a, perdedor,-ra.

underdone [ʌndə'dʌn] *adj* CULIN poco hecho,-a.

underestimate [ʌndər'estɪmət] **1** *n* infravaloración *f*. ‖ **2** *vt* ([ʌndər'estɪmeɪt]) subestimar.

undergo [ʌndə'gəu] *vt* (*pt* **underwent**; *pp* **undergone** [ʌndə'gɔn]) experimentar, sufrir.

undergraduate [ʌndə'grædjuət] *n* estudiante *mf* universitario,-a no licenciado,-a.

underground ['ʌndəgraund] **1** *adj* subterráneo. **2** *fig* clandestino,-a. ‖ **3** *n (railway)* metro. **4** *(resistance)* resistencia. ‖ **5** *adv* ([ʌndə'graund]) bajo tierra. **6** *(secretly)* en secreto.

undergrowth ['ʌndəgrəuθ] *n* maleza.

underhand ['ʌndəhænd] *adj* deshonesto,-a.

underline [ʌndə'laɪn] *vt* subrayar.

undermine [ʌndə'maɪn] **1** *vt (health)* minar, debilitar. **2** *(cliff)* socavar.

underneath [ʌndə'niːθ] **1** *prep* debajo de. || **2** *adv* debajo. || **3** *n* parte *f* inferior.

underpaid [ʌndə'peɪd] *vt* mal pagado, -a.

underpants ['ʌndəpænts] *npl* calzoncillos *mpl*, eslip *m sing*.

underpass ['ʌndəpæs] *n* paso subterráneo.

underrated [ʌndə'reɪtɪd] *adj* infravalorado,-a.

underskirt ['ʌndəskɜːt] *n* viso.

understand [ʌndə'stænd] **1** *vt (pt & pp* understood) entender, comprender. **2** *(believe)* tener entendido.

● **to give to understand** dar a entender.

understandable [ʌndə'stændəbl] *adj* comprensible.

understanding [ʌndə'stændɪŋ] **1** *n* entendimiento. **2** *(agreement)* acuerdo. **3** *(condition)* condición *f*. **4** *(interpretation)* interpretación *f*. || **5** *adj* comprensivo,-a.

understatement [ʌndə'steɪtmənt] *n* atenuación *f*: ***it's an understatement to say that ...*** es quedarse corto decir....

understood [ʌndə'stʊd] *pt & pp* → **understand**.

● **to make oneself understood** hacerse entender.

undertake [ʌndə'teɪk] **1** *vt (pt* undertook; *pp* undertaken [ʌndə'teɪkən]) emprender; *(responsibility)* asumir. **2** *(promise)* comprometerse (to, a).

undertaker ['ʌndəteɪkə] *n* empresario,-a de pompas fúnebres.

undertone ['ʌndətəʊn] *n* voz *f* baja.

undertook [ʌndə'tʊk] *pt* → **undertake**.

underwater [ʌndə'wɔːtə] **1** *adj* submarino,-a. || **2** *adv* bajo el agua.

underwear ['ʌndəweə] *n* ropa interior.

underwent [ʌndə'went] *pt* → **undergo**.

underworld ['ʌndəwɜːld] **1** *n* hampa, bajos fondos *mpl*. **2** *(Hades)* el Hades.

undeserved [ʌndɪ'zɜːvd] *adj* inmerecido,-a.

undesirable [ʌndɪ'zaɪərəbl] *adj - n* indeseable.

undeveloped [ʌndɪ'veləpt] **1** *adj* sin desarrollar. **2** *(land)* sin edificar.

undid [ʌn'dɪd] *pt* → **undo**.

undisciplined [ʌn'dɪsɪplɪnd] *adj* indisciplinado,-a.

undisputed [ʌndɪs'pjuːtɪd] *adj* indiscutible.

undo [ʌn'duː] **1** *vt (pt* undid; *pp* undone [ʌn'dʌn]) deshacer. **2** *(button)* desabrochar.

● **to leave sth undone** dejar algo sin hacer.

undoubted [ʌn'daʊtɪd] *adj* indudable.

undress [ʌn'dres] **1** *vt* desnudar. || **2** *vi* desnudarse, desvestirse.

undue [ʌn'djuː] *adj* indebido,-a, excesivo,-a.

unduly [ʌn'djuːlɪ] *adv* indebidamente.

unearth [ʌn'ɜːθ] *vt* desenterrar.

uneasy [ʌn'iːzɪ] *adj* intranquilo,-a, inquieto,-a.

uneconomical [ʌniːkə'nɒmɪkl] *adj* poco rentable.

uneducated [ʌn'edjʊkeɪtɪd] *adj* inculto,-a, ignorante.

unemployed [ʌnɪm'plɔɪd] *adj* parado, -a, sin trabajo.

unemployment [ʌnɪm'plɔɪmənt] *n* paro, desempleo.

■ **unemployment benefit** subsidio de desempleo.

unequal [ʌn'iːkwəl] *adj* desigual.

UNESCO [juː'neskəʊ] *abbr (*United Nations Educational, Scientific and Cultural Organization*)* Organización de las Naciones Unidas para la Educación, la Ciencia y la Cultura; *(abbreviation)* UNESCO *f*.

uneven [ʌn'iːvn] **1** *adj* desigual. **2** *(varying)* irregular. **3** *(road)* lleno,-a de baches.

uneventful [ʌnɪ'ventfʊl] *adj* sin acontecimientos, tranquilo,-a.
unexpected [ʌnɪk'spektɪd] *adj* inesperado,-a.
unfair [ʌn'feə] *adj* injusto,-a.
unfaithful [ʌn'feɪθfʊl] *adj* infiel.
unfaithfulness [ʌn'feɪθfʊlnəs] *n* infidelidad *f*.
unfamiliar [ʌnfə'mɪlɪə] *adj* desconocido,-a.
• **to be unfamiliar with** desconocer.
unfashionable [ʌn'fæʃnəbl] *adj* pasado,-a de moda.
unfasten [ʌn'fɑːsn] **1** *vt* desabrochar. **2** *(untie)* desatar. **3** *(open)* abrir.
unfavourable [ʌn'feɪvrəbl] *adj* desfavorable, adverso,-a.
unfinished [ʌn'fɪnɪʃt] *adj* inacabado,-a, incompleto,-a.
unfit [ʌn'fɪt] **1** *adj* no apto,-a. **2** *(physically)* desentrenado,-a: ***to be unfit*** no estar en forma. **3** *(injured)* lesionado,-a. **4** *(incompetent)* incompetente.
unfold [ʌn'fəʊld] **1** *vt* desplegar, abrir. || **2** *vi* desplegarse, abrirse.
unforeseeable [ʌnfɔː'siːəbl] *adj* imprevisible.
unforeseen [ʌnfɔː'siːn] *adj* imprevisto,-a.
unforgettable [ʌnfə'getəbl] *adj* inolvidable.
unforgivable [ʌnfə'gɪvəbl] *adj* imperdonable.
unforgiving [ʌnfə'gɪvɪŋ] *adj* implacable.
unfortunate [ʌn'fɔːtʃnət] **1** *adj* desgraciado,-a. **2** *(remark)* desafortunado,-a.
unfortunately [ʌn'fɔːtʃnətlɪ] *adv* desgraciadamente, desafortunadamente.
unfounded [ʌn'faʊndɪd] *adj* infundado,-a, sin base.
unfriendly [ʌn'frendlɪ] *adj* poco amistoso, antipático,-a.
unfurnished [ʌn'fɜːnɪʃt] *adj* sin amueblar.
ungainly [ʌn'geɪnlɪ] *adj* desgarbado,-a, torpe.
ungrateful [ʌn'greɪtfʊl] *adj* desagradecido,-a.
unhappily [ʌn'hæpɪlɪ] *adv* desgraciadamente.
unhappiness [ʌn'hæpɪnəs] *n* infelicidad *f*, desdicha.
unhappy [ʌn'hæpɪ] **1** *adj* infeliz, triste. **2** *(unsuitable)* desafortunado,-a.
unharmed [ʌn'hɑːmd] *adj* ileso,-a.
unhealthy [ʌn'helθɪ] **1** *adj* malsano,-a. **2** *(ill)* enfermizo,-a. **3** *(unnatural)* morboso,-a.
unheard-of [ʌn'hɜːdəv] *adj* inaudito,-a.
unhinge [ʌn'hɪndʒ] *vt* desquiciar, sacar de quicio.
unhook [ʌn'hʊk] **1** *vt* desenganchar. **2** *(take down)* descolgar. **3** *(dress)* desabrochar.
unhurt [ʌn'hɜːt] *adj* ileso,-a.
UNICEF ['juːnɪsef] *abbr (*United Nations Children's Fund*)* Fondo de las Naciones Unidas para la ayuda a la infancia; *(abbreviation)* UNICEF *m*.
unicorn ['juːnɪkɔːn] *n* unicornio.
unidentified [ʌnaɪ'dentɪfaɪd] *adj* no identificado,-a.
unification [juːnɪfɪ'keɪʃn] *n* unificación *f*.
uniform ['juːnɪfɔːm] **1** *adj* uniforme. || **2** *n* uniforme *m*.
unify ['juːnɪfaɪ] *vt* unificar.
unilateral [juːnɪ'lætrəl] *adj* unilateral.
unimaginative [ʌnɪ'mædʒɪnətɪv] *adj* poco imaginativo,-a.
unimportant [ʌnɪm'pɔːtənt] *adj* insignificante, sin importancia.
uninhabited [ʌnɪ'hæbɪtɪd] *adj* deshabitado,-a.
unintelligible [ʌnɪn'telɪdʒəbl] *adj* ininteligible.
unintentional [ʌnɪn'tenʃənl] *adj* involuntario,-a.
uninterested [ʌn'ɪntrəstɪd] *adj* no interesado,-a.
uninteresting [ʌn'ɪntrəstɪŋ] *adj* sin interés.
uninterrupted [ʌnɪntə'rʌptɪd] *adj* ininterrumpido,-a, continuo,-a.

union ['juːnɪən] **1** *n* unión *f*. **2** *(of workers)* sindicato.
unique [juː'niːk] *adj* único,-a.
unisex ['juːnɪseks] *adj* unisex.
unison ['juːnɪsn] **in unison** *phr* al unísono.
unit ['juːnɪt] *n* unidad *f*.
unite [juː'naɪt] **1** *vt* unir. ‖ **2** *vi* unirse.
unity ['juːnɪtɪ] *n* unidad *f*.
universal [juːnɪ'vɜːsl] *adj* universal.
universe ['juːnɪvɜːs] *n* universo.
university [juːnɪ'vɜːsitɪ] **1** *n* universidad *f*. ‖ **2** *adj* universitario,-a.
unjust [ʌn'dʒʌst] *adj* injusto,-a.
unjustifiable [ʌndʒʌstɪ'faɪəbl] *adj* injustificable.
unjustified [ʌn'dʒʌstɪfaɪd] *adj* injustificado,-a.
unkempt [ʌn'kempt] **1** *adj* descuidado,-a. **2** *(hair)* despeinado,-a.
unkind [ʌn'kaɪnd] **1** *adj* poco amable. **2** *(cruel)* cruel.
unknown [ʌn'nəʊn] *adj* desconocido,-a.
■ **unknown quantity** incógnita.
unlawful [ʌn'lɔːfʊl] *adj* ilegal.
unleash [ʌn'liːʃ] **1** *vt* soltar. **2** *fig* desatar.
unless [ən'les] *conj* a menos que, a no ser que.
unlike [ʌn'laɪk] **1** *adj* diferente. ‖ **2** *prep* a diferencia de.
unlikely [ʌn'laɪklɪ] *adj* improbable.
unlimited [ʌn'lɪmɪtɪd] *adj* ilimitado,-a.
unload [ʌn'ləʊd] *vt* descargar.
unlock [ʌn'lɔk] *vt* abrir *(con llave)*.
unlucky [ʌn'lʌkɪ] *adj* desafortunado,-a, desgraciado,-a.
● **to be unlucky** tener mala suerte.
unmade [ʌn'meɪd] **1** *adj (bed)* sin hacer. **2** *(road)* sin asfaltar.
unmanageable [ʌn'mænɪdʒəbl] *adj* ingobernable, indomable.
unmanned [ʌn'mænd] *adj (spacecraft)* no tripulado,-a.
unmarried [ʌn'mærɪd] *adj* soltero,-a.
unmask [ʌn'mɑːsk] *vt* desenmascarar.
unmistakable [ʌnmɪs'teɪkəbl] *adj* inconfundible.
unmoved [ʌn'muːvd] *adj* impasible.
unnatural [ʌn'nætʃrəl] **1** *adj* poco natural. **2** *(perverse)* antinatural.
unnecessary [ʌn'nesəsrɪ] *adj* innecesario,-a.
unnerve [ʌn'nɜːv] *vt* desconcertar, poner nervioso,-a.
unnoticed [ʌn'nəʊtɪst] *adj* inadvertido,-a.
UNO ['juː'en'əʊ] *abbr (*United Nations Organization*)* Organización de las Naciones Unidas; *(abbreviation)* ONU *f*.
unobtainable [ʌnəb'teɪnəbl] *adj* imposible de conseguir.
unobtrusive [ʌnɒb'truːsɪv] *adj* discreto,-a.
unoccupied [ʌn'ɔkjʊpaɪd] **1** *adj (house)* deshabitado,-a. **2** *(person)* desocupado,-a. **3** *(post)* vacante.
unofficial [ʌn'fɪʃl] *adj* extraoficial, oficioso,-a.
unorthodox [ʌn'ɔːθədɒks] **1** *adj* poco ortodoxo,-a. **2** REL heterodoxo,-a.
unpack [ʌn'pæk] **1** *vt* desempaquetar. **2** *(suitcase)* deshacer. ‖ **3** *vi* deshacer las maletas.
unpaid [ʌn'peɪd] **1** *adj* sin pagar. **2** *(work)* no retribuido,-a.
unpalatable [ʌm'pælətəbl] *adj* desagradable.
unparalleled [ʌn'pærəleld] *adj* incomparable.
unperturbed [ʌnpə'tɜːbd] *adj* impertérrito,-a, impasible.
unpleasant [ʌn'pleznt] *adj* desagradable.
unplug [ʌn'plʌg] *vt* desenchufar.
unpolluted [ʌnpə'luːtɪd] *adj* no contaminado,-a.
unpopular [ʌn'pɔpjʊlə] *adj* impopular, que no gusta.
unprecedented [ʌn'presɪdentɪd] *adj* sin precedente, inaudito,-a.
unpredictable [ʌnprɪ'dɪktəbl] *adj* imprevisible.
unprejudiced [ʌn'predʒʊdɪst] *adj* imparcial.

unpretentious [ʌnprɪ'tenʃəs] *adj* modesto,-a, sin pretensiones.
unprincipled [ʌn'prɪnsɪpld] *adj* sin escrúpulos.
unprofessional [ʌnprə'feʃənl] *adj* poco profesional, inexperto,-a.
unprofitable [ʌn'prɔfɪtəbl] *adj* poco rentable.
unprovoked [ʌnprə'vəʊkt] *adj* no provocado,-a.
unpublished [ʌn'pʌblɪʃt] *adj* inédito,-a.
unqualified [ʌn'kwɔlɪfaɪd] **1** *adj* sin título. **2** *(absolute)* incondicional.
unquestionable [ʌn'kwestʃənəbl] *adj* incuestionable, indiscutible.
unravel [ʌn'rævl] **1** *vt* desenmarañar. || **2** *vi* desenmarañarse.
unreadable [ʌn'riːdəbl] *adj* ilegible.
unreal [ʌn'rɪəl] *adj* irreal.
unrealistic [ʌnrɪə'lɪstɪk] *adj* poco realista.
unreasonable [ʌn'riːznəbl] **1** *adj* poco razonable. **2** *(excessive)* desmesurado,-a.
unrecognizable [ʌnrekəg'naɪzəbl] *adj* irreconocible.
unrelenting [ʌnrɪ'lentɪŋ] *adj* inexorable.
unreliable [ʌnrɪ'laɪəbl] **1** *adj (person)* de poca confianza. **2** *(machine)* poco fiable. **3** *(news)* poco fidedigno,-a.
unrepentant [ʌnrɪ'pentənt] *adj* impenitente.
unrest [ʌn'rest] *n* malestar *m*.
unripe [ʌn'raɪp] *adj* verde, inmaduro,-a.
unroll [ʌn'rəʊl] **1** *vt* desenrollar. || **2** *vi* desenrollarse.
unruly [ʌn'ruːlɪ] **1** *adj* revoltoso,-a. **2** *(hair)* rebelde.
unsafe [ʌn'seɪf] **1** *adj* inseguro,-a. **2** *(dangerous)* peligroso,-a.
unsatisfactory [ʌnsætɪs'fæktrɪ] *adj* insatisfactorio,-a.
unsatisfied [ʌn'sætɪsfaɪd] *adj* insatisfecho,-a.
unsavoury [ʌn'seɪvrɪ] *adj* desagradable.
unscathed [ʌn'skeɪðd] *adj* indemne, ileso,-a.
unscrew [ʌn'skruː] *vt* destornillar.
unscrupulous [ʌn'skruːpjʊləs] *adj* sin escrúpulos.
unseasonable [ʌn'siːznəbl] *adj* atípico,-a.
unselfish [ʌn'selfɪʃ] *adj* desinteresado,-a.
unsettle [ʌn'setl] *vt* perturbar.
unsettled [ʌn'setld] *adj (weather)* inestable.
unshaven [ʌn'ʃeɪvn] *adj* sin afeitar.
unsightly [ʌn'saɪtlɪ] *adj* feo,-a.
unskilled [ʌn'skɪld] **1** *adj (worker)* no cualificado,-a. **2** *(job)* no especializado,-a.
unsociable [ʌn'səʊʃəbl] *adj* insociable.
unsophisticated [ʌnsə'fɪstɪkeɪtɪd] *adj* ingenuo,-a, sencillo,-a.
unspeakable [ʌn'spiːkəbl] *adj* indecible.
unstable [ʌn'steɪbl] *adj* inestable.
unsteady [ʌn'stedɪ] *adj* inseguro,-a, inestable.
unstuck [ʌn'stʌk] **to come unstuck** *phr (come unglued)* despegarse; *(fail)* fracasar.
unsuccessful [ʌnsək'sesfʊl] *adj* fracasado,-a, sin éxito.
• **to be unsuccessful** no tener éxito, fracasar.
unsuitable [ʌn'suːtəbl] **1** *adj (person)* no apto,-a. **2** *(thing)* inapropiado,-a, impropio,-a.
unsuited [ʌn'suːtɪd] **1** *adj* no apto,-a. **2** *(people)* incompatible.
unsure [ʌn'ʃʊə] *adj* inseguro,-a.
unsurmountable [ʌnsə'maʊntəbl] *adj* insuperable.
unsuspected [ʌnsəs'pektɪd] *adj* insospechado,-a.
unsuspecting [ʌnsəs'pektɪŋ] *adj* confiado,-a.
untangle [ʌn'tæŋgl] *vt* desenmarañar.
unthinkable [ʌn'θɪŋkəbl] *adj* impensable.
untidiness [ʌn'taɪdɪnəs] **1** *n* desorden *m*. **2** *(scruffiness)* desaliño, desaseo.

untidy [ʌn'taɪdɪ] **1** *adj* desordenado,-a. **2** *(scruffy)* desaliñado,-a, desaseado,-a.

untie [ʌn'taɪ] **1** *vt* desatar. **2** *(liberate)* soltar.

until [ən'tɪl] **1** *prep* hasta. || **2** *conj* hasta que.

untimely [ʌn'taɪmlɪ] **1** *adj* inoportuno,-a. **2** *(premature)* prematuro,-a.

untold [ʌn'təʊld] **1** *adj (story)* no contado,-a; *(secret)* no revelado,-a. **2** *fig* incalculable.

untouchable [ʌn'tʌtʃəbl] *adj* - *n* intocable.

untrained [ʌn'treɪnd] **1** *adj* inexperto,-a. **2** *(unskilled)* sin formación profesional.

untrue [ʌn'truː] **1** *adj* falso,-a. **2** *(unfaithful)* infiel.

untrustworthy [ʌn'trʌstwɜːðɪ] *adj* poco fiable.

untruthful [ʌn'truːθfʊl] *adj* mentiroso,-a.

unused [ʌn'juːzd] **1** *adj* no usado,-a. **2** ([ʌn'juːst]) *(unaccustomed)* no acostumbrado,-a (to, a).

unusual [ʌn'juːʒʊəl] *adj* raro,-a, insólito,-a.

unusually [ʌn'juːʒʊəlɪ] *adv* excepcionalmente.

unveil [ʌn'veɪl] *vt* descubrir.

unwanted [ʌn'wɒntɪd] **1** *adj* indeseado,-a. **2** *(child)* no deseado,-a.

unwarranted [ʌn'wɔrəntɪd] *adj* injustificado,-a.

unwelcome [ʌn'welkəm] *adj* inoportuno,-a, molesto,-a.

unwell [ʌn'wel] *adj* indispuesto,-a.

unwieldy [ʌn'wiːldɪ] *adj* engorroso,-a, difícil de manejar.

unwilling [ʌn'wɪlɪŋ] *adj* reacio,-a, poco dispuesto,-a.

unwillingness [ʌn'wɪlɪŋnəs] *n* desgana.

unwind [ʌn'waɪnd] **1** *vt* (*pt & pp* unwound) desenrollar. || **2** *vi* desenrollarse. **3** *fam (relax)* relajarse.

unwise [ʌn'waɪz] *adj* imprudente.

unwitting [ʌn'wɪtɪŋ] *adj* inconsciente.

unwittingly [ʌn'wɪtɪŋlɪ] *adv* inconscientemente.

unworthy [ʌn'wɜːðɪ] *adj* indigno,-a.

unwound [ʌn'waʊnd] *pt & pp* → **unwind**.

unwrap [ʌn'ræp] *vt* desenvolver.

up [ʌp] **1** *adv* arriba, hacia arriba: ***to sit up in bed*** incorporarse; ***to walk up*** subir andando. **2** *(out of bed)* levantado,-a: ***he isn't up yet*** aún no se ha levantado. **3** *(towards)* hacia: ***he came up and ...*** se acercó y .... **4** *(northwards)* hacia el norte: ***we went up to Scotland*** fuimos a Escocia. **5** *(louder)* más alto,-a: ***turn the radio up*** sube la radio. **6** *(totally finished)* acabado,-a: ***eat it up*** acábatelo, cómetelo todo. **7** *(into pieces)* a trozos, a porciones, a raciones. || **8** *prep (movement)*: ***to go up the stairs*** subir la escalera; ***to run up the street*** ir corriendo calle arriba. **9** *(position)* en lo alto de: ***up a tree*** en lo alto de un árbol. || **10** *vt fam* subir, aumentar.

● **close up** muy cerca; **to be up to sth** *(doing something)* estar haciendo algo; *(planning something)* estar tramando algo; **to feel up to doing sth** sentirse con fuerzas para hacer algo; **up to** hasta; **well up in sth** saber mucho de algo; **it's not up to much** *fam* no vale gran cosa; **it's up to you** *fam* es cosa tuya; **to be on the up and up** *fam* ir cada vez mejor; **to up and go** *fam* coger e irse; **what's up?** *fam* ¿qué pasa?; **up yours!** ¡vete a la mierda!

■ **ups and downs** altibajos *mpl*.

up-and-coming [ʌpən'kʌmɪŋ] *adj* prometedor,-ra.

upbringing ['ʌpbrɪŋɪŋ] *n* educación *f*.

update ['ʌpdeɪt] **1** *n* actualización *f*. || **2** *vt* (['ʌpdeɪt]) actualizar.

upgrade [ʌp'greɪd] **1** *vt (promote)* ascender. **2** *(improve)* mejorar, mejorar la calidad de. **3** COMPUT actualizar. **4** COMPUT actualización *f*.

upheaval [ʌp'hiːvl] *n* trastorno.

upheld [ʌp'held] *pt & pp* → **uphold**.

uphill ['ʌphɪl] **1** *adj* ascendente. **2** *fig* difícil. || **3** ['VpgreId] *adv* ([ʌp'hɪl]) cuesta arriba.

uphold [ʌp'həʊld] **1** *vt* (*pt & pp* upheld) *(defend)* defender. **2** *(confirm)* confirmar.

upholster [up'həʊlstə] *vt* tapizar.

upholstery [ʌp'həʊlstrɪ] *n* tapicería, tapizado.

upkeep ['ʌpkiːp] *n* mantenimiento.

uplift [ʌp'lɪft] *vt* edificar, inspirar.

upon [ə'pɔn] *prep* → **on**.

upper ['ʌpə] **1** *adj* superior. || **2** *n (of shoe)* pala.

■ **upper case** caja alta; **upper class** clase *f* alta; **upper house** cámara alta.

uppermost ['ʌpəməʊst] **1** *adj* más alto,-a. **2** *fig* principal.

upright ['ʌpraɪt] **1** *adj* derecho,-a, vertical. **2** *(honest)* recto,-a, honrado,-a. || **3** *adv* derecho. || **4** *n* SP poste *m*.

uprising [ʌp'raɪzɪŋ] *n* sublevación *f*.

uproar ['ʌprɔː] *n* alboroto, tumulto.

uproot [ʌp'ruːt] *vt* desarraigar.

upset [ʌp'set] **1** *adj* disgustado,-a, ofendido,-a. || **2** *vt* (*pt & pp* **upset**) *(annoy)* contrariar; *(worry)* preocupar; *(displease)* disgustar. **3** *(plans)* desbaratar. **4** *(overturn)* volcar. **5** *(spill)* derramar. || **6** *n* (['ʌpset]) revés *m*, contratiempo.

● **to have an upset stomach** estar mal del estómago.

upshot ['ʌpʃɒt] *n* resultado.

upside down [ʌpsaɪd'daʊn] *adv* al revés.

upstairs [ʌp'steəz] **1** *adv (position)* en el piso de arriba; *(movement)* al piso de arriba. || **2** *n* piso de arriba. || **3** *adj* (['ʌpsteəz]) de arriba.

upstanding [ʌp'stændɪŋ] *adj* honrado,-a.

upsurge ['ʌpsɜːdʒ] *n* subida.

up-to-date [ʌptə'deɪt] **1** *adj* al día. **2** *(modern)* moderno,-a.

upward ['ʌpwəd] **1** *adj* hacia arriba, ascendente. || **2** *adv* hacia arriba.

upwards ['ʌpwədz] *adv* hacia arriba.

uranium [jʊ'reɪnɪəm] *n* uranio.

urban ['ɜːbn] *adj* urbano,-a.

urge [ɜːdʒ] **1** *n* impulso. || **2** *vt* encarecer: ***to urge sb to do sth*** instar a algn a hacer algo.

urgency ['ɜːdʒənsɪ] *n* urgencia.

urgent ['ɜːdʒənt] *adj* urgente.

urinal [jʊ'raɪnl] *n* urinario.

urine ['jʊərɪn] *n* orina.

URL ['juː'ɑːr'el] *abbr (*uniform resource locator*)* URL.

urn [ɜːn] **1** *n (vase)* urna. **2** *(for tea)* tetera grande.

Uruguay ['jʊərəgwaɪ] *n* Uruguay.

Uruguayan [jʊərə'gwaɪən] *adj* - *n* uruguayo,-a.

us [ʌs, unstressed z] **1** *pron* nos; *(with preposition)* nosotros,-as: ***give us your gun*** danos tu pistola; ***come with us*** ven con nosotros; ***it's us*** somos nosotros,-as. **2** *fam* me: ***give us a kiss*** dame un beso.

US ['juː'es] *abbr (*United States*)* Estados *mpl* Unidos; *(abbreviation)* EE.UU.

USA ['juː'es'ɑːmɪ] *abbr (*United States Army*)* Ejército de los Estados Unidos.

usage ['juːzɪdʒ] *n* uso.

use [juːs] **1** *n* uso, empleo. **2** *(usefulness)* utilidad *f*. || **3** *vt* usar, utilizar, emplear, hacer servir. **4** ([juːz]) *(consume)* gastar. **5** *(exploit unfairly)* aprovecharse de.

● **used to** *(general past) imperfecto*; *(past habit)* soler, acostumbrar: ***I used to be fat*** antes estaba gorda; ***there used to be a cinema here*** antes había aquí un cine; ***he used to get up early*** solía levantarse temprano; **in use** en uso; **"Not in use"** "No funciona"; **of use** útil; **out of use** en desuso; **what's the use of ...?** ¿de qué sirve ... ?

used [juːst] **1** *adj* usado,-a. **2** *(accustomed)* acostumbrado,-a.

useful ['juːsfʊl] *adj* útil, provechoso,-a.

usefulness ['juːsfʊlnəs] *n* utilidad *f*.

useless ['juːsləs] *adj* inútil.

user ['juːzə] *n* usuario,-a.

usher ['ʌʃə] **1** *n* ujier *m.* **2** CINEM THEAT acomodador,-ra.
♦ **to usher in** *vt* hacer pasar.
usual ['juːʒʊəl] *adj* usual, habitual, normal.
● **as usual** como de costumbre, como siempre.
usually [ ] *adv* normalmente.
utensil [juː'tensl] *n* utensilio.
utility [juː'tɪlɪtɪ] **1** *n* utilidad *f.* **2** *(company)* empresa de servicio público.
utilize ['juːtɪlaɪz] *vt* utilizar.
utmost ['ʌtməʊst] *adj* sumo,-a, extremo,-a.
● **to do one's utmost** hacer todo lo posible.
utopia [juː'təʊpɪə] *n* utopía.
utter ['ʌtə] **1** *adj* absoluto,-a, total. ‖ **2** *vt* pronunciar, articular.
utterly ['ʌtəlɪ] *adv* totalmente, completamente.
U-turn ['juːtɜːn] *n* cambio de sentido.

V

v [vɜːs] **1** *abbr* (**verse**) verso; *(abbreviation)* v. **2** (['vɜːses]) (**versus**) contra. **3** (['verɪ]) (**very**) muy.
vacancy ['veɪkənsɪ] **1** *n (job)* vacante *f.* **2** *(room)* habitación *f* libre.
● **"No vacancies"** "Completo".
vacant ['veɪkənt] **1** *adj (building)* vacío. **2** *(job)* vacante. **3** *(room)* libre.
vacate [və'keɪt] **1** *vt (job)* abandonar, dejar vacante. **2** *(house)* desocupar.
vacation [və'keɪʃn] *n* vacaciones *fpl.*
vaccinate ['væksɪneɪt] *vt* vacunar.
vaccine ['væksiːn] *n* vacuna.
vacuum ['vækjʊəm] **1** *n* vacío. ‖ **2** *vt* pasar la aspiradora por.
■ **vacuum cleaner** aspiradora; **vacuum flask** termo.
vacuum-packed ['vækjʊəmpækt] *adj* envasado,-a al vacío.
vagina [və'dʒaɪnə] *n* vagina.
vague [veɪg] *adj* vago,-a, indefinido,-a.
vain [veɪn] **1** *adj (conceited)* vanidoso,-a. **2** *(useless)* vano,-a, fútil.
● **in vain** en vano.
valentine ['væləntaɪn] **1** *n tarjeta enviada por San Valentín.* **2** *(person)* novio,-a.
valiant ['vælɪənt] *adj* valiente.
valid ['vælɪd] **1** *adj (argument, excuse)* válido,-a. **2** *(ticket, passport)* válido,-a, valedero,-a.
valley ['vælɪ] *n* valle *m.*
valuable ['væljʊəbl] **1** *adj* valioso,-a. ‖ **2 valuables** *npl* objetos *mpl* de valor.
valuation [væljʊ'eɪʃn] *n* valoración *f.*
value ['væljuː] **1** *n* valor *m.* ‖ **2** *vt* valorar.
● **it's good value for money** bien vale lo que cuesta.
valve [vælv] **1** *n* ANAT TECH válvula. **2** RAD lámpara.
vampire ['væmpaɪə] *n* vampiro.
van [væn] **1** *n* AUTO camioneta, furgoneta. **2** GB *(on train)* furgón *m.*
vandal ['vændl] *n* vándalo,-a.
vandalism ['vændlɪzm] *n* vandalismo.
vandalize ['vændəlaɪz] *vt* destrozar.
vanguard ['vængɑːd] *n* vanguardia.
vanilla [və'nɪlə] *n* vainilla.
vanish ['vænɪʃ] *vi* desaparecer.
vanity ['vænɪtɪ] *n* vanidad *f.*
vapour ['veɪpə] *n* vapor *m,* vaho.
variable ['veərɪəbl] **1** *adj* variable. ‖ **2** *n* variable *f.*
variance ['veərɪəns] *n* discrepancia.
● **to be at variance** *(facts)* no concordar; *(people)* estar en desacuerdo.
variant ['veərɪənt] *n* variante *f.*
variation [veərɪ'eɪʃn] *n* variación *f.*
varied ['veərɪd] *adj* variado,-a.
variety [və'raɪətɪ] *n* variedad *f.*
■ **variety show** espectáculo de variedades.
various ['veərɪəs] **1** *adj (different)* diversos,-as, distintos,-as. **2** *(several)* varios,-as.

varnish ['vɑːnɪʃ] **1** *n* barniz *m*. || **2** *vt* barnizar.
vary ['veərɪ] *vt* - *vi* variar.
vase [vɑːz] *n* jarrón *m*, florero.
vasectomy [væ'sektəmɪ] *n* vasectomía.
vast [vɑːst] *adj* vasto,-a, inmenso,-a, enorme.
vat [væt] *n* tina, cuba.
VAT [væt, 'viː'eɪ'tiː] *abbr (*value added tax*)* impuesto sobre el valor añadido; *(abbreviation)* IVA *m*.
Vatican ['vætɪkən] **1** *n* el Vaticano. || **2** *adj* vaticano,-a.
■ **Vatican City** Ciudad *f* del Vaticano; **Vatican Council** Concilio Vaticano.
vault [vɔːlt] **1** *n (ceiling)* bóveda. **2** *(in bank)* cámara acorazada. **3** *(for dead)* panteón *m*; *(in church)* cripta. **4** *(gymnastics)* salto. || **5** *vt* - *vi* saltar.
VCR ['viː'siː'ɑː] *abbr (*video cassette recorder*)* grabador *m* de vídeo, vídeo.
VD ['viː'diː] *abbr (*venereal disease*)* enfermedad *f* venérea.
VDU ['viː'diː'juː] *abbr (*visual display unit*)* pantalla.
veal [viːl] *n* ternera.
veer [vɪə] *vi* virar, girar, desviarse.
vegetable ['vedʒɪtəbl] **1** *adj* vegetal. || **2** *n (plant)* vegetal *m*. **3** *(as food)* hortaliza, verdura, legumbre *f*.
vegetarian [vedʒɪ'teərɪən] *adj* - *n* vegetariano,-a.
vegetate ['vedʒɪteɪt] *vi* vegetar.
vegetation [vedʒɪ'teɪʃn] *n* vegetación *f*.
vehemence ['vɪəməns] *n* vehemencia.
vehement ['vɪəmənt] *adj* vehemente.
vehicle ['viːəkl] *n* vehículo.
veil [veɪl] **1** *n* velo. || **2** *vt* velar.
vein [veɪn] **1** *n* ANAT vena. **2** BOT vena, nervio. **3** *(of mineral)* veta.
velocity [və'lɒsɪtɪ] *n* velocidad *f*.
velvet ['velvɪt] *n* terciopelo.
vending machine ['vendɪŋməʃiːn] *n* máquina expendedora.
vendor ['vendə] *n* vendedor,-ra.
veneer [və'nɪə] **1** *n (fo wood)* chapa. **2** *(look)* apariencia. || **3** *vt* chapar.
venerable ['venrəbl] *adj* venerable.
venerate ['venəreɪt] *vt* venerar, reverenciar.
Venezuela [venɪ'zweɪlə] *n* Venezuela.
Venezuelan [venɪ'zweɪlən] **1** *adj* venezolano,-a. || **2** *n* venezolano,-a.
vengeance ['vendʒəns] *n* venganza.
● **with a vengeance** a rabiar, con ganas.
vengeful ['vendʒfʊl] *adj* vengativo,-a.
venison ['venɪsn] *n* carne *f* de venado.
venom ['venəm] **1** *n (poison)* veneno. **2** *(malice)* odio.
vent [vent] **1** *n (opening)* abertura. **2** *(hole)* orificio, respiradero. **3** *(grille)* rejilla de ventilación *f*. || **4** *vt* descargar.
● **to give vent to one's feelings** desahogarse.
ventilate ['ventɪleɪt] *vt* ventilar.
ventilation [ventɪ'leɪʃn] *n* ventilación *f*.
ventilator ['ventɪleɪtə] *n* ventilador *m*.
venture ['ventʃə] **1** *n* empresa arriesgada, aventura. || **2** *vt* arriesgar, aventurar. || **3** *vi* aventurarse.
venue ['venjuː] *n* lugar *m*.
veranda [və'rændə] *n* veranda, terraza.
▲ *También* **verandah**.
verb [vɜːb] *n* verbo.
verbal ['vɜːbl] *adj* verbal.
verdict ['vɜːdɪkt] **1** *n* JUR veredicto. **2** *(opinion)* opinión *f*.
verge [vɜːdʒ] **1** *n (edge)* borde *m*, margen *m*. **2** *(of road)* arcén *m*.
♦ **to verge on** *vt* rayar en.
● **on the verge of** a punto de.
verification [verɪfɪ'keɪʃn] *n* verificación *f*, comprobación *f*.
verify ['verɪfaɪ] *vt* verificar, comprobar.
veritable ['verɪtəbl] *adj* verdadero,-a.
vermin ['vɜːmɪn] **1** *n* (*pl* **vermin**) *(rodent)* alimaña. **2** *(insects)* bichos *mpl*, sabandijas *fpl*.
verruca [və'ruːkə] *n* verruga.
versatile ['vɜːsətaɪl] *adj* versátil.
versatility [vɜːsə'tɪlɪtɪ] *n* versatilidad *f*.
verse [vɜːs] **1** *n (gen)* estrofa; *(in Bible)* versículo. **2** *(genre)* verso, poesía.
versed [vɜːst] *adj* versado,-a.

version [ˈvɜːʒn] *n* versión *f*.
versus [ˈvɜːsəs] *prep* contra.
vertebra [ˈvɜːtɪbrə] *n* (*pl* vertebrae [ˈvɜːtɪbriː]) vértebra.
vertebrate [ˈvɜːtɪbrət] **1** *adj* vertebrado,-a. || **2** *n* vertebrado.
vertical [ˈvɜːtɪkl] *adj* vertical.
vertigo [ˈvɜːtɪgəʊ] *n* vértigo.
verve [vɜːv] *n* brío, empuje *m*.
very [ˈverɪ] **1** *adv* muy. **2** *(emphatic)*: ***at the very latest*** a más tardar; ***at the very end*** al final de todo. || **3** *adj (precise)* mismo,-a, mismísimo,-a: ***at that very moment*** en aquel mismo instante.
vessel [ˈvesl] **1** *n (ship)* nave *f*, buque *m*. **2** *(container)* recipiente *m*, vasija. **3** ANAT vaso.
vest [vest] **1** *n (undershirt)* camiseta. **2** US *(waistcoat)* chaleco.
♦ **to vest with** *vt* conferir a.
■ **vested interests** intereses *mpl* creados.
vet [vet] **1** *n fam* veterinario,-a. || **2** *vt* GB investigar, examinar.
veteran [ˈvetrən] *adj* - *n* veterano,-a.
veterinarian [vetrɪˈneərɪən] *n* US veterinario,-a.
veterinary [ˈvetrɪnrɪ] *adj* veterinario,-a.
veto [ˈviːtəʊ] **1** *n* veto. || **2** *vt* vetar, prohibir.
VHF [viːˈeɪtʃˈef] *abbr (*very high frequency*)* frecuencia muy alta; *(abbreviation)* VHF.
VHS [viːˈeɪtʃˈes] *abbr (Video Home System) sistema de vídeo doméstico*; *(abbreviation)* VHS.
via [ˈvaɪə] *prep* vía, por vía de, por.
viable [ˈvaɪəbl] *adj* viable, factible.
viaduct [ˈvaɪədʌkt] *n* viaducto.
vibrate [vaɪˈbreɪt] **1** *vt* hacer vibrar. || **2** *vi* vibrar.
vibration [vaɪˈbreɪʃn] *n* vibración *f*.
vicar [ˈvɪkə] **1** *n (Anglican)* párroco. **2** *(Catholic)* vicario.
vicarious [vɪˈkeərɪəs] *adj* experimentado,-a por otro.
vice [vaɪs] **1** *n (immoral action)* vicio. **2** *(tool)* tornillo de banco.
vice versa [vaɪsˈvɜːsə] *adv* viceversa.
vicinity [vɪˈsɪnɪtɪ] *n* vecindad *f*, inmediaciones *fpl*.
● **in the vicinity of** cerca de.
vicious [ˈvɪʃəs] **1** *adj (cruel)* cruel. **2** *(violent)* violento,-a. **3** *(dangerous)* peligroso,-a.
■ **vicious circle** círculo vicioso.
victim [ˈvɪktɪm] *n* víctima.
victor [ˈvɪktə] *n* vencedor,-ra.
victorious [vɪkˈtɔːrɪəs] *adj* victorioso,-a.
victory [ˈvɪktrɪ] *n* victoria, triunfo.
video [ˈvɪdɪəʊ] *n* vídeo.
■ **video camera** videocámara; **video cassette** videocasete *f*; **video recorder** vídeo; **video tape** videocinta, cinta de vídeo.
videotape [ˈvɪdɪəʊteɪp] *vt* grabar en vídeo.
vie [vaɪ] *vi* competir.
Vietnam [vɪetˈnæm] *n* Vietnam.
Vietnamese [vɪetnəˈmiːz] **1** *adj* vietnamita. || **2** *n (person)* vietnamita *mf*. **3** *(language)* vietnamita *m*. || **4** the Vietnamese *npl* los vietnamitas *mpl*.
view [vjuː] **1** *n (scene)* vista, panorama *m*. **2** *(opinion)* parecer *m*, opinión *f*, punto de vista. || **3** *vt (look at)* mirar. **4** *(see)* ver.
● **in view of** en vista de; **with a view to** con el propósito de; **to take a poor view of** *fam* ver con malos ojos.
viewer [ˈvjuːə] *n* telespectador,-ra, televidente *mf*.
viewpoint [ˈvjuːpɔɪnt] *n* punto de vista.
vigil [ˈvɪdʒɪl] *n* vigilia.
● **to keep vigil** velar.
vigilant [ˈvɪdʒɪlənt] *adj* vigilante, atento,-a.
vigorous [ˈvɪgərəs] *adj* vigoroso,-a.
vigour [ˈvɪgə] *n* vigor *m*, energía.
vile [vaɪl] **1** *adj (evil)* vil. **2** *fam (disgusting)* malísimo,-a.
villa [ˈvɪlə] **1** *n (country house)* villa, casa de campo. **2** *(holiday house)* chalet *m*.

village [ˈvɪlɪdʒ] *n* pueblo; *(small)* aldea.
villager [ˈvɪlɪdʒə] *n* aldeano,-a.
villain [ˈvɪlən] **1** *n* CINEM malo,-a. **2** GB *fam (criminal)* criminal *m*, delincuente *mf*.
vinaigrette [vɪnəˈgret] *n* vinagreta.
vindicate [ˈvɪndɪkeɪt] **1** *vt (action, decision)* justificar. **2** *(right)* reivindicar.
vindictive [vɪnˈdɪktɪv] *adj* vengativo,-a.
vine [vaɪn] *n (on ground)* vid *f*; *(climbing)* parra.
vinegar [ˈvɪnɪgə] *n* vinagre *m*.
vineyard [ˈvɪnjɑːd] *n* viña, viñedo.
vintage [ˈvɪntɪdʒ] *n* cosecha.
■ **vintage car** *coche m* de época construido entre 1919 y 1930; **vintage wine** vino añejo.
vinyl [ˈvaɪnl] *n* vinilo.
viola [vɪˈəʊlə] *n* viola.
violate [ˈvaɪəleɪt] *vt* violar.
violation [vaɪəˈleɪʃn] *n* violación *f*.
violence [ˈvaɪələns] *n* violencia.
violent [ˈvaɪələnt] *adj* violento,-a.
violet [ˈvaɪələt] **1** *n* BOT violeta *f*. **2** *(colour)* violeta *m*. ‖ **3** *adj* violeta, de color violeta.
violin [vaɪəˈlɪn] *n* violín *m*.
violinist [vaɪəˈlɪnɪst] *n* violinista *mf*.
VIP [ˈviːˈaɪˈpiː] *abbr (*very important person*)* personaje *m* muy importante; *(abbreviation)* VIP.
■ **VIP lounge** sala de personalidades; **VIP treatment** privilegios *mpl* especiales.
viper [ˈvaɪpə] *n* víbora.
virgin [ˈvɜːdʒɪn] **1** *adj* virgen. ‖ **2** *n* virgen *mf*.
virginity [vɜːˈdʒɪnɪtɪ] *n* virginidad *f*.
Virgo [ˈvɜːgəʊ] *n* Virgo *m inv*.
virile [ˈvɪraɪl] *adj* viril, varonil.
virility [vɪˈrɪlɪtɪ] *n* virilidad *f*.
virtual [ˈvɜːtjʊəl] *adj* virtual.
■ **virtual reality** realidad *f* virtual.
virtually [ˈvɜːtjʊəlɪ] *adv* casi, prácticamente.
virtue [ˈvɜːtjuː] *n* virtud *f*.
● **by virtue of** en virtud de.
virulent [ˈvɪrʊlənt] *adj* virulento,-a.
virus [ˈvaɪrəs] *n* virus *m*.
■ **virus checker** antivirus *m*.
visa [ˈviːzə] *n* visado.
vise [vaɪs] *n* US tornillo de banco.
visibility [vɪzɪˈbɪlɪtɪ] *n* visibilidad *f*.
visible [ˈvɪzɪbl] *adj* visible.
vision [ˈvɪʒn] **1** *n (gen)* visión *f*. **2** *(eyesight)* vista.
visit [ˈvɪzɪt] **1** *n* visita. ‖ **2** *vt* visitar.
visitor [ˈvɪzɪtə] **1** *n (at home)* invitado,-a. **2** *(tourist)* visitante *mf*. **3** *(in hotel)* cliente,-a.
visor [ˈvaɪzə] *n* visera.
vista [ˈvɪstə] *n* vista, panorama *m*.
visual [ˈvɪzjʊəl] *adj* visual.
■ **visual display unit** pantalla.
visualize [ˈvɪzjʊəlaɪz] *vt* imaginar.
vital [ˈvaɪtl] **1** *adj* vital. **2** *(basic)* esencial, fundamental. ‖ **3 vitals** *npl* órganos *mpl* vitales.
vitality [vaɪˈtælɪtɪ] *n* vitalidad *f*.
vitally [ˈvaɪtlɪ] *adv* sumamente.
vitamin [ˈvɪtəmɪn] *n* vitamina.
vivacious [vɪˈveɪʃəs] *adj* vivaz, animado,-a.
vivid [ˈvɪvɪd] **1** *adj (colour)* vivo,-a, intenso,-a. **2** *(description)* gráfico,-a.
vixen [ˈvɪksn] *n* zorra.
vocabulary [vəˈkæbjʊlərɪ] *n* vocabulario, léxico.
vocal [ˈvəʊkl] **1** *adj (music, organ)* vocal. **2** *(noisy)* ruidoso,-a.
■ **vocal chords** cuerdas *fpl* vocales.
vocalist [ˈvəʊklɪst] *n* cantante *mf*, vocalista *mf*.
vocation [vəʊˈkeɪʃn] *n* vocación *f*.
vocational [vəʊˈkeɪʃənl] **1** *adj (predisposition)* vocacional. **2** EDUC profesional.
■ **vocational training** formación *f* profesional.
vociferous [vəˈsɪfərəs] *adj* vociferante.
vodka [ˈvɒdkə] *n* vodka *m & f*.
vogue [vəʊg] *n* boga, moda.
voice [vɔɪs] **1** *n* voz *f*. ‖ **2** *vt (opinion etc)* expresar, manifestar.
● **to lose one's voice** quedarse afónico,-a.
■ **voice mail** buzón *m* de voz.

void [vɔɪd] **1** *adj* vacío,-a. **2** JUR nulo,-a, inválido,-a. ‖ **3** *n* vacío.
vol [vɒl, 'vɒljuːm] *abbr (***volume** *- book)* tomo; *(- loudness)* volumen *m*.
volatile ['vɒlətaɪl] *adj* volátil.
volcanic [vɒl'kænɪk] *adj* volcánico,-a.
volcano [vɒl'keɪnəʊ] *n* volcán *m*.
volition [və'lɪʃn] *n* volición *f*, voluntad *f*.
volley ['vɒlɪ] **1** *n* descarga. **2** *(in tennis)* volea. ‖ **3** *vi* volear.
volleyball ['vɒlɪbɔːl] *n* balonvolea *m*, voleibol *m*.
volt [vəʊlt] *n* voltio.
voltage ['vəʊltɪdʒ] *n* voltaje *m*, tensión *f*.
voluble ['vɒljʊbl] *adj* locuaz, hablador,-ra.
volume ['vɒljuːm] **1** *n (book)* tomo. **2** *(loudness)* volumen *m*.
voluminous [və'ljuːmɪnəs] *adj* voluminoso,-a.
voluntary ['vɒləntrɪ] *adj* voluntario,-a.
volunteer [vɒlən'tɪə] **1** *n* voluntario,-a. ‖ **2** *vt* ofrecer. ‖ **3** *vi* ofrecerse.
• **to volunteer to do sth** ofrecerse *(voluntario)* para hacer algo.
voluptuous [və'lʌptjʊəs] *adj* voluptuoso,-a.
vomit ['vɒmɪt] **1** *n* vómito. ‖ **2** *vt - vi* vomitar.
voracious [və'reɪʃəs] *adj* voraz.
vortex ['vɔːteks] **1** *n (pl* **vortexes** *o* **vortices** ['vɔːtɪsiːz]) vórtice *m*. **2** *fig* vorágine *f*.
vote [vəʊt] **1** *n (gen)* voto. **2** *(voting)* votación *f*. **3** *(right to vote)* sufragio, derecho al voto. ‖ **4** *vt - vi* votar. ‖ **5** *vt (elect)* elegir *(por votación)*. **6** *fam (declare)* considerar.
voter ['vəʊtə] *n* votante *mf*.
vouch [vaʊtʃ] *vi*.
• **to vouch for** responder de.
voucher ['vaʊtʃə] *n* vale *m*, bono.
vow [vaʊ] **1** *n (gen)* promesa solemne. **2** REL voto. ‖ **3** *vt* jurar, prometer solemnemente.
vowel ['vaʊəl] *n* vocal *f*.
voyage ['vɔɪɪdʒ] **1** *n* viaje *m*. ‖ **2** *vi* viajar.
voyager ['vɔɪədʒə] *n* viajero,-a.
VTR ['viː'tiː'ɑː] *abbr (***video tape recorder***)* grabador *m* de videocinta.
vulgar ['vʌlgə] **1** *adj (coarse)* ordinario, -a, grosero,-a, vulgar. **2** *(in bad taste)* de mal gusto, ordinario,-a. **3** GRAM vulgar.
vulgarity [vʌl'gærɪtɪ] **1** *n (coarseness)* ordinariez *f*, grosería, vulgaridad *f*. **2** *(bad taste)* mal gusto.
vulnerable ['vʌlnrəbl] *adj* vulnerable.
vulture ['vʌltʃə] *n* buitre *m*.
vulva ['vʌlvə] *n (pl* **vulvas** *or* **vulvae** ['vʌlviː]) vulva.

W

W [west] *abbr (***west***)* oeste *m*; *(abbreviation)* O.
wad [wɒd] **1** *n (of paper)* taco. **2** *(of notes)* fajo.
wade [weɪd] *vi* andar por el agua: ***to wade across a river*** vadear un río.
wafer ['weɪfə] **1** *n (biscuit)* barquillo, oblea. **2** REL hostia.
waffle ['wɒfl] **1** *n* CULIN gofre *m*. **2** GB *fam (talk)* palabrería. ‖ **3** *vi* GB *fam* hablar mucho sin decir nada.
waft [wɒft] **1** *vt* llevar por el aire. ‖ **2** *vi* moverse por el aire, flotar.
wag [wæg] **1** *n (of tail)* meneo. ‖ **2** *vt* menear. ‖ **3** *vi* menearse.
wage [weɪdʒ] *n* sueldo, salario.
• **to wage war on** hacer la guerra a.
wager ['weɪdʒə] **1** *n* apuesta. ‖ **2** *vt* apostar.
wagon ['wægn] **1** *n (horse-drawn)* carro; *(covered)* carromato. **2** *(railway)* vagón *m*.
▲ *Also spelt* waggon.
wail [weɪl] **1** *n* lamento, gemido. ‖ **2** *vi* lamentarse, gemir.
waist [weɪst] *n* cintura, talle *m*.
waistcoat ['weɪskəʊt] *n* chaleco.

waistline [ˈweɪstlaɪn] *n* cintura.

wait [weɪt] **1** *n* espera. ‖ **2** *vi* esperar: ***wait for me!*** ¡espérame!
● **to wait up for sb** esperar a algn levantado.

waiter [ˈweɪtə] *n* camarero.

waiting [ˈweɪtɪŋ] *n* espera.
■ **waiting list** lista de espera; **waiting room** sala de espera.

waitress [ˈweɪtrəs] *n* camarera.

waive [weɪv] *vt* renunciar a.

wake [weɪk] **1** *n (of ship)* estela. **2** *(for dead)* velatorio. ‖ **3** *vt* (*pt* woke; *pp* woken) despertar.
♦ **to wake up 1** *vt* despertar. **2** *vi* despertarse.
● **in the wake of** tras.

waken [ˈweɪkn] **1** *vt* despertar. ‖ **2** *vi* despertarse.

Wales [weɪlz] *n* País *m* de Gales.

walk [wɔːk] **1** *n (stroll)* paseo. **2** *(long)* caminata. **3** *(path)* paseo. **4** *(gait)* andares *mpl*. ‖ **5** *vi* andar, caminar: ***I'll walk there*** iré andando, iré a pie. ‖ **6** *vt (dog)* pasear. **7** *(person)* acompañar.
♦ **to walk off with 1** *vt (win)* ganar con facilidad. **2** *vt fam (steal)* mangar, birlar ♦ **to walk out 1** *vi (leave)* marcharse. **2** *vi (strike)* ir a la huelga ♦ **to walk out on** *vt* abandonar.
● **to go for a walk** dar un paseo; **to walk all over sb** tratar a algn a patadas; **to walk into a trap** caer en una trampa.
■ **walk of life** condición *f* social.

walkie-talkie [wɔːkɪˈtɔːkɪ] *n* walkie-talkie *m*.

walking stick [ˈwɔːkɪŋstɪk] *n* bastón *m*.

Walkman® [wɔːkmən] *n* Walkman® *m*.

walkout [ˈwɔːkaʊt] *n* huelga.

walkover [ˈwɔːkəʊvə] *n fam* paseo.

wall [wɔːl] **1** *n (outside)* muro. **2** *(interior)* pared *f*. **3** *(defensive)* muralla. **4** *(in garden)* tapia.

walled [wɔːld] *adj (city)* amurallado,-a.

wallet [ˈwɒlɪt] *n* cartera.

wallop [ˈwɒləp] **1** *n fam* golpazo. ‖ **2** *vt fam* pegar fuerte.

wallpaper [ˈwɔːlpeɪpə] **1** *n* papel *m* pintado. ‖ **2** *vt* empapelar.

wally [ˈwɒlɪ] *n fam* inútil *mf*.

walnut [ˈwɔːlnʌt] *n* nuez *f*.
■ **walnut tree** nogal *m*.

walrus [ˈwɔːlrəs] *n* morsa.

waltz [wɔːls] **1** *n* vals *m*. ‖ **2** *vi* bailar el vals, valsar.

wand [wɒnd] *n* varita.

wander [ˈwɒndə] **1** *vi* vagar, deambular. ‖ **2** *vt* vagar por, recorrer.
● **to wander from the point** divagar, irse por las ramas.

wanderer [ˈwɒndərə] *n* viajero,-a.

wandering [ˈwɒndrɪŋ] **1** *adj* errante. ‖ **2 wanderings** *npl* viajes *mpl*, andanzas *fpl*.

wane [weɪn] *vi* menguar.

wangle [ˈwæŋgl] *vt fam* agenciarse.

wank [wæŋk] **1** *n vulg* paja. ‖ **2** *vi vulg* hacerse una paja.

wanker [ˈwænkə] *n vulg* gilipollas *mf inv*.

want [wɒnt] **1** *n (necessity)* necesidad *f*. **2** *(lack)* falta, carencia. **3** *(poverty)* miseria. ‖ **4** *vt (desire)* querer: ***I want you to come with me*** quiero que me acompañes. **5** *fam (need)* necesitar.
● **for want of** por falta de; **to be in want** estar necesitado,-a.

wanted [ˈwɒntɪd] **1** *adj (needed)* necesario,-a: ***"Boy wanted"*** "Se necesita chico". **2** *(by police)* buscado,-a: ***"Wanted"*** "Se busca".

war [wɔː] *n* guerra.
● **to be at war with** estar en guerra con.

warble [ˈwɔːbl] **1** *n* gorjeo. ‖ **2** *vt* - *vi* gorjear.

ward [wɔːd] **1** *n (in hospital)* sala. **2** GB POL distrito electoral. **3** JUR pupilo,-a.
♦ **to ward off 1** *vt (illness)* prevenir, evitar. **2** *vt (blow)* parar.

warden [ˈwɔːdn] **1** *n (of castle, museum)* vigilante *mf*, guardián,-ana. **2** US *(of prison)* alcaide *m*.

wardrobe [ˈwɔːdrəʊb] **1** *n (cupboard)* armario ropero, guardarropa *m*. **2** *(clothes)* vestuario.

warehouse ['weəhaʊs] *n* almacén *m*.
wares [weəz] *npl* género *m sing*, mercancías *fpl*.
warfare ['wɔːfeə] *n* guerra.
warhead ['wɔːhed] **(nuclear) warhead** *n* cabeza nuclear.
warily ['weərɪlɪ] *adv* con cautela, cautelosamente.
warlike ['wɔːlaɪk] *adj* belicoso,-a.
warm [wɔːm] **1** *adj (hot)* caliente; *(tepid)* tibio,-a, templado,-a. **2** *(climate, colour)* cálido,-a. **3** *(day, welcome)* caluroso,-a. **4** *(clothes)* de abrigo. || **5** *vt (heat)* calentar. **6** *(heart)* alegrar.
♦ **to warm up 1** *vt* calentar. **2** *vi* calentarse. **3** *vi* SP hacer ejercicios de calentamiento.
• **to be warm** *(person)* tener calor; *(weather)* hacer calor. **to warm to sb** coger simpatía a algn.
warm-blooded [wɔːm'blʌdɪd] *adj* de sangre caliente.
warm-hearted [wɔːm'hɑːtɪd] *adj* afectuoso,-a.
warmth [wɔːmθ] **1** *n (heat)* calor *m*. **2** *(friendliness)* afecto, cordialidad *f*.
warn [wɔːn] **1** *vt (inform)* avisar, advertir, prevenir: ***he warned me not to touch it*** me advirtió que no lo tocara. **2** *(admonish)* llamar la atención.
warning ['wɔːnɪŋ] **1** *n* aviso, advertencia. **2** *(instead of punishment)* amonestación *f*.
warp [wɔːp] **1** *n (thread)* urdimbre *f*. **2** *(in wood)* alabeo. || **3** *vt* alabear, combar. || **4** *vi* alabearse, combarse.
warrant ['wɔrənt] **1** *n* JUR orden *f* judicial. || **2** *vt* justificar.
warranty ['wɒrəntɪ] *n* garantía.
warren ['wɒrən] **1** *n* madriguera. **2** *fig* laberinto.
warrior ['wɒrɪə] *n* guerrero,-a.
warship ['wɔːʃɪp] *n* buque *m* de guerra.
wart [wɔːt] *n* verruga.
• **warts and all** con todos sus defectos.
wary ['weərɪ] *adj* cauto,-a, cauteloso,-a.
was [wɒz, unstressed wz] *pt* → **be**.
wash [wɒʃ] **1** *n (action)* lavado. **2** *(dirty clothes)* ropa sucia; *(clean clothes)* colada. **3** *(of ship, plane)* estela. **4** MED enjuague *m*. || **5** *vt (clean)* lavar; *(- hands, hair)* lavarse; *(- dishes)* fregar, lavar. **6** *(carry away)* llevar, arrastrar.
♦ **to wash out** *vt (stain)* quitar lavando ♦ **to wash up 1** *vt (the dishes)* fregar. **2** *vi* fregar los platos, lavar los platos. **3** US *(wash oneself)* lavarse.
• **to have a wash** lavarse; **that won't wash!** *fam* ¡eso no cuela!
washable ['wɔʃəbl] *adj* lavable.
washbasin ['wɒʃbeɪsn] *n* lavabo.
washbowl ['wɒʃbəʊl] *n* lavabo.
washed-out [wɒʃt'aʊt] *adj* agotado,-a.
washer ['wɒʃə] **1** *n (metal)* arandela. **2** *(rubber)* junta. **3** *(machine)* lavadora.
washing ['wɒʃɪŋ] **1** *n (action)* lavado. **2** *(dirty clothes)* ropa sucia. **3** *(clean clothes)* colada.
■ **washing line** tendedero; **washing machine** lavadora.
washing-up [wɒʃɪŋ'ʌp] **1** *n (action)* fregado. **2** *(dishes)* platos *mpl*.
• **to do the washing up** fregar los platos, lavar los platos.
■ **washing-up liquid** lavavajillas *m inv*.
washout ['wɒʃaʊt] *n fam* fracaso.
washroom ['wɒʃruːm] *n* US servicios *mpl*.
wasp [wɒsp] *n* avispa.
■ **wasp's nest** avispero.
WASP [wɒsp] *abbr* US *(*White, Anglo-Saxon, Protestant*)* blanco, anglosajón, protestante.
waste [weɪst] **1** *n (misuse)* desperdicio. **2** *(of money)* derroche *m*, despilfarro. **3** *(products)* desechos *mpl*, desperdicios *mpl*. || **4** *adj (discarded)* desechado,-a. **5** *(land)* yermo,-a, baldío,-a. || **6** *vt (squander - food, opportunity)* desperdiciar, malgastar; *(- money)* despilfarrar, derrochar.
• **it's a waste of time** es una pérdida de tiempo.
wasteful ['weɪstfʊl] *adj* despilfarrador,-ra, derrochador,-ra.

wastepaper basket [weɪstˈpeɪpəbɑːskɪt] *n* papelera.

watch [wɔtʃ] **1** *n (timepiece)* reloj *m*. **2** *(vigilance)* vigilancia. **3** MIL MAR cuerpo de guardia. || **4** *vt (look at)* mirar; *(television, film)* ver. **5** *(observe)* observar. **6** *(keep an eye on)* vigilar. **7** *(take care with)* tener cuidado con, prestar atención a.

• **watch out!** ¡ojo!, ¡cuidado!

watchdog [ˈwɒtʃdɒg] **1** *n (dog)* perro guardián. **2** *(person)* guardián,-ana.

watchful [ˈwɔtʃfʊl] *adj* vigilante, atento,-a.

watchmaker [ˈwɔtʃmeɪkə] *n* relojero,-a.

watchman [ˈwɔtʃmən] *n* vigilante *m*.

watchword [ˈwɔtʃwɜːd] **1** *n (password)* contraseña, santo y seña. **2** *(motto)* consigna, lema *m*.

water [ˈwɔːtə] **1** *n* agua. || **2** *vt (plant, garden)* regar. **3** *(animals)* abrevar. || **4** *vi (eyes)* llorar.

♦ **to water down 1** *vt (dilute)* aguar. **2** *vt fig* descafeinar.

• **to get into hot water** meterse en un buen lío; **to hold water** *(vessel)* retener el agua; *(argument)* aguantarse; **to keep one's head above water** mantenerse a flote; **to pass water** orinar; **under water** inundado,-a.

■ **water bottle** cantimplora; **water lily** nenúfar *m*; **water polo** waterpolo.

watercolour [ˈwɔːtəkʌlə] *n* acuarela.

watercress [ˈwɔːtkres] *n* berro.

waterfall [ˈwɔːtəfɔːl] *n* cascada, salto de agua.

watering [ˈwɔːtərɪŋ] *n* riego.

■ **watering can** regadera.

waterlogged [ˈwɔːtəlɒgd] *adj* empapado,-a, anegado,-a.

watermelon [ˈwɔːtəmelən] *n* sandía.

watermill [ˈwɔːtəmɪl] *n* molino de agua.

waterproof [ˈwɔːtəpruːf] **1** *adj (fabric)* impermeable. **2** *(watch)* sumergible. || **3** *vt* impermeabilizar.

watershed [ˈwɔːtəʃed] **1** *n* GEOG línea divisoria de aguas. **2** *(turning point)* punto decisivo.

water-ski [ˈwɔːtəskiː] **1** *n* esquí *m* acuático. || **2** *vi* hacer esquí acuático.

water-skiing [ˈwɔːtəskiːɪŋ] *n* esquí *m* acuático.

watertight [ˈwɔːtətaɪt] **1** *adj (seal, bottle)* hermético,-a. **2** *(boat)* estanco,-a. **3** *(argument)* irrebatible, irrefutable.

waterway [ˈwɔːtəweɪ] *n* vía fluvial.

watery [ˈwɔːtərɪ] **1** *adj (containing water)* acuoso,-a. **2** *(soup, drinks)* aguado,-a.

watt [wɒt] *n* vatio.

wave [weɪv] **1** *n (in sea)* ola. **2** *(in hair)* onda. **3** PHYS onda. **4** *(of hand)* ademán *m*, movimiento. **5** *(of crime etc)* ola, oleada. || **6** *vi (greet)* saludar (con la mano). **7** *(flag)* ondear. || **8** *vt* agitar. **9** *(hair)* marcar, ondular.

• **to make waves** causar problemas.

wavelength [ˈweɪvleŋθ] *n* longitud *f* de onda.

• **to be on different wavelengths** *fam* no estar en la misma onda.

waver [ˈweɪvə] **1** *vi (fluctuate)* oscilar. **2** *(flame)* temblar. **3** *(hesitate)* vacilar.

wavy [ˈweɪvɪ] *adj* ondulado,-a.

wax [wæks] **1** *n* cera. || **2** *vt* encerar. || **3** *vi* crecer.

way [weɪ] **1** *n (path)* camino: ***which way did you go?*** ¿por dónde fuisteis? **2** *(direction)* dirección *f*: ***on the way to work*** yendo al trabajo; ***which way is the harbour?*** ¿dónde cae el puerto? **3** *(manner, method)* manera, modo: ***we'll do it her way*** lo haremos a su manera. || **4** *adv fam* muy: ***way back*** hace muchísimo.

• **a long way from** lejos de; **by the way** a propósito; **by way of** *(via)* vía, por vía de; *(as, like)* a modo de; **on the way** por el camino; *(coming)* en camino; **on the way down** bajando; **on the way up** subiendo; **to get out of the way** apartarse del camino, quitarse de en medio; **to get under way** empezar, ponerse en marcha; **to give** way (concede) ceder; (when driving) ceder el paso; **to lose one's way** perderse; **to stand in the way of** obstaculizar; **in a bad way** *fam* mal.

we [wiː, unstressed wɪ] *pron* nosotros, -as.

weak [wiːk] *adj* débil, flojo,-a.

weaken ['wiːkn] *vt* debilitar.

weakness ['wiːknəs] **1** *n (state)* debilidad *f*. **2** *(fault)* fallo.

● **to have a weakness for sth** tener debilidad por algo.

wealth [welθ] *n* riqueza.

wealthy ['welθɪ] *adj* rico,-a.

wean [wiːn] *vt* destetar.

weapon ['wepn] *n* arma.

wear [weə] **1** *n (use)* uso. **2** *(damage)* desgaste *m*, deterioro. **3** *(clothing)* ropa. ‖ **4** *vt* (*pt* wore; *pp* worn) *(clothes)* llevar puesto,-a, vestir; *(shoes)* calzar. **5** *(damage)* desgastar. ‖ **6** *vi (deteriorate)* desgastarse.

♦ **to wear away 1** *vt* erosionar. **2** *vi* erosionarse ♦ **to wear off** *vi* desaparecer ♦ **to wear out 1** *vi* gastarse, desgastarse. **2** *vt (person)* agotar; *(clothes, shoes)* gastar.

■ **wear and tear** desgaste *m*.

weary ['wɪərɪ] **1** *adj* cansado,-a. ‖ **2** *vt* cansar.

weasel ['wiːzl] *n* comadreja.

weather ['weðə] **1** *n* tiempo: ***what's the weather like?*** ¿qué tiempo hace? ‖ **2** *vt (crisis)* aguantar. **3** *(rocks)* erosionar.

● **to be under the weather** no encontrarse muy bien; **to weather the storm** capear el temporal.

■ **weather forecast** parte *m* meteorológico.

weathercock ['weðəkɒk] *n* veleta.

weave [wiːv] **1** *n* tejido. ‖ **2** *vt* - *vi* (*pt* wove; *pp* woven) tejer. **3** *(zigzag)* serpentear, zigzaguear. ‖ **4** *vt fig (plot)* tramar.

weaver ['wiːvə] *n* tejedor,-ra.

web [web] **1** *n (of spider)* telaraña. **2** *fig* red *f*.

■ **web page** página web.

website ['websaɪt] *n* sitio web.

wed [wed] *vt* (*pt & pp* wedded *o* wed) casarse con.

Wed ['wenzdɪ] *abbr* (Wednesday) miércoles *m*; *(abbreviation)* miér.

wedding ['wedɪŋ] *n* boda.

■ **wedding cake** tarta nupcial; **wedding day** día *m* de la boda; **wedding dress** vestido de novia; **wedding present** regalo de boda; **wedding ring** alianza, anillo de boda.

wedge [wedʒ] **1** *n* cuña, calce *m*. ‖ **2** *vt* acuñar, calzar.

Wednesday ['wenzdɪ] *n* miércoles *m inv*.

wee [wiː] **1** *adj* pequeñito,-a,. ‖ **2** *n fam* pipí *m*. ‖ **3** *vi* hacer pipí.

weed [wiːd] **1** *n (plant)* mala hierba. **2** *fam (person)* canijo,-a. ‖ **3** *vt* - *vi* escardar.

weedkiller ['wiːdkɪlə] *n* herbicida *m*.

weedy ['wiːdɪ] *adj pej* debilucho,-a.

week [wiːk] *n* semana.

● **a week today** dentro de ocho días.

weekday ['wiːkdeɪ] *n* día *m* laborable.

weekend ['wiːkend] *n* fin *m* de semana.

weekly ['wiːklɪ] **1** *adj* semanal. ‖ **2** *adv* semanalmente. ‖ **3** *n* semanario.

weep [wiːp] *vi* (*pt & pp* wept) llorar.

weigh [weɪ] **1** *vt* pesar. **2** *(consider)* sopesar.

♦ **to weigh down 1** *vt* sobrecargar. **2** *vt fig* abrumar, agobiar ♦ **to weigh up** *vt* evaluar.

● **to weigh anchor** levar anclas.

weight [weɪt] **1** *n* peso. **2** *(piece of metal)* pesa. ‖ **3** *vt* cargar con peso.

● **to lose weight** perder peso; **to put on weight** engordar.

weightlifting ['weɪtlɪftɪŋ] *n* levantamiento de pesas, halterofilia.

weir [wɪə] *n* presa.

weird [wɪəd] *adj* raro,-a, extraño,-a.

weirdo ['wɪədəʊ] *n fam* tipo raro.

welcome ['welkəm] **1** *adj (guest, visitor)* bienvenido,-a. **2** *(change, sight)* grato,-a, agradable. ‖ **3** *n* bienvenida,

acogida. || **4** *vt (guest, visitor)* acoger, recibir, dar la bienvenida a. **5** *(approve of)* aplaudir, acoger con agrado.
● **welcome home!** ¡bienvenido,-a a casa!; **you're welcome** no hay de qué, de nada.
weld [weld] **1** *n* soldadura. || **2** *vt* soldar.
welder ['weldə] *n* soldador,-ra.
welfare ['welfeə] *n* bienestar *m*.
■ **welfare state** estado del bienestar.
well [wel] **1** *n* pozo. || **2** *adj* - *adv* bien. || **3** *vi* manar, brotar. || **4** *interj* bueno, pues. **5** *(surprise)* ¡vaya!
● **as well** también; **as well as** además de; **it would be as well to ...** no estaría de más + *inf*; **just as well** menos mal; **pretty well** casi; **to do well** tener éxito, prosperar; **to get well** reponerse; **well done** CULIN bien hecho,-a; *(congratulating)* ¡muy bien!
well-behaved [welbɪ'heɪvd] *adj* educado,-a.
well-being [wel'biːɪŋ] *n* bienestar *m*.
well-built [wel'bɪlt] **1** *adj (house)* de construcción sólida. **2** *(person)* fornido,-a.
well-heeled [wel'hiːld] *adj fam* adinerado,-a.
wellington ['welɪŋtən] *n* bota de goma.
well-intentioned [welɪn'tenʃnd] *adj* bien intencionado,-a.
well-known [wel'nəʊn] *adj* conocido,-a, famoso,-a.
well-meaning [wel'miːnɪŋ] *adj* bien intencionado,-a.
well-off [wel'ɒf] *adj* rico,-a.
well-timed [wel'taɪmd] *adj* oportuno, -a.
well-to-do [weltə'duː] *adj* acomodado,-a.
Welsh [welʃ] **1** *adj* galés,-esa. || **2** *n (language)* galés *m*. || **3 the Welsh** *npl* los galeses *mpl*.
went [went] *pt* → **go**.
wept [wept] *pt & pp* → **weep**.
were [wɜː] *pt* → **be**.
west [west] **1** *n* oeste *m*, occidente *m*. || **2** *adj* occidental, del oeste. || **3** *adv* al oeste, hacia el oeste.
westbound ['westbaʊnd] *adj* en dirección al oeste.
westerly ['westəlɪ] *adj (wind)* del oeste.
western ['westn] **1** *adj* occidental, del oeste. || **2** *n* western *m*, película del oeste.
westward ['westwəd] *adj* hacia el oeste.
westwards ['westwədz] *adv* hacia el oeste.
wet [wet] **1** *adj* mojado,-a. **2** *(permanently, naturally)* húmedo,-a. **3** *(weather)* lluvioso,-a. **4** *(paint)* fresco,-a. **5** *fam (person)* soso,-a. || **6** *n (damp)* humedad *f*. **7** *(rain)* lluvia. || **8** *vt* mojar, humedecer.
● **to wet oneself** orinarse; **"Wet paint"** "Recién pintado"
■ **wet blanket** aguafiestas *mf inv*.
wetness ['wetnəs] *n* humedad *f*.
whack [wæk] **1** *n (blow)* golpe *m*, porrazo. **2** *fam (share)* parte *f*. || **3** *vt* pegar, golpear.
whacked [wækt] *adj fam* agotado,-a.
whacking ['wækɪŋ] *adj fam* enorme.
whale [weɪl] *n* ballena.
● **to have a whale of time** *fam* pasárselo bomba.
wharf [wɔːf] *n* muelle *m*, embarcadero.
what [wɒt] **1** *adj (questions)* qué: ***what time is it?*** ¿qué hora es?; ***I don't know what time it is*** no sé qué hora es. **2** *(exclamations)* qué: ***what a (smart) car!*** ¡qué coche (más chulo)! **3** *(all)*: ***what oil we have is here*** todo el aceite que tenemos está aquí. || **4** *pron (questions)* qué: ***what is it?*** ¿qué es?; ***I don't know what it is*** no sé qué es. **5** lo que: ***that's what he said*** eso es lo que dijo. || **6** *interj* ¡cómo!: ***what!, you've lost it!*** ¡cómo! ¡lo has perdido!
whatever [wɒt'evə] **1** *adj (any)* cual-

quiera que: ***whatever colour you like*** el color que tú quieras. **2** *(at all)* en absoluto: ***with no money whatever*** sin absolutamente nada de dinero. || **3** *pron* (todo) lo que: ***whatever you like*** (todo) lo que tú quieras; ***whatever you do*** hagas lo que hagas.

whatsoever [wɔtsəʊ'evə] *adj* → **whatever**.

wheat [wiːt] *n* trigo.

wheedle ['wiːdl] *vt* engatusar.

• **to wheedle sb into doing sth** engatusar a algn para que haga algo.

wheel [wiːl] **1** *n* rueda. || **2** *vt* empujar. || **3** *vi* girar. **4** *(birds)* revolotear. || **5 steering wheel** *n* volante *m*.

■ **wheel clamp** cepo.

wheelbarrow ['wiːlbærəʊ] *n* carretilla de mano.

wheelchair ['wiːltʃeə] *n* silla de ruedas.

wheeze [wiːz] **1** *n* resuello. || **2** *vi* resollar.

when [wen] **1** *adv* cuándo: ***when did it happen?*** ¿cuándo pasó?; ***tell me when*** dime cuándo. || **2** *conj* cuando: ***when I arrived*** cuando llegué yo. || **3** *pron* cuando: ***that was when it broke*** fue entonces cuando se rompió.

whenever [wen'evə] **1** *conj* cuando quiera que, siempre que: ***come whenever you want*** ven cuando quieras. || **2** *adv* cuando sea: ***we can go to the beach today or whenever*** podemos ir a la playa hoy o cuando sea. **3** *(in questions)* cuándo.

where [weə] **1** *adv (in questions)* dónde; *(direction)* adónde: ***where is it?*** ¿dónde está?; ***where did you go?*** ¿adónde fuiste?; ***tell me where it is*** dime dónde está. **2** *(no matter where)* en cualquier parte, donde sea. || **3** *pron* donde: ***this is where it all happened*** es aquí donde pasó todo.

whereabouts ['weərəbaʊts] **1** *n* paradero. || **2** *adv* ([weərə'baʊts]) dónde; *(direction)* adónde.

whereas [weər'æz] *conj* mientras que.

whereby [weə'baɪ] *adv* por el/la/lo cual.

wherever [weər'evə] **1** *adv* dónde; *(direction)* adónde: ***wherever did you put it*** ¿dónde diablos lo pusiste? || **2** *conj* dondequiera que.

whether ['weðə] *conj* si: ***whether it rains or not*** llueva o no llueva.

which [wɪtʃ] **1** *adj* qué: ***which size do you want?*** ¿qué tamaño quieres?; ***tell me which size you want*** dime qué tamaño quieres. || **2** *pron (in questions)* cuál, cuáles: ***which do you want?*** ¿cuál quieres?; ***ask him which they are*** pregúntale cuáles son. **3** *(defining relative)* que; *(with preposition)* el/la/lo que, el/la/lo cual, los/las que, los/las cuales: ***the shoes which I bought*** los zapatos que compré; ***the shop in which ...*** la tienda en la que/cual .... **4** *(nondefining relative)* el/la cual, los/las cuales: ***two glasses, one of which was dirty*** dos copas, una de las cuales estaba sucia. **5** *(referring to a clause)* lo que/cual: ***he lost, which was a shame*** perdió, lo cual fue una lástima.

whichever [wɪtʃ'evər] **1** *adj* (no importa) el/la/los/las que: ***whichever model you choose*** no importa el modelo que elijas. || **2** *pron* cualquiera, el/la/los/las que: ***take whichever you want*** coge el que quieras.

whiff [wɪf] **1** *n (gust of air)* soplo. **2** *(smell)* olor *m* fugaz.

while [waɪl] **1** *n* rato, tiempo. || **2** *conj (during the time that)* mientras. **3** *(although)* aunque. **4** *(whereas)* mientras que.

• **after a while** al cabo de un rato; **for a while** un rato; **once in a while** de vez en cuando; **to be worth one's while** valer la pena; **to while away the time** pasar el rato.

whilst [waɪlst] *conj* → **while**.

whim [wɪm] *n* antojo, capricho.

whimper ['wɪmpər] **1** *n* gemido. || **2** *vi* lloriquear, gemir.

whine [waɪn] **1** *n (of person)* quejido;

(of dog) gemido. || **2** *vi (person)* quejarse; *(dog)* gemir.

whip [wɪp] **1** *n (lash)* látigo; *(for riding)* fusta. **2** *(stroke for punishment)* azote *m.* **3** POL oficial *mf* encargado,-a de la disciplina de partido. || **4** *vt (horse)* fustigar; *(person)* azotar, zurrar. **5** CULIN batir; *(cream, egg whites)* montar. **6** *fam (steal)* birlar.

♦ **to whip off** *vt* quitar deprisa.

• **to whip past** pasar deprisa.

▪ **whipped cream** nata montada.

whipping ['wɪpɪŋ] *n* paliza, tunda.

▪ **whipping cream** nata para montar.

whip-round ['wɪpraʊnd] *n fam* colecta.

whirl [wɜːl] **1** *n (turn)* giro, vuelta. **2** *(of dust, leaves)* remolino, torbellino. || **3** *vi* girar, dar vueltas rápidamente. || **4** *vt* hacer girar, dar vueltas a.

whirlpool ['wɜːlpuːl] *n* remolino.

whirlwind ['wɜːlwɪnd] *n* torbellino.

whirr [wɜː] **1** *n* zumbido. || **2** *vi* zumbar.

whisk [wɪsk] **1** *n (movement)* movimiento brusco. **2** CULIN batidor *m*; *(electric)* batidora. || **3** *vt (swish)* sacudir. **4** CULIN batir. **5** *(do quickly)* hacer algo rápidamente: ***he whisked off his coat*** se quitó rápidamente el abrigo; ***she whisked out her pen*** sacó rápidamente su bolígrafo.

whisker ['wɪskə] **1** *n* pelo. || **2 whiskers** *npl (sideburns)* patillas *fpl.* **3** *(cat's etc)* bigotes *mpl.*

whiskey ['wɪskɪ] *n* whisky *m*, güisqui *m.*

whisky ['wɪskɪ] *n* whisky *m*, güisqui *m.*

whisper ['wɪspə] **1** *n* susurro. || **2** *vt - vi* susurrar.

whistle ['wɪsl] **1** *n (instrument)* silbato, pito. **2** *(noise)* silbido, pitido. || **3** *vt - vi* silbar.

white [waɪt] **1** *adj* blanco,-a. || **2** *n (colour)* blanco. **3** *(of egg)* clara.

▪ **white coffee** café con leche; **white lie** mentira piadosa; **White House** Casa Blanca.

whitebait ['waɪtbeɪt] *n* chanquetes *mpl* fritos.

white-collar [waɪt'kɒlə] *adj* administrativo,-a.

whiteness ['waɪtnəs] *n* blancura.

whitewash ['waɪtwɔʃ] **1** *n* jalbegue *m*, cal *f.* || **2** *vt (whiten)* enjalbegar, encalar. **3** *(cover up)* encubrir.

Whitsuntide ['wɪtsʌntaɪd] *n* Pentecostés *m inv.*

▲ *Also* Whitsun.

whittle ['wɪtl] *vt* tallar.

♦ **to wittle away** *vt* ir reduciendo.

whizz [wɪz] **1** *n* zumbido. || **2** *vi* zumbar, silbar.

• **to whizz past** pasar zumbando.

whizz-kid ['wɪzkɪd] *n fam* lince *m*, hacha.

who [huː] **1** *pron (in questions)* quién, quiénes: ***who did it?*** ¿quién lo hizo?; ***I don't know who they are*** no sé quiénes son. **2** *(defining relative)* que: ***those who want to go*** los que quieran ir; ***the boy who she loves*** el chico que ama. **3** *(non-defining relative)* quien, quienes, el/la cual, los/las cuales: ***the workers, who were on strike, ...*** los trabajadores, quienes estaban en huelga, ...

WHO ['dʌbljuː'eɪtʃ'əʊ] *abbr (*World Health Organization*)* Organización Mundial de la Salud; *(abbreviation)* OMS *f.*

whoever [huː'evə] **1** *pron (in questions)* quién. **2** *(no matter who)* quienquiera que, cualquiera que.

whole [həʊl] **1** *adj (entire)* entero,-a: ***the whole day*** todo el día. **2** *(intact)* intacto,-a. || **3** *n* conjunto, todo.

• **as a whole** en conjunto; **on the whole** en general; **the whole of** todo,-a.

▪ **whole milk** leche entera.

wholemeal ['həʊlmiːl] *adj* integral.

wholesale ['həʊlseɪl] **1** *adj - adv* COMM al por mayor. || **2** *adv fig* en masa. || **3** *adj* masivo,-a. || **4** *n* venta al por mayor.

wholesaler ['həʊlseɪlə] *n* mayorista *mf.*

wholesome ['həʊlsəm] *adj* sano,-a, saludable.
wholly ['həʊlɪ] *adv* enteramente.
whom [huːm] **1** *pron fml (in questions)* a quién, a quiénes: ***whom did he kill?*** ¿a quién mató?; ***with whom?*** ¿con quién? **2** *(relative)* a quien, a quienes: ***pupils whom I have taught*** alumnos a quienes he dado clase; ***the man with whom she was seen*** el hombre con quien la vieron, el hombre con el que la vieron.
whoop [huːp] **1** *n* grito, alarido. ‖ **2** *vi* gritar.
whooping cough ['huːpɪŋkɔf] *n* tos *f* ferina.
whopper ['wɒpə] **1** *n fam (big thing)* cosa enorme: ***it's a real whopper!*** ¡es enorme! **2** *fam (lie)* trola, bola.
whopping ['wɒpɪŋ] *adj fam* enorme.
whore [hɔː] *n* puta.
whose [huːz] **1** *pron (in questions)* de quién, de quiénes: ***whose is this?*** ¿de quién es esto?; ***I know whose it is*** yo sé de quién es. ‖ **2** *adj (in questions)* de quién, de quiénes: ***whose dog is this?*** ¿de quién es este perro? **3** *(relative)* cuyo,-a, cuyos,-as: ***the woman whose car was stolen*** la mujer cuyo coche robaron.
why [waɪ] **1** *adv* por qué: ***why not?*** ¿por qué no? ‖ **2** *interj* ¡vaya!, ¡toma! ‖ **3** *n* porqué *m*, causa.
wick [wɪk] *n* mecha.
wicked ['wɪkɪd] *adj* malo,-a.
wicker ['wɪkə] **1** *n* mimbre *m*. ‖ **2** *adj* de mimbre.
wicket ['wɪkɪt] *n (in Cricket - stumps)* palos *mpl*; *(- pitch)* terreno.
wide [waɪd] **1** *adj (broad)* ancho,-a: ***two feet wide*** de dos pies de ancho. **2** *(in range)* amplio,-a, extenso,-a.
• **wide open** abierto,-a de par en par.
widely ['waɪdlɪ] *adv (travel)* mucho; *(generally)* generalmente.
widen ['waɪdn] **1** *vt (road, river)* ensanchar. **2** *(horizons, scope)* extender. ‖ **3** *vi (road, river)* ensancharse. **4** *(influence)* extenderse.
widespread ['waɪdspred] *adj* generalizado,-a.
widow ['wɪdəʊ] *n* viuda.
widowed ['wɪdəʊd] *adj* viudo,-a.
widower ['wɪdəʊə] *n* viudo.
width [wɪdθ] **1** *n (breadth)* ancho, anchura. **2** *(of swimming pool, material)* ancho.
wield [wiːld] **1** *vt (weapon)* manejar, empuñar. **2** *(power)* ejercer.
wife [waɪf] *n* esposa, mujer *f*.
wig [wɪg] *n* peluca.
wiggle ['wɪgl] **1** *vt* menear. ‖ **2** *vi* menearse.
wild [waɪld] **1** *adj (gen)* salvaje. **2** *(plant)* silvestre, campestre. **3** *(country)* agreste. **4** *(angry)* furioso,-a. **5** *(violent)* violento,-a. **6** *(uncontrolled)* incontrolado,-a. **7** *(guess)* al azar. ‖ **8** *n* tierra virgen.
• **in the wild** en estado salvaje; **to be wild about** estar loco,-a por.
wildcat ['waɪldkæt] *n* gato montés.
▪ **wildcat strike** huelga salvaje.
wilderness ['wɪldənəs] *n* yermo, desierto.
wildfire ['waɪldfaɪə] *n*.
• **to spread like wildfire** correr como la pólvora.
wildfowl ['waɪldfaʊl] *npl* aves *fpl* de caza.
wildlife ['waɪldlaɪf] *n* fauna.
wilful ['wɪlfʊl] **1** *adj (obstinate)* terco,-a, testarudo,-a. **2** JUR premeditado,-a.
will [wɪl] **1** *n (gen)* voluntad *f*. **2** JUR testamento. ‖ **3** *vt (wish)* desear, querer. **4** *(order)* ordenar, mandar. **5** JUR legar, dejar en testamento. ‖ **6** *aux (future)*: ***she will be here tomorrow*** estará aquí manaña; ***we won't finish today*** no acabaremos hoy; ***it won't rain, will it?*** ¿no lloverá, ¿verdad? **7** *(be disposed to)*: ***will you help me?, no I won't*** ¿quieres ayudarme? no quiero; ***he won't open the door*** se niega a abrir la puerta; ***the car won't start*** el coche no arranca. **8** *(insistence)*: ***he will leave the door open,*** es que no

hay manera de que cierre la puerta. **9** *(can)* poder: ***this phone will accept credit cards*** este teléfono acepta las tarjetas de crédito. **10** *(supposition)*: ***that will be the house*** aquélla será la casa, aquélla debe de ser la casa.

willing ['wɪlɪŋ] *adj* complaciente.

• **willing to do sth** dispuesto,-a a hacer algo.

willingly ['wɪlɪŋlɪ] *adv* de buena gana.

willingness ['wɪlɪŋnəs] *n* buena voluntad *f*.

willow ['wɪləʊ] *n* sauce *m*.

willpower ['wɪlpaʊə] *n* fuerza de voluntad.

willy-nilly [wɪlɪ'nɪlɪ] *adv* a la fuerza.

wilt [wɪlt] *vi* marchitarse.

win [wɪn] **1** *n* victoria, éxito. ‖ **2** *vt - vi* (*pt & pp* won) ganar.

♦ **to win over/round** *vt* convencer, persuadir.

wince [wɪns] **1** *n* mueca de dolor. ‖ **2** *vi* hacer una mueca de dolor.

winch [wɪntʃ] *n* torno, cabrestante *m*.

wind [wɪnd] **1** *n* METEOR viento, aire *m*. **2** *(breath)* aliento. **3** *(flatulence)* gases *mpl*, flato. ‖ **4** *vt* dejar sin aliento. **5** ([waɪnd]; *pt & pp* wound) *(wrap)* envolver. **6** *(on reel)* arrollar, devanar. **7** *(clock)* dar cuerda a. **8** *(handle)* dar vueltas a. ‖ **9** *vi (road)* serpentear.

♦ **to wind down 1** *vi (clock)* quedarse sin cuerda. **2** *vi (person)* relajarse. **3** *vt* AUTO *(window)* bajar ♦ **to wind up 1** *vt (clock)* dar cuerda a. **2** *vt - vi* concluir. **3** *vi fam* acabar: ***he wound up in jail*** doi con los huesos en la cárcel.

• **to break wind** ventosear; **to get wind of** olerse; **to get the wind up** *fam* ponerse nervioso,-a.

▪ **wind instrument** instrumento de viento; **wind power** energía eólica.

windbag ['wɪndbæg] *n fam* charlatán, -ana.

windbreak ['wɪndbreɪk] *n* abrigadero.

windfall ['wɪndfɔːl] *n* ganacia inesperada.

winding ['waɪndɪŋ] *adj* sinuoso,-a, tortuoso,-a.

windmill ['wɪndmɪl] *n* molino de viento.

window ['wɪndəʊ] **1** *n (gen)* ventana. **2** *(in vehicle)* ventanilla. **3** *(in bank, office, etc)* ventanilla. **4** *(of shop)* escaparate *m*.

▪ **window cleaner** limpiacristales *mf inv*.

window-shopping ['wɪndəʊʃɒpɪŋ] *n*.

• **to go window-shopping** ir a mirar escaparates.

windowsill ['wɪndəʊsɪl] *n* alféizar *m*.

windpipe ['wɪndpaɪp] *n* tráquea.

windscreen ['wɪndskriːn] *n* AUTO parabrisas *m inv*.

▪ **windscreen wiper** limpiaparabrisas *m inv*.

wind-shield ['wɪndʃiːld] *n* US AUTO parabrisas *m inv*.

▪ **wind-shield wiper** limpiaparabrisas *m inv*.

windy ['wɪndɪ] *adj* ventoso,-a.

• **it's windy** hace viento.

wine [waɪn] *n* vino.

wing [wɪŋ] **1** *n* ala. **2** AUTO aleta. **3** SP banda. ‖ **4 wings** *npl* THEAT bastidores *mpl*.

wink [wɪŋk] **1** *n* guiño. ‖ **2** *vi* guiñar el ojo.

winkle ['wɪŋkl] *n* bígaro.

winner ['wɪnə] **1** *n (of prize, competition)* ganador,-ra. **2** *(of battle)* vencedor,-ra.

winning ['wɪnɪŋ] **1** *adj (team, horse)* ganador,-ra. **2** *(ticket etc)* premiado,-a. **3** *(attractive)* atractivo,-a, encantador,-ra. ‖ **4 winnings** *npl* ganancias *fpl*.

winter ['wɪntə] **1** *n* invierno. ‖ **2** *vi* invernar.

wipe [waɪp] **1** *vt (clean)* limpiar. **2** *(dry)* secar.

♦ **to wipe out 1** *vt (destroy)* aniquilar, exterminar. **2** *vt (erase)* borrar.

wiper ['waɪpə] *n* limpiaparabrisas *m inv*.

wire ['waɪə] **1** *n* alambre *m*. **2** *(cable)*

cable *m*. **3** US *(communication)* telegrama *m*. ‖ **4** *vt (house)* hacer la instalación eléctrica de. **5** US *(send a communication to)* enviar un telegrama a.

wiring ['waɪrɪŋ] *n* cableado, instalación *f* eléctrica.

wiry ['waɪərɪ] *adj (person)* nervudo,-a.

wisdom ['wɪzdəm] **1** *n (learning)* sabiduría. **2** *(sense)* prudencia, juicio.
■ **wisdom tooth** muela del juicio.

wise [waɪz] **1** *adj (learned)* sabio,-a. **2** *(sensible)* juicioso,-a, prudente.
■ **the Three Wise Men** los Reyes Magos.

wish [wɪʃ] **1** *n* deseo. ‖ **2** *vt* - *vi (desire)* desear. **3** *(want)* querer.
● **I wish that** ojalá; **I wish to ...** quisiera ...; **to make a wish** pedir un deseo; **to wish sb good luck** desear buena suerte a algn; **(with) best wishes** muchos recuerdos.

wishful ['wɪʃfʊl] *adj* ilusiones *fpl*, confundir los deseos con la realidad.

wishy-washy ['wɪʃɪwɒʃɪ] *adj fam* soso,-a, insípido,-a.

wisp [wɪsp] **1** *n (of grass)* brizna. **2** *(of hair)* mechón *m*. **3** *(of smoke)* voluta.

wit [wɪt] **1** *n (humour)* agudeza, ingenio. **2** *(intelligence)* inteligencia. **3** *(person)* persona aguda, persona ingeniosa.
● **to be at one's wits' end** estar para volverse loco,-a; **to collect one's wits** serenarse.

witch [wɪtʃ] *n* bruja.
■ **witch doctor** hechicero.

witchcraft ['wɪtʃkrɑːft] *n* brujería.

with [wɪð] **1** *prep (company, means, having, etc)* con: ***come with me*** ven conmigo; ***cut it with a knive*** córtalo con un cuchillo. **2** *(because of)* de: ***he was blind with rage*** estaba ciego de ira, la ira le cegaba.

withdraw [wɪð'drɔː] **1** *vt (pt* withdrew; *pp* withdrawn) *(gen)* retirar. **2** *(words)* retractar. ‖ **3 wishful thinking** *vi* retirarse.

withdrawal [wɪð'drɔːəl] **1** *n (of troops, support)* retirada. **2** *(of cash)* reintegro. **3** *(of words)* retractación *f*.

withdrawn [wɪð'drɔːn] **1** *pp* → **withdraw**. ‖ **2** *adj* introvertido,-a.

withdrew [wɪð'druː] *pt* → **withdraw**.

wither ['wɪðə] **1** *vt* marchitar. ‖ **2** *vi* marchitarse.

within [wɪ'ðɪn] **1** *prep (inside)* dentro de. **2** *(in range of)* al alcance de: ***within hearing*** al alcance del oído. **3** *(distance)* a menos de: ***within 3 miles of*** a menos de tres millas de. ‖ **4** *adv* dentro, en el interior.

without [wɪ'ðaʊt] *prep* sin.

withstand [wɪð'stænd] *vt (pt & pp* withstood [wɪð'stʊd]) resistir, aguantar.

witness ['wɪtnəs] **1** *n* testigo *mf*. ‖ **2** *vt (see)* presenciar. **3** *(document)* firmar como testigo.
● **to bear witness to** dar fe de, atestiguar.
■ **witness box** estrado de los testigos.

witty ['wɪtɪ] *adj* ingenioso,-a, agudo,-a.

wizard ['wɪzəd] **1** *n (magician)* brujo, hechicero. **2** *fam (genius)* genio, lince *m*.

wobble ['wɒbl] **1** *n* tambaleo, bamboleo. ‖ **2** *vi* tambalearse, bambolear.

woe [wəʊ] *n* aflicción *f*, desgracia.

woke [wəʊk] *pt* → **wake**.

woken ['wəʊkn] *pp* → **wake**.

wolf [wʊlf] *n* lobo.
♦ **to wolf down** *vt* zamparse.
■ **wolf cub** lobezno.

woman ['wʊmən] *n (pl* women ['wɪmɪn]) mujer *f*.
■ **old woman** vieja, anciana; **women's lib** *fam* movimiento feminista.

womanhood ['wʊmənhʊd] *n* edad *f* adulta *(de mujer)*.

womb [wuːm] *n* útero, matriz *f*.

won [wʌn] *pt & pp* → **win**.

wonder ['wʌndə] **1** *n (marvel)* maravilla. **2** *(surprise)* admiración *f*, asombro. ‖ **3** *vi (speculate)* preguntarse. **4** *(marvel)* asombrarse, maravillarse.

● **I shouldn't wonder if ...** no me sorprendería que + *subj*; **it makes you wonder** te da en qué pensar; **no wonder (that) ...** no es de extrañar que ...; **to wonder about sth** pensar en algo.

wonderful [ˈwʌndəfʊl] *adj* maravilloso,-a.

wonky [ˈwɒŋkɪ] **1** *adj* GB *fam (wobbly)* poco firme. **2** *(twisted)* torcido,-a.

wood [wʊd] **1** *n (timber)* madera. **2** *(for fire)* leña. **3** *(forest)* bosque *m*.

woodcut [ˈwʊdkʌt] *n* grabado en madera.

woodcutter [ˈwʊdkʌtə] *n* leñador,-ra.

wooden [ˈwʊdn] **1** *adj (made of wood)* de madera. **2** *(stiff)* rígido,-a.

■ **wooden spoon** cuchara de palo.

woodland [ˈwʊdlənd] *n* bosque *m*, arbolado.

woodpecker [ˈwʊdpekə] *n* pájaro carpintero.

woodwork [ˈwʊdwɜːk] **1** *n (craft)* carpintería. **2** *(of building)* maderaje *m*, maderamen *m*.

woodworm [ˈwʊdwɜːm] *n* carcoma.

woody [ˈwʊdɪ] **1** *adj (wooded)* arbolado,-a. **2** *(like wood)* leñoso,-a.

woof! [wʊf] *interj* ¡guau!

wool [wʊl] *n* lana: ***all wool*** pura lana.

● **to pull the wool over sb's eyes** darle a algn gato por liebre.

woolen [ˈwʊlən] *adj-n* → **woollen**

woollen [ˈwʊlən] **1** *adj (jersey etc)* de lana. **2** *(industry)* lanero,-a. ‖ **3 woollens** *npl* géneros *mpl* de punto.

woolly [ˈwʊlɪ] **1** *adj (made of wool)* de lana. **2** *(like wool)* lanoso,-a. **3** *(unclear)* confuso,-a.

word [wɜːd] **1** *n* palabra. ‖ **2** *vt* expresar.

● **by word of mouth** oralmente; **from the word go** desde el principio; **in a word** en pocas palabras; **in other words** o sea; **to give one's word** dar su palabra; **to have a word with sb** hablar con algn; **to have words with sb** discutir con algn; **to keep one's word** cumplir su palabra; **word for word** palabra por palabra.

■ **word processing** procesamiento de textos; **word processor** procesador *m* de textos.

wording [ˈwɜːdɪŋ] *n* términos *mpl*.

wore [wɔː] *pt* → **wear**.

work [wɜːk] **1** *vt - vi (gen)* trabajar. ‖ **2** *vi (machine, plan etc)* funcionar. **3** *(medicine)* surtir efecto. ‖ **4** *n (gen)* trabajo. **5** *(employment)* empleo, trabajo. **6** *(results)* trabajo. **7** *(literary etc)* obra. ‖ **8 works** *npl (factory)* fábrica *f sing*. **9** *(parts)* mecanismo *m sing*.

♦ **to work out 1** *vt (calculate)* calcular. **2** *vt (plan)* planear, pensar. **3** *vt (solve)* solucionar, resolver. **4** *vi (calculation)* salir. **5** *vi (turn out well)* ir bien, salir bien. **6** *vi* SP hacer ejercicios ♦ **to work up 1** *vt (excite)* exaltar. **2** *vt (develop)* hacer, desarrollar.

● **at work** trabajando; **out of work** sin trabajo, parado,-a; **to get worked up** exaltarse, excitarse; **to have one's work cut out to do sth** vérselas y deseárselas para hacer algo; **to make short work of sth** despachar algo deprisa; **to set to work** ponerse a trabajar; **to work loose** soltarse, aflojarse; **to work to rule** hacer huelga de celo; **to work wonders** hacer maravillas.

■ **work of art** obra de arte.

workbench [ˈwɜːkbentʃ] *n* banco de trabajo.

workbook [ˈwɜːkbʊk] *n* cuaderno de ejercicios.

workday [ˈwɜːkdeɪ] *n* día *m* laborable.

worker [ˈwɜːkə] **1** *n (gen)* trabajador, -ra. **2** *(manual)* obrero,-a, operario,-a.

workforce [ˈwɜːkfɔːs] *n* mano *f* de obra.

working [ˈwɜːkɪŋ] **1** *adj (hours, clothes)* de trabajo. **2** *(week, life)* laboral. **3** *(day)* laborable. **4** *(person)* que trabaja. ‖ **5 workings** *npl* funcionamiento *m sing*.

■ **working class** clase obrera; **working knowledge** conocimientos *mpl* básicos; **working model** modelo que funciona.

workman ['wɜːkmən] *n* obrero.

workmanship ['wɜːkmənʃɪp] **1** *n (skill)* habilidad *f.* **2** *(of workman)* trabajo.

workmate ['wɜːkmeɪt] *n* compañero, -a de trabajo.

workout ['wɜːkaʊt] *n* entrenamiento.

workshop ['wɜːkʃɒp] *n* taller *m.*

worktop ['wɜːktɒp] *n* encimera.

work-to-rule [wɜːktə'ruːl] *n* huelga de celo.

world [wɜːld] *n* mundo.

● **all over the world** en todo el mundo; **it's a small world** el mundo es un pañuelo; **out of this world** fenomenal, estupendo,-a; **to have the best of both** tenerlo todo; **to think the world of** adorar.

■ **world war** guerra mundial.

world-class [wɜːld'klɑːs] *adj* de categoría mundial.

worldly ['wɜːldlɪ] *adj* mundano,-a.

worldwide ['wɜːldwaɪd] *adj* mundial, universal.

worm [wɜːm] **1** *n (grub)* gusano. **2** *(earthworm)* lombriz *f.*

worn [wɔːn] *pp* → **wear**.

worn-out [wɔːn'aʊt] **1** *adj (clothes, tyre)* gastado,-a. **2** *(person)* rendido,-a, agotado,-a.

worried ['wʌrɪd] *adj* inquieto,-a, preocupado,-a.

worry ['wʌrɪ] **1** *n* inquietud *f,* preocupación *f.* ‖ **2** *vt* inquietar, preocupar. ‖ **3** *vi* inquietarse, preocuparse.

worse [wɜːs] **1** *adj - adv* comp peor. ‖ **2** *n* lo peor.

● **to get worse** empeorar; **to get worse and worse** ir de mal en peor.

worsen ['wɜːsn] *vt - vi* empeorar.

worship ['wɜːʃɪp] **1** *n (veneration)* adoración *f.* **2** *(ceremony)* culto. ‖ **3** *vt* adorar, rendir culto a.

worst [wɜːst] **1** *adj - adv* superl peor. ‖ **2** *n* lo peor.

● **at the worst** en el peor de los casos.

worth [wɜːθ] **1** *n* valor *m.* ‖ **2** *adj* que vale, que tiene un valor de: ***it's worth £10, but I got it for £5*** vale diez libras pero me costó solo cinco; ***it's worth seeing*** vale la pena verlo.

● **to be worth** valer; **to be worth it** valer la pena.

worthless ['wɜːθləs] **1** *adj (object)* sin valor. **2** *(person)* despreciable.

worthwhile [wɜːθ'waɪl] *adj* que vale la pena.

worthy ['wɜːðɪ] *adj* digno,-a, merecedor,-ra.

would [wʊd] **1** *aux (conditional)*: ***she would tell you if she knew*** te lo diría si lo supiese. **2** *(be disposed to)*: ***he wouldn't help me*** se negó a ayudarme, no quiso ayudarme. **3** *(supposition)*: ***that would have been Jim*** ese debió ser Jim, ese sería Jim. **4** *(past habit)* soler: ***we would often go out together*** salíamos juntos a menudo, solíamos salir juntos. **5** *(insistence)*: ***he would go by car*** insistió en que teníamos que ir en coche.

would-be ['wʊdbiː] *adj* supuesto,-a, aspirante a.

wound [wuːnd] **1** *n* herida. ‖ **2** *vt* herir. ‖ **3** *pt & pp* ([waʊnd]) → **wind**.

wounded ['wuːndɪd] *adj* herido,-a.

wove [wəʊv] *pt* → **weave**.

woven ['wəʊvn] *pp* → **weave**.

wow [waʊ] *interj fam* ¡caramba!

WPC ['dʌbljuː'piː'siː] *abbr* GB *(*Woman Police Constable*)* agente *f* de policía.

wpm ['wɜːdzpə'mɪnɪt] *abbr (*words per minute*)* pulsaciones *fpl* por minuto; *(abbreviation)* p.p.m.

wrangle ['ræŋgl] **1** *n* riña. ‖ **2** *vi* reñir.

wrap [ræp] *vt* envolver.

♦ **to wrap up** *vi* abrigarse.

● **to be wrapped up in** estar absorto,-a en.

wrapper ['ræpə] *n* envoltorio.

wrapping ['ræpɪŋ] *n* envoltorio.
■ **wrapping paper** *(plain)* papel *m* de envolver; *(fancy)* papel *m* de regalo.
wrath [rɒθ] *n* cólera, ira.
wreath [riːθ] *n* corona.
wreck [rek] **1** *n* MAR *(action)* naufragio. **2** MAR *(ship)* barco naufragado. **3** *(of car etc)* restos *mpl*. **4** *(of building)* ruinas *fpl*. **5** *(person)* ruina. || **6** *vt* MAR hacer naufragar. **7** *(destroy)* destrozar, destruir, arruinar.
wreckage ['rekɪdʒ] **1** *n (of car etc)* restos *mpl*. **2** *(of building)* ruinas *fpl*.
wrench [rentʃ] **1** *n (pull)* tirón *m*. **2** *(injury)* torcedura. **3** *(painful parting)* separación *f* dolorosa. **4** *(tool)* llave *f* inglesa. || **5** *vt* arrancar (de un tirón).
wrestle ['resl] *vi* luchar.
wrestler ['reslə] *n* luchador,-ra.
wrestling ['reslɪŋ] *n* lucha.
wretch [retʃ] *n* desgraciado,-a.
wretched ['retʃɪd] **1** *adj (pitiable)* desgraciado,-a. **2** *(unhappy)* infeliz, desdichado,-a. **3** *fam (very bad)* horrible, malísimo,-a.
wriggle ['rɪgl] **1** *vt* menear, mover. || **2** *vi* retorcerse, menearse.
• **to wriggle out of sth** escaparse de algo.
wring [rɪŋ] **1** *vt* (*pt & pp* wrung) *(twist)* torcer, retorcer. **2** *(clothes)* escurrir.
• **to wring sb's neck** retorcerle el pescuezo a algn; **to wring sth out of sb** arrancarle algo a algn.
wringing wet ['rɪŋɪŋwet] *adj* empapado,-a.
wrinkle ['rɪŋkəl] **1** *n* arruga. || **2** *vt* arrugar. || **3** *vi* arrugarse.
wrist [rɪst] *n* muñeca.
wristwatch ['rɪstwɒtʃ] *n* reloj *m* de pulsera.
writ [rɪt] *n* orden *f* judicial.
write [raɪt] **1** *vt - vi* (*pt* wrote; *pp* written) escribir. || **2** *vt (cheque)* extender.
♦ **to write back** *vi* contestar (por carta) ♦ **to write down** *vt* anotar, apuntar ♦ **to write off 1** *vt (debt)* anular. **2** *vt (project)* dar por perdido,-a ♦ **to write off for** *vt* pedir por correo ♦ **to write out 1** *vt (write fully)* escribir (en su forma completa). **2** *vt (cheque etc)* extender ♦ **to write up** *vt* redactar, escribir.
write-off ['raɪtɒf] *n* siniestro total.
writer ['raɪtə] *n* escritor,-ra, autor,-ra.
write-up ['raɪtʌp] *n fam* crítica, reseña.
writing ['raɪtɪŋ] **1** *n (system)* escritura. **2** *(handwriting)* letra. **3** *(professsion)* profesión *f* de autor. || **4 writings** *npl* obras *fpl*.
■ **writing desk** escritorio; **writing paper** papel *m* de escribir.
written ['rɪtn] **1** *pp* → **write**. || **2** *adj* escrito,-a.
wrong [rɔŋ] **1** *adj (incorrect)* equivocado,-a, incorrecto,-a, erróneo,-a. **2** *(evil)* malo,-a. **3** *(unfair)* injusto,-a. **4** *(unsuitable)* inadecuado,-a; *(time)* inoportuno,-a. || **5** *adv* mal, incorrectamente, equivocadamente. || **6** *n (evil)* mal *m*. **7** *(injustice)* injusticia. || **8** *vt* ser injusto,-a con.
• **to be in the wrong** *(be mistaken)* no tener razón; *(be to blame)* tener la culpa; **to be wrong** estar equivocado,-a, equivocarse; **to go wrong** *(make a mistake)* equivocarse; *(machine)* estropearse; *(plan)* fallar.
wrong-doer ['rɔŋduə] *n* malhechor, -ra.
wrongly ['rɒŋlɪ] **1** *adv (mistakenly)* mal, sin razón, equivocadamente. **2** *(unjustly)* injustamente.
wrote [rəʊt] *pt* → **write**.
wrought [rɔːt] *adj (iron)* forjado,-a.
wrung [rʌŋ] *pt & pp* → **wring**.
wry [raɪ] *adj* irónico,-a.
WWF ['wɜːldwaɪldlaɪf'fʌnd] *abbr* (World Wildlife Fund) Fondo Mundial para la Naturaleza.

xenophobia [zenə'fəʊbɪə] *n* xenofobia.
xenophobic [zenə'fəʊbɪk] *adj* xenófobo,-a.
Xerox® ['zɪərɒks] **1** *n* xerocopia. || **2** *vt* xerocopiar.
XL ['eks'el] *abbr (*extra large*)* muy grande.
Xmas ['eksməs, 'krɪsməs] *n* → **Christmas**.
X-ray ['eksreɪ] **1** *n* rayo X. **2** *(photograph)* radiografía. || **3** *vt* radiografiar.
xylophone ['zaɪləfəʊn] *n* xilófono.
xylophonist [zaɪ'lɒfənɪst] *n* xilofonista *mf*.

yacht [jɒt] **1** *n (boat)* yate *m*. **2** *(with sails)* velero, yate *m*.
yachting ['jɒtɪŋ] *n* deporte *m* de la vela.
yachtsman ['jɒtsmən] *n* deportista *m* de vela.
yak [jæk] *n* yac *m*, yak *m*.
yam [jæm] *n* ñame *m*.
yank [jæŋk] **1** *n fam* tirón *m*. || **2** *vt fam* tirar de.
Yank [jæŋk] *n pej* yanqui *mf*.
Yankee ['jæŋkɪ] **1** *adj pej* yanqui. || **2** *n pej* yanqui *mf*.
yap [jæp] **1** *n* ladrido *agudo*. || **2** *vt* ladrar.
yard [jɑːd] **1** *n* patio. **2** US jardín *m*. **3** *(measure)* yarda.
▲ *La medida equivale a 0,914 metros.*
yardstick ['jɑːdstɪk] *n fig* criterio, norma.
yarn [jɑːn] **1** *n (cotton, woollen)* hilo. **2** *(story)* cuento, rollo.
yawn [jɔːn] **1** *n* bostezo. || **2** *vi* bostezar.
yd [jɑːd] *abbr (*yard*)* yarda.
▲ *pl* yds.
yeah [jeə] *adv fam* sí.
year [jɪəː] **1** *n* año. **2** EDUC curso.
yearling ['jɪəlɪŋ] *adj* - *n* primal,-la.
yearly ['jɪəlɪ] **1** *adj* anual. || **2** *adv* anualmente.
yearn [jɜːn] *vi* anhelar.
yearning ['jɜːnɪŋ] *n* anhelo.
yeast [jiːst] *n* levadura.
yell [jel] **1** *n* grito, alarido. || **2** *vi* gritar, dar alaridos.
yellow ['jeləʊ] **1** *adj* amarillo,-a. **2** *fam (cowardly)* miedica, gallina. || **3** *n* amarillo. || **4** *vt* volver amarillo. || **5** *vi* amarillear.
■ **yellow press** prensa amarilla, prensa sensacionalista.
yelp [jelp] **1** *n* gañido. || **2** *vi* dar un gañido.
yen [jen] **1** *n* deseo. **2** FIN yen *m*.
yeoman ['ɪəʊmən] *n* HIST pequeño terrateniente *m*.
■ **yeoman of the guard** alabardero de la Torre de Londres.
yes [jes] **1** *adv* sí. **2** *(on phone)* ¿diga? || **3** *n* sí *m*.
● **to say yes** decir que sí.
yes-man ['jesmæn] *n* cobista *mf*: ***he's a yes-man*** a todo dice que sí.
yesterday ['jestədɪ] *adv* ayer.
■ **the day before yesterday** anteayer.
yet [jet] **1** *adv* todavía, aún. || **2** *conj* no obstante, sin embargo.
yeti ['jetɪ] *n* yeti *m*.
yew [juː] *n* tejo.
yield [jiːld] **1** *n* rendimiento. **2** AGR cosecha. **3** FIN rédito. || **4** *vt* producir. **5** FIN rendir. || **6** *vi (surrender)* rendirse, ceder. **7** *(break)* ceder.
yippee [jɪ'piː] *interj fam* ¡yupi!
YMCA [waɪ'em'siː'eɪ] *abbr (*Young Men's Christian Association*)* asociación *f* de jóvenes cristianos.

■ **YMCA hostel** albergue *m* para chicos jóvenes.
yob ['jɒbɴəʊœ] *n fam* gamberro,-a.
yobbo ['jɒbəʊ] *n fam* gamberro,-a.
yodel ['ɪəʊdl] *vi* cantar a la tirolesa.
yoga ['ɪəʊgə] *n* yoga *m*.
yoghurt ['jɒgət] *n* yogur *m*.
yoke [yəʊk] **1** *n* yugo. ‖ **2** *vt* uncir.
yokel ['ɪəʊkl] *n* palurdo,-a.
yolk [jəʊk] *n* palurdo,-a.
yon [jɔn] **1** *adj* aquel, aquella, aquellos,-as. ‖ **2** *adv* allá.
yonder ['jɔndə] **1** *adj* aquel, aquella, aquellos,-as. ‖ **2** *adv* allá.
you [juː] **1** *pron (subject - familiar)* tú; *(plural)* vosotros,-as. **2** *(subject - polite)* usted; *(plural)* ustedes. **3** *(subject - impersonal)* se. **4** *(object - familiar)* ti; *(before verb)* te; *(plural)* vosotros,-as; *(before verb)* os. **5** *(object - polite)* usted; *(before verb)* le; *(plural)* ustedes; *(before verb)* les. **6** *(object - impersonal)*: ***you never know*** nunca se sabe.
young [jʌŋ] *adj* joven.
■ **the young** los jóvenes.
youngster ['jʌŋstə] *n* joven *mf*.
your [jɔː] **1** *adj (familiar)* tu, tus; *(plural)* vuestro,-a, vuestros,-as. **2** *(polite)* su, sus.
yours [jɔːz] **1** *pron* (el) tuyo, (la) tuya, (los) tuyos, (las) tuyas; *(plural)* (el) vuestro, (la) vuestra, (los) vuestros, (las) vuestras. **2** *(polite)* (el) suyo, (la) suya, (los) suyos, (las) suyas.
yourself [jɔː'self] **1** *pron (familiar)* te; *(emphatic)* tú mismo,-a. **2** *(polite)* se; *(emphatic)* usted mismo,-a.
yourselves [jɔː'selvz] **1** *pron (familiar)* os; *(emphatic)* vosotros,-as mismos,-as. **2** *(polite)* se; *(emphatic)* ustedes mismos,-as.
youth [juːθ] **1** *n* juventud *f*. **2** *(young person)* joven *mf*.
■ **youth hostel** albergue *m* de juventud.
youthful ['juːθfʊl] *adj* joven, juvenil.
yo-yo® ['ɪəʊɪəʊ] *n* yoyo, yoyó.
YTS ['waɪ'tiː'es] *abbr (*Youth Training Scheme*) plan de empleo juvenil que combina formación profesional con experiencia laboral.*
yucky ['jʌkɪ] *adj fam* asqueroso,-a.
Yugoslav ['juːgəeslɑːv] *n (person)* yugoslavo,-a.
Yugoslavia [yuːgəʊ'slɑːvɪə] *n* Yugoslavia.
yule [juːl] *n* Navidad *f*.
yummy ['jʌmɪ] *adj fam* de rechupete.
YWCA ['waɪ'dʌbljuː'siː'eɪ] *abbr (*Young Women's Christian Association*)* asociación de jóvenes cristianas.
■ **YWCA hostel** albergue *m* para chicas jóvenes.

Z

Zaire [zɑː'ɪə] *n* Zaire.
Zambia ['zæmbɪə] *n* Zambia.
Zambian ['zæmbɪən] **1** *adj* zambiano, -a. ‖ **2** *n* zambiano,-a.
zany ['zeɪnɪ] **1** *adj fam (eccentric)* estrafalario,-a. **2** *(mad)* chiflado,-a.
zeal [ziːl] *n* celo, entusiasmo.
zealot ['zelət] *n* fanático,-a.
zealous ['zeləs] *adj* celoso,-a, entusiasta.
zebra ['ziːbrə, 'zebrə] *n* cebra.
■ **zebra crossing** paso de peatones, paso de cebra.
zenith ['zenɪθ] **1** *n* cenit *m*. **2** *fig* apogeo.
zephyr ['zefə] *n* céfiro.
zeppelin ['zeplɪn] *n* Av zepelín *m*.
zero ['zɪərəʊ] *n* cero.
zest [zest] *n* entusiasmo.
zigzag ['zɪgzæg] **1** *n* zigzag *m*. ‖ **2** *vt* zigzaguear.
Zimbabwe [zɪm'bɑːbweɪ] *n* Zimbabwe.
Zimbabwean [zɪm'bɑːbwɪən] **1** *adj* zimbabwense. ‖ **2** *n* zimbabwense *mf*.
zinc [zɪŋk] *n* cinc *m*, zinc *m*.

zip [zɪp] **1** *n* cremallera. || **2** *vi* ir como un rayo.
♦ **to zip up** *vt* cerrar con cremallera.
■ **zip code** US código postal.

zipper ['zɪpə] *n* US cremallera.

zodiac ['zəʊdɪæk] *n* zodiaco, zodíaco.

zombie ['zɒmbɪ] *n* zombi(e) *mf*.

zone [zəʊn] *n* zona.

zoo [zuː] *n* zoo *m*, *(parque) m* zoológico.

zoological [zʊə'lɒdʒɪkl] *adj* zoológico,-a.

zoology [zʊ'ɔlədʒɪ] *n* zoología.

zoom [zuːm] **1** *n (noise)* zumbido. **2** *(of camera)* zoom *m*, teleobjetivo. || **3** *vt* - *vi* pasar zumbando: ***a sports car zoomed past me*** un coche deportivo me pasó zumbando. || **4** *vi (plane)* empinarse.
■ **zoom lens** teleobjetivo.

KEY TO PRONUNCIATION IN SPANISH

SPANISH VERB CONJUGATION TABLES

KEY TO PRONUNCIATION IN SPANISH

VOWELS

Letter	Approximate sound
a	Like *a* in English *far, father,* e.g., **casa, mano.**
e	When stressed, like *a* in English *pay,* e.g., **dedo.** When unstressed, it has a shorter sound like in English *bet, net,* e.g., **estado, decidir.**
i	Like *i* in English *machine* or *ee* in *feet,* e.g., **fin.**
o	Like *o* in English *obey,* e.g., **mona, poner.**
u	Like *u* in English *rule* or *oo* in *boot,* e.g., **atún.** It is silent in **gue** and **gui,** e.g., **guerra, guisado.** If it carries a diaeresis (**ü**), it is pronounced (see Diphthongs), e.g., **bilingüe.** It is also silent in **que** and **qui,** e.g., **querer, quinto.**
y	When used as a vowel, it sounds like the Spanish **i,** e.g., **y, rey.**

DIPHTHONGS

Diph.	Approximate sound
ai, ay	Like *i* in English *light,* e.g., **caigo, hay.**
au	Like *ou* in English *sound,* e.g., **cauto, paular.**
ei, ey	Like *ey* in English *they* or *a* in *ale,* e.g., **reina, ley.**
eu	Like the *a* in English *pay* combined with the sound of *ew* in English *knew,* e.g., **deuda, feudal.**
oi, oy	Like *oy* in English *toy,* e.g., **oiga, soy.**
ia, ya	Like *ya* in English *yarn,* e.g., **rabia, raya.**
ua	Like *wa* in English *wand,* e.g., **cuatro, cual.**
ie, ye	Like *ye* in English *yet,* e.g., **bien, yeso.**
ue	Like *wa* in English *wake,* e.g., **buena, fue.**
io, yo	Like *yo* in English *yoke,* without the following sound of *w* in this word, e.g., **región, yodo.**

Diph.	Approximate sound
uo	Like *uo* in English *quote,* e.g., **cuota, oblicuo.**
iu, yu	Like *yu* in English *Yule,* e.g., **ciudad, triunfo.**
ui	Like *wee* in English *week,* e.g., **ruido.**

TRIPHTHONGS

Triph.	Approximate sound
iai	Like *ya* in English *yard* combined with the *i* in *fight,* e.g., **estudiáis.**
iei	Like the English word *yea,* e.g., **estudiéis.**
uai, uay	Like *wi* in English *wide,* e.g., **averiguáis, guay.**
uei, uey	Like *wei* in English *weigh,* e.g., **amortigüéis.**

CONSONANTS

Letter	Approximate sound
b	Generally like the English *b* in *boat, bring, obsolete,* when it is at the beginning of a word or preceded by *m,* e.g., **baile, bomba.** Between two vowels and when followed by *l* or *r,* it has a softer sound, almost like the English *v* but formed by pressing both lips together, e.g., **acaba, haber, cable.**
c	Before *a, o, u,* or a consonant, it sounds like the English *c* in *coal,* e.g., **casa, saco.** Before *e* or *i,* it is pronounced like the English *s* in *six* in American Spanish and like the English *th* in *thin* in Castillian Spanish, e.g., **cerdo, cine.** If a word contains two *c*s, the first is pronounced like *c* in *coal,* and the second like *s* or *th* accordingly, e.g., **acción.**
ch	Like *ch* in English *cheese* or *such,* e.g., **chato.**
d	Generally like *d* in English *dog* or *th* in English *this,* e.g., **dedo, digo.** When ending a syllable, it is pronounced like the English *th,* e.g., **usted.**
f	Like *f* in English *fine, life,* e.g., **final.**

Letter	Approximate sound
g	Before *a, o,* and *u;* the groups *ue* and *ui;* or a consonant, it sounds like *g* in English *gain,* e.g., **gato, guitar, digno.** Before *e* or *i,* like a strongly aspirated English *h,* e.g., **general.**
h	Always silent, e.g., **hoyo, historia.**
j	Like *h* in English *hat,* e.g., **joven, reja.**
k	Like *c* in English *coal,* e.g., **kilo.** It is found only in words of foreign origin.
l	Like *l* in English *lion,* e.g., **libro, límite.**
ll	In some parts of Spain and Spanish America, like the English *y* in *yet;* generally in Castillian Spanish, like the *lli* in English *million;* e.g., **castillo, silla.**
m	Like *m* in English *map,* e.g., **moneda, tomo.**
n	Like *n* in English *nine,* e.g., **nuevo, canto.**
ñ	Like *ni* in English *onion* or *ny* in English *canyon,* e.g., **cañón, paño.**
p	Like *p* in English *parent,* e.g., **pipa, pollo.**
q	Like *c* in English *coal.* This letter is only used in the combinations *que* and *qui* in which the *u* is silent, e.g., **queso, aquí.**
r	At the beginning of a word and when preceded by *l, n,* or *s,* it is strongly trilled, e.g., **roca.** In all other positions, it is pronounced with a single tap of the tongue, e.g., **era, padre.**
rr	Strongly trilled, e.g., **carro, arriba.**
s	Like *s* in English *so,* e.g., **cosa, das.**
t	Like *t* in English *tip* but generally softer, e.g., **toma.**
v	Like *v* in English *mauve,* but in many parts of Spain and the Americas, like the Spanish **b**, e.g., **variar.**
x	Generally like *x* in English *expand,* e.g., **examen.** Before a consonant, it is sometimes pronounced like *s* in English *so,* e.g., **excepción, extensión. In the word México,** and in other place names of that country, it is pronounced like the Spanish **j.**

Letter	Approximate sound
y	When used as a consonant between vowels or at the beginning of a word, like the *y* in English *yet,* e.g., **yate, yeso, hoyo.**
z	Like Spanish c when it precedes e or i, e.g., **azul.**

Spanish verb conjugation tables

Models for the conjugation of regular verbs

Simple tenses

1st conjugation - **AMAR**

Pres Ind amo, amas, ama, amamos, amáis, aman.
Past Ind amé, amaste, amó, amamos, amasteis, amaron.
Imperf Ind amaba, amabas, amaba, amábamos, amabais, amaban.
Fut Ind amaré, amarás, amará, amaremos, amaréis, amarán.
Cond amaría, amarías, amaría, amaríamos, amaríais, amarían.
Pres Subj ame, ames, ame, amemos, améis, amen.
Imperf Subj amara, amaras, amara, amáramos, amarais, amaran; amase, amases, amase, amásemos, amaseis, amasen.
Fut Subj amare, amares, amare, amáremos, amareis, amaren.
Imperat ama (tú), ame (él/Vd.), amemos (nos.) amad (vos.) amen (ellos/Vds.).
Gerund amando.
Past Part amado,-a.

2nd conjugation - **TEMER**

Pres Ind temo, temes, teme, tememos, teméis, temen.
Past Ind temí, temiste, temió, temimos, temisteis, temieron.
Imperf Ind temía, temías, temía, temíamos, temíais, temían.
Fut Ind temeré, temerás, temerá, temeremos, temeréis, temerán.
Cond temería, temerías, temería, temeríamos, temeríais, temerían.
Pres Subj tema, temas, tema, temamos, temáis, teman.
Imperf Subj temiera, temieras, temiera, temiéramos, temierais, temieran; temiese, temieses, temiese, temiésemos, temieseis, temiesen.
Fut Subj temiere, temieres, temiere, temiéremos, temiereis, temieren.
Imperat teme (tú), tema (él/Vd.), temamos (nos.) temed (vos.) teman (ellos/Vds.).
Gerund temiendo.
Past Part temido,-a.

3rd conjugation - **PARTIR**

Pres Ind parto, partes, parte, partimos, partís, parten.
Pres Ind partí, partiste, partió, partimos, partisteis, partieron.
Imperf Ind partía, partías, partía, partíamos, partíais, partían.
Fut Ind partiré, partirás, partirá, partiremos, partiréis, partirán.
Cond partiría, partirías, partiría, partiríamos, partiríais, partirían.
Pres Subj parta, partas, parta, partamos, partáis, partan.

Imperf Subj partiera, partieras, partiera, partiéramos, partierais, partieran; partiese, partieses, partiese, partiésemos, partieseis, partiesen.
Fut Subj partiere, partieres, partiere, partiéremos, partiereis, partieren.
Imperat parte (tú), parta (él/Vd.), partamos (nos.) partid (vos.) partan (ellos/Vds.).
Gerund partiendo.
Past Part partido,-a.

Note that the imperative proper has forms for the *second* person (tú and vosotros) only; all other forms are taken from the present subjunctive.

Compound tenses

Pres Perf he, has, ha, hemos, habeis, han amado/temido/partido
Pluperf había, habías, había, habíamos, habíais, habían amado/temido/partido
Fut Perf habré, habrás, habrá, habremos, habreis, habrán amado/temido/partido
Cond Perf habría, habrías, habría, habríamos, habríais, habrían amado/temido/partido
Past Anterior hube, hubiste, hubo, hubimos, hubisteis, hubieron amado/temido/partido
Pres Perf Subj haya, hayas, haya, hayamos, hayáis, hayan amado/temido/partido
Pluperf Subj hubiera, hubieras, hubiera, hubiéramos, hubierais, hubieran amado/temido/partido
hubiese, hubieses, hubiese, hubiésemos, hubieseis, hubiesen amado/temido/partido.

Models for the conjugation of irregular verbs

Only the tenses which present irregularities are given here; other tenses follow the regular models above. Irregularities are shown in bold type.

1. SACAR (*c changes to **qu** before **e***)
Pres Ind saqué, sacaste, sacó, sacamos, sacasteis, sacaron.
Pres Subj saque, saques, saque, saquemos, saquéis, saquen.
Imperat saca (tú), saque (él/Vd.), saquemos (nos.), sacad (vos.), saquen (ellos/Vds.).

2. MECER (*c changes to **z** before **a** and **o***)
Pres Ind mezo, meces, mece, mecemos, mecéis, mecen.
Pres Subj meza, mezas, meza, mezamos, mezáis, mezan.
Imperat mece (tú), meza (él/Vd.), mezamos (nos.), meced (vos.), mezan (ellos/Vds.).

3. ZURCIR (*c changes to **z** before **a** and **o***)
Pres Ind zurzo, zurces, zurce, zurcimos, zurcís, zurcen.
Pres Subj zurza, zurzas, zurza, zurzamos, zurzáis, zurzan.
Imperat zurce (tú), zurza (él/Vd.), zurzamos (nos.), zurcid (vos.), zurzan (ellos/Vds.).

4. REALIZAR (*z changes to **c** before **e***)
Pres Ind realicé, realizaste, realizó, realizamos, realizasteis, realizaron.
Pres Subj realice, realices, realice, realicemos, realicéis, realicen.
Imperat realiza (tú), realice (él/Vd.), realicemos (nos.), realizad (vos.), realicen (ellos/Vds.).

5. PROTEGER (***g** changes to **j** before **a** and **o***)
Pres Ind protejo, proteges, protege, protegemos, protegéis, protegen.
Pres Subj proteja, protejas, proteja, protejamos, protejáis, protejan.
Imperat protege (tú), proteja (él/Vd.), protejamos (nos.), proteged (vos.), protejan (ellos/Vds.).

6. DIRIGIR (***g** changes to **j** before **a** and **o***)
Pres Ind dirijo, diriges, dirige, dirigimos, dirigís, dirigen.
Pres Subj dirija, dirijas, dirija, dirijamos, dirijáis, dirijan.
Imperat dirige (tú), dirija (él/Vd.), dirijamos (nos.), dirigid (vos.), dirijan (ellos/Vds.).

7. LLEGAR (***g** changes to **gu** before **e***)
Pres Ind llegué, llegaste, llegó, llegamos, llegasteis, llegaron.
Pres Subj llegue, llegues, llegue, lleguemos, lleguéis, lleguen.
Imperat llega (tú), llegue (él/Vd.), lleguemos (nos.), llegad (vos.), lleguen (ellos/Vds.).

8. DISTINGUIR (***gu** changes to **g** before **a** and **o***)
Pres Ind distingo, distingues, distingue, distinguimos, distinguís, distinguen.
Pres Subj distinga, distingas, distinga, distingamos, distingáis, distingan.
Imperat distingue (tú), distinga (él/Vd.), distingamos (nos.), distinguid (vos.), distingan (ellos/Vds.).

9. DELINQUIR (***qu** changes to **c** before **a** and **o***)
Pres Ind delinco, delinques, delinque, delinquimos, delinquís, delinquen.
Pres Subj delinca, delincas, delinca, delincamos, delincáis, delincan.
Imperat delinque (tú), delinca (él/Vd.), delincamos (nos.), delinquid (vos.), delincan (ellos/Vds.).

10. ADECUAR* (*unstressed **u***)
Pres Ind adecuo, adecuas, adecua, adecuamos, adecuáis, adecuan.
Pres Subj adecue, adecues, adecue, adecuemos, adecuéis, adecuen.
Imperat adecua (tú), adecue (él/Vd.), adecuemos (nos.), adecuad (vos.), adecuen (ellos/Vds.).

11. ACTUAR (*stressed **ú** in certain persons of certain tenses*)
Pres Ind actúo, actúas, actúa, actuamos, actuáis, actúan.
Pres Subj actúe, actúes, actúe, actuemos, actuéis, actúen.
Imperat actúa (tú), actúe (él/Vd.), actuemos (nos.), actuad (vos.), actúen (ellos/Vds.).

12. CAMBIAR* (*unstressed* ***i***)

Pres Ind	cambio, cambias, cambia, cambiamos, cambiáis, cambian.
Pres Subj	cambie, cambies, cambie, cambiemos, cambiéis, cambien.
Imperat	cambia (tú), cambie (él/Vd.), cambiemos (nos.), cambiad (vos.), cambien (ellos/Vds.).

13. DESVIAR (*stressed* ***í*** *in certain persons of certain tenses*)

Pres Ind	desvío, desvías, desvía, desviamos, desviáis, desvían.
Pres Subj	desvíe, desvíes, desvíe, desviemos, desviéis, desvíen.
Imperat	desvía (tú), desvíe (él/Vd.), desviemos (nos.), desviad (vos.), desvíen (ellos/Vds.).

14. AUXILIAR (***i*** *may be stressed* ***or*** *unstressed*)

Pres Ind	auxilío, auxilías, auxilía, auxiliamos, auxiliáis, auxilían.
	auxilio, auxilias, auxilia, auxiliamos, auxiliáis, auxilian.
Pres Subj	auxilíe, auxilíes, auxilíe, auxiliemos, auxiliéis, auxilíen.
	auxilie, auxilies, auxilie, auxiliemos, auxiliéis, auxilien.
Imperat	auxilía (tú), auxilíe (él/Vd.), auxiliemos (nos.), auxiliad, (vos.), auxilíen (ellos/Vds.)
	auxilia (tú), auxilie (él/Vd.), auxiliemos (nos.), auxiliad (vos.), auxilien (ellos/Vds.).

15. AISLAR (*stressed* ***í*** *in certain persons of certain tenses*)

Pres Ind	aíslo, aíslas, aísla, aislamos, aisláis, aíslan.
Pres Subj	aísle, aísles, aísle, aislemos, aisléis, aíslen.
Imperat	aísla (tú), aísle (él/Vd.), aislemos (nos.), aislad (vos.), aíslen (ellos/Vds.).

16. AUNAR (*stressed* ***ú*** *in certain persons of certain tenses*)

Pres Ind	aúno, aúnas, aúna, aunamos, aunáis, aúnan.
Pres Subj	aúne, aúnes, aúne, aunemos, aunéis, aúnen.
Imperat	aúna (tú), aúne (él/Vd.), aunemos (nos.), aunad (vos.), aúnen (ellos/Vds.).

17. DESCAFEINAR (*stressed* ***í*** *in certain persons of certain tenses*)

Pres Ind	descafeíno, descafeínas, descafeína, descafeinamos, descafeináis, descafeínan.
Pres Subj	descafeíne, descafeínes, descafeíne, descafeinemos, descafeinéis, descafeínen.
Imperat	descafeína (tú), descafeíne (él/Vd.), descafeinemos (nos.), descafeinad (vos.), descafeínen (ellos/Vds.).

18. REHUSAR (*stressed* ***ú*** *in certain persons of certain tenses*)

Pres Ind	rehúso, rehúsas, rehúsa, rehusamos, rehusáis, rehúsan.
Pres Subj	rehúse, rehúses, rehúse, rehusemos, rehuséis, rehúsen.
Imperat	rehúsa (tú), rehúse (él/Vd.), rehusemos (nos.), rehusad (vos.), rehúsen (ellos/Vds.).

19. REUNIR (*stressed* ***ú*** *in certain persons of certain tenses*)
Pres Ind reúno, reúnes, reúne, reunimos, reunís, reúnen.
Pres Subj reúna, reúnas, reúna, reunamos, reunáis, reúnan.
Imperat reúne (tú), reúna (él/Vd.), reunamos (nos.), reunid (vos.), reúnan (ellos/Vds.).

20. AMOHINAR (*stressed* ***í*** *in certain persons of certain tenses*)
Pres Ind amohíno, amohínas, amohína, amohinamos, amohináis, amohínan.
Pres Subj amohíne, amohínes, amohíne, amohinemos, amohinéis, amohínen.
Imperat amohína (tú), amohíne (él/Vd.), amohinemos (nos.), amohinad (vos.), amohínen (ellos/Vds.).

21. PROHIBIR (*stressed* ***í*** *in certain persons of certain tenses*)
Pres Ind prohíbo, prohíbes, prohíbe, prohibimos, prohibís, prohíben.
Pres Subj prohíba, prohíbas, prohíba, prohibamos, prohibáis, prohíban.
Imperat prohíbe (tú), prohíba (él/Vd.), prohibamos (nos.), prohibid (vos.), prohíban (ellos/Vds.).

22. AVERIGUAR (*unstressed* ***u****;* ***gu*** *changes to* ***gü*** *before* ***e***)
Pres Ind averigüé, averiguaste, averiguó, averiguamos, averiguasteis, averiguaron.
Pres Subj averigüe, averigües, averigüe, averigüemos, averigüéis, averigüen.
Imperat averigua (tú), averigüe (él/Vd.), averigüemos (nos.), averiguad (vos.), averigüen (ellos/Vds.).

23. AHINCAR (*stressed* ***í*** *in certain persons of certain tenses; the* ***c*** *changes to* ***qu*** *before* ***e***)
Pres Ind ahínco, ahíncas, ahínca, ahincamos, ahincáis, ahíncan.
Pres Ind ahinqué, ahincaste, ahincó, ahincamos, ahincasteis, ahincaron.
Pres Subj ahínque, ahínques, ahínque, ahinquemos, ahinquéis, ahínquen.
Imperat ahínca (tú), ahínque (él/Vd.), ahinquemos (nos.), ahincad (vos.), ahínquen (ellos/Vds.).

24. ENRAIZAR (*stressed* ***í*** *in certain persons of certain tenses; the* ***z*** *changes to* ***c*** *before* ***e***)
Pres Ind enraízo, enraízas, enraíza, enraizamos, enraizáis, enraízan.
Pres Ind enraicé, enraizaste, enraizó, enraizamos, enraizasteis, enraizaron.
Pres Subj enraíce, enraíces, enraíce, enraicemos, enraicéis, enraícen.
Imperat enraíza (tú), enraíce (él/Vd.), enraicemos (nos.), enraizad (vos.), enraícen (ellos/Vds.).

25. CABRAHIGAR (*stressed* ***í*** *in certain persons of certain tenses; the* ***g*** *changes to* ***gu*** *before* ***e***)
Pres Ind cabrahígo, cabrahígas, cabrahíga, cabrahigamos, cabrahigáis, cabrahígan.
Pres Ind cabrahigué, cabrahigaste, cabrahigó, cabrahigamos, cabrahigasteis, cabrahigaron.

Pres Subj cabrahígue, cabrahígues, cabrahígue, cabrahiguemos, cabrahiguéis, cabrahíguen.
Imperat cabrahíga (tú), cabrahígue (él/Vd.), cabrahiguemos (nos.), cabrahigad (vos.), cabrahíguen (ellos/Vds.).

26. HOMOGENEIZAR (*stressed **í** in certain persons of certain tenses, the **z** changes to **c** before **e***)
Pres Ind homogeneízo, homogeneízas, homogeneíza, homogeneizamos, homogeneizáis, homogeneízan.
Pres Ind homogeneicé, homogeneizaste, homogeneizó, homogeneizamos, homogeneizasteis, homogeneizaron.
Pres Subj homogeneíce, homogeneíces, homogeneíce, homogeneicemos, homogeneicéis, homogeneícen.
Imperat homogeneíza (tú), homogeneíce (él/Vd.), homogeneicemos (nos.), homogeneizad (vos.), homogeneícen (ellos/Vds.).

27. ACERTAR (***e** changes to **ie** in stressed syllables*)
Pres Ind acierto, aciertas, acierta, acertamos, acertáis, aciertan.
Pres Subj acierte, aciertes, acierte, acertemos, acertéis, acierten.
Imperat acierta (tú), acierte (él/Vd.), acertemos (nos.), acertad (vos.), acierten (ellos/Vds.).

28. ENTENDER (***e** changes to **ie** in stressed syllables*)
Pres Ind entiendo, entiendes, entiende, entendemos, entendéis, entienden.
Pres Subj entienda, entiendas, entienda, entendamos, entendáis, entiendan.
Imperat entiende (tú), entienda (él/Vd.), entendamos (nos.), entended (vos.), entiendan (ellos/Vds.).

29. DISCERNIR (***e** changes to **ie** in stressed syllables*)
Pres Ind discierno, disciernes, discierne, discernimos, discernís, disciernen.
Pres Subj discierna, disciernas, discierna, discernamos, discernáis, disciernan.
Imperat discierne (tú), discierna (él/Vd.), discernamos (nos.), discernid (vos.), disciernan (ellos/Vds.).

30. ADQUIRIR (***i** changes to **ie** in stressed syllables*)
Pres Ind adquiero, adquieres, adquiere, adquirimos, adquirís, adquieren.
Pres Subj adquiera, adquieras, adquiera, adquiramos, adquiráis, adquieran.
Imperat adquiere (tú), adquiera (él/Vd.), adquiramos (nos.), adquirid (vos.), adquieran (ellos/Vds.).

31. CONTAR (***o** changes to **ue** in stressed syllables*)
Pres Ind cuento, cuentas, cuenta, contamos, contáis, cuentan.
Pres Subj cuente, cuentes, cuente, contemos, contéis, cuenten.
Imperat cuenta (tú), cuente (él/Vd.), contemos (nos.), contad (vos.), cuenten (ellos/Vds.).

32. MOVER (***o** changes to **ue** in stressed syllables*)
Pres Ind muevo, mueves, mueve, movemos, movéis, mueven.
Pres Subj mueva, muevas, mueva, movamos, mováis, muevan.
Imperat mueve (tú), mueva (él/Vd.), movamos (nos.), moved (vos.), muevan (ellos/Vds.).

33. DORMIR (*o changes to **ue** in stressed syllables or to **u** in certain persons of certain tenses*)

Pres Ind duermo, duermes, duerme, dormimos, dormís, duermen.
Pres Ind dormí, dormiste, durmió, dormimos, dormisteis, durmieron.
Pres Subj duerma, duermas, duerma, durmamos, durmáis, duerman.
Imperf Subj durmiera, durmieras, durmiera, durmiéramos, durmierais, durmieran;
durmiese, durmieses, durmiese, durmiésemos, durmieseis, durmiesen.
Fut Subj durmiere, durmieres, durmiere, durmiéremos, durmiereis, durmieren.
Imperat duerme (tú), duerma (él/Vd.), durmamos (nos.), dormid (vos.), duerman (ellos/Vds.).

34. SERVIR (*e weakens to **i** in certain persons of certain tenses*)

Pres Ind sirvo, sirves, sirve, servimos, servís, sirven.
Pres Ind serví, serviste, sirvió, servimos, servisteis, sirvieron.
Pres Subj sirva, sirvas, sirva, sirvamos, sirváis, sirvan.
Imperf Subj sirviera, sirvieras, sirviera, sirviéramos, sirvierais, sirvieran;
sirviese, sirvieses, sirviese, sirviésemos, sirvieseis, sirviesen.
Fut Subj sirviere, sirvieres, sirviere, sirviéremos, sirviereis, sirvieren.
Imperat sirve (tú), sirva (él/Vd.), sirvamos (nos.), servid (vos.), sirvan (ellos/Vds.).

35. HERVIR (*e changes to **ie** in stressed syllables or to **i** in certain persons of certain tenses*)

Pres Ind hiervo, hierves, hierve, hervimos, hervís, hierven.
Pres Ind herví, herviste, hirvió, hervimos, hervisteis, hirvieron.
Pres Subj hierva, hiervas, hierva, hirvamos, hirváis, hiervan.
Imperf Subj hirviera, hirvieras, hirviera, hirviéramos, hirvierais, hirvieran;
hirviese, hirvieses, hirviese, hirviésemos, hirvieseis, hirviesen.
Fut Subj hirviere, hirvieres, hirviere, hirviéremos, hirviereis, hirvieren.
Imperat hierve (tú), hierva (él/Vd.), hirvamos (nos.), hervid (vos.), hiervan (ellos/Vds.).

36. CEÑIR (*the **i** of certain endings is absorbed by **ñ**; the **e** changes to **i** in certain persons of certain tenses*)

Pres Ind ciño, ciñes, ciñe, ceñimos, ceñís, ciñen.
Pres Ind ceñí, ceñiste, ciñó, ceñimos, ceñisteis, ciñeron.
Pres Subj ciña, ciñas, ciña, ciñamos, ciñáis, ciñan.
Imperf Subj ciñera, ciñeras, ciñera, ciñéramos, ciñerais, ciñeran;
ciñese, ciñeses, ciñese, ciñésemos, ciñeseis, ciñesen.
Fut Subj ciñere, ciñeres, ciñere, ciñéremos, ciñereis, ciñeren.
Imperat ciñe (tú), ciña (él/Vd.), ciñamos (nos.), ceñid (vos.), ciñan (ellos/Vds.).

37. REÍR (*like **ceñir**, but the loss of **i** is not due to the influence of any consonant*)

Pres Ind río, ríes, ríe, reímos, reís, ríen.
Pres Ind reí, reíste, rió, reímos, reísteis, rieron.
Pres Subj ría, rías, ría, riamos, riáis, rían.

Imperf Subj riera, rieras, riera, riéramos, rierais, rieran;
riese, rieses, riese, riésemos, rieseis, riesen.
Fut Subj riere, rieres, riere, riéremos, riereis, rieren.
Imperat ríe (tú), ría (él/Vd.), riamos (nos.), reíd (vos.), rían (ellos/Vds.).

38. TAÑER (*the **i** ending is absorbed by **ñ** in certain persons of certain tenses*)
Pres Ind tañí, tañiste, tañó, tañimos, tañisteis, tañeron.
Imperf Subj tañera, tañeras, tañera, tañéramos, tañerais, tañeran;
tañese, tañeses, tañese, tañésemos, tañeseis, tañesen.
Fut Subj tañere, tañeres, tañere, tañéremos, tañereis, tañeren.

39. EMPELLER (*the **i** ending is absorbed by **ll** in certain persons of certain tenses*)
Pres Ind empellí, empelliste, empelló, empellimos, empellisteis, empelleron.
Imperf Subj empellera, empelleras, empellera, empelléramos, empellerais, empelleran;
empellese, empelleses, empellese, empellésemos, empelleseis, empellesen.
Fut Subj empellere, empelleres, empellere, empelléremos, empellereis, empelleren.

40. MUÑIR (*the **i** ending is absorbed by **ñ** in certain persons of certain tenses*)
Pres Ind muñí, muñiste, muñó, muñimos, muñisteis, muñeron.
Imperf Subj muñera, muñeras, muñera, muñéramos, muñerais, muñeran;
muñese, muñeses, muñese, muñésemos, muñeseis, muñesen.
Fut Subj muñere, muñeres, muñere, muñéremos, muñereis, muñeren.

41. MULLIR (*the **i** ending is absorbed by **ll** in certain persons of certain tenses*)
Pres Ind mullí, mulliste, mulló, mullimos, mullisteis, mulleron.
Imperf Subj mullera, mulleras, mullera, mulléramos, mullerais, mulleran;
mullese, mulleses, mullese, mullésemos, mulleseis, mullesen.
Fut Subj mullere, mulleres, mullere, mulléremos, mullereis, mulleren.

42. NACER (***c** changes to **zc** before **a** and **o***)
Pres Ind nazco, naces, nace, nacemos, nacéis, nacen.
Pres Subj nazca, nazcas, nazca, nazcamos, nazcáis, nazcan.
Imperat nace (tú), nazca (él/Vd.), nazcamos (nos.), naced (vos.), nazcan (ellos/Vds.).

43. AGRADECER (***c** changes to **zc** before **a** and **o***)
Pres Ind agradezco, agradeces, agradece, agradecemos, agradecéis, agradecen.
Pres Subj agradezca, agradezcas, agradezca, agradezcamos, agradezcáis, agradezcan.
Imperat agradece (tú), agradezca (él/Vd.), agradezcamos (nos.), agradeced (vos.), agradezcan (ellos/Vds.).

44. CONOCER (*c changes to **zc** before **a** and **o***)
Pres Ind conozco, conoces, conoce, conemos, conocéis, conocen.
Pres Subj conozca, conozcas, conozca, conozcamos, conozcáis, conozcan.
Imperat conoce (tú), conozca (él/Vd.), conozcamos (nos.), conoced (vos.), conozcan (ellos/Vds.).

45. LUCIR (*c changes to **zc** before **a** and **o***)
Pres Ind luzco, luces, luce, lucimos, lucís, lucen.
Pres Subj luzca, luzcas, luzca, luzcamos, luzcáis, luzcan.
Imperat luce (tú), luzca (él/Vd.), luzcamos (nos.), lucid (vos.), luzcan (ellos/Vds.).

46. CONDUCIR (*c changes to **zc** before **a** and **o**; the Preterite is irregular*)
Pres Ind conduzco, conduces, conduce, conducimos, conducís, conducen.
Pres Ind conduje, condujiste, condujo, condujimos, condujisteis, condujeron.
Pres Subj conduzca, conduzcas, conduzca, conduzcamos, conduzcáis, conduzcan.
Imperf Subj condujera, condujeras, condujera, condujéramos, condujerais, condujeran;
condujese, condujeses, condujese, condujésemos, condujeseis, condujesen.
Fut Subj condujere, condujeres, condujere, condujéremos, condujereis, condujeren.
Imperat conduce (tú), conduzca (él/Vd.), conduzcamos (nos.), conducid (vos.), conduzcan (ellos/Vds.).

47. EMPEZAR (*e changes to **ie** in stressed syllables; **z** changes to **c** before **e***)
Pres Ind empiezo, empiezas, empieza, empezamos, empezáis, empiezan.
Pres Ind empecé, empezaste, empezó, empezamos, empezasteis, empezaron.
Pres Subj empiece, empieces, empiece, empecemos, empecéis, empiecen.
Imperat empieza (tú), empiece (él/Vd.), empecemos (nos.), empezad (vos.), empiecen (ellos/Vds.).

48. REGAR (*e changes to **ie** in stressed syllables; **g** changes to **gu** before* **e**)
Pres Ind riego, riegas, riega, regamos, regáis, riegan.
Pres Ind regué, regaste, regó, regamos, regasteis, regaron.
Pres Subj riegue, riegues, riegue, reguemos, reguéis, rieguen.
Imperat riega (tú), riegue (él/Vd.), reguemos (nos.), regad (vos.), rieguen (ellos/Vds.).

49. TROCAR (*o changes to **ue** in stressed syllables; **c** changes to **qu** before **e***)
Pres Ind trueco, truecas, trueca, trocamos, trocáis, truecan.
Pres Ind troqué, trocaste, trocó, trocamos, trocasteis, trocaron.
Pres Subj trueque, trueques, trueque, troquemos, troquéis, truequen.
Imperat trueca (tú), trueque (él/Vd.), troquemos (nos.), trocad (vos.), truequen (ellos/Vds.).

50. FORZAR (*o changes to* ***ue*** *in stressed syllables;* ***z*** *changes to* ***c*** *before* ***e***)
Pres Ind fuerzo, fuerzas, fuerza, forzamos, forzáis, fuerzan.
Pres Ind forcé, forzaste, forzó, forzamos, forzasteis, forzaron.
Pres Subj fuerce, fuerces, fuerce, forcemos, forcéis, fuercen.
Imperat fuerza (tú), fuerce (él/Vd.), forcemos (nos.), forzad (vos.), fuercen (ellos/Vds.).

51. AVERGONZAR (*in stressed syllables* ***o*** *changes to* ***ue*** *and* ***g*** *to* ***gü****;* ***z*** *changes to* ***c*** *before* ***e***)
Pres Ind avergüenzo, avergüenzas, avergüenza, avergonzamos, avergonzáis, avergüenzan.
Pres Ind avergoncé, avergonzaste, avergonzó, avergonzamos, avergonzasteis, avergonzaron.
Pres Subj avergüence, avergüences, avergüence, avergoncemos, avergoncéis, avergüencen.
Imperat avergüenza (tú), avergüence (él/Vd.), avergoncemos (nos.), avergonzad (vos.), avergüencen (ellos/Vds.).

52. COLGAR (*o changes to* ***ue*** *in stressed syllables;* ***g*** *changes to* ***gu*** *before* ***e***)
Pres Ind cuelgo, cuelgas, cuelga, colgamos, colgáis, cuelgan.
Pres Ind colgué, colgaste, colgó, colgamos, colgasteis, colgaron.
Pres Subj cuelgue, cuelgues, cuelgue, colguemos, colguéis, cuelguen.
Imperat cuelga (tú), cuelgue (él/Vd.), colguemos (nos.), colgad (vos.), cuelguen (ellos/Vds.).

53. JUGAR (***u*** *changes to* ***ue*** *in stressed syllables and* ***g*** *changes to* ***gu*** *before* ***e***)
Pres Ind juego, juegas, juega, jugamos, jugáis, juegan.
Pres Ind jugué, jugaste, jugó, jugamos, jugasteis, jugaron.
Pres Subj juegue, juegues, juegue, juguemos, juguéis, jueguen.
Imperat juega (tú), juegue (él/Vd.), juguemos (nos.), jugad (vos.), jueguen (ellos/Vds.).

54. COCER (***o*** *changes to* ***ue*** *in stressed syllables and* ***c*** *changes to* ***z*** *before* ***a*** *and* ***o***)
Pres Ind cuezo, cueces, cuece, cocemos, cocéis, cuecen.
Pres Subj cueza, cuezas, cueza, cozamos, cozáis, cuezan.
Imperat cuece (tú), cueza (él/Vd.), cozamos (nos.), coced (vos.), cuezan (ellos/Vds.).

55. ELEGIR (***e*** *changes to i in certain persons of certain tenses;* ***g*** *changes to* ***j*** *before* ***a*** *and* ***o***)
Pres Ind elijo, eliges, elige, elegimos, elegís, eligen.
Pres Ind elegí, elegiste, eligió, elegimos, elegisteis, eligieron.
Pres Subj elija, elijas, elija, elijamos, elijáis, elijan.
Imperf Subj eligiera, eligieras, eligiera, eligiéramos, eligierais, eligieran; eligiese, eligieses, eligiese, eligiésemos, eligieseis, eligiesen.
Fut Subj eligiere, eligieres, eligiere, eligiéremos, eligiereis, eligieren.
Imperat elige (tú), elija (él/Vd.), elijamos (nos.), elegid (vos.), elijan (ellos/Vds.).

56. SEGUIR (*e changes to **i** in certain persons of certain tenses; **gu** changes to **g** before **a** and **o***)

Pres Ind sigo, sigues, sigue, seguimos, seguís, siguen.
Pres Ind seguí, seguiste, siguió, seguimos, seguisteis, siguieron.
Pres Subj siga, sigas, siga, sigamos, sigáis, sigan.
Imperf Subj siguiera, siguieras, siguiera, siguiéramos, siguierais, siguieran; siguiese, siguieses, siguiese, siguiésemos, siguieseis, siguiesen.
Fut Subj siguiere, siguieres, siguiere, siguiéremos, siguiereis, siguieren.
Imperat sigue (tú), siga (él/Vd.), sigamos (nos.), seguid (vos.), sigan (ellos/Vds.).

57. ERRAR (***e** changes to **ye** in stressed syllables*)

Pres Ind yerro, yerras, yerra, erramos, erráis, yerran.
Pres Subj yerre, yerres, yerre, erremos, erréis, yerren.
Imperat yerra (tú), yerre (él/Vd.), erremos (nos.), errad (vos.), yerren (ellos/Vds.).

58. AGORAR (***o** changes to **ue** in stressed syllables; **g** changes to **gü** before **e***)

Pres Ind agüero, agüeras, agüera, agoramos, agoráis, agüeran.
Pres Subj agüere, agüeres, agüere, agoramos, agoréis, agüeren.
Imperat agüera (tú), agüere (él/Vd.), agoremos (nos.), agorad (vos.), agüeren (ellos/Vds.).

59. DESOSAR (***o** changes to hue **in** stressed syllables*)

Pres Ind deshueso, deshuesas, deshuesa, desosamos, desosáis, deshuesan.
Pres Subj deshuese, deshueses, deshuese, desosemos, desoséis, deshuesen.
Imperat deshuesa (tú), deshuese (él/Vd.), desosemos (nos.), desosad (vos.), deshuesen (ellos/Vds.).

60. OLER (***o** changes to hue **in** stressed syllables*)

Pres Ind huelo, hueles, huele, olemos, oléis, huelen.
Pres Subj huela, huelas, huela, olamos, oláis, huelan.
Imperat huele (tú), huela (él/Vd.), olamos (nos.), oled (vos.), huelan (ellos/Vds.).

61. LEER (*the **i** ending changes to **y** before **o** and **e***)

Pres Ind leí, leíste, leyó, leímos, leísteis, leyeron.
Imperf Subj leyera, leyeras, leyera, leyéramos, leyerais, leyeran; leyese, leyeses, leyese, leyésemos, leyeseis, leyesen.
Fut Subj leyere, leyeres, leyere, leyéremos, leyereis, leyeren.

62. HUIR (***i** changes to **y** before **a**, **e**, and **o***)

Pres Ind huyo, huyes, huye, huimos, huís, huyen.
Pres Ind huí, huiste, huyó, huimos, huisteis, huyeron.
Pres Subj huya, huyas, huya, huyamos, huyáis, huyan.
Imperf Subj huyera, huyeras, huyera, huyéramos, huyerais, huyeran; huyese, huyeses, huyese, huyésemos, huyeseis, huyesen.
Fut Subj huyere, huyeres, huyere, huyéremos, huyereis, huyeren.
Imperat huye (tú), huya (él/Vd.), huyamos (nos.), huid (vos.), huyan (ellos/Vds.).

63. ARGÜIR (*i changes to **y** before **a**, **e**, and **o**; **gü** becomes **gu** before **y***)

Pres Ind arguyo, arguyes, arguye, argüimos, argüís, arguyen.
Pres Ind argüí, argüiste, arguyó, argüimos, argüisteis, arguyeron.
Pres Subj arguya, arguyas, arguya, arguyamos, arguyáis, arguyan.
Imperf Subj arguyera, arguyeras, arguyera, arguyéramos, arguyerais, arguyeran;
arguyese, arguyeses, arguyese, arguyésemos, arguyeseis, arguyesen.
Fut Subj arguyere, arguyeres, arguyere, arguyéremos, arguyereis, arguyeren.
Imperat arguye (tú), arguya (él/Vd.), arguyamos (nos.), argüid (vos.), arguyan (ellos/Vds.).

64. ANDAR

Pres Ind anduve, anduviste, anduvo, anduvimos, anduvisteis, anduvieron.
Imperf Subj anduviera, anduvieras, anduviera, anduviéramos, anduvierais, anduvieran;
anduviese, anduvieses, anduviese, anduviésemos, anduvieseis, anduviesen.
Fut Subj anduviere, anduvieres, anduviere, anduviéremos, anduviereis, anduvieren.

65. ASIR

Pres Ind asgo, ases, ase, asimos, asís, asen.
Pres Subj asga, asgas, asga, asgamos, asgáis, asgan.
Imperat ase (tú), asga (él/Vd.), asgamos (nos.), asid (vos.), asgan (ellos/Vds.).

66. CABER

Pres Ind quepo, cabes, cabe, cabemos, cabéis, caben.
Pres Ind cupe, cupiste, cupo, cupimos, cupisteis, cupieron.
Fut Ind cabré, cabrás, cabrá, cabremos, cabréis, cabrán.
Cond cabría, cabrías, cabría, cabríamos, cabríais, cabrían.
Pres Subj quepa, quepas, quepa, quepamos, quepáis, quepan.
Imperf Subj cupiera, cupieras, cupiera, cupiéramos, cupierais, cupieran;
cupiese, cupieses, cupiese, cupiésemos, cupieseis, cupiesen.
Fut Subj cupiere, cupieres, cupiere, cupiéremos, cupiereis, cupieren.
Imperat cabe (tú), quepa (él/Vd.), quepamos (nos.), cabed (vos.), quepan (ellos/Vds.).

67. CAER

Pres Ind caigo, caes, cae, caemos, caéis, caen.
Pres Ind caí, caíste, cayó, caímos, caísteis, cayeron.
Pres Subj caiga, caigas, caiga, caigamos, caigáis, caigan.
Imperf Subj cayera, cayeras, cayera, cayéramos, cayerais, cayeran;
cayese, cayeses, cayese, cayésemos, cayeseis, cayesen.
Fut Subj cayere, cayeres, cayere, cayéremos, cayereis, cayeren.
Imperat cae (tú), caiga (él/Vd.), caigamos (nos.), caed (vos.), caigan (ellos/Vds.).

68. DAR

Pres Ind doy, das, da, damos, dais, dan.
Pres Ind di, diste, dio, dimos, disteis, dieron.
Pres Subj dé, des, dé, demos, deis, den.
Imperf Subj diera, dieras, diera, diéramos, dierais, dieran;
diese, dieses, diese, diésemos, dieseis, diesen.
Fut Subj diere, dieres, diere, diéremos, diereis, dieren.
Imperat da (tú), dé (él/Vd.), demos (nos.), dad (vos.), den (ellos/Vds.).

69. DECIR

Pres Ind digo, dices, dice, decimos, decís, dicen.
Pres Ind dije, dijiste, dijo, dijimos, dijisteis, dijeron.
Fut Ind diré, dirás, dirá, diremos, diréis, dirán.
Cond diría, dirías, diría, diríamos, diríais, dirían.
Pres Subj diga, digas, diga, digamos, digáis, digan.
Imperf Subj dijera, dijeras, dijera, dijéramos, dijerais, dijeran;
dijese, dijeses, dijese, dijésemos, dijeseis, dijesen.
Fut Subj dijere, dijeres, dijere, dijéremos, dijereis, dijeren.
Imperat di (tú), diga (él/Vd.), digamos (nos.), decid (vos.), digan (ellos/Vds.).
Past Part dicho,-a.

70. ERGUIR

Pres Ind irgo, irgues, irgue, erguimos, erguís, irgen;
yergo, yergues, yergue, erguimos, erguís, yergen.
Pres Ind erguí, erguiste, irguió, erguimos, erguisteis, irguieron.
Pres Subj irga, irgas, irga, irgamos, irgáis, irgan;
yerga, yergas, yerga, irgamos, irgáis, yergan.
Imperf Subj irguiera, irguieras, irguiera, irguiéramos, irguierais, irguieran;
irguiese, irguieses, irguiese, irguiésemos, irguieseis, irguiesen.
Fut Subj irguiere, irguieres, irguiere, irguiéremos, irguiereis, irguieren.
Imperat irgue, yergue (tú), irga, yerga (él/Vd.), irgamos (nos.), erguid (vos.), irgan, yergan (ellos/Vds.).

71. ESTAR

Pres Ind estoy, estás, está, estamos, estáis, están.
Imperf estaba, estabas, estaba, estábamos, estabais, estaban.
Pres Ind estuve, estuviste, estuvo, estuvimos, estuvisteis, estuvieron.
Fut Ind estaré, estarás, estará, estaremos, estaréis, estarán.
Cond estaría, estarías, estaría, estaríamos, estaríais, estarían.
Pres Subj esté, estés, esté, estemos, estéis, estén.
Imperf Subj estuviera, estuvieras, estuviera, estuviéramos, estuvierais, estuvieran;
estuviese, estuvieses, estuviese, estuviésemos, estuvieseis, estuviesen.
Fut Subj estuviere, estuvieres, estuviere, estuviéremos, estuviereis, estuvieren.
Imperat está (tú), esté (él/Vd.), estemos (nos.), estad (vos.), estén (ellos/Vds.).

72. HABER

Pres Ind	he, has, ha, hemos, habéis, han.
Imperf Subj	había, habías, había, habíamos, habíais, habían.
Pres Ind	hube, hubiste, hubo, hubimos, hubisteis, hubieron.
Fut Ind	habré, habrás, habrá, habremos, habréis, habrán.
Cond	habría, habrías, habría, habríamos, habríais, habrían.
Pres Subj	haya, hayas, haya, hayamos, hayáis, hayan.
Imperf Subj	hubiera, hubieras, hubiera, hubiéramos, hubierais, hubieran; hubiese, hubieses, hubiese, hubiésemos, hubieseis, hubiesen.
Fut Subj	hubiere, hubieres, hubiere, hubiéremos, hubiereis, hubieren.
Imperat	he (tú), haya (él/Vd.), hayamos (nos.), habed (vos.), hayan (ellos/Vds.).

73. HACER

Pres Ind	hago, haces, hace, hacemos, hacéis, hacen.
Pres Ind	hice, hiciste, hizo, hicimos, hicisteis, hicieron.
Fut Ind	haré, harás, hará, haremos, haréis, harán.
Cond	haría, harías, haría, haríamos, haríais, harían.
Pres Subj	haga, hagas, haga, hagamos, hagáis, hagan.
Imperf Subj	hiciera, hicieras, hiciera, hiciéramos, hicierais, hicieran; hiciese, hicieses, hiciese, hiciésemos, hicieseis, hiciesen.
Fut Subj	hiciere, hicieres, hiciere, hiciéremos, hiciereis, hicieren.
Imperat	haz (tú), haga (él/Vd.), hagamos (nos.), haced (vos.), hagan (ellos/Vds.).
Past Part	hecho,-a.

74. IR

Pres Ind	voy, vas, va, vamos, vais, van.
Imperf Subj	iba, ibas, iba, íbamos, ibais, iban.
Pres Ind	fui, fuiste, fue, fuimos, fuisteis, fueron.
Pres Subj	vaya, vayas, vaya, vayamos, vayáis, vayan.
Imperf Subj	fuera, fueras, fuera, fuéramos, fuerais, fueran; fuese, fueses, fuese, fuésemos, fueseis, fuesen.
Fut Subj	fuere, fueres, fuere, fuéremos, fuereis, fueren.
Imperat	ve (tú), vaya (él/Vd.), vayamos (nos.), id (vos.), vayan (ellos/Vds.).

75. OÍR

Pres Ind	oigo, oyes, oye, oímos, oís, oyen.
Pres Ind	oí, oíste, oyó, oímos, oísteis, oyeron.
Pres Subj	oiga, oigas, oiga, oigamos, oigáis, oigan.
Imperf Subj	oyera, oyeras, oyera, oyéramos, oyerais, oyeran; oyese, oyeses, oyese, oyésemos, oyeseis, oyesen.
Fut Subj	oyere, oyeres, oyere, oyéremos, oyereis, oyeren.
Imperat	oye (tú), oiga (él/Vd.), oigamos (nos.), oíd (vos.), oigan (ellos/Vds.).

76. PLACER

Pres Ind plazco, places, place, placemos, placéis, placen.
Pres Ind plací, placiste, plació or plugo, placimos, placisteis, placieron or pluguieron.
Pres Subj plazca, plazcas, plazca, plegue, plazcamos, plazcáis, plazcan.
Imperf Subj placiera, placieras, placiera or pluguiera, placiéramos, placierais, placieran
placiese, placieses, placiese or pluguiese, placiésemos, placieseis, placiesen.
Fut Subj placiere, placieres, placiere or pluguiere, placiéremos, placiereis, placieren.
Imperat place (tú), plazca (él/Vd.), plazcamos (nos.), placed (vos.), plazcan (ellos/Vds.).

77. PODER

Pres Ind puedo, puedes, puede, podemos, podéis, pueden.
Pres Ind pude, pudiste, pudo, pudimos, pudisteis, pudieron.
Fut Ind podré, podrás, podrá, podremos, podréis, podrán.
Cond podría, podrías, podría, podríamos, podríais, podrían.
Pres Subj pueda, puedas, pueda, podamos, podáis, puedan.
Imperf Subj pudiera, pudieras, pudiera, pudiéramos, pudierais, pudieran;
pudiese, pudieses, pudiese, pudiésemos, pudieseis, pudiesen.
Fut Subj pudiere, pudieres, pudiere, pudiéremos, pudiereis, pudieren.
Imperat puede (tú), pueda (él/Vd.), podamos (nos.), poded (vos.), puedan (ellos/Vds.).

78. PONER

Pres Ind pongo, pones, pone, ponemos, ponéis, ponen.
Pres Ind puse, pusiste, puso, pusimos, pusisteis, pusieron.
Fut Ind pondré, pondrás, pondrá, pondremos, pondréis, pondrán.
Cond pondría, pondrías, pondría, pondríamos, pondríais, pondrían.
Pres Subj ponga, pongas, ponga, pongamos, pongáis, pongan.
Imperf Subj pusiera, pusieras, pusiera, pusiéramos, pusierais, pusieran;
pusiese, pusieses, pusiese, pusiésemos, pusieseis, pusiesen.
Fut Subj pusiere, pusieres, pusiere, pusiéremos, pusiereis, pusieren.
Imperat pon (tú), ponga (él/Vd.), pongamos (nos.), poned (vos.), pongan (ellos/Vds.).
Past Part puesto,-a.

79. PREDECIR

Pres Ind predigo, predices, predice, predecimos, predecís, predicen.
Pres Ind predije, predijiste, predijo, predijimos, predijisteis, predijeron.
Pres Subj prediga, predigas, prediga, predigamos, predigáis, predigan.
Imperf Subj predijera, predijeras, predijera, predijéramos, predijerais, predijeran;
predijese, predijeses, predijese, predijésemos, predijeseis, predijesen.
Fut Subj predijere, predijeres, predijere, predijéremos, predijereis, predijeren.
Imperat predice (tú), prediga (él/Vd.), predigamos (nos.), predecid (vos.), predigan (ellos/Vds.).

80. QUERER

Pres Ind quiero, quieres, quiere, queremos, queréis, quieren.
Pres Ind quise, quisiste, quiso, quisimos, quisisteis, quisieron.
Fut Ind querré, querrás, querrá, querremos, querréis, querrán.
Cond querría, querrías, querría, querríamos, querríais, querrían.
Pres Subj quiera, quieras, quiera, queramos, queráis, quieran.
Imperf Subj quisiera, quisieras, quisiera, quisiéramos, quisierais, quisieran;
quisiese, quisieses, quisiese, quisiésemos, quisieseis, quisiesen.
Fut Subj quisiere, quisieres, quisiere, quisiéremos, quisiereis, quisieren.
Imperat quiere (tú), quiera (él/Vd.), queramos (nos.), quered (vos.), quieran (ellos/Vds.).

81. RAER

Pres Ind rao, raigo, rayo, raes, rae, raemos, raéis, raen.
Pres Ind raí, raíste, rayó, raímos, raísteis, rayeron.
Pres Subj raiga, raigas, raiga, raigamos, raigáis, raigan;
raya, rayas, raya, rayamos, rayáis, rayan.
Imperf Subj rayera, rayeras, rayera, rayéramos, rayerais, rayeran;
rayese, rayeses, rayese, rayésemos, rayeseis, rayesen.
Fut Subj rayere, rayeres, rayere, rayéremos, rayereis, rayeren.
Imperat rae (tú), raiga, raya (él/Vd.), raigamos, rayamos (nos.), raed (vos.), raigan, rayan (ellos/Vds.).

82. ROER

Pres Ind roo, roigo, royo, roes, roe, roemos, roéis, roen.
Pres Ind roí, roíste, royó, roímos, roísteis, royeron.
Pres Subj roa, roas, roa, roamos, roáis, roan;
roiga, roigas, roiga, roigamos, roigáis, roigan;
roya, royas, roya, royamos, royáis, royan.
Imperf Subj royera, royeras, royera, royéramos, royerais, royeran;
royese, royeses, royese, royésemos, royeseis, royesen.
Fut Subj royere, royeres, royere, royéremos, royereis, royeren.
Imperat roe (tú), roa, roiga, roya (él/Vd.), roamos, roigamos, royamos (nos.), roed (vos.), roan, roigan, royan (ellos/Vds.).

83. SABER

Pres Ind sé, sabes, sabe, sabemos, sabéis, saben.
Pres Ind supe, supiste, supo, supimos, supisteis, supieron.
Fut Ind sabré, sabrás, sabrá, sabremos, sabréis, sabrán.
Cond sabría, sabrías, sabría, sabríamos, sabríais, sabrían.
Pres Subj sepa, sepas, sepa, sepamos, sepáis, sepan.
Imperf Subj supiera, supieras, supiera, supiéramos, supierais, supieran; supiese, supieses, supiese, supiésemos, supieseis, supiesen.
Fut Subj supiere, supieres, supiere, supiéremos, supiereis, supieren.
Imperat sabe (tú), sepa (él/Vd.), sepamos (nos.), sabed (vos.), sepan (ellos/Vds.).

84. SALIR

Pres Ind salgo, sales, sale, salimos, salís, salen.
Fut Ind saldré, saldrás, saldrá, saldremos, saldréis, saldrán.
Cond saldría, saldrías, saldría, saldríamos, saldríais, saldrían.
Pres Subj salga, salgas, salga, salgamos, salgáis, salgan.
Imperat sal (tú), salga (él/Vd.), salgamos (nos.), salid (vos.), salgan (ellos/Vds.).

85. SATISFACER

Pres Ind satisfago, satisfaces, satisface, satisfacemos, satisfacéis, satisfacen.
Pres Ind satisfice, satisficiste, satisfizo, satisficimos, satisficisteis, satisficieron.
Fut Ind satisfaré, satisfarás, satisfará, satisfaremos, satisfaréis, satisfarán.
Cond satisfaría, satisfarías, satisfaría, satisfaríamos, satisfaríais, satisfarían.
Pres Subj satisfaga, satisfagas, satisfaga, satisfagamos, satisfagáis, satisfagan.
Imperf Subj satisficiera, satisficieras, satisficiera, satisficiéramos, satisficierais, satisficieran;
satisficiese, satisficieses, satisficiese, satisficiésemos, satisficieseis, satisficiesen.
Fut Subj satisficiere, satisficieres, satisficiere, satisficiéremos, satisficiereis, satisficieren.
Imperat satisfaz, satisface (tú), satisfaga (él/Vd.), satisfagamos (nos.), satisfaced (vos.), satisfagan (ellos/Vds.).
Past Part satisfecho,-a.

86. SER

Pres Ind soy, eres, es, somos, sois, son.
Imperf Subj era, eras, era, éramos, erais, eran.
Pres Ind fui, fuiste, fue, fuimos, fuisteis, fueron.
Fut Ind seré, serás, será, seremos, seréis, serán.
Cond sería, serías, sería, seríamos, seríais, serían.
Pres Subj sea, seas, sea, seamos, seáis, sean.
Imperf Subj fuera, fueras, fuera, fuéramos, fuerais, fueran;
fuese, fueses, fuese, fuésemos, fueseis, fuesen.
Fut Subj fuere, fueres, fuere, fuéremos, fuereis, fueren.
Imperat sé (tú), sea (él/Vd.), seamos (nos.), sed (vos.), sean (ellos/Vds.).
Past Part sido.

87. TENER

Pres Ind	tengo, tienes, tiene, tenemos, tenéis, tienen.
Pres Ind	tuve, tuviste, tuvo, tuvimos, tuvisteis, tuvieron.
Fut Ind	tendré, tendrás, tendrá, tendremos, tendréis, tendrán.
Cond	tendría, tendrías, tendría, tendríamos, tendríais, tendrían.
Pres Subj	tenga, tengas, tenga, tengamos, tengáis, tengan.
Imperf Subj	tuviera, tuvieras, tuviera, tuviéramos, tuvierais, tuvieran; tuviese, tuvieses, tuviese, tuviésemos, tuvieseis, tuviesen.
Fut Subj	tuviere, tuvieres, tuviere, tuviéremos, tuviereis, tuvieren.
Imperat	ten (tú), tenga (él/Vd.), tengamos (nos.), tened (vos.), tengan (ellos/Vds.).

88. TRAER

Pres Ind	traigo, traes, trae, traemos, traéis, traen.
Pres Ind	traje, trajiste, trajo, trajimos, trajisteis, trajeron.
Pres Subj	traiga, traigas, traiga, traigamos, traigáis, traigan.
Imperf Subj	trajera, trajeras, trajera, trajéramos, trajerais, trajeran; trajese, trajeses, trajese, trajésemos, trajeseis, trajesen.
Fut Subj	trajere, trajeres, trajere, trajéremos, trajereis, trajeren.
Imperat	trae (tú), traiga (él/Vd.), traigamos (nos.), traed (vos.), traigan (ellos/Vds.).

89. VALER

Pres Ind	valgo, vales, vale, valemos, valéis, valen.
Fut Ind	valdré, valdrás, valdrá, valdremos, valdréis, valdrán.
Cond	valdría, valdrías, valdría, valdríamos, valdríais, valdrían.
Pres Subj	valga, valgas, valga, valgamos, valgáis, valgan.
Imperat	vale (tú), valga (él/Vd.), valgamos (nos.), valed (vos.), valgan (ellos/Vds.).

90. VENIR

Pres Ind	vengo, vienes, viene, venimos, venís, vienen.
Pres Ind	vine, viniste, vino, vinimos, vinisteis, vinieron.
Fut Ind	vendré, vendrás, vendrá, vendremos, vendréis, vendrán.
Cond	vendría, vendrías, vendría, vendríamos, vendríais, vendrían.
Pres Subj	venga, vengas, venga, vengamos, vengáis, vengan.
Imperf Subj	viniera, vinieras, viniera, viniéramos, vinierais, vinieran; viniese, vinieses, viniese, viniésemos, vinieseis, viniesen.
Fut Subj	viniere, vinieres, viniere, viniéremos, viniereis, vinieren.
Imperat	ven (tú), venga (él/Vd.), vengamos (nos.), venid (vos.), vengan (ellos/Vds.).

91. VER

Pres Ind	veo, ves, ve, vemos, veis, ven.
Pres Ind	vi, viste, vio, vimos, visteis, vieron.
Imperf Subj	viera, vieras, viera, viéramos, vierais, vieran; viese, vieses, viese, viésemos, vieseis, viesen.
Fut Subj	viere, vieres, viere, viéremos, viereis, vieren.
Imperat	ve (tú), vea (él/Vd.), veamos (nos.), ved (vos.), vean (ellos/Vds.).
Past Part	visto,-a.

92. YACER

Pres Ind	yazco, yazgo, yago, yaces, yace, yacemos, yacéis, yacen.
Pres Subj	yazca, yazcas, yazca, yazcamos, yazcáis, yazcan; yazga, yazgas, yazga, yazgamos, yazgáis, yazgan; yaga, yagas, yaga, yagamos, yagáis, yagan.
Imperat	yace, yaz (tú), yazca, yazga, yaga (él/Vd.), yazcamos, yazgamos, yagamos (nos.), yaced (vos.), yazcan, yazgan, yagan (ellos/Vds.).

ESPAÑOL-INGLÉS

A

a 1 *prep (dirección)* to: ***girar a la derecha*** to turn (to the) right; ***irse a casa*** to go home; ***subir al autobús*** to get on the bus. **2** *(destino)* to, towards. **3** *(distancia)* away: ***a cien kilómetros de casa*** a hundred kilometres away from home. **4** *(lugar)* at, on: ***a la entrada*** at the entrance; ***a la izquierda*** on the left. **5** *(tiempo)* at: ***a las once*** at eleven; ***a los tres días*** three days later; ***a tiempo*** in time; ***estamos a 30 de mayo*** it's the thirtieth of May. **6** *(modo, manera)*: ***a ciegas*** blindly; ***a oscuras*** in the dark; ***a pie*** on foot. **7** *(instrumento)*: ***a lápiz*** in pencil; ***escrito a mano*** handwritten; ***escrito a máquina*** typewritten. **8** *(precio)* a: ***a 100 pesetas el kilo*** a hundred pesetas a kilo. **9** *(medida)* at: ***a 90 kilómetros por hora*** at 90 kilometres an hour. **10** *(finalidad)* to: ***vino a vernos*** he came to see us. **11** *(complemento directo - no se traduce)*: ***vi a Juana*** I saw Juana. **12** *(complemento indirecto)* to: ***te lo di a ti*** I gave it to you. **13:** *verbo* + **a** + *inf*: ***aprender a nadar*** to learn (how) to swim. **14** *(como imperat)*: ***¡a dormir!*** bedtime!; ***¡a ver!*** let's see!

▲ a + el *is written* al.

A *abr* (autopista) motorway; *(abreviatura)* M.

abad *nm* abbot.

abadesa *nf* abbess.

abadía 1 *nf (edificio)* abbey. **2** *(dignidad)* abbacy.

abajeño,-a *nm,f* AM lowlander.

abajo 1 *adv (situación)* below, down: ***ahí abajo*** down there. **2** *(en una casa)* downstairs. **3** *(dirección)* down, downward: ***calle abajo*** down the street. ‖ **4** *interj* down with!

abalanzarse [4] *vpr*: ***abalanzarse sobre*** to rush at, pounce on; ***abalanzarse hacia*** to rush towards.

abalear *vt* ANDES CAM VEN to shoot at.

abandonado,-a 1 *adj (desamparado, desierto)* abandoned. **2** *(descuidado)* neglected. **3** *(desaseado)* unkempt.

abandonar 1 *vt (desamparar)* to abandon, forsake. **2** *(lugar)* to leave, quit. **3** *(actividad)* to give up. ‖ **4** *vi (ceder)* to give in. ‖ **5 abandonarse** *vpr (descuidarse)* to neglect oneself. **6** *(entregarse)* to give oneself up (a, to): ***se abandonó al juego*** he gave himself up to gambling.

abandono *nm* neglect.

abanicar [1] *vt* to fan.

abanico 1 *nm (para dar aire)* fan. **2** *(gama)* range.

abaratar *vt* to cut the price of, reduce the price of.

abarcar [1] **1** *vt (englobar)* to cover, embrace. **2** *(abrazar)* to embrace. **3** AM *(acaparar)* to monopolize.

abarrotado,-a *adj* packed (de, with).

abarrotar *vt* to pack (de, with).

abarrote *nm* ANDES CAM MÉX grocer's shop, grocery store: ***abarrotes*** groceries; ***tienda de abarrotes*** grocer's (shop), grocery store.

abarrotería *nf* ANDES CAM MÉX grocer's, grocery store.

abarrotero,-a *nm,f* ANDES CAM MÉX grocer.

abastecer [43] **1** *vt* to supply. ‖ **2 abastecerse** *vpr* to stock up (de/con, with).

abastecimiento *nm* supplying, provision.
abasto *nm* supply.
• **dar abasto** to be sufficient for: ***es que no doy abasto*** I just can't cope.
abatible *adj* folding.
abatido,-a *adj* dejected, depressed.
abatimiento *nm* dejection.
abatir 1 *vt (derribar)* to knock down; *(árbol)* to cut down. **2** *(bajar)* to lower. **3** *(desanimar)* to depress. || **4 abatirse** *vpr (ave, avión)* to swoop (sobre, down on). **5** *(desanimarse)* to lose heart.
abdicación *nf* abdication.
abdicar [1] *vt* to abdicate, renounce.
abdomen *nm* abdomen, belly.
abdominal 1 *adj* abdominal. || **2 abdominales** *nf pl (ejercicios)* sit-ups.
abecé *nm* ABC, alphabet.
abecedario 1 *nm* alphabet. **2** *(libro)* spelling book. **3** *fig* rudiments *pl.*
abedul *nm* birch tree.
abeja *nf* bee.
■ **abeja reina** queen bee.
abejorro *nm* bumblebee.
aberración *nf* aberration.
abertura *nf* opening, gap.
abeto *nm* fir tree.
abierto,-a 1 *pp* → **abrir**. || **2** *adj (puerta, boca, ojos)* open. **3** *(grifo)* on, running. **4** *(sincero)* frank. **5** *(tolerante)* open-minded.
• **con los brazos abiertos** with open arms.
abismo *nm* abyss.
ablandar 1 *vt (poner blando)* to soften. **2** *(calmar)* to soothe. || **3 ablandarse** *vpr* to soften, go soft, go softer.
abnegación *nf* abnegation, self-denial.
abnegado,-a *adj* selfless, self-sacrificing.
abobado,-a 1 *adj (tonto)* stupid. **2** *(pasmado)* bewildered.
abochornado,-a *adj* embarrassed.
abochornar 1 *vt* to embarrass. || **2 abochornarse** *vpr* to be embarrassed.
abofetear *vt* to slap.
abogacía *nf* legal profession.
abogado,-a *nm,f* lawyer, solicitor.
■ **abogado defensor** counsel for the defense; **abogado laborista** union lawyer.
abogar [7] **1** *vi* to plead. **2** *fig* to intercede: ***abogar por algn*** to defend sb; ***abogar por algo*** to advocate sth.
abolengo *nm* ancestry, lineage.
abolición *nf* abolition.
abolir *vt* to abolish.
▲ *Only used in forms which include the letter* i *in their endings:* abolía, aboliré, aboliendo.
abolladura *nf* dent.
abollar *vt* to dent.
abombado,-a *adj* convex.
abombar *vt* to make convex.
abominable *adj* abominable, loathsome.
abonado,-a 1 *adj (pagado)* paid. **2** *(tierra)* fertilized. || **3** *nm,f (a teléfono, a revista)* subscriber; *(a teatro etc)* season-ticket holder.
abonar 1 *vt (pagar)* to pay. **2** *(tierra)* to fertilize. **3** *(subscribir)* to subscribe. || **4 abonarse** *vpr (a revista)* to subscribe (a, to); *(a teatro etc)* to buy a season ticket (a, to).
abonero,-a *nm,f* MÉX hawker, street trader.
abono 1 *nm (pago)* payment. **2** *(para tierra)* fertilizer. **3** *(a revista)* subscription; *(a teatro, tren, etc)* season-ticket. **4** MÉX *(plazo)* instalment: ***pagar en abonos*** to pay by instalments.
abordaje *nm* boarding.
abordar 1 *vt* MAR to board. **2** *(persona, tema)* to approach.
aborigen 1 *adj* aboriginal. || **2** *nm (pl* aborígenes*)* aborigine.
aborrecer [43] *vt* to abhor, hate.
abortar 1 *vi (voluntariamente)* to abort; *(involuntariamente)* to miscarry. **2** *(fracasar)* to fail.
aborto 1 *nm (voluntario)* abortion; *(es-*

pontáneo) miscarriage. **2** *fam (persona)* ugly person.

abotonar 1 *vt* to button, button up. ‖ **2 abotonarse** *vpr* to button, button up.

abovedado,-a *adj* vaulted.

abrasador,-ra *adj* burning, scorching.

abrasar 1 *vt (quemar)* to burn. ‖ **2** *vi* to be boiling hot: ***abrasarse de calor*** to be sweltering.

abrasivo,-a 1 *adj* abrasive. ‖ **2 abrasivo** *nm* abrasive.

abrazar [4] **1** *vt (persona)* to embrace. **2** *(doctrina, fe)* to embrace. ‖ **3 abrazarse** *vpr* to embrace (each other), hug (each other).

abrazo *nm* hug, embrace.

abrebotellas *nm inv* bottle opener.

abrecartas *nm inv* letter-opener, paper-knife.

abrelatas *nm inv* tin-opener, US can-opener.

abrevadero *nm* drinking trough.

abrevar *vt* to water.

abreviación *nf* abbreviation.

abreviar [12] *vt (acortar)* to shorten; *(texto)* to abridge; *(palabra)* to abbreviate.

abreviatura *nf* abbreviation: ***la abreviatura de etcétera es etc***. the abbreviation of et caetera is etc.

abridor *nm* opener.

abrigar [7] **1** *vt (contra el frío)* to wrap up, keep warm. **2** *(proteger)* to shelter, protect. **3** *(sospechas)* to harbour. ‖ **4 abrigarse** *vpr (contra el frío)* to wrap oneself up. **5** *(protegerse)* to take shelter.

abrigo 1 *nm (prenda)* coat, overcoat: ***ropa de abrigo*** warm clothing. **2** *(refugio)* shelter.

• **ser de abrigo** to be frightening.

abril *nm* April.

abrillantador *nm* polish.

abrillantar *vt* to polish, shine.

abrir 1 *vt (pp* abierto,-a*) (gen)* to open. **2** *(cremallera)* to undo. **3** *(túnel)* to dig. **4** *(luz)* to switch on, turn on. **5** *(grifo, gas)* to turn on. **6** *(encabezar)* to head, lead. ‖ **7 abrirse** *vpr (gen)* to open; *(flores)* to blossom. **8** *(sincerarse)* to open out. **9** *arg (largarse)* to clear off.

• **abrir el apetito** to whet one's appetite; **abrir paso** to make way; **en un abrir y cerrar de ojos** *fam* in the twinkling of an eye.

abrochar 1 *vt* to button, button up. ‖ **2 abrocharse** *vpr* to button, button up: ***abróchense los cinturones*** please fasten your seat-belts.

abrumar *vt* to overwhelm: ***la abrumó con sus atenciones*** his attentions made her feel uncomfortable.

abrupto,-a 1 *adj (terreno)* rugged. **2** *(persona)* abrupt.

absceso *nm* abscess.

ábside *nm* apse.

absolución *nf* absolution.

absolutamente *adv* absolutely.

absoluto,-a *adj* absolute.

• **en absoluto** not at all.

absolver [32] *vt (pp* **absuelto,-a***) (de pecado)* to absolve; *(de cargo)* to acquit.

absorbente 1 *adj (algodón, papel)* absorbent. **2** *(trabajo)* absorbing, engrossing. ‖ **3** *nm* absorbent.

absorber *vt* to absorb.

absorción *nf* absorption.

absorto,-a 1 *adj (pasmado)* amazed. **2** *(ensimismado)* absorbed, engrossed (en, in).

abstemio,-a 1 *adj* abstemious, teetotal. ‖ **2** *nm,f* teetotaller.

abstención *nf* abstention.

abstenerse [87] *vpr* to abstain (de, from), refrain (de, from).

abstinencia *nf* abstinence.

abstracción *nf* abstraction.

abstracto,-a *adj* abstract: ***en abstracto*** in the abstract.

abstraer [88] **1** *vt* to abstract. ‖ **2 abstraerse** *vpr* to become lost in thought.

absuelto,-a *pp* → **absolver**.

absurdo,-a *adj* absurd.

abuchear *vt* to boo.
abucheo *nm* booing.
abuela 1 *nf (pariente)* grandmother (*fam* grandma, granny). **2** *(vieja)* old woman.
abuelo 1 *nm (pariente)* grandfather (*fam* grandad, granpa). **2** *(viejo)* old man. || **3 abuelos** *nm pl* grandparents.
abulia *nf* apathy.
abúlico,-a *adj* apathetic.
abultado,-a *adj* bulky, big.
abultamiento *nm* swelling, protuberance.
abultar 1 *vt (aumentar)* to enlarge, increase. **2** *(exagerar)* to exaggerate. || **3** *vi* to be bulky.
abundancia *nf* abundance, plenty.
abundante *adj* abundant, plentiful.
abundar *vi* to abound, be plentiful.
aburrido,-a 1 *adj (con ser)* boring, tedious: ***es un libro muy aburrido*** it's a very boring book. **2** *(con estar)* bored, weary: ***estoy aburrido*** I'm bored.
aburrimiento *nm* boredom.
aburrir 1 *vt* to bore. || **2 aburrirse** *vpr* to get bored.
abusado,-a *adj* MÉX astute, shrewd.
abusar 1 *vi (persona)* to take advantage of; *(autoridad, paciencia, hospitalidad)* to abuse: ***abusar de algn*** to take unfair advantage of sb. **2** *(sexualmente)* to sexually abuse.
• **abusar de la bebida** to drink too much; **abusar de la situación** to take unfair advantage of the situation.
abusivo,-a *adj* excessive, exorbitant.
abuso 1 *nm (uso excesivo)* abuse, misuse. **2** *(injusticia)* injustice.
▪ **abuso de confianza** betrayal of trust.
abusón,-ona 1 *nm,f fam (gorrón)* sponger. **2** *(egoísta)* selfish.
a/c *abr (*a cuenta*)* on account.
a.C. *abr (*antes de Cristo*)* before Christ; *(abreviatura)* BC.
acá 1 *adv (lugar)* here, over here: ***de acá para allá*** to and fro, up and down. **2** *(tiempo)* until now: ***de entonces acá*** since then.
acabado,-a 1 *adj (completo)* finished. **2** *(agotado)* worn-out: ***una persona acabada*** a has-been. || **3 acabado** *nm* finish, finishing touch.
acabar 1 *vt (gen)* to finish; *(completar)* to complete: ***he acabado el trabajo*** I've finished the work. **2** *(consumir)* to use up, run out of: ***acabaron las provisiones*** they used up their supplies; ***hemos acabado el agua mineral*** we've run out of mineral water. || **3** *vi (gen)* to finish, end; *(pareja)* to split up: ***ya he acabado*** I've already finished; ***acabar en punta*** to have a pointed end. **4** to end up: ***acabarás comprando el vestido*** you'll end up buying the dress. || **5 acabarse** *vpr (terminarse)* to end, finish; *(no quedar)* to run out.
• **acabar bien** to have a happy ending; **acabar con** to destroy, put an end to; **acabar de** to have just: ***no lo toques, acabo de pintarlo*** don't touch it, I've just painted it; **acabar mal** *(cosa)* to end badly; *(persona)* to come to a bad end; **¡acabáramos!** *fam* at last!; **¡se acabó!** that's it!
acacia *nf* acacia.
academia 1 *nf (institución)* academy. **2** *(escuela)* school.
académico,-a 1 *adj* academic: ***estudios académicos*** academic qualifications. || **2** *nm,f* academician.
acaecer [43] *vi* to happen, come to pass.
acallar 1 *vt (silenciar)* to silence, hush. **2** *(apaciguar)* to pacify.
acalorado,-a 1 *adj (con calor)* heated. **2** *(exaltado)* excited; *(debate, conciencia)* heated, angry.
acalorarse 1 *vpr (sofocarse)* to get warm, get hot. **2** *(exaltarse)* to get excited.
acampada *nf* camping.
acampanado,-a *adj (pantalón)* flared, bell-bottomed.

acampar *vi* to camp.
acanalado,-a **1** *adj* grooved. **2** ARQ fluted.
acantilado *nm* cliff.
acaparador,-ra **1** *adj* hoarding. || **2** *nm,f (de mercancías)* hoarder. **3** *(monopolizador)* monopolizer.
acaparar **1** *vt (alimentos, mercancías)* to hoard; *(mercado)* to corner, buy up. **2** *(monopolizar)* to monopolize: ***acaparó la atención de todos*** she commanded the attention of everyone.
acápite *nm* AM *(párrafo)* paragraph.
acariciar [12] **1** *vt (persona)* to caress, fondle; *(animal)* to stroke. **2** *(esperanzas etc)* to cherish. || **3** **acariciarse** *vpr* to caress each other.
acarrear **1** *vt (causar)* to cause, bring. **2** *(transportar)* to carry, transport.
acaso *adv* perhaps, maybe.
• **por si acaso** just in case.
acatar **1** *vt (leyes, orden)* to obey, comply with. **2** AM *(notar)* to notice.
acatarrarse *vpr* to catch a cold.
acaudalado,-a *adj* rich, wealthy.
acceder **1** *vi (consentir)* to consent (a, to), agree (a, to). **2** *(tener entrada)* to enter: ***por aquí se accede al jardín*** this leads to the garden. **3** *(alcanzar)* to accede (a, to): ***acceder al poder*** to come to power. || **4** *vt* INFORM to access.
accesible *adj* accessible.
acceso **1** *nm (entrada)* access, entry. **2** *(ataque)* fit, outburst.
■ **acceso directo** INFORM random access.
accesorio,-a **1** *adj* accessory. || **2** **accesorio** *nm* accessory: ***accesorios del automóvil*** car accessories.
accidentado,-a **1** *adj (turbado)* agitated: ***vida accidentada*** stormy life, troubled life. **2** *(terreno)* uneven, rough. || **3** *nm,f (persona herida)* casualty, accident victim.
accidental *adj* accidental.
accidentarse *vpr* to have an accident.
accidente **1** *nm (percance)* accident. **2** *(del terreno)* unevenness.
• **accidente aéreo** plane crash; **accidente de circulación** traffic accident, road accident; **accidente laboral** industrial accident; **por accidente** by chance.
acción **1** *nf (actividad)* action; *(acto)* act, deed. **2** *(efecto)* effect: ***la acción del agua sobre la piel*** the effect of water on the skin. **3** COM share. **4** JUR action, lawsuit. **5** TEAT plot. **6** MIL action.
■ **acción de gracias** thanksgiving.
accionar *vt (máquina)* to drive, work.
accionista *nmf* shareholder, stockholder.
acebo *nm* holly.
acechar *vt* to watch, spy on: ***un gran peligro nos acecha*** great danger looms ahead.
acecho *nm* watching.
• **al acecho** in wait, on the watch.
aceite *nm* oil.
aceitera **1** *nf (de mesa)* oil bottle. **2** *(de mecánico)* oilcan.
aceitoso,-a *adj* oily.
aceituna *nf* olive.
■ **aceituna rellena** stuffed olive.
aceitunado,-a *adj* olive-coloured.
aceleración *nf* acceleration.
acelerador *nm* accelerator.
acelerar **1** *vt* AUTO to accelerate. **2** *(apresurar)* to speed up. || **3** **acelerarse** *vpr (ponerse nervioso)* to get overexcited.
acelga *nf* chard.
acento **1** *nm (gráfico)* accent, written accent; *(tónico)* stress. **2** *(pronunciación)* accent: ***tiene acento andaluz*** she has an Andalusian accent. **3** *(énfasis)* emphasis, stress.
acentuación *nf* accentuation.
acentuado,-a **1** *adj (palabra, letra)* accented. **2** *(resaltado)* strong, marked.
acentuar [11] **1** *vt* to accent. **2** *(resaltar)* to emphasize, stress. || **3** **acentuarse** *vpr* to stand out.
acepción *nf* meaning, sense.
aceptable *adj* acceptable.

aceptación 1 *nf (acto)* acceptance. 2 *(aprobación)* approval: ***tener poca aceptación*** not to be popular.
aceptar 1 *vt (admitir)* to accept, receive. 2 *(aprobar)* to approve of.
acequia *nf* irrigation ditch.
acera *nf* pavement, US sidewalk.
• **ser de la acera de enfrente** to be queer.
acerca de *prep* about, concerning.
acercamiento *nm* coming together.
acercar [1] 1 *vt* to bring closer, bring nearer: ***acerca un poco la mesa*** bring the table a little closer; ***¿me acercas el agua?*** can you pass the water. ‖ 2 **acercarse** *vpr* to approach, come closer, come nearer: ***acércate*** come closer; ***se acerca el verano*** summer is near.
acero *nm* steel.
■ **acero inoxidable** stainless steel.
acertado,-a 1 *adj (opinión etc)* right, correct. 2 *(conveniente)* suitable.
acertante 1 *adj* winning. ‖ 2 *nmf* winner.
acertar [27] 1 *vt (repuesta)* to get right. 2 *(adivinanza)* to guess: ***acertar la quiniela*** to win the pools. ‖ 3 *vi (dar con)* to succeed (con, in), be right (con, about): ***acertó con la casa*** he found the right house; ***acertó con la respuesta*** he got the answer right; ***no acertó a decírselo*** she didn't manage to tell him. 4 **acertar a +** *inf* to happen, chance: ***yo acertaba a estar allí*** I happened to be there.
acertijo *nm* riddle.
acetona *nf* acetone.
achacar [1] *vt* to impute, attribute.
achacoso,-a *adj* ailing, unwell.
achaque 1 *nm (indisposición)* ailment. 2 *(excusa)* excuse, pretext.
achatar *vt* to flatten.
achicharrar 1 *vt (planta)* to scorch; *(comida)* to burn: ***hace un sol que achicharra*** it's boiling. ‖ 2 **achicharrarse** *vpr (pasar calor)* to roast: ***¡me estoy achicharrando aquí dentro!*** I'm roasting in here!
achicoria *nf* chicory.
achinado,-a 1 *adj (ojos)* slanting. 2 AM Indian-looking.
acholado,-a *adj* ANDES *pey* half-caste.
achuchar 1 *vt (estrujar)* to crush. 2 *(empujar)* to push violently.
achuchón 1 *nm fam (empujón)* push, shove. 2 *fam (indisposición)* indisposition. 3 *fam (abrazo)* squeeze.
acicalarse *vpr* to dress up.
acidez *nf (de fruta, vinagre)* sourness; *(en química)* acidity.
■ **acidez de estómago** heartburn.
ácido,-a 1 *adj (sabor)* sharp, tart. 2 QUÍM acidic. ‖ 3 **ácido** *nm* QUÍM acid. 4 *arg (droga)* acid, LSD.
acierto 1 *nm (solución correcta)* right answer. 2 *(decisión adecuada)* wise decision. 3 *(éxito)* success. 4 *(habilidad)* skill.
• **con acierto** wisely.
aclamar *vt* to acclaim.
aclaración *nf* explanation.
aclarar 1 *vt (cabello, color)* to lighten. 2 *(líquido)* to thin. 3 *(enjuagar)* to rinse. 4 *(explicar)* to explain. ‖ 5 **aclararse** *vpr (entender)* to understand. 6 *(tiempo)* to clear up.
• **aclararse la voz** to clear one's throat.
aclimatar 1 *vt* to acclimatize (a, to). ‖ 2 **aclimatarse** *vpr* to become acclimatized (a, to).
acné *nf* acne.
acobardar 1 *vt* to frighten. ‖ 2 **acobardarse** *vpr* to become frightened.
acogedor,-ra 1 *adj (persona)* welcoming. 2 *(lugar)* cosy, warm.
acoger [5] 1 *vt (recibir)* to receive; *(invitado)* to welcome. 2 *(proteger)* to shelter, protect. 3 *(ideas etc)* to accept, take to. ‖ 4 **acogerse** *vpr (refugiarse)* to take refuge (a, in). 5 *(a una ley)* to have recourse to.
acogida 1 *nf (de persona)* welcome. 2 *(de noticia, libro)* reception.
acometer 1 *vt (embestir)* to attack. 2 *(emprender)* to undertake.

acometida *nf* attack, assault.

acomodado,-a *adj (rico)* well-to-do.

acomodador,-ra *nm,f (hombre)* usher; *(mujer)* usherette.

acomodar 1 *vt (colocar)* to arrange. **2** *(adaptar)* to apply, adapt. **3** *(alojar)* to lodge, accommodate. || **4 acomodarse** *vpr (instalarse)* to make oneself comfortable. **5** *(avenirse)* to adapt oneself (a/con, to).

acompañamiento 1 *nm* MÚS accompaniment. **2** *(comitiva)* retinue.

acompañante 1 *adj* accompanying. || **2** *nmf (gen)* companion. **3** MÚS accompanist.

acompañar 1 *vt (ir con)* to go with, accompany. **2** *(adjuntar)* to enclose. || **3 acompañarse** *vpr* MÚS to accompany oneself (a, on).

• **acompañar en el sentimiento** *fml* to express one's condolences.

acomplejado,-a 1 *adj* with a complex. || **2** *nm,f* person with a complex.

acomplejar 1 *vi* to give a complex. || **2 acomplejarse** *vpr* to develop a complex (por, about).

acondicionador *nm* conditioner.

■ **acondicionador de aire** air conditioner; **acondicionador del cabello** hair conditioner.

acondicionar *vt* to fit up, set up; *(mejorar)* to improve.

acongojar 1 *vt* to distress, grieve. || **2 acongojarse** *vpr* to be distressed, be grieved.

aconsejar 1 *vt* to advise. || **2 aconsejarse** *vpr* to seek advice.

acontecer [43] *vi* to happen.

acontecimiento *nm* event, happening.

acoplar 1 *vt (juntar)* to fit together, join. **2** TÉC to couple, connect. || **3 acoplarse** *vpr* to pair, mate.

acorazado,-a 1 *adj* armoured. || **2 acorazado** *nm* battleship.

acordar [31] **1** *vt (resolver)* to agree. **2** *(decidir)* to decide. || **3 acordarse** *vpr* to remember (de, -).

acorde 1 *adj* in agreement. || **2** *nm* MÚS chord.

acordeón 1 *nm (instrumento)* accordion. **2** COL MÉX *fam (en examen)* crib.

acordonar 1 *vt (atar)* to lace, tie. **2** *(rodear)* to surround, draw a cordon around.

acorralar *vt* to corner.

acortar *vt* to shorten.

acosar *vt* to pursue, chase.

acoso *nm* pursuit, chase.

acostar [31] **1** *vt* to put to bed. || **2 acostarse** *vpr* to go to bed.

• **acostarse con algn** to sleep with sb.

acostumbrado,-a 1 *adj (persona)* accustomed, used. **2** *(hecho)* usual, customary.

acostumbrar 1 *vt (habituar)* to accustom to. || **2** *vi (soler)* to be in the habit of: ***no acostumbro a fumar por la mañana*** I don't usually smoke in the morning. || **3 acostumbrarse** *vpr* to become accustomed.

acotamiento *nm* MÉX *(arcén)* verge; *(de autopista)* hard shoulder, US shoulder.

ácrata *adj - nmf* anarchist.

acre 1 *adj (olor)* acrid. **2** *(sabor)* bitter. || **3** *nm (medida)* acre.

acreditado,-a *adj* reputable, well-known.

acreditar 1 *vt (demostrar, probar)* to prove. **2** *(cuenta bancaria)* to credit (-, with). **3** *(embajador)* to accredit. || **4 acreditarse** *vpr* to gain a reputation.

acreedor,-ra 1 *adj* deserving. || **2** *nm,f* FIN creditor.

acribillar 1 *vt (a balazos)* to riddle. **2** *(molestar)* to harass: ***acribillar a algn a preguntas*** to bombard sb with questions.

acrílico,-a *adj* acrylic.

acriollarse *vpr* AM to adopt native ways.

acrobacia *nf* acrobatics.

acróbata *nmf* acrobat.

acta 1 *nf (de reunión)* minutes *pl.* **2** *(cer-*

tificado) certificate. || **3 actas** *nf pl (memorias)* transactions.
■ **acta notarial** affidavit.
actitud *nf* attitude.
activar 1 *vt (poner en funcionamiento)* to activate; *(acelerar)* to expedite. || **2 activarse** *vpr* to become activated.
actividad *nf* activity.
activista *adj - nmf* POL activist.
activo,-a 1 *adj* active. || **2 activo** *nm* FIN assets *pl.*
■ **activo disponible** liquid assets *pl.*
acto 1 *nm (acción)* act. **2** *(ceremonia)* ceremony, meeting, public function. **3** TEAT act.
• **acto seguido** immediately afterwards; **hacer acto de presencia** to put in appearance; **en el acto** at once.
■ **acto reflejo** reflex action; **acto sexual** sexual act.
actor *nm* actor.
actriz *nf* actress.
actuación 1 *nf (comportamiento)* behaviour. **2** *(interpretación)* performance.
actual 1 *adj (de este momento)* present, current. **2** *(actualizado)* up-to-date.
actualidad 1 *nf (momento presente)* present time, present. **2** *(hechos)* current affairs *pl.*
• **en la actualidad** at present, at the present time.
■ **temas de actualidad** current affairs.
actualizar [4] **1** *vt* to bring up to date. **2** INFORM to upgrade.
actualmente *adv (hoy en día)* nowadays; *(ahora)* at present.
actuar [11] **1** *vi* to act (de, as). **2** CINEM TEAT to perform, act.
acuarela *nf* watercolour.
acuario *nm* aquarium.
acuático,-a *adj* aquatic, water.
acuchillar 1 *vt (persona)* to knife, stab. **2** *(madera)* to plane (down).
acudir *vi (ir)* to go; *(venir)* to come.
• **acudir a algn** to turn to sb; **acudir en ayuda de algn** to come to sb's aid.
acueducto *nm* aqueduct.
acuerdo *nm* agreement.
• **¡de acuerdo!** all right!, O.K.!; **de acuerdo con** in accordance with; **de común acuerdo** by mutual agreement; **estar de acuerdo** to agree.
■ **acuerdo marco** framework agreement.
acumulación *nf* accumulation.
acumulador,-ra 1 *adj* accumulative. || **2 acumulador** *nm* FÍS accumulator.
acumular *vt* to accumulate.
acunar *vt* to rock.
acuñar *vt (moneda)* to coin, mint.
acupuntura *nf* acupuncture.
acurrucarse [1] *vpr* to curl up.
acusación *nf (inculpación)* accusation; *(en derecho)* charge.
acusado,-a *adj - nm,f* accused.
acusar 1 *vt (culpar)* to accuse; *(en derecho)* charge (de, with). **2** *(manifestar)* to show signs of. || **3 acusarse** *vpr (confesarse)* to confess. **4** *(acentuarse)* to become more pronounced.
• **acusar recibo de** to acknowledge receipt of.
acusativo *nm* accusative.
acusica *adj - nmf fam* telltale.
acusón,-ona *adj - nm,f fam* telltale.
acústica *nf* acoustics.
acústico,-a *adj* acoustic.
adaptable *adj* adaptable.
adaptación *nf* adaptation.
adaptar 1 *vt (acomodar)* to adapt. **2** *(ajustar)* to adjust. || **3 adaptarse** *vpr* to adapt oneself (a, to).
adecuado,-a *adj* adequate, suitable.
adecuar [10] *vt* to adapt, make suitable.
adefesio *nm (persona)* freak.
adelantado,-a 1 *adj (precoz)* precocious. **2** *(aventajado)* advanced. **3** *(desarrollado)* developed. **4** *(reloj)* fast.
• **por adelantado** in advance.
adelantamiento *nm* overtaking.
• **hacer un adelantamiento** to overtake.
adelantar 1 *vt (mover adelante)* to

move forward. **2** *(reloj)* to put forward. **3** *(pasar adelante)* to pass; *(vehículo)* to overtake. **4** *(dinero)* to pay in advance. || **5** *vi (progresar)* to make progress. **6** *(reloj)* to be fast. || **7 adelantarse** *vpr (ir delante)* to go ahead. **8** *(llegar temprano)* to be early. **9** *(anticiparse)* to get ahead (a, of). **10** *(reloj)* to gain, be fast.

adelante 1 *adv* forward, further. || **2** *interj* come in!
• **en adelante** henceforth; **más adelante** later on.

adelanto 1 *nm (avance)* advance: ***los adelantos de la ciencia*** the progress of science. **2** COM advanced payment.

adelgazamiento *nm* slimming.

adelgazar [4] **1** *vt* to make slim. || **2** *vi (perder peso)* to lose weight; *(con régimen)* to slim.

ademán 1 *nm* gesture. || **2 ademanes** *nm pl* manners.
• **hacer ademán de** to look as if one is about to.

además 1 *adv (por añadidura)* besides. **2** *(también)* also.
• **además de** besides; **y además ...** and what's more ....

adentrarse *vpr* to penetrate.
• **adentrarse en algo** to go into sth.

adentro 1 *adv* inside. || **2 adentros** *nm pl* inward mind *sing*: ***para sus adentros*** in his heart.

adepto,-a *nm,f* follower, supporter.

aderezar [4] *vt* CULIN to season; *(ensalada)* to dress.

adeudar 1 *vt (deber)* to owe. **2** FIN to debit, charge. || **3 adeudarse** *vpr* to get into debt.

adherente *adj* adherent, adhesive.

adherir [35] **1** *vi* to stick (a, to). || **2 adherirse** *vpr (pegarse)* to stick. **3 adherirse a** *(unirse)* to join, become a member of; *(seguir)* to follow.

adhesión *nf* support.

adhesivo,-a 1 *adj* adhesive, sticky. || **2 adhesivo** *nm* adhesive.

adicción *nf* addition.

adición *nf* addition.

adicto,-a 1 *adj (a droga)* addicted (a, to). **2** *(dedicado)* fond (a, of). **3** *(partidario)* supporting. || **4** *nm,f (a droga)* addict. **5** *(partidario)* supporter.

adiestrar 1 *vt* to train, instruct. || **2 adiestrarse** *vpr* to train oneself.

adinerado,-a *adj* rich, wealthy.

adiós 1 *nm (pl* adioses*)* goodbye. || **2** *interj (despidiéndose)* goodbye!; *(alcruzarse)* good morning!, good afternoon!, good evening!

aditivo,-a 1 *adj* additive. || **2 aditivo** *nm* additive.

adivinanza *nf* riddle, puzzle.

adivinar 1 *vt (respuesta, nombre)* to guess. **2** *(futuro)* to forecast. **3** *(enigma)* to solve.

adivino,-a *nm,f* fortune-teller.

adjetivo,-a 1 *adj* adjective, adjectival. || **2 adjetivo** *nm* adjective.

adjudicar [1] **1** *vt* to award: ***¡adjudicado!*** sold! || **2 adjudicarse** *vpr* to appropriate.

adjunto,-a 1 *adj (en carta)* enclosed. **2** *(asistente)* assistant. || **3** *nm,f* assistant teacher.

administración 1 *nf (de empresa)* administration, management. **2** *(de medicamento)* administering. **3 la Administración** the Government, US the Administration.
■ **administración de Correos** Post Office; **administración de Hacienda** tax office; **administración de lotería** lottery office; **administración pública** public administration.

administrador,-ra *nm,f* administrator: ***es muy buena administradora*** she knows how to stretch money.

administrar 1 *vt (organizar)* to administer. **2** *(proporcionar)* to give: ***le administró un antibiótico*** he gave him an antibiotic. || **3 administrarse** *vpr* to manage one's own money.

administrativo,-a 1 *adj* administrative. || **2** *nm,f (funcionario)* official; *(de empresa, banco)* office worker.

admirable *adj* admirable.
admiración 1 *nf (estima)* admiration. **2** *(sorpresa)* amazement. **3** *(signo de)* exclamation mark.
admirador,-ra *nm,f* admirer.
admirar 1 *vt (estimar)* to admire. **2** *(sorprender)* to amaze, surprise. ‖ **3 admirarse** *vpr* to be astonished.
admisión *nf* admission.
admitir 1 *vt (dar entrada a, reconocer)* to admit. **2** *(aceptar)* to accept. **3** *(permitir)* to allow.
admón. *abr (*administración*)* office: ***admón. de Hacienda*** tax office.
ADN *abr* MED *(*ácido desoxirribonucleico*)* deoxyribonucleic acid; *(abreviatura)* DNA.
adobado,-a *adj* marinated.
adobar *vt* to marinate.
adolecer [43] *vi* to suffer (**de**, from) from.
adolescencia *nf* adolescence.
adolescente *adj* - *nmf* adolescent.
adonde *adv* where.
adónde *adv* where.
adopción *nf* adoption.
adoptar *vt* to adopt.
adoptivo,-a *adj* adoptive.
adoquín *nm* cobble, paving stone.
adorable *adj* adorable.
adoración *nf* adoration, worship.
adorar *vt* to adore, worship.
adormecer [43] **1** *vt (dar sueño a)* to send to sleep. **2** *(calmar - dolor)* to alleviate. ‖ **3 adormecerse** *vpr (dormirse)* to fall asleep. **4** *(entumecerse)* to go to sleep, go numb.
adormilarse *vpr* to doze, drowse.
adornar *vt* to decorate.
adorno *nm* decoration.
adosado,-a *adj* semidetached: ***casas adosadas*** semidetached houses.
adosar *vt* to lean (a, against).
adquirir [30] *vt (conseguir)* to acquire; *(comprar)* to buy, get: ***ha adquirido una gran experiencia en dos años*** she has acquired a lot of experience in two years; ***no pude adquirir las entradas para el partido*** I couldn't buy the tickets for the match.
adquisición *nf* acquisition; *(compra)* buy, purchase.
adquisitivo,-a *adj* acquisitive.
adrede *adv* purposely, on purpose.
adrenalina *nf* adrenalin.
adriático,-a *adj* Adriatic.
■ **el mar Adriático** the Adriatic Sea.
aduana *nf* customs *pl.*
● **pasar por la aduana** to go through customs.
aduanero,-a 1 *adj* customs. ‖ **2** *nm,f* customs officer.
adueñarse *vpr* **adueñarse de**, to seize.
adulación *nf* adulation, flattery.
adular *vt* to adulate, flatter.
adulteración *nf* adulteration.
adulterado,-a *adj* adulterated.
adulterar *vt* to adulterate.
adulterio *nm* adultery.
adúltero,-a 1 *adj* adulterous. ‖ **2** *nm,f (hombre)* adulterer; *(mujer)* adulteress.
adulto,-a *adj* - *nm,f* adult: ***los adultos*** the grown-ups.
advenimiento *nm* advent, arrival.
adverbio *nm* adverb.
adversario,-a 1 *adj* opposing. ‖ **2** *nm,f* adversary, opponent.
adversidad *nf* adversity.
adverso,-a 1 *adj* adverse. **2** *(opuesto)* opposite.
advertencia 1 *nf (aviso)* warning. **2** *(consejo)* advice.
advertir 1 *vt (darse cuenta de)* to notice. **2** *(avisar)* to warn. **3** *(aconsejar)* to advise.
adviento *nm* advent.
adyacente *adj* adjacent.
aéreo,-a 1 *adj (vista, fotografía)* aerial. **2** *(tráfico)* air.
aerodinámica *nf* aerodynamics.
aerodinámico,-a *adj* aerodynamic.
aeródromo *nm* aerodrome, US airfield.
aeromodelismo *nm* aeroplane modelling.

aeromoza *nf* AM air hostess.
aeronáutica *nf* aeronautics.
aeronave *nf* airship.
aeroplano *nm* aeroplane, airplane.
aeropuerto *nm* airport.
aerosol *nm* aerosol, spray.
afabilidad *nf* affability.
afable *adj* affable, kind.
afamado,-a *adj* famous, renowned.
afán 1 *nm (anhelo)* eagerness: ***con afán*** keenly. 2 *(esfuerzo)* hard work.
■ **afán de lucro** greed for profit.
afanador,-ora *nm,f* MÉX cleaner.
afanar *vt fam* to nick, pinch.
● **afanarse en/por hacer algo** to strive to do sth.
afear 1 *vt (persona)* to make ugly. 2 *(conducta)* to reproach.
afección *nf (enfermedad)* complaint, illness.
afectado,-a 1 *adj (poco natural)* affected. 2 *(fingido)* pretended.
afectar 1 *vt (concernir)* to affect. 2 *(impresionar)* to move. || 3 **afectarse** *vpr (impresionarse)* to be affected, be moved.
afectividad *nf* affectivity.
afecto,-a 1 *adj* affectionate, fond (a, of). || 2 **afecto** *nm* affection: ***con todo mi afecto*** with all my love.
afectuoso,-a *adj* affectionate.
afeitado *nm* shave, shaving.
afeitar *vt* - *vpr* to shave.
afeminado,-a *adj* effeminate.
aferrarse *vpr* to cling (a, to).
Afganistán *nm* Afghanistan.
afgano,-a 1 *adj* Afghan. || 2 *nm,f (persona)* Afghan. || 3 **afgano** *nm (idioma)* Afghan.
afianzar [4] 1 *vt (asegurar)* to strengthen. 2 *(consolidar)* to consolidate: ***afianzar un régimen*** to consolidate a regime. || 3 **afianzarse** *vpr* to steady oneself.
afiche *nm* AM poster.
afición *nf (inclinación)* liking: ***tiene afición por la música*** he's fond of music.
■ **la afición** fans *pl*, supporters *pl*.
aficionado,-a 1 *adj (entusiasta)* keen, fond. 2 *(no profesional)* amateur. || 3 *nm,f* fan, enthusiast. 4 *(no profesional)* amateur.
aficionar 1 *vt* to make fond (a, of). || 2 **aficionarse** *vpr* to become fond (a, of).
afilado,-a *adj* sharp.
afilar *vt* to sharpen.
afiliado,-a *adj* - *nm,f* affiliate, member.
afiliar [12] 1 *vt* to affiliate. || 2 **afiliarse** *vpr* to join (a, to), become affiliated (a, to).
afín 1 *adj (semejante)* similar. 2 *(relacionado)* related. 3 *(próximo)* adjacent, next.
afinar 1 *vt (perfeccionar)* to perfect, polish. 2 MÚS to tune. 3 *(puntería)* to sharpen.
afinidad *nf* affinity.
afirmación *nf* statement, assertion.
afirmar 1 *vt (afianzar)* to strenghten. 2 *(aseverar)* to state, say. || 3 **afirmarse** *vpr (ratificarse)* to steady oneself.
afirmativa *nf* affirmative answer.
afirmativo,-a *adj* affirmative.
afligido,-a *adj* afflicted, grieved.
afligir [6] 1 *vt* to afflict, grieve. || 2 **afligirse** *vpr* to grieve, be distressed.
aflojar 1 *vt (soltar)* to loosen. 2 *fam (dinero)* to pay up. || 3 *vi (disminuir)* to weaken. || 4 **aflojarse** *vpr* to come loose.
● **aflojar la mosca** *fam* to fork out, cough up.
afluente *nm* tributary.
afonía *nf* loss of voice.
afónico,-a *adj* hoarse.
● **estar afónico,-a** to have lost one's voice.
afortunado,-a 1 *adj (con suerte)* lucky, fortunate. 2 *(feliz)* happy.
afrenta *nf fml* affront, outrage.
Africa *nf* Africa.
africano,-a *adj* - *nm,f* African.
afrodisiaco,-a 1 *adj* aphrodisiac. || 2 **afrodisiaco** *nm* aphrodisiac.

afrodisíaco,-a 1 *adj* aphrodisiac. || 2 **afrodisíaco** *nm* aphrodisiac.

afrontar *vt* to face.

afuera 1 *adv* outside: ***vengo de afuera*** I've just been outside. || 2 *interj* out of the way! || 3 **afueras** *nf pl* outskirts.

agachar 1 *vt (cabeza)* to lower. || 2 **agacharse** *vpr (acuclillarse)* to crouch down. 3 *(encogerse)* to cower. 4 *(protegerse)* to duck down.

agalla 1 *nf (de pez)* gill. 2 BOT gall. || 3 **agallas** *nf pl fam* courage *sing*, guts.

agarrado,-a *adj* stingy.
• **bailar agarrado** to dance cheek to cheek.

agarrar 1 *vt (con la mano)* to clutch, seize. 2 AM *(tomar)* to take: ***agarrar un taxi*** to take a taxi. 3 *(pillar)* to catch. || 4 **agarrarse** *vpr* to hold on, cling (a, to).
• **agarrarse a un clavo ardiendo** to clutch at a straw.

agarrotado,-a 1 *adj (apretado)* tight. 2 *(músculo)* stiff.

agarrotar 1 *vt (oprimir)* to squeeze. || 2 **agarrotarse** *vpr (músculo)* to stiffen.

agasajar *vt* to wine and dine.

ágata *nf* agate.
▲ *Takes* el *and* un *in sing.*

agencia *nf* agency.
■ **agencia de viajes** travel agency.

agenda 1 *nf (libro)* diary. 2 *(orden del día)* agenda.

agente *nmf* agent.
■ **agente de cambio y bolsa** stockbroker; **agente de policía** police officer.

ágil *adj* agile.

agilidad *nf* agility.

agilizar [4] *vt* to speed up.

agitación 1 *nf (intranquilidad)* restlessness. 2 *(alboroto)* racket. 3 *(conflicto)* unrest.

agitar 1 *vt* to agitate; *(botella)* to shake; *(pañuelo)* to wave. 2 *fig* agitate, excite. || 3 **agitarse** *vpr (inquietarse)* to become agitated, become disturbed. 4 *(mar)* to become rough.

aglomeración 1 *nf* agglomeration. 2 *(de gente)* crowd.

aglutinar *vt* - *vpr* to agglutinate.

agnóstico,-a *adj* - *nm,f* agnostic.

agobiado,-a 1 *adj (doblado)* bent over. 2 *fig (cansado)* exhausted.
• **agobiado,-a de trabajo** up to one's eyes in work; **agobiado,-a de deudas** burdened with debts.

agobiar [12] 1 *vt* to overwhelm. || 2 **agobiarse** *vpr* to worry too much, get worked up.

agobio *nm* burden, fatigue.

agolparse *vpr* to crowd, throng.

agonía 1 *nf (sufrimiento)* agony, grief; *(de moribundo)* death throes: ***murió después de una larga agonía*** death was slow in coming to her. 2 AM *(desazón)* anxiety.

agonizar [4] *vi* to be dying.

agosto *nm* August.
• **hacer su agosto** to make a packet, make a pile.

agotado,-a 1 *adj (cansado)* exhausted. 2 *(libro)* out of print; *(mercancía)* sold out.

agotador,-ra *adj* exhausting.

agotamiento *nm* exhaustion.

agotar 1 *vt* to exhaust. || 2 **agotarse** *vpr (cansarse)* to become exhausted. 3 *(acabarse)* to run out; *(existencias)* to be sold out.

agraciado,-a 1 *adj (atractivo)* attractive. 2 *(ganador)* winning.

agradable *adj* nice, pleasant.

agradar *vi* to please: ***esto me agrada*** I like this.

agradecer [43] 1 *vt (dar las gracias por)* to thank for: ***gracias por venir*** thank you for coming. 2 *(estar agradecido por)* to be grateful for: ***te estaría muy agradecido si vinieras*** I should be very grateful if you would come. || 3 **agradecerse** *vpr (venir bien)* to welcome: ***siempre se agradece un descanso*** a rest is always welcome.

agradecido,-a *adj* grateful, thankful:

le quedaría muy agradecido si ... I should be very much obliged if ....

agradecimiento *nm* gratitude, thankfulness.

agrado *nm* pleasure: ***no es de su agrado*** it isn't to his liking.

agrandar 1 *vt (aumentar)* to enlarge. **2** *(exagerar)* to exaggerate. || **3 agrandarse** *vpr* to enlarge, become larger.

agrario,-a *adj* agrarian.

agravante 1 *nm & nf (gen)* added difficulty. || **2** *nm* JUR aggravating circumstance.

agravar 1 *vt* to aggravate. || **2 agravarse** *vpr* to get worse.

agraviar [12] *vt* to offend, insult.

agravio *nm* offence, insult.

agredir *vt* to attack.

▲ *Used only in forms which include the letter* i *in their endings:* agredía, agrediré, agrediendo.

agregar [7] **1** *vt (añadir)* to add. **2** *(unir)* to gather. || **3 agregarse** *vpr* to join.

agresión *nf* aggression.

agresividad *nf* agressiveness.

agresivo,-a *adj* aggressive.

agresor,-ra *nm,f* aggressor.

agreste 1 *adj (campestre)* rural, country. **2** *(basto)* uncouth, coarse.

agriar [12] **1** *vt (leche, vino)* to sour. **2** *(persona)* to embitter. || **3 agriarse** *vpr (leche, vino)* to turn sour. **4** *(persona)* to become embittered.

agrícola *adj* agricultural.

agricultor,-ra *nm,f* farmer.

agricultura *nf* agriculture, farming.

agridulce 1 *adj* bittersweet. **2** CULIN sweet and sour.

agrietar *vt - vpr* to crack.

agringarse *vpr* AM *pey* to behave like a gringo.

agrio,-a 1 *adj* sour. || **2 agrios** *nm pl* citrus fruits.

agronomía *nf* agronomy.

agrónomo,-a *nm,f* agronomist.

agrupación 1 *nf (acción)* grouping together. **2** *(asociación)* association.

agrupar 1 *vt (congregar)* to gather. || **2 agruparse** *vpr (congregarse)* to group together. **3** *(asociarse)* to associate.

agua *nf* water.

● **estar con el agua en el cuello** to be up to one's neck in it; **estar más claro que el agua** to be as clear as day; **hacérsele la boca agua a uno** to make one's mouth water; **nunca digas de esta agua no beberé** never say never; **romper aguas** *(parturienta)* to break one's water bag.

■ **agua bendita** holy water; **agua con gas** carbonated water; **agua corriente** running water; **agua de colonia** cologne, eau de cologne; **agua dulce** fresh water; **agua mineral** mineral water; **agua oxigenada** hydrogen peroxide; **agua potable** drinking water; **agua salada** salt water; **aguas jurisdiccionales** territorial waters; **aguas residuales** sewage *sing*; **aguas termales** territorial waters.

▲ *Takes* el *and* un *in sing.*

aguacate *nm* avocado pear.

aguacero *nm* heavy shower, downpour.

aguado,-a *adj* watered down.

aguafiestas *nmf inv* killjoy.

aguamala *nf* CARIB COL ECUAD MÉX jellyfish.

aguamiel 1 *nm & nf* AM *(bebida) water mixed with honey or cane syrup.* **2** CARIB MÉX *(jugo)* maguey juice.

aguantar 1 *vt (contener)* to hold back. **2** *(sostener)* to hold. **3** *(soportar)* to tolerate. || **4 aguantarse** *vpr (contenerse)* to restrain oneself. **5** *(resignarse)* to resign oneself.

aguante 1 *nm (paciencia)* patience. **2** *(fuerza)* strength.

aguar [22] *vt* to water down.

● **aguarle la fiesta a algn** to spoil sb's fun.

aguardar *vt - vi* to wait (for), await: ***aguarda un momento*** wait a minute; ***nos aguardan tiempos mejores*** better times are ahead; ***no sé lo que me***

aguarda el futuro I don't know what the future has in store for me.

aguardiente *nm* liquor, brandy.

aguarrás *nm* turpentine.

aguatero,-a *nm,f* AM water seller.

aguaviva *nf* RPL jellyfish.

agudeza 1 *nf (de dolor, sentidos)* sharpness. **2** *(viveza)* wit. **3** *(comentario)* witticism.

agudizar [4] **1** *vt - vpr (sentidos)* to sharpen. **2** *(crisis)* to make worse, aggravate.

agudo,-a 1 *adj (afilado)* sharp. **2** *(dolor)* acute. **3** *(ingenioso)* witty. **4** *(voz)* high-pitched. **5** *(palabra)* oxytone.

aguijón 1 *nm (de animal)* sting. **2** *(de planta)* thorn, prickle. **3** *fig (estímulo)* sting, spur.

águila *nf* eagle.
• ***¿águila o sol?*** MÉX heads or tails?
▲ *Takes* el *and* un *in sing.*

aguileño,-a *adj* aquiline.

aguilucho *nm* eaglet.

aguinaldo *nm* Christmas bonus.

agüita *nf* CHILE tea, herbal tea.

aguja 1 *nf (de coser, jeringuilla)* needle. **2** *(de reloj)* hand. **3** *(de tocadiscos)* stylus. **4** ARQ steeple. **5** *(de tren)* point, US switch.
• **buscar una aguja en un pajar** to look for a needle in a haystack.

agujerear *vt* to pierce, perforate.

agujero *nm* hole.

agujetas *nf pl* stiffness *sing.*
• **tener agujetas** to feel stiff.

aguzar [4] **1** *vt (afilar)* to sharpen. **2** *(estimular)* to spur on.
• **aguzar el oído** to prick up one's ears.

ahí *adv* there: ***¿estás ahí?*** are you there?
• **ahí abajo** down there; **ahí arriba** up there; **de ahí que** hence, therefore; **por ahí** *(lugar)* round there; *(aproximadamente)* more or less.

ahijado,-a *nm,f* godchild; *(chico)* godson; *(chica)* goddaughter.

ahínco *nm* eagerness: ***con ahínco*** eagerly.

ahogado,-a 1 *adj (persona)* drowned. **2** *(voz, llanto)* stufled. **3** *nm,f* drowned person.

ahogar [7] **1** *vt (en agua - personas)* to drown; *(- plantas)* to soak. **2** *(reprimir)* to stifle: ***ahogar las lágrimas*** to hold back one's tears. ‖ **3 ahogarse** *vpr (en agua)* to be drowned. **4** *(asfixiarse)* to choke. **5** *(motor)* to be flooded.
• **ahogarse en un vaso de agua** *fig* to make a mountain out of a molehill.

ahondar 1 *vt* to deepen. ‖ **2** *vt - vi* to go deep: ***ahondar en un problema*** to examine a problem in depth.

ahora 1 *adv (en este momento)* now. **2** *(hace un momento)* a while ago. **3** *(dentro de un momento)* in a minute, shortly.
• **ahora bien** but, however; **ahora o nunca** now or never; **de ahora en adelante** from now on; **hasta ahora** until now, so far; **por ahora** for the time being.

ahorcado,-a *nm,f* hanged person.

ahorcar [1] *vt* to hang.

ahorita 1 *adv* ANDES CAM CARIB MÉX *fam (en el presente)* now, right now: ***ahorita voy*** I'm just coming. **2** *(pronto)* in a second. **3** *(hace poco)* just now, a few minutes ago.

ahorrador,-ra *adj* thrifty.

ahorrar 1 *vt (esfuerzo, problema)* to spare. ‖ **2** *vt - vpr (tiempo, dinero, energía)* to save. ‖ **3 ahorrarse** *vpr (esfuerzo, problema)* to spare oneself, save oneself.

ahorros *nm pl* savings.

ahuecar [1] **1** *vt* to hollow out. **2** *(descompactar)* to fluff out. **3** *(voz)* to deepen.
• **ahuecar el ala** *fam* to clear off.

ahuevado,-a *adj* ANDES CAM *fam: **estar ahuevado con algo*** to be bowled over by sth.

ahumado,-a 1 *adj (gen)* smoked; *(bacon)* smoky. ‖ **2 ahumado** *nm (proceso)* smoking.

ahumar [16] *vt - vi* to smoke.

ahuyentar *vt* to drive away, scare away.
aindiado,-a *adj* AM Indian-like.
aire 1 *nm (fluido)* air. **2** *(viento)* wind: ***hace aire*** it's windy. **3** *(aspecto)* air, appearance. **4** *(estilo)* style. **5** MÚS air, melody.
• **al aire libre** in the open air, outdoors; **cambiar de aires** to change one's surroundings; **darse aires** to put on airs; **estar en el aire** to be in the air; **saltar por los aires** to blow up; **tomar el aire** to get some fresh air.
■ **aire acondicionado** air conditioning.
airear 1 *vt (ventilar)* to air. **2** *(asunto)* to publicize. ‖ **3 airearse** *vpr* to take some fresh air.
airoso,-a 1 *adj (lugar)* windy. **2** *(persona)* graceful.
• **salir airoso,-a** to be successful (**de,** in).
aislado,-a 1 *adj (apartado)* isolated. **2** TÉC insulated.
aislamiento 1 *nm (acción, estado)* isolation. **2** TÉC insulation.
aislante 1 *adj* insulating. ‖ **2** *nm* insulator.
aislar [15] **1** *vt (apartar)* to isolate. **2** TÉC to insulate. ‖ **3 aislarse** *vpr* to isolate oneself (**de,** from).
ajá *interj* good!
ajedrez *nm* chess.
ajeno,-a 1 *adj (de otro)* another's: ***jugar en campo ajeno*** to play away from home. **2** *(indiferente)* not involved: ***ajeno a la conversación*** not involved in the conversation. **3** *(ignorante)* unaware of, oblivious to: ***estaba ajeno al peligro*** he was oblivious to the danger.
ajetreado,-a *adj* busy, hectic.
ajetreo *nm* activity, bustle.
ají 1 *nm* ANDES RPL *(pimiento)* chilli (pepper). **2** ANDES RPL *(salsa) sauce made from oil, vinegar, garlic and chilli.*
ajiaco 1 *nm* ANDES CARIB *(estofado) chilli-based stew.* **2** MÉX *(estofado con ajo) tripe stew flavoured with garlic.*
ajillo *nm*.
• **al ajillo** fried with garlic.
ajo *nm* garlic.
• **estar en el ajo** to be in on it.
ajuar 1 *nm (de novia)* trousseau. **2** *(de bebé)* layette. **3** *(muebles)* household furniture.
ajustado,-a 1 *adj (justo)* right. **2** *(apretado)* tight, close-fitting.
ajustar 1 *vt (adaptar)* to adjust; *(uso técnico)* to fit. **2** *(ceñir)* to fit tight. **3** *(acordar)* to arrange. ‖ **4 ajustarse** *vpr (ceñirse)* to fit. **5** *(ponerse de acuerdo)* to come to an agreement.
• **ajustar cuentas** *(dinero)* to settle up; *(asunto pendiente)* to settle an old score.
ajusticiar [12] *vt* to execute.
al *contr* (a + el*)* → **a**.
ala 1 *nf (de ave)* wing. **2** *(de sombrero)* brim. **3** *(de hélice)* blade. **4** DEP winger.
• **cortarle las alas a algn** to clip sb's wings; **dar alas a algn** to encourage sb.
■ **ala delta** hang glider.
alabanza *nf* praise.
alabar 1 *vt* to praise. ‖ **2 alabarse** *vpr* to boast.
alabastro *nm* alabaster.
alacena *nf* cupboard.
alacrán *nm* scorpion.
alado,-a *adj* winged.
alambre *nm* wire.
alameda 1 *nf (bosque)* poplar grove. **2** *(paseo)* avenue.
álamo *nm* poplar.
alarde *nm* display.
• **hacer alarde de** to flaunt, show off.
alardear *vi* to boast.
alargado,-a *adj* long, elongated.
alargar [7] **1** *vt (auementar)* to lengthen. **2** *(estirar)* to stretch. **3** *(prolongar)* to prolong. **4** *(dar)* to hand, pass. ‖ **5 alargarse** *vpr* to lengthen.
alarido *nm* screech, yell.

alarma *nf* alarm.
• **dar la alarma** to rise the alarm.
■ **alarma antirrobo** *(para casa)* burglar alarm; *(para coche)* antitheft device; **alarma contra incendios** fire alarm.
alarmante *adj* alarming.
alarmar 1 *vt* to alarm. ‖ **2 alarmarse** *vpr* to be alarmed.
alba *nf* dawn, daybreak.
▲ *Takes* el *and* un *in sing.*
albanés,-esa 1 *adj* Albanian. ‖ **2** *nm,f* Albanian. ‖ **3 albanés** *nm (idioma)* Albanian.
Albania *nf* Albania.
albañil *nm* bricklayer.
albaricoque *nm* apricot.
alberca 1 *nf* water tank. **2** MÉX *(piscina)* swimming pool.
albergar [7] **1** *vt (alojar)* to lodge, house. **2** *(sentimientos)* to cherish. ‖ **3 albergarse** *vpr* to stay.
albergue 1 *nm* hostel. **2** *(refugio)* shelter.
■ **albergue juvenil** youth hostel.
albino,-a *adj - nm,f* albino.
albóndiga *nf* meatball.
albondiguilla *nf* meatball.
alborada *nf* dawn, break of day.
albornoz *nm* bathrobe.
alborotado,-a 1 *adj (agitado)* agitated, excited. **2** *(desordenado)* untidy. **3** *(irreflexivo)* reckless.
alborotador,-ra 1 *adj* rowdy. ‖ **2** *nm,f* troublemaker.
alborotar 1 *vt (agitar)* to agitate, excite. **2** *(desordenar)* to make untidy. **3** *(sublevar)* to incite to rebel. ‖ **4** *vi* to make a racket. ‖ **5 alborotarse** *vpr* to get excited.
alboroto 1 *nm (gritería)* din, racket. **2** *(desorden)* uproar, commotion.
albufera *nf* lagoon.
álbum *nm* album.
alcachofa *nf* artichoke.
alcalde *nm* mayor.
alcaldesa *nf* mayoress.
alcaldía 1 *nf (cargo)* mayorship. **2** *(oficina)* mayor's office.
alcalino,-a *adj* alkaline.
alcance 1 *nm (de persona)* reach: ***al alcance de uno*** within one's reach. **2** *(de arma)* range. **3** *(trascendencia)* scope, importance. **4** *(inteligencia)* intelligence: ***persona de pocos alcances*** person of low intelligence.
alcantarilla *nf* sewer.
alcantarillado *nm* sewer system.
alcanzar [4] **1** *vt (lugar, edad, temperatura)* to reach; *(persona)* to catch up with. **2** *(pasar)* to pass, hand over: ***alcánzame el pan*** pass me the bread. **3** *(conseguir)* to attain, achieve. ‖ **4** *vi (ser suficiente)* to be sufficient, be enough (para, for).
• **alcanzar a +** *inf* to manage to + *inf*: ***no alcancé a oírlo*** I didn't manage to hear it.
alcaparra *nf* caper.
alcaucil *nm* RPL artichoke.
alcázar 1 *nm (fortaleza)* fortress. **2** *(palacio)* palace.
alce *nm* elk, moose.
alcoba *nf* bedroom.
alcohol *nm* alcohol.
alcohólico,-a *adj - nm,f* alcoholic.
alcoholímetro *nm* breathalyzer.
alcoholismo *nm* alcoholism.
alcoholizar [4] **1** *vt* to alcoholize. ‖ **2 alcoholizarse** *vpr* to become an alcoholic.
alcornoque 1 *nm (árbol)* cork oak. **2** *(persona tonta)* blockhead.
aldaba 1 *nf (llamador)* door knocker. **2** *(pestillo)* bolt, crossbar.
aldea *nf* hamlet, village.
aldeano,-a *nm,f* villager.
aleación *nf* alloy.
alebrestarse *vpr* COL *(ponerse nervioso)* to get nervous, get excited.
alegar [7] *vt* to allege, plead.
alegrar 1 *vt (poner contento)* to make happy. **2** *(avivar)* to brighten up. ‖ **3 alegrarse** *vpr (ponerse contento)* to be happy. **4** *fam (emborracharse)* to get tipsy.

alegre 1 *adj (persona - contenta)* happy. 2 *(- borracha)* tipsy. 3 *(color)* bright. 4 *(música)* lively. 5 *(espacio)* cheerful.

alegría 1 *nf* happiness. 2 *(irresponsabilidad)* irresponsibility.

alejado,-a *adj* far away, remote.

alejamiento 1 *nm (separación)* distance, separation. 2 *(enajenación)* estrangement.

alejar 1 *vt (llevar lejos)* to remove, move away. 2 *(separar)* to separate, estrange. || 3 **alejarse** *vpr* to go away, move away.

aleluya *interj* hallelujah.

alemán,-ana 1 *adj* German. || 2 *nm,f (persona)* German. || 3 **alemán** *nm (idioma)* German.

Alemania *nf* Germany.

■ **Alemania Occidental** West Germany; **Alemania Oriental** East Germany.

alentar [27] *vt* to encourage.

alergia *nf* allergy.

alérgico,-a *adj* allergic.

alero 1 *nm (del tejado)* eaves *pl*. 2 DEP winger.

alerta 1 *adv* on the alert: ***estuvimos alerta toda la noche*** we were on the alert the whole night. || 2 *nf* alert. || 3 *interj* look out!

● **dar la voz de alerta** to give the alert.

aleta 1 *nf (de pescado)* fin. 2 ANAT wing.

aletargar [7] 1 *vt* to make drowsy. || 2 **aletargarse** *vpr* to get drowsy.

aletear *vi* to flutter.

alevosía *nf* treachery, perfidy.

alfabético,-a *adj* alphabetical.

alfabeto *nm* alphabet.

■ **alfabeto árabe** Arabic alphabet.

alfajor *nm* CSUR *large biscuit filled with toffee and coated with coconut.*

alfalfa *nf* alfalfa, lucerne.

alfarería *nf* pottery.

alfarero,-a *nm,f* potter.

alféizar *nm* windowsill.

alférez *nm* second lieutenant, ensign.

alfil *nm* bishop.

alfiler 1 *nm (en costura)* pin. 2 *(joya)* brooch.

● **no caber ni un alfiler** to be crammed full.

■ **alfiler de corbata** tiepin; **alfiler de gancho** ANDES RPL VEN safety pin.

alfombra 1 *nf (grande)* carpet; *(pequeña)* rug. 2 *(de baño)* bathmat.

■ **alfombra mágica** magic carpet.

alfombrar *vt* to carpet.

alforjas *nf pl* saddlebag *sing*.

alga *nf* BOT alga; *(marina)* seaweed.

▲ *Takes* el *and* un *in sing.*

algarabía *nf* hubbub.

algarroba 1 *nf (fruto)* carob bean. 2 *(planta)* vetch.

álgebra *nf* algebra.

▲ *Takes* el *and* un *in sing.*

algo 1 *pron (en frases afirmativas)* something; *(en frases interrogativas)* anything: ***vamos a tomar algo*** let's have something to drink; ***¿hay algo que no entiendas?*** is there anything you don't understand? || 2 *adv (un poco)* a bit, a little: ***te queda algo grande*** it's a bit too big for you.

● **algo así** something like that; **algo es algo** something is better than nothing; **por algo será** there must be a reason for it.

algodón *nm* cotton.

■ **algodón hidrófilo** cotton wool.

algodonero,-a *adj* cotton.

alguacil *nm* bailiff.

alguien *pron* somebody, someone; *(interrogativo, negativo)* anybody, anyone.

algún *adj* → **alguno,-a**.

▲ *Used before sing masculine nouns.*

alguno,-a 1 *adj (en frases afirmativas)* some; *(en frases interrogativas)* any; *(en frases negativas)* no, no... any: ***me he comprado algunos libros*** I've bought some books; ***¿tienes alguna idea mejor?*** do you have any better idea?; ***sin éxito alguno*** without any success at all; ***no vino persona alguna*** no-

body came. || **2** *pron (en frases afirmativas)* someone, somebody; *(en frases interrogativas)* anybody: ***hubo alguno que se quejó*** there was somebody who complained; ***puedes quedarte con alguna de estas fotos*** you can keep some of those pictures; ***¿alguno sabe la respuesta?*** does anyone know the answer?
• **alguno,-a que otro,-a** some, a few.

alhaja 1 *nf (joya)* jewel. **2** *(objeto valioso)* valuable thing.
• **¡menuda alhaja!** *irón* he's a fine one!

alhelí *nm (pl* alhelíes*)* wallflower.

aliado,-a 1 *adj* allied. || **2** *nm,f* ally.

alianza 1 *nf (pacto)* alliance. **2** *(anillo)* wedding ring.

aliar [13] *vt - vpr* to ally.

alias 1 *adv* alias. || **2** *nm* alias.

alicates *nm pl* pliers.

aliciente *nm* incentive, inducement.

alienar *vt* to alienate.

aliento 1 *nm (respiración)* breath: ***le huele el aliento*** his breath smells. **2** *(ánimo)* spirit, courage.
• **contener el aliento** to hold one's breath; **sin aliento** breathless.

aligerar 1 *vt (descargar)* to lighten. **2** *(aliviar)* to alleviate. **3** *(acelerar)* to speed up.

alijo *nm* contraband.

alimaña *nf* vermin.

alimentación 1 *nf (acción)* feeding. **2** *(alimento)* food.
■ **alimentación manual** INFORM manual feed.

alimentar 1 *vt (dar alimento)* to feed: ***la leona alimenta a sus crías*** the lioness feeds her cubs. **2** *(pasiones etc)* to encourage. **3** INFORM to feed. || **4** *vi (servir de alimento)* to be nutritious, be nourishing: ***el pescado alimenta mucho*** fish is very nutritious. || **5 alimentarse** *vpr* to live (de, on).

alimenticio,-a *adj* nutritious.

alimento *nm* food.

alinear *vt - vpr* to align, line up.

aliñar *vt (ensalada)* to dress; *(guiso)* to season.

aliño *nm (de ensalada)* dressing; *(de guiso)* seasoning.

alisar *vt* to smooth.

aliscafo *nm* RPL hydrofoil.
▲ *También* alíscafo.

alistar 1 *vt - vpr* to enlist. || **2 alistarse** *vpr* AM *(prepararse)* to get ready.

aliviar [12] **1** *vt (enfermedad, dolor)* to relieve. **2** *(carga, peso)* to lighten. **3** *(consolar)* to comfort. || **4 aliviarse** *vpr* to get better.

alivio 1 *nm (aligeramiento)* lightening. **2** *(mejoría)* relief. **3** *(consuelo)* comfort.

allá 1 *adv (lugar)* there: ***allá va tu madre*** there goes your mother; ***allá abajo*** down there; ***allá arriba*** up there; ***más allá*** further, further on. **2** *(tiempo)* back: ***allá por los años sesenta*** back in the sixties.
• **allá tú/vosotros** that's your problem; **el más allá** the beyond.

allanamiento de morada *nm (entrada a la fuerza)* unlawful entry; *(robo)* breaking and entering.

allanar 1 *vt (terreno)* to level, flatten. **2** *(dificultad etc)* to overcome. || **3 allanarse** *vpr (acceder)* to agree.

allegado,-a 1 *adj* close. || **2** *nm,f* relative.

allí 1 *adv (lugar)* there: ***allí abajo*** down there; ***allí arriba*** up there. **2** *(tiempo)* then, at that moment.
• **por allí** that way.

alma *nf* soul.
• **no había ni un alma** there was not a soul; **ser el alma de la fiesta** to be the life and soul of the party.
▲ *Takes* el *and* un *in sing.*

almacén 1 *nm (depósito)* warehouse. **2** *(habitación)* storeroom. **3** ANDES RPL *(de alimentos)* grocer's (shop), grocery store. || **4 almacenes** *nm pl* department store *sing.*

almacenamiento *nm* storage.

almacenar 1 *vt (gen)* to store. **2** *(acumular)* to store up.

almanaque *nm* almanac.
almeja *nf* clam.
almendra *nf* almond.
■ **almendra garapiñada** sugared almond.
almendro *nm* almond tree.
almíbar *nm* syrup.
almidón *nm* starch.
almirante *nm* admiral.
almohada *nf* pillow.
● **consultar algo con la almohada** *fam* to sleep on sth.
almohadilla 1 *nf (cojín)* small cushion. **2** COST pin cushion. **3** *(tampón)* inkpad.
almohadón *nm* cushion.
almorzar [50] **1** *vi* to have lunch. ‖ **2** *vt* to have for lunch.
almuerzo *nm* lunch.
aló *interj* ANDES CARIB *(al teléfono)* hello!
alocado,-a *adj* foolish, wild, reckless.
alojamiento *nm* lodging, accommodation.
alojar 1 *vt* to lodge. ‖ **2 alojarse** *vpr* to be lodged, stay.
alondra *nf* lark.
alpargata *nf* rope-soled sandal, espadrille.
Alpes *nm pl* the Alps.
alpinismo *nm* mountaineering.
alpinista *nmf* mountaineer, mountain climber.
alpiste *nm* birdseed.
alquilar 1 *vt (dar en alquiler - casa)* to let; *(- coche, bicicleta)* to hire, rent; *(- aparato)* to rent. **2** *(tomar en alquiler - casa)* to rent; *(- coche, bicicleta)* to hire, rent.
alquiler 1 *nm (cesión - de casa)* letting, US renting; *(- de coche etc)* hire, rental; *(- de aparato)* rental. **2** *(cuota - de casa)* rent; *(- de coche etc)* hire charge; *(- de aparato)* rental.
alquitrán *nm* tar.
alrededor 1 *adv (en torno)* around, round: ***mira alrededor*** look around. ‖ **2 alrededores** *nm pl* surrounding area *sing.*
● **alrededor de** around, about.
alta 1 *nf (a un enfermo)* discharge: ***dar de alta*** to discharge from hospital. **2** *(ingreso)* membership: ***darse de alta en un club*** to join a club.
▲ *Takes* el *and* un *in sing.*
altanero,-a *adj* arrogant.
altar *nm* altar.
altavoz *nm* loudspeaker.
alteración 1 *nf (cambio)* alteration. **2** *(excitación)* agitation. **3** *(alboroto)* disturbance.
● **alteración del orden público** breach of the peace.
alterar 1 *vt (cambiar)* to alter, change. **2** *(enfadar)* to annoy. **3** *(preocupar)* to disturb, upset. ‖ **4 alterarse** *vpr (cambiar)* to change. **5** *(deteriorarse)* to go bad, go off. **6** *(enfadarse)* to lose one's temper.
altercado *nm* argument.
alternar 1 *vt - vi (sucederse)* to alternate. ‖ **2** *vi* to socialize. **3** *(en salas de fiesta, bar)* to entertain.
alternativa *nf* alternative, option.
alternativo,-a *adj* alternate.
alteza *nf* highness.
altibajos *nm pl* ups and downs: ***los altibajos de la vida*** the ups and downs of life.
altillo 1 *nm (armario)* cupboard. **2** AM *(desván)* attic.
altitud *nf* height, altitude.
altivez *nf* haughtiness, arrogance.
altivo,-a *adj* haughty, arrogant.
alto,-a 1 *adj (gen)* high: ***tacón alto*** high heel; ***la marea está alta*** it's high tide. **2** *(persona, edificio, árbol)* tall: ***un hombre alto*** a tall man. **3** *(ejecutivo, funcionario)* high, top. ‖ **4 alto** *nm (elevación)* height, hillock. **5** *(parada)* halt, stop: ***dar el alto*** to call to a halt, stop. ‖ **6** *adv* high (up). **7** *(hablar)* loud, loudly: ***habla más alto*** speak more loudly. ‖ **8 ¡alto!** *interj* halt!, stop!
● **en lo alto de** on top of; **pasar por alto** to pass over; **por todo lo alto** in a grand way; **tirando alto** at the most.

■ **alta costura** haute couture; **alta fidelidad** high fidelity; **alta mar** high seas; **altas horas** late at night; **alto horno** blast furnace.

altoparlante *nm* AM loudspeaker.

altruismo *nm* altruism.

altruista *nmf* altruist.

altura 1 *nf (gen)* height. **2** *(altitud)* altitude. **3** *(nivel)* level. **4** *(valía)* worth; *(categoría)* standing. ‖ **5 alturas** *nf pl* REL heaven sing.

• **estar a la altura de las circunstancias** to be worthy of the occasion.

alubia *nf* bean.

alucinación *nf* hallucination.

alucinado,-a *adj* amazed.

alucinante 1 *adj (substancia)* hallucinatory. **2** *fam (increíble)* mind-blowing.

alucinar 1 *vi (tener alucinaciones)* to hallucinate. **2** *fam (asombrarse)* to be amazed, be spaced out: ***me alucina lo bien que canta*** I'm amazed how well she sings.

alud *nm* avalanche.

aludir *vi* to allude (a, to).

alumbrado *nm* lighting, lights *pl*.

■ **alumbrado público** street lighting.

alumbrar 1 *vt (iluminar)* to give light to, illuminate. **2** *(enseñar)* to enlighten. ‖ **3** *vi* to give light. **4** *(parir)* to give birth.

aluminio *nm* aluminium.

alumnado *nm (de colegio)* pupils *pl*; *(de universidad)* student body.

alumno,-a *nm,f (de colegio)* pupil; *(de universidad)* student.

alunizar [4] *vi* to land on the moon.

alusión *nf* allusion, reference.

alusivo,-a *adj* allusive, referring (a, to).

aluvión *nm* flood.

alverja *nf* AM pea.

alza 1 *nf (de precios)* rise, increase. **2** *(de zapato)* raised insole.

▲ *Takes* el *and* un *in sing.*

alzamiento 1 *nm (elevación)* raising, lifting. **2** *(rebelión)* uprising, insurrection.

alzar [4] **1** *vt (levantar)* to raise, lift. **2** *(construir)* to build. **3** AM *(refugiar)* to shelter. ‖ **4 alzarse** *vpr (levantarse)* to rise, get up. **5** *(sublevarse)* to rise, rebel. **6** AM *(refugiarse)* to take shelter.

• **alzarse con** to run away with.

a.m. *abr (***ante meridiem***)* ante meridiem; *(abreviatura)* a.m.

AM *abr* RAD *(***modulación de amplitud***)* amplitude modulation; *(abreviatura)* AM.

ama 1 *nf (señora)* lady of the house. **2** *(propietaria)* landlady.

■ **ama de casa** housewife; **ama de leche** wet nurse; **ama de llaves** housekeeper.

▲ *Takes* el *and* un *in sing.*

amabilidad *nf* kindness, affability: ***¿tendría la amabilidad de acompañarme?*** would you be so kind as to come with me?; ***tenga la amabilidad de comunicarle la noticia*** please be so kind as to tell him the news.

amable *adj* kind, nice.

amaestrado,-a 1 *adj (gen)* trained. **2** *(en circo)* performing: ***un ratón amaestrado*** a performing mouse.

amaestrar *vt* to train.

amainar *vi (viento, temporal)* to die down.

amalgama *nf* amalgam.

amamantar *vt* to breast-feed, suckle.

amancay *nm* ANDES amaryllis.

amanecer [43] **1** *vi (día)* to dawn. **2** *(estar)* to be at dawn; *(aparecer)* appear at dawn: ***amanecimos en Praga*** we were in Prague at dawn; ***la ciudad amaneció nevada*** in the morning the city was white with snow. ‖ **3** *nm* dawn, daybreak: ***al amanecer*** at daybreak.

amanerado,-a *adj* affected.

amansar *vt* to tame.

amante 1 *adj* loving, fond (de, of). ‖ **2** *nmf* lover.

amañar 1 *vt (falsear)* to fiddle, cook up. ‖ **2 amañarse** *vpr fam* to manage.

amapola *nf* poppy.

amar *vt* to love.
amargado,-a 1 *adj* embittered, resentful. || 2 *nm,f* bitter person.
amargar [7] 1 *vt (persona)* to make bitter. 2 *(ocasión)* to spoil. || 3 *vi (sabor)* to taste bitter.
• **amargarle la existencia a algn** to make sb's life a misery.
amargo,-a 1 *adj (sabor)* bitter. 2 *(carácter)* sour.
amargura 1 *nf* bitterness. 2 *(dolor)* sorrow, grief.
amarillento,-a *adj* yellowish.
amarillo,-a 1 *adj* yellow. || 2 **amarillo** *nm* yellow.
amarilloso,-a *adj* VEN yellowish.
amarra *nf* mooring cable.
amarrar 1 *vt* to tie, fasten. 2 MAR to moor.
amarrete,-a *adj* ANDES RPL *fam* mean, tight.
amasar 1 *vt* CULIN to knead; *(cemento)* to mix. 2 *(reunir)* to amass.
amasiato *nm* CAM MÉX cohabitation, common-law marriage.
amasio,-a *nm,f* CAM MÉX live-in lover, common-law partner.
amateur *adj* - *nmf* amateur.
amazona *nf* horsewoman.
Amazonas *nm* the Amazon.
ámbar *nm* amber.
ambición *nf* ambition.
ambicionar *vt* to want, aspire to: ***siempre ambicionó ser rico*** it was always his ambition to be rich.
ambicioso,-a *adj* ambitious.
ambientación *nf* setting.
ambiental *adj* environmental.
ambiente 1 *nm (aire)* air, atmosphere: ***el ambiente está muy cargado*** the air's very stuffy in here. 2 *(de una época, sitio, estilo)* atmosphere: ***los colores cálidos crean un ambiente íntimo*** warm colours create an intimate atmosphere; ***en nuestro despacho hay muy buen ambiente*** there's a very good atmosphere in our office. 3 *(animación)* life, atmosphere: ***en esta ciudad no hay ambiente*** this town's dead. 4 ANDES RPL *(habitación)* room.
■ **el ambiente (gay)** *fam* the gay scene.
ambigüedad *nf* ambiguity.
ambiguo,-a *adj* ambiguous.
ámbito 1 *nm (espacio)* sphere: ***en el ámbito nacional*** nationwide. 2 *(campo)* field: ***en el ámbito de la informática*** in the computer science field.
ambos,-as *adj* - *pron* both.
ambulancia *nf* ambulance.
ambulante *adj* itinerant, travelling.
ambulatorio *nm* surgery, clinic.
amén *nm* amen.
• **amén de** besides, in addition to.
amenaza *nf* threat, menace.
amenazar [4] *vt* - *vi* to threaten: ***el edificio amenaza ruina*** the building is on the verge of collapse.
ameno,-a *adj* pleasant, entertaining.
América *nf* America.
■ **América Central** Central America; **América del Norte** North America; **América del Sur** South America; **América Latina** Latin America.
americana *nf* jacket.
americanismo *nm* Americanism.
americano,-a *adj* - *nm,f* American.
ameritar *vt* AM to deserve.
ametralladora *nf* machine gun.
amianto *nm* asbestos inv.
amígdala *nf* tonsil.
amigdalitis *nf* tonsillitis.
amigo,-a 1 *adj* friendly: ***son muy amigos*** they're good friends. 2 *(aficionado)* fond (de, of): ***no es amiga de la lectura*** she's not fond of reading. || 3 *nm,f (gen)* friend. 4 *(novio)* boyfriend; *(novia)* girlfriend.
• **hacerse amigo,-a de** to make friends with.
■ **amigo,-a íntimo,-a** very close friend.
aminorar *vt* to reduce.
• **aminorar el paso** to slow down.
amistad 1 *nf* friendship. || 2 **amistades** *nf pl* friends.

amistoso,-a *adj* friendly.
amnesia *nf* amnesia.
amnistía *nf* amnesty.
amo 1 *nm (señor)* master. **2** *(dueño)* owner.
amodorrarse *vpr* to become drowsy.
amoldar 1 *vt* to adapt, adjust. ‖ **2 amoldarse** *vpr* to adapt oneself.
amonestar 1 *vt (reprender)* to reprove. **2** *(advertir)* to warn.
amoniaco *nm* ammonia.
amoníaco *nm* ammonia.
amontonar 1 *vt - vpr (problemas, trabajo)* to heap up, pile up. ‖ **2 amontonarse** *vpr (gente)* to crowd together.
amor *nm* love.
● **amor a primera vista** love at first sight; **con mil amores, de mil amores** willingly; **hacer el amor** to make love; **por amor al arte** for the love of it.
■ **amor propio** self-esteem.
amoratado,-a 1 *adj (de frío)* blue. **2** *(de un golpe)* black and blue.
amordazar [4] *vt (persona)* to gag; *(perro)* to muzzle.
amorío *nm* love affair.
amoroso,-a *adj* loving, affectionate.
amortiguador *nm* shock absorber.
amortiguar [22] **1** *vt (golpe etc)* to deaden, cushion. **2** *(sonido)* to muffle.
amotinar 1 *vt* to incite to rebellion. ‖ **2 amotinarse** *vpr* to rebel, mutiny.
amparar 1 *vt* to protect, shelter. ‖ **2 ampararse** *vpr (protegerse)* to take shelter, protect oneself. **3** *(una ley)* to invoke (**en**,-).
amparo 1 *nm (protección)* protection. **2** *(refugio)* shelter.
ampliación 1 *nf* enlargement. **2** ARQ extension.
■ **ampliación de capital** increase in capital; **ampliación de estudios** furthering of studies.
ampliar [13] **1** *vt (edificio, plazo)* to extend. **2** *(estudios)* to further. **3** *(fotografía)* to enlarge, blow up.
amplio,-a 1 *adj (extenso)* ample. **2** *(espacioso)* roomy. **3** *(ancho)* wide.
amplitud 1 *nf (extensión)* extent. **2** *(espacio)* room, space.
■ **amplitud de miras** broad-mindedness.
ampolla 1 *nf* MED blister. **2** *(burbuja)* bubble. **3** *(para líquidos)* ampoule.
amputación *nf* amputation.
amueblar *vt* to furnish.
amuermado,-a 1 *adj fam (aburrido)* bored. **2** *(atontado)* dopey.
amuermar 1 *vt fam (aburrir)* to bore. **2** *(atontar)* to make feel dopey.
amuleto *nm* amulet.
■ **amuleto de la suerte** lucky charm.
anacronismo *nm* anachronism.
anagrama *nm* anagram.
anal *adj* anal.
anales *nm pl* annals.
analfabetismo *nm* illiteracy.
analfabeto,-a *adj - nm,f* illiterate.
analgésico,-a 1 *adj* analgesic. ‖ **2 analgésico** *nm* analgesic.
análisis *nm inv* analysis.
■ **análisis de orina** urine analysis; **análisis de sangre** blood test.
analítico,-a *adj* analytical.
analizar [4] *vt* to analyse.
analogía *nf* analogy.
análogo,-a *adj* analogous, similar.
ananá *nf (pl* ananaes*)* Am pineapple.
ananás *nf (pl* ananases*)* Am pineapple.
anaranjado,-a 1 *adj* orange. ‖ **2 anaranjado** *nm* orange.
anarquía *nf* anarchy.
anárquico,-a *adj* anarchic.
anarquista *adj - nmf* anarchist.
anatomía *nf* anatomy.
anca *nf* haunch.
■ **ancas de rana** frogs' legs.
▲ *Takes* el *and* un *in sing.*
ancestral *adj* ancestral.
anchoa *nf* anchovy.
ancho,-a 1 *adj* broad, wide. **2** *(prenda)* loose-fitting. ‖ **3 ancho** *nm* breadth, width.
● **a sus anchas** *fam* comfortable, at one's ease; **quedarse tan ancho,-a**

fam to behave as if nothing had happened.

anchura *nf* breadth, width.

anciano,-a 1 *adj* elderly. ‖ **2** *nm,f* elderly man, elderly woman.

ancla *nf* anchor.

▲ *Takes* el *and* un *in sing.*

anclar *vi* to anchor.

áncora *nf* anchor.

▲ *Takes* el *and* un *in sing.*

andadas *nf pl fam.*

● **volver a las andadas** to go back to one's old tricks.

ándale *interj* CAM MÉX *fam* come on!

andaluz,-za 1 *adj* Andalusian. ‖ **2** *nm,f (persona)* Andalusian. ‖ **3 andaluz** *nm (dialecto)* Andalusian.

andamio *nm* scaffolding.

andar [64] **1** *vi (caminar)* to walk: ***andaba por la calle principal*** I was walking along the main street. **2** *(moverse)* to move: ***este coche anda despacio*** this car goes very slowly. **3** *(funcionar)* to work, run, go: ***este reloj no anda*** this watch doesn't work. **4** *(estar)* to be: ***¿cómo andas?*** how are you?, how's it going?; ***anda por los cincuenta*** he's around fifty years old. ‖ **5** *nm* walk, pace.

● **¡anda ya!** come off it!; **andar de puntillas** to tiptoe; **andar con cuidado, andarse con cuidado** to be careful; **andarse por las ramas** to beat about the bush; **todo se andará** all in good time.

andén 1 *nm (en estación)* platform. **2** ANDES CAM *(acera)* pavement, US sidewalk. **3** ANDES *(bancal de tierra)* terrace.

Andes *nm pl* the Andes.

andinismo *nm* AM mountaineering.

andinista *nmf* AM mountaineer.

andorrano,-a *adj - nm,f* Andorran.

andrajo *nm* rag, tatter.

andrajoso,-a *adj* ragged, in tatters.

anécdota *nf* anecdote.

anemia *nf* anaemia.

anestesia *nf* anaesthesia.

anestesiar [12] *vt* to anaesthetize.

anestésico,-a 1 *adj* anaesthetic. ‖ **2 anestésico** *nm* anaesthetic.

anexión *nf* annexion, annexation.

anexo,-a 1 *adj* attached, joined (a, to). ‖ **2 anexo** *nm* annex.

anfeta *nm arg* → **anfetamina**.

anfetamina *nf* amphetamine.

anfibio,-a 1 *adj* amphibious. ‖ **2 anfibio** *nm* amphibian.

anfiteatro *nm* amphitheatre.

anfitrión,-ona *nm,f (hombre)* host; *(mujer)* hostess.

ánfora *nf* amphora.

ángel 1 *nm* angel. **2** AM *(micrófono)* hand-held microphone.

● **tener ángel** to be charming.

■ **ángel de la guarda** guardian angel.

angelical *adj* angelic, angelical.

angélico,-a *adj* angelic, angelical.

angina *nf* angina.

● **tener anginas** to have a sore throat.

■ **angina de pecho** angina pectoris.

anglicano,-a *adj - nm,f* Anglican.

anglófilo,-a *adj - nm,f* Anglophile.

anglosajón,-na 1 *adj* Anglosaxon. ‖ **2** *nm,f (persona)* Anglosaxon. ‖ **3 anglosajón** *nm (idioma)* Anglosaxon.

angosto,-a *adj* narrow.

anguila *nf* eel.

angula *nf* elver.

ángulo 1 *nm* MAT angle. **2** *(rincón)* corner.

angustia *nf* anguish, distress.

angustiar [12] **1** *vt (afligir)* to distress. **2** *(preocupar)* to worry. ‖ **3 angustiarse** *vpr (afligirse)* to become distressed. **4** *(preocuparse)* to worry.

angustioso,-a *adj* distressing.

anhelar *vi* to long for, yearn for.

anidar *vi* to nest, nestle.

anilla 1 *nf* ring. ‖ **2 anillas** *nf pl* DEP rings.

anillo *nm* ring.

● **venir como anillo al dedo** to be opportune.

■ **anillo de boda** wedding ring; **anillo de compromiso** engagement ring.

animación 1 *nf (actividad)* activity. 2 *(viveza)* liveliness.

animado,-a 1 *adj (persona)* cheerful. 2 *(situación)* animated, lively. 3 *(calle)* full of people.

animal 1 *adj (reino, instinto)* animal. 2 *(persona)* stupid. || 3 *nm (ser vivo)* animal. 4 *(persona bruta)* blockhead.
■ **animal de carga** beast of burden; **animal de tiro** draught animal.

animar 1 *vt (alentar)* to encourage. || 2 **animar(se)** *vt - vpr (alegrar - persona)* to cheer up; *(- habitación, calle)* to brighten up; *(- fiesta, reunión)* to liven up. || 3 **animarse** *vpr (decidirse)* to make up one's mind.

ánimo 1 *nm (espíritu)* spirit; *(mente)* mind. 2 *(aliento)* encouragement. 3 *(intención)* intention, purpose. 4 *(valor)* courage. || 5 *interj* cheer up!
● **dar ánimos a algn** to encourage sb.

animoso,-a *adj* brave, courageous.

aniquilar *vt* to annihilate, destroy.

anís 1 *nm* BOT anise. 2 *(bebida)* anisette.

aniversario *nm* anniversary.

ano *nm* anus.

anoche *adv* last night.

anochecer [43] 1 *vi* to get dark. 2 to be at nightfall, reach at nightfall: ***anochecimos en Burgos*** we were in Burgos at nightfall. || 3 *nm* nightfall, dusk, evening.

anomalía *nf* anomaly.

anómalo,-a *adj* anomalous.

anonadar 1 *vt* to overwhelm. || 2 **anonadarse** *vpr* to be overwhelmed.

anonimato *nm* anonymity.

anónimo,-a 1 *adj* anonymous. || 2 **anónimo** *nm (carta)* anonymous letter.

anorak *nm (pl* anoraks*)* anorak.

anorexia *nf* anorexia.

anormal *adj* abnormal.

anotación 1 *nf (acotación)* annotation. 2 *(nota)* note.

anotar 1 *vt (acotar)* to annotate. 2 *(apuntar)* to take down, write. || 3 **anotarse** *vpr* RPL *(en curso)* to enrol.

ansia 1 *nf (sufrimiento)* anguish. 2 *(deseo)* eagerness, longing.
▲ *Takes* el *and* un *in sing.*

ansiar [13] *vt* to yearn for.

ansiedad *nf* anxiety.

ansioso,-a 1 *adj (desasosegado)* anguished. 2 *(deseoso)* eager (**por/de**, to), longing (**por/de**, to).

antagonista 1 *adj* antagonistic. || 2 *nmf* antagonist.

Antártida *nf* Antarctica.

ante 1 *prep (delante de)* before, in the presence of. 2 *(considerando)* in the face of: ***ante estas circunstancias*** under the circumstances. || 3 *nm* ZOOL elk, moose. 4 *(piel)* suede.
● **ante todo** *(primero)* first of all; *(por encima de)* above all.

anteanoche *adv* the night before last.

anteayer *adv* the day before yesterday.

antebrazo *nm* forearm.

antecedente 1 *adj - nm* antecedent. || 2 **antecedentes** *nm pl* record *sing.*
■ **antecedentes penales** criminal record *sing.*

anteceder *vt* to antecede, precede.

antecesor,-ra 1 *nm,f (en un cargo)* predecessor. 2 *(antepasado)* ancestor.

antelación *nf.*
● **con antelación** in advance.

antemano *adv.*
● **de antemano** beforehand, in advance.

antena 1 *nf* RAD TV aerial. 2 ANAT antenna.

anteojo 1 *nm* telescope. || 2 **anteojos** *nm pl (prismáticos)* binoculars. 3 AM *(gafas)* glasses, spectacles.

antepasado *nm* ancestor.

antepenúltimo,-a *adj* antepenultimate.

anteponer [78] *vt (pp* antepuesto,-a*)* to place before.

anterior *adj* former, previous: ***el día anterior*** the day before.

anterioridad *nf* priority.
• **con anterioridad** prior to, before.
anteriormente *adv* previously, before.
antes 1 *adv (en el tiempo)* before, earlier: ***te lo he dicho antes*** I told you earlier; ***unas horas antes*** some hours before. **2** *(en el espacio)* in front, before: ***estaba antes de mí en la cola*** she was in front of me in the queue.
• **antes de nada** first of all; **cuanto antes** as soon as possible; **lo antes posible** as soon as possible.
antesala *nf* anteroom, antechamber.
antiadherente *adj* nonstick.
antiaéreo,-a *adj* anti-aircraft.
antibiótico,-a 1 *adj* antibiotic. || **2 antibiótico** *nm* antibiotic.
anticiclón *nm* anticyclone, high pressure area.
anticipación *nf* anticipation, advance.
• **con anticipación** in advance.
anticipar 1 *vt* to anticipate, advance, hasten. **2** *(dinero)* to advance. || **3 anticiparse** *vpr (suceder antes)* to arrive early. **4** *(adelantarse)* to beat to it: ***él se me anticipó*** he beat me to it.
anticipo *nm* advance payment.
• **ser un anticipo de algo** to be a foretaste of something.
anticonceptivo,-a 1 *adj* contraceptive. || **2 anticonceptivo** *nm* contraceptive.
anticongelante *adj* - *nm* antifreeze.
anticuado,-a *adj* old-fashioned, antiquated.
anticuario *nm* antiquary, antique dealer.
anticucho *nm* ANDES *(brocheta)* kebab.
anticuerpo *nm* antibody.
antídoto *nm* antidote.
antier *adv* AM *fam* the day before yesterday.
antifaz *nm* mask.
antigualla *nf* old thing.
antiguamente *adv* in the past, in old times.
antigüedad 1 *nf (período)* antiquity. **2** *(en empleo)* seniority. || **3 antigüedades** *nf pl* antiquities, antiques.
antiguo,-a 1 *adj (muy viejo)* ancient: ***la antigua Grecia*** ancient Greece. **2** *(viejo)* old: ***un piso en un bloque antiguo*** a flat in an old building. **3** *(anterior)* old, former: ***mi antiguo jefe*** my former boss. **4** *(pasado)* old-fashioned: ***llevaba un vestido antiguo*** she was wearing an old-fashioned dress.
Antillas *nf pl* the West Indies, the Antilles.
■ **Grandes Antillas** Greater Antilles; **Pequeñas Antillas** Lesser Antilles.
antílope *nm* antelope.
antiniebla *adj inv* → **faro**.
antipatía *nf* antipathy, dislike, aversion.
antipático,-a *adj* unpleasant, disagreeable.
antípodas *nf pl* antipodes.
antirrobo 1 *adj inv* antitheft. *nm* antitheft device.
antítesis *nf inv* antithesis.
antivirus *nm* antivirus system.
antojarse 1 *vpr (encapricharse)* to fancy: ***se le antojaron unas olivas*** she fancied some olives. **2** *(suponer)* to think, imagine: ***se me antoja que ...*** I have a feeling that ...
antojitos *nm pl* MÉX snacks, appetizers.
antojo 1 *nm (capricho)* whim; *(de embarazada)* craving. **2** *(en la piel)* birthmark.
• **a su antojo** arbitrarily.
antología *nf* anthology.
antónimo,-a 1 *adj* antonymous. || **2 antónimo** *nm* antonym.
antorcha *nf* torch.
antro *nm fam* dump, hole.
antropología *nf* anthropology.
anual *adj* annual, yearly.
anuario *nm* yearbook.
anudar *vt* to knot, tie.
anulación *nf* annulment, cancellation.

anular 1 *vt (gen)* to annul, cancel; *(matrimonio)* to annul; *(gol)* to disallow; *(ley)* to repeal. || 2 *adj* ring-shaped. || 3 *nm* ring finger.

anunciar [12] 1 *vt (notificar)* to announce. 2 *(hacer publicidad de)* to advertise. || 3 **anunciarse** *vpr* to advertise oneself.

anuncio 1 *nm (en periódico)* advertisement, advert, ad; *(en televisión, radio)* advertisement, advert, commercial. 2 *(notificación)* announcement. 3 *(presagio)* sign, omen. 4 *(cartel)* poster.

anverso *nm* obverse.

anzuelo 1 *nm (para pescar)* fish-hook. 2 *(aliciente)* lure.

• **morder el anzuelo** to swallow the bait.

añadido,-a 1 *adj* added. || 2 **añadido** *nm* addition.

añadidura *nf* addition.

• **por añadidura** besides, in addition.

añadir *vt* to add (a, to).

añejo,-a *adj (vino)* mature; *(costumbre)* age-old; *(noticia)* old.

añicos *nm pl.*

• **hacerse añicos** to be smashed.

año 1 *nm* year. || 2 **años** *nm pl* years, age *sing*: ***tengo 20 años*** I'm 20 years old; ***¿cuántos años tienes***? how old are you?

■ **año bisiesto** leap year; **años luz** light years.

añoranza *nf* longing.

añorar 1 *vt* to long for, miss. || 2 *vi* to pine.

aorta *nf* aorta.

apabullar 1 *vt (aplastar)* to crush, flatten. 2 *(confundir)* to overwhelm.

apacentar [27] *vt - vpr* to graze.

apacible *adj (persona)* gentle; *(tiempo)* mild; *(vida)* peaceful.

apaciguar [22] 1 *vt* to pacify, appease, calm. || 2 **apaciguarse** *vpr* to calm down.

apadrinar 1 *vt (en bautizo)* to act as godfather to. 2 *(artista)* to sponsor.

apagado,-a 1 *adj (luz etc)* out, off. 2 *(persona)* spiritless. 3 *(color)* dull.

apagar [7] 1 *vt (fuego)* to extinguish, put out. 2 *(luz)* to turn out, turn off. 3 *(aparato)* to switch off. 4 *(color)* to soften. || 5 **apagarse** *vpr (luz)* to go out.

apagón *nm* power cut, blackout.

apalabrar *vt* to agree to.

apalear *vt* to beat, cane, thrash.

apañado,-a 1 *adj fam (hábil)* skilful. 2 *(ordenado)* neat, tidy.

• **estar apañado,-a** *irón* to be in for a surprise.

apañar 1 *vt (ordenar)* to tidy. 2 *(limpiar)* to clean. 3 *(ataviar)* to smarten up. 4 *(remendar)* to patch, mend. || 5 **apañarse** *vpr* to manage: ***ya se apañará sola*** she'll manage on her own.

• **apañárselas** to get by, manage.

apapachar *vt* MÉX *fam (mimar)* to cuddle; *(consentir)* to spoil.

apapacho *nm* MÉX *fam (mimo)* cuddle.

aparador 1 *nm (escaparate)* shop window. 2 *(mueble)* sideboard, cupboard, buffet.

aparato 1 *nm (máquina)* apparatus; *(electrodoméstico)* appliance; *(gimnástico)* piece of apparatus. 2 *(dispositivo)* device. 3 *(teléfono)* telephone. 4 *(ostentación)* pomp, display, show. 5 ANAT system. 6 POL machinery, apparatus.

■ **aparato de radio** radio set; **aparato de televisión** television set; **aparato digestivo** digestive system.

aparcamiento 1 *nm (acción)* parking. 2 *(en la calle)* place to park. 3 *(en parking)* car park, US parking lot.

aparcar [1] *vt - vi* to park.

aparear 1 *vt (cosas)* to pair, match. || 2 **aparear(se)** *vt - vpr (animales)* to mate.

aparecer [43] 1 *vi* to appear. 2 *(dejarse ver)* to show up, turn up.

aparecido *nm* spectre.

aparejador,-ra *nm,f (de obras)* clerk of works; *(perito)* quantity surveyor.

aparentar 1 *vt (simular)* to feign, pre-

tend. **2** *(edad)* to look: ***no aparenta su edad*** he doesn't look his age. || **3** *vi* to show off.
aparente 1 *adj* apparent. **2** *(conveniente)* suitable.
aparentemente *adv* apparently.
aparición 1 *nf (acción)* appearance. **2** *(espectro)* apparition.
apariencia *nf* appearance.
• **guardar las apariencias** to keep up appearances.
apartado,-a 1 *adj (lejano)* distant. **2** *(aislado)* isolated, cut off. || **3 apartado** *nm (párrafo)* section.
■ **apartado de correos** post office box.
apartamento 1 *nm (piso pequeño)* small flat, small apartment. **2** *(de vacaciones)* apartment. **3** AM *(piso)* flat.
apartar 1 *vt - vpr (alejar)* to move away: ***apartar la mirada*** to look away. **2** *(separar)* separate, set apart.
aparte 1 *adv (por separado)* apart, aside, separately: ***eso se paga aparte*** you have to pay for that separately. **2** *(además)* besides: ***aparte de ser un profesional, es muy modesto*** besides being a professional, he's very modest. || **3** *adj (distinto)* special: ***eso es un caso aparte*** that's completely different. || **4** *nm* TEAT aside. **5** GRAM paragraph: ***punto y aparte*** full stop, new paragraph.
apasionado,-a *adj* ardent, passionate.
apasionante *adj* exciting, fascinating.
apasionar 1 *vt* to excite, fascinate. || **2 apasionarse** *vpr* to get excited (por/de, about), become enthusiastic (por/de, about).
apatía *nf* apathy.
apático,-a *adj* apathetic.
apdo. *abr (*apartado*)* post office box; *(abreviatura)* PO Box.
apeadero *nm (de trenes)* halt.
apearse *vpr (de caballo)* to dismount; *(de vehículo)* to get off.
apechugar [7] *vi fam* to put up (con, with).
apedrear *vt* to throw stones at.
apegado,-a *adj* attached (a, to).
apegarse [7] *vpr* to become very fond (a, of), attach oneself (a, to).
apego *nm* attachment, fondness.
• **tener apego a** to be attached to, be fond of.
apelación *nf* appeal.
apelar *vi* to appeal.
apellidar 1 *vt* to call. || **2 apellidarse** *vpr* to be called: ***¿cómo se apellida usted?*** what's your surname?
apellido *nm* family name, surname.
apelotonar 1 *vt* to pile up. || **2 apelotonarse** *vpr* to crowd together.
apenado,-a 1 *adj* sad. **2** ANDES CAM CARIB MÉX *(avergonzado)* ashamed, embarrassed.
apenar 1 *vt* to make sad. || **2 apenarse** *vpr* to be saddened. **3** ANDES CAM CARIB MÉX *(avergonzarse)* to be ashamed, to be embarrassed.
apenas 1 *adv (casi no)* scarcely, hardly. **2** *(tan pronto como)* as soon as, no sooner.
• **apenas si** hardly.
apéndice *nm* appendix.
apendicitis *nf inv* appendicitis.
apercibir *vt (avisar)* to warn, advise.
• **apercibirse de algo** to notice something.
aperitivo 1 *nm (bebida)* aperitif. **2** *(comida)* appetizer.
apertura 1 *nf (comienzo)* opening. **2** POL liberalization.
apestar *vi* to stink (a, of).
apetecer [43] *vt* to feel like, fancy: ***¿te apetece ir al cine?*** do you fancy going to the cinema?
apetecible 1 *adj (plan, oferta)* desirable, tempting. **2** *(comida)* appetizing, savoury.
apetito *nm* appetite.
• **abrir el apetito** to whet one's appetite.
apetitoso,-a 1 *adj* appetizing, savoury. **2** *(comida)* tasty.

apiadar 1 *vt* to inspire pity. || **2 apiadarse** *vpr* to take pity (de, on).
ápice 1 *nm (punta)* apex. **2** *(punto culminante)* peak, height.
• **ni un ápice** not a bit.
apicultura *nf* beekeeping.
apilar *vt - vpr* to pile up.
apiñar 1 *vt* to pack, press together, jam. || **2 apiñarse** *vpr* to crowd (en, into).
apio *nm* celery.
apisonadora *nf* steamroller.
aplacar [1] **1** *vt* to placate, soothe. || **2 aplacarse** *vpr* to become appeased.
aplanar 1 *vt (igualar)* to smooth, level, make even. **2** *(deprimir)* to depress. || **3 aplanarse** *vpr* to be depressed.
aplastante *adj* crushing, overwhelming: ***un triunfo aplastante*** a landslide victory.
aplastar 1 *vt (chafar)* to flatten. **2** *fig (vencer)* to crush, destroy.
aplaudir 1 *vt (palmotear)* to clap, applaud. **2** *(aprobar)* to approve, praise.
aplauso *nm* applause.
aplazamiento *nm (de reunión, acto)* postponement; *(de pago)* deferment.
aplazar [4] *vt (una reunión, un acto)* to postpone, put off; *(un pago)* to defer.
aplicación *nf* application.
aplicado,-a 1 *adj (ciencia)* applied. **2** *(estudiante)* studious, diligent.
aplicar [1] **1** *vt* to apply. || **2 aplicarse** *vpr (ponerse)* to apply. **3** *(esforzarse)* to apply oneself.
aplomo *nm* assurance, self-possession.
apocado,-a *adj* spiritless.
apodar 1 *vt* to nickname. || **2 apodarse** *vpr* to be nicknamed.
apoderado,-a *nm,f* agent, representative.
apoderar 1 *vt* to authorize. || **2 apoderarse** *vpr* to take possession (de, of).
apodo *nm* nickname.
apogeo *nm (punto culminante)* summit, height: ***está en pleno apogeo de su carrera*** she's at the height of her career.
apolillado,-a *adj* moth-eaten.
apolillarse *vpr* to become moth-eaten.
apolítico,-a *adj* apolitical.
apología *nf* apology, defence.
apoplejía *nf* apoplexy, stroke.
aporrear *vt* to beat.
aportación *nf* contribution.
aportar *vt* to contribute.
• **aportar su granito de arena** to chip in one's small contribution.
aposentar 1 *vt* to lodge. || **2 aposentarse** *vpr* to take lodging.
aposento 1 *nm (cuarto)* room. **2** *(hospedaje)* lodgings *pl*.
aposta *adv* on purpose.
apostar [31] *vt - vi - vpr* to bet.
apóstol *nm* apostle.
apóstrofo *nm* apostrophe.
apoteosis *nf inv* apotheosis.
apoyar 1 *vt (relcinar)* to lean. **2** *(basar)* to base, found. **3** *(defender)* to back, support. || **4 apoyarse** *vpr (reclinarse)* to lean (en, on). **5** *(basarse)* to be based (en, on).
apoyo *nm* support.
apreciable 1 *adj (perceptible)* appreciable, noticeable. **2** *(estimable)* valuable.
apreciar [12] **1** *vt (sentir aprecio por)* to regard highly. **2** *(valorar)* to appreciate. **3** *(detectar)* to notice, detect. || **4 apreciarse** *vpr* to be noticeable.
aprecio *nm* esteem, regard.
• **sentir aprecio por algn** to be fond of sb.
apremiante *adj* urgent, pressing.
apremiar [12] **1** *vt (meter prisa a)* to urge, press. || **2** *vi (ser urgente)* to be urgent.
• **el tiempo apremia** time is short.
aprender *vt - vi - vpr* to learn.
aprendizaje *nm* learning.
aprendiz,-za *nm,f* apprentice, trainee.
aprensión *nf* apprehension.

aprensivo,-a *adj* apprehensive.
apresar 1 *vt (ladrón)* to catch, capture. **2** *(animal)* to catch, seize. **3** *(asir)* to clutch.
apresuradamente *adv* hurriedly, in great haste.
apresurado,-a *adj* hasty, hurried.
apresurar *vt* - *vpr* to hurry up.
apretado,-a 1 *adj (ajustado)* tight. **2** *(ocupado)* busy: ***un día muy apretado*** a very busy day. **3** *(apretujado)* cramped: ***íbamos un poco apretados en el coche*** we were a bit cramped in the car.
apretar [27] **1** *vt (estrechar)* to squeeze, hug. **2** *(tornillo, nudo)* to tighten. **3** *(comprimir)* to compress, press together, pack tight. **4** *(acosar)* to spur, urge. **5** *(pulsar - botón)* to press; *(- gatillo)* to pull. || **6** *vi (prendas)* to be too tight: ***esta falda me aprieta*** this skirt is too tight on me. || **7 apretarse** *vpr (agolparse)* to crowd together.
● **apretar a correr** to start running; **apretar el paso** to quicken one's pace; **apretarse el cinturón** to tighten one's belt.
apretón *nm* squeeze.
■ **apretón de manos** handshake.
apretujar 1 *vt* to squeeze. || **2 apretujarse** *vpr* to squeeze together.
aprieto *nm* fix, awkward situation.
● **poner a algn en un aprieto** to put sb in an awkward situation; **salir del aprieto** to get out of trouble.
aprisa *adv* quickly.
aprisionar 1 *vt (encarcelar)* to imprison. **2** *(atrapar)* to trap.
aprobación *nf* approval.
aprobado,-a 1 *adj* approved, passed. || **2 aprobado** *nm* pass mark.
aprobar [31] **1** *vt (decisión, plan, préstamo)* to approve. **2** *(comportamiento)* to approve of. **3** *(examen, ley)* to pass.
aprontar 1 *vt (preparar)* to prepare quickly. || **2 aprontarse** *vpr* RPL *(prepararse)* to get ready: ***¡aprontate para cuando llegue tu papá!*** just wait till your father gets back!
apropiación *nf* appropriation.
apropiado,-a *adj* appropriate.
apropiarse [12] *vpr* to appropriate (de, -).
aprovechado,-a 1 *adj (bien empleado)* well used, well spent. **2** *(diligente)* diligent, advanced. **3** *(sinvergüenza)* opportunistic. || **4** *nm,f* opportunist.
aprovechar 1 *vt (sacar provecho de)* to make good use of. **2** *(emplear)* to use. || **3** *vi* to be useful. || **4 aprovecharse** *vpr* to take advantage (de, of).
● **aprovechar la oportunidad** to seize the opportunity; **aprovecharse de la situación** to take advantage of the situation; **¡que aproveche!** enjoy your meal!
aprovisionar *vt* to supply, provide.
aproximación *nf* approximation.
aproximadamente *adv* approximately, roughly.
aproximado,-a *adj* approximate.
aproximar 1 *vt* to bring near. || **2 aproximarse** *vpr* to draw near.
aptitud *nf* aptitude, ability.
apto,-a 1 *adj (apropiado)* suitable. **2** *(capaz)* capable, able.
● **apta para todos los públicos** CINEM U-certificate, US rated G; **no apta** CINEM for adults only.
apuesta *nf* bet, wager.
apuesto,-a *adj* good-looking.
apunado,-a *adj* ANDES.
● **estar apunado,-a** to have altitude sickness.
apunarse *vpr* ANDES to get altitude sickness.
apuntador,-ra *nm,f* prompter.
apuntalar *vt* to prop (up).
apuntar 1 *vt (señalar)* to point at. **2** *(arma)* to aim. **3** *(anotar)* to note down. **4** TEAT to prompt. || **5** *vi (con arma)* to aim. || **6 apuntar(se)** *vt* - *vpr (inscribir - en curso)* to enroll, US enroll; *(- en lista)* to put down: ***¿te has apun-***

tado para la excursión? have you put your name down for the trip?

apunte 1 *nm (nota)* note. **2** *(dibujo)* sketch. || **3 apuntes** *nm pl (de clase)* notes.

apuñalar *vt* to stab.

apurado,-a 1 *adj (necesitado)* in need: ***apurado,-a de dinero*** hard up for money. **2** *(difícil)* awkward. **3** *(preciso)* accurate, precise. **4** *(afeitado)* close.

apurar 1 *vt (terminar)* to finish up: ***apurar una copa*** to drain a glass. **2** *(apremiar)* to urge. **3** *(avergonzar)* to embarrass. **4** AM *(meter prisa a)* to hurry. || **5 apurarse** *vpr (preocuparse)* to worry. **6** AM *(darse prisa)* to hurry.

• **si me apuras ...** if you insist ....

apuro 1 *nm (dificultad)* fix, tight spot; *(de dinero)* hardship. **2** *(vergüenza)* embarrassment.

• **dar apuro** to embarrass sb ***me da apuro pedírselo*** it embarrasses me to ask him; **estar en un apuro** to be in a tight spot:.

aquel,-lla *adj* that (*pl* those).

aquél,-lla *pron (ése)* that (*pl* those); *(el anterior)* the former.

aquello *pron* that, that thing.

aquí 1 *adv (lugar)* here: ***estoy aquí*** I'm here; ***aquí abajo*** down here; ***aquí arriba*** up here; ***por aquí por favor*** this way please. **2** *(tiempo)* now: ***de aquí en adelante*** from now on.

• **de aquí para allá** up and down, to and fro; **de aquí que** hence, therefore; **hasta aquí podíamos llegar** that's the end of it.

árabe 1 *adj (en general)* Arab; *(de Arabia)* Arabian; *(alfabeto, número)* Arabic. || **2** *nmf (persona)* Arab; *(de Arabia)* Arabian. || **3** *nm (idioma)* Arabic.

Arabia *nf* Arabia.

■ **Arabia Saudita** Saudi Arabia.

arado *nm* plough.

arancel *nm* tariff, duty.

arandela *nf* TÉC washer.

araña 1 *nf* ZOOL spider. **2** *(lámpara)* chandelier.

arañar *vt* - *vpr* to scratch.

arañazo *nm* scratch.

arar *vt* to plough.

arbitrar 1 *vt (fútbol, rugby, boxeo)* to referee; *(tenis)* to umpire. **2** *(conflicto)* to arbitrate.

arbitrariedad 1 *nf (acción)* arbitrary act. **2** *(condición)* arbitrariness.

arbitrario,-a *adj* arbitrary.

árbitro 1 *nm (en fútbol, rugby, boxeo)* referee; *(en tenis)* umpire. **2** *(en conflicto)* arbiter, arbitrator.

árbol 1 *nm* BOT tree. **2** MAR mast.

■ **árbol de Navidad** Christmas tree; **árbol genealógico** family tree.

arbolado,-a 1 *adj* wooded. || **2 arbolado** *nm* woodland.

arboleda *nf* grove, woodland.

arbusto *nm* shrub, bush.

arca *nf* chest.

■ **arca de Noé** Noah's ark; **arcas públicas** Treasury *sing.*

▲ *Takes* el *and* un *in sing.*

arcada 1 *nf* ARQ arcade. **2** *(vómito)* retching.

arcaico,-a *adj* archaic.

arcángel *nm* archangel.

arce *nm* maple tree.

archipiélago *nm* archipelago.

archivador,-ra 1 *nm,f* archivist. || **2 archivador** *nm* filing cabinet.

archivar 1 *vt (ordenar)* to file. **2** INFORM to save. **3** *(arrinconar)* to shelve.

archivo 1 *nm (gen)* file. **2** *(documentos)* archives *pl.* **3** *(lugar)* archive. **4** *(mueble)* filing cabinet.

■ **archivo adjunto** INFORM attachment.

arcilla *nf* clay.

arco 1 *nm* ARQ arch. **2** MAT arc. **3** *(de violín)* bow. **4** *(para flechas)* bow. **5** AM *(portería)* goal, goalmouth.

■ **arco iris** rainbow; **arco voltaico** electric arc.

arder 1 *vi (quemarse)* to burn. **2** *(sin llama)* to smoulder, US smolder.

• **arder de pasión** to burn with passion; **la cosa está que arde** things are getting pretty hot.

ardiente 1 *adj (encendido)* burning, hot. **2** *(apasionado)* passionate, fiery.
ardilla *nf* squirrel.
ardor 1 *nm (calor)* burning, heat. **2** *(ansia)* ardour, fervour.
■ **ardor de estómago** heartburn.
ardoroso,-a *adj* ardent, passionate.
arduo,-a *adj* arduous.
área 1 *nf (zona)* area: ***área de servicio*** service area. **2** *(medida)* are.
arena 1 *nf (de playa, desierto)* sand. **2** *(para combates)* arena. **3** *(para torear)* bullring area.
■ **arenas movedizas** quicksand *sing*.
arenal *nm* sands *pl*, sandy area.
arenisca *nf* sandstone.
arenoso,-a *adj* sandy.
arenque *nm* herring.
arepa *nf* CARIB COL *pancake made of maize flour*.
arete *nm* ANDES MÉX earring.
argamasa *nf* mortar.
Argel 1 *nm (ciudad)* Algiers. **2** *(país)* Algeria.
argelino,-a *adj* - *nm,f* Algerian.
Argentina *nf* Argentina, the Argentine.
argentino,-a *adj* - *nm,f* Argentinian.
argolla 1 *nf* ring. **2** COL MÉX *(alianza)* wedding ring.
argot 1 *nm (popular)* slang. **2** *(técnico)* jargon.
argüende 1 *nm* MÉX *fam (alboroto)* rumpus, shindy. **2** MÉX *fam (enredo, confusión)* mess, trouble.
• **meterse en un argüende** to get into a mess; **armar (un) argüende** to kick up a rumpus.
argüir [63] **1** *vt (alegar)* to argue. **2** *(deducir)* to deduce.
argumentación *nf* argumentation, argument.
argumentar *vt* - *vi* to argue.
argumento 1 *nm (razón)* argument. **2** *(de novela, obra, etc)* plot.
aria *nf* aria.
aridez *nf* aridity.
árido,-a 1 *adj* arid. **2** dry.
Aries *nm* Aries.
arisco,-a *adj* unsociable, unfriendly.
arista *nf* edge.
aristocracia *nf* aristocracy.
aristócrata *nmf* aristocrat.
aritmética *nf* arithmetic.
arlequín *nm* Harlequin.
arma 1 *nf* weapon, arm. || **2 armas** *nf pl (profesión)* armed services. **3** *(heráldica)* arms, armorial bearings.
■ **arma blanca** knife, steel; **arma de fuego** firearm.
▲ *Takes* el *and* un *in sing.*
armada *nf* navy.
armado,-a *adj* armed: ***ir armado,-a*** to be armed.
armador,-ra *nm,f* shipowner.
armadura 1 *nf (defensa)* armour. **2** *(armazón)* framework.
armamentista *adj* arms: ***la carrera armamentista*** the arms race.
armamento *nm* armament.
armar 1 *vt (proveer de armas)* to arm. **2** *(montar)* to assemble, put together. **3** *(alboroto)* to make. || **4 armarse** *vpr* to arm oneself.
• **armarse de** to provide oneself with; **armarse de paciencia** to summon up one's patience; **armarse de valor** to pluck up courage; **va a armarse la gorda** there's going to be real trouble.
armario *nm (de cocina)* cupboard; *(de ropa)* wardrobe, US closet.
armatoste 1 *nm (cosa)* monstrosity. **2** *(persona)* useless great oaf.
armazón *nm* frame, framework.
armiño *nm* ermine.
armisticio *nm* armistice.
armonía *nf* harmony.
armónica *nf* harmonica, mouth organ.
armónico,-a 1 *adj* harmonic. || **2 armónico** *nm* harmonic.
armonioso,-a *adj* harmonious.
arnés 1 *nm (armadura)* armour. || **2 arneses** *nm pl (arreos)* harness *sing*.
aro 1 *nm* hoop, ring. **2** *(juego)* hoop. **3** *(servilletero)* serviette ring.

aroma *nm* aroma; *(del vino)* bouquet.
aromático,-a *adj* aromatic.
arpa *nf* harp.
▲ *Takes* el *and* un *in sing.*
arpón *nm* harpoon.
arquear *vt - vpr* to arch, bend.
arqueología *nf* archaeology.
arqueólogo,-a *nm,f* archaeologist.
arquero 1 *nm (tirador de flechas)* archer. || **2** *nm,f* AM *(portero de fútbol)* goalkeeper.
arquitecto,-a *nm,f* architect.
arquitectura *nf* architecture.
arrabal 1 *nm* suburb. || **2 arrabales** *nm pl* outskirts.
arraigado,-a *adj* deeply rooted.
arraigar [7] **1** *vt* to establish, strengthen. || **2 arraigar(se)** *vi - vpr* to take root.
arrancar [1] **1** *vt (planta)* to uproot. **2** *(clavo, muela)* to pull out. **3** *(pluma)* to pluck. **4** *(con violencia)* to tear out. || **5** *vi (partir)* to begin. **6** *(coche)* to start; *(tren)* to pull out; *(ordenador)* to boot, boot up. **7** *(provenir)* to stem (**de**, from).
● **arrancar a correr** to break into a run.
arranque 1 *nm (comienzo)* starting. **2** AUTO starting mechanism. **3** *(arrebato)* outburst.
arrasar 1 *vt (destruir)* to raze, demolish. **2** *(aplanar)* to level.
arrastrado,-a *adj* wretched, miserable.
arrastrar 1 *vt (llevar por el suelo)* to drag (along), pull (along): ***¡no arrastres la silla!*** don't drag the chair! **2** *(llevar)* to have: ***arrastra la enfermedad desde hace años*** he's had the illness for years. || **3 arrastrarse** *vpr* to trail on the ground: ***le arrastran los pantalones*** his trousers trail on the ground. **4** *fig (humillarse)* to creep, crawl.
arrastre 1 *nm* dragging. **2** AM *fam* influence: ***tener arrastre*** to have a lot of influence.
arrear 1 *vt (animales)* to drive. **2** *(pegar)* to hit: ***arrearle una bofetada a algn*** to slap sb in the face. || **3** *vi* to move fast.
● **¡arreando!** get moving!
arrebatado,-a 1 *adj (precipitado)* rash. **2** *(iracundo)* furious. **3** *(ruborizado)* blushing.
arrebatador,-ra *adj fig* captivating, fascinating.
arrebatar 1 *vt (quitar)* to snatch. **2** *(atraer)* to captivate. || **3 arrebatarse** *vpr (enfurecerse)* to become furious. **4** CULIN to burn.
arrebato *nm* fit, outburst.
arreciar [12] *vi (viento)* to get stronger; *(tormenta)* to get worse.
arrecife *nm* reef.
arreglar 1 *vt (resolver - conflicto)* to settle; *(- asunto)* to sort out: ***el tiempo lo arregla todo*** time heals all wounds. **2** *(ordenar)* to tidy, tidy up. **3** *(reparar)* to mend, fix up. **4** *fam* to sort out: ***¡ya te arreglaré!*** I'll teach you! || **5 arreglarse** *vpr (componerse)* to get ready, dress up; *(cabello)* to do. **6** *fam (apañarse)* to manage: ***arréglatelas como puedas*** do as best you can.
arreglo 1 *nm (reparación)* mending, repair. **2** *(limpieza)* cleaning. **3** *(acuerdo)* agreement.
● **con arreglo a** according to.
arremeter *vi* to attack (**contra**, -).
arremolinarse 1 *vpr* to whirl. **2** *(gente)* to mill around.
arrendamiento 1 *nm (acción)* renting, leasing, letting. **2** *(precio)* rent.
arrendar [27] *vt* to rent, lease.
arrendatario,-a 1 *nm,f* lessee. **2** *(inquilino)* tenant.
arreos *nm pl* harness *sing.*
arrepentido,-a *adj* regretful.
arrepentimiento *nm* regret, repentance.
arrepentirse [35] *vpr* to regret (**de**, -).
arrestar *vt* to arrest.
arresto *nm* arrest.
arriar [13] **1** *vt (velas)* to lower. **2** *(bandera)* to strike.

arriba 1 *adv (dirección)* up; *(encima)* on (the) top: ***mirad hacia arriba*** look up. **2** *(situación)* above: ***desde arriba*** from above; ***véase más arriba*** see above. **3** *(piso)* upstairs: ***vive arriba*** she lives upstairs. || **4** *interj* up!: ***¡arriba el Atlético!*** up (with) Atlético!; ***¡arriba la República!*** long live the Republic! || **5 arriba de** *prep* AM on top of.

• **cuesta arriba** uphill; **de arriba abajo** from top to bottom; **hacia arriba** upwards; **patas arriba** *fam* upside down.

arribar *vi* to reach port.

arribeño,-a 1 *adj* AM highland. || **2** *nm,f* AM highlander.

arriendo 1 *nm (acción)* renting, leasing, letting. **2** *(precio)* rent.

arriesgado,-a 1 *adj (peligroso)* risky, dangerous. **2** *(atrevido)* bold, rash.

arriesgar [7] *vt - vpr* to risk.

• **arriesgar el pellejo** *fam* to risk one's neck.

arrimar 1 *vt* to move closer, bring closer. || **2 arrimarse** *vpr* to come closer, come nearer.

• **arrimarse a algn** to seek sb's protection; **arrimarse al sol que más calienta** to get on the winning side.

arrinconar 1 *vt (apartar)* to put in a corner. **2** *(acorralar)* to corner. **3** *(desestimar)* to ignore. **4** *(abandonar)* to lay aside. || **5 arrinconarse** *vpr (aislarse)* to isolate oneself.

arrodillado,-a *adj* on one's knees.

• **estar arrodillado,-a** to be kneeling down.

arrodillarse *vpr* to kneel down.

arrogancia *nf* arrogance.

arrogante *adj* arrogant.

arrojar 1 *vt (tirar)* to throw; *(con fuerza)* to hurl, fling: ***"Prohibido arrojar basuras"*** "No dumping". **2** *(echar)* to throw out. **3** *(presentar un balance)* to show. || **4** *vi* to vomit. || **5 arrojarse** *vpr* to throw oneself: ***se arrojó sobre él*** he jumped on him.

arrojo *nm* boldness, dash, bravery.

arrollador,-ra *adj* overwhelming: ***un éxito arrollador*** a resounding success.

arrollar 1 *vt (enrollar)* to roll, roll up. **2** *(viento, agua)* to sweep away. **3** *(derrotar)* to rout. **4** *(atropellar)* to run over.

arropar *vt (abrigar)* to wrap up; *(en la cama)* to tuck up.

arroyo 1 *nm (río)* stream. **2** *(en la calle)* gutter.

arroz *nm* rice.

■ **arroz con leche** rice pudding; **arroz integral** brown rice.

arrozal *nm* rice field.

arruga *nf (en la piel)* wrinkle; *(en la ropa)* crease.

arrugar [7] *vt - vpr (piel)* to wrinkle; *(ropa)* to crease.

• **arrugar el ceño** to frown.

arruinar 1 *vt* to bankrupt, ruin. || **2 arruinarse** *vpr* to be bankrupt, be ruined.

arrullar 1 *vt (pájaro)* to coo. **2** *(adormecer)* to lull, sleep.

arrullo 1 *nm (de pájaro)* cooing. **2** *(nana)* lullaby.

arsenal 1 *nm* MAR shipyard. **2** *(de armas)* arsenal.

arsénico *nm* arsenic.

art. *abr* (artículo) article; *(abreviatura)* art.

arte 1 *nm (gen)* art. **2** *(habilidad)* craft, skill. **3** *(astucia)* cunning.

• **con malas artes** by evil means.

■ **arte dramático** drama; **artes de pesca** fishing gear *sing*.

artefacto *nm* device.

■ **artefacto explosivo** bomb.

arteria *nf* artery.

arteriosclerosis *nf inv* arteriosclerosis.

artesanía *nf* craftmanship.

artesano,-a *nm,f* artisan, craftsman.

ártico,-a 1 *adj* Arctic. || **2 el Ártico** *nm* the Arctic.

■ **el Círculo Ártico** the Arctic Circle; **el océano Ártico** the Arctic Ocean.

articulación 1 *nf* ANAT joint. **2** GRAM articulation.
articulado,-a *adj* articulate.
articular *vt* - *vpr* to articulate.
articulista *nmf* columnist.
artículo *nm* article.
■ **artículo de fondo** editorial, leader; **artículos de consumo** staple commodities; **artículos de escritorio** stationery *sing*; **artículos de tocador** toiletries.
artífice 1 *nmf (artista)* craftsman. **2** *(autor)* author: ***Pepe ha sido el artífice de todo esto*** this is all Pepe's doing.
artificial *adj* artificial.
artificio 1 *nm (habilidad)* skill. **2** *(astucia)* artifice. **3** *(mecanismo)* device.
artificioso,-a 1 *adj (hábil)* skilful. **2** *(astuto)* crafty.
artillería *nf* artillery.
artillero *nm* artilleryman.
artilugio 1 *nm (aparato)* device, gadget. **2** *(trampa)* trick.
artimaña *nf* trick.
artista *nmf* artist.
■ **artista de cine** film star.
artístico,-a *adj* artistic.
artritis *nf inv* arthritis.
artrosis *nf inv* arthrosis.
arveja *nf* ANDES CARIB RPL pea.
arvejo *nm* AM chickpea.
arzobispo *nm* archbishop.
as *nm* ace.
asa *nf* handle.
▲ *Takes* el *and* un *in sing.*
asado,-a 1 *adj* roast, roasted. || **2 asado** *nm (carne etc)* roast. **3** COL CSUR *(barbacoa)* barbecue.
asalariado,-a 1 *adj* salaried. || **2** *nm,f* wage earner.
asaltante 1 *adj* assaulting. || **2** *nmf* attacker.
asaltar *vt* to assault, attack.
asalto 1 *nm (ataque)* assault, attack. **2** *(en boxeo)* round.
● **tomar por asalto** to take by storm.
asamblea *nf* assembly, meeting.
asar *vt* - *vpr* to roast.
ascendencia *nf* ancestry.
ascendente 1 *adj* ascending, ascendant. || *nm* ascendant.
ascender [28] **1** *vi (subir)* to climb. **2** *(de categoría)* to be promoted. **3** *(sumar)* to amount (a, to). || **4** *vt* to promote.
ascendiente *nmf* ancestor.
ascenso *nm* rise, promotion.
ascensor *nm* lift, US elevator.
asco *nm* disgust.
● **dar asco** to be disgusting; **estar hecho un asco** to be filthy; **¡qué asco!** how disgusting!, how revolting!
ascua *nf* ember, red hot coal.
● **estar en ascuas** to be on tenterhooks.
▲ *Takes* el *and* un *in sing.*
aseado,-a *adj* clean, neat, tidy.
asear 1 *vt* to clean, tidy. || **2 asearse** *vpr* to clean oneself up, tidy oneself up.
asediar [12] **1** *vt* MIL to besiege. **2** *(molestar)* to importunate.
asedio *nm* siege.
asegurado,-a 1 *adj* insured. || **2** *nm,f* policy holder.
asegurador,-ra *nm,f* insurer.
aseguradora *nf* insurance company.
asegurar 1 *vt (fijar)* to secure. **2** COM to insure. **3** *(garantizar)* to assure, guarantee. || **4 asegurarse** *vpr (cerciorarse)* to make sure. **5** COM to insure oneself.
asemejar 1 *vt* to make alike. || **2 asemejarse** *vpr* to to look like.
asentar [27] **1** *vt (colocar)* to place; *(campamento)* to set up. **2** *(fijar)* to fix, set. **3** *(anotar)* to enter, note down. **4** *(golpes)* to give. || **5 asentarse** *vpr (establecerse)* to settle, settle down.
asentimiento *nm* assent, consent, acquiescence.
asentir [35] *vi* to assent, agree; *(con la cabeza)* to nod.
aseo 1 *nm (limpieza)* cleaning, tidying up. **2** *(cuarto)* bathroom.
■ **aseo personal** personal hygiene.

aséptico,-a 1 *adj* MED aseptic. 2 *(indiferente)* detached.
asequible *adj* accessible: ***a un precio asequible*** at a reasonable price.
aserradero *nm* sawmill.
aserrar [27] *vt* to saw.
asesinar *vt (gen)* to kill, murder; *(rey, presidente)* to assassinate.
asesinato *nm (gen)* killing, murder; *(de rey, presidente)* assassination.
asesino,-a 1 *adj* murderous. || 2 *nm,f (gen)* killer; *(de rey, presidente)* assassin.
asesoramiento 1 *nm (acción)* advising. 2 *(consejo)* advice.
asesorar 1 *vt* to advise, give advice. || 2 **asesorarse** *vpr* to consult.
asesor,-ra *nm,f* adviser, consultant.
■ **asesor fiscal** tax consultant.
asfaltado 1 *nm (acción)* asphalting. 2 *(pavimento)* asphalt, Tarmac®.
asfaltar *vt* to asphalt.
asfalto *nm* asphalt.
asfixia *nf* asphyxia, suffocation.
asfixiar [12] *vt* - *vpr* to asphyxiate, suffocate.
así 1 *adv (de esta manera)* like this, in this way: ***hazlo así*** do it like this. 2 *(de esa manera)* that way: ***¡no me hables así!*** don't talk to me like that! 3 *(tanto)* as: ***así usted como yo*** both you and I. || 4 *adj* such: ***un hombre así*** a man like that, such a man.
● **así así** so-so; **así no más/así nomás** AM just like that; **así que** *(de manera que)* so, therefore; *(tan pronto como)* as soon as: ***llovía, así que cogimos el paraguas*** it was raining, so we took our umbrella; ***así que lo sepa, te lo diré*** as soon as I know, I'll tell you; **así sea** so be it; **aun así** even so; **por así decirlo** so to speak; **y así sucesivamente** and so on.
Asia *nf* Asia.
asiático,-a *adj* - *nm,f* Asian.
asidero 1 *nm (asa)* handle. 2 *(pretexto)* excuse, pretext.
asiduo,-a *adj* assiduous, frequent.
asiento 1 *nm (silla etc)* seat. 2 *(emplazamiento)* site.
asignar 1 *vt (adjudicar)* to assign, allot. 2 *(nombrar)* to appoint.
asignatura *nf* subject.
■ **asignatura pendiente** EDUC failed subject; *(asunto pendiente)* unresolved matter.
asilo *nm* asylum.
■ **asilo de ancianos** old people's home; **asilo político** political asylum.
asimilación *nf* assimilation.
asimilar 1 *vt* to assimilate. || 2 **asimilarse** *vpr* to be assimilated.
asimismo 1 *adv (también)* also. 2 *(de esta manera)* likewise.
asir [65] 1 *vt* to seize, grasp. || 2 **asirse** *vpr* to hold on (a, to).
asistencia 1 *nf (presencia)* attendance, presence. 2 *(público)* audience, public. 3 *(ayuda)* assistance: ***asistencia técnica*** technical assistance.
■ **asistencia médica** medical care.
asistenta *nf* cleaning lady.
asistente 1 *adj* attending. || 2 *nmf* assistant. || 3 *nm* MIL batman.
■ **asistente social** social worker.
asistir 1 *vi* to attend, be present: ***asistir a la escuela*** to attend school. || 2 *vt* to assist, help.
asma *nf* asthma.
▲ *Takes* el *and* un *in sing.*
asmático,-a *adj* - *nm,f* asthmatic.
asno *nm* ass, donkey.
asociación *nf* association.
asociado,-a 1 *adj* associated. || 2 *nm,f* associate, partner.
asociar [12] 1 *vt* to associate. || 2 **asociarse** *vpr* to be associated.
asolar [31] *vt* to devastate.
asomar 1 *vi (aparecer)* to appear, show. || 2 *vt (sacar)* to stick out. || 3 **asomarse** *vpr (a ventana)* to lean out; *(a balcón)* to come out (a, onto).
asombrado,-a *adj* amazed, astonished.
asombrar 1 *vt* to amaze, astonish. || 2

asombrarse *vpr* to be astonished, be amazed.
asombro *nm* amazement, astonishment.
asombroso,-a *adj* amazing, astonishing.
asomo *nm* sign, indication.
• **ni por asomo** by no means.
asorocharse *vpr* ANDES to get altitude sickness.
aspa 1 *nf* X-shaped cross. **2** *(de molino)* arm; *(de ventilador)* blade.
aspaviento *nm* fuss.
• **hacer aspavientos** to make a fuss.
aspecto 1 *nm (faceta)* aspect. **2** *(apariencia)* look, appearance.
• **tener buen aspecto** to look good; **tener mal aspecto** to look awful.
aspereza *nf* roughness, coarseness.
áspero,-a *adj* rough, coarse.
aspersión *nf* sprinkling.
■ **riego por aspersión** watering by sprinkler.
aspiración 1 *nf (al respirar)* inhalation. **2** *fig (ambición)* aspiration, ambition.
aspiradora *nf* vacuum cleaner.
aspirante 1 *adj* sucking. || **2** *nmf* candidate.
aspirar 1 *vt (al respirar)* to inhale, breathe in. **2** *(absorber)* to suck in, draw in. **3** GRAM to aspirate. || **4** *vi* to aspire (a, to).
aspirina® *nf* aspirin®.
asqueroso,-a 1 *adj (sucio)* dirty, filthy. **2** *(desagradable)* disgusting.
asta 1 *nf (de bandera)* flagpole. **2** *(de lanza)* shaft. **3** *(cuerno)* horn.
• **a media asta** at half-mast.
▲ *Takes* el *and* un *in sing.*
asterisco *nm* asterisk.
asteroide *adj* - *nm* asteroid.
astilla *nf* splinter.
astillero *nm* shipyard, dockyard.
astro *nm* star.
astrología *nf* astrology.
astrólogo,-a *nm,f* astrologer.
astronauta *nmf* astronaut.
astronomía *nf* astronomy.
astrónomo,-a *nm,f* astronomer.
astucia *nf* astuteness, cunning.
astuto,-a *adj* astute, cunning.
asumir *vt* to assume.
asunto 1 *nm (cuestión)* matter, subject. **2** *(ocupación)* affair, business.
• **no es asunto tuyo** it's none of your business.
■ **asuntos exteriores** Foreign Affairs.
asustadizo,-a *adj* easily frightened.
asustar 1 *vt* to frighten. || **2 asustarse** *vpr* to be frightened.
atacar [1] *vt* to attack.
atajar 1 *vi* to take a shortcut. || **2** *vt (interrumpir)* to interrupt. **3** *(interceptar)* to intercept, head off.
atajo *nm* shortcut.
atalaya *nf* watchtower.
ataque 1 *nm (gen)* attack. **2** *(acceso)* fit: ***ataque de tos*** fit of coughing.
■ **ataque aéreo** air raid; **ataque cardíaco** heart attack.
atar *vt* to tie, fasten.
• **atar cabos** to put two and two together.
atardecer [43] **1** *vi* to get dark, grow dark. || **2** *nm* evening, dusk: ***al atardecer*** at dusk.
atareado,-a *adj* busy.
atascar [1] **1** *vt (bloquear)* to block, obstruct. || **2 atascarse** *vpr (bloquearse)* to be obstructed. **3** *(estancarse)* to get tangled up.
atasco 1 *nm (obstrucción)* obstruction. **2** *(de tráfico)* traffic jam.
ataúd *nm* coffin.
ataviar [13] **1** *vt* to dress (con, in). || **2 ataviarse** *vpr* to get dressed up.
ate *nm* MÉX quince jelly.
ateísmo *nm* atheism.
atemorizar [4] **1** *vt* to frighten. || **2 atemorizarse** *vpr* to become frightened.
atención 1 *nf (interés)* attention. **2** *(cortesía)* courtesy.
• **llamar la atención** to attract atten-

tion; **prestar atención** to pay attention.

■ **atención al cliente** customer service; **atención personalizada** personalized service.

atender [28] **1** *vt (cliente)* to attend to; *(bar, tienda)* to serve. **2** *(enfermo)* to take care of, look after. **3** *(asunto, protesta)* to deal with. **4** *(consejo, aviso)* to need. **5** *(llamada)* to answer. || **6** *vi* to pay attention (a, to).

atenerse [87] **1** *vpr (ajustarse)* to abide (a, by). **2** *(acogerse)* to rely (a, on).

atentado *nm* attack, assault.

■ **atentado terrorista** terrorist attack.

atentamente **1** *adv (con atención)* attentively. **2** *(amablemente)* politely; *(en carta)* sincerely, faithfully: ***le saluda atentamente*** yours sincerely, yours faithfully.

atentar [27] *vi* to commit a crime (a/contra, against).

atento,-a **1** *adj (pendiente)* attentive. **2** *(amable)* polite, courteous.

● **estar atento,-a a** *(escuchar)* to pay attention to; *(vigilar)* to keep an eye out for.

atenuar [11] *vt* to attenuate.

ateo,-a *adj* - *nm,f* atheist.

aterciopelado,-a *adj* velvety.

aterrador,-ra *adj* terrifying.

aterrar **1** *vt* to terrify. || **2** **aterrarse** *vpr* to be terrified.

aterrizaje *nm* landing.

aterrizar [4] *vt* to land.

aterrorizar [4] **1** *vt* to terrify. || **2** **aterrorizarse** *vpr* to be terrified.

atesorar *vt* to hoard.

atestiguar [22] **1** *vt (ofrecer muestras)* to attest. **2** JUR to testify to.

atiborrar **1** *vt* to pack, cram, stuff (de, with). || **2** **atiborrarse** *vpr* to stuff oneself (de, with).

ático *nm* penthouse.

atinar *vi* to guess right.

atingencia *nf* AM connection; *(observación)* comment.

atisbar **1** *vt (espiar)* to peep at, spy on. **2** *(vislumbrar)* to make out.

atizar [4] **1** *vt (fuego)* to poke, stir. **2** *(pasiones)* to rouse. **3** *(golpe, patada)* to deal.

atlántico,-a **1** *adj* Atlantic. || **2** **Atlántico** *nm* Atlantic.

■ **el océano Atlántico** the Atlantic Ocean.

atlas *nm inv* atlas.

atleta *nmf* athlete.

atlético,-a *adj* athletic.

atletismo *nm* athletics.

atmósfera *nf* atmosphere.

atmosférico,-a *adj* atmospheric.

atole *nm* CAM MÉX *drink made of corn meal.*

atolladero *nm* fix, jam.

● **estar en un atolladero** to be in a jam; **meter a algn en un atolladero** to put sb in a tight spot.

atolondrado,-a *adj* stunned.

atolondrar **1** *vt* to confuse. || **2** **atolondrarse** *vpr* to become confused.

atómico,-a *adj* atomic.

átomo *nm* atom.

atónito,-a *adj* astonished, amazed.

átono,-a *adj* atonic, unstressed.

atontado,-a **1** *adj (aturdido)* stunned, confused. **2** *(tonto)* stupid, silly.

atontar **1** *vt (confundir)* to confuse, bewilder. **2** *(volver tonto)* to stun, stupefy.

atorarse **1** *vpr (atragantarse)* to choke (con, on). **2** AM *(atascarse)* to get stuck.

atormentar **1** *vt* to torment. || **2** **atormentarse** *vpr* to torment oneself.

atornillar *vt* to screw.

atorón *nm* MÉX traffic jam.

atorrante *adj* CSUR *(holgazán)* lazy.

atosigar [7] *vt* to harass, pester.

atracador,-ra *nm,f (de banco)* bank robber; *(en la calle)* mugger.

atracar [1] **1** *vt (robar - banco)* to hold up, rob; *(- persona)* to mug. || **2** *vi* MAR to come alongside. || **3** **atracarse** *vpr (de comida)* to gorge oneself (de, on).

atracción *nf* attraction.
atraco *nm (de banco)* hold-up, robbery; *(de persona)* mugging.
atracón *nm fam* binge.
atractivo,-a 1 *adj* attractive. ‖ 2 **atractivo** *nm* attraction, charm.
atraer [88] *vt* to attract.
atragantarse *vpr* to choke (**con**, on).
atrancar [1] 1 *vt (puerta)* to bar, bolt. 2 *(obstruir)* to obstruct.
atrapar *vt* to capture, catch.
atrás 1 *adv (posición)* back: ***dio un salto atrás*** she jumped back; ***vamos a sentarnos atrás*** let's sit at the back; ***la puerta de atrás*** the back door. 2 *(tiempo)* ago: ***días atrás*** several days ago. ‖ 3 *interj* stand back!, move back! • **ir hacia atrás** to go backwards; **quedarse atrás** to fall behind; **volverse atrás** to change one's mind, back out.
atrasado,-a 1 *adj (reloj)* slow. 2 *(pago)* overdue. 3 *(país)* backward, underdeveloped. 4 *(ideas)* old-fashioned.
atrasar 1 *vt (salida)* to delay. 2 *(reloj)* to put back. ‖ 3 *vi (reloj)* to be slow. ‖ 4 **atrasarse** *vpr (tren etc)* to be late. 5 *(quedarse atrás)* to stay behind.
atraso 1 *nm (retraso)* delay. 2 *(de reloj)* slowness. 3 *(de país)* backwardness. ‖ 4 **atrasos** *nm pl* COM arrears.
atravesar [27] 1 *vt (cruzar)* to cross. 2 *(poner oblicuamente)* to put across, lay across. 3 *(bala etc)* to pierce, run through. 4 *(crisis, situación)* to go through. ‖ 5 **atravesarse** *vpr* to be in the way.
• **atravesársele algn a uno** not to be able to bear sb.
atrayente *adj* attractive.
atreverse *vpr* to dare, venture.
atrevido,-a 1 *adj (osado)* daring, bold. 2 *(insolente)* cheeky. 3 *(indecoroso)* risqué.
atrevimiento 1 *nm (osadía)* daring, boldness. 2 *(insolencia)* cheek, insolence.
atribuir [62] 1 *vt* to attribute (a, to), ascribe (a, to). ‖ 2 **atribuirse** *vpr* to assume.
atributo *nm* attribute, quality.
atril *nm* lectern.
atrincherar 1 *vt* to entrench. ‖ 2 **atrincherarse** *vpr* to entrench oneself.
atrio 1 *nm (patio)* atrium. 2 *(vestíbulo)* vestibule.
atrocidad 1 *nf (crueldad)* atrocity. 2 *(disparate)* silly remark.
atrofia *nf* atrophy.
atrofiarse [12] *vpr* to atrophy.
atropellado,-a *adj* hasty, precipitate.
atropellar 1 *vt* AUTO to knock down. 2 *(derechos, ideales)* to trample, run over. ‖ 3 **atropellarse** *vpr (al hablar)* to speak hastilly; *(al actuar)* to act hastily.
atropello 1 *nm (accidente)* running over. 2 *(abuso)* outrage, abuse.
atroz 1 *adj (bárbaro)* atrocious. 2 *(enorme)* enormous, huge. 3 *(horrible)* awful.
ATS *abr* MED *(*ayudante técnico sanitario*)* medical auxiliary.
atta. *abr* COM *(*atenta*)* letter: ***su atta. del 2 de febrero*** your letter of February 2nd.
atuendo *nm* attire.
atún *nm* tunny, tuna.
aturdido,-a 1 *adj (confundido)* stunned. 2 *(atolondrado)* reckless.
aturdir 1 *vt* to stun. 2 *(confundir)* to confuse. ‖ 3 **aturdirse** *vpr* to be confused.
audacia *nf* audacity.
audaz *adj* audacious, bold.
audición 1 *nf (acción)* hearing. 2 TEAT audition. 3 MÚS concert.
audiencia 1 *nf (recepción, público)* audience. 2 JUR high court.
■ **audiencia pública** public hearing.
audífono *nm* hearing aid.
audiovisual *adj* audio-visual.
auditorio 1 *nm (público)* audience. 2 *(lugar)* auditorium.
auge 1 *nm (del mercado)* boom. 2 *(de precios)* boost. 3 *(de fama etc)* peak.

● **estar en auge** to be on the increase.

augurar *vt (persona)* to predict; *(suceso)* to augur.

augurio *nm* augury.

aula *nf (en escuela)* classroom; *(en universidad)* lecture room.

▲ *Takes* el *and* un *in sing.*

aullar [16] *vi* to howl.

aullido *nm* howl.

aumentar 1 *vt* to augment, increase. **2** *(en óptica)* to magnify. **3** *(fotos)* to enlarge. ‖ **4** *vi* to increase, rise.

aumento 1 *nm (incremento)* increase. **2** *(en óptica)* magnification. **3** *(de foto)* enlargement. **4** *(de salario)* rise.

● **ir en aumento** to be on the increase.

aun *adv* even.

● **aun cuando** although, even though.

aún 1 *adv (en afirmativas)* still: ***aún la estoy esperando*** I'm still waiting for her. **2** *(en negativas, interrogativas)* yet: ***aún no ha llegado*** he hasn't arrived yet; ***¿aún no sabes montar en bici?*** don't you know how to ride a bike yet? **3** *(en comparaciones)* even: ***dicen que aún hará más frío*** they say it's going to get even colder.

aunque *conj* although, though.

aúpa 1 *interj (levántate)* up!, get up! **2** *(ánimo)* up!, come on!

aureola *nf* aureole, halo.

auréola *nf* aureole, halo.

auricular 1 *nm (de teléfono)* receiver, earpiece. ‖ **2 auriculares** *nm pl (de walkman etc)* headphones, earphones.

aurora *nf* dawn.

auscultar *vt* to sound *with a stethoscope.*

ausencia *nf* absence.

ausentarse *vpr* to leave.

ausente 1 *adj (no presente)* absent. **2** *(distraído)* absentminded. ‖ **3** *nmf* absentee.

ausentismo *nm* AM absenteeism.

austeridad *nf* austerity.

austero,-a *adj* austere.

Australia *nf* Australia.

australiano,-a *adj* - *nm,f* Australian.

Austria *nf* Austria.

austríaco,-a *adj* - *nm,f* Austrian.

auténtico,-a *adj* authentic, genuine.

auto 1 *nm* JUR decree, writ. **2** RPL *(coche)* car.

autobús *nm* bus.

autocar *nm* coach.

autóctono,-a *adj* indigenous.

autodidacta 1 *adj* self-taught. ‖ **2** *nmf* self-taught person.

autoedición *nf* desktop publishing.

autoescuela *nf* driving school.

autógrafo *nm* autograph.

autómata *nm* automaton.

automático,-a *adj* automatic.

automóvil *nm* automobile, US car.

automovilismo *nm* motoring.

automovilista *nmf* motorist.

autonomía 1 *nf (independencia)* autonomy. **2** *(comunidad)* autonomous region. **3** *(de coche)* range.

autónomo,-a 1 *adj* POL autonomous, self-governing. **2** *(trabajador)* self-employed; *(traductor etc)* freelance. ‖ **3** *nm,f (trabajador)* self-employed person; *(traductor etc)* freelancer.

autopista *nf* motorway, US highway, freeway.

■ **autopista de la información** INFORM information superhighway.

autopsia *nf* autopsy.

autoridad *nf* authority.

autoritario,-a *adj* authoritarian.

autorización *nf* authorization.

autorizar [4] *vt* to authorize.

autor,-ra 1 *nm,f (de obra)* author. **2** *(de crimen)* perpetrator.

autorretrato *nm* self-portrait.

autoservicio 1 *nm (restaurante)* self-service restaurant. **2** *(gasolinera)* self-service petrol station. **3** *(supermercado)* supermarket.

autostop *nm* hitch-hiking.

● **hacer autostop** to hitch-hike.

autovía *nf* dual-carriageway, US highway.
auxiliar [14] **1** *vt* to help, assist. ‖ **2** *adj* auxiliary. ‖ **3** *nmf* assistant.
■ **auxiliar administrativo** administrative assistant.
auxilio *nm* help, aid, assistance.
auyama *nf* CARIB COL pumpkin.
Av. *abr* (avenida) avenue; *(abreviatura)* Av, Ave.
avalancha *nf* avalanche.
avance 1 *nm (progreso, movimiento)* advance. **2** *(pago)* advance payment.
■ **avance informativo** news preview.
avanzar [4] **1** *vt (ir hacia adelante)* to advance, move forward. **2** *(anticipar)* to tell in advance. **3** *(ir hacia adelante)* to advance, move forward. ‖ **4** *vi (progresar)* to make progress.
avaricia *nf* avarice, greed.
avaricioso,-a *adj* avaricious, greedy.
avaro,-a 1 *adj* miserly. ‖ **2** *nm,f* miser.
avasallar *vt* to subjugate, subdue.
Avda. *abr* (avenida) avenue; *(abreviatura)* Av, Ave.
ave *nf* bird.
■ **ave de rapiña** bird of prey.
▲ *Takes* el *and* un *in sing.*
AVE *abr* (Alta Velocidad Española) *Spanish high-speed train.*
▲ *Used in masculine.*
avecinarse *vpr* to approach (a, de).
avellana *nf* hazelnut.
avemaría *nf* Hail Mary.
• **en un avemaría** in a twinkle.
▲ *Takes* el *and* un *in sing.*
avena *nf* oats *pl.*
avengo *pres indic* → **avenir**.
avenida 1 *nf (calle)* avenue. **2** *(de río)* flood.
avenir [90] **1** *vt* to reconcile. ‖ **2** **avenirse** *vpr* to agree.
• **avenirse a algo** to agree on something; **avenirse con algn** to get on well with sb.
aventajado,-a *adj* outstanding.
aventajar 1 *vt (exceder)* to surpass. **2** *(ir en cabeza)* to lead.
aventar 1 *vt (grano)* to winnow. **2** *(el fuego)* to fan. **3** ANDES CAM MÉX *(tirar)* to throw. **4** CAM MÉX PERÚ *(empujar)* to push, to shove. ‖ **5** **aventarse** *vpr* MÉX *(tirarse)* to throw oneself. **6** *(atreverse)* to dare: ***aventarse a hacer algo*** to dare to do sth.
aventón *nm* MÉX ride.
• **dar aventón a alguien** to give sb a ride; **pedir aventón** to hitch a ride.
aventura 1 *nf (suceso)* adventure. **2** *(riesgo)* venture. **3** *(relación amorosa)* affair, love affair.
aventurado,-a *adj* venturesome, risky.
aventurar 1 *vt* to hazard, risk. ‖ **2** **aventurarse** *vpr* to venture, dare.
aventurero,-a 1 *adj* adventurous. ‖ **2** *nm,f (hombre)* adventurer; *(mujer)* adventuress.
avergonzado,-a 1 *adj (por mala acción)* ashamed. **2** *(por situación bochornosa)* embarrassed.
avergonzar [51] **1** *vt (por mala acción)* to shame. **2** *(por situación bochornosa)* to embarrass. ‖ **3** **avergonzarse** *vpr (por mala acción)* to be ashamed. **4** *(por situación bochornosa)* to be embarrassed.
avería 1 *nf* TÉC failure. **2** AUTO breakdown.
averiado,-a 1 *adj* TÉC faulty, not working. **2** AUTO broken down.
• **"Averiado"** "Out of order".
averiar [13] **1** *vt* TÉC to cause to malfunction. **2** AUTO to cause a breakdown to. ‖ **3** **averiarse** *vpr* TÉC to malfunction. **4** AUTO to break down.
averiguar [22] *vt* to find out.
aversión *nf* aversion.
• **sentir aversión por** to loathe.
avestruz *nm* ostrich.
aviación 1 *nf (civil)* aviation. **2** MIL air force.
aviador,-ra *nm,f* aviator; *(hombre)* airman; *(mujer)* airwoman.
avícola *adj* poultry.
avicultura *nf* poultry farming.

avidez *nf* avidity, eagerness.
ávido,-a *adj* avid, eager (de, for).
avinagrado,-a *adj (vino)* vinegary; *(persona)* sour.
avinagrar *vt - vpr* to turn sour.
avión *nm* plane, aeroplane, US airplane.
• **por avión** airmail.
■ **avión a chorro** jet plane; **avión a reacción** jet plane; **avión de combate** fighter plane; **avión de papel** paper dart.
avioneta *nf* light plane.
avisar 1 *vt (informar)* to inform. **2** *(advertir)* to warn. **3** *(mandar llamar)* to call for: ***avisar al médico*** to send for the doctor.
aviso 1 *nm (información)* notice. **2** *(advertencia)* warning. **3** AM *(anuncio)* advertisement: ***un aviso clasificado*** a classified advertisement.
• **estar sobre aviso** to be on the alert; **sin previo aviso** without prior warning.
avispa *nf* wasp.
avispero 1 *nm (nido)* wasps' nest. **2** MED carbuncle.
avivar 1 *vt (anhelos)* to enliven. **2** *(pasiones)* to intensify. **3** *(paso)* to quicken. **4** *(colores)* to brighten. || **5 avivar(se)** *vi - vpr* to become brighter, become livelier.
axila *nf* armpit, axilla.
ay 1 *interj (dolor)* ouch!, ow! **2** *(pena)* alas!: ***¡ay! de mí!*** woe is me!
ayer 1 *adv (el día anterior)* yesterday. **2** *(en el pasado)* in the past. || **3** *nm* past.
• **antes de ayer** the day before yesterday.
ayuda *nf* help, aid, assistance.
■ **ayuda de cámara** valet.
ayudante 1 *nmf* assistant. **2** MIL adjutant.
ayudar 1 *vt* to help, aid, assist. || **2 ayudarse** *vpr (apoyarse)* to make use (de/con, of). **3** *(unos a otros)* to help one another.
ayunar *vi* to fast.
ayunas *nm pl.*
• **en ayunas** without having eaten breakfast.
ayuno *nm* fast, fasting.
ayuntamiento 1 *nm (corporación)* town council. **2** *(edificio)* town hall.
azabache *nm* jet.
azada *nf* hoe.
azafata 1 *nf (de avión)* air hostess. **2** *(de congresos)* hostess.
azafate *nm* ANDES *(bandeja)* tray.
azafrán *nm* saffron.
azahar *nm (de naranjo)* orange blossom; *(de limonero)* lemon blossom.
azar *nm* chance.
• **al azar** at random.
azotaina *nf fam* spanking.
azotar 1 *vt (con látigo)* to whip. **2** *(golpear)* to beat.
azote 1 *nm (látigo)* whip. **2** *(latigazo)* lash. **3** *(manotada)* smack. **4** *(calamidad)* scourge.
azotea *nf* flat roof.
• **estar mal de la azotea** *fam* to have a screw loose.
azteca *adj - nmf* Aztec.
azúcar *nm & nf* sugar.
azucarar 1 *vt (endulzar)* to sugar, sweeten. **2** *(bañar)* to coat with sugar, ice with sugar.
azucarero,-a 1 *adj* sugar. || **2 azucarero** *nm* sugar bowl.
azucena *nf* white lily.
azufre *nm* sulphur.
azul *adj - nm* blue.
■ **azul celeste** sky blue; **azul marino** navy blue.
azulado,-a *adj* blue, bluish.
azulejo *nm* tile

B

baba 1 *nf (saliva)* spittle. **2** *(de caracol)* slime.
• **caérsele a uno la baba** *fam* to be delighted.
babear *vi* to drool.
babero *nm* bib.

babi *nm* child's overall.
babor *nm* port, port side.
● **a babor** to port.
babosa *nf* ZOOL slug.
babosada *nf* CAM MÉX *fam (disparate)* daft thing.
baboso,-a 1 *adj (despreciable)* slimy. **2** *fam fig* sloppy. **3** AM *fam (tonto)* daft, stupid. ‖ **4** *nm,f fam (persona despreciable)* creep. **5** AM *fam (tonto)* twit, idiot.
baca *nf* roof rack.
bacalao *nm* cod.
bache 1 *nm (en carretera)* pothole. **2** *(de aire)* air pocket. **3** *fig* bad patch.
bachiller *nmf* person who has passed the *bachillerato*.
bachillerato *nm academically orientated Spanish secondary school course.*
■ **bachillerato unificado polivalente** *Spanish certificate of secondary education.*
bacilo *nm* bacillus.
bacon *nm* bacon.
bacteria *nf* bacterium.
bafle *nm* loudspeaker.
▲ *También se escribe* baffle.
bahía *nf* bay.
bailar 1 *vt - vi* to dance. **2** *(girar)* to spin. **3** *(ser grande)* to be too big.
bailarín,-ina 1 *adj* dancing. ‖ **2** *nm,f* dancer.
baile 1 *nm* dance. **2** *(de etiqueta)* ball.
■ **baile de disfraces** masked ball.
baja 1 *nf* fall, drop. **2** MIL casualty. **3** *(por enfermedad)* sick leave.
● **darse de baja** *(de un club)* to resign (**de,** from); *(en una suscripción)* to cancel (**de,** -); *(por enfermedad)* to take sick leave.
bajada 1 *nf* descent: ***subidas y bajadas*** ups and downs. **2** *(en carretera etc)* slope.
bajamar *nf* low tide.
bajar 1 *vt (de un lugar alto)* to bring down, take down: ***bajó un libro de la estantería*** he took a book down from the shelf. **2** *(mover abajo)* to lower: ***¿has bajado las persianas?*** have you lowered the blinds? **3** *(recorrer de arriba abajo)* to come down, go down: ***bajamos la escalera*** we went down the stairs. **4** *(inclinar)* to lower; *(cabeza)* to bow. **5** *(voz)* to lower. **6** *(precios)* to reduce. **7** INFORM *(de la red)* to download. ‖ **8** *vi (ir abajo - acercándose)* to come down; *(- alejándose)* to go down: ***¡baja de ahí!*** come down from there!; ***¿bajas en ascensor?*** are you going down in the lift? **9** *(apearse - de coche)* to get out (**de,** of); *(- de bicicleta, caballo, avión, tren)* to get off (**de,** -). **10** *(reducirse)* to fall, drop, come down: ***la peseta sigue bajando*** the peseta continues to fall; ***los precios han bajado*** prices have come down. ‖ **11 bajarse** *vpr (ir abajo acercándose)* to come down; *(- alejándose)* to go down. **12** *(apearse - de coche)* to get out (**de,** of); *(- de bicicleta, caballo, avión, tren)* to get off (**de,** -). **13** *(agacharse)* to bend down.
bajativo *nm* ANDES RPL *(licor)* digestive liqueur; *(tisana)* herbal tea.
bajeza 1 *nf (acción)* vile deed. **2** *fig* lowliness.
bajial *nm* PERÚ lowland.
bajo,-a 1 *adj* low: ***una casa baja*** a low house; ***precios bajos*** low prices. **2** *(persona)* short. **3** *(inclinado)* bent down. **4** *(cabeza)* bowed, held low. **5** *(ojos)* downcast. **6** *(tosco)* vulgar. **7** *(territorio, río)* lower. **8** *(inferior)* poor, low: ***la clase baja*** the lower classes. ‖ **9 bajo** *adv (volar)* low. **10** *(hablar)* softly, quietly. ‖ **11** *prep (gen)* under; *(con temperaturas)* below: ***bajo las estrellas*** under the stars; ***10 grados bajo cero*** 10 degrees below zero. ‖ **12** *nm (piso)* ground floor, US first floor. **13** MAR sandbank. **14** MÚS bass. ‖ **15 bajos** *nm pl* ground floor, US first floor.
● **bajo ningún concepto** under no circumstances; **por lo bajo** *(disimuladamente)* on the sly; *(en voz baja)* in a low voice.
■ **bajos fondos** dregs of society.

bajón 1 *nm fig* fall. **2** *(de salud)* relapse.
bala *nf* bullet.
• **como una bala** *fam* like a shot.
■ **bala de cañón** cannonball; **bala perdida** *(proyectil)* stray bullet; *(persona)* madcap.
balacear *vt* AM *(tirotear)* to shoot.
balacera *nf* AM shootout.
balada *nf* ballad.
balance 1 *nm* oscillation, rocking. **2** COM balance, balance sheet. **3** *(cálculo)* total.
balancear 1 *vi - vpr (mecerse)* to rock; *(en columpio)* to swing; *(barco)* to roll. || **2** *vi fig* to hesitate, waver.
balanceo *nm* swinging, rocking, rolling.
balancín *nm* rocking chair.
balanza 1 *nf (aparato)* scales *pl.* **2** COM balance.
■ **balanza de pagos** balance of payments.
balar *vi* to bleat.
balazo 1 *nm* shot. **2** *(herida)* bullet wound.
balbucear 1 *vi* to stutter. **2** *(niño)* to babble.
balbuceo 1 *nm* stammering. **2** *(niño)* babbling.
Balcanes *nm pl* the Balcans.
balcón *nm* balcony.
balda *nf* shelf.
baldado,-a 1 *adj (inválido)* crippled. **2** *fam (cansado)* shattered.
balde *nm* bucket, pail.
• **de balde** free, for nothing; **en balde** in vain.
baldosa *nf* floor tile.
balear 1 *adj* Balearic. || **2** *nmf* Balearic islander. || **3** *vt* AM *(disparar)* to shoot.
■ **Islas Baleares** Balearic Islands.
baleárico,-a *adj* Balearic.
baleo *nm* AM shootout.
balido *nm* bleating.
baliza 1 *nf* MAR buoy. **2** AV beacon.
ballena *nf* whale.
ballesta 1 *nf* HIST crossbow. **2** AUTO spring.
ballet *nm* ballet.
balneario *nm* spa, health resort.
balón 1 *nm* DEP ball, football. **2** *(para gas)* bag.
■ **balón de oxígeno** oxygen cylinder.
baloncesto *nm* basketball.
balonmano *nm* handball.
balonvolea *nf* volleyball.
balsa 1 *nf* pool, pond. **2** MAR raft.
• **como una balsa de aceite** *(mar)* like a millpond; *(situación)* very peaceful.
bálsamo *nm* balsam, balm.
báltico,-a *adj* Baltic.
■ **el mar Báltico** the Baltic Sea.
bambolear *vi* to swing.
bambú *nm (pl* **bambúes***)* bamboo.
banal *adj* trivial.
banana *nf* banana.
banano 1 *nm (árbol)* banana tree. || **2** *nf* COL *(fruto)* banana.
banca 1 *nf* COM banking; *(bancos)* banks *pl.* **2** *(asiento)* bench.
bancario,-a *adj* banking.
bancarrota *nf* bankruptcy.
• **llevar a la bancarrota** to go bankrupt.
banco 1 *nm* bank. **2** *(asiento)* bench; *(de iglesia)* pew. **3** *(mesa)* bench.
■ **banco de carpintero** workbench; **banco de datos** data bank; **banco de peces** shoal of fish; **banco de sangre** blood bank.
banda 1 *nf (faja)* sash. **2** *(gente armada)* gang. **3** *(musical)* band. **4** *(de pájaros)* flock. **5** *(lado)* side.
• **cerrarse en banda** to stand firm.
■ **banda de frecuencia** RAD radio band; **banda sonora** CINEM sound track; **banda transportadora** conveyor belt.
bandada *nf* flock.
bandazo *nm* lurch, heavy roll.
bandeja *nf* tray.
• **poner algo en bandeja** to give sth on a silver platter.

bandera *nf* flag.
● **arriar la bandera** to strike one's colours, surrender.
banderín *nm* pennant, small flag.
bandido,-a *nm,f* bandit.
bando 1 *nm (facción)* faction, party. **2** *(edicto)* edict, proclamation.
bandolero *nm* bandit.
banquero,-a *nm,f* banker.
banqueta 1 *nf (taburete)* stool, footstool. **2** *(banco)* little bench. **3** CAM MÉX *(acera)* pavement, US sidewalk.
banquete *nm* banquet, feast.
banquillo 1 *nm* JUR dock. **2** DEP bench.
banquina *nf* RPL *(arcén)* verge; *(de autopista)* hard shoulder, US shoulder.
bañadera 1 *nf* ARG *(bañera)* bath. **2** RPL *(vehículo)* minibus.
bañado *nm* BOL RPL *(terreno)* marshy area.
bañador *nm (de mujer)* bathing costume, swimming costume; *(de hombre)* swimming trunks *pl*.
bañar 1 *vt (en bañera)* to bath. **2** *(cubrir)* to coat. ‖ **3 bañarse** *vpr (en bañera)* to have a bath, take a bath; *(nadar)* to swim. **4** AM *(ducharse)* to have a shower.
bañera *nf* bath, bath tub.
bañista *nmf* bather, swimmer.
baño 1 *nm (acción)* bath. **2** *(bañera)* bath, bathtub. **3** *(capa)* coat, coating. **4** *(aseo)* bathroom. ‖ **5 baños** *nm pl (balneario)* spa *sing*.
■ **baño María** bain-marie.
bar *nm (pl* **bares***) (cafetería)* café, snack bar; *(de bebidas alcohólicas)* bar.
baraja *nf* pack, deck.
barajar 1 *vt (naipes)* to shuffle. **2** *(nombres)* to juggle.
baranda *nf* handrail, banister.
barandilla *nf* handrail, banister.
baratija *nf* trinket, knick-knack.
barato,-a 1 *adj* cheap. ‖ **2 barato** *adv* cheaply, cheap.
barba 1 *nf* ANAT chin. **2** *(pelo)* beard.
● **hacer la barba a algn** to soft-soap sb; **por barba** a head.
■ **barba cerrada** thick beard.
barbaridad 1 *nf (crueldad)* cruelty. **2** *(disparate)* piece of nonsense: ***¡qué barbaridad!*** how awful!
bárbaro,-a 1 *adj* HIST barbarian. **2** *(cruel)* cruel. **3** *(temerario)* daring. **4** *fam (grande)* enormous. **5** *fam (espléndido)* tremendous, terrific. ‖ **6** *nm,f* HIST barbarian.
barbecho *nm* fallow land.
barbería *nf* barber's shop.
barbero *nm* barber.
barbilla *nf* chin.
barbudo,-a *adj* bearded.
barca *nf* small boat.
barcaza *nf* lighter.
barco *nm* boat, vessel, ship.
■ **barco cisterna** tanker; **barco de vapor** steamer.
barman *nm (pl* **bármanes***)* barman.
barniz *nm* varnish.
barnizado,-a *adj* varnished.
barnizar [4] *vt* to varnish.
barómetro *nm* barometer.
barón *nm* baron.
barquero,-a *nm,f (hombre)* boatman; *(mujer)* boatwoman.
barquillo *nm* wafer.
barra 1 *nf (de hierro)* bar. **2** *(en armario)* rail. **3** *(de bicicleta)* crossbar. **4** *(de hielo)* block. **5** *(de pan)* loaf. **6** *(de bar, cafetería)* bar. **7** *(de arena)* sandbank. **8** ANDES RPL *fam (grupo de amigos)* gang, group of friends.
■ **barra brava** ANDES RPL *group of violent soccer supporters*; **barra de labios** lipstick; **barra fija** DEP horizontal bar.
barraca 1 *nf (cabaña)* hut; *(chabola)* shanty. **2** *(de feria)* stall.
barranco 1 *nm (precipicio)* precipice. **2** *(torrentera)* gully.
barrendero,-a *nm,f* street sweeper.
barreño *nm* large bowl.
barrer *vt* to sweep.
● **barrer para adentro** to look after number one.

barrera *nf* barrier.
■ **barrera del sonido** sound barrier.
barriada 1 *nf* neighbourhood,. **2** AM *(barrio de chabolas)* shanty town.
barrica *nf medium-sized* barrel.
barricada *nf* barricade.
barriga *nf* belly.
barril *nm* barrel, keg.
barrio *nm* district, area, US neighborhood.
● **irse al otro barrio** *fam* to kick the bucket.
■ **barrio histórico** old town; **barrio bajo** seedy area.
barrizal *nm* mire.
barro 1 *nm (lodo)* mud. **2** *(arcilla)* clay: ***objetos de barro*** earthenware *sing.*
barroco,-a 1 *adj* baroque. || **2 barroco** *nm* baroque.
barrote 1 *nm (de celda)* bar. **2** *(de escalera, silla)* rung.
bartola *adv fam* carelessly: ***tumbarse a la bartola*** to lie back lazily.
bártulos *nm pl* things, stuff *sing.*
● **liar los bártulos** to pack up.
barullo *nm* noise, din.
basar 1 *vt* to base (en, on). || **2 basarse** *vpr* to be based (en, on).
báscula *nf* scales *pl.*
■ **báscula de baño** bathroom scales *pl.*
base 1 *nf* base. **2** *fig* basis.
● **a base de** on the basis of.
■ **base aérea** air base; **base de datos** database; **base de operaciones** field headquarters *pl.*
básico,-a *adj* basic.
basílica *nf* basilica.
basta 1 *nf* basting stitch. || **2** *interj* enough!, stop it!
bastante 1 *adj* enough, sufficient. **2** *(abundante)* quite a lot. || **3** *adv* enough. **4** *(un poco)* fairly, quite.
bastar *vi* to be sufficient, be enough.
● **¡basta ya!** that's enough!; **bastarse a sí mismo** to be self-sufficient.
bastardo,-a 1 *adj* bastard. **2** *(despreciable)* base, mean.
bastidor 1 *nm* frame. **2** *(de coche)* chassis. **3** TEAT wing.
● **entre bastidores** behind the scenes.
basto,-a 1 *adj (grosero)* coarse, rough. **2** *(sin pulimentar)* rough, unpolished. || **3 bastos** *nm pl (baraja española)* clubs.
bastón 1 *nm* stick, walking stick. **2** *(insignia)* baton.
basura *nf* rubbish, US garbage.
basurero *nm* dustman, US garbage man.
bata 1 *nf (de casa)* dressing gown. **2** *(de trabajo)* overall; *(de médicos etc)* white coat. **3** *(de colegial)* child's overall.
batacazo 1 *nm* bang, bump, crash. **2** CSUR *fam (triunfo inesperado)* surprise victory.
batalla *nf* battle.
● **de batalla** *fam* ordinary, everyday: ***zapatos de batalla*** everyday shoes.
■ **batalla campal** pitched battle.
batallar *vi* to battle.
batallón *nm* battalion.
batatazo *nm* AM → **batacazo**.
bate *nm* bat.
batería 1 *nf* MIL battery. **2** TEAT footlights *pl.* **3** *(de orquesta)* percussion; *(de conjunto)* drums *pl.* || **4** *nmf* drummer.
■ **batería de cocina** pots and pans *pl.*
batido,-a 1 *adj (camino)* beaten. **2** *(huevos)* beaten. || **3 batido** *nm* CULIN milk shake.
batidora *nf* CULIN *(manual)* whisk; *(automática)* blender.
batidor,-ra *adj* beating.
batín *nm* short dressing gown.
batir 1 *vt (huevos)* to beat; *(nata, claras)* to whip. **2** *(palmas)* to clap. **3** *(metales)* to hammer. **4** *(alas)* to flap. **5** *(derribar)* to knock down. **6** *(atacar)* to beat, defeat. **7** DEP to break: ***batir la marca*** to break the record. **8** MIL to range, reconnoitre. || **9 batirse** *vpr* to fight.
batuta *nf* baton.
● **llevar la batuta** to lead.

baúl 1 *nm (cofre)* trunk. 2 RPL *(maletero)* boot, US trunk.
bautismo *nm* baptism, christening.
bautizar [4] 1 *vt (rel)* to baptize, christen. 2 *(poner nombre a)* to name. 3 *(vino)* to water down.
bautizo *nm* baptism, christening.
baya *nf* berry.
bayeta *nf* cloth.
bayoneta *nf* bayonet.
baza 1 *nf (en naipes)* trick. 2 *(ocasión)* chance.
• **meter baza** to butt in.
bazar *nm* bazaar.
bazo *nm* spleen.
be *nf (letra)* b.
■ **be alta/be grande/be larga** AM b; **be baja/be corta** AM v.
beatificar [1] *vt* to beatify.
beato,-a 1 *adj* REL blessed. 2 *(devoto)* devout. || 3 *nm,f* REL lay brother. 4 *(devoto)* devout person.
bebé *nm* baby.
■ **bebé probeta** test-tube baby.
bebe,-a *nm,f* ANDES RPL baby.
bebedor,-ra 1 *adj* drinking. || 2 *nm,f* hard drinker.
beber *vt* to drink.
• **beber a la salud de algn** to toast sb; **beber los vientos por algn** *(fam)* to be crazy about sb.
bebida *nf* drink, beverage.
• **darse a la bebida** to take to drink.
■ **bebida alcohólica** alcoholic drink.
bebido,-a *adj* half-drunk, tipsy.
beca *nf* grant, scholarship, award.
becar [1] *vt* to award a grant to, to award a scholarship to.
becario,-a *nm,f* grant holder, scholarship holder.
becerro *nm* calf.
bechamel *nf* béchamel sauce, white sauce.
bedel *nm* beadle, head porter.
begonia *nf* begonia.
beige *adj - nm* beige.
béisbol *nm* baseball.
belén 1 *nm* REL nativity scene, crib. 2 *(lío)* mess, chaos.
belga *adj - nmf* Belgian.
Bélgica *nf* Belgium.
bélico,-a *adj* warlike, bellicose.
belleza *nf* beauty.
bello,-a *adj* beautiful.
■ **bellas artes** fine arts.
bellota *nf* acorn.
bencina *nf* CHILE *(gasolina)* petrol, US gas.
bencinera *nf* CHILE petrol station, US gas station.
bendecir [79] *vt* to bless.
bendición 1 *nf* blessing. || 2 **bendiciones** *nf pl* wedding ceremony *sing.*
bendito,-a 1 *adj* REL blessed. 2 *irón (maldito)* blessed, blasted. || 3 *nm,f* simple person.
beneficencia *nf* beneficence, charity.
beneficiar [12] 1 *vt* to benefit, favour. || 2 **beneficiarse** *vpr* to benefit.
beneficio 1 *nm (ganancia)* profit. 2 *(bien)* benefit.
■ **beneficio neto** clear profit.
beneficioso,-a *adj* beneficial, useful.
benéfico,-a *adj* charitable: ***función benéfica*** charity performance.
bengala *nf* flare.
benigno,-a *adj* benign, gentle.
benjamín,-ina *nm,f* youngest child.
berberecho *nm* cockle.
berbiquí *nm (pl* **berbiquíes***)* brace: ***berbiquí y barrena*** brace and bit.
berenjena *nf* aubergine, US eggplant.
berma *nf* ANDES *(arcén)* verge; *(de autopista)* hard shoulder, US shoulder.
Bermuda *nf* Bermuda.
bermudas *nf pl* Bermuda shorts.
berrear 1 *vi (becerro)* to bellow. 2 *(gritar)* to howl, bawl.
berrido 1 *nm (de becerro)* bellowing. 2 *(grito)* howl, shriek.
berrinche *nm* rage, tantrum, anger.
berro *nm* watercress, cress.
berza *nf* cabbage.
besamel *nf* bechamel sauce, white sauce.

besar 1 *vt* to kiss. || **2 besarse** *vpr* to kiss one another.
beso *nm* kiss.
bestia 1 *nf* beast. || **2** *nmf* brute. || **3** *adj* brutish: ***¡no seas bestia!*** don't be rude!
bestial 1 *adj (brutal)* beastly, bestial. **2** *fam (enorme)* enormous. **3** *fam (extraordinario)* great, fantastic.
bestialidad 1 *nf (brutalidad)* bestiality, brutality. **2** *(tontería)* stupidity. **3** *fam (gran cantidad)* tons *pl*: ***una bestialidad de comida*** tons of food.
besugo *nm* sea bream.
• **sostener un diálogo para besugos** to talk at cross purposes.
betabel *nf* MÉX beetroot, US beet.
betarraga *nf* ANDES beetroot, US beet.
betún 1 *nm (para zapatos)* shoe polish. **2** QUÍM bitumen.
biberón *nm* baby bottle.
Biblia *nf* Bible.
bíblico,-a *adj* biblical.
bibliografía *nf* bibliography.
bibliorato *nm* RPL file.
biblioteca 1 *nf (edificio)* library. **2** *(mueble)* bookcase, bookshelf.
bibliotecario,-a *nm,f* librarian.
bicarbonato *nm* bicarbonate.
bíceps *nm inv* biceps.
bicho 1 *nm (insecto)* bug, insect. **2** *(mala persona)* nasty character.
• **todo bicho viviente** every Tom, Dick or Harry.
■ **bicho raro** odd character, oddball.
bici *nf fam* bike.
bicicleta *nf* bicycle.
bidé *nm* bidet.
bidón *nm* can, drum.
biela *nf* AUTO connecting rod.
bien 1 *adv (de manera satisfactoria)* well: ***canta bien*** he sings well. **2** *(correctamente)* right, correctly: ***contestó bien*** he answered correctly. **3** *(debidamente)* properly: ***siéntate bien*** sit properly; ***¡pórtate bien!*** behave yourself! **4** *(con éxito)* successfully. **5** *(de acuerdo)* O.K., all right. **6** *(de buena gana)* willingly. **7** *(mucho)* very; *(bastante)* quite: ***es bien sencillo*** it's very simple. **8** *(fácilmente)* easily: ***bien se ve que ...*** it is easy to see that .... || **9** *nm* good: ***el bien y el mal*** good and evil; ***hombre de bien*** honest man. || **10** *adj* well-to-do: ***gente bien*** the upper classes *pl*. || **11 bienes** *nm pl* property *sing*, possessions.
• **ahora bien** now then; **bien que** although; **en bien de** for the sake of; **estar bien** *(de gusto, olor, aspecto)* to be good, be nice; *(de salud)* to be well; **más bien** rather; **si bien** although; **¡ya está bien!** that's enough!
■ **bienes inmuebles** real estate *sing*; **bienes muebles** movables, personal property *sing*.
bienal *adj* biennial.
bienaventurado,-a 1 *adj* REL blessed. **2** *(afortunado)* fortunate.
bienestar *nm* well-being, comfort.
bienhechor,-ra 1 *adj* beneficent, beneficial. || **2** *nm,f (hombre)* benefactor; *(mujer)* benefactress.
bienio *nm* biennium.
bienvenida *nf* welcome.
• **dar la bienvenida a** to welcome.
bienvenido,-a *adj* welcome.
bife *nm* ANDES RPL *(bistec)* steak.
bifurcación 1 *nf (de la carretera)* fork. **2** INFORM branch.
bifurcarse [1] *vpr* to fork, branch off.
bigamia *nf* bigamy.
bígamo,-a 1 *adj* bigamous. || **2** *nm,f* bigamist.
bigote 1 *nm (de persona)* moustache. **2** *(de gato)* whiskers *pl*.
bikini *nm* bikini.
bilingüe *adj* bilingual.
bilingüismo *nm* bilingualism.
bilis 1 *nf (hiel)* bile. **2** *(mal humor)* spleen.
• **descargar la bilis contra** to vent one's spleen on.
billar 1 *nm (juego)* billiards. **2** *(mesa)* billiard table. || **3 billares** *nm pl* billiard room.

billete 1 *nm (moneda)* note. **2** *(de tren, autobús, sorteo, etc)* ticket.
■ **billete de ida** one-way ticket; **billete de ida y vuelta** return ticket, US round-trip ticket.
billetero *nm* wallet.
billón *nm* billion, US trillion.
bimensual *adj* twice-monthly.
bimestral *adj* every two months.
bingo 1 *nm (juego)* bingo. **2** *(sala)* bingo hall.
biodegradable *adj* biodegradable.
biografía *nf* biography.
biología *nf* biology.
biólogo,-a *nm,f* biologist.
biombo *nm* folding screen.
bioquímica *nf* biochemistry.
biquini *nm* bikini.
birlar *vt fam* to pinch, nick.
birome *nf* RPL ballpoint pen, Biro®.
birria *nf fam* monstrosity: ***este libro es una birria*** this book is rubbish.
bis 1 *adv (dos veces)* twice. **2** *(en calle)* A: ***viven en el 23 bis*** they live at 23A. ‖ **3** *nm inv* encore.
bisabuelo,-a *nm,f* great-grandparent; *(hombre)* great-grandfather; *(mujer)* great-grandmother.
bisagra *nf* hinge.
bisel *nm* bevel, bevel edge.
bisexual *adj* - *nmf* bisexual.
bisiesto *adj* leap.
bisnieto,-a *nm,f* great-grandchild; *(chico)* great-grandson; *(chica)* great-granddaughter.
bisonte *nm* bison.
bisté *nm* steak.
bistec *nm* steak.
bisturí *nm (pl* bisturíes*)* scalpel.
bisutería *nf* imitation jewellery.
bit *nm* bit.
bizco,-a 1 *adj* cross-eyed. ‖ **2** *nm,f* cross-eyed person.
bizcocho *nm* sponge cake.
blanco,-a 1 *adj (color)* white. **2** *(tez)* fair. **3** *(pálido)* pale. ‖ **4 blanco** *nm (color)* white. **5** *(objetivo físico)* target; *(meta)* aim, goal. **6** *(hueco)* blank, gap; *(en escrito)* blank space.
• **dar en el blanco** *(acertar diana)* to hit the mark; *(dar en el clavo)* to hit the nail on the head; **quedarse en blanco** *(no entender)* not to understand; *(olvidarlo)* 0: ***me quedé en blanco*** my mind went blank.
blancura *nf* whiteness.
blando,-a 1 *adj (tierno)* soft; *(carne)* tender. **2** *(benigno)* gentle, mild. **3** *(cobarde)* cowardly.
blandura 1 *nf (gen)* softness; *(de carne)* tenderness. **2** *fig (dulzura)* gentleness, sweetness.
blanquear 1 *vt (poner blanco)* to whiten. **2** *(con cal)* to whitewash. ‖ **3** *vi* to whiten, turn white.
blanquillo *nm* CAM MÉX *(huevo)* egg.
blasfemar 1 *vi (decir palabrotas)* to swear, curse. **2** *(contra Dios)* to blaspheme (**contra**, against).
blasfemia 1 *nf (palabrota)* curse. **2** *(contra Dios)* blasphemy.
bledo *nm* blite.
• **me importa un bledo** *fam* I couldn't care less.
blindado,-a *adj* armoured, armour-plated; *(coche)* bullet-proof; *(puerta)* reinforced.
blindar *vt* to armour.
bloc *nm* pad, notepad.
bloomer *nm* CAM CARIB panties *pl* GB knickers.
bloque 1 *nm (de piedra)* block. **2** *(de papel)* pad, notepad. **3** POL bloc.
• **en bloque** en bloc, en masse.
■ **bloque de pisos** block of flats.
bloquear 1 *vt* MIL to blockade. **2** *(cortar)* to block. **3** *(precios, cuentas)* to freeze. ‖ **4 bloquearse** *vpr* to freeze.
bloqueo 1 *nm* MIL blockade. **2** *(de precios, cuenta)* freezing.
blusa *nf* blouse.
blusón *nm* loose blouse, smock.
bluyín *nm* ANDES VEN jeans.
▲ *También* bluyines.
boa *nf* boa.

bobada *nf* silliness, foolishness.
• **decir bobadas** to talk nonsense.

bobina 1 *nf (carrete)* reel, bobbin. **2** ELEC coil.

bobo,-a 1 *adj* silly, foolish. ‖ **2** *nm,f* fool, dunce.

boca 1 *nf* ANAT mouth. **2** *(abertura)* entrance, opening.
• **andar en boca de todos** to be the talk of the town; **boca abajo** face downwards; **boca arriba** face upwards; **no abrir boca** not to say a word; **no decir esta boca es mía** not to say a word; **se me hace la boca agua** it makes my mouth water.
■ **boca a boca** kiss of life, mouth-to-mouth resuscitation; **boca de metro** underground entrance, tube station entrance, US subway entrance; **boca de un río** mouth of a river; **boca del estómago** pit of the stomach.

bocacalle 1 *nf (entrada)* entrance to a street. **2** *(calle secundaria)* side street.

bocadillo 1 *nm* CULIN sandwich. **2** *(en cómics)* speech balloon.

bocado 1 *nm (de comida)* mouthful. **2** *(piscolabis)* snack, tidbit.
• **bocado de rey** tidbit, delicacy.

bocanada 1 *nf (de humo)* puff. **2** *(de líquido)* mouthful.

bocata *nm fam* sandwich.

bocazas *nmf inv fam* bigmouth.

boceto *nm (dibujo)* sketch; *(proyecto)* outline.

bochorno 1 *nm (calor)* sultry weather, close weather, stifling heat. **2** *(vergüenza)* embarrassment, shame.

bochornoso,-a 1 *adj (tiempo)* hot, sultry. **2** *(vergonzoso)* shameful.

bocina *nf* horn.
• **tocar la bocina** to blow one's horn, sound one's horn.

bocón,-ona *nm,f* AM *fam* bigmouth.

boda *nf* marriage, wedding.
■ **bodas de oro** golden wedding *sing*; **bodas de plata** silver wedding *sing*.

bodega 1 *nf (de vinos)* cellar, wine cellar. **2** *(tienda)* wine shop. **3** *(almacén)* pantry. **4** MAR hold. **5** AM grocery store, grocer's.

bodegón *nm* still-life painting.

bodrio *nm fam* rubbish, trash: ***¡vaya bodrio de película!*** what a useless film!

BOE *abr (*Boletín Oficial del Estado*) Spanish official gazette.*

bofetada *nf* slap.

bofetón *nm* slap.

boga *nf* vogue.
• **estar en boga** to be in fashion.

bogavante *nm* lobster.

bohemio,-a *adj - nm,f* bohemian.

bohío *nm* AM hut, cabin.

boicot *nm (pl* boicots*)* boycott.

boicotear 1 *vt (no acudir a)* to boycott. **2** *(sabotear)* to sabotage.

bóiler *nm* MÉX boiler.

boina *nf* beret.

boj *nm (pl* bojes*)* box tree.

bol *nm* bowl.

bola 1 *nf (cuerpo esférico)* ball. **2** *fam (mentira)* fib, lie. ‖ **3 bolas** *nf pl fam (testículos)* balls.
■ **bola de nieve** snowball.

bolear *vt* MÉX *(sacar brillo)* to shine, to polish.

bolera *nf* bowling alley.

bolería *nf* MÉX shoeshine store.

bolero,-a 1 *adj fam* lying. ‖ **2** *nm,f fam* liar. ‖ **3 bolero** *nm (baile)* bolero.

boleta 1 *nf* MÉX RPL *(para votar)* ballot paper, voting slip. **2** CSUR *(comprobante)* receipt. **3** CAM CSUR *(multa)* parking ticket. **4** MÉX *(boletín)* school report card.

boletería *nf* AM *(de cine, teatro)* box office; *(de estación)* ticket office.

boletero,-a *nm,f* AM box office attendant.

boletín *nm* bulletin.

boleto 1 *nm (de lotería)* ticket. **2** *(de quiniela)* coupon. **3** AM *(de tren, metro)* ticket. **4** MÉX *(para espectáculo)* ticket.

boli *nm fam* ballpen, Biro®.

boliche 1 *nm (juego)* bowling. **2** *(bola)*

jack. **3** *(lugar)* bowling alley. **4** CSUR *fam (bar)* small bar.

bólido 1 *nm* ASTRON fireball. **2** AUTO racing car.

bolígrafo *nm* ball-point pen, Biro®.

bolita *nf* CSUR *(bola)* marble: ***jugar a las bolitas*** to play marbles.

Bolivia *nf* Bolivia.

boliviano,-a *adj* - *nm,f* Bolivian.

bollo 1 *nm* CULIN bun, roll. **2** *(abolladura)* dent. **3** *(chichón)* bump.

bolo 1 *nm* skittle, ninepin. **2** *(necio)* dunce, idiot. ‖ **3 bolos** *nm pl* skittles.

bolo,-a *nm,f* CAM *fam (borracho)* drunk.

bolsa 1 *nf (gen)* bag. **2** *(de dinero)* purse. **3** *(beca)* grant. **4** *(en prenda)* bag. **5** FIN stock exchange: ***jugar a la bolsa*** to play the market. **6** MÉX *(de mano)* handbag, US purse.

• **¡la bolsa o la vida!** your money or your life!

▪ **bolsa de agua caliente** hot water bottle; **bolsa de estudios** scholarship, grant; **bolsa de trabajo** job section; **bolsa de viaje** travel bag.

bolsillo *nm* pocket: ***lo pagó de su propio bolsillo*** she paid for it out of her own pocket.

bolso *nm* handbag, US purse.

boludear 1 *vi* RPL *fam (hacer tonterías)* to mess about. **2** *(rp) fam (decir tonterías)* to talk rubbish. **3** RPl *fam (perder el tiempo)* to waste one's time.

boludo,-a *nm,f* RPL *fam (estúpido)* idiot, twit.

bomba 1 *nf (explosivo)* bomb. **2** TÉC pump. **3** *(gran noticia)* bombshell. **4** ANDES VEN *(gasolinera)* petrol station, US gas station.

• **a prueba de bomba** bombproof; **pasarlo bomba** to have a ball.

▪ **bomba aspirante** suction pump; **bomba atómica** atomic bomb; **bomba de gasolina** ANDES VEN petrol pump, US gas pump; **bomba lacrimógena** tear gas canister.

bombacha 1 *nf* RPL *(braga)* panties *pl*, GB knickers *pl*. **2** RPL *(pantalones) loose-fitting trousers worn by cowboys.*

bombacho *nm* knickerbockers *pl*.

bombardear *vt* to bombard, bomb.

bombardeo *nm* bombardment, bombing.

bombear 1 *vt* MIL to bombard. **2** *(agua)* to pump.

bombero,-a 1 *nm,f (de incendios)* firefighter; *(hombre)* fireman; *(mujer)* firewoman. **2** VEN *(de gasolinera)* petrol-pump attendant, US gas-pump attendant.

bombilla *nf* light bulb, bulb.

bombillo *nm* CAM CARIB COL MÉX light bulb.

bombita *nf* RPL light bulb.

bombo 1 *nm* MÚS bass drum. **2** *(elogio)* buildup. **3** *(para sorteo)* lottery box.

• **dar bombo** to praise excessively.

bombón 1 *nm (de chocolate)* chocolate. **2** *fam (persona)* knock-out.

bombona *nf* cylinder, bottle.

▪ **bombona de butano** butane cylinder.

bonachón,-ona 1 *adj* kind, good-natured. ‖ **2** *nm,f* kind soul.

bondad 1 *nf (cualidad)* goodness. **2** *(afabilidad, amabilidad)* kindness: ***tenga la bondad de contestar*** please write back.

bondadoso,-a *adj* kind, good, good-natured.

boniato *nm* sweet potato.

bonificación *nf (descuento)* allowance, discount.

bonificar [1] *vt* COM to allow, discount.

bonito,-a 1 *adj* pretty, lovely. ‖ **2 bonito** *nm (pez)* bonito.

bono 1 *nm* FIN bond. **2** *(vale)* voucher.

▪ **bono del Tesoro** Treasury bond.

bonobús *nm (multiple journey)* bus ticket.

boquerón *nm* anchovy.

boquete *nm* narrow opening.

boquiabierto,-a *adj* open-mouthed.
boquilla 1 *nf (de pipa, instrumento)* mouthpiece. **2** *(sujeta cigarrillos)* cigarette holder. **3** *(filtro de cigarrillo)* tip.
borda *nf* MAR gunwale.
• **arrojar por la borda** to throw overboard.
bordado,-a 1 *adj* embroidered. || **2 bordado** *nm* embroidering, embroidery.
bordar 1 *vt* COST to embroider. **2** *(hacer muy bien)* to perform exquisitely.
borde 1 *nm (extremo)* edge; *(de prenda)* hem; *(de camino)* side; *(de vaso, taza)* rim. || **2** *adj fam* nasty.
bordear 1 *vt (rodear)* to skirt. **2** *(aproximarse a)* to border, verge.
bordillo *nm* kerb.
bordo *nm* MAR board.
• **a bordo** on board.
bordó *adj inv* RPL maroon, burgundy.
boreal *adj* northern.
borla *nf* tassel.
borrachera *nf* drunkenness.
borracho,-a 1 *adj* drunk. || **2** *nm,f* drunkard.
• **borracho,-a como una cuba** blind drunk.
borrador 1 *nm (apunte)* rough copy. **2** *(de pizarra)* duster. **3** *(goma)* rubber, US eraser. **4** *(libro)* blotter.
borrar 1 *vt (con goma etc)* to erase, rub out. **2** *(tachar)* to cross out, cross off. **3** INFORM to delete.
borrasca *nf* storm.
borrascoso,-a *adj* stormy.
borrego,-a 1 *nm,f (animal)* lamb. **2** *(persona)* simpleton.
borrico,-a 1 *nm,f (animal)* donkey. **2** *fam (persona)* ass, dimwit.
borrón 1 *nm (mancha)* ink blot. **2** *(deshonra)* blemish.
• **hacer borrón y cuenta nueva** to wipe the slate clean.
borroso,-a *adj* blurred, hazy.
bosque *nm* forest, wood.
bosquejar *vt* to sketch, outline.
bosquejo *nm (dibujo)* sketch; *(plan etc)* outline.
bostezar [4] *vi* to yawn.
bostezo *nm* yawn.
bota 1 *nf (calzado)* boot. **2** *(de vino)* wineskin.
• **ponerse las botas** *fam* to stuff oneself.
botana *nf* MÉX snack, appetizer.
botánica *nf* botany.
botánico,-a 1 *adj* botanical. || **2** *nm,f* botanist.
botar 1 *vt (pelota)* to bounce. **2** *(barco)* to launch. **3** AM *(despedir)* to fire, sack. **4** AM *(tirar)* to throw out, throw away. || **5** *vi (saltar)* to jump.
bote 1 *nm* MAR small boat. **2** *(salto)* bounce. **3** *(recipiente)* tin, can; *(para propinas)* jar for tips, box for tips.
• **de bote en bote** jam-packed.
■ **bote salvavidas** lifeboat.
botella *nf* bottle.
• **dar botella a alguien** CUBA to give sb a lift; **hacer botella** CUBA to hitchhike.
botellín *nm* small bottle.
boticario *nm* chemist, US druggist.
botijo *nm earthenware drinking vessel with spout and handle.*
botín 1 *nm (calzado)* ankle boot. **2** *(de robo)* booty, loot.
botiquín *nm* first-aid kit.
botón 1 *nm (de camisa, mecanismo)* button. **2** BOT bud.
■ **botón de arranque** starter; **botón de oro** BOT buttercup.
botones *nm inv* bellboy, US bellhop.
bóveda *nf* vault.
■ **bóveda celeste** vault of heaven; **bóveda de cañón** barrel vault.
bovino,-a *adj* bovine.
box 1 *nm (pl* **boxes***) (de caballo)* stall. **2** *(de coches)* pit. **3** Am *(boxeo)* boxing.
boxeador *nm* boxer.
boxear *vi* to box.
boxeo *nm* boxing.
boya 1 *nf* MAR buoy. **2** *(corcho)* float.

bozal 1 *nm (para perro)* muzzle. **2** AM *(cabestro)* halter.
bracear 1 *vi (agitar los brazos)* to wave one's arms about. **2** *(nadar)* to swim. **3** *(forcejear)* to struggle.
bragas *nf pl* panties, knickers.
bragueta *nf* fly, flies *pl.*
bramar *vi* to bellow, roar.
bramido *nm* bellow, roar.
brandi *nm (pl* brandis*)* brandy.
brasa *nf* live coal.
• **a la brasa** barbecued.
brasero *nm* brazier.
brasier *nm* CARIB COL MÉX bra.
Brasil *nm* Brazil.
brasileño,-a *adj* - *nm,f* Brazilian.
brasilero,-a, *adj* - *nm,f* RPL Brazilian.
bravío,-a *adj (feroz)* ferocious; *(salvaje)* wild.
bravo,-a 1 *adj (valiente)* brave, courageous. **2** *(fiero)* fierce, ferocious: ***toro bravo*** fighting bull. **3** *(mar)* rough. **4** AM *(enojado)* angry, violent. || **5** *interj* well done!, bravo!
bravura 1 *nf (valentía)* bravery, courage. **2** *(fiereza)* fierceness, ferocity.
braza 1 *nf (medida)* fathom. **2** *(en natación)* breast stroke.
brazada *nf* stroke.
brazalete *nm* bracelet.
brazo 1 *nm (de persona)* arm; *(de animal)* foreleg; *(de río, candelabro, árbol)* branch. || **2 brazos** *nm pl* hands, workers.
• **a brazo partido** *(sin armas)* hand to hand; *(con empeño)* tooth and nail; **asidos,-as del brazo** arm in arm; **cruzarse de brazos** *(literalmente)* to fold one's arms; *(no actuar)* to remain idle.
brea *nf* tar, pitch.
brecha 1 *nf (abertura)* break, opening. **2** MIL breach.
Bretaña 1 *nf (británica)* Britain. **2** *(francesa)* Brittany.
■ **Gran Bretaña** Great Britain.
bretel *nm* CSUR strap: ***un vestido sin breteles*** a strapless dress.
breva 1 *nf (higo)* early fig. **2** *(cigarro)* flat cigar. **3** *(ganga)* cushy job, cushy number.
• **¡no caerá esa breva!** not much chance of that happening!
breve 1 *adj* short, brief. || **2** *nf* MÚS breve.
• **en breve** soon, shortly.
brevedad *nf* brevity, briefness.
• **con la mayor brevedad** as soon as possible.
brevet 1 *nm* CHILE *(de avión)* pilot's licence. || **2** *nf* ECUAD PERÚ *(de automóvil)* driving licence, US driver's license. || **3** *nm* RPL *(de velero)* sailor's licence.
bribón,-ona 1 *adj* roguish. || **2** *nm,f* rogue.
brida *nf* bridle.
brigada 1 *nf* MIL brigade. **2** *(de policía)* squad.
brillante 1 *adj (luz, color)* bright; *(pelo, calzado)* shiny. **2** *(sobresaliente)* brilliant: ***un alumno brillante*** a brilliant student. || **3** *nm (diamante)* diamond.
brillantez *nf* brilliance.
brillar 1 *vi (resplandecer)* to shine. **2** *(centellear)* to sparkle. **3** *(sobresalir)* to shine, be outstanding.
brillo 1 *nm (resplandor)* shine. **2** *(de estrella)* brightness, brilliance. **3** *(esplendor)* splendour, brilliance.
• **sacar brillo** to shine.
brilloso,-a *adj* AM shining.
brincar [1] *vi* to jump, hop.
brinco *nm* jump, hop.
brindar 1 *vi* to toast (por, to). || **2** *vt* to offer: ***brindar a algn una cosa*** to offer sth to sb. || **3 brindarse** *vpr* to offer, volunteer (a, to).
brindis *nm inv* toast.
brío 1 *nm (pujanza)* strength. **2** *(resolución)* determination. **3** *(valentía)* courage.
brisa *nf* breeze.
británico,-a 1 *adj* British. || **2** *nm,f* British person, Briton.

brizna *nf (pizca)* bit, piece; *(de hierba)* blade.

broca *nf* drill, bit.

brocha *nf* paintbrush: ***pintor de brocha gorda*** house painter.

■ **brocha de afeitar** shaving brush.

broche 1 *nm* COST fastener. 2 *(joya)* brooch.

broma *nf* joke.

● **gastar una broma a algn** to play a joke on sb.

■ **broma pesada** practical joke.

bromear *vi* to joke.

bromista 1 *adj* fond of joking. || 2 *nmf* joker.

bronca 1 *nf* row, quarrel. || 2 *nm* RPL *fam (rabia)*: ***me da bronca*** it hacks me off; ***el jefe le tiene bronca*** the boss can't stand him.

● **armar una bronca** to kick up a fuss.

bronce *nm* bronze.

bronceado,-a 1 *adj* tanned. || 2 **bronceado** *nm* tan, suntan.

bronceador *nm* suntan lotion.

broncearse *vpr* to tan.

bronquio *nm* bronchus.

bronquitis *nf inv* bronchitis.

brotar 1 *vi (planta)* to sprout, bud. 2 *(agua)* to spring. 3 *(estallar)* to break out.

brote 1 *nm (de planta)* bud, sprout. 2 *(estallido)* outbreak.

bruces *adv* face downwards.

● **caer de bruces** to fall headlong.

bruja 1 *nf (hechicera)* witch, sorceress. 2 *fam (harpía)* old hag.

brujería *nf* witchcraft, sorcery.

brujo *nm* wizard, sorcerer.

brújula *nf* compass.

bruma *nf* mist, fog.

brusco,-a 1 *adj (persona)* brusque, abrupt. 2 *(movimiento)* sudden.

brusquedad 1 *nf (de carácter)* brusqueness, abruptness. 2 *(rapidez)* suddenness.

brutal 1 *adj (salvaje)* brutal, beastly, savage. 2 *(enorme)* colossal. 3 *(magnífico)* great, terrific.

brutalidad 1 *nf (crueldad)* brutality. 2 *(necedad)* stupidity.

bruto,-a 1 *adj (necio)* stupid, ignorant. 2 *(tosco)* rough, coarse. 3 FIN gross. 4 *(peso)* gross. 5 *(piedra)* rough. 6 *(petróleo)* crude. || 7 **bruto** *nm* brute, beast.

bucal *adj* oral, mouth.

buceador,-ra *nm,f* diver.

bucear *vi* to dive.

buceo *nm* diving.

buche 1 *nm (de ave)* crow, crop. 2 *fam (de persona)* belly. 3 *(pecho)* bosom. 4 *(de líquido)* mouthful.

bucle *nm* curl, ringlet.

budismo *nm* Buddhism.

budista *adj - nmf* Buddhist.

buen *adj* → **bueno,-a**.

▲ *Used in front of a singular masculine noun.*

buenaventura *nf* good luck, fortune.

● **decirle a algn la buenaventura** to tell sb's fortune.

bueno,-a 1 *adj* good: ***una película muy buena*** a very good film. 2 *(persona - amable)* kind; *(- agradable)* nice, polite. 3 *(apropiado)* right, suitable: ***no es bueno para los pequeños*** it's not suitable for small children. 4 *(grande)* big; *(considerable)* considerable: ***un buen número de participantes*** quite a few participants. 5 *(tiempo)* good, nice. || 6 **¡bueno!** *interj (sorpresa)* hey!; *(de acuerdo)* OK!, all right! 7 COL MÉX *(al teléfono)* hello!

● **buenas noches** good evening; **buenas tardes** good afternoon; **buenos días** good morning; **estar bueno,-a** *(de salud)* to be in good health; *(guapo)* to be good-looking; **de buenas a primeras** *fam* from the very start; **¡ésta sí que es buena!** *fam* that's a good one!; **por la buenas** willingly.

▲ *See also* buen.

buey *nm* ox, bullock.

■ **buey marino** sea cow.

búfalo *nm* buffalo.

bufanda *nf* scarf.
bufé *nm* buffet.
■ **bufé libre** self-service buffet meal.
bufete 1 *nm (mesa)* writing desk. **2** *(de abogado)* lawyer's office: ***abrir bufete*** to set up as a lawyer.
bufido *nm angry* snort.
bufón,-ona 1 *adj* buffoon. ‖ **2** *nm,f* buffoon, jester.
buhardilla 1 *nf (desván)* garret, attic. **2** *(ventana)* dormer window.
búho *nm* owl.
buitre *nm* vulture.
bujía *nf* spark plug.
bulbo *nm* bulb.
buldog *nm* bulldog.
bulevar *nm* boulevard.
Bulgaria *nf* Bulgaria.
búlgaro,-a 1 *adj* Bulgarian. ‖ **2** *nm,f (persona)* Bulgarian. ‖ **3 búlgaro** *nm (idioma)* Bulgarian.
bulín *nm* RPL *fam* bachelor pad.
bulla 1 *nf (ruido)* noise, uproar, racket. **2** *(multitud)* crowd.
bullicio 1 *nm (ruido)* noise, stir. **2** *(tumulto)* uproar.
bullicioso,-a 1 *adj (ruidoso)* noisy. **2** *(animado)* busy.
bullir [41] **1** *vi (líquido)* to boil, bubble up. **2** *(animales)* to swarm.
bulto 1 *nm (tamaño)* volume, size, bulk. **2** *(forma)* shape, form. **3** MED swelling, lump. **4** *(fardo)* bundle, pack.
• **a bulto** broadly, roughly; **escurrir el bulto** to dodge the question.
buñuelo 1 *nm* CULIN doughnut. **2** *fam (chapuza)* botch-up, bungle.
BUP *abr* EDUC (Bachillerato Unificado Polivalente) *general certificate of secondary education studies.*
buque *nm* MAR ship, vessel.
■ **buque cisterna** tanker; **buque de guerra** warship; **buque de vapor** steamer; **buque de vela** sailboat; **buque mercante** merchant ship.
burbuja *nf* bubble.
burbujear *vi* to bubble.
burgués,-esa *adj* bourgeois, middle-class.
burguesía *nf* bourgeoisie, middle class.
buril *nm* burin.
burla 1 *nf (mofa)* mockery, gibe. **2** *(broma)* joke. **3** *(engaño)* deception, trick.
burlar 1 *vt (engañar)* to deceive, trick. **2** *(eludir)* to dodge, evade. ‖ **3 burlarse** *vpr* to mock.
• **burlarse de** to make fun of, laugh at.
burlón,-ona 1 *adj* mocking. ‖ **2** *nm,f* mocker, joker.
buró 1 *nm* writing desk, bureau. **2** MÉX *(mesa de noche)* bedside table.
burocracia *nf* bureaucracy.
burócrata *nmf* bureaucrat.
burrada 1 *nf (tontería)* stupid thing: ***decir burradas*** to talk nonsense; ***hacer burradas*** to do stupid things. **2** *fam (gran cantidad)* loads *pl* of, tons *pl* of.
burro,-a 1 *nm,f (asno)* donkey, ass. **2** *(ignorante)* ignorant person. ‖ **3** *adj (tonto)* stupid, thick.
• **no ver tres en un burro** to be as blind as a bat.
bursátil *adj* stock-exchange.
busca *nf* search, hunt.
• **ir en busca de** to search for.
buscador,-ra 1 *adj* searching. ‖ **2** *nm,f* searcher, seeker.
buscar [1] *vt (gen)* to look for, search for; *(en diccionario)* to look up: ***busco piso*** I'm looking for a flat; ***búscalo en el diccionario*** look it up in the dictionary; ***ir a buscar algo*** to go and get sth.
• **buscársela** *fam* to be looking for trouble; **buscarse la vida** *fam* to try and earn one's living.
buseta *nf* COL CRICA ECUAD VEN minibus.
búsqueda 1 *nf* search, quest. **2** INFORM search.
busto 1 *nm* ART bust. **2** *(pecho - de mujer)* bust; *(- de hombre)* chest.

butaca 1 *nf (sillón)* armchair. **2** TEAT seat.

butano *nm* butane.

butifarra *nf* kind of pork sausage.

buzo 1 *nm (submarinista)* diver. **2** ARG COL *(sudadera)* sweatshirt. **3** COL URUG *(jersey)* sweater, GB jumper.

buzón 1 *nm* letter-box, US mailbox. **2** INFORM mailbox, electronic mailbox.

● **echar una carta al buzón** to post a letter.

■ **buzón de voz** voicemail.

byte *nm* INFORM byte

C

c/ 1 *abr (*calle*)* street, road; *(abreviatura)* St., Rd. **2** *(*cuenta*)* account; *(abreviatura)* a/c, acc, acct.

C/ *abr (*calle*)* street, road; *(abreviatura)* St., Rd.

cabal *adj* exact, precise.

● **estar en sus cabales** to be in one's right mind.

cabalgar [7] *vi* to ride.

cabalgata *nf* cavalcade.

caballa *nf* mackerel.

caballar *adj* equine, horse.

caballería 1 *nf (montura)* mount. **2** MIL cavalry. **3** HIST knighthood.

caballeriza 1 *nf (establo)* stable. **2** *(personal)* stable hands *pl.*

caballero 1 *nm (señor)* gentleman. **2** HIST knight.

■ **caballero andante** knight errant.

caballete 1 *nm (de pintor)* easel. **2** ARQ ridge. **3** TÉC trestle. **4** *(de nariz)* bridge.

caballito 1 *nm* small horse. || **2 caballitos** *nm pl (tiovivo)* merry-go-round *sing,* US carousel *sing.*

■ **caballito de mar** sea horse; **caballito del diablo** dragonfly.

caballo 1 *nm* ZOOL horse. **2** TÉC horsepower. **3** *(en ajedrez)* knight. **4** *(en naipes)* queen. **5** *arg (heroína)* junk, horse.

● **a caballo** on horseback; **montar a caballo** to ride; **a caballo entre ...** *fig* halfway between ....

cabaña 1 *nf (choza)* cabin, hut, hovel. **2** *(ganado)* livestock.

cabecear 1 *vi (negar)* to shake one's head. **2** *(dormirse)* to nod. **3** *(animal)* to move the head. **4** MAR to pitch. || **5** *vt* DEP to head.

cabecera 1 *nf (de página)* top, head. **2** *(de cama)* bedhead.

cabecilla *nmf* leader.

cabellera 1 *nf (de pelo)* hair, head of hair. **2** *(de cometa)* tail.

cabello *nm* hair.

■ **cabello de ángel** sweet marrow preserve.

caber [66] **1** *vi (encajar)* to fit (en, into): ***no me caben estos pantalones*** these trousers don't fit; ***en esta lata caben diez litros*** this can holds ten litres; ***no cabe más*** there is no room for any more. **2** *(pasar)* to fit, go: ***el sofá no cabe por la puerta*** the sofa doesn't go through the door. **3** *(ser possible)* to be possible: ***cabe decir que ...*** it's possible to say that ..., it can be said that .... **4** MAT to go: ***ocho entre dos caben a cuatro*** two into eight goes four times.

● **dentro de lo que cabe** all things considered; **no cabe duda** there is no doubt; **no me cabe en la cabeza** I can't believe it.

cabestrillo *nm* sling.

● **en cabestrillo** in a sling.

cabeza 1 *nf* ANAT head. **2** *(talento)* brightness. **3** *(persona)* chief, leader. **4** *(de región)* seat: ***cabeza de partido*** county seat.

● **a la cabeza de** at the front, at top of; **cabeza abajo** upside down; **cabeza arriba** the right way up; **(diez mil) por cabeza** (ten thousand) a head, (ten thousand) per person; **sen-**

tar la cabeza to settle down; **volver la cabeza** to look round; **estar mal de la cabeza** to be mad; **írsele la cabeza a algn** to start to loose one's faculties; **no tener ni pies ni cabeza** to be absurd.

■ **cabeza de ajo** head of garlic; **cabeza de chorlito** scatterbrain; **cabeza de familia** head of the family; **cabeza de turco** scapegoat; **cabeza rapada** skinhead.

cabezada 1 *nf* blow on the head, butt. **2** *(saludo)* nod.

• **echar una cabezada** to have a snooze.

cabezal *nm (gen)* head.

cabezazo 1 *nm (golpe dado)* butt; *(golpe recibido)* bump on the head. **2** *(en fútbol)* header.

cabezonada *nf fam* pigheaded action.

cabezón,-ona 1 *adj (de cabeza grande)* bigheaded. **2** *(terco)* pigheaded.

cabezota 1 *adj* pigheaded. ‖ **2** *nm,f (terco)* pigheaded person.

cabezudo,-a 1 *adj (de cabeza grande)* bigheaded. **2** *(terco)* pigheaded. ‖ **3 cabezudo** *nm bigheaded dwarf (in a procession)*.

cabida *nf* capacity, room.

cabina *nf* cabin, booth.

■ **cabina telefónica** phone box.

cabinera *nf* COL air hostess.

cabizbajo,-a *adj* crestfallen.

cable *nm* cable.

• **echarle un cable a algn** to give sb a hand.

cabo 1 *nm (extremo)* end, extremity. **2** *(final)* end: ***al cabo de un mes*** in a month. **3** *(cuerda)* strand. **4** GEOG cape. **5** MIL corporal.

• **de cabo a rabo** from head to tail; **llevar a cabo** to carry out.

cabra *nf* goat.

• **loco,-a como una cabra** *fam* as mad as a hatter.

cabré *fut indic* → caber.

cabrear 1 *vt fam* to make angry. ‖ **2 cabrearse** *vpr fam* to get worked up.

cabreo *nm fam* anger: ***pillar un cabreo*** to fly off the handle.

cabrero *nm* goatherd.

cabrío,-a *adj* goatish.

■ **macho cabrío** he-goat.

cabriola 1 *nf (brinco)* caper, hop. **2** *(voltereta)* somersault.

cabrito *nm* kid.

cabro,-a *nm,f* CHILE *fam* kid.

cabrón,-ona 1 *nm,f vulg (hombre)* bastard; *(mujer)* bitch. ‖ **2 cabrón** *nm (animal)* billy goat.

cabuya 1 *nf (planta)* agave. **2** *(fibra)* fibre hemp. **3** CAM COL VEN *(cuerda)* rope.

caca 1 *nf fam (excremento)* shit. **2** *(en lenguaje infantil)* poopoo.

cacahuate *nf* CAM MÉX peanut.

cacahuete *nm* peanut.

cacao 1 *nm (planta)* cacao. **2** *(polvo, bebida)* cocoa. **3** *fam (jaleo)* mess, cock-up.

cacarear *vi (gallina)* to cluck.

cacatúa *nf* cockatoo.

cacería *nf* hunt, hunting party.

cacerola *nf* saucepan.

cacha *nf fam* thigh.

• **estar cachas** to be hunky.

cachalote *nm* cachalot, sperm whale.

cacharro 1 *nm (de cocina)* crock, piece of crockery. **2** *fam (cosa)* thing, piece of junk. **3** *fam (coche)* banger.

caché *nm* cache memory.

▲ *También* memoria caché.

cachear *vt* to search, frisk.

cachetada *nf* AM slap.

cachete 1 *nm (bofetada)* slap. **2** AM *(mejilla)* cheek.

cachila *nf* RPL *(automóvil)* vintage car.

cachimba 1 *nf (pipa)* pipe. **2** RPL *(pozo)* well.

cachivache 1 *nm* thingummy. ‖ **2 cachivaches** *nm pl* junk *sing*.

cacho 1 *nm fam* bit, piece. **2** ANDES VEN *(cuerno)* horn.

cachondearse *vpr* to poke fun (de, at).

cachondeo *nm fam* laugh.
• **¡vaya cachondeo!** what a laugh!

cachondo,-a 1 *adj (excitado)* hot, randy, horny. **2** *fam (divertido)* funny.

cachorro,-a *nm,f (de perro)* puppy; *(de león, tigre)* cub.

cacique 1 *nm (indio)* cacique. **2** *(déspota)* tyrant.

caco *nm fam* thief.

cacto *nm inv* cactus.

cactus *nm inv* cactus.

cada *adj* each, every: ***tres caramelos para cada uno*** three sweets each; ***cada cual, cada uno*** each one, every one; ***ocho de cada diez*** eight out of (every) ten.
• **¿cada cuánto?** how often?; **cada vez más** more and more; **cada vez que** whenever, every time that.

cadáver *nm* corpse, cadaver.

cadena 1 *nf (de eslabones)* chain. **2** *(industrial)* line. **3** *(montañosa)* range. **4** *(musical)* music centre. **5** TV channel. **6** RAD chain of stations. || **7 cadenas** *nf pl* AUTO tyre chains.
• **tirar de la cadena del wáter** to flush the toilet.
■ **cadena de fabricación** production line; **cadena de montaje** assembly line; **cadena perpetua** life imprisonment.

cadera *nf* hip.

cadete 1 *nm* cadet. **2** RPL *(chico de los recados)* errand boy, office junior.

caducar [1] *vi* to expire.

caducidad *nf* expiration, loss of validity.

caduco,-a 1 *adj (pasado)* expired, out-of-date. **2** *(viejo)* decrepit. **3** BOT deciduous.

caer [67] **1** *vi* to fall: ***caer de cabeza*** to fall on one's head; ***caer de rodillas*** to fall on one's knees; ***dejar caer*** to drop. **2** *(derrumbarse)* to fall down. **3** *(hallarse)* to be located: ***el camino cae a la derecha*** the road is on the right. **4** *(coincidir fechas)* to be: ***el día cuatro cae en jueves*** the fourth is a Thursday. **5** *(el sol)* to go down. || **6 caerse** *vpr* to fall (down).
• **caer bien** *(comida)* to agree with; *(prenda)* to suit; *(persona)* to like; **caer mal** *(comida)* not to agree with; *(prenda)* not to suit; *(persona)* not to like; **caer en la cuenta de** to realize; **caer enfermo,-a** to fall ill.

café 1 *nm (bebida)* coffee. **2** *(cafetería)* café.
■ **café descafeinado** decaffeinated coffee; **café exprés** expresso.

cafeína *nf* caffeine.

cafetera *nf* coffeepot.

cafetería *nf* cafeteria, café.

cafiche *nm* ANDES *fam (proxeneta)* pimp.

cagada 1 *nf vulg (mierda)* shit. **2** *vulg fig (error)* fuck-up, cockup.

cagar [7] **1** *vi vulg* to shit. || **2 cagarse** *vpr vulg* to shit oneself.
• **cagarse de miedo** *vulg* to be shit-scared.

caída 1 *nf* fall, falling: ***tuvo una caída muy mala*** he had a very bad fall. **2** *(pérdida)* loss: ***la caída del cabello*** hair loss. **3** *(de precios)* fall, drop. **4** *(de tejidos)* body, hang.
• **a la caída del sol** at sunset.
■ **caída de ojos** demure look.

caído,-a 1 *adj* fallen. **2** *(desanimado)* downhearted.
• **caído,-a de hombros** with drooping shoulders; **caído,-a del cielo** out of the blue.

caigo *pres indic* → caer.

caimán *nm* alligator.

caja 1 *nf (gen)* box; *(de madera)* chest; *(grande)* crate. **2** *(de bebidas)* case. **3** *(en tienda, bar)* cash desk; *(en banco)* cashier's desk. **4** AUTO body. **5** *(tipografía)* case.
• **hacer caja** to take a lot.
■ **caja de ahorros** savings bank; **caja de cambios** gearbox; **caja de caudales** strongbox; **caja fuerte** safe; **caja negra** AV black box; **caja registradora** cash register.

cajero,-a *nm,f* cashier.
■ **cajero automático** cash point.
cajetilla *nf* packet (of cigarettes).
cajón 1 *nm (en mueble)* drawer. **2** *(caja grande)* crate.
■ **cajón de sastre** jumble.
cajuela *nf* CAM MÉX *(maletero)* boot, US trunk.
cal *nf* lime.
cala 1 *nf (en costa)* cove. **2** *(trozo)* slice.
calabacín 1 *nm (pequeño)* courgette, US zucchini. **2** *(grande)* marrow, US squash.
calabaza *nf* gourd, pumpkin.
● **darle calabazas a algn** to fail sb.
calabozo 1 *nm (prisión)* jail. **2** *(celda)* cell.
calada *nf (a cigarro)* puff.
● **dar una calada** to take a puff.
calado,-a 1 *adj fam (empapado)* soaked. ‖ **2 calado** *nm (del agua)* depth. **3** COST openwork, embroidery.
● **calado,-a hasta los huesos** soaked to the skin.
calamar *nm* squid.
■ **calamares a la romana** squid fried in batter.
calambre *nm* cramp.
calamidad 1 *nf (desastre)* calamity, disaster. **2** *fig (persona)* disaster.
calaña *nf pey* kind, sort.
calar 1 *vt (mojar)* to soak, drench. **2** *(agujerear)* to go through, pierce. **3** COST to do openwork on. **4** TÉC to do fretwork on. **5** *fam (intención)* to rumble: ***les han calado;*** they've been rumbled ***¡te tengo calado!*** I've got your number! ‖ **6** *vi* MAR to draw. ‖ **7 calarse** *vpr* to get soaked. **8** *(sombrero)* to pull down. **9** *(motor)* to stop, stall.
calavera 1 *nf* ANAT skull. ‖ **2** *nm fig (persona viciosa)* tearaway. ‖ **3 calaveras** *nf pl* MÉX *(de vehículo)* tail lights.
calcar [1] **1** *vt (dibujo)* to trace. **2** *fig (imitar)* to copy.
calcetín *nm* sock.
calcificar [1] *vt - vpr* to calcify.
calcinar *vt* QUÍM to calcine; *(carbonizar)* to burn.
calcio *nm* calcium.
calco 1 *nm (de dibujo)* tracing. **2** *(imitación)* copy.
calcomanía *nf* transfer.
calculadora *nf* calculator.
calculador,-ra *adj* calculating.
calcular *vt* to calculate.
cálculo 1 *nm (de cantidad, presupuesto)* calculation, estimate. **2** *(conjetura)* conjecture, guess. **3** MED stone.
caldear 1 *vt (calentar)* to warm, heat. **2** *fig (excitar)* to heat up, warm up.
caldera 1 *nf* boiler. **2** URUG *(hervidor)* kettle.
calderilla *nf* small change.
caldero *nm* small cauldron.
caldo *nm* CULIN stock, broth.
calefacción *nf* heating.
■ **calefacción central** central heating.
calefaccionar *vt* CSUR *(calentar)* to heat up, to warm up.
calefón *nm* CSUR *(calentador)* water heater.
calendario *nm* calendar.
calentador *nm* heater.
calentamiento *nm* warming: ***ejercicios de calentamiento*** warming-up exercises.
■ **calentamiento del planeta** global warming.
calentar [27] **1** *vt (comida, cuerpo)* to warm up; *(agua, horno, etc)* to heat. **2** DEP to warm up. **3** *(excitar sexualmente)* to arouse. **4** *(pegar)* to smack. ‖ **5 calentarse** *vpr (en general)* to get hot, get warm. **6** *(enfadarse)* to become angry. **7** *(excitarse sexualmente)* to get horny.
● **calentar al rojo** to make red-hot; **calentarse los sesos** to get hot under the collar.
calentura *nf* fever, temperature.
calesita *nf* RPL merry-go-round, carousel.

calibre 1 *nm (de arma)* calibre. **2** TÉC bore, gauge. **3** *(importancia)* importance.

calidad 1 *nf (de producto)* quality: ***vino de calidad*** good-quality wine. **2** *(cualidad)* kind, quality, type: ***distintas calidades de papel*** different types of paper. **3** *(condición)* rank, capacity: ***en calidad de ministro*** as a Minister.

■ **calidad de vida** quality life.

cálido,-a *adj* warm.

calidoscopio *nm* kaleidoscope.

caliente 1 *adj (templado)* warm; *(ardiendo)* hot. **2** *(acalorado)* heated, spirited. **3** *fam (excitado)* hot, randy.

● **en caliente** in the heat of the moment.

calificación *nf* EDUC mark.

calificado,-a 1 *adj (cualificado)* qualified. **2** *(de mérito)* eminent.

calificar [1] **1** *vt (etiquetar)* to describe (de, as). **2** EDUC to mark, grade.

calificativo,-a 1 *adj* GRAM qualifying. || **2 calificativo** *nm* qualifier, epithet.

caligrafía 1 *nf (escritura)* calligraphy: ***caligrafía gótico*** Gothic calligraphy. **2** *(rasgos)* handwriting: ***ejercicios de caligrafía*** handwriting exercises.

cáliz 1 *nm* REL chalice. **2** BOT calyx.

callado,-a *adj* silent, quiet.

callar 1 *vt (esconder)* to keep to oneself: ***él calló su opinión*** he kept his opinion to himself. || **2 callar(se)** *vi - vpr (no hablar)* to stop talking: ***¡cállate!*** shut up!

calle 1 *nf* street, road: ***vigila al cruzar la calle*** be careful when you cross the road. **2** DEP lane.

● **poner a algn de patitas en la calle** to throw sb out; **llevar a algn por la calle de la amargura** to give sb a tough time.

■ **calle mayor** high street, main street; **calle peatonal** pedestrian street.

callejear *vi* to wander the streets.

callejero,-a 1 *adj (persona)* fond of going out. || **2 callejero** *nm* street directory.

callejón *nm* back street, back alley.

■ **callejón sin salida** cul-de-sac.

callista *nmf* chiropodist.

callo 1 *nm* MED callus, corn. || **2 callos** *nm pl* CULIN tripe *sing*.

calma 1 *nf (tranquilidad)* calm. **2** COM slack period. **3** *fam (cachaza)* slowness, phlegm.

● **mantener la calma** to keep calm; **perder la calma** to lose one's patience.

■ **calma chicha** dead calm.

calmante 1 *adj* soothing. || **2** *nm* painkiller.

calmar 1 *vt (dolor)* to relieve, soothe. || **2 calmar(se)** *vt - vpr (persona)* to calm down. || **3 calmarse** *vpr (dolor, etc)* to abate.

calor 1 *nm (sensación)* heat: ***hace calor*** it is hot; ***tengo calor*** I feel warm, I feel hot. **2** *fig (pasión)* enthusiasm, ardour.

caloría *nf* calorie.

calote *nm* RPL *fam* swindle.

calumnia *nf* calumny, slander.

calumniar [12] *vt* to calumniate, slander.

caluroso,-a 1 *adj (tiempo)* warm, hot. **2** *fig (entusiasta)* warm, enthusiastic.

calva *nf* bald patch.

calvario *nm* Calvary.

calvicie *nf* baldness.

calvo,-a 1 *adj (persona)* bald. **2** *(terreno)* bare, barren. || **3** *nm,f* bald person.

calzada *nf* road, roadway, US pavement.

calzado *nm* footwear, shoes *pl*.

calzador *nm* shoehorn.

calzar [4] **1** *vt* to put shoes on. **2** *(llevar calzado)* to wear. || **3 calzarse** *vpr* to put (one's shoes) on.

● **¿qué número calzas?** what size do you take?

calzón 1 *nm (de deporte)* shorts *pl*. || **2 calzones** *nm pl* ANDES RPL *(bragas)* panties, GB knickers. **3** MÉX *(calzoncillos)* underpants.

calzoncillos *nm pl* underpants, pants, briefs.

calzoneta *nm* CAM swimming trunks.

cama *nf* bed.
● **irse a la cama** to go to bed; **guardar cama** to stay in bed.
■ **cama doble** double bed; **cama individual** single bed; **cama turca** couch.

camaleón *nm* chameleon.

cámara 1 *nf (sala)* chamber, room. **2** *(institución)* chamber. **3** AGR granary. **4** POL house. **5** *(de rueda)* inner tube. **6** *(fotográfica)* camera.
● **a cámara lenta** in slow motion.
■ **cámara alta** POL upper house; **cámara baja** POL lower house; **cámara de aire** air chamber.

camarada 1 *nmf (colega)* colleague; *(de colegio)* schoolmate. **2** POL comrade.

camaradería *nf* companionship.

camarero,-a 1 *nm,f (en bar - hombre)* waiter; *(- mujer)* waitress. **2** *(en barco, avión - hombre)* steward; *(- mujer)* stewardess.

camarón *nm* (common) prawn.

camarote *nm* cabin.

camastro *nm* old bed.

camba 1 *adj* BOL *fam* of/from the forested lowland region of Bolivia. ‖ **2** *nmf* BOL *fam* person from the forested lowland region of Bolivia.

cambalache *nm* RPL *(tienda)* junk shop.

cambiar [12] **1** *vt (modificar)* to change: ***han cambiado el horario*** they've changed the timetable; ***¿puede cambiarme las patatas por arroz?*** could I have rice instead of the chips? **2** *(de sitio)* to shift; *(de casa)* to move. **3** *(intercambiar)* to exchange: ***cambiar impresiones*** to exchange views. **4** *(moneda extranjera)* to change, exchange. ‖ **5** *vi (gen)* to change: ***has cambiado mucho*** you've changed a lot. **6** *(viento)* to veer. ‖ **7 cambiarse** *vpr* to change: ***cambiarse de ropa*** to get changed.
● **cambiar de** to change: ***cambiar de idea*** to change one's mind; ***cambiar de color*** to change colour.

cambio 1 *nm* change: ***no me has devuelto el cambio*** you haven't given me back my change. **2** *(alteración)* alteration. **3** *(de valores, monedas)* price, quotation. **4** *(de tren)* switch. **5** AUTO gear change.
● **a cambio de** in exchange for; **en cambio** *(por otro lado)* on the other hand; *(en lugar de)* instead.
■ **cambio automático** AUTO automatic transmission; **cambio de marchas** AUTO gearshift.

cambur *nm* VEN *(plátano)* banana.

camelar 1 *vt - vpr (cortejar)* to court, flirt with. **2** *(engañar)* to cajole.

camello 1 *nm* ZOOL camel. **2** *arg (de drogas)* drugpusher, pusher.

camellón *nm* COL MÉX *(en avenida)* central reservation, US median strip.

camelo 1 *nm (galanteo)* courting, flirting. **2** *fam (chasco)* hoax, sham.

camerino *nm* TEAT dressing room.

Camerún *nm* Cameroon.

camerunés,-esa *adj - nm,f* Cameroonian.

camilla *nf* stretcher.

camillero *nm* stretcher-bearer.

caminante *nmf* traveller, walker.

caminar *vi - vt* to walk.

caminata *nf* long walk, trek.

camino 1 *nm (sendero)* path, track. **2** *(ruta)* way. **3** *(viaje)* journey. **4** *fig (medio)* way.
● **abrirse camino** *fig* to make a way for oneself; **ponerse en camino** to set off, start out; **ir por buen camino** *fig* to be on the right track; **ir por mal camino** *fig* to be on the wrong track.
■ **camino vecinal** country road.

camión 1 *nm* lorry, US truck. **2** CAM MÉX *(autobús)* bus.
■ **camión cisterna** tanker; **camión de**

mudanzas removal van; **camión frigorífico** refrigerated truck.

camionero,-a *nm,f* lorry driver, US truck driver.

camioneta *nf* van.

camisa *nf* shirt.

• **en mangas de camisa** in one's shirtsleeves; **cambiar de camisa** *fig* to change sides; **meterse en camisa de once varas** *fig* to meddle in other people's business.

■ **camisa de dormir** nightgown, nightdress; **camisa de fuerza** straitjacket.

camisería *nf* shirt shop.

camiseta 1 *nf (interior)* vest. **2** *(exterior)* T-shirt. **3** DEP shirt.

camisón *nm* nightdress, nightgown, nightie.

camote *nm* ANDES CAM MÉX *(batata)* sweet potato.

campamento *nm* camp.

campana *nf* bell.

■ **campana de buzo** diving bell; **campana extractora** hood.

campanada *nf* stroke *of a bell.*

campanario *nm* belfry.

campanilla 1 *nf (de mesa)* small bell. **2** ANAT uvula. **3** BOT bell flower.

campante *adj* carefree: ***se quedó tan campante*** she didn't bat an eyelid.

campaña 1 *nf (gen)* campaign. **2** *(campo)* countryside.

■ **campaña electoral** election campaign.

campechano,-a *adj* frank, open, good-humoured.

campeonato *nm* championship.

campeón,-ona *nm,f* champion.

campera 1 *nf* RPL *(chaqueta)* jacket. || **2 camperas** *nf pl (botas)* cowboy boots.

campesino,-a 1 *adj* country, rural. || **2** *nm,f (que vive en el campo)* country person; *(que trabaja en el campo)* farm worker.

campestre *adj* country, rural.

camping *nm (pl* campings*)* camp site.

• **ir de camping** to go camping.

campiña *nf* countryside.

campo 1 *nm (extensión de terreno)* country, countryside; *(paisaje)* countryside: ***vivir en el campo*** to live in the country. **2** *(terreno cultivado)* field: ***campos de maíz*** cornfields. **3** DEP field. **4** MIL field. **5** *(ámbito)* space; *(área)* field, scope: ***en el campo de la medicina*** in the field of medicine. **6** RPL *(hacienda)* farm. **7** ANDES *(sitio)* room, space.

• **dejarle a algn el campo libre** to leave the field open for sb; **ir campo a través** to cut across the fields.

■ **campo de batalla** battlefield; **campo de concentración** concentration camp; **campo de fútbol** football pitch; **campo de golf** golf course; **campo de trabajo** work camp; **campo magnético** magnetic field; **campo visual** visual field.

camuflaje *nm* camouflage.

camuflar *vt* to camouflage.

can *nm lit* dog.

cana *nf* grey hair.

• **echar una cana al aire** to let one's hair down.

Canadá *nm* Canada.

canadiense *adj - nmf* Canadian.

canal 1 *nm (artificial)* canal. **2** *(natural)* channel. **3** TV INFORM channel. || **4** *nm & nf (de tejado)* gutter.

• **abrir en canal** to slit open.

■ **Canal de la Mancha** English Channel; **Canal de Panamá** Panama Canal.

canalizar [4] **1** *vt (agua, área)* to canalize. **2** *(riego)* to channel. **3** *(energía)* to direct.

canalla 1 *nm (persona ruin)* rascal, scoundrel, cad. || **2** *nf (gente despreciable)* riffraff.

canalón *nm* downpipe, US downspout.

canapé 1 *nm (pl* canapés*) (sofá)* couch, sofa. **2** CULIN canapé.

Canarias *nf pl* Canary Islands.

canario,-a 1 *adj - nm,f (de las Ca-*

narias) of/from the Canary Islands. || **2** *nm,f (habitante)* Canary Islander || **3 canario** *nm (pájaro)* canary.
canasta *nf* basket.
canastilla 1 *nf (cestita)* small basket. **2** *(de bebé)* layette.
canasto *nm* large basket.
cancelación *nf* cancellation.
cancelar 1 *vt (gen)* to cancel. **2** *(deuda)* to pay off. **3** CHILE VEN *(compra)* to pay for.
cáncer 1 *nm* cancer. **2** ASTROL ASTRON Cancer.
cancha 1 *nf* DEP sports ground; *(tenis)* court. **2** AM plot of land.
canchero,-a *adj* RPL *fam (desenvuelto)* streetwise, savvy.
cancillería *nf* AM foreign ministry.
canción *nf* song.
■ **canción de cuna** lullaby.
cancionero 1 *nm (de poemas)* collection of poems. **2** MÚS songbook.
candado *nm* padlock.
candelabro *nm* candelabrum.
candente *adj* incandescent, red-hot: ***un tema candente*** a pressing issue.
candidato,-a *nm,f* candidate.
candidatura 1 *nf (propuesta)* candidacy. **2** *(lista)* list of candidates.
cándido,-a *adj* candid, ingenuous.
candil 1 *nm* oil lamp. **2** MÉX *(candelabro)* chandelier.
candor *nm* candour, innocence.
canela *nf* cinnamon.
■ **canela en rama** stick cinnamon.
canelones *nm pl* canneloni.
cangrejo *nm* crab.
■ **cangrejo (de río)** freshwater crayfish.
canguro 1 *nm* ZOOL kangaroo. || **2** *nmf* baby-sitter.
caníbal *adj* - *nmf* cannibal.
canica *nf* marble: ***jugar a las canicas*** to play marbles.
canijo,-a *adj* weak, sickly.
canilla 1 *nf (espinilla)* shinbone. **2** *(espita)* tap. **3** *(carrete)* bobbin. **4** RPL *(grifo)* tap, US faucet.
canillera *nf* AM *(cobardía)* cowardice; *(miedo)* fear.
canillita *nm* ANDES RPL newspaper vendor.
canino,-a 1 *adj* canine. || **2 canino** *nm* canine tooth.
canjear *vt* to exchange.
canoa *nf* canoe.
cano,-a *adj* grey, grey-haired.
canonizar [4] *vt* to canonize.
canoso,-a *adj* grey-haired.
cansado,-a 1 *adj (fatigado)* tired, weary. **2** *(pesado)* boring, tiring.
cansador, -ora *adj* ANDES RPL *(que cansa)* tiring; *(que aburre)* boring.
cansancio *nm* tiredness, weariness.
cansar 1 *vt* to tire. **2** *(molestar)* to annoy: ***me cansan sus discursos*** I'm fed up with his speeches. || **3 cansarse** *vpr* to get tired.
cantaleta *nf* AM.
■ **la misma cantaleta** the same old story.
cantante 1 *adj* singing. || **2** *nmf* singer.
cantar 1 *vt* - *vi* MÚS to sing. **2** *fam (confesar)* to squeak, confess. || **3** *vi fam (oler mal)* to stink. || **4** *nm* song.
cántaro 1 *nm (recipiente)* pitcher. **2** *(contenido)* pitcherful.
• **llover a cántaros** to rain cats and dogs.
cante *nm* MÚS singing.
• **dar el cante** to look ridiculous.
■ **cante hondo** flamenco.
cantegril *nm* URUG shanty town.
cantera 1 *nf (de piedra)* quarry. **2** DEP young players *pl*.
cantero 1 *nm (masón)* stonemason. **2** CUBA RPL *(parterre)* flowerbed.
cántico *nm* canticle.
cantidad 1 *nf (volumen)* quantity, amount. || **2** *adv fam (mucho)* a lot: ***me gusta cantidad*** I love it. **3** *fam (un montón)* cantidad de, lots of: ***había cantidad de comida*** there was lots of food.
cantimplora *nf* water bottle.
cantina *nf* canteen, cafeteria.

canto 1 *nm (arte)* singing. 2 *(canción)* song. 3 *(extremo)* edge: ***de canto*** sideways. 4 *(de cuchillo)* blunt edge. 5 *(esquina)* corner. 6 *(piedra)* stone.
■ **canto del cisne** swan-song; **canto rodado** boulder.
cantor,-ra 1 *adj* singing. ‖ 2 *nm,f* singer.
• **pájaro cantor** songbird.
canturrear *vi* to hum.
canutas *nf pl fam.*
• **pasarlas canutas** to have a hard time.
caña 1 *nf (planta)* reed. 2 *(tallo)* cane. 3 ANAT bone marrow. 4 *(de calzado)* leg. 5 *(de pescar)* fishing rod. 6 *(de cerveza)* glass of draught beer. 7 ANDES CUBA RPL *(aguardiente)* cane spirit, cheap rum.
• **meter caña** *fam (coche)* to go at full speed; *(persona)* to do sb over.
■ **caña de azúcar** sugar cane.
cañaveral *nm* cane plantation.
cañería *nf* piping.
cañero,-a *nm,f* AM *(trabajador) worker on sugar plantation.*
caño 1 *nm (tubo)* tube. 2 *(chorro)* jet. 3 *(galería)* gallery. 4 MAR narrow channel.
cañón 1 *nm (de artillería)* cannon. 2 *(de arma)* barrel. 3 *(tubo)* tube, pipe. 4 *(de chimenea)* flue. 5 GEOG canyon. 6 *(de pluma)* quill.
• **al pie del cañón** *fig* without yielding; **estar cañón** *fam* to be terrific, look terrific.
caoba *nf* mahogany.
caos *nm inv* chaos.
cap. *abr (*capítulo*)* chapter; *(abreviatura)* ch.
capa 1 *nf (prenda)* cloak, cape. 2 *(baño)* coat: ***una capa de pintura*** a coat of paint. 3 GEOG layer: ***la capa de ozono*** the ozone layer. 4 *(estrato social)* stratum.
• **andar de capa caída** to be on the decline.
capacidad 1 *nf (cabida)* capacity, content. 2 *(habilidad)* capability, ability.
capar *vt* to geld, castrate.
caparazón *nm* shell.
capataz *nmf (hombre)* foreman; *(mujer)* forewoman.
capaz 1 *adj* capable (de, of), able (de, to). 2 AM likely, probable: ***es capaz que*** it is likely that.
capellán *nm* chaplain.
caperuza 1 *nf (prenda)* hood. 2 *(tapa)* cap.
capicúa 1 *adj* palindromic. ‖ 2 *nm* palindromic number.
capilar *adj* capillary.
capilla 1 *nf (de iglesia)* chapel. 2 MÚS choir.
■ **capilla ardiente** funeral chapel.
capital 1 *adj (principal)* capital. ‖ 2 *nm* FIN capital. ‖ 3 *nf (ciudad)* capital, chief town.
■ **capital de provincia** provincial capital.
capitalismo *nm* capitalism.
capitalista *adj - nmf* capitalist.
capitán,-ana *nm,f* captain.
capitel *nm* capital.
capítulo *nm (de libro)* chapter; *(de serie televisiva)* episode.
capó *nm* bonnet, US hood.
capota *nf* folding top.
capote 1 *nm (prenda)* cloak with sleeves. 2 *(de torero)* bullfighter's cape.
capricho *nm* caprice, whim.
caprichoso,-a *adj* capricious, whimsical.
capricornio *nm* Capricorn.
cápsula 1 *nf* MED capsule. 2 *(de arma)* cartridge.
captar 1 *vt (atraer)* to attract. 2 *(ondas, emisora)* to pick up. 3 *(agua)* to collect. 4 *(comprender)* to understand.
captura *nf* capture, seizure.
capturar *vt* to capture, seize.
capucha *nf* hood.
capullo 1 *nm (de insectos)* cocoon. 2 BOT bud. 3 *vulg (estúpido)* silly bugger.

caqui 1 *adj* khaki. || **2** *nm (color)* khaki. **3** BOT persimmon.

cara 1 *nf* ANAT face. **2** *(lado)* side; *(de moneda)* right side.
• **cara o cruz** heads or tails; **dar la cara** to face the consequences; **de cara a** opposite, facing; **echar en cara** to reproach for; **tener buena cara** to look well; **tener cara de +** *adj* to look + *adj*: ***tiene cara de cansado*** he looks tired; **tener mala cara** to look bad; **verse las caras** to come face to face; **cara de pocos amigos** *fam* unfriendly face.
■ **cara a cara** face to face.

carabela *nf* caravel.

carabina 1 *nf (arma)* carbine, rifle. **2** *fam (acompañante)* chaperone.

carabinero 1 *nm (marisco) (large red)* prawn. **2** CHILE *(policía)* military policeman.

caracol 1 *nm (de tierra)* snail; *(de mar)* winkle. **2** *(del oído)* cochlea. **3** AM shell.

caracola *nf* conch.

carácter 1 *nm (pl* caracteres*)* character. **2** *(condición)* nature: ***el proyecto tiene un carácter científico*** this project is of a scientific nature. **3** *(imprenta)* letter.
• **tener buen carácter** to be good-natured; **tener mal carácter** to be bad-tempered.

característica *nf* characteristic.

característico,-a *adj* characteristic.

caracterizar [4] **1** *vt (distinguir)* to characterize. || **2 caracterizarse** *vpr (distinguirse)* to be characterized. **3** TEAT to dress up (de, as).

carajillo *nm fam* coffee with a dash of brandy.

caramba *interj* good gracious!

carambola *nf (billar)* cannon, US carom.
• **por carambola** by chance.

caramelo 1 *nm (golosina)* sweet, US candy. **2** *(azúcar quemado)* caramel.
• **a punto de caramelo** caramelized.

carantoñas *nf pl* caresses, wheedling *sing*, cajolery *sing*.

caraota *nf* VEN bean.

caravana 1 *nf (vehículo)* caravan. **2** *(atasco)* tailback, US backup. **3** URUG *(aro, pendiente)* earring.

caray *interj* good heavens!

carbón 1 *nm (mineral)* coal. **2** *(lápiz)* charcoal.
■ **carbón vegetal** charcoal.

carboncillo *nm* charcoal.

carbonero,-a 1 *adj* coal. || **2** *nm,f* coal dealer.

carbonizar [4] *vt - vpr* to carbonize, burn.

carbono *nm* carbon.

carburador *nm* carburettor, US carburetor.

carburante *nm* fuel.

carca 1 *adj - nmf fam* square, straight. **2** POL reactionary.

carcajada *nf* burst of laughter, guffaw.
• **reírse a carcajadas** to laugh one's head off.

cárcel *nf* jail, prison: ***en la cárcel*** in jail.

carcelero *nm* jailer, warder.

carcoma *nf* woodworm.

carcomido,-a *adj* worm-eaten.

cardenal 1 *nm* REL cardinal. **2** *(hematoma)* bruise.

cardíaco,-a *adj* cardiac, heart.

cardinal *adj* cardinal.

cardo 1 *nm* BOT thistle. **2** *fam (arisco)* cutting person. **3** *fam (feo)* ugly person.
■ **cardo borriquero** BOT cotton thistle; *(persona)* cutting person.

carecer [43] *vi* to lack (de, -).

carencia *nf* lack (de, of).

carestía 1 *nf (falta)* scarcity. **2** *(precio alto)* high cost.

careta *nf* mask.

carga 1 *nf (mercancías)* load. **2** *(peso)* burden. **3** *(flete)* cargo, freight. **4** *(tributo)* tax. **5** *(obligación)* duty.
■ **carga eléctrica** electric charge.

cargado,-a 1 *adj (con mercancías)* loaded. 2 *(cielo)* sultry, cloudy. 3 *(bebida)* strong. 4 *fig (persona)* burdened: ***estoy cargado de responsabilidades*** I'm loaded with responsibility.
● **cargado,-a de espaldas** round-shouldered.

cargador 1 *nm (de mercancías)* loader. 2 AM *(mozo)* porter. 3 *(instrumento)* charger.

cargamento *nm (de camión)* load; *(de barco)* cargo.

cargante *adj fam* boring, annoying.

cargar [7] 1 *vt (vehículo, arma, etc)* to load (de, with). 2 *(pluma, encendedor)* to fill (de, with). 3 *(pila)* to charge. 4 *(precio)* to charge. 5 *(de trabajo, responsabilidad)* to burden (de, with). 6 *fam fig (molestar)* to bother, annoy. ‖ 7 *vi* JUR to charge. 8 *(atacar)* to charge (contra, -). ‖ 9 **cargarse** *vpr fam (destrozar)* to smash, ruin. 10 *(cielo)* to get cloudy, get overcast. 11 EDUC *fam* to fail. 12 *fam (matar)* to knock off.
● **cargar con** *(peso)* to carry; *(responsabilidad)* to take: ***carga tú con la maleta, que eres más fuerte*** you carry the suitcase, you're stronger; ***yo cargo con toda la responsabilidad*** I take full responsibility; **cargar algo en una cuenta de algn** to debit sb's account with sth; **cargar las tintas** to exaggerate; **cargarse de paciencia** to summon up all one's patience; **cargar con el muerto** *fam* to be left holding the baby; *(ser culpado)* to get the blame.

cargo 1 *nm (puesto)* post, position. 2 *(gobierno, custodia)* charge, responsibility: ***tiene dos empleados a su cargo*** he has two employees. 3 FIN charge, debit. 4 JUR *(falta)* charge, accusation.
● **correr a cargo de algo** *(ser responsable de)* to be responsible for sth; *(pagar)* to pay for sth; **estar al cargo de** to be in charge of; **hacerse cargo de** *(responsabilizarse de)* to take charge of; *(entender)* to take into consideration, realize.
■ **cargo de conciencia** weight on one's conscience.

cargosear *vt* CSUR to annoy, pester.

cargoso,-a *adj* CSUR annoying.

cariar [12] 1 *vt* to cause to decay. ‖ 2 **cariarse** *vpr* to decay.

Caribe *nm* the Caribbean.

caricatura *nf* caricature.

caricaturizar [4] *vt* to caricature.

caricia *nf* caress, stroke.

caridad *nf* charity.

caries *nf inv* caries inv, cavity.

cariño 1 *nm* love, affection, fondness. 2 *(querido)* darling.
● **coger cariño a** to grow fond of.

cariñoso,-a *adj* loving, affectionate.

carisma *nm* charisma.

caritativo,-a *adj* charitable.

carmesí *adj* - *nm* crimson.

carmín *adj* - *nm* carmine.

carnal 1 *adj* carnal: ***pecado carnal*** carnal sin. 2 *(pariente)* first: ***primo carnal*** first cousin.

carnaval *nm* carnival.

carne 1 *nf* ANAT flesh. 2 CULIN meat. 3 *(de fruta)* pulp.
● **en carne viva** raw; **ser de carne y hueso** to be only human; **ser uña y carne** to be hand in glove.
■ **carne asada** roasted meat; **carne de buey** beef; **carne de gallina** goose flesh, goose bumps: ***se me pone la carne de gallina*** it gives me goose bumps; **carne picada** mincemeat.

carné *nm* card.
■ **carné de conducir** driving licence; **carné de identidad** identity card.

carnear *vt* ANDES RPL *(sacrificar)* to slaughter, butcher.

carnero 1 *nm* ZOOL ram. 2 CULIN mutton.

carnet *nm* → carné.

carnicería 1 *nf (tienda)* butcher's. 2 *fig (matanza)* carnage, slaughter.

carnicero,-a 1 *adj (carnívoro)* carnivorous. **2** *fig (sangriento)* bloodthirsty, sanguinary. || **3** *nm,f* butcher.

carnitas *nf pl* MÉX *small pieces of fried or grilled pork.*

carnívoro,-a *adj* carnivorous.

carnoso,-a *adj* fleshy.

caro,-a 1 *adj (costoso)* expensive, dear. || **2 caro** *adv* at a high price.

carozo *nm* RPL *(de fruta, aceituna)* stone, US pit.

carpa 1 *nf (pez)* carp. **2** *(toldo)* marquee; *(de circo)* big top. **3** AM *(de camping)* tent.

carpeta *nf* folder, file.

carpintería 1 *nf (labor)* carpentry. **2** *(taller)* carpenter's shop.

carpintero *nm* carpenter.

carraspera *nf* hoarseness.

carrera 1 *nf (paso)* run(ning). **2** *(trayecto)* route. **3** *(camino)* road. **4** DEP race. **5** *(estudios)* university education: ***hacer la carrera de medicina*** to study medicine. **6** *(profesión)* career. **7** *(en las medias)* ladder.

• **hacer la carrera** *euf* to walk the streets.

■ **carrera armamentística** arms race; **carrera ciclista** cycle race; **carrera de coches** car race.

carrerilla *nf.*

• **saber algo de carrerilla** to know sth parrot fashion; **tomar carrerilla** to take a run-up.

carreta *nf* cart.

carrete 1 *nm (de película)* spool. **2** *(de hilo, pesca)* reel. **3** ELEC coil.

carretera *nf* road.

■ **carretera comarcal** B road; **carretera de acceso** access road; **carretera de circunvalación** ring road, US beltway; **carretera de cuota** MÉX toll road; **carretera nacional** A road, main road, US state highway.

carretero,-a *adj* AM road: ***un accidente carretero,-a*** a road accident.

carretilla *nf* wheelbarrow.

• **saber algo de carretilla** to know sth parrot fashion.

carril 1 *nm (ferrocarril)* rail. **2** AUTO lane. **3** *(surco)* furrow.

carrillo *nm* cheek.

• **comer a dos carrillos** to gulp one's food.

carriola *nf* MÉX *(coche de bebé)* pram, US baby carriage.

carro 1 *nm (carreta)* cart. **2** *(militar)* tank. **3** *(de máquina de escribir)* carriage. **4** ANDES CAM CARIB MÉX car. **5** MÉX *(vagón)* car: ***carro comedor*** dining car.

• **¡para el carro!** *fam* hold your horses!

carrocería *nf* AUTO body.

carromato *nm* long two-wheeled cart with a tilt.

carroña *nf* carrion.

carroza 1 *nf* coach, carriage. **2** *(de carnaval)* float. || **3** *adj fam (anticuado)* out-of-date. || **4** *nmf fam (persona anticuada)* out-of-date person.

carruaje *nm* carriage, coach.

carrusel *nm* ANDES roundabout, merry-go-round.

carta 1 *nf (documento)* letter. **2** *(naipe)* card. **3** *(en restaurante)* menu. **4** JUR chart.

• **echar una carta** to post a letter; **echarle las cartas a algn** to tell sb's fortune; **poner las cartas sobre la mesa** *fig* to put one's cards on the table; **tomar cartas en un asunto** *fig* to take part in an affair.

■ **carta blanca** carte blanche; **carta certificada** registered letter; **carta de ajuste** TV test card; **carta de recomendación** letter of introduction.

cartabón *nm* set square.

cartearse *vpr* to correspond letters, exchange letters.

cartel *nm* poster.

• **tener cartel** to be popular.

cartelera 1 *nf (para carteles)* hoarding, US billboard. **2** *(en periódicos)* entertainment guide.

cartera 1 *nf (monedero)* wallet. **2** *(de colegial)* satchel, schoolbag. **3** *(de ejec-*

utivo) briefcase. **4** COM portfolio: ***ministro sin cartera*** Minister without portfolio.

carterista *nmf* pickpocket.

cartero,-a *nm,f (hombre)* postman; *(mujer)* postwoman.

cartílago *nm* cartilage.

cartilla **1** *nf (para leer)* first reader. **2** *(cuaderno)* book.

■ **cartilla de ahorros** savings book; **cartilla del seguro** social security card.

cartón **1** *nm (material)* cardboard. **2** *(de cigarrillos)* carton. **3** ART sketch.

■ **cartón piedra** papier mâché.

cartuchera *nf* cartridge holder, cartridge box.

cartucho **1** *nm (con explosivo, tinta)* cartridge. **2** *(de monedas)* roll (of coins). **3** AM *(bolsa)* paper bag. **4** AM *(cono)* paper cone.

cartulina *nf* (thin) cardboard.

casa **1** *nf (edificio)* house. **2** *(hogar)* home: ***vete a casa*** go home. **3** *(linaje)* house: ***la casa de los Austria*** the House of Hapsburg. **4** *(empresa)* firm, company.

• **llevar la casa** to run the house; **como Pedro por su casa** as if he owned the place; **tirar la casa por la ventana** *fig* to go all out.

■ **casa consistorial** town hall; **casa de campo** country house; **casa de citas** brothel; **casa de empeños** pawn-shop; **casa de huéspedes** guesthouse, boarding house; **casa de socorro** first aid post.

casaca *nf* long coat.

casado,-a **1** *adj* married. ‖ **2** *nm,f* married person: ***los recién casados*** the newlyweds.

casamiento **1** *nm (matrimonio)* marriage. **2** *(ceremonia)* wedding.

casar **1** *vt (personas)* to marry. ‖ **2** *vi (colores)* to fit (together). **3** *(cuentas)* to match. ‖ **4 casarse** *vpr* to get married.

• **casarse de penalty** *fam* to have a shotgun wedding.

cascabel *nm* jingle bell, tinkle bell.

• **ser un cascabel** *fam* to be a rattlebrain.

cascada *nf* cascade, waterfall.

cascado,-a **1** *adj (voz)* harsh, hoarse. **2** *fig (gastado)* worn-out, aged.

cascanueces *nm inv* nutcracker.

cascar [1] **1** *vt (romper)* to crack: ***cascar nueces*** to crack nuts. **2** *(la salud)* to harm. **3** *(pegar)* to beat, thrash. ‖ **4** *vi fam (morir)* to peg out. **5** *fam (charlar)* to chat away. ‖ **6 cascarse** *vpr (romperse)* to crack.

cáscara **1** *nf (de huevo, nuez)* shell. **2** *(de fruta)* skin. **3** *(de grano)* husk.

cascarón *nm* eggshell.

cascarrabias *nmf inv fam* grumpy, US cranky.

casco **1** *nm (protector)* helmet. **2** *fam (cráneo)* skull. **3** *(envase)* empty bottle. **4** MAR hull. **5** *(caballería)* hoof. ‖ **6 cascos** *nm pl (auriculares)* headphones.

• **ser alegre de cascos** to be scatterbrained.

■ **casco urbano** city centre, US downtown area.

cascote *nm* piece of rubble, piece of debris.

caserío **1** *nm (casa)* country house. **2** *(pueblo)* hamlet.

casero,-a **1** *adj (persona)* home-loving. **2** *(productos)* home-made. ‖ **3** *nm,f (dueño - hombre)* landlord; *(- mujer)* landlady.

caseta **1** *nf (de feria)* stall. **2** *(de bañistas)* bathing hut, US bath house. **3** *(de perro)* kennel. **4** DEP changing room.

■ **caseta de cobro** MÉX tollbooth; **caseta telefónica** MÉX phone box, phone booth.

casete **1** *nm (magnetófono)* cassette player, cassette recorder. ‖ **2** *nf (cinta)* cassette (tape).

casi *adv* almost, nearly: ***casi nunca*** hardly ever.

• **¡casi nada!** *fam* nothing to speak of!

casilla 1 *nf (casa)* hut. **2** *(de casillero)* pigeonhole. **3** *(cuadrícula)* square.
● **sacar a algn de sus casillas** to drive sb mad.
■ **casilla de correos** CAM CARIB MÉX PO Box; **casilla postal** CAM CARIB MÉX PO Box.
casillero *nm* pigeonholes *pl.*
casino *nm* casino.
caso 1 *nm (ocasión)* case, occasion. **2** *(suceso)* event, happening.
● **el caso es que ...** the thing is that ...; **en caso de que** in case; **en ese caso** in that case; **en todo caso** anyhow, at any rate; **hacer caso a** to pay attention to; **venir al caso** to be relevant.
caspa *nf* dandruff.
casta 1 *nf (grupo social)* caste. **2** *(linaje)* lineage, descent. **3** *fig (de cosa)* quality.
castaña 1 *nf (fruto)* chestnut. **2** *(de pelo)* knot, bun. **3** *fam (bofetada)* slap.
● **darse una castaña** to come a cropper; **sacarle las castañas del fuego a algn** to save sb's bacon.
castañetear 1 *vi (los dientes)* to chatter. **2** *(los dedos)* to snap one's fingers.
castaño,-a 1 *adj* chestnut-coloured; *(pelo)* brown. || **2 castaño** *nm (árbol)* chestnut tree.
castañuela *nf* castanet.
castellano,-a 1 *adj* Castilian. || **2** *nm,f (persona)* Castilian. || **3 castellano** *nm (idioma)* Castilian, Spanish.
castidad *nf* chastity.
castigar [7] **1** *vt (niño, condenado)* to punish. **2** DEP to penalize. **3** *(dañar)* to harm.
castigo 1 *nm (de niño, condenado)* punishment. **2** DEP penalty.
Castilla *nf* Castile.
■ **Castilla la Nueva** New Castile; **Castilla la Vieja** Old Castile.
castillo *nm* castle.
casto,-a *adj* chaste.
castor *nm* beaver.
castrar 1 *vt (capar)* to castrate. **2** *(podar)* to prune.
casual 1 *adj* accidental, chance. || **2** *nm* chance.
● **por un casual** just by chance.
casualidad *nf* chance, coincidence.
● **por casualidad** by chance; **¡qué casualidad!** what a coincidence!
cataclismo *nm* cataclysm.
catacumbas *nf pl* catacombs.
catalán,-ana 1 *adj* Catalan, Catalonian. || **2** *nm,f (persona)* Catalan. || **3 catalán** *nm (idioma)* Catalan.
catalejo *nm* spyglass.
catálogo *nm* catalogue.
Cataluña *nf* Catalonia.
catar *vt* to taste.
catarata 1 *nf (de agua)* waterfall. **2** *(en ojo)* cataract.
catarro *nm* cold.
catástrofe *nf* catastrophe.
cate *nm fam* EDUC failed subject, fail.
catear 1 *vt fam (estudiante)* to fail, US flunk. **2** AM *(casa)* to search.
catecismo *nm* catechism.
catedral *nf* cathedral.
catedrático,-a *nm,f (de universidad)* professor; *(de instituto)* head of department.
categoría 1 *nf (rango)* category, rank. **2** *(tipo)* type.
● **de categoría** important, prominent; **de primera categoría** first-class.
cateto,-a 1 *nm,f (palurdo)* dimwit. || **2 cateto** *nm (de triángulo)* cathetus.
catire,-a *adj* CARIB *(rubio)* blond, blonde.
catolicismo *nm* Catholicism.
católico,-a *adj* - *nm,f* Catholic.
catorce *num* fourteen; *(en fechas)* fourteenth.
cauce 1 *nm (de río)* river bed. **2** *(canal)* channel.
caucho 1 *nm* rubber. **2** AM *(cubierta)* tyre.
caudal 1 *nm (de río)* flow. **2** *fig (riqueza)* fortune, wealth.
caudaloso,-a *adj* deep, plentiful.
caudillo *nm* chief, leader.

causa 1 *nf (razón)* cause. **2** JUR lawsuit.
• **a causa de** because of, on account of; **hacer causa común con** to make common cause with.
causar 1 *vt (provocar)* to cause, bring about. **2** *(proporcionar)* to give: ***me causa un gran placer ...*** it's a pleasure for me to ....
cautela *nf* caution, wariness.
cauteloso,-a *adj* cautious, wary.
cautivar 1 *vt (captivar)* to take prisoner, capture. **2** *(atraer)* to captivate, charm.
cautiverio *nm* captivity.
cautividad *nf* captivity.
cautivo,-a *adj - nm,f* captive.
cauto,-a *adj* cautious.
cava 1 *nm (bebida)* cava, champagne. || **2** *nf (bodega)* wine cellar.
cavar *vt* to dig.
caverna *nf* cavern, cave.
caviar *nm* caviar.
cavidad *nf* cavity.
cavilar *vt* to ponder, brood over.
cayado 1 *nm (de pastor)* shepherd's crook. **2** *(de obispo)* crozier.
cayuco *nm* AM small flat-bottomed canoe.
caza 1 *nf (acción)* hunting. **2** *(animales)* game. || **3** *nm* AV fighter.
■ **caza mayor** big game; **caza menor** small game.
cazabe *nm* AM cassava bread.
cazadora *nf (chaqueta)* jacket.
cazador,-ra 1 *adj* hunting. || **2** *nm,f (persona)* hunter.
■ **cazador furtivo** poacher.
cazar [4] **1** *vt (animal)* to hunt. **2** *fam (coger)* to catch.
cazo 1 *nm (cucharón)* ladle. **2** *(cacerola)* pot, pan.
cazuela *nf* casserole.
c.c. *abr* (centímetros cúbicos) cubic centimetres; *(abreviatura)* cc.
c/c *abr* (cuenta corriente) current account; *(abreviatura)* c/a.
CDC *abr* POL (Convergència Democràtica de Catalunya) *Catalan centre party*.
CD-ROM *nm* CD-ROM.
CE *abr* (Comunidad Europea) European Community; *(abreviatura)* EC.
cebada *nf* barley.
cebar 1 *vt (animal)* to fatten (up). **2** *(pistola)* to prime. **3** *fig (pasiones, etc.)* to nourish. **4** RPL *(mate)* to prepare, to brew. || **5 cebarse** *vpr (dedicarse)* to devote oneself (a, to). **6** *(ensañarse)* to show no mercy (en, to).
cebo 1 *nm (para animales)* food. **2** *(para pescar)* bait.
cebolla *nf* onion.
cebolleta 1 *nf (hierba)* chives *pl*. **2** *(cebolla)* spring onion.
cebra *nf* zebra.
ceder 1 *vt (dar)* to cede. || **2** *vi (rendirse)* to yield (a, to). **3** *(caerse)* to fall, give way: ***cedieron las paredes*** the walls caved in.
• **ceder el paso** AUTO to give way, US to yield way.
cedro *nm* cedar.
cédula *nf* certificate.
■ **cédula de identidad** AM identity card.
cegar [48] **1** *vt (persona)* to blind: ***cegado por la ira*** blind with rage. **2** *(puerta, ventana)* to wall up. || **3** *vi (quedar ciego)* to go blind. || **4 cegarse** *vpr fig (obstinarse)* to become blinded.
ceguera *nf* blindness.
Ceilán *nm* Ceylon.
ceilanés,-esa *adj - nm,f* Ceylonese.
ceja *nf* eyebrow, brow.
• **tener algo entre ceja y ceja** to have sth in one's head.
celda *nf* cell.
celebración 1 *nf (fiesta)* celebration. **2** *(de una reunión, etc.)* holding. **3** *(aplauso)* praise, applause.
celebrar 1 *vt (festejar)* to celebrate. **2** *(reunión)* to hold. **3** *(alabar)* to praise. **4** *(estar contento)* to be happy about: ***celebro lo de tu ascenso*** I congratulate you on your promotion. **5** REL

(misa) to say. || **6 celebrarse** *vpr (ocurrir)* to take place, be held.
célebre *adj* well-known, famous.
celebridad *nf* celebrity.
celeste 1 *adj (del cielo)* celestial. **2** *(azul)* light.
celo 1 *nm (entusiasmo)* zeal. **2** *(cuidado)* care. || **3 celos** *nm pl* jealousy *sing*.
• **tener celos** to be jealous (de, of).
celo® *nm* Sellotape®, US Scotch tape®.
celofán *nm* Cellophane®.
celoso,-a 1 *adj (entusiasta, cuidadoso)* zealous. **2** *(envidioso)* jealous. **3** *(receloso)* suspicious.
celta 1 *adj* Celtic. || **2** *nmf (persona)* Celt. || **3** *nm (idioma)* Celtic.
célula *nf* cell.
celulitis *nf inv* cellulitis.
celulosa *nf* cellulose.
cementerio *nm* cemetery, graveyard.
■ **cementerio de coches** scrapyard.
cemento *nm* concrete, cement.
■ **cemento armado** reinforced concrete.
cena *nf (comida por la noche)* supper; *(- formal)* dinner.
■ **la Santa Cena** the Last Supper.
cenar 1 *vi* to have supper, have dinner. || **2** *vt* to have for supper, have for dinner.
cencerro *nm* cowbell.
• **estar como un cencerro** to be nuts.
cenicero *nm* ashtray.
ceniza 1 *nf* ash, ashes *pl*. || **2 cenizas** *nf pl (restos)* ashes.
censo *nm* census.
■ **censo electoral** electoral roll.
censura 1 *nf (de prensa, cine, etc)* censorship: ***pasar por la censura*** to be censured. **2** *(crítica)* censure.
censurar 1 *vt (prensa, cine, etc)* to censor. **2** *(criticar)* to censure, criticize.
centavo,-a 1 *adj* hundredth. || **2 centavo** *nm (parte)* hundredth. **3** AM *(moneda)* cent, centavo.
centella 1 *nf (rayo)* lightning. **2** *(chispa)* spark, flash.
centellear *vi* to sparkle, flash.
centena *nf* hundred.
centenar *nm* hundred.
centenario,-a 1 *adj* centennial. || **2** *nm,f (persona)* centenarian. || **3 centenario** *nm (aniversario)* centenary.
centeno *nm* rye.
centésimo,-a *num* hundredth: ***una centésima de segundo*** a hundredth of a second.
centígrado,-a *adj* centigrade.
centilitro *nm* centiliter.
centímetro *nm* centimetre.
céntimo *nm* cen(time).
• **estar sin un céntimo** to be penniless.
centinela *nm & nf* MIL sentry.
centolla *nf* spider crab.
centollo *nm* spider crab.
central 1 *adj* central. || **2** *nf (oficina principal)* head office, headquarters *pl*. **3** ELEC power station.
■ **central nuclear** nuclear power station; **central telefónica** telephone exchange.
centralita *nf* switchboard.
centrar 1 *vt* to centre. || **2 centrarse** *vpr (basarse)* to be centred (en, on). **3** *(concentrarse)* to concentrate (en, on).
céntrico,-a *adj* in the centre, US downtown: ***una calle céntrica*** a street in the centre.
centro 1 *nm* centre, middle. **2** *(asociación)* centre, association.
■ **centro ciudad** city centre, US downtown; **centro comercial** shopping centre, US mall; **centro de mesa** centrepiece; **centro docente** school; **centro hospitalario** hospital.
ceñido,-a *adj* close-fitting.
ceñir [36] **1** *vt (estrechar)* to cling to, fit tight. **2** *(rodear)* to hug around the waist. || **3 ceñirse** *vpr (limitarse)* to limit oneself (a, to): ***ceñirse al tema*** to keep to the subject. **4** *(moderarse)* to adjust oneself.
ceño *nm* frown.
• **fruncir el ceño** to frown.
cepa 1 *nf (de vid)* vine. **2** *(tronco)* stump. **3** *fig (origen)* origin.

• **de buena cepa** of good quality.

cepillar 1 *vt (pelo, zapato, etc)* to brush. **2** *(madera)* to plane. || **3 cepillarse** *vpr* to brush. **4** *fam (matar)* to do in. **5** *fam (acabarse)* to finish: ***se cepilló todo el pastel*** she gobbled up the whole cake. **6** *vulg (copular)* to lay.

cepillo 1 *nm (para pelo, zapatos, etc)* brush. **2** *(de madera)* plane. **3** *(para limosnas)* alms box.

■ **cepillo de dientes** toothbrush; **cepillo de ropa** clothes brush; **cepillo de uñas** nailbrush; **cepillo del pelo** hairbrush.

cepo 1 *nm (de reo)* pillory. **2** *(trampa)* trap. **3** AUTO clamp.

cera 1 *nf (de vela)* wax; *(de abeja)* beeswax. **2** *(de oreja)* earwax.

cerámica *nf* ceramics, pottery: ***una cerámica*** a piece of pottery.

cerca 1 *adv* near, close: ***aquí cerca*** near here. || **2** *nf (valla)* fence.

• **cerca de** *(cercano a)* near; *(casi)* nearly: ***cerca de un año*** nearly a year; **de cerca** closely: ***lo vi de cerca*** I saw it close up.

cercado,-a 1 *adj* fenced in. || **2 cercado** *nm* enclosure.

cercanía *nf* proximity, nearness.

cercano,-a *adj* near, nearby.

cercar [1] **1** *vt (vallar)* to fence in. **2** *(rodear)* to surround. **3** MIL to besiege.

cerciorarse *vpr* to make sure (de, of).

cerco 1 *nm (marco)* frame. **2** MIL siege.

cerda 1 *nf (pelo - de caballo)* horsehair; *(- de cerdo)* bristle. **2** *(animal)* sow.

Cerdeña *nf* Sardinia.

cerdo 1 *nm (animal)* pig. **2** *(carne)* pork.

cereal *adj* - *nm* cereal.

cerebral 1 *adj* cerebral, brain. **2** *(frío)* calculating.

cerebro 1 *nm* ANAT brain. **2** *fig* brains *pl.*

ceremonia *nf* ceremony.

ceremonioso,-a *adj* ceremonious, formal.

cereza *nf* cherry.

cerezo *nm* cherry tree.

cerilla *nf* match.

cerillo *nm* CAM MÉX match.

cero 1 *nm* MAT zero: ***ganar dos a cero*** to win two nil. **2** *(cifra)* naught, nought. **3** DEP nil: ***ganamos tres a cero*** we won three-nil.

• **bajo cero** below zero; **ser un cero a la izquierda** to be useless.

cerquillo *nm* AM fringe, US bangs.

cerrado,-a 1 *adj* shut, closed. **2** *(oculto)* obscure. **3** *(persona)* uncommunicative.

cerradura *nf* lock.

■ **cerradura de seguridad** security lock.

cerrajero *nm* locksmith.

cerrar [27] **1** *vt* to close, shut. **2** *(grifo, gas)* to turn off. **3** *(luz)* to switch off. **4** *(cremallera)* to zip (up). **5** *(un negocio definitivamente)* to close down. **6** *(carta)* to seal. || **7** *vi* to shut. || **8 cerrarse** *vpr* to close, shut. **9** *(obstinarse)* to stand fast.

• **cerrar la boca** to shut up.

cerro *nm* hill.

• **irse por los cerros de Úbeda** to go off at a tangent.

cerrojo *nm* bolt.

• **echar el cerrojo** to bolt.

certamen *nm* competition.

■ **certamen literario** contest.

certero,-a 1 *adj (disparo)* accurate, good. **2** *(seguro)* certain, sure.

certeza *nf* certainty.

certidumbre *nf* certainty.

certificado,-a 1 *adj (documento)* certified. **2** *(envío)* registered. || **3 certificado** *nm (documento)* certificate.

■ **certificado médico** medical certificate.

certificar [1] **1** *vt (gen)* to certify. **2** *(carta, paquete)* to register.

cerveza *nf* beer.

cervical *adj* cervical, neck.

cesante 1 *adj (destituido)* dismissed, sacked. **2** CSUR MÉX *(parado)* unemployed.

cesantear *vt* CSUR to make redundant.

cesar 1 *vi (parar)* to cease, stop. **2** *(en un empleo)* to leave.

● **sin cesar** incessantly.

cese 1 *nm (fin)* cessation. **2** *(despido)* dismissal.

CESID *abr (*Centro Superior de Información de la Defensa*) Spanish military intelligence agency.*

césped *nm* lawn, grass: ***cortar el césped*** to mow the lawn.

cesta *nf* basket.

■ **cesta de la compra** shopping basket.

cesto *nm* basket.

■ **cesto de los papeles** wastepaper basket.

cetáceo *nm* cetacean.

cetro *nm* sceptre.

C.F. *abr (*Club de Fútbol*)* Football Club; *(abreviatura)* FC.

▲ *Also written CF.*

Cf. *abr (*confer*)* confer; *(abreviatura)* Cf.

CFC *abr (*cloro-fluorocarbono*)* chloro-fluorocarbon; *(abreviatura)* CFC.

cfr. *abr (*confer*)* confer; *(abreviatura)* cf.

CGPJ *abr (*Consejo General del Poder Judicial*) general council of the judiciary.*

ch/. *abr (*cheque*)* cheque (US check).

chabacanería *nf* coarseness, vulgarity.

chabacano,-a 1 *adj* coarse, vulgar. ‖ **2 chabacano** *nm* MÉX *(fruto)* apricot; *(árbol)* apricot tree.

chabola *nf* shack.

chacal *nm* jackal.

chacarero,-a *nm,f* ANDES RPL farmer.

chacha *nf fam pey* nurse(maid).

cháchara 1 *nf fam (charla)* prattle, idle talk. ‖ **2 cháchara**s *nf pl (cacharros)* trinkets.

chachi *adj arg* great, terrific.

chacinados *nm pl* RPL pork products.

chacra *nf* ANDES RPL farm.

chafar 1 *vt (aplastar)* to flatten. **2** *(arrugar)* to crumple. **3** *fam (interrumpir)* to butt in on.

chaflán *nm* chamfer.

chal *nm* shawl.

chalado,-a *adj (loco)* mad.

● **estar chalado,-a por** to be mad about.

chalé *nm* chalet.

chaleco *nm* waistcoat, US vest.

■ **chaleco salvavidas** life jacket.

chalet *nm (pl* chalés*)* chalet.

chalupa 1 *nf (barca)* boat. **2** MÉX *(torta)* small tortilla *(with a raised rim to contain a filling)*.

chamaco,-a *nm,f* MÉX *fam* kid.

chamba *nf* CAM MÉX PERÚ VEN *fam (trabajo)* job.

chambón, -a *nm,f* AM *fam* sloppy worker, shoddy worker.

champa *nf* CAM *(tienda de campaña)* tent.

champán *nm* champagne.

champaña *nm* champagne.

champiñón *nm* mushroom.

champú *nm (pl* champúes *or* champús*)* shampoo.

chamuscar [1] **1** *vt* to singe, scorch. ‖ **2 chamuscarse** *vpr* to be singed.

chamusquina *nf* scorching.

● **oler a chamusquina** *fig* to smell fishy.

chancaca *nf* CAM *(torta)* syrup cake.

chance 1 *nf* AM opportunity. ‖ **2** *adv* MÉX maybe.

chancear *vi* AM to joke, horse around.

chanchada 1 *nf* AM *(porquería)*: ***¡no hagas chanchadas!*** don't be disgusting! **2** AM *fam (jugarreta)* dirty trick.

chanchi *adj arg* → chachi.

chancho *nm* AM pig.

chancho,-a *nm,f* AM *(cerdo)* pig, US hog; *(hembra)* sow.

chanchullo *nm fam* fiddle, wangle.

chancla 1 *nf (zapato viejo)* old shoe. **2** *(chancleta)* backless shoe, backless slipper.

chancleta *nf* slipper.

chanclo 1 *nm (zueco - de madera)* clog. 2 *(- de goma)* galosh.
chándal *nm* track suit, jogging suit.
changa *nf* BOL RPL *(trabajo temporal)* odd job.
changador *nm* RPL *(cargador)* porter.
changarro *nm* MÉX small shop.
chantaje *nm* blackmail.
● **hacer chantaje** to blackmail.
chantajear *vt* to blackmail.
chantajista *nmf* blackmailer.
chapa 1 *nf (de metal, madera)* sheet. 2 *(tapón)* bottle top. 3 *(insignia)* badge, disc. 4 AUTO bodywork. 5 COL *(cerradura)* lock. 6 RPL number plate, US license plate. ‖ 7 **chapas** *nf pl* game of bottle tops.
■ **chapa de identificación** MIL identity disc.
chapado,-a *adj* plated: ***chapado en plata*** silver-plated.
● **chapado,-a a la antigua** oldfashioned.
chapar 1 *vt (metal)* to plate. 2 *(madera)* to veneer, finish. 3 *fig (encajar)* to come out with.
chaparrón *nm* downpour, heavy shower.
chapopote *nm* CARIB MÉX bitumen, pitch.
chapotear *vi* to splash.
chapoteo *nm* splashing.
chapucero,-a 1 *adj (trabajo)* botched; *(persona)* bungling. ‖ 2 *nm,f (patoso)* bungler. 3 *(embustero)* liar.
chapulín *nm* CAM MÉX *(saltamontes)* grasshopper.
chapurrear *vt* to speak badly: ***chapurrear el francés*** to have a smattering of French.
chapuza *nf* botch, botch-up.
● **hacer una chapuza** to botch up.
chapuzón *nm* duck, dive.
● **darse un chapuzón** to have a dip.
chaqué *nm* morning coat.
chaqueta *nf* jacket.
● **cambiar de chaqueta** *fam fig* to change sides.
chaquetón *nm* winter jacket.
charanga *nf* brass band.
charca *nf* pool, pond.
charco *nm* puddle, pond.
● **pasar el charco** to cross the pond.
charcutería *nf* pork butcher's shop, delicatessen.
charla 1 *nf (conversación)* talk, chat. 2 INFORM chat. 3 *(conferencia)* talk, lecture.
charlar 1 *vi* to chat, talk. 2 INFORM to chat.
charlatán,-ana 1 *adj (hablador)* talkative. 2 *(chismoso)* gossipy. ‖ 3 *nm,f (parlanchín)* chatterbox. 4 *(embaucador)* charlatan.
charol 1 *nm (barniz)* varnish. 2 *(cuero)* patent leather. 3 ANDES *(bandeja)* tray.
charola *nf* CAM MÉX tray.
charqui *nm* ANDES RPL *(carne)* jerked beff, salted beef.
charro,-a 1 *adj (tosco)* coarse. 2 *(hortera)* cheap, flashy.
chárter *adj - nm (pl* **chárter***)* charter.
chasca *nf* ANDES *(greña)* mop of hair.
chascar [1] 1 *vt (lengua)* to click; *(dedos)* to snap. ‖ 2 *vi (madera)* to crack.
chasco 1 *nm (broma)* trick. 2 *(decepción)* disappointment.
chasis *nm inv* chassis.
chasquear 1 *vt (bromear)* to play a trick on. 2 *(engañar)* to deceive. 3 *(decepcionar)* to disappoint. ‖ 4 *vi (madera, látigo)* to crack, snap. 5 *(decepcionarse)* to be disappointed.
chasquido *nm (de látigo, madera)* crack; *(de la lengua)* click.
chatarra 1 *nf (metal)* scrap iron. 2 *fam (monedas)* small change.
chatarrero,-a *nm,f* scrap dealer.
chato,-a 1 *adj (nariz)* snub. 2 *(persona)* snub-nosed. 3 *(objeto)* flat. 4 PRICO RPL *fam (sin ambiciones)* commonplace: ***una vida chata*** a humdrum existence. ‖ 5 *nm,f (persona)* snub-nosed person. 6 *fam (cariño)* love, dear. ‖ 7 **chato** *nm (vaso)* small glass.
chau *interj* ANDES RPL *fam* bye!, see you!

chaucha *nf* BOL RPL green bean.
chaval,-la 1 *adj fam* young. ‖ **2** *nm,f* kid, youngster; *(chico)* lad; *(chica)* lass.
chaveta 1 *nf* cotter pin. **2** ANDES *(navaja)* penknife.
• **perder la chaveta** to go off one's rocker.
chavo,-a *nm,f* MÉX *(chico)* guy; *(chica)* girl; *(estar sin plata)* to be broke.
• **no tener un chavo** to be broke.
che 1 *nf (pl* ches*)* name of the digraph **ch.** ‖ **2** *interj* RPl *fam:* ***¿qué hacés, che?, ¿cómo andás, che?*** how are things?, how's it going, then?; ***che, ¡vení para acá!*** over here, you!
checo,-a 1 *adj* Czech. ‖ **2** *nm,f (persona)* Czech. ‖ **3 checo** *nm (idioma)* Czech.
■ **República Checa** Czech Republic.
checoslovaco,-a *adj - nmf* Czechoslovak, Czechoslovakian.
Checoslovaquia *nf* Czechoslovakia.
chele,-a 1 *adj* CAM *(rubio)* blond, blonde; *(de piel blanca)* fair-skinned. ‖ **2** *nm,f (rubio)* blond person; *(de piel blanca)* fair-skinned person.
chelín *nm* shilling.
chepa *nf fam* hump.
cheque *nm* cheque, US check.
• **extender un cheque** to issue a cheque.
■ **cheque abierto** open cheque; **cheque al portador** cheque payable to bearer; **cheque cruzado** crossed cheque; **cheque de viaje** traveller's cheque; **cheque en blanco** blank cheque; **cheque sin fondos** dud cheque.
chequeo *nm* checkup.
chévere *adj* ANDES CAM CARIB MÉX *fam* great, fantastic.
chicha 1 *nf (lenguaje infantil)* meat. **2** ANDES *alcoholic drink made from fermented maize.*
chícharo *nm* CAM MÉX pea.
chicharra 1 *nf (insecto)* cicada. **2** MÉX RPL *(timbre)* electric buzzer.
chicharrón 1 *nm* CULIN pork crackling. **2** *fig (moreno)* sunburnt person.
chiche 1 *nm* ANDES RPL *fam (juguete)* toy. **2** ANDES RPL *(adorno)* delicate ornament. **3** CAM MÉX *fam (pecho)* tit.
chichón *nm* bump, lump.
chicle *nm* chewing gum.
chico,-a 1 *adj* small, little. ‖ **2** *nm,f (niño)* kid; *(niña)* girl. ‖ **3 chico** *nm (aprendiz)* office boy.
chicote *nm* AM *(látigo)* whip.
chiflado,-a *adj* mad, crazy.
chifladura *nf* craziness, madness.
chiflar 1 *vi (silbar)* to hiss, whistle. ‖ **2 chiflarse** *vpr* to go mad, go crazy.
chiflido *nm* AM whistle, whistling.
chigüín, -ina *nm* CAM *fam* kid.
chilaba *nf* jellabah.
chilango,-a 1 *adj* MÉX *fam* of Mexico City, from Mexico City. ‖ **2** *nm,f* MÉX *fam* person from Mexico City.
Chile *nm* Chile.
chileno,-a *adj - nm,f* Chilean.
chillar 1 *vi (de dolor, miedo)* to scream. **2** *fig (en voz alta)* to shout. **3** *(colores)* to be loud, be gaudy.
chillido *nm* shriek, screech, scream.
chillón,-ona 1 *adj (persona)* screaming. **2** *(color)* loud, garish.
chilpotle *nm* MÉX *smoked or pickled jalapeño chile.*
chimbo,-a *adj* COL VEN *fam (de mala calidad)* crap, useless.
chimenea 1 *nf (exterior)* chimney. **2** *(hogar)* fireplace. **3** *(de barco)* funnel.
chimichurri *nm* RPL *barbecue sauce made from garlic, parsley, herbs and vinegar.*
chimpancé *nm* chimpanzee.
china 1 *nf (piedra)* pebble. **2** *(seda)* China silk. **3** *(porcelana)* china. **4** *arg (droga)* piece.
China *nf* China.
chinampa *nf* MÉX *man-made island for growing flowers, fruit and vegetables, found in Xochimilco near Mexico City.*
chinchar 1 *vt fam* to annoy, pester. ‖ **2 chincharse** *vpr fam* to grin and bear it.
• **¡chínchate!** so there!

chinche 1 *nm & nf* ZOOL bedbug. **2** *fig* bore, nuisance.

chincheta *nf* drawing pin, US thumbtack.

chinchilla *nf* ZOOL chinchilla.

chinchulín *nm (pl* chinchulines*)* Andes RPl *(plato) piece of sheep or cow intestine, plaited and then roasted.*

chingado,-a *adj* AM unsuccessful, vain.

chingana *nf* PERÚ *fam* bar.

chino,-a 1 *adj* Chinese. **2** AM *(mestizo)* of mixed ancestry. ‖ **3** *nm,f (persona)* Chinese person; *(hombre)* Chinese man; *(mujer)* Chinese woman. ‖ **4 chino** *nm (idioma)* Chinese.

chip 1 *nm* INFORM chip. ‖ **2 chips** *nm pl fam* crisps.

chipirón *nm* baby squid.

Chipre *nm* Cyprus.

chipriota *adj - nmf* Cypriot.

chiqueo *nm* MÉX cuddle.

chiquilín, -ina *nm,f* RPL *(chico)* small boy; *(chica)* small girl.

chiquillada *nf* childish prank.

chiquillo,-a *nm,f* kid, youngster.

chiquito,-a 1 *adj* tiny, very small. ‖ **2 chiquito** *nm* small glass of wine.

• **no andarse con chiquitas** not to beat about the bush.

chiringuito *nm fam (en playa)* refreshment stall; *(en carretera)* roadside snack bar.

chiripa *nf* fluke, stroke of luck.

• **de chiripa** by sheer luck.

chiripá *nm (pl* chiripaes*)* Bol CSur *garment worn by gauchos as trousers.*

chirlo 1 *nm (herida)* wound on the face. **2** *(cicatriz)* scar on the face.

chirriar [13] **1** *vi (rueda, frenos)* to screech. **2** *(puerta)* to creak. **3** *(aves)* to squawk. **4** *fig (persona)* to sing badly.

chirrido 1 *nm (de rueda, frenos)* screech. **2** *(de puerta)* creaking. **3** *(de aves)* squawk.

chisme 1 *nm (comentario)* piece of gossip. **2** *(trasto)* knick-knack; *(de cocina etc)* gadget: ***¿cómo funciona este chisme?*** how does this thing work?

chismorrear *vi* to gossip.

chismorreo *nm* gossip(ing).

chismoso,-a 1 *adj* gossipy. ‖ **2** *nm,f* gossip.

chispa 1 *nf (de fuego)* spark. **2** *(poco)* bit: ***no queda ni una chispa de azúcar*** there isn't the slightest bit of sugar left. **3** METEOR droplet. **4** *fig (ingenio)* wit.

• **echar chispas** *fig* to be raging; **tener chispa** *fig* to be witty, be funny.

■ **chispa eléctrica** spark.

chispazo *nm* spark, flash.

chispear 1 *vi (leña)* to spark. **2** METEOR to drizzle slightly. **3** *fig (relucir)* to sparkle.

chisporrotear *vi* to spark, splutter.

chisporroteo *nm* sparkling, spluttering.

chistar *vi* to speak.

• **no chistar** not to say a word.

chiste *nm* joke.

• **contar un chiste** to tell a joke.

■ **chiste verde** blue joke, dirty joke.

chistera 1 *nf (sombrero)* top hat. **2** *(de pescador)* fish basket.

chistoso,-a *adj* witty, funny.

chitón *interj* hush!, silence!

chivar 1 *vt fam (molestar)* to annoy, pester. **2** *(delatar)* to denounce, give away. ‖ **3 chivarse** *vpr* to tell: ***chivarse a la policía*** to inform the police.

chivatazo *nm fam* informing.

• **dar el chivatazo** to inform, squeal.

chivato,-a 1 *nm,f fam (delator)* informer; *(acusica)* telltale. ‖ **2 chivato** *nm (piloto)* warning light. **3** *(animal)* kid. **4** VEN *fam (pez gordo)* big cheese.

chivito *nm* URUG steak sandwich *(containing cheese and salad)*.

chivo,-a *nm,f* male kid.

• **estar como una chiva** *fam* to be crazy.

■ **chivo expiatorio** scapegoat.

chocante 1 *adj (divertido)* funny. **2** *(sorprendente)* surprising. **3** *(raro)* strange.

chocar [1] **1** *vi (colisionar)* to collide (contra/con, with), crash (contra/con, into). **2** *(pelear)* to fight. **3** *fig (sorprender)* to surprise: ***esto me choca*** I am surprised at this. || **4** *vt (las manos)* to shake. **5** *(copas)* to clink.
• **¡chócala! / ¡choca esos cinco!** put it there!

chochear 1 *vi (anciano)* to go gaga. **2** *(de cariño)* to be tender.

chocho,-a 1 *adj (anciano)* gaga. **2** *(de cariño)* tender. || **3 chocho** *nm vulg* pussy.

choclo *nm* ANDES RPL *(mazorca)* corncob, ear of maize, US ear of corn; *(granos)* sweetcorn; *(cultivo)* maize, US corn; *(guisado) stew made with tender maize/corn*.

chocolate 1 *nm* chocolate. **2** *arg (hachís)* dope, hash.
• **las cosas claras y el chocolate espeso** *fam fig* let's get things clear.
■ **chocolate a la taza** drinking chocolate; **chocolate con leche** milk chocolate.

chocolatina *nf* small bar of chocolate.

chófer *nm (pl* chóferes*) (particular)* chauffeur; *(de autocar etc)* driver.

chollo *nm fam* bargain, snip.

chomba *nf* ARG polo shirt.

chompa *nf* ANDES sweater, GB jumper.

chompipe *nm* CAM MÉX turkey.

chongo *nm* MÉX *(moño)* bun.
■ **chongos zamoranos** *dessert made from milk curds, served in syrup*.

chonta *nf* AM palm tree.

chop 1 *nm* CSUR *(jarra)* beer mug, beer glass. **2** *(cerveza)* glass of beer, beer.

chopo *nm* poplar.

choque 1 *nm (colisión)* collision, crash. **2** *(enfrentamiento)* clash. **3** MIL skirmish. **4** *(discusión)* dispute, quarrel. **5** MED shock.

chorizar [4] *vt fam* to pinch, nick.

chorizo 1 *nm (embutido)* highly-seasoned pork sausage. **2** *fam (ratero)* thief, pickpocket.

chorlito *nm (ave)* plover.

choro *nm* ANDES mussel.

chorrada 1 *nf fam (necedad)* piece of nonsense: ***decir chorradas*** to talk rubbish. **2** *(regalito)* little something.

chorrear 1 *vi (a chorros)* to spout, gush. **2** *(gotear)* to drip. **3** AM *(robar)* to steal.

chorro *nm* jet, spout.
• **a chorros** in abundance: ***hablar a chorros*** to talk nineteen to the dozen; **con propulsión a chorro** jet-propelled.
■ **chorro de vapor** steam jet.

chotear *vt - vpr fam* to make fun (de, of).

choza *nf* hut.

christmas *nm inv* Christmas card.

chubasco *nm* heavy shower.

chubasquero *nm* raincoat.

chúcaro,-a 1 *adj* ANDES CAM RPL *(animal)* wild. **2** *(persona)* unsociable.

chuchería 1 *nf (trasto)* trinket, knickknack. **2** *(bocado)* tidbit, delicacy.

chucho *nm fam* dog.

chueco,-a 1 *adj* AM *(torcido)* twisted; *(patiestevado)* bowlegged. **2** MÉX VEN *(cojo)* lame. || **3** *nm,f* AM *(patiestevado)* bowlegged person. **4** MÉX VEN *(cojo)* lame person.

chufa *nf* tiger nut.

chulear 1 *vi (presumir)* to brag (de, about). || **2 chulear(se)** *vt - vpr (burlar)* to make fun of.

chulería 1 *nf (jactancia)* bragging. **2** *(gracia)* wit.

chuleta 1 *nf* chop, cutlet. **2** EDUC crib (note), US trot.

chullo *nm* ANDES woollen cap.

chulo,-a 1 *adj (engreído)* cocky. **2** *fam (bonito)* nice: ***¡qué vestido tan chulo!*** what a nice dress! || **3** *nm,f (presuntuoso)* show-off. || **4 chulo** *nm (proxeneta)* pimp.

chumbera *nf* prickly pear.

chunga *nf fam* fun, joke.
• **estar de chunga** to be joking; **tomar a chunga** to make fun of.

chungo,-a *adj fam (malo)* rotten, nasty, lousy; *(roto)* knackered: ***el tiempo está chungo*** the weather's lousy; ***lo tenemos chungo*** we've got problems.
chunguearse *vpr* to joke, make fun of.
chuño *nm* ANDES RPL potato starch.
chupada *nf (a caramelo)* suck.
chupado,-a 1 *adj (delgado)* skinny, emaciated. 2 *(fácil)* dead easy.
chupamedias *nmf* ANDES RPL VEN *fam* toady, sycophant.
chupar 1 *vt (succionar)* to suck. 2 *(absorber)* to absorb, soak up. || **3** *vi - vt* AM *(pitar)* to blow. || **4 chuparse** *vpr (adelgazar)* to get thin.
• **chuparse el dedo** to suck one's thumb; **chuparse los dedos** to lick one's fingers; **chupar del bote** *fam* to scrounge; **¡chúpate ésa!** *fam* stick that in your pipe and smoke it!
chupatintas *nm inv fam* office drudge.
chupe *nm* ANDES ARG stew.
chupete *nm* dummy, US pacifier.
chupetear *vt* to lick.
chupón,-ona 1 *adj (succionador)* sucking. 2 *(gorrón)* sponging. || **3** *nm,f (gorrón)* sponger. || **4 chupón** *nm* BOT sucker.
churra *nf fam* fluke, good luck.
churrasco *nm* barbecued meat.
churrería *nf* fritter shop.
churro 1 *nm (comida)* fritter, US cruller. 2 *fam (chapuza)* botch.
chusma *nf* riffraff.
chut *nm* DEP shot, kick.
chutar 1 *vi* DEP to shoot. || **2 chutarse** *vpr arg (con droga)* to fix, shoot up.
• **... y va que chuta** ... and no problem.
chuzo *nm* short pike.
• **llover chuzos** *fig* to pour.
CI *abr (*coeficiente intelectual*)* intelligence quotient; *(abreviatura)* IQ.
cibercafé *nm* Internet café, cybercafé.
ciberespacio *nm* cyberspace.
cibernética *nf* cybernetics.
cicatriz *nf* scar.
cicatrizar [4] *vt - vpr* to heal.
ciclismo *nm* cycling.
ciclista 1 *adj* cycle, cycling. || **2** *nmf* cyclist.
ciclo *nm* cycle.
ciclomotor *nm* moped.
ciclón *nm* cyclone.
ciego,-a 1 *adj (persona)* blind. 2 *(conducto)* blocked up. || **3** *nm,f (persona)* blind person. || **4 ciego** *nm* ANAT caecum, blind gut.
• **a ciegas** blindly.
cielo 1 *nm* sky. 2 REL heaven. 3 METEOR climate, weather.
• **a cielo raso** in the open (air); **como caído del cielo** out of the blue; **despejarse el cielo** to clear up; **poner a algo/algn por los cielos** to praise sth/sb; **poner el grito en el cielo** to hit the ceiling.
■ **cielo raso** ceiling.
ciempiés *nm inv* centipede.
cien *num* (one) hundred: ***cien libras*** one hundred pounds.
• **ponerse a cien** *fam fig* to blow one's top.
▲ *Only used before nouns. See also* ciento.
ciénaga *nf* marsh, bog.
ciencia *nf* science.
• **a ciencia cierta** with certainty.
■ **ciencia ficción** science fiction; **ciencias aplicadas** applied sciences; **ciencias empresariales** business studies; **ciencias exactas** mathematics *sing.*
científico,-a 1 *adj* scientific. || **2** *nm,f* scientist.
cientista *nmf* CSUR.
■ **cientista social** social scientist.
ciento 1 *num* hundred. || **2** *nm* one hundred.
• **por ciento** per cent; **ciento por ciento** a hundred per cent.
■ **ciento y la madre** *fam* a crowd.
▲ *See also* cien.
cierre 1 *nm (acción)* closing, shutting.

2 *(de prenda)* fastener. 3 *(mecanismo)* catch. 4 *(de fábrica)* lockout; *(de tienda)* close-down.

■ **cierre centralizado** central locking; **cierre patronal** lockout; **cierre relámpago** AM zip, US zipper.

cierto,-a 1 *adj (seguro)* certain, sure. 2 *(verdadero)* true. 3 *(algún)* (a) certain, some: ***cierto día*** one day. ‖ 4 **cierto** *adv* certainly.

• **estar en lo cierto** to be right; **por cierto** by the way.

ciervo *nm* deer.

cifra 1 *nf (número)* figure, number. 2 *(cantidad)* amount. 3 *(código)* cipher, code.

cigala *nf* Dublin Bay prawn.

cigarra *nf* cicada.

cigarrillo *nm* cigarette.

cigarro *nm* cigar.

cigüeña 1 *nf (ave)* stork. 2 TÉC crank.

cilíndrico,-a *adj* cylindrical.

cilindro *nm* cylinder.

cima *nf* summit.

• **dar cima a** to carry out, complete.

cimiento 1 *nf* ARQ foundation. 2 *(base)* basis.

cinc *nm* zinc.

cinco *num* five; *(en fechas)* fifth.

cincuenta *num* fifty.

cine 1 *nm (lugar)* cinema, US movie theater. 2 *(arte)* cinema.

• **ir al cine** to go to the cinema, US go to the movies.

cinematografía *nf* film making, cinematography.

cinematográfico,-a *adj* film.

cínico,-a 1 *adj* cynical. ‖ 2 *nm,f* cynic.

cinismo *nm* cynicism.

cinta 1 *nf (tira)* band; *(decorativa)* ribbon. 2 TÉC tape. 3 CINEM film. 4 *(casete)* tape.

■ **cinta magnética** magnetic tape; **cinta magnetofónica** recording tape; **cinta métrica** tape measure; **cinta transportadora** conveyor belt; **cinta virgen** blank tape.

cintura *nf* waist.

cinturón *nm* belt.

• **apretarse el cinturón** *fig* to tighten one's belt.

■ **cinturón de seguridad** safety belt.

ciprés *nm* cypress.

circo 1 *nm (espectáculo)* circus. 2 GEOG cirque.

circuito *nm* circuit.

circulación 1 *nf (de sangre, dinero)* circulation. 2 *(de vehículos)* traffic.

• **poner en circulación** to put into circulation; **retirar de la circulación** to withdraw from circulation.

circular 1 *adj* circular. ‖ 2 *nf (carta)* circular letter. ‖ 3 *vi* to circulate; *(trenes, autobuses)* to run; *(coches)* to drive; *(peatones)* to walk.

circulatorio,-a *adj* circulatory; *(del tráfico)* traffic.

círculo 1 *nm (forma)* circle. 2 *(asociación)* club.

■ **círculo vicioso** vicious circle.

circunferencia *nf* circumference.

circunstancia *nf* circumstance.

• **poner cara de circunstancias** *fam* to look grave.

circunstancial *adj* circumstantial.

circunvalación *nf* → carretera.

cirio *nm* candle.

• **armar un cirio** *fam* to kick up a rumpus.

ciruela *nf* plum.

■ **ciruela claudia** greengage; **ciruela pasa** prune.

ciruelo *nm* plum tree.

cirugía *nf* surgery.

cirujano,-a *nm,f* surgeon.

cisne *nm* swan.

cisterna *nf* cistern, tank.

cita 1 *nf (para negocios, médico, etc)* appointment. 2 *(compromiso)* engagement, date. 3 *(mención)* quotation.

• **darse cita** to meet; **tener una cita** to have an appointment.

citar 1 *vt (convocar)* to arrange to meet. 2 *(mencionar)* to quote. 3 JUR to summon. ‖ 4 **citarse** *vpr (quedar)* to arrange to meet (con, -).

• **estar citado,-a con algn** to have an appointment with sb.
cítrico,-a 1 *adj* citric. ‖ **2 cítricos** *nm pl* citrus fruits.
CiU *abr* POL (Convergència i Unió) *conservative Catalan nationalist coalition.*
ciudad *nf* city, town.
■ **ciudad perdida** *(Méx)* shanty town; **ciudad universitaria** university campus.
ciudadano,-a 1 *adj* civic. ‖ **2** *nm,f* citizen.
cívico,-a *adj* civil, polite.
civil *adj* civil.
civilización *nf* civilization.
civilizado,-a *adj* civilized.
civilizar [4] **1** *vt* to civilize. ‖ **2 civilizarse** *vpr* to become civilized.
civismo *nm* civility.
cizaña *nf* BOT bearded darnel.
• **meter cizaña** *fig* to sow discord.
clamar 1 *vi* to clamour. ‖ **2** *vt* to cry out for: ***clamar venganza*** to cry out for revenge.
clamor *nm* clamour.
clan *nm (pl* clanes*)* clan.
clandestino,-a *adj* clandestine, underground, secret.
clara 1 *nf (de huevo)* egg white. **2** *(bebida)* shandy.
claraboya *nf* skylight.
clarear 1 *vi (amanecer)* to dawn. **2** METEOR to clear up. ‖ **3 clarearse** *vpr* to be transparent.
claridad 1 *nf (inteligibilidad)* clearness, clarty. **2** *(luz)* light. **3** *(voz, agua, etc.)* clearness.
clarificar [1] *vt* to clarify.
clarín 1 *nm* bugle. ‖ **2** *nmf* bugler.
clarinete 1 *nm* clarinet. ‖ **2** *nmf* clarinettist.
claro,-a 1 *adj (gen)* clear. **2** *(color)* light. **3** *(salsa)* thin. **4** *(evidente)* clear. ‖ **5 claro** *adv* clearly. ‖ **6** *nm (hueco)* gap, space; *(de bosque)* clearing. ‖ **7 ¡claro!** *interj* of course!
• **estar claro** to be clear; **poner en claro** to make plain, clear up; **más claro que el agua** *fam* as clear as daylight.
claroscuro *nm* chiaroscuro.
clase 1 *nf (grupo)* class. **2** *(aula)* classroom. **3** *(tipo)* type, sort.
• **asistir a clase** to attend class; **dar clase** to teach; **toda clase de** all sorts of.
■ **clase alta** upper class; **clase baja** lower class; **clase media** middle class; **clase de conducir** driving lesson; **clase obrera** working class; **clase particular** private class.
clásico,-a 1 *adj* classical. ‖ **2 clásico** *nm* classic.
clasificación 1 *nf (ordenación)* classification, sorting. **2** DEP league, table.
clasificar [1] **1** *vt (ordenar)* to class, classify, sort. ‖ **2 clasificarse** *vpr* DEP to qualify.
clasista *adj - nmf* class-conscious (person).
claustro 1 *nm* ARQ cloister. **2** EDUC *(profesores)* staff; *(junta)* staff meeting.
claustrofobia *nf* claustrophobia.
cláusula *nf* clause.
clausura 1 *nf (cierre)* closure. **2** REL enclosure.
clausurar 1 *vt (terminar)* to close. **2** *(cerrar)* to close (down): ***clausurar un local*** to close down a bar.
clavadista *nmf* CAM MÉX diver.
clavado,-a 1 *adj (con clavos)* nailed, nail-studded. **2** *fam (preciso)* exact, precise. **3** *(fijo)* firmly fixed.
• **dejar clavado,-a (a algn)** to leave (sb) dumbfounded.
clavar 1 *vt (con clavos)* to nail. **2** *fam (cobrar caro)* to sting. ‖ **3 clavarse** *vpr* to get: ***me clavé una astilla en el dedo*** I got a splinter in my finger.
• **clavar los ojos en** to rivet one's eyes on.
clave 1 *nf (de un enigma etc)* key: ***palabra clave*** key word; ***hombre clave*** key man. **2** *(de signos)* code. **3** MÚS key: ***en clave de sol*** in the key of G. ‖ **4** *nm (instrumento)* harpsichord.

clavel *nm* carnation.
clavícula *nf* clavicle, collarbone.
clavija 1 *nf* TÉC peg. **2** ELEC plug.
clavo 1 *nm* nail. **2** BOT clove.
• **dar en el clavo** to hit the nail on the head.
claxon *nm (pl* **cláxones***)* horn, hooter.
clemencia *nf* clemency, mercy.
clerical *adj* clerical.
clericó *nm* RPL *drink made of white wine and fruit.*
clérigo *nm* clergyman, priest.
clero *nm* clergy.
cliché 1 *nm (imprenta)* plate. **2** *(fotografía)* negative. **3** *(tópico)* cliché.
cliente *nmf* client, customer.
clientela *nf* customers *pl*, clientele.
clima 1 *nm (de país, ciudad)* climate. **2** *(de reunión)* atmosphere.
climatizado,-a *adj* air-conditioned.
clímax *nm inv* climax.
clínica *nf* clinic, private hospital.
clínico,-a *adj* clinical.
clip 1 *nm (pl* **clips***) (para papel)* clip. **2** *(para pelo)* hair-grip, US bobby pin.
clítoris *nm inv* clitoris.
cloaca *nf* sewer.
clon *nm* clone.
cloro *nm* chlorine.
clorofila *nf* chlorophyll.
cloroformo *nm* chloroform.
clóset *nm (pl* **clósets***)* Am fitted cupboard.
club *nm (pl* **clubs** *or* **clubes***)* club, society.
CNT *abr (*Confederación Nacional del Trabajo*)* National Confederation of Workers *(Spanish anarcho-syndicalist labour union)*.
coacción *nf* coercion.
coagular *vt - vpr* to coagulate, clot.
coágulo *nm* coagulum, clot.
coalición *nf* coalition.
coartada *nf* alibi.
coba *nf fam* soft soap.
• **dar coba a algn** to soft-soap sb.
cobarde 1 *adj* cowardly. || **2** *nmf* coward.
cobardía *nf* cowardice.
cobertizo *nm* shed.
cobertura 1 *nf (de seguro)* cover. **2** *(de teléfono)* range.
cobija *nf* AM blanket.
cobijar 1 *vt (cubrir)* to cover. **2** *(proteger)* to shelter. || **3 cobijarse** *vpr* to take shelter.
cobra *nf* cobra.
cobrador,-ra 1 *nm,f (de deudas)* collector. **2** *(de autobús - hombre)* conductor; *(- mujer)* conductress.
cobrar 1 *vt (fijar precio por)* to charge; *(cheques)* to cash; *(salario)* to earn. **2** *(caza)* to retrieve. **3** *(adquirir)* to gain, get: ***cobrar cariño*** to take a liking; ***cobrar fuerzas*** to gather strength.
• **¡vas a cobrar!** you're in for it!
cobre *nm* copper.
cobro *nm* cashing, collection.
coca 1 *nf arg (droga)* cocaine. **2** *fam (bebida)* Coke®.
cocaína *nf* cocaine.
cocalero,-a 1 *adj* BOL PERÚ coca-producing: ***la región cocalera*** the coca-producing area; ***un productor cocalero*** a coca farmer, a coca producer. || **2** *nm,f* coca farmer, coca producer.
cocción *nf (acción de guisar)* cooking; *(en agua)* boiling; *(en horno)* baking.
cocear *vi* to kick.
cocer [54] *vt - vpr (guisar)* to cook; *(hervir)* to boil; *(hornear)* to bake.
coche 1 *nm (automóvil)* car, automobile. **2** *(de tren, de caballos)* carriage, coach.
■ **coche blindado** bullet-proof car; **coche bomba** bomb car; **coche cama** sleeping car; **coche de alquiler** hired car; **coche de bomberos** fire engine; **coche de carreras** racing car; **coche de época** vintage car; **coche fúnebre** hearse; **coche restaurante** dining car.
cochera 1 *nf (para autobús)* depot. **2** *(garaje)* garage.
cochero *nm* coachman.
cochinillo *nm* sucking pig.
cochino,-a 1 *adj (sucio)* filthy. **2** *(mis-*

erable) bloody: ***¡cochino trabajo!*** damn work! ‖ **3** *nm,f* ZOOL *(gen)* pig; *(- macho)* boar; *(- hembra)* sow. **4** *fam (persona)* dirty person.

cocido,-a 1 *adj* cooked; *(en agua)* boiled. ‖ **2 cocido** *nm* CULIN stew.

cociente *nm* quotient.

cocina 1 *nf* kitchen. **2** *(gastronomía)* cooking: ***cocina española*** Spanish cooking. **3** *(aparato)* cooker, US stove.

■ **cocina casera** home cooking; **cocina de mercado** food in season; **cocina económica** cooking range.

cocinar *vt* to cook.

cocinero,-a *nm,f* cook.

coco 1 *nm* BOT *(árbol)* coconut palm. **2** *(fruta)* coconut. **3** *fam (fantasma)* bogeyman. **4** *arg (cabeza)* hard nut.

● **comer el coco a algn** *fam* to brainwash sb; **comerse el coco** *fam* to get worked up.

cocodrilo *nm* crocodile.

cocoliche *nm* RPL *fam pidgin Spanish spoken by Italian immigrants*.

cocotero *nm* BOT coconut palm.

cóctel 1 *nm (bebida)* cocktail. **2** *(fiesta)* cocktail party.

codazo *nm* poke with the elbow.

codear 1 *vi (empujar)* to elbow. ‖ **2 codearse** *vpr* to rub shoulders (con, with).

codicia *nf* greed.

codiciar [12] *vt* to covet, long for.

codicioso,-a *adj* covetous, greedy.

código *nm* code.

■ **código de circulación** highway code; **códico genético** genetic code.

codo 1 *nm* ANAT elbow. **2** TÉC bend.

● **empinar el codo** to knock them back; **hablar por los codos** to talk too much.

codorniz *nf* quail.

COE *abr (*Comité Olímpico Español*)* Spanish Olympic Committee.

▲ *Used as masculine.*

coeficiente *nm* coefficient.

■ **coeficiente de inteligencia** intelligence quotient.

coexistir *vi* to coexist.

cofre *nm* trunk, chest.

coger [5] **1** *vt (asir)* to seize, take hold of. **2** *(apresar)* to catch. **3** *(tomar)* to take: ***coger un empleo*** to take a job. **4** *(tren etc)* to catch. **5** *(tomar prestado)* to borrow. **6** *(recolectar frutos, etc.)* to pick. **7** *(enfermedad)* to catch. **8** AM *vulg* to fuck.

● **coger algo por los pelos** *fig* to just make sth; **coger a algn por sorpresa** to catch sb by surprise.

cogollo 1 *nm (de lechuga etc)* heart. **2** *(brote)* shoot.

cogote *nm* back of the neck, nape.

coherencia *nf* coherence.

coherente *adj* coherent.

● **coherente con algo** in line with something.

cohete *nm* rocket.

cohibido,-a *adj* restrained.

cohibir [21] **1** *vt* to restrain. ‖ **2 cohibirse** *vpr* to feel embarrassed.

COI *abr (*Comité Olímpico Internacional*)* International Olympic Committee; *(abreviatura)* IOC.

coima *nf* ANDES RPL *fam* bribe, GB backhander.

coincidencia *nf* coincidence.

coincidir *vi* to coincide.

cojear 1 *vi (persona)* to limp, hobble. **2** *(mueble)* to be rickety.

cojera *nf* limp, lameness.

cojín *nm* cushion.

cojo,-a 1 *adj (persona)* lame, crippled. **2** *(mueble)* wobbly. ‖ **3** *nm,f (persona)* lame person, cripple.

cojón 1 *nm* ANAT *vulg* ball, bollock. ‖ **2 ¡cojones!** *interj vulg* fuck it!

● **por cojones** *vulg* like it or not; **tener cojones** *vulg* to have guts, have balls.

cojudez *nf* ANDES *fam* stupid thing.

● **¡qué cojudez!** *(acto)* what a bloody stupid thing to do!; *(dicho)* what a bloody stupid thing to say!

cojudo,-a *adj* ANDES *fam* bloody stupid, US goddamn stupid.

col *nf* cabbage.
■ **col de Bruselas** Brussels sprout.

cola 1 *nf (de animal)* tail. **2** *(de vestido)* train. **3** *(fila)* queue, US line. **4** *(pegamento)* glue. **5** AM *(de persona)* bum, US fanny.
• **hacer cola** to queue up, US stand in line; **traer cola** to have serious consequences.
■ **cola de caballo** *(planta)* horsetail; *(peinado)* ponytail.

colaboración 1 *nf (en tarea)* collaboration. **2** *(en prensa)* contribution.

colaborador,-ra 1 *nm,f (en tarea)* collaborator. **2** *(en prensa)* contributor.

colaborar 1 *vi (en tarea)* to collaborate. **2** *(en prensa)* to contribute. **3** *(dar dinero)* to contribute (**con**, -).

colada 1 *nf (ropa lavada)* wash, laundry. **2** *(con lejía)* bleaching. **3** TÉC tapping. **4** *(volcánica)* outflow.

colador 1 *nm (de té, café)* strainer. **2** *(de caldo, alimentos)* colander.

colapso 1 *nm* MED collapse. **2** *fig (paralización)* breakdown.

colar [31] **1** *vt (filtrar)* to strain, filter. ‖ **2 colarse** *vpr (hacer pasar)* to slip in, sneak in. **3** *(equivocarse)* to slip up. **4** *(enamorarse)* to fall (**por**, for).

colcha *nf* bedspread.

colchón *nm* mattress.

colchoneta *nf* small mattress.

colección *nf* collection.

coleccionar *vt* to collect, make a collection of.

coleccionista *nmf* collector.

colecta *nf* collection.

colectividad *nf* community.

colectivo,-a 1 *adj* collective. ‖ **2 colectivo** *nm* ANDES *(taxi)* collective taxi. **3** ARG *(autobús)* bus.

colega *nmf* colleague.

colegial,-la 1 *adj* school. ‖ **2** *nm,f (chico)* schoolboy; *(chica)* schoolgirl.

colegiarse [12] *vpr* to join a professional association.

colegio 1 *nm (escuela)* school. **2** *(asociación)* college, body, association.
■ **colegio de pago** fee-paying school; **colegio electoral** polling station; **colegio estatal** state school; **colegio mayor** hall of residence; **colegio privado** private school; **colegio público** state school.

cólera 1 *nf (furia)* anger, rage. ‖ **2** *nm (enfermedad)* cholera.
• **montar en cólera** to fly into a temper.

colérico,-a *adj* choleric, irascible.

coleta *nf* pigtail.

colgador *nm* hanger, coat hanger.

colgante *adj* hanging.

colgar [52] **1** *vt (cuadro)* to hang, put up; *(colada)* to hang out; *(abrigo)* to hang up. **2** *(ahorcar)* to hang. **3** *(teléfono)* to put down: ***¡me colgó el teléfono!*** he hung up on me! **4** *(abandonar)* to give up: ***colgar los libros*** to give up studying. ‖ **5** *vi (estar suspendido)* to hang (**de**, from). **6** *(teléfono)* to put down, hang up: ***¡no cuelgue!*** hold the line, please! ‖ **7 colgarse** *vpr (ahorcarse)* to hang oneself.

colibrí *nm* humming bird.

cólico *nm* colic.

coliflor *nf* cauliflower.

colilla *nf* cigarette end, cigarette butt.

colimba *nf* ARG *fam* military service.

colina *nf* hill.

colirio *nm* eyewash.

colisión *nf* collision, clash.

colla 1 *adj* BOL of the *altiplano*, from the *altiplano*. ‖ **2** *nmf* BOL indigenous person from the *altiplano*.

collar 1 *nm (joya)* necklace. **2** *(de animal)* collar.

colmado,-a 1 *adj* full, abundant. ‖ **2 colmado** *nm* grocer's.

colmar 1 *vt (vaso, copa)* to fill to the brim. **2** *fig (ambiciones, etc.)* to fulfil.
• **colmar de** to fill with, stuff with.

colmena *nf* beehive.

colmillo *nm* eye tooth, canine tooth.

colmo *nm* height, limit.
• **¡esto es el colmo!** this is too much!

colocación 1 *nf (acto)* location. **2**

(situación) situation. **3** *(empleo)* employment.

colocar [1] **1** *vt (situar)* to place, put. **2** *(emplear)* to give work to. **3** FIN to invest. **4** *(mercancías)* to sell well. ‖ **5** **colocarse** *vpr (situarse)* to place oneself. **6** *(trabajar)* to get a job (**de**, as). **7** *arg (con alcohol)* to get sozzled; *(con drogas)* to get stoned.

Colombia *nf* Colombia.

colombiano,-a *adj* - *nm,f* Colombian.

colon *nm* colon.

colonia **1** *nf (grupo)* colony. **2** *(vacaciones infantiles)* summer camp. **3** *(perfume)* cologne. **4** MÉX *(barrio)* district.

colonial *adj* colonial.

colonización *nf* colonization.

colonizar [4] *vt* to colonize.

colono **1** *nm (habitante)* colonist, settler. **2** AGR tenant farmer.

coloquial *adj* colloquial.

coloquio *nm* talk, discussion.

color *nm* colour: ***una alfombra de color verde*** a green carpet.

• **verlo todo de color de rosa** *fig* to see life through rose-coloured spectacles.

colorado,-a **1** *adj* coloured. **2** *(color)* red(dish).

• **ponerse colorado,-a** to blush.

colorante **1** *adj* colouring. ‖ **2** *nm* colouring, dye.

• **sin colorantes** with no artificial colours.

colorar *vt* to colour.

colorear *vt* to colour.

colorete *nm* rouge.

colorido *nm* colour.

colorín *nm*.

• **... y colorín colorado este cuento se ha acabado** ... and that's the end of the story.

colosal *adj* colossal, giant, huge.

columna *nf* column.

■ **columna vertebral** vertebral column, spinal column.

columpiar [12] *vt* - *vpr* to swing.

columpio *nm* swing.

coma **1** *nf* GRAM MÚS comma. **2** MAT point. ‖ **3** *nm* MED coma.

• **entrar en coma** to go into a coma.

comadre *nf* AM *fam (amiga)* friend.

comadreja *nf* weasel.

comadrona *nf* midwife.

comal *nm* CAM MÉX *flat clay or metal dish used for baking tortillas.*

comandante **1** *nm (oficial)* commander. **2** *(graduación)* major.

comando **1** *nm* MIL commando. **2** INFORM command.

comarca *nf* area, region.

comarcal *adj* local.

comba **1** *nf (curvatura)* bend. **2** *(cuerda)* skipping rope.

• **saltar a la comba** to skip (rope).

combar *vt* - *vpr* to bend.

combate **1** *nm (lucha)* combat, battle. **2** *(en boxeo)* fight.

combatiente **1** *adj* fighting. ‖ **2** *nmf* fighter.

combatir **1** *vi* to fight, struggle (**contra**, against). ‖ **2** *vt* to fight: ***combatir el cáncer*** to fight cancer.

combinación **1** *nf (de elementos, números)* combination. **2** *(prenda)* slip.

combinar *vt* - *vpr* to combine.

combustible **1** *adj* combustible. ‖ **2** *nm* fuel.

combustión *nf* combustion, burning.

comedia **1** *nf* TEAT comedy, play. **2** *(farsa)* farce, pretence.

comediante,-a **1** *nm,f (hombre)* actor; *(mujer)* actress. **2** *(falso)* hypocrite.

comedor,-ra **1** *adj* heavy-eating: ***ser muy comedor*** to eat a lot. ‖ **2** **comedor** *nm* dining room. **3** *(muebles)* dining-room suite.

comensal *nmf* guest.

comentar *vt (por escrito)* to comment on; *(oralmente)* to talk about.

comentario **1** *nm (observación)* remark, comment. ‖ **2** **comentarios** *nm pl* gossip *sing.*

comentarista *nmf* commentator.

comenzar [47] *vt* - *vi* to begin, start.

comer 1 *vt (ingerir)* to eat. **2** *(color)* to fade. **3** *(corroer)* to corrode. **4** *fig (gastar)* to eat away. || **5** *vi (alimentarse)* to eat. **6** *(comida principal)* to have a meal. || **7 comerse** *vpr fig (saltarse)* to omit; *(párrafo)* to skip; *(palabra)* to swallow: ***se come las palabras*** he slurs.

• **comerse las uñas** to bite one's nails; **dar de comer** to feed; **comerse algo con los ojos** *fam* to devour sth with one's eyes.

comercial *adj* commercial.

comercializar [4] *vt* to commercialize, market.

comerciante 1 *nmf (vendedor)* merchant. **2** *(interesado)* moneymaker.

comerciar [12] **1** *vi (comprar y vender)* to trade, deal. **2** *(hacer negocios)* to do business (con, with).

comercio 1 *nm (ocupación)* commerce, trade. **2** *(tienda)* shop, store.

■ **comercio electrónico** e-commerce.

comestible 1 *adj* edible. || **2 comestibles** *nm pl* groceries, food *sing.*

cometa 1 *nm* ASTRON comet. || **2** *nf (de juegos)* kite.

cometer *vt (crimen)* to commit; *(falta, error)* to make.

cometido 1 *nm (encargo)* task. **2** *(deber)* duty.

cómic *nm* comic.

comicios *nm pl* POL elections.

cómico,-a 1 *adj* comic. || **2** *nm,f* comedian, comic.

comida 1 *nf (comestibles)* food. **2** *(momento de comer)* meal. **3** *(almuerzo)* lunch.

comience *pres subj* → comenzar.

comienzo *nm* start, beginning.

comillas *nf pl* inverted commas.

comilona *nf* big meal.

comilón,-ona *adj* - *nm,f* big eater, glutton.

comino *nm* BOT cumin, cummin.

• **me importa un comino** I couldn't care less; **no valer un comino** not to be worth tuppence.

comisaría *nf (de policía)* police station.

comisario *nm (de policía)* police inspector.

comisión 1 *nf (retribución)* commission. **2** *(comité)* committee. **3** *(encargo)* assignment.

comité *nm* committee.

comitiva *nf* suite, retinue.

como 1 *adv (lo mismo que)* as: ***negro como la noche*** as dark as night. **2** *(de tal modo)* like: ***hablas como un político*** you talk like a politician. **3** *(según)* as: ***como dice tu amigo*** as your friend says. **4** *(en calidad de)* as: ***como invitado*** as a guest. || **5** *conj (así que)* as soon as. **6** *(si)* if: ***como lo vuelvas a hacer ...*** if you do it again .... **7** *(porque)* as, since: ***como llegamos tarde no pudimos entrar*** since we arrived late we couldn't get in.

• **como quiera que** since, as, inasmuch; **como no sea** unless it is; **como sea** whathever happens, no matter what; **como si nada** as if nothing had happened; **hacer como si** to pretend to: ***hace como si no viese nada*** he's pretending not to see anything.

cómo 1 *adv* how: ***¿cómo está usted?*** how do you do? **2** *(por qué)* why: ***¿cómo no viniste?*** why didn't you come? **3** *(exclamación)* how: ***¡cómo corre el tiempo!*** how time flies!

• ***¿a cómo va ...?*** how much is ...?; ***¿cómo es ...?*** *(físicamente)* what does he look like?; *(de carácter)* what is he like?; ***¿cómo es eso?*** how come?; ***¿cómo es que ...?*** how is it that ...?; **¡cómo no!** but of course!, certainly!

cómoda *nf* chest of drawers.

comodidad 1 *nf (confort)* comfort. **2** *(facilidad)* convenience.

comodín *nm* joker.

cómodo,-a 1 *adj (confortable)* comfortable, cosy. **2** *(útil)* convenient, handy.

comodón,-ona 1 *adj* comfort loving. || **2** *nm,f* comfort lover.

compact disc *nm* compact disc.
compacto *adj* compact, dense.
compadecer [43] **1** *vt* to pity, feel sorry for. || **2 compadecerse** *vpr* to have pity (de, on).
compadre *nm* AM *fam (amigo)* friend, mate.
compadrear *vi* RPL to brag, boast.
compaginar 1 *vt (combinar)* to combine. || **2 compaginarse** *vpr* to go together, match.
compañerismo *nm* companionship, fellowship.
compañero,-a 1 *nm,f (de tarea)* fellow, mate. **2** *(pareja)* partner.
■ **compañero,-a de clase** classmate; **compañero,-a de piso** flatmate.
compañía *nf* company.
● **hacer compañía a algn** to keep sb company.
■ **compañía de seguros** insurance company; **compañía de teatro** theatre company.
comparable *adj* comparable.
comparación *nf* comparison.
comparar *vt* to compare.
comparativo,-a *adj* comparative.
comparecer [43] *vi* JUR to appear.
compartimento *nm* compartment.
compartimiento *nm* compartment.
compartir 1 *vt (dividir)* to divide up, split. **2** *(poseer en común)* to share.
compás 1 *nm (instrumento)* compasses: ***un compás*** a pair of compasses. **2** MÚS time.
● **llevar el compás** to keep time, beat time; **perder el compás** to lose the time.
compasión *nf* compassion, pity.
● **tener compasión (de algn)** to feel sorry (for sb).
compasivo,-a *adj* compassionate, sympathetic.
compatible *adj* compatible.
compatriota *nmf* compatriot; *(hombre)* fellow countryman; *(mujer)* fellow countrywoman.
compendio *nm* summary, digest.
compenetración *nf (entendimiento)* mutual understanding.
compenetrarse *vpr* to understand each other.
compensación *nf* compensation.
compensar 1 *vt (indemnizar)* to compensate. **2** *(resarcir)* to make up for. **3** *fam (merecer la pena)* to be worthwhile: ***este trabajo no me compensa*** this job's not worth my time.
competencia 1 *nf (rivalidad)* competition. **2** *(competidores)* competitors *pl.* **3** *(habilidad)* competence, ability. **4** *(incumbencia)* field, scope.
competente 1 *adj (capaz)* competent, capable. **2** *(adecuado)* adequate.
competer 1 *vi (corresponder)* to be up to. **2** *(incumbir)* to be the duty, be the business of.
competición *nf* competition.
competidor,-ra 1 *adj* competing. || **2** *nm,f* competitor.
competir [34] *vi* to compete (con, with/against), (en, in), (por, for).
competitivo,-a *adj* competitive.
compinche *nmf fam* chum, pal.
complacer [76] **1** *vt (satisfacer)* to please. || **2 complacerse** *vpr (disfrutar)* to take pleasure (en/de/por, in): ***me complace anunciar ...*** it gives me great pleasure to announce .... **3** *fml* to be pleased to.
complaciente *adj* complaisant, compliant, obliging.
complejidad *nf* complexity.
complejo,-a 1 *adj* complex. || **2 complejo** *nm* complex.
complementar 1 *vt* to complement. || **2 complementarse** *vpr* to complement each other.
complementario,-a *adj* complementary.
complemento 1 *nm* complement. **2** GRAM object.
completar 1 *vt (gen)* to complete. **2** *(acabar)* to finish.

completo,-a 1 *adj (terminado)* complete. 2 *(total)* full.
• **al completo** full up, filled to capacity.

complexión *nf* constitution, build.

complicación *nf* complication.
• **buscarse complicaciones** to make life difficult for oneself.

complicado,-a *adj* complicated.

complicar [1] 1 *vt (situación)* to complicate. 2 *(implicar)* to involve (en, in). || 3 **complicarse** *vpr (involucrarse)* to become complicated (en, in), become involved (en, in).
• **complicarse la vida** to make life difficult for oneself.

cómplice *nmf* accomplice.

complot *nm* plot, conspiracy.

componente *adj* - *nm* component.

componer [78] 1 *vt (pp* **compuesto,-a***) (formar)* to compose. 2 *(reparar)* to fix, repair. 3 *(adornar)* to adorn, trim. 4 *(riña)* to settle. 5 *(ataviar)* to dress up, make up. || 6 **componerse** *vpr (consistir)* to consist (de, of).
• **componérselas** *fam* to manage, make do.

comportamiento *nm* behaviour, conduct.

comportar 1 *vt (implicar)* to involve. || 2 **comportarse** *vpr* to behave, act.
• **saber comportarse** to know how to behave.

composición *nf* composition.
• **hacerse una composición de lugar** to weigh the pros and cons.

compositor,-ra *nm,f* composer.

compota *nf* compote.

compra *nf* purchase, buy.
• **ir de compras** to go shopping.
■ **compra a crédito** credit purchase; **compra a plazos** hire purchase.

comprador,-ra *nm,f* buyer.

comprar 1 *vt (adquirir)* to buy. 2 *(sobornar)* to bribe, buy off.

comprender 1 *vt (entender)* to understand. 2 *(contener)* to comprehend, comprise, embrace.

comprensible *adj* understandable.

comprensión *nf* understanding.

comprensivo,-a 1 *adj (que entiende)* understanding. 2 *(que contiene)* comprehensive.

compresa 1 *nf (higiénica)* sanitary towel. 2 *(venda)* compress.

comprimido,-a 1 *adj* compressed. || 2 **comprimido** *nm* tablet.

comprimir 1 *vt (apretar)* to compress. 2 *(reprimir)* to restrain.

comprobación *nf* verification, check.

comprobante *nm* receipt, voucher.

comprobar [31] *vt* to verify, check.

comprometer 1 *vt (exponer a riesgo)* to compromise, risk. 2 *(obligar)* to engage. || 3 **comprometerse** *vpr (prometer)* to commit oneself.
• **comprometerse a hacer algo** to undertake to do sth; **comprometerse con algn** to get engaged to sb.

compromiso 1 *nm (obligación)* commitment. 2 *(acuerdo)* agreement. 3 *(dificultad)* difficult situation, bind.
• **poner (a algn) en un compromiso** to put (sb) in a tight spot.

compuerta *nf* sluice.

compuesto,-a 1 *pp* → componer. || 2 *adj* compound. 3 *(reparado)* repaired, mended. 4 *(elegante)* dressed up. || 5 **compuesto** *nm (químico, farmacéutico, etc)* compound.

compuse *pret indef* → componer.

computadora *nf* computer.

cómputo *nm* computation, calculation.

comulgar [7] 1 *vi* REL to receive Holy Communion. 2 *fig (compartir ideas etc)* to share (con, -).

común 1 *adj (normal)* common. 2 *(compartido)* shared. || 3 *nm* community.
• **por lo común** generally.

comuna *nf* AM *(municipalidad)* municipality.

comunero,-a *nm,f* PERÚ MÉX *(indígena) member of an indigenous village community.*

comunicación 1 *nf (relación)* communication. 2 *(comunicado)* communication; *(oficial)* communiqué. 3 *(telefónica)* connection. || 4 **comunicaciones** *nf pl* communications.

comunicado *nm* communiqué.

■ **comunicado a la prensa** press release.

comunicar [1] 1 *vi (teléfono)* to be engaged, US to be busy. || 2 **comunicar(se)** *vt - vi - vpr* to communicate.

● **comunicarse con algn** to get in touch with sb.

comunicativo,-a 1 *adj (capacidad, método)* communicative. 2 *(persona)* open, unreserved.

comunidad *nf* community.

■ **comunidad de propietarios** owners' association; **Comunidad Europea** European Community.

comunión *nf* communion.

■ **la Sagrada comunión** the Holy Communion.

comunismo *nm* communism.

comunista *adj - nmf* communist.

con 1 *prep (compañía, instrumento, medio)* with: ***¿con quién vives?*** who do you live with?; ***hay que comerlo con una cuchara*** you have to eat it with a spoon. 2 *(modo, circunstancia)* in, with: ***¿vas a salir con ese frío?*** are you going out in this cold?; ***con una sonrisa*** with a smile. 3 *(a pesar de)* in spite of: ***con ser tan fuerte ...*** in spite of his being so strong .... 4 *(relación)* to: ***sé amable con ella*** be kind to her.

● **con que** as long as, if; **con tal (de) que** provided that; **con todo** nevertheless.

cóncavo,-a *adj* concave.

concebir [34] 1 *vt - vi (engendrar)* to conceive. || 2 *vt fig (comprender)* to understand. 3 *(comenzar a sentir)* to experience.

conceder 1 *vt (dar)* to grant; *(premio)* to award. 2 *(admitir)* to concede, admit.

concejal,-la *nm,f* town councillor.

concentración 1 *nf (atención)* concentration. 2 *(de gente)* gathering, rally.

concentrar *vt - vpr* to concentrate.

concéntrico,-a *adj* concentric.

concepto 1 *nm (idea)* concept. 2 *(opinión)* opinion, view.

● **bajo ningún concepto** under no circumstances; **en concepto de** by way of.

concernir [29] *vi* to concern: ***a ti no te concierne*** it does not concern you.

● **por lo que a mí concierne** as far as I am concerned.

▲ *Used only in present & imperfect indicative, present subjunctive, and nonpersonal forms.*

concertar [27] 1 *vt (acuerdo)* to conclude. 2 *(ordenar las partes)* to plan, arrange. 3 MÚS to harmonize. || 4 *vi (concordar)* to agree. || 5 **concertarse** *vpr (acordar)* to reach an agreement.

concesión 1 *nf (en negociación)* concession. 2 *(de premio)* awarding.

concesionario *nm (de vehículos)* dealer.

concha 1 *nf (gen)* shell. 2 VEN *(de árbol)* bark; *(de fruta)* peel, rind; *(del pan)* crust; *(de huevo)* shell. 3 ANDES RPL *vulg* cunt.

concheto,-a 1 *adj* posh. || 2 *nm,f* RPL *fam* rich kid.

conchudo,-a *nm,f* PERÚ RPL *vulg* prick, BR dickhead.

conciencia 1 *nf (moral)* conscience. 2 MED consciousness; *(conocimiento)* awareness.

● **a conciencia** conscientiously; **con la conciencia tranquila** with a clear conscience; **remorder la conciencia a algn** to weigh on sb's conscience.

concierto 1 *nm* MÚS *(espectáculo)* concert; *(obra)* concerto. 2 *(acuerdo)* agreement.

● **sin orden ni concierto** any old how.

conciliar [12] 1 *vt (personas)* to concil-

iate. **2** *(enemigos)* to reconcile. || **3 conciliarse** *vpr* to win.
● **conciliar el sueño** to get to sleep.
concilio *nm* council.
■ **Concilio Vaticano** Vatican Council.
concisión *nf* conciseness.
conciso,-a *adj* concise, brief.
concluir [62] **1** *vt (deducir)* to conclude, infer. || **2 concluir(se)** *vt - vi - vpr (terminar)* to finish.
conclusión *nf* conclusion, end.
● **llegar a una conclusión** to come to a conclusion.
concordancia *nf* concordance, agreement.
concordar [31] **1** *vt (armonizar)* to make agree, harmonize. || **2** *vi (coincidir)* to agree (con, with), match, tally (con, with): ***las cuentas no concuerdan*** the accounts don't agree.
concretar **1** *vt (precisar)* to specify: ***concretar una hora*** to fix a time, set a time. **2** *(resumir)* to summarize. || **3 concretarse** *vpr (materializarse)* to become reality.
concreto,-a **1** *adj (real)* concrete. **2** *(particular)* specific, definite. || **3 concreto** *nm* AM concrete.
● **en concreto** exactly.
concurrencia **1** *nf (confluencia)* concurrence. **2** *(público)* audience. **3** *(rivalidad)* competition. **4** *(auxilio)* aid.
concurrido,-a *adj* busy.
concurrir **1** *vi (gente a un lugar)* to converge (en, on). **2** *(coincidir)* to coincide. **3** *(contribuir)* to contribute (en, to). **4** *(competir)* to take part in a competition.
concursante **1** *nmf (de concurso)* contestant, participant. **2** *(a empleo)* candidate.
concursar **1** *vi (en concurso)* to compete. **2** *(para empleo)* to be a candidate.
concurso **1** *nm (competición - gen)* competition; *(- de belleza, deportivo)* contest; *(- en televisión)* quiz show. **2** *(concurrencia)* concourse.
condado *nm* county.
conde *nm* count.
condecoración *nf* decoration, medal.
condecorar *vt* to decorate.
condena *nf* sentence.
● **cumplir una condena** to serve a sentence.
condenado,-a **1** *adj* convicted. || **2** *nm,f* convict.
● **trabajar como un condenado** to slog one's guts out.
condenar **1** *vt* JUR *(castigar)* to condemn; *(sentenciar)* to convict. **2** *(desaprobar)* to condemn. **3** *(tabicar)* to wall up.
condensación **1** *nf (acción)* condensing. **2** *(efecto)* condensation.
condensar *vt - vpr* to condense.
condesa *nf* countess.
condescendiente *adj* condescending.
condición **1** *nf (situación)* condition. **2** *(naturaleza)* nature: ***de condición apacible*** of an easy-going nature. **3** *(circunstancia)* circumstance. **4** *(estado social, calidad de)* status, position: ***de condición humilde*** of humble origen.
● **a condición de que** provided (that); **condiciones de trabajo** work conditions.
condicional *adj - nm* conditional.
condicionar *vt* to condition.
condimentar *vt* to season, flavour.
condimento *nm* seasoning, flavouring.
condominio *nm* AM *(edificio)* block of flats, US condominium.
condón *nm* condom, rubber.
cóndor *nm* condor.
conducción **1** *nf* FÍS conduction. **2** *(transporte)* transportation. **3** *(por tubería)* piping; *(eléctrica)* wiring. **4** AUTO driving.
conducir [46] **1** *vt (guiar)* to lead; *(coche, animales)* to drive. **2** *(negocio)* to manage. **3** *(transportar)* to transport; *(líquidos)* to convey. || **4** *vi (llegar)* to lead (a, -): ***esto no conduce a nada***

this leads nowhere. || **5 conducirse** *vpr (comportarse)* to behave, act.

conducta *nf* conduct, behaviour.

conducto 1 *nm (tubería)* conduit. **2** ANAT duct. **3** *fig (medio)* channel: ***por conductos oficiales*** through official channels.

• **por conducto de** through.

conductor,-ra 1 *adj* conducting. **2** FÍS conductive. || **3** *nm,f* AUTO driver. || **4 conductor** *nm* FÍS conductor.

conectar 1 *vt (unir)* to connect. **2** *(ordenador, luz, etc)* to switch on, plug on.

conejillo *nm* guinea pig.

conejo *nm* rabbit.

conexión 1 *nf* TÉC connection. **2** *fig (relación)* relationship.

confección 1 *nf* COST dressmaking. **2** *(realización)* making, creation.

confeccionar 1 *vt (realizar)* to make (up). **2** *(plato)* to cook.

confederación *nf* confederation, confederacy.

conferencia 1 *nf (charla)* talk, lecture. **2** POL conference. **3** *(teléfono)* long-distance call.

■ **conferencia de prensa** press conference.

conferenciante *nmf* lecturer.

confesar [27] *vt - vpr* to confess.

• **confesar de plano** to make a clean breast of it.

confesión *nf* confession.

confesonario *nm* confessional.

confesor *nm* confessor.

confeti *nm (pl* **confetis***)* confetti *inv*.

confiado,-a 1 *adj (crédulo)* confiding, unsuspecting. **2** *(seguro)* self-confident.

confianza 1 *nf (seguridad)* confidence. **2** *(fe)* trust. **3** *(familiaridad)* familiarity. **4** *(ánimo)* encouragement.

• **de confianza** reliable; **en confianza** confidentially; **tomarse demasiadas confianzas** to take liberties.

confiar [13] **1** *vi (tener fe)* to trust (en, -). **2** *(secreto)* to confide. || **3** *vt (depositar)* to entrust. || **4 confiarse** *vpr* to be trustful. **5** *(confesarse)* to make confessions.

confidencia *nf* confidence, secret.

confidencial *adj* confidential.

confidente,-a 1 *nm,f (hombre)* confidant; *(mujer)* confidante. **2** *euf (de la policía)* informer.

configuración 1 *nf* configuration, shape. **2** INFORM configuration.

■ **configuración por defecto** default settings *pl*.

configurar 1 *vt* to configure, shape. **2** INFORM to configure.

confirmación *nf* confirmation.

confirmar *vt* to confirm.

• **la excepción confirma la regla** the exception proves the rule.

confiscar [1] *vt* to confiscate.

confite *nm* sweet, US candy.

confitería 1 *nf (bombonería)* sweet shop, US candy shop; *(pastelería)* cake shop. **2** CSUR café.

confitura *nf* preserve.

conflictivo,-a *adj (tema)* controversial; *(persona)* difficult.

conflicto *nm* conflict.

■ **conflicto bélico** armed conflict; **conflicto laboral** labour dispute.

confluencia *nf* confluence.

confluir [62] **1** *vi (gente, carreteras, ideas)* to converge. **2** *(ríos, caminos)* to meet.

conformar 1 *vt (dar forma)* to shape. **2** *(concordar)* to conform. || **3** *vi (concordar)* to agree (con, with). || **4 conformarse** *vpr (contentarse)* to resign oneself (con, to), be content (con, with).

conforme 1 *adj (concorde)* according: ***estar conforme*** to agree. **2** *(resignado)* easy-going. || **3** *adv (según)* as: ***conforme lo vi*** as I saw it. || **4** *nm* approval.

• **conforme a** in accordance with: ***conforme a las reglas*** in accordance with the rules.

conformidad 1 *nf (acuerdo)* agreement. **2** *(aprobación)* approval. **3** *(resignación)* patience, resignation.

• **en conformidad con** in conformity with.

conformismo *nm* conformity.

conformista *adj* - *nmf* conformist.

confort *nm* comfort.

• **"Todo confort"** *(en anuncio)* "All mod. cons.".

confortable *adj* comfortable.

confortar **1** *vt (dar vigor)* to invigorate. **2** *(consolar)* to comfort.

confrontación **1** *nf (enfrentamiento)* confrontation. **2** *(comparación)* comparison.

confrontar **1** *vt (carear)* to bring face to face. **2** *(cotejar)* to compare (con, with). ‖ **3** *vi (lindar)* to border. ‖ **4 confrontarse** *vpr (enfrentarse)* to face (con, -).

confundir **1** *vt (mezclar)* to mix up. **2** *(equivocar)* to confuse (con, with). **3** *(no reconocer)* to mistake (con, for): ***la confundí con su hermana*** I mistook her for her sister. **4** *(turbar)* to confound. ‖ **5 confundirse** *vpr (mezclarse)* to mingle. **6** *(equivocarse)* to be mistaken, make a mistake. **7** *(turbarse)* to be confounded.

confusión **1** *nf (desorden)* confusion. **2** *(equivocación)* mistake. **3** *(turbación)* confusion.

confuso,-a **1** *adj (desordenado)* confused. **2** *(difuso)* vague. **3** *(mezclado)* mixed up.

congelación **1** *nf (de agua, comida)* freezing. **2** MED frostbite.

congelado,-a **1** *adj (agua, comida)* frozen. **2** MED frostbitten. ‖ **3 congelados** *nm pl* frozen food *sing*.

congelador *nm* freezer.

congelar *vt* - *vpr* to freeze.

• **congelar precios** FIN to freeze prices.

congeniar [12] *vi* to get along well.

congénito,-a *adj* congenital.

congestión *nf* congestion.

■ **congestión cerebral** stroke.

congestionar **1** *vt* to congest. ‖ **2 congestionarse** *vpr* to get congested.

congoja **1** *nf (angustia)* anguish. **2** *(pena)* grief.

congregación *nf* congregation.

congregar [7] *vt* - *vpr* to congregate.

congresista *nmf* member of a congress; *(hombre)* congressman; *(mujer)* congresswoman.

congreso *nm* congress.

■ **congreso de los Diputados** GB Parliament, US Congress.

congrio *nm* conger (eel).

cónico,-a *adj* conical.

conífera *nf* conifer.

conífero,-a **1** *adj* coniferous.

conjetura *nf* conjecture, guess.

conjugación *nf* conjugation.

conjugar [7] *vt* to conjugate.

conjunción *nf* conjunction.

conjuntamente *adv* jointly.

conjuntivitis *nf inv* conjunctivitis.

conjunto,-a **1** *adj* joint. ‖ **2 conjunto** *nm (grupo)* group, collection. **3** *(todo)* whole. **4** *(prenda)* outfit. **5** MÚS *(clásico)* ensemble; *(pop)* band. **6** MAT set.

• **en conjunto** as a whole, altogether.

conjurar **1** *vt* to exorcise. ‖ **2 conjurar(se)** *vi* - *vpr* to conspire (contra, against).

conjuro *nm* exorcism.

conmemoración *nf* commemoration.

conmemorar *vt* to commemorate.

conmemorativo,-a *adj* commemorative.

conmigo *pron* with me, to me: ***conmigo mismo*** with myself, to myself; ***hablaba conmigo*** he was talking to me.

conmoción **1** *nf (agitación)* commotion. **2** MED concussion. **3** *(levantamiento)* riot.

conmocionar **1** *vt (agitar)* to shock. **2** MED to concuss.

conmovedor,-ra *adj* moving, touching.

conmover [32] **1** *vt (persona)* to move, touch. **2** *(cosa)* to stir. ‖ **3 conmoverse** *vpr* to be moved, be touched.

conmutador 1 *nm* ELEC switch. 2 AM *(de teléfonos)* switchboard.

conmutar 1 *vt (intercambiar)* to exchange. 2 JUR to commute. 3 ELEC to commutate.

connotación *nf* connotation.

cono *nm* cone.

conocedor,-ra *adj - nm,f* expert (de, in).

conocer [44] 1 *vt (persona - gen)* to know; *(- por primera vez)* to meet: ***¿conoces a Juan?*** do you know Juan?; ***nos conocemos desde hace años*** we've known each other for years; ***la conocí ayer*** I met her for the first time yesterday. 2 *(resultado, tema)* to know; *(noticia)* to hear. 3 *(país, lugar)* to have been to: ***no conozco Francia*** I've never been to France. ‖ 4 **conocerse** *vpr (a uno mismo)* to know oneself; *(dos personas)* to know each other, be acquainted with each other; *(- por primera vez)* to meet.

• **conocer de vista** to know by sight; **dar a conocer** to make know; **darse a conocer** to make oneself known.

conocido,-a 1 *adj (reconocible)* familiar. 2 *(famoso)* well-known. ‖ 3 *nm,f* acquaintance.

conocimiento 1 *nm (saber)* knowledge. 2 *(sensatez)* good sense. 3 *(conciencia)* consciousness.

• **perder el conocimiento** to lose conciousness; **recobrar el conocimiento** to regain conciousness; **tener conocimiento de** to know about.

conque *conj* so.

conquista *nf* conquest.

conquistador,-ra 1 *adj* conquering. ‖ 2 *nm,f* conqueror. ‖ 3 **conquistador** *nm (ligón)* lady-killer.

conquistar 1 *vt (con armas)* to conquer. 2 *(victoria, título)* to win. 3 *(ligar con)* to win over.

consabido,-a 1 *adj fml (habitual)* usual. 2 *(ya sabido)* well-known.

consagración *nf* consecration.

consagrado,-a 1 *adj* REL consecrate, consecrated. 2 *(reconocido)* reconized.

consagrar 1 *vt* REL to consecrate. 2 *(palabra)* to authorize. ‖ 3 **consagrarse** *vpr (dedicarse)* to devote oneself (a, to).

consciencia *nf* → conciencia.

consciente *adj* conscious.

conscripto *nm* ANDES ARG conscript.

consecuencia *nf* consequence, result.

• **a consecuencia de** because of, owing to, due to; **en consecuencia** consequently, therefore.

consecuente 1 *adj (siguiente)* consequent. 2 *(resultante)* resulting. 3 *(coherente)* consistent.

consecutivo,-a *adj* consecutive.

conseguir [56] *vt (cosa)* to obtain, get; *(objetivo)* to attain, get.

• **conseguir** + *inf* to manage to + *inf*, succeed in + *ger*: ***conseguí abrirlo*** I managed to open it; **¡lo conseguí!** I did it!

consejero,-a 1 *nm,f (asesor)* adviser. 2 POL counsellor.

consejo 1 *nm (recomendación)* advice: ***te daré un consejo*** I'll give you a piece of advice. 2 *(junta)* council, board.

■ **consejo de administración** board of directors; **consejo de guerra** court-martial; **consejo de ministros** cabinet.

consenso *nm (acuerdo)* consensus.

consentido,-a 1 *adj* spoiled. ‖ 2 *nm,f* spoiled child.

consentimiento *nm* consent.

consentir [35] 1 *vt (permitir)* to allow, permit, tolerate. 2 *(a un niño)* to spoil. ‖ 3 *vi (acceder a)* to consent (en, to), give way. ‖ 4 **consentirse** *vpr* to crack.

conserje *nm* porter.

conserjería *nf* porter's lodge.

conservas *nf pl (en lata)* tinned food, canned food.

conservación 1 *nf (de naturaleza, especie)* conservation. 2 *(mantenimiento)* maintenance.

conservador,-ra 1 *adj* POL conservative. || 2 *nm,f* POL conserver. 3 *(de museos)* curator.

conservante *nm* preservative.

conservar 1 *vt (alimentos)* to preserve. 2 *(mantener)* to keep, maintain.

conservatorio *nm* conservatory, conservatoire.

considerable *adj* considerable.

consideración 1 *nf (deliberación, atención)* consideration. 2 *(respeto)* regard.
• **de consideración** important: ***herido de consideración*** seriously injured; **tomar en consideración** to take into consideration.

considerado,-a 1 *adj (atento)* considerate. 2 *(apreciado)* respected.
• **estar bien considerado** to be well thought of; **estar mal considerado** to be badly thought of.

considerar 1 *vt (reflexionar)* to consider, think over. 2 *(respetar)* to treat with consideration. 3 *(juzgar)* to judge.

consigna 1 *nf (en estación etc)* left-luggage office, US check-room. 2 *(señal, lema)* watchword. 3 MIL *(señal, lema)* orders *pl*.

consigo *pron (con él)* with him; *(con ella)* with her; *(con usted, ustedes, vosotros,-as)* with you; *(con ellos,-as)* with them; *(con uno mismo)* with oneself: ***lo trajo consigo*** she brought it with her; ***llevaban las maletas consigo*** they carried their suitcases with them.

consiguiente *adj* consequent.
• **por consiguiente** therefore.

consistencia 1 *nf (dureza)* consistency. 2 *(coherencia)* coherence.

consistente *adj* consistent.

consistir *vi* to consist (en, of).

consistorio *nm* town council.

consola 1 *nf* console table. 2 INFORM console.

consolación *nf* consolation, comfort.
■ **premio de consolación** consolation prize.

consolador,-ra *adj* consoling, comforting.

consolar [31] 1 *vt* to console, comfort. || 2 **consolarse** *vpr* to take comfort (con, from).

consolidar *vt* - *vpr* to consolidate.

consomé *nm* clear soup, consommé.

consonante *adj* - *nf* consonant.

consorcio *nm* consortium, partnership.

consorte 1 *nmf (cónyuge)* spouse. || 2 **consortes** *nm pl* JUR accomplices.

conspiración *nf* conspiracy, plot.

conspirar *vi* to conspire.

constancia 1 *nf (perseverancia)* constancy, perseverance. 2 *(prueba)* evidence.

constante 1 *adj (invariable)* constant, steady. 2 *(persona)* steadfast.
■ **constantes vitales** vital signs.

constar 1 *vi (consistir en)* to consist (de, of). 2 *(ser cierto)* to be a fact; *(figurar)* to be, figure: ***me consta que ha llegado*** I am absolutely certain that he has arrived.

constatar *vt* to verify, confirm.

constelación *nf* constellation.

consternación *nf* consternation.

constipado,-a 1 *adj* suffering from a cold. || 2 **constipado** *nm* MED cold, chill.

constiparse *vpr* to catch a cold.

constitución *nf* constitution.

constitucional *adj* constitutional.

constituir [62] 1 *vt* to constitute. 2 *(ser)* to be. || 3 **constituirse** *vpr* to set oneself up.

constituyente *adj* constituent, component.

construcción 1 *nf (acción)* construction. 2 *(edificio)* building.

constructivo,-a *adj* constructive.

constructor,-ra 1 *adj* construction, building. || 2 *nm,f* constructor, builder.

construir [62] *vt* to construct, build.

consuegro,-a *nm,f (hombre)* son or daughter-in-law's father; *(mujer)* son or daughter-in-law's mother.

consuelo *nm* consolation, comfort.
cónsul *nmf* consul.
consulado 1 *nm (oficina)* consulate. **2** *(cargo)* consulship.
consulta 1 *nf (pregunta)* consultation. **2** MED surgery; *(despacho)* consulting room: ***horas de consulta*** surgery hours.
consultar *vt (persona)* to consult (con, with); *(libro)* to look it up in.
consultorio 1 *nm (de médico)* doctor's office. **2** *(en periódicos)* problem page, advice column; *(en radio)* phone-in.
consumado,-a *adj* consummated.
consumar *vt (matrimonio)* to consummate.
consumición 1 *nf (acción)* consumption. **2** *(bebida)* drink.
consumido,-a *adj* thin, emaciated.
consumidor,-ra 1 *adj* consuming. || **2** *nm,f* consumer.
consumir 1 *vt (gastar, afligir)* to consume. **2** *(destruir)* to destroy. || **3 consumirse** *vpr (gastarse, afligirse)* to be consumed. **4** *(destruirse)* to be destroyed. **5** *(quemarse)* to burn down.
consumismo *nm* consumerism.
consumo *nm* consumption.
contabilidad 1 *nf (profesión)* accounting. **2** *(en empresa etc)* book-keeping.
• **llevar la contabilidad** to keep the books.
contabilizar [4] *vt* to enter in the books.
contable 1 *adj* countable. || **2** *nmf* book-keeper, accountant.
contactar *vt* to contact, get in touch (con, with).
contacto 1 *nm (entre personas cosas)* contact. **2** AUTO ignition.
• **mantenerse en contacto con** to keep in touch with.
contado,-a *adj (raro)* scarce: ***en contadas ocasiones*** on very few occasions.
• **pagar al contado** to pay cash.
contador,-ra 1 *adj* counting. || **2** *nm,f (contable)* accountant, book-keeper. || **3 contador** *nm* meter.
contagiar [12] **1** *vt (enfermedad)* to transmit, pass on. || **2 contagiarse** *vpr (enfermedad)* to be infectious; *(persona)* to be infected.
contagio *nm* contagion, infection.
contagioso,-a *adj (enfermedad)* contagious; *(risa)* infectious.
contaminación *nf (de agua, radiactiva)* contamination; *(atmosférica)* pollution.
contaminar 1 *vt (agua, con radiactividad)* to contaminate; *(aire)* to pollute. || **2 contaminarse** *vpr* to become contaminated, be polluted.
contante *adj.*
• **dinero contante** (ready) cash.
contar [31] **1** *vt (calcular)* to count. **2** *(explicar)* to tell. || **3** *vi* to count.
• **a contar desde** starting from; **contar con algn** *(confiar)* to rely on sb; *(incluir)* to count sb in; **contar con algo** *(esperar)* to expecsth; *(tener)* to havesth.
contemplación *nf* contemplation.
• **no andarse con contemplaciones** to make no bones about it.
contemplar *vt* - *vi* to contemplate.
contemporáneo,-a *adj* - *nm,f* contemporary.
contenedor *nm* container.
■ **contenedor de basura** rubbish bin; **contenedor de vidrio** bottle bank.
contener [87] **1** *vt (tener dentro)* to contain, hold. **2** *(reprimir)* to restrain, hold back.
contenido,-a 1 *adj fig* moderate, temperate. || **2 contenido** *nm* content, contents *pl.*
contentar 1 *vt (satisfacer)* to please. || **2 contentarse** *vpr (estar satisfecho)* to be pleased (con, with).
contento,-a 1 *adj* happy (con, with). || **2 contento** *nm* happiness.
contestación *nf (respuesta)* answer, reply.
contestador *nm* answering machine.
contestar 1 *vt (pregunta, teléfono)* to

answer. || **2** *vi (replicar)* to answer back.

contexto *nm* context.

• **sacar algo de contexto** to take sth out of context.

contienda *nf* contest, dispute.

contigo *pron* with you.

contiguo,-a *adj* contiguous, adjoining.

continental *adj* continental.

continente 1 *nm* GEOG continent. **2** *(recipiente)* container.

continuación *nf* continuation.

• **a continuación** next.

continuamente *adv* continuously.

continuar [11] *vt - vi* to continue, carry on: ***Pablo continúa en Francia*** Pablo is still in France.

continuidad *nf* continuity.

continuo,-a 1 *adj* continuous. || **2 continuo** *nm* continuum.

contorno 1 *nm (silueta)* outline. **2** *(perímetro)* perimeter. || **3 contornos** *nm pl (afueras)* surroundings *pl*.

contorsión *nf* contortion.

contra 1 *prep* against: ***tres contra uno*** three against one. || **2** *nf fam* drawback.

• **los pros y los contras** the pros and cons; **llevar la contra** to contradict (a, -); **en contra** against; **en contra de lo que ...** contrary to ...: ***en contra de lo que decían*** contrary to what they said.

contraatacar [1] *vt* to counterattack.

contraataque *nm* counterattack.

contrabajo 1 *nm (instrumento)* double bass. **2** *(voz)* low bass.

contrabandista *nmf* smuggler.

contrabando *nm* smuggling, contraband.

contracción *nf* contraction.

contracepción *nf* contraception.

contracorriente *nf* crosscurrent.

• **ir a contracorriente** to go against the tide.

contradecir [69] **1** *vt (pp* contradicho,-a*)* to contradict. || **2 contradecirse** *vpr* to contradict oneself.

contradicción *nf* contradiction.

contradicho,-a *pp* → contradecir.

contradictorio,-a *adj* contradictory.

contraer [88] **1** *vt (encoger)* to contract. **2** *(enfermedad)* to catch. **3** *(deuda, compromiso)* to contract.

• **contraer matrimonio** to get married.

contrafuerte 1 *nm (de zapato)* stiffener. **2** *(de montaña)* spur. **3** ARQ buttress.

contrahecho,-a *adj* deformed, hunchbacked.

contraindicación *nf* contraindication.

• **"No presenta contraindicaciones"** MED "May be used safely by anyone".

contralor *nm* AM *inspector of public spending.*

contraloría *nf* AM *office controlling public spending.*

contraluz *nm & nf* view against the light.

contramaestre 1 *nm (capataz)* foreman. **2** MAR boatswain.

contraorden *nf* countermand.

contrapartida 1 *nf* COM balancing entry. **2** *fig (compensación)* compensation.

contrapelo a contrapelo *adv* against the grain, the wrong way.

contrapeso 1 *nm (de balanza)* counterweight. **2** *fig (compensación)* counterbalance.

contraponer [78] **1** *vt (pp* contrapuesto,-a*) (oponer)* to set in opposition (a, to). **2** *fig (contrastar)* to contrast.

contraportada *nf* back page.

contraproducente *adj* counterproductive.

contrapuesto,-a *pp* → contraponer.

contrariar [13] **1** *vi (oponer)* to oppose. **2** *(disgustar)* to annoy. **3** *(dificultar)* to obstruct.

contrariedad 1 *nf (oposición)* opposition. **2** *(disgusto)* annoyance. **3** *(dificultad)* setback.

contrario,-a **1** *adj (opuesto)* contrary, opposite. **2** *(perjudicial)* harmful. || **3** *nm,f* opponent, adversary.

• **al contrario** on the contrary; **llevar la contraria** to oppose.

contrarreloj **1** *adj* against the clock. || **2** *nf* time trial.

contrarrestar **1** *vt (hacer frente)* to resist, oppose. **2** *(neutralizar)* counteract, neutralize.

contrasentido *nm* contradiction.

contraseña *nf* password.

contrastar **1** *vt (ser diferente)* to contrast. **2** *(pesos y medidas)* to check. **3** *(oro, plata)* to hallmark. || **4** *vi (hacer contraste)* to contrast (**con**, with).

contraste **1** *nm (oposición)* contrast. **2** *(pesos y medidas)* verification. **3** *(oro y plata)* hallmark.

contratación **1** *nf (contrato)* hiring. **2** *(pedido)* total orders *pl*.

contratar **1** *vt (servicio etc)* to sign a contract for. **2** *(empleado)* to hire.

contratiempo **1** *nm (inconveniente)* setback. **2** *(accidente)* mishap.

contratista *nmf* contractor.

contrato *nm* contract.

■ **contrato de alquiler** lease, leasing agreement.

contraventana *nf* (window) shutter.

contrayente **1** *adj* contracting. **2** contracting party.

contribución **1** *nf (aportación)* contribution. **2** *(impuesto)* tax.

■ **contribución urbana** community charge.

contribuir [62] *vt - vi* to contribute.

contribuyente **1** *adj* taxpaying. || **2** *nmf* taxpayer.

contrincante *nm* competitor, rival.

control **1** *nm (dominio)* control. **2** *(verificación)* examination, inspection.

■ **control a distancia** remote control; **control de natalidad** birth control; **control de pasaportes** passport control; **control de policía** police checkpoint.

controlador,-ra *nm,f* air traffic controller.

controlar **1** *vt* to control. || **2** **controlarse** *vpr* to control oneself.

controversia *nf* controversy.

controvertido,-a *adj* controversial.

contundente *adj fig (convincente)* forceful, decisive.

contusión *nf* contusion, bruise.

conuco *nm* CARIB COL small farm, GB smallholding.

convalecencia *nf* convalescence.

convalecer [43] *vi* to convalesce, recover (de, from).

convaleciente *adj - nmf* convalescent.

convalidación **1** *nf* EDUC validation. **2** *(documentos)* ratification.

convalidar **1** *vt* EDUC to validate. **2** *(documentos)* to ratify.

convencer [2] **1** *vt* to convince. || **2** **convencerse** *vpr* to become convinced.

convencimiento *nm* conviction.

convención *nf* convention.

convencional *adj* conventional.

convencionalismo *nm* conventionalism, conventionality.

convenido,-a *adj* agreed, set.

conveniencia **1** *nf (comodidad)* convenience. **2** *(ventaja)* advantage. || **3** **conveniencias** *nf pl* proprieties.

conveniente **1** *adj (cómodo)* convenient. **2** *(ventajoso)* advantageous. **3** *(aconsejable)* advisable.

convenio *nm* agreement.

convenir [90] **1** *vi (ser oportuno)* to suit. **2** *(ser aconsejable)* to be advisable: ***conviene que te presentes*** you'd better be there. **3** *(opinar igual)* to agree. **4** *(venir juntos)* to come together.

• **a convenir** negotiable.

convento *nm (de monjas)* convent; *(de monjes)* monastery.

convergencia *nf* convergence.

converger [5] *vi* to converge, come together.

convergir [6] *vi* to converge, come together.
conversación *nf* conversation, talk.
• **dar conversación** to keep sb chatting.
conversada *nf* AM *fam* chat.
conversar *vi* to converse, talk.
conversión *nf* conversion.
convertir [29] **1** *vt* to convert. || **2 convertirse** *vpr* to become (en, -).
convexo,-a *adj* convex.
convicción *nf* conviction: ***tengo la convicción de que ...*** I firmly believe that ...
convidado,-a *nm,f* guest.
convidar 1 *vt (invitar)* to invite; *(ofrecer)* to offer. **2** *(incitar)* to inspire, prompt: ***este tiempo convida a quedarse en casa*** this weather makes you want to stay at home.
convincente *adj* convincing.
convite 1 *nm (invitación)* invitation. **2** *(comida)* banquet.
convivencia 1 *nf (de personas)* living together. **2** *fig (simultaneidad)* coexistence.
convivir 1 *vi* to live together. **2** *fig* to coexist.
convocar [1] *vt* to call: ***convocar una reunión*** to call a meeting.
convocatoria 1 *nf* call: ***una convocatoria de huelga*** a strike call. **2** EDUC examination, sitting.
convoy 1 *nm (pl* convoyes*) (escolta)* convoy. **2** *(tren)* train.
convulsión 1 *nf (ataque)* convulsion. **2** *fig (agitación)* upheaval.
conyugal *adj* conjugal.
cónyuge 1 *nmf* spouse, consort. || **2 cónyuges** *nm pl* husband and wife.
coñac *nm (pl* coñacs*)* cognac, brandy.
coño 1 *nm vulg* cunt. || **2 ¡coño!** *interj vulg (sorpresa)* fuck me!; *(disgusto)* for fuck's sake!
cooperación *nf* co-operation.
cooperar *vi* to co-operate (a/en, in) (con, with).
cooperativa *nf* co-operative (society).
coordenada *nf* co-ordinate.
coordenado,-a *adj* co-ordinated.
coordinación *nf* co-ordination.
coordinado,-a *adj* co-ordinated.
coordinadora *nf (comité)* co-ordinating committee.
coordinador,-ra 1 *adj* co-ordinating. || **2** *nm,f* co-ordinator.
coordinar *vt* to co-ordinate.
copa 1 *nf (recipiente)* glass. **2** *(de árbol)* top. **3** *(trofeo)* cup.
• **ir de copas** to go (out) drinking; **tomar una copa** to have a drink.
COPE *abr* RAD (Cadena de Ondas Populares Españolas) *Spanish private broadcasting company.*
copetín *nm* RPL pre-lunch drinks, predinner drinks.
copia 1 *nf (reproducción)* copy. **2** *(abundancia)* abundance.
■ **copia de seguridad** backup: ***¿has hecho una copia de seguridad de ese archivo?*** have you backed that file up?
copiar [12] **1** *vt (reproducir)* to copy. **2** EDUC to cheat. **3** *(escribir)* to take down.
copiloto 1 *nm* AV copilot. **2** AUTO codriver.
copión,-ona 1 *nm,f fam (en examen)* cheat. **2** *fam (imitador)* copycat.
copioso,-a *adj fml* plentiful, abundant.
copla 1 *nf (verso)* verse. || **2 coplas** *nf pl* folk songs.
copo *nm (de cereal)* flake; *(de nieve)* snowflake; *(de algodón)* ball (of cotton).
copropietario,-a *nm,f* joint owner, co-owner.
cópula 1 *nf (nexo)* link. **2** *(coito)* copulation.
copulativo,-a *adj* copulative.
coquetear *vi* to flirt.
coquetería *nf* coquetry, flirting.
coqueto,-a *adj* flirtatious.
coraje 1 *nm (valor)* courage. **2** *(ira)* anger.

coral 1 *adj* choral. || 2 *nm* ZOOL coral. 3 *nf* MÚS *(agrupación)* choir.
coraza 1 *nf (armadura)* armour. 2 *(caparazón)* shell.
corazón 1 *nm* ANAT heart. 2 *(de fruta)* core.
● **de (todo) corazón** sincerely; **llevar el corazón en la mano** to wear one's heart on one's sleeve; **me dice el corazón que ...** I have a feeling that ....; **tener buen corazón ...** to be kind-hearted.
corazonada 1 *nf (impresión)* hunch, feeling. 2 *(impulso)* impulse.
corbata *nf* tie.
corbeta *nf* corvette.
Córcega *nf* Corsica.
corcel *nm* steed, charger.
corchea *nf* quaver.
corchete 1 *nm* COST hook and eye. 2 *(signo impreso)* square bracket.
corcho 1 *nm (material)* cork. 2 *(panel)* cork mat.
córcholis *interj* goodness me!
cordel *nm* rope, cord.
cordero,-a *nm,f* lamb.
■ **cordero lechal** sucking lamb.
cordial 1 *adj (amistoso)* cordial, friendly. || 2 *nm (bebida)* cordial.
cordialidad *nf* cordiality, friendliness.
cordillera *nf* mountain range.
cordón 1 *nm (cuerda)* rope, string; *(de zapatos)* lace, shoelace. 2 *(cadena humana)* cordon. 3 CSUR CUBA *(de la vereda)* kerb, US curb.
■ **cordón policial** police cordon; **cordón umbilical** umbilical cord.
cordura *nf* good sense.
Corea *nf* Korea.
■ **Corea del Norte** North Korea; **Corea del Sur** South Korea.
coreano,-a 1 *adj* Korean. || 2 *nm,f (persona)* Korean. || 3 **coreano** *nm (idioma)* Korean.
corear *vt* to say in chorus.
coreografía *nf* choreography.
corista *nf* chorus girl.
cornada *nf* thrust with a horn.
● **sufrir una cornada** to be gored.
cornamenta 1 *nf (de toro)* horns *pl*; *(de ciervo)* antlers *pl*. 2 *fam (de marido)* cuckold's horns *pl*.
córnea *nf* cornea.
córner *nm* DEP corner.
corneta 1 *nf* MÚS cornet. 2 MIL bugle. || 3 *nmf* cornet player. 4 MIL bugler.
cornisa *nf* cornice.
cornudo,-a 1 *adj (animal)* horned, antlered. 2 *fam (marido)* cuckolded. || 3 **cornudo** *nm fam* cuckold.
coro 1 *nm* MÚS choir. 2 TEAT chorus.
● **a coro** all together.
corola *nf* corolla.
corona 1 *nf (de rey)* crown. 2 *(de flores etc)* wreath.
coronación *nf* coronation.
coronar *vt* to crown.
coronel *nm* colonel.
coronilla *nf* crown (of the head).
● **estar hasta la coronilla** *fam* to be fed up (de, with).
corpiño *nm* ARG *(sostén)* bra.
corporación *nf* corporation.
corporal *adj* corporal, body.
corpulencia *nf* corpulence.
corpulento,-a *adj* corpulent, stocky.
corral 1 *nm (de aves)* yard. 2 *(de granja)* farmyard, US corral.
correa 1 *nf (de piel)* strap. 2 *(de perro)* lead. 3 TÉC belt.
corrección 1 *nf (arreglo)* correction. 2 *(educación)* courtesy. 3 *(reprensión)* rebuke.
correccional *nm* reformatory.
correcto,-a 1 *adj (exacto, adecuado)* correct. 2 *(educado)* polite, courteous.
corrector,-ra 1 *adj* corrective. || 2 *nm,f (de pruebas impresas)* proofreader.
corredero,-a *adj* sliding: ***puerta corredera*** sliding door; ***ventana corredera*** sliding window.
corredizo,-a *adj* sliding.
corredor,-ra 1 *adj* running. || 2 *nm,f* DEP runner. || 3 **corredor** *nm* FIN broker.
■ **corredor de bolsa** stockbroker; **corredor de fincas** estate agent.

corregir [55] **1** *vt (enmendar)* to correct. **2** *(reprender)* to reprimand. || **3 corregirse** *vpr* to mend one's ways.
correlación *nf* correlation.
correo 1 *nm (servicio, correspondencia)* post, US mail. **2** *(persona)* courier. **3** *(tren)* mail train. || **4 correos** *nm pl (oficina)* post office *sing.*
• **a vuelta de correo** by return (of post); **echar al correo** to post, US mail.
■ **correo aéreo** airmail; **correo certificado** registered post; **correo electrónico** e-mail, electronic mail: ***envíamelo por correo electrónico*** e-mail it to me; **correo urgente** express mail.
correr 1 *vi (persona, animal)* to run. **2** *(viento)* to blow. **3** *(agua)* to flow. **4** *(tiempo)* to pass. **5** *(noticias)* to spread. **6** *(darse prisa)* to hurry. **7** *(estar en uso)* to be valid. || **8** *vt (recorrer)* to travel through. **9** *(carrera)* to run. **10** *(deslizar)* to close; *(cortina)* to draw. **11** AM *(expulsar)* to let off, fire. || **12 correrse** *vpr (desplazarse - persona)* to move over; *(objeto)* to shift. **13** *vulg (tener orgasmo)* to come.
• **correr con los gastos** to meet the costs; **correr la voz** to pass it on; **correr prisa** to be urgent; **correr un riesgo** to run a risk; **dejar correr algo** to let sth pass.
correría *nf* raid, foray.
correspondencia 1 *nf (acción)* correspondence. **2** *(cartas)* post, US mail. **3** *(de trenes etc)* connection.
corresponder 1 *vi (equivaler)* to correspond (a/con, to/with). **2** *(pertenecer)* to belong, pertain. **3** *(devolver)* to return. || **4 corresponderse** *vpr (ajustarse)* to correspond. **5** *(cartearse)* to correspond. **6** *(amarse)* to love each other.
correspondiente 1 *adj (perteneciente)* corresponding (a, to). **2** *(apropiado)* suitable, appropriate. **3** *(respectivo)* own.
corresponsal *nmf* correspondent.
corretear *vi* to run about.
correvedile *nmf* tell-tale.
correveidile *nmf* tell-tale.
corrida *nf (carrera)* race.
■ **corrida de toros** bullfight.
corriente 1 *adj (común)* ordinary. **2** *(agua)* running. **3** *(fecha)* current, present: ***el cinco del corriente*** the fifth of the present month. || **4** *nf (masa de agua)* current, stream. **5** *(de aire)* draught, US draft. **6** ELEC current. **7** *(de arte etc)* current, trend.
• **al corriente** up to date; **estar al corriente** to be in the know; **seguirle la corriente a algn** to humour sb; **salirse de lo corriente** to be out of the ordinary.
■ **Corriente del Golfo** Gulf Stream.
corrimiento *nm* slipping.
■ **corrimiento de tierras** landslide.
corro 1 *nm (círculo)* circle, ring. **2** *(juego)* ring-a-ring-a-roses.
corroborar *vt* to corroborate.
corroer [82] **1** *vt (metal)* to corrode. **2** *fig (persona)* to eat away, eat up. || **3 corroerse** *vpr (metal)* to become corroded. **4** *fig (persona)* to be eaten up (de, with).
corromper 1 *vt (estropear)* to spoil; *(pudrir)* to turn bad. **2** *(pervertir)* to corrupt. **3** *(sobornar)* to bribe. || **4 corromperse** *vpr (pudrirse)* to go bad. **5** *(pervertirse)* to become corrupted.
corrosivo,-a 1 *adj* corrosive. **2** *fig* caustic. || **3 corrosivo** *nm* corrosive.
corrupción 1 *nf (perversión)* corruption. **2** *(putefracción)* rot, decay.
■ **corrupción de menores** corruption of minors.
corruptor,-ra 1 *adj* corrupting. || **2** *nm,f* corrupter.
corsario *nm* corsair, pirate.
corsé *nm* corset.
corsetería *nf* ladies' underwear shop.
corso,-a *adj - nm,f* Corsican.
cortacésped *nm & nf* lawnmower.
cortado,-a 1 *adj (partido)* cut; *(en lon-*

chas) sliced. **2** *(estilo)* concise, clipped. **3** *(tímido)* shy. || **4 cortado** *nm* coffee with a dash of milk.

cortafuego *nm* firebreak.

cortante 1 *adj (objeto)* cutting, sharp. **2** *(aire)* biting.

cortar 1 *vt (partir)* to cut; *(carne)* to carve; *(árbol)* to cut down. **2** *(dividir)* to divide. **3** COST to cut out. **4** *(interrumpir)* to cut off, interrupt: ***nos han cortado el teléfono*** our telephone has been disconnected. **5** *(calle, carretera)* to close. || **6 cortarse** *vpr (herirse)* to cut: ***me he cortado el dedo*** I've cut my finger. **7** *(el pelo - por otro)* to have one's hair cut; *(- uno mismo)* to cut one's hair. **8** *(leche)* to sour, curdle. **9** *(darle vergüenza)* to get embarrassed.

• **cortar por lo sano** *fam* to take drastic measures.

cortaúñas *nm inv* nail clipper.

corte 1 *nf (del rey)* court. **2** AM JUR court. || **3** *nm (herida, interrupción)* cut. **4** *(filo)* edge. **5** COST cross section. **6** *fam (respuesta brusca)* rebuff.

• **hacer la corte a** to court, pay court to.

■ **corte de luz** powercut; **corte y confección** dressmaking; **las Cortes** Spanish parliament *sing.*

cortejar *vt* to court.

cortejo 1 *nm (acompañantes)* entourage. **2** *(galanteo)* courting.

cortés *adj* courteous, polite.

cortesía *nf* courtesy, politeness.

corteza 1 *nf (de árbol)* bark. **2** *(de pan)* crust. **3** *(de fruta)* peel, skin. **4** *(de queso)* rind.

■ **corteza terrestre** the earth's crust.

cortijo *nm* farm, farmhouse.

cortina *nf* curtain.

• **cortina de humo** *fig* smoke screen.

cortinaje *nm* drapery.

corto,-a 1 *adj (calle, cuerda, etc.)* short. **2** *fig (tonto)* thick.

• **corto,-a de vista** short-sighted; **quedarse corto** *fam* to underestimate.

cortocircuito *nm* short circuit.

cortometraje *nm* short film, short.

corzo,-a *nm,f (macho)* roe buck; *(hembra)* roe deer.

cosa 1 *nf (objeto)* thing. **2** *(asunto)* matter. || **3 cosas** *nf pl fam (manías)* hang-ups.

• **como si tal cosa** as if nothing had happened; **cosa de** about; **ser poquita cosa** *fam* to be a weedy person.

coscorrón *nm* blow on the head.

cosecha 1 *nf* harvest, crop. **2** *(tiempo)* harvest time. **3** *(año del vino)* vintage.

• **de su propia cosecha** of his own invention.

cosechadora *nf* combine harvester.

cosechar *vt - vi (recoger - cosecha)* to harvest, gather; *(- éxitos etc)* to reap.

coser 1 *vt (ropa)* to sew. **2** MED to stitch up. **3** *fig (atravesar)* to pierce: ***coser a balazos*** to riddle with bullets.

cosmético,-a 1 *adj* cosmetic. || **2 cosmético** *nm* cosmetic.

cosmonauta *nmf* cosmonaut.

cosmopolita *adj - nmf* cosmopolitan.

cosmos *nm inv* cosmos.

coso *nm* CSUR *fam (objeto)* whatnot, thing.

cosquillas *nf pl* tickles, tickling *sing.*

• **hacer cosquillas a algn** to tickle sb; **tener cosquillas** to be ticklish .

cosquilleo *nm* tickling.

costa 1 *nf* GEOG coast; *(playa)* seaside. **2** FIN cost, price. || **3 costas** *nf pl* JUR costs.

• **a costa de** at the expense of; **a toda costa** at all costs.

Costa Rica *nf* Costa Rica.

costado 1 *nm (lado)* side. **2** MIL flank.

costanera *nf* CSUR seaside promenade.

costar [31] **1** *vi (al comprar)* to cost. **2** *(ser difícil)* to be difficult: ***me cuesta el italiano*** I find Italian difficult; ***me cuesta creerlo*** I find it difficult to believe.

• **cueste lo que cueste** at any cost;

costar un ojo de la cara *fam* to cost an arm and a leg.

costarricense *adj* - *nmf* Costa Rican.

coste *nm* cost, price.

■ **coste de (la) vida** cost of living.

costear 1 *vt* MAR to coast. **2** COM to pay for. ‖ **3 costearse** *vpr* to pay one's way.

costera *nf* MÉX promenade.

costero,-a 1 *adj* coastal, seaside.

costilla 1 *nf* ANAT rib. **2** CULIN cutlet.

costo 1 *nm (precio)* cost, price. **2** *arg (hachís)* dope.

costoso,-a 1 *adj (caro)* costly, expensive. **2** *(difícil)* hard.

costra 1 *nf (de pan)* crust. **2** *(de herida)* scab.

costumbre 1 *nf (hábito)* habit: ***tengo la costumbre de comer temprano*** it is my habit to have lunch early. **2** *(tradición)* custom: ***es una costumbre rusa*** it's a Russian custom.

costura 1 *nf (cosido)* sewing. **2** *(línea de puntadas)* seam.

costurera *nf* seamstress.

costurero *nm* sewing basket.

cotejar *vt* to collate, compare.

cotidiano,-a *adj* daily, everyday.

cotilla *nmf* busybody.

cotillear *vi fam* to gossip.

cotilleo *nm fam* gossip, gossiping.

cotización *nf* COM quotation.

cotizar [4] **1** *vt* COM to quote. ‖ **2 cotizarse** *vpr* to sell at.

coto 1 *nm (reserva)* reserve. **2** *(poste)* boundary mark. **3** *(límite)* restriction.

■ **coto de caza** game preserve.

cotorra 1 *nf (animal)* (small) parrot. **2** *fam fig (persona)* chatterbox.

cotorrear *vi* to chatter, gossip.

country *nf* ARG *luxury suburban housing development.*

coyote *nm* coyote.

coyuntura 1 *nf* ANAT joint, articulation. **2** *(circunstancia)* juncture.

■ **coyuntura económica** economic situation; **coyuntura política** political situation; **coyuntura social** social situation.

coz *nf* kick.

● **dar una coz** to kick.

C.P. *abr (***código postal***)* postcode, US zip code.

crac *nm (quiebra)* crash.

cráneo *nm* cranium, skull.

cráter *nm* crater.

creación *nf* creation.

creador,-ra 1 *adj* creative. ‖ **2** *nm,f* creator, maker.

crear 1 *vt (producir)* to create. **2** *(fundar)* to found, establish. **3** *(inventar)* to invent.

creatividad *nf* creativity.

creativo,-a *adj* creative.

crecer [43] **1** *vi (persona, planta)* to grow. **2** *(incrementar)* to increase. **3** *(corriente, marea)* to rise. ‖ **4 crecerse** *vpr (engreírse)* to become conceited.

creces *nf pl* increase *sing.*

● **con creces** fully, in full.

crecida *nf* spate.

crecido,-a 1 *adj* large; *(persona)* grown-up. **2** *(marea, río)* swollen.

creciente *adj (capital, interés)* growing; *(luna)* crescent.

crecimiento *nm* growth, increase.

credenciales *nf pl* credentials.

crédito 1 *nm* COM credit. **2** *(fama)* reputation. ‖ **3 créditos** *nm pl* CINEM TV credits.

● **dar crédito a** to believe.

credo 1 *nm* REL creed. **2** *(creencias)* credo.

crédulo,-a *adj* credulous, gullible.

creencia *nf* belief.

creer [61] **1** *vt (tener fe)* to believe (en, in). **2** *(suponer, opinar)* to think, suppose. ‖ **3 creerse** *vpr (considerarse)* to think: ***¿quién te has creído que eres?*** who do you think you are?

● **creo que sí** I think so; **creo que no** I don't think so.

creíble *adj* credible, believable.

creído,-a *adj* arrogant.

● **ser un creído** to be full of oneself.

crema 1 *nf (nata)* cream. 2 *(natillas)* custard. || 3 *adj* cream, cream-coloured.

cremación *nf* cremation.

cremallera 1 *nf (de vestido)* zipper, zip (fastener). 2 TÉC rack.

crematorio *nm* crematorium.

cremoso,-a *adj* creamy.

crepitar *vi* to crackle.

crepúsculo *nm* twilight.

cresta 1 *nf (de ola)* crest. 2 *(de gallo)* comb.

creyente 1 *adj* believing. || 2 *nmf* believer.

cría 1 *nf (acto de criar)* nursing; *(de animal)* breeding. 2 *(cachorro)* young. 3 *(camada)* brood.

criadero *nm (de plantas)* nursery; *(de animales)* breeding ground, breeding farm; *(de mineral)* seam.

criado,-a 1 *adj (animal)* reared; *(persona)* bred. || 2 *nm,f* servant.
• **bien criado,-a** well-bred; **mal criado,-a** ill-bred.

crianza 1 *nf (de animales)* breeding; *(de vino)* aging. 2 *(lactancia)* nursing.
• **de crianza** *(vino)* aged.

criar [13] 1 *vt (educar niños)* to bring up. 2 *(nutrir)* to nurse. 3 *(animales)* to breed. 4 *(producir)* to have, grow; *(vinos)* to make.

criatura 1 *nf (ser)* creature. 2 *(niño)* baby, child.

criba *nf* sieve.
• **pasar por la criba** *fig* to screen.

cribar 1 *vt (colar)* to sift. 2 *fig (seleccionar)* to screen.

cricquet *nm* cricket.

crimen 1 *nm (pl* crímenes*) (delito)* crime. 2 *(asesinato)* murder.

criminal *adj - nmf* criminal.

crin *nf* mane.

crío,-a *nm,f fam* kid.

crisálida *nf* chrysalis.

crisantemo *nm* chrysanthemum.

crisis 1 *nf inv (mal momento)* crisis. 2 *(ataque)* fit, attack: ***crisis de asma*** asthma attack.

crisma *nf fam* head.

crispar 1 *vt* ANAT to contract. 2 *(irritar)* to annoy. || 3 **crisparse** *vpr* to get annoyed.

cristal 1 *nm (gen)* glass. 2 *(fino, mineral)* crystal. 3 *(de ventana)* (window) pane.
■ **cristal de aumento** magnifying glass.

cristalería 1 *nf (fábrica)* glassworks. 2 *(tienda)* glassware shop. 3 *(conjunto)* glassware.

cristalino,-a 1 *adj* transparent, clear. || 2 **cristalino** *nm* crystalline lens.

cristalizar [4] *vt - vi - vpr* to crystallize.

cristiandad *nf* Christendom.

cristianismo *nm* Christianity.

cristiano,-a *adj - nm,f* Christian.

Cristo *nm* Christ.

criterio 1 *nm (norma)* criterion. 2 *(juicio)* judgement. 3 *(opinión)* opinion.

crítica 1 *nf (juicio, censura)* criticism. 2 *(prensa)* review: ***escribir una crítica*** to write a review. 3 *(conjunto de críticos)* critics *pl*.

criticar [1] 1 *vt (actuación, postura)* to criticize. || 2 *vi (murmurar)* to gossip.

crítico,-a 1 *adj* critical. || 2 *nm,f* critic.

criticón,-ona 1 *adj fam* faultfinding. || 2 *nm,f fam* faultfinder.

croar *vi* to croak.

croata 1 *adj* Croatian, Croat. || 2 *nmf (persona)* Croat, Croatian. || 3 *nm (idioma)* Croat, Croatian.

croissant *nm (pl* croissants*)* croissant.

crol *nm* crawl.

cromo 1 *nm (metal)* chromium. 2 *(estampa)* picture card, transfer.
• **ir hecho,-a un cromo** *fam* to look a real sight.

cromosoma *nm* chromosome.

crónica 1 *nf (informe)* chronicle. 2 *(en periódico)* article.

crónico,-a *adj* chronic.

cronista 1 *nmf (historiador)* chronicler. 2 *(periodista)* reporter.

cronología *nf* chronology.

cronológico,-a *adj* chronological.
cronometrar *vt* to time.
cronómetro *nm* chronometer.
croqueta *nf* croquette.
croquis *nm inv* sketch, outline.
cross *nm* cross-country race.
cruce 1 *nm (acción)* crossing. **2** AUTO crossroads. **3** *(de razas)* crossbreeding. **4** *(interferencia telefónica etc)* crossed line.
crucero 1 *nm (buque)* cruiser. **2** *(viaje)* cruise. **3** ARQ transept.
crucial *adj* crucial.
crucificar [1] *vt* to crucify.
crucifijo *nm* crucifix.
crucigrama *nm* crossword.
crudeza 1 *nf (de alimentos)* rawness. **2** *(de imágenes etc)* crudeness. **3** *(de clima)* harshness.
crudo,-a 1 *adj (sin cocer)* raw; *(poco hecho)* underdone. **2** *(imagen etc)* crude. **3** *(color)* off-white. **4** *(clima)* harsh. || **5 crudo** *nm (petróleo)* crude oil, crude.
cruel *adj* cruel.
crueldad *nf* cruelty.
crujido 1 *nm (de puerta)* creak. **2** *(de seda, papel)* rustle. **3** *(de dientes)* grinding.
crujiente 1 *adj (alimentos)* crunchy. **2** *(seda)* rustling.
crujir 1 *vi (puerta)* to creak. **2** *(seda, hojas)* to rustle. **3** *(dientes)* to grind.
crustáceo *nm* crustacean.
cruz 1 *nf (figura)* cross. **2** *(de moneda)* tails *pl*. **3** *fig (molestia)* burden.
• ***¿cara o cruz?*** heads or tails?; **hacerse cruces de** to be astonished at.
■ **Cruz Roja** Red Cross.
cruza *nf* AM cross, crossbreed.
cruzada *nf* HIST Crusade.
cruzado,-a 1 *adj* crossed. **2** *(animal)* crossbred. **3** *(prenda)* double-breasted. || **4 cruzado** *nm* HIST crusader.
cruzar [4] **1** *vt (atravesar)* to cross. **2** GEOM to intersect. **3** *(animales)* to cross. **4** *(miradas, palabras)* to exchange. || **5 cruzarse** *vpr* to pass each other.
• **cruzarse de brazos** to fold one's arms.
cta. *abr (*cuenta*)* account; *(abreviatura)* a/c, acc, acct.
cte. 1 *abr (*cuenta corriente*)* current account; *(abreviatura)* c/a. **2** *(*corriente*)* of the present month, of the present year.
cuadernillo *nm* booklet.
cuaderno *nm* notebook, exercise book.
cuadra 1 *nf (establo)* stable. **2** AM *(manzana)* block.
cuadrado,-a 1 *adj* square: ***diez metros cuadrados*** ten square meters. || **2 cuadrado** *nm* square.
• **elevar un número al cuadrado** to square a number.
cuadrante 1 *nm (reloj)* sundial. **2** *(instrumento)* quadrant.
cuadrar 1 *vt (ajustar)* to square. **2** ANDES *(aparcar)* to park. || **3** *vi (ajustarse)* to suit (con, -). **4** COM to balance. || **5 cuadrarse** *vpr* MIL to stand to attention.
cuadrícula *nf* grid.
cuadriculado,-a *adj* squared.
cuadricular *vt* to divide into squares.
cuadrilátero *nm* ring.
cuadrilla 1 *nf (de trabajadores)* team. **2** *(de bandidos etc)* gang.
cuadro 1 *nm (cuadrado)* square. **2** *(pintura)* painting. **3** *(descripción)* description. **4** *(escena, paisaje)* sketch. **5** *(personal)* staff. **6** *(gráfico)* chart. **7** *(bancal)* bed, patch.
• **a cuadros** checkered.
■ **cuadro de mandos** control panel; **cuadro facultativo** medical staff; **cuadro sinóptico** diagram.
cuadrúpedo,-a 1 *adj* quadruped. || **2 cuadrúpedo** *nm* quadruped.
cuádruple *adj* quadruple, fourfold.
cuajar 1 *vt (leche)* to curdle; *(sangre)* to clot. **2** *(adornar)* to fill with. || **3** *vi (lograrse)* to be a success: ***la cosa no cuajó*** it didn't come off. || **4 cuajarse** *vpr (nieve)* to settle; *(leche)* to curdle.

cuajo *nm* rennet.
• **de cuajo** by the roots.

cual *pron (pl* cuales*) (precedido de artículo - persona)* who, whom; *(- cosa)* which: ***los trabajadores, los cuales estaban en huelga ...*** the workers, who were on strike ...; ***la gente a la cual preguntamos dijo que ...*** the people whom we asked said that ...; ***ésta es la revista para la cual trabajo*** this is the magazine which I work for; ***la ciudad en la cual nací*** the city I was born in.
• **cada cual** everyone, everybody; **con lo cual** with the result that; **lo cual** which.

cuál *pron (pl* cuáles*)* which one, what: ***¿cuál es el más alto?*** which one is the tallest?; ***no sé cuáles son tus maletas*** I don't know which suitcases are yours.

cualidad *nf* quality.

cualificado,-a *adj* qualified, skilled.

cualificar [1] *vt* to qualify.

cualquier *adj (pl* cualesquier*)* → cualquiera.
▲ *Used in front of a noun (or adjective + noun).*

cualquiera 1 *adj (pl* cualesquiera*)* any: ***una dificultad cualquiera*** any difficulty. || **2** *pron (persona indeterminada)* anybody, anyone; *(cosa indeterminada)* any, any one: ***cualquiera te lo puede decir*** anybody can tell you; ***coge cualquiera de ellos*** take any of them. **3** *(nadie)* nobody: ***¡cualquiera lo coge!*** nobody would take it! || **4** *nmf pey* nobody: ***ser un cualquiera*** to be a nobody.
• **cualquiera que** whatever, whichever.

cuan *adv* as.

cuán *adv* how.

cuando 1 *adv* when. || **2** *conj* when. **3** *(condicional)* provided, if.
• **aun cuando** even though; **de (vez en) cuando** now and then.

cuándo *adv* when: ***¿cuándo vendrás a verme?*** when will you come to see me?

cuantía *nf* amount.

cuantioso,-a *adj* large.

cuanto *nm* quantum.

cuanto,-a 1 *adj (pl* cuantos,-as*) (singular)* as much as; *(plural)* as many as: ***puedes beber cuanta agua quieras*** you can drink as much water as you want; ***coge cuantos libros desees*** take as many books as you want. || **2** *pron (singular)* everything, all; *(plural)* all who, everybody who: ***vendió cuanto tenía*** he sold everything he had; ***gasta cuanto gana*** she spends every penny she earns; ***cuantos entraron se asustaron*** everybody who came in was frightened. || **3 cuanto** *adv*: ***cuanto antes*** as soon as possible; ***cuanto más ..., más ...*** the more ..., the more; ***cuanto menos ..., menos ...*** the less ..., the less ...; ***en cuanto*** as soon as; ***en cuanto a*** as far as; ***por cuanto*** insofar as.
• **unos,-as cuantos,-as** some, a few.

cuánto,-a 1 *adj (interrogativo - singular)* how much; *(- plural)* how many: ***¿cuánto dinero cuesta?*** how much money does it cost?; ***¿cuántos coches hay?*** how many cars are there? **2** *(exclamativo)* what a lot of: ***¡cuánta gente!*** what a lot of people! || **3** *pron (singular)* how much; *(plural)* how many: ***¿cuánto pesas?*** how much do you weigh?; ***¿cuántos erais?*** how many of you were there? || **4** *adv* how, how much: ***dime cuánto me has echado de menos*** tell me how much you've missed me; ***¡cuánto me alegro!*** I'm so glad!

cuarenta *num* forty.
• **cantarle las cuarenta a algn** to give sb a piece of one's mind.

cuarentena 1 *nf (cuarenta)* forty. **2** MED quarantine.

cuarentón,-ona *adj - nm,f* forty-year-old (person).

cuaresma *nf* Lent.

cuartel *nm* MIL barracks.
• **no dar cuartel** to show no mercy.
■ **cuartel general** headquarters *inv*.
cuartelillo *nm* post, station.
cuarteto *nm* quartet.
cuartilla *nf* sheet of paper.
cuarto,-a 1 *num* fourth. ‖ **2 cuarto** *nm (parte)* quarter: ***un cuarto de hora*** a quarter of an hour. **3** *(habitación)* room. ‖ **4 cuartos** *nm pl fam (dinero)* money.
■ **cuarto creciente** ASTRON first quarter; **cuarto menguante** ASTRON last quarter; **cuarto de aseo** bathroom; **cuarto de baño** bathroom; **cuarto de estar** living room.
cuarzo *nm* quartz.
cuate *nmf* MÉX *fam* pal, mate, US buddy.
cuatro *num* four; *(en fechas)* fourth.
• **decir cuatro cosas a algn** to say a few things to sb.
cuatrocientos,-as *num* four hundred.
cuba *nf* cask, barrel.
• **estar como una cuba** to be (as) drunk as a lord.
Cuba *nf* Cuba.
cubalibre *nm (de ron)* rum and coke; *(de ginebra)* gin and coke.
cubano,-a *adj* - *nm,f* Cuban.
cubata *nm fam* → cubalibre.
cubertería *nf* cutlery.
cubeta 1 *nf (recipiente)* tray. **2** *(cubo)* bucket.
cúbico,-a *adj* cubic.
cubierta 1 *nf (tapa)* covering. **2** *(de libro)* jacket. **3** ARQ roof. **4** *(de neumático)* outer tyre. **5** MAR deck.
cubierto,-a 1 *pp* → cubrir. ‖ **2 cubierto** *nm (techumbre)* cover. **3** *(en la mesa)* place setting. **4** *(menú)* meal at a fixed price. ‖ **5 cubiertos** *nm pl (para comer)* the cutlery.
• **estar a cubierto** to be under cover; **ponerse a cubierto** to take cover.
cubilete 1 *nm (molde)* mould. **2** *(de dados)* dice cup.
cubito *nm* ice cube.
cubo 1 *nm (recipiente)* bucket. **2** *(contenido)* bucketful. **3** *(figura)* cube. **4** *(de rueda)* hub.
■ **cubo de la basura** dustbin, US garbage can.
cubrecama *nm* bedspread.
cubrir 1 *vt (pp* cubierto,-a*) (tapar)* to cover. **2** *(esconder)* to hide. **3** Arq to put a roof on. **4** *(llenar)* to fill. **5** *(montar)* to mount. ‖ **6 cubrirse** *vpr (abrigarse)* to cover oneself. **7** *(protegerse)* to protect oneself. **8** *(cielo)* to become overcast.
cucaracha *nf* cockroach.
cuchara *nf* spoon.
cucharada *nf* spoonful.
■ **cucharada (sopera)** tablespoonful.
cucharilla *nf* teaspoon.
■ **cucharilla de café** coffee spoon.
cucharón *nm* ladle.
cuchichear *vi* to whisper.
cuchicheo *nm* whispering.
cuchilla *nf (hoja)* blade.
■ **cuchilla de afeitar** razor blade.
cuchillo *nm* knife.
■ **cuchillo del pan** breadknife.
cuchitril 1 *nm (establo)* pigsty. **2** *fam (cuarto pequeño)* hovel.
cuclillas *adv* crouching.
cuclillo *nm* cuckoo.
cuco,-a 1 *adj fam (simpático)* cute. **2** *(taimado)* shrewd.
cucurucho 1 *nm (cartucho)* paper cone. **2** *(helado)* cornet, cone.
cuello 1 *nm* ANAT neck. **2** *(de prenda)* collar. **3** *(de botella)* bottleneck.
• **estar metido,-a hasta el cuello** *fam fig* to be up to one's neck in it.
cuenca *nf* GEOG basin.
■ **cuenca del ojo** eye socket.
cuenco *nm* bowl.
cuenta 1 *nf (bancaria)* account. **2** *(factura)* bill. **3** *(cálculo)* count, counting. **4** *(de collar etc)* bead.
• **ajustarle las cuentas a algn** to give sb a piece of one's mind; **caer en la cuenta de algo** to realize sth; **darse**

cuenta de algo to realize sth; **en resumidas cuentas** in short; **más de la cuenta** too much; **por cuenta de** for account of; **tener en cuenta** to take into account; **trabajar por cuenta propia** to be self-employed.
■ **cuenta atrás** countdown; **cuenta corriente** current account.

cuentagotas *nm inv* dropper.

cuentakilómetros *nm inv* speedometer.

cuentista *adj* - *nmf fam* over-dramatic (person).

cuento *nm* story, tale.
• **ser el cuento de la lechera** counting one's chickens before they are hatched; **venir a cuento** to be pertinent; **vivir del cuento** *fam* to live by one's wits.
■ **cuento chino** tall story; **cuento de hadas** fairy tale.

cuerda 1 *nf (cordel)* rope, string. **2** MÚS string. **3** *(de reloj)* spring: ***dar cuerda a un reloj*** to wind up a watch.
■ **cuerda floja** tightrope; **cuerdas vocales** vocal chords.

cuerdo,-a *adj* - *nm,f* sane (person).

cueriza *nf* ANDES *fam* beating, leathering.

cuerno 1 *nm (de toro)* horn; *(de antena)* antlers *pl.* **2** MIL wing.
• **ponerle los cuernos a algn** *fam* to be unfaithful to sb; **romperse los cuernos** *fam* to break one's back.

cuero 1 *nm (de animal)* skin, hide. **2** *(curtido)* leather.
• **en cueros** *fam* starkers.
■ **cuero cabelludo** scalp.

cuerpo 1 *nm* ANAT body. **2** *(constitución)* build. **3** *(figura)* figure. **4** *(tronco)* trunk. **5** *(grupo)* body; MIL corps: ***el cuerpo de bomberos*** the fire brigade. **6** *(cadáver)* corpse. **7** *(parte principal)* main part: ***el cuerpo del libro*** the main body of the book.
• **a cuerpo de rey** like a king; **de cuerpo entero** full-length; **en cuerpo y alma** wholeheartedly; **estar de cuerpo presente** to lie in state.

cuervo *nm* raven.
■ **cuervo marino** cormorant.

cuesta *nf* slope.
• **a cuestas** on one's back, on one's shoulders; **la cuesta de enero** *fig* the January squeeze.
■ **cuesta abajo** downhill; **cuesta arriba** uphill.

cuestión 1 *nf (pregunta)* question. **2** *(asunto)* business. **3** *(discusión)* dispute, quarrel.
• **ser cuestión de vida o muerte** *fig* to be a matter of life or death.

cuestionar *vt* to question.

cuestionario *nm* questionnaire.

cueva *nf* cave.

cuico,-a *nm,f* MÉX *fam* cop.

cuidado 1 *nm (atención)* care, carefulness. **2** *(recelo)* worry. || **3 ¡cuidado!** *interj* look out!
• **al cuidado de** in care of; **tener cuidado** to be careful.
■ **cuidados intensivos** intensive care *sing.*

cuidadoso,-a 1 *adj (atento)* careful. **2** *(celoso)* cautious.

cuidar 1 *vt* - *vi* to look after, care for, mind. || **2 cuidarse** *vpr* to take care of oneself.

cuitlacoche *nm* CAM MÉX corn smut *(edible fungus which grows on maize).*

culata 1 *nf (de arma)* butt. **2** AUTO head. **3** *(carne)* haunch, hindquarters *pl.*

culebra *nf* snake.

culebrón *nm* television serial, soap opera.

culinario,-a *adj* culinary, cooking.

culminación *nf* culmination, climax.

culminante *adj* culminating, climatic.

culminar 1 *vi* to climax. || **2** *vt* to finish.

culo 1 *nm (trasero)* bottom, backside. **2** *(ano)* anus. **3** *(de recipiente)* bottom.
• **caer de culo** *fam* to fall flat on one's

bottom; **ir de culo** *fam fig* to be rushed off one's feet; **¡vete a tomar por el culo!** *vulg* fuck off!

culpa 1 *nf (culpabilidad)* guilt, blame. **2** *(falta)* fault: ***esto es culpa mía*** it's my fault.

• **echar la culpa a** to blame; **tener la culpa** to be to blame for.

culpabilidad *nf* guilt, culpabilility.

culpable 1 *adj* guilty. ‖ **2** *nmf* offender, culprit.

culpar 1 *vt* to blame. ‖ **2 culparse** *vpr* to blame oneself.

cultivado,-a 1 *adj (terreno)* cultivated. **2** *fig (persona)* cultured, refined.

cultivar 1 *vt (terreno)* to cultivate, farm. **2** *(ejercitar facultades)* to work at: ***cultivar la memoria*** to improve one's memory.

• **cultivar las amistades** *fig* to cultivate friendships.

cultivo 1 *nm (de terreno)* cultivation, farming. **2** BIOL culture.

culto,-a 1 *adj (con cultura)* cultured, learned. **2** *(estilo)* refined. ‖ **3 culto** *nm* worship.

• **rendir culto a** to pay homage to, worship.

cultura *nf* culture.

cultural *adj* cultural.

cumbre 1 *nf (de montaña)* summit, top. **2** *(culminación)* pinnacle. **3** *(reunión)* summit.

cumpleaños *nm inv* birthday.

cumplido,-a 1 *adj (terminado)* completed. **2** *(abundante)* large, ample. **3** *(educado)* polite. ‖ **4 cumplido** *nm (piropo)* compliment.

cumplidor,-ra *adj* dependable.

cumplimentar 1 *vt (felicitar)* to congratulate. **2** *(ejecutar)* to carry out.

cumplimiento 1 *nm* fulfilment. **2** *(cumplido)* compliment.

■ **cumplimiento de la ley** observance of the law.

cumplir 1 *vt (llevar a cabo)* to carry out. **2** *(promesa)* to keep. **3** *(años)* to be: ***mañana cumplo veinte años*** I'll be twenty tomorrow. ‖ **4** *vi* to do one's duty. ‖ **5 cumplirse** *vpr (realizarse)* to be fulfilled.

cúmulo 1 *nm* heap, pile. **2** METEOR cumulus.

cuna 1 *nf* cradle. **2** *(linaje)* birth, lineage. **3** *fig (origen)* cradle, beginning.

cundir 1 *vi (extenderse)* to spread: ***cundió el pánico*** people panicked. **2** *(dar de sí)* to increase in volume.

cuneta 1 *nf (de carretera)* verge. **2** *(zanja)* ditch.

cuña *nf* wedge.

• **tener cuña** ANDES RPL to have friends in high places.

cuñado,-a *nm,f (hombre)* brother-in-law; *(mujer)* sister-in-law.

cuota 1 *nf (pago)* membership fee, dues *pl*. **2** *(porción)* quota, share.

cupe *pret indef* → caber.

cupo *nm* quota.

cupón *nm* coupon.

cúpula 1 *nf* ARQ cupola, dome. **2** POL leadership.

cura 1 *nm* priest. ‖ **2** *nf* cure, healing.

curación *nf* cure, healing.

curado,-a 1 *adj (sano)* cured. **2** *(curtido)* cured, salted. **3** *(piel)* tanned.

curandero,-a *nm,f* quack.

curar 1 *vt (sanar)* to cure. **2** *(herida)* to dress; *(enfermedad)* to treat. **3** *(carne, pescado)* to cure; *(piel)* to tan; *(madera)* to season. ‖ **4** *vi (cuidar)* to take care (de, of). ‖ **5 curarse** *vpr (recuperarse)* to recover (de, from), get well. **6** *(herida)* to heal up.

curativo,-a *adj* curative.

curcuncho,-a *adj* ANDES *fam* hunchbacked.

curiosear 1 *vt* to pry into. ‖ **2** *vi* to pry.

curiosidad 1 *nf (interés)* curiosity. **2** *(aseo)* cleanliness.

curioso,-a 1 *adj (indiscreto)* curious, inquisitive. **2** *(aseado)* clean, tidy. **3** *(extraño)* strange. ‖ **4** *nm,f (cotilla)* busybody.

curita *nf* AM sticking-plaster, US Band-aid®.

currante *nmf arg* worker.
currar *vi arg* to grind, slave.
curre *nm arg* job.
currículo *nm (pl* **currículos** *or* **currícula***)* curriculum (vitae).
currículum *nm* curriculum (vitae).
cursar 1 *vt (estudiar)* to study. **2** *(enviar)* to send, dispatch. **3** *(tramitar)* to make an application.
cursi 1 *adj* affected. **2** *nm,f* affected person
cursilería *nf* bad taste.
cursillo *nm* short course.
curso 1 *nm (dirección)* course, direction. **2** EDUC course: ***curso académico*** academic year, school year. **3** *(río)* flow, current.
• **estar en curso** to be under way; **dejar que las cosas sigan su curso** *fig* to let things take their course; **en curso** current: ***el año en curso*** the current year.
■ **curso intensivo** intensive course.
cursor 1 *nm* INFORM cursor. **2** TÉC slide.
curtido,-a 1 *adj* tanned. ‖ **2 curtido** *nm (operación)* tanning. ‖ **3 curtidos** *nm pl* tanned leather.
curtiembre *nf* ANDES RPL tannery.
curtir 1 *vt (piel)* to tan. **2** *(acostumbrar)* to harden. ‖ **3 curtirse** *vpr (por el sol)* to get tanned. **4** *(acostumbrarse)* to become hardened.
curva 1 *nf* MAT curve. **2** *(de carretera)* bend.
■ **curva cerrada** sharp bend.
curvo,-a *adj* curved, bent.
cuscurro *nm* crust of bread.
cúspide 1 *nf (cumbre)* summit. **2** *fig (directiva)* leadership.
custodia 1 *nf (vigilancia)* custody, care. **2** REL monstrance.
custodiar [12] *vt* to keep, take care of.
cutáneo,-a *adj* cutaneous, skin.
cutícula *nf* cuticle.
cutis *nm inv* skin, complexion.
cuyo,-a *pron* whose, of which.
• **en cuyo caso** in which case

D

D. *abr (*don*)* Mister; *(abreviatura)* Mr.
Dª *abr (*doña*)* Mrs, Miss, Ms.
dabuten *adj arg* great, terrific.
dado,-a 1 *adj* given: ***en un momento dado*** at a given moment, at a certain point. ‖ **2 dado** *nm* die.
• **dadas las circunstancias** in view of the circumstances; **dado que** given that; **ser dado,-a a** to be keen on, be fond of.
daga *nf* dagger.
dalia *nf* dahlia.
daltonismo *nm* colour blindness.
dama 1 *nf (señora)* lady. **2** *(en ajedrez)* queen; *(en damas)* king. ‖ **3 damas** *nf pl* draughts, US checkers.
■ **dama de honor** bridesmaid.
damasco 1 *nm (tela)* damask. **2** ANDES CAM CARIB RPL *(albaricoque)* apricot.
damnificado,-a *nm,f* victim.
damnificar [1] *vt* to injure, harm.
danés,-esa 1 *adj* Danish. ‖ **2** *nm,f (persona)* Dane. ‖ **3 danés** *nm (idioma)* Danish.
Danubio *nm* Danube.
danza *nf* dance.
danzar [4] *vt - vi* to dance (**con**, with).
dañado,-a *adj* damaged, spoiled.
dañar 1 *vt (cosa)* to damage; *(persona)* to hurt, harm. ‖ **2 dañarse** *vpr (cosa)* to become damaged; *(persona)* to get hurt. **3** *(pudrirse)* to go bad.
dañino,-a *adj* harmful, damaging.
daño 1 *nm (en cosas)* damage. **2** *(en personas)* harm, injury.
• **hacer daño** *(doler)* to hurt; *(lastimar)* to hurt, injure: ***hacerse daño*** to hurt oneself.
■ **daños y perjuicios** damages.
dar [68] **1** *vt (gen)* to give; *(entregar)* to deliver, hand over. **2** *(luz, gas)* to turn on. **3** *(fruto, flores)* to bear. **4** *(las horas)* to strike. **5** *(película)* to show; *(teatro)*

to perform. **6** *(golpear)* to hit. **7** *(considerar)* to assume (**por**, -), consider (**por**, -). **8** *(pintura, barniz)* to apply, put on. **9** *(una fiesta)* to have. ‖ **10** *vi (caer)* to fall (**de**, on, **en**, -). **11** *(mirar a)* to overlook (**a**, -). ‖ **12 darse** *vpr (entregarse)* to give in, surrender. **13** *(chocar)* to crash (**contra/con**, into).

• **da lo mismo** it's all the same; **dar a luz** to give birth; **dar algo por bueno** to consider sth valid; **dar con** to find; **dar de comer** to feed; **dar de sí** to give, stretch; **dar que hacer** to give trouble; **dar un paseo** to take a walk; **darse a la bebida** to take to drink; **darse por vencido,-a** to give in.

dardo *nm* dart.

datar 1 *vt* to date, put a date on. ‖ **2** *vi* to date back (**de**, to/from).

dátil *nm* date.

dato 1 *nm* fact, piece of information. ‖ **2 datos** *nm pl (información)* information *sing*; *(informáticos)* data.

■ **datos personales** personal details.

d.C. *abr (*después de Cristo*)* Anno Domini; *(abreviatura)* AD.

dcha. *abr (*derecha*)* right.

DDT *abr (*diclorodifeniltricloroetano*)* dichlorodiphenyltrichloroethane; *(abreviatura)* DDT.

de 1 *prep (posesión)* of, 's, s': ***el libro de Juan*** Juan's book. **2** *(tema)* of, on, about. **3** *(materia)* of. **4** *(origen, procedencia)* from. **5** *(modo)* on, in, as: ***de pie*** standing up. **6** *(tiempo)* at, by: ***de día*** by day; ***de noche*** at night. **7** if: ***de seguir así, acabarás en la cárcel*** if you continue like this, you'll end up in prison.

▲ *SEE del.*

deambular *vi* to wander.

debajo *adv* underneath, below.

• **debajo de** under, beneath.

debate *nm* debate, discussion.

debatir 1 *vt (moción)* to debate; *(tema)* to discuss. ‖ **2 debatirse** *vpr* to struggle.

deber 1 *nm (obligación)* duty, obligation. ‖ **2** *vt (dinero)* to owe. ‖ **3 deber +** *inf v aux (obligación)* must, to have to; *(recomendación)* should: ***debo irme*** I must go; ***deberías ir al médico*** you should see the doctor. **4** *(conjetura)* must: ***deben de ser las seis*** it must be six o'clock; ***no deben de haber llegado*** they can't have arrived. ‖ **5 deberse** *vpr* to be due. ‖ **6 deberes** *nm pl (de escuela)* homework *sing*.

debidamente *adv* duly, properly.

debido,-a 1 *adj* owed. **2** *(apropiado)* due, just, proper.

• **como es debido** right, properly; **debido,-a a** due to, owing to.

débil 1 *adj (persona)* weak, feeble. **2** *(ruido)* faint. **3** *(luz)* dim.

debilidad *nf* weakness.

• **tener debilidad por** to have a weakness for.

debilitar 1 *vt* to weaken. ‖ **2 debilitarse** *vpr* to become weak.

debut *nm* debut.

debutar *vi* to make one's debut.

década *nf* decade.

decadencia *nf* decadence.

• **caer en decadencia** to fall into decline.

decadente *adj* decadent.

decaer [67] *vi* to decline, decay, fall.

decaído,-a 1 *adj (débil)* weak. **2** *(triste)* sad, depressed.

decaimiento 1 *nm (debilidad)* weakness. **2** *(tristeza)* sadness.

decano,-a *nm,f* dean.

decantar 1 *vt (vasija)* to decant. ‖ **2 decantarse** *vpr (preferir)* to prefer (**hacia/por**, -).

decapitar *vt* to behead, decapitate.

decena *nf* group of ten.

decencia 1 *nf (decoro)* decency, propriety. **2** *(honestidad)* honesty.

decenio *nm* decade.

decente 1 *adj (decoroso)* decent, proper. **2** *(honesto)* honest. **3** *(limpio)* tidy, proper.

decepción *nf* disappointment.

decepcionante *adj* disappointing.

decepcionar *vt* to disappoint, let down.

decidido,-a 1 *pp* → **decidir**. ‖ 2 *adj (audaz)* determined.
decidir 1 *vt (asunto)* to decide, settle. 2 *(convencer)* to persuade. ‖ 3 **decidirse** *vpr* to make up one's mind.
decilitro *nm* decilitre.
décima *nf* tenth.
decimal *adj* - *nm* decimal.
decímetro *nm* decimetre.
décimo,-a 1 *num* tenth. ‖ 2 **décimo** *nm* (tenth part of a) lottery ticket.
decimoctavo,-a *num* eighteenth.
decimocuarto *num* fourteenth.
decimonono,-a *num* nineteenth.
decimonoveno,-a *num* nineteenth.
decimoquinto,-a *num* fifteenth.
decimoséptimo,-a *num* seventeenth.
decimosexto,-a *num* sixteenth.
decimotercero,-a *num* thirteenth.
decir [69] 1 *vt (pp* dicho,-a*) (gen)* to say; *(a alguien)* to tell. ‖ 2 **decirse** *vpr* to say to oneself.
• **como quien dice** so to speak; **como si dijéramos** so to speak; **decir para sí** to say to oneself; **es decir** that is to say; **querer decir** to mean; **se dice ...** they say ..., it is said ....
decisión 1 *nf (resolución)* decision. 2 *(firmeza)* determination, resolution.
decisivo,-a *adj* decisive, final.
declaración 1 *nf (afirmación)* declaration, statement. 2 JUR statement.
• **prestar declaración** *(en juicio)* to give evidence.
▪ **declaración de la renta** income tax return.
declarar 1 *vt (gen)* to declare: ***¿no tiene nada que declarar?*** have you nothing to declare? 2 JUR *(considerar)* to find: ***lo declararon inocente*** they found him not guilty. ‖ 3 *vi (afirmar)* to state, declare. 4 JUR *(dar testimonio)* to testify. ‖ 5 **declararse** *vpr (considerarse)* to declare oneself. 6 *(fuego, guerra)* to start, break out.
• **declararse a algn** *(confesar su amor)* to declare one's love to sb.
declinación 1 *adj* GRAM declension. 2 ASTRON declination.
declinar 1 *vi (salud)* to decline. 2 *(negocio, ventas)* to decay, fall off. ‖ 3 *vt (rechazar)* to decline.
declive 1 *nm (en terreno)* slope. 2 *fig (de imperio etc)* decline.
• **en declive** on the decline.
decolaje *nm* AM take-off.
decolar *vi* ANDES to take off.
decolorar *vt* to discolour, bleach.
decoración 1 *nf (de casa, pastel)* decoration. 2 TEAT scenery, set.
decorado *nm* TEAT scenery, set.
decorador,-ra *nm,f* decorator.
decorar *vt* to decorate.
decorativo,-a *adj* decorative, ornamental.
decrecer [43] *vi* to decrease, diminish.
decretar *vt* to decree, order.
decreto *nm* decree.
dedal *nm* thimble.
dedicación *nf* dedication.
dedicar [1] 1 *vt* to dedicate. ‖ 2 **dedicarse** *vpr* to devote oneself (a, to).
dedicatoria *nf* dedication.
dedillo *nm*.
• **saber algo al dedillo** to know sth inside out; **conocer un lugar al dedillo** to know a place like the back of one's hand.
dedo *nm (de la mano)* finger; *(del pie)* toe.
• **hacer dedo** to hitchhike.
▪ **dedo anular** ring finger; **dedo del corazón** middle finger; **dedo gordo** thumb; **dedo índice** forefinger, index finger; **dedo meñique** little finger.
deducción *nf* deduction.
deducir [46] 1 *vt (inferir)* to deduce. 2 *(dinero)* to deduct.
defecto *nm* defect, fault.
defectuoso,-a *adj* defective, faulty.
defender [28] 1 *vt (país, acusado, intereses)* to defend. 2 *(afirmación)* to assert, maintain. ‖ 3 **defenderse** *vpr (arreglárselas)* to manage.
defendido,-a 1 *adj* defended. ‖ 2 *nm,f* JUR defendant.

defensa 1 *nf (de país, acusado, intereses)* defence. || **2** *nmf* DEP defence. || **3 defensas** *nf pl* MED defences.
• **en defensa propia** in self-defence.

defensivo,-a *adj* defensive.
• **estar a la defensiva** to be on the defensive.

defensor,-ra 1 *adj* defending. || **2** *nm,f* defender.

deferencia *nf* deference.

deficiencia *nf* deficiency.

deficiente *adj* deficient, faulty.
■ **deficiente mental** mentally retarded person.

déficit 1 *nm (comercial, presupuestario)* deficit. **2** *(falta)* shortage.

definición *nf* definition.

definido,-a *adj* defined, definite.

definir *vt* to define.

definitivo,-a *adj* definitive, final.

deformación *nf* deformation, distortion.

deformar 1 *vt* to deform, distort. || **2 deformarse** *vpr* to become deformed.

deforme *adj* deformed, misshapen.

defraudar 1 *vt (decepcionar)* to disappoint, deceive. **2** *(estafar)* to defraud, cheat.

degeneración *nf* degeneration.

degenerado,-a *adj - nm, f* degenerate.

degenerar *vi* to degenerate.

degollar [58] *vt* to slit the throat of.

degradación 1 *nf (deterioro)* degradation. **2** MIL demotion.

degradar 1 *vt (deteriorar)* to degrade. **2** MIL to demote. || **3 degradarse** *vpr* to demean oneself.

degustación *nf* tasting.

degustar *vt* to taste, sample.

dehesa *nf* pasture.

dejadez 1 *nf (abandono)* neglect, slovenliness; *(negligencia)* negligence. **2** *(pereza)* laziness.

dejado,-a 1 *adj (descuidado)* untidy, slovenly; *(negligente)* negligent. **2** *(perezoso)* lazy.

dejar 1 *vt (gen)* to leave; *(persona)* to abandon; *(lugar, trabajo)* to quit; *(hábito)* to give up. **2** *(permitir)* to allow, let. **3** *(prestar)* to lend. **4** *(legar)* to bequeath. || **5 dejar de +** *inf v aux* to stop: ***dejar de llover*** to stop raining. **6** not to fail to: ***no dejes de hacerlo*** don't forget to do it. || **7 dejarse** *vpr (abandonarse)* to neglect oneself. **8** *(olvidar)* to forget: ***me he dejado las llaves en casa*** I left my keys at home. **9** *(cesar)* to stop (de, -): ***déjate de llorar*** stop crying.
• **¡déjalo!** don't worry about it; **dejar a un lado** to leave aside; **dejar atrás** to leave behind; **dejar caer** to drop; **dejar en paz** to leave alone; **dejar mal** to let down; **dejar plantado,-a** to stand up; **dejarse llevar (por algo)** to get carried away (with STH).

del *contr (*de + el*)* → **de**.

delantal *nm* apron.

delante 1 *adv (enfrente)* in front, before, facing, opposite: ***la casa de delante*** the house across the street; ***delante de mis ojos*** before my eyes. || **2 delante de** *prep (enfrente de)* in front of.
• **hacia delante** forward; **por delante** ahead.

delantera 1 *nf (frente)* front. **2** DEP forward line. **3** *(ventaja)* lead, advantage.
• **tomar la delantera** to get ahead, overtake.

delantero,-a 1 *adj* front, fore. || **2 delantero** *nm* DEP forward.
■ **delantero centro** centre forward.

delatar 1 *vt (denunciar)* to denounce, inform on. **2** *(revelar)* to reveal.

delegación 1 *nf (personas)* delegation. **2** *(sucursal)* branch. **3** MÉX *(distrito municipal)* district; *(comisaría)* police station.

delegado,-a 1 *adj* delegated. || **2** *nm,f* delegate, deputy.

delegar [7] *vt* to delegate.

deleitar 1 *vt* to delight, please. || **2 deleitarse** *vpr* to take delight (con, in).

deletrear *vt* to spell.
delfín 1 *nm* ZOOL dolphin. **2** HIST dauphin.
delgadez *nf* thinness, slenderness.
delgado,-a *adj* thin, slender.
deliberado,-a *adj* deliberate, intentional.
deliberar 1 *vt (decidir)* to decide, consider. || **2** *vi* to deliberate (**sobre**, on).
delicadeza 1 *nf (finura)* delicacy. **2** *(tacto)* thoughtfulness.
● **tener la delicadeza de** to be thoughtful enough to.
delicado,-a 1 *adj (sensible)* delicate. **2** *(con tacto)* considerate, thoughtful. **3** *(difícil)* difficult. **4** *(salud)* delicate.
delicia *nf* delight, pleasure.
delicioso,-a *adj* delicious, delightful.
delimitar *vt* to delimit, mark off, mark out.
delincuencia *nf* delinquency.
delincuente *adj* - *nmf* delinquent.
delineante *nmf (hombre)* draughtsman; *(mujer)* draughtswoman.
delirar 1 *vi (por fiebre)* to rave, be delirious. **2** *fig (decir tonterías)* to talk nonsense.
delirio 1 *nm* delirium. **2** *fig* nonsense.
■ **delirios de grandeza** delusions of grandeur.
delito *nm* offence, crime.
delta *nm* delta.
demacrado,-a *adj* emaciated, scrawny.
demacrarse *vpr* to waste away, become emaciated.
demagogia *nf* demagogy.
demagógico,-a *adj* demagogic.
demanda 1 *nf (solicitud)* petition, request. **2** COM demand: ***tener demanda*** to be in demand. **3** JUR lawsuit.
● **presentar una demanda contra algn** to take legal action against sb.
demandado,-a *nm,f* defendant.
demandante *nmf* claimant.
demandar 1 *vt* JUR to sue. **2** *(pedir)* to demand, ask for.
demás 1 *adj* other, rest of: ***los demás libros*** the other books. || **2** *pron* the other, the rest: ***yo me fui, los demás se quedaron*** I left, the rest stayed.
● **lo demás** the rest; **por lo demás** otherwise; **y demás** and so on.
demasiado,-a 1 *adj (singular)* too much; *(plural)* too many: ***demasiado ruido*** too much noise; ***demasiados coches*** too many cars. || **2 demasiado** *adv (después de verbo)* too much; *(delante de adjetivo)* too: ***comes demasiado*** you eat too much; ***es demasiado caro*** it's too expensive.
demencia *nf* insanity, madness.
demente 1 *adj* mad, insane. || **2** *nmf* lunatic, maniac.
democracia *nf* democracy.
demócrata 1 *adj* democratic. || **2** *nmf* democrat.
democrático,-a *adj* democratic.
democratizar [4] *vt* to democratize.
demografía *nf* demography.
demoler [32] *vt* to demolish, pull down, tear down.
demolición *nf* demolition.
demonio *nm* demon, devil.
● **de mil demonios** *fam* horrific; **oler a demonios** to smell awful; **¡qué demonio!** *fam* what the devil!; **ser un demonio** to be a devil.
demora *nf* delay.
demorar 1 *vt (retardar)* to delay, hold up. || **2** *vi (detenerse)* to stay, remain. || **3 demorar(se)** *vi* - *vpr* AM to delay, be late: ***no demoraron en venir*** they came immediately.
demostración 1 *nf (muestra)* demonstration. **2** *(ostentación)* show. **3** *(prueba)* proof.
demostrar [31] **1** *vt (mostrar)* to demonstrate. **2** *(ostentar)* to show. **3** *(probar)* to prove.
demostrativo,-a 1 *adj* demonstrative. || **2 demostrativo** *nm* demonstrative.
denegar [48] *vt* to deny, refuse.
denominación *nf* denomination.
denominador *nm* denominator.

denominar *vt* to denominate, name.

densidad *nf* density.

denso,-a *adj* dense, thick.

dentadura *nf* teeth *pl*.

■ **dentadura postiza** false teeth.

dental *adj* dental.

dentellada 1 *nf (mordisco)* bite. 2 *(señal)* toothmark.

dentera *nf fig* envy.

● **dar dentera a algn** to set sb's teeth on edge.

dentífrico *nm* toothpaste.

dentista *nmf* dentist.

dentro 1 *adv (gen)* inside, within, in; *(de edificio)* indoors. ‖ 2 **dentro de** *prep* in: ***lo tengo dentro del bolso*** I've got it in my bag; ***dentro de dos días*** in two days' time.

● **dentro de lo posible** as far as possible; **dentro de lo que cabe** under the circumstances; **dentro de poco** shortly; **por dentro** inside.

denuncia *nf* denunciation, accusation.

● **presentar una denuncia** to lodge a complaint.

denunciar [12] *vt (situación)* to denounce, condemn; *(delito)* to report.

departamento 1 *nm (sección)* department, section. 2 *(provincia)* district, province. 3 *(de tren)* compartment. 4 ARG *(piso)* flat, US apartment.

dependencia 1 *nf (de persona, drogas)* dependence, dependency. 2 *(en edificio)* outbuildings *pl*.

depender *vi* to depend (de, on), rely (de, on): ***depende de lo que quieras*** it depends on what you want; ***depende de ti*** it's up to you.

● **depender de algn** to depend on sb.

dependiente,-a 1 *adj* depending, dependent. ‖ 2 *nm,f* shop assistant.

depilación *nf* depilation, hair removal.

depilar *vt* to depilate.

depilatorio,-a 1 *adj* hair-removing: ***una crema depilatoria*** hair-removing cream. ‖ 2 **depilatorio** *nm* hair-remover.

deportación *nf* deportation.

deportar *vt* to deport.

deporte *nm* sport.

● **por deporte** as a hobby.

deportista *nmf (hombre)* sportsman; *(mujer)* sportswoman.

deportividad *nf* sportsmanship.

deportivo,-a 1 *adj (centro, club)* sports. 2 *(conducta)* sporting. 3 *(imparcial)* sportsmanlike.

depositar 1 *vt* to deposit. ‖ 2 **depositarse** *vpr (poso)* to settle.

depósito 1 *nm* FIN deposit, trust. 2 *(poso)* sediment, deposit. 3 *(almacén)* depot, store, warehouse. 4 *(receptáculo)* tank.

■ **depósito de cadáveres** mortuary; **depósito de gasolina** petrol tank.

depre *nf fam* depression.

depresión *nf* depression.

■ **depresión nerviosa** nervous breakdown.

depresivo,-a *adj* depressive.

deprimente *adj* depressing.

deprimido,-a *adj* depressed.

deprimir 1 *vt* to depress. ‖ 2 **deprimirse** *vpr* to become depressed.

deprisa *adv* quickly.

depto. *abr (*departamento*)* department; *(abreviatura)* Dept.

derecha 1 *nf (dirección)* right. 2 *(mano)* right hand; *(pierna)* right leg. 3 POL right wing.

● **a la derecha** to the right; **de derechas** right-wing.

derecho,-a 1 *adj (diestro)* right. 2 *(recto)* straight. 3 *(de pie)* standing, upright. ‖ 4 **derecho** *nm (poder, oportunidad)* right. 5 *(ley)* law. 6 EDUC law. ‖ 7 **derechos** *nm pl* fees, taxes, duties.

● **¡no hay derecho!** it's not fair!; **al derecho** in the right way.

■ **derecho civil** civil law; **derechos humanos** human rights.

deriva *nf* drift.

● **ir a la deriva** to drift.

derivada *nf* MAT derivative.

derivado,-a 1 *adj* derived. || **2 derivado** *nm* derivative.
derivar 1 *vt* to lead, direct. || **2 derivar(se)** *vi - vpr (proceder)* to derive. **3** MAR to drift.
derramar 1 *vt (leche, vino)* to spill. **2** *(sangre, lágrimas)* to shed. || **3 derramarse** *vpr* to spill.
derrame 1 *nm (de leche, vino)* spilling. **2** *(de sangre, lágrimas)* shedding.
■ **derrame cerebral** MED cerebral hemorrhage.
derrapar *vi* to skid.
derretir *vt - vpr* to melt.
derribar 1 *vt (edificio)* to pull down, demolish. **2** *(persona)* to fell, knock down. **3** MIL to shoot down. **4** *(gobierno)* to overthrow.
derribo *nm* demolition.
■ **materiales de derribo** debris.
derrocar [1] **1** *vt (derribar)* to pull down, demolish. **2** *(gobierno)* to overthrow.
derrochador,-ra 1 *adj* wasteful. || **2 derretir(se)** *nm,f* squanderer.
derrochar 1 *vt* to waste, squander. **2** *fig* to be full of.
derroche *nm* waste, squandering.
derrota 1 *nf (de rival, enemigo)* defeat. **2** MAR ship's route, ship's course.
derrotado,-a 1 *adj* defeated. **2** *fam (cansado)* tired.
derrotar *vt* to defeat.
derruir [62] *vt* to pull down, demolish.
derrumbamiento 1 *nm (de edificio)* falling down, collapse. **2** *(de techo)* caving in. **3** *(de tierras)* landslide.
derrumbar 1 *vt* to pull down, demolish. || **2 derrumbarse** *vpr (edificio)* to collapse. **3** *(techo)* to cave in.
desabrigado,-a *adj* unsheltered.
desabrochar 1 *vt* to undo, unfasten. **2 desabrocharse** *vpr* to come undone
desacierto *nm* mistake, blunder.
desaconsejar *vt* to advise against.
desacuerdo *nm* disagreement.
desafiante *adj* challenging, defiant.
desafiar [13] *vt* to challenge.
desafinado,-a *adj* out of tune.
desafinar 1 *vi* to be out of tune. || **2 desafinarse** *vpr* to get out of tune.
desafío 1 *nm (reto)* challenge. **2** *(duelo)* duel.
desafortunado,-a *adj* unlucky, unfortunate.
desagradable *adj* disagreeable, unpleasant.
desagradar *vt* to displease.
desagradecido,-a *adj* ungrateful.
desagrado *nm* displeasure, discontent.
● **con desagrado** reluctantly.
desagüe *nm* drain.
desahogar [7] **1** *vt (rabia)* to vent. || **2 desahogarse** *vpr* relieve one's feelings, pour one's heart out, let off steam: ***¡desahógate!*** don't bottle it up!
desahogo 1 *nm (alivio)* relief. **2** *(comodidad)* comfort, ease.
desahuciar [12] **1** *vt (desanimar)* to take away all hope from. **2** JUR *(inquilino)* to evict.
desalentador,-ra *adj* discouraging.
desalentar [27] **1** *vt* to discourage. || **2 desalentarse** *vpr* to lose heart.
desaliento *nm* discouragement.
desaliñado,-a *adj* scruffy.
desalojar 1 *vt (persona)* to eject, remove. **2** *(inquilino)* to evict. **3** *(ciudad)* to evacuate. **4** *(edificio)* to clear. || **5** *vi* to move out.
desamparado,-a 1 *adj (niño)* helpless, defenceless. **2** *(lugar)* exposed. **3** *(casa etc)* abandoned.
desandar [64] *vt* to go back over.
● **desandar lo andado** to retrace one's steps.
desangrarse *vpr* to bleed heavily, lose blood.
desanimado,-a 1 *adj (sin ánimo)* despondent, downhearted. **2** *(aburrido)* dull.
desanimar 1 *vt* to discourage, dishearten. || **2 desanimarse** *vpr* to become discouraged, disheartened.

desánimo *nm* despondency, downheartedness.

desapacible *adj* unpleasant, disagreeable.

desaparecer [43] **1** *vt* to make disappear. || **2** *vi* to disappear, vanish.

desaparición *nf* disappearance.

desapercibido,-a *adj* unprepared, unready.

• **pasar desapercibido** to go unnoticed.

desaprovechar *vt* to waste, not take advantage of.

• **desaprovechar una ocasión** to miss an opportunity.

desarmado,-a 1 *adj (quitar armas)* unarmed. **2** *(desmontado)* dismantled, taken to pieces.

desarmador *nm* MÉX screwdriver.

desarmar 1 *vt (quitar armas)* to disarm. **2** *(desmontar)* to dismantle, take apart.

desarme *nm* disarmament.

■ **desarme nuclear** nuclear disarmament.

desarrollado,-a *adj* developed.

desarrollar 1 *vt (gen)* to develop. **2** *(realizar)* to carry out. || **3 desarrollarse** *vpr (crecer)* to develop, grow. **4** *(ocurrir)* to take place.

desarrollo *nm* development.

• **en vías de desarrollo** developing.

desarticular 1 *vt* MED to dislocate, put out of joint. **2** *fig (organización)* to break up.

desaseado,-a 1 *adj (desordenado)* untidy. **2** *(sucio)* dirty. **3** *(dejado)* slovenly, unkempt.

desasosiego *nm* disquiet, uneasiness, anxiety.

desastre *nm* disaster.

desastroso,-a *adj* disastrous.

desatado,-a 1 *adj (suelto)* loose, untied. **2** *(violento)* wild, violent.

desatar 1 *vt* to untie, undo. || **2 desatarse** *vpr (soltarse)* to come untied, come undone. **3** *fig (desmadrarse)* to lose all restraint. **4** *(tormenta)* to break.

desatascar [1] *vt* to unblock.

desatender [28] **1** *vt (obligación, persona)* to neglect. **2** *(consejo)* to disregard.

desatornillar *vt* to unscrew.

desatrancar [1] **1** *vt (tubería)* to unblock. **2** *(puerta)* to force open.

desautorización *nf* withdrawal of authority, disavowal.

desautorizado,-a *adj* unauthorized, discredited.

desautorizar [4] *vt* to deprive of authority.

desavenencia *nf* disagreement, quarrel.

desayunar *vt* - *vi* to have breakfast.

desayuno *nm* breakfast.

desbandada *nf* scattering.

• **a la desbandada** helter-skelter, in disorder; **salir en desbandada** to scatter in all directions.

desbarajuste *nm* disorder, confusion.

desbaratar 1 *vt (plan)* to destroy, ruin. **2** *(fortuna)* to waste, squander.

desbolado,-a 1 *adj* RPL *fam* messy, untidy. || **2** *nm,f* RPL *fam* untidy person.

desbolarse *vpr* RPL *fam* to undress.

desbole *nm* RPL *fam* mess, chaos.

desbordamiento *nm* overflow.

desbordante *adj* overflowing.

desbordar 1 *vt (sobrepasar)* to surpass, go beyond. || **2 desbordarse** *vpr (río)* to overflow. **3** *(persona)* to lose one's self-control.

• **desbordar entusiasmo** to be brimming with enthusiasm.

descabellado,-a *adj* wild, crazy.

descafeinado,-a 1 *adj* decaffeinated. **2** *fam* watered-down.

descalabrado,-a *adj* wounded in the head.

descalabrar 1 *vt* to wound in the head. || **2 descalabrarse** *vpr* to hurt one's head.

descalificar [1] *vt* to disqualify.

descalzar [4] **1** *vt* to take off sb's

shoes. || **2 descalzarse** *vpr* to take off one's shoes.

descalzo,-a *adj* barefoot.

descampado,-a 1 *adj* open. || **2 descampado** *nm* piece of open land.

descansado,-a 1 *adj (persona)* rested, refreshed. **2** *(tarea)* easy.

descansar 1 *vi (reposar)* to have a rest, take a break. **2** *(dormir)* to sleep. **3** *(apoyarse)* to rest (sobre, on), be supported (sobre, by). || **4** *vt* to rest.

• **descansar en paz** to rest in peace; **¡descansen armas!** order arms!; **que descanses** sleep well.

descansillo *nm* landing.

descanso 1 *nm (reposo)* rest, break. **2** *(alivio)* relief. **3** *(obra de teatro)* interval; *(encuentro deportivo)* half time.

descapotable *adj - nm* convertible.

descarado,-a 1 *adj* shameless, cheeky. || **2** *nm,f* shameless person, cheeky person.

descarga 1 *nf (de mercancías)* unloading. **2** ELEC discharge. **3** *(de fuego)* discharge, volley.

descargador 1 *nm (mozo)* unloader. **2** *(estibador)* docker.

descargar [7] **1** *vt (mercancías)* to unload. **2** *fig (conciencia)* to ease. **3** *(de obligaciones)* to free, discharge. **4** *(golpe)* to strike. **5** *(enfado)* to vent. **6** *(arma)* to fire, discharge. || **7 descargarse** *vpr (persona)* to unburden oneself. **8** *(batería)* to go flat.

descaro *nm* impudence, effrontery, cheek: ***¡qué descaro!*** what a cheek!

descarriar [13] **1** *vt* to send the wrong way. || **2 descarriarse** *vpr* to lose one's way. **3** *fig* to go astray.

descarrilamiento *nm* derailment.

descarrilar *vi* to be derailed, run off the rails.

descartar 1 *vt* to discard, reject. || **2 descartarse** *vpr (de cartas)* to discard (de, -).

descendencia *nf* offspring.

• **sin descendencia** without children.

descender [28] **1** *vi (persona)* to descend, go down, come down. **2** *(temperatura, índice)* to drop, fall. **3** *(derivar)* to derive.

descendiente 1 *adj* decreasing. || **2** *nmf* descendant.

descenso 1 *nm (de escalera, cumbre)* descent, coming down. **2** *(de temperatura, índice)* drop, fall.

descifrar *vt* to decipher, decode.

desclavar *vt* to remove the nails from.

descojonarse *vpr vulg* to piss oneself laughing.

descolgar [52] **1** *vt (cuadro, cortina)* to unhang, take down. **2** *(teléfono)* to pick up. || **3 descolgarse** *vpr (aparecer)* to show up unexpectedly. **4** *(de una ventana)* to slip down, let oneself down.

descolorido,-a *adj* discoloured, faded.

descomponer [78] **1** *vt (pp* descompuesto,-a*) (palabra, cantidad)* to break down. **2** TÉC to break. **3** *(desordenar)* to mess up, upset. **4** FÍS *(fuerza)* to resolve. || **5 descomponerse** *vpr (pudrirse)* to decompose, rot. **6** TÉC to break down, develop a fault. **7** *(sentirse mal)* to be indisposed. **8** *(enfadarse)* to lose one's temper. **9** AM *(el tiempo)* to turn nasty.

descomposición 1 *nf (putrefacción)* decomposition, decay. **2** TÉC *(de fuerzas)* resolution. **3** MED looseness of bowels.

descompostura 1 *nf* AM *(malestar)* an unpleasant turn. **2** MÉX RPL *(avería)* breakdown.

descompuesto,-a 1 *pp* → **descomponer**. || **2** *adj (podrido)* decomposed. **3** *(estropeado)* out of order. **4** *(alterado)* upset.

descomunal *adj* huge, enormous.

desconcertado,-a *adj* disconcerted.

desconcertante *adj* disconcerting.

desconcertar [27] **1** *vt* to disconcert. || **2 desconcertarse** *vpr* to be disconcerted, be confused.

desconchado *nm* chipping off, peeling off.
desconchar 1 *vt* to scrape off. || **2 desconcharse** *vpr* to peel off, chip off.
desconcierto *nm* disorder, confusion.
desconectado,-a *adj* disconnected.
desconectar 1 *vt* to disconnect. || **2 desconectarse** *vpr fam* to stop listening, turn off.
desconexión *nf* disconnection.
desconfiado,-a *adj* distrustful, suspicious.
desconfianza *nf* mistrust, suspicion.
desconfiar [13] *vi* to be distrustful (de, of); to distrust (de, -); not trust (de, -).
descongelar 1 *vt (comida)* to thaw. **2** *(nevera)* to defrost.
desconocer [44] *vt* not to know.
desconocido,-a 1 *adj (no conocido)* unknown. **2** *(extraño)* strange, unfamiliar. || **3** *nm,f* stranger.
• **estar desconocido,-a** to be unrecognizable; **lo desconocido** the unknown.
desconocimiento *nm* ignorance.
desconsideración *nf* lack of consideration.
desconsiderado,-a *adj* inconsiderate.
desconsolado,-a *adj* disconsolate, grief-stricken, dejected.
desconsolar [31] **1** *vt* to distress, grieve. || **2 desconsolarse** *vpr* to become distressed.
desconsuelo *nm* affliction, grief.
descontado,-a 1 *adj (rebajado)* discounted. **2** *(excluido)* left out.
• **dar por descontado** to take for granted; **por descontado** needless to say, of course.
descontar [31] **1** *vt (rebajar)* to discount, deduct. **2** *(excluir)* to leave out.
descontento,-a 1 *adj* displeased, unhappy. || **2 descontento** *nm* discontent, displeasure.
descontrol *nm fam* lack of control.
descontrolado,-a *adj* out of control.
descontrolarse *vpr* to lose control.
descorchar *vt* to uncork.
descorrer *vt* to draw back.
descortés *adj* impolite, rude.
descoser 1 *vt* to unstitch,unpick. || **2 descoserse** *vpr* to come unstitched.
descosido,-a 1 *adj* ripped, unstitched. || **2 descosido** *nm* open seam.
• **como un descosido** *fam* like mad.
descremado,-a *adj* skimmed.
describir *vt (pp* descrito,-a*)* to describe.
descripción *nf* description.
descrito,-a *pp* → **describir**.
descuartizar [4] *vt* to quarter, cut into pieces.
descubierto,-a 1 *pp* → **descubrir**. || **2** *adj (sin cubrir)* uncovered; *(sin sombrero)* bareheaded. || **3 descubierto** *nm* COM overdraft.
• **al descubierto** in the open; **en descubierto** COM overdrawn.
descubridor,-ra *nm,f* discoverer.
descubrimiento *nm* discovery.
descubrir 1 *vt (pp* descubierto,-a*)* *(encontrar)* to discover. **2** *(revelar)* to make known. **3** *(averiguar)* to find out. || **4 descubrirse** *vpr* to take off one's hat.
descuento *nm* discount.
descuidado,-a 1 *adj (negligente)* careless, negligent. **2** *(desaseado)* slovenly.
descuidar 1 *vt (no atender)* to neglect. **2** *(no preocuparse)* not to worry: ***descuida, ya lo hago yo*** don't worry, I'll do it. || **3 descuidarse** *vpr* not to be careful: ***como te descuides, te roban la cartera*** if you're not careful, they'll steal your wallet.
descuido 1 *nm (negligencia)* negligence, carelessness. **2** *(desaliño)* slovenliness. **3** *(despiste)* oversight. **4** *(desliz)* slip, error.
desde 1 *prep (lugar)* from: ***he venido corriendo desde la iglesia*** I've run from the church; ***desde aquí no se ve*** you can't see it from here. **2** *(tiempo)*

since: ***salen juntos desde junio*** they've been going out together since June.

● **desde ... hasta** from ... to; **desde ahora** from now on; **desde entonces** since then, ever since; **desde hace** for: ***vivo aquí desde hace cinco años*** I've lived here for five years; **desde luego** of course, certainly; **desde que** *(+ pretérito)* since; *(+ presente)* ever since: ***desde que la vi supe que nos llevaríamos bien*** as soon as I saw her I knew we'd get on well; ***desde que nos conocemos, nunca me ha mentido*** ever since I've known him, he's never lied to me.

desdecir [79] **1** *vi (pp* desdicho,-a*)* not to live up (de, to). ‖ **2 desdecirse** *vpr* to go back on one's word.

desdén *nm* disdain, scorn.

desdentado,-a *adj* toothless.

desdeñar *vt* to disdain, scorn.

desdeñoso,-a *adj* disdainful, contemptuous, scornful.

desdicha *nf* misfortune.

desdichado,-a *adj* unfortunate, wretched.

desdicho,-a *pp* → **desdecir**.

desdoblar *vt* to unfold, spread open.

deseable *adj* desirable.

desear *vt* to desire, wish, want.

desecar [1] *vt* to desiccate, dry up.

desechable *adj* disposable.

desechar 1 *vt* to cast aside. **2** *(rechazar)* to refuse, decline.

desecho 1 *nm* refuse. ‖ **2 desechos** *nm pl (basura)* waste *sing*: ***materiales de desecho*** waste material. **3** *(sobras)* leftovers.

desembarazar [4] **1** *vt (liberar)* to free. **2** *(habitación)* to evacuate. ‖ **3 desembarazarse** *vpr* to rid oneself (de, of).

desembarcar [1] *vi* to disembark, land, go ashore.

desembarco *nm* landing.

desembocadura 1 *nf (de río)* mouth. **2** *(salida)* outlet, exit.

desembocar [1] **1** *vi (río)* to flow (en, into). **2** *(calle)* to end (en, at), lead (en, into). **3** *fig* to lead (en, to).

desembolsar *vt* to disburse, pay out.

desembolso 1 *nm (pago)* disbursement, payment. **2** *(gasto)* expenditure.

desempaquetar *vt* to unpack.

desempatar *vt* DEP to play off.

desempate *nm* DEP play-off.

desempeñar 1 *vt (objeto)* to redeem, take out of pawn. **2** *(obligación)* to discharge, fulfil. **3** *(cargo)* to fill, hold. **4** *(papel)* to play.

desempleado,-a 1 *adj* unemployed. ‖ **2** *nm,f* unemployed person.

desempleo *nm* unemployment.

● **cobrar el desempleo** to be on the dole.

desempolvar 1 *vt (muebles etc)* to dust. **2** *fig (algo escondido)* to unearth.

desencadenar 1 *vt (quitar cadenas)* to unchain. **2** *(desatar)* to free, unleash. ‖ **3 desencadenarse** *vpr (desatarse)* to break loose. **4** *(tormenta, guerra)* to break out. **5** *(acontecimientos)* to start.

desencajar 1 *vt (separar)* to take apart. ‖ **2 desencajarse** *vpr (cara)* to become distorted, become twisted.

desencanto *nm* disillusionment, disappointment.

desenchufar *vt* to unplug, disconnect.

desenfadado,-a *adj* free and easy, carefree.

desenfocado,-a *adj* out of focus.

desenfocar [1] *vt* to take out of focus.

desenfundar *vt* to draw out, pull out.

desenganchar 1 *vt (soltar)* to unhook, unfasten. **2** *(caballerías)* to uncouple, unhitch.

desengañar 1 *vt (anunciar la verdad)* to put wise. **2** *(desilusionar)* to disappoint. ‖ **3 desengañarse** *vpr* to be disappointed.

● **¡desengáñate!** face it!

desengaño *nm* disillusion, disappointment.

desenlace 1 *nm (de aventura)* outcome, end. 2 *(de libro, película)* ending.
desenmascarar *vt* to unmask.
desenredar 1 *vt* to untangle, disentangle. || 2 **desenredarse** *vpr* to disentangle oneself.
desenrollar *vt* to unroll, unwind.
desenroscar [1] *vt* to unscrew, uncoil.
desentenderse [28] *vpr* to take no part (de, in), cease to be interested (de, in).
desenterrar [27] 1 *vt (objeto escondido)* to unearth. 2 *(cadáver)* to disinter, exhume. 3 *(recuerdos)* to recall.
desentonar 1 *vi (al cantar)* to be out of tune. 2 *(no casar)* not to match.
desenvoltura 1 *nf (seguridad)* confidence. 2 *(atrevimiento)* boldness.
desenvolver [32] 1 *vt (pp* desenvuelto,-a*)* to unwrap. || 2 **desenvolverse** *vpr (transcurrir)* to develop, go. 3 *(espabilarse)* to manage.
desenvuelto,-a 1 *pp* → **desenvolver**. || 2 *adj* confident, natural.
deseo *nm* wish, desire, longing.
deseoso,-a *adj* desirous, eager.
desequilibrado,-a 1 *adj* unbalanced. || 2 *nm,f* unbalanced person.
desequilibrar 1 *vt* to unbalance. || 2 **desequilibrarse** *vpr* to become unbalanced.
desequilibrio *nm* lack of balance, imbalance.
■ **desequilibrio mental** mental disorder.
desertar 1 *vi* MIL to desert. 2 *(abandonar)* to abandon.
desértico,-a *adj* desert.
desertor,-ra *nm,f* deserter.
desesperación 1 *nf (angustia)* despair, desperation. 2 *(irritación)* exasperation.
desesperado,-a 1 *adj (angustiado)* hopeless, desperate. 2 *(irritado)* exasperated.
desesperante 1 *adj (angustioso)* despairing. 2 *(irritante)* exasperating.
desesperar 1 *vt (angustiar)* to make despair. 2 *(irritar)* to exasperate. || 3 **desesperar(se)** *vi - vpr (angustiarse)* to despair. 4 *(irritarse)* to be exasperated.
desestabilizar [4] *vt* to destabilize.
desestatización *nf* AM privatization.
desestatizar [4] *vt* AM to privatize.
desfachatez *nf* cheek, nerve.
desfallecer [43] 1 *vi (desmayarse)* to faint. 2 *(decaer)* to lose heart.
desfallecido,-a *adj* faint, weak.
desfasado,-a *adj (teoría, objeto, etc)* out-dated; *(persona)* old-fashioned.
desfavorable *adj* unfavourable.
desfiladero 1 *nm (barranco)* defile, gorge. 2 *(paso)* narrow pass.
desfilar 1 *vi (marchar en fila)* to march past, parade. 2 *(irse)* to file out.
desfile *nm* parade.
desgana 1 *nf* lack of appetite. 2 *(indiferencia)* indifference.
• **con desgana** reluctantly.
desganado,-a 1 *adj (sin hambre)* not hungry. 2 *(indiferente)* indifferent.
• **estar desganado,-a** to have no appetite.
desgarbado,-a *adj* ungainly, ungraceful, clumsy.
desgarrar 1 *vt (romper)* to tear, rend. 2 *fig (corazón)* to break.
desgarrón *nm* tear, rip.
desgastar 1 *vt (ropa)* to wear out, wear away; *(tacones)* to wear down. 2 *(debilitar)* to weaken. || 3 **desgastarse** *vpr (persona)* to wear oneself out.
desgaste 1 *nm (de ropa)* wear; *(de metal)* corrosion. 2 *(debilitamiento)* weakening.
desgracia 1 *nf* misfortune. 2 *(mala suerte)* bad luck, mischance. 3 *(pérdida de favor)* disfavour. 4 *(accidente)* mishap, accident.
• **caer en desgracia** to lose favour, fall into disgrace; **por desgracia** unfortunately; **¡qué desgracia!** how awful!
desgraciado,-a 1 *adj (desafortunado)*

unfortunate, unlucky. **2** *(infeliz)* unhappy. || **3** *nm,f* wretch, unfortunate person.

desgravar *vt* to deduct.

deshabitado,-a *adj* uninhabited.

deshacer [73] **1** *vt (pp* deshecho,-a*)* *(labor, tarea)* to undo, unmake. **2** *(nudo)* to loosen. **3** *(destruir)* to destroy. **4** *(planes)* to upset. **5** *(disolver)* to dissolve; *(fundir)* to melt. || **6 deshacerse** *vpr* to come undone. **7** *(disolverse)* to dissolve; *(fundirse)* to melt. **8** *(librarse)* to get rid (de, of).

• **deshacerse en elogios** to be full of praise; **deshacerse en llanto** to cry one's eyes out.

deshecho,-a 1 *pp* → **deshacer**. || **2** *adj (destruido)* destroyed. **3** *(disuelto)* dissolved; *(fundido)* melted. **4** *fig (cansado)* shattered, exhausted.

deshelarse [27] *vpr* to thaw.

desheredar *vt* to disinherit.

deshidratar 1 *vt* to dehydrate. || **2 deshidratarse** *vpr* to become dehydrated.

deshielo *nm (de río, glaciar)* thaw; *(de congelador)* defrosting.

deshinchar 1 *vt* to deflate. || **2 deshincharse** *vpr* to become deflated.

deshojar *vt* to strip the petals off, strip the leaves off.

• **deshojar la margarita** to play she loves me, she loves me not.

deshollinador *nm* chimney sweep.

deshonesto,-a 1 *adj (no honrado)* dishonest. **2** *(inmoral)* immodest, indecent.

deshonra *nf* dishonour, disgrace.

deshonroso,-a *adj* dishonourable.

deshora *nf* inconvenient time.

• **a deshora** inopportunely, at the wrong time.

deshuesar *vt* to bone.

desierto,-a 1 *adj (deshabitado)* uninhabited; *(vacío)* empty, deserted. || **2 desierto** *nm* desert.

designación *nf* designation, appointment.

designar 1 *vt (nombrar)* to assign, appoint. **2** *(fijar)* to set.

desigual 1 *adj (diferente)* unequal. **2** *(irregular)* uneven, irregular. **3** *(variable)* changeable.

desigualdad 1 *nf (diferencia)* inequality, difference. **2** *(irregularidad)* unevenness. **3** *(inconstancia)* changeability.

desilusión *nf* disillusion, disappointment.

desilusionado,-a *adj* disappointed, disillusioned.

desilusionar *vt* to disillusion, disappoint.

desinfección *nf* disinfection.

desinfectante *adj - nm* disinfectant.

desinfectar *vt* to disinfect.

desinflar 1 *vt - vpr (perder el aire)* to deflate. || **2 desinflarse** *vpr fam (perder el ánimo)* to cool off.

desintegrar *vt* to disintegrate.

desinterés *nm* indifference.

desinteresado,-a *adj* unselfish.

desinteresarse *vpr* to lose interest (de, in).

desintoxicar [1] **1** *vt* to detoxicate. || **2 desintoxicar(se)** *vpr* to detoxicate oneself.

desistir 1 *vi (darse por vencido)* to desist, give up. **2** JUR to waive.

deslave *nm* AM landslide.

desleal *adj* disloyal.

deslenguado,-a *adj* insolent, foulmouthed.

desligar [7] **1** *vt (desatar)* to untie, unfasten. **2** *(separar)* to separate (**de**, from). || **3 desligarse** *vpr* to break away.

deslizante *adj* sliding.

deslizar [4] **1** *vt - vi* to slide, slip (in). || **2 deslizarse** *vpr (resbalar)* to slip; *(sobre agua)* to glide. **3** *(salir)* to slip out of; *(entrar)* to slip into. **4** *(río)* to flow.

deslumbrante *adj* dazzling, glaring.

deslumbrar *vt* to dazzle, daze.

desmadrarse *vpr fam* to go wild.

desmadre *nm fam* havoc, hullaballoo, hulabaloo.

desmaquillador,-ra 1 *adj* cleansing. || **2 desmaquillador** *nm* make-up remover.
desmaquillarse *vpr* to remove one's make-up.
desmayar *vpr* to faint.
desmayo 1 *nm (desánimo)* discouragement. **2** MED fainting fit.
desmejorado *adj* worse.
desmejorar 1 *vt* to impair, make worse. || **2 desmejorar(se)** *vi* - *vpr* to get worse.
• **estar desmejorado,-a** to look unwell.
desmemoriado,-a 1 *adj* forgetful, absent-minded. || **2** *nm,f* forgetful person, absent-minded person.
desmentir [35] **1** *vt (negar)* to deny. **2** *(contradecir)* to contradict. **3** *(desmerecer)* not to live up to.
desmenuzar [4] **1** *vt (pan, galletas)* to crumble, break pieces. **2** *(idea, proyecto)* to scrutinize, look into.
desmesurado,-a *adj* excessive, disproportionate.
desmontable *adj* which can be taken apart.
desmontar 1 *vt (mueble)* to dismantle, take down, take apart. **2** *(edificio)* to knock down. **3** *(arma)* to uncock. || **4** *vi (del caballo)* to dismount (**de**, -).
desmoralizar [4] **1** *vt* to demoralize. || **2 desmoralizarse** *vpr* to become demoralized.
desmoronar 1 *vt (destruir)* to crumble. || **2 desmoronarse** *vpr (destruirse)* to crumble, fall to pieces. **3** *(desanimarse)* to lose heart.
desnatado,-a *adj (leche)* skimmed; *(yogur)* low-fat.
desnivel 1 *nm (desigualdad)* unevenness. **2** *(cuesta)* slope, drop.
desnivelado,-a *adj* uneven.
desnivelar 1 *vt* to make uneven. || **2 desnivelarse** *vpr* to become uneven.
desnucar [1] **1** *vt* to break the neck of. || **2 desnucarse** *vpr* to break one's neck.
desnudar 1 *vt* to undress. || **2 desnudarse** *vpr* to get undressed.
desnudo,-a 1 *adj (persona)* naked, nude. **2** *(paisaje)* plain, bare. || **3 desnudo** *nm* ART nude.
desnutrición *nf* malnutrition, undernourishment.
desnutrido,-a *adj* undernourished.
desobedecer [43] *vt* to disobey.
desobediencia *nf* disobedience.
desobediente *adj* disobedient.
desocupado,-a 1 *adj (libre)* free, vacant. **2** *(ocioso)* unoccupied. **3** *(desempleado)* unemployed.
desocupar *vt* to vacate, empty.
desodorante *adj* - *nm* deodorant.
desolación 1 *nf (abandono)* desolation. **2** *(tristeza)* affliction, grief.
desolador,-ra *adj* desolating.
desolar [31] **1** *vt* to devastate. || **2 desolarse** *vpr* to be grieved.
desorbitado,-a *adj* exhorbitant.
desorden 1 *nm (falta de orden)* disorder, disarray, mess: ***en desorden*** in disarray. **2** *(alteración)* disturbance, riot.
desordenado,-a 1 *adj (sin orden)* untidy, messy. **2** *(desaseado)* slovenly. **3** *(vida)* licentious.
desordenar *vt (liar)* to mess up; *(alterar)* to disturb.
desorganización *nf* disorganization.
desorganizado,-a *adj* disorganized.
desorganizar [4] *vt* to disorganize, disrupt.
desorientado,-a 1 *adj (perdido)* disoriented. **2** *(confuso)* confused.
desorientar 1 *vt* to disorientate. || **2 desorientarse** *vpr* to lose one's bearings.
despabilado,-a 1 *adj (despierto)* wide awake. **2** *(listo)* smart, sharp.
despabilar 1 *vt (animar)* to smarten, enliven. || **2 despabilarse** *vpr (despertarse)* to wake up. **3** *(animarse)* to liven up.
despachar 1 *vt (terminar)* to finish; *(completar)* to complete. **2** *(resolver)* to

resolve, get through. **3** *(enviar)* to send, dispatch. **4** *(despedir)* to sack, fire. **5** *(en tienda)* to serve; *(vender)* to sell. **6** *(asunto)* to deal with. **7** AM *(facturar)* to check in.

● **despacharse a gusto** to get a load off one's mind.

despacho 1 *nm (envío)* sending, dispatch. **2** *(en oficina)* office; *(en casa)* study. **3** *(venta)* sale. **4** *(tienda)* shop, office. **5** *(comunicación)* message, dispatch.

■ **despacho de localidades** box-office.

despachurrar 1 *vt fam* to crush, squash. ‖ **2 despachurrarse** *vpr* to get crushed, get squashed.

despacio 1 *adv* slowly. ‖ **2 ¡despacio!** *interj* easy there!

despampanante *adj* astounding.

desparpajo 1 *nm (desenvoltura)* ease. **2** *(descaro)* nerve, impudence.

desparramar *vt - vpr* to spread, scatter, spill.

despatarrarse 1 *vpr (abrirse de piernas)* to open one's legs wide. **2** *(caer)* to fall with one's legs apart.

despectivo,-a 1 *adj (gesto, tono)* contemptuous. **2** GRAM pejorative.

despedazar [4] *vt* to tear into pieces, cut into pieces.

despedida *nf* farewell, goodbye.

■ **despedida de soltero** stag party; **despedida de soltera** hen party.

despedir [34] **1** *vt (lanzar)* to throw. **2** *(emitir)* to emit, give off. **3** *(del trabajo)* to dismiss, fire. **4** *(decir adiós)* to say goodbye to. ‖ **5 despedirse** *vpr (decirse adiós)* to say goodbye (de, to). **6** *(dar por perdido)* to forget, give up (de, -).

● **despedirse a la francesa** to take French leave; **salir despedido,-a** to shoot off.

despegado,-a 1 *adj (desenganchado)* detached, unglued, unstuck: ***el sello está despegado*** the stamp has come unstuck. **2** *(poco cariñoso)* cool, indifferent.

despegar [7] **1** *vt (desenganchar)* to unstick, unglue. ‖ **2** *vi (avión)* to take off. ‖ **3 despegarse** *vpr (desengancharse)* to become unstuck, become unglued.

despegue *nm* takeoff.

despeinado,-a *adj* dishevelled, unkempt.

despeinar 1 *vt* to ruffle the hair of. ‖ **2 despeinarse** *vpr* to ruffle one's hair.

despejado,-a 1 *adj (espacioso)* wide, spacious. **2** METEOR cloudless, clear.

despejar 1 *vt (hacer sitio)* to clear. **2** *(despertar)* to wake up. ‖ **3 despejarse** *vpr* METEOR to clear up. **4** *(persona)* to clear one's head.

despellejar 1 *vt* to skin. ‖ **2 despellejarse** *vpr* to peel.

despensa 1 *nf (armario)* pantry, larder. **2** *(víveres)* store of provisions.

despeñadero *nm* cliff, precipice.

despeñar 1 *vt* to throw over a cliff. ‖ **2 despeñarse** *vpr (accidentalmente)* to plunge; *(adrede)* to throw oneself off *(a cliff)*: ***el coche se salió de la carretera y se despeñó al mar*** the car came off the road and plunged into the sea.

desperdiciar [12] *vt* to waste, squander.

desperdicio 1 *nm* waste. ‖ **2 desperdicios** *nm pl* scraps.

desperdigar [7] *vt - vpr* to scatter, disperse.

desperezarse [4] *vpr* to stretch.

desperfecto 1 *nm (daño)* slight damage. **2** *(defecto)* flaw, defect.

despertador *nm* alarm clock.

despertar [27] **1** *vt (persona, animal)* to wake, awaken. **2** *(apetito)* to excite. ‖ **3 despertar(se)** *vi - vpr (persona, animal)* to wake up, awake.

despiadado,-a *adj* pitiless, ruthless.

despido *nm* dismissal, sacking.

despierto,-a 1 *adj* awake. **2** *(espabilado)* lively, smart.

despilfarrar *vt* to waste, squander, spend lavishly.

despilfarro *nm* waste, extravagance, lavishness.

despiole *nm* RPL *fam* rumpus, shindy.

despistado,-a 1 *adj* absent-minded. || 2 *nm,f* absent-minded person.
• **hacerse el/la despistado,-a** to pretend not to understand.

despistar 1 *vt (desorientar)* to confuse. || 2 **despistarse** *vpr (perderse)* to get lost. 3 *(distraerse)* to get distracted.

despiste 1 *nm (error)* mistake: ***cometer un error*** to make a mistake. 2 *(distracción)* absent-mindedness.

desplazar [4] 1 *vt (trasladar)* to move. || 2 *vpr* to go travel (a, to).

desplegar [48] 1 *vt (mapa)* to unfold. 2 *(alas)* to spread out. 3 *(actividad)* to display. 4 MIL to deploy. 5 *(mostrar)* to show, display.

desplomarse 1 *vpr (edificio)* to fall down, collapse. 2 *(persona)* to collapse.

desplumar 1 *vt (quitar plumas)* to pluck. 2 *(estafar)* to fleece, swindle.

despoblar [31] 1 *vt* to depopulate. || 2 **despoblarse** *vpr* to become depopulated, deserted.

despojar 1 *vt (quitar)* to despoil, deprive (de, of). 2 JUR to dispossess. || 3 **despojarse** *vpr (de ropa)* to take off (de, -). 4 *fig* to free oneself (de, of).

despojo 1 *nm (botín)* plunder. || 2 **despojos** *nm pl (de animal)* offal *sing*. 3 *(sobras)* leavings, scraps. 4 *(de persona)* mortal remains.

desposado,-a *adj - nm, f fml* newly-wed.

desposar 1 *vt fml* to marry. || 2 **desposarse** *vpr fml* to get married.

déspota *nmf* despot, tyrant.

despotismo *nm* despotism.
▪ **despotismo ilustrado** enlighted despotism.

despotricar [1] *vi* to rave (contra, about).

despreciable *adj* despicable, contemptible.

despreciar [12] 1 *vt* to despise, scorn. 2 *(desestimar)* to lay aside, reject.

desprecio *nm* contempt, scorn.

desprender 1 *vt (soltar)* to detach, unfasten. || 2 **desprenderse** *vpr (retirarse)* to withdraw (de, from), renounce. 3 *(soltarse)* to come off. 4 *(deducirse)* to follow, be inferred.

desprendido,-a *adj* generous, disinterested.

desprendimiento 1 *nm (generosidad)* generosity, unselfishness. 2 *(de tierra)* landslide.

despreocupación 1 *nf (tranquilidad)* nonchalance. 2 *(negligencia)* negligence, carelessness.

despreocuparse *vpr* not to worry any more about.

desprestigiar [12] 1 *vt* to discredit. || 2 **desprestigiarse** *vpr* to lose one's prestige.

desprestigio *nm* discredit, loss of prestige.

desprevenido,-a *adj* unprepared.
• **coger a algn desprevenido,-a** to take sb by surprise.

desprolijo,-a *adj* AM *(casa)* messy, untidy; *(cuaderno)* untidy; *(persona)* unkempt, dishevelled.

desproporción *nf* disproportion.

desproporcionado,-a *adj* disproportionate.

desprovisto,-a *adj* lacking (de, -), devoid (de, of).

después 1 *adv (más tarde)* afterwards, later: ***iremos después*** we'll go later. 2 *(entonces)* then: ***y después dijo que sí*** and then he said yes. || 3 **después de** *prep (tras)* after: ***después de cenar*** after supper.
• **después de Cristo** AD; **después de todo** after all; **poco después** soon after.

despuntar 1 *vt (quitar la punta)* to blunt. || 2 *vi (planta)* to sprout, bud. 3 *(destacar)* to excel.
• **despuntar el día** to dawn.

desquiciar [12] 1 *vt (puerta, ventana)* to unhinge. 2 *(persona)* to upset, unsettle.

desquitar 1 *vt (compensar)* to compensate. || **2 desquitarse** *vpr (vengarse)* to take revenge (de, on), get even (de, with).

destacado,-a *adj* outstanding.

destacamento *nm* detachment.

destacar [1] **1** *vt* MIL to detach. **2** *(resaltar)* to point out. || **3 destacarse** *vpr* to stand out.

destajo *nm* piecework.
• **a destajo** by the piece.

destapador *nm* AM bottle opener.

destapar 1 *vt (olla, caja)* to take off the lid of. **2** *(botella)* to open. **3** *(cama)* to take the covers off. **4** *(descubrir)* to uncover. **5** RPL *(desobstruir)* to unblock. || **6 destaparse** *vpr (en la cama)* to push the covers off.

destartalado,-a *adj* tumbledown, ramshackle.

destellar *vi* to sparkle, gleam.

destelo *nm* sparkle, gleam, flash.

destemplado,-a 1 *adj* MÚS out of tune. **2** *(tiempo)* unpleasant.
• **sentirse destemplado,-a** not to feel wel.

destemplar 1 *vt (desconcertar)* to disturb. **2** MÚS to make go out of tune. || **3 destemplarse** *vpr* MÚS to go out of tune.

desteñir [36] **1** *vt* to discolour. || **2 desteñir(se)** *vi - vpr* to lose colour, fade.

desternillarse *vpr fam.*
• **desternillarse de risa** to split one's sides laughing.

desterrado,-a 1 *adj* exiled, banished. || **2** *nm,f* exile, outcast.

desterrar [27] *vt* to exile, banish.

destetar *vt* to wean.

destiempo a destiempo *adv* inopportunely, at the wrong time.

destierro *nm* banishment, exile.

destilar *vt (agua, alcohol)* to distil.

destilería *nf* distillery.

destinado,-a *adj* destined (a, to), bound (a, for).

destinar 1 *vt (asignar)* to assign, allot. **2** *(a un cargo)* to appoint.

destinatario,-a 1 *nm,f (de carta)* addressee. **2** *(de mercancías)* consignee.

destino 1 *nm (sino)* destiny, fate. **2** *(lugar)* destination. **3** *(empleo)* employment, post.
• **con destino a** bound for, going to.

destitución *nf* dismissal.

destituir [62] *vt* to dismiss.

destornillador *nm* screwdriver.

destornillar 1 *vt* to unscrew. || **2 destornillarse** *vpr fig* to go crazy.

destreza *nf* skill, dexterity.

destripar 1 *vt (animal)* to gut, disembowel. **2** *(cosa)* to tear open, cut open. **3** *fig (despachurrar)* to crush.

destronar *vt* to dethrone.

destrozado,-a *adj* smashed, broken, shattered.

destrozar [4] *vt* to smash, break in pieces, shatter.

destrozo *nm* destruction, damage.

destrucción *nf* destruction.

destructivo,-a *adj* destructive.

destructor,-ra 1 *adj* destructive. || **2 destructor** *nm* MAR destroyer.

destruir [62] *vt* to destroy, ruin.

desubicado,-a *nm,f* ANDES RPL.
• **ser un desubicado,-a** to have no idea how to behave, be clueless.

desunir 1 *vt* to divide, separate. **2** *fig* to cause discord.

desuso *nm* disuse.
• **caer en desuso** to become obsolete.

desvalido,-a 1 *adj* helpless, destitute. || **2** *nm,f* helpless person, destitute person.

desvalijar *vt* to rob, hold up.

desván *nm* loft, attic.

desvanecer [43] **1** *vt (hacer desaparecer)* to make vanish, make disappear. **2** *(nubes)* to dispel. **3** *fig (recuerdo)* to efface. || **4 desvanecerse** *vpr (desaparecer)* to vanish, disappear. **5** *(desmayarse)* to faint, swoon.

desvariar [13] *vi* to be delirious, rave, talk nonsense.

desvelar 1 *vt (quitar el sueño)* to keep awake. 2 *(dar a conocer)* to reveal. || 3 **desvelarse** *vpr (estar en vela)* to be unable to sleep. 4 *(dedicarse)* to devote oneself (**por**, to). 5 CAM MÉX *(quedarse despierto)* to stay up, stay awake.

desventaja *nf* disadvantage, drawback.

desvergonzado,-a *adj* shameless, impudent.

desvestir [34] *vt - vpr* to undress.

desviación 1 *nf (de trayectoria)* deviation. 2 *(de carretera)* diversion, detour.

desviar [13] 1 *vt (trayectoria)* to deviate. 2 *(golpe)* to deflect. 3 *(carretera)* to divert. 4 *(tema)* to change. || 5 **desviarse** *vpr (de un camino)* to go off course; *(coche)* to take a detour.

desvío *nm* diversion, detour.

desvivirse 1 *vpr (hacer lo posible)* to do one's utmost (**por**, for). 2 *(desear)* to long (**por**, for).

detallado,-a *adj* detailed.

detallar 1 *vt (tratar con detalle)* to detail, give the details of. 2 *(especificar)* to specify. 3 COM to retail, sell at retail prices.

detalle 1 *nm (pormenor)* detail, particular. 2 *(delicadeza)* gesture.
• **¡qué detalle!** how nice!; **tener un detalle** to be considerate, be thoughtful; **vender al detalle** to sell on retail.

detectar *vt* to detect.

detective *nmf* detective.

detención 1 *nf (parada)* stop. 2 *(arresto)* detention, arrest.

detener [87] 1 *vt (parar)* to stop. 2 *(retener)* to keep, retain. 3 *(retrasar)* to delay. 4 *(arrestar)* to detain, arrest. || 5 **detenerse** *vpr* to stop, halt.

detenido,-a 1 *adj (minucioso)* careful. 2 *(arrestado)* under arrest. || 3 *nm,f* JUR prisoner.

detenimiento *nm* care, thoroughness.

detergente *adj - nm* detergent.

deteriorar 1 *vt* to damage, spoil. || 2 **deteriorarse** *vpr* to get damaged.

deterioro *nm* damage, deterioration.

determinación 1 *nf (valor)* determination. 2 *(decisión)* decision. 3 *(firmeza)* firmness.

determinado,-a 1 *adj (decidido)* determinate. 2 *(concreto)* fixed, set. 3 GRAM definite.

determinante *adj - nm* determinant.

determinar 1 *vt (decidir)* to resolve, decide. 2 *(fijar)* to fix, set, appoint. 3 *(causar)* to bring about.

detestable *adj* detestable, hateful.

detestar *vt* to detest, hate, abhor.

detonación *nf* detonation.

detonador *nm* detonator.

detrás 1 *adv (gen)* behind, at the back: ***el jardín está detrás*** the garden is at the back. || 2 **detrás de** *prep* behind, after: ***detrás de la puerta*** behind the door; ***voy detrás de ti*** I'm after you.
• **ir detrás de** to go after; **por detrás** *(a espaldas)* behind one's back.

deuda *nf* debt.

deudor,-ra *nm,f* debtor.

devaluación *nf* devaluation.

devaluar [11] *vt* to devaluate.

devanar *vt* to wind, reel.
• **devanarse los sesos** *fam* to rack one's brains.

devastador,-ra *adj* devastating.

devastar *vt* to devastate, lay waste, ruin.

devoción 1 *nf* devotion. 2 REL piety, devoutness.

devolución 1 *nf (de compra)* refund. 2 *(de robo)* return. 3 JUR devolution.

devolver [32] 1 *vt (pp* devuelto,-a*)* to give back, pay back, return. 2 *fam (vomitar)* to vomit. || 3 **devolverse** *vpr* AM to go back, come back, return.

devorador,-ra 1 *adj* devouring. || 2 *nm,f* devourer.
■ **devoradora de hombres** maneater.

devorar *vt* to devour.

devoto,-a 1 *adj (religioso)* devout, pious. 2 *(dedicado)* devoted.

devuelto,-a *pp* → **devolver**.
DF *abr (*Distrito Federal*)* federal district.
DGS 1 *abr (*Dirección General de Sanidad*) government department responsible for public health.* **2** *(*Dirección General de Seguridad*) government department responsible for national security.*
DGT 1 *abr (*Dirección General de Tráfico*) government department responsible for traffic.* **2** *(*Dirección General de Turismo*) government department responsible for tourism.*
di 1 *pret indef* → **dar**. || **2** *imperat* → **decir**.
día 1 *nm (gen)* day. **2** *(horas de luz)* daylight, daytime.
• **¡buenos días!** good morning!; **cada día** every day; **del día** fresh; **día a día** day by day; **días alternos** every other day; **hoy en día** today, now, nowadays; **poner al día** to bring up to date; **ponerse al día** to get up to date; **todos los días** every day; **vivir al día** to live for today.
■ **día de año nuevo** New Year's Day; **día de fiesta** holiday; **día de precepto** holiday; **día de Reyes** the Epiphany; **día feriado** AM holiday; **día festivo** holiday; **día hábil** working day; **día laborable** working day; **día libre** day off; **día útil** working day; **Día de los difuntos** All Souls' Day, All Saint's Day.
diabetes *nf* diabetes.
diabético,-a *adj - nm, f* diabetic.
diablo 1 *nm (demonio)* devil, demon. **2** *(malvado)* wicked person.
• **¡al diablo con ...!** to hell with ...!; **¡diablos!** the devil!; ***¿qué diablos ...?*** what the hell ...?
diablura *nf* mischief.
diadema *nf* diadem.
diafragma *nm* diaphragm.
diagnosticar [1] *vt* to diagnose.
diagnóstico *nm* diagnosis.
diagonal *adj - nf* diagonal.
diagrama *nm* diagram.
■ **diagrama de flujo** flowchart.
dialecto *nm* dialect.
dialogar [7] *vi - vt* to dialogue.
diálogo *nm* dialogue.
diamante *nm* diamond.
diámetro *nm* diameter.
diana 1 *nf* MIL reveille. **2** *(blanco)* bull's eye.
diapasón *nm* diapason, tuning fork.
diapositiva *nf* slide.
diariamente *adv* daily, every day.
diariero,-a *nm,f* ANDES RPL newspaper seller.
diario,-a 1 *adj* daily. || **2 diario** *nm (prensa)* newspaper. **3** *(íntimo)* diary, journal.
• **a diario** daily, every day.
diarrea *nf* diarrhoea.
dibujante 1 *nmf (artista)* artist. **2** *(delineante - hombre)* draughtsman; *(- mujer)* draughtswoman.
dibujar 1 *vt* ART to draw, sketch. **2** *(describir)* to describe.
dibujo 1 *nm* ART drawing, sketch. **2** *(modelo)* pattern.
■ **dibujos animados** cartoons.
diccionario *nm* dictionary.
dicha 1 *nf (felicidad)* happiness. **2** *(suerte)* fortune, good luck.
dicho,-a 1 *pp* → **decir**. || **2** *adj* said, mentioned. || **3 dicho** *nm* saying, proverb.
• **dicho y hecho** no sooner said than done; **mejor dicho** or rather; **propiamente dicho** strictly speaking.
dichoso,-a 1 *adj (feliz)* happy. **2** *(con suerte)* lucky. **3** *fam (maldito)* damn, damned, cursed: ***¡este dichoso, calor!*** this damn heat!
diciembre *nm* December.
dictado *nm* dictation.
• **escribir al dictado** to take dictation.
dictador *nm* dictator.
dictadura *nf* dictatorship.
dictar 1 *vt (carta)* to dictate. **2** *(inspirar)* to inspire, suggest. **3** *(leyes)* to make.
didáctica *nf* didactics.

didáctico,-a *adj* didactic, teaching.
diecinueve *num* nineteen; *(en fechas)* nineteenth.
dieciocho *num* eighteen; *(en fechas)* eighteenth.
dieciséis *num* sixteen; *(en fechas)* sixteenth.
diecisiete *num* seventeen; *(en fechas)* seventeenth.
diente 1 *nm* ANAT tooth. **2** *(de ajo)* clove.
● **apretar los dientes** to set one's teeth.
■ **diente de ajo** clove of garlic; **diente de leche** milk tooth; **diente picado** decayed tooth.
diéresis *nf* diaeresis, dieresis.
diestra *nf* right.
diestro,-a 1 *adj* right. **2** *(hábil)* dexterous, skilful. || **3 diestro** *nm* bullfighter.
● **a diestro y siniestro** right, left and centre.
dieta 1 *nf (régimen)* diet. **2** *(asamblea)* assembly. || **3 dietas** *nf pl* expenses allowance *sing*. **4** doctor's fees.
dietética *nf* dietetics.
dietético,-a *adj* dietetic.
diez *num* ten; *(en fechas)* tenth.
difamación *nf* defamation, slander.
difamar *vt* to defame, slander.
diferencia *nf* difference: ***diferencia de edad*** age difference.
● **a diferencia de** unlike.
diferenciar [12] **1** *vt (distinguir)* to differentiate, distinguish (**entre**, between). **2** *(hacer diferente)* to make different. || **3 diferenciarse** *vpr (distinguirse)* to differ, be different. **4** *(destacarse)* to distinguish oneself.
diferente *adj* different.
diferido,-a *adj* recorded.
difícil 1 *adj (costoso)* difficult, hard. **2** *(improbable)* unlikely.
difícilmente *adv* with difficulty.
dificultad 1 *nf (circunstancia)* difficulty. **2** *(obstáculo)* obstacle.
dificultar *vt* to make difficult, hinder.
dificultoso,-a *adj* difficult, hard.
difundir 1 *vt (luz)* to diffuse. **2** *(noticia)* to spread. **3** RAD to broadcast. || **4 difundirse** *vpr (luz)* to be diffused. **5** *fig (noticia)* to spread.
difunto,-a 1 *adj* deceased, late. || **2** *nm,f* deceased.
difusión 1 *nf (de luz)* diffusion. **2** *fig (de noticia)* spreading. **3** RAD broadcast.
digerir [35] **1** *vt (alimento)* to digest. **2** *fig (sufrir)* to suffer.
digestión *nf* digestion.
digestivo,-a 1 *adj* digestive. || **2 digestivo** *nm* digestive drink.
digitador,-ra *nm,f* AM keyboarder.
digital *adj* digital.
digitar *vt* AM to key.
dignarse *vpr* to deign (a, to), condescend (a, to).
dignidad 1 *nf (cualidad)* dignity. **2** *(cargo)* rank.
digno,-a 1 *adj (merecedor)* worthy, deserving: ***digno de confianza*** trustworthy. **2** *(adecuado)* fitting, suitable. **3** *(respetable)* respectable.
digo *pres indic* → **decir**.
dilatación *nf* dilatation.
dilatado,-a 1 *adj (abierto)* dilated. **2** *(vasto)* vast, extensive, large.
dilatar 1 *vt (abrir)* to dilate. **2** *(propagar)* to spread. **3** *(diferir)* to put off, delay. || **4 dilatarse** *vpr* to expand, dilate.
dilema *nm* dilemma.
diligencia 1 *nf (cualidad)* diligence, care. **2** *(trámite)* measure, step. **3** *(carreta)* stagecoach.
diligente 1 *adj (eficaz)* diligent. **2** *(rápido)* quick.
diluir [62] *vt* - *vpr* to dilute.
diluviar [12] *vi* to pour with rain.
diluvio *nm* flood.
dimensión *nf* dimension, size.
diminutivo,-a 1 *adj* diminutive. || **2 diminutivo** *nm* diminutive.
diminuto,-a *adj* little, tiny.
dimisión *nf* resignation.
dimitir *vt* to resign.
Dinamarca *nf* Denmark.

dinámico,-a *adj* dynamic.
dinamismo *nm* dynamism.
dinamita *nf* dynamite.
dinamo *nf* dynamo.
dínamo *nf* dynamo.
dinastía *nf* dynasty.
dineral *nm* fortune.
dinero 1 *nm (capital)* money. **2** *(fortuna)* wealth.
■ **dinero al contado** ready money, cash; **dinero contante y sonante** ready money, cash; **dinero en efectivo** cash; **dinero suelto** loose change.
dinosaurio *nm* dinosaur.
dintel *nm* lintel.
diócesis *nf (pl* diócesis*)* diocese.
dioptría *nf* dioptre.
dios *nm* god.
● **a la buena de Dios** at random, haphazardly; **Dios mediante** God willing; **¡Dios mío!** my God!, good heavens!; **ni Dios** *fam* not a soul; **¡por Dios!** for God's sake!; **todo Dios** *fam* everybody.
diosa *nf* goddess.
dióxido *nm* dioxide.
■ **dióxido de carbono** carbon dioxide.
diploma *nm* diploma.
diplomacia *nf* diplomacy.
diplomático,-a 1 *adj* diplomatic, tactful. || **2** *nm,f* diplomat.
diptongo *nm* diphthong.
diputado,-a *nm,f* deputy, representative.
dique 1 *nm (presa)* dam, dike. **2** *(barrera)* barrier.
■ **dique seco** dry dock.
dirección 1 *nf (rumbo)* direction; *(sentido)* way. **2** *(cargo)* directorship, leadership. **3** *(junta)* board of directors, management. **4** *(domicilio)* address. **5** *(oficina)* manager's office. **6** AUTO steering.
■ **dirección asistida** AUTO power steering; **dirección electrónica** e-mail address.
direccional *nm* COL MÉX indicator, US turn signal.
directa *nf* AUTO top gear.
directiva *nf* board of directors, management.
directivo,-a 1 *adj* directive, managing. || **2** *nm,f* director, manager.
directo,-a 1 *adj* direct, straight. || **2 directo** *nm* DEP straight hit.
● **en directo** TV live.
directorio *nm* INFORM directory.
■ **directorio telefónico** ANDES MÉX telephone directory.
director,-ra 1 *adj* directing, managing. || **2** *nm,f (gerente)* director, manager. **3** *(de colegio - hombre)* headmaster; *(- mujer)* headmistress. **4** *(de orquesta)* conductor.
dirigente 1 *adj* leading, governing. || **2** *nm,f* leader.
dirigir [6] **1** *vt (orientar)* to direct. **2** *(negocio)* to manage, run. **3** *(orquesta)* to conduct. **4** *(carta)* to address. || **5 dirigirse** *vpr (ir)* to go (a, to), make one's way (a, to), make (a, for). **6** *(hablar)* to address (a, -), speak (a, to): ***no me dirigió la palabra*** he didn't say a word to me.
discapacitado,-a 1 *adj* disabled. || **2** *nm,f* disabled person.
discar [1] *vt* ANDES RPL to dial.
discernir [29] *vt* to discern, distinguish.
disciplina 1 *nf (conducta)* discipline. **2** *(doctrina)* doctrine. **3** *(asignatura)* subject.
disciplinado,-a *adj* disciplined.
discípulo,-a 1 *nm,f* disciple, follower. **2** *(alumno)* pupil.
disco 1 *nm (de música)* record. **2** DEP discus. **3** INFORM disk.
■ **disco compacto** compact disc, CD; **disco duro** hard disk; **disco flexible** floppy disk.
discordia *nf* discord, disagreement.
discoteca *nf* discotheque.
discreción *nf* discretion.
● **a discreción** at will.
discreto,-a 1 *adj (callado)* discreet,

prudent. **2** *(sobrio)* sober. **3** *(moderado)* reasonable, moderate.

discriminación *nf* discrimination.

discriminar *vt* to discriminate.

disculpa *nf* excuse, apology.

• **pedir disculpas a algn** to apologize to sb.

disculpar 1 *vt* to excuse. || **2 disculparse** *vpr* to apologize (**por**, for).

discurrir 1 *vi (río)* to flow. **2** *(tiempo)* to pass. **3** *fig (reflexionar)* to reason, meditate. || **4** *vt (idear)* to invent, contrive.

discurso 1 *nm (conferencia)* speech, discourse. **2** *(razonamiento)* reasoning. **3** *(del tiempo)* course.

discusión 1 *nf (disputa)* argument. **2** *(debate)* discussion.

discutir 1 *vt - vi (debatir)* to discuss. **2** *(disputar)* to argue.

disecar [1] **1** *vt (animales)* to stuff. **2** MED to dissect.

diseñador,-ra *nm,f* designer.

diseñar *vt* to design.

diseño *nm* design.

disfraz 1 *nm (para cambiar la imagen)* disguise. **2** *(para fiesta)* fancy dress.

disfrazar [4] **1** *vt* to disguise. || **2** *vpr* to disguise oneself.

disfrutar *vt* to enjoy.

disgustado,-a *adj* displeased, upset.

disgustar 1 *vt (molestar)* to displease, upset, annoy. || **2 disgustarse** *vpr (molestarse)* to be displeased, be upset. **3** *(pelearse)* to quarrel (**con**, with).

disgusto 1 *nm* displeasure, annoyance. **2** *(pelea)* argument, quarrel.

• **a disgusto** against one's will; **llevarse un disgusto** to get upset.

disimular *vt* to disguise, conceal.

disimulo *nm* dissimulation.

disipar 1 *vt (eliminar)* to dissipate. **2** *(derrochar)* to squander. **3** *(desvanecer)* to dispel. || **4 disiparse** *vpr (desaparecer)* to vanish.

dislocar [1] *vt - vpr* to dislocate.

disminución *nf* drop, decrease.

disminuido,-a 1 *adj* disabled. || **2** *nm,f* disabled person.

disminuir [62] *vt - vi - vpr* to diminish, reduce, decrease.

disolución 1 *nf (desunión)* dissolution, breaking up. **2** *(anulación)* invalidation. **3** *(disipación)* dissipation.

disolver [32] *vt - vpr (pp* disuelto,-a*)* to dissolve.

disparar 1 *vt (arma)* to discharge, fire, let off: ***disparar un tiro*** to fire a shot. **2** *(lanzar)* to hurl, throw. || **3 dispararse** *vpr (precio)* to shoot up. **4** *(correr)* to dash off. **5** *(arma)* to go off.

• **salir disparado,-a** to shoot out.

disparatado,-a *adj* absurd, foolish.

disparate 1 *nm (tontería)* absurdity, nonsense, crazy idea. **2** *(error)* blunder, mistake. **3** *(enormidad)* enormity.

• **decir disparates** to talk nonsense.

disparo *nm* shot.

dispensar 1 *vi (conceder)* to dispense, give, grant. || **2** *vt (eximir)* to exempt. **3** *(perdonar)* to forgive, pardon.

• **dispense** pardon me.

dispensario *nm* dispensary.

dispersar *vt - vpr* to disperse, scatter.

disponer [78] **1** *vt - vi (pp* dispuesto,-a*) (colocar)* to dispose, arrange. **2** *(preparar)* to prepare, get ready. **3** *(ordenar)* to order, decree. || **4** *vi (poseer)* to have (**de**, -). || **5 disponerse** *vpr (prepararse)* to get ready (**a**, for).

disponible 1 *adj (preparado)* ready, available. **2** *(sobrante)* spare. **3** *(a mano)* on hand.

disposición 1 *nf (actitud)* disposition. **2** *(talento)* gift, talent. **3** *(colocación)* arrangement. **4** *(estado de ánimo)* frame of mind.

• **a su disposición** at your disposal, at your service; **estar en disposición de** to be ready to.

dispositivo *nm* TÉC device, contrivance.

■ **dispositivo de seguridad** security measures *pl.*

dispuesto,-a 1 *pp* → **disponer**. || **2** *adj (colocado)* disposed. **3** *(preparado)* prepared, ready. **4** *(despabilado)* bright, clever.

disputa *nf* dispute, argument.

disputar 1 *vt (discutir)* to argue. **2** *(competir)* to compete for. **3** DEP *(partido)* to play. || **4 disputarse** *vpr* DEP *(partido)* to be played.

disquete *nm* diskette, floppy disk.

disquetera *nf* disk drive.

distancia 1 *nf (separación)* distance. **2** *fig (diferencia)* difference.
• **guardar las distancias** to keep one's distance.

distanciar [12] **1** *vt* to distance, separate. || **2 distanciarse** *vpr* to become distant.

distante *adj* distant, far, remote.

distar *vi* to be distant (de, from).
• **distar mucho de** to be far from.

distinción 1 *nf (diferencia)* distinction. **2** *(elegancia)* refinement.

distinguido,-a 1 *adj (diferente)* distinguished. **2** *(elegante)* elegant.

distinguir [8] **1** *vt (diferenciar)* to distinguish. **2** *(ver)* to see. **3** *(preferir)* to single out. || **4 distinguirse** *vpr (destacar)* to excel, stand out. **5** *(ser visible)* to be visible.

distintivo,-a 1 *adj* distinctive. || **2 distintivo** *nm (insignia)* badge; *(marca)* mark.

distinto,-a *adj* different.

distracción 1 *nf (divertimiento)* amusement, pastime. **2** *(despiste)* distraction, absent-mindedness. **3** *(error)* oversight.

distraer [88] **1** *vt (divertir)* to amuse, entertain. **2** *(atención)* to distract. **3** *(fondos)* to embezzle. || **4 distraerse** *vpr (divertirse)* to amuse oneself. **5** *(despistarse)* to be inattentive, be absent-minded.

distraído,-a *adj* absent-minded, inattentive.

distribución 1 *nf (reparto)* distribution. **2** *(colocación)* arrangement.

distribuir [62] **1** *vt (repartir)* to distribute. **2** *(colocar)* to arrange.

distrito *nm* district.

disturbio *nm* disturbance, riot.

disuadir *vt* to dissuade, deter.

disuelto,-a *pp* → **disolver**.

DIU *abr* MED *(***dispositivo intrauterino***)* intrauterine device; *(abreviatura)* IUD.

diurno,-a *adj* daily, diurnal.

divagar [7] *vi* to digress, ramble.

diván *nm* divan, couch.

diversidad *nf* diversity, variety.

diversión *nf* fun, amusement, entertainment.

diversos,-as *adj pl* several, various.

divertido,-a *adj* entertaining, fun.

divertir [35] **1** *vt* to amuse, entertain. || **2 divertirse** *vpr* to enjoy oneself, amuse oneself, have a good time.

dividir *vt* to divide, split up (en, in).

divino,-a 1 *adj* REL divine, heavenly. **2** *fam (bonito)* beautiful, gorgeous.

divisa 1 *nf (insignia)* badge, emblem. **2** *(de escudo)* device. **3** *(moneda)* foreign currency.

divisar *vt* to perceive, make out.

división *nf* division.

divorciado,-a 1 *adj* divorced. || **2** *nm,f (hombre)* divorcé; *(mujer)* divorcée.

divorciar [12] **1** *vt* to divorce. || **2 divorciarse** *vpr* to get divorced.

divorcio *nm* divorce.

divulgar [7] **1** *vt (noticia)* to divulge. **2** *(secreto)* to spread. **3** *(conocimiento)* to popularize.

dizque *adv* ANDES CARIB MÉX apparently.

DNI *abr (*Documento Nacional de Identidad*)* identity card, ID card.

dobladillo *nm* hem.

doblaje *nm* dubbing.

doblar 1 *vt (duplicar)* to double. **2** *(plegar)* to fold. **3** *(esquina)* to turn, go round. **4** *(película)* to dub. || **5** *vi (girar)* to turn: ***doblar a la derecha*** to turn right. **6** *(campana)* to toll. || **7 doblarse** *vpr (plegarse)* to fold. **8** *(torcerse)* to bend. **9** *(rendirse)* to give in.

doble 1 *adj (dos veces)* double. || **2** *nm*

double: ***gana el doble que yo*** she earns twice as much as I do. || **3** *nmf* CINEM double; *(hombre)* stunt man; *(mujer)* stunt woman. || **4** *adv* double.
● **ver doble** to see double.
■ **doble fondo** false bottom; **doble personalidad** split personality.

doblez *nm (pliegue)* fold.

doce *num* twelve; *(en fechas)* twelfth.

docena *nf* dozen.

docente *adj* teaching.

dócil *adj* docile, obedient.

doctorado *nm* doctorate.

doctor,-ra *nm,f* doctor.

doctrina *nf* doctrine.

documentación *nf* documentation, papers *pl.*

documental *adj - nm* documentary.

documento *nm* document.

dogma *nm* dogma.

dogmático,-a *adj* dogmatic.

dólar *nm* dollar.

doler [32] **1** *vi (físico)* to ache, hurt: ***me duele la cabeza*** my head aches, I've got a headache. **2** *fig (moral)* to feel hurt. || **3 dolerse** *vpr (arrepentirse)* to repent, feel sorry (de, for). **4** *(lamentarse)* to complain (de, of).

dolido,-a *adj fig* hurt, grieved.

dolor 1 *nm (físico)* pain, ache. **2** *fig (moral)* pain, sorrow, grief.
■ **dolor de cabeza** headache; **dolor de estómago** stomachache; **dolor de garganta** sore throat; **dolor de muelas** toothache.

dolorido,-a 1 *adj (herida, físico)* sore, aching. **2** *fig (apenado)* sorrowful, grief-stricken.

doloroso,-a *adj* painful.

domador,-ra *nm,f (de leones)* tamer; *(de caballos)* horse-breaker.

domar *vt (leones)* to tame; *(caballos)* break in.

domesticar [1] *vt* to domesticate.

doméstico,-a 1 *adj* domestic. || **2** *nm,f* domestic, house servant.

domiciliar [12] *vt* FIN to pay by standing order.

domicilio *nm* address.

dominante 1 *adj (mayoritario)* dominant. **2** *(avasallador)* domineering.

dominar 1 *vt (gen)* to dominate. **2** *(avasallar)* to domineer. **3** *(controlar)* to control. **4** *(tema)* to master. **5** *(paisaje)* to overlook. || **6** *vi (destacar)* to stand out.

domingo *nm* Sunday.
■ **domingo de Ramos** Palm Sunday; **domingo de Resurrección** Easter Sunday.

dominical 1 *adj* Sunday. || **2** *nm* Sunday newspaper.

dominicano,-a *adj - nm,f* Dominican.
■ **República Dominicana** Dominican Republic.

dominio 1 *nm (territorio)* dominion. **2** *(poder)* domination, control. **3** *(de tema)* mastery. **4** INFORM domain.

dominó *nm (ficha)* domino; *(juego)* dominoes *pl.*

don 1 *nm (regalo)* gift, present. **2** *(talento)* talent. **3** *(título)* don.

donación *nf* donation.

donante *nmf* donor.

donar *vt* to donate.

donativo *nm* gift, donation.

doncella 1 *nf* maiden, maid. **2** *(criada)* maidservant.

donde *adv - pron* where, in which.
● **de donde** from where, whence; **hasta donde** up to where.

dónde *pron* where: ***¿dónde está?*** where is it?

dondequiera *adv* everywhere, wherever.

doña *nf* doña.
▲ *Courtesy title placed before first names of women.*

dorado,-a *adj* gilt, golden.

dorar 1 *vt* TÉC to gild. **2** CULIN to brown.

dormilón,-ona 1 *adj fam* sleepyheaded. || **2** *nm,f fam* sleepyhead. || **3 dormilona** *nf* VEN nightdress.

dormir [33] **1** *vi* to sleep. || **2 dormirse** *vpr* to fall asleep.
• **dormir a pierna suelta** to sleep like a log; **dormir la mona** to sleep it off; **dormir la siesta** to have a nap.

dormitar *vi* to doze, nap.

dormitorio 1 *nm (en casa)* bedroom. **2** *(colectivo)* dormitory. **3** *(muebles)* bedroom suite.

dorso *nm* back, reverse.

dos *num* two; *(en fechas)* second: ***son las dos de la madrugada*** it's two o'clock in the morning.
• **cada dos por tres** every five minutes; **de dos en dos** in twos, in pairs.
■ **dos puntos** colon.

doscientos,-as *num* two hundred.

dosis *nf (pl* dosis*)* dose.

dote 1 *nm & nf (ajuar)* dowry. || **2** *nf (talento)* gift, talent.

doy *pres indic* → **dar**.

DP *abr (*distrito postal*)* postal district; *(abreviatura)* PD.

Dr. *abr (*doctor*)* doctor; *(abreviatura)* Dr.

Dra. *abr (*doctora*)* doctor; *(abreviatura)* Dr.

dragar [7] *vt* to dredge.

dragón *nm* dragon.

drama *nm* drama.

dramático,-a *adj* dramatic.

drástico,-a *adj* drastic.

drenar *vt* to drain.

driblar *vi* to dribble.

droga 1 *nf* MED drug. **2** AM *(embuste)* lie.
■ **droga blanda** soft drug; **droga dura** hard drug.

drogadicción *nf* drug addiction.

drogadicto,-a *nm,f* drug addict.

drogar [7] **1** *vt* to drug. || **2 drogarse** *vpr* to take drugs.

drogata *nmf arg* junkie.

droguería *nf* hardware and household goods shop.

dromedario *nm* dromedary.

dto. *abr (*descuento*)* discount.

Dublín *nm* Dublin.

dublinés,-esa 1 *adj* of Dublin, from Dublin. || **2** *nm,f* Dubliner.

ducado *nm* dukedom.

ducha *nf* shower.
• **darse una ducha** to have a shower; **tomar una ducha** to take a shower.

duchar 1 *vt* to shower. || **2 ducharse** *vpr* to take a shower.

duda *nf* doubt.
• **en caso de duda** if in doubt; **sin duda** undoubtedly; **sin lugar a dudas** without doubt.

dudar 1 *vi (estar inseguro)* to be doubtful. **2** *(vacilar)* to hesitate. || **3** *vt* to doubt: ***lo dudo*** I doubt it.
• **dudar de algn** to suspect sb.

dudoso,-a 1 *adj (inseguro)* doubtful, uncertain. **2** *(vacilante)* hesitant, undecided. **3** *(sospechoso)* suspicious, dubious.

duelo *nm* duel.
• **batirse en duelo** to fight a duel.

duende 1 *nm (elfo)* goblin, elf, gnome. **2** *(encanto)* charm: ***es una chica con duende*** she's got charm.

dueño,-a 1 *nm,f (propietario)* owner. **2** *(de casa, piso - hombre)* landlord; *(- mujer)* landlady.

dulce 1 *adj (comida, bebida)* sweet. **2** *fig (persona, voz)* soft, gentle. || **3** *nm (caramelo)* sweet. **4** *(pastel)* cake.
■ **dulce de membrillo** quince jelly.

dulcificar [1] **1** *vt* to sweeten. **2** *fig* to soften.

dulzura 1 *nf (de postre, vino)* sweetness. **2** *fig (de persona, voz)* softness, gentleness.

duna *nf* dune.

dúo *nm* duet.

duodécimo,-a *num* twelfth.

dúplex *adj - nm (pl* **dúplex***)* duplex.

duplicado,-a 1 *adj* duplicate. || **2 duplicado** *nm* duplicate.

duplicar [1] **1** *vt (documento, llave)* to duplicate; *(cantidad)* to double. || **2 duplicarse** *vpr* to double.

duque *nm* duke.

duquesa *nf* duchess.

duración *nf* duration, length.

duradero,-a *adj* durable, lasting.

durante *adv* during, in, for: ***viví allí durante una año*** I lived there for a year; ***durante todo el día*** all day long.

durar *vi* to last, go on: ***la película duró tres horas*** the film went on for three hours.

durazno *nm* AM peach.

dúrex *nm* MÉX Sellotape®, US Scotch® tape.

dureza 1 *nf (de material)* hardness, toughness. **2** *fig (de carácter)* toughness, harshness. **3** MED corn.

duro,-a 1 *adj* hard, tough. **2** *(difícil)* hard, difficult. **3** *(cruel)* tough, hard-hearted. **4** *(resistente)* strong. ‖ **5 duro** *nm* five-peseta coin. **6** *fam* tough guy. ‖ **7** *adv* hard: ***trabaja duro*** he works hard.

d/v *abr (*días vista*)*: ***a diez d/v*** due within ten days.

DVD *abr (*Disco Versátil Digital*)* DVD.

E

e *conj* and.

▲ *Used instead of* y *before words beginning with* i *or* hi.

EA *abr* POL *(*Eusko Alkartasuna*)* Basque Union *(Basque nationalist party)*.

ebanista *nmf* cabinet-maker.

ébano *nm* ebony.

ebrio,-a *adj* intoxicated, drunk.

ebullición *nf* boiling.

eccema *nm* eczema.

echar 1 *vt (lanzar)* to throw. **2** *(del trabajo)* to sack, dismiss. **3** *(expulsar)* to throw out. **4** *(correo)* to post, US mail. **5** *(brotar)* to grow, sprout. **6** *(poner)* to put. **7** *(emanar)* to give out, give off. **8** *fam (en el cine, teatro)* to show. ‖ **9 echar a** + *inf vi - vpr* to begin to: ***echar a correr*** to run off. ‖ **10 echarse** *vpr (lanzarse)* to throw oneself. **11** *(tenderse)* to lie down.

● **echar algo a perder** to spoil sth; **echar cuentas** to reckon; **echar de menos** to miss; **echar la llave** to bolt, lock; **echar en cara** to blame; **echar por tierra** *(edificio)* to demolish; *(planes)* to ruin; **echar una mano** to lend a hand; **echar una mirada** to have a quick look, have a quick glance; **echarse a perder** *(comida)* to go off; **echarse atrás** *(inclinarse)* to lean back; *(desdecirse)* to back out.

eclesiástico,-a 1 *adj* ecclesiastic, ecclesiastical. ‖ **2 eclesiástico** *nm* clergyman, ecclesiastic.

eclipsar 1 *vt* ASTRON to eclipse. **2** *(deslucir)* to eclipse, outshine. ‖ **3 eclipsarse** *vpr* ASTRON to be eclipsed. **4** *(desaparecer)* to disappear.

eclipse *nm* eclipse.

eco *nm* echo.

● **tener eco** to spread, be widely accepted.

■ **ecos de sociedad** gossip column *sing*.

ecografía *nf* scan.

ecología *nf* ecology.

ecológico,-a 1 *adj (gen)* ecological. **2** *(cultivo)* organic.

ecologista 1 *adj* ecological, environmental. ‖ **2** *nmf* ecologist, environmentalist.

economato *nm* company store.

economía 1 *nf (administración)* economy. **2** *(ciencia)* economics: ***economía doméstica*** home economics. ‖ **3 economías** *nf pl* savings: ***hacer economías*** to save up.

■ **economía sumergida** black economy.

económico,-a 1 *adj (de la economía)* economic. **2** *(barato)* cheap, economical.

economista *nmf* economist.

economizar [4] 1 *vt* to economize on, save. || 2 *vi* to economize.
ecosistema *nm* ecosystem.
ecuación *nf* equation.
ecuador *nm* equator.
Ecuador *nm* Ecuador.
ecuatorial *adj* equatorial.
ecuatoriano,-a *adj - nm, f* Ecuadorian.
ecuestre *adj* equestrian.
ed. 1 *abr* (edición) edition; *(abreviatura)* ed. 2 (editorial) publishing house. 3 (editor) editor; *(abreviatura)* ed.
edad *nf* age: ***a la edad de tres años*** at the age of three; ***¿qué edad tiene usted?*** how old are you?
■ **edad media** Middle Ages *pl*; **la tercera edad** old age, senior citizens *pl*; **edad del pavo** awkard age.
edición 1 *nf (tirada)* edition. 2 *(publicación)* publication.
edicto *nm* edict.
edificar [1] *vt* to build.
edificio *nm* building.
Edimburgo *nm* Edinburgh.
editar 1 *vt (publicar - novela etc)* to publish; *(- disco)* to release. 2 *(preparar)* to edit. 3 INFORM to edit.
editor,-ra 1 *adj* publishing. || 2 *nm,f (que publica)* publisher. 3 *(que prepara)* editor. || 4 **editor** *nm* INFORM editor.
■ **editor de texto** text editor.
editorial 1 *adj* publishing. || 2 *nm (artículo)* editorial, leading article. || 3 *nf* publishing house.
edredón *nm* eiderdown, continental quilt.
■ **edredón nórdico** duvet.
educación 1 *nf (enseñanza)* education: ***educación física*** physical education. 2 *(crianza)* upbringing. 3 *(cortesía)* manners *pl*, politeness.
educado,-a *adj* polite.
educar [1] 1 *vt (enseñar)* to educate, teach. 2 *(criar)* to bring up.
educativo,-a *adj* educational.
EE *abr* POL (Euskadiko Ezkerra) *left-wing Basque party*.
EE UU *abr* (Estados Unidos) the United States of America; *(abreviatura)* USA.
efectivamente 1 *adv (realmente)* quite! 2 *(en respuestas)* yes indeed!
efectivo,-a 1 *adj (eficaz)* effective. 2 *(verdadero)* real. || 3 **efectivo** *nm (dinero)* cash. || 4 **efectivos** *nm pl* forces.
● **hacer algo efectivo,-a** to carry sth out.
efecto 1 *nm* effect. 2 *(impresión)* impression. 3 *(fin)* aim, object. 4 DEP spin: ***dar efecto a la pelota*** to put some spin on the ball. 5 COM bill, draft. || 6 **efectos** *nm pl* personal belongings.
● **a tal efecto** to this end; **en efecto** in fact, indeed; **hacer efecto** to take effect.
■ **efectos especiales** special effects.
efectuar [11] 1 *vt (maniobra, investigación, etc)* to carry out. 2 *(pago, viaje, etc)* to make. || 3 **efectuarse** *vpr (realizarse)* to be carried out; *(acto etc)* to take place.
efeméride 1 *nf* anniversary. || 2 **efemérides** *nf pl (en periódico etc)* list of the day's anniversaries.
efervescente 1 *adj (pastilla)* effervescent. 2 *(bebida)* fizzy. 3 *fig (persona)* high-spirited.
eficacia 1 *nf (efectividad)* effectiveness. 2 *(eficiencia)* efficacy.
eficaz *adj* efficient.
eficiencia *nf* efficiency.
eficiente *adj* efficient.
efímero,-a *adj* ephemeral.
efusivo,-a *adj* effusive, warm.
egeo,-a *adj* Aegean.
■ **el mar Egeo** the Aegean Sea.
egipcio,-a *adj - nm, f* Egyptian.
Egipto *nm* Egypt.
egocéntrico,-a *adj* egocentric, self-centred.
egoísmo *nm* selfishness, egoism.
egoísta 1 *adj* selfish, egoistic. || 2 *nmf* selfish person, egoist.

egresar *vi* AM to leave school, US to graduate.

eh *interj (aclarando)* OK?; *(llamando la atención)* hey!

Eire *nm* Eire.

ej. 1 *abr (*ejemplo*)* example; *(abreviatura)* e.g.. 2 *(*ejemplar*)* copy.

eje 1 *nm* ASTRON MAT axis. 2 TÉC shaft, spindle. 3 AUTO axle.

ejecución 1 *nf (de orden)* carrying out, execution. 2 MÚS performance. 3 *(ajusticiamiento)* execution.

ejecutar 1 *vt (una orden)* to carry out. 2 MÚS to perform. 3 INFORM to run. 4 *(ajusticiar)* to execute.

ejecutiva *nf* executive.

ejecutivo,-a 1 *adj - nm, f* executive. || 2 **el ejecutivo** *nm* POL the executive.

ejemplar 1 *adj (modélico)* exemplary. || 2 *nm (obra)* copy: ***ejemplar gratuito*** free copy. 3 *(espécimen)* specimen.

ejemplo *nm* example.

• **dar ejemplo** to set an example; **por ejemplo** for example, for instance; **predicar con el ejemplo** to practice what one preaches.

ejercer [2] 1 *vt (profesión etc)* to practise. 2 *(derecho, poder)* to exercise. 3 *(influencia)* to exert. || 4 *vi (trabajar)* to practise: ***ejerce de abogado*** he practises law.

ejercicio 1 *nm (gen)* exercise. 2 *(de derecho, autoridad)* exercice. 3 *(financiero)* year.

• **hacer ejercicio** to exercise.

▪ **ejercicio fiscal** tax year; **ejercicio físico** physical exercise.

ejercitar 1 *vt (músculo, derecho, etc)* to exercise. 2 *(profesión)* to practise. 3 *(enseñar)* to train. || 4 **ejercitarse** *vpr (aprender)* to train, practise.

ejército *nm* army.

ejote *nm* CAM MÉX green bean.

el 1 *det* the: ***el coche*** the car. 2 the one: ***el de tu amigo,-a*** your friend's; ***el de Valencia*** the one from Valencia. 3 the one: ***el que vino ayer*** the one who came yesterday; ***el que me diste*** the one you gave me.

él 1 *pron (sujeto - persona)* he; *(- cosa, animal)* it: ***él vive aquí*** he lives here. 2 *(después de preposición - persona)* him; *(- cosa, animal)* it: ***vino con él*** she came with him.

• **de él** *(posesivo)* his: ***es de él*** it's his; **él mismo** himself.

elaboración 1 *nf (de producto)* manufacture, production. 2 *(de lista, presupuesto)* drawing up. 3 *(de informe)* writing.

elaborar 1 *vt (de producto)* to make, manufacture. 2 *(de lista, presupuesto)* drawing up. 3 *(de informe)* writing.

elástico,-a 1 *adj* elastic. || 2 **elástico** *nm* elastic. || 3 **elásticos** *nm pl* braces.

elección 1 *nf (nombramiento)* election. 2 *(opción)* choice. || 3 **elecciones** *nf pl* elections.

▪ **elecciones generales** general election *sing.*

electo,-a *adj* elect.

elector,-ra *nm,f* elector, voter.

electorado *nm* electorate, voters *pl.*

electoral *adj* electoral.

electricidad *nf* electricity.

▪ **electricidad estática** static electricity.

electricista *nmf* electrician.

eléctrico,-a *adj* electric.

electrocardiograma *nm* electrocardiogram.

electrocutar 1 *vt* to electrocute. || 2 **electrocutarse** *vpr* to be electrocuted.

electrodoméstico *nm* home electrical appliance.

electrónica *nf* electronics.

electrónico,-a *adj* electronic.

elefante *nm* elephant.

elegancia *nf* elegance, smartness.

elegante *adj* elegant, stylish.

elegido,-a 1 *adj (escogido)* chosen. 2 POL elected.

elegir [55] 1 *vt (escoger)* to chose. 2 POL to elect.

elemental 1 *adj (obvio)* elementary, obvious. 2 *(primordial)* essential.

elemento 1 *nm* FÍS QUÍM element. 2 *(parte)* component, part. 3 *(individuo)* type, sort: ***elementos indeseables*** undesirables. ‖ 4 **elementos** *nm pl (atmosféricos)* elements. 5 *(fundamentos)* rudiments.

• **estar uno en su elemento** to be in one's element.

elepé *nm* LP.

elevación 1 *nf (de terreno)* elevation. 2 *(de precios, temperatura)* rise.

elevado,-a 1 *adj (alto)* tall, high; *(número)* high. 2 *(ideales, pensamientos)* elevated, lofty.

elevar 1 *vt (levantar)* to raise, lift. 2 MAT to raise. ‖ 3 **elevarse** *vpr (aumentar)* to rise, go up. 4 *(ascender - avión)* to climb; *(- globo)* to rise.

eliminación *nf* elimination.

eliminar 1 *vt (gen)* to eliminate. 2 *(obstáculo, mancha)* to remove.

eliminatoria *nf* heat, qualifying round.

eliminatorio,-a *adj* qualifying.

elixir *nm* elixir.

ella 1 *pron (sujeto - persona)* she; *(- cosa, animal)* it: ***ella vive aquí*** she lives here. 2 *(después de preposición - persona)* her; *(- cosa, animal)* it: ***vino con ella*** he came with her.

• **de ella** hers: ***es de ella*** it's hers.

ello *pron* it: ***¡no se hable más de ello!*** and that's final!

ellos,-as 1 *pron (sujeto)* they. 2 *(complemento)* them.

• **de ellos** theirs.

elocuente *adj* eloquent.

elogiar [12] *vt* to praise.

elogio *nm* praise.

elote *nm* CAM MÉX corncob, ear of maize.

eludir *vt* to avoid, elude.

emancipación *nf* emancipation.

emancipar 1 *vt* to emancipate. ‖ 2 **emanciparse** *vpr* to become emancipated.

embajada *nf* embassy.

embajador,-ra *nm,f* ambassador.

embalaje *nm* packing.

embalar 1 *vt* to pack. ‖ 2 **embalarse** *vpr fam* to speed up.

embalsamar *vt* to embalm.

embalse *nm* dam, reservoir.

embarazada 1 *adj* pregnant. ‖ 2 *nf* pregnant woman.

embarazo 1 *nm (preñez)* pregnancy. 2 *(turbación)* embarrassment. 3 *(obstáculo)* obstruction.

embarazoso,-a *adj* embarrassing.

embarcación *nf* boat, craft.

embarcadero *nm* pier, jetty.

embarcar [1] *vt* - *vpr* to embark.

• **embarcarse en un asunto** to get involved in an affair.

embargo 1 *nm* JUR seizure of property. 2 POL embargo.

• **sin embargo** nevertheless, however.

embarque *nm (de personas)* boarding; *(de mercancías)* loading.

embarrado,-a *adj* muddy.

embarullar 1 *vt* to muddle, make a mess of. ‖ 2 **embarullarse** *vpr fam* to get into a muddle.

embellecer [43] *vt* to embellish.

embestida *nf (acometida)* attack, onslaught; *(de toro)* to charge.

embestir [34] *vt (acometer)* to attack, assault; *(toro)* to charge.

emblema *nm* emblem.

embocadura 1 *nf (de río)* mouth. 2 MÚS mouthpiece.

embolsarse *vpr* to pocket.

emborrachar 1 *vt* to make drunk. ‖ 2 **emborracharse** *vpr* to get drunk.

emboscada *nf* ambush.

• **tender una emboscada** to lay an ambush.

embotellado,-a 1 *adj* bottled. ‖ 2 **embotellado** *nm* bottling.

embotellamiento *nm (de tráfico)* traffic jam; *(de bebida)* bottling.

embotellar *vt* to bottle.

embrague *nm* clutch.

embrión *nm* embryo.
embrollo **1** *nm (confusión)* muddle, mess. **2** *(mentira)* lie.
embrujar *vt (lugar)* to haunt; *(a persona)* to bewitch.
embrujo **1** *nm (hechizo)* spell, charm. **2** *(fascinación)* attraction.
embudo *nm* funnel.
embuste *nm* lie.
embustero,-a **1** *adj* lying. || **2** *nm,f* liar.
embutido *nm* processed cold meat, cold cut.
emergencia **1** *nf (imprevisto)* emergency. **2** *(salida)* emergence.
emerger [5] **1** *vi (aparecer)* to emerge. **2** *(submarino)* to surface.
emigración *nf* emigration.
emigrante *adj* - *nmf* emigrant.
emigrar *vi (persona)* to emigrate; *(ave)* to migrate.
emilio *nm fam (mensaje electrónico)* e-mail.
eminencia **1** *nf (elevación)* hill, height. **2** *(persona)* leading figure: ***una eminencia de la física*** an eminent physicist.
eminente **1** *adj* eminent. **2** *(elevado)* high.
emirato *nm* emirate.
■ **Emiratos Árabes Unidos** United Arab Emirates.
emisario,-a *nm,f* emissary.
emisión **1** *nf (de energía, gas)* emission. **2** FIN issue: ***emisión de bonos*** bond issue. **3** RAD TV transmission, broadcast.
emisor,-ra **1** *adj* FIN issuing. **2** RAD TV broadcasting. || **3 emisor** *nm* radio transmitter.
emisora *nf* broadcasting station.
emitir **1** *vt (sonido, luz, calor)* to emit. **2** FIN to issue. **3** RAD TV to broadcast.
emoción **1** *nf (sentimiento)* emotion, feeling. **2** *(excitación)* excitement.
• **¡qué emoción!** how exciting!
emocionante **1** *adj (conmovedor)* moving, touching. **2** *(excitante)* exciting.
emocionar **1** *vt (conmover)* to move, touch. **2** *(excitar)* to excite. || **3 emocionarse** *vpr (conmoverse)* to be moved, be touched. **4** *(excitarse)* to get excited.
emotivo,-a *adj* emotional.
empacar [1] **1** *vt (mercancías)* to pack. **2** AM *(enojar)* to annoy.
empachar **1** *vt (comer demasiado)* to give indigestion: ***la mantequilla me empacha*** butter gives me indigestion. || **2 empacharse** *vpr* to have indigestion.
empacho *nm* indigestion.
empadronar *vt* - *vpr* to register.
empalagar [7] *vt (dulces)* to be sickly: ***la nata me empalaga*** I find cream sickly.
empalagoso,-a **1** *adj (dulces)* sickly, oversweet. **2** *(persona)* smarmy.
empalmar **1** *vt (tuberías, cables)* to join. **2** *(planes etc)* to combine. || **3** *vi (enlazar)* to connect.
empalme **1** *nm (de tuberías, cables)* connection. **2** *(de carreteras, vías)* junction.
empanada *nf* pasty.
• **tener una empanada mental** not to be able to think straight.
empanadilla *nf (small, fried)* pasty.
empanado,-a *adj* breaded.
empañado,-a **1** *adj (cristal)* steamed up. **2** *(voz)* faint.
empañar **1** *vt (cristal)* to steam up. **2** *(reputación)* to tarnish. || **3 empañarse** *vpr (cristal)* to steam up. **4** *(reputación)* to become tarnished.
empapar **1** *vt* to soak. || **2 empaparse** *vpr* to get soaked.
empapelar **1** *vt (una pared)* to paper. **2** *fam (persona)* to throw the book at.
empaquetar *vt* to pack.
emparedado,-a **1** *adj* confined. || **2 emparedado** *nm* sandwich.
emparejar **1** *vt (cosas)* to match; *(personas)* to pair off. || **2 emparejarse** *vpr* to pair off.

emparentado,-a *adj* related by marriage (con, to).

emparentar [27] *vi* to become related by marriage (con, to).

empastar *vt* to fill.

empaste *nm* filling.

empatar 1 *vt* DEP *(acabar igualados)* to draw; *(igualar)* to equalize: ***estamos empatados*** we're equal; ***empataron a cero*** they drew nil-nil. **2** *(en votación etc)* to tie. **3** AM *(unir)* to join.

empate *nm* tie, draw.

empedrado,-a 1 *adj* paved. || **2 empedrado** *nm* paving.

empedrar [27] *vt* to pave.

empeine *nm* instep.

empeñar 1 *vt* to pawn. **2** *(palabra)* to pledge. || **3 empeñarse** *vpr (endeudarse)* to get into debt. **4** *(insistir)* to insist (en, on).

empeño *nm (insistencia)* determination; *(esfuerzo)* effort; *(intento)* attempt.
• **con empeño** eagerly; **tener empeño en** to be eager to.

empeorar 1 *vi* to worsen. || **2** *vt* to make worse. || **3 empeorarse** *vpr* to get worse.

empequeñecer [43] *vt* to diminish, make smaller.

emperador *nm* emperor.

emperatriz *nf* empress.

emperifollarse *vpr fam* to get dolled up.

empezar [47] *vt - vi* to begin, start: ***el profesor empezó la clase*** the teacher began the lesson; ***he empezado la botella*** I've started the bottle.
• **al empezar** at the beginning; **empezar a +** inf to begin to + *inf*, start to + *inf*; **para empezar** to begin with.

empinado,-a *adj* steep.

empinar 1 *vt* to raise, lift. || **2 empinarse** *vpr (persona)* to stand on tiptoe; *(animal)* to rear.
• **empinar el codo** *(fam)* to drink heavily.

empírico,-a 1 *adj* empiric, empirical. || **2** *nm,f* empiricist.

empleado,-a *nm,f (gen)* employee; *(oficinista)* clerk, office worker.
▪ **empleado de hogar** servant.

emplear 1 *vt (usar)* to employ. **2** *(dinero, tiempo)* to spend.
• **le está bien empleado** *irón* it serves him right.

empleo 1 *nm (puesto)* occupation, job. **2** *(trabajo)* employment. **3** *(uso)* use.

emplomar *vt* AM *(diente)* to fill.

empobrecer [43] **1** *vt* to impoverish. || **2 empobrecerse** *vpr* to become poor.

empobrecimiento *nm* impoverishment.

empollar 1 *vt (huevo)* to hatch, sit on. **2** *fam (lección)* to swot up.

empollón,-ona 1 *adj fam pey* swotty. || **2** *nm,f fam pey* swot.

empolvar 1 *vt* to cover with dust. || **2 empolvarse** *vpr* to powder one's face.

emporio *nm* AM department store.

empotrado,-a *adj* fitted, built-in.

empotrar 1 *vt* to fit, build in. || **2 empotrarse** *vpr* to crash into: ***el coche se empotró en el escaparate*** the car crashed into the shop window.

emprendedor,-ra *adj* enterprising.

emprender *vt (trabajo, proyecto)* to undertake; *(viaje)* to remark on.
• **emprender la marcha** to start out; **emprenderla con algn** *fam* to pick on sb.

empresa 1 *nf (compañía)* firm, company. **2** *(acción)* enterprise, venture.
▪ **empresa de trabajo temporal** temp recruitment agency.

empresarial *adj* managerial.
▪ **estudios empresariales** management studies, business studies.

empresario,-a 1 *nm,f (hombre)* businessman; *(mujer)* businesswoman. **2** *(patrón)* employer.
▪ **empresario,-a de pompas fúnebres** undertaker; **empresario,-a de teatro** impresario.

empujar *vt* to push.
• **empujar a algn a hacer algo** to push sb into doing sth.

empuje 1 *nm (fuerza)* push. **2** *(presión)* pressure. **3** *(energía)* energy, drive.
empujón *nm* push, shove.
• **a empujones** by fits and starts.
empuñar *vt* to clutch, grasp.
en 1 *prep (lugar - gen)* in, at; *(- en el interior)* in, inside; *(- sobre)* on: ***en casa*** at home; ***en Valencia*** in Valencia; ***en el cajón*** in the drawer; ***en la mesa*** on the table. **2** *(tiempo - año, mes, estación)* in; *(- día)* on. **3** *(dirección)* into: ***entró en su casa*** he went into his house. **4** *(transporte)* by, in: ***ir en coche*** to go by car; ***ir en avión*** to fly. **5** *(tema, materia)* at, in: ***experto,-a en política*** expert in politics. **6** *(modo)* in: ***en voz baja*** in a low voice; ***en inglés*** in English.
• **en seguida** at once, straight away.
enaguas *nf pl* petticoat *sing*.
enamorado,-a 1 *adj* in love. || **2** *nm,f* lover.
enamorar 1 *vt* to win the heart of. || **2 enamorarse** *vpr* to fall in love (de, with).
enano,-a *adj - nm, f* dwarf.
• **disfrutar como un enano** to have a whale of a time.
encabezamiento 1 *nm (de carta, documento)* heading. **2** *(de periódico)* headline.
encabezar [4] **1** *vt (en escrito)* to head. **2** *(ser líder)* to lead.
encabritarse 1 *vpr (caballo)* to rear up. **2** *(barco)* to rise; *(coche, avión)* to stall. **3** *(enojarse)* to get cross.
encadenar 1 *vt (poner cadenas)* to chain, chain up. **2** *(enlazar)* to connect, link up. **3** *fig (atar)* to tie down.
encajar 1 *vt (acoplar)* to fit. **2** *(comentario, broma, golpe)* to take. || **3** *vi (coincidir)* to fit (con, int).
encaje 1 *nm* COST lace. **2** *(acto)* fitting.
encalar *vt* to whitewash.
encallar 1 *vi* MAR to run aground. **2** *(plan, proyecto)* to founder, fail.
encaminar 1 *vt (guiar, orientar)* to direct. || **2 encaminarse** *vpr (dirigirse)* to head (a/hacia, for/towards).
encandilar 1 *vt (deslumbrar)* to dazzle. **2** *(fascinar)* to fascinate.
encantado,-a 1 *adj (contento)* delighted: ***está encantada con el coche nuevo*** she's delighted with the new car. **2** *(embrujado)* enchanted. **3** *(distraído)* absent-minded.
• **encantado,-a de conocerle** *fml* pleased to meet you.
encantador,-ra 1 *nm,f (hechicero)* enchanter; *(hechicera)* enchantress. || **2** *adj (agradable)* enchanting, charming, delightful.
encantamiento *nm* spell, enchantment, charm.
encantar 1 *vt (hechizar)* to cast a spell on. **2** *fam (gustar)* to delight: ***me encanta la natación*** I love swimming.
encanto 1 *nm (hechizo)* enchantment, spell. **2** *(atractivo)* charm. **3** *fam (apelativo)* darling: ***lo que tú digas, encanto*** whatever you say, darling.
• **como por encanto** as if by magic; **ser un encanto** to be a treasure, be a darling.
encapotarse *vpr* to become overcast, become cloudy.
encapricharse *vpr* to take a fancy (con, to).
encapuchado,-a *adj* hooded.
encaramar 1 *vt* to raise, lift up. || **2 encaramarse** *vpr (subirse)* to climb up (a, onto).
encarcelar *vt* to imprison, jail.
encarecer [43] **1** *vt* to put up the price of. || **2 encarecerse** *vpr* to become more expensive.
encargado,-a 1 *adj* in charge. || **2** *nm,f (responsable)* person in charge; *(de negocio - hombre)* manager; *(- mujer)* manageress.
encargar [7] **1** *vt (encomendar)* to entrust. **2** *(solicitar)* to order. || **3 encargarse** *vpr* to take charge (de, of).
• **encargar a algn que haga algo** to ask sb to do sth.
encargo 1 *nm (recado)* errand; *(tarea)* job. **2** COM order, commission.

• **por encargo** to order.

encariñado,-a *adj* fond (con, of).

encariñarse *vpr* to become fond (con, of).

encarnado,-a *adj* red.

• **ponerse encarnado,-a** to blush.

encarnizado,-a *adj* bloody, fierce.

encarrilar 1 *vt (asunto, persona)* to direct, guide. **2** *(tren)* to put back on the rails.

encauzar [4] **1** *vt (corriente, río)* to channel. **2** *(discusión, persona)* to direct, guide.

encendedor *nm* lighter.

encender [28] **1** *vt (fuego, vela, cigarro)* to light, set fire to; *(cerilla)* to strike. **2** *(luz, radio, tele)* to turn on, switch on. **3** *(pasión)* to inflame; *(entusiasmo)* to arouse. ‖ **4 encenderse** *vpr (fuego, cigarro)* to light. **5** *(luz, radio, tv)* to go on, come on. **6** *(persona - excitarse)* to flare up; *(- ruborizarse)* to blush.

encendido,-a 1 *adj (mejillas, color)* glowing; *(rostro)* red, flushed. ‖ **2 encendido** *nm* AUTO ignition.

encerado,-a 1 *adj* waxed. ‖ **2 encerado** *nm* black board.

encerar *vt* to wax, polish.

encerrar [27] **1** *vt* to shut in, shut up. **2** *fig (contener)* to contain. ‖ **3 encerrarse** *vpr* to shut oneself in, shut oneself up; *(con llave)* to lock oneself in.

encestar *vt* to score, score a basket.

encharcado,-a *adj* flooded, swamped.

encharcar [1] **1** *vt* to flood, swamp. ‖ **2 encharcarse** *vpr* to swamp, get flooded.

enchufado,-a *nm,f fam* wirepuller.

• **ser un/una enchufado,-a** to have good contacts; *(en la escuela)* to be teacher's pet.

enchufar 1 *vt* ELEC to connect, plug in. **2** *fam* to pull strings for: ***enchufó a su hija en su empresa*** he got his daughter a job in his company. ‖ **3 enchufarse** *vpr fam* to get a sinecure.

enchufe 1 *nm* ELEC *(hembra)* socket; *(macho)* plug. **2** *fam (cargo)* sinecure, easy job; *(influencias)* contacts *pl*, connections *pl*.

encía *nf* gum.

enciclopedia *nf* encyclopedia, encyclopaedia.

encierro 1 *nm (protesta)* sit-in. **2** *(de toros)* bullpen.

encima 1 *adv (más arriba)* above, overhead; *(sobre)* on top: ***está allí encima*** it's there on top. **2** *(consigo)* on you/him, etc: ***¿llevas cambio encima?*** do you have any change on you? **3** *(además)* in addition, besides.

• **encima de** on, upon; **estar algn encima de otro** to be on sb's back; **por encima** *(a más altura)* above; *(de pasada)* superficially; **por encima de** over, above; **por encima de todo** above all; **quitarse algo/algn de encima** to get rid of sth/sb.

encina *nf* evergreen oak.

encinta *adj* pregnant.

enclenque 1 *adj (flaco)* skinny, weedy; *(enfermizo)* sickly. ‖ **2** *nmf (débil)* weak person; *(enfermizo)* sickly person.

encoger [5] **1** *vt* to shrink. ‖ **2 encoger(se)** *vi - vpr* to shrink.

• **encogerse de hombros** to shrug one's shoulders.

encogido,-a *adj* awkward, shy.

encolar *vt* to glue, stick.

encolerizar [4] **1** *vt* to anger, irritate. ‖ **2 encolerizarse** *vpr* to get angry.

encomendar [27] **1** *vt* to entrust (a, to). ‖ **2 encomendarse** *vpr* to entrust oneself (a, to).

encontrar [31] **1** *vt (hallar)* to find. **2** *(persona)* to come (a, across). **3** *(creer)* to think: ***no lo encuentro justo*** I don't think it's fair. ‖ **4 encontrarse** *vpr (hallarse)* to be. **5** *(personas)* to meet. **6** *(sentirse)* to feel: ***ayer me encontraba bien, pero hoy me encuentro mal*** yesterday I felt fine, but today I feel ill.

• **encontrarse con** to come across, meet up with.

encontronazo 1 *nm (choque)* collision. **2** *(riña)* quarrel.
encorvado,-a *adj* bent.
encorvar 1 *vt* to bend, curve. || **2 encorvarse** *vpr* to bend over.
encrespar 1 *vt (pelo)* to curl, frizz. **2** *(enfurecer)* to infuriate. || **3 encresparse** *vpr (pelo)* to stand on end. **4** *(enfurecerse)* to get cross.
encrucijada *nf* crossroads *pl.*
• **estar en una encrucijada** *fig* to be at crisis point.
encuadernación 1 *nf (proceso)* bookbinding. **2** *(cubierta)* binding.
encuadernador,-ra *nm,f* bookbinder.
encuadernar *vt* to bind.
encubrir *vt (pp* encubierto,-a*) (ocultar)* to conceal, hide; *(delito)* to cover up; *(criminal)* to shelter.
encuentro 1 *nm (coincidencia)* encounter. **2** *(reunión)* meeting. **3** DEP match. **4** *(choque)* collision.
• **salir al encuentro de algn** to go to meet sb.
encuesta 1 *nf (sondeo)* poll, survey. **2** *(pesquisa)* inquiry.
endeble *adj* feeble.
enderezar [4] **1** *vt (poner derecho)* to straighten out. **2** *(poner vertical)* to set upright. **3** *(guiar)* to direct, guide. || **4 enderezarse** *vpr* to straighten up.
endeudarse *vpr* to get into debt.
endibia *nf* endive.
endrogarse *vpr* AM to take drugs, use drugs.
endulzar [4] **1** *vt (hacer dulce)* to sweeten. **2** *(suavizar)* to alleviate, soften.
endurecer [43] *vt - vpr* to harden.
endurecimiento *nm* hardening.
enemigo,-a 1 *adj* enemy. || *nm,f* enemy.
• **pasarse al enemigo** to go over to the enemy.
enemistar 1 *vt* to make enemies of. || **2 enemistarse** *vpr* to become enemies.
• **enemistarse con algn** to fall out with sb.
energía *nf* energy.
■ **energía atómica** atomic power; **energía eléctrica** electric power; **energía nuclear** nuclear power; **energía solar** solar power, solar energy.
enérgico,-a 1 *adj (persona, ejercicio)* energetic. **2** *(ataque, protesta)* vigorous.
energúmeno,-a *nm,f fam (hombre)* madman; *(mujer)* mad woman.
enero *nm* January.
enésimo,-a 1 *adj* nth. **2** *fam* umpteenth: ***te lo digo por enésima vez*** this is the umpteenth time I've told you.
enfadado,-a *adj* angry.
enfadar 1 *vt* to make angry. || **2 enfadarse** *vpr* to get angry (con, with).
enfado *nm* anger, irritation.
énfasis *nm & nf* emphasis.
• **poner énfasis en algo** to emphasize sth.
enfático,-a *adj* emphatic.
enfatizar [4] *vt* to emphasize, stress.
enfermar *vi* to fall ill, be taken ill.
enfermedad *nf* illness, disease, sickness.
■ **enfermedad contagiosa** contagious disease; **enfermedad hereditaria** hereditary disease; **enfermedad terminal** terminal illness; **enfermedad venérea** venereal disease.
enfermería *nf* infirmary, sick bay.
enfermero,-a *nm,f (hombre)* male nurse; *(mujer)* nurse.
enfermizo,-a *adj* sickly, unhealthy.
enfermo,-a 1 *adj* ill, sick. || **2** *nm,f* sick person.
■ **enfermo terminal** terminal patient.
enfocar [1] **1** *vt (con cámara)* to focus on. **2** *(luz, faro)* to shine a light on. **3** *(problema etc)* to approach.
enfoque 1 *nm (de imagen)* focus. **2** *(de asunto)* approach, point of view.
enfrentamiento *nm* confrontation.
enfrentar 1 *vt (afrontar)* to face, con-

front. **2** *(encarar)* to bring face to face. || **3 enfrentarse** *vpr (encararse)* to face up (a, to). **4** *(pelearse)* to have a confrontation.

enfrente *adv* opposite, facing: ***la casa de enfrente*** the house opposite, the house across the street.

• **enfrente de** opposite.

enfriamiento 1 *nm (acción)* cooling. **2** MED cold, chill.

enfriar [13] **1** *vt* to cool down. || **2 enfriarse** *vpr (algo caliente)* to cool down. **3** *(tener frío)* to get cold. **4** MED to get a cold, catch a cold. **5** *(pasión, entusiasmo)* to cool off.

enfundar *vt* to put in its case; *(espada)* to sheathe; *(pistola)* to put in its holster.

enfurecer [43] **1** *vt* to infuriate, enrage. || **2 enfurecerse** *vpr (persona)* to get furious (con/contra/por, at). **3** *(mar)* to become rough.

enfurruñarse *vpr fam* to sulk.

engalanar 1 *vt* to adorn, deck out. || **2 engalanarse** *vpr* to dress up.

enganchar 1 *vt (gen)* to hook, hook up; *(animales)* to hitch; *(vagones)* to couple. **2** *(atraer)* to attract. || **3 engancharse** *vpr (prenderse)* to get caught. **4** MIL to enlist. **5** *arg (a drogas)* to get hooked (a, on).

enganche *nm (de vagones)* coupling.

engañabobos *nm fam* con, trick, cheat on.

engañar 1 *vt (gen)* to deceive. **2** *(estafar)* to cheat. **3** *(mentir)* to lie to. **4** *(a la pareja)* to be unfaithful to, cheat on. || **5** *vi (llevar a error)* to be deceptive: ***las apariencias engañan*** appearances can be deceptive. || **6 engañarse** *vpr (ilusionarse)* to deceive oneself. **7** *(equivocarse)* to be wrong, be mistaken.

• **engañar el hambre** to stave off hunger.

engaño 1 *nm (gen)* deceit. **2** *(estafa)* fraud. **3** *(mentira)* lie. **4** *(error)* mistake.

engatusar *vt fam* to cajole, coax.

• **engatusar a algn para que haga algo** to coax sb into doing sth.

engendrar 1 *vt* BIOL to engender, beget. **2** *(originar)* to generate, give rise to.

englobar *vt* to include, comprise.

engordar 1 *vt (animal)* to fatten. || **2** *vi (persona)* to put on weight: ***he engordado cinco kilos*** I've put on five kilos. **3** *(alimento)* to be fattening.

engorro *nm* bother, nuisance.

engranaje 1 *nm* TÉC gears *pl*, gearing. **2** *(sistema)* machinery.

engrasar 1 *vt* to lubricate; *(con grasa)* to grease; *(con aceite)* to oil. **2** *fig (sobornar)* to bribe.

engreído,-a *adj* vain, conceited.

engreír [37] **1** *vt* to make vain, make conceited. || **2 engreírse** *vpr* to become vain, become conceited.

engrosar [31] *vt* to swell.

engullir [41] *vt* to gobble up.

enhebrar *vt* to thread.

enhorabuena *nf* congratulations *pl*.

• **dar la enhorabuena a algn** to congratulate sb.

enigma *nm* enigma, puzzle.

enigmático,-a *adj* enigmatic.

enjabonar 1 *vt (lavar)* to soap. **2** *(adular)* to soft-soap.

enjambre *nm* swarm.

enjaular 1 *vt (en jaula)* to cage. **2** *fam (en cárcel)* to put inside jail, put in jail.

enjuagar [7] *vt - vpr* to rinse.

enjuague 1 *nm (proceso)* rinse. **2** *(líquido)* mouthwash.

enjuiciar [12] **1** *vt (juzgar)* to judge. **2** JUR *(causa)* to sue; *(criminal)* to indict, prosecute.

enjuto,-a *adj* lean.

enlace 1 *nm (conexión)* link, connection. **2** *(boda)* marriage. **3** *(intermediario)* liaison.

■ **enlace sindical** shop steward, US union delegate.

enlatar *vt* to can, tin.

enlazar [4] **1** *vt (unir)* to link, connect. || **2** *vi (trenes etc)* to connect.

enloquecer [43] **1** *vi (volverse loco)* to go mad. **2** *fam (gustar mucho)* to be mad about: ***le enloquecen las motos*** she's mad about motorbikes. || **3** *vt (volver loco)* to drive mad. || **4 enloquecerse** *vpr* to go mad.

enmarañar 1 *vt (entrelazar)* to tangle. **2** *(asunto, situación)* to embroil, muddle up. || **3 enmarañarse** *vpr (cabellos, hilos, etc)* to get tangled. **4** *(dificultar)* to get embroiled.

enmascarar 1 *vt* to mask, disguise. || **2 enmascararse** *vpr* to put on a mask.

enmendar [27] **1** *vt (error)* to correct; *(daño)* to repair. **2** JUR to amend. || **3 enmendarse** *vpr* to reform, mend one's ways.

enmienda 1 *nf (de error)* correction; *(de daño)* repair. **2** JUR POL amendment.

enmohecerse [43] *vpr (fruta, pan)* to get mouldy; *(metal)* to go rusty.

enmoquetar *vt* to carpet.

enmudecer [43] **1** *vi (quedar mudo)* to become dumb. **2** *(callarse)* to fall silent.

ennegrecer [43] **1** *vt (poner negro)* to go black, turn black. **2** *(oscurecer)* to darken. || **3 ennegrecerse** *vpr (ponerse negro)* to go black, turn black. **4** *(oscurecerse)* to darken, dark.

ennoblecer [43] **1** *vt (hacer noble)* to ennoble. **2** *(dignificar)* to dignify.

enojado,-a *adj* angry, cross.

enojar 1 *vt (enfadar)* to anger; *(molestar)* to annoy. || **2 enojarse** *vpr (enfadarse)* to get angry; *(molestarse)* to get cross.

enojo *nm (enfado)* anger, irritation; *(molestia)* annoyance.

enorgullecer [43] **1** *vt* to fill with pride. || **2 enorgullecerse** *vpr* to be proud, feel proud.

• **enorgullecerse de algo** to pride oneself on sth.

enorme *adj* enormous, huge.

enraizar [24] *vi - vpr* BOT to take root.

enredadera *nf* creeper, climbing plant.

enredar 1 *vt (enmarañar)* to tangle up, entangle. **2** *(dificultar)* to complicate, make complicated. **3** *(involucrar)* to involve (en, in). || *vi (travesear)* to be mischievous. || **5 enredarse** *vpr (hacerse un lío)* to get tangled up. **6** *(complicarse)* to get complicated, get confused; *(en discusión)* to get caught up. **7** *(tener una aventura)* to have an affair.

enredo 1 *nm (maraña)* tangle. **2** *(engaño)* deceit. **3** *(confusión)* mix-up, mess. **4** *(amoroso)* love affair. || **5 enredos** *nm pl (trastos)* bits and pieces.

enrejado 1 *nm (de verja, balcón)* railings *pl*. **2** *(celosía)* trellis.

enrevesado,-a *adj* complicated, difficult.

enriquecer [43] **1** *vt (hacer rico)* to make rich. **2** *(mejorar)* to enrich. || **3 enriquecerse** *vpr* to become rich, get rich.

enrojecer [43] **1** *vt (volver rojo)* to redden. **2** *(ruborizar)* to make blush. || **3 enrojecerse** *vpr (ruborizarse)* to go red, blush. **4** *(volverse rojo)* to turn red.

enrollado,-a 1 *adj (papel, alfombra)* rolled up. **2** *fam (persona)* really cool: ***una tía muy enrollada*** a really cool woman.

• **estar enrollado,-a con algn** *fam (en conversación)* to be deep in conversation with sb; *(en relación sentimental)* to go out with sb.

enrollar 1 *vt* to roll up. || **2 enrollarse** *vpr fam (hablar)* to go on and on.

• **enrollarse con algn** to get off with sb; **estar enrollado,-a con algn** to be involved with sb.

enroscar [1] **1** *vt (cable)* to twist. **2** *(tornillo)* to screw. || **3 enroscarse** *vpr (cable)* to roll up; *(serpiente)* to coil itself.

ensaimada *nf spiral-shaped pastry (typical of Majorca)*.

ensalada *nf* salad.
ensaladera *nf* salad bowl.
ensaladilla *nf*.
■ **ensaladilla rusa** Russian salad.
ensamblador *nm* INFORM assembler.
ensamblaje *nm* assembly.
ensamblar *vt* to assemble; *(madera)* to joint, splice.
ensanchamiento *nm* widening, broadening.
ensanchar 1 *vt (agrandar)* to widen, enlarge; *(prenda)* to let out. ‖ 2 **ensancharse** *vpr (envanecerse)* to become conceited.
ensanche 1 *nm (de carretera)* widening. 2 *(de ciudad)* urban development.
ensangrentado,-a *adj* bloodstained, bloody.
ensangrentar [27] 1 *vt* to stain with blood. ‖ 2 **ensangrentarse** *vpr* to get covered with blood.
ensayar 1 *vt (obra de teatro)* to rehearse; *(música)* to practise. 2 *(probar)* to try out, test.
ensayo 1 *nm (obra de teatro)* rehearsal; *(música)* practise. 2 *(prueba)* test, experiment. 3 *(literario)* essay.
■ **ensayo general** dress rehearsal.
enseguida *adv* at once, straight away.
▲ *Also written* en seguida.
ensenada *nf* cove, inlet.
enseñanza 1 *nf (educación)* education. 2 *(instrucción)* teaching.
■ **enseñanza primaria** primary education; **enseñanza secundaria** secondary education; **enseñanza superior** higher education.
enseñar 1 *vt (en escuela etc)* to teach. 2 *(educar)* to educate. 3 *(mostrar)* to show.
● **enseñar a algn a hacer algo** to teach sb to do sth; **enseñar los dientes** *fig* to bare one's teeth.
enseres *nm pl* belongings, goods.
ensillar *vt* to saddle up.
ensimismarse 1 *vpr (absorberse)* to become engrossed. 2 *(abstraerse)* to become lost in thought.
ensombrecer [43] 1 *vt* to cast a shadow over. ‖ 2 **ensombrecerse** *vpr* to darken.
ensopar *vt* AM to soak.
ensordecedor,-ra *adj* deafening.
ensordecer [43] 1 *vt* to deafen. ‖ 2 *vi* to go deaf.
ensuciar [12] 1 *vt (manchar)* to dirty. 2 *(reputación, nombre)* to sully. ‖ 3 **ensuciarse** *vpr* to get dirty.
ensueño *nm* daydream, fantasy.
entablar *vt (conversación)* to begin, start; *(amistad)* to strike up.
■ **entablar demanda** to take legal action.
entender [28] 1 *nm* opinion: ***a mi entender*** in my opinion. ‖ 2 *vt (comprender)* to understand. 3 *(discurrir)* to think. 4 *(oír)* to hear. ‖ 5 *vi* to be an expert (en/de, in). ‖ 6 **entenderse** *vpr (conocerse)* to know what one is doing. 7 *fam (llevarse bien)* to get along well together.
● **entenderse con algn** to have an affair with sb; **dar a entender que ...** to imply that ...; **hacerle entender algo a algn** to make sb understand sth; **hacerse entender** to make oneself understood; **no entender ni jota** *fam* not to understand a word.
entendido,-a *nm,f* expert (en, on).
entendimiento 1 *nm (comprensión)* understanding, comprehension. 2 *(acuerdo)* understanding. 3 *(inteligencia)* mind, intellect.
enterado,-a 1 *adj* knowledgeable, well-informed. ‖ 2 *nm,f fam* expert.
enterarse 1 *vpr (averiguar)* to find out (de, about. 2 *(darse cuenta)* to notice: ***ni se enteró de que me había ido*** he didn't even notice I had gone. 3 *(comprender)* to understand: ***no se entera de nada*** she doesn't understand a thing. 4 to find out (de, about).
entereza 1 *nf (integridad)* integrity. 2 *(firmeza)* firmness. 3 *(fortaleza)* fortitude.

enternecedor,-ra *adj* moving, touching.

enternecer [43] **1** *vt* to move, touch. || **2 enternecerse** *vpr* to be moved, be touched.

entero,-a 1 *adj (completo)* entire, whole. **2** *(persona - íntegro)* upright; *(- sereno)* composed. **3** *(robusto)* robust. || **4 entero** *nm* FIN point.

enterrador,-ra *nm,f* gravedigger.

enterrar [27] *vt* to bury.

• **enterrarse en vida** to cut oneself off from the world.

entidad *nf* entity.

• **de entidad** important.

entierro 1 *nm (acto)* burial. **2** *(ceremonia)* funeral.

entlo. *abr (*entresuelo*)* first floor, mezzanine, US second floor.

entonación *nf* intonation.

entonar 1 *vt (nota)* to pitch; *(canción)* to sing. **2** *(organismo)* to tone up. **3** *(colores)* to match. || **4** *vi (al cantar)* to sing in tune.

entonces *adv* then.

• **desde entonces** since then; **por aquel entonces** at that time.

entornar 1 *vt (ojos)* to half-close. **2** *(puerta)* to leave ajar.

entorno *nm* environment.

entorpecer [43] *vt (dificultar)* to obstruct, hinder.

entrada 1 *nf (acción)* entrance, entry. **2** *(lugar)* entrance: ***entrada principal*** main entrance. **3** *(en espectáculo - billete)* ticket; *(admisión)* admission: ***hay que sacar las entradas*** we have to buy the tickets. **4** *(pago inicial)* down payment. **5** *(en libro de cuentas)* entry. **6** INFORM input. || **7 entradas** *nf pl (en la cabeza)* receding hairline *sing*.

• **"Prohibida la entrada"** "No admittance"; **de entrada** from the start.

entrañable *adj* beloved.

entrañas 1 *nf pl* ANAT entrails. **2** *(sentimientos)* heart *sing*.

• **no tener entrañas** to be heartless.

entrar 1 *vi (ir adentro)* to come in, go in. **2** *(en una sociedad etc)* to join (en, -). **3** *(encajar)* to fit: ***este tornillo no entra*** this screw doesn't fit. **4** *(empezar - año, estación)* to begin; *(- período)* to enter. **5** *(venir)*: ***me entró dolor de cabeza*** I got a headache; ***me entraron ganas de llorar*** I felt like crying. || **6** *vt (introducir)* to introduce. **7** INFORM to enter.

• **entrado,-a en años** *fam* well on in years; **no me entra en la cabeza** *fam* I can't believe it.

entre 1 *prep (dos términos)* between; *(más de dos términos)* among, amongst. **2** *(sumando)* counting: ***entre niños y adultos somos doce*** counting children and adults, there are twelve of us.

• **de entre** among; **de entre nosotros** between you and me; **entre una cosa y otra** what with one thing and another; **entre tanto** meanwhile.

entreabierto,-a 1 *adj (ojos, boca, ventana)* half-open. **2** *(puerta)* ajar.

entreabrir 1 *vt (pp* entreabierto,-a*)* *(ojos, boca, ventana)* to half open. **2** *(puerta)* to leave ajar.

entreacto *nm* interval.

entrecejo *nm* space between the eyebrows.

• **fruncir el entrecejo** to frown.

entrecó *nm* fillet steak.

entrecot *nm* fillet steak.

entrega 1 *nf (acción)* handing over; *(de mercancía)* delivery. **2** *(de posesiones)* surrender. **3** *(fascículo)* instalment. **4** *fig (devoción)* selflessness.

■ **entrega contra reembolso** cash on delivery.

entregar [7] **1** *vt (dar)* to hand over; *(deberes, solicitud)* to hand in. **2** COM to deliver. **3** *(posesiones, armas)* to surrender. **4** *(premio, trofeo)* to present. **5** *(rehén)* to hand over. || **6 entregarse** *vpr (rendirse)* to give in, surrender. **7** *(dedicarse)* to devote oneself (a, to).

entremés 1 *nm* CULIN hors d'oeuvre. **2** TEAT interlude.

entremeter 1 *vt* to insert, place be-

tween. || **2 entremeterse** *vpr* → **entrometerse**.
entrenador,-ra *nm,f* trainer, coach.
entrenamiento *nm* training.
entrenar *vt* - *vpr* to train.
entrepierna *nf* crotch.
entresuelo *nm* mezzanine.
entretanto *adv* meanwhile.
entretención *nf* AM amusement, entertainment.
entretener [87] **1** *vt (retrasar)* to delay, detain. **2** *(divertir)* to entertain, amuse. **3** *(distraer)* to disctract. || **4 entretenerse** *vpr (retrasarse)* to be delayed. **5** *(divertirse)* to amuse oneself, keep oneself occupied.
entretenido,-a 1 *adj (divertido)* entertaining, amusing. **2** *(complicado)* time-consuming.
entretenimiento *nm* entertainment, amusement.
entrever [91] **1** *vt (pp* entrevisto,-a*) (vislumbrar)* to glimpse. **2** *(conjeturar)* to guess.
entrevista 1 *nf (de prensa)* interview. **2** *(de trabajo)* job interview. **3** *(reunión)* meeting.
entrevistar 1 *vt* to interview. || **2 entrevistarse** *vpr* to have a meeting (con, with).
entristecer [43] **1** *vt* to sadden. || **2 entristecerse** *vpr* to be sad (por, about).
entrometerse *vpr* to meddle, interfere (en, in).
entrometido,-a 1 *adj* interfering, nosy. || **2** *nm,f* meddler, busybody.
enturbiar [12] **1** *vt (líquido)* to cloud, make muddy. **2** *(relación, entusiasmo)* to cloud, mar. || **3 enturbiarse** *vpr (líquido)* to get muddy. **4** *(relación, entusiasmo)* to be marred.
entusiasmado,-a *adj* excited, enthusiastic.
entusiasmar 1 *vt* to captivate, excite: ***me entusiasma la ópera*** I love opera. || **2 entusiasmarse** *vpr* to get enthusiastic (con, about).
entusiasmo *nm* enthusiasm.
• **con entusiasmo** keenly, enthusiastically.
entusiasta *nmf* enthusiast, fan (de, of).
enumerar *vt* to enumerate, count.
enunciado *nm* statement.
enunciar [12] *vt* to state.
envasar *vt (en paquete)* to pack; *(en botella)* to bottle; *(en lata)* to can, tin.
• **envasar al vacío** to vacuum-pack.
envase *nm (recipiente)* container; *(botella)* bottle.
▪ **envase retornable** returnable container.
envejecer [43] **1** *vt* to age. || **2** *vi* to grow old.
envejecido,-a *adj* aged, old-looking.
envejecimiento *nm* ageing.
envenenamiento *nm* poisoning.
envenenar 1 *vt* to poison. || **2 envenenarse** *vpr* to poison oneself.
envergadura 1 *nf (relevancia)* importance. **2** *(de pájaro)* spread. **3** *(de avión)* span.
enviado,-a *nm,f* messenger, envoy.
▪ **enviado,-a especial** special correspondent.
enviar [13] **1** *vt (mandar)* to send. **2** COM to dispatch; *(por barco)* to ship.
enviciar [12] **1** *vt* to corrupt, vitiate. || **2 enviciarse** *vpr* to become addicted.
envidia *nf* envy.
• **dar envidia** to make envious; **tener envidia de** to envy.
envidiar [12] *vt* to envy.
envidioso,-a *adj* envious.
envío 1 *nm (acción)* sending; *(de mercancía)* dispatch, shipment. **2** *(remesa)* consignment; *(paquete)* parcel.
▪ **envío contra reembolso** cash on delivery.
enviudar *vi (hombre)* to become a widower, be widowed; *(mujer)* to become a widow, become a widowed.
envoltorio 1 *nm (de caramelo etc)* wrapper. **2** *(lío)* bundle.
envoltura *nf* wrapping.

envolver [32] **1** *vt (pp* envuelto,-a*) (cubrir)* to cover; *(con papel)* to wrap (up). **2** *(implicar)* to involve (en, in). ‖ **3 envolverse** *vpr (con ropa)* to wrap oneself up (en, in). **4** *(implicarse)* to become involved (en, in).
envuelto,-a *pp* → **envolver**.
enyesar 1 *vt (pared)* to plaster. **2** *(pierna, brazo)* to put in plaster.
enzima *nm & nf* enzime.
E.P.D. *abr (*en paz descanse*)* rest in peace; *(abreviatura)* R.I.P..
épica *nf* epic poetry.
épico,-a *adj* epic.
epidemia *nf* epidemic.
epidermis *nf inv* epidermis, skin.
epilepsia *nf* epilepsy.
epílogo *nm* epilogue.
episodio 1 *nm (de narración, serie)* episode. **2** *(suceso)* incident, episode.
epístola *nf* epistle, letter.
época 1 *nf (período)* time. **2** HIST period, epoch. **3** AGR season.
• **por aquella época** about that time.
epopeya *nf* epic poem.
equilibrado,-a *adj* balanced.
equilibrar *vt - vpr* to balance.
equilibrio *nm* balance.
• **hacer equilibrios** to do a balancing act; **mantener el equilibrio** to keep one's balance; **perder el equilibrio** to lose one's balance.
■ **equilibrio ecológico** ecological balance.
equilibrista 1 *nmf* tightrope walker, trapeze artist. **2** AM POL opportunist.
equipaje *nm* luggage, baggage.
• **hacer el equipaje** to pack, do the packing.
■ **equipaje de mano** hand luggage.
equipar 1 *vt* to equip (con/de, with). ‖ **2 equiparse** *vpr* to kit oneself out.
equipo 1 *nm (de personas, jugadores)* team. **2** *(equipamiento)* equipment. **3** *(de soldado)* kit; *(de deportista)* gear.
• **trabajar en equipo** to work as a team.
■ **equipo de alta fidelidad** hi-fi stereo system; **equipo de salvamento** rescue team.
equitación 1 *nf (acto)* horse riding. **2** *(arte)* horsemanship.
equivalente *adj - nm* equivalent.
equivaler [89] **1** *vi (ser igual)* to be equivalent (a, to). **2** *(significar)* to be tantamount (a, to).
equivocación *nf* mistake, error.
• **por equivocación** by mistake.
equivocadamente *adv* by mistake.
equivocado,-a *adj* mistaken, wrong.
equivocarse [1] **1** *vpr (no tener razón)* to be mistaken, be wrong. **2** *(cometer un error)* to make a mistake: ***equivocarse de hora*** to get the time wrong; ***equivocarse de nombre*** to get the wrong name; ***equivocarse de tren*** to catch the wrong train.
equívoco,-a 1 *adj* equivocal, ambiguous. ‖ **2 equívoco** *nm* misunderstanding.
era 1 *nf (período)* era, age. **2** AGR threshing floor. ‖ **3** *imperf indic* → **ser**.
ERC *abr* POL *(*Esquerra Republicana de Catalunya*) pro-independence Catalan party*.
erección *nf* erection.
eres *pres indic* → **ser**.
erguir [70] **1** *vt* to raise, erect. ‖ **2 erguirse** *vpr (ponerse derecho)* to straighten up. **3** *(engreírse)* to swell with pride.
erigir [6] **1** *vt* to erect, build. ‖ **2 erigirse** *vpr* to establish oneself (en, as).
erizado,-a *adj* bristly, prickly.
erizar [4] **1** *vt* to make stand on end. ‖ **2 erizarse** *vpr* to stand on end.
erizo *nm* hedgehog.
■ **erizo de mar** sea urchin.
ermita *nf* hermitage.
ermitaño,-a 1 *nm,f* hermit. ‖ **2 ermitaño** *nm* ZOOL hermit crab.
erosión *nf* erosion.
erosionar 1 *vt* to erode. ‖ **2 erosionarse** *vpr* to erode, be eroded.
erótico,-a *adj* erotic.
erotismo *nm* eroticism.

erradicar [1] *vt* to eradicate; *(enfermedad)* to stamp out.
errante *adj* wandering.
errar [57] **1** *vt (objetivo)* to miss, get wrong; *(vocación)* to mistake. || **2** *vi (vagar)* to wander, rove. **3** *(divagar)* to be mistaken.
errata *nf* misprint, erratum.
erróneo,-a *adj* erroneous, wrong.
error **1** *nm* error, mistake. **2** INFORM bug.
• **caer en un error** to make a mistake; **estar en un error** to be mistaken; **por error** by mistake.
■ **error de cálculo** error of judgement; **error de imprenta** misprint.
eructar *vi* to belch, burp.
eructo *nm* belch, burp.
erudito,-a **1** *adj* erudite, learned. || **2** *nm,f* scholar.
erupción **1** *nf (volcánica)* eruption. **2** *(cutánea)* rash.
es *pres indic* → **ser**.
esbelto,-a *adj* slim, slender.
esbozar [4] *vt* to sketch, outline.
• **esbozar una sonrisa** to give a hint of a smile.
esbozo *nm* sketch, outline.
escabeche *nm* pickle.
escabullirse [13] **1** *vpr (deslizarse)* to slip through. **2** *(escaparse)* to slip away.
escacharrar **1** *vt fam* to break. || **2 escacharrarse** *vpr fam* to go bust.
escafandra *nf* diving suit.
escala **1** *nf (gen)* scale. **2** *(escalera)* ladder, stepladder.
• **a gran escala** on a large scale; **a pequeña escala** on a small scale; **hacer escala** *(avión)* to stop over (**en,** in); *(barco)* to put in (**en,** at).
■ **escala móvil** sliding scale; **escala musical** musical scale.
escalada *nf* climbing.
• **la escalada del terrorismo** the rise of terrorism.
■ **escalada libre** free climbing.
escalador,-ra *nm,f* climber.
escalar *vt* to climb, scale.
escaldado,-a *adj* scalded.
• **salir escaldado,-a** to get one's fingers burnt.
escaldar **1** *vt* to scald. || **2 escaldarse** *vpr* to get scalded.
escalera **1** *nf (de edificio)* stair, staircase. **2** *(portátil)* ladder. **3** *(naipes)* run, sequence.
■ **escalera de caracol** spiral staircase; **escalera mecánica** escalator.
escalerilla *nf (de barco)* gangway; *(de avión)* steps.
escalinata *nf* staircase.
escalofriante *adj* chilling, blood-curdling.
escalofrío *nm* shiver: ***me entraron escalofríos*** I started shivering.
escalón **1** *nm (peldaño)* step. **2** MIL echelon.
escalope *nm* escalope.
escama **1** *nf (de pez, reptil)* scale. **2** *(de jabón)* flake.
escampar *vi* METEOR to stop raining, clear up.
escandalizar [4] **1** *vt* to scandalize, shock. || **2** *vi* to make a racket. || **3 escandalizarse** *vpr* to be shocked (de/por, at).
escándalo **1** *nm (acto inmoral)* scandal. **2** *(alboroto)* racket.
• **armar un escándalo** to kick up a fuss.
escandaloso,-a **1** *adj (inmoral)* scandalous. **2** *(ruidoso)* noisy.
Escandinavia *nf* Scandinavia.
escandinavo,-a *adj - nm, f* Scandinavian.
escanear *vt* INFORM to scan.
escáner *nm* scanner.
escaño **1** *nm (banco)* bench. **2** POL seat.
escapada **1** *nf (huida)* escape. **2** *fam (viaje)* quick trip. **3** *(en ciclismo)* breakaway.
escapar **1** *vi - vpr (lograr salir)* to escape, run away (de, from). || **2 escaparse** *vpr (gas etc)* to leak out. **3** *(autobús etc)* to miss: ***se me escapó*** I missed it.

• **escaparse por los pelos** *fam* to have a narrow escape; **escaparse de las manos** to slip out of one's hands; **escapársele la risa a algn** to burst out laughing; **no se le escapa (ni) una** he doesn't miss a thing.
escaparate 1 *nm (de tienda)* shop window. **2** AM *(armario)* wardrobe.
escapatoria 1 *nf (huida)* escape, way out. **2** *(excusa)* excuse.
• **no hay escapatoria** there is no way out.
escape 1 *nm (huida)* escape, flight. **2** *(de gas etc)* leak.
escaquearse *vpr fam* to shirk, skive off.
escarabajo *nm* beetle.
escarbar 1 *vt (suelo)* to scratch. **2** *(dientes, orejas)* to clean out. **3** *(fuego)* to poke. **4** *(inquirir)* to inquire into.
escarcha *nf* frost.
escarlata *adj* - *nm* scarlet.
escarlatina *nf* scarlet fever.
escarmentar [27] **1** *vt* to punish. ‖ **2 escarmentar(se)** *vi* - *vpr* to learn one's lesson: ***para que escarmientes*** that'll teach you a lesson.
escarmiento *nm* lesson, punishment.
• **servir de escarmiento** to serve as a lesson.
escarola *nf* curly endive, US escarole.
escarpado,-a 1 *adj (inclinado)* steep. **2** *(abrupto)* rugged.
escasear *vi* to be scarce.
escasez *nf* shortage, scarcity.
escaso,-a *adj* scarce, scant: ***ando escaso de dinero*** I'm short of money.
escatimar *vt* to stint, skimp on.
• **no escatimar esfuerzos** to spare no effort.
escayola *nf* plaster.
escayolar *vt* to put in plaster.
escena 1 *nf (gen)* scene. **2** *(escenario)* stage.
• **montar una escena** to make a scene; **poner en escena** to stage.
■ **escena retrospectiva** flashback.
escenario 1 *nm (de suceso)* stage. **2** TEAT scene.
escenografía 1 *nm* CINEM set design. **2** TEAT stage design.
escepticismo *nm* scepticism.
escéptico,-a 1 *adj* sceptical. ‖ **2** *nm,f* sceptic.
esclarecer [43] *vt* to clear up, make clear.
esclavitud *nf* slavery, servitude.
esclavizar [4] *vt* to enslave.
esclavo,-a *nm,f* slave.
• **ser esclavo,-a de algo** to be a slave to sth.
esclusa *nf (de canal)* lock; *(compuerta)* sluice gate.
escoba *nf* broom.
escobilla 1 *nf* small brush. **2** AUTO windscreen wiper blade.
escocedura *nf* chafe, soreness.
escocer [54] **1** *vi (herida)* to smart, sting. **2** *(ánimo)* to hurt. ‖ **3 escocerse** *vpr (irritarse)* to get sore.
escocés,-a 1 *adj* Scottish. ‖ **2** *nm,f (persona)* Scot; *(hombre)* Scotsman; *(mujer)* Scotswoman. ‖ **3 escocés** *nm (idioma)* Scottish, Scottish Gaelic.
Escocia *nf* Scotland.
escoger [5] *vt* to choose, select.
• **escoger del montón** to choose from the pile.
escogido,-a *adj* chosen, selected.
escolar 1 *adj* school. ‖ **2** *nmf (chico)* schoolboy; *(chica)* schoolgirl.
escolarizado,-a *adj* in school.
escolarizar [4] *vt* to provide with schooling.
escollera *nf* breakwater.
escollo 1 *nm* MAR reef, rock. **2** *(obstáculo)* difficulty.
escolta 1 *nf* escort. **2** MAR convoy.
escoltar 1 *vt* to escort. **2** MAR to convoy.
escombros *nm pl* rubbish *sing*, debris *sing*.
esconder 1 *vt* to hide, conceal. ‖ **2 esconderse** *vpr* to hide (de, from).
escondidas *nf pl*.

• **a escondidas** in secret; **hacer algo a escondidas de algn** to do sth behind sb's back.
escondido,-a *adj* hidden.
escondite *nm* hiding place.
• **jugar al escondite** to play hide-and-seek.
escondrijo *nm* hiding place.
escopeta *nf* shotgun.
■ **escopeta de aire comprimido** airgun.
escoplo *nm* chisel.
escoria 1 *nf* slag, dross. **2** *fig* dregs *pl.*
escorpión 1 *nm* scorpion. **2** ASTROL ASTRON Scorpion.
escotado ,-a *adj* low-necked, low-cut.
escote *nm (de vestido)* low neckline.
• **pagar a escote** to share the expenses.
escotilla *nf* hatchway.
escozor 1 *nm (picor)* irritation, smarting. **2** *(resentimiento)* resentment, bitterness.
escribir 1 *vt - vi (pp* escrito,-a*)* to write. || **2 escribirse** *vpr (dos personas)* to hold correspondence, write to each other. **3** *(palabra)* to spell: ***se escribe con "j"*** it's spelt with a "j".
escrito,-a 1 *pp* → **escribir**. || **2** *adj* written. || **3 escrito** *nm* writing, document.
• **por escrito** in writing.
escritor,-ra *nm,f* writer.
escritorio 1 *nm (mueble)* writing desk. **2** *(oficina)* office. **3** INFORM desktop.
escritura *nf* writing.
■ **escritura de propiedad** title deed; **Sagradas Escrituras** Holy Scriptures.
escrúpulo 1 *nm (recelo)* scruple. **2** *(aprensión)* fussiness.
escrupuloso,-a 1 *adj (cuidadoso)* scrupulous. **2** *(aprensivo)* finicky, fussy.
escrutar 1 *vt (examinar)* to scrutinize. **2** *(contar votos)* to count.
escrutinio 1 *nm (examen)* scrutiny, examination. **2** *(recuento de votos)* count.
escuadra 1 *nf (instrumento)* square. **2** MIL squad.
escuadrón *nm* squadron.
escucha 1 *nf (acción)* listening. **2** RAD monitoring.
• **estar a la escucha de** to listen out for.
■ **escuchas telefónicas** phone tapping *sing.*
escuchar 1 *vt (atender)* to listen to. **2** *(oír)* to hear.
escudo *nm* shield.
■ **escudo de armas** coat of arms.
escuela *nf* school.
■ **escuela privada** private school; **escuela pública** state school.
escuetamente *adv* simply.
escueto,-a *adj (estilo, lenguaje)* bare, plain; *(explicación)* concise, succint.
esculcar [1] *vt* AM to search.
esculpir *vt (piedra)* to sculpt; *(madera)* to carve.
escultor,-ra *nm,f (hombre)* sculptor; *(mujer)* sculptress.
escultura *nf* sculpture.
escupir 1 *vi* to spit. || **2** *vt (coida)* to spit out. **3** *fam (confesar)* to cough.
• **escupirle a algn** to spit at sb.
escurreplatos *nm inv* dish rack.
escurridizo,-a *adj* slippery.
escurridor 1 *nm (colador)* strainer, colander. **2** *(de platos)* dish rack.
escurrir 1 *vt (platos)* to drain; *(ropa)* to wring out; *(comida)* to strain. || **2** *vi* to drip. || **3 escurrirse** *vpr fam (escapar)* to slip away. **4** *(resbalarse)* to slip.
esdrújulo,-a *adj accented on the antepenultimate syllable.*
ese,-a *adj (pl* esos,-as*)* that: ***ese coche*** that car.
ése,-a *pron (pl* ésos,-as*)* that one: ***toma ésa*** take that one.
• **ni por ésas** even so.
esencia *nf* essence.
esencial *adj* essential.
esfera 1 *nf (figura)* sphere. **2** *(de reloj)* face.
• **las altas esferas** the upper echelons.

esférico,-a *adj* spherical.
esfinge *nf* sphinx.
esforzarse [50] *vpr* to try hard, strive.
• **esforzarse por hacer algo** to strive to do sth.
esfuerzo 1 *nm* effort. 2 *(valor)* courage.
esfumarse 1 *vpr (desvanecerse)* to fade away. 2 *fam (largarse)* to disappear.
esgrima *nf* fencing.
esguince *nm* sprain.
eslabón *nm* link.
■ **eslabón perdido** missing link.
eslavo,-a 1 *adj* Slavonic. || 2 *nm,f (persona)* Slav. || 3 **eslavo** *nm (idioma)* Slavonic.
eslip *nm (pl* eslips*)* briefs *pl*, underpants *pl*.
eslogan *nm (pl* eslóganes*)* slogan.
esmaltado,-a 1 *adj* enamelled. || 2 **esmaltado** *nm* enamelling.
esmaltar *vt* to enamel.
esmalte *nm* enamel.
■ **esmalte de uñas** nail polish, nail varnish.
esmeralda *nf* emerald.
esmerarse *vpr* to do one's best (en/por, to).
esmero *nm* great care.
esmoquin *nf (pl* esmóquines*)* dinner jacket, US tuxedo.
esnifar *vt arg (cola)* to sniff; *(cocaína)* to snort.
esnob *nmf (pl* esnobs*)* snob.
esnobismo *nm* snobbery, snobbishness.
eso *pron* that.
• **a eso de las ...** *(hora)* around ...; ***¿y cómo es eso?*** how come?; **nada de eso** nothing of that kind; **¡eso es!** that's it!
ESO *abr* EDUC *(*Enseñanza Secundaria Obligatoria*)* *compulsory secondary education up to 16*.
esófago *nm* oesophagus.
esos,-as *adj - pron* → **ese**.
espabilado,-a 1 *adj (listo)* quick-witted. 2 *(despierto)* awake.
espabilar 1 *vt (despertar)* to wake up. 2 *(hacer más avispado)* to sharpen sb's wits. || 3 *vi (darse prisa)* to get a move on. || 4 **espabilarse** *vpr (despertarse)* to wake up. 5 *(avisparse)* to buck one's ideas up. 6 *(darse prisa)* to get a move on.
espacial *adj (cohete etc)* space; *(en física)* spatial.
espaciar [12] *vt* to space, space out.
espacio 1 *nm (sitio)* space: ***necesitamos más espacio*** we need more room. 2 *(de tiempo)* length. 3 RAD TV programme.
■ **espacio aéreo** air space; **espacio radiofónico** radio programme; **espacio televisivo** TV programme.
espacioso,-a *adj* spacious, roomy.
espada 1 *nf* sword. || 2 **espadas** *nf pl (naipe - baraja francesa)* spades; *(- baraja española)* swords.
• **entre la espada y la pared** *fig* between the devil and the deep blue sea.
espaguetis *nm pl* spaghetti *sing*.
espalda 1 *nf* ANAT back. 2 *(en natación)* backstroke.
• **de espaldas** backwards; **a espaldas de** behind sb's back; **dar la espalda a** to turn one's back on.
espantapájaros *nm inv* scarecrow.
espantar 1 *vt (asustar)* to frighten, scare. 2 *(ahuyentar)* to frighten away. || 3 **espantarse** *vpr* to get frightened.
espanto *nm* fright, dread.
• **estar curado de espantos** to have seen it all before; **¡qué espanto!** how awful!
espantoso,-a 1 *adj (terrible)* frightful, dreadful. 2 *(muy feo)* hideous, frightful.
España *nf* Spain.
español,-la 1 *adj* Spanish. || 2 *nm,f (persona)* Spaniard. || 3 **español** *nm (idioma)* Spanish, Castilian.
esparadrapo *nm* sticking plaster.
esparcimiento 1 *nm (diseminación)* scattering. 2 *(recreo)* amusement.

esparcir [3] **1** *vt (diseminar)* to scatter. **2** *(divulgar)* to spread. || **3 esparcirse** *vpr* to amuse oneself.

espárrago *nm* asparagus.

• **mandar a algn a freír espárragos** to tell sb to get lost.

■ **espárrago triguero** wild asparagus.

esparto *nm* esparto grass.

espasmo *nm* spasm.

espátula **1** *nf* MED spatula. **2** ART palette knife. **3** *(rasqueta)* scraper. **4** *(para fritos)* spatula.

especia *nf* spice.

especial *adj* special.

• **en especial** especially.

especialidad *nf* speciality, US specialty.

especialista *adj* - *nmf* specialist.

especialización *nf* specialization.

especializar [4] *vi* - *vpr* to specialize (en, in).

especie **1** *nf (de animales, plantas)* species. **2** *(tipo)* kind, sort.

especificar [1] *vt* to specify.

específico,-a **1** *adj* specific. || **2 específico** *nm* specific, patent medicine.

espécimen *nm (pl* especímenes*)* specimen.

espectacular *adj* spectacular.

espectáculo **1** *nm (escena)* spectacle, sight: ***un triste espectáculo*** a sad spectacle. **2** *(de TV, radio etc)* show, performance.

• **montar un espectáculo** to make a scene.

espectador,-ra **1** *nm,f* DEP spectator. **2** *(en teatro, cine)* member of the audience; *(de televisión)* viewer.

espectro **1** *nm* FÍS spectrum. **2** *(fantasma)* spectre.

especulación *nf* speculation.

especular **1** *vi (comerciar)* to speculate (en, on). **2** *(conjeturar)* to guess (sobre, about).

espejismo **1** *nm (fenómeno óptico)* mirage. **2** *(ilusión)* illusion.

espejo *nm* mirror: ***deja de mirarte al espejo*** stop looking at yourself in the mirror.

■ **espejo retrovisor** rear-view mirror.

espeleología *nf* potholing, speleology.

espeluznante *adj* hair-raising, terrifying.

espera *nf* wait.

• **en espera de ...** waiting for ....

esperanza *nf* hope.

• **con la esperanza de que ...** in the hope that ...; **darle esperanzas a algn** to give sb hope; **perder la esperanza** to lose hope.

■ **esperanza de vida** life expectancy.

esperar **1** *vt (aguardar)* to wait for, await: ***espera un momento*** wait a moment. **2** *(confiar)* to hope for, expect: ***espero que sí*** I hope so; ***espero ganar la carrera*** I hope to win the race. **3** *(bebé)* to expect. || **4** *vi* to wait: ***esperaré hasta que lleguen*** I'll wait until they get here.

• **hacer esperar a algn** to keep sb waiting; **puedes esperar sentado,-a** you'll be waiting till the cows come home.

esperma **1** *nm* sperm. **2** AM *(vela)* candle.

espermatozoide *nm* spermatozoid.

espesar *vt* - *vpr* to thicken.

espeso,-a *adj (gen)* thick; *(niebla, bosque)* dense, thick; *(nieve)* deep.

espesor *nm (grosor)* thickness; *(densidad)* density.

espesura **1** *nf (grosor)* thickness. **2** *(bosque)* thicket, dense wood.

espía *nmf* spy.

espiar [13] *vt* to spy on.

espiga **1** *nf (de trigo)* ear; *(de flor)* spike. **2** *(clavija)* peg.

espigón *nm* breakwater, jetty.

espina **1** *nf (de planta)* thorn. **2** *(de pez)* fishbone. **3** *fig* scruple, suspicion.

• **dar mala espina** to arouse one's suspicion.

■ **espina dorsal** spinal column, spine, backbone.

espinacas *nf pl* spinach *sing.*
espinilla 1 *nf (tibia)* shinbone. **2** *(grano)* blackhead.
espinoso,-a 1 *adj (planta)* thorny. **2** *(pez)* bony. **3** *fig (problema etc)* thorny, awkward.
espionaje *nm* spying, espionage.
espiral *adj* - *nf* spiral.
espirar *vt* - *vi* to exhale, breathe out.
espiritismo *nm* spiritualism.
espíritu *nm* spirit.
■ **Espíritu Santo** Holy Ghost.
espiritual *adj* spiritual.
espléndido,-a 1 *adj (magnífico)* splendid, magnificent. **2** *(generoso)* lavish, generous.
esplendor 1 *nm (magnificiencia)* splendour. **2** *(resplandor)* radiance.
espliego *nm* lavender.
espolvorear *vt* to sprinkle, dust (con, with).
esponja *nf* sponge.
esponjoso,-a *adj* spongy.
espontaneidad *nf* spontaneity.
espontáneo,-a *adj* spontaneous.
esporádico,-a *adj* sporadic.
esposar *vt* to handcuff.
esposas *nf pl* handcuffs.
esposo,-a 1 *nm,f* spouse; *(hombre)* husband; *(mujer)* wife. || **2 esposos** *nm pl* husband and wife.
espuela *nf* spur.
espuma 1 *nf (de mar)* foam; *(de olas)* surf; *(de jabón)* lather; *(de cerveza)* froth, head. **2** *(impurezas)* scum.
● **crecer como la espuma** to mushroom.
■ **espuma de afeitar** shaving foam.
espumadera *nf* skimmer.
espumoso,-a *adj (jabón)* foamy, lathery; *(cerveza)* frothy; *(vino)* sparkling.
esqueje *nm* cutting.
esquela *nf (carta)* short letter.
■ **esquela mortuoria** announcement of a death, death notice.
esquelético,-a 1 *adj* ANAT skeletal. **2** *fam (flaco)* skinny.
esqueleto 1 *nm* ANAT skeleton. **2** ARQ framework.
● **mover el esqueleto** *fam* to shake it about.
esquema *nm (plan)* outline; *(gráfica)* diagram.
esquematizar [4] *vt* to outline.
esquí 1 *nm (pl* esquís*) (tabla)* ski. **2** *(deporte)* skiing.
■ **esquí acuático** water-skiing.
esquiador,-ra *nm,f* skier.
esquiar [13] *vi* to ski.
esquilar *vt* to shear, clip.
esquimal *adj* - *nmf* Eskimo.
esquina *nf* corner.
● **a la vuelta de la esquina** just around the corner; **doblar la esquina** to turn the corner.
esquinazo *nm.*
● **darle esquinazo a algn** to give sb the slip.
esquirol *nm* blackleg, scab.
esquivar 1 *vt (persona)* to avoid, shun. **2** *(golpe)* to dodge.
esquivo,-a *adj* cold, aloof.
esquizofrenia *nf* schizophrenia.
esquizofrénico,-a *adj* schizophrenic.
esta *adj* → **este,-a**.
ésta *pron* → **éste,-a**.
está *pres indic* → **estar**.
estabilidad *nf* stability.
estabilizar [4] **1** *vt* to stabilize. || **2 estabilizarse** *vpr* to stabilize, become stable.
estable *adj* stable, steady.
establecer [43] **1** *vt (gen)* to establish. **2** *(ordenar)* to state, decree. || **3 establecerse** *vpr (instalarse)* to settle; *(abrir un negocio)* to set up in business.
establecimiento 1 *nm (acto)* establishment, founding. **2** *(local)* establishment; *(tienda)* shop; *(almacén)* store.
establo *nm* stable.
estaca 1 *nf (palo con punta)* stake, picket. **2** *(garrote)* stick, cudgel.
estación 1 *nf (del año)* season. **2** *(de tren)* station.

■ **estación de esquí** ski resort; **estación de servicio** service station; **estación espacial** space station.
estacionar 1 *vt* to park. ‖ **2 estacionarse** *vpr (estancarse)* to be stationary. **3** AUTO to park.
estada *nf* AM stay.
estadía *nf* AM stay.
estadio 1 *nm* DEP stadium. **2** *(fase)* stage, phase.
estadística 1 *nf (ciencia)* statistics. **2** *(dato)* statistic, figure.
estado 1 *nm (situación)* state. **2** MED condition: ***su estado es grave*** his condition is serious. **3** POL state. **4** *(resumen)* return, summary.
● **estar en buen estado** to be in good condition; **estar en mal estado** *(alimento)* to be off; *(carretera)* to be in poor condition; **estar en estado** to be pregnant.
■ **estado civil** marital status; **estado de ánimo** state of mind; **estado de cuentas** statement of account; **estado del bienestar** welfare state; **estado de excepción** state of emergency; **estado mayor** MIL staff.
estadounidense 1 *adj* American, from the United States. ‖ **2** *nmf* American.
estafa 1 *nf (timo)* swindle. **2** JUR fraud.
estafador,-ra 1 *nm,f (timador)* swindler.
estafar 1 *vt (timar)* to swindle. **2** JUR to defraud.
estafeta *nf* post-office branch.
estalactita *nf* stalactite.
estalagmita *nf* stalagmite.
estallar 1 *vi (bomba)* to explode. **2** *(neumático, globo)* to burst. **3** *(rebelión, guerra)* to break out.
estallido 1 *nm (de bomba)* explosion. **2** *(de neumático, globo)* bursting. **3** *(de rebelión, guerra)* outbreak.
estambre 1 *nm* COST worsted, woollen yarn. **2** BOT stamen.
estampa 1 *nf (imagen)* picture. **2** *(aspecto)* appearance.
estampado,-a 1 *adj* printed. ‖ **2 estampado** *nm (tela)* print.
estampar 1 *vt (imprimir)* to print. **2** *(metales)* to stamp. **3** *fam (arrojar)* to hurl.
estampida *nf* stampede.
estampido *nm* bang.
estampilla 1 *nf (sello de goma)* rubber stamp. **2** AM *(de correos)* postage stamp.
estancarse [1] **1** *vpr (líquido)* to stagnate. **2** *(proceso)* to come to a standstill.
estancia 1 *nf (permanencia)* stay. **2** *(aposento)* room. **3** AM ranch, farm.
estanco *nm* tobacconist's.
estándar *adj - nm (pl* estándares*)* standard.
estandarte *nm* standard, banner.
estanque *nm* pool, pond.
estanquero,-a *nm,f* tobacconist.
estante *nm (gen)* shelf; *(para libros)* bookcase.
estantería *nf* shelving, shelves *pl*.
estaño *nm* tin.
estar [71] **1** *vi (en lugar, posición)* to be: ***estaba sobre la mesa*** it was on the table; ***allí está*** there it is; ***estamos a dos de noviembre*** it's the second of November. **2** *(permanecer)* to be, stay: ***estuvimos allí diez días*** we stayed there for ten days. ‖ **3 estar +** *gerundio v aux* to be: ***estar comiendo*** to be eating. ‖ **4 estarse** *vpr (permanecer)* to spend: ***se estuvo todo el día corriendo*** he spent all day reading.
● **está bien** it's all right; **estar al caer** to be just round the corner; **estar de** *(gen)* to be; *(trabajar)* to be working as: ***están de vacaciones*** they're on holiday; ***está de profesor*** he works as a teacher; **estar de más** not to be needed; **estar por hacer** to remain to be done; **estarle bien a uno** to be becoming to sb; **no estar para bromas** not to be in the mood for jokes; **estar a matar** *fam* to be at daggers drawn; **estoy**

que no puedo más *fam* I can't take anymore.
▲ *When followed by an adjective it expresses a quality neither permanent nor inherent:* Pilar está resfriada.
estás *pres indic* → **estar**.
estatal *adj* state.
estático,-a *adj* static.
estatua *nf* statue.
estatura *nf* height.
• **de mediana estatura** of medium height.
estatuto *nm* statute.
este *adj - nm* east.
esté *pres subj* → **estar**.
este,-a *adj* this: *(pl* estos,-as*)* ***este libro*** this book.
éste,-a *pron (pl* éstos,-as*)* this one.
• **éste ... aquél ...** the former ... the latter ....
estela 1 *nf (de barco)* wake; *(de avión)* vapour trail. **2** *fig (huella)* trail.
estelar 1 *adj (sideral)* stellar. **2** CINEM TEAT star.
estepa *nf* steppe.
estercolero *nm* dunghill, manure, heap.
estéreo *nm* stereo.
estereofónico,-a *adj* stereophonic.
estéril *adj* sterile.
esterilidad *nf* sterility.
esterilizar [4] *vt* to sterilize.
esterilla *nf* mat.
esterlina *adj* sterling.
■ **libra esterlina** sterling pound.
esternón *nm* sternum, breastbone.
estero *nm* AM marsh, swamp.
estética *nf* aesthetics.
esteticista *nmf* beautician.
estético,-a *adj* aesthetic.
estetoscopio *nm* stethoscope.
estiércol 1 *nm (excremento)* dung. **2** *(abono)* manure.
estigma *nm* stigma.
estilista *nmf* stylist.
estilizar [4] *vt* to stylize.
estilo 1 *nm (gen)* style. **2** GRAM speech. **3** *(en natación)* stroke.
• **algo por el estilo** something like that.
■ **estilo braza** breast stroke; **estilo crol** crawl style; **estilo de vida** way of life, lifestyle; **estilo espalda** back stroke; **estilo mariposa** butterfly stroke.
estilográfica *nf* fountain pen.
estima *nf* esteem.
estimación *nf* esteem.
estimado,-a 1 *adj (apreciado)* esteemed. **2** *(valorado)* valued.
• **estimado señor** *(en carta)* Dear Sir; **estimada señora** *(en carta)* Dear Madam.
estimar 1 *vt (apreciar)* to esteem; *(objeto)* to value. **2** *(juzgar)* to consider.
estimulante 1 *adj* stimulating. ‖ **2** *nm* stimulant.
estimular 1 *vt (avivar)* to stimulate. **2** *(animar)* to encourage.
estímulo 1 *nm* BIOL stimulus. **2** *(aliciente)* encouragement.
estirado,-a 1 *adj (alargado)* stretched; *(brazo etc)* stretched out; *(pelo)* straight. **2** *(orgulloso)* stiff, conceited.
estirar 1 *vt* to stretch, pull out. ‖ **2** *vi (crecer)* to shoot up. ‖ **3 estirarse** *vpr (desperezarse)* to stretch.
• **estirar las piernas** *fam* to stretch one's legs; **estirar la pata** *fam* to kick the bucket.
estirón *nm* pull, tug.
• **pegar un estirón** to shoot up.
estival *adj* summer.
esto *pron* this.
• **esto de ...** the business about ....
estofado,-a 1 *adj* stewed. ‖ **2 estofado** *nm* stew.
estomacal *adj* stomach.
estómago *nm* stomach: ***le duele el estómago*** he has a stomachache.
• **revolverle el estómago a algn** to turn sb's stomach.
Estonia *nf* Estonia.
estonio,-a *adj - nm, f* Estonian.
estoque *nm* sword.

estorbar 1 *vt (dificultar)* to hinder, obstruct. 2 *(molestar)* to annoy.

estorbo 1 *nm (obstáculo)* obstruction. 2 *(molestia)* hindrance; *(persona)* nuisance.

estornudar *vi* to sneeze.

estornudo *nm* sneeze.

estos,-as *adj pl* these.
▲ *SEE este.*

éstos,-as *pron* these.
• **en éstas** *fam* just then.
▲ *SEE éste.*

estoy *pres indic* → **estar**.

estrafalario,-a *adj fam* eccentric.

estragón *nm* tarragon.

estragos *nm pl.*
• **hacer estragos en** to play havoc with.

estrambótico,-a *adj fam* outlandish.

estrangular *vt* to strangle.

estratagema *nf* stratagem.

estrategia *nf* strategy.

estratégico,-a *adj* strategic.

estrato *nm* stratum.

estrechar 1 *vt (calle)* to narrow; *(vestido)* to take in. 2 *(abrazar)* to embrace. ‖ 3 **estrecharse** *vpr (calle)* to narrow, get narrower. 4 *(relaciones)* to strengthen, tighten.
• **estrechar la mano** to shake hands (**de,** with); **estrechar los lazos de amistad** to tighten the bond of friendship.

estrechez 1 *nf (gen)* narrowness. ‖ 2 **estrecheces** *nf pl (dificultades)* financial straits, hardship.
• **pasar estrecheces** to be on hard times.
■ **estrechez de miras** narrow-mindedness.

estrecho,-a 1 *adj* narrow; *(vestido, zapatos)* tight. 2 *(amistad etc)* close. ‖ 3 **estrecho** *nm* GEOG straits *pl*: ***estrecho, de Gibraltar*** Straits of Gibraltar.
• **ser estrecho de miras** to be narrow-minded.

estrella *nf* star.
• **tener buena estrella** to be lucky; **tener mala estrella** to be unlucky; **ver las estrellas** to see stars.
■ **estrella de cine** film star; **estrella de mar** starfish; **estrella fugaz** shooting star; **estrella polar** pole star.

estrellado,-a 1 *adj (cielo)* starry, star-spangled. 2 *(forma)* star-shaped.

estrellar 1 *vt fam (hacer pedazos)* to smash (to pieces), shatter (**contra,** against). ‖ 2 **estrellarse** *vpr (chocar)* to crash, smash (**contra/en,** into).

estremecer [43] 1 *vt (hacer temblar)* to shake; *(de frío)* to shiver. 2 *(asustar)* to startle, frighten. ‖ 3 **estremecerse** *vpr (de miedo, frío)* to tremble.
• **de frío** to shiver.

estremecimiento *nm (sacudida)* shake; *(de miedo)* shudder; *(de frío)* shiver.

estrenar 1 *vt (gen)* to use for the first time; *(ropa)* to wear for the first time. 2 *(obra de teatro)* to open, be the first night of; *(película)* to release. ‖ 3 **estrenarse** *vpr* to make one's debut. 4 *(obra de teatro)* to open; *(película)* to be premiered.

estreno 1 *nm (de cosa)* first use. 2 *(de artista)* debut. 3 *(de obra de teatro)* first night, opening night; *(de película)* new release, premiere.

estreñido *adj* constipated.

estreñimiento *nm* constipation.

estreñir [36] 1 *vt* to constipate. ‖ 2 **estreñirse** *vpr* to become constipated.

estrépito *nm* din, noise.

estrepitoso,-a 1 *adj (ruidoso)* noisy. 2 *(fracaso)* resounding.

estrés *nm* stress.

estría 1 *nf (ranura)* groove. 2 *(en la piel)* stretch mark. 3 ARQ flute.

estribillo 1 *nm (de poesía)* refrain. 2 *(de canción)* chorus. 3 *(muletilla)* pet phrase.

estribo 1 *nm (de montura)* stirrup. 2 *(de carruaje)* step. 3 AUTO running board. 4 ARQ buttress.
• **perder los estribos** to lose one's head.

estribor *nm* starboard.
estricto,-a *adj* strict.
estridente 1 *adj (ruido)* strident, shrill. **2** *(color)* loud, garish.
estrofa *nf* stanza, strophe.
estropajo *nm* scourer.
estropeado,-a *adj (roto)* broken; *(dañado)* damaged.
estropear 1 *vt (máquina)* to damage, break. **2** *(plan etc)* to spoil, ruin. || **3 estropearse** *vpr (máquina)* to break down. **4** *(plan, etc)* to fail. **5** *(comida)* to go off, spoil.
estropicio 1 *nm (rotura)* breakage. **2** *(jaleo)* fuss.
estructura *nf* structure.
estruendo 1 *nm (ruido)* great noise, din. **2** *(confusión)* uproar.
estrujar 1 *vt (gen)* to crush. **2** *(papel)* to crumple; crumple up. **3** *(persona)* to drain, bleed dry.
estuario *nm* estuary.
estuche *nm* case, box.
estudiante *nmf* student.
estudiar [12] *vt - vi* to study.
estudio 1 *nm (gen)* study: ***estar en estudio*** to be under consideration. **2** *(apartamento, oficina)* studio. || **3 estudios** *nm pl (conocimientos)* studies, education *sing*: ***realizar sus estudios*** to study. **4** CINEM studio *sing*.
■ **estudios primarios** primary education *sing*; **estudios secundarios** secondary education *sing*; **estudios superiores** higher education *sing*.
estudioso,-a *adj* studious.
estufa *nf* heater.
■ **estufa de gas** gas heater, gas fire; **estudfa eléctrica** electric heater, electric fire.
estupefacto,-a *adj* astounded, dumbfounded.
estupendo,-a 1 *adj* marvellous, wonderful. || **2 ¡estupendo!** *interj* great!, super!
estupidez *nf* stupidity.
estúpido,-a 1 *adj* stupid, silly. || **2** *nm,f* berk, idiot.
estupor *nm* amazement, astonishment.
ETA *abr (*Euzkadi Ta Askatasuna*)* Basque Land and Liberty *(radical Basque separatist movement)*.
etapa 1 *nf* stage. **2** DEP leg, stage.
etarra 1 *adj* ETA. || **2** *nmf* member of ETA.
etcétera *nf* etcetera, and so on.
éter *nm* ether.
eternidad *nf* eternity: ***tardaste una eternidad*** you took ages.
eternizarse [4] *vpr* to be interminable, go on forever.
eterno,-a *adj* eternal, everlasting.
ética *nf* ethics.
ético,-a *adj* ethical.
etimología *nf* etymology.
etíope *adj - nmf* Ethiopian.
Etiopía *nf* Ethiopia.
etiqueta 1 *nf (rótulo)* label. **2** *(formalidad)* etiquette, formality.
etiquetar *vt* to label, put a label on.
● **etiquetar a algn de algo** to label sb (as) sth.
etnia *nf* ethnic group.
étnico,-a *adj* ethnic.
eucalipto *nm* eucalyptus.
eucaristía *nf* Eucharist.
eufemismo *nm* euphemism.
euforia *nf* euphoria, elation.
eufórico,-a *adj* euphoric, elated.
eurodiputado,-a *nm,f* Euro-MP, MEP.
Europa *nf* Europe.
europeo,-a *adj - nm, f* European.
eutanasia *nf* euthanasia.
evacuación *nf* evacuation.
evacuar [10] *vt* to evacuate.
evadir 1 *vt (peligro etc)* to avoid. **2** *(capital)* to evade. || **3 evadirse** *vpr (escaparse)* to escape.
evaluación 1 *nf (gen)* evaluation. **2** EDUC *(acción)* assessment; *(examen)* exam.
■ **evaluación continua** continuous assessment.
evaluar [11] *vt* to evaluate, assess.

evangélico,-a *adj* evangelic.
evangelio *nm* gospel.
evaporación *nf* evaporation.
evaporar *vt* - *vpr.* to evaporate
evasión 1 *nf (fuga)* escape. **2** *(rechazo)* avoidance escapist.
• **de evasión** to evaporate.
■ **evasión de divisas** capital flight; **evasión fiscal** tax evasion.
evasiva *nf* evasive answer: ***contestar con una evasiva*** not to give a straight answer.
evasivo,-a *adj* evasive.
eventual 1 *adj (posible)* possible. **2** *(trabajo)* casual, temporary. || **3** *nmf* casual worker, temporary worker.
eventualmente *adv (posiblemente)* possibly; *(por casualidad)* by chance.
evidencia *nf* obviousness.
• **poner a algn en evidencia** to make a fool of sb.
evidente *adj* evident, obvious.
evitar *vt* to avoid.
evocar [1] **1** *vt (recuerdo)* to evoke, call up. **2** *(espíritu)* to invoke.
evolución *nf (gen)* evolution; *(de enfermedad)* development; *(de enfermo)* progress.
evolucionar *vi (gen)* to evolve; *(enfermedad)* to develop; *(enfermo)* progress.
exactamente *adv* exactly, precisely.
exactitud *nf* accuracy, exactness.
exacto,-a 1 *adj* exact, accurate. || **2** **¡exacto!** *interj (expresando acuerdo)* precisely!, exactly!; *(diciendo que sí)* yes!
exageración *nf* exaggeration.
exagerado,-a 1 *adj (gen)* exaggerated: ***¡no seas exagerado!*** don't exaggerate! **2** *pey (excesivo)* excessive.
exagerar *vt* - *vi* to exaggerate.
exaltado,-a 1 *adj (acalorado - persona)* exalted; *(- discusión)* heated. **2** *(apasionado)* impassioned, hot-headed.
exaltar 1 *vt (acalorar)* to excite, work up. **2** *(alabar)* to exalt, praise. || **3 exaltarse** *vpr (excitarse)* to get overexcited, get worked up.
examen 1 *nm (pl* exámenes*)* Educ exam, examination. **2** *(estudio)* study, investigation.
• **presentarse a un examen** to take an exam, sit an exam.
■ **examen de conciencia** soul searching; **examen de conducir** driving test; **examen médico** check-up, medical.
examinador,-ra 1 *adj* examining. || **2** *nm,f* examiner.
examinar 1 *vt* EDUC to examine. **2** *(considerar)* to look into, consider. || **3 examinarse** *vpr* to take an exam, sit an exam.
exasperación *nf* exasperation.
exasperar 1 *vt* to exasperate. || **2 exasperarse** *vpr* to get exasperated.
excavación 1 *nf (acción)* excavation, digging. **2** *(lugar)* dig.
excavar *vt (gen)* dig; *(en arqueología)* to excavate.
exceder 1 *vt* to exceed, surpass. || **2 excederse** *vpr* to go too far: ***excederse en sus funciones*** to exceed one's duty.
excelente *adj* excellent.
excéntrico,-a *adj* eccentric.
excepción *nf* exception.
• **a excepción de** with the exception of, except for; **de excepción** exceptional.
excepcional *adj* exceptional.
excepto *adv* except, apart from.
exceptuar [11] *vt* to except, leave out.
excesivo,-a *adj* excessive.
exceso *nm (demasía)* excess; *(de mercancía)* surplus.
• **con exceso** too much; **en exceso** in excess, excessively.
■ **exceso de equipaje** excess baggage; **exceso de velocidad** speeding.
excitación 1 *nf (acción)* excitation. **2** *(sentimiento)* excitement.
excitante 1 *adj (emocionante)* exciting. **2** MED stimulating. || **3** *nm* stimulant.
excitar 1 *vt (gen)* to excite. **2** *(emociones)* to stir up. || **3 excitarse** *vpr* to get excited.

exclamación *nf* exclamation.
exclamar *vt* - *vi* to exclaim, cry out.
exclamativo,-a *adj* exclamatory.
excluir [62] *vt* to exclude, shut out.
exclusiva 1 *nf* COM sole right. **2** *(reportaje)* exclusive.
exclusivamente *adv* exclusively.
exclusivo,-a *adj* exclusive.
Excmo.,-a. *abr (*Excelentísimo*)* Most Excellent.
excombatiente *adj* - *nm* ex-serviceman, US veteran.
excomulgar [7] *vt* to excommunicate.
excomunión *nf* excommunication.
excremento *nf* excrement.
excursión *nf* excursion, trip.
● **ir de excursión** to go on an excursion, go on a trip.
excursionismo *nm* hiking.
excursionista *nmf* tripper; *(a pie)* hiker.
excusa *nf* excuse.
excusar 1 *vt (disculpar)* to excuse. **2** *(eximir)* to exempt (de, from). ‖ **3 excusarse** *vpr* to apologize, excuse oneself.
exento,-a 1 *pp* → **eximir**. ‖ **2** *adj* JUR exempt (de, from).
exhalación *nf* exhalation.
● **pasar como una exhalación** to flash past.
exhalar 1 *vt (gases, vapores, etc)* to exhale. **2** *(suspiros)* to heave.
exhaustivo,-a *adj* exhaustive, thorough.
exhausto,-a *adj* exhausted.
exhibición 1 *nf (exposición)* exhibition. **2** CINEM showing.
exhibicionista *nmf* exhibitionist.
exhibir 1 *vt (mostrar)* to exhibit, show. **2** JUR to produce. ‖ **3 exhibirse** *vpr* to show off.
exigencia 1 *nf (petición)* demand. **2** *(requisito)* requirement.
exigente *adj* demanding, exacting.
exigir [6] *vt (pedir)* to demand; *(necesitar)* to require, demand: ***este trabajo requiere mucho esfuerzo*** this job requires a lot of effort.
exiliado,-a 1 *adj* exiled, in exile. ‖ **2** *nm,f* exile.
exiliar [12] **1** *vt* to exile, send into exile. ‖ **2 exiliarse** *vpr* to go into exile.
exilio *nm* exile.
eximir *vt (pp* exento,-a *or* eximido,-a*)* to exempt (de, from).
existencia 1 *nf* existence, life. ‖ **2 existencias** *nf pl* stock *sing*, stocks.
● **en existencia** in stock.
existir 1 *vi (ser real)* to exist: ***los fantasmas no existen*** ghosts don't exist. **2** *(haber)* to be: ***existen muchos problemas*** there are many problems.
éxito *nm* success.
● **tener éxito** to be successful.
éxodo *nm* exodus.
exorbitante *adj* exorbitant.
exótico,-a *adj* exotic.
expandir 1 *vt* - *vpr (dilatar)* to expand. **2** *(divulgar)* to spread.
expansión 1 *nf (dilatación)* expansion. **2** *(difusión)* spreading. **3** *(recreo)* relaxation, recreation.
expansionarse 1 *vpr (dilatarse)* to expand. **2** *(divertirse)* to amuse oneself.
expansivo,-a 1 *adj (gas etc)* expansive. **2** *(persona)* open, frank.
expatriar [14] **1** *vt* to expatriate. ‖ **2 expatriarse** *vpr (emigrar)* to emigrate. **3** *(exiliarse)* to go into exile.
expectación *nf* expectation.
expectativa 1 *nf (esperanza)* expectation, hope. **2** *(posibilidad)* prospect.
● **estar a la expectativa** to be on the lookout.
■ **expectativa de vida** life expectancy.
expedición 1 *nf (viaje, grupo)* expedition. **2** *(envío)* dispatch.
expediente 1 *nm* JUR proceedings *pl*, action. **2** *(informe)* dossier, record. **3** *(recurso)* expedient.
● **cubrir el expediente** *fam to* go through the motions.

■ **expediente académico** student record.

expedir [34] **1** *vt (documento)* to issue. **2** *(carta, paquete)* to dispatch.

expensas *nf pl* expenses.

• **a expensas de** at the expense of.

experiencia 1 *nf (gen)* experience. **2** *(experimento)* experiment.

• **por experiencia** from experience.

experimentado,-a 1 *adj (persona)* experienced. **2** *(método)* tested.

experimental *adj* experimental.

experimentar 1 *vt (probar)* to experiment, try. **2** *(sentir)* to experience; *(cambio)* to undergo: ***experimentar una mejoría*** to improve.

experimento *nm* experiment.

experto,-a *adj - nm, f* expert.

expirar *vi* to expire.

explanada *nf* level ground, open area.

explicación *nf* explanation.

explicar [1] **1** *vt* to explain. || **2 explicarse** *vpr (comprender)* to understand: ***no me lo explico*** I can't understand it. **3** *(hacerse entender)* to make oneself understood.

explícito,-a *adj* explicit.

exploración 1 *nf* exploration. **2** MED probe.

explorador,-ra 1 *adj* exploring. || **2** *nm,f* explorer.

explorar 1 *vt (gen)* to explore. **2** MED to probe. **3** MIL to reconnoitre.

explosión *nf* explosion, blast.

• **hacer explosión** to explode.

explosionar *vt - vi* to explode.

explosivo,-a 1 *adj* explosive. || **2 explosivo** *nm* explosive.

explotación *nf* exploitation.

■ **explotación agrícola** farm; **explotación forestal** forestry.

explotar 1 *vt (sacar provecho de)* to exploit; *(mina)* to work; *(tierra)* to cultivate. || **2** *vi (explosionar)* to explode, go off.

exponer [78] **1** *vt (pp* expuesto,-a*) (explicar)* to expound, explain. **2** *(mostrar)* to show, exhibit. **3** *(arriesgar)* to expose, risk. || **4 exponerse** *vpr (arriesgarse)* to expose oneself (a, to).

exportación *nf* export.

exportador,-ra 1 *adj* exporting. || **2** *nm,f* exporter.

exportar *vt* to export.

exposición 1 *nf (de arte)* exhibition. **2** *(de fotografía)* exposure. **3** *(explicación)* account, explanation. **4** *(riesgo)* risk.

exprés *adj* express.

expresamente 1 *adv (específicamente)* specifically. **2** *(adrede)* on purpose.

expresar 1 *vt* to express. || **2 expresarse** *vpr* to express oneself.

expresión *nf* expression.

■ **expresión corporal** free expression.

expresivo,-a 1 *adj (elocuente)* expressive. **2** *(afectuoso)* affectionate, warm.

expreso,-a 1 *adj* express. || **2 expreso** *nm (tren)* express train, express.

exprimidor *nm* squeezer.

exprimir *vt* to squeeze.

expropiar [12] *vt* to expropriate.

expuesto,-a 1 *pp* → **exponer**. || **2** *adj (al descubierto)* exposed: ***el vino se deteriora al exponerlo al aire*** wine deteriorates when exposed to air. **3** *(peligroso)* dangerous.

expulsar 1 *vt (gen)* to expel. **2** DEP to send off.

expulsión 1 *nf (gen)* expulsion. **2** DEP sending off.

exquisito,-a 1 *adj (belleza, modales)* exquisite. **2** *(comida)* delicious.

éxtasis 1 *nm inv (estado)* ecstasy, rapture. **2** *(droga)* ecstasy.

extender [28] **1** *vt (gen)* to extend. **2** *(mapa, papel)* to spread out. **3** *(brazo etc)* to stretch out. **4** *(documento)* to draw up; *(cheque)* to make out; *(pasaporte, certificado)* to issue. **5** *(mantequilla, pintura)* to spread. || **6 extenderse** *vpr (propagarse)* to extend. **7** *(durar)* to extend, last. **8** *(terreno)* to spread out.

extensamente 1 *adv (mucho)* extensively, widely. **2** *(detenidamente)* at length.

extensión 1 *nf (gen)* extension. **2** *(dimensión)* extent, size.

extenso,-a 1 *adj (territorio)* extensive, vast. **2** *(documento, película)* long.

exterior 1 *adj* exterior, outer. **2** *(extranjero)* foreign: ***política exterior*** foreign policy. || **3** *nm* exterior, outside. **4** *(de una persona)* appearance. || **5 exteriores** *nm pl* CINEM location *sing.*

exteriorizar [4] *vt* to show, reveal.

exterminar *vt* to exterminate.

exterminio *nm* extermination.

externo,-a *adj* external, outward: ***parte externa*** outside.

• **"De uso externo"** "External use only".

extinción *nf* extinction.

extinguir [8] **1** *vt (pp* extinto,-a *or* extinguido*) (fuego)* to extinguish, put out. **2** *(especie)* to wipe out. || **3 extinguirse** *vpr (fuego)* to go out. **4** *(especie)* to become extinct.

extintor *nm* fire extinguisher.

extirpar 1 *vt* MED to remove, extract. **2** to eradicate.

extra 1 *adj (adicional)* extra. **2** *(superior)* top: ***calidad superior*** top quality. || **3** *nmf* CINEM extra. || **4** *nm (gasto)* extra expense. **5** *(plus)* bonus.

extracción *nf* extraction.

extracto 1 *nm (substancia)* extract. **2** *(resumen)* summary.

■ **extracto de cuenta** statement of account.

extractor *nm* extractor.

extraer [88] *vt* to extract.

extraescolar *adj* out-of-school.

extranjero,-a 1 *adj* foreign. || **2** *nm,f* foreigner. || **3 extranjero** *nm* foreign countries *pl*: ***viajar al extranjero*** to travel abroad.

extrañar 1 *vt (sorprender)* to surprise: ***no me extraña*** it doesn't surprise me. **2** AM *(echar de menos)* to miss. || **3 extrañarse** *vpr (sorprenderse)* to be surprised (de/por, at).

extraño,-a 1 *adj (raro)* strange, peculiar. **2** *(desconocido)* alien, foreign. || **3** *nm,f* stranger.

extraordinario,-a *adj* extraordinary.

extrarradio *nm* outskirts *pl.*

extraterrestre 1 *adj* extraterrestrial, alien. || **2** *nmf* alien.

extravagancia *nf* extravagance, eccentricity.

extravagante *adj* extravagant, eccentric.

extraviado,-a *adj* missing, lost: ***perro extraviado*** stray dog.

extraviar [13] **1** *vt (persona)* to lead astray. **2** *(objeto)* to mislay. || **3 extraviarse** *vpr (persona)* to get lost. **4** *(objeto)* to get mislaid.

extravío *nm (pérdida)* loss, mislaying.

extremado,-a *adj* extreme.

extremar 1 *vt* to carry to extremes. || **2 extremarse** *vpr* to do one's best.

extremaunción *nf* extreme unction.

extremidad 1 *nf (parte extrema)* extremity; *(punta)* end, tip. || **2 extremidades** *nf pl* ANAT limbs, extremities.

extremista *adj* - *nmf* extremist.

extremo,-a 1 *adj (máximo)* extreme, utmost. **2** *(distante)* far. || **3 extremo** *nm (límite)* extreme; *(punta)* end. **4** DEP wing.

• **en último extremo** as a last resort; **hasta tal extremo** to such a point.

extrovertido,-a 1 *adj* extraverted, extroverted. || **2** *nm,f* extravert, extrovert.

eyaculación *nf* ejaculation.

■ **eyaculación precoz** premature ejaculation.

eyacular *vi* to ejaculate

F

fa *nf* MÚS F.

fábrica 1 *nf (industria)* factory, plant. **2** *(fabricación)* manufacture.

■ **fábrica de cerveza** brewery; **fábrica de conservas** canning plant.

fabricación *nf* manufacture, production.

● **de fabricación casera** home-made; **de fabricación propia** our own make.

■ **fabricación en serie** mass production.

fabricante *nmf* manufacturer.

fabricar [1] **1** *vt (crear)* to make, manufacture, produce. **2** *(inventar)* to fabricate, invent.

● **fabricar en serie** to mass-produce.

fábula *nf* fable.

● **de fábula** wonderful.

fabuloso,-a *adj* fabulous, fantastic.

faceta *nf* faceta.

facha 1 *nf fam (aspecto)* appearance, look. **2** *(mamarracho)* mess, sight: ***estar hecho,-a una facha*** to look a mess, look a sight. || **3** *adj - nmf pey* fascist.

fachada 1 *nf (de edificio)* façade, front. **2** *fam (apariencia)* outward show, window dressing.

facial *adj* facial.

fácil 1 *adj (sencillo)* easy. **2** *(probable)* probable, likely. **3** *pey (mujer)* easy, loose.

facilidad 1 *nf (sencillez)* easiness, facility. **2** *(talento)* talent, gift.

■ **facilidades de pago** easy terms.

facilitar 1 *vt (simplificar)* to make easy, facilitate. **2** *(proporcionar)* to provide (-, with), supply (-, with).

factible *adj* feasible, practicable.

factor *nm* factor.

factoría *nf* factory, mill.

factura *nf* invoice, bill.

● **pasar factura** *(hacer pagar)* to make sb pay; *(traer consecuencias)* to take its toll; **presentar factura a algn** to invoice sb, send a bill to sb.

facturar 1 *vt (cobrar)* to invoice, charge for; *(vender)* to have a turnover of. **2** *(equipaje)* to register, check in.

facultad 1 *nf (capacidad)* faculty, ability. **2** *(poder)* faculty, power. **3** *(de universidad)* faculty, school.

faena 1 *nf (tarea)* task, job. **2** *fam (mala pasada)* dirty trick.

● **estar metido,-a en faena** *fam* to be hard at work.

■ **faenas de la casa** housework *sing.*

faenar *vi (pesca)* to fish.

fainá *nf* RPL *(plato) baked dough made from chickpea flour, served with pizza.*

faisán *nm* pheasant.

faja 1 *nf (de mujer)* girdle. **2** *(cinturón)* band, belt. **3** *(banda)* sash. **4** *(correo)* wrapper. **5** *(franja)* strip.

fajo *nm (de billetes)* wad; *(de papeles)* bundle.

falda 1 *nf (prenda)* skirt. **2** *(regazo)* lap. **3** *(ladera)* slope.

■ **falda escocesa** kilt; **falda pantalón** culottes *pl.*

falencia 1 *nf* AM *(bancarrota)* bankruptcy. **2** CSUR *(error)* fault.

falla *nf* AM *(defecto)* defect, fault.

fallar 1 *vi - vt (en juicio)* to pass judgement. **2** *(premio)* to award. || **3** *vi (no funcionar)* to fail. **4** *(decepcionar)* to let down.

● **fallar la puntería** to miss one's aim; **fallar los cálculos** to be wrong, miscalculate.

fallecer [43] *vi fml* to pass away, die.

fallecimiento *nm* decease, demise.

fallo 1 *nm (error)* mistake, blunder; *(fracaso)* failure. **2** *(defecto)* fault, defect. **3** JUR judgement, sentence. **4** *(premio)* awarding.

falluto,-a 1 *adj* RPL *fam* phoney, hypocritical. || **2** *nm,f* RPL *fam* hypocrite.

falsear 1 *vt (informe etc)* to falsify; *(hechos)* to distort. **2** *(documento)* to counterfeit, forge.

falsedad 1 *nf (hipocresía)* falseness, hypocrisy. **2** *(mentira)* falsehood, lie.

falsificación *nf* falsification, forgery.

falsificador,-ra *nm,f* forger.

falsificar [1] **1** *vt (informe, pruebas, cuentas)* to falsify. **2** *(cuadro, firma)* to forge; *(billete de banco)* to counterfeit, forge.

falso,-a 1 *adj (declaración)* false, untrue. 2 *(persona)* insincere.
■ **falsa alarma** false alarm.

falta 1 *nf (carencia)* lack, shortage. 2 *(ausencia)* absence. 3 *(error)* mistake: ***falta de ortografía*** spelling mistake. 4 *(defecto)* fault, defect. 5 *(mala acción)* misdeed. 6 *(de menstruación)* missed period. 7 *(delito menor)* misdemeanour. 8 DEP *(fútbol)* foul; *(tenis)* fault.
● **a/por falta de algo** for want/lack of sth; **hacer falta** to be necessary; **sin falta** without fail.
■ **falta de educación** bad manners *pl.*

faltante *nm* AM deficit.

faltar 1 *vi (no estar; cosa)* to be missing; *(persona)* to be absent. 2 *(haber poco)* to be lacking, be needed. 3 *(no tener)* to lack, not have enough: ***me falta azúcar*** I haven't got enough sugar. 4 *(no acudir)* not to go, miss (a, -). 5 *(incumplir)* to break, not keep: ***faltar a su palabra/promesa*** to break one's word/promise. 6 *(quedar)* to be left.
● **¡lo que me faltaba!** that's all I needed!; **¡no faltaba más!** *(por supuesto)* of course!; *(por supuesto que no)* absolutely not!

falto,-a *adj* lacking, without, short.
● **falto,-a de dinero** short of money; **falto de recursos** without resources.

fama 1 *nf (renombre)* fame, renown. 2 *(reputación)* reputation.
● **de fama mundial** world-famous; **tener buena/mala fama** to have a good/bad name.

famélico,-a *adj* starving, famished.

familia 1 *nf (parientes)* family. 2 *(prole)* children *pl.*
● **estar en familia** to be among friends.

familiar 1 *adj (de la familia)* family. 2 *(conocido)* familiar, well-known. 3 GRAM colloquial. ‖ 4 *nmf* relation, relative.

familiaridad *nf* familiarity, informality.

familiarizar [4] 1 *vt* to familiarize (con, with) ‖ 2 **familiarizarse** *vpr* to become familiar (con, with).

famoso,-a *adj* famous, well-known.

fan *nmf* fan, admirer.
● **ser un/una fan de algo** to be mad on sth.

fanático,-a *adj - nm, f* fanatic.

fanatismo *nm* fanaticism.

fanfarrón,-ona 1 *adj fam* swanky, boastful. ‖ 2 *nm,f* show-off, swank, braggart.

fanfarronear 1 *vi fam (chulear)* to show off. 2 *(bravear)* to brag, boast.

fango 1 *nm (barro)* mud. 2 *fig* degradation.

fantasía *nf* fantasy, fancy.
● **tener mucha fantasía** to be too full of imagination.

fantasioso,-a *adj* imaginative.

fantasma 1 *nm (espectro)* phantom, ghost. 2 *fam (fanfarrón)* show-off, braggart.

fantástico,-a *adj* fantastic.

fantoche 1 *nm (títere)* puppet, marionette. 2 *pey (fanfarrón)* braggart, show-off. 3 *pey (mamarracho)* nincompoop, ninny.

fardar *vi arg (presumir)* to show off, swank.

fardo *nm (paquete)* bundle.

faringe *nf* pharynx.

farmacéutico,-a 1 *adj* pharmaceutical. ‖ 2 *nm,f (licenciado)* pharmacist. 3 *(en una farmacia)* chemist, US druggist, pharmacist.

farmacia 1 *nf (estudios)* pharmacology. 2 *(tienda)* chemist's, US drugstore, pharmacy.

fármaco *nm* medicine, medication.

faro 1 *nm (torre)* lighthouse, beacon. 2 *(en coche)* headlight. 3 *fig (guía)* guiding light, guide.
■ **faros antiniebla** foglamps.

farol 1 *nm (de luz)* lantern; *(farola)* streetlamp, streetlight. 2 *arg (fardada)* bragging, swank; *(engaño)* bluff.
● **marcarse un farol/tirarse un farol** *arg* to brag, boast.

farola *nf* streetlight, streetlamp.

farsa 1 *nf* TEAT farce. **2** *(enredo)* sham, farce.

farsante 1 *adj* lying, deceitful. || **2** *nmf* fake, impostor.

fascículo *nm* fascicle, instalment.

fascinación *nf* fascination.

fascinante *adj* fascinating.

fascinar *vt* to fascinate, captivate.

fascismo *nm* fascism.

fascista *adj* - *nmf* fascist.

fase *nf* phase, stage.

fastidiar [12] **1** *vt (hastiar)* to sicken, disgust. **2** *(molestar)* to annoy, bother. **3** *(dañar)* to hurt. **4** *fam (estropear)* to damage, ruin; *(planes)* to spoil, upset, mess up. || **5 fastidiarse** *vpr (aguantarse)* to put up with. **6** *fam (estropearse)* to get damaged, get broken: ***se ha fastidiado el tocadiscos*** the record-player's broken. **7** *(lastimarse)* to hurt oneself, injure oneself: ***me he fastidiado la mano*** I've hurt my hand.

• **¡que se fastidie!** *fam* that's his/her tough luck!; **¡no fastidies!** *fam* you're kidding!

fastidio 1 *nm (molestia)* bother, nuisance. **2** *(aburrimiento)* boredom.

fatal 1 *adj (inexorable)* fateful. **2** *(mortal)* deadly, fatal. **3** *fam (muy malo)* awful, horrible, terrible. || **4** *adv fam* awfully, terribly.

fatalidad 1 *nf (destino)* fate. **2** *(desgracia)* misfortune.

fatiga 1 *nf (cansancio)* fatigue. || **2 fatigas** *nf pl (molestia)* troubles, difficulties.

fatigar [7] **1** *vt (cansar)* to wear out, tire. **2** *(molestar)* to annoy. || **3 fatigarse** *vpr* to tire, get tired.

fauces *nf pl* jaws.

fauna *nf* fauna.

favor *nm* favour.

• **a favor de** in favour of; **por favor** please; **tener algo a su favor** to have sth in one's favour.

favorable *adj* favourable; *(condiciones)* suitable.

favorecer [43] **1** *vt (ayudar)* to favour, help. **2** *(agraciar)* to flatter, suit.

favoritismo *nm* favouritism.

favorito,-a *adj* - *nm, f* favourite.

fax *nm* fax.

• **enviar por fax** to fax.

F.C. *abr (*Fútbol Club*)* football club; *(abreviatura)* F.C.

fdo. *abr (*firmado*)* signed.

fe 1 *nf* faith. **2** JUR *(certificado)* certificate.

• **de buena/mala fe** with good/dishonest intentions.

■ **fe de erratas** errata.

fealdad *nf* ugliness.

febrero *nm* February.

fecha 1 *nf (día, mes, etc)* date. **2** *(día)* day. || **3 fechas** *nf pl (época)* time *sing*: ***por esas fechas*** at that time.

• **con/de fecha...** dated...; **fecha límite/fecha tope** deadline; **hasta la fecha** so far.

■ **fecha de caducidad...** best before...

fechar *vt* to date, put the date on.

fechoría *nf (de malhechor)* misdeed, misdemeanour; *(de niño)* mischief.

fecundación *nf* fertilization.

■ **fecundación in vitro** in vitro fertilization.

fecundar *vt* to fertilize.

fecundo,-a *adj* fertile, fecund.

federación *nf* federation.

felicidad *nf* happiness.

• **¡felicidades!** congratulations!

felicitación 1 *nf (tarjeta)* greetings card. || **2 felicitaciones** *nf pl* congratulations.

felicitar *vt* to congratulate (por, on).

• **felicitar a algn las Navidades/por su santo** to wish sb Merry Christmas/a Happy Saint's Day; **¡te/os felicito!** congratulations!

feligrés,-esa *nm,f* parishioner.

felino,-a 1 *adj* feline. || **2 felino** *nm* feline.

feliz 1 *adj (contento)* happy. 2 *(acertado)* fortunate.
• **¡feliz Navidad!** Happy Christmas!, Merry Christmas!

felpa *nf* felt.

felpudo,-a 1 *adj (textil)* plushy. || 2 **felpudo** *nm* doormat.

femenino,-a *adj (mujer, vestido)* feminine; *(sexo)* female.

feminismo *nm* feminism.

feminista *adj* - *nmf* feminist.

fenomenal 1 *adj (extraordinario)* phenomenal. 2 *fam (fantástico)* great, terrific. 3 *fam (enorme)* colossal, huge. || 4 *adv* wonderfully, marvellously.

fenómeno 1 *nm (hecho)* phenomenon. 2 *(prodigio)* genius. 3 *(monstruo)* freak. || 4 *adj fam* fantastic, terrific.

feo,-a 1 *adj (gen)* ugly. 2 *(malo)* nasty. 3 *(indigno)* improper, rude, not nice. || 4 *nm,f* ugly person. || 5 **feo** *nm (ofensa)* slight, snub.
• **hacerle un feo a algn** to slight sb, snub sb.

féretro *nm* coffin.

feria 1 *nf* COM fair. 2 *(fiesta)* fair, festival.
■ **feria de muestras** trade fair.

feriado,-a *adj* AM → **día**.

fermentar *vi* to ferment.

ferocidad *nf* ferocity, fierceness.

feroz *adj* fierce, ferocious.

férreo,-a 1 *adj (de hierro)* ferrous. 2 *fig (tenaz)* iron: ***voluntad férrea*** iron will.

ferretería 1 *nf (tienda)* ironmonger's, hardware store. 2 *(género)* ironmongery, hardware. 3 *(ferrería)* forge.

ferrocarril *nm* railway, US railroad.

ferroviario,-a 1 *adj* railway. || 2 *nm,f (trabajador)* railway worker.

fértil *adj* fertile, rich.

fertilidad *nf* fertility.

fertilizante 1 *adj* fertilizing. || 2 *nm (abono)* fertilizer.

fertilizar [4] *vt* to fertilize.

fervor *nm* fervour.

festejar 1 *vt (celebrar)* to celebrate. 2 *(agasajar)* to wine and dine, entertain.

festejo 1 *nm (celebración)* feast, entertainment. || 2 **festejos** *nm pl* festivities.

festín *nm* feast, banquet.

festival *nm* festival.

festividad 1 *nf (fiesta)* festivity, celebration. 2 *(día)* feast day, holiday.

festivo,-a 1 *adj (alegre)* festive, merry. 2 *(agudo)* witty.

feta *nf* RPL *(loncha)* slice.

fétido,-a *adj* stinking, fetid.

feto 1 *nm* MED foetus. 2 *fam (feo)* monster, ugly sod.

FF.AA. *abr (*Fuerzas Armadas*)* Armed Forces.

FF.CC. *abr (*ferrocarriles*)* railways; *(abreviatura)* rly.

fiable *adj* reliable, trustworthy.

fiaca *nf* MÉX CSUR *fam (pereza)* laziness.

fiambre 1 *adj* cold. 2 *irón* stale, old. || 3 *nm (de carne)* cold meat. 4 *fam (cadáver)* stiff, corpse.
• **dejar fiambre a algn** to do sb in.

fiambrera *nf* lunch box.

fianza 1 *nf (depósito)* deposit, security. 2 JUR bail.
• **bajo fianza** on bail.

fiar [13] 1 *vt* to sell on credit. || 2 **fiarse** *vpr (confiarse)* to trust (de, -).
• **de fiar** trustworthy; **"No se fía"** "No credit given".

fibra 1 *nf (filamento)* fibre. 2 *(de madera)* grain. 3 *fig (carácter)* push, go.

ficción *nf* fiction.

ficha 1 *nf (tarjeta)* index card. 2 *(de máquina)* token. 3 *(en juegos)* counter; *(de ajedrez)* piece, man; *(de dominó)* domino.
■ **ficha policial** police record; **ficha técnica** specifications *pl*; *(de película)* credits *pl*.

fichaje *nm* signing.

fichar 1 *vt (anotar)* to put on an index card, file. 2 *fam (conocer)* to size up: ***lo tengo bien fichado*** I've got him sized up. **3** DEP to sign up. || **4** *vi (al entrar)* to clock in; *(al salir)* to clock out.

• **estar fichado,-a por la policía** to have a police record.

fichero 1 *nm (archivo)* card index. **2** *(mueble)* filing cabinet, file.

ficticio,-a *adj* fictitious.

fidelidad 1 *nf (lealtad)* fidelity, faithfulness. **2** *(exactitud)* accuracy.

fideo *nm* noodle.

• **estar como un fideo** *fam* to be as thin as a rake.

fiebre 1 *nf* MED fever. **2** *(agitación)* fever, excitement.

• **tener fiebre** to have a temperature.

fiel 1 *adj (leal)* faithful, loyal. **2** *(exacto)* accurate. || **3** *nm (de balanza)* needle, pointer.

• **ser fiel a** to be faithful to.

fieltro *nm* felt.

fiero,-a 1 *adj (animal; salvaje)* wild; *(feroz)* fierce, ferocious. **2** *(persona)* cruel. **3** AM *(feo)* ugly. || **4 fiera** *nf (animal)* wild animal. **5** *fig (persona)* beast, brute. **6** *fig (genio)* wizard. **7** *(toro)* bull.

• **estar hecho,-a una fiera** *fam* to be in a rage; **ser una fiera para algo** to be brilliant at sth.

fierro *nm* AM *(hierro)* iron.

fiesta 1 *nf (día festivo)* holiday. **2** *(celebración)* party. **3** *(festividad)* celebration, festivity. **4** REL feast.

• **hacer fiesta un día** to take a day off; **¡tengamos la fiesta en paz!** that's enough!; **estar de fiesta** *fig* to be in a festive mood.

■ **fiesta de guardar** day of obligation; **fiesta de precepto** day of obligation; **la fiesta nacional** bullfighting.

FIFA *abr (*Federación Internacional de Fútbol Asociación*)* Fédération Internationale de Football Association; *(abreviatura)* FIFA.

fig. *abr (*figura*)* figure; *(abreviatura)* fig.

figura 1 *nf (objeto)* figure. **2** *(forma)* shape. **3** CINEM TEAT character.

figuración *nf* imagination.

• **son figuraciones mías/tuyas/suyas ...** it's just my/your/his... imagination.

figurar 1 *vt (representar)* to represent. **2** *(simular)* to simulate, pretend. || **3** *vi (aparecer)* to appear, figure. || **4 figurarse** *vpr (imaginarse)* to imagine, suppose.

• **¡figúrate!** just imagine!; **ya me lo figuraba** I thought as much.

figurativo,-a *adj* figurative.

figurín 1 *nm (dibujo)* sketch. **2** *(revista)* fashion magazine.

• **ir hecho,-a un figurín** to be dressed up to the nines.

fijador,-ra 1 *adj* fixing. || **2 fijador** *nm (laca)* hairspray, hair gel; *(gomina)* hair gel; *(para dibujo etc)* fixative.

fijamente *adv* fixedly.

fijar 1 *vt (sujetar)* to fix, fasten. **2** *(pegar)* to stick, post. **3** *(establecer)* to set, determine. || **4 fijarse** *vpr (darse cuenta)* to notice. **5** *(poner atención)* to pay attention, watch.

• **fijar residencia** to take up residence; **¡fíjate!/¡fíjese!** (just) fancy that!; **fijar la vista/los ojos** to stare (**en,** at).

fijo,-a 1 *adj (sujeto)* fixed, fastened. **2** *(establecido)* set, determined. **3** *(firme)* steady, stable, firm. **4** *(permanente)* permanent. **5** *(fotografía)* fast.

fila 1 *nf (línea)* file, line. **2** *(en cine, clase)* row. || **3 filas** *nf pl* MIL ranks.

• **en fila de uno** in single file; **en fila india** in single file; **en primera fila** in the front row; **llamar a algn a filas** MIL to call sb up; **poner en fila** to line up; **¡rompan filas!** MIL fall out!, dismiss!

filatelia *nf* philately, stamp collecting.

filete *nm (de carne, pescado)* fillet; *(solomillo)* sirloin.

■ **filete de lomo** rump steak.

filial 1 *adj* filial. || **2** *adj - nf* COM subsidiary, branch.

Filipinas *nm* Philippines.

filipino,-a *adj - nmf* Filipino.

filmar *vt* to film, shoot.
filme *nm* film, picture, US movie.
filo *nm* edge.
• **sacar filo a algo** to sharpen sth; **al filo de la medianoche** *fig* on the stroke of midnight; **arma de doble filo** *fig* double-edged argument.
filólogo,-a *nm,f* philologist.
filón 1 *nm (de mineral)* seam, vein. **2** *(buen negocio)* gold mine.
filoso,-a *adj* AM sharp.
filosofía *nf* philosophy.
filósofo,-a *nm,f* philosopher.
filtración 1 *nf (de líquido)* filtration. **2** *(de información)* leak.
filtrar 1 *vt - vi (líquido)* to filter. ‖ **2 filtrarse** *vpr (información)* to leak (out).
filtro 1 *nm* filter. **2** *(poción)* philtre, love potion.
fin 1 *nm (final)* end. **2** *(objetivo)* purpose, aim.
• **a fin de** in order to, so as to; **a fin de que** so that; **al fin y al cabo** when all's said and done; **en fin** anyway; **no tener fin** to be endless; **poner fin a algo** to put a stop to something; **¡por fin!/¡al fin!** at last!
■ **fin de año** New Year's Eve; **fin de fiesta** grand finale; **fin de semana** weekend.
final 1 *adj* final, last. ‖ **2** *nm (conclusión)* end. **3** DEP final.
• **al final** in the end.
■ **final de línea** terminus.
finalidad *nf* purpose, aim.
finalista 1 *adj* in the final: ***equipo finalista*** team in the final. ‖ **2** *nmf* finalist.
finalizar [4] *vt - vi* to end, finish.
finalmente *adv* finally.
financiación *nf* financing.
financiar [12] *vt* to finance.
financiero,-a 1 *adj* financial. ‖ **2** *nm,f* financier.
financista *nmf* AM financier, financial expert.
finanzas *nm pl* finances.
finca *nf* property, estate.
■ **finca urbana** building.
fingido,-a *adj* feigned, false.
fingir [6] **1** *vt* to feign, pretend. ‖ **2 fingirse** *vpr* to pretend to be.
finiquito 1 *nm (acción)* settlement. **2** *(documento)* final discharge.
finlandés,-esa 1 *adj* Finnish. ‖ **2** *nm,f (persona)* Finn. ‖ **3 finlandés** *nm (idioma)* Finnish.
Finlandia *nf* Finland.
fino,-a 1 *adj (tela, pelo, etc.)* fine. **2** *(persona, papel, etc.)* thin. **3** *(alimento)* choice, select. **4** *(sentidos)* sharp, acute. **5** *(educado)* refined, polite. **6** *(sutil)* subtle. ‖ **7 fino** *nm (vino)* dry sherry.
• **estar fino,-a** *fam* to be witty; **ir fino,-a** *fam irón* to have had a few.
finura 1 *nf (calidad)* fineness. **2** *(agudeza)* sharpness, acuteness. **3** *(refinamiento)* refinement. **4** *(sutileza)* finesse.
firma 1 *nf (autógrafo)* signature. **2** *(acto)* signing. **3** *(empresa)* firm.
firmamento *nm* firmament.
firmar *vt* to sign.
firme 1 *adj* firm, steady. ‖ **2** *nm (terreno)* road surface. ‖ **3** *adv* hard.
• **¡firmes!** MIL attention!; **mantenerse firme** *fig* to hold one's ground.
firmeza *nf* firmness, steadiness.
fiscal 1 *adj* fiscal. ‖ **2** *nmf* JUR public prosecutor, US district attorney. **3** *fig* snooper.
fisco *nm* exchequer, treasury.
fisgar [7] *vt fam* to pry, snoop.
fisgón,-ona *adj (espía)* snooper; *(curioso)* busybody.
fisgonear *vt* to pry, snoop.
física *nf* physics.
físico,-a 1 *adj* physical. ‖ **2** *nm,f (profesión)* physicist. ‖ **3 físico** *nm (aspecto)* physique.
fisión *nf* fission.
fisioterapia *nf* physiotherapy.
fisonomía *nf* physiognomy, appearance.
fisonomista *nmf*.

• **ser buen/mal fisonomista** to be good/no good at remembering faces.
fisura *nf* fissure.
flacidez *nf* flaccidity, flabbiness.
flácido,-a *adj* flaccid, flabby.
flaco,-a 1 *adj (delgado)* thin, skinny. **2** *(débil)* weak, frail.
flamante 1 *adj (vistoso)* splendid, brilliant. **2** *(nuevo)* brand-new.
flan *nm* caramel custard, crème caramel.
• **estar hecho,-a un flan** *fam* to be shaking like a leaf.
flanco *nm* flank, side.
flaquear 1 *vi (ceder)* to weaken, give in. **2** *(fallar)* to fail. **3** *(desalentarse)* to lose heart. **4** *(disminuir)* to decrease.
flaqueza *nf* weakness, frailty.
flash 1 *nm (en fotografía)* flash. **2** *(noticia breve)* newsflash.
flato *nm* wind, flatulence.
flauta 1 *nf* flute. || **2** *nmf* flautist.
■ **flauta de Pan** pipes *pl* of Pan; **flauta dulce** recorder; **flauta travesera** transverse flute, cross flute.
flautista *nmf* flautist.
flecha *nf* arrow.
• **salir como una flecha** to go off like a shot.
flechazo 1 *nm (disparo)* arrow shot. **2** *(herida)* arrow wound. **3** *fig (enamoramiento)* love at first sight.
fleco 1 *nm (adorno)* fringe. **2** *(deshilachado)* frayed edge.
flemón *nm* gumboil, abscess.
flequillo *nm* fringe, US bangs *pl.*
fletar *vt* to charter, freight.
flexible *adj* flexible.
flexión 1 *nf (doblegamiento)* flexion. **2** GRAM inflection. **3** DEP press-up, US push-up.
flexionar *vt (músculo)* to flex; *(cuerpo)* to bend.
flexo *nm* anglepoise lamp.
flipar 1 *vt arg* to fascinate, drive wild. || **2 fliparse** *vpr arg (con drogas)* to get stoned.
flojear 1 *vi (disminuir)* to fall off, go down. **2** *(debilitarse)* to weaken, grow weak.
flojera *nf fam* weakness, faintness.
flojo,-a 1 *adj (suelto)* loose, slack. **2** *(débil)* weak: ***un viento muy flojo*** a light wind. **3** *(perezoso)* lazy, idle. || **4** *nm,f* lazy person, idler.
• **me la trae floja** *arg* I couldn't give a toss.
flor *nf* flower.
• **a flor de piel** skin-deep; **echarle flores a algn** to pay compliments to sb; **en flor** in blossom; **en la flor de la vida** *fig* in the prime of life; **la flor y nata** *fig* the cream of society; **¡ni flores!** no idea!
flora *nf* flora.
floreado,-a *adj* flowered, flowery.
florecer [43] **1** *vi (plantas)* to flower, bloom; *(árboles)* to blossom. **2** *(prosperar)* to flourish, thrive. || **3 florecerse** *vpr (pan etc)* to go mouldy.
floreciente *adj* flourishing, prosperous.
florero *nm* vase.
florido,-a 1 *adj (con flores)* flowery. **2** *(selecto)* choice, select.
florista *nmf* florist.
floristería *nf* florist's.
flota *nf* fleet.
flotador 1 *nm* float. **2** *(de niño)* rubber ring.
flotar 1 *vi* to float. **2** *(ondear)* to wave, flutter.
flote *nm* floating.
• **a flote** afloat; **salir a flote** *fig* to get back on one's feet, get out of difficulty.
fluctuar [11] *vi* to fluctuate.
fluidez 1 *nf (de un líquido)* fluidity. **2** *(al hablar)* fluency.
fluido,-a 1 *adj (sustancia)* fluid. **2** *(lenguaje)* fluent. || **3 fluido** *nm* FÍS fluid.
■ **fluido eléctrico** current.
fluir [62] *vi* to flow.
flujo 1 *nm (gen)* flow. **2** rising tide: ***flujo y reflujo*** ebb and flow. **3** FÍS

flux. **4** MED discharge. **5** INFORM stream.

flúor *nm* fluorine.

fluorescente 1 *adj* fluorescent. || **2** *nm* fluorescent light.

fluvial *adj* river.

FM *abr* RAD (modulación de frecuencia, frecuencia modulada) frequency modulation; *(abreviatura)* FM.

FMI *abr* (Fondo Monetario Internacional) International Monetary Fund; *(abreviatura)* IMF.

foca 1 *nf (animal)* seal. **2** *fam (persona)* fat lump.

foco 1 *nm (centro)* centre, focal point. **2** FÍS MAT focus. **3** *(lámpara)* spotlight, floodlight. **4** AM *(bombilla)* bulb.

■ **foco de atención** focus of attention.

fofo,-a 1 *adj (material)* soft, spongy. **2** *(persona)* flabby.

fogata *nf* bonfire.

fogón 1 *nm (cocina)* kitchen range, stove; *(quemador)* burner. **2** *(de máquina de vapor)* firebox.

folclore *nm* folklore.

fólder *nm* ANDES CAM MÉX *(carpeta)* folder.

folio *nm* sheet of paper.

follaje *nm* foliage, leaves *pl.*

follar *vi - vpr vulg (copular)* to fuck, screw.

folleto *nm (prospecto)* pamphlet, leaflet, brochure; *(explicativo)* instruction leaflet; *(turístico)* brochure.

follón 1 *nm fam (alboroto)* rumpus, shindy. **2** *fam (enredo, confusión)* mess, trouble.

● **armar follón** *fam* to kick up a rumpus.

fomentar 1 *vt (industria, turismo)* to promote. **2** *(desarrollo, ahorro)* encourage. **3** *(crecimiento)* foster.

fonda 1 *nf (para comer)* inn, small restaurant. **2** *(para alojarse)* guest house.

fondo 1 *nm (parte más baja)* bottom. **2** *(parte más lejana)* end, back. **3** *(segundo término)* background. **4** FIN fund. **5** *(de libros etc)* stock. || **6 fondos** *nm pl (dinero)* funds, money *sing.*

● **a fondo** thoroughly; **en el fondo** *fig* deep down, at heart; **tocar fondo** *fig* to reach rock bottom.

■ **fondo común** kitty; **fondo del mar** sea bed.

fonético,-a 1 *adj* phonetic. || **2 fonética** *nf* phonetics.

fono *nm* AM *fam (teléfono)* phone.

fontanería *nf* plumbing.

fontanero,-a *nm,f* plumber.

footing *nm* jogging.

● **hacer footing** to jog, go jogging.

FOP *abr* (Fuerzas del Orden Público) Spanish police.

forajido,-a *nm,f* outlaw.

forastero,-a 1 *adj* foreign, alien. || **2** *nm,f* stranger, outsider.

forcejear *vi* to wrestle, struggle.

forense 1 *adj* forensic, legal. || **2** *nmf* forensic surgeon.

forestal *adj* forest.

forjar 1 *vt (metales)* to forge. **2** *(plan)* to create, make.

forma 1 *nf (figura)* form, shape. **2** *(manera)* way. **3** DEP form. || **4 formas** *nf pl (modales)* manners, social conventions. **5** *fam (de mujer)* curves.

● **de forma que** so that; **de todas formas** anyway, in any case; **estar en baja forma** to be off form; **estar en forma** to be in shape, be fit; **ponerse en forma** to get fit.

■ **forma de pago** method of payment; **forma física** physical fitness.

formación 1 *nf (proceso)* formation. **2** *(educación)* upbringing. **3** *(enseñanza)* education, training.

formal 1 *adj (serio)* serious, serious-minded. **2** *(cumplidor)* reliable, dependable. **3** *(cortés)* polite.

formalidad 1 *nf (en actitud)* formality. **2** *(seriedad)* seriousness. **3** *(fiabilidad)* reliability. **4** *(trámite)* formality, requisite.

formalizar [4] **1** *vt (hacer formal)* to

formalize. **2** *(contrato)* to legalize. || **3 formalizarse** *vpr* to be formalized, be legalized.

formar 1 *vt (dar forma a)* to form. **2** *(integrar, constituir)* to form, constitute. **3** *(educar)* to bring up. **4** *(enseñar)* to educate. || **5** *vi* MIL *(colocarse)* to form up. || **6 formarse** *vpr (desarrollarse)* to grow, develop.

• **¡a formar!** MIL fall in!; *(estar formado,-a por)* to be made up of; **formar parte de algo** to be a part of sth.

formatear *vt* to format.

formato 1 *nm (de revista, periódico)* format. **2** *(del papel)* size.

formidable 1 *adj (tremendo)* tremendous, formidable. **2** *(maravilloso)* wonderful, terrific. || **3 ¡formidable!** *interj* great!

fórmula 1 *nf* GRAM MAT formula. **2** *(receta)* recipe.

formular 1 *vt (teoría)* to formulate. **2** *(quejas, peticiones)* to make.

• **formular un deseo** to express a desire; **formular una pregunta** to ask a question.

formulario,-a 1 *adj* routine: ***una visita formularia*** a formal visit. || **2 formulario** *nm (documento)* form: ***formulario de solicitud*** application form.

fornido,-a *adj* strapping, hefty.

forofo,-a *nm,f* fan.

forrar 1 *vt (por dentro)* to line. **2** *(por fuera)* to cover. || **3 forrarse** *vpr fam (de dinero)* to make a packet.

forro 1 *nm (interior)* lining. **2** *(funda)* cover, case.

• **ni por el forro** *fam* not in the slightest.

fortalecer [43] **1** *vt (estructura, organismo)* to fortify, strengthen. || **2 fortalecerse** *vpr* to strengthen, become stronger.

fortaleza 1 *nf (vigor)* strength, vigour. **2** *(de espíritu)* fortitude. **3** *(castillo)* fortress, stronghold.

fortuna 1 *nf (destino)* fortune, fate. **2** *(suerte)* luck. **3** *(capital)* fortune.

• **por fortuna** fortunately.

forzar [50] **1** *vt (obligar)* to force, compel. **2** *(violar)* to rape. **3** *(reventar - puerta)* to force open, break open; *(cerradura)* to force.

forzosamente *adv* inevitably.

forzoso,-a 1 *adj (inevitable)* inevitable, unavoidable. **2** *(obligatorio)* obligatory, compulsory.

forzudo,-a *adj* strong, brawny.

fosa 1 *nf (sepultura)* grave. **2** *(hoyo)* pit, hollow. **3** ANAT fossa.

■ **fosas nasales** nostrils.

fosforescente *adj* phosphorescent.

fósforo 1 *nm (elemento)* phosphorus. **2** *(cerilla)* match.

fósil *nm* fossil.

foso *nm (gen)* pit; *(de castillo etc)* moat.

foto *nf fam* photo, picture.

fotocopia *nf* photocopy.

fotocopiadora *nf* photocopier.

fotocopiar [12] *vt* to photocopy.

fotogénico,-a *adj* photogenic.

fotografía 1 *nf (proceso)* photography. **2** *(retrato)* photograph.

fotografiar [13] *vt* to photograph, take a photograph of.

fotográfico,-a *adj* photographic.

fotógrafo,-a *nm,f* photographer.

fotomatón *nm* photo booth.

FP *abr* EDUC *(*Formación Profesional*)* vocational training.

frac *nm (pl* fracs *or* fraques*)* dress coat, tails *pl*.

fracasado,-a 1 *adj* unsuccessful. || **2** *nm,f (persona)* failure.

fracasar *vi* to fail (en, in), be unsuccessful (en, in).

fracaso *nm* failure.

fracción 1 *nf (parte)* fraction. **2** POL faction.

fraccionamiento *nm* MÉX *(urbanización)* housing estate.

fraccionar *vt* to break up, split up.

fractura *nf* fracture.

fracturar *vt - vpr* to fracture, break.

fragancia *nf* fragrance.
fragante *adj* fragrant, scented.
fragata *nf* frigate.
frágil 1 *adj (delicado)* fragile, breakable. **2** *(débil)* frail, weak.
fragilidad 1 *nf (de algo rompible)* fragility. **2** *(debilidad)* frailty, weakness.
fragmentar 1 *vt* to fragment, divide up. || **2 fragmentarse** *vpr* to break up.
fragmento 1 *nm (pedazo)* fragment, piece. **2** *(literario)* passage.
fraile *nm* friar, monk.
frambuesa *nf* raspberry.
francés,-esa 1 *adj* French. || **2** *nm,f (persona)* French person; *(hombre)* Frenchman; *(mujer)* Frenchwoman. || **3 francés** *nm (idioma)* French.
Francia *nf* France.
franco,-a 1 *adj (sincero)* frank, open. **2** COM free. || **3 franco** *nm (moneda)* franc.
• **franco de aduana** duty-free; **franco fábrica** ex-works.
franela *nf* flannel.
franja 1 *nf (banda)* band, strip. **2** *(de tierra)* strip. **3** COST fringe, border.
franquear 1 *vt (dejar libre)* to free, clear. **2** *(atravesar)* to cross. **3** *(carta)* to frank. || **4 franquearse** *vpr* to unbosom oneself, open up one's heart.
• **a franquear en destino** postage paid.
franqueo *nm* postage.
franqueza *nf* frankness, openness.
• **con toda franqueza** to be honest with you.
franquicia 1 *nf* exemption. **2** COM franchise.
■ **franquicia arancelaria** exemption from customs duty.
frasco *nm* flask.
frase 1 *nf* GRAM *(oración)* sentence. **2** *(expresión)* phrase.
■ **frase hecha** set phrase, set expression, idiom.
fraternal *adj* fraternal, brotherly.
fraternidad *nf* fraternity, brotherhood.
fraterno,-a *adj* fraternal, brotherly.
fraude *nm* fraud.
■ **fraude fiscal** tax evasion.
fraudulento,-a *adj* fraudulent.
frazada *nf* AM blanket.
frecuencia *nf* frequency.
• **con frecuencia** frequently, often.
frecuentar *vt* to frequent, visit.
frecuente 1 *adj (repetido)* frequent. **2** *(usual)* common.
frecuentemente *adv* frequently, often.
fregadero *nm* kitchen sink.
fregar [48] **1** *vt (lavar)* to wash. **2** *(frotar)* to scrub. **3** *(el suelo)* to mop. **4** AM *(molestar)* to annoy, irritate.
• **fregar los platos** to do the washing up.
fregón,-ona *adj* AM annoying.
fregona 1 *nf pey (sirvienta)* skivvy. **2** *(utensilio)* mop.
freidora *nf* fryer.
freír [37] **1** *vt (pp* frito,-a*)* to fry. **2** *fig* to annoy.
frenar 1 *vt - vi (vehículo)* to brake. || **2** *vt (proceso)* to check.
frenazo *nm* sudden braking.
• **dar un frenazo** to jam on the brakes.
frenesí *nm (pl* frenesíes*)* frenzy.
frenético,-a 1 *adj (exaltado)* frenzied, frenetic. **2** *(colérico)* wild, mad.
freno 1 *nm (de vehículo)* brake. **2** *(de caballería)* bit.
• **pisar el freno** to put one's foot on the brake; **poner freno a algo** to curb sth.
■ **frenos de disco** disc brakes.
frente 1 *nm (parte delantera)* front. **2** MIL front. || **3** *nf* ANAT forehead. || **4 frente a** *adv* in front of, opposite: ***frente al supermercado*** opposite the supermarket; ***frente al mar*** facing the sea.
• **al frente de** at the head of; **frente a frente** face to face; **hacer frente a**

algo to face sth, stand up to sth; **no tener dos dedos de frente** to be as thick as two short planks.

fresa 1 *nf (planta)* strawberry plant. 2 *(fruto)* strawberry. 3 TÉC milling. 4 *(de dentista)* drill. || 5 *adj* red.

fresca 1 *nf (aire fresco)* fresh air, cool air. 2 *fam (impertinencia)* cheeky remark.
• **decirle cuatro frescas a algn** to tell sb a few home truths; **tomar la fresca** to get some fresh air.

frescales *nmf inv* cheeky devil.

fresco,-a 1 *adj* cool, cold: ***brisa fresca*** cool wind; ***agua fresca*** cold water. 2 *(tela, vestido)* light, cool. 3 *(aspecto)* healthy, fresh. 4 *(comida)* fresh. 5 *(reciente)* fresh, new: ***noticias frescas*** the latest news. 6 *fig (impasible)* cool, calm, unworried. 7 *(desvergonzado)* cheeky, shameless. || 8 **fresco** *nm (frescor)* fresh air, cool air. 9 ART fresco.
• **al fresco** in the cool; **hacer fresco** to be chilly; **¡qué fresco!** what a nerve!; **quedarse tan fresco** not to bat an eyelid; **¡sí que estamos frescos!** now we're in a fine mess!; **tomar el fresco** to get some fresh air.

frescor *nm* coolness, freshness.

frescura 1 *nf (frescor)* freshness, coolness. 2 *(desvergüenza)* cheek, nerve. 3 *(calma)* coolness, calmness.
• **¡qué frescura!** what a nerve!

fresno *nm* ash tree.

fresón *nm* large strawberry.

frialdad *nf* coldness.

fríamente *adv* coldly, coolly.

fricción 1 *nf* friction. 2 *(friega)* rubbing.

friccionar *vt* to rub, massage.

friega *nf* rub, massage.

frigider *nm* ANDES refrigerator, fridge.

frigidez *nf* frigidity.

frigorífico,-a 1 *adj* refrigerating. || 2 **frigorífico** *nm (doméstico)* refrigerator, fridge. 3 *(cámara)* cold storage room.

frijol *nm* ANDES CAM CARIB MÉX bean.

fríjol *nm* frijol.

frío,-a 1 *adj* cold. || 2 **frío** *nm* cold.
• **hacer frío** to be cold; **tener frío, pasar frío** to be cold; **hace un frío que pela** *fam* it's freezing cold.

friolento,-a *adj* AM sensitive to the cold.

friolero,-a 1 *adj* sensitive to the cold: ***es muy friolero*** he really feels the cold. || 2 **friolera** *nf (cosa insignificante)* trifle, trinket. 3 *fam (gran cantidad)* fortune: ***gastó la friolera de 30.000 pesetas en unos zapatos*** he spent a mere 30,000 pesetas on a pair of shoes.

frito,-a 1 *pp* → **freír**. || 2 *adj* CULIN fried. 3 *fam (harto)* exasperated, fed up. || 4 **fritos** *nm pl* fry, fried food.
• **quedarse frito** *fam (dormido)* to fall asleep; *(muerto)* to snuff it; **tener a uno frito con algo** to be sick to death of sth.

frivolidad *nf* frivolity.

frívolo,-a *adj* frivolous.

frondoso,-a *adj* leafy, luxuriant.

frontal 1 *adj (choque)* head-on. 2 *(oposición)* direct.

frontera 1 *nf (geográfica)* frontier, border. 2 *fig (barrera)* limit, bounds *pl*, borderline.

fronterizo,-a *adj* border.

frontón 1 *nm* DEP *(juego)* pelota. 2 *(edificio)* pelota court. 3 ARQ pediment.

frotar *vt* to rub.

fructífero,-a *adj* fruitful.

fructificar [1] 1 *vi* BOT to bear fruit, produce a crop. 2 *(dar provecho)* to be fruitful.

fruncir [3] 1 *vt* COST to gather. 2 *(los labios)* to purse, pucker.
• **fruncir el ceño** to frown.

frustración *nf* frustration.

frustrar 1 *vt (plan)* to frustrate, thwart. 2 *(persona)* to frustrate. || 3 **frustrarse** *vpr (proyectos, planes)* to fail. 4 *(persona)* to be frustrated.

fruta *nf* fruit.
■ **fruta del tiempo** fresh fruit; **fruta escarchada** crystallized fruit; **fruta seca** dried fruit.
frutal 1 *adj* fruit. ‖ **2** *nm* fruit tree.
frutería *nf* fruit shop.
frutero,-a 1 *adj* fruit. ‖ **2** *nm,f* fruiterer. ‖ **3 frutero** *nm* fruit dish, fruit bowl.
frutilla *nf* BOL CSUR ECUAD strawberry.
fruto *nm* fruit.
● **dar fruto** to bear fruit; **sacar fruto de algo** to profit from sth.
■ **frutos secos** *(almendras etc)* nuts; *(pasas etc)* dried fruit *sing.*
fuego 1 *nm (gen)* fire. **2** *(lumbre)* light. **3** *(cocina)* burner, ring. **4** *(ardor)* ardour, zeal.
● **a fuego lento** on a low flame; *(al horno)* in a slow oven; ***¿me da fuego?*** have you got a light?; **estar entre dos fuegos** to be caught between two fires.
■ **fuego fatuo** will-o'-the-wisp, Jack-o'-lantern; **fuegos artificiales** fireworks; **fuegos de artificio** fireworks.
fuelle *nm* bellows *pl.*
fuente 1 *nf (manantial)* spring. **2** *(artificial)* fountain. **3** *(recipiente)* serving dish. **4** *fig* source: ***de fuente desconocida*** from an unknown source.
fuera 1 *adv* out, outside: ***por fuera*** on the outside. **2** *(en otro lugar)* away; *(en el extranjero)* abroad: ***esta semana está fuera por negocios*** he's away on business this week; ***estudió fuera*** she studied abroad. **3** *(excepto)* except for, apart from. ‖ **4** *nm* DEP *(falta)* out. ‖ **5** *imperf subj* → **ser**. **6** → **ir**. ‖ **7 ¡fuera!** *interj* get out!
● **estar fuera de sí** to be beside oneself; **fuera de combate** knocked out; **fuera de duda** beyond doubt; **fuera de lo normal** extraordinary, very unusual.
■ **fuera de juego** offside.
fuerte 1 *adj (gen)* strong. **2** *(intenso)* severe. **3** *(sonido)* loud. **4** *(golpe)* heavy. ‖ **5** *nm (fortificación)* fort. **6** *(punto fuerte)* forte, strong point. ‖ **7** *adv* a lot, hard: ***comer fuerte*** to eat a lot.
● **¡abrázame fuerte!** hold me tight!; **estar fuerte en algo** to be good at something; **¡habla más fuerte!** speak up!
fuerza 1 *nf (poder, resistencia)* strength, force. ‖ **2 fuerzas** *nf pl (el poder)* authorities: ***las fuerzas vivas de la localidad*** the local authorities.
● **a fuerza de** by dint of, by force of; **a la fuerza** by force; **por la fuerza** against one's will.
■ **fuerza de gravedad** force of gravity; **fuerza de voluntad** willpower; **fuerza mayor** force majeure; **fuerza motriz** motive power; **fuerzas aéreas** air force *sing*; **fuerzas del orden público** police force *sing.*
fuese 1 *imperf subj* → **ser**. **2** → **ir**.
fuete *nm* AM whip.
fuga 1 *nf (escapada)* flight, escape. **2** *(de gas, líquido)* leak. **3** MÚS fugue.
● **darse a la fuga** to take flight; **poner en fuga** to put to flight.
■ **fuga de cerebros** brain drain; **fuga de divisas** flight of capital.
fugarse [7] *vpr* to flee, escape.
fugaz *adj* fleeting, brief.
fugitivo,-a 1 *adj (en fuga)* fleeing. **2** *fig (efímero)* ephemeral, fleeting. ‖ **3** *nm,f* fugitive, runaway.
fui 1 *pret indef* → **ser**. **2** → **ir**.
fulano,-a 1 *nm,f (persona cualquiera)* so-and-so; *(hombre)* what's his name; *(mujer)* what's her name. ‖ **2 fulano** *nm fam pey* fellow, guy. ‖ **3 fulana** *nf pey* whore, tart.
● **Don/Doña Fulano,-a de tal** Mr/Mrs So-and-so.
fulgor *nm (resplandor)* brilliance, glow.
fulminante *adj (despido)* instant; *(muerte)* sudden; *(enfermedad)* devastating; *(mirada)* withering.
fulminar 1 *vt (rayo)* to strike with lightning. **2** *(matar)* to strike dead.

• **fulminar a algn con la mirada** to look daggers at sb.
fumada *nf* AM *(calada)* pull, drag.
fumador,-ra 1 *adj* smoking. ‖ **2** *nm,f* smoker.
▪ **los no fumadores** non-smokers.
fumar *vt - vi - vpr* to smoke.
• **fumarse las clases** *fam* to play truant, US play hookie; **"No fumar"** "No smoking".
fumigar [7] *vt* to fumigate.
función 1 *nf (gen)* function. **2** *(cargo)* duties *pl.* **3** *(espectáculo)* performance.
• **en función de** according to; **en funciones** acting: ***el presidente en funciones*** the acting president.
▪ **función de noche** late performance; **función de tarde** matinée.
funcionamiento *nm* operation, working.
• **poner en funcionamiento** to put into operation.
funcionar *vi* to function, work.
• **hacer funcionar algo** to operate sth; **"No funciona"** "Out of order".
funcionario,-a *nm,f* civil servant.
funda 1 *nf (flexible)* cover. **2** *(rígida)* case. **3** *(de arma blanca)* sheath. **4** *(de diente)* cap.
▪ **funda de almohada** pillowcase.
fundación *nf* foundation.
fundador,-ra *nm,f* founder.
fundamental *adj* fundamental.
fundamento 1 *nm (base)* basis, grounds *pl.* **2** *(seriedad)* seriousness; *(confianza)* reliability. ‖ **3 fundamentos** *nm pl (de teoría)* basic principles. **4** *(de edificio)* foundations.
• **sin fundamento** unfounded.
fundar 1 *vt (crear)* to found; *(erigir)* to raise. **2** *(basar)* to base, found. ‖ **3 fundarse** *vpr (teoría, afirmación)* to be based (en, on); *(persona)* to base oneself (en, on).
fundición 1 *nf (fusión)* smelting. **2** *(lugar)* foundry, smelting works.
▪ **fundición de acero** steelworks.
fundir 1 *vt (un sólido)* to melt. **2** *(metal)* to found, cast; *(hierro)* to smelt. **3** *(bombilla, plomos)* to blow. **4** *(unir)* to unite, join.
fúnebre 1 *adj (mortuorio)* funeral. **2** *(lúgubre)* mournful, lugubrious.
funeral 1 *adj* funeral. ‖ **2 funerales** *nm pl (entierro)* funeral *sing.* **3** *(ceremonia)* memorial service.
funerario,-a 1 *adj* funerary, funeral. ‖ **2 funeraria** *nf (establecimiento)* undertaker's shop.
funesto,-a *adj* ill-fated, fatal.
fungir [6] *vi* MÉX to act (de/como, as).
funicular *nm* funicular railway.
furgón 1 *nm* AUTO van, wagon. **2** *(de tren)* goods wagon, US boxcar.
furgoneta *nf* van.
furia *nf* fury, rage.
• **ponerse hecho,-a una furia** to become furious, fly into a rage.
furibundo,-a *adj* furious, enraged.
furioso,-a *adj* furious.
• **ponerse furioso,-a** to get angry.
furor *nm* fury, rage.
• **causar furor, hacer furor** *fig* to be all the rage.
furtivo,-a *adj* furtive.
fusible *nm* fuse.
fusil *nm* rifle, gun.
fusilamiento *nm* shooting, execution.
fusilar 1 *vt (ejecutar)* to shoot, execute. **2** *(plagiar)* to plagiarize.
fusión 1 *nf (de metales)* fusion, melting; *(de hielo)* thawing, melting. **2** *(de empresas)* merger, amalgamation.
fusionar 1 *vt - vpr (metales)* to fuse. **2** COM *(empresas)* to merge.
fustán *nm* AM petticoat.
fustigar [7] **1** *vt (caballo)* to whip, lash. **2** *(criticar)* to lash.
fútbol *nm* football, US soccer.
▪ **fútbol americano** American football.
futbolín *nm* table football.
futbolista *nmf* footballer, football player, soccer player.
futuro,-a 1 *adj* future. ‖ **2 futuro** *nm* future

G

gabán *nm* overcoat.
gabardina 1 *nf (tela)* gabardine. **2** *(impermeable)* raincoat.
gabinete 1 *nm (estudio)* study. **2** POL cabinet.
gacela *nf* gazelle.
gaceta *nf* gazette.
gacha 1 *nf (masa)* paste. || **2 gachas** *nf pl* porridge *sing*.
gafas *nm pl* glasses.
■ **gafas de sol** sunglasses.
gafe *adj - nmf fam* jinx.
● **ser gafe** to be a jinx.
gafete *nm* MÉX badge.
gaita *nf* bagpipes *pl*.
● **¡menuda gaita!** what a drag!
gaitero,-a *nm,f* piper, bagpipe player.
gajo *nm (de naranja)* section.
GAL *abr* POL *(*Grupos Antiterroristas de Liberación*)* Anti-Terrorist Liberation Squads *(counter-terror unit)*.
gala *nf (espectáculo)* gala.
● **hacer gala de** to make a show of.
■ **traje de gala** evening dress.
galáctico,-a *adj* galactic.
galán 1 *nm (pretendiente)* handsome man. **2** TEAT leading man.
■ **galán de noche** valet.
galante *adj* courteous, gallant.
galantería 1 *nf (elegancia)* gallantry. **2** *(piropo)* compliment.
galápago *nm* turtle.
galardón *nm* award.
galardonado,-a 1 *adj* award winning. || **2** *nm,f* award winner.
galardonar *vt* to award a prize to.
galaxia *nf* galaxy.
galeón *nm* galleon.
galera *nf* galley.
galería 1 *nf (en casa, mina)* gallery. **2** *(túnel)* underground passage. **3** *(para cortinas)* pelmet. **4** TEAT gallery.
■ **galería de arte** art gallery; **galería comercial** shopping arcade *sing*, US mall.
Gales *nm* Wales.
galés,-a 1 *adj* Welsh. || **2** *nm,f (persona)* Welsh person; *(hombre)* Welshman; *(mujer)* Welshwoman: ***los galeses*** the Welsh. || **3 galés** *nm (idioma)* Welsh.
galgo *nm* greyhound.
Galicia *nf* Galicia.
galimatías *nm inv fam* gibberish.
gallardo,-a 1 *adj (elegante)* graceful. **2** *(valiente)* brave, gallant.
gallego,-a 1 *adj (de Galicia)* Galician. **2** CUBA CSUR *pey* Spanish. || **3** *adj - nm, f (persona)* Galician. **4** CUBA CSUR *pey* Spaniard. || **5 gallego** *nm (idioma)* Galician.
galleta 1 *nf* biscuit, US cookie. **2** *fam (bofetada)* slap.
gallina 1 *nf (ave)* hen. || **2** *nmf fam (cobarde)* chicken, coward.
gallinero 1 *nm (corral)* henhouse. **2** TEAT top gallery. **3** *fam (lugar ruidoso)* bedlam, madhouse.
gallo 1 *nm (ave)* cock, rooster. **2** *fig (desafinación)* false note.
■ **gallo de pelea** fighting cock.
galón 1 *nm (distintivo)* stripe. **2** *(medida)* gallon.
galopar *vi* to gallop.
galope *nm* gallop.
galpón *nm* AM shed.
gama 1 *nf (variedad)* range. **2** MÚS scale.
gamba *nf* prawn.
gamberrada *nf* act of hooliganism.
gamberro,-a 1 *adj* loutish. || **2** *nm,f* hooligan.
gamo *nm* fallow deer.
gamonal *nm* ANDES CAM VEN local boss.
gamuza 1 *nf (animal)* chamois. **2** *(paño)* chamois leather.
gana *nf* wish, desire.
● **de buena gana** willingly; **de mala gana** reluctantly; **tener ganas de** to wish, feel like: ***no tengo ganas de***

salir esta noche I don't feel like going out tonight.

ganadería **1** *nf (cría)* cattle-raising. **2** *(ganado)* livestock. **3** *(marca)* cattle brand.

ganadero,-a **1** *adj* cattle-raising. || **2** *nm,f (criador)* cattle raiser; *(tratante)* cattle dealer.

ganado *nm* cattle, livestock.

■ **ganado vacuno** cattle.

ganador,-ra **1** *adj* winning. || **2** *nm,f* winner.

ganancia *nf* gain, profit.

ganar **1** *vt (triunfar)* to win. **2** *(dinero)* to earn. || **3** *vi (mejorar)* to improve.

• **ganarse la vida** to earn one's living.

ganchillo **1** *nm (aguja)* crochet hook. **2** *(labor)* crochet.

gancho **1** *nm* hook. **2** ANDES CAM MÉX *(horquilla)* hairpin. **3** ANDES CAM MÉX VEN *(percha)* hanger.

• **tener gancho** to be attractive.

gandul,-la **1** *adj* idle, lazy. || **2** *nm,f* lazybones.

gandulear *vi* to idle, loaf around.

gandulería *nf* idleness, laziness.

ganga *nf* bargain.

ganglio *nm* ganglion.

gangrena *nf* gangrene.

gángster *nm* gangster.

ganso **1** *nm* ZOOL goose; *(macho)* gander. || **2** **ganso,-a** *nm,f fig* dimwit.

• **hacer el ganso** to play the fool.

garabatear *vt - vi* to scribble, scrawl.

garabato *nm* scrawl, scribble.

garaje *nm* garage.

garantía **1** *nf (período)* guarantee. **2** *(documento)* guarantee, warranty.

garantizar [4] **1** *vt* to guarantee. **2** COM to guarantee, warrant. **3** *(responder por)* to vouch for.

garbanzo *nm* chickpea.

garbeo *nm fam* stroll.

• **dar un garbeo** to go for a walk.

garbo *nm* gracefulness, jauntiness.

gardenia *nf* gardenia.

garfio *nm* hook.

garganta **1** *nf* ANAT throat: ***me duele la garganta*** I've got a sore throat. **2** GEOG gorge.

gargantilla *nf* necklace.

gárgaras *nm pl* gargle *sing.*

garita *nf* sentry box.

garra **1** *nf (de león etc)* claw; *(de halcón etc)* talon. **2** *pey (de persona)* clutch. **3** *fig* force: ***este libro no tiene garra*** this book has no bite to it.

garrafa *nf* carafe.

garrafal *adj* monumental, enormous: ***un error garrafal*** a terrible mistake.

garrapata *nf* tick.

garrotazo *nm* blow with a stick.

garrote **1** *nm* thick stick, cudgel. **2** *(pena capital)* garrotte.

• **dar garrote a algn** to garrotte sb.

garúa *nf* ANDES RPL VEN drizzle.

garza *nf* heron.

gas **1** *nm* gas. || **2** **gases** *nm pl (flato)* flatulence *sing.*

• **tener gases** to have wind.

■ **gas lacrimógeno** tear-gas.

gasa *nf* gauze, chiffon.

gaseoso,-a **1** *adj* gaseous. **2** *(bebida)* carbonated, fizzy. || **3** **gaseosa** *nf* pop, fizzy lemonade.

gasfitería *nf* CHILE ECUAD PERÚ plumber's shop.

gasfitero,-a *nm,f* CHILE ECUAD PERÚ plumber.

gasoil *nm* diesel, diesel oil.

gasóleo *nm* gas-oil.

gasolina *nf* petrol, US gas, gasoline.

• **echar gasolina** to put some petrol in.

gasolinera *nf* petrol station, US gas station.

gasolinería *nf* MÉX petrol station, US gas station.

gastado,-a **1** *adj (ropa, calzado)* worn out. **2** *(pila)* used up.

gastar **1** *vt (dinero)* to spend. **2** *(usar)* to use. || **3** **gastarse** *vpr* to run out.

• **con todos los gastos pagados** all expenses paid.

■ **gastos de envío** postage and packing.

gasto *nm* expenditure, expense.
■ **gastos de envío** postage and packing.
gastritis *nf inv* gastritis.
gastronomía *nf* gastronomy.
gatear *vi* to creep, crawl.
gatillo *nm* trigger.
gato,-a 1 *nm,f (animal)* cat. ‖ **2 gato** *nm (de coche)* jack.
● **a gatas** on all fours; **buscar tres pies al gato** *fam* to complicate things; **dar gato por liebre** *fam* to take sb in.
gauchada *nf* CSUR favour.
gaucho,-a 1 *nm,f (campesino)* gaucho. ‖ **2** *adj* RPL *fam (servicial)* helpful, obliging.
gaveta *nf* AM *(guantera)* glove compartment.
gavilán *nm* sparrow hawk.
gaviota *nf* gull.
gay *nm* gay.
gazapo 1 *nm (cría de conejo)* young rabbit. **2** *fig (errata)* misprint. **3** *fig (error)* blunder, slip.
gazpacho *nm* cold tomato soup.
gel *nm* gel.
■ **gel de ducha** shower gel.
gelatina 1 *nf (sustancia)* gelatine. **2** *(de fruta)* jelly.
gema *nf* gem.
gemelo,-a 1 *adj - nm, f (hermanos)* twin. ‖ **2 gemelo** *nm (músculo)* calf muscle. ‖ **3 gemelos** *nm pl (botones)* cufflinks. **4** *(prismáticos)* binoculars.
gemido *nm (de persona)* groan; *(de animal)* whine.
Géminis *nm* Gemini.
gemir [34] *vi (persona)* to groan; *(animal)* to whine.
gen *nm* gene.
gene *nm* gene.
genealogía *nf* genealogy.
genealógico,-a *adj* genealogical.
generación *nf* generation.
generador *nm* generator.
general 1 *adj (global)* general. ‖ **2** *nm* MIL general.
● **en general** in general; **por lo general** generally.
generalizar [4] **1** *vt* to generalize. ‖ **2 generalizarse** *vpr* to become widespread.
generar *vt* to generate.
genérico,-a *adj* generic.
género 1 *nm (clase)* kind, sort. **2** GRAM gender. **3** BIOL genus. **4** ART genre. **5** *(tela)* cloth. **6** COM article.
■ **géneros de punto** knitwear *sing*.
generosidad *nf* generosity.
generoso,-a *adj* generous.
genético,-a *adj* genetic.
genial *adj* brilliant.
genio 1 *nm (carácter)* temper, disposition. **2** *(persona)* genius.
● **tener mal genio** to have a bad temper.
genitales *nm pl* genitals.
genocidio *nm* genocide.
gente 1 *nf (personas)* people. **2** *(familia)* family: ***mi gente*** my family.
■ **gente bien** posh people.
gentil 1 *adj (agradable)* courteous, graceful. ‖ **2** *adj - nmf* heathen, pagan; *(no judío)* gentile.
gentileza 1 *nf (elegancia)* grace. **2** *(cortesía)* politeness.
gentilmente *adv* gracefully.
gentío *nm* crowd.
gentuza *nf pey* mob, rabble.
genuino,-a *adj* genuine, true.
GEO *abr* MIL *(*Grupos Especiales de Operaciones*)* Special Air Service; *(abreviatura)* SAS.
geografía *nf* geography.
geográfico,-a *adj* geographic.
geología *nf* geology.
geológico,-a *adj* geological.
geometría *nf* geometry.
geométrico,-a *adj* geometric.
geranio *nf* geranium.
gerencia 1 *nf (de empresa)* management, administration. **2** *(oficina)* manager's office.
gerente *nmf (hombre)* manager; *(mujer)* manageress.

geriatría *nf* geriatrics.
germen *nm (pl* gérmenes*)* germ.
germinar *vi* to germinate.
gerundio *nm* gerund.
gestación 1 *nf (embarazo)* pregnancy. **2** *(de proyecto etc)* gestation.
gestar 1 *vt* to gestate. || **2 gestarse** *vpr fig (sentimiento)* to grow; *(idea)* to develop; *(plan)* to be in the pipeline.
gesticulación *nf* gesticulation, gestures *pl*.
gesticular *vi* to gesticulate.
gestión 1 *nf (negociación)* negotiation. **2** *(de negocio)* administration, management. **3** *(diligencia)* step.
gestionar 1 *vt (tramitar)* to arrange. **2** *(administrar)* to run, manage.
gesto *nm* grimace, gesture.
gestor,-ra *nm,f* manager, director.
■ **gestor administrativo** business agent.
gestoría *nf* business agency.
giba *nf* hump, hunch.
Gibraltar *nm* Gibraltar.
gigante,-a 1 *adj* giant, gigantic. || **2** *nm,f* giant.
gigantesco,-a *adj* gigantic.
gil, gila *nm,f* CSUR *fam* twit, idiot.
gilipollas 1 *adj vulg* stupid. || **2** *nmf vulg* jerk.
gimnasia *nf* gymnastics.
gimnasio *nm* gymnasium, gym.
gimnasta *nmf* gymnast.
gimotear *vi* to whine, whimper.
ginebra *nf* gin.
ginecología *nf* gynaecology.
ginecólogo,-a *nm,f* gynaecologist.
gira 1 *nf (artística)* tour. **2** *(excursión)* trip, excursion.
girar 1 *vi (dar vueltas)* to rotate, whirl, spin. **2** *(torcer)* to turn. **3** *fig (conversación)* to deal with: ***la conversación giraba en torno al divorcio*** the conversation dealt with divorce. || **4** *vt - vi* COM to draw.
girasol *nm* sunflower.
giratorio,-a *adj* revolving.
giro 1 *nm (vuelta)* turn. **2** *(dirección)* course, direction. **3** *(de dinero)* money order. **4** *(frase)* turn of phrase.
■ **giro bancario** banker's draft; **giro postal** money order.
gis *nm* ANDES MÉX chalk.
gitano,-a *adj - nm, f* gypsy.
glacial *adj* glacial.
glaciar *nm* glacier.
glándula *nf* gland.
glicerina *nf* glycerin.
global *adj* total.
globo 1 *nm (esfera)* globe, sphere. **2** *(de aire)* balloon. **3** *(Tierra)* world, Earth.
■ **globo aerostático** hot air balloon; **globo ocular** eyeball; **globo terráqueo** globe.
glóbulo *nm* globule.
■ **glóbulo blanco** white corpuscle; **glóbulo rojo** red corpuscle.
gloria 1 *nf* glory. **2** *(fama)* fame, honour. **3** *(cielo)* heaven. **4** *(placer)* bliss, delight. **5** *(esplendor)* boast.
● **cubrirse de gloria** *irón* to excel oneself.
glorieta 1 *nf (rotonda)* roundabout. **2** *(en jardín)* arbour, bower.
glorioso,-a *adj* glorious.
glosa *nf* gloss, comment.
glosario *nm* glossary.
glotón,-ona 1 *adj* gluttonous. || **2** *nm,f* glutton.
glotonería *nf* gluttony.
glucosa *nf* glucose.
gobernador,-ra 1 *adj* governing. || **2** *nm,f* governor.
gobernante 1 *adj* governing, ruling. || **2** *nmf* ruler, leader.
gobernar [27] **1** *vt (país)* to govern. **2** *(barco)* to steer.
gobierno 1 *nm (de país)* government. **2** *(dirección)* direction, control. **3** *(timón)* rudder.
● **para su gobierno** for your information.
goce *nm* enjoyment.
gofio *nm* roasted maize meal.
gol *nm* goal.

● **marcar un gol** to score a goal.
golear *vt* DEP to hammer.
golf *nm* golf.
golfa *nf vulg* slut.
golfo,-a 1 *adj - nm, f (pilluelo)* street urchin. || **2 golfo** *nm* GEOG gulf.
■ **golfo Pérsico** Persian Gulf.
golondrina *nf* swallow.
golosinas *nf* sweets, US candy *sing*.
goloso,-a *adj* sweet-toothed.
golpe 1 *nm (porrazo)* blow, knock. **2** *(en coche)* bump. **3** *fig (desgracia)* blow. **4** *fam (robo)* hold-up.
● **al primer golpe de vista** at first glance; **darse un golpe en la rodilla** to hurt one's knee; **de golpe** suddenly; **de un golpe** all at once.
■ **golpe de Estado** coup d'état.
golpear *vt* to hit, blow.
golpiza *nf* AM beating.
goma 1 *nf (material)* gum, rubber. **2** *(de borrar)* rubber, eraser. **3** *arg (condón)* rubber. **4** CUBA CSUR *(neumático)* tyre.
gomal *nm* AM rubber plantation.
gomería *nf* CSUR tyre centre.
gomero 1 *nm* AM *(árbol)* gum tree. **2** AM *(recolector)* rubber collector.
gomina *nf* hair gel.
góndola 1 *nf (barco)* gondola. **2** BOL CHILE *(autobús)* coach.
gordo,-a 1 *adj (persona, cara)* fat. **2** *(libro, jersey)* thick. **3** *(accidente, problema)* serious. || **4** *nm,f* fatty.
■ **el gordo** the first prize.
gordura *nf* fatness, obesity.
gorgorito *nm* trill.
gorila *nm* gorilla.
gorjear *vi* to trill.
● **gorjearse de algn** AM to laugh at sb, make fun of sb.
gorra *nf (con visera)* cap, bonnet; *(de lana)* bonnet.
● **vivir de gorra** *fam* to scrounge.
gorrino,-a *nm,f* little pig.
gorrión *nm* sparrow.
gorro 1 *nm* cap. **2** *(de bebé)* bonnet.
■ **gorro de baño** swimming cap; **gorro de ducha** shower cap.
gorrón,-ona 1 *adj fam* sponging. || **2** *nm,f* sponger, parasite.
gota 1 *nf (de líquido)* drop. **2** *(enfermedad)* gout.
gotear *vi* to dribble, drip, leak.
gotera *nf* leak.
gótico,-a *adj* Gothic.
gozada *nf fam* delight.
● **¡qué gozada!** it's great!
gozar [4] *vi* to enjoy oneself: ***goza de buena salud*** he enjoys good health.
● **gozar con** to delight in; **gozar de** to enjoy.
gozne *nm* hinge.
gozo *nm* delight, pleasure.
grabación *nf* recording.
grabado,-a 1 *adj* engraved, stamped. || **2 grabado** *nm (técnica)* engraving, print. **3** *(ilustración)* picture.
grabador,-ra 1 *adj* recording. || **2** *nm,f* engraver. || **3 grabadora** *nf* tape recorder.
grabar 1 *vt (en piedra)* to engrave. **2** *(sonido)* to record. **3** INFORM to save.
gracia 1 *nf (donaire)* gracefulness. **2** *(encanto)* charm. **3** *(elegancia)* elegance. **4** *(chiste)* joke.
● **gracias a** thanks to; **hacer gracia** to be funny; **tener gracia** to be funny; **¡muchas gracias!** thank you very much!; **¡qué gracia!** how funny!
gracioso,-a 1 *adj (divertido)* funny, amusing. **2** *(bromista)* witty, facetious. || **3** *nm,f* TEAT jester, clown, fool.
grada 1 *nf (peldaño)* step. **2** *(asiento)* row of seats.
gradería *nf* rows *pl* of seats.
gradiente *nf* AM slope.
grado 1 *nm (gen)* degree. **2** *(estado)* stage. **3** EDUC *(clase)* class, US grade. **4** EDUC *(título)* degree. **5** *(peldaño)* step.
● **de buen grado** willingly; **de mal grado** unwillingly.
graduable *adj* adjustable.
graduación 1 *nf (acción)* grading. **2**

(de licor etc) strength. **3** MIL rank, degree of rank. **4** EDUC graduation.
■ **graduación alcohólica** strength; **graduación de la viata** eye test.
graduado,-a 1 *adj* graduated, graded. ‖ **2** *nm,f* EDUC graduate.
gradual *adj* gradual.
graduar [11] **1** *vt (clasificar)* to adjust. **2** *(regular)* to regulate. ‖ **3 graduarse** *vpr* to graduate.
● **graduarse la vista** to have one's eyes tested.
grafía 1 *nf (ortografía)* graphic symbol. **2** *(escritura)* writing.
gráfico,-a 1 *adj* graphic. **2** *fig (vívido)* vivid, lifelike. ‖ **3 gráfica** *nf* graph, diagram. ‖ **4 gráfico** *nm (dibujo)* sketch.
grafología *nf* graphology.
gragea *nf* pill, tablet.
grajo 1 *nm (ave)* rook, crow. **2** AM *(olor)* body odour.
gral. *abr (*general*)* general; *(abreviatura)* gen.
grama *nf* AM grass.
gramática *nf* grammar.
gramatical *adj* grammatical.
gramo *nm* gram, gramme.
gramófono *nm* gramophone.
gran *adj* → **grande**.
▲ *Used before a singular noun.*
granada 1 *nf* BOT pomegranate. **2** MIL grenade, shell.
granate *adj* - *nm* maroon.
grande 1 *adj (de tamaño)* big, large: ***una casa grande*** a big house. **2** *(de número, cantidad)* large: ***un gran número de participantes*** a large number of participants. **3** *(de importancia)* great: ***un gran escritor*** a great writer. ‖ **4** *nm (eminencia)*: ***uno de los grandes del teatro español*** one of the big names in the Spanish theatre. **5** *(noble)* grandee, nobleman.
▲ *See also* gran.
grandilocuencia *nf* grandiloquence.
grandioso,-a *adj* grandiose, grand, magnificent.
granel a granel *adv (sólidos)* loose, in bulk; *(líquidos)* in bulk.
granero *nm* granary, barn.
granito *nm* granite.
granizada *nf* hailstorm.
granizado *nm* iced drink.
granizar [4] *vi* to hail.
granizo *nm* hail.
granja *nf* farm.
granjero,-a *nm,f* farmer.
grano 1 *nm (de arroz)* grain; *(de café)* bean. **2** MED spot, pimple. ‖ **3 granos** *nm pl* cereals.
● **ir al grano** *fam* to come to the point.
granuja *nm* urchin, rascal.
granulado,-a *adj* granulated.
grapa 1 *nf (para papel)* staple. **2** *(bebida)* grappa.
grapadora *nf* stapler.
grapar *vt* to staple.
GRAPO *abr (*Grupos de Resistencia Antifascista Primero de Octubre*) radical left-wing group employing direct action methods.*
grasa 1 *nf (comestible)* fat. **2** *(lubricante, suciedad)* grease.
grasiento,-a *adj* greasy, oily.
graso,-a 1 *adj* greasy. **2** *(alimentos)* fatty.
gratamente *adv* pleasantly.
gratificación 1 *nf (satisfacción)* gratification. **2** *(recompensa)* recompense, reward.
gratificar [1] **1** *vt* to gratify. **2** *(recompensar)* to reward, tip.
gratinar *vt* to brown under the grill.
gratis *adv* free.
gratitud *nf* gratitude, gratefulness.
grato,-a *adj* agreeable, pleasant.
gratuito,-a 1 *adj (gratis)* free. **2** *(arbitrario)* arbitrary, gratuitous.
grava 1 *nf (piedras)* gravel. **2** *(piedra machacada)* broken stone.
gravar *vt* to tax.
grave 1 *adj (accidente, enfermedad)* grave, serious. **2** *(situación)* difficult. **3** *(solemne)* solemn. **4** GRAM *(acento)* grave. **5** *(voz)* deep, low.

gravedad 1 *nf* gravity. **2** *(importancia)* importance, seriousness. **3** *(de sonido)* depth.
graznar 1 *vi (cuervo)* to caw, croak. **2** *(oca)* to cackle, gaggle.
graznido 1 *nm (de cuervo)* caw, croak. **2** *(de oca)* cackle, gaggle.
Grecia *nf* Greece.
gremio *nm (históricamente)* guild; *(profesión)* profession, industry.
greña *nf* tangled mop of hair.
gresca *nf* noise, racket.
griego,-a *adj - nm, f* Greek.
grieta 1 *nf* crack, crevice. **2** *(en la piel)* chap.
grifo 1 *nm* tap, US faucet. **2** PERÚ *(gasolinera)* petrol station, US gas station.
grillo 1 *nm* ZOOL cricket. ‖ **2 grillos** *nm pl (grilletes)* fetters *pl.*
grima *nf* displeasure, disgust.
• **dar grima** to set one's teeth on edge.
gringo,-a 1 *adj* AM *fam (estadounidense)* gringo, American. **2** AM *fam (extranjero)* foreign. ‖ **3** *nm,f* AM *fam (estadounidense)* gringo, American. **4** AM *fam (extranjero) non-Spanish-speaking foreigner.*
gripa *nf* COL MÉX flu.
gripe *nf* flu, influenza.
gris *adj - nm* grey, US gray.
grisáceo,-a *adj* greyish.
gritar *vi (gen)* to shout; *(chillar)* cry out, scream.
griterío *nm* shouting, uproar.
grito *nm* shout, cry, scream.
• **a grito pelado** *fam* at the top of one's voice.
Groenlandia *nf* Greenland.
grosella *nf* red currant.
■ **grosella silvestre** gooseberry.
grosería 1 *nf (vulgaridad)* coarseness, rudeness. **2** *(dicho vulgar)* rude remark.
grosero,-a 1 *adj (vulgar)* coarse, rough. **2** *(maleducado)* rude. ‖ **3** *nm,f* rude person: ***es un grosero*** he's really rude.
grosor *nm* thickness.
grotesco,-a *adj* grotesque, ridiculous.
grúa 1 *nf* crane. **2** AUTO breakdown van, US towtruck.
grueso,-a 1 *adj (ancho)* thick. **2** *(gordo)* bulky, fat, stout. ‖ **3 grueso** *nm (masa)* bulk, mass. **4** *(parte principal)* main body.
grulla *nf* crane.
grumete *nm* cabin boy.
grumo 1 *nm (de salsa)* lump. **2** *(de sangre)* clot.
gruñido 1 *nm (de cerdo)* grunt. **2** *(de perro)* growl. **3** *(de persona)* grumble.
gruñir [40] **1** *vi (cerdo)* to grunt. **2** *(perro)* to growl. **3** *(persona)* to grumble.
gruñón,-ona 1 *adj* grumbling, cranky. ‖ **2** *nm,f* grumbler.
grupo *nm* group.
■ **grupo de noticias** newsgroup.
gruta *nf* cavern, grotto, cave.
guaca *nf* AM *(sepultura) pre-conquest Indian tomb.*
guacal 1 *nm* CAM MÉX *(calabaza)* calabash. **2** CARIB COL MÉX *(jaula)* cage.
guachafita *nf* AM uproar.
guachimán *nm* AM night watchman.
guacho,-a 1 *nm,f* ANDES RPL *fam (persona huérfana)* orphan. **2** ANDES RPL *fam (sinvergüenza)* bastard, swine.
guaco *nm* AM *(cerámica) pottery object found in pre-Columbian Indian tomb.*
guadaña *nf* scythe.
guagua 1 CUBA bus. **2** ANDES baby.
guajiro,-a *nm,f* CUBA *fam (campesino)* peasant.
guajolote 1 *nm* CAM MÉX *(pavo)* turkey. **2** *(tonto)* fool, idiot.
guampa *nf* BOL CSUR horn.
guanajo *nm* CARIB turkey.
guantazo *nm* slap.
guante *nm* glove.
guantera *nf* glove compartment.
guantón *nm* AM slap.
guapo,-a 1 *adj (persona)* good-looking. **2** *arg (cosa)* cool, ace.
guaraca *nf* AM sling.
guarache *nm* MÉX *(sandalia)* sandal.

guarangada *nf* BOL CSUR rude remark.
guarango,-a *adj* BOL CSUR rude.
guarda 1 *nmf (vigilante)* guard, keeper. || **2** *nf (custodia)* custody, care. **3** *(de la ley etc)* observance. **4** *(de libro)* flyleaf. **5** AUTO guard plate.
guardabarrera *nmf* gatekeeper.
guardabarros *nm inv* mudguard.
guardabosque *nmf* forest ranger.
guardacostas 1 *nm inv (embarcación)* coastguard ship. **2** *(vigilante)* coastguard.
guardaespaldas *nm inv* bodyguard.
guardafangos *nm inv* ANDES CAM CARIB mudguard, US fender.
guardagujas *nm inv* pointsman.
guardameta *nmf* goalkeeper.
guardamuebles *nm inv* furniture warehouse.
guardar 1 *vt (vigilar)* to guard, watch over. **2** INFORM to save. **3** *(en su sitio)* to put away: ***guarda tus juguetes*** put your toys away. **4** *(reservar)* to keep, save: ***guárdame un trozo*** save a piece for me. **5** *(leyes etc)* to observe, obey.
● **guardar cama** to stay in bed; **guardarse de hacer algo** to be careful not to do sth; **guardar silencio** to remain silent.
guardarropa 1 *nm (en museo, discoteca)* cloakroom. **2** *(armario)* wardrobe. || **3** *nmf (persona)* cloakroom attendant.
guardería *nf* crèche, nursery.
guardia 1 *nmf (vigilante)* guard. || **2** *nf (defensa)* defense, protection. **3** *(servicio)* duty. **4** *(tropa)* guard.
● **estar de guardia** to be on duty.
■ **Guardia Civil** civil guard; **guardia urbano,-a** policeman, policewoman.
guardián,-ana *nm,f* guardian, keeper.
guarecer [43] **1** *vt* to shelter, protect. || **2 guarecerse** *vpr* to take shelter, refuge.
guarida 1 *nf (de animales)* haunt, den, lair. **2** *pey (de ladrones)* den.
guarnición 1 *nf* CULIN garnish. **2** MIL garrison.
guarrada 1 *nf (cosa indecorosa)* disgusting thing; *(cosa sucia)* dirty thing. **2** *(mala pasada)* dirty trick.
guarrería 1 *nf (cosa indecorosa)* disgusting thing; *(cosa sucia)* dirty thing: ***el suelo estaba lleno de guarrerías*** the floor was covered in crap. **2** *(mala pasada)* dirty trick.
guarro,-a 1 *adj* dirty, filthy. || **2** *nm,f (cerdo)* hog, saw.
guarura *nm* MÉX *fam* bodyguard.
guasa *nf* jest, fun.
● **estar de guasa** to be in a jesting mood.
guasearse *vpr* to make fun (**de**, of).
guaso,-a *adj* AM peasant.
guasón,-ona 1 *adj* funny. || **2** *nm,f* jester, mocker.
guata *nf* AM *(barriga)* paunch.
Guatemala *nf* Guatemala.
guatemalteco,-a *adj - nm,f* Guatemalan.
guateque *nm* party.
guay *adj fam* super.
guayabo,-a *nm,f* AM *fig (chica bonita)* pretty young girl; *(chico guapo)* good-looking boy.
gubernamental *adj* government.
gubernativo,-a *adj* government.
güero,-a *adj* MÉX *fam* blond, blonde.
guerra *nf* war.
guerrear *vi* to war.
guerrero,-a 1 *adj* warlike. || **2** *nm,f* warrior, soldier.
guerrilla 1 *nf (lucha armada)* guerrilla warfare. **2** *(banda)* guerrilla band.
guerrillero,-a *nm,f* guerrilla.
gueto *nm* ghetto.
guía 1 *nmf (persona)* guide, leader. || **2** *nf (libro)* guidebook.
■ **guía telefónica** telephone directory.
guiar [13] **1** *vt (instruir, orientar)* to guide, lead. **2** *(coche)* to drive, steer. **3** *(avión)* to pilot. || **4 guiarse** *vpr* to be guided (**por**, by).
guijarro *nm* pebble.
guillotina *nf* guillotine.

guinda *nf* cherry.
guindilla *nf* red pepper.
guineo *nm* ANDES CAM banana.
guiñapo *nm* rag.
• **poner a algn como un guiñapo** to pull sb to pieces.
guiñar *vt* to wink.
guiño *nm* wink.
guiñol *nm* puppet theatre.
guión 1 *nm* GRAM hyphen, dash. **2** *(de discurso)* notes *pl*. **3** CINEM script.
guionista *nmf* scriptwriter.
guiri *nmf arg* foreigner.
guirigay *nm* hubbub, confusion.
guirnalda *nf* garland.
guisado,-a 1 *adj* CULIN cooked, prepared. || **2 guisado** *nm* stew.
guisante *nm* pea.
guisar *vt* to cook, stew.
guiso *nm* stew.
güisqui *nm* whisky.
guitarra *nf* guitar.
guitarreada *nf* CSUR singalong *(to guitars)*.
guitarrista *nmf* guitarist.
gula *nf* gluttony.
gurí,-isa *nm,f* RPL *fam (niño)* kid, child; *(chico)* lad; *(chica)* lass.
gusanillo *nf* little worm.
• **matar el gusanillo** *fam* to have a snack: ***necesito algo para matar el gusanillo*** I need something to keep me going.
gusano 1 *nm (lombriz)* worm; *(oruga)* caterpillar. **2** *fig (persona)* miserable, wretch.
■ **gusano de seda** silkworm.
gustar *vt* to like: ***me gusta*** I like it; ***no me gustó la película*** I didn't like the film.
• **cuando guste** *fml* whenever you want.
gusto 1 *nm (sentido)* taste. **2** *(sabor)* flavour. **3** *(placer)* pleasure. **4** *(capricho)* whim, fancy.
• **con mucho gusto** with pleasure; **dar gusto** to please, delight; **de buen gusto** in good taste; **de mal gusto** in bad taste; **tanto gusto** pleased to meet you.
gustosamente *adv* with pleasure, gladly, willingly.
gustoso,-a 1 *adj (sabroso)* tasty. **2** *(con gusto)* glad, willing, ready.
gutural *adj* guttural

H

h *abr (*hora*)* hour; *(abreviatura)* h.
haba *nf* broad bean.
habano *nm* Havana cigar.
haber [72] **1** *v aux* to have: ***no ha/había llamado*** he hasn't/hadn't phoned. **2** *(obligación)* to have (**de**, to), must: ***has de venir hoy*** you must come today; ***hubo que hacerlo como él dijo*** we had to do it as he said. || **3** *vi* to be: ***hay un puente*** there is a bridge; ***había mil personas*** there were a thousand people. || **4** *nm (cuenta corriente)* credit. **5** *(posesiones)* property. **6** *(sueldo)* salary.
• **habérselas con algn** to be up against sb; **hola, ¿qué hay?** hello, how is it going?
habichuela 1 *nf* kidney bean. **2** CARIB COL green bean.
hábil 1 *adj (diestro)* skilful. **2** *(despabilado)* clever.
habilidad 1 *nf (maestría)* skill. **2** *(astucia)* cleverness.
habilidoso,-a *adj* skilful.
habilitar 1 *vt (espacio)* to fit out. **2** *(capacitar)* to entitle. **3** FIN to finance.
hábilmente *adv* skilfully.
habiloso,-a *adj* CHILE shrewd, astute.
habitación 1 *nf (cuarto)* room. **2** *(dormitorio)* bedroom.
habitante *nmf* inhabitant.
habitar 1 *vt* to live in. || **2** *vi* to live.
hábitat *nm* habitat.
■ **hábitat rural** rural environment.

hábito 1 *nm (costumbre)* habit, custom. **2** *(vestido)* habit.

habitual 1 *adj (normal)* usual, habitual, customary. **2** *(asiduo)* regular.

habituar [11] **1** *vt* to accustom (a, to). || **2 habituarse** *vpr* to become accustomed (a, to).

habla 1 *nf (facultad)* speech. **2** *(idioma)* language: ***países de habla hispana*** Spanish-speaking countries.

• **¡al habla!** speaking!

▲ *Takes* el *and* un *in sing.*

hablado,-a *adj* spoken.

hablador,-ra 1 *adj (parlanchín)* talkative. **2** *(chismoso)* gossipy. || **3** *nm,f (parlanchín)* talkative person. **4** *(chismoso)* gossip.

habladurías *nf pl* gossip.

hablante *nmf* speaker.

hablar 1 *vi* to speak (con, to) (de, about), talk (con, to) (de, about). || **2** *vt (idioma)* to speak.

• **hablar alto** to speak in a loud voice, speak loudly; **hablar bajo** to speak softly; **hablar claro** to speak plainly, not mince one's words; **hablar en broma** to be joking; **¡ni hablar!** certainly not!; **hablar por los codos** *fam* to be a chatterbox.

hacendado,-a *nm,f* AM farmer.

hacer [73] **1** *vt (pp* hecho,-a*) (producir)* to make; *(comida)* to prepare. **2** *(construir)* to build. **3** *(efectuar, recorrer)* to do. **4** *(causar)* to cause. **5** *(obligar)* to make: ***hazle callar*** make him shut up. **6** *(creer, suponer)* to think: ***la hacía en Roma*** I thought she was in Rome. **7** *(aparentar)* to act: ***hacer el imbécil*** to act stupid. || **8** *vi (representar)* to play (de, -). **9** *(clima)* to be: ***hace buen día*** it's a fine day. **10** *(tiempo pasado)* ago: ***desde hace mucho tiempo*** for a long time; ***hace tres años*** three years ago. || **11 hacerse** *vpr (fingirse)* to pretend to be, act as: ***se hizo el importante*** he acted as if he were important. **12** *(volverse)* to become, grow, get: ***te estás haciendo viejo*** you're getting old.

• **hacer bien/mal** to do the right/wrong thing; **hacer cola** to queue up; **hacer conocer/saber** to make know; **hacer de vientre/del cuerpo** to evacuate one's bowels; **hacer el idiota** to act the fool; **hacer gracia** to tickle; **hacer la cama** to make the bed; **hacer la maleta** to pack; **hacer lugar** to make room; **hacer pedazos** to ruin; **hacer recados** to run errands; **hacer sombra** to cast a shadow; **hacer tiempo** to kill time; **hacerse con** to get hold of; **hacerse a un lado** to step aside; **hacerse el sordo** to turn a deaf ear.

hacha *nf* axe.

▲ *Takes* el *and* un *in sing.*

hachís *nm* hashish.

hacia 1 *prep (dirección)* towards, to. **2** *(tiempo)* at about, at around: ***estaré en casa hacia las diez*** I'll be home at around ten.

• **hacia abajo** downwards; **hacia adelante** forwards; **hacia arriba** upwards; **hacia atrás** backwards.

hacienda 1 *nf (bienes)* property. **2** *(finca)* estate, property. **3** *(ministerio)* the Treasury, US the Treasury Department; *(sucursal)* tax office.

■ **hacienda pública** public funds *pl*, public finances *pl*.

hada *nf* fairy.

▲ *Takes* el *and* un *in sing.*

hala 1 *interj (dar prisa)* go on! **2** *(infundir ánimo)* come on! **3** *(sorpresa)* oh dear!

halagar [7] *vt* to flatter: ***me halaga*** I'm flattered.

halago *nm* compliment.

halagüeño,-a 1 *adj (comentario, opinión)* flattering. **2** *(promesa, futuro)* promising.

halcón *nm* falcon.

hale *interj* get going!

hallar 1 *vt (encontrar)* to find. **2** *(averiguar)* to find out. **3** *(ver, notar)* to see, observe. || **4 hallarse** *vpr (estar)* to be.

hallazgo 1 *nm (descubrimiento)* finding, discovery. **2** *(cosa descubierta)* find.

halo *nm* halo, aura.

halterofilia *nf* weight-lifting.

hamaca *nf* hammock.

hambre *nf* hunger, starvation.

• **tener hambre** to be hungry; **ser un muerto de hambre** *pey* to be a good-for-nothing.

▲ *Takes* el *and* un *in sing.*

hambriento,-a *adj* hungry.

hamburguesa *nf* hamburger.

hampa *nf* underworld.

hámster *nm* hamster.

hangar *nm* hangar.

harapiento,-a *adj* ragged, tattered.

harapo *nm* rag, tatter.

harina *nf* flour.

• **eso es harina de otro costal** *fig* that's another kettle of fish.

hartar 1 *vt (atiborrar)* to satiate, fill up. **2** *(cansar)* to tire: ***me estás hartando con tus mentiras*** I'm getting tired of your lies. || **3 hartarse** *vpr (atiborrarse)* to eat one's fill. **4** *(cansarse)* to get fed up (de, with).

harto,-a 1 *adj (repleto)* full. **2** *fam (cansado)* tired of, fed up with. **3** ANDES CAM CARIB MÉX *(mucho)* lots of: ***tiene harto dinero*** he's got lots of money. || **4** *adv* ANDES CAM CARIB MÉX *(muy, mucho)* really: ***es harto difícil*** it's really difficult.

hasta 1 *prep (tiempo)* until, till, up to: ***no supe nada de la fiesta hasta ayer*** I knew nothing about the party till yesterday; ***hasta ahora*** up to now. **2** *(lugar)* as far as: ***te acompañaré hasta la iglesia*** I'll go with you as far as the church. **3** *(cantidad)* up to, as many as: ***lee hasta diez libros por semana*** she reads as many as ten books a week. **4** CAM COL MÉX *(no antes de)* not until: ***pintaremos la casa hasta fin de mes*** we won't paint the house until the end of the month. || **5** *conj* even: ***hasta mi hermano pequeño podría hacerlo*** even my younger brother would be able to do it. **6** until: ***quédate aquí hasta que venga a recogerte*** stay here until I come to pick you up.

• **hasta cierto punto** to a certain extent; **¡hasta luego!** see you later!

hastío 1 *nm (repugnancia)* disgust. **2** *fig* boredom.

hay *pres indic* → **haber**.

haya 1 *nf (árbol)* beech. || **2 hasta que** *pres subj* → **haber**.

haz 1 *nm (de paja)* bundle; *(de hierba, leña)* sheaf. **2** *(de luz)* beam. || **3** *nf (lado)* face. || **4** *imperat* → **hacer**.

hazaña *nf* deed, exploit.

hazmerreír *nm* laughing stock.

HB *abr* POL *(*Herri Batasuna*)* Popular Union *(pro-independence Basque party)*.

he *pres indic* → **haber**.

• **he aquí** here is, here are: ***he aquí una lista*** here is a list.

hebilla *nf* buckle.

hebra 1 *nf (de hilo)* thread. **2** *(de carne)* sinew. **3** *fig* thread.

hebreo,-a *adj - nm, f* Hebrew.

hecatombe 1 *nf (sacrificio)* hecatomb. **2** *(desgracia)* disaster, catastrophe.

hechicería 1 *nf (arte)* sorcery, witchcraft. **2** *(hechizo)* spell, charm.

hechicero,-a 1 *adj* bewitching. || **2** *nm,f (hombre)* sorcerer, wizard; *(mujer)* sorceress, witch.

hechizar [4] **1** *vt (embrujar)* to bewitch. **2** *fig (cautivar)* to charm.

hechizo 1 *nm (embrujo)* charm, spell. **2** *fig (embelesamiento)* fascination.

hecho,-a 1 *pp* → **hacer**. || **2** *adj* made: ***un bistec bien hecho*** a well-cooked steak. **3** *(persona)* mature. || **4 hecho** *nm (realidad)* fact. **5** *(suceso)* event, incident. || **6 ¡hecho!** *interj* done!

• **¡bien hecho!** well done!; **de hecho** in fact; **dicho y hecho** no sooner said than done; **estar hecho,-a a algo** to be used to something; **hecho,-a a**

mano hand-made; **hecho,-a a máquina** machine-made.
■ **hecho consumado** fait accompli.
hechura 1 *nf (forma)* shape. **2** COST cut.
hectárea *nf* hectare.
hectolitro *nm* hectolitre.
hectómetro *nm* hectometre.
heder [28] *vi* to stink.
hedor *nm* stink, stench.
helada *nf* METEOR frost, freeze.
heladera *nf* RPL *(nevera)* refrigerator, fridge.
heladería *nf* ice-cream parlour.
heladero,-a *nm,f (vendedor)* ice-cream seller.
helado,-a 1 *adj (congelado - gen)* frozen; *(dedos, etc)* frostbitten. **2** *(pasmado)* dumbfounded. || **3 helado** *nm* ice cream.
● **quedarse helado,-a** *fam fig* to be flabbergasted.
helar [27] **1** *vi* to freeze: ***anoche heló*** there was a frost last night. || **2 helarse** *vpr* to freeze: ***me estoy helando*** I'm freezing.
helecho *nm* fern.
hélice *nf* propeller.
helicóptero *nm* helicopter.
hematoma *nm* haematoma, bruise.
hembra 1 *nf (animal)* female. **2** *(mujer)* woman. **3** *(de tornillo)* nut. **4** *(de enchufe)* socket. **5** *(corchete)* eye.
hemisferio *nm* hemisphere.
hemorragia *nf* haemorrhage.
hender [28] *vt - vpr* to split, crack.
hendir [29] *vt - vpr* → **hender**.
heno *nm* hay.
hepatitis *nf inv* hepatitis.
heptágono *nm* heptagon.
herbario,-a 1 *adj* herbal. || **2 herbario** *nm* herbarium.
herbicida *nm* weedkiller, herbicide.
herbívoro,-a 1 *adj* herbivorous. || **2** *nm,f* herbivore.
herbolario,-a 1 *nm,f (dependiente)* herbalist. || **2 herbolario** *nm (tienda)* herbalist's.
herboristería *nf* herbalist's.
heredar *vt* to inherit.
heredero,-a *nm,f (hombre)* heir; *(mujer)* heiress.
hereditario,-a *adj* hereditary.
hereje *nmf* heretic.
herejía *nf* heresy.
herencia 1 *nf (bienes)* inheritance. **2** *(genética)* heredity.
herida *nf* wound.
herido,-a 1 *adj* wounded, injured. || **2** *nm,f* wounded person, injured person.
herir [35] *vt* to wound, injure, hurt.
hermafrodita *adj - nmf* hermaphrodite.
hermanastro,-a *nm,f (hombre)* stepbrother; *(mujer)* stepsister.
hermandad 1 *nf (congregación)* fraternity, brotherhood, sisterhood. **2** *(parentesco)* brotherhood.
hermano,-a 1 *nm,f (hombre)* brother; *(mujer)* sister. || **2 hermanos** *mpl (sólo hombres)* brothers; *(hombres y mujeres)* brothers and sisters: ***somos ocho hermanos*** there are eight of us.
■ **hermana política** sister-in-law; **hermano político** brother-in-law.
hermético,-a 1 *adj (al vacío)* hermetic, airtight. **2** *(inaccesible)* impenetrable.
hermoso,-a *adj* beautiful, lovely.
hermosura *adj* beauty.
hernia *nf* hernia, rupture.
herniarse [12] *vpr* to rupture oneself.
héroe *nm* hero.
heroico,-a *adj* heroic.
heroína 1 *nf (mujer)* heroine. **2** *(droga)* heroin.
heroinómano,-a *nm,f* heroin addict.
heroísmo *nm* heroism.
herradura *nf* horseshoe.
herramienta *nf* tool.
herrar [27] **1** *vt (caballo)* to shoe. **2** *(ganado)* to brand.
herrería 1 *nf (taller)* forge, ironworks. **2** *(tienda)* blacksmith's shop.
herrero *nm* blacksmith.
hervir [35] *vt - vi* to boil.

heterogéneo,-a *adj* heterogeneous.
heterosexual *adj* - *nmf* heterosexual.
hexágono *nm* hexagon.
hez 1 *nf (pl* heces*)* scum, dregs *pl.* ‖ 2 **heces** *nf pl* excrements.
hibernación *nf* hibernation.
hibernar *vi* to hibernate.
híbrido,-a *adj* hybrid.
hidalgo,-a 1 *adj* noble. ‖ 2 **hidalgo** *nm* nobleman, gentleman.
hidratación *nf (de la piel)* moisturizing.
hidratante *adj* moisturizing.
hidratar 1 *vt* to hydrate. 2 *(piel)* to moisturize.
hidrato *nm* hydrate.
■ **hidrato de carbono** carbohydrate.
hidráulico,-a *adj* hydraulic.
hidroavión *nm* hydroplane, seaplane.
hidrógeno *nm* hydrogen.
hiedra *nf* ivy.
hiel *nf* bile.
hielo *nm* ice.
• **romper el hielo** to break the ice.
hiena *nf* hyaena, hyena.
hierba 1 *nf (césped, pasto)* grass. 2 *arg (marihuana)* grass.
■ **hierba mate** maté.
hierbabuena *nf* mint.
hierro *nm* iron.
• **ser de hierro** *fig* to be strong as an ox.
■ **hierro colado** cast iron; **hierro fundido** cast iron; **hierro de fundición** cast iron; **hierro forjado** wrought iron.
hígado *nm* liver.
higiene *nf* hygiene.
higiénico,-a *adj* hygienic.
higo *nm* fig.
■ **higo chumbo** prickly pear.
higuera *nf fig* tree.
hijastro,-a *nm,f* stepchild; *(chico)* stepson; *(chica)* stepdaughter.
hijo,-a *nm,f* child; *(chico)* son; *(chica)* daughter; *(sin especificar)* child.
■ **hijo de la chingada** MÉX bastard, US asshole; **hija política** daughter-in-law; **hijo político** son-in-law; **hijo,-a único,-a** only child.
hilar *vt* to spin.
hilaridad *nf* hilarity.
hilera *nf* line, row.
hilo 1 *nm (de coser)* thread. 2 *(lino)* linen: ***camisa de hilo*** linen shirt. 3 *(telefónico)* wire.
• **con un hilo de voz** in a thin voice; **seguir el hilo de la conversación** *fig* to follow a conversation.
■ **hilo musical** piped music.
hilvanar 1 *vt (tela)* to tack, baste. 2 *(ideas)* to put together.
himno *nm* hymn.
■ **himno nacional** national anthem.
hincapié *nm.*
• **hacer hincapié en** to insist on.
hincar [1] *vt* to drive in.
• **hincar el diente** to bite, to get one's teeth (**a**, into).
hincha *nmf* fan, supporter.
hinchado,-a 1 *adj* inflated. 2 MED swollen. 3 *fig (persona)* vain.
hinchar 1 *vt* to inflate, blow up. ‖ 2 **hincharse** *vpr* MED to swell. 3 *(engreírse)* to get conceited. 4 *fam (comer)* to stuff oneself (**de**, with): ***hincharse de patatas*** to stuff oneself with potatoes.
• **hincharse de reír** to have a good laugh.
hinchazón *nf* swelling.
hinojo *nm* fennel.
hipermercado *nm* hypermarket.
hípico,-a *adj* horse, equine.
hipnosis *nf inv* hypnosis.
hipnotizar [4] *vt* to hypnotize.
hipo *nm* hiccup, hiccough.
hipocondríaco,-a *adj* - *nm,f* hypochondriac.
hipocresía *nf* hypocrisy.
hipócrita 1 *adj* hypocritical. ‖ 2 *nmf* hypocrite.
hipódromo *nm* racetrack, racecourse.
hipopótamo *nm* hippopotamus.
hipoteca *nf* mortgage.

hipotecar [1] **1** *vt (propiedad)* to mortgage. **2** *(futuro)* to jeopardize.
hipótesis *nf inv* hypothesis.
hipotético,-a *adj* hypothetic.
hippie *adj - nmf* hippy.
hirviente *adj* boiling, seething.
hispánico,-a *adj* Hispanic, Spanish.
hispanidad **1** *nf* Spanishness. **2** *(mundo hispánico)* Hispanic world.
hispano,-a **1** *adj (de España)* Spanish, Hispanic. **2** *(de América)* Spanish-American. || **3** *nm,f (de España)* Spaniard. **4** *(de América)* Spanish American, US Hispanic.
hispanoamericano,-a *adj* Spanish American.
hispanohablante **1** *adj* Spanish-speaking. || **2** *nmf* Spanish-speaking person.
histeria *nf* hysteria.
■ **histeria colectiva** mass hysteria.
histérico,-a *adj* hysteric.
historia **1** *nf (estudio del pasado)* history. **2** *(relato)* story, tale.
historiador,-ra *nm,f* historian.
historial **1** *nm* MED record. **2** *(currículo)* curriculum vitae.
histórico,-a **1** *adj (del pasado)* historical. **2** *(importante)* historic.
historieta **1** *nf (cuento)* short story, tale. **2** *(viñetas)* comic strip.
hito **1** *nm (mojón)* milestone. **2** *(blanco)* target.
● **mirar de hito en hito** to stare at.
hnos. *abr (*hermanos*)* brothers; *(abreviatura)* bros.
hobby *nm* hobby.
hocico *nm* snout.
hockey *nm* hockey.
hogar **1** *nm (de chimenea)* hearth. **2** *(casa)* home.
hogareño,-a **1** *adj (vida)* home, family. **2** *(persona)* home-loving.
hogaza *nf* large loaf of bread.
hoguera *nf* bonfire.
hoja **1** *nf (de planta)* leaf. **2** *(de flor)* petal. **3** *(de papel)* sheet, leaf; *(impreso)* handout. **4** *(de libro)* leaf, page. **5** *(de metal)* sheet. **6** *(de cuchillo)* blade.
● **de hoja caduca** deciduous; **de hoja perenne** evergreen.
■ **hoja de afeitar** razor blade; **hoja de ruta** waybill; **hoja de servicios** record of service.
hojalata *nf* tin.
hojaldre *nm & nf* puff pastry.
hojarasca **1** *nf (hojas secas)* fallen, leaves *pl*, dead leaves *pl*. **2** *(palabras)* verbiage.
hojear *vt* to leaf through, flick through.
hola **1** *interj* hello!, hullo!, US hi! **2** AM *(al teléfono)* hello.
Holanda *nf* Holland.
holandés,-esa **1** *adj* Dutch. || **2** *nm,f (persona)* Dutch person; *(hombre)* Dutchman; *(mujer)* Dutchwoman. || **3** **holandés** *nm (idioma)* Dutch.
holgado,-a **1** *adj (ropa)* loose, baggy. **2** *(espacio)* roomy. **3** *(de dinero)* comfortable, well-off.
holgazán,-ana **1** *adj* idle, lazy. || **2** *nm,f* lazybones *inv*, layabout.
holgazanear *vi* to idle, lounge about.
holgazanería *nf* idleness, laziness.
hollín *nm* soot.
holocausto *nm* holocaust.
hombre **1** *nm (varón)* man. **2** *(especie)* mankind. **3** *fam (marido)* husband. || **4** **¡hombre!** *interj* what a surprise!: ***¡hombre, claro!*** well, of course!, you bet!
■ **hombre anuncio** sandwich man; **hombre de estado** statesman; **hombre de negocios** businessman; **hombre de paja** front man; **hombre del saco** *fam* bogey man.
hombrera **1** *nf (en abrigo)* shoulder pad. **2** *(de uniforme)* epaulette.
hombrillo *nm* VEN *(arcén)* verge; *(de autopista)* hard shoulder, US shoulder.
hombro *nm* shoulder.
● **arrimar el hombro** to help out; **encogerse de hombros** to shrug one's shoulders.

homenaje *nm* homage, tribute.
homenajear *vt* to pay tribute to.
homeopatía *nf* homeopathy.
homicida 1 *adj* homicidal: ***el arma homicida*** the murder weapon. || 2 *nmf* killer.
homicidio *nm* homicide, murder.
homogeneidad *nf* homogeneity, uniformity.
homogéneo,-a *adj* homogeneous, uniform.
homologar [7] 1 *vt (aprobar)* to give official approval to. 2 DEP to ratify.
homólogo,-a 1 *adj* comparable. || 2 *nm,f* opposite number.
homónimo *nm* homonym.
homosexual *adj* - *nmf* homosexual.
homosexualidad *nf* homosexuality.
honda *nf* sling.
hondo,-a 1 *adj* deep. || 2 **hondo** *nm* bottom, the depths *pl*.
Honduras *nm* Honduras.
hondureño,-a *adj* - *nm, f* Honduran.
honestidad 1 *nf (honradez)* honesty. 2 *(recato)* modesty.
honesto,-a 1 *adj (honrado)* honest, upright. 2 *(recatado)* modest.
hongo 1 *nm* BOT fungus. 2 *(sombrero)* bowler hat.
honor 1 *nm (honra)* honour. || 2 **honores** *nm pl* title *sing*. 3 *(agasajo)* honours.
• **en honor a la verdad** to be fair.
honorable *adj* honourable.
honorario,-a 1 *adj* honorary. || 2 **honorarios** *nm pl* fee *sing*.
honra 1 *nf (dignidad)* honour, dignity. 2 *(respeto)* respect.
• **¡y a mucha honra!** and I'm proud of it!
honradez *nf* honesty.
honrado,-a 1 *adj (honesto)* honest. 2 *(decente)* upright.
honrar 1 *vt (respetar)* to honour. 2 *(enaltecer)* to do credit to. || 3 **honrarse** *vpr* to be honoured.
honroso,-a 1 *adj (que honra)* honourable. 2 *(decoroso)* respectable.
hora 1 *nf (60 minutos)* hour: ***estará listo en dos horas*** it will be ready in two hours. 2 *(tiempo)* time: ***¿tiene hora, por favor?*** have you got the time?; ***a la hora de comer*** at lunchtime. 3 *(cita)* appointment: ***mañana tengo hora con el dentista*** I have an appointment with the dentist for tomorrow.
• **a altas horas** in the small hours.
■ **hora de cenar** suppertime; **hora de comer** lunchtime; **hora oficial** standard time; **hora punta** *(tráfico)* rush hour; *(electricidad, teléfonos)* peak time; **horas de oficina** business hours; **horas extras** overtime.
horario *nm* timetable, schedule: ***tengo horario de mañana*** I work mornings.
■ **horario de atención al público** opening hours *pl*.
horca 1 *nf (patíbulo)* gallows *pl*. 2 AGR hayfork.
horcajadas a horcajadas *adv* astride.
horchata *nf* sweet milky drink made from tiger nuts or almonds.
■ **horchata de chufa** drink made from tiger nuts.
horizontal *adj* horizontal.
horizonte *nm* horizon.
horma 1 *nf (molde)* mould. 2 *(de zapato)* last.
• **encontrar uno la horma de su zapato** to meet one's match.
hormiga *nf* ant.
hormigón *nm* concrete.
■ **hormigón armado** reinforced concrete.
hormigonera *nf* concrete mixer.
hormigueo *nm* itch.
hormiguero *nm* anthill.
• **ser un hormiguero** to be crawling with people.
hormona *nf* hormone.
hornada *nf* batch.
horno 1 *nm (de cocina)* oven. 2 TÉC furnace. 3 *(para cerámica, ladrillos)* kiln.

• **no estar el horno para bollos** *fam* not to be the right time.
■ **horno microondas** microwave oven.
horóscopo *nm* horoscope.
horquilla 1 *nf (de pelo)* hairgrip, hairpin. 2 *(de bicicleta)* fork. 3 AGR pitchfork.
horrendo,-a *adj* awful, frightful.
hórreo *nm* granary.
horrible *adj* horrible, dreadful.
horripilante *adj* hair-raising, horrifying.
horror 1 *nm (miedo)* horror. 2 *(repulsión)* hate. 3 *fig (atrocidad)* atrocity. 4 *fam fig* awful lot.
horrorizar [4] 1 *vt* to horrify, terrify. ‖ 2 **horrorizarse** *vpr* to be horrified.
horroroso,-a 1 *adj (atroz)* horrible. 2 *(feo)* ugly. 3 *fam (malísimo)* dreadful, awful.
hortalizas *nf pl* vegetables, greens.
hortelano,-a *nm,f* market gardener, US truck farmer.
• **el perro del hortelano** the dog in the manger.
hortensia *nf* hydrangea.
hortera *adj arg* vulgar, tacky, tasteless.
horterada *nf arg* tacky thing.
horticultura *nf* horticulture.
hosco,-a 1 *adj (persona)* sullen, surly. 2 *(lugar)* gloomy.
hospedaje *nm (alojamiento)* lodging; *(precio)* cost of lodging.
hospedar 1 *vt* to lodge. ‖ 2 **hospedarse** *vpr* to stay (**en**, at).
hospicio 1 *nm (de huérfanos)* orphanage. 2 *(de pobres, peregrinos)* hospice.
hospital *nm* hospital.
hospitalario,-a 1 *adj (acogedor)* hospitable. 2 *(de hospital)* hospital.
hospitalidad *nf* hospitality.
hospitalizar [4] *vt* to send into hospital, hospitalize.
hostal *nm* hostel.
hostelería *nf* catering business.
hostería *nf* CSUR inn, lodging house.
hostia 1 *nf* REL host, Eucharistic wafer. 2 *fam (choque)* bash. ‖ 3 **¡hostia!** *interj fam (enfado)* damn it!, bugger!; *(sorpresa)* bloody hell!
• **ser la hostia** *fam (fantástico)* to be bloody amazing; *(penoso)* to be bloody useless.
hostiar [12] *vt fam* to thump.
hostigar [7] 1 *vt (azotar)* to whip. 2 *(perseguir)* to plague, persecute. 3 *(molestar)* to pester.
hostil *adj* hostile.
hostilidad *nf* hostility.
hotel *nm* hotel.
hotelero,-a 1 *adj* hotel. ‖ 2 *nm,f* hotel keeper.
hoy 1 *adv (día)* today. 2 *(actualmente)* now.
• **de hoy en adelante** from now on; **hoy en día** nowadays; **hoy por hoy** at the present time.
hoyo *nm* hole.
hoyuelo *nm* dimple.
hoz 1 *nf* AGR sickle. 2 GEOG ravine.
HR *abr (*Hotel Residencia*)* guesthouse, boarding house.
huachafo,-a *adj* PERÚ *fam* tacky.
huasipungo *nm* ANDES *plot of land given to Indian for his own use in exchange for work on the landowner's farm.*
huaso,-a *nm,f* CHILE *fam* farmer, peasant.
hucha *nf* money box.
hueco,-a 1 *adj (vacío)* empty. 2 *(mullido)* spongy, soft. 3 *(presumido)* vain. 4 *(estilo etc)* affected. ‖ 5 **hueco** *nm (cavidad)* hollow. 6 *(de tiempo)* free time; *(de espacio)* gap. 7 *(vacante)* vacancy.
huelga *nf* strike.
■ **huelga de celo** work-to-rule; **huelga de hambre** hunger strike; **huelga general** general strike.
huelguista *nmf* striker.
huella 1 *nf (de pie)* footprint; *(de animal, máquina)* track. 2 *(vestigio)* trace, sign.
• **dejar huella** to leave one's mark.

■ **huella dactilar** fingerprint.
huérfano,-a *adj - nm,f* orphan.
huerta *nf* market garden, US truck garden.
huerto *nm* vegetable garden, kitchen garden; *(de frutales)* orchard.
hueso 1 *nm* ANAT bone. **2** *fig (cosa difícil)* drudgery; *(persona)* pain in the neck. **3** AM job. **4** MÉX *(enchufe)* contact.
• **estar en los huesos** to be nothing but skin and bone.
■ **un hueso duro de roer** a hard nut to crack.
huésped,-da 1 *nm,f (invitado)* guest. **2** *(en hotel)* lodger, boarder.
huesudo,-a *adj* bony.
huevada *nf* ANDES RPL *fam (dicho)* load of garbage, load of bullshit.
huevo 1 *nm* egg. ‖ **2 huevos** *nm pl vulg* balls *pl*.
• **costar un huevo** *vulg* to cost an arm and a leg; **estar hasta los huevos** *vulg* to be pissed off.
■ **huevo a la copa** AM soft-boiled egg; **huevo duro** hard-boiled egg; **huevo escalfado** poached egg; **huevo estrellado** fried egg; **huevo frito** fried egg; **huevo pasado por agua** soft-boiled egg; **huevos revueltos** scrambled eggs; **huevo tibio** AM soft-boiled egg.
huevón,-ona *nm,f* ANDES ARG VEN *fam (estúpido)* GB prat, US dork.
huida *nf* flight, escape.
huipil *nm* CAM MÉX *traditional Indian woman's dress or blouse*.
huir [62] **1** *vi (escapar)* to flee, run away (de, from). **2** *(evitar)* to avoid (de, -). from.
hule 1 *nm* oilcloth, oilskin. **2** AM rubber.
hulla *nf* coal.
■ **hulla blanca** water power.
humanidad 1 *nf (cualidad)* humanity. **2** *(especie)* mankind. **3** *(benignidad)* benevolence, kindness. ‖ **4 humanidades** *nf pl* EDUC humanities.
humanitario,-a *adj* humanitarian.
humano,-a 1 *adj (de la persona)* human. **2** *(benigno)* humane. ‖ **3 humano** *nm* human being.
humareda *nf* cloud of smoke.
humeante 1 *adj (de humo)* smoky, smoking. **2** *(de vaho)* steaming.
humear 1 *vi (humo)* to smoke. **2** *(vaho)* to steam. ‖ **3** *vt* AM *(fumigar)* to fumigate.
humedad *nf (del aire)* humidity; *(de vapor)* moisture; *(de pared, suelo)* damp; *(sensación)* dampness.
humedecer [43] **1** *vt* to moisten, dampen. ‖ **2 humedecerse** *vpr* to become damp.
húmedo,-a 1 *adj (tiempo, clima)* humid. **2** *(pelo, tierra)* damp. **3** *(pared, raíz)* moist.
humildad 1 *nf (sumisión)* humility. **2** *(pobreza)* humbleness.
humilde *adj* humble.
humillación *nf* humiliation.
humillante *adj* humiliating.
humillar 1 *vt* to humiliate, humble. ‖ **2 humillarse** *vpr* to humble oneself.
humita *nf* ANDES ARG *(pasta de maíz) mashed maize, used to make steamed dumplings*.
humo 1 *nm (de cigarro, incendio)* smoke. **2** *(vapor)* steam, vapour. ‖ **3 humos** *nm pl fig* conceit *sing*.
• **bajarle los humos a algn** to take sb down a peg or two; **subírsele los humos a algn** to become conceited.
humor 1 *nm (ánimo)* mood. **2** *(gracia)* humour. **3** *(líquido)* humour.
• **tener humor para (hacer) algo** to feel like (doing) sth; **estar de buen/mal humor** to be in a good/bad mood.
■ **humor negro** black comedy.
humorismo *nm* humour.
humorista 1 *nmf (cómico - hombre)* comedian; *(mujer)* comedienne. **2** *(escritor)* humorist.
humorístico,-a *adj* humorous, funny, amusing.

hundido,-a *adj* sunken.

hundimiento 1 *nm (de barco)* sinking. **2** *(de tierra)* subsidence. **3** *(de edificio)* collapse.

hundir 1 *vt (sumir)* to sink. **2** *(barco)* to sink. **3** *(derrumbar)* to cause to collapse. **4** *fig (abatir)* to demoralize. **5** *(arruinar)* to ruin. ‖ **6 hundirse** *vpr (sucumbir)* to be destroyed. **7** *(barco)* to sink. **8** *(derrumbarse)* to collapse. **9** *(arruinarse)* to be ruined.

húngaro,-a *adj - nm,f* Hungarian.

Hungría *nf* Hungary.

huracán *nm* hurricane.

huraño,-a *adj* sullen, unsociable.

hurgar [7] **1** *vt (remover)* to poke. **2** *(fisgar)* to stir up. **3** *(incitar)* to poke at.
• **hurgarse las narices** to pick one's nose.

hurón *nm* ferret.

hurra *interj* hurray!, hurrah!

hurtadillas a hurtadillas *adv* stealthily, on the sly.

hurtar 1 *vt (robar)* to steal, pilfer. **2** *(desviar)* to dodge. **3** *(plagiar)* to plagiarize.

hurto *nm* petty theft.

husmear 1 *vt (oler)* to sniff out, scent. **2** *(fisgonear)* to pry into.

huy *interj* ouch!, ow!

I

IAE *abr (*Impuesto sobre Actividades Económicas*) tax paid by businesses and self-employed people in order to operate legally.*

Iberia *nf* Iberia.

IBI *abr (*Impuesto de Bienes Inmuebles*) property tax.*

iceberg *nm* iceberg.

ICONA *abr (*Instituto para la Conservación de la Naturaleza*) Spanish institute for the conservation of nature.*

icono *nm* icon.

íd. *abr (*ídem*)* idem; *(abreviatura)* id.

ida 1 *nf (partida)* going, departure. **2** *(viaje)* outward journey.
■ **billete de ida** single, US one-way ticket; **billete de ida y vuelta** return ticket, US round-trip ticket.

idea 1 *nf* idea. **2** *(noción)* notion. **3** *(ingenio)* imagination.
• **ni idea** *fam* no idea, not a clue.
■ **idea fija** obsession.

ideal *adj - nm* ideal.

idealista 1 *adj* idealistic. ‖ **2** *nmf* idealist.

idealizar [4] *vt* to idealize.

idear 1 *vt (concebir)* to imagine, conceive, think. **2** *(inventar)* to design.

ídem *pron* ditto.

idéntico,-a *adj* identical (a, to).

identidad *nf* identity.

identificación *nf* identification.

identificar [1] **1** *vt* to identify. ‖ **2 identificar(se)** *vpr* to identify oneself.
• **identificarse con algn** to identify oneself with sb.

ideología *nf* ideology.

idilio *nm* love affair.

idioma *nm* language.

idiota 1 *adj* idiotic, stupid. ‖ **2** *nmf* idiot.

idiotez *nf* idiocy, stupidity.

ido,-a 1 *adj (loco)* mad. **2** *(despistado)* absent-minded.

ídolo *nm* idol.

idóneo,-a *adj* suitable, fit (para, for).

i.e. *abr (*id est*, esto es)* that is to say; *(abreviatura)* i.e.

IES *abr* EDUC *(*Instituto de Enseñanza Secundaria*)* state secondary school.

iglesia *nf* church.

iglú *nm* igloo.
▲ *pl* iglúes.

ignorancia *nf* ignorance.

ignorante 1 *adj* ignorant. ‖ **2** *nmf* ignoramus.

ignorar *vt* not to know, be ignorant of.

igual 1 *adj (idéntico)* equal: ***a partes iguales*** into equal parts. **2** *(lo mismo)* the same: ***tus zapatos son iguales a los míos*** your shoes are the same as mine. **3** *(empatados)* even. ‖ **4** *nm (en categoría)* equal: ***sólo habla con sus iguales*** he only speaks to his equals. **5** MAT equals sign. ‖ **6** *adv (quizá)* maybe: ***igual no vienen*** they may not come. **7** *(de la misma manera)* the same: ***piensan igual*** they think the same. **8** ANDES RPL *(aun así)* anyway, still: ***estaba nublado, pero igual fuimos a la playa*** it was cloudy but we went to the beach anyway.

• **igual de...** as... as; **es igual** it doesn't matter; **por igual** equally: ***es igual de alto que tú*** he is as tall as you.

igualar **1** *vt (hacer igual)* to make equal. **2** *(allanar)* to level; *(pulir)* to smooth. **3** DEP to equalize. ‖ **4** **igualar(se)** *vi - vpr* to be equal.

• **igualar el marcador** to equalize.

igualdad *nf* equality.

igualmente **1** *adv (del mismo modo)* equally. **2** *(también)* also.

• **¡igualmente!** the same to you: ***¡felices vacaciones! -Igualmente*** happy holidays! -The same to you.

ilegal *adj* illegal.

ilegible *adj* illegible.

ilegítimo,-a *adj* illegitimate.

ileso,-a *adj* unharmed, unhurt.

ilícito,-a *adj* illicit, unlawful.

ilimitado,-a *adj* unlimited.

ilógico,-a *adj* illogical.

iluminación *nf* lighting, illumination.

iluminar *vt* to light up, illuminate.

ilusión **1** *nf (esperanza)* hope. **2** *(imagen falsa)* illusion.

• **hacerse ilusiones** to build up one's hopes: ***me hace mucha ilusión que vengas*** I'm really looking forward to you coming; **¡qué ilusión!** how wonderful!

ilusionado,-a *adj* excited.

• **estar ilusionado,-a con** to be looking forward to.

ilusionarse **1** *vpr (esperanzarse)* to build up one's hopes. **2** *(entusiasmarse)* to be excited (**con**, about).

iluso,-a **1** *adj* deluded, deceived. ‖ **2** *nm,f* dupe.

ilustración *nf* illustration.

ilustrar *vt* to illustrate.

ilustre *adj* illustrious, distinguished.

imagen **1** *nf (gen)* image. **2** TV picture.

• **ser la viva imagen de algn** to ve the spitting image of sb.

imaginación *nf* imagination.

imaginar *vt - vpr* to imagine: ***me imagino que sí*** I imagine so.

• **¡imagínate!** just imagine!

imaginario,-a *adj* imaginary.

imaginativo,-a *adj* imaginative.

imán *nm* magnet.

imbécil **1** *adj* stupid. ‖ **2** *nmf* stupid person.

imitación *nf* imitation.

• **de imitación** imitation: ***joyas de imitación*** imitation jewellery.

imitador,-ra *nm,f* imitator.

imitar *vt (copiar)* to imitate; *(gestos)* to mimic; *(como diversión)* to do an impression of.

impaciencia *nf* impatience.

impacientar **1** *vt* to make lose patience, exasperate. ‖ **2** **impacientarse** *vpr* to get impatient.

impaciente *adj* impatient.

• **estar impaciente por hacer algo** to be impatient to do sth.

impacto *nm* impact.

■ **impacto de bala** bullet hole.

impar **1** *adj* odd. ‖ **2** *nm* odd number.

imparcial *adj* impartial.

impasible *adj* impassive.

impecable *adj* impeccable, faultless.

impedido,-a **1** *adj* disabled. ‖ **2** *nm,f* disabled person.

impedimento *nm* impediment, obstacle.

impedir [34] **1** *vt (imposibilitar)* to prevent. **2** *(dificultar)* to impede, hinder.

• **impedir el paso** to block the way.

impenetrable *adj* impenetrable.

impensable *adj* unthinkable.
imperativo,-a 1 *adj* imperative. || **2 imperativo** *nm* imperative.
imperceptible *adj* imperceptible.
imperdible *nm* safety pin.
imperdonable *adj* unforgivable, inexcusable.
imperfección 1 *nf (cualidad)* imperfection. **2** *(defecto)* defect, fault.
imperfecto,-a 1 *adj (defectuoso)* flawed, imperfect. **2** *(acción, tiempo verbal)* imperfect. || **3 imperfecto** *nm* GRAM imperfect, imperfect tense.
imperial *adj* imperial.
imperialismo *nm* imperialism.
imperialista *adj* - *nmf* imperialist.
imperio *nm* empire.
• **valer un imperio** *fam* to be worth a fortune.
imperioso,-a 1 *adj (dominante)* imperious. **2** *(necesario)* urgent, pressing.
impermeable 1 *adj* waterproof. || **2** *nm* raincoat.
impersonal *adj* impersonal.
impertinente 1 *adj* impertinent. || **2** *nmf* impertinent person.
imperturbable *adj* impassive.
ímpetu 1 *nm (impulso)* impetus. **2** *(energía)* energy. **3** *(violencia)* violence.
impetuoso,-a *adj* impetuous.
implantar *vt* MED to implant; *(reforma)* to introduce.
implicancia *nf* CSUR implication.
implicar [1] **1** *vt (involucrar)* to implicate, involve (en, in). **2** *(conllevar)* to imply.
implícito,-a *adj* implicit.
implorar *vt* to implore, beg.
imponente 1 *adj (impresionante)* impressive. **2** *fam (estupendo)* terrific.
imponer [78] **1** *vt (pp* impuesto,-a*) (castigo, tarea)* to impose. **2** *(respeto, miedo)* to inspire. **3** FIN to deposit. || **4 imponerse** *vpr* to impose one's authority (a, on).
importación *nf* import.
importador,-ra 1 *adj* importing. || **2** *nm,f* importer.
importancia *nf* importance.
• **darle importancia a algo** to attach importance to sth; **darse importancia** to give oneself airs; **quitarle importancia a algo** to make light of sth, play sth down.
importante *adj* important.
importar 1 *vi (tener importancia)* to matter: ***me importa mucho tu opinión*** your opinion matters a lot to me; ***no me importa*** I don't care. **2** *(molestar)* to mind: ***¿te importaría cerrar la ventana?*** would you mind closing the window? || **3** *vt* COM *(traer de fuera)* to import.
• **¡a ti qué te importa!** mind your own business; **lo que importa es que ...** the important thing is that...; **me importa un bledo** *fam* I couldn't care less; **no importa** it doesn't matter.
importe *nm* price, cost.
importunar *vt* to importune, pester.
imposibilidad *nf* impossibility.
imposible *adj* impossible.
• **hacer lo imposible** to do the impossible, do one's utmost.
imposición 1 *nf (carga)* imposition. **2** *(cantidad)* deposit; *(impuesto)* tax.
impostor,-ra *nm,f* impostor.
impotencia *nf* impotence.
impotente *adj* impotent.
impreciso,-a *adj* vague, imprecise.
impregnar *vt* to impregnate.
imprenta 1 *nf (arte)* printing. **2** *(taller)* printer's, printing house.
imprescindible *adj* essential, indispensable.
impresión 1 *nf (sensación)* impression. **2** *(de texto)* printing. **3** *(huella)* impression, imprint.
• **causar buena impresión** to make a good impression; **dar la impresión de que** to have the impression that.
impresionable *adj* emotional.
impresionante *adj* impressive, striking.
impresionar 1 *vt (afectar)* to impress, affect. **2** *(conmover)* to touch, move. **3**

(disco) to cut. **4** *(fotografía)* to expose. ‖ **5 impresionarse** *vpr (estar afectado)* to be impressed. **6** *(conmoverse)* to be touched, be moved.

impreso,-a 1 *pp* → **imprimir**. ‖ **2** *adj* printed. ‖ **3 impreso** *nm (formulario)* form. ‖ **4 impresos** *nm pl (en carta etc)* printed matter *sing*.

impresora *nf* printer.
■ **impresora de chorro de tinta** inkjet printer; **impresora láser** laser printer; **impresora matricial** dot-matrix printer.

impresor,-ra *nm,f* printer.

imprevisible *adj* unforeseeable.

imprevisto,-a 1 *adj* unforeseen. ‖ **2 imprevisto** *nm (incidente)* unforeseen event. ‖ **3 imprevistos** *nm pl* COM incidental expenses.

imprimir *vt (pp* imprimido,-a *or* impreso,-a*)* to print.

improbable *adj* improbable, unlikely.

improductivo,-a *adj* unproductive.

impropio,-a 1 *adj (incorrecto)* improper. **2** *(inadecuado)* unsuitable.

improvisado,-a *adj* improvised.

improvisar *vt* - *vi* to improvise.

improviso de improviso *loc* suddenly, all of a sudden.

imprudencia *nf* imprudence, rashness.

imprudente 1 *adj* imprudent, rash. ‖ **2 de improviso** *nmf* imprudent person, rash person.

impuesto,-a 1 *pp* → **imponer**. ‖ **2 impuesto** *nm* tax, duty.
● **libre de impuestos** duty-free.
■ **impuesto sobre el valor añadido (IVA)** value added tax (VAT); **impuesto sobre la renta** income tax.

impulsar 1 *vt (empujar)* to drive forward, propel. **2** *(animar)* to drive. **3** *(promocionar)* to promote.

impulsivo,-a *adj* impulsive.

impulso 1 *nm (súbito)* impulse. **2** *(fuerza, velocidad)* momentum. **3** *(estímulo)* boost.
● **coger impulso** to gather momentum.

impureza *nf* impurity.

impuro,-a *adj* impure.

inaccesible *adj* inaccessible.

inaceptable *adj* unacceptable.

inactivo,-a *adj* inactive.

inadaptado,-a 1 *adj* maladjusted. ‖ **2** *nm,f* misfit.

inadecuado,-a 1 *adj (inapropiado)* unsuitable, inappropriate. **2** *(insuficiente)* inadequate.

inadmisible *adj* unacceptable.

inagotable *adj* inexhaustible.

inaguantable *adj* intolerable, unbearable.

inalámbrico,-a 1 *adj* cordless. ‖ **2 inalámbrico** *nm* cordless telephone.

inalterable 1 *adj (no alterable)* unalterable. **2** *(impasible)* impassive, imperturbable.

inanimado,-a *adj* inanimate.

inapreciable 1 *adj (incalculable)* invaluable, priceless. **2** *(insignificante)* insignificant.

inauguración *nf* inauguration, opening.

inaugural *adj* inaugural, opening.

inaugurar *vt* to inaugurate, open.

incalculable *adj* incalculable.

incandescente *adj* incandescent.

incansable *adj* indefatigable, untiring, tireless.

incapacidad 1 *nf (falta de capacidad)* incapacity. **2** *(incompetencia)* incompetence. **3** JUR incapacity.
■ **incapacidad laboral** industrial disability.

incapacitar 1 *vt* to incapacitate. **2** *(sin aptitud legal)* to make unfit (para, for).

incapaz 1 *adj (no capaz)* incapable (de, of). **2** *(incompetente)* incompetent.
● **ser incapaz de hacer algo** to be incapable of doing sth.

incendiar [12] **1** *vt* to set on fire, set fire to. ‖ **2 incendiarse** *vpr* to catch fire.

incendio *nm* fire.

■ **incendio provocado** arson.
incentivo *nm* incentive.
incertidumbre *nf* uncertainty.
incesante *adj* incessant, unceasing.
incesto *nm* incest.
incidente *nm* incident.
incierto,-a 1 *adj (dudoso)* uncertain, doubtful. 2 *(desconocido)* unknown.
incineración *nf (de basura)* incineration; *(de cadáver)* cremation.
incinerar *vt (basura)* to incinerate; *(cadáver)* to cremate.
incisivo,-a 1 *adj (que corta)* cutting, sharp. 2 *(mordaz)* incisive. ‖ **3 incisivo** *nm (diente)* incisor.
incitar *vt* to incite.
• **incitar a algn a algo** to incite sb to sth.
inclemencia *nf* inclemency, harshness.
inclinación 1 *nf (pendiente)* slant, slope. 2 *(tendencia)* liking. 3 *(saludo)* bow.
inclinado,-a *adj (plano)* inclined; *(tejado)* slanted, sloped.
inclinar 1 *vt (ladear)* to tilt; *(cuerpo)* to bow; *(cabeza)* to nod. 2 *(persuadir)* to dispose, move. ‖ **3 inclinarse** *vpr (ladearse)* to lean, slope. 4 *fig (propender a)* to be inclined, feel inclined (a, to).
incluido,-a *adj* included.
incluir [62] 1 *vt (gen)* to include: ***este precio incluye todos los gastos*** this is an all-in price. 2 *(en carta etc)* to enclose.
inclusive *adv* inclusive.
incluso *adv - conj - prep* even.
incógnita 1 *nf* MAT unknown quantity. 2 *fig (misterio)* mystery.
incógnito,-a *adj* unknown.
• **de incógnito** incognito.
incoherencia *nf* incoherence.
incoherente *adj* incoherent, disconnected.
incoloro,-a *adj* colourless.
incombustible *adj* fireproof, incombustible.
incomodar 1 *vt (causar molestia)* to inconvenience. 2 *(avergonzar)* to make feel uncomfortable. 3 *(enojar)* to annoy. ‖ **4 incomodarse** *vpr (avergonzarse)* to feel uncomfortable. 5 *(enfadarse)* to get annoyed, get angry.
incomodidad 1 *nf* discomfort. 2 *(molestia)* inconvenience. 3 *(malestar)* unrest, uneasiness.
incómodo,-a *adj* uncomfortable.
• **sentirse incómodo,-a** to feel uncomfortable, feel awkward.
incomparable *adj* incomparable.
incompatibilidad *nf* incompatibility.
incompatible *adj* incompatible.
incompetencia *nf* incompetence.
incompetente *adj* incompetent.
incompleto,-a *adj* incomplete.
incomprendido,-a *adj* misunderstood.
incomprensible *adj* incomprehensible.
incomprensión *nf* lack of understanding.
incomunicado,-a 1 *adj (aislado)* isolated; *(por la nieve)* cut off. 2 *(preso)* in solitary confinment.
incomunicar [1] 1 *vt (aislar)* to isolate, cut off. 2 *(preso)* to put in solitary confinement.
inconcebible *adj* inconceivable, unthinkable.
incondicional 1 *adj* unconditional. ‖ 2 *nmf* staunch supporter.
inconfundible *adj* unmistakable.
inconsciencia 1 *nf* MED unconsciousness. 2 *(irreflexión)* thoughtlessness.
inconsciente 1 *adj* MED unconscious. 2 *(irreflexivo)* thoughtless.
incontable *adj* countless, uncountable.
inconveniente 1 *adj* inconvenient. ‖ 2 *nm (desventaja)* drawback; *(dificultad)* problem.
incordiar [12] *vt* to pester, bother.
incorporación *nf* incorporation.
incorporar 1 *vt (añadir)* to incorpo-

rate. **2** *(levantar)* to help to sit up. || **3 incorporarse** *vpr (levantarse)* to sit up. **4** *(a puesto, regimiento)* to join.

● **incorporarse a filas** to join up.

incorrección 1 *nf (inexactitud)* incorrectness. **2** *(error)* error. **3** *(descortesía)* discourtesy.

incorrecto ,-a 1 *adj (inexacto)* incorrect. **2** *(descortés)* impolite.

incorregible *adj* incorrigible.

incrédulo,-a 1 *adj* incredulous. || **2** *nm,f* REL sceptic, US skeptic.

increíble *adj* incredible, unbelievable.

incrementar *vt* to increase.

incremento *nm* increase, rise.

incrustar 1 *vt* to incrust, encrust. **2** *(arte)* to inlay. || **3 incrustarse** *vpr* to become embedded (en, in).

incubadora *nf* incubator.

incubar *vt* to incubate.

inculcar [1] *vt* to instil.

inculto,-a *adj* uneducated.

incultura *nf* lack of culture.

incumplir *vt (deber)* not to fulfil; *(promesa)* to break; *(contrato)* to breach.

incurable *adj* incurable.

incursionar 1 *vi* AM *(en territorio etc)* to make an incursion (en, in). **2** AM *(en tema, asunto)* to dabble (en, in).

indagar [7] *vt* to investigate, inquire into.

indecente *adj* indecent, obscene.

indecisión *nf* indecision.

indeciso,-a 1 *adj (sin decidir)* undecided. **2** *(dudoso)* indecisive.

indefenso,-a *adj* defenceless.

indefinido,-a 1 *adj (impreciso)* undefined, vague. **2** *(ilimitado)* indefinite.

indemnización 1 *nf (acción)* indemnification. **2** *(compensación)* indemnity, compensation.

● **indemnización por despido** severance pay.

indemnizar [4] *vt* to indemnify, compensate (de/por, for).

independencia *nf* independence.

independiente *adj* independent.

independientemente *adv* independently.

independizar [4] **1** *vt* to make independent. || **2 independizarse** *vpr* to become independent.

indescriptible *adj* indescribable.

indestructible *adj* indestructible.

indeterminado,-a 1 *adj (por determinar)* indeterminate. **2** *(indefinido)* indefinite.

India *nf* India.

indicación 1 *nf (señal)* sign. **2** *(observación)* hint. || **3 indicaciones** *nf pl (instrucciones)* instructions.

indicador,-ra 1 *adj* indicating. || **2 indicador** *nm (gen)* indicator; *(uso técnico)* gauge.

indicar [1] **1** *vt (señalar)* to indicate, point out, show. **2** *(aconsejar)* to advise.

indicativo,-a 1 *adj* indicative. || **2 indicativo** *nm* GRAM indicative.

índice 1 *nm (gen)* index. **2** *(dedo)* index finger, forefinger. **3** *(indicio)* sign, indication.

■ **índice alfabético** alphabetical index; **índice de mortalidad** death rate; **índice de natalidad** birth rate; **índice de precios al consumo** retail price index.

indicio *nm* sign, indication.

índico,-a *adj* Indian.

■ **el océano Índico** the Indian Ocean.

indiferencia *nf* indifference.

indiferente *adj* indifferent: ***me es indiferente*** I don't mind, it makes no difference to me.

● **serle una cosa indiferente a algn** not to care about sth: ***la política le es indiferente*** he doesn't care about politics.

indígena 1 *adj* indigenous, native. || **2** *nmf* native.

indigente *nmf* poor person: ***los indigentes*** the needy.

indigestarse *vpr* to get indigestion.

indigestión *nf* indigestion.

indigesto,-a *adj* indigestible.

indignación *nf* indignation.
indignado,-a *adj* indignant (por, at/about).
indignante *adj* outrageous, infuriating.
indignar 1 *vt* to infuriate, make angry. || **2 indignarse** *vpr* to become annoyed (por, at/about).
indigno,-a 1 *adj (impropio)* unworthy (de, of). **2** *(vil)* low, undignified.
indio,-a *adj - nm,f* Indian.
● **hacer el indio** to play the fool.
indirecta *nf* hint, insinuation.
● **lanzar una indirecta** to drop a hint.
indirecto,-a *adj* indirect.
indiscreción 1 *nf (falta de discreción)* indiscretion. **2** *(comentario)* indiscreet remark.
indiscreto,-a 1 *adj* indiscreet. || **2** *nm,f* indiscreet person.
indiscutible *adj* unquestionable, indisputable.
indispensable *adj* indispensable, essential.
indispuesto,-a 1 *pp* → **indisponer**. || **2** *adj* MED indisposed, ill.
indistinto,-a 1 *adj (poco claro)* indistinct, vague. **2** *(igual)* the same: ***es indistinto ir en tren o en coche*** it's the same whether you go by train or by car.
■ **cuenta indistinta** joint account.
individual 1 *adj (gen)* individual; *(habitación, cama)* single. || **2 individuales** *nm pl* DEP singles.
individuo 1 *nm* person. **2** *pey* bloke, guy.
indomable *adj (persona)* indomitable; *(animal)* untamable.
Indonesia *nf* Indonesia.
indonesio,-a *adj - nm, f* Indonesian.
indudable *adj* doubtless, unquestionable.
indudablemente *adv* undoubtedly, unquestionably.
indultar *vt* to pardon.
indulto *nm* pardon.
indumentaria *nf* clothing, clothes *pl*.
industria *nf* industry.
industrial 1 *adj* industrial. || **2** *nmf* industrialist.
industrializar [4] **1** *vt* to industrialize. || **2 industrializarse** *vpr* to become industrialized.
INEF *abr* EDUC (Instituto Nacional de Educación Física) *physical education college*.
ineficaz *adj (persona, método)* inefficient; *(medida)* ineffective, ineffectual.
INEM *abr* (Instituto Nacional de Empleo) Unemployment Benefit Office; *(abreviatura)* UBO.
inepto,-a 1 *adj* incompetent. || **2** *nm,f* incompetent person.
inercia *nf* inertia.
● **hacer algo por inercia** to do sth out of habit.
inesperado,-a *adj* unexpected.
inestable *adj* unstable, unsteady.
inestimable *adj* inestimable, invaluable.
inevitable *adj* inevitable, unavoidable.
inexacto,-a *adj* inexact, inaccurate.
inexistente *adj* non-existent, inexistent.
inexperiencia *nf* inexperience.
inexperto,-a *adj* inexperienced.
inexplicable *adj* inexplicable.
infalible *adj* infallible.
infancia *nf* childhood.
infante,-a *nm,f (hombre)* prince; *(mujer)* princess.
infantería *nf* infantry: ***infantería de marina*** marines *pl*.
infantil 1 *adj* child, children's. **2** *(aniñado)* childlike; *(en sentido peyorativo)* childish.
infarto *nm* heart attack.
infatigable *adj* indefatigable, tireless.
infección *nf* infection.
infeccioso,-a *adj* infectious.
infectar 1 *vt* to infect. || **2 infectarse** *vpr* to become infected.
infeliz 1 *adj* unhappy. || **2** *nmf* simpleton.

inferior 1 *adj (situado debajo)* lower. **2** *(cantidad)* less, lower: ***número inferior a diez*** a number less than ten. **3** *(en calidad)* inferior (a, to). || **4** *nmf* subordinate.

inferioridad *nf* inferiority.
• **en inferioridad de condiciones** at a disadvantage.

infernal *adj* infernal, hellish.

infestar *vt* to infest.
• **infestado,-a de** *(bichos)* infested with; *(gente)* crawling with.

infición *nf* MÉX pollution.

infidelidad *nf* infidelity.

infiel 1 *adj (desleal)* unfaithful (a/con/para, to). **2** *(inexacto)* inexact. || **3** *nmf* REL infidel.

infierno *nm* hell.
• **¡vete al infierno!** go to hell.

infinidad *nf* infinity.
• **una infinidad de** an endless number of; **en infinidad de ocasiones** on countless occasions.

infinitivo *nm* infinitive.

infinito,-a 1 *adj* infinite. || **2 infinito** *nm* infinity. || **3** *adv (muchísimo)* infinitely.

inflación *nf* inflation.

inflamable *adj* inflammable.

inflamación *nf* inflammation.

inflamar 1 *vt (encender)* to set on fire. || **2 inflamarse** *vpr* MED to become inflamed.

inflar 1 *vt (globo, neumático)* to inflate, blow up. **2** *(hechos, noticias)* to exaggerate. || **3 inflarse** *vpr (engreírse)* to get conceited. **4** *fam (hartarse)* to stuff oneself (de, with).

inflexible *adj* inflexible.

influencia *nf* influence.
• **tener influencias** to be influential.

influir [62] *vi* to influence.

influyente *adj* influential.

información 1 *nf (datos)* information. **2** *(oficina)* information desk. **3** *(noticia)* piece of news.

informal 1 *adj (desenfadado)* informal. **2** *(irresponsable)* unreliable.

informar 1 *vt* to inform. || **2** *vi* to report (de, on). || **3 informarse** *vpr* to find out.

informática *nf* computer science, computing.

informático,-a 1 *adj* computer, computing. || **2** *nm,f* computer technician.

informativo,-a 1 *adj* informative. || **2 informativo** *nm* news bulletin.

informatizar [4] *vt* to computerize.

informe 1 *adj* shapeless. || **2** *nm* report. || **3 informes** *nm pl* references.

infracción *nf* offence; *(de ley)* infraction, infringement.
■ **infracción de tráfico** driving offence, US traffic violation.

infrarrojo,-a *adj* infrared.

infundado,-a *adj* unfounded, groundless.

infusión *nf* infusion: ***infusión de manzanilla*** camomile tea; ***infusión de menta*** mint tea.

ingeniar [12] **1** *vt* to think up. || **2 ingeniarse** *vpr* to manage.
• **ingeniárselas para hacer algo** to manage to do sth.

ingeniería *nf* engineering.

ingeniero,-a *nm,f* engineer.

ingenio 1 *nm (chispa)* wit. **2** *(aparato)* device.
• **aguzar el ingenio** to sharpen one's wits.

ingenioso,-a *adj (inteligente)* ingenious, clever; *(con chispa)* witty.

ingenuidad *nf* ingenuousness, naïveté.

ingenuo,-a 1 *adj* ingenuous, naïve. || **2** *nm,f* naïve person.

ingerir [35] *vt* to consume, ingest.

Inglaterra *nf* England.

ingle *nf* groin.

inglés,-esa 1 *adj* English. || **2** *nm,f (persona)* English person; *(hombre)* Englishman; *(mujer)* Englishwoman. || **3 inglés** *nm (idioma)* English.

ingratitud *nf* ingratitude.

ingrato,-a 1 *adj (desagradecido)* ungrateful. 2 *(desagradable)* unpleasant.
ingrediente *nm* ingredient.
ingresar 1 *vt (dinero)* to deposit, pay in. ‖ 2 *vi (entrar)* to enter; *(en club etc)* to become a member (en, of); *(en ejército)* to join up; *(en hospital)* to admit. 3 *(en hospital)* to be admitted to.
ingreso 1 *nm (entrada)* entry. 2 *(en hospital, club, etc)* admission (en, to). 3 *(en cuenta bancaria)* deposit. ‖ 4 **ingresos** *nm pl (sueldo, renta)* income *sing*.
inhalar *vt* to inhale.
inhóspito,-a *adj* inhospitable.
inhumano,-a *adj* inhuman, cruel.
INI *abr (*Instituto Nacional de Industria*)* National Enterprise Board; *(abreviatura)* NEB.
iniciación *nf* initiation, introduction (a, to).
inicial *adj* - *nf* initial.
iniciar [12] 1 *vt (introducir)* to initiate (en, in). 2 *(empezar)* to begin. ‖ 3 **iniciarse** *vpr* to begin, start.
• **iniciarse en algo** to start to learn about sth.
iniciativa *nf* initiative.
inicio *nm* beginning, start.
injertar *vt* to graft.
injusticia *nf* injustice, unfairness.
injustificado,-a *adj* unjustified.
injusto,-a *adj* unjust, unfair.
inmaduro,-a *adj (persona)* immature; *(fruta)* unripe.
inmediaciones *nf pl* surrounding area *sing*, vicinity *sing*.
inmediato,-a 1 *adj (reacción, respuesta)* immediate. 2 *(lugar)* next to, adjoining.
inmejorable *adj* unbeatable, unsurpassable.
inmenso,-a *adj* immense, vast.
inmigración *nf* immigration.
inmigrante *adj* - *nmf* immigrant.
inmigrar *vi* to immigrate.
inmobiliaria *nf* estate agency, US real estate agency.
inmobiliario,-a *adj* property, US real estate.
inmoral *adj* immoral.
inmortal *adj* - *nmf* immortal.
inmortalizar [4] 1 *vt* to immortalize. ‖ 2 **inmortalizarse** *vpr* to be immortal.
inmóvil *adj* still, motionless.
inmueble *nm* building.
inmunidad *nf* immunity.
▪ **inmunidad diplomática** diplomatic immunity; **inmunidad parlamentaria** parliamentary immunity.
innecesario,-a *adj* unnecessary.
innegable *adj* undeniable.
innovación *nf* innovation.
innovador,-ra *adj* innovative.
innumerable *adj* innumerable, countless.
inocencia 1 *nf* JUR innocence. 2 *(ingenuidad)* innocence, naïveté.
inocente 1 *adj (libre de culpa)* innocent. 2 *(ingenuo)* naïve. 3 JUR not guilty, innocent. ‖ 4 *nmf (persona - no culpable)* innocent person; *(- ingenuo)* naïve person.
• **declarar a algn inocente** to declare sb not guilty.
inodoro,-a 1 *adj* odourless. ‖ 2 **inodoro** *nm* toilet.
inofensivo,-a *adj* inoffensive, harmless.
inolvidable *adj* unforgettable.
inoportuno,-a *adj* inopportune, untimely.
inoxidable *adj (gen)* rustproof; *(acero)* stainless.
inquietar *vt* - *vpr* to worry.
inquieto,-a 1 *adj (agitado)* restless. 2 *(preocupado)* worried, anxious.
inquietud 1 *nf (agitación)* restlessness. 2 *(preocupación)* worry, anxiety.
inquilino,-a *nm,f* tenant.
INRI *abr (*Iesus Nazarenus Rex Iudaeorum*)* INRI.
insaciable *adj* insatiable.
Insalud *abr (*Instituto Nacional de la Salud*)* *Spanish national health service*.

insatisfacción *nf* dissatisfaction.
insatisfecho,-a 1 *adj (persona)* dissatisfied. **2** *(deseo, curiosidad)* unsatisfied.
inscribir 1 *vt (pp* inscrito,-a*) (grabar)* to inscribe. **2** *(apuntar)* to register, record. || **3 inscribirse** *vpr (matricularse)* to enrol.
inscripción 1 *nf (grabado)* inscription. **2** *(registro)* enrolment, registration.
inscrito,-a *pp* → **inscribir**.
insecticida *adj* - *nm* insecticide.
insecto *nm* insect.
inseguridad 1 *nf (falta de confianza)* insecurity. **2** *(duda)* uncertainty. **3** *(peligro)* unsafety.
inseguro,-a 1 *adj (falto de confianza)* insecure. **2** *(que duda)* uncertain. **3** *(peligroso)* unsafe.
insensato,-a *adj* stupid, foolish.
insensible 1 *adj (persona)* insensitive (a, to). **2** MED insensible, numb.
inseparable *adj* - *nmf* inseparable.
Inserso *abr (*Instituto Nacional de Servicios Sociales*) national institute for social services*.
insertar *vt* to insert.
inservible *adj* useless, unusable.
insignia 1 *nf (distintivo)* badge. **2** *(bandera)* flag, banner. **3** MAR pennant.
insignificante *adj* insignificant.
insinuación *nf* insinuation, hint.
insinuar [11] *vt* to insinuate, hint.
• **insinuarse a algn** to make advances to sb.
insípido,-a *adj* insipid.
insistencia *nf* insistence, persistence.
insistir *vi* to insist (en, on).
insolación *nf* sunstroke.
insolencia *nf* insolence.
insolente 1 *adj (irrespetuoso)* insolent. **2** *(arrogante)* haughty. || **3** *nmf (irrespetuoso)* insolent person. **4** *(arrogante)* haughty person.
insólito,-a *adj* unusual.
insomnio *nm* insomnia.
insonorizar [4] *vt* to soundproof.
insoportable *adj* unbearable, intolerable.
inspección *nf* inspection.
inspeccionar *vt* to inspect.
inspector,-ra *nm,f* inspector.
■ **inspector de Hacienda** tax inspector, US revenue agent; **inspector de policía** police inspector.
inspiración 1 *nf (de artista)* inspiration. **2** *(inhalación)* inhalation.
inspirar 1 *vt (aspirar)* to inhale, breathe in. **2** *(infundir)* to inspire. || **3 inspirarse** *vpr* to be inspired (en, by).
instalación 1 *nf (colocación)* installation. **2** *(equipo)* equipment. || **3 instalaciones** *nf pl (recinto)* installations; *(servicios)* facilities.
instalar 1 *vt* to install. **2** *(equipar)* to fit up. || **3 instalarse** *vpr (establecerse)* to settle.
instancia *nf (solicitud)* request; *(escrito)* application form.
• **a instancias de** at the request of; **como última instancia** as a last resort.
instantánea *nf* snapshot.
instantáneo,-a *adj* instantaneous.
■ ***café instantáneo*** instant coffee.
instante *nm* moment, instant.
• **a cada instante** all the time; **al instante** immediately.
instintivo,-a *adj* instinctive.
instinto *nm* instinct.
• **por instinto** instinctively.
■ **instinto maternal** maternal instinct.
institución *nf* institution, establishment.
■ **institución benéfica** charitable foundation.
instituir [62] *vt* to institute.
instituto 1 *nm* institute. **2** EDUC state secondary school, US high school.
■ **instituto de belleza** beauty salon.
instrucción 1 *nf (educación)* instruction, education. **2** MIL drill. || **3 instrucciones** *nf pl* instructions.
instructivo,-a *adj* instructive.

instructor,-ra *nm,f* instructor.
instruir [62] *vt* to instruct.
instrumental *nm* instruments *pl*.
instrumento *nm* instrument.
insuficiencia *nf* lack, shortage.
■ **insuficiencia cardíaca** heart failure; **insuficiencia respiratoria** respiratory failure.
insuficiente 1 *adj* insufficient. || **2** *nm* EDUC fail.
insulso,-a *adj* insipid.
insultar *vt* to insult.
insulto *nm* insult.
insuperable *adj* insuperable, unsurpassable.
insurrección *nf* insurrection, uprising.
intacto,-a *adj* intact.
integración *nf* integration.
integral 1 *adj (total)* comprehensive. **2** *(sin refinar - pan, harina)* wholemeal; *(- arroz)* brown.
integrar 1 *vt* to compose, make up. || **2 integrarse** *vpr* to integrate.
integridad *nf* integrity.
íntegro,-a 1 *adj (completo)* whole, entire. **2** *(honrado)* honest, upright.
intelectual *adj - nmf* intellectual.
inteligencia 1 *nf (facultad)* intelligence. **2** *(comprensión)* understanding.
■ **inteligencia artificial** artificial intelligence.
inteligente *adj* intelligent, clever.
intemperie *nf*.
• **a la intemperie** in the open air, outdoors.
intención *nf* intention.
• **tener intención de** to intend.
■ **buena intención** good will; **mala intención** ill will.
intencionado,-a *adj* intentional, deliberate.
intendencia 1 *nf* RPL *(corporación municipal)* town council, city council. **2** RPL *(edificio)* town hall, US city hall. **3** CHILE *(gobernación)* administrative region.
intendente 1 *nm* RPL *(alcalde)* mayor. **2** CHILE *(gobernador)* governor.
intensidad *nf* intensity; *(de viento)* force.
intensificar [1] *vt* to intensify.
intensivo,-a *adj* intensive.
intenso,-a *adj* intense; *(dolor)* acute.
intentar *vt* to try, attempt.
intento *nm* attempt, try.
intercalar *vt* to put in, insert.
intercambiar [12] *vt* to exchange, swap.
intercambio *nm* exchange.
interceder *vi* to intercede.
• **interceder por algn** to intercede on sb's behalf.
interceptar *vt (mensaje, balón, etc)* to intercept; *(tráfico)* to hold up.
interés *nm* interest.
• **poner interés en algo** to take an interest in sth; **tener interés en algo** to be interested in sth.
■ **intereses creados** vested interests.
interesado,-a 1 *adj (gen)* interested, concerned. **2** *(egoísta)* selfish, self-interested. || **3** *nm,f* interested person.
interesante *adj* interesting.
interesar *vt* to interest.
• **interesarse por algo** to be interested in sth; **interesarse por algn** to ask about sb.
interferencia *nf* RAD interference; *(intencionada)* jamming.
interferir [35] **1** *vt (interponerse en)* to interfere with. **2** RAD to jam.
interfono *nm* intercom.
interior 1 *adj (jardín, patio)* interior. **2** *(estancia, piso)* inner. **3** *(bolsillo)* inside. **4** *(de la nación)* domestic, internal. **5** GEOG inland. || **6** *nm (parte interna)* inside, inner part. **7** *(alma)* soul. **8** GEOG interior.
interjección *nf* interjection.
interlocutor,-ra *nm,f* speaker, interlocutor.
intermediario,-a 1 *adj* intermediate. || **2** *nm,f* COM middleman.
intermedio,-a 1 *adj* intermediate. || **2 intermedio** *nm* intermission, interval.

interminable *adj* interminable, endless.
intermitente 1 *adj* intermittent. ‖ **2** *nm* indicator, US turn signal.
internacional *adj* international.
internado,-a *nm* boarding school.
internar 1 *vt* to intern. ‖ **2 internarse** *vpr* to penetrate (en, in).
internauta *nmf* Net user.
Internet *nf* Internet.
interno,-a 1 *adj (gen)* internal. **2** POL domestic. ‖ **3** *nm,f* boarder. ‖ **4 interno** *nm* RPL *(extensión)* extension: ***interno 28, por favor*** extension 28, please.
interponer [78] **1** *vt (pp* interpuesto,-a*)* to interpose. ‖ **2 interponerse** *vpr* to interfere, meddle.
interpretación 1 *nf (explicación)* interpretation. **2** MÚS TEAT performance. **3** *(traducción)* interpreting.
interpretar 1 *vt (explicar)* to interpret. **2** *(obra, pieza)* to perform; *(papel)* to play; *(canción)* to sing.
intérprete 1 *nmf (traductor)* interpreter. **2** *(actor, músico)* performer.
interrogación 1 *nf (interrogatorio)* interrogation, questioning. **2** *(signo)* question mark.
interrogante *nm* question mark.
interrogar [7] **1** *vt (testigo)* to question. **2** *(sospechoso, detenido)* to interrogate, question.
interrogativo,-a *adj* interrogative.
interrogatorio *nm (de testigo)* questioning; *(de sospechoso, detenido)* interrogation, questioning.
interrumpir *vt* to interrupt.
interrupción *nf* interruption.
interruptor *nm* switch.
interurbano,-a *adj (transporte)* intercity; *(llamada)* long-distance trunk.
intervalo 1 *nm (de tiempo)* interval. **2** *(de espacio)* gap.
intervención 1 *nf (gen)* intervention. **2** MED operation. **3** *(discurso)* speech.
intervenir [90] **1** *vi (tomar parte)* to take part (en, in). **2** *(interponer)* to intervene. **3** *(mediar)* to mediate. ‖ **4** *vt* MED to operate on. **5** *(cuentas)* to audit.
interventor,-ra *nm,f* supervisor, inspector.
■ **interventor,-ra de cuentas** auditor.
intestino *nm* intestine.
intimidad 1 *nf (amistad)* intimacy. **2** *(vida privada)* private life.
● **en la intimidad** in private.
íntimo,-a 1 *adj (secreto, ambiente)* intimate. **2** *(vida)* private. **3** *(amistad)* close.
intolerable *adj* intolerable, unbearable.
intolerancia *nf* intolerance.
intolerante *adj* intolerant.
intoxicación *nf* poisoning.
■ **intoxicación alimenticia** food poisoning.
intoxicar [1] *vt* to poison.
intranet *nm* INFORM intranet.
intranquilidad *nf* restlessness, uneasiness.
intranquilizar [4] **1** *vt* to worry, upset. ‖ **2 intranquilizarse** *vpr* to get worried.
intranquilo,-a 1 *adj (nervioso)* restless. **2** *(preocupado)* worried, uneasy.
intransitivo,-a *adj* intransitive.
intratable 1 *adj (persona)* unsociable. **2** *(asunto)* intractable.
intrépido,-a *adj* intrepid, bold.
intriga 1 *nf (maquinación)* intrigue. **2** *(de película etc)* plot.
intrigar [7] **1** *vt (interesar)* to intrigue. ‖ **2** *vi (maquinar)* to plot, scheme.
introducción *nf* introduction.
introducir [46] **1** *vt (meter)* to put in, insert; *(instaurar)* to bring in. ‖ **2 introducirse** *vpr (meterse)* to get in.
intromisión *nf* interference, meddling.
introvertido,-a 1 *adj* introverted. ‖ **2** *nm,f* introvert.
intruso,-a *nm,f* intruder.
intuición *nf* intuition.
● **por intuición** intuitively.

intuir [62] *vt* to know by intuition.
intuitivo,-a *adj* intuitive.
inundación *nf* flood, flooding.
inundar *vt* to flood.
inútil 1 *adj* useless. || 2 *nmf fam (persona)* good-for-nothing.
inutilizar [4] 1 *vt (gen)* to make useless, render useless. 2 *(máquina)* to put out of action.
invadir 1 *vt (ejército)* to invade, overrun. 2 *(sentimiento)* to overcome.
invalidez 1 *nf (nulidad)* invalidity. 2 MED disablement, disability.
inválido,-a 1 *adj (documento, ley)* invalid. 2 *(persona)* disabled, handicapped. || 3 *nm,f* disabled person, handicapped person.
invariable *adj* invariable.
invasión *nf* invasion.
invasor,-ra 1 *adj* invading. || 2 *nm,f* invader.
invencible *adj (obstáculo)* insurmountable; *(ejército etc)* invincible.
invención 1 *nf (invento)* invention. 2 *(mentira)* fabrication.
inventar 1 *vt (crear)* to invent. 2 *(imaginar)* to imagine. 3 *(mentir)* to make up, fabricate.
inventario *nm* inventory.
• **hacer el inventario** to do the stocktaking, US take inventory.
invento *nm* invention.
inventor,-ra *nm,f* inventor.
invernadero *nm* greenhouse, hothouse.
invernal *adj* wintry, winter.
invernar [27] 1 *vi (pasar el invierno)* to winter. 2 *(animales)* to hibernate.
inverosímil *adj* unlikely.
inversión 1 *nf (de dinero, tiempo)* investment. 2 *(del orden)* inversion.
inverso ,-a *adj* inverse, opposite.
• **a la inversa** the other way round.
inversor,-ra *nm,f* investor.
invertebrado,-a 1 *adj* invertebrate. || 2 **invertebrado** *nm* invertebrate.
invertido,-a 1 *adj* inverted. || 2 **invertido** *nm* homosexual.
invertir [35] 1 *vt (orden)* to invert. 2 *(dirección)* to reverse. 3 *(tiempo)* to spend. 4 FIN to invest (en, in).
investigación 1 *nf (policial, judicial)* investigation, enquiry. 2 *(científica, académica)* research.
investigador,-ra 1 *adj* investigating. || 2 *nm,f (científico)* researcher. 3 *(detective)* investigator.
investigar [7] 1 *vt (indagar)* to investigate. 2 EDUC MED to do research on.
invidente 1 *adj* blind. || 2 *nmf* blind person.
invierno *nm* winter.
invisible *adj* invisible.
invitación *nf* invitation.
invitado,-a *nm,f* guest.
invitar *vt* to invite.
• **invitar a algn a hacer algo** to invite sb to do sth.
invocar [1] *vt* to invoke.
involuntario,-a *adj* involuntary.
inyección *nf* injection.
• **poner una inyección** to give an injection.
inyectar 1 *vt* to inject (en, into). || 2 **inyectarse** *vpr* to give oneself an injection, inject oneself.
IPC *abr (*Índice de Precios al Consumo*)* Retail Price Index; *(abreviatura)* RPI.
ir [74] 1 *vi (gen)* to go: ***¿adónde vas?*** where are you going? 2 *(camino etc)* to lead: ***este camino va a la aldea*** this road leads you to the village. 3 *(funcionar)* to work: ***el ascensor no va*** the lift isn't working. 4 *(sentar bien)* to suit; *(gustar)* to like: ***el rojo te va*** red suits you; ***no me va el pop*** I don't like pop. 5 *(tratar)* to be about: ***¿de qué va la película?*** what's the film about? || 6 **ir + a +** *infin* going to: ***voy a salir*** I'm going out. 7: ***ir andando*** to go on foot. 8 to be: ***ir cansado,-a*** to be tired. || 9 **irse** *vpr (marcharse)* to go away, leave. 10 *(deslizarse)* to slip. 11 *(gastarse)* to go, disappear.
• **ir a pie** to go on foot; **ir de compras**

to go shopping; **ir de culo** *fam* to be rushed off one's feet; **ir en coche** to go by car; **ir en tren** to go by train; **irse a pique** *(barco)* to sink; *(proyecto)* to fall through; **irse de la lengua** to tell it all; **¡qué va!** not at all!, no way!; **¡vete tú a saber!** who knows!
ira *nf* anger, wrath, rage.
Irak *nm* Iraq.
Irán *nm* Iran.
iraní *adj* - *nmf* Iranian.
iraquí *adj* - *nmf* Iraqi.
irascible *adj* irascible, irritable.
iris *nm inv* iris.
Irlanda *nf* Ireland.
■ **Irlanda del Norte** Northern Ireland.
irlandés,-esa 1 *adj* Irish. ‖ **2** *nm,f (hombre)* Irishman; *(mujer)* Irish woman. ‖ **3 irlandés** *nm (idioma)* Irish.
ironía *nf* irony.
irónico,-a *adj* ironic.
IRPF *abr (*Impuesto sobre la Renta de las Personas Físicas*)* income tax.
irracional *adj* irrational.
irradiar [12] **1** *vt (emitir)* to irradiate, radiate. **2** AM *fig (expulsar)* to expel.
irreal *adj* unreal.
irregular *adj* irregular.
irremediable *adj* irremediable, hopeless.
irresistible 1 *adj (muy atractivo)* irresistible. **2** *(insoportable)* unbearable.
irrespetuoso,-a *adj* disrespectful.
irresponsable 1 *adj* irresponsible. ‖ **2** *nmf* irresponsible person.
irrestricto,-a *adj* AM unconditional, complete.
irreversible *adj* irreversible.
irritable *adj* irritable.
irritación *nf* irritation.
irritado,-a *adj* irritated.
irritar 1 *vt* to irritate. ‖ **2 irritarse** *vpr* to lose one's temper.
irrompible *adj* unbreakable.
irrumpir *vi* to burst (en, into).
isla *nf* island.
islamismo *nm* Islam.
islandés,-esa 1 *adj* Icelandic. ‖ **2** *nm,f (persona)* Icelander. ‖ **3 islandés** *nm (idioma)* Icelandic.
Islandia *nf* Iceland.
isleño,-a *nm,f* islander.
islote *nm* small island.
Israel *nm* Israel.
israelí *adj* - *nmf* Israeli.
israelita *adj* - *nmf* HIST Israelite.
istmo *nm* isthmus.
itacate *nm* MÉX packed lunch.
Italia *nf* Italy.
italiano,-a *adj* - *nm, f* Italian.
itinerario *nm* itinerary, route.
ITV *abr* AUTO *(*Inspección Técnica de Vehículos*)* Ministry of Transport test; *(abreviatura)* MOT test.
IU *abr* POL *(*Izquierda Unida*)* United Left *(left-wing political coalition whose nucleus is formed by the Communist Party)*.
IVA *abr (*Impuesto sobre el Valor Añadido*)* Value-Added Tax; *(abreviatura)* VAT.
izar [4] *vt* to hoist.
izquierda 1 *nf (dirección)* left. **2** *(mano)* left hand; *(pierna)* left leg. **3** POL left wing.
● **a la izquierda** to the left; **de izquierdas** left-wing.
izquierdo,-a 1 *adj* left. **2** *(zurdo)* left-handed: ***mano izquierda*** left hand

J

jabalí *nm (pl* jabalíes*)* wild boar.
jabón *nm* soap.
■ **jabón de afeitar** shaving soap; **jabón de tocador** toilet soap.
jabonar *vt* → **enjabonar**.
jabonera *nf* soapdish.
jabonoso,-a *adj* soapy.
jaca *nf* small horse.
jacal *nm* MÉX hut.
jacinto *nm* hyacinth.

jactancia *nf* boastfulness, boasting, bragging.

jactancioso,-a 1 *adj* boastful. || 2 *nm,f* braggart.

jactarse *vpr* to boast, brag (**de,** about).

jadeante *adj* panting, breathless.

jadear *vi* to pant, gasp.

jadeo *nm* panting, gasping.

jaiba *nf* ANDES CAM CARIB MÉX *(cangrejo)* crayfish.

jalar 1 *vt* ANDES CAM CARIB MÉX *(tirar de un cabo)* to pull, heave. 2 *fam (comer)* to wolf down.

jalea *nf* jelly.

■ **jalea real** royal jelly.

jalear 1 *vt (animar)* to cheer on, clap and shout at. 2 *(caza)* to urge on.

jaleo 1 *nm (alboroto)* din, racket. 2 *(escándalo)* fuss, commotion. 3 *(riña)* row. 4 *(confusión)* muddle.

jalón 1 *nm (estaca)* marker pole. 2 *fig (hito)* milestone. 3 *fig (tirón)* pull. 4 AM *(en coche)* lift.

jalonar 1 *vt (señalar con estacas)* to stake out. 2 *fig (marcar)* to mark.

Jamaica *nf* Jamaica.

jamaicano,-a *adj* - *nm, f* Jamaican.

jamás *adv* never, ever: ***jamás he escrito un libro*** I have never written a book; ***el mejor libro que jamás se haya escrito*** the best book ever written.

● **jamás de los jamases** never ever, never on your life; **nunca jamás** never ever; **por siempre jamás** for ever and ever.

jamón *nm* ham.

■ **jamón de York** boiled ham; **jamón serrano** cured ham.

Japón *nm* Japan.

japonés,-esa *adj* - *nm,f* Japanese.

jaque *nm* check.

● **dar jaque a** to check.

■ **jaque mate** checkmate.

jaqueca *nf* migraine, headache.

● **dar jaqueca a algn** *fig* to bore sb, be a pain in the neck to sb.

jarabe *nm* syrup.

■ **jarabe para la tos** cough syrup, cough mixture.

jarana 1 *nf fam (juerga)* wild party, spree. 2 *(jaleo)* racket, din.

● **armar jarana** to make a racket; **ir de jarana** to go on a spree.

jarcia 1 *nf (naútica)* rigging, ropes *pl.* 2 *(pesca)* fishing tackle.

jardín *nm* garden.

■ **jardín botánico** botanical garden; **jardín de infancia** nursery school.

jardinera *nf (para plantas)* plant stand; *(en ventana)* window box.

jardinería *nf* gardening.

jardinero,-a *nm,f* gardener.

jarra *nf* jug, US pitcher.

● **con los brazos en jarras** *fig* arms akimbo, hands on hips.

■ **jarra de cerveza** beer mug; **jarra de leche** milkchurn.

jarro 1 *nm (recipiente)* jug. 2 *(contenido)* jugful.

jarrón 1 *nm (para flores)* vase. 2 ART urn.

jaspeado,-a *adj* mottled, speckled.

jaula 1 *nf (para animales)* cage. 2 *(de embalaje)* crate.

jauría *nf (de perros)* pack of hounds.

jazmín *nm* jasmine.

J.C. *abr* (**Jesucristo**) Jesus Christ; *(abreviatura)* J.C..

jefatura 1 *nf (cargo, dirección)* leadership. 2 *(sede)* central office; *(militar)* headquarters *inv*.

jefe,-a 1 *nm,f (encargado)* head, chief, boss. 2 COM *(hombre)* manager; *(mujer)* manageress. || 3 **jefe** *nm* POL leader.

■ **jefe de estación** station master; **jefe de Estado** Head of State; **jefe de Estado Mayor** Chief of Staff; **jefe de redacción** editor-in-chief; **jefe de taller** foreman.

jején *nm* AM gnat.

jerarquía 1 *nf (gradación)* hierarchy. 2 *(grado)* scale. 3 *(categoría)* rank.

jerga 1 *nf (técnica)* jargon. 2 *(vulgar)* slang.

jergón 1 *nm (colchón)* straw mattress. **2** *fig (torpe)* country bumpkin.

jerigonza 1 *nf* → **jerga**. **2** *(extravagancia)* oddness.

jeringuilla *nf* syringe.

jeroglífico,-a 1 *adj* hieroglyphic. ‖ **2 jeroglífico** *nm (texto antiguo)* hieroglyph. **3** *(juego)* rebus.

jersey *nm (pl* **jerseyes** *or* **jerséis***)* sweater, pullover, jumper.

jesuítico,-a *adj* Jesuitic.

jeta 1 *nf fam (cara)* mug, face. **2** *(hocico)* snout. **3** *(descaro)* cheek.
• **poner jeta** to pull a face; **ser un jeta** *fam* to have a nerve; **tener jeta** *fam* to be cheeky, have a nerve.

jevo,-a 1 *nm,f* VEN *fam (novio)* guy, boyfriend; *(novia)* girl, girlfriend. ‖ **2 jeva** *nf* CARIB *fam (mujer)* chick, GB bird.

jíbaro,-a *nm,f* AM peasant.

jícara *nf* CAM MÉX VEN *(bol)* small cup; *(calabaza)* gourd.

jilguero *nm* goldfinch.

jilipollas *nmf inv vulg* → **gilipollas**.

jinete *nm* rider, horseman.

jinetera *nf* CUBA *fam* prostitute.

jira 1 *nf (pedazo de tela)* strip of cloth. **2** *(merienda)* picnic.

jirafa 1 *nf (animal)* giraffe. **2** *fig (persona)* beanpole.

jirón 1 *nm (tela desgarrada)* shred, strip. **2** *(pedazo suelto)* bit, scrap. **3** PERÚ *(calle)* street.
• **hecho,-a jirones** in shreds, in tatters.

jitomate *nm* MÉX tomato.

JJ.OO. *abr (*Juegos Olímpicos*)* Olympic Games.

jocosidad *nf* humour.

jocoso,-a *adj* funny, humorous, comic.

joda 1 *nf* RPL *fam (fastidio)* pain, drag. **2** RPL *fam (broma)* joke: ***lo dije en joda*** I said it as a joke. **3** RPL *fam (juerga)* wild party.

joder 1 *vt vulg (copular)* to fuck, screw. **2** *vulg (fastidiar)* to piss off, US piss. **3** *vulg (lastimar)* to hurt. ‖ **4 joder(se)** *vt - vpr vulg (echar a perder, estropear)* to fuck up. ‖ **5 joderse** *vpr vulg (aguantarse)* to put up with it. **6** *vulg (lastimarse)* to knock oneself up. **7** *vulg (estropearse)* to go bust, be buggered. ‖ **8 ¡joder!** *interj vulg* bloody hell!, fuck!
• **¡hay que joderse!** *vulg* would you fucking believe it?; **¡la jodiste!** *vulg* you screwed up!; **¡no me jodas!** *vulg* come on, don't give me that!; **¡que se joda!** *vulg* fuck him/her!

jodido,-a 1 *adj vulg (maldito)* bloody, fucking. **2** *vulg (molesto)* annoying. **3** *vulg (enfermo)* in a bad way; *(cansado)* knackered, exhausted. **4** *vulg (estropeado, roto)* fucked, kaput, buggered. **5** *vulg (difícil)* complicated.

jogging *nm* URUG *(ropa)* track suit, jogging suit.

jolgorio 1 *nm fam (juerga)* binge. **2** *(algazara)* fun.
• **¡qué jolgorio!** what fun!

jolín 1 *interj fam (sorpresa)* gosh!, good grief! **2** *(enfado)* blast!, damn!

jolines 1 *interj fam (sorpresa)* gosh!, good grief! **2** *(enfado)* blast!, damn!

Jordania *nf* Jordan.

jordano,-a *adj - nm, f* Jordanian.

jornada 1 *nf (día)* day. **2** *(camino recorrido en un día)* day's journey. ‖ **3 jornadas** *nf pl* conference *sing*, congress *sing*.
■ **jornada completa** full-time; **jornada laboral** working day.

jornal *nm* day's wage.
• **trabajar a jornal** to be paid by the day.

jornalero,-a *nm,f* day labourer.

joroba 1 *nf (deformidad)* hump. **2** *fam (fastidio)* nuisance, drag. ‖ **3** *interj* blast!

jorobado,-a 1 *adj* hunchbacked, humpbacked. ‖ **2** *nm,f* hunchback, humpback.

jorobar 1 *vt arg (fastidiar)* to annoy, bother. **2** *arg (romper)* to smash up, break. **3** *arg (estropear)* to ruin, wreck.

|| **4 jorobarse** *vpr (aguantarse)* to put up with it.

• **me joroba** it really gets up my nose; **¡no jorobes!** *(fastidio)* stop pestering me!; *(incredulidad)* pull the other one!

jorongo 1 *nm* MÉX *(manta)* blanket. **2** MÉX *(poncho)* poncho.

jota 1 *nf* the letter J. **2** *(cantidad mínima)* jot, scrap.

• **ni jota** not an iota.

joven 1 *adj* young. || **2** *nmf (hombre)* youth, young man; *(mujer)* girl, young woman.

jovial *adj* jovial, good-humoured.

jovialidad *nf* joviality, cheerfulness.

joya 1 *nf* jewel, piece of jewellery. **2** *fig (persona)* real treasure, godsend.

joyería 1 *nf (tienda)* jewellery shop, jeweller's. **2** *(comercio)* jewellery trade.

joyero,-a 1 *nm,f* jeweller. || **2 joyero** *nm* jewel case, jewel box.

juanete *nm* bunion.

jubilación 1 *nf (acción)* retirement. **2** *(dinero)* pension.

jubilado,-a 1 *adj* retired. || **2** *nm,f* retired person.

jubilar 1 *vt (dejar de trabajar)* to pension off. **2** *fam (dejar de usar)* to get rid of, ditch. || **3 jubilarse** *vpr (retirarse)* to retire.

júbilo *nm* jubilation, joy.

jubiloso,-a *adj* jubilant, joyful.

judía *nf (planta)* bean.

■ **judía blanca** haricot bean; **judía pinta** kidney bean; **judía verde** French bean, green bean.

judicial *adj* judicial.

judío,-a 1 *adj (religión)* Jewish. **2** *fam (tacaño)* mean, stingy. || **3** *nm,f (persona)* Jew.

juego 1 *nm (para entretenerse)* game. **2** DEP sport; *(tenis)* game. **3** *(apuestas)* gambling. **4** *(conjunto de piezas)* set. **5** *(movimiento)* play.

• **a juego** *fig* matching; **descubrir el juego a algn** *fig* to see through sb; **seguir el juego a algn** *fig* to play along with sb; **hacer juego** to match; **poner algo en juego** *fig* to put sth at stake.

■ **juego de café** coffee set, coffee service; **juego de té** tea set, tea service; **juego de ingenio** guessing game; **juego de manos** sleight of hand; **juego de palabras** play on words, pun; **juegos de azar** games of chance; **juegos malabares** juggling *sing*; **Juegos Olímpicos** Olimpic Games.

juerga *nf fam* binge, rave-up.

• **estar de juerga** to be living it up, be having a good time; **irse de juerga** to go out on the town.

juerguista 1 *adj* fun-loving. || **2** *nmf* fun-loving person.

jueves *nm inv* Thursday.

juez *nmf* JUR judge.

■ **juez de banda** linesman; **juez de línea** linesman; **juez de paz** justice of the peace.

jugada 1 *nf (ajedrez)* move; *(billar)* shot; *(dardos)* throw. **2** FIN speculation. **3** *fam (trastada)* dirty trick.

• **hacerle una mala jugada a algn** to play a dirty trick on sb.

jugador,-ra 1 *nm,f (en deportes, juegos)* player. **2** *(apostador)* gambler. **3** FIN speculator.

jugar [53] **1** *vi - vt (para divertirse)* to play: ***están jugando un partido de fútbol*** they're playing a football match; ***¡juegas tú!*** it's your turn! || **2 jugarse** *vpr (apostar)* to bet. **3** *(arriesgar)* to risk.

• **jugársela a algn** *(engañar)* to trick sb; *(ser infiel)* to two-time; ***¿quién juega?*** whose go/turn is it?; **jugar el todo por el todo** *fig* to stake everything one has.

jugarreta *nf fam* dirty trick.

jugo *nm* juice.

• **sacar el jugo a algo** *fig* to make the most of sth; **sacar el jugo a algn** *fig* to exploit sb, bleed sb dry.

jugoso,-a 1 *adj (comida, fruta)* juicy. **2** *fig (rentable)* profitable.

juguete *nm* toy.
• **ser el juguete de algn** *fig* to be sb's plaything.
juguetear *vi* to play.
jugueteo *nm* playing.
juguetería 1 *nf (tienda)* toy shop. **2** *(comercio)* toy business.
juguetón,-ona *adj* playful.
juicio 1 *nm (facultad)* judgement. **2** *(sensatez)* reason, common sense. **3** JUR trial, lawsuit. **4** REL judgement.
• **dejar algo a juicio de algn** to leave sth to sb's discretion; **emitir un juicio sobre algo** to express an opinion about sth; **en su sano juicio** in one's right mind; **llevar a algn a juicio** to take legal action against sb, sue sb; **perder el juicio** to go mad; **quitar/trastornar el juicio a algn** to drive sb insane.
■ **juicio final** last judgement.
juicioso,-a *adj (persona)* judicious, sensible; *(decisión)* wise.
julepe *nm* PRICO RPL *fam (susto)* scare, fright.
• **dar un julepe a alguien** to give sb a scare.
julio *nm* July.
jumento *nm* ass, donkey.
junco 1 *nm* BOT rush. **2** *(bastón)* walking stick, cane.
jungla *nf* jungle.
junio *nm* June.
junta 1 *nf (reunión)* meeting, assembly, conference. **2** *(conjunto de personas)* board, council, committee. **3** *(sesión)* session, sitting. **4** *(militar)* junta. **5** *(juntura)* joint.
■ **junta administrativa** administrative board; **junta de empresa** works council; **junta directiva** board of directors; **junta electoral** electoral board.
juntar 1 *vt (unir)* to join/put together; *(piezas)* to assemble. **2** *(coleccionar)* to collect. **3** *(reunir; dinero)* to raise; *(gente)* to gather together. || **4 juntarse** *vpr (unirse a)* to join, get together; *(ríos, caminos)* to meet. **5** *(amancebarse)* to move in with.
• **juntarse con algo** *fig* to find oneself with sth.
junto,-a 1 *adj* together. || **2 junto** *adv* near, close. **3** *(al mismo tiempo)* at the same time.
• **junto a** near, close to; **junto con** together with; **todo junto** all at once.
jura *nf (acción)* oath; *(ceremonia)* swearing-in, pledge.
jurado,-a 1 *adj* sworn. || **2 jurado** *nm* JUR *(tribunal)* jury; *(miembro del tribunal)* juror, member of the jury. **3** *(en un concurso)* panel of judges, jury.
juramentar *vt* to swear in.
juramento 1 *nm (promesa)* oath. **2** *(blasfemia)* swearword.
• **tomar juramento a algn** to swear sb in.
■ **juramento de fidelidad** oath of allegiance; **juramento falso** perjury.
jurar 1 *vt* to swear. || **2** *vi (blasfemar)* to swear, curse.
• **jurar en falso** to commit perjury; **jurar fidelidad** to pledge allegiance; **tenérsela jurada a algn** to have it in for sb.
jurídico,-a *adj* juridical, legal.
jurisconsulto *nm* jurist, legal expert.
jurisdicción *nf* jurisdiction.
jurisdiccional *adj* jurisdictional.
■ **aguas jurisdiccionales** territorial waters.
jurisprudencia *nf* jurisprudence.
jurista *nmf* jurist, lawyer.
justamente 1 *adv (con exactitud)* precisely, exactly. **2** *(con justicia)* fairly, justly.
justicia *nf* justice.
justiciero,-a *adj* righteous.
justificable *adj* justifiable.
justificación *nf* justification.
justificante 1 *adj* justifying. || **2** *nm (gen)* proof: ***traigo un justificante del médico*** I've brought a note from the doctor.

■ **justificante de compra** receipt; **justificante de pago** proof of payment.
justificar [1] *vt* to justify.
● **justificarse con algn por algo** to justify oneself for sth.
justo,-a 1 *adj (con justicia)* just, fair. **2** *(apretado, escaso)* tight. **3** *(exacto)* right, accurate. || **4** *nm,f* just/fair person. || **5** **justo** *adv (exactamente)* exactly, precisely. **6** *(suficiente)* just enough.
● **ir justo,-a de...** to be short of...
juvenil 1 *adj* youthful, young. || **2** *adj - nmf* DEP under 18.
juventud 1 *nf (edad)* youth. **2** *(aspecto joven)* youthfulness. **3** *(conjunto de jóvenes)* young people, youth.
juzgado *nm* court, tribunal.
● **ser de juzgado de guardia** to be absolutely scandalous.
juzgar [7] **1** *vi (en tribunal)* to judge. **2** *(considerar)* to consider, think

K

karaoke *nm (gen)* karaoke; *(local)* karaoke bar.
kárate *nm* karate.
karateca *nmf* karateist.
kart *nm* go-cart.
katiuska *nf* rubber boot.
Kenia *nf* Kenya.
keniano,-a *adj - nm,f* Kenyan.
ketchup *nm* ketchup.
kilo 1 *nm (de peso)* kilogram. **2** *arg (de dinero)* million pesetas.
kilogramo *nm* kilogram, kilogramme.
kilolitro *nm* kilolitre.
kilométrico,-a 1 *adj* kilometric. || **2** **kilométrico** *nm* runabout ticket.
kilómetro *nm* kilometre, kilometer.
kilovatio *nm* kilowatt.
kimono *nm* kimono.
kínder *nm* ANDES MÉX kindergarten, nursery school.
kiosko *nm* → **quiosco**.
kiwi *nm* kiwi.
kleenex® *nm* Kleenex®, tissue.
km/h *abr* (**kilómetros hora**) kilometres (US kilometers) per hour; *(abreviatura)* kph.
KO *abr* (**knock-out**) knockout; *(abreviatura)* KO.
● **dejar a algn KO** to knock sb out.
koala *nm* koala.
Kuwait *nm* Kuwait.
kuwaití *adj - nmf* Kuwaiti

L

la 1 *det* the: ***la casa*** the house. || **2** *pron (objeto)* her; *(cosa, animal)* it: ***la miré*** I looked at her; ***la cogí*** I took it. || **3** *nm* MÚS la, lah, A.
laberinto *nm* labyrinth, maze.
labia *nf fam.*
● **tener labia** to have the gift of the gab.
labio *nm* lip.
labor 1 *nf (trabajo)* work, task. **2** COST embroidery, needlework; *(punto)* knitting. **3** AGR farm work.
laborable *adj* working.
laboral *adj* labour.
laboratorio *nm* laboratory.
laborioso,-a *adj* arduous.
labrador,-ra *nm,f* farmer, peasant.
labranza *nf* farming.
labrar 1 *vt (metal)* to work; *(madera)* to carve; *(piedra)* to cut. **2** AGR to plough.
laburar *vi* RPL *fam* to work.
laburo *nm* RPL *fam* job.
laca 1 *nf (barniz)* shellac. **2** *(para pelo)* hair lacquer, hair spray.
lacayo 1 *nm (persona servil)* lackey. **2** *(criado)* footman.

lacio,-a *adj (cabello)* straight.
lacrimógeno,-a *adj* tearful: ***una historia lacrimógena*** a tear jerker.
lactancia *nf* lactation.
lactante 1 *adj* lactational. || **2** *nmf* breast-fed baby.
lácteo,-a *adj* milk.
ladear *vt* to tilt.
ladera *nf* slope, hillside.
ladino,-a 1 *adj (astuto)* cunning, crafty. || **2** *nm,f* CAM MÉX VEN *(no blanco) Spanish-speaking person of mixed race.*
lado 1 *nm* side. **2** *(aspecto)* aspect.
• **al lado** close by, near by; **al lado de** beside; **dar de lado a algn** to ignore sb; **dejar a un lado** to set aside; **hacerse a un lado** to get out of the way; **por un lado... por otro...** on the one hand... on the other hand...
ladrar *vi* to bark.
ladrido 1 *nm* bark. || **2 ladridos** *nm pl* barking.
ladrillo *nm* brick.
ladrón,-ona *nm,f* thief.
lagartija *nf (small)* lizard.
lagarto *nm* lizard.
lago *nm* lake.
lágrima *nf* tear.
laguna 1 *nf* small lake. **2** *fig (vacío)* blank, gap.
laico,-a *adj* lay, secular.
lamentable *adj* lamentable, deplorable, regrettable.
lamentación *nf* wail, lamentation.
lamentar 1 *vt* to deplore, regret, be sorry for. || **2 lamentarse** *vpr* to complain, grieve.
lamento *nm* wail, moan, cry.
lamer *vt* to lick.
lámina 1 *nf (hoja)* sheet. **2** *(ilustración)* illustration.
lámpara 1 *nf* lamp. **2** RAD valve.
lamparón *nm* stain.
lana 1 *nf (de oveja)* wool. **2** ANDES MÉX *fam (dinero)* dough, cash.
lanceta *nf* ANDES MÉX sting.
lancha *nf* launch, motorboat.
langosta 1 *nf (insecto)* locust. **2** *(crustáceo)* crawfish, spiny lobster.
langostino *nm* prawn, shrimp.
lánguido,-a *adj* weak, languid.
lanza *nf* lance, spear.
lanzadera *nf* shuttle.
lanzagranadas *nm inv* grenade launcher.
lanzamiento 1 *nm* cast, throwing. **2** *(de cohete etc)* launching.
lanzar [4] **1** *vt* to throw, fling, hurl. **2** *(nave)* to launch. || **3 lanzarse** *vpr* to throw oneself.
• **lanzar un grito** to scream; **lanzar una mirada** to cast a glance.
Laos *nm* Laos.
laosiano,-a *adj* - *nm,f* Laotian.
lapa *nf (molusco)* limpet.
lapicera *nf* CSUR ballpoint pen, Biro®.
■ **lapicera fuente** fountain pen.
lapicero 1 *nm (lápiz)* pencil. **2** CAM PERÚ *(bolígrafo)* ballpoint pen, biro®.
lápida *nf* tombstone, slab.
lápiz *nm* pencil.
■ **lápiz de color** coloured pencil, coloured crayon; **lápiz de labios** lipstick.
lapso *nm* lapse.
largamente *adv* at length, for a long time.
largar [7] **1** *vt (soltar)* to let go. **2** *fig (dar)* to give. **3** *(decir)* to let out. || **4 largarse** *vpr fam* to get out, leave.
• **¡lárgate!** get out!
largavistas *nm inv* BOL CSUR binoculars.
largo,-a 1 *adj* long. || **2 largo** *adv* for a long time. || **3** *nm* length: ***tiene dos metros de largo*** it's two metres long. || **4 ¡largo!** *interj* get out!
• **a la larga** in the long run; **a lo largo de** along, throughout; **pasar de largo** to pass by; **tener para largo** to have a long wait ahead.
largometraje *nm* feature film, full-length film.
larguirucho,-a *adj* lanky.
laringe *nf* larynx.

laringitis *nf inv* laryngitis.
larva *nf* larva.
las 1 *det* the: ***las casas*** the houses. ‖ **2** *pron (objeto directo)* them: ***las vi*** I saw them.
lascivo,-a *adj* lascivious, lewd.
láser *nm* laser.
lástima *nf* pity, compassion, grief.
• **por lástima** out of pity; **¡qué lástima!** what a pity!; **sentir lástima por algn** to feel sorry for sb.
lastimar 1 *vt* to hurt, injure. ‖ **2 lastimarse** *vpr* to get hurt.
lastre 1 *nm fig (obstáculo)* dead weight, burden. **2** *(peso)* ballast.
lata 1 *nf (hojalata)* tinplate. **2** *(envase)* tin, can. **3** *(fastidio)* bore, nuisance.
• **dar la lata** to annoy; **en lata** canned, tinned.
latente *adj* latent, hidden.
lateral 1 *adj* lateral, side. ‖ **2** *nm* AUTO side street.
latido *nm* beat.
latifundio *nm* large estate.
latigazo 1 *nm (golpe)* lash. **2** *fam (trago)* swig.
látigo *nm* whip.
latín *nm* Latin.
latino,-a *adj - nm, f* Latin.
Latinoamérica *nm* Latin America.
latinoamericano,-a *adj - nm,f* Latin American.
latir *vi* to beat, throb.
latitud *nf* latitude.
latón *nm* brass.
latoso,-a *adj fam* annoying, boring.
laucha *nf* AM mouse.
laúd *nm* lute.
laurel 1 *nm (árbol)* bay tree. **2** *(hoja)* bay leaf.
lava *nf* lava.
lavable *adj* washable.
lavabo 1 *nm (pila)* washbasin. **2** *(cuarto de baño)* bathroom. **3** *(público)* toilet.
lavadero *nm* laundry room.
lavado *nm* wash.
lavadora *nf* washing machine.
lavandera *nf* washerwoman, laundress.
lavandería *nf* laundry.
lavaplatos *nm inv* → **lavavajillas**.
lavar 1 *vt (manos etc)* to wash. **2** *(platos)* to wash up. **3** *(limpiar)* to clean. ‖ **4 lavarse** *vpr* to have a wash, get washed.
• **lavar en seco** to dry-clean.
lavatorio *nm* ANDES RPL *(lavabo)* washbasin, US washbowl.
lavavajillas *nm inv* dishwasher.
laxante *adj - nm* laxative.
lazada 1 *nf (nudo)* knot. **2** *(lazo)* bow.
lazarillo *nm* guide.
lazo 1 *nm* bow. **2** *(nudo)* knot. **3** *fig (vínculo)* tie, bond.
■ **lazo corredizo** slipknot; **lazo escurridizo** slipknot.
Lda. *abr (licenciada)* woman graduate, graduate.
Ldo. *abr (licenciado)* man graduate, graduate.
le 1 *pron (objeto directo)* him; *(usted)* you. **2** *(objeto indirecto - a él)* him; *(- a ella)* her; *(a cosa, animal)* it; *(a usted)* you.
leal *adj* loyal, faithful.
lealtad *nf* loyalty, faithfulness.
lección *nf* lesson.
• **dar una lección a algn** *fig* to teach sb a lesson.
leche 1 *nf* milk. **2** *fam (golpe)* bash. **3** *fam (suerte)* luck.
• **tener mala leche** *fam* to have a nasty temper.
■ **leche condensada** condensed milk; **leche descremada** skimmed milk.
lechería *nf* dairy.
lechero,-a 1 *adj* milk. ‖ **2** *nm,f (hombre)* milkman, dairyman; *(mujer)* milkmaid, dairymaid.
lecho *nm* bed.
lechón *nm* sucking pig.
lechosa *nf* CARIB papaya.
lechuga *nf* lettuce.
lechuza *nf* barn owl.
lector,-ra 1 *nm,f* reader. **2** *(universi-*

tario) lecturer. ‖ **3 lector** *nm* TÉC reader.

lectura 1 *nf* reading. **2** *(interpretación)* interpretation.

leer [61] *vt* to read.

legal 1 *adj* legal. **2** *fam (persona)* honest.

legalidad *nf* legality, lawfulness.

legalizar [4] *vt* to legalize.

legaña *nf* sleep.

legañoso,-a *adj* bleary-eyed.

legar [7] **1** *vt* to will, bequeath. **2** *fig* to pass on.

legendario,-a *adj* legendary.

legible *adj* legible.

legión *nf* legion.

legionario *nm* legionary, legionnaire.

legislación *nf* legislation.

legislar *vt* to legislate.

legislativo,-a *adj* legislative.

legislatura *nf* legislature.

legítimo,-a 1 *adj* JUR legitimate. **2** *(genuino)* genuine, real.

legua *nf* league.

legumbre *nf* legume.

lejanía *nf* distance.

lejano,-a *adj* distant, remote, far.

lejía *nf* bleach.

lejos *adv* far, far away, far off.
• **a lo lejos** in the distance, far away; **de lejos** from afar.

lelo,-a *adj fam* stupid, dull.

lema *nm* motto, slogan.

lencería 1 *nf (de mujer)* underwear, lingerie. **2** *(tienda)* lingerie shop. **3** *(ropa blanca)* linen.

lengua 1 *nf* ANAT tongue. **2** *(idioma)* language. **3** *(de tierra)* strip.
• **morderse la lengua** *fig* to hold one's tongue; **no tener pelos en la lengua** *fig* not to mince one's words; **tener algo en la punta de la lengua** *fig* to have sth on the tip of one's tongue.
▪ **lengua materna** mother tongue.

lenguado *nm* sole.

lenguaje 1 *nm (gen)* language. **2** *(habla)* speech.

lengüeta 1 *nf (de zapato)* tongue. **2** *(de instrumento)* reed.

lente 1 *nm & nf* lens. ‖ **2 lentes** *nm pl* AM glasses, spectacles.
▪ **lente de aumento** magnifying glass; **lentes de contacto** contact lenses.

lenteja *nf* lentil.

lentejuela *nf* sequin.

lentilla *nf* contact lens.

lentitud *nf* slowness.

lento,-a *adj* slow.

leña 1 *nf* firewood. **2** *fam fig (paliza)* thrashing.
• **echar leña al fuego** *fig* to add fuel to the fire.

leñador,-ra *nm,f* woodcutter.

leño *nm* log.
• **dormir como un leño** to sleep like a log.

Leo *nm inv* Leo.

león,-ona *nm,f (macho)* lion; *(hembra)* lioness.

leonera *nf* lion's den.
• **ser una leonera** to be a tip.

leopardo *nm* leopard.

leotardos *nm pl* thick tights.

lépero,-a 1 *adj* CAM MÉX *fam (vulgar)* coarse, vulgar. **2** CUBA *(ladino)* smart, crafty.

lepra *nf* leprosy.

leproso,-a *nm,f* leper.

lerdo,-a *adj* clumsy.

les 1 *pron (objeto indirecto)* them; *(a ustedes)* you. **2** *(objeto directo)* them; *(ustedes)* you.

lesbiana *nf* lesbian.

leseras *nf pl* CHILE *fam (tonterías)* nonsense, GB rubbish.

lesión *nf* wound, injury.

lesionar *vt* to wound, injure.

letal *adj* lethal, deadly.

letargo *nm* lethargy.

letón,-ona *adj - nm,f* Latvian.

Letonia *nf* Latvia.

letra 1 *nf (del alfabeto)* letter. **2** *(de imprenta)* character. **3** *(escritura)* handwriting. **4** *(de canción)* words *pl*. ‖ **5 letras** *nf pl* EDUC arts; *(literatura)* letters.

• **al pie de la letra** litterally.
■ **letra de cambio** bill of exchange, draft; **letra mayúscula** capital letter; **letra minúscula** small letter.
letrero *nm* sign, notice.
letrina *nf* latrine.
leucemia *nf* leukaemia.
levadura *nf* yeast.
levantamiento 1 *nm (supresión)* lifting, raising. **2** *(insurrección)* uprising, revolt.
levantar 1 *vt* to raise, lift, hoist. **2** *(construir)* to erect, build. **3** *(mesa)* to clear. || **4 levantarse** *vpr (ponerse de pie)* to rise, stand up. **5** *(de la cama)* to get up, rise. **6** *(sublevarse)* to rebel.
• **levantar acta** to draw up a statement; **levantar la sesión** to adjourn; **levantarse con el pie izquierdo** *fig* to get out of bed on the wrong side.
levante 1 *nm* East. **2** *(viento)* east wind. **3** GEOG east coast of Spain.
leve 1 *adj* light. **2** *fig (poco importante)* slight, trifling.
levita *nf* frock coat.
léxico,-a 1 *adj* lexical. || **2 léxico** *nm (vocabulario)* vocabulary.
ley *nf (gen)* law; *(del parlamento)* act, bill.
• **aprobar una ley** to pass a bill; **con todas las de la ley** *fig* properly.
leyenda 1 *nf* legend. **2** *(inscripción)* inscription.
liar [13] **1** *vt (atar)* to tie up; *(envolver)* to wrap up, bind. **2** *(cigarrillo)* to roll. **3** *(confundir)* to muddle up. **4** *(implicar)* to involve. || **5 liarse** *vpr (complicarse)* to get mixed up. **6** *fam (con algn)* to have an affair (con, with).
libanés,-esa *adj - nm,f* Lebanese.
Líbano *nm* Lebanon.
libélula *nf* dragonfly.
liberación *nf* liberation, freeing, release.
liberado,-a *adj* liberated.
liberal *adj - nmf* liberal.
liberar *vt* to liberate, free.
liberiano,-a *adj - nm,f* Liberian.
libertad *nf* liberty, freedom.
libertador,-ra *nm,f* liberator.
libertinaje *nm* licentiousness.
libertino,-a *adj - nm, f* libertine.
Libia *nf* Libya.
libio,-a *adj - nm, f* Libyan.
libra 1 *nf* pound. **2** ASTROL ASTRON Libra.
■ **libra esterlina** pound sterling.
librar 1 *vt* to free, deliver, save. || **2 librarse** *vpr* to get rid (**de**, of), escape (**de**, from).
• **librar una batalla** to fight a battle (**contra,** against).
libre 1 *adj* free. **2** *(asiento)* vacant. **3** *(sin ocupación)* disengaged, at leisure.
■ **libre albedrío** free will; **libre cambio** COM free trade; **libre comercio** free trade.
librería 1 *nf (tienda)* bookshop. **2** *(estantería)* bookcase.
librero,-a 1 *nm,f* bookseller. || **2 librero** *nm* CAM COL MÉX *(mueble)* bookcase.
libreta *nf* notebook.
libretista *nmf* AM screenwriter, scriptwriter.
libreto *nm* AM *(de película)* script.
libro *nm* book.
• **llevar los libros** COM to keep the accounts.
■ **libro blanco** POL white paper; **libro de bolsillo** paperback; **libro de caja** COM cash-book; **libro de reclamaciones** complaints book; **libro de texto** textbook.
liceal *nmf* URUG secondary school pupil, US high school pupil.
liceano,-a *nm,f* CHILE secondary school pupil, US high school pupil.
liceísta *nmf* VEN secondary school pupil, US high school pupil.
licencia 1 *nf (permiso)* permission. **2** *(documento)* licence, permit. **3** MIL discharge. **4** AM *(de conducir)* driving licence, US driver's license.
■ **licencia de armas** firearms licence; **licencia fiscal** business permit.

licenciado,-a 1 *nm,f (universitario)* graduate. 2 MIL *soldier who has completed his national service.* 3 AM lawyer.
licenciar [12] 1 *vt* MIL to discharge. || 2 **licenciarse** *vpr* to graduate.
licenciatura *nf* bachelor's degree.
licitar *vt* to bid for.
lícito,-a *adj* licit, lawful.
licor *nm* liquor, spirits *pl*.
licuadora *nf* blender, liquidizer.
licuar [10 u 11] *vt* to liquefy.
líder *nmf* leader.
lidiar [12] 1 *vi (pelear)* to fight (con, against), struggle (con, with). 2 *fig* to deal (con, with). || 3 *vt (toros)* to fight.
liebre *nf* hare.
liendre *nf* nit.
lienzo 1 *nm (tela)* cloth. 2 ART canvas, painting.
liga 1 *nf (para media)* garter. 2 *(alianza)* league, alliance. 3 DEP league.
ligadura *nf* tie, bond.
■ **ligadura de trompas** sterilization.
ligamento *nm* ligament.
ligar [7] 1 *vt (atar)* to tie, bind. 2 *(unir)* to join, unite. 3 CULIN to thicken. || 4 *vi fam (conquistar)* pick up (con, -).
ligereza 1 *nf (liviandad)* lightness. 2 *(prontitud)* swiftness. 3 *(agilidad)* agility. 4 *fig (frivolidad)* flippancy, frivolity.
ligero,-a 1 *adj (liviano)* light. 2 *(rápido)* swift. 3 *(ágil)* agile. 4 *fig (frívolo)* flippant, thoughtless.
• **a la ligera** hastily.
light 1 *adj (comida)* low-calorie; *(refresco)* diet. 2 *(tabaco)* light.
ligón,-ona *nm,f fam* flirt.
ligue *nm fam* pick-up.
lija *nf* sandpaper.
lijar *vt* to sand.
lila *adj* - *nf* lilac.
lima 1 *nf (utensilio)* file. 2 *(fruta)* sweet lime.
limar 1 *vt* to file. 2 *fig* to polish up.
• **limar asperezas** *fig* to smooth things off.
limitación *nf* limitation, limit.
limitado,-a *adj* limited.
limitar 1 *vt* to limit. || 2 *vi* to border (con, on). || 3 **limitarse** *vpr* to limit oneself (a, to).
límite 1 *nm* limit, boundary. 2 *(frontera)* border.
limítrofe *adj* bordering.
limón *nm* lemon.
limonada *nf* lemonade.
limonero *nm* lemon tree.
limosna *nf* alms *pl*, charity.
• **pedir limosna** to beg.
limpiabotas *nm inv* bootblack.
limpiacristales 1 *nmf inv* window cleaner. || 2 *nm* window cleaning liquid.
limpiaparabrisas *nm* windscreen wiper, US windshield wiper.
limpiar [12] 1 *vt* to clean. 2 *(con paño)* to wipe. 3 *fam (robar)* to clean out.
limpieza 1 *nf* cleanness, cleanliness. 2 *(acción)* cleaning. 3 *(honradez)* honesty, fairness.
limpio,-a 1 *adj (gen)* clean. 2 *(persona)* neat, tidy. 3 *(puro)* pure. 4 *(juego)* fair. 5 COM net: ***ganó 40.000 limpias*** he made 40,000 clear profit.
• **dejar limpio,-a** to clean out; **poner en limpio** to make a clean copy; **sacar en limpio** to conclude, infer.
linaje *nm* lineage.
lince 1 *nm* ZOOL lynx. 2 *fig (persona)* sharp-eyed person.
linchamiento *nm* lynching.
linchar *vt* to lynch.
lindante *adj* bordering (con, on).
lindar *vi* to border (con, on).
linde *nm & nf* limit, boundary.
lindo,-a 1 *adj* pretty, nice, lovely. || 2 *adv* AM *(bien)* nicely.
• **de lo lindo** a great deal.
línea 1 *nf (gen)* line. 2 *(tipo)* figure.
• **cuidar la línea** to watch one's weight; **en línea** on-line; **fuera de línea** off-line.
■ **línea continua** AUTO solid white line.
lineal *adj* linear.
lingote *nm* ingot.

lingüista *nmf* linguist.
lingüística *nf* linguistics.
lino 1 *nm (tela)* linen. **2** BOT flax.
linterna *nf* torch.
linyera *nmf* CSUR *(vagabundo)* tramp, US bum.
lío 1 *nm (embrollo)* tangle, muddle, mess. **2** *(atado)* bundle, parcel.
• **armar un lío** to make a fuss; **hacerse un lío** to get muddled up; **meterse en un lío** to get oneself into a mess; **¡qué lío!** what a mess!; **tener un lío con algn** to be having an affair with sb.
liquen *nm* lichen.
liquidación *nf* clearance sale.
liquidar 1 *vt* COM *(deuda)* to settle. **2** COM *(mercancías)* to sell off. **3** *fam (matar)* to kill.
líquido,-a 1 *adj* liquid. || **2 líquido** *nm* liquid.
lira *nf* lira.
lírica *nf* lyric poetry.
lírico,-a *adj* lyrical.
lirio *nm* iris.
lirón *nm* dormouse.
• **dormir como un lirón** to sleep like a log.
lisiado,-a 1 *adj* crippled. || **2** *nm,f* cripple.
liso,-a 1 *adj* smooth, even. **2** *(pelo)* straight. **3** *(color)* plain. **4** AM *(desvergonzado)* rude.
lisonjero,-a *adj* flattering.
lista 1 *nf (raya)* stripe. **2** *(relación)* list, register.
• **pasar lista** to call the register.
▪ **lista de correo** mailing list; **lista de correos** poste restante; **lista de espera** *(en general)* waiting list; *(para avión)* standby; **lista de la compra** shopping list; **lista negra** blacklist.
listado,-a 1 *adj* striped. || **2 listado** *nm (lista)* list. **3** INFORM listing.
listar *vt* AM to list.
listín *nm* telephone directory.
listo,-a 1 *adj (preparado)* ready, prepared. **2** *(inteligente)* clever, smart.
listón 1 *nm (de madera)* lath. **2** DEP bar.
litera *nf* bunk bed; *(en barco)* bunk; *(tren)* couchette.
literal *adj* literal.
literario,-a *adj* literary.
literato,-a *nm,f (hombre)* writer, man of letters; *(mujer)* writer, woman of letters.
literatura *nf* literature.
litigar [7] **1** *vt* JUR to litigate. || **2** *vi (disputar)* to argue, dispute.
litigio 1 *nm* JUR litigation, lawsuit. **2** *(disputa)* dispute.
litoral 1 *adj* coastal. || **2** *nm* coast.
litro *nm* litre.
Lituania *nf* Lithuania.
lituano,-a *adj* - *nm,f* Lithuanian.
liturgia *nf* liturgy.
liviano,-a 1 *adj (ligero)* light. **2** *fig (inconstante)* fickle.
lívido,-a *adj* livid.
llaga *nf* ulcer, sore.
• **poner el dedo en la llaga** to touch a sore spot.
llama 1 *nf (de fuego)* flame, blaze. **2** ZOOL llama.
llamada 1 *nf (telefónica)* call: ***hacer una llamada*** to make a phone call. **2** *(a la puerta)* knock, ring.
llamado,-a 1 *pp* → **llamar**. || **2** *adj* called. || **3 llamado** *nm* AM *(en general)* call; *(a la puerta)* knock; *(con timbre)* ring. **4** AM *(telefónico)* call: ***hacer un llamado*** to make a phone call. **5** AM *(apelación)* appeal, call: ***hacer un llamado a alguien para que haga algo*** to call upon sb to do sth; ***hacer un llamado a la huelga*** to call a strike.
llamamiento *nm* call, summons, appeal.
llamar 1 *vt (gen)* to call: ***¿me has llamado?*** did you call me?; ***he llamado un taxi*** I've called a taxi. **2** *(dar nombre)* to name, call: ***lo han llamado Abel*** they've called him Abel. || **3** *vi (a la puerta)* to knock: ***llaman a la puer-***

ta someone's knocking at the door. **4** *(por teléfono)* to phone, call, ring: ***te llamaré mañana*** I'll call you tomorrow. || **5 llamarse** *vpr (tener nombre)* to be called, be named: ***¿cómo te llamas?*** what's your name?; ***me llamo Juan*** my name is Juan.

• **llamar la atención** *(resaltar)* to catch the attention; **llamar la atención a algn** *(reñir)* to tell sb off.

llamarada *nf* flash, sudden blaze, sudden flame.

llamativo,-a *adj* showy, flashy.

llaneza *nf* plainness, simplicity.

llano,-a **1** *adj (plano)* flat, even, level. **2** *(franco)* open, frank. **3** *(sencillo)* simple. || **4 llano** *nm (llanura)* plain.

llanta **1** *nf* wheel rim. **2** AM *(neumático)* tyre.

llanto *nm* crying, weeping.

llanura *nf* plain.

llave **1** *nf (de puerta etc)* key. **2** TÉC wrench. **3** CHILE MÉX *(grifo)* tap, US faucet.

• **bajo llave** under lock and key; **cerrar con llave** to lock.

■ **llave de contacto** ignition key; **llave de paso** *(del agua)* stopcock; *(del gas)* mains tap; **llave inglesa** adjustable spanner; **llave maestra** master key.

llavero *nm* key ring.

llegada **1** *nf* arrival. **2** DEP finishing line.

llegar [7] **1** *vi* to arrive (a, at/in), get (a, at), reach (a, -): ***llegar a casa*** to arrive home. **2** *(alcanzar)* to reach. **3** *(ser suficiente)* to be enough, suffice. **4** *(suceder)* to come, arrive: ***llegó el momento*** the moment arrived. **5: *llegó a decir que no la quería*** he even said he didn't love her; ***no llegué a ver al rey*** I didn't manage to see the king. || **6 llegarse** *vpr (ir)* to go, nip (a, to): ***llégate al estanco*** nip to the tobacconist's.

llenar **1** *vt* to fill (up); *(formulario)* to fill in; *(tiempo)* to fill, occupy. **2** *(satisfacer)* to fulfil, please. || **3 llenarse** *vpr* to fill (up). **4** *(de gente)* to get crowded. **5** *(de comida)* to overeat.

lleno,-a **1** *adj* full (de, of), filled (de, with). **2** *(de gente)* crowded (de, with). || **3 lleno** *nm* TEAT full house.

• **de lleno** fully; **lleno,-a hasta el borde** brimful.

llevadero,-a *adj* bearable, tolerable.

llevar **1** *vt (transportar)* to carry: ***el tren llevaba carbón*** the train was carrying coal. **2** *(prenda)* to wear, have on: ***llevaba un abrigo verde*** she was wearing a green coat. **3** *(conducir)* to take, lead, guide: ***te llevaré al zoo*** I'll take you to the zoo. **4** *(aguantar)* to cope with: ***¿qué, cómo lo llevas?*** well, how are you coping? **5** *(libros, cuentas)* to keep: ***mi mujer lleva las cuentas*** my wife keeps the accounts. **6** *(dirigir)* to be in charge of, manage, run: ***lleva la fábrica ella sola*** she runs the factory all by herself. **7** *(pasar tiempo)* to be: ***llevo un mes aquí*** I have been here for a month. **8** *(exceder)* to be ahead: ***te llevo tres años*** I'm three years older than you. **9** *(vida)* to lead: ***lleva una vida muy sana*** he leads a very healthy life. **10** to have: ***llevo hechas cuatro cartas*** I've done four letters. || **11 llevarse** *vpr* to take: ***los ladrones se lo llevaron todo*** the burglars took everything. **12** *(premio)* to win: ***se llevó el tercer premio*** he won third prize. **13** *(estar de moda)* to be fashionable: ***este color ya no se lleva*** this colour is not fashionable anymore. **14** *(entenderse)* to get on (con, with): ***se lleva bien con todo el mundo*** he gets on well with everybody. **15** MAT to carry over.

• **llevar algo adelante** to carry on sth; **llevar las de perder** to be likely to lose; **llevarse un chasco** to be disappointed; **llevarse un susto** to get a shock.

llorar **1** *vi* to cry, weep. **2** *fam (quejarse)* to moan. || **3** *vt* to mourn.

• **llorar a lágrima viva** to cry one's heart out.
lloriquear *vi* to whine.
llorón,-ona *nm,f* crybaby.
lloroso,-a *adj* tearful, weeping.
llover [32] *vi* to rain.
• **llover a cántaros** to pour down.
llovizna *nf* drizzle.
lloviznar *vi* to drizzle.
lluvia 1 *nf* rain. **2** *fig* shower.
lluvioso,-a *adj* rainy, wet.
lo 1 *det* the: ***lo bueno*** the good thing. || **2** *pron (objeto directo)* him; *(cosa, animal)* it; *(usted)* you.
• **lo cual** which; **lo que** what.
loa *nf* praise.
loable *adj* laudable, praiseworthy.
lobo,-a *nm,f (macho)* wolf; *(hembra)* she-wolf.
• **oscuro,-a como la boca del lobo** pitch-dark.
■ **lobo de mar** old salt.
lóbrego,-a *adj* dark, gloomy.
lóbulo *nm* lobe.
local 1 *adj* local. || **2** *nm* premises *pl.*
localidad 1 *nf (ciudad)* village, town. **2** TEAT *(asiento)* seat.
localizar [4] **1** *vt (encontrar)* to locate, find. **2** *(fuego, dolor)* to localize.
loción *nf* lotion.
loco,-a 1 *adj* mad, crazy, insane. || **2** *nm,f* lunatic, insane person.
• **¡ni loco,-a!** no way!; **volverse loco,-a** to go crazy.
■ **loco,-a de remate** stark mad.
locomotora *nf* engine, locomotive.
locuaz *adj* loquacious, talkative.
locución *nf* locution, phrase, idiom.
locura *nf* madness, insanity, folly.
locutor,-ra *nm,f* announcer.
lodo *nm* mud, mire.
lógica *nf* logic.
lógico,-a *adj* logical.
logotipo *nm* logo.
lograr 1 *vt* to get, obtain. **2** *(objetivo)* to attain, achieve. **3** *(tener éxito)* to succeed: ***logré hacerlo*** I managed to do it.
logro *nm* success, achievement.
LOGSE *abr (*Ley de Ordenación General del Sistema Educativo*) institutional law on the overall structuring of the education system.*
loma *nf* hill, hillock.
lombriz *nf* earthworm.
lomo 1 *nm* ANAT back. **2** CULIN loin.
• **ir a lomo de** to ride.
lona *nf* canvas, sailcloth.
loncha *nf* slice.
lonche 1 *nm* MÉX PERÚ VEN *(merienda - en escuela)* mid-morning snack; *(- en casa)* afternoon tea. **2** MÉX VEN *(comida rápida)* mid-morning snack.
lonchería *nf* MÉX snack bar.
londinense 1 *adj* of London, from London. || **2** *nmf* Londoner.
Londres *nm* London.
longaniza *nf* pork sausage.
longevidad *nf* longevity, long life.
longitud 1 *nf* length. **2** GEOG longitude.
longitudinal *adj* longitudinal.
lonja *nf* market.
loquería *nf* AM mental asylum, mental hospital.
loro *nm* parrot.
los 1 *det* the: ***los niños*** the boys. || **2** *pron* them: ***los vi*** I saw them.
losa 1 *nf* flagstone, slab. **2** *(de sepulcro)* gravestone.
lote 1 *nm* COM lot. **2** *(en informática)* batch. **3** AM *(solar)* plot of land.
loteamiento *nm* BOL URUG parcelling out, division into plots.
loteo *nm* CHILE COL → **loteamiento**.
lotería *nf* lottery.
• **tocarle la lotería a algn** *(ganar dinero)* to win the lottery; *(tener suerte)* to be very lucky.
lotización *nm* ECUAD PERÚ → **loteamiento**.
loto 1 *nf (juego)* lottery. || **2** *nm (planta)* lotus.
loza 1 *nf (cerámica)* pottery. **2** *(cocina)* crockery.

lozanía 1 *nf (vigor)* bloom, freshness, vigour. 2 *(frondosidad)* luxuriance.
lozano,-a 1 *adj (vigoroso)* blooming, fresh, vigorous. 2 *(frondoso)* luxuriant.
ltda. *abr (*limitada*)* limited; *(abreviatura)* Ltd.
lubina *nf* bass.
lubricante *nm* lubricant.
lubricar [1] *vt* to lubricate.
lucero *nm* bright star.
lucha 1 *nf* fight, struggle. 2 DEP wrestling.
■ **lucha de clases** class struggle.
luchador,-ra 1 *nm,f* fighter. 2 DEP wrestler.
luchar 1 *vi* to fight. 2 DEP to wrestle.
lucidez *nf* lucidity.
lúcido,-a *adj* clear, lucid.
luciérnaga *nf* glow-worm.
lucio *nm* pike.
lucir [45] 1 *vi (brillar)* to shine. 2 *(dar luz)* to be bright: ***esta bombilla no luce mucho*** this bulb's not very bright. 3 *(quedar bien)* to look good: ***ese cuadro no luce nada ahí*** that picture doesn't look very good there. 4 AM *(parecer)* to seem. || 5 *vt (presumir)* to show off: ***lucía sus joyas*** she was showing off her jewellery. || 6 **lucirse** *vpr (presumir)* to show off. 7 *irón (meter la pata)* to excel oneself.
lucrativo,-a *adj* lucrative, profitable.
lucro *nm* gain, profit.
lúcuma *nf* ANDES lucuma *(sweet pear-shaped fruit)*.
luego 1 *adv (después)* afterwards, next. 2 *(más tarde)* later. 3 *(después de algo)* then. 4 CHILE VEN *(pronto)* soon. || 5 *conj* therefore, then.
• **desde luego** of course; **hasta luego** so long, see you later; **luego luego** MÉX straightaway.
lugar 1 *nm* place. 2 *(posición)* position. 3 *(espacio)* space.
• **dar lugar a** to give rise to; **en lugar de** instead of; **en primer lugar** firstly; **fuera de lugar** out of place; **hacer lugar** to make room; **tener lugar** to take place, happen.
lugareño,-a *nm,f* local.
lugarteniente *nm* deputy.
lúgubre *adj* lugubrious, gloomy, dismal.
lujo *nm* luxury.
• **de lujo** de luxe.
lujoso,-a *adj* luxurious.
lujuria *nf* lewdness, lust.
lujurioso,-a *adj* licentious, lustful.
lumbre 1 *nf* fire. 2 *(para cigarrillo)* light.
lumbrera 1 *nf* luminary. 2 *fig (persona)* eminence.
luminoso,-a *adj* bright.
luna 1 *nf* ASTRON moon. 2 *(cristal)* window pane; *(de vehículo)* windscreen. 3 *(espejo)* mirror.
• **estar en la luna** *fig* to be in the clouds.
■ **luna llena** full moon; **luna de miel** honeymoon.
lunar 1 *adj* lunar. || 2 *nm (en la piel)* mole, beauty spot.
• **de lunares** spotted.
lunático,-a 1 *adj (loco)* lunatic. 2 *(temperamental)* changeable, moody. || 3 *nm,f* lunatic.
lunes *nm inv* Monday.
lupa *nf* magnifying glass.
lustrabotas *nm inv* ANDES RPL bootblack.
lustradora *nf* ANDES RPL floor polisher.
lustrar *vt* to polish, shine.
lustre 1 *nm (brillo)* polish, shine, lustre. 2 *fig (esplendor)* glory.
lustro *nm* five years.
luto *nm* mourning.
• **estar de luto** to be in mourning; **ir de luto** to wear mourning.
luxación *nf* dislocation.
Luxemburgo *nm* Luxembourg.
luz 1 *nf* light. 2 *fam (electricidad)* electricity.
• **a todas luces** evidently; **dar a luz**

to give birth to; **sacar a la luz** to bring to light.

■ **luces de cruce** dipped headlights; **luces de posición** sidelights; **luz del día** daylight

M

m *abr* (minuto) minute; *(abreviatura)* min.

m/ 1 *abr* (mes) month. **2** (mi) my.

macabro,-a *adj* macabre.

macana 1 *nf* ANDES CARIB MÉX *(palo)* club. **2** CSUR PERÚ VEN *fam (fastidio)* pain, drag.

macanear *vt* CSUR VEN *(hacer mal)* to botch, do badly.

macanudo,-a *adj* AM *fam* great, terrific.

macarra *nm fam (de prostituta)* pimp; *(hortera)* flash Harry; *(rufián)* lout.

macarrón *nm* macaroni.

■ **macarrones al gratén** macaroni cheese.

macedonia *nf* fruit salad.

macerar *vt* to macerate.

maceta *nf* plant pot, flowerpot.

macetero *nm* flowerpot stand.

machaca *nmf arg* dogsbody.

machacar [1] **1** *vt* to crush. **2** *fam (estudiar)* to swot. || **3** *vi fam (insistir en)* to harp on.

machacón,-ona *adj* tiresome.

machete 1 *nm (arma)* machete. **2** ARG *fam (chuleta)* crib.

machismo *nm* male chauvinism.

machista *nmf* male chauvinist.

macho 1 *adj* male. **2** *(viril)* manly, virile. || **3** *nm* ZOOL male. **4** TÉC male piece, male part; *(del corchete)* hook.

■ **macho cabrío** he-goat.

machote *nm* AM *(borrador)* rough draft.

macizo,-a 1 *adj* solid. || **2 macizo** *nm (de flores)* bed. **3** *(montañoso)* massif, mountain mass.

macro *nf* INFORM macro.

macrobiótica *nf* macrobiotics.

macuto *nm* knapsack.

madeja *nf* skein, hank.

madera 1 *nf (gen)* wood; *(para la construcción)* timber. **2** *fig (talento)* talent.

● **¡toca madera!** touch wood!

madero 1 *nm* piece of timber. **2** *arg (policía)* cop.

madrastra *nf* stepmother.

madre *nf* mother.

● **¡madre mía!** *fam* good heavens!; **¡la madre que te parió!** *vulg* you bastard!; **¡tu madre!** *vulg* up yours!

■ **futura madre** mother-to-be; **madre de alquiler** surrogate mother; **madre política** mother-in-law.

madriguera 1 *nf (de conejo etc)* hole, burrow. **2** *(de gente)* den, hideout.

madrina 1 *nf (de bautizo)* godmother. **2** *(de boda) woman who accompanies the groom during the wedding ceremony (usually his mother)*.

madrugada 1 *nf (alba)* dawn. **2** *(después de medianoche)* early morning.

● **de madrugada** at daybreak, at dawn.

madrugador,-ra 1 *adj* early rising. || **2** *nm,f* early riser.

madrugar [7] *vi* to get up early.

madrugón *nm*.

● **pegarse un madrugón** to get up at the crack of dawn.

madurar 1 *vt (fruta)* to ripen. **2** *fig (plan etc)* to think out. || **3** *vi* to mature.

madurez 1 *nf* maturity. **2** *(de la fruta)* ripeness.

maduro,-a 1 *adj* mature. **2** *(fruta)* ripe.

maestro,-a 1 *nm,f* teacher. **2** MÉX *(en universidad)* lecturer, US professor. || **3** *adj (principal)* main. || **4 maestro** *nm* MÚS *(compositor)* composer; *(director)* conductor.

■ **maestro de obras** master builder.

mafia *nf* mafia.
magdalena *nf* bun, cake.
magia *nf* magic.
■ **magia negra** black magic.
mágico,-a 1 *adj* magic. 2 *(maravilloso)* magical.
magisterio *nm* teaching.
magistrado,-a *nm,f* judge.
■ **primer magistrado** AM prime minister.
magistral *adj (superior)* masterly; *(tono)* magisterial.
magistratura *nf* magistracy.
magnate *nm* magnate.
magnético,-a *adj* magnetic.
magnetismo *nm* magnetism.
magnetófono *nm* tape recorder.
magnífico,-a *adj* magnificent, splendid.
magnitud *nf* magnitude.
mago,-a *nm,f* magician, wizard.
■ **los Reyes Magos** the Three Kings, the Three Wise Men.
magra *nf (de jamón)* slice of ham.
magro,-a 1 *adj (sin grasa)* lean. || 2 **magro** *nm (de cerdo)* lean meat.
magulladura *nf* bruise, contusion.
magullar 1 *vt* to bruise. || 2 **magullarse** *vpr* to get bruised.
mahometano,-a *adj - nm,f* Mohammedan.
mahonesa *nf* → **mayonesa**.
maíz *nm* maize, US corn.
majadería *nf (acción)* stupid thing; *(palabras)* nonsense.
majadero,-a 1 *adj* dim-witted. || 2 *nm,f* dimwit.
majara *adj - nmf fam* loony.
majareta *adj - nmf fam* loony.
• **volverse majara** to go crazy.
majestad *nf* majesty.
majestuoso,-a *adj* majestic, stately.
majo,-a 1 *adj* pretty, lovely. 2 *(simpático)* nice. 3 *(tratamiento)* darling.
mal 1 *adj* bad: ***he tenido un mal día*** I've had a bad day. || 2 *nm* evil, wrong: ***el bien y el mal*** good and evil. 3 *(daño)* harm. 4 *(enfermedad)* illness, disease. || 5 *adv* badly, wrong: ***lo hizo mal*** he did it wrong; ***la dirección estaba mal*** the address was wrong.
• **encontrarse mal** to feel ill; **menos mal que...** thank goodness...; **nada mal** not bad: ***la peli no está nada mal*** the film's not bad at all; ***no canta nada mal*** she's not a bad singer; **tomar a mal** to take badly.
malabarismo *nm* juggling.
malabarista *nmf* juggler.
malaleche 1 *adj fam* bad-tempered. || 2 *nmf fam* bad-tempered person. || 3 *nf* bad temper.
malapata 1 *nmf fam* jinx. || 2 *nf fam* bad luck.
malayo,-a *adj - nm, f* Malay.
Malaysia *nf* Malaysia.
malcriado,-a *adj* spoilt.
malcriar [13] *vt* to spoil.
maldad 1 *nf (cualidad)* evil. 2 *(acto)* evil deed.
maldecir [79] *vt - vi* to curse, damn.
• **maldecir de** to speak ill of.
maldición *nf* curse.
maldito,-a 1 *adj (condenado)* cursed, damned. 2 *fam (que causa molestia)* damned, bloody.
maleducado,-a 1 *adj* bad mannered. || 2 *nm,f* bad mannered person.
maleficio *nm* spell, charm.
malentendido *nm* misunderstanding.
malestar 1 *nm (incomodidad)* discomfort. 2 *fig (inquietud)* uneasiness.
maleta *nf* suitcase, case.
• **hacer la maleta** to pack.
maletero *nm* AUTO boot, US trunk.
maletín *nm* briefcase.
maleza *nf (malas hierbas)* weeds *pl*.
malformación *nf* malformation.
malgastador,-ra *nm,f* spendthrift, squanderer.
malgastar *vt* to waste, squander.
malhablado,-a 1 *adj* foulmouthed. || 2 *nm,f* foulmouthed person.
malhechor,-ra *nm,f* wrongdoer, criminal.

malherido,-a *adj* seriously injured.
malherir [35] *vt* to wound seriously.
malhumor *nm*.
● **estar de malhumor** to be in a bad mood; **tener malhumor** to be bad-tempered.
malhumorado,-a *adj* bad-tempered.
malicia 1 *nf (mala intención)* malice. **2** *(picardía)* mischief.
malicioso,-a 1 *adj* malicious. ‖ **2** *nm,f* malicious person.
maligno,-a *adj* malignant.
malintencionado,-a 1 *adj* ill-intentioned. ‖ **2** *nm,f* ill-intentioned person.
malla 1 *nf (red)* mesh, network. **2** *(prenda)* leotard. **3** RPL PERÚ swimming costume, swimsuit.
Mallorca *nf* Majorca.
malo,-a 1 *adj* bad. **2** *(malvado)* wicked. **3** *(travieso)* naughty. **4** *(nocivo)* harmful. **5** *(enfermo)* ill, sick. **6** *(difícil)* difficult.
● **estar de malas** to be out of luck; **estar malo,-a** to be ill; **lo malo es que...** the trouble is that...; **por las malas** by force.
■ **mala hierba** weed.
▲ *See also* mal.
malogrado,-a 1 *adj (difunto)* ill-fated. **2** *(desaprovechado)* wasted.
malograr 1 *vt* to waste. **2** ANDES *(estropear)* to make a mess of, ruin. ‖ **3** **malograrse** *vpr* to fail, fall through.
maloliente *adj* foul-smelling.
malpensado,-a 1 *adj* nasty-minded. ‖ **2** *nm,f* nasty-minded person.
malsano,-a *adj* unhealthy, sickly.
malsonante *adj (grosero)* offensive.
maltratar *vt (animal)* to ill-treat, mistreat; *(persona)* to batter.
maltrecho,-a *adj* battered, injured.
malva 1 *adj* - *nm (color)* mauve. ‖ **2** *nf* BOT mallow.
● **estar criando malvas** to be pushing up daisies.
malvado,-a 1 *adj* wicked, evil. ‖ **2** *nm,f* evil person.
malversación *nf* misappropriation, embezzlement.
Malvinas *nf pl* **Islas Malvinas** Falkland Islands, Falklands.
malviviente *nmf* CSUR criminal.
malvivir *vi* to live very badly.
mama 1 *nf (de mujer)* breast; *(de animal)* udder. **2** *fam (madre)* mum, mummy.
mamá *nf fam* mum, mummy.
■ **mamá grande** COL MÉX grandma.
mamadera *nf* AM feeding bottle.
mamar 1 *vi (leche)* to suck. ‖ **2** *vt (aprender de pequeño)* to grow up with. ‖ **3** **mamarse** *vpr fam* to get drunk.
mamarracho 1 *nm fam (ridículo)* sight. **2** *(tonto)* stupid.
mamífero,-a 1 *adj* mammalian, mammal. ‖ **2** **mamífero** *nm* mammal.
mamón,-ona *adj vulg* pillock, prick.
mamotreto 1 *nm (libro)* book. **2** *(armatoste)* monstrosity.
mampara *nf* screen.
manada *nf (vacas, elefantes)* herd; *(ovejas)* flock; *(lobos, perros)* pack.
manager *nmf (hombre)* manager; *(mujer)* manageress.
manantial *nm* spring.
manar 1 *vi (salir)* to flow, run. **2** *fig (abundar)* to abound.
manazas *nmf inv fam* clumsy person.
mancha *nf* stain, spot.
■ **mancha solar** sunspot.
manchado,-a *adj* stained.
manchar 1 *vt* to stain. ‖ **2** **mancharse** *vpr* to get dirty.
manco,-a 1 *adj* one-handed. ‖ **2** *nm,f* one-handed person.
mancomunidad *nf* community, association.
mancornas *nf pl* CAM CHILE COL MÉX VEN cufflinks.
mandado,-a 1 *nm,f* person who carries out an order. ‖ **2** **mandado** *nm* AM *(recado)* order, errand.
mandamás *nmf fam* bigwig, big boss.

mandamiento 1 *nm* order, command. **2** JUR warrant.
■ **los Diez Mandamientos** the Ten Commandments.

mandar 1 *vt (ordenar)* to order. **2** *(enviar)* to send.
● **mandar recuerdos** to send regards; **mandar a algn a paseo** *fam* to send sb packing; **¿mande?** *fam* pardon?

mandarina *nf* mandarin, tangerine.

mandato 1 *nm (orden)* order, command. **2** JUR writ, warrant. **3** POL mandate, term of office.

mandíbula *nf* jaw.
● **reír a mandíbula batiente** to laugh one's head off.

mando 1 *nm (autoridad)* command. **2** *(para mecanismos)* control.
● **estar al mando de** to be in charge of.
■ **mando a distancia** remote control.

mandón,-ona 1 *adj* bossy. ‖ **2** *nm,f* bossy person. ‖ **3 mandón** *nm* AM foreman.

mandril 1 *nm* ZOOL mandril. **2** TÉC mandrel.

manecilla *nf (de reloj)* hand.

manejable *adj* manageable, easy-to-handle.

manejar 1 *vt (manipular)* to handle, operate. **2** *(dirigir)* to run. ‖ **3** *vt - vi* AM *(coche)* to drive.

manejo 1 *nm (uso)* handling. **2** AM *(de coche)* driving.

manera 1 *nf* way, manner. ‖ **2 maneras** *nf pl (educación)* manners: ***de muy buenas maneras pidió que me fuera*** he very politely asked me to leave.
● **a mi manera** my way; **de manera que** so that; **de ninguna manera** by no means; **de todas maneras** at any rate, anyhow; **de mala manera** *fam* rudely.
■ **manera de ser** character, the way sb is.

manga 1 *nf* sleeve: ***en mangas de camisa*** in shirtsleeves. **2** CULIN icing bag, forcing bag.
● **sacarse algo de la manga** to pull sth out of one's hat; **tener manga ancha** to be too easygoing.

mangar [7] *vt arg* to knock off, pinch.

mango 1 *nm* handle. **2** BOT mango. **3** RPL *fam (dinero)* dough: ***no tengo un mango*** I'm broke.

mangonear 1 *vi fam pey (manipular)* to be bossy. **2** *(interferir)* to meddle.

manguera 1 *nf (de jardín)* hose, hosepipe. **2** *(de bombero)* fire hose.

manía 1 *nf (ojeriza)* dislike. **2** *(pasión)* craze. **3** MED mania.
● **cogerle manía a algn** *fam* to take a dislike to sb.

maniaco,-a 1 *adj - nm,f fam* maniac. **2** MED manic.

maníaco,-a 1 *adj - nm,f fam* maniac. **2** MED manic.

maniático,-a 1 *adj* fussy, cranky. ‖ **2** *nm,f* fussy person, cranky person.

manicomio *nm* mental hospital.

manicura *nf* manicure.

manifestación 1 *nf (de protesta etc)* demonstration. **2** *(expresión)* manifestation. **3** *(declaración)* statement, declaration.

manifestante *nmf* demonstrator.

manifestar [27] **1** *vt (opinión)* to express, to state; *(sentimiento)* to show. ‖ **2 manifestarse** *vpr (en la calle etc)* to demonstrate. **3** *(declarar)* to declare oneself: ***se manifiesta contrario al aborto*** he's against abortion. **4** *(hacerse evidente)* to become apparent.

manifiesto,-a 1 *adj* obvious, evident. ‖ **2 manifiesto** *nm* manifesto.
● **poner de manifiesto** to reveal.

manigua *nf* AM scrubland.

manilla *nf (de reloj)* hand.

manillar *nm* handlebar.

maniobra *nf* manoeuvre.

maniobrar *vi* to manoeuvre.

manipulación *nf* manipulation.

manipular 1 *vt (persona)* to manipulate. **2** *(mercancías)* to handle. **3** *fig* to interfere with.

maniquí 1 *nm (pl* maniquíes*) (muñeco)* dummy. || **2** *nmf (modelo)* model.

manitas *nmf inv* handy person: ***es un manitas*** he's very handy.

manito *nm* MÉX *fam* pal, mate, US buddy.

manivela *nf* crank.

manjar *nm* delicacy.

mano 1 *nf* hand. **2** ZOOL forefoot, forepaw. **3** *(de reloj)* hand. **4** *(de pintura etc)* coat. **5** *(control, posesión)* hands. **6** *fig (habilidad)* skill. **7** RPL *(dirección)* direction *(of traffic)*: ***una calle de una mano*** a one-way street. || **8** *nm* ANDES CAM CARIB MÉX *fam* pal, mate, US buddy.

● **cogidos,-as de la mano** hand in hand; **dar la mano a** *(saludar)* to shake hands with; *(ayudar)* to offer one's hand to; **de segunda mano** second-hand; **echar una mano** to lend a hand; **hecho,-a a mano** handmade; **tener mano izquierda** to be tactful; **pillar a algn con las manos en la masa** *fam* to catch sb red-handed.

■ **mano de obra** labour.

manojo *nm* bunch.

manopla 1 *nf (guante)* mitten. **2** *(para lavarse)* flannel.

manosear *vt* to finger.

manotazo *nm* cuff, slap.

mansedumbre 1 *nf* meekness, gentleness. **2** *(animales)* tameness.

mansión *nf* mansion.

manso,-a 1 *adj (animal)* tame, docile. **2** *(persona)* meek, gentle. **3** CHILE *(extraordinario)* great.

manta 1 *nf* blanket. || **2** *nmf fam (perezoso)* lazybones *inv*.

● **a manta** *fam* abundantly.

■ **manta de viaje** travelling rug.

manteca 1 *nf* fat. **2** AM *(mantequilla)* butter.

■ **manteca de cacao** cocoa butter; **manteca de cerdo** lard; **manteca de vaca** butter.

mantecado 1 *nm (pastelito)* shortcake. **2** *(helado)* dairy ice cream.

mantecoso,-a *adj* greasy, buttery.

mantel *nm* tablecloth.

mantelería *nf* table linen.

mantener [87] **1** *vt (conservar)* to keep. **2** *(sostener)* to support, hold up. **3** *(ideas etc)* to defend, maintain. **4** *(sustentar)* to support. || **5 mantenerse** *vpr (alimentarse)* to support oneself. **6** *(continuar)* to keep; *(mantenerse en contacto)* to keep in touch.

mantenimiento *nm* maintenance.

mantequilla *nf* butter.

manto *nm* cloak.

mantón *nm* shawl.

■ **mantón de Manila** embroidered silk shawl.

manual *adj* - *nm* manual.

manubrio *nm* AM *(manillar)* handlebars.

manufactura *nf (obra)* manufacture.

manufacturar *vt* to manufacture.

manuscrito,-a 1 *adj* handwritten, manuscript. || **2 manuscrito** *nm* manuscript.

manutención *nf* maintenance.

manzana 1 *nf* BOT apple. **2** *(de casas)* block.

manzanilla 1 *nf* camomile. **2** *(infusión)* camomile tea.

manzano *nm* apple tree.

maña *nf* skill.

mañana 1 *nf (parte del día)* morning. || **2** *nm (porvenir)* tomorrow, future. || **3** *adv* tomorrow.

● **hasta mañana** see you tomorrow; **pasado mañana** the day after tomorrow; **por la mañana** in the morning.

mañanitas *nf pl* MÉX birthday song.

mañoco *nm* VEN tapioca.

mañoso,-a *adj* dexterous, skilful.

mapa *nm* map.

● **borrar del mapa** *fam* to get rid of.

mapamundi *nm* map of the world.

maqueta 1 *nf* scale model. **2** *(de libro)* dummy. **3** *(de disco)* roughcut.

maquila *nf* MÉX *(of machines)* assembly.
maquilladora *nf* MÉX assembly plant.
maquillaje *nm* make-up.
maquillar 1 *vt* to make up. || **2 maquillarse** *vpr* put one's make-up on.
máquina 1 *nf* machine. **2** CAM CUBA *(coche)* car.
■ **máquina de afeitar eléctrica** electric razor, shaver; **máquina de coser** sewing machine; **máquina de escribir** typewriter; **máquina de fotos** camera; **máquina fotográfica** camera; **máquina tragaperras** slot machine; **máquina tragamonedas** AM slot machine.
maquinaria *nf* machinery.
maquinilla *nf (de afeitar)* razor.
maquinista *nmf (de tren)* engine driver.
mar 1 *nm & nf* sea. **2** *(marejada)* swell. **3** *fam* very, a lot: ***la mar de dificultades*** a lot of difficulties.
● **en alta mar** on the high seas; **hacerse a la mar** to put out to sea; **¡pelillos a la mar!** *fam* let bygones be bygones!
■ **mar adentro** out to sea; **mar de fondo** groundswell; **mar gruesa** heavy sea.
marabunta 1 *nf* swarm of ants. **2** *fam fig* mob.
maraca *nf* maraca.
maratón *nm* marathon.
maravilla *nf* wonder, marvel.
● **a las mil maravillas** wonderfully well.
maravillar 1 *vt* to astonish, dazzle. || **2 maravillarse** *vpr* to wonder, marvel.
maravilloso,-a *adj* wonderful, marvellous.
marca 1 *nf (señal)* mark, sign. **2** *(comestibles, productos del hogar)* brand; *(otros productos)* make. **3** DEP record.
● **de marca** top-quality.
■ **marca de fábrica** trademark; **marca registrada** registered trademark.
marcado,-a *adj (señalado)* marked.
marcador 1 *nm* DEP scoreboard. **2** AM *(rotulador)* felt-tip pen. **3** MÉX *(fluorescente)* highlighter pen.
marcapasos *nm inv* pacemaker.
marcar [1] **1** *vt* to mark. **2** DEP *(hacer un tanto)* to score. **3** DEP *(al contrario)* to mark. **4** *(pelo)* to set. **5** *(aparato)* to indicate. **6** *(teléfono)* to dial.
● **marcar el paso** to mark time.
marcha 1 *nf* march. **2** *(progreso)* course, progress. **3** *(partida)* departure. **4** *(velocidad)* speed. **5** AUTO gear. **6** MÚS march. **7** *fam (energía)* go: ***tener mucha marcha*** to be wild.
● **a marchas forzadas** against the clock; **a toda marcha** at full speed.
■ **marcha atlética** DEP walking race; **marcha atrás** AUTO reverse gear.
marchante,-a 1 *nm,f (de arte)* dealer. **2** CAM MÉX VEN *fam (cliente)* customer, patron.
marchar 1 *vi (ir)* to go, walk. **2** *(funcionar)* to work, go well. || **3 marcharse** *vpr* to leave.
● **¡marchando!** coming up!
marchitar *vt - vpr* to shrivel, wither.
marchito,-a *adj* shriveled, withered.
marchoso,-a 1 *adj arg* fun-loving, wild. || **2** *nm,f* raver, fun-lover.
marcial *adj* martial.
marciano,-a *adj - nm,f* Martian.
marco 1 *nm (de cuadro, ventana, etc.)* frame. **2** *fig* framework, setting. **3** *(moneda)* mark.
marea *nf* tide.
■ **marea alta** high tide; **marea baja** low tide; **marea negra** oil slick.
mareado,-a 1 *adj* sick. **2** *(aturdido)* dizzy, giddy.
marear 1 *vt - vi (molestar)* to annoy, bother. || **2 marearse** *vpr* to get sick.
marejada *nf* swell.
maremoto *nm* seaquake.
mareo 1 *nm* sickness. **2** *(aturdimiento)* dizziness.
marfil *nm* ivory.

margarina *nf* margarine.
margarita 1 *nf* BOT daisy. 2 *(de máquina)* daisy-wheel.
margen 1 *nm & nf (papel)* margin. 2 *(extremidad)* border, edge. 3 *(de río)* bank. 4 COM margin.
• **dar margen para** to give scope for.
marginación *nf* exclusion.
marginado,-a 1 *adj* excluded. ‖ 2 *nm,f* social misfit.
marginar *vt* to leave out, exclude.
maría 1 *nf* EDUC easy subject. 2 *arg (marihuana)* marijuana, pot.
marica *nm fam* poof, US fag.
maricón *nm vulg* poof, US fag.
mariconada *nf vulg* dirty trick.
marido *nm* husband.
marihuana *nf* marijuana.
marimandona *nf fam* battleaxe.
marimorena *nf fam* row.
• **armarse la marimorena** to kick up a racket.
marina 1 *nf (pintura)* seascape. 2 *(barcos)* seamanship.
■ **marina de guerra** navy.
marinero,-a 1 *adj* sea. ‖ 2 **marinero** *nm* sailor; *(a la marinera)* with a tomato, wine and seafood sauce.
■ **marinero de agua dulce** *fam* landlubber.
marino,-a 1 *adj* marine. ‖ 2 **marino** *nm* seaman.
marioneta *nf* puppet, marionette.
mariposa 1 *nf* butterfly. 2 *(marica)* poof, US fag.
• **nadar mariposa** to do the butterfly.
mariquita 1 *nf* ZOOL ladybird. ‖ 2 *nm fam (marica)* poof, US fag.
mariscal *nm* marshal.
■ **mariscal de campo** field marshal.
marisco *nm* shellfish, seafood.
marisma *nf* salt marsh.
marisquería *nf* seafood restaurant.
marítimo,-a *adj* maritime, sea.
márketing *nm* marketing.
marmita *nf* cooking pot.
mármol *nm* marble.
marmota *nf* ZOOL marmot.
• **dormir como una marmota** *fam* to sleep like a log.
marqués,-esa *nm,f (hombre)* marquis; *(mujer)* marchioness.
marquesina *nf* canopy.
marquetería *nf* marquetry, inlaid work.
marranada *nf (porquería)* filthy thing; *(vileza)* dirty trick.
marrano,-a 1 *adj (sucio)* dirty. ‖ 2 **marrano** *nm* ZOOL pig. 3 *fam (sucio)* dirty pig.
marrón *adj - nm* brown.
■ **marrón glacé** marron glacé.
marroquí *adj - nm,f* Moroccan.
marroquinería *nf* leather goods.
Marruecos *nm* Morocco.
marta *nf* marten; *(piel)* sable.
Marte *nm* Mars.
martes *nm inv* Tuesday.
• **martes y trece** Friday the thirteenth.
■ **martes de carnaval** Shrove Tuesday.
martillazo *nm* hammer blow: ***se dio un martillazo en el dedo*** he hit his finger with a hammer.
martillear *vt* to hammer.
martillero *nm* CSUR auctioneer.
martillo *nm* hammer.
mártir *nmf* martyr.
martirio 1 *nm* martyrdom. 2 *fig* torment.
martirizar [4] 1 *vt* to martyr. 2 *fig* to torment.
maruja *nf fam* typical housewife.
marxismo *nm* Marxism.
marxista *adj - nmf* Marxist.
marzo *nm* March.
mas *conj* but.
más 1 *adv (comparativo)* more. 2 *(con números o cantidades)* more than: ***más de tres*** more than three. 3 *(superlativo)* most: ***el más caro*** the most expensive. 4 *(de nuevo)* anymore: ***no voy más a ese sitio*** I'm not going there anymore. 5 *(con pronombre)* else: ***¿algo más?*** anything else?; ***¿hay alguien***

más? is there anybody else?; ***no quiero nada más*** I don't want anything else. || **6** *pron* more: ***¿quieres más?*** do you want any more? || **7** *nm (signo)* plus.

• **a lo más** at the most; **como el que más** as well as anyone; **de más** spare, extra; **estar de más** to be unwanted; **es más** what's more; **más bien** rather; **más o menos** more or less; **ni más ni menos** no less; **por más (que)** however much; **sin más ni más** just like that.

■ **el más allá** the beyond.

masa **1** *nf* mass. **2** CULIN dough. **3** ELEC ground. **4** *(multitud)* crowd of people. **5** RPL *(pastelito)* shortcake biscuit, US cookie.

masacre *nf* massacre.

masaje *nm* massage.

masajista *nmf (hombre)* masseur; *(mujer)* masseuse.

mascar [1] *vt - vi* to chew.

máscara *nf* mask.

mascarilla **1** *nf* mask. **2** *(cosmética)* face pack. **3** MED face mask.

mascota *nf* mascot.

masculino,-a **1** *adj* male. **2** *(para hombres)* men's. **3** GRAM masculine. || **4 masculino** *nm* masculine.

mascullar *vt* to mumble, mutter.

masivo,-a *adj* massive, huge.

masón,-ona *nm,f* Mason, Freemason.

masonería *nf* Masonry, Freemasonry.

masoquismo *nm* masochism.

masoquista **1** *adj* masochistic. || **2** *nmf* masochist.

masticar [1] *vt - vi* to masticate, chew.

mástil **1** *nm (asta)* flagpole. **2** MAR mast.

masturbación *nf* masturbation.

masturbar *vt - vpr* to masturbate.

mata **1** *nf (arbusto)* shrub, bush. **2** *(ramita)* sprig. **3** AM *(bosque)* forest.

■ **mata de pelo** head of hair.

matadero *nm* slaughterhouse, abattoir.

matador,-ra **1** *adj* killing. || **2 matador** *nm* matador, bullfighter.

matambre *nm* ANDES RPL *flank steak rolled with boiled egg, olives, red pepper and cooked, then sliced and served cold.*

matamoscas *nm (insecticida)* flykiller; *(pala)* flyswatter.

matanza *nf* slaughter.

matar **1** *vt - vi* to kill. || **2 matarse** *vpr* to kill oneself.

• **estar a matar con** to be at daggers drawn with; **matarlas callando** to be a wolf in a sheep's clothing.

matarife *nm* slaughterer.

matarratas **1** *nm inv (raticida)* rat poison. **2** *(aguardiente)* rotgut.

matasellos *nm inv* postmark.

matasuegras *nm* party blower.

mate **1** *adj (sin brillo)* matt, dull. || **2** *nm (ajedrez)* checkmate. **3** AM *(hierba)* maté.

matemáticas *nf pl* mathematics *sing*.

matemático,-a **1** *adj* mathematical. || **2** *nm,f* mathematician.

materia **1** *nf* matter. **2** EDUC subject.

material **1** *adj* material. || **2** *nm* material, equipment.

■ **material de oficina** office equipment; **material escolar** school material.

materialista **1** *adj* materialistic. || **2** *nmf* materialist.

materializar [4] *vt - vpr* to materialize.

materialmente *adv* materially, physically.

maternal *adj* maternal, motherly.

maternidad *nf* maternity, motherhood.

materno,-a *adj* maternal.

matinal **1** *adj* morning. || **2** *nf* morning showing.

matiz **1** *nm (color)* shade, tint. **2** *fig (variación)* nuance.

matizar [4] **1** *vt (colores)* to blend. **2** *fig (palabras etc)* to tinge. **3** *fig (precisar)* to be more explicit about.

matojo *nm* bush, small shrub.

matón,-ona *nm,f fam* bully, thug.
matorral *nm* bushes *pl*, thicket.
matraca *nf (molestia)* pest, nuisance.
• **dar la matraca** to pester.
matrero,-a *nm,f* AM *(bandolero)* bandit, brigand.
matriarcal *adj* matriarchal.
matrícula 1 *nf (registro)* registration. **2** AUTO *(número)* registration number. **3** AUTO *(placa)* number plate, US licence plate.
matricular *vt - vpr* to register, enrol.
matrimonio 1 *nm (ceremonia, institución)* marriage. **2** *(pareja)* married couple.
• **contraer matrimonio con algn** to marry sb.
matriz 1 *nf* ANAT womb. **2** TÉC mould. **3** *(original)* original, master copy. **4** *(de talonario)* stub.
matrona 1 *nf* matron. **2** *(comadrona)* midwife.
matutino,-a *adj* morning.
maullar [16] *vi* to mew, miaow.
maullido 1 *nm* miaow. ‖ **2 maullidos** *nm pl* mewing.
mausoleo *nm* mausoleum.
maxilar 1 *adj* maxillary. ‖ **2** *nm* jaw.
máxima 1 *nf (principio)* maxim. **2** METEOR maximum temperature.
máximo,-a 1 *adj* maximum. ‖ **2 máximo** *nm* maximum.
mayo *nm* May.
mayonesa *nf* mayonnaise.
mayor 1 *adj (comparativo)* bigger, greater, larger; *(persona)* older; *(hermanos, hijos)* elder. **2** *(superlativo)* biggest, greatest, largest; *(persona)* oldest; *(hermanos, hijos)* eldest. **3** *(de edad)* elderly. ‖ **4** *adj - nm (adulto)* grown-up, adult.
• **al por mayor** wholesale; **ser mayor de edad** to be of age.
mayordomo *nm* butler.
mayoreo *nm* ANDES MÉX wholesale.
mayoría *nf* majority.
■ **mayoría de edad** age of majority.
mayorista *nmf* wholesaler.
mayormente *adv* chiefly, principally.
mayúscula *nf* capital letter.
mayúsculo,-a 1 *adj (enorme)* huge. **2** *(letra)* capital.
maza *nf* mace.
mazapán *nm* marzipan.
mazmorra *nf* dungeon.
mazo *nm* mallet.
mazorca *nf* spike, cob.
me 1 *pron* me: ***no me lo digas*** don't tell me. **2** *(reflexivo)* myself: ***me veo en el espejo*** I can see myself in the mirror.
meada *nf vulg* piss, slash.
• **echar una meada** *vulg* to have a slash.
mear 1 *vi fam* to piss, have a piss. ‖ **2 mearse** *vpr fam* to wet oneself.
MEC *abr (*Ministerio de Educación y Ciencia*)* Department of Education and Science; *(abreviatura)* DES.
mecánica 1 *nf (ciencia)* mechanics. **2** *(mecanismo)* mechanism.
mecánico,-a 1 *adj* mechanical. ‖ **2** *nm,f* mechanic.
mecanismo *nm* mechanism.
mecanizar [4] *vt* to mechanize.
mecano® *nm* Meccano®.
mecanografía *vt* typing.
mecanografiar [13] *vt* to type.
mecanógrafo,-a *nm,f* typist.
mecapal *nm* CAM MÉX *porter's leather harness.*
mecedora *nf* rocking chair.
mecer [2] *vt - vpr* to rock.
mecha 1 *nf (de vela)* wick. **2** MIL fuse. ‖ **3 mechas** *nf pl (en el pelo)* highlights.
mechero *nm* lighter.
mechón *nm (de pelo)* lock.
medalla *nf* medal.
medallón *nm* medallion.
media 1 *nf* stocking. **2** AM *(calcetín)* sock. **3** *(promedio)* average. **4** MAT mean.
• **hacer media** to knit.
▲*See also* medio,-a.
mediador,-ra *nm,f* mediator.

mediados *nm pl.*
● **a mediados de** about the middle of.
medialuna 1 *nf (símbolo musulmán)* crescent. **2** AM *(pasta)* croissant.
medianero,-a *adj* dividing.
mediano,-a 1 *adj (de tamaño)* middle-sized. **2** *(de calidad)* average, medium.
medianoche *nf* midnight.
mediante *adj* by means of.
● **Dios mediante** God willing.
mediar [12] **1** *vi (interponerse)* to mediate, intervene. **2** *(tiempo)* to elapse.
medicación *nf* medication, medical treatment.
medicamento *nm* medicine.
medicar [1] **1** *vt* to medicate. ‖ **2 medicarse** *vpr* to take medicine.
medicina *nf* medicine.
medicinal *adj* medicinal.
medición 1 *nf (acción)* measuring. **2** *(medida)* measuring.
médico,-a 1 *adj* medical. ‖ **2** *nm,f* doctor, physician.
■ **médico,-a de cabecera** general practitioner; **médico,-a de guardia** doctor on duty; **médico,-a forense** forensic surgeon.
medida 1 *nf (acción)* measurement. **2** *(contenido)* measure. **3** *(prudencia)* moderation. **4** *(disposición)* measure, step.
● **a la medida de** according to; **a medida que** as; **tomar medidas** to take steps.
medidor *nm* AM *(contador)* meter.
medieval *adj* mediaeval, medieval.
medio,-a 1 *adj (mitad)* half: ***las dos y media*** half past two. **2** *(intermedio)* middle: ***a media tarde*** in the middle of the afternoon. **3** *(promedio)* average. ‖ **4 medio** *nm (mitad)* half. **5** *(centro)* middle. **6** *(contexto)* environment. ‖ **7** *adv* half: ***medio terminado,-a*** half-finished. ‖ **8 medios** *nm pl (recursos)* means.
● **a medias** *(sin terminar)* half done, half finished; *(entre dos)* between the two: ***has dejado el trabajo a medias*** you've left the job half done; ***el libro lo escribimos a medias*** we wrote the book between the two of us; ***lo pagamos a medias*** we went halves on it; **por todos los medios** by all means; **quitar de en medio** to get out of the way; **trabajar media jornada** to work part-time.
■ **media pensión** half board; **medio ambiente** environment; **medio centro** DEP centre half; **medio de transporte** means of transport; **medios de comunicación** the mass media.
mediocre *adj* mediocre.
mediodía 1 *nm* noon, midday. **2** *(hora del almuerzo)* lunchtime.
medir [34] **1** *vt* to measure. **2** *(calcular)* to gauge. **3** *(moderar)* to weigh. ‖ **4 medirse** *vpr* to measure oneself.
meditación *nf* meditation.
meditar *vt - vi* to meditate, think.
mediterráneo,-a *adj - nm,f* Mediterranean.
■ **el mar Mediterráneo** the Mediterranean Sea.
médium *nmf inv* medium.
médula *nf* marrow.
■ **médula espinal** spinal cord.
medusa *nf* jellyfish.
megáfono *nm* megaphone, loudspeaker.
megalítico,-a *adj* megalithic.
mejicano,-a *adj - nm,f* Mexican.
Méjico *nm* Mexico.
mejilla *nf* cheek.
mejillón *nm* mussel.
mejor 1 *adj - adv (comparativo)* better: ***es mejor no hablar de esto*** it's better not to talk about this. **2** *(superlativo)* best: ***mi mejor amigo*** my best friend.
● **a lo mejor** perhaps, maybe; **mejor dicho** rather; **tanto mejor** so much the better.
mejora *nf* improvement.
mejorar 1 *vt* to better, improve. ‖ **2**

mejorar(se) *vi - vpr* to recover, get better. **3** METEOR to clear up.
mejoría *nf* improvement.
mejunje *nm* concoction.
melancolía *nf* melancholy.
melancólico,-a 1 *adj* melancholic. || **2** *nm,f* melancholic person.
melena 1 *nf (de cabello)* long hair. **2** *(de león, caballo)* mane.
melenudo,-a 1 *adj* long-haired. || **2** *nm,f* long-haired person.
mellizo,-a *adj - nm,f* twin.
melocotón *nm* peach.
melocotonero *nm* peach tree.
melodía *nf* melody.
melodioso,-a *adj* melodious.
melón *nm* melon.
meloso,-a *adj* sweet, honeyed.
membrana *nf* membrane.
membresía *nf* AM membership.
membrete *nm* letterhead.
membrillo 1 *nm (árbol)* quince tree. **2** *(fruta)* quince. **3** *(dulce)* quince jelly.
memela *nf* MÉX *thick corn tortilla.*
memo,-a 1 *adj fam* silly, foolish. || **2** *nm,f* fool, simpleton.
memorable *adj* memorable.
memorándum 1 *nm (pl* memorándos*) (libreta)* notebook. **2** *(nota)* memorandum.
memoria 1 *nf* memory. **2** *(informe)* report. || **3 memorias** *nf pl (biografía)* memoirs.
• **de memoria** by heart; **hacer memoria de** to try to remember.
memorizar [4] *vt* to memorize.
menaje *nm* household equipment.
mención *nf* mention.
mencionar *vt* to mention.
mendigar [7] *vi* to beg.
mendigo,-a *nm,f* beggar.
mendrugo *nm* hard crust of bread.
mene *nm* VEN *deposit of oil at surface level.*
menear 1 *vt* to shake; *(cola)* to wag. **2** *fam (el cuerpo)* to wiggle. || **3 menearse** *vpr* to sway, swing.
menestra *nf* vegetable stew.
mengano,-a *nm,f* so-and-so.
menguar [22] **1** *vi* to diminish, decrease. **2** *(luna)* to wane.
menisco *nm* meniscus.
menopausia *nf* menopause.
menor 1 *adj (comparativo)* smaller, lesser; *(persona)* younger. **2** *(superlativo)* smallest, least; *(persona)* youngest. || **3 menor (de edad)** *nmf* minor.
• **al por menor** retail.
Menorca *nf* Minorca.
menos 1 *adj - adv (comparativo)* less, fewer. || **2** *adv (superlativo)* least, fewest. **3** *(para hora)* to: ***las tres menos cuarto*** a quarter to three. || **4** *prep (excepto)* except, but. || **5** *nm* minus.
• **a menos que** unless; **al menos** at least; **por lo menos** at least; **¡menos mal!** thank God!
menospreciar [12] **1** *vt (no valorar)* to undervalue, underrate. **2** *(despreciar)* to despise.
mensaje *nm* message.
mensajero,-a *nm,f* messenger.
menso,-a *adj* MÉX *fam* foolish, stupid.
menstruación *nf* menstruation.
mensual *adj* monthly.
mensualidad *nf* monthly salary.
menta *nf* mint.
mental *adj* mental.
mentalidad *nf* mentality.
mentalizar [4] **1** *vt* to make aware. || **2 mentalizarse** *vpr (prepararse)* to prepare oneself.
mente *nf* mind.
• **tener una cosa en mente** to have intention of doing sth.
mentir [35] *vi* to lie, tell lies.
mentira *nf* lie.
• **parece mentira** it's unbelievable.
■ **mentira piadosa** white lie.
mentiroso,-a *nm,f* liar.
mentón *nm* chin.
menú *nm (pl* menús*)* menu.
menudeo *nm* ANDES MÉX retailing.
menudo,-a 1 *adj (pequeño)* small, tiny. **2** *irón* fine: ***¡menudo lío!*** what a fine mess!

• **a menudo** often, frequently.
meñique *nm* little finger.
meollo 1 *nm (médula)* marrow. **2** *fig (esencia)* heart.
mercadillo *nf* market, street market.
mercado *nm* market.
■ **mercado de valores** stock-market; **mercado negro** black market; **Mercado Común** Common Market.
mercadotecnia *nf* marketing.
mercancía *nf* goods *pl.*
mercante 1 *adj* merchant. ‖ **2** *nm* merchant ship.
mercantil *adj* mercantile, commercial.
mercería *nf (tienda)* haberdasher's, US notions store.
mercromina® *nf* mercurochrome®.
mercurio *nm* mercury.
merecer [43] *vt* - *vi* to deserve.
merecido,-a 1 *adj* deserved. ‖ **2 merecido** *nm* just deserts *pl.*
merendar [27] *vi* to have an afternoon snack, have tea.
merendero *nm* picnic spot.
merengue *nm* meringue.
meridiano,-a 1 *adj (de mediodía)* meridian. **2** *fig (claro)* obvious. ‖ **3 meridiano** *nm* meridian.
meridional *adj* southern.
merienda *nf* afternoon snack, tea.
mérito *nm* merit, worth.
merluza 1 *nf* hake. **2** *fam (borrachera)* drunkenness.
mermar *vt* - *vi* - *vpr* to decrease, diminish.
mermelada *nf* jam; *(de cítricos)* marmalade.
mero,-a 1 *adj* mere, pure. ‖ **2 mero** *nm (pez)* grouper.
merodear 1 *vi (rondar)* to prowl. **2** MIL to maraud.
mes *nm* month.
mesa *nf* table.
• **poner la mesa** to set the table; **quitar la mesa** to clear the table.
■ **mesa camilla** table with a heater underneath; **mesa de centro** coffee table; **mesa de despacho** desk; **mesa de trabajo** desk; **mesa redonda** round table.
mesada 1 *nf* AM *(dinero)* monthly payment. **2** RPL *(para adolescentes)* monthly pocket money, US monthly allowance. **3** RPL *(encimera)* worktop.
mesero,-a *nm,f* CAM COL MÉX *(hombre)* waiter; *(mujer)* waitress.
meseta *nf* tableland, plateau.
mesilla *nf* small table.
■ **mesilla de noche** bedside table.
mesón *nm (venta)* inn, tavern.
mesonero,-a 1 *nm,f (en mesón)* innkeeper. **2** CHILE VEN *(camarero)* waiter *(camarera)* waitress.
mestizo,-a *adj* half-breed.
meta 1 *nf (portería)* goal; *(de carreras)* finish line. **2** *fig (objetivo)* aim, purpose.
metabolismo *nm* metabolism.
metáfora *nf* metaphor.
metal 1 *nm* metal. **2** MÚS brass.
metálico,-a 1 *adj* metallic. ‖ **2 metálico** *nm* cash.
• **pagar en metálico** to pay cash.
metalurgia *nf* metallurgy.
metalúrgico,-a 1 *adj* metallurgical. ‖ **2** *nm,f* metallurgist.
metamorfosis *nf inv* metamorphosis.
metate *nm* GUAT MÉX grindstone.
meteorito *nm* meteorite.
meteorología *nf* meteorology.
meter 1 *vt* to put: ***métetelo en el bolsillo*** put it in your pocket. **2** *(punto)* to score: ***nos metieron tres goles*** they scored three goals against us. **3** *fam (dar)* to give: ***me metieron una multa*** I got fined. **4** *(ropa)* to take in. ‖ **5 meterse** *vpr (entrar)* to get in: ***se metió en la cama*** she got into bed. **6** *(entrometerse)* to interfere, meddle: ***no te metas en lo que no te importa*** mind your own business. **7** *(dedicarse)* to go into: ***se metió en política*** he went into politics.
• **meter miedo a algn** to frighten sb.

meterete *nmf* RPL *fam* meddler.
metete *nmf* ANDES CAM *fam* meddler, busybody.
metiche *nmf* MÉX VEN *fam* meddler.
meticuloso,-a *adj* meticulous.
metódico,-a *adj* methodical.
método *nm* method.
metomentodo *nmf fam* busybody.
metralla *nf* shrapnel.
metralleta *nf* submachine gun.
métrico,-a *adj* metric.
metro 1 *nm* metre. **2** *(transporte)* underground, tube, US subway.
metropolitano,-a 1 *adj* metropolitan. || **2 metropolitano** *nm fml* underground, tube, US subway.
mexicano,-a *adj* - *nm,f* Mexican.
México *nm* Mexico.
mezcla 1 *nf (acción)* mixing, blending. **2** *(producto)* mixture, blend.
mezclar 1 *vt* to mix, blend. **2** *(desordenar)* to mix up. || **3 mezclarse** *vpr (cosas)* to get mixed up; *(personas)* to get involved.
mezquino,-a 1 *adj (avaro)* stingy, niggardly. **2** *(mentalidad)* petty, small-minded. **3** *(escaso)* miserable, paltry.
mezquita *nf* mosque.
mi 1 *adj* my. || **2** *nm* MÚS E.
mí 1 *pron* me. **2** *(mí mismo,-a)* myself.
miau *nm* miaow, mew.
miche *nm* VEN *(aguardiente) cane spirit flavoured with herbs and spices.*
michelín *nm fam* spare tyre.
mico *nm* long-tailed monkey.
microbio *nm* microbe.
microbús 1 *nm (autobús)* minibus. **2** MÉX *(taxi)* collective taxi.
microchip *nm* microchip.
micrófono *nm* microphone.
microondas *nm* microwave.
microscopio *nm* microscope.
miedo *nm* fear.
• **dar miedo** to be scary; **dar miedo a algn** to frighten sb; **tener miedo** to be afraid (**de,** of); **de miedo** *fam* great, terrific.
miedoso,-a *adj* fearful.
miel *nf* honey.
miembro 1 *nm (socio)* member. **2** *(extremidad)* limb. **3** *(pene)* penis.
mientras 1 *conj* while: ***mientras esperaba, leía un libro*** while I waited, I read a book. **2** *(condición)* as long as, while: ***mientras pueda*** as long as I can. || **3** *adv* meanwhile: ***Juan abría la caja; mientras, Pedro vigilaba*** Juan was opening the safe; Pedro, meanwhile, was on the lookout.
• **mientras no** until; **mientras que** while, whereas; **mientras tanto** meanwhile, in the meantime.
miércoles *nm inv* Wednesday.
mierda 1 *nf fam* shit. **2** *fam (porquería)* dirt, filth.
miga *nf* crumb.
• **hacer buenas migas con algn** to get along well with sb.
migaja *nf* crumb.
migra *nf* MÉX *fam pey* police border patrol.
migración *nf* migration.
migraña *nf* migraine.
mil *num* thousand.
milagro *nm* miracle, wonder.
milagroso,-a 1 *adj* miraculous. **2** *(asombroso)* marvellous.
milenario,-a 1 *adj* millenial. || **2 milenario** *nm* millenium.
milenio *nm* millenium.
milésimo,-a *num* thousandth: ***una milésima de segundo*** a thousandth of a second.
mili *nf fam* military service.
milicia *nf* militia.
milico *nm* ANDES RPL *fam (militar)* soldier: ***los milicos tomaron el poder*** the military took power.
miligramo *nm* milligramme, milligram.
mililitro *nm* millilitre.
milímetro *nm* millimetre.
militante *adj* - *nmf* militant.
militar 1 *adj* military. || **2** *nm* military man, soldier. || **3** *vi* POL to be a militant.

milla *nf* mile.
millar *nm* thousand.
millón *nm* million.
millonario,-a *adj* - *nm,f* millionaire.
milpa *nf* CAM MÉX cornfield.
mimar *vt* to spoil.
mimbre *nm* wicker.
mímica *nf* mime.
mimo 1 *nm* TEAT mime. **2** *(cariño)* pampering.
mimoso,-a *adj* affectionate.
mina 1 *nf* mine. **2** *(paso subterráneo)* underground passage. **3** *(de lápiz)* lead; *(de bolígrafo)* refill.
minar *vt* to mine.
mineral *adj* - *nm* mineral.
minería *nf* mining.
minero,-a 1 *adj* mining. || **2** *nm,f* miner.
miniatura *nf* miniature.
minifalda *nf* miniskirt.
mínima *nf* minimum temperature.
mínimo,-a 1 *adj* minimal, lowest. || **2 mínimo** *nm* minimum.
• **como mínimo** at least.
▪ **mínimo común múltiplo** lowest common multiple.
ministerio *nm* ministry, US department.
▪ **Ministerio del Interior** Home Office, US Department of the Interior.
ministro,-a *nm,f* minister.
▪ **primer,-ra ministro,-a** prime minister.
minoría *nf* minority.
minorista *nmf* retailer.
minuciosamente *adv* in detail.
minuciosidad *nf (detallismo)* minuteness.
minucioso,-a 1 *adj (detallado)* minute, detailed. **2** *(persona)* meticulous.
minúscula *nf* small letter.
minúsculo,-a *adj* minute, tiny.
minusválido,-a 1 *adj* handicapped, disabled. || **2** *nm,f* handicapped person, disabled person.
minuta 1 *nf (factura)* lawyer's bill. **2** *(borrador)* draft. **3** *(menú)* menu. **4** RPL *(comida)* one-plate meal.
minutero *nm* minute hand.
minuto *nm* minute.
• **al minuto** at once.
mío,-a 1 *adj* my, of mine: ***un pariente mío*** a relative of mine. || **2** *pron* mine: ***este libro es mío*** that book is mine.
miope 1 *adj* shortsighted. || **2** *nmf* shortsighted person.
miopía *nf* myopia, shortsightedness.
MIR *abr* MED (Médico Interno Residente) houseman, US intern.
mirada *nf* look.
• **echar una mirada a** to have a look at.
mirado,-a 1 *adj (considerado)* considerate, thoughtful. **2** *(cuidadoso)* careful.
• **bien mirado** after all.
mirador *nm* viewpoint.
miramiento *nm* consideration.
mirar 1 *vi* to look at. **2** *(dar a)* to look, face. || **3 mirarse** *vpr (a uno mismo)* to look at oneself.
• **mirar con buenos ojos** to approve of; **mirar con malos ojos** to disapprove of; **mirar por** to look after; **¡mira quién habla!** *fam* look who's talking!
mirilla *nf* peephole.
mirlo *nm* blackbird.
mirón,-ona 1 *adj pey* peeping. **2** *(espectador)* onlooking. || **3** *nm,f pey* voyeur. **4** *(espectador)* onlooker.
misa *nf* mass.
misal *nm* missal.
miscelánea *nf* MÉX *(tienda) small general store.*
miserable 1 *adj* miserable. **2** *(canalla)* wretched.
miseria 1 *nf* misery. **2** *(pobreza)* extreme poverty.
misericordia *nf* mercy, pity, compassion.
misil *nm* missile.
misión *nf* mission.

misionero,-a *nm,f* missionary.
mismo,-a 1 *adj* same. 2 *(enfático - propio)* own; *(- uno mismo)* oneself: ***sus mismos amigos no lo entienden*** not even his own friends understand him; ***lo haré yo mismo*** I'll do it myself. || **3** *pron* same: ***es el mismo que vimos ayer*** it's the same one that we saw yesterday. || **4** *adv* right: ***aquí mismo*** right here.
misterio *nm* mystery.
misterioso,-a *adj* mysterious.
místico,-a *adj* - *nm,f* mystic.
mitad 1 *nf* half. 2 *(en medio)* middle.
• **a mitad de** halfway through.
mitigar [7] *vt* to mitigate, relieve.
mitin *nm (pl* mítines*)* meeting, rally.
mito *nm* myth.
mitología *nf* mythology.
mitológico,-a *adj* mythological.
mitote *nm* MÉX *fam (alboroto)* racket.
mixto,-a *adj* mixed.
mobiliario *nm* furniture.
mocasín *nm* moccasin loafer.
mochila *nf* rucksack, backpack.
mochuelo *nm* ZOOL little owl.
moción *nf* motion.
■ **moción de censura** vote of censure.
moco *nm* mucus.
• **no es moco de pavo** *fam* it's not to be taken lightly.
mocoso,-a *nm,f fam* brat.
moda *nf* fashion.
• **estar de moda** to be in fashion; **pasado de moda** old-fashioned.
modales *nm pl* manners.
modalidad *nf* form, category.
modelar *vt* to model, shape.
modelo 1 *adj* - *nm* model. || **2** *nmf* fashion model.
módem *nm* modem.
■ **módem fax** fax modem.
moderación *nf* moderation.
moderado,-a *adj* - *nm, f* moderate.
moderador,-ra 1 *adj* moderating. || 2 *nm,f* chairperson; *(hombre)* chairman; *(mujer)* chairwoman.
moderar 1 *vt* to moderate. || **2 moderarse** *vpr* to restrain oneself, control oneself.
modernizar [4] **1** *vt* to modernize || **2 modernizarse** *vpr* to get up to date.
moderno,-a *adj* modern.
modestia *nf* modesty.
modesto,-a *adj* modest.
modificación *nf* modification, change.
modificar [1] **1** *vt* to modify, change || **2 modificarse** *vpr* to change, alter.
modismo *nm* idiom.
modista *nmf (que confecciona)* dressmaker; *(que diseña)* fashion designer.
modisto *nm (sastre)* tailor; *(diseñador)* fashion designer.
modo 1 *nm* manner, way. 2 GRAM mood. || **3 modos** *nm pl* manners.
• **de cualquier modo** anyway; **de ningún modo** by no means; **de todos modos** anyhow, at any rate.
modorra *nf* drowsiness.
módulo *nm* module.
mofarse *vpr* to scoff (de, at).
mofeta *nf* skunk.
moflete *nm fam* chubby cheek.
mogollón *nm fam* load, heap.
moho *nm* mould.
mohoso,-a *adj* mouldy.
moisés *nm* wicker cradle.
mojado,-a *adj* wet.
mojar 1 *vt* to wet. || **2 mojarse** *vpr* to get wet. **3** *fam (comprometerse)* to commit oneself.
molar *vi arg (gustar)*: ***me mola cantidad*** it's cool, I'm really into it.
molcajete *nm* MÉX mortar.
molde *nm* mould.
moldeado *nm (de pelo)* soft perm.
moldear *vt* to mould, shape.
mole 1 *nf* mass, bulk. || **2** *nm* MÉX *(salsa) thick, cooked chilli sauce.* **3** MÉX *(guiso) dish served in mole sauce.*
molécula *nf* molecule.
moler [32] **1** *vt* to grind, mill. **2** *(cansar)* to wear out.

• **moler a palos** to beat up.
molestar 1 *vt* - *vi* to disturb, bother. ‖ **2 molestarse** *vpr* to bother. **3** *(ofenderse)* to get upset.
molestia 1 *nf* nuisance, bother. **2** MED slight pain, discomfort.
• **tomarse la molestia** to take the trouble.
molesto,-a 1 *adj* annoying, troublesome. **2** *(enfadado)* annoyed.
molido,-a 1 *adj* ground, milled. **2** *fam (cansado)* worn-out.
molinero,-a *nm,f* miller.
molinillo *nm* grinder, mill.
■ **molinillo de café** coffee grinder.
molino *nm* mill.
■ **molino de viento** windmill.
mollera *nf fam* brains *pl*, sense.
• **duro,-a de mollera** *(tonto)* dense, thick; *(testarudo)* pigheaded.
molusco *nm* mollusc.
momentáneo,-a *adj* momentary.
momento *nm* moment, instant.
• **al momento** at once; **de momento** for the time being; **por el momento** for the present.
momia *nf* mummy.
mona *nf fam (borrachera)* drunkenness.
Mónaco *nm* Monaco.
monada ser una monada *loc* to be gorgeous, to be cute.
monaguillo *nm* altar boy.
monarca *nm* monarch.
monarquía *nf* monarchy.
monárquico,-a 1 *adj* monarchic. ‖ **2** *nm,f* monarchist.
monasterio *nm* monastery.
monda *nf (piel)* peel, skin.
• **ser la monda** *fam* to be a scream.
mondadientes *nm inv* toothpick.
mondar *vt (pelar)* to peel.
• **mondarse de risa** to laugh one's head off.
moneda 1 *nf (gen)* currency, money. **2** *(pieza)* coin.
■ **moneda falsa** counterfeit money; **moneda suelta** small change.
monedero *nm* purse.
monegasco,-a *adj* - *nm,f* Monegasque.
monetario,-a *adj* monetary.
mongolismo *nm* mongolism, Down's syndrome.
monigote 1 *nm (muñeco)* rag doll, paper doll. **2** *(tonto)* fool.
monitor,-ra 1 *nm,f (profesor)* instructor. ‖ **2 monitor** *nm (pantalla)* monitor.
monja *nf* nun.
monje *nm* monk.
mono,-a 1 *adj (bonito)* pretty, cute. ‖ **2 mono** *nm* ZOOL monkey. **3** *(prenda - de trabajo)* overalls *pl*; *(- de vestir)* catsuit. **4** VEN *(prenda de deporte)* tracksuit, jogging suit. **5** *arg (síndrome abstinencia)* cold turkey.
monóculo *nm* monocle.
monogamia *nf* monogamy.
monolingüe *adj* monolingual.
monólogo *nm* monologue.
monopatín *nm* skateboard.
monopolio *nm* monopoly.
monopolizar [4] *vt* to monopolize.
monosílabo,-a 1 *adj* monosyllabic. ‖ **2 monosílabo** *nm* monosyllable.
monotonía *nf* monotony.
monótono,-a *adj* monotonous.
monserga 1 *nf fam (explicación)* lecture. **2** *fam (disparate)* story, lie.
monstruo *nm* monster.
monstruoso,-a 1 *adj* monstrous. **2** *(grande)* outrageous, huge.
monta *nf* value.
• **de poca monta** of little value.
montacargas *nm inv* goods lift, US freight elevator.
montaje 1 *nm* assembly. **2** CINEM cutting, editing. **3** TEAT staging.
■ **montaje fotográfico** photomontage.
montaña *nf* mountain.
■ **montaña rusa** big dipper.
montañero,-a *nm,f* mountain climber, mountaineer.
montañismo *nm* mountain climbing, mountaineering.

montañoso,-a *adj* mountainous.
montar 1 *vi (subir)* to mount, get on. **2** *(caballo, bicicleta)* to ride (en, -). || **3** *vt (cabalgar)* to ride. **4** *(nata, claras)* to whip, whisk. **5** *(máquinas)* to assemble. **6** *(joyas)* to set. **7** *(negocio)* to set up. **8** CINEM to edit, mount. **9** TEAT to stage. || **10 montarse** *vpr (subirse)* to get on.
• **montárselo** *fam* to have things nicely worked out.
monte 1 *nm* mountain, mount. **2** *(bosque)* woodland. **3** *(terreno)* scrubland.
■ **monte de piedad** pawn shop.
montículo *nm* mound, hillock.
montón 1 *nm* heap, pile. **2** *fam (gran cantidad)* loads *pl*, great quantity.
• **ser del montón** to be nothing special.
montura 1 *nf (cabalgadura)* mount. **2** *(silla)* saddle. **3** *(de gafas)* frame.
monumental 1 *adj (de monumento)* monumental. **2** *(enorme)* huge, massive.
monumento *nm* monument.
moño 1 *nm (de pelo)* bun. **2** AM *(lazo)* bow.
• **estar hasta el moño** *fam* to be fed up to the back teeth.
MOPT *abr (Ministerio de Obras Públicas y Transportes) ministry of public works and transport.*
moquear *vi* to have a runny nose.
moqueta *nf* fitted carpet.
mora 1 *nf* BOT *(de moral)* mulberry. **2** *(zarzamora)* blackberry.
morada *nf fml* abode, dwelling.
morado,-a 1 *adj* dark purple. || **2 morado** *nm (color)* dark purple. **3** *(golpe)* bruise.
• **pasarlas moradas** *fam* to have a tough time.
moral 1 *adj* moral. || **2** *nf (reglas)* morality, morals *pl*. **3** *(ánimo)* morale, spirits *pl*.
moraleja *nf* moral.
moralidad *nf* morality.
moralizar [4] *vt - vi* to moralize.
moratón *nm* bruise.
morbo *nm fam* morbidity.
morbosidad *nf fam* morbidity.
morboso,-a *adj* morbid.
morcilla *nf* black pudding.
• **que le den morcilla** *fam* he can drop dead for all I care.
mordaza *nf* gag.
mordedura *nf* bite.
morder [32] *vt - vi* to bite.
mordida *nf* CAM MÉX *(soborno)* bribe.
mordisco *nm* bite.
mordisquear *vt* to nibble.
moreno,-a 1 *adj (pelo)* dark-haired. **2** *(piel)* dark-skinned. **3** *(bronceado)* tanned. || **4 moreno** *nm* suntan.
morera *nf* white mulberry tree.
morfema *nm* morpheme.
morfina *nf* morphine.
morfología *nf* morphology.
morgue *nf* AM morgue.
moribundo,-a 1 *adj* dying. || **2** *nm,f* dying person.
morir [33] *vi - vpr (pp* muerto,-a*)* to die.
• **morirse de hambre** *(literalmente)* to starve; *(estar hambriento)* to be starving.
moro,-a 1 *adj (norteafricano)* Moorish. **2** *(musulmán)* Moslim. || **3** *nm,f (norteafricano)* Moor. **4** *(musulmán)* Moslim.
morocho,-a 1 *adj* AM *(moreno)* swarthy. || **2** *nm,f* ANDES RPL *(moreno)* dark-haired person. **3** VEN *(gemelo)* twin.
moronga *nf* CAM MÉX black pudding, US blood sausage.
moroso,-a 1 *adj* FIN in arrears. || **2** *nm,f* FIN defaulter.
morral 1 *nm (para bestias)* nosebag. **2** *(de cazador)* gamebag. **3** MIL haversack.
morriña *nf fam* homesickness.
morro 1 *nm fam (de persona)* mouth, lips. **2** *(de animal)* snout, nose.
• **¡vaya morro!** *fam* what a cheek!

morsa *nf* walrus.
Morse *nm* Morse code.
mortadela *nf* mortadella.
mortaja *nf* shroud.
mortal 1 *adj* mortal. **2** *(mortífero)* fatal, lethal. || **3** *nmf* mortal.
mortalidad *nf* mortality.
mortero *nm* mortar.
mortífero,-a *adj* deadly, fatal, lethal.
mortificar [1] **1** *vt* to torment. || **2 mortificarse** *vpr* to torment oneself.
mosaico *nm* mosaic.
mosca *nf* fly.
• **estar mosca** *(sospechar)* to smell a rat; *(enfadado)* to be annoyed; **por si las moscas** just in case; **¿qué mosca te ha picado?** what's biting you?; **soltar la mosca** *fam* to fork out.
moscardón *nm* blowfly.
moscatel *nm* muscatel.
mosquearse 1 *vpr fam (resentirse)* to get cross. **2** *(sospechar)* to smell a rat.
mosquitero *nm* mosquito net.
mosquito *nm* mosquito.
mostaza *nf* mustard.
mosto *nm* grape juice.
mostrador *nm* counter.
mostrar 1 *vt* to show. **2** *(exponer)* to exhibit, display. **3** *(señalar)* to point out.
mota *nf* speck.
mote 1 *nm (apodo)* nickname. **2** ANDES boiled salted maize.
motín *nm* riot, uprising.
motivar 1 *vt (causar)* to cause, give rise to. **2** *(estimular)* to motivate.
motivo 1 *nm (causa)* motive, reason. **2** *(de dibujo, música)* motif.
• **con motivo de** *(debido a)* owing to; *(en ocasión de)* on the occasion of.
moto *nf fam* motorbike.
motocicleta *nf* motorbike.
motociclismo *nm* motorcycling.
motociclista *nmf* motorcyclist.
motoneta *nf* AM motor scooter.
motonetista *nmf* AM scooter rider.
motor,-ra 1 *adj* motor. || **2 motor** *nm* TÉC engine.
■ **motor de búsqueda** search engine; **motor de explosión** internal combustion engine; **motor de reacción** jet engine.
motora *nf* small motorboat.
motorista *nmf* motorcyclist.
motricidad *nf* motivity.
mover [32] **1** *vt* to move. **2** *(suscitar)* to incite. || **3 moverse** *vpr* to move. **4** *fam (hacer gestiones etc)* to take every step, get moving.
movida *nf arg* action.
móvil 1 *adj* movable, mobile. || **2** *nm (teléfono)* mobile phone, cellular phone. **3** *(motivo)* motive, inducement.
movilidad *nf* mobility.
movilización *nf* mobilization.
movilizar [4] *vt* to mobilize.
movimiento *nm (gen)* movement, motion.
• **en movimiento** in motion.
■ **movimiento de caja** turnover; **movimiento sísmico** earth tremor.
moviola *nf* editing projector.
mozárabe 1 *adj* Mozarabic. || **2** *nmf* Mozarab.
mozo,-a 1 *adj* young. || **2** *nm,f (chico)* boy, lad; *(chica)* girl, lass. **3** RPL PERÚ *(camarero)* waiter; *(camarera)* waitress. || **4 mozo** *nm (de hotel)* buttons. **5** *(de estación)* porter.
mucamo,-a *nm,f* ANDES RPL *(en hotel)* chamberperson; *(mujer)* chambermaid.
muchachada *nf* AM group of youngsters.
muchacho,-a *nm,f (chico)* boy, lad; *(chica)* girl, lass.
muchedumbre *nf* multitude, crowd.
mucho,-a 1 *adj (frases afirmativas - singular)* a lot of, much; *(- plural)* a lot of, many: ***bebe mucho vino*** he drinks a lot of wine; ***tenemos muchos problemas*** we have a lot of problems. **2** *(frases negativas e interrogativas - singular)* much; *(- plural)* many: ***no tenemos mucho tiempo*** we don't have much

time; ***¿marcaste muchos goles?*** did you score many goals? || **3** *pron (singular - frases afirmativas)* a lot, much; *(-frases negativas e interrogativas)* much; *(plural)* many: ***aún me queda mucho por hacer*** I've still got a lot left to do; ***no es mucho lo que pido*** I'm not asking for much; ***muchos no acabaron el examen*** many didn't finish the exam. || **4** *adv (gen)* a lot: ***hoy he comido mucho*** I've eaten a lot today; ***lo siento mucho*** I'm really sorry. **5** *(comparaciones)* much: ***es mucho más caro de lo que pensaba*** it's much more expensive than I thought. **6** *(mucho tiempo)* a long time: ***hace mucho que no la veo*** I haven't seen her for a long time. **7** a lot, much. **8** *(frecuentemente)* often.

● **por mucho que** however much.

muda 1 *nf (de ropa)* change of clothes. **2** *(animal)* moulting.

mudanza *nf* removal.

mudar 1 *vt* to change. **2** *(trasladar)* to change, move. **3** *(plumas)* to moult. **4** *(voz)* to break. **5** *(piel)* to shed. || **6 mudarse** *vpr* to change: ***mudarse de ropa*** to change one's clothes. **7** *(de residencia)* to move.

mudo,-a 1 *adj* dumb. || **2** *nm,f* dumb person.

mueble 1 *nm* piece of furniture. || **2 muebles** *nm pl* furniture.

mueca *nf* grimace.

muela *nf* tooth.

■ **muela del juicio** wisdom tooth.

muelle 1 *nm* MAR dock. **2** *(elástico)* spring.

muerte *nf* death.

● **dar muerte** to kill; **de mala muerte** miserable, wretched.

muerto,-a 1 *pp* → **morir**. || **2** *adj* dead. **3** *fam (cansado)* dead beat. || **4** *nm,f* dead person.

● **hacer el muerto** to float on one's back.

muesca *nf (corte)* nick, notch.

muestra 1 *nf (ejemplar)* sample. **2** *(señal)* proof, sign.

● **dar muestras de** to show signs of.

muestrario *nm* collection of samples.

mugido 1 *nm (vaca)* moo. **2** *(toro)* bellow.

mugir [6] **1** *vi* to moo. **2** *(toro)* to bellow.

mugre *nf* filth.

mujer 1 *nf* woman. **2** *(esposa)* wife.

mujeriego *adj - nm* womanizer.

mulato,-a *adj - nm,f* mulatto.

muleta *nf* crutch.

muletilla *nf (frase repetida)* pet phrase, cliché.

mullir [41] **1** *vt (esponjar)* to soften. **2** *(la tierra)* to break up.

mulo,-a *nm,f (macho)* mule; *(hembra)* she-mule.

multa *nf (gen)* fine.

multar *vt* to fine.

multicolor *adj* multicoloured.

multimillonario,-a *adj - nm,f* multimillionaire.

multinacional *adj - nf* multinational.

múltiple 1 *adj* multiple. **2** *(muchos)* many, a number of.

multiplicación *nf* multiplication.

multiplicar [1] *vt - vpr* to multiply.

múltiplo,-a *adj - nm,f* multiple.

multitud *nf* multitude, crowd.

multitudinario,-a *adj* multitudinous.

mundial 1 *adj* worldwide, world. || **2** *nm* world championship.

mundo *nm* world.

● **correr mundo** to get around; **ver mundo** to see the world.

■ **todo el mundo** everybody; **el otro mundo** the hereafter.

munición *nf* ammunition.

municipal 1 *adj* municipal. || **2** *nmf (hombre)* policeman; *(mujer)* policewoman.

municipio 1 *nm* municipality. **2** *(ayuntamiento)* town council.

muñeca 1 *nf* ANAT wrist. **2** *(juguete)* doll. **3** ANDES RPL *(enchufe)* to have friends in high places; *(habilidad)* to be skilful.

muñeco 1 *nm (monigote)* dummy. **2** *(juguete)* doll.

■ **muñeco de peluche** soft toy.

muñequera *nf* wristband.

mural *adj - nm* mural.

muralla *nf* wall.

murciélago *nm* bat.

murmullo 1 *nm* mutter, murmuring. **2** *(de hojas etc)* rustle.

murmurar 1 *vi (susurrar)* to murmur, whisper. || **2 tener muñeca** *vt - vi (comentar)* to gossip.

muro *nm* wall.

musa *nf* Muse.

musaraña *nf* ZOOL shrew.

● **estar pensando en las musarañas** to be daydreaming.

muscular *adj* muscular.

músculo *nm* muscle.

musculoso,-a *adj* muscular.

museo *nm* museum.

musgo *nm* moss.

música *nf* music.

■ **música de fondo** background music; **música celestial** double Dutch.

musical *adj - nm* musical.

músico,-a 1 *adj* musical. || **2** *nm,f* musician.

musitar *vi* to whisper.

muslo *nm* thigh.

mustio,-a 1 *adj (plantas)* withered, faded. **2** *(persona)* sad, melancholy.

musulmán,-ana *adj - nm, f* Muslim, Moslem.

mutación 1 *nf* change. **2** *(biología)* mutation.

mutilado,-a *nm,f* cripple.

mutilar *vt* to mutilate.

mutual *nf* ARG CHILE PERÚ mutual benefit society.

mutuo,-a *adj* mutual, reciprocal.

muy *adv* very.

● **muy señor mío** *(en carta)* dear sir; **ser muy hombre** *fam* to be a real man; **ser muy mujer** *fam* to be a real woman

N

n/ *abr (*nuestro,-a*)* our.

nº *abr (*número*)* number; *(abreviatura)* n.

nabo *nm* turnip.

nácar *nm* mother-of-pearl.

nacer [42] **1** *vi (persona, animal)* to be born. **2** *(río)* to rise. **3** *(tener su origen)* to originate, start.

nacido,-a *adj - nm,f* born.

naciente 1 *adj (nuevo)* new. **2** *(creciente)* growing.

nacimiento 1 *nm (de persona, animal)* birth. **2** *(de río)* source. **3** *fig* origin, beginning.

nación *nf* nation.

nacional 1 *adj (bandera, equipo)* national. **2** *(productos, mercados)* domestic.

nacionalidad *nf* nationality.

nacionalismo *nm* nationalism.

nacionalista *adj - nmf* nationalist.

nacionalizar [4] **1** *vt (empresa)* to nationalize. **2** *(persona)* to naturalize. || **3 nacionalizarse** *vpr* to become naturalized.

nada 1 *pron* nothing, not... anything: ***no quiero nada*** I want nothing, I don't want anything. || **2** *adv* not at all: ***no me gusta nada*** I don't like it at all. || **3** *nf* nothingness.

● **como si nada** just like that; **-de nada** -don't mention it.

nadador,-ra *nm,f* swimmer.

nadar *vi* to swim.

nadie *pron* nobody, not... anybody: ***allí no había nadie*** there was nobody there, there wasn't anybody there.

nafta *nf* RPL *(gasolina)* petrol, US gas, gasoline.
naipe *nm* card.
nal. *abr* (nacional) national; *(abreviatura)* nat.
nalga *nf* buttock.
nana 1 *nf* lullaby. **2** COL MÉX *(niñera)* nanny.
naranja 1 *adj* - *nm (color)* orange. || **2** *nf (fruta)* orange.
naranjada *nf* orangeade.
naranjo *nm* orange tree.
narciso *nm (flor blanca)* narcissus; *(flor amarilla)* daffodil.
narcótico,-a 1 *adj* narcotic. || **2 narcótico** *nm* narcotic.
narcotraficante *nmf* drug trafficker.
narcotráfico *nm* drug trafficking.
narigudo,-a 1 *adj* big-nosed. || **2** *nm,f* big nose: ***¡oye, narigudo!*** hey, you with the big nose!
nariz 1 *nf (órgano)* nose. **2** *(olfato)* sense of smell. || **3 ¡narices!** *interj fam* darn it!
• **estar hasta las narices de** *fam* to be fed up to the back teeth with.
narración 1 *nf (acción)* narration, account. **2** *(relato)* story.
narrador,-ra *nm,f* narrator.
narrar *vt* to narrate.
nasal *adj* nasal.
nata 1 *nf (para montar)* cream. **2** *(de leche hervida)* skin.
natación *nf* swimming.
natal *adj (país)* native; *(ciudad)* home.
natalidad *nf* birth-rate.
natillas *nf pl* custard.
nativo,-a *adj* - *nm, f* native.
natural 1 *adj (color, estado, gesto)* natural. **2** *(fruta, flor)* fresh. **3** *(sin elaboración)* plain.
• **al natural** *(en la realidad)* in real life; *(alimento)* in its own juice; **como es natural** of course; **ser natural de** to come from.
naturaleza 1 *nf (universo)* nature. **2** *(forma de ser)* nature, character. **3** *(complexión)* physical constitution.
• **en plena naturaleza** in the wild; **por naturaleza** naturally.
■ **naturaleza muerta** still life.
naturalidad 1 *nf (sencillez)* naturalness. **2** *(espontaneidad)* ease, spontaneity.
naufragar [7] **1** *vi (barco)* to be wrecked. **2** *(persona)* to be shipwrecked. **3** *(proyecto, plan)* to fail.
naufragio 1 *nm (de barco)* shipwreck. **2** *(de proyecto, plan)* failure.
náufrago,-a 1 *adj* shipwrecked. || **2** *nm,f* shipwrecked person, castaway.
náusea *nf* nausea, sickness.
• **me da náuseas** it makes me sick.
▲ *Also used in plural with same meaning.*
nauseabundo,-a *adj* nauseating, sickening.
náutica *nf* navigation, seamanship.
náutico,-a *adj* nautical.
navaja 1 *nf (cuchillo)* penknife, pocketknife. **2** *(molusco)* razor-shell.
■ **navaja de afeitar** razor.
navajazo *nm* stab.
naval *adj* naval.
Navarra *nf* Navarre.
navarro,-a *adj* - *nm,f* Navarrese.
nave 1 *nf (barco)* ship, vessel. **2** *(cohete)* spaceship, spacecraft. **3** *(de iglesia)* nave.
■ **nave industrial** industrial premises *pl*; **nave lateral** aisle.
navegable *adj* navigable.
navegación *nf* navigation.
navegador *nm* INFORM browser.
navegante 1 *adj* sailing. || **2** *nmf* navigator.
navegar [7] *vi* to navigate, sail.
• **navegar en Internet** to surf the Net.
Navidad *nf* Christmas.
navideño,-a 1 *adj (propio de Navidad)* Christmas: ***regalos navideños*** Christmas presents. **2** *(que evoca Navidad)* Christmassy: ***la sala tenía un aspecto muy navideño*** the room looked very Christmassy.

naviero,-a 1 *adj* shipping. ‖ 2 *nm,f (propietario)* shipowner.
navío *nm* vessel, ship.
neblina *nf* mist.
nebulosa *nf* nebula.
nebuloso,-a 1 *adj (cielo)* cloudy. 2 *(idea, plan)* nebulous, vague.
necesario,-a *adj* necessary.
• **es necesario hacerlo** it has to be done; **hacerse necesario,-a** *(algo)* to be required; *(persona)* to become essential; **más de lo necesario** more than is needed; **si fuera necesario** if need be.
neceser 1 *nm (de aseo)* toilet bag. 2 *(de maquillaje)* make-up bag. 3 *(de costura)* sewing kit.
necesidad 1 *nf (falta)* necessity, need. 2 *(hambre)* hunger. 3 *(pobreza)* poverty, want.
• **de necesidad** essential; **hacer sus necesidades** to relieve oneself.
necesitado,-a *adj* needy, poor.
necesitar *vt* to need.
• **"Se necesita camarero"** "Waiter required".
necio,-a 1 *adj* silly, stupid. 2 MÉX *(pesado)* boring. ‖ 3 *nm,f* fool, idiot. 4 MÉX *(pesado)* bore.
neerlandés,-esa 1 *adj* Dutch. ‖ 2 *nm,f (hombre)* Dutchman; *(mujer)* Dutch woman. ‖ 3 **neerlandés** *nm (idioma)* Dutch.
nefasto,-a 1 *adj (desgraciado)* unlucky, ill-fated. 2 *(perjudicial)* harmful, fatal.
negación 1 *nf (de un ideal)* negation. 2 *(de una acusación)* denial. 3 *(negativa)* refusal. 4 GRAM negative.
negado,-a 1 *adj* dull. ‖ 2 *nm,f* nohoper.
• **ser negado,-a para algo** to be useless at sth.
negar [48] 1 *vt (acusación, afirmación)* to deny. 2 *(rechazar)* to refuse. ‖ 3 **negarse** *vpr* to refuse (a, to).
• **negar con la cabeza** to shake one's head.
negativa *nf* refusal.
negativo,-a 1 *adj* negative. ‖ 2 **negativo** *nm* negative.
negligencia *nf* negligence, carelessness.
negligente *adj* negligent, neglectful, careless.
negociación *nf* negotiation.
■ **negociación colectiva** collective bargaining.
negociado *nm* ANDES RPL *(chanchullo)* shady deal.
negociante *nmf* dealer.
negociar [12] 1 *vi (comerciar)* to do business, deal. ‖ 2 *vt (hablar)* to negotiate.
negocio 1 *nm (empresa)* business. 2 *(transacción)* deal, transaction. 3 *(asunto)* affair.
• **hacer un buen negocio** *(trato comercial)* to do a good deal; *(en general)* to do well; **hacer negocio** to make a profit.
negra *nf* MÚS crotchet, US quarter note.
negro,-a 1 *adj (color, raza, pelo)* black. 2 *(tono, ojos, piel)* dark. 3 *(bronceado)* suntanned. ‖ 4 *nm,f (hombre)* black man; *(mujer)* black woman. ‖ 5 **negro** *nm (color)* black. 6 *(escritor)* ghostwriter.
• **pasarlas negras** to have a rough time of it; **verlo todo negro** to be very pessimistic.
negrura *nf* blackness.
nene,-a *nm,f* baby.
Nepal *nm* Nepal.
nepalés,-esa *adj* - *nm,f* Nepalese.
nepalí *adj* - *nmf* → **nepalés,-esa**.
nervio 1 *nm* nerve. 2 *(de la carne)* tendon, sinew.
nerviosismo *nm* nervousness.
nervioso,-a *adj* nervous.
• **estar nervioso,-a** to be nervous; **poner nervioso,-a a algn** to get on sb's nerves; **ponerse nervioso,-a** to get all excited.

neto,-a 1 *adj (peso, cantidad)* net. 2 *(claro)* neat, clear.
neumático,-a 1 *adj* pneumatic, tyre. || 2 **neumático** *nm* tyre.
neura 1 *nf fam* obsession, bug. || 2 *adj - nmf fam* neurotic.
neurólogo,-a *nm,f* neurologist.
neurótico,-a *adj - nm, f* neurotic.
neutral *adj - nmf* neutral.
neutralidad *nf* neutrality.
neutro,-a 1 *adj* neutral. 2 GRAM neuter.
nevada *nf* snowfall.
nevado,-a *adj (ciudad, prado)* covered with snow; *(montaña)* snow-capped.
nevar [27] *vi* to snow.
nevera *nf* fridge, refrigerator.
nexo *nm* connexion, link.
ni 1 *conj (en doble negación)* neither... nor: ***no tengo tiempo ni dinero*** I have got neither time nor money. 2 *(ni siquiera)* not even: ***ni por dinero*** not even for money.
• **¡ni hablar!** no way!
Nicaragua *nf* Nicaragua.
nicho *nm* niche.
nicotina *nf* nicotine.
nido *nm* nest.
niebla *nf* fog.
nieto,-a *nm,f (gen)* grandchild; *(niño)* grandson; *(niña)* granddaughter.
nieve 1 *nf* snow. 2 CARIB MÉX *(granizado) drink of flavoured crushed ice.*
NIF *abr (*Número de Identificación Fiscal*) tax identification number.*
nigeriano,-a *adj - nm, f* Nigerian.
Nilo *nm* Nile.
ningún *adj* → **ninguno,-a**.
• **de ningún modo** in no way.
▲ *Used before a singular masculine noun.*
ninguno,-a 1 *adj* no, not... any; *(no tengo ninguna mascota)* I have no pets, I don't have any pets. || 2 *pron (persona)* nobody, no one: ***ninguno lo vio*** nobody saw it, no one saw it. 3 *(objeto)* not... any, none: ***ninguno me gusta*** I don't like any of them, I like none of them.
• **en ninguna parte** nowhere.
■ **ninguna cosa** nothing; **ninguno de nosotros** none of us.
▲ *See also* ningún.
niñera *nf* nursemaid, nanny.
niñería 1 *nf (chiquillada)* childishness, childish behaviour. 2 *(cosa nimia)* trifle.
niñez *nf* childhood, infancy.
niño,-a *nm,f (gen)* child; *(chico)* boy; *(chica)* girl; *(bebé)* baby.
• **de niño,-a** as a child; **desde niño,-a** from childhood.
niqui *nm* T-shirt.
níspero 1 *nm (fruto)* medlar. 2 *(árbol)* medlar tree.
nítido,-a 1 *adj (transparente)* limpid, transparent. 2 *(claro)* accurate, precise. 3 *(imagen)* sharp.
nitrógeno *nm* nitrogen.
nivel 1 *nm (altura)* level, height: ***1.000 metros sobre el nivel del mar*** 1,000 metres above sea level. 2 *(categoría)* standard, degree. 3 *(instrumento)* level.
• **a nivel del mar** at sea level.
■ **nivel de vida** standard of living.
nivelar *vt* to level out, level off.
no 1 *adv* no, not: ***no, no quiero agua*** no, I don't want any water. 2 *(prefijo)* non: ***la no violencia*** nonviolence. || 3 *nm* no: ***un no rotundo*** a definite no.
• **¡a que no!** I bet you don't; **el no va más** the ultimate; **..., ¿no?** *tag question*: ***eres Virgo, ¿no?*** you're a Virgo, aren't you?; ***lo viste, ¿no?*** you saw it, didn't you?; **no obstante** notwithstanding.
noble 1 *adj* noble. || 2 *nmf (hombre)* nobleman; *(mujer)* noblewoman.
nobleza 1 *nf (cualidad)* nobility, honesty, uprightness. 2 *(clase social)* nobility.
noche *nf* night.
• **buenas noches** *(saludo)* good evening; *(despedida)* good night; **esta noche** tonight; **hacerse de noche** to get dark; **por la noche** at night, in the evening; **son las nueve de la noche**

it's nine p.m.; **de la noche a la mañana** overnight.
nochebuena *nf* Christmas Eve.
nochero *nm* CSUR *(vigilante)* night watchman.
nochevieja *nf* New Year's Eve.
noción 1 *nf* notion, idea. || **2 nociones** *nf pl* smattering *sing*, basic knowledge *sing*.
nocivo,-a *adj* noxious, harmful.
noctámbulo,-a *nm,f (trasnochador)* nightbird.
nocturno,-a 1 *adj (gen)* night, evening. **2** *(animal)* nocturnal.
nogal *nm* walnut tree.
nómada *adj* - *nmf* nomad.
nombramiento *nm* appointment.
nombrar *vt* to name, appoint.
nombre 1 *nm (gen)* name. **2** *(sustantivo)* noun. **3** *(reputación)* reputation.
• **a nombre de** addressed to; **en nombre de** on behalf of; **llamar a las cosas por su nombre** *fig* to call a spade a spade; **no tiene nombre** *fig* it's unspeakable.
■ **nombre artístico** stage name; **nombre de dominio** domain name; **nombre de pila** first name, given name, Christian name; **nombre propio** proper noun; **nombre y apellidos** full name.
nómina 1 *nf (plantilla)* payroll. **2** *(sueldo)* salary, pay cheque.
• **estar en nómina** to be on the staff.
nominación *nf* nomination.
nominar *vt* to nominate.
nominativo,-a *adj* nominal.
non *adj (número)* odd.
• **pares y nones** odds and evens.
nono,-a *num* ninth.
nórdico,-a 1 *adj (del norte)* northern. **2** *(escandinavo)* Nordic.
noreste *nm* northeast.
noria 1 *nf (para agua)* water-wheel. **2** *(de feria)* big wheel.
norirlandés,-esa 1 *adj* Northern Irish. || **2** *nm,f (hombre)* Northern Irishman; *(mujer)* Northern Irishwoman.
norma *nf* norm, rule.
normal *adj* normal, usual, average.
normalidad *nf* normality.
normalizar [4] **1** *vt* to normalize, restore to normal. || **2 normalizarse** *vpr* to return to normal.
normativa *nf* rules *pl*, regulations.
normativo,-a *adj* normative.
noroeste *nm* northwest.
norte 1 *adj-nm (punto cardinal)* north. || **2** *nm (guía)* aim, goal.
• **sin norte** *fig* aimless.
norteamericano,-a *adj* - *nm,f* North American.
Noruega *nf* Norway.
noruego,-a *adj* - *nm,f* Norwegian.
nos 1 *pron (complemento)* us: ***nos ha visto*** he has seen us. **2** *(reflexivo)* ourselves: ***nos lavamos*** we get washed, we wash ourselves. **3** *(recíproco)* each other: ***nos queremos mucho*** we love each other very much.
nosotros,-as 1 *pron (sujeto)* we: ***nosotros lo vimos*** we saw it. **2** *(complemento)* us: ***con nosotros,-as*** with us.
nostalgia 1 *nf* nostalgia. **2** *(morriña)* homesickness.
nostálgico,-a *adj* nostalgic.
nota 1 *nf (anotación)* note. **2** *(calificación)* mark, grade. **3** *(cuenta)* bill. **4** *fig (detalle)* touch. **5** *(musical)* note.
• **sacar buenas notas** to get good marks; **tomar nota de algo** *(apuntar)* to note sth down; *(fijarse)* to take note of sth.
notable *adj (apreciable)* noticeable; *(digno de notar)* outstanding, remarkable.
notar 1 *vt (percibir)* to notice, note. **2** *(sentir)* to feel. || **3 notarse** *vpr (percibirse)* to be noticeable, show: ***no se nota nada*** it doesn't show. **4** *(sentirse)* to feel.
• **hacerse notar** to draw attention to oneself; **se nota que...** you can see that...
notaría *nf (despacho)* notary's office.

notario,-a *nm,f* notary public.
noticia *nf* news *pl*: ***una noticia*** a piece of news.
• **dar la noticia** to break the news.
■ **noticia bomba** bombshell.
noticiario 1 *nm* AM *(en cine)* newsreel. **2** AM *(de radio, televisión)* the news.
notificación *nf* notification.
■ **notificación judicial** summons *sing*.
notificar [1] *vt* to notify, inform.
notorio,-a *adj* well-known.
novatada *nf (broma)* practical joke; *(error)* beginner's mistake.
novato,-a 1 *adj (persona)* inexperienced, green. ‖ **2** *nm,f (principiante)* novice, beginner. **3** *(en universidad)* fresher.
novecientos,-as *num* nine hundred.
novedad 1 *nf (cualidad)* newness. **2** *(cosa nueva)* novelty. **3** *(cambio)* change, innovation. **4** *(noticia)* news *pl*.
novela *nf* novel.
■ **novela corta** short story; **novela negra** detective story; **novela policíaca** detective story; **novela rosa** romance.
novelista *nmf* novelist.
noveno,-a *num* ninth.
noventa *num* ninety.
noviar [12] *vi* CSUR MÉX to go out: ***novian hace tiempo*** they've been going out together for a while.
noviazgo *nm* engagement.
noviembre *nm* November.
novillo *nm* young bull.
• **hacer novillos** to play truant, US play hooky.
novio,-a 1 *nm,f (chico)* boyfriend; *(chica)* girlfriend. **2** *(prometido - chico)* fiancé; *(- chica)* fiancée. **3** *(en boda - hombre)* bridegroom; *(- mujer)* bride.
nubarrón *nm* storm cloud.
nube 1 *nf* METEOR cloud. **2** *(multitud)* swarm, crowd.
• **poner a algn por las nubes** *fig* to praise sb to the skies.
nublado,-a *adj* cloudy, overcast.
nublarse *vpr* to cloud over.
nubosidad *nf* cloudiness.
nuboso,-a *adj* cloudy.
nuca *nf* nape of the neck.
nuclear *adj* nuclear.
núcleo 1 *nm* FÍS nucleus. **2** *(parte central)* core. **3** *(grupo de gente)* circle, group.
nudillo *nm* knuckle.
nudo 1 *nm (atadura)* knot. **2** *(vínculo)* link, tie. **3** *(punto principal)* crux, core. **4** *(de comunicaciones)* centre; *(de ferrocarril)* junction.
• **hacer un nudo** to tie a knot; **hacérsele a uno un nudo en la garganta** *fig* to get a lump in one's throat.
■ **nudo corredizo** slipknot.
nuera *nf* daughter-in-law.
nuestro,-a 1 *adj* our, of ours: ***nuestro,-a amigo,-a*** our friend; ***un amigo,-a nuestro,-a*** a friend of ours. ‖ **2** *pron* ours: ***este libro es nuestro*** this book is ours.
• **los nuestros** *fam* our side, our people.
nuevamente *adv* again.
nueve *num* nine; *(en fechas)* ninth.
nuevo,-a 1 *adj (reciente)* new. **2** *(adicional)* further. ‖ **3** *nm,f* newcomer; *(principiante)* beginner; *(en universidad)* fresher.
• **de nuevo** again; **estar como nuevo,-a** *(objeto)* to be as good as new; *(persona)* to feel like a new man/ woman; ***¿qué hay de nuevo?*** *fam* what's new?
nuez *nf* walnut.
■ **nuez de Adán** Adam's apple; **nuez moscada** nutmeg.
nulidad 1 *nf (ineptitud)* incompetence. **2** *(persona)* nonentity. **3** JUR nullity.
nulo,-a 1 *adj (inepto)* useless, totally inept. **2** *(sin valor)* null and void, invalid.
núm. *abr (*número*)* number; *(abreviatura)* n.

numeración *nf* numeration.
■ **numeración arábiga** Arabic numerals *pl*; **numeración romana** Roman numerals *pl*.
numerador *nm* numerator.
numeral *nm* numeral.
numerar 1 *vt* to number. ‖ **2 numerarse** *vpr* MIL to number off.
numérico,-a *adj* numerical.
número 1 *nm* MAT number. **2** *(ejemplar)* number, issue. **3** *(de zapatos)* size. **4** *(en espectáculo)* sketch, act.
• **en números redondos** in round figures; **montar un número** *fam* to make a scene.
■ **número atrasado** back number; **número cardinal** cardinal number; **número extraordinario** special issue; **número fraccionario** fraction; **número impar** odd number; **número ordinal** ordinal number; **número par** even number; **número primo** prime number; **número quebrado** fraction.
numeroso,-a *adj* numerous, large.
nunca 1 *adv (en negativa)* never. **2** *(en interrogativa)* ever: ***¿has visto nunca cosa igual?*** have you ever seen anything like it?
• **casi nunca** hardly ever; **más que nunca** more than ever; **nunca jamás** never ever; **nunca más** never again.
nupcias *nm pl fml* wedding *sing*, nuptials.
nutria *nf* otter.
nutrición *nf* nutrition.
nutrir 1 *vt* to feed. ‖ **2 nutrirse** *vpr* to feed (de, on).
nutritivo,-a *adj* nutritious, nourishing

Ñ

ñame *nm* AM yam.
ñandú *nm* AM nandu, American ostrich.
ñandutí *nm* PAR fine lace.
ñapa *nf* VEN *fam* bonus, extra.
ñato,-a *adj* ANDES RPL snub-nosed.
ñoñería 1 *nf (cosa)* insipidness. **2** *(persona)* fussiness.
ñoñez 1 *nf (cosa)* insipidness. **2** *(persona)* fussiness.
ñoño,-a 1 *adj (cosa)* insipid. **2** *(persona)* fussy. **3** AM old.
ñoqui *nm* gnocchi *pl*.
ñu *nm* gnu

O

o *conj* or.
• **o ... o ...** either ... or ...; **o sea** that is to say.
oasis *nm inv* oasis.
obcecación *nf* stubbornness.
obedecer [43] **1** *vt (a persona, norma)* to obey. ‖ **2** *vi (a causa)* to be due (a, to).
obediencia *nf* obedience.
obediente *adj* obedient.
obesidad *nf* obesity.
obeso,-a *adj* obese.
obispo *nm* bishop.
objeción *nf* objection.
• **poner una objeción** to raise an objection.
■ **objeción de conciencia** conscientious objection.
objetar *vt* to object.
objetividad *nf* objectivity.
objetivo,-a 1 *adj* objective. ‖ **2 objetivo** *nm (fin)* objective, aim, goal. **3** MIL target. **4** *(fotografía)* lens.
objeto 1 *nm (cosa)* object. **2** *(fin)* aim, purpose, object. **3** *(tema)* theme, subject, matter.
• **con objeto de** in order to; **tener por objeto** to be designed to.
■ **objetos de escritorio** stationery; **objeto directo** direct object; **objeto**

indirecto indirect object; **objetos perdidos** lost property *sing*.

objetor,-ra 1 *adj* objecting, dissenting. || 2 *nm,f* MIL objector.

oblicuo,-a *adj* oblique.

obligación 1 *nf (deber)* obligation. 2 FIN bond.

• **tener obligación de** to have to.

obligar [7] *vt* to oblige, force.

• **obligar a algn a hacer algo** to make sb to do sth.

obligatorio,-a *adj* compulsory, obligatory.

oboe *nm* oboe.

obra 1 *nf (trabajo)* piece of work. 2 *(pintura, escultura)* work; *(literatura)* book; *(teatro)* play. 3 *(acto)* deed. 4 *(institución)* institution, foundation. 5 *(construcción)* building site. || 6 **obras** *nf pl (arreglos)* repairs.

• **"En obras"** "Building works".

■ **obra benéfica** act of charity; **obra de arte** work of art; **obra de caridad** charitable deed; **obra maestra** masterpiece.

obrar 1 *vi (proceder)* to act, behave. || 2 *vt (trabajar)* to work.

obrero,-a 1 *adj* working. || 2 *nm,f* worker, labourer.

obscenidad *nf* obscenity.

obsceno,-a *adj* obscene.

obscurecer [43] 1 *vt (ensombrecer)* to darken. 2 *fig (ofuscar)* to cloud. || 3 *vi (anochecer)* to get dark. || 4 **obscurecerse** *vpr (nublarse)* to become cloudy.

obscuridad 1 *nf (de lugar, color, pelo)* darkness. 2 *(de texto, explicación)* obscurity.

obscuro,-a 1 *adj (lugar, color, pelo)* dark. 2 *(origen, texto, explicación)* obscure; *(futuro)* uncertain, gloomy; *(asunto)* shady.

• **a obscuras** in the dark.

obsequiar [12] 1 *vt (dar regalos)* to give. 2 *(agasajar)* to entertain.

• **obsequiar a algn con algo** to present sb with sth.

obsequio *nm* gift, present.

observación *nf* observation.

observador,-ra 1 *adj* observant. || 2 *nm,f* observer.

observar 1 *vt (mirar)* to observe. 2 *(notar)* to notice. 3 *(cumplir)* to obey.

observatorio *nm* observatory.

■ **observatorio meteorológico** weather station.

obsesión *nf* obsession.

obsesionar 1 *vt* to obsess. || 2 **obsesionarse** *vpr* to get obsessed.

obsesivo,-a *adj* obsessive.

obseso,-a 1 *adj* obsessed. || 2 *nm,f* obsessed person.

■ **obseso,-a sexual** sex maniac.

obstaculizar [4] *vt* to obstruct, hinder.

obstáculo *nm* obstacle, hindrance.

obstante *adv*.

• **no obstante** nevertheless, all the same.

obstetricia *nf* obstetrics.

obstinación *nf* obstinacy, stubbornness.

obstinado,-a *adj* obstinate, stubborn.

obstinarse *vpr* to persist (en, in).

obstruir [62] 1 *vt (obstaculizar)* to block, obstruct. || 2 **obstruirse** *vpr* to get blocked up.

obtención *nf* obtaining.

obtener [87] 1 *vt (alcanzar)* to obtain, get. || 2 **obtenerse** *vpr (provenir)* to come (de, from).

obturar *vt* to block, plug up.

obtuso,-a *adj* obtuse.

obús *nm* shell.

obvio,-a *adj* obvious.

oca *nf* goose.

ocasión 1 *nf (momento)* occasion. 2 *(oportunidad)* opportunity, chance. 3 *(ganga)* bargain.

• **dar ocasión a algo** to give rise to sth; **de ocasión** *(segunda mano)* secondhand; *(barato)* bargain; **en cierta ocasión** once.

ocasional 1 *adj (de vez en cuando)* occasional. 2 *(fortuito)* accidental, by chance.

ocasionar *vt (causar)* to cause, bring about.

ocaso 1 *nm (anochecer)* sunset. **2** *(occidente)* west. **3** *fig (declive)* fall, decline.

occidental 1 *adj* western. || **2** *nmf (persona)* westerner.

occidente *nm* the West.

OCDE *abr (*Organización de Cooperación y Desarrollo Económicos*)* Organization for Economic Cooperation and Development; *(abreviatura)* OECD.

Oceanía *nf* Oceania.

oceánico,-a *adj* oceanic.

océano *nm* ocean.

ochenta *num* eighty.

ocho *num* eight; *(en fechas)* eight.
• **dentro de ocho días** in a week.

ochocientos,-as *num* eight hundred.

ocio 1 *nm (tiempo libre)* leisure. **2** *(inactividad)* idleness.

ocioso,-a 1 *adj (inactivo)* idle. **2** *(inútil)* pointless, useless. || **3** *nm,f* idler.

ocre *adj* - *nm* ocre.

octavilla *nf* pamphlet.

octavo,-a *num* eighth.

octogonal *adj* octogonal.

octógono *nm* octagon.

octubre *nm* October.

OCU *abr (*Organización de Consumidores y Usuarios*) consumers's organization.*

ocular 1 *adj* eye. || **2** *nm* eyepiece.

oculista *nmf* oculist.

ocultar *vt* to hide (a, from).

oculto,-a *adj* concealed, hidden.

ocupación *nf* occupation.

ocupado,-a 1 *adj (persona)* busy. **2** *(asiento)* taken; *(aseos, teléfono)* engaged; *(puesto de trabajo)* filled. **3** MIL occupied.

ocupante *nmf* occupant.

ocupar 1 *vt (conquistar)* to occupy, take. **2** *(llenar)* to take up. **3** *(llevar un tiempo)* to take. **4** *(desempeñar)* to hold, fill. **5** *(trabajadores)* to employ. **6** *(habitar)* to live in. **7** CAM MÉX *(usar, emplear)* to use. || **8 ocuparse** *vpr (emplearse)* to occupy oneself (**de/en/con**, with). **9** *(vigilar)* to look after (**de**, -). **10** *(reflexionar)* to look into (**de**, -).
• **ocuparse de algn** to take care of sb; **ocuparse de un asunto** to deal with a matter.

ocurrencia 1 *nf (agudeza)* witty remark. **2** *(idea)* idea.

ocurrente *adj* bright, witty.

ocurrir 1 *vi* to happen, occur. || **2 ocurrirse** *vpr* to think, occur to: ***se me ocurre una idea*** I have an idea.
• ***¿qué te ocurre?*** what's the matter?, what's up?

odiar [12] *vt* to hate, loathe.

odio *nm* hatred, loathing.

odioso,-a *adj* hateful, detestable.

odontólogo,-a *nm,f* dental surgeon, odontologist.

OEA *abr (*Organización de Estados Americanos*)* Organization of American States; *(abreviatura)* OAS.

oeste *nm* west.

ofender 1 *vt* to offend. || **2 ofenderse** *vpr* to be offended (**con/por**, by), take offence (**con/por**, at).

ofendido,-a *adj* offended.

ofensa *nf* insult.

ofensiva *nf* MIL offensive.

ofensivo,-a 1 *adj (comentario)* offensive, rude. **2** *(táctica)* offensive.

oferta 1 *nf (propuesta)* offer. **2** COM bid, tender. **3** *(suministro)* supply.
• **de oferta** on offer.
■ **oferta y demanda** supply and demand.

oficial 1 *adj* official. || **2** *nm* MIL officer. **3** *(empleado)* clerk. **4** *(obrero)* skilled worker.

oficialismo *nm* AM *(gobierno)* the Government; *(partidarios del gobierno)* government supporters.

oficialista 1 *adj* AM pro-government. || **2** *nm,f* AM government supporter.

oficina *nf* office.
■ **oficina de empleo** job centre, US job office; **oficina de prensa** press of-

fice; **oficina de turismo** tourist office; **oficina pública** government office.

oficinista *nmf* office worker.

oficio 1 *nm (ocupación)* job, occupation; *(especializado)* trade: ***de oficio soy yesero*** I'm a plasterer by trade. **2** *(función)* role, function. **3** *(comunicación oficial)* official letter, official note. **4** REL service.

oficioso,-a 1 *adj (noticia, fuente)* unofficial. **2** *(persona)* officious.

ofimática *nf* office automation.

ofimático,-a *adj* INFORM.

■ **paquete ofimático** business package.

ofrecer [43] **1** *vt (dar - premio, amistad)* to offer; *(- banquete, fiesta)* to hold; *(regalo)* to give. **2** *(presentar)* to present. ‖ **3 ofrecerse** *vpr (prestarse)* to offer, volunteer.

ofrecimiento *nm* offer.

ofuscación 1 *nf (al pensar)* confusion. **2** *(al actuar)* blinding.

ofuscar [1] **1** *vt (deslumbrar)* to dazzle. **2** *fig (confundir)* to blind.

ogro *nm* ogre.

oh *interj* oh!

oídas de oídas *loc* by hearsay.

oído 1 *nm (sentido)* hearing. **2** *(órgano)* ear.

• **de oído** by ear.

oír [75] *vt* to hear.

• **¡oye!** hey!; **como lo oyes** *fam* believe it or not.

OIT *abr (*Organización Internacional del Trabajo*)* International Labour Organization; *(abreviatura)* ILO.

ojal *nm* buttonhole.

ojalá *interj* if only, I wish: ***¡ojalá fuera rico!*** I wish I were rich!

ojeada *nf* glance, quick look.

• **echar una ojeada** *(mirar)* to take a quick look (**a,** at); *(vigilar)* to keep an eye (**a,** on).

ojear *vt (mirar)* to have a quick look at.

ojeras *nm pl* bags under the eyes.

ojeroso,-a *adj* with rings under the eyes, haggard.

ojo 1 *nm (órgano)* eye. **2** *(agujero)* hole. ‖ **3 ¡ojo!** *interj* careful, look out.

• **a ojo** at a rough guess; **mirar con buenos ojos** to look favourably on; **no pegar ojo** not to sleep a wink; **saltar a los ojos** to be evident; **tener ojo clínico** to have a good eye.

■ **ojo de la cerradura** keyhole; **ojo morado** black eye.

ojota 1 *nf* MÉX *(sandalia)* sandal. **2** RPL *(chancleta)* flip-flop, US thong.

ola *nf* wave.

ole *interj* bravo!

olé *interj* bravo!

oleada *nf* wave: ***una oleada de gente*** a surge of people.

oleaje *nm* swell.

óleo *nm (material)* oil paint; *(cuadro)* oil painting.

oler [60] *vt - vi* to smell (a, of): ***huele a gas*** I can smell gas.

• **oler a chamusquina** to smell fishy; **olerse algo** to suspect sth.

olfatear 1 *vt (oler)* to sniff, smell. **2** *fig (indagar)* to nose into, pry into.

olfato 1 *nm* sense of smell. **2** *fig (intuición)* good nose, instinct, flair.

olimpiada *nf* Olympiad.

■ **las Olimpiadas** the Olympic Games.

olímpico,-a *adj* Olympic.

oliva 1 *adj - nm (color)* olive. ‖ **2** *nf (aceituna)* olive.

olivar *nm* olive grove.

olivo *nm* olive tree.

olla *nf* spot.

• **olla exprés** pressure cooker; **olla a presión** pressure cooker.

olmo *nm* elm.

olor *nm* smell.

■ **olor corporal** body odour.

oloroso,-a *adj* fragrant, sweet-smelling.

OLP *abr (*Organización para la Liberación de Palestina*)* Palestine Liberation Organization; *(abreviatura)* PLO.

olvidadizo,-a *adj* forgetful.

olvidar 1 *vt (gen)* to forget. **2** *(dejar)* to

leave: ***olvidé la bufanda en el tren*** I left my scarf on the train. || 3 **olvidarse** *vpr* to forget (de, -).

olvido 1 *nm (desmemoria)* oblivion. **2** *(descuido)* forgetfulness, absentmindedness. **3** *(lapsus)* oversight, lapse.

ombligo *nm* navel.

omisión *nf* omission.

omiso,-a *adj* negligent.

• **hacer caso omiso de** to take no notice of.

omitir *vt* to omit, leave out.

ómnibus *nm (pl* **omnibuses***)* Cuba Urug bus.

omnipotente *adj* omnipotent, almighty.

omoplato *nm* shoulder blade.

omóplato *nm* shoulder blade.

OMS *abr (*Organización Mundial de la Salud*)* World Health Organization; *(abreviatura)* WHO.

once *num* eleven; *(en fechas)* eleventh.

ONCE *abr (*Organización Nacional de Ciegos Españoles*)* Royal National Institute for the Blind; *(abreviatura)* RNIB.

onceavo,-a *num* eleventh.

onda 1 *nf (del pelo)* wave. **2** *(del agua)* ripple.

• ***¿qué onda?*** MÉX RPL how's it going?, how are things?

■ **onda corta** short wave; **onda expansiva** shock wave; **onda larga** long wave; **onda media** medium wave.

ondear 1 *vi (bandera)* to flutter. **2** *(agua)* to ripple.

• **ondear a media asta** to be flying at half mast.

ondulación 1 *nf (de movimiento)* undulation. **2** *(de pelo)* wave. **3** *(de agua)* ripple.

ondulado,-a *adj* wavy.

ondulante *adj* undulating.

ondular 1 *vt (pelo)* to wave. || **2** *vi (moverse)* to undulate.

ONG *abr (*Organización No Gubernamental*)* Nongovernmental Organization; *(abreviatura)* NGO.

ONU *abr (*Organización de las Naciones Unidas*)* United Nations Organization; *(abreviatura)* UNO.

OPA *abr (*Oferta Pública de Adquisición*)* takeover bid.

opaco,-a *adj* opaque.

opción 1 *nf (elección)* option, choice. **2** *(derecho)* right; *(posibilidad)* opportunity, chance.

OPEP *abr (*Organización de los Países Exportadores de Petróleo*)* Organization of Petroleum Exporting Countries; *(abreviatura)* OPEC.

ópera *nf* opera.

operación 1 *nf (gen)* operation. **2** FIN transaction, deal.

operador,-ra 1 *nm,f* TÉC operator. **2** CINEM *(de la cámara - hombre)* cameraman; *(- mujer)* camerawoman; *(del proyector)* projectionist.

operar 1 *vt* MED to operate (a, on). **2** *(producir)* to bring about. || **3** *vi (hacer efecto)* to operate, work. **4** FIN to deal, do business. || **5 operarse** *vpr* MED to have an operation (de, for).

operario,-a *nm,f* operator, worker.

opinar *vi* to think.

opinión *nf (juicio)* opinion, point of view.

• **cambiar de opinión** to change one's mind.

■ **opinión pública** public opinion.

oponente 1 *adj* opposing. || **2** *nmf* opponent.

oponer [78] **1** *vt (pp* **opuesto,-a***)* to put forward. **2** *(resistencia)* to offer. || **3 oponerse** *vpr (estar en contra)* to oppose (a, -). **4** *(ser contrario)* to be in opposition (a, to), contradict.

oportunidad 1 *nf (ocasión)* opportunity, chance. **2** *(ganga)* bargain.

• **aprovechar la oportunidad para ...** to take the occasion to ...

oportunista *adj - nmf* opportunist.

oportuno,-a 1 *adj (a tiempo)* opportune, timely. **2** *(conveniente)* appropriate.

oposición 1 *nf (enfrentamiento)* opposition. **2** *(examen)* competitive examination.

opositor,-ra 1 *nm,f (candidato)* candidate *(for a competitive examination)*. **2** AM *(en política)* opponent.

opresión *nf* oppression.
● **opresión en el pecho** tightness of the chest.

opresor,-ra 1 *adj* oppressive, oppressing. || **2** *nm,f* oppressor.

oprimir 1 *vt (tecla, botón)* to press. **2** *(persona, pueblo)* to oppress.

optar 1 *vi (elegir)* to choose. **2** *(aspirar)* to apply (a, for).

optativo,-a *adj* optional.

óptica 1 *nf (tienda)* optician's. **2** *(ciencia)* optics.

óptico,-a 1 *adj* optical. || **2** *nm,f* optician.

optimismo *nm* optimism.

optimista 1 *adj* optimistic. || **2** *nmf* optimist.

óptimo,-a *adj* very best, optimum.

opuesto,-a 1 *pp* → **oponer**. || **2** *adj (contrario)* opposed, contrary. **3** *(de enfrente)* opposite.

opulencia *nf* opulence, luxury.

opulento,-a *adj* opulent.

oración 1 *nf* REL prayer. **2** GRAM clause, sentence.

orador,-ra *nm,f* speaker, orator.

oral *adj* oral.
● **por vía oral** MED to be taken orally.

órale *interj* MÉX *fam (venga)* come on!; *(de acuerdo)* right!, sure!

orangután *nm* orangutang.

orar *vi* to pray.

órbita 1 *nf (de satélite)* orbit. **2** *(de ojo)* socket.

orca *nf* killer whale.

orden 1 *nm (disposición)* order: ***en orden alfabético*** in alphabetical order. **2** *fig (campo)* sphere. || **3** *nf (mandato, cuerpo)* order. **4** JUR warrant.
● **de primer orden** first-rate; **poner algo en orden** to sort sth out; **por orden de** by order of.
■ **orden de arresto** warrant for arrest; **orden de pago** money order; **orden del día** agenda; **orden judicial** court order; **orden público** law and order.

ordenación 1 *nf (disposición)* arrangement, organizing. **2** REL ordination.

ordenado,-a *adj* tidy.

ordenador,-ra 1 *adj* ordering. || **2 ordenador** *nm* INFORM computer.
■ **ordenador personal** personal computer; **ordenador portátil** laptop.

ordenanza 1 *nm (de despacho)* messenger; *(soldado)* orderly. || **2** *nf (código)* law.

ordenar 1 *vt (arreglar)* to put in order; *(habitación)* to tidy up. **2** *(mandar)* to order to. **3** REL to ordain. **4** AM *(pedir)* to order.
● **ordenar las ideas** to collect one's thoughts.

ordeñar *vt* to milk.

ordinal *adj* - *nm* ordinal.

ordinario,-a 1 *adj (corriente)* ordinary, common. **2** *(grosero)* vulgar, common.
● **de ordinario** usually.

orégano *nm* oregano.

oreja *nf* ear.

orejero,-a *adj* AM *(soplón)* grass.

orejudo,-a *adj* big-eared.

orfanato *nm* orphanage.

orgánico,-a *adj* organic.

organigrama *nm (de empresa)* organization chart; *(de informática)* flow chart.

organismo 1 *nm (ser viviente)* organism. **2** *(entidad pública)* organization, body.

organización *nf* organization.

organizado,-a *adj* organized.

organizador,-ra 1 *adj* organizing. || **2** *nm,f* organizer.

organizar [4] **1** *vt (gen)* to organize. || **2 organizarse** *vpr (suceso)* to be: ***se organizó un escándalo tremendo*** there was a terrible scandal. **3** *(persona)* to organize oneself.

órgano *nm* organ.

orgasmo *nm* orgasm.

orgía *nf* orgy.
orgullo 1 *nm (propia estima)* pride. **2** *(arrogancia)* arrogance, haughtiness.
orgulloso,-a 1 *adj (satisfecho)* proud. **2** *(arrogante)* arrogant, haughty.
orientación 1 *nf (dirección)* orientation. **2** *(enfoque)* approach. **3** *(guía)* guidance.
■ **orientación profesional** vocational guidance.
orientador,-ra 1 *adj* advisory, guiding. ‖ **2** *nm,f* guide, adviser, counsellor.
oriental 1 *adj* eastern, oriental. **2** AM *(uruguayo)* Uruguayan. ‖ **3** *nmf* Oriental. ‖ **4** *nm,f* AM *(uruguayo)* Uruguayan.
orientar 1 *vt (dirigir)* to orientate, direct. **2** *(guiar)* to guide, give directions. ‖ **3 orientarse** *vpr (encontrar el camino)* to get one's bearings, find one's way about. **4** *(dirigirse)* to tend towards.
oriente *nm* east, orient.
orificio *nm* orifice, hole.
origen *nm* origin: ***de origen español*** of Spanish extraction.
original *adj* - *nm* original.
originar 1 *vt* to cause, give rise to. ‖ **2 originarse** *vpr* to originate, have its origin.
originario,-a *adj* original.
• **ser originario,-a de** *(persona)* to come from; *(costumbre)* to originate in.
orilla 1 *nf (borde)* edge. **2** *(del río)* bank; *(del mar)* shore.
• **a la orilla del mar** by the sea.
orillero,-a *adj* AM *(persona)* suburban.
orina *nf* urine.
orinal *nm* chamber pot; *(de niño)* potty.
orinar 1 *vi* to urinate. ‖ **2 orinarse** *vpr* to wet oneself.
oriundo,-a *adj* native of.
• **ser oriundo,-a de** to come from, originate from.
oro *nm* gold.
• **de oro** gold, golden.
orquesta 1 *nf (clásica, sinfónica)* orchestra. **2** *(banda)* dance band.
orquídea *nf* orchid.
ortiga *nf* nettle.
ortografía *nf* spelling, orthography.
ortográfico,-a *adj* spelling.
ortopédico,-a *adj (cirugía etc)* orthopaedic, US orthopedic; *(pierna etc)* artificial.
oruga *nf* caterpillar.
os 1 *pron (complemento directo)* you: ***os veo mañana*** I'll see you tomorrow. **2** *(complemento indirecto)* to you: ***os lo mandaré*** I'll send it to you. **3** *(reflexivo)* yourselves: ***os hacéis daño*** you're hurting yourselves. **4** *(recíproco)* each other: ***os queréis mucho*** you love each other very much.
osadía 1 *nf (audacia)* daring, boldness. **2** *(desvergüenza)* impudence.
osado,-a 1 *adj (audaz)* daring, bold. **2** *(desvergonzado)* shameless.
osar *vi* to dare.
oscilación 1 *nf (de precios)* fluctuation. **2** *(de movimiento)* oscillation.
oscilar 1 *vi (variar)* to vary, fluctuate. **2** *(balancearse)* to oscillate.
oscurecer [43] *vt* - *vpr* → **obscurecer**.
oscuridad *nf* → **obscuridad**.
oscuro,-a *adj* → **obscuro**.
oso *nm* bear.
■ **oso de peluche** teddy bear; **oso hormiguero** anteater; **oso panda** panda; **oso pardo** brown bear; **oso polar** polar bear.
ostensible *adj* ostensible, obvious.
ostentación *nf* ostentation.
ostentar 1 *vt (jactarse)* to show off, flaunt. **2** *(poseer)* to hold.
• **ostentar el cargo de** to hold the position of.
ostentoso,-a *adj* ostentatious.
ostión 1 *nm* MÉX *(ostra)* large oyser. **2** CHILE *(vieira)* scallop.
ostra 1 *nf* oyster. ‖ **2 ¡ostras!** *interj* crikey!, US gee!
• **aburrirse como una ostra** to be bored stiff.

OTAN *abr (*Organización del Tratado del Atlántico Norte*)* North Atlantic Treaty Organization; *(abreviatura)* NATO.
OTI *abr* TV *(*Organización de la Televisión Iberoamericana*)* Latin American television organization.
otoño *nm* autumn, US fall.
otorgar [7] **1** *vt (conceder)* to grant, give (a, to); *(premio)* to award (a, to). **2** JUR to execute, draw up.
otro,-a **1** *adj (singular)* another; *(- con det o adj)* other: ***vino otra persona en su lugar*** another person came in his place; ***la otra silla era más cómoda*** the other chair was more comfortable; ***mi otro coche es un Porsche*** my other car's a Porsche. **2** *(plural)* other: ***entre otras cosas*** amongst other things. || **3** *pron (singular)* another, another one: ***con uno no me basta, necesito otro*** one isn't enough, I need another one. **4** *(con artículo definido - singular)* other one; *(plural)* others: ***este libro no está mal, pero me gustó más el otro*** this book isn't bad, but I preferred the other one; ***los otros también quieren venir*** the others want to come too.
• **entre otras cosas** amongst other things; **otra cosa** something else; **otro día** another day; **otro tanto** as much; **un día sí y otro no** every two days.
ovación *nf* ovation, cheering, applause.
ovacionar *vi* to give an ovation (a, to), applaud (a, -).
oval *adj* oval.
ovalado,-a *adj* oval.
óvalo *nm* oval.
ovario *nm* ovary.
oveja *nf (gen)* sheep.
• **ser la oveja negra de la familia** to be the black sheep of the family.
overol *nm* AM overalls *pl*.
ovillo *nm* ball of wool.
• **hacerse un ovillo** *fig* to curl up into a ball.
ovino,-a *adj* sheep.
OVNI *abr (*Objeto Volador No Identificado*)* Unidentified Flying Object; *(abreviatura)* UFO.
óvulo *nm* ovule.
oxidado,-a *adj* rusty.
oxidarse *vpr* to rust, go rusty.
óxido **1** *nm* QUÍM oxide. **2** *(herrumbre)* rust.
oxígeno *nm* oxygen.
oye *pres indic* → **oír**.
oyente **1** *nmf* RAD listener. **2** *(estudiante)* occasional student. || **3 oyentes** *nm pl* audience *sing*.
ozono *nm* ozone

P

p. *abr (*página*)* page; *(abreviatura)* p.
P *abr (*parking*)* car park, US parking lot.
pabellón **1** *nm* ARQ *(edificio - aislado)* block, section; *(- anexo)* pavilion. **2** *(tienda)* tent. **3** *(bandera)* flag. **4** ANAT external ear.
■ **pabellón deportivo** sports hall.
pacer [42] *vi - vt* to graze.
pachorra *nf fam* slowness.
pachucho,-a **1** *adj (fruta)* overripe. **2** *(persona)* under the weather, off-colour.
paciencia *nf* patience.
• **perder la paciencia** to lose one's patient; **tener paciencia** to be patient.
paciente *adj - nmf* patient.
pacificar [1] *vt* to pacify.
pacífico,-a **1** *adj (tranquilo)* peaceful. **2** *(del Pacífico)* Pacific.
■ **el océano Pacífico** the Pacific Ocean.
pacifista *adj - nmf* pacifist.
paco *nm* ANDES PAN *fam (policía)* cop.

pacotilla de pacotilla *loc fam* shoddy.
pactar *vt* to agree to.
pacto *nm* pact, agreement.
padecer [43] **1** *vt* to suffer. ‖ **2** *vi* to suffer (de, from).
padrastro *nm* stepfather.
padre 1 *nm* father. ‖ **2** *adj fam* terrible: ***un disgusto padre*** a terrible disappointment. **3** MÉX *(genial)* great. **4** *(padre y madre)* parents.
■ **padre político** father-in-law.
padrenuestro *nm* Lord's Prayer.
padrino 1 *nm (de bautizo)* godfather. **2** *(de boda - padre)* bride's father; *(- amigo)* best friend. **3** *(patrocinador)* sponsor.
padrísimo,-a *adj* MÉX *fam* fantastic, great.
padrón *nm* census.
padrote *nm* MÉX *fam (proxeneta)* pimp.
paella *nf* paella.
paga *nf (sueldo)* pay.
■ **paga extra** bonus.
paganismo *nm* paganism.
pagano,-a *adj - nm, f* pagan.
pagar [7] *vt (compra, entrada)* to pay for; *(sueldo, alquiler, cuenta)* to pay; *(deuda)* to pay off.
● **pagar al contado** to pay cash; **¡me las pagarás!** *fam* you'll pay for this!
pagaré *nm* promissory note.
página *nf* page.
■ **página personal** home page; **página web** web page; **páginas amarillas** yellow pages.
pago 1 *nm* COM FIN payment. **2** *(recompensa)* reward.
● **en pago por** in payment for, in return for.
■ **pago al contado** cash payment; **pago anticipado** advance payment; **pago inicial** down payment.
pagoda *nf* pagoda.
paila *nf* ANDES CAM CARIB frying pan.
país *nm* country.
■ **país natal** native country; **País Vasco** Basque Country.
paisaje 1 *nm (terreno)* landscape. **2** *(vista)* scenery.
paisano,-a 1 *nm,f (compatriota - hombre)* fellow countryman; *(- mujer)* fellow countrywoman. ‖ **2 paisano** *nm* civilian.
● **de paisano** in plain clothes.
paja 1 *nf (tallo seco)* straw. **2** *(relleno)* padding, waffle. **3** *vulg (masturbación)* wank.
pajarería *nf* pet shop.
pajarita 1 *nf (lazo)* bow tie. **2** *(de papel)* paper bird.
pájaro 1 *nm* ZOOL bird. **2** *fam (persona astuta)* slyboots.
● **matar dos pájaros de un tiro** to kill two birds with one stone.
■ **pájaro bobo** penguin; **pájaro carpintero** woodpecker; **pájaro de cuenta** big shot.
paje *nm* page.
pala 1 *nf (para cavar)* spade. **2** *(de cocina)* slice. **3** *(recogedor de basura)* dustpan. **4** DEP bat. **5** *(de hélice)* blade.
palabra *nf* word.
● **dar uno su palabra** to give one's word; **dejar a uno con la palabra en la boca** to cut sb off in mid-sentence; **en una palabra** in a word, to sum up; **tener la palabra** to have the floor; **tener la última palabra** to have the final say; **ser de pocas palabras** not to be very talkative.
■ **palabra clave** keyword; **palabra de honor** word of honour.
palabrota *nf* swearword.
● **decir palabrotas** to swear.
palacio *nm* palace.
■ **palacio de congresos** conference centre,; **palacio de deportes** sports centre,; **palacio de justicia** courthouse.
paladar *nm* palate.
● **tener buen paladar** to have a good palate.
paladear *vt* to savour, relish.
palanca *nf* lever.

■ **palanca de cambio** gear lever, gearstick.

palangana *nf* washbasin.

palco *nm* box.

Palestina *nf* Palestine.

palestino,-a *adj - nm, f* Palestinian.

paleta 1 *nf (de pintor)* palette. **2** *(de albañil)* trowel. **3** *(de cocina)* slice. **4** *(de hélice etc)* blade. **5** CAM MÉX *(pirulí)* lollipop; *(polo)* ice lolly, US Popsicle®.

paletilla 1 *nf* ANAT shoulder blade. **2** CULIN shoulder.

paleto,-a *nm,f pey* country bumpkin.

paliar [12] *vt* to palliate, alleviate.

palidecer [43] *vi* to turn pale.

palidez *nf* paleness, pallor.

pálido,-a *adj* pale.

palillo 1 *nm (mondadientes)* toothpick. **2** MÚS drumstick.

■ **palillos chinos** chopsticks.

palique *nm fam* chat, small talk.

paliza 1 *nf (zurra)* beating, thrashing. **2** *(derrota)* defeat. **3** *fam (pesadez)* bore.

● **darle una paliza a algn** *(pegarle)* to beat sb up; *(aburrrile)* to bore sb.

palma 1 *nf* BOT palm tree. **2** *(de la mano)* palm. || **3 palmas** *nf pl (aplausos)* clapping *sing*, applause *sing*.

● **batir palmas** to clap; **conocer algo como la palma de la mano** to know sth like the back of one's hand; **llevarse la palma** to be the best, take the biscuit.

palmada 1 *nf (golpe)* slap, pat. || **2 palmadas** *nf pl (aplausos)* clapping *sing*.

● **dar palmadas** to clap.

palmatoria *nf* candlestick.

palmera *nf* palm tree.

palmo *nm* span, handspan.

● **palmo a palmo** inch by inch; **dejar a algn con un palmo de narices** *fam* to take the wind out of sb's sails.

palmotear *vt* to clap.

palo 1 *nm (vara)* stick. **2** MAR mast. **3** *(golpe)* blow. **4** *(de naipes)* suit. **5** AM *(árbol)* tree.

● **dar palos** to hit, strike; **a palo seco** on its own; **dar palos de ciego** to grope about in the dark; **de tal palo tal astilla** like father like son.

paloma *nf* dove, pigeon.

■ **paloma mensajera** carrier pigeon.

palomar *nm (grande)* pigeon loft; *(pequeño)* dovecote.

palomitas *nf pl* popcorn *sing*.

palomo *nm male* pigeon.

palpable 1 *adj (al tacto)* palpable. **2** *(evidente)* obvious, evident.

palpar *vt* to touch, feel.

palpitación *nf* palpitation.

palpitar *vi* to palpitate, throb.

palta *nf* ANDES RPL *(fruto)* avocado.

paludismo *nm* malaria.

palurdo,-a 1 *adj pey* uncouth, rude. || **2** *nm,f pey* boor, churl.

pamela *nf* sun hat.

pampa *nf* pampas *pl*.

pamplina *nf* nonsense.

pan *nm (alimento)* bread; *(hogaza)* round loaf; *(barra)* French loaf.

● **ganarse el pan** to earn one's living; **llamar al pan, pan y al vino, vino** to call a spade a spade; **ser más bueno que el pan** to be as good as gold; **ser pan comido** to be a piece of cake.

■ **pan de molde** sliced bread; **pan dulce** MÉX cake; **pan integral** wholemeal bread; **pan lactal** ARG sliced bread; **pan rallado** breadcrumbs *pl*.

pana *nf* corduroy.

panadería *nf* bakery, baker's.

panadero,-a *nm,f* baker.

panal *nm* honeycomb.

Panamá *nm* Panama.

pancarta *nf* placard.

pancho *nm* RPL *(perrito caliente)* hot dog.

páncreas *nm* pancreas.

panda *nm* panda.

pandereta *nf* small tambourine.

pandero *nm* tambourine.

pandilla 1 *nf (de amigos)* group of friends. **2** *(de criminales)* gang, band.

panecillo *nm* roll.

panel *nm* panel.

■ **panel de instrumentos** instrument panel; **panel solar** solar panel.
panera *nf (de mesa)* bread basket; *(de cocina)* bread bin, US bread box.
pánfilo,-a 1 *adj (lento)* slow. 2 *(tonto)* stupid. || 3 *nm,f* fool.
panfleto *nm* pamphlet.
pánico *nm* panic.
panorama 1 *nm (vista)* panorama, view. 2 *(perspectiva)* outlook.
panqueque *nm* AM pancake.
pantaletas *nf pl* CARIB MÉX *(bragas)* panties, BR knickers.
pantalla 1 *nf* CINEM TV screen. 2 *(de lámpara)* shade.
■ **la pequeña pantalla** the small screen, the TV; **pantalla de cristal líquido** liquid crystal display; **pantalla plana** flat screen.
pantalón *nm* trousers *pl*.
● **bajarse los pantalones** to give in; **llevar los pantalones** to wear the trousers.
■ **pantalón corto** shorts, short trousers.
▲ *Often used in plural with same meaning.*
pantano *nm* marsh.
pantanoso,-a *adj* marshy.
panteón *nm* pantheon.
■ **panteón familiar** family vault.
panteonero *nm* AM gravedigger.
pantera *nf* panther.
pantimedias *nf pl* MÉX tights, US pantyhose.
pantorrilla *nf* calf.
pantry *nm* VEN *(comedor diario) family dining area off kitchen.*
pants *nm pl* MÉX track suit *sing*, jogging suit *sing*.
pantufla *nf* slipper.
panza *nf fam* paunch, belly.
panzada *nf fam* bellyful.
pañal *nm* nappy, US diaper.
paño 1 *nm (tela)* cloth, material. 2 *(trapo para polvo)* duster. 3 *(de pared)* panel, stretch. || **4 paños** *nm pl (prendas)* clothes.
● **en paños menores** in one's underwear.
■ **paño de cocina** dishcloth, tea towel.
pañuelo 1 *nm (para sonarse)* handkerchief. 2 *(para la cabeza)* headscarf, scarf. 3 *(para el cuello)* scarf.
■ **pañuelo de papel** tissue.
papa 1 *nm (pontífice)* pope. || 2 *nf (patata)* potato.
● **no saber ni papa** not to have the faintest idea (**de,** about).
■ **papas fritas** *(de sartén)* chips, US French fries; *(de bolsa)* crisps, US potato chips.
papá *nm fam* dad, daddy.
papada *nf* double chin.
papagayo 1 *nm* parrot. 2 CARIB MÉX *(cometa)* kite.
papalote *nm* CAM MÉX kite.
papanatas *nmf (pl* papanatas*) fam* simpleton.
papel 1 *nm (material)* paper; *(hoja)* piece of paper, sheet of paper. 2 CINEM TEAT role, part.
● **desempeñar el papel de** to play the part of; **hacer un buen papel** to do well; **hacer un mal papel** to do badly.
■ **papel carbón** carbon paper; **papel confort** CHILE toilet paper; **papel de aluminio** aluminium foil; **papel de calcar** tracing-paper; **papel de estado** government securities *pl*; **papel de fumar** cigarette paper; **papel de lija** sandpaper; **papel de plata** silver paper, tinfoil; **papel higiénico** toilet paper; **papel moneda** paper money; **papel pintado** wallpaper; **papel sanitario** CUBA toilet paper; **papel secante** blotting paper; **papel toilette** VEN GUAT toilet paper; **papel tualé** VEN GUAT toilet paper.
papeleo *nm fam* red tape.
papelera 1 *nf (en oficina)* wastepaper basket. 2 *(en la calle)* litter bin, US litter basket.
papelería *nf* stationer's.

papeleta 1 *nf (para votar)* ballot paper. **2** *(de examen)* report. **3** *fam (problema)* tricky problem: ***¡vaya papeleta!*** what an awful situation!

paperas *nf pl* mumps.

papilla 1 *nf (para enfermo)* pap. **2** *(para bebé)* baby food.

● **echar la primera papilla** to be as sick as a dog; **estar hecho papilla** *(cansado)* to be shattered; *(roto)* to be smashed to bits; **hacer papilla a algn** to make mincemeat of sb.

papiro *nm* papyrus.

paquete 1 *nm (de libros, ropa)* package, parcel; *(de cigarros, folios, galletas)* packet; *(de azúcar, harina)* bag. **2** *(conjunto)* package: ***un paquete de reformas*** a package of reforms. **3** *fam (torpón)* wally, useless tool. **4** *fam (genitales)* packet, bulge.

● **ir de paquete** to ride pillion.

■ **paquete bomba** parcel bomb; **paquete de acciones** share package; **paquete de software** software package; **paquete postal** parcel.

Paquistán *nm* Pakistan.

paquistaní *adj - nmf* Pakistani.

par 1 *adj (igual)* equal. **2** MAT even. || **3** *nm (pareja)* pair.

● **a la par** *(al mismo tiempo)* at the same time; *(juntos)* together; **de par en par** wide open; **sin par** matchless.

PAR *abr* POL (Partido Aragonés Regionalista) *Aragonese regionalist party.*

para 1 *prep (finalidad)* for, to, in order to: ***es para Pepe*** it's for Pepe; ***para ahorrar dinero*** (in order) to save money. **2** *(dirección)* for, to: ***salimos para Lugo el domingo*** we leave for Lugo on Sunday; ***el tren para Toledo*** the train to Toledo; ***¿para dónde vas?*** where are you going? **3** *(tiempo, fechas límites)* by: ***para Navidad*** by Christmas.

● **dar para** to be sufficient for; **hay para rato** it will be some time before it's over; **para con** towards, to; **para entonces** by then; **para que** in order that, so that; ***¿para qué?*** what for?

parábola 1 *nf* REL parable. **2** MAT parabola.

parabólica *nf* satellite dish.

parabrisas *nm inv* windscreen, US windshield.

paracaídas *nm inv* parachute.

● **tirarse en paracaídas** to parachute.

paracaidista 1 *nmf* DEP parachutist. **2** MIL paratrooper.

parachoques 1 *nm inv* AUTO bumper, US fender. **2** *(de tren)* buffer.

parada 1 *nf (acción)* stop, halt. **2** *(de autobús etc)* stop. **3** *(pausa)* pause. **4** DEP catch.

■ **parada de taxis** taxi stand, US cab stand; **parada discrecional** request stop.

paradero 1 *nm* whereabouts *pl.* **2** MÉX PERÚ *(apeadero)* stop.

parado,-a 1 *adj (quieto)* still, motionless. **2** *(lento)* slow, awkward. **3** *fam (desempleado)* unemployed. **4** AM *(de pie)* standing. || **5** *nm,f* unemployed person.

● **salir bien parado de algo** to come off well out of sth; **salir mal parado de algo** to come off badly out of sth.

paradoja *nf* paradox.

paradójico,-a *adj* paradoxical.

parador *nm* state-run hotel.

paragolpes *nm pl (pl* paragolpes*)* RPl *(de automóvil)* bumper.

paraguas *nm inv* umbrella.

Paraguay *nm* Paraguay.

paraguayo,-a *adj - nm,f* Paraguayan.

paragüero *nm* umbrella stand.

paraíso *nm* paradise.

■ **paraíso fiscal** tax haven; **paraíso terrenal** Garden of Eden.

paraje *nm* spot, place.

paralelas *nf pl* DEP parallel bars.

paralelo,-a 1 *adj* parallel. || **2 paralelo** *nm* parallel.

paralelogramo *nm* parallelogram.

parálisis *nf inv* paralysis.

■ **parálisis cerebral** cerebral palsy.

paralítico,-a *adj - nmf* paralytic.

paralización 1 *nf* MED paralyzation. **2** COM stagnation.

paralizar [4] **1** *vt* MED to paralyze. **2** *(tráfico)* to bring to a standstill. || **3 paralizarse** *vpr (miembro)* to be paralysed. **4** *fig (actividad)* to come to a standstill.

parámetro *nm* parameter.

páramo *nm* moor.

parapente *nm (deporte)* paragliding; *(paracaídas)* paraglider.

parar 1 *vt (detener)* to stop. **2** DEP to catch. || **3** *vi (detenerse)* to stop. **4** *(acabar)* to end: ***fue a parar a la cárcel*** he ended up in prison. **5** *(estar)* to be: ***nunca paro en casa*** I'm never at home. **6** *(alojarse)* to stay. || **7 pararse** *vpr (detenerse)* to stop. **8** AM *(levantarse)* to stand up.

• **ir a parar** to end up at, end up in: ***¿dónde iremos a parar?*** what is the world coming to?; **no parar** to be always on the go; **pararse en seco** to stop dead; **sin parar** nonstop, without stopping; **parar los pies a algn** *fig* to put sb in his/her place.

pararrayos *nm inv* lightning conductor.

parásito,-a 1 *adj* parasitic. || **2 parásito** *nm* BIOL parasite. **3** *fam (persona)* hanger-on. || **4 parásitos** *nm pl* RAD interference *sing.*

parasol *nm* parasol, sunshade.

parcela *nf* plot.

parche 1 *nm (remiendo)* patch. **2** *(emplasto)* plaster. **3** *fig (chapuza)* botch.

parchís *nm* ludo, US Parcheesi®.

parcial 1 *adj (incompleto)* partial. **2** *(subjetivo)* biased, partial. || **3** *nm (examen)* mid-term exam.

parcialidad *nf* partiality.

pardo,-a 1 *adj* drab, dark grey. || **2 pardo** *nm* drab, dark grey.

parecer [43] **1** *vi* to seem, look like: ***parece fácil*** it seems easy, it looks easy; ***parece un mono*** it looks like a monkey. **2** *(opinar)* to think: ***me parece que sí*** I think so; ***¿qué te parece?*** what do you think? **3** *(aparentar)* to look as if: ***parece que va a llover*** it looks as if it's going to rain. **4** to look alike: ***Hugo y su hermano se parecen*** Hugo and his brother look alike. || **5 parecerse a** *vpr* to look like: ***Hugo se parece a su padre*** Hugo looks like his father. || **6** *nm (opinión)* opinion, mind.

• **al parecer** apparently; **¡parece mentira!** I can't believe it!; **parecer bien** to seem right; **parecer mal** to seem wrong; **según parece** apparently.

parecido,-a 1 *adj* similar. || **2 parecido** *nm* resemblance, likeness.

• **bien parecido,-a** good-looking; **mal parecido,-a** ugly.

pared *nf* wall.

• **entre cuatro paredes** cooped up; **las paredes oyen** walls have ears; **subirse por las paredes** to hit the roof, go up the wall.

■ **pared maestra** main wall; **pared medianera** party wall.

pareja 1 *nf (gen)* pair. **2** *(de personas)* couple. **3** *(de baile)* partner.

• **hacer buena pareja** to be two of a kind.

parentela *nf* relatives *pl*, relations *pl*.

parentesco *nm* kinship, relationship.

paréntesis 1 *nm inv (signo)* parenthesis, bracket. **2** *(pausa)* break, interruption.

• **entre paréntesis** in brackets.

paria *nmf* pariah.

pariente,-a *nm,f* relative.

parir 1 *vi* to give birth. || **2** *vt* to give birth to.

parking *nm (público)* carpark, US parking lot; *(particular)* garage.

parlamentar *vi* to talk.

parlamentario,-a 1 *adj* parliamentary. || **2** *nm,f* member of parliament.

parlamento *nm* parliament.

parlanchín,-ina 1 *adj* talkative. || **2** *nm,f* chatterbox.

paro 1 *nm (desempleo)* unemployment. **2** *(interrupción)* stoppage.

• **estar en el paro** to be out of work.
■ **paro cardiaco** cardiac arrest.
parodia *nf* parody.
parodiar [12] *vt* to parody.
parpadear 1 *vi (ojos)* to blink, wink. **2** *(luz)* to twinkle.
párpado *nm* eyelid.
parque *nm* park.
■ **parque de atracciones** funfair; **parque infantil** children's playground; **parque tecnológico** techonology park; **parque zoológico** zoo.
parqué *nm* parquet.
parqueadero *nm* CARIB COL PAN car park, US parking lot.
parquear *vt* CARIB COL PAN to park.
parra *nf* grapevine.
• **subirse a la parra** *fam* to hit the roof.
parrafada 1 *nf fam (conversación)* chat. **2** *(discurso)* speech.
párrafo *nm* paragraph.
parricida *nmf* parricide.
parricidio *nm* parricide.
parrilla *nf* CULIN grill.
• **a la parrilla** grilled.
parrillada *nf* mixed grill.
párroco *nm* parish, priest.
parronal *nm* CHILE vineyard.
parroquia 1 *nf (zona)* parish; *(iglesia)* parish church. **2** *fam (clientela)* customers *pl*, clientele.
parte 1 *nf (gen)* part; *(en una partición)* portion, lot. **2** *(en negocio)* share, interest. **3** JUR party. **4** *(lugar)* place, region. || **5** *nm (comunicado)* report.
• **dar parte** to report; **de parte a parte** through; **de parte de** on behalf of, from; ***¿de parte de quién?*** who's calling?; **en ninguna parte** nowhere; **en parte** partly; **estar de parte de** to support; **llevar la mejor parte** to have the best of it; **llevar la peor parte** to have the worst of it; **por todas partes** everywhere; **por una parte..., por otra** on the one hand..., on the other hand...
■ **parte facultativo** medical report; **parte meteorológico** weather report.
partera *nf* midwife.
parterre *nm* flowerbed.
partición *nf* partition, division.
participación 1 *nf (colaboración)* participation. **2** *(de lotería)* share. **3** *(comunicado)* announcement.
participante 1 *adj* participating. || **2** *nmf* participant.
participar 1 *vi (tomar parte)* to take part, participate (en, in). || **2** *vt (notificar)* to notify, inform.
participio *nm* participle.
partícula *nf* particle.
particular 1 *adj (específico)* particular. **2** *(especial)* special. **3** *(de propiedad)* private, individual. || **4** *nmf (persona)* private. || **5** *nm (detalle)* particular.
particularidad *nf* particularity.
partida 1 *nf (salida)* departure, leave. **2** *(documento)* certificate. **3** FIN entry, item. **4** *(remesa)* lot, shipment. **5** *(de juego)* game. **6** *(de soldados)* squad, gang.
• **jugar una mala partida** to play a mean trick.
■ **partida de bautismo** baptismal certificate; **partida de nacimiento** birth certificate.
partidario,-a 1 *adj* supporting. || **2** *nm,f* supporter.
partido 1 *nm (grupo)* party, group: ***partido político*** political party. **2** *(provecho)* profit, advantage. **3** DEP *(equipo)* team; *(partida)* game, match.
• **sacar partido de** to profit from; **ser un buen partido** to be a good catch; **tomar partido** to take sides.
■ **partido amistoso** friendly match; **partido de desempate** replay.
partir 1 *vt (separar)* to divide, split. **2** *(romper)* to break, crack. **3** *(repartir)* to share, distribute. || **4** *vi (irse)* to leave, set out, set off. || **5 partirse** *vpr* to split up, break up.
• **a partir de hoy** from today onwards; **partirle la cara a algn** to

smash sb's face in; **partirse de risa** to split one's sides laughing.

partitura *nf* score.

parto *nm* childbirth, delivery.

• **estar de parto** to be in labour.

■ **parto múltiple** multiple birth; **parto natural** natural birth; **parto prematuro** premature birth.

párvulo,-a *nm,f* little child.

pasa *nf* raisin.

■ **pasa de Corinto** currant.

pasable *adj* passable.

pasaboca *nm* COL snack, appetizer.

pasacalle 1 *nm (música) piece of music played by bands in fiestas*. **2** COL URUG *(pancarta)* banner.

pasada 1 *nf (de pintura)* coat; *(con bayeta)* wipe. **2** COST long stitch.

• **de pasada** *(de paso)* in passing; *(rápidamente)* hastily; **jugarle una mala pasada a algn** to play a dirty trick on sb; **¡qué pasada!** *fam (abuso)* what a rip off!; *(divertido)* that's something else!

pasadizo *nm* passage.

pasado,-a 1 *adj (anterior)* past, gone by. **2** *(último)* last. **3** *(estropeado)* gone bad. ‖ **4 pasado** *nm* past.

• **pasadas las...** after...: ***llegó pasadas las once*** he arrived after eleven; **las... pasadas** gone...: ***son las cuatro pasadas*** it's gone four; **pasado,-a de moda** out of date, out of fashion.

■ **pasado mañana** the day after tomorrow.

pasador 1 *nm (de puerta etc)* bolt, fastener. **2** *(de pelo)* hair-pin.

pasaje 1 *nm (billete)* ticket, fare. **2** *(pasajeros)* passengers *pl*. **3** *(calle)* lane, alley.

pasajero,-a 1 *adj* passing. ‖ **2** *nm,f* passenger.

pasamano *nm* handrail.

pasamanos *nm* handrail.

pasamontañas *nm* balaclava.

pasapalo *nm* VEN snack, appetizer.

pasaporte *nm* passport.

pasar 1 *vi (ir)* to go past, walk past, pass: ***pasaba por ahí cuando sucedió*** I was just passing by when it happened. **2** *(tiempo)* to pass, go by. **3** *(entrar)* to come in, go in. **4** *(cesar)* to come to an end. **5** *(límite)* to exceed (de, -). **6** *(ocurrir)* to happen. ‖ **7** *vt (entregar)* to pass: ***pásame la sal, por favor*** pass me the salt, please. **8** *(trasladar)* to carry across. **9** *(mensaje)* to give. **10** *(página)* to turn. **11** *(calle etc)* to cross. **12** *(límite)* to go beyond. **13** *(aventajar)* to surpass, beat. **14** AUTO to overtake. **15** *(deslizar)* to run: ***pasó el dedo por el estante*** he ran his finger along the shelf. **16** *(tolerar)* to tolerate, overlook. **17** *(examen)* to pass. **18** *(tiempo)* to spend: ***pasaremos el verano en Roma*** we're spending the summer in Rome. **19** *(película)* to show. ‖ **20 pasarse** *vpr (desertar)* to pass over (a, to). **21** *(excederse)* to go too far (de, -). **22** *(pudrirse)* to go off. **23** *(olvidarse)* to forget. **24** *(ir)* to go by, walk past (por, -).

• **ir pasando** to get along; **pasar a** to go on to; **pasar por** to be considered; **pasar por alto algo** to ignore sth; **pasarlo bien** to have a good time; **pasarlo mal** to have a bad time; ***¿qué pasa?*** what's the matter?, what's wrong?; **pasar sin** to do without.

pasarela *nf (de barco)* walkway; *(de modelos)* catwalk.

pasatiempo *nm* pastime, hobby.

Pascua 1 *nf (cristiana)* Easter; *(judía)* Passover. ‖ **2 Pascuas** *nf pl* Christmas.

• **de Pascuas a Ramos** once in a blue moon; **felices Pascuas** merry Christmas; **estar alegre como unas pascuas** to be as happy as a sandboy; **...y santas pascuas** ...and that's that.

■ **Pascua de Resurrección** Easter.

pascualina *nf* RPL VEN *spinach and hard-boiled egg pie*.

pase 1 *nm (permiso)* pass, permit. **2** CINEM showing. **3** DEP pass.

pasear 1 *vt* to walk. || **2 pasear(se)** *vi* - *vpr* to take a walk.

paseo 1 *nm (a pie)* walk, stroll; *(en coche)* drive; *(en bici, a caballo)* ride. **2** *(calle)* avenue, promenade.

● **dar un paseo** to go for a walk; **mandar a algn a paseo** *fam* to send sb packing.

pasillo *nm* corridor.

pasión *nf* passion.

pasional *adj* passionate.

pasivo,-a 1 *adj* passive. || **2 pasivo** *nm* COM liabilities *pl.*

pasmado,-a 1 *adj (asombrado)* astonished, amazed. **2** *(atontado)* stunned.

pasmar 1 *vt (asombrar)* to astonish, amaze. **2** *(atontar)* to stun. || **3 pasmarse** *vpr* to be astonished, be amazed.

paso 1 *nm* step, footstep: ***¡no des un paso más!*** don't move another step!; ***he oído pasos*** I heard footsteps. **2** *(distancia)* pace. **3** *(camino)* passage, way. **4** *(avance)* progress, advance. **5** *(trámite)* step, move.

● **a dos pasos** just round the corner; **abrirse paso** to force one's way through; **dar un paso en falso** to make a wrong move; **de paso** by the way; **estar de paso** to be passing through; **marcar el paso** to mark time; **paso a paso** step by step; **"Prohibido el paso"** "No entry".

■ **paso a nivel** level crossing; **paso de cebra** zebra crossing; **paso de peatones** pedestrian crossing; **paso elevado** flyover; **paso subterráneo** subway.

pasota 1 *adj fam* couldn't-care-less. || **2** *nmf* dropout: ***es un pasota*** he couldn't care less about anything.

pasta 1 *nf (masa)* paste; *(de pan)* dough. **2** *(fideos, macarrones, etc)* pasta. **3** *(pastelito)* cake. **4** *fam (dinero)* dough, money.

● **ser de buena pasta** to be good-natured.

■ **pasta dentífrica** toothpaste.

pastar *vt* - *vi* to pasture, graze.

pastel 1 *nm* cake, pie: ***pastel de manzana*** apple pie. **2** ART pastel.

● **descubrir el pastel** to let the cat out of the bag, blow the gaff.

pastelería *nf* cake shop, patisserie.

pastelero,-a *nm,f* pastrycook.

pastilla 1 *nf (medicina)* tablet, pill. **2** *(de chocolate)* bar. **3** *(de jabón)* cake, bar.

● **a toda pastilla** *fam* at full tilt.

pasto 1 *nm (lugar)* pasture. **2** AM *(césped)* lawn.

● **ser pasto de las llamas** to go up in flames.

pastor,-ra *nm,f (hombre)* shepherd; *(mujer)* shepherdess.

pastoso,-a 1 *adj (sustancia)* pasty, doughy. **2** *(voz)* mellow.

pata 1 *nf (gen)* leg. **2** *(garra)* paw. **3** *(pezuña)* hoof. **4** *(ave)* female duck. || **5** *nm* PERÚ *fam (amigo)* pal, mate, US buddy.

● **a cuatro patas** on all fours; **patas arriba** upside down; **a pata** *fam* on foot; **estirar la pata** *fam* to die; **meter la pata** *fam* to put one's foot in it; **tener mala pata** *fam* to have bad luck.

■ **patas de gallo** crow's feet.

patada *nf* kick.

● **a patadas** in abundance; **sentar como una patada en el estómago** *fam* to be like a kick in the teeth.

patalear *vi* to stamp one's feet.

pataleo *nm* stamping.

pataleta *nf fam* tantrum.

patán *nm* boor.

patata *nf* potato.

■ **patatas fritas** *(de bolsa)* crisps, US potato chips; *(de sartén)* chips, US French fries; **patata caliente** *(fig)* hot potato.

patatús *nm fam* fainting fit, swoon.

paté *nm* paté.

patear 1 *vt* to kick. || **2** *vi* to stamp one's feet.

patentar *vt* to patent.

patente 1 *adj* patent, evident. || 2 *nf* patent. 3 CSUR *(matrícula)* number plate, US license plate.
paternal *adj* paternal.
paternidad 1 *nf (estado)* parenthood, paternity. 2 JUR father hood. 3 *(autoría)* authorship.
paterno,-a *adj* paternal.
patético,-a *adj* pathetic.
patidifuso,-a *adj fam* astonished, amazed.
patillas *nf pl* sideboards, US sideburns.
patín *nm* skate.
■ **patines de ruedas** roller skates; **patines en línea** rollerblades.
patinador,-ra *nm,f* skater.
patinaje *nm* skating.
■ **patinaje artístico** figure skating; **patinaje sobre hielo** ice skating.
patinar 1 *vi (con patines)* to skate. 2 *(vehículo)* to skid. 3 *(equivocarse)* to slip up.
patinazo 1 *nm (con el choche)* skid. 2 *fam (error)* blunder.
patinete *nm* scooter.
patio 1 *nm (de casa)* courtyard. 2 *(de escuela)* playground. 3 TEAT pit.
■ **patio de butacas** stalls *pl*, US orchestra.
patitieso,-a *adj fam* astonished, amazed.
patizambo,-a *adj* knock-kneed.
pato *nm* duck.
● **pagar el pato** *fam* to carry the can.
patoso,-a *adj fam* clumsy.
patota *nf* PERÚ RPL *(de gamberros)* street gang.
patraña *nf* hoax.
patria *nf* homeland.
■ **patria chica** home town.
patriarca *nm* patriarch.
patrimonio *nm* heritage, patrimony.
patriota *nmf* patriot.
patriótico,-a *adj* patriotic.
patriotismo *nm* patriotism.
patrocinar *vt* to sponsor.
patrocinio *nm* patronage.
patrón,-ona 1 *nm,f* REL patron saint. 2 *(jefe)* employer, boss; *(hombre)* master; *(mujer)* mistress. 3 *(de barco)* skipper. || 4 **patrón** *nm* COST pattern. 5 *(modelo)* standard.
■ **patrón oro** gold standard.
patrulla *nf* patrol.
patrullar *vi* to patrol.
patrullero *nm* CSUR *(auto)* police patrol car.
pausa 1 *nf (interrupción)* pause. 2 MÚS rest.
pausado,-a *adj* slow, deliberate.
pauta 1 *nf (norma)* rule, standard. 2 MÚS staff. 3 *(modelo)* model, example.
pavada *nf* RPL *(tontería)* stupid thing.
pavimentar 1 *vt (calle)* to pave. 2 *(suelo)* to tile.
pavimento 1 *nm (calle)* roadway. 2 *(suelo)* flooring.
pavo *nm* turkey.
■ **pavo real** peacock.
pay *nm* CHILE MÉX VEN pie.
payasada *nf* buffoonery, clowning.
payaso *nm* clown.
paz *nf* peace.
● **dejar en paz** to leave alone; **hacer las paces** to make up make it up; **estar en paz** to be even, be quits.
PC *abr (*ordenador personal*)* personal computer; *(abreviatura)* PC.
PCE *abr* POL *(*Partido Comunista de España*)* Spanish Communist Party.
P.D. *abr (*posdata*)* postscript; *(abreviatura)* PS, ps.
peaje *nm* toll.
peatón *nm* pedestrian.
peatonal *adj* pedestrian.
peca *nf* freckle.
pecado *nm* sin.
■ **pecado capital** deadly sin; **pecado mortal** mortal sin.
pecador,-ra 1 *adj* sinful, sinning. || 2 *nm,f* sinner.
pecar [1] *vi* to sin: ***peca de inocente*** he's very naïve.
pecera *nf (redonda)* fishbowl; *(rectangular)* aquarium, fish tank.

pecho 1 *nm (tórax)* chest. **2** *(de mujer - busto)* bust; *(- seno)* breast. **3** AM *(en natación)* breaststroke: ***nadar pecho*** to do the breaststroke.
• **dar el pecho** to nurse, suckle; **tomarse algo a pecho** *(ofenderse)* to take to heart; *(interesarse)* to take sth seriously.
pechuga *nf* breast.
pecoso,-a *adj* freckled.
peculiar *adj* peculiar.
pedagogía *nf* pedagogy.
pedagógico,-a *adj* pedagogic.
pedal *nm* pedal.
pedalear *vi* to pedal.
pedante 1 *adj* pedantic. ‖ **2** *nmf* pedant.
pedantería *nf* pedantry.
pedazo *nm* piece, bit.
• **hacer pedazos** to break to pieces.
pedestal *nm* pedestal.
pediatra *nmf* pediatrician.
pedido 1 *nm* COM order. **2** *(petición)* request, petition.
• **hacer un pedido** to place an order.
pedir [34] **1** *vt (gen)* to ask for: ***me pidió el teléfono*** he asked me for my phone number. **2** *(mendigar)* to beg. **3** *(mercancías, en restaurante)* to order: ***¿qué has pedido de postre?*** what did you order for dessert?
• **a pedir de boca** just as desired; **estar pidiendo algo a gritos** to be crying for sth; **pedir prestado,-a** to borrow.
pedo 1 *nm fam (ventosidad)* fart. **2** *fam (borrachera)* drunkenness.
• **estar pedo** *fam* to be drunk; **tirarse un pedo** *fam* to fart.
pedrada *nf* blow with a stone.
pedregal *nm* stony ground.
pedregoso,-a *adj* stony, rocky.
pedrisco *nm* hailstorm.
pedrusco *nm* rough stone.
pega *nf fam (dificultad)* snag.
• **de pega** sham, worthless; **poner pegas a todo** to find fault with everything.
pegadizo,-a *adj* catchy.
pegajoso,-a 1 *adj (sustancias, manos)* sticky. **2** *(persona)* clinging.
pegamento *nm* glue.
pegar [7] **1** *vt (golpear)* to hit. **2** *(dar)* to give: ***me pegó una patada*** he gave me a kick, he kicked me; ***deja ya de pegar gritos*** stop shouting. **3** *(adhesivo - gen)* to stick; *(- con pegamento)* to glue. **4** *(contagiar)* to give: ***me has pegado la gripe*** you've given me your flu. ‖ **5** *vi (combinar)* to match. **6** *(adherir)* to stick. ‖ **7 pegarse** *vpr (adherirse)* to stick. **8** *(golpearse)* to hit each other.
• **pegar fuerte** *(golpear)* to hit hard; *(tener éxito)* to be all the rage; **pegarle fuego a algo** to set fire to sth.
pegatina *nf* sticker.
pegote 1 *nm fam (masa)* sticky mess. **2** *fam (chapuza)* botch.
• **tirarse un pegote** to boast.
peinado *nm* hair style.
peinar 1 *vt* to comb. ‖ **2 peinarse** *vpr* to comb one's hair.
• **peinar canas** to be old.
peine *nm* comb.
peineta *nf* ornamental comb.
peladilla *nf* sugared almond.
pelado,-a 1 *adj (terreno, árbol)* bald, bare. **2** *(cabeza)* hairless. **3** *(número)* exact, round. **4** *fam (sin dinero)* penniless. ‖ **5** *nm,f* ANDES *fam (niño, adolescente)* kid. **6** CAM MÉX *fam (pobre)* poor person. ‖ **7 pelado** *nm fam (corte de pelo)* haircut.
pelar 1 *vt* to cut sb's hair. **2** *(ave)* to pluck. **3** *(fruta etc)* to peel. ‖ **4 pelarse** *vpr (perder piel)* to peel: ***se me está pelando la nariz*** my nose is peeling. **5** *(cortarse el pelo)* to get one's hair cut.
peldaño *nm* step.
pelea *nf* fight, quarrel.
pelear *vi - vpr* to fight, quarrel; *(a golpes)* to come to blows.
peletería *nf* fur shop, furrier's.
peliagudo,-a *adj* difficult, tricky.
pelícano *nm* pelican.

película *nf* film.
■ **película de acción** adventure film; **película de suspense** thriller; **película del oeste** western; **película muda** silent movie.
peligrar *vi* to be in danger.
peligro *nm* danger.
● **estar en peligro** to be in danger; **poner en peligro** to put at risk, endanger.
peligroso,-a *adj* dangerous.
pelirrojo,-a 1 *adj* red-haired. ‖ **2** *nm,f* redhead.
pellejo *nm (piel)* skin.
● **salvar el pellejo** to save one's skin.
pellizcar [1] *vt* to pinch, nip.
pellizco *nm* pinch, nip.
pelma *nmf fam* bore, pain.
pelmazo,-a *nm,f fam* bore, pain.
pelo 1 *nm (gen)* hair. **2** *(de barba)* whisker. **3** *(de animal)* coat, fur.
● **con pelos y señales** in great detail; **hacer la pelota a algn** *fam* to suck up to sb; **no tener pelos en la lengua** to be speak one's mind; **por si los pelos** by the skin of one's teeth; **tomarle el pelo a algn** to pull sb's leg.
pelota 1 *nf* ball. ‖ **2** *nmf fam* crawler.
● **en pelotas** *fam* naked.
■ **pelota vasca** pelota.
pelotazo *nm*: ***recibió un pelotazo en toda la cara*** he got hit in the face with a ball; ***rompió el cristal de un pelotazo*** he broke the window with a ball.
pelotera *nf fam* dispute, quarrel.
pelotillero,-a 1 *adj fam* crawling. ‖ **2** *nm,f fam* crawler.
pelotón *nm* squad.
pelotudo,-a 1 *adj* RPL *fam (estúpido)* stupid. **2** RPL *fam (grande)* great big, massive.
peluca *nf* wig.
peluche *nm* plush.
peludo,-a *adj* hairy.
peluquería *nf* hairdresser's.
peluquero,-a *nm,f* hairdresser.
peluquín *nm* hairpiece.
pelusa *nf* fluff.
pelvis *nf* pelvis.
pena 1 *nf (tristeza)* grief, sorrow. **2** *(lástima)* pity. **3** *(dificultad)* hardship, trouble. **4** *(castigo)* penalty, punishment. **5** CAM CARIB COL MÉX *(vergüenza)* shame: ***me da pena*** I'm ashamed of it.
● **a duras penas** with great difficulty; **dar pena** to arouse pity; **valer la pena** to be worth while.
■ **pena capital** capital punishment.
penacho *nm* tuft of feathers, crest.
penalizar [4] *vt* to penalize.
penalti *nm* penalty.
pendejo,-a 1 *nm,f* AM *fam (tonto)* jerk, idiot. **2** RPL *pey (adolescente)* kid.
pender *vi* to hang, dangle.
pendiente 1 *adj (por resolver)* pending. **2** *(deuda)* outstanding. ‖ **3** *nf* slope, incline. ‖ **4** *nm* earring.
● **estar pendiente de** to be waiting for.
péndulo *nm* pendulum.
pene *nm* penis.
penetración 1 *nf (acción)* penetration. **2** *(perspicacia)* insight.
penetrante *adj* penetrating.
penetrar 1 *vt (atravesar)* to penetrate. **2** *(líquido)* to permeate. ‖ **3** *vi (entrar - persona, animal)* to enter (en, -); *(- líquido, luz)* to penetrate (en, into), seep (en, into). **4** *fig* to break, pierce.
penicilina *nf* penicillin.
península *nf* peninsula.
peninsular *adj* peninsular.
penique *nm* penny.
penitencia *nf* penance.
penitente *adj* - *nmf* penitent.
penoso,-a 1 *adj (doloroso)* painful. **2** *(trabajoso)* laborious, hard. **3** CAM CARIB COL MÉX *(vergonzoso)* shy.
pensado,-a *adj* thought-out.
● **tener algo pensado** to have sth in mind.
pensador,-ra *nm,f* thinker.
pensamiento 1 *nm* thought. **2** *(mente)* mind. **3** BOT pansy.

pensar [27] 1 *vt - vi (gen)* to think (en, of/about) (sobre, over/about). || 2 *vt (considerar)* to consider. 3 *(imaginar)* to imagine. 4 *(tener la intención)* to intend. || 5 **pensarse** *vpr* to think about.
• **¡ni pensarlo!** no way!, don't even think about it!; **pensar bien de algn** to think well of sb; **pensar mal de algn** to think badly of sb; **sin pensar** without thinking.
pensativo,-a *adj* pensive, thoughtful.
pensión 1 *nf (dinero)* pension, allowance. 2 *(residencia)* boarding house.
• **cobrar la pensión** to draw one's pension.
■ **media pensión** half board; **pensión completa** full board; **pensión de jubilación** retirement pension.
pensionista 1 *nmf (jubilado etc)* pensioner. 2 *(residente)* boarder.
pentágono *nm* pentagon.
pentagrama *nm* MÚS stave, staff.
penthouse *nm* CSUR VEN penthouse.
penúltimo,-a *adj - nm,f* penultimate.
penumbra *nf* semi-darkness.
peña 1 *nf (roca)* rock. 2 *fam (de amigos)* group of friends.
peñasco *nm* large rock, crag.
peñón *nm* craggy rock.
peón 1 *nm (trabajador)* unskilled labourer. 2 *(en damas)* man. 3 *(en ajedrez)* pawn.
■ **peón caminero** roadmender; **peón de albañil** hodman.
peonza *nf* whipping-top.
peor 1 *adj - adv (comparativo)* worse: ***tu coche es peor que el mío*** your car is worse than mine. 2 *(superlativo)* worst.
• **en el peor de los casos** at worst; **lo peor es que...** the worst thing is that...; **peor es nada** it's better than nothing.
pepa *nf* COL VEN *(carozo)* stone, US pit.
pepenador,-ora *nm,f* CAM MÉX scavenger *(on rubbish tip)*.
pepián *nm* CAM MÉX *sauce thickened with ground nuts or seeds.*
pepinillo *nm* gherkin.
pepino *nm* cucumber.
• **me importa un pepino** *fam* I don't give a damn.
pepita 1 *nf (de fruta)* seed, pip. 2 *(de metal)* nugget.
pequeñez 1 *nf (de tamaño)* smallness. 2 *(insignificancia)* trifle.
pequeño,-a 1 *adj (de tamaño)* little, small. 2 *(de edad)* young, small. || 3 *nm,f* child.
• **de pequeño,-a** as a child; **ser el pequeño** to be the youngest.
pera 1 *nf* pear. 2 CSUR *fam (mentón)* chin.
• **pedirle peras al olmo** to ask for the impossible; **ser la pera** *fam* to be the limit.
peral *nm* pear tree.
percance *nm* mishap.
percatarse *vpr* to notice (de, -).
percebe *nm* goose barnacle.
percepción *nf* perception.
perceptible *adj* perceptible, noticeable.
percha *nf (de ropa)* hanger; *(fija)* rack; *(para pájaros)* perch.
perchero *nm* clothes rack.
percibir 1 *vt (notar)* to perceive, notice. 2 *(cobrar)* to receive.
percusión *nf* percussion.
perdedor,-ra 1 *adj* losing. || 2 *nm,f* loser.
perder [28] 1 *vt (gen)* to lose. 2 *(malgastar)* to waste. 3 *(tren etc)* to miss. 4 *(arruinar)* to be the ruin of: ***le perdió su afición al juego*** gambling was his downfall. || 5 *vi (salir derrotado)* to lose. 6 *(empeorar)* to go downhill: ***esta ciudad ha perdido mucho*** this city has gone downhill. 7 *(desteñirse)* to fade. || 8 **perderse** *vpr (extraviarse)* to go astray, get lost. 9 *(fruta etc)* to be spoiled. 10 *(arruinarse)* to become ruined.
• **echar a perder** to spoil; **perder de**

vista to lose sight of; **salir perdiendo** to come off worst.
perdición *nf* undoing, ruin.
pérdida 1 *nf (extravío)* loss. **2** *(de tiempo, dinero)* waste. **3** *(escape)* leak.
• **pérdidas y ganancias** COM profit and loss.
perdidamente *adv* madly, desperately, hopelessly.
perdido,-a 1 *adj (gen)* lost. **2** *(desorientado)* mislaid. **3** *(desperdiciado)* wasted. **4** *(bala, perro)* stray.
• **dar algo por perdido** to give sth up for lost; **estar loco,-a perdido,-a por** to be madly in love with.
perdigón *nm* pellet.
perdiz *nf* partridge.
perdón *nm* pardon, forgiveness.
• **con perdón** if you'll pardon the expression; **pedir perdón** to apologize; **¡perdón!** sorry!
perdonar 1 *vt (error, ofensa)* to forgive. **2** *(deuda)* to let off. **3** *(excusar)* to excuse.
• **perdonarle algo a algn** to forgive sb for sth.
perdurar *vt* to last, endure.
perecer [43] *vi* to perish, die.
peregrinación *nf* pilgrimage.
peregrinaje *nm* pilgrimage.
peregrinar *vi* to go on a pilgrimage.
peregrino,-a 1 *adj (ave)* migratory. **2** *fig (disparatado)* strange, outlandish. ‖ **3** *nm,f* REL pilgrim.
perejil *nm* parsley.
perenne *adj* perennial, perpetual.
pereza *nf* laziness, idleness.
• **tener pereza** to feel lazy.
perezoso,-a 1 *adj* lazy, idle. ‖ **2** *nm,f* lazy person, idler. ‖ **3 perezoso** *nm* ZOOL sloth.
perfección *nf* perfection.
• **a la perfección** perfectly.
perfeccionar 1 *vt (mejorar)* to improve. **2** *(hacer perfecto)* to perfect.
perfecto,-a 1 *adj (ideal)* perfect. **2** *(rematado)* complete: ***un perfecto desconocido*** a complete stranger.
perfil 1 *nm (gen)* profile. **2** *(silueta)* outline.
• **de perfil** in profile.
perfilar 1 *vt* to outline. ‖ **2 perfilarse** *vpr (destacarse)* to stand out. **3** *(concretarse)* to shape up.
perforación 1 *nf (acción, orificio)* perforation. **2** TÉC drilling, boring.
perforadora *nf* drill.
perforar 1 *vt (gen)* to perforate. **2** TÉC to drill, bore.
perfumar *vt* to perfume, scent.
perfume *nm* perfume, scent.
perfumería *nf* perfumery.
pergamino *nm* parchment.
pericia *nf* expertise, skill.
periferia 1 *nf (gen)* periphery. **2** *(afueras)* outskirts *pl.*
periférico,-a 1 *adj* peripheral. ‖ **2 periférico** *nm* INFORM peripheral. **3** CAM MÉX *(carretera)* ring road, US beltway.
perilla *nf* goatee.
• **de perilla** *fam* just right.
perímetro *nm* perimeter.
periódico,-a 1 *adj* periodic. ‖ **2 periódico** *nm* newspaper.
periodismo *nm* journalism.
periodista *nmf* journalist.
periodístico,-a *adj* journalistic.
periodo *nm* period.
período *nm* period.
peripecia *nf* vicissitude, incident.
periquito *nm* parakeet.
periscopio *nm* periscope.
perito,-a 1 *adj* expert. ‖ **2 perito** *nm* expert.
perjudicar [1] *vt* to damage, harm.
perjudicial *adj* damaging, harmful.
perjuicio *nm (moral)* injury; *(material)* damage.
• **en perjuicio de** to the detriment to; **sin perjuicio de** without prejudice to.
perla 1 *nf (joya)* pearl. **2** *(maravilla)* gem.
• **de perlas** *fam* just right.
▪ **perla cultivada** cultured pearl.
permanecer [43] *vi* to remain, stay.

permanencia 1 *nf (estancia)* stay. 2 *(continuidad)* permanence.
permanente 1 *adj* permanent, lasting. || 2 *nf (del pelo)* perm.
• **hacerse la permanente** to have one's hair permed.
permeable *adj* permeable.
permiso 1 *nm (autorización)* permission. 2 *(documento)* permit. 3 MIL leave.
• **con su permiso** if you'll excuse me; **dar permiso** to give permission.
■ **permiso de conducir** driving licence; **permiso de reisdencia** residence permit; **permiso de trabajo** work permit.
permitir 1 *vt* to permit, allow, let. || 2 **permitirse** *vpr* to take the liberty of.
• **poder permitirse** to be able to afford.
perno *nm* bolt.
pernoctar *vi* to spend the night.
pero 1 *conj* but. || 2 *nm* objection, fault.
• **ponerle peros a algo** to find fault with sth.
peroné *nm* fibula.
perorata *nf* long-winded speech.
perpendicular *adj* - *nf* perpendicular.
perpetuidad *nf* perpetuity.
perpetuo,-a *adj* perpetual, everlasting.
perplejidad *nf* perplexity.
perplejo,-a *adj* perplexed.
perra 1 *nf* ZOOL bitch. 2 *fam (pataleta)* tantrum. || 3 **perras** *nf pl fam* money *sing*.
perrera *nf* kennel.
perrería *nf fam* dirty trick.
perro,-a 1 *nm,f* ZOOL dog. 2 *fam (persona)* rotter.
• **"Cuidado con el perro"** "Beware of the dog"; **de perros** foul.
■ **perro callejero** stray dog; **perro guardián** guard dog; **perro lazarillo** guide dog; **perro policía** police dog.
persa *adj* - *nmf* Persian.
persecución 1 *nf (seguimiento)* pursuit. 2 *(represión)* persecution.
perseguir [56] 1 *vt (delincuente, presa)* to pursue, chase. 2 *fig (pretender)* to be after.
perseverancia *nf* perseverance.
perseverante *adj* persevering.
perseverar *vi* to persevere, persist.
Persia *nf* Persia.
persiana *nf* blind.
• **enrollarse como una persiana** *fam* to go on and on.
pérsico,-a *adj* Persian.
persignarse *vpr* to cross oneself.
persistencia *nf* persistence.
persistente *adj* persistent.
persistir *vi* to persist, persevere.
persona *nf* person: ***una persona, dos personas*** one person, two people.
• **en persona** in person; **por persona** per person, per head.
■ **persona mayor** adult, grown-up.
personaje 1 *nm (estrella)* celebrity. 2 CINEM TEAT character.
personal 1 *adj* personal. || 2 *nm* personnel, staff.
personalidad *nf* personality.
personarse *vpr* to go in person.
personero,-a *nm,f* AM representative.
personificar [1] *vt* to personify.
perspectiva 1 *nf (gen)* perspective. 2 *(posibilidad)* prospect. 3 *(vista)* view.
• **en perspectiva** in prospect.
perspicacia *nf* perceptiveness, perspicacity.
perspicaz *adj* perceptive, perspicacious.
persuadir 1 *vi* to persuade, convince. || 2 **persuadirse** *vpr* to be convinced.
persuasión *nf* persuasion.
persuasivo,-a *adj* persuasive.
pertenecer [43] *vi* to belong (a, to): ***pertenecen a una secta*** they belong to a sect.
perteneciente *adj* belonging, pertaining.
pertenencia 1 *nf (posesión)* owner-

ship. **2** *(afiliación)* membership. || **3 pertenencias** *nf pl (enseres)* belongings.
pértiga *nf* pole.
pertinente *adj* pertinent, relevant.
perturbación *nf* disturbance.
■ **perturbación mental** mental disorder.
perturbado,-a *adj* disturbed, perturbed.
perturbar *vt* to disturb, perturb.
Perú *nm* Peru.
peruano,-a *adj - nm,f* Peruvian.
perversidad *nf* perversity.
perversión *nf* perversion.
perverso,-a *adj* perverse.
pervertir [35] **1** *vt* to pervert. || **2 pervertirse** *vpr* to become perverted.
pesa *nf* weight.
pesadez 1 *nf (molestia)* heaviness. **2** *(aburrimiento)* tiresomeness. **3** *(torpeza)* clumsiness.
pesadilla *nf* nightmare.
pesado,-a 1 *adj (gen)* heavy, weighty. **2** *(aburrido)* dull, tiresome, boring. **3** *(torpe)* clumsy. **4** *(sueño)* deep.
• **ponerse pesado,-a** to be a nuisance.
pésame *nm* condolences *pl*, expression of sympathy.
• **dar el pésame** to offer one's condolences.
pesar 1 *vt - vi (gen)* to weigh. || **2** *vi (tener mucho peso)* to be heavy: ***no pesa mucho*** it's not too heavy. **3** *(sentir)* to be sorry, regret: ***me pesa haberlo dicho*** I regret having said it. || **4** *nm (pena)* sorrow, grief. **5** *(arrepentimiento)* regret.
• **a pesar de** in spite of, despite; **a pesar de que** despite the fact that.
pesca *nf* fishing.
■ **pesca de arrastre** trawling.
pescadería *nf* fishmonger's, fish shop.
pescadero,-a *nm,f* fishmonger.
pescadilla *nf* small hake.
pescado *nm* fish.
■ **pescado azul** blue fish.
pescador,-ra 1 *adj* fishing. || **2 pescador** *nm* fisherman.
pescar [1] *vt* to catch.
• **ir a pescar** to go fishing.
pescuezo *nm* neck.
pesebre 1 *nm (para animales)* manger, stall. **2** *(de Navidad)* crib.
pesero *nm* CAM MÉX fixed-rate taxi service.
peseta *nf* peseta.
pesimismo *nm* pessimism.
pesimista 1 *adj* pessimistic. || **2** *nmf* pessimist.
pésimo,-a *adj* abominable, very bad.
peso 1 *nm (gen)* weight. **2** *(balanza)* scales *pl*, balance. **3** *(carga)* weight, burden. **4** DEP shot: ***lanzamiento de peso*** shot put.
• **quitarse un peso de encima** to take a load off one's mind.
■ **peso muerto** deadweight; **peso neto** net weight.
pespunte *nm* backstitch.
pesquero,-a 1 *adj* fishing. || **2 pesquero** *nm* fishing boat.
pestaña 1 *nf (del ojo)* eyelash. **2** TÉC flange.
pestañear *vi* to wink, blink.
pestañeo *nm* winking, blinking.
peste 1 *nf (epidemia)* plague. **2** *(mal olor)* stink, stench.
• **echar pestes de algn** to slag sb off.
pestilencia *nf* stink, stench.
pestillo *nm* bolt.
petaca 1 *nf (de cigarrillos)* cigarette case. **2** *(de tabaco)* tobacco pouch. || **3 petacas** *nf pl* MÉX *(nalgas)* buttocks.
pétalo *nm* petal.
petanca *nf* petanque.
petardo 1 *nm (cohete)* firecracker, banger. **2** MIL petard. **3** *fam (persona fea)* ugly person.
petición *nf (ruego)* request; *(documento escrito)* petition.
• **a petición de** at the request of.
petirrojo *nm* robin.
petiso,-a *adj* ANDES RPL *fam* short.

peto 1 *nm (de armadura)* breastplate. 2 *(prenda)* bib.

petrificar [1] 1 *vt* to petrify. ‖ 2 **petrificarse** *vpr* to become petrified.

petróleo *nm* petroleum, oil.

petrolero *nm* oil tanker.

petrolífero,-a *adj* oil.

pez *nm* fish.

• **estar como pez en el agua** to be in one's element; **estar pez en algo** *fam* to have no idea about sth.

■ **pez espada** swordfish; **pez gordo** *fam* big shot.

pezón *nm* nipple.

pezuña *nf* hoof.

piadoso,-a 1 *adj (devoto)* pious, devout. 2 *(compasivo)* compassionate.

pianista *nmf* pianist.

piano *nm* piano.

• **piano de cola** grand piano; **piano vertical** upright piano.

piar [13] *vi* to chirp.

piara *nf* herd of pigs.

PIB *abr (*Producto Interior Bruto*)* Gross Domestic Product; *(abreviatura)* GDP.

pibe,-a 1 *nm,f fam (hombre)* guy; *(mujer)* girl. 2 RPL *(niño)* kid, boy; *(niña)* kid, girl.

pica 1 *nf (lanza)* pike. 2 *(de toros)* goad. 3 *(en naipes)* spade.

picada *nf* RPL *(tapas)* appetizers, snacks.

picadero *nm* riding school.

picadillo 1 *nm* mince. 2 CHILE *(tapas)* appetizers, snacks.

picado,-a 1 *adj (agujereado)* perforated, pricked. 2 *(ajo, cebolla)* chopped; *(carne)* minced. 3 *(tabaco)* cut. 4 *(mar)* choppy. 5 *(diente)* decayed. 6 *fam (ofendido)* offended. ‖ 7 **picado** *nm* AV dive.

• **caer en picado** to plummet.

picador *nm* mounted bullfighter.

picadora *nf* mincer.

picadura 1 *nf (de mosquito, serpiente)* bite; *(de abeja, avispa)* sting. 2 *(tabaco)* cut tobacco.

picante 1 *adj (sabor)* hot, spicy. 2 *(pícaro)* spicy.

picantería *nf* ANDES cheap restaurant.

picapedrero *nm* stonecutter.

picaporte 1 *nm (llamador)* door knocker. 2 *(pomo)* door handle.

picar [1] 1 *vt (agujerear)* to prick, pierce. 2 *(toro)* to goad. 3 *(mosquito, serpiente)* to bite; *(abeja, avispa)* to sting. 4 *(algo de comer)* to nibble. 5 CULIN to chop; *(carne)* to mince. ‖ 6 *vt - vi (sentir escozor)* to itch. ‖ 7 **picarse** *vpr (fruta)* to begin to rot. 8 *(diente)* to begin to decay. 9 *(mar)* to get choppy. 10 *(enfadarse)* to take offense.

• **picar alto** to aim high.

picardía *nf* slyness, craftiness.

pícaro,-a 1 *adj (malicioso)* mischievous. 2 *(astuto)* sly, crafty. ‖ 3 *nm,f* slyboots.

picazón *nf* itch, itching.

pichincha *nf* RPL *fam* snip, bargain.

pichón *nm* young pigeon.

pickles *nm pl* RPL pickles.

picnic *nm* picnic.

pico 1 *nm (de ave)* beak. 2 *(de montaña)* peak. 3 *fam (boca)* mouth. 4 *(punta)* corner. 5 *(herramienta)* pick, pickaxe. 6 *(cantidad)* small surplus: ***tres mil y pico*** three thousand odd.

• **cerrar el pico** *fam* to keep one's mouth shut.

picor *nm* itch.

picoso,-a *adj* MÉX spicy, hot.

picotazo 1 *nm (de pájaro)* peck. 2 *(de mosquito, serpiente)* bite; *(de abeja, avispa)* sting.

picotear 1 *vt (ave)* to peck at. 2 *(persona)* to nibble.

picudo,-a *adj* pointed.

pie 1 *nm* ANAT foot. 2 *(fondo)* bottom. 3 *(base)* base, stand.

• **a pie** on foot; **al pie de la letra** literally; **dar pie a** to give occasion for; **en pie** standing; **ni pies ni cabeza** neither head nor tail; **no dar pie con bola** *fam* to get everything wrong; **pararle los pies a algn** to put sb in his/her place; **salir por pies** *fam* to take to one's heels.

■ **pie de atleta** athlete's foot.

piedad 1 *nf (devoción)* piety. **2** *(compasión)* pity, mercy.

● **¡por piedad!** for pity's sake!

piedra 1 *nf (gen)* stone. **2** METEOR hail. **3** *(de mechero)* flint.

● **dejar a algn de piedra** to stun sb; **menos da una piedra** it's better than nothing; **no ser de piedra** not to be made of stone.

■ **piedra angular** corner-stone; **piedra clave** keystone; **piedra de toque** touchstone; **piedra pómez** pumice stone; **piedra preciosa** precious stone.

piel 1 *nf (de persona)* skin. **2** *(de animal - gen)* skin; *(- de vaca, elefante)* hide. **3** *(cuero - tratado)* leather; *(- sin tratar)* pelt. **4** *(pelaje)* fur. **5** *(de fruta - gen)* skin; *(- de naranja, manzana, patata)* peel.

● **dejarse la piel** to give one's all.

■ **piel de gallina** goose pimples: ***se me pone la piel de gallina*** I come out in goose pimples; **piel roja** redskin.

pienso *nm* fodder.

pierna *nf* leg.

● **dormir a pierna suelta** *fam* to sleep like a log; **estirar las piernas** to stretch one's legs.

pieza 1 *nf (parte)* piece, fragment. **2** TEAT play. **3** *(de ajedrez, damas)* piece, man. **4** AM *(habitación)* room.

● **de una pieza** dumbstruck.

■ **buena pieza** *fam* rogue.

pifia *nf fam* blunder.

pigmentación *nf* pigmentation.

pigmento *nm* pigment.

pijama *nm* pyjamas.

pijo,-a 1 *adj fam* posh. ‖ **2** *nm,f fam* rick kid.

pila 1 *nf (recipiente)* stone trough, stone basin. **2** *(de bautismo)* font. **3** *fam (montón)* pile, heap. **4** ELEC battery. **5** AM *(fuente)* fountain.

pilar *nm* pillar, column.

píldora *nf* pill.

● **dorar la píldora** to gild the pill.

■ **píldora abortiva** abortion pill.

pileta *nf* AM swimming pool.

pillaje *nm* plunder, sack.

pillar *vt* to catch.

pillo,-a *nm,f* rogue, rascal.

pilotar *vt (avión)* to pilot; *(coche)* to drive; *(barco)* to steer.

piloto 1 *nmf (de avión, barco)* pilot; *(de coche)* driver. ‖ **2 piloto** *nm (luz - de coche)* tail light, rear light; *(- de aparato)* pilot light, pilot lamp.

pimentón *nm* red pepper.

pimienta *nf* pepper.

pimiento *nm* pepper.

■ **pimiento morrón** sweet pepper.

pimpón *nm* ping-pong®.

pinar *nm* pine grove.

pincel *nm* brush, paintbrush.

pincelada *nf* brush stroke.

pinchadiscos *nmf inv fam* DJ, disc jockey.

pinchar 1 *vt (gen)* to prick. **2** *(rueda)* to puncture. **3** *(globo, pelota)* to burst. **4** *fam (poner una inyección a)* to give a shot to. **5** *fam (provocar)* to needle, wind up. **6** *fam (teléfono)* to tap. ‖ **7 pincharse** *vpr (persona)* to prick oneself. **8** *(rueda)* to puncture. **9** *(globo, pelota)* to burst. **10** *fam (droga)* to shoot up.

pinchazo 1 *nm (punzada)* prick. **2** *(de rueda)* puncture, flat. **3** *(inyección)* jab.

pinche,-a 1 *nm,f (chico)* kitchen boy; *(chica)* kitchen maid. ‖ **2 pinche** *nm* AM *(bribón)* rogue.

pincho 1 *nm (espina)* thorn, prickle. **2** *(aperitivo)* tapa, bar snack.

■ **pincho moruno** kebab.

pineda *nf* pine wood.

pingajo *nm pey* rag, tatter.

ping-pong® *nm* ping-pong®.

pingüino *nm* penguin.

pino *nm* pine tree.

● **en el quinto pino** miles away.

pinole *nm* AM maize drink.
pinta 1 *nf fam (aspecto)* look: ***tiene buena pinta*** it looks good. **2** *(medida)* pint: ***¡vaya pinta que tienes!*** what a sight you are!
pintada *nf* piece of graffiti.
pintado,-a 1 *adj (maquillado)* made-up. **2** *(moteado)* spotted.
• **venirle a algn que ni pintado** to suit sb down to the ground.
pintalabios *nm inv* lipstick.
pintar 1 *vt (cuadro, pared)* to paint. **2** *(dar color)* to colour,. **3** *(describir)* to paint, describe. **4** *fam (hacer)* to do: ***¿qué pinta ése aquí?*** what's he doing here?; ***¿qué pintas tú en este asunto?*** what business is this of yours?, what has this got to do with you?; ***yo aquí no pinto nada*** there's no place for me here. || **4 pintarse** *vpr* to make up one's face.
pintarrajear *vi (con pintura)* to daub with paint; *(con maquillaje)* to daub with make-up.
pintaúñas *nm inv* nail varnish.
pintor,-ra *nm,f* painter.
▪ **pintor de brocha gorda** house painter.
pintoresco,-a *adj* picturesque.
pintura 1 *nf (arte)* painting. **2** *(color, bote)* paint. **3** *(cuadro)* picture.
pinzas 1 *nf pl* tweezers, tongs. **2** *(de cangrejo)* claws.
piña 1 *nf (fruta)* pineapple. **2** *(de pino)* pine cone. **3** *(de personas)* cluster.
piñón 1 *nm (de pino)* pine nut. **2** TÉC pinion.
piojo *nm* louse.
piojoso,-a *adj* lousy.
piola 1 *adj* RPL *fam (simpático)* fun. **2** RPL *fam irón (listo)* smart, clever. **3** RPL *fam irón (lugar)* cosy.
piolín *nm* AM cord.
pionero,-a 1 *adj* pioneering. || **2** *nm,f* pioneer.
pipa 1 *nf (de tabaco)* pipe. **2** *(de fruta)* pip, seed.
• **pasarlo pipa** *fam* to have a whale of a time.
pipí *nm fam* wee-wee.
• **hacer pipí** to do a wee-wee, have a wee-wee.
pique *nm* pique, resentment.
• **irse a pique** *(barco)* to sink; *(plan etc)* to fail.
piquete *nm* picket.
pirado,-a 1 *adj fam* crazy, loony. || **2** *nm,f fam* nutter, loony.
piragua *nf* pirogue, canoe.
piragüismo *nm* canoeing.
pirámide *nf* pyramid.
pirarse *vpr fam* to beat it, split.
pirata *nm* pirate.
piratería *nf* piracy.
Pirineos *nm pl* the Pyrenees.
pirómano,-a *nm,f* pyromaniac.
piropear *vt* to compliment.
piropo *nm* compliment, piece of flattery.
• **echar un piropo a** to pay a compliment to.
pirrarse *vpr fam* to be crazy (**por**, about).
pirueta *nf* pirouette, caper.
piruleta *nf* lollipop.
pirulí *nm* lollipop.
pis *nm fam* wee-wee.
• **hacer pis** to do a wee-wee, have a wee-wee.
pisada 1 *nf (acción)* footstep. **2** *(huella)* footprint.
pisapapeles *nm inv* paperweight.
pisar 1 *vt (con el pie)* to tread on, step on. **2** *(humillar)* to trample on.
piscina *nf* swimming-pool.
Piscis *nm inv* Pisces.
piso 1 *nm (planta, suelo)* floor. **2** *(apartamento)* flat, apartment.
pisotear *vt* to trample on.
pisotón *nm*.
• **darle un pisotón a algn** to tread on sb's foot.
pista 1 *nf (rastro)* trail, track. **2** *(indicio)* clue. **3** DEP track; *(de tenis)* court; *(de*

esquí) slope, ski run. **4** *(de circo)* ring. **5** AV runway, landing field.

• **seguir la pista de** to be on the trail of.

■ **pista de baile** dance floor.

pistacho *nm* pistachio.

pistola *nf* pistol.

pistolera *nf* holster.

pistolero *nm* gunman.

pistón *nm* piston.

pitada *nf* AM *fam (calada)* drag, puff.

pitar 1 *vi (con silbato)* to blow a whistle. ‖ **2** *vt (abuchear)* to boo at. ‖ **3** *vt - vi* AM *(fumar)* to smoke.

• **salir pitando** *fam* to be off like a shot.

pitido *nm* whistle.

pitillera *nf* cigarette case.

pitillo 1 *nm* cigarette. **2** COL *(paja)* drinking straw.

pito 1 *nm (silbato)* whistle. **2** *(claxon)* horn. **3** *(abucheo)* booing.

• **entre pitos y flautas** *fam* what with one thing and another; **me importa un pito** *fam* I don't give a damn.

pitorrearse *vpr fam* to mock.

pizarra 1 *nf (roca)* slate. **2** *(de escuela)* blackboard.

pizarrón *nm* AM *(encerado)* blackboard.

pizca *nf* bit, jot: ***no tiene ni pizca de gracia*** it's not the slightest bit funny.

pizza *nf* pizza.

placa 1 *nf (lámina)* plate. **2** *(inscrita)* plaque. **3** *(de policía)* badge.

■ **placa conmemorativa** commemorative plaque; **placa de matrícula** number plate, US license plate; **placa solar** solar panel.

placentero,-a *adj* pleasant.

placer [76] *nm* pleasure.

plácido,-a *adj* placid, calm.

plaga *nf* plague, pest.

plagiar [12] **1** *vt (copiar)* to plagiarize. **2** ANDES CAM MÉX *(secuestrar)* to kidnap.

plagiario,-a *nm,f* ANDES CAM MÉX *(secuestrador)* kidnapper.

plagio *nm* plagiarism.

plan 1 *nm (proyecto)* plan, project. **2** *(dibujo)* drawing.

• **en plan de broma** *fam* as a joke; **no es plan** *fam* that's not on.

■ **plan de estudios** syllabus; **plan de jubilación** retirement plan; **plan de pensiones** pension plan.

plana *nf* page.

plancha 1 *nf (de metal)* plate, sheet. **2** *(para planchar)* iron.

• **hacer una plancha** *fam* to put one's foot in it.

planchado *nm* ironing.

planchar *vt* to iron, press.

planeador *nm* glider.

planear 1 *vt* to plan. ‖ **2** *vi* AV to glide.

planeta *nm* planet.

planetario,-a 1 *adj* planetary. ‖ **2 planetario** *nm* planetarium.

planicie *nf* plain.

planificar [1] *vt* to plan.

planilla *nf* AM application form.

plano,-a 1 *adj* flat, even. ‖ **2 plano** *nm (superficie)* plane. **3** *(mapa)* plan, map. **4** CINEM shot.

• **de plano** openly; **levantar un plano** to make a survey.

■ **primer plano** *(foto)* close-up; *(terreno)* foreground.

planta 1 *nf* BOT plant. **2** *(del pie)* sole. **3** *(piso)* floor.

■ **de buena planta** good looking; **planta baja** ground floor.

plantación 1 *nf (acción)* planting. **2** *(terreno)* plantation.

plantar 1 *vt (en tierra)* to plant. **2** *(colocar)* to set up, place. **3** *(persona)* to stand up. ‖ **4 plantarse** *vpr* to stand firm.

• **dejar a algn plantado** to keep sb waiting indefinitely.

planteamiento 1 *nm (exposición)* exposition. **2** *(de problema)* statement. **3** *(enfoque)* approach.

plantear 1 *vt (planear)* to plan, outline. **2** *(establecer)* to establish. **3** *(problema)* to state. **4** *(pregunta)* to pose, raise.

plantilla 1 *nf (de zapato)* insole. **2** *(patrón)* model, pattern. **3** *(personal)* staff.

plantón *nm.*

• **darle un plantón a algn** *fam* to keep sb waiting.

plasma *nm* plasma.

plástico,-a 1 *adj* plastic. ‖ **2 plástico** *nm* plastic.

plastilina *nf* Plasticine®.

plata 1 *nf (metal)* silver. **2** AM money.

• **hablar en plata** *fam* to speak frankly.

■ **plata de ley** sterling silver.

plataforma *nf* platform.

■ **plataforma de lanzamiento** launchpad; **plataforma espacial** space station; **plataforma petrolífera** oil rig.

plátano 1 *nm (fruta)* banana. **2** *(árbol)* plane tree.

platea *nf* orchestra stalls *pl*.

plateado,-a 1 *adj (bañado en plata)* silver-plated. **2** *(color)* silvery.

plática *nf* CAM MÉX chat, talk.

platicar [1] *vi* CAM MÉX to chat, talk.

platillo 1 *nm (plato)* saucer. **2** *(de balanza)* pan. **3** MÚS cymbal.

■ **platillo volante** flying saucer.

platino *nm* platinum.

plato 1 *nm (recipiente)* plate, dish. **2** CULIN dish. **3** *(en comida)* course.

• **lavar los platos** to do the washing-up, wash up; **pagar los platos rotos** to carry the can.

■ **plato fuerte** main course.

plató *nm* set.

platónico,-a *adj* platonic.

platudo,-a *adj* AM *fam* loaded, rolling in it.

playa *nf* beach.

■ **playa de estacionamiento** AM car park, US parking lot.

playera 1 *nf* sandshoe, US sneaker. **2** MÉX *(camiseta)* T-shirt.

playero,-a *adj* beach.

plaza 1 *nf (de pueblo, ciudad)* square. **2** *(mercado)* market-place. **3** *(sitio)* space. **4** *(asiento)* seat. **5** *(fortaleza)* fortress. **6** *(empleo)* position, post. **7** *(ciudad)* town, city.

• **cubrir una plaza** to fill a vacancy.

■ **plaza de toros** bullring; **plaza mayor** main square.

plazo 1 *nm (de tiempo)* period. **2** *(pago)* instalment.

• **a corto plazo** in the short term; **a largo plazo** in the long term; **a plazos** by instalments,.

plazoleta *nf* small square.

pleamar *nf* high tide.

plebe *nf* common people.

plebeyo,-a *adj* - *nm,f* plebeian.

plebiscito *nm* plebiscite.

plegable *adj* folding.

plegar [48] **1** *vt* to fold. ‖ **2 plegarse** *vpr (doblarse)* to bend. **3** *(rendirse)* to yield, submit.

plegaria *nf* prayer.

pleito 1 *nm* JUR litigation, lawsuit. **2** AM *(agarrón)* argument, quarrel.

plenitud *nf* fullness.

pleno,-a 1 *adj* full, complete: ***en pleno día*** in broad daylight. ‖ **2 pleno** *nm* full assembly.

pliego 1 *nm (hoja)* sheet of paper. **2** *(documento)* document.

■ **pliego de condiciones** specifications.

pliegue 1 *nm (doblez)* fold. **2** COST pleat.

plomada *nf* plumb line.

plomería *nf* MÉX RPL VEN plumber's.

plomero *nm* MÉX RPL VEN plumber.

plomo 1 *nm (metal)* lead. **2** ELEC fuse. **3** *(pesado)* boring person.

• **a plomo** vertically; **caer a plomo** to fall flat.

pluma 1 *nf (de ave)* feather. **2** *(de escribir)* quill pen; *(estilográfica)* fountain pen. **3** CARIB MÉX *(bolígrafo)* ballpoint pen.

plumaje *nm* plumage.

plumero *nm* feather duster.

• **se le ve el plumero** you can see through him.
plumier *nm* pencil case.
plural *adj* - *nm* plural.
pluralidad *nf* plurality.
pluriempleo *nm having more than one job.*
plusvalía *nf* appreciation, added value.
p.m. *abr (*post meridiem (después del mediodía)*)* post meridiem; *(abreviatura)* p.m.
PM *abr (*Policía Militar*)* Military Police; *(abreviatura)* MP.
PNB *abr (*Producto Nacional Bruto*)* Gross National Product; *(abreviatura)* GNP.
PNV *abr* POL *(*Partido Nacionalista Vasco*) conservative Basque nationalist party.*
población **1** *nf (habitantes)* population. **2** *(ciudad)* city, town; *(pueblo)* village.
poblado,-a **1** *adj (zona)* populated. **2** *(barba)* thick. ‖ **3 poblado** *nm* settlement.
poblar **1** *vt (de personas)* to people. **2** *(de árboles)* to plant with. ‖ **3 poblarse** *vpr* to become peopled.
pobre **1** *adj* poor. ‖ **2** *nmf* poor person.
pobreza *nf* poverty.
pocho,-a **1** *adj (fruta)* overripe. **2** *fig (persona - enfermo)* off-colour; *(- triste)* depressed, down. **3** MÉX *fam (americanizado)* Americanized.
pochoclo *nm* ARG popcorn.
pocilga *nf* pigsty.
pocillo **1** *nm* RPL small cup. **2** MÉX VEN enamel cup.
poco,-a **1** *adj (singular)* little, not much; *(plural)* few, not many: ***hago poco ejercicio últimamente*** I get very little exercise these days; ***tenemos poco tiempo*** we haven't much time. ‖ **2** *pron (singular)* little; *(plural)* not many: ***lo poco que aprendí*** what little I learned; ***como ése he visto pocos*** I've not seen many like that one. ‖ **3** *adv* little, not much: ***voy poco por allí*** I go there very little, I rarely go there.
• **a poco de** shortly after; **dentro de poco** soon, presently; **hace poco** not long ago; **poco a poco** little by little; **poco más o menos** more or less; **por poco** nearly; **tener en poco** to hold cheap; **un poco** a little, a bit.
podar *vt* to prune.
poder [77] **1** *vt (tener la facultad de)* can, to be able to: ***¿puedes echarme una mano?*** can you lend me a hand?; ***no pude abrirlo*** I couldn't open it, I was unable to open it. **2** *(tener permiso para)* can, may: ***pueden pagar en efectivo*** you can pay in cash; ***¿puedo fumar?*** may I smoke? **3** *(en conjeturas)* may, might: ***puede que esté enfermo*** he may be ill, he might be ill. **4** *(en quejas, sugerencias)* can: ***¡podrías habérmelo dicho!*** you could have told me!; ***podríamos ir a esquiar*** we could go skiing. ‖ **5** *nm* power. **6** *(fuerza)* force, strength.
• **estar en el poder** to be in the office; **estar en poder de algn** to be in sb's hands; **no poder con** not to be able to cope with; **no poder más** to be unable to do more; ***¿se puede?*** may I come in?
poderoso,-a *adj* powerful.
podio *nm* podium.
podrido,-a **1** *adj (putrefacto)* rotten. **2** *(corrupto)* corrupt. **3** RPL *fam (harto)* fed up, sick.
• **podrido,-a de dinero** stinking rich.
poema *nm* poem.
poesía **1** *nf (género)* poetry. **2** *(poema)* poem.
poeta *nmf* poet.
poético,-a *adj* poetic.
poetisa *nf* poetess.
polaco,-a **1** *adj* Polish. ‖ **2** *nm,f (persona)* Pole. ‖ **3 polaco** *nm (idioma)* Polish.
polar *adj* polar.
polea *nf* pulley.
polémica *nf* polemics, dispute.

polémico,-a *adj* polemic.
polen *nm* pollen.
polera *nf* RPL polo shirt.
poli 1 *nmf fam* cop. || **2 la poli** *nf fam* the cops *pl*.
policía 1 *nf* police force. || **2** *nmf (hombre)* policeman; *(mujer)* policewoman.
■ **policía secreta** secret police.
policíaco,-a *adj* police.
policial *adj* police.
polideportivo *nm* sports centre.
poligamia *nf* polygamy.
polígamo,-a 1 *adj* polygamous. || **2 polígamo** *nm* polygamist.
polígono *nm* polygon.
■ **polígono industrial** industrial estate.
polilla *nf* moth.
politécnico,-a *adj* polytechnic.
política 1 *nf (ciencia)* politics. **2** *(método)* policy.
político,-a 1 *adj (partido, programa)* politic. **2** *(cortés)* tactful. **3** *(parentesco)* -in-law: ***padre político*** father-in-law. || **4** *nm,f* politician.
póliza *nf* COM certificate, policy.
■ **póliza de seguros** insurance policy.
polizón *nm* stowaway.
polla 1 *nf* ZOOL young hen. **2** *vulg (pene)* prick, dick.
pollera 1 *nf* RPL *(de occidental)* skirt. **2** ANDES *(de indígena)* long skirt worn by Indian women.
pollería *nf* poultry shop.
pollito *nm* chick.
pollo *nm* chicken.
■ **pollo asado** roast chicken.
polo 1 *nm* GEOG ELEC pole. **2** DEP polo. **3** *(helado)* ice lolly, US Popsicle®. **4** *(jersey)* polo shirt.
pololear *vi* CHILE *fam* to go out together.
pololo,-a *nm,f* CHILE *fam (chico)* boyfriend; *(chica)* girlfriend.
Polonia *nf* Poland.
polución *nf* pollution.
polvareda *nf* cloud of dust.
polvera *nf* powder compact.
polvo 1 *nm (en aire, muebles)* dust. **2** *(en farmacia, cosmética)* powder. **3** *vulg (coito)* screw, fuck.
● **echar un polvo** *vulg* to have a screw; **estar hecho polvo** *fam* to be knackered.
■ **polvos de talco** talcum powder *sing*.
pólvora *nf* gunpowder.
polvoriento,-a *adj* dusty.
polvorín *nm* powder magazine.
polvorón *nm* crumbly shortcake.
pomada *nf* ointment.
pomelo *nm* grapefruit.
pomo *nm* knob, handle.
pompa 1 *nf (de jabón)* bubble. **2** *(ostentación)* pomp.
■ **pompas fúnebres** *(ceremonia)* funeral; *(empresa)* undertaker's.
pomposo,-a *adj* pompous.
pómulo *nm* cheekbone.
ponchar 1 *vt* CAM CARIB MÉX *(rueda)* to puncture. || **2** *vi* AM *(en béisbol)* to strike out. || **3 poncharse** *vpr* CAM CARIB MÉX *(rueda)* to get a puncture.
ponche *nm* punch.
poner [78] **1** *vt (pp* **puesto,-a***) (gen)* to place, put, set. **2** *(instalar)* to install. **3** *(encender)* to turn on, put on: ***puso la radio*** she put the radio on. **4** *(huevos)* to lay. **5** *(suponer)* to suppose: ***pongamos que es así*** let's suppose that it is so. **6** *(dinero)* to place, pay. **7** *(dar nombre)* to name, call. **8** *(escribir)* to put, write. **9** *(estar escrito)* to say: ***¿qué pone en ese letrero?*** what does that sign say? **10** *(establecer)* to open: ***han puesto un bar*** they've opened a bar. **11** CINEM TV to show. **12** *(carta etc)* to send. **13** *(deber, trabajo)* to give, assign. **14** to make: ***me pone enfermo*** he makes me sick; ***poner triste a algn*** to make sb feel sad. || **15 ponerse** *vpr (sombrero, ropa)* to put on. **16** *(sol)* to set. **17** *(volverse)* to become, get, turn: ***se puso triste*** he became sad. **18** *(al teléfono)* to answer. **19** Am *fam (parecer)* to seem, appear: ***se me pone que...*** it seems to me that...

• **poner al corriente** to get informed; **poner al día** to bring up to date; **poner como un trapo** *fam* to pull to pieces; **poner de manifiesto** to make evident; **poner de relieve** to emphasize; **poner en libertad** to set free; **poner en práctica** to carry out; **poner por las nubes** to praise to the skies; **poner reparos** to make objections; **ponerse a + *inf*** to start to + *inf*, begin to + *inf*; **ponerse a malas con algn** to have a falling out with sb; **ponerse de acuerdo** to agree; **ponerse en pie** to stand up; **ponerse perdido,-a** to get dirty.

pongo *pres indic* → **poner**.

poni *nm* pony.

poniente *nm* west.

ponqué *nm* COL VEN large sponge cake *(filled with cream and/or fruit, and covered in icing or chocolate)*.

pontífice *nm* pontiff, pope.

popa *nf* stern.

popote *nm* MÉX drinking straw.

popular *adj* popular.

popularidad *nf* popularity.

por 1 *prep (finalidad)* for: ***lo hice por ti*** I did it for you. **2** *(causa)* because of: ***llegaron tarde por la nieve*** they were late because of the snow. **3** *(tiempo)* at, for: ***por la noche*** at night. **4** *(lugar)* along, in, on, by: ***íbamos por la calle*** we were walking along the street; ***iremos por la autopista*** we'll go on the motorway. **5** *(medio)* by: ***enviar por avión*** to send by air. **6** *(autoría)* by: ***escrito por él*** written by him. **7** *(distribución)* per: ***cinco por ciento*** five per cent. **8** *(con pasiva)* by: ***comprado por ella*** bought by her. **9** *(en lugar de)* instead of, in the place of: ***ve tú por mí*** you go in my place.

• **estar por** *(a punto de)* to be on the point of; **estar por hacer** to remain to be done, not to have been done; **por aquí** around here; **¡por Dios!** for heaven's sake!; **por lo visto** apparently; **por más que...** however much...; **por mí** as far as I am concerned; ***¿por qué?*** why?; **por supuesto** of course; **por tanto** therefore.

porcelana 1 *nf (material)* porcelain. **2** *(vajilla)* china.

porcentaje *nm* percentage.

porche *nm* porch.

porcino,-a *adj* pig.

porción 1 *nf (parte)* portion, part. **2** *(cuota)* share.

pordiosero,-a *nm,f* beggar.

pormenor *nm* detail.

pornografía *nf* pornography.

poro *nm* pore.

poroso,-a *adj* porous.

poroto *nm* RPL *(judía)* kidney bean.

porque 1 *conj (de causa)* because: ***no voy porque no quiero*** I'm not going because I don't want to. **2** *(de finalidad)* in order that, so that.

porqué *nm* cause, reason.

porquería *nf* dirt, filth.

porra *nf* cudgel, club.

• **mandar a la porra** *fam* to send packing.

porrazo *nm* blow, knock.

porro 1 *nm arg* joint. **2** AM *(puerro)* leek.

porrón *nm* glass vessel with a long spout used for drinking wine.

portaaviones *nm inv* aircraft carrier.

portada 1 *nf* ARQ façade. **2** *(de libro)* cover.

portador,-ra *nm,f* carrier, bearer, holder.

• **páguese al portador** pay the bearer.

portaequipajes *nm inv* luggage rack.

portal 1 *nm (entrada)* doorway; *(vestíbulo)* entrance hall. **2** ARQ *(porche)* porch. **3** *(de Internet)* portal.

portalámparas *nm inv* lamp-holder.

portarse *vpr* to behave, act.

portátil 1 *adj* portable. ‖ **2** *nm (ordenador)* portable, portable computer.

portavoz *nmf* spokesman.

portazo *nm* bang: ***se marchó dando un portazo*** she slammed the door and left.

portento *nm* wonder.
portería 1 *nf (de edificio)* porter's lodge. **2** DEP goal.
portero,-a 1 *nmf (de edificio)* doorkeeper, porter. **2** DEP goalkeeper.
portorriqueño,-a *adj* → **puertorriqueño,-a**.
Portugal *nm* Portugal.
portugués,-esa *adj - nm,f* Portuguese.
porvenir *nm* future.
posada *nf* lodging-house, inn.
posar 1 *vi* ART to pose. ‖ **2 posarse** *vpr (pájaro)* to alight, perch, sit. **3** *(sedimento)* to settle.
posdata *nf* postscript.
poseedor,-ra *nm,f* owner, possessor.
poseer [61] *vt* to own, possess.
posesión *nf* possession.
posesivo,-a *adj* possessive.
posguerra *nf* postwar period.
posibilidad 1 *nf* possibility. ‖ **2 posibilidades** *nf pl (recursos)* means.
posible *adj* possible.
• **hacer todo lo posible** to do one's best.
posición *nf* position.
positivo,-a *adj* positive.
poso *nm* sediment, dregs *pl*.
posponer [78] *vt (pp* **pospuesto,-a***)* to postpone, delay, put off.
posta *nf*.
• **a posta** on purpose.
postal 1 *adj* postal. ‖ **2** *nf* postcard.
poste *nm* post, pillar.
■ **poste indicador** signpost.
póster *nm* poster.
postergar [7] **1** *vt (aplazar)* to delay, postpone. **2** *(relegar)* to disregard, neglect.
posteridad *nf* posterity.
posterior 1 *adj (de atrás)* back, rear. **2** *(más tarde)* later.
posteriormente *adv* afterwards, later on.
postigo *nm* window shutter.
postizo,-a 1 *adj* false. ‖ **2 postizo** *nm* switch of hair, hairpiece.
postre *nm* dessert.
• **a la postre** at last, finally; **para postre** to cap it all.
póstumo,-a *adj* posthumous.
postura 1 *nf (posición)* posture, position. **2** *(actitud)* bid.
potable *adj* drinkable.
■ **agua potable** drinkable water.
potaje *nm* stew.
pote *nm* pot, jar.
potencia *nf* power.
• **en potencia** potential.
■ **potencia nuclear** nuclear power.
potencial *adj - nm* potential.
potente *adj* powerful.
potingue *nm fam* cream.
potra *nf fam* luck.
• **tener potra** to be lucky.
potrero *nm* AM field, pasture.
potro,-a 1 *nm,f* colt, foal. ‖ **2 potro** *nm (de tortura)* rack. **3** DEP vaulting horse.
pozo 1 *nm* well. **2** *(mina)* shaft.
pozole *nm* CAM CARIB MÉX *(guiso) stew made with maize, pork or chicken, and vegetables.*
PP *abr* POL *(*Partido Popular*) Spanish centre-right political party.*
P.P. *abr (*por poder*)* on behalf of; *(abreviatura)* pp.
práctica 1 *nf* practice. ‖ **2 prácticas** *nf pl* training.
• **en la práctica** in practice; **poner en práctica** to put into practice.
practicable *adj* practicable, feasible.
prácticamente *adv* practically.
practicante 1 *adj* practising. ‖ **2** *nm,f* doctor's assistant.
practicar [1] **1** *vt (idioma, profesión)* to practice. **2** *(deporte)* to play, do. **3** *(hacer)* to make. ‖ **4** *vi* to practice.
práctico,-a 1 *adj* practical. **2** *(hábil)* skilful, practised.
pradera *nf* prairie, meadow.
prado *nf* field, meadow, lawn.
pral. *abr (*principal*)* first floor, US second floor.
preámbulo *nm* preamble, preface.

precaución *nf* precaution.
• **actuar con precaución** to act with caution; **tomar precauciones** to take precautions.
precavido,-a *adj* cautious, wary.
precedente 1 *adj* preceding, prior, foregoing. || **2** *nm* precedent.
preceder *vt* - *vi* to precede, go ahead (a, of).
precepto *nm* precept, rule.
precintar *vt* to seal.
precinto *nm* seal.
precio 1 *nm* price. **2** *fig (valor)* value, worth.
• **a precio de coste** at cost price; **no tener precio** *(ser muy valioso)* to be priceless.
■ **precio de fábrica** factory price.
preciosidad *nf*: ***¡qué preciosidad de vestido!*** what a beautiful dress!
precioso,-a 1 *adj (valioso)* precious. **2** *(bello)* beautiful.
precipicio *nm* precipice.
precipitación 1 *nf (prisa)* rush, haste, hurry. **2** METEOR precipitation.
precipitado,-a *adj* hasty.
precipitar 1 *vt (acelerar)* to precipitate, hasten, hurry. **2** QUÍM to precipitate. || **3 precipitarse** *vpr (apresurarse)* to be hasty. **4** *(obrar sin reflexión)* to act rashly. **5** *(caer)* to fall.
precisamente 1 *adv (exactamente)* precisely, exactly. **2** *(justamente)* just.
precisar 1 *vt (especificar)* to specify. **2** *(necesitar)* to need.
precisión *nf* precision, accuracy.
preciso,-a 1 *adj (exacto)* precise, exact, accurate. **2** *(necesario)* necessary: ***es preciso*** it is necessary.
precocinado,-a *adj* precooked.
precoz *adj* precocious.
predecir [79] *vt (pp* predicho,-a*)* to predict, foretell.
predicado *nm* predicate.
predicar [1] *vt* to preach.
predicción *nf* prediction.
■ **predicción meteorológica** forecast.
predilección *nf* predilection.
predilecto,-a *adj* favourite.
predispuesto,-a *pp* → **predisponer**.
predominante *adj* predominant.
predominar *vt* to predominate, prevail.
predominio *nm* predominance.
preescolar *adj* pre-school.
prefabricado,-a *adj* prefabricated.
prefacio *nm* preface.
preferencia *nf* preference.
• **tener preferencia** AUTO to have right of way.
preferible *adj* preferable.
preferir [35] *vt* to prefer: ***yo preferiría no ir*** I'd rather not go.
prefijo 1 *nm* GRAM prefix. **2** *(telefónico)* code.
pregón *nm* public announcement.
pregonar *vt* to announce.
pregunta *nf* question.
• **hacerle una pregunta a algn** to ask sb a question.
preguntar 1 *vt* to ask. || **2 preguntarse** *vpr* to wonder.
• **preguntar por algn** to ask after sb; **preguntarle algo a algn** to ask sb sth.
preguntón,-ona *nm,f fam* nosey parker.
prehistoria *nf* prehistory.
prehistórico,-a *adj* prehistoric.
prejuicio *nm* prejudice.
preliminar *adj* - *nm* preliminary.
prematuro,-a 1 *adj* premature. || **2 prematuro** *nm* premature baby.
premeditación *nf* premeditation.
• **con premeditación** deliberately.
premeditado,-a *adj* deliberate.
premiar [12] **1** *vt (otorgar premio a)* to award a prize to. **2** *(recompensar)* to reward.
premio 1 *nm (en concurso, sorteo)* prize. **2** *(recompensa)* reward.
■ **premio de consolación** consolation prize; **premio gordo** jackpot.
prenda 1 *nf (de vestir)* garment. **2** *(prueba)* token.
• **no soltar prenda** not say a word.

prendarse *vpr* to take a fancy (de, to).

prender 1 *vt (agarrar)* to seize. **2** *(sujetar)* to attach; *(con agujas)* to pin. **3** *(arrestar)* to arrest. **4** *(fuego)* to set. **5** AM *(luz, gas, radio)* to turn on. || **6** *vi (planta)* to take root. **7** *(fuego etc)* to catch. || **8 prenderse** *vpr* to catch fire.

prensa *nf* press.
■ **prensa amarilla** gutter press; **prensa del corazón** gossip magazines *pl*.

prensar *vt* to press.

preñado,-a *adj* pregnant.

preñar *vt (mujer)* to make pregnant; *(animal)* to impregnate.

preocupación *nf* worry.

preocupado,-a *adj* worried.

preocupar *vt - vpr* to worry.

preparación *nf* preparation.

preparado,-a 1 *adj* ready, prepared. || **2 preparado** *nm (medicamento)* preparation.

preparar 1 *vt* to prepare, get ready. || **2 prepararse** *vpr (disponerse)* to get ready. **3** *(educarse)* to train.

preparativos *nm pl* preparations, arrangements.

preposición *nf* preposition.

presa 1 *nf (acción)* capture. **2** *(cosa prendida)* prey. **3** *(embalse)* dam.
● **ser presa de** to be a victim of.

presagio 1 *nm (señal)* omen. **2** *(adivinación)* premonition.

prescindir *vi* to do without: ***no puedo prescindir del coche*** I can't do without the car.

presencia *nf* presence.
● **en presencia de** in the presence of.
■ **buena presencia** smart appearance.

presenciar [12] *vt* to be present at, witness.

presentación 1 *nf (gen)* presentation. **2** *(de personas)* introduction.

presentador,-ra *nm,f* presenter, host.

presentar 1 *vt (gen)* to present. **2** *(mostrar)* to display, show. **3** *(personas)* to introduce. || **4 presentarse** *vpr (comparecer)* to present oneself; *(candidato)* to stand. **5** *(ofrecerse)* to volunteer.

presente *adj - nm* present.
● **hacer presente** to remind of; **tener presente** to bear in mind.

presentimiento *nm* presentiment.

presentir [35] *vt* to have a premonition of.

preservar *vt* to preserve.

preservativo *nm* condom.

presidencia 1 *nf (de nación)* presidency. **2** *(en reunión)* chairmanship.

presidenciable *nmf* AM potential president.

presidente,-a 1 *nm,f (de nación, club, etc)* president. **2** *(en reunión - hombre)* chairman; *(- mujer)* chairwoman.

presidiario,-a *nm,f* convict, prisoner.

presidio *nm* prison, penitentiary.

presidir 1 *vt (nación)* to be president of. **2** *(reunión)* to chair.

presión *nf* pressure.
■ **presión arterial** blood pressure.

presionar 1 *vt (apretar)* to press. **2** *(coaccionar)* to put pressure on.

preso,-a 1 *adj* imprisoned. || **2** *nm,f* prisoner.

prestamista *nmf* moneylender.

préstamo *nm* loan.

prestar 1 *vt (dejar prestado)* to lend, loan. **2** *(pedir prestado)* to borrow. **3** *(servicio)* to do, render. **4** *(ayuda)* to give. **5** *(atención)* to pay. **6** *(juramento)* to swear. || **7 prestarse** *vpr (ofrecerse)* to lend oneself. **8** *(dar motivo)* to cause.

prestidigitador,-ra *nm,f* conjuror, magician.

prestigio *nm* prestige.

prestigioso,-a *adj* prestigious.

presumido,-a 1 *adj* vain. || **2** *nm,f* vain person.

presumir 1 *vt (suponer)* to presume, suppose. || **2** *vi (vanagloriarse)* to be vain, be conceited: ***Pepe presume de guapo*** Pepe fancies himself.

presunto,-a *adj* presumed, supposed.

presuntuoso,-a *adj* conceited, vain.
presuponer [78] *vt (pp* presupuesto,-a*)* to presuppose.
presupuestar *vt* to budget for.
presupuesto,-a 1 *pp* → **presuponer**. ‖ **2 presupuesto** *nm* FIN *(cómputo anticipado)* estimate; *(coste)* budget. **3** *(supuesto)* presupposition.
pretencioso,-a 1 *adj* pretentious. ‖ **2** *nm,f* pretentious person.
pretender 1 *vt (querer)* to want to. **2** *(intentar)* to try to. **3** *(cortejar)* to court.
pretendiente,-a 1 *nm,f (enamorado)* suitor. **2** *(a cargo)* applicant.
pretérito,-a 1 *adj* past. ‖ **2 pretérito** *nm* preterite, past simple.
pretexto *nm* pretext, excuse.
prevención 1 *nf (precaución)* prevention. **2** *(medida)* preventive measure. **3** *(prejuicio)* prejudice.
prevenir [90] **1** *vt (prever)* to prevent. **2** *(advertir)* to warn.
prever [91] *vt (pp* previsto,-a*)* to foresee, forecast.
previo,-a *adj* previous, prior.
previsión 1 *nf (anticipación)* forecast. **2** *(precaución)* precaution.
■ **previsión social** ANDES RPL social security.
previsor,-ra *adj* far-sighted.
previsto,-a *pp* → **prever**.
prieto,-a 1 *adj (ceñido)* tight. **2** MÉX *fam (moreno)* dark-skinned.
prima 1 *nf* bonus. **2** → **primo,-a**.
primario,-a *adj* primary.
primavera 1 *nf (estación)* spring. **2** BOT primrose.
primaveral *adj* spring.
primer *num* → **primero,-a**.
▲ *Used before a singular masculine noun.*
primera 1 *nf (clase)* first class. **2** AUTO first gear.
● **de primera** great, first-class.
primero,-a 1 *num* first. ‖ **2 primero** *adv* first: ***primero hay que hervir la pasta*** first you must boil the pasta.
● **a primeros de mes** at the beginning of the month; **lo primero es lo primero** first things first; **ser el primero de clase** to be top of the class.
■ **primeros auxilios** first aid *sing*; **primeras curas** first aid *sing*.
▲ *See also* primer.
primicia *nf* exlusive, scoop.
primitivo,-a 1 *adj* HIST primitive. **2** *(tosco)* coarse.
primo,-a 1 *adj (materia)* raw. **2** MAT prime. ‖ **3** *nm,f* cousin. ‖ **4 primo** *nm* simpleton.
● **hacer el primo** *fam* to be taken for a ride.
■ **primo,-a carnal** first cousin.
primogénito,-a *adj - nm,f* first-born, eldest.
primordial *adj* essential, fundamental.
princesa *nf* princess.
principado *nm* principality.
principal 1 *adj* main, chief. ‖ **2** *nm (jefe)* chief. **3** *(piso)* first floor.
príncipe *nm* prince.
■ **príncipe azul** Prince Charming.
principiante,-a *nm,f* beginner.
principio 1 *nm (inicio)* beginning, start. **2** *(base)* principle. ‖ **3 principios** *nm pl* rudiments.
● **al principio** at first; **en principios** in principle.
pringar [7] **1** *vi fam (ensuciar)* to make greasy. **2** *fam (morir)* to kick the bucket. **3** *(trabajar)* to work hard. ‖ **4 pringarse** *vpr (ensuciarse)* to get covered (con/de, with/in).
pringoso,-a *adj* greasy.
pringue 1 *nm (grasa)* grease. **2** *(suciedad)* dirt.
prioridad *nf* priority.
prioritario,-a *adj* priority.
prisa *nf* hurry.
● **correr prisa** to be urgent; **darse prisa** to hurry, hurry up; **tener prisa** to be in a hurry.
prisión *nf* prison, jail.
● **en prisión preventiva** remanded in custody.

prisionero,-a *nm,f* prisoner.
prisma *nm* prism.
prismáticos *nm pl* binoculars.
privación *nf* deprivation, privation.
privado,-a *adj* private.
• **en privado** in private.
privar 1 *vt (despojar)* to deprive (de, of). **2** *(prohibir)* to forbid. **3** *fam (gustar)* to like. ‖ **4** *vi (estar de moda)* to be in fashion. **5** *fam (beber)* to get drunk.
privilegiado,-a 1 *adj* privileged. ‖ **2** *nm,f* privileged person.
privilegio *nm* privilege.
pro 1 *nm & nf* advantage. ‖ **2** *prep* in favour of.
• **pros y contras** the pros and cons.
proa *nf* prow, bow.
probabilidad *nf* probability.
probable *adj* probable, likely.
probador *nm* fitting room.
probar [31] **1** *vt (demostrar)* to prove: ***esto prueba su inocencia*** this proves her innocence. **2** *(comprobar)* to try, test: ***pruébalo a ver si funciona*** try it to see if it works. **3** *(vino, comida)* to taste, try: ***¿quieres probar la sopa?*** do you want to taste the soup? **4** *(prendas)* to try on: ***prueba éste, es más grande*** try this one on, it's bigger. ‖ **5** *vi (intentar)* to try: ***probó batir el récord*** he tried to break the record.
probeta *nf* test-tube.
problema *nm* problem.
problemático,-a *adj* problematic.
procedencia *nf* origin, source.
procedente *adj* coming (de, from).
proceder 1 *vi (ejecutar)* to proceed. **2** *(venir de)* to come (de, from). **3** *(actuar)* to behave. **4** JUR to take proceedings. **5** *(ser adecuado)* to be appropriate. ‖ **6** *nm* behaviour.
procedimiento 1 *nm (método)* procedure, method. **2** JUR proceedings *pl.*
procesado,-a 1 *adj - nm,f* accused. ‖ **2 procesado** *nm* INFORM processing.
procesamiento *nm* processing.
▪ **procesamiento de datos** data processing; **procesamiento de textos** word processing.
procesar 1 *vt (dato, texto)* to process. **2** JUR to prosecute.
procesión *nf* procession.
proceso 1 *nm (gen)* process. **2** *(en el tiempo)* course, lapse of time. **3** JUR trial.
▪ **proceso de datos** data processing.
proclamación *nf* proclamation.
proclamar 1 *vt* to proclaim. ‖ **2 proclamarse** *vpr* to proclaim oneself.
procrear *vt* to procreate.
procurar 1 *vt (intentar)* to try to, attempt. **2** *(proporcionar)* to manage to get.
prodigio *nm* prodigy, miracle.
prodigioso,-a 1 *adj (increíble)* prodigious. **2** *(maravilloso)* marvellous.
producción *nf* production.
▪ **producción en cadena** mass production.
producir [46] **1** *vt (gen)* to produce. **2** *(causar)* to cause. ‖ **3 producirse** *vpr* to happen.
productividad *nf* productivity.
productivo,-a *adj* productive.
producto *nm* product.
▪ **producto interior bruto** gross domestic product; **producto químico** chemical.
productor,-ra 1 *adj* productive. ‖ **2** *nm,f* producer.
productora *nf* CINEM production company.
proeza *nf* heroic deed.
prof. *abr* (profesor *- de instituto)* teacher; *(- de universidad)* lecturer.
profanar *vt* to profane, desecrate.
profano,-a 1 *adj (no sagrado)* profane, secular. **2** *(no experto)* lay. ‖ **3** *nm,f* layman.
profecía *nf* prophecy.
profesión *nf* profession.
profesional *adj - nmf* professional.
profesionista *adj - nmf* MÉX professional.
profesor,-ra *nm,f (gen)* teacher; *(de universidad)* lecturer.

■ **profesor de autoescuela** driving instructor; **profesor particular** private tutor.
profesorado *nm* teaching staff.
profeta *nm* prophet.
profetizar [4] *vt* to prophesy, foretell.
prófugo,-a 1 *adj* - *nm,f* fugitive. ‖ **2** **prófugo** *nm* MIL deserter.
profundidad *nf* depth.
profundizar [4] **1** *vt* to deepen. ‖ **2** *vt* - *vi (discurrir)* to go deeply into.
profundo,-a 1 *adj (agujero, piscina, etc)* deep. **2** *(pensamiento, misterio, etc)* profound.
progenitor,-ra 1 *nm,f* progenitor, ancestor. ‖ **2** *nm pl* parents.
programa 1 *nm (gen)* programme,. **2** INFORM program.
programación 1 *nf (televisiva)* programmes, programming. **2** *(informática)* programming.
programador,-ra *nm,f* INFORM programmer.
programar 1 *vt (organizar)* to programme, US to program. **2** INFORM to program.
progre *adj* - *nmf fam* trendy, lefty.
progresar *vi* to progress.
• **hacer progresos** to make progress.
progresista *adj* - *nmf* progressive.
progresivamente *adv* progressively.
progresivo,-a *adj* progressive.
progreso *nm* progress.
prohibición *nf* prohibition, ban.
prohibido,-a *adj* forbidden, prohibited.
• **"Prohibido aparcar"** "No parking"; **"Prohibido fumar"** "No smoking"; **"Prohibido el paso"** "No entry".
prohibir [21] *vt (gen)* to forbid; *(por ley)* to prohibit, ban.
prójimo *nm* fellow man.
prole *nf* offspring.
proletariado *nm* proletariat.
proletario,-a *adj* - *nm,f* proletarian.
prólogo *nm* prologue.
prolongación *nf* prolongation.
prolongar [7] **1** *vt* to prolong. ‖ **2** **prolongarse** *vpr* to go on.
promedio *nm* average.
promesa *nf* promise.
prometedor,-ra *adj* promising.
prometer 1 *vt* to promise. ‖ **2** *vi* to be promising. ‖ **3 prometerse** *vpr (pareja)* to get engaged.
• **prometer el oro y el moro** to promise the moon.
prometido,-a *nm,f (hombre)* fiancé; *(mujer)* fiancée.
promoción 1 *nf (gen)* promotion. **2** *(curso)* class, year.
promocionar *vt* to promote.
promontorio *nm* promontory, headland.
promotor,-ra *nm,f* promoter.
promover [32] *vt* to promote.
promulgar [7] *vt* to enact.
pronombre *nm* pronoun.
pronosticar [1] *vt* to predict, foretell.
pronóstico 1 *nm* forecast. **2** MED prognosis.
prontitud *nf* quickness, promptness.
pronto,-a 1 *adj* quick, fast. ‖ **2 pronto** *adv* soon. ‖ **3** *nm* sudden impulse.
• **de pronto** suddenly; **¡hasta pronto!** see you soon!; **lo más pronto posible** as soon as possible; **por lo pronto** for the present; **tan pronto como...** as soon as...
pronunciación *nf* pronunciation.
pronunciamiento *nm* uprising, insurrection.
pronunciar [12] **1** *vt* to pronounce. **2** *(discurso)* to make. ‖ **3 pronunciarse** *vpr* to declare oneself.
propaganda 1 *nf* POL propaganda. **2** COM advertising.
propagar *vt* - *vpr* to spread.
propenso,-a *loc* prone (a, to).
propiciar [12] **1** *vt (causar)* to cause. **2** AM *(patrocinar)* to sponsor.
propicio,-a *adj* apt, suitable.
propiedad 1 *nf (derecho)* ownership. **2** *(objeto)* property. **3** *(cualidad)* propriety.

• **con propiedad** properly, appropriately.
■ **propiedad intelectual** copyright; **propiedad privada** privet property; **propiedad pública** public ownership.
propietario,-a *nm,f* owner.
propina *nf* tip.
propio,-a 1 *adj (perteneciente)* own. **2** *(indicado)* proper, appropriate. **3** *(particular)* typical, peculiar: ***es muy propio de él*** it's very typical of him. **4** *(mismo - él)* himself; *(- ella)* herself; *(- cosa, animal)* itself: ***el propio autor*** the author himself.
proponer [78] **1** *vt (pp* propuesto,-a*)* to propose, put forward. ‖ **2 proponerse** *vpr* to intend.
• **proponerse hacer algo** to intend to do sth.
proporción 1 *nf* proportion. ‖ **2 proporciones** *nf pl* size *sing.*
proporcionado,-a *adj* proportionate.
proporcional *adj* proportional.
• **bien proporcionado** well-proportioned.
proporcionar 1 *vt (facilitar)* to supply, give. **2** *(acomodar)* to adapt (a, to).
proposición 1 *nf (sugerencia)* proposition, proposal. **2** GRAM clause.
propósito 1 *nm (intención)* intention. **2** *(objetivo)* purpose, aim.
• **a propósito** *(por cierto)* by the way; *(adrede)* on purpose.
propuesta *nf* proposal.
propuesto,-a *pp* → **proponer**.
prórroga 1 *nf* extension. **2** MIL deferment. **3** DEP extra time, US overtime.
prorrogar [7] **1** *vt (posponer)* to postpone. **2** *(alargar)* to extend.
prosa *nf* prose.
proseguir [56] *vt - vi* to continue, carry on.
prospecto *nm* leaflet, prospectus.
prosperar *vi* to prosper, thrive.
prosperidad *nf* prosperity.
próspero,-a *adj* prosperous.
• **próspero año nuevo** happy New Year.
próstata *nf* prostate.
prostíbulo *nm* brothel.
prostitución *nf* prostitution.
prostituir [62] **1** *vt* to prostitute. ‖ **2 prostituirse** *vpr* to be a prostitute.
prostituta *nf* prostitute.
protagonista 1 *nmf (de película etc)* main character, leading role. **2** *(de suceso)* major figure.
protagonizar [4] **1** *vt (película, etc)* to play the lead in. **2** *(suceso)* to be involved in.
protección *nf* protection.
protector,-ra 1 *adj* protecting. ‖ **2** *nm,f* protector.
■ **protector de pantalla** screen saver.
proteger [5] *vt* to protect.
proteína *nf* protein.
protesta *nf* protest.
protestante *adj - nmf* Protestant.
protestantismo *nm* Protestantism.
protestar *vt - vi* to protest.
protocolo *nm* protocol.
prototipo *nm* prototype.
protuberancia *nf* protuberance.
prov. *abr (*provincia*)* province; *(abreviatura)* prov.
provecho *nm* profit, benefit.
• **¡buen provecho!** enjoy your meal!; **sacar provecho de** to benefit from.
provechoso,-a *adj* profitable.
proveedor,-ra *nm,f* supplier, purveyor.
■ **proveedor de acceso a Internet** Internet access provider.
proveer [61] *vt (pp* provisto,-a*)* to supply with, provide.
provenir [90] *vi* to come (de, from).
proverbio *nm* proverb, saying.
providencia *nf* providence.
provincia *nf* province.
provinciano,-a *adj - nm,f pey* provincial.
provisión *nf* provision.

provisional *adj* provisional, temporary.

provisto,-a 1 *pp* → **proveer**. || **2** *adj* provided.

provocación *nf* provocation.

provocador,-ra 1 *adj* provoking. || **2** *nm,f* instigator.

provocar [1] **1** *vt (irritar)* to provoke. **2** *(causar)* to cause. **3** *(excitar)* to arouse. **4** CARIB COL MÉX *fam (apetecer)* to feel like: ***¿qué te provoca?*** what would you like to do?, what do you feel like doing?

• **provocar un incendio** to commit arson.

provocativo,-a *adj* provocative.

próximamente *adv* soon, shortly.

proximidad *nf* nearness, proximity.

• **en las proximidades de** in the vicinity of.

próximo,-a 1 *adj (cercano)* near, close to. **2** *(siguiente)* next: ***el mes próximo*** next month.

proyección 1 *nf (gen)* projection. **2** CINEM screening. **3** *(alcance)* scope; *(fama)* renown; *(implicaciones)* implications *pl*.

proyectar 1 *vt (luz)* to project. **2** CINEM to show. **3** *(planear)* to plan.

proyectil *nm* projectile, missile.

proyecto 1 *nm (plan)* plan. **2** *(estudio, esquema)* project.

■ **proyecto de ley** bill.

proyector 1 *nm (reflector)* searchlight. **2** CINEM projector.

prudencia *nf* prudence, discretion.

prudente *adj* sensible, wise, prudent.

prueba 1 *nf (demostración)* proof. **2** *(examen)* test. **3** COST fitting. **4** TÉC trial. **5** DEP event. **6** JUR evidence.

• **a prueba de bomba** bombproof; **como prueba de** in proof of; **poner a prueba** to put to the test.

■ **prueba de acceso** entrance examination; **prueba de alcoholemia** breath test; **prueba de paternidad** paternity test.

PSA *abr* POL *(*Partido Socialista Andaluz*) Andalusian socialist party*.

PSC *abr* POL *(*Partit dels Socialistes de Catalunya*) Catalan socialist party*.

psicoanálisis *nm inv* psychoanalysis.

psicología *nf* psychology.

psicológico,-a *adj* psychological.

psicólogo,-a *nm,f* psychologist.

psicópata *nmf* psychopath.

psiquiatra *nmf* psychiatrist.

psiquiatría *nf* psychiatry.

psíquico,-a *adj* psychic.

PSOE *abr* POL *(*Partido Socialista Obrero Español*) Spanish socialist party*.

PSUC *abr* POL *(*Partit Socialista Unificat de Catalunya*) Catalan socialist party*.

pta. *abr (*peseta*)* peseta.

púa 1 *nf (pincho)* sharp point. **2** BOT thorn. **3** ZOOL quill. **4** *(de peine)* tooth. **5** MÚS plectrum.

pubertad *nf* puberty.

pubis 1 *nm inv* pubes *pl*. **2** *(hueso)* pubis.

publicación *nf* publication.

publicar [1] *vt (editar)* to publish; *(dar a conocer)* to make known.

publicidad 1 *nf (difusión)* publicity. **2** COM advertising.

• **hacer publicidad de algo** to advertise sth.

publicitario,-a *adj* advertising.

público,-a 1 *adj* public. || **2 público** *nm* public.

pucha 1 *interj* ANDES RPL *fam euf (lamento)* sugar!, US shoot!: ***¡pucha digo, ya son las 12!*** oh, sugar! it's 12 o'clock already! **2** ANDES RPL *fam euf (sorpresa)* wow: ***¿50 años? ¡la pucha!*** 50 years old? get away!, never! **3** ANDES RPL *fam euf (enojo)* sugar!, US shoot!: ***¡la pucha!, perdí las llaves*** sugar I've lost my keys!

puchero 1 *nm (olla)* cooking pot. **2** CULIN meat and vegetable stew.

• **hacer pucheros** to pout.

pucho *nm* CSUR dog-end.

pudiente *adj* wealthy.
pudor *nm* chastity, decency.
pudrirse *vpr (gen)* to rot; *(comida)* to go bad.
pueblo 1 *nm (población)* village, small town. **2** *(gente)* people. **3** *(nación)* nation.
puente 1 *nm* ARQ bridge. **2** *(fiesta)* long weekend.
• **hacer puente** to take a day off.
▪ **puente aéreo** *(de pasajeros)* shuttle service; *(en emergencias)* airlift; **puente colgante** suspension bridge; **puente levadizo** drawbridge.
puerco,-a 1 *adj fam* dirty, filthy. ‖ **2** *nm,f (macho)* pig; *(hembra)* sow.
▪ **puerco espín** porcupine.
puericultor,-ra 1 *nm,f (médico)* paediatrician. **2** *(en guardería)* nursery nurse.
puericultura 1 *nf (pediatría)* paeditriatics. **2** *(cuidado de niños)* childcare.
puerro *nm* leek.
puerta 1 *nf (de casa, edificio)* door. **2** *(verja)* gate.
• **a puerta cerrada** behind closed doors; **darle a algn con la puerta en las narices** to slam the door in sb's face; **de puerta en puerta** from door to door; **por la puerta grande** in a grand manner.
▪ **puerta blindada** reinforced door; **puerta corredera** sliding door; **puerta de embarque** boarding gate; **puerta giratoria** revolving door.
puerto 1 *nm (de mar)* port, harbour. **2** *(de montaña)* mountain pass. **3** INFORM port.
▪ **puerto deportivo** marina; **puerto franco** free port.
Puerto Rico *nm* Puerto Rico.
puertorriqueño,-a *adj - nm,f* Puerto Rican.
pues 1 *conj (ya que)* since, as. **2** *(por lo tanto)* therefore. **3** *(repetitivo)* then: ***digo, pues...*** I say then... **4** *(enfático)* well: ***pues bien*** well then; ***¡pues claro!*** of course!; ***pues no*** well no.
puesta *nf* setting.
▪ **puesta al día** updating; **puesta a punto** tuning; **puesta de sol** sunset; **puesta en marcha** *(de vehículo)* starting; *(de proyecto)* implementation.
puestero,-a *nm,f* AM stallholder.
puesto,-a 1 *pp* → **poner**. ‖ **2** *adj (ropa)* on: ***durmió con el vestido puesto*** she slept with her dress on. ‖ **3** **puesto** *nm* place. **4** *(de mercado)* stall; *(de feria etc)* stand. **5** *(empleo)* position, post. **6** MIL post.
• **puesto que** since, as.
▪ **puesto de socorro** first-aid station.
púgil *nm* boxer.
pugna *nf* fight, battle.
pulcritud *nf* neatness.
pulcro,-a *adj* neat, tidy.
pulga *nf* flea.
• **tener malas pulgas** *fam* to have a nasty streak.
pulgada *nf* inch.
pulgar *nm* thumb.
pulgón *nm* aphid.
pulimentar *vt* to polish.
pulir 1 *vt (pulimentar)* to polish. **2** *(perfeccionar)* to refine.
pulmón *nm* lung.
• **a pleno pulmón** at the top of one's voice.
pulmonar *adj* lung, pulmonary.
pulmonía *nf* pneumonia.
pulpa *nf* pulp, flesh.
pulpería *nf* AM store.
púlpito *nm* pulpit.
pulpo *nm* octopus.
pulque *nm* CAM MÉX pulque *(fermented maguey juice)*.
pulquería *nf* CAM MÉX pulque bar.
pulsación 1 *nf (de corazón)* beat, throb. **2** *(en mecanografía)* keystroke.
pulsar 1 *vt (tecla, botón)* to press: ***pulse F4 para salir*** press F4 to quit. **2** MÚS *(cuerda)* to pluck; *(tecla)* to play. **3** MED to feel the pulse of. **4** *(opinión)* to sound out. ‖ **5** *vi (corazón etc)* to beat, throb.

pulsera 1 *nf (brazalete)* bracelet. **2** *(de reloj)* watch strap.
pulso 1 *nm (latidos)* pulse. **2** *(seguridad de mano)* steady hand.
• **ganarse algo a pulso** to work hard for sth; **echar un pulso** to arm-wrestle; **tomarle el pulso a algn** to take sb's pulse.
pulverizador *nm* spray, atomizer.
pulverizar [4] **1** *vt (sólidos)* to pulverize. **2** *(líquidos)* to atomize, spray.
puma *nm* puma.
puna 1 *nf* ANDES *(meseta)* high plateau. **2** ANDES *(mal)* mountain sickness, altitude sickness.
punta 1 *nf (extremo - de dedo, lengua)* tip; *(- de aguja, cuchillo, lápiz)* point. **2** *(pizca)* bit. ‖ **3 puntas** *nf pl (del pelo)* ends.
• **de punta en blanco** dressed up to the nines; **estar de punta con algn** to be at odds with sb; **sacar punta a** *(lápiz)* to sharpen; *(palabras)* to read too much into.
puntada 1 *nf (en costura)* stitch. **2** AM *(dolor)* stabbing pain.
puntaje *nf* AM *(calificación)* mark, US grade; *(en concursos, competiciones)* score.
puntal 1 *nm (madero)* prop. **2** *(apoyo)* support.
puntapié *nm* kick.
• **echar a puntapiés** to kick out.
puntear 1 *vt (dibujar)* to dot. **2** *(guitarra)* to pluck.
puntera *nf* toecap.
puntería *nf* aim.
• **tener buena puntería** to be a good shot; **tener mala puntería** to be a bad shot.
puntero *nm* pointer.
puntiagudo,-a *adj* pointed.
puntilla *nf* COST lace.
• **de puntillas** on tiptoe.
punto 1 *nm (gen)* point. **2** *(marca)* dot. **3** *(de puntuación)* full stop, US period. **4** *(lugar)* spot. **5** COST stitch.
• **en punto** sharp, on the dot; **estar a punto de** to be on the point of; **estar en su punto** to be just right; **hasta cierto punto** up to a certain point; **punto por punto** in detail.
■ **dos puntos** colon; **punto cardinal** cardinal point; **punto débil** weak point; **punto de cruz** cross-stitch; **punto de ebullición** boiling point; **punto de vista** point of view; **punto fuerte** strong point; **punto muerto** AUTO neutral; **punto y coma** semicolon; **puntos suspensivos** dots, US suspension points.
puntuación 1 *nf (en ortografía)* punctuation. **2** *(en competición)* scoring. **3** EDUC marking.
puntual 1 *adj (persona, tren)* punctual. **2** *(exacto)* exact. **3** *(aislado)* specific.
• **llegar puntual** to be on time.
puntualidad *nf* punctuality.
puntualmente *adv* punctually.
puntuar [11] **1** *vt (texto)* to punctuate. **2** EDUC to mark.
punzada *nf (dolor)* sharp pain.
punzón *nm* punch.
puñado *nm* handful.
• **a puñados** by the score.
puñal *nm* dagger.
puñalada *nf* stab.
puñeta *nf fam* nuisance.
• **en la quinta puñeta** in the back of beyond; **hacerle la puñeta a algn** to pester sb; **mandar a algn a hacer puñetas** to tell sb to get lost, tell sb to go to hell; **¡puñetas!** damn!
puñetazo *nm* punch.
puño 1 *nm (mano)* fist. **2** *(mango)* handle. **3** *(de prenda)* cuff.
pupa 1 *nf fam (en los labios)* cold sore. **2** *fam (daño)* pain.
• **hacerse pupa** to hurt oneself.
pupila *nf* pupil.
pupitre *nm* desk.
puré *nm* purée.
■ **puré de patatas** mashed potatoes.
pureza *nf* purity.
purga *nf* purge.
purgar [7] *vt* to purge.

purgatorio *nm* purgatory.
purificar [1] *vt* to purify.
puritano,-a *adj* - *nm,f* puritan.
puro,-a 1 *adj* pure. **2** *(mero)* sheer, mere. || **3 puro** *nm* cigar.
• **por pura casualidad** by sheer chance.
púrpura *adj* - *nm* purple.
purpurina *nf* purpurin.
pus *nm* pus.
puta *nf vulg* whore, prostitute.
• **de puta madre** *vulg* great, terrific.
putada *nf vulg* dirty trick.
puteada *nf* RPL *fam (insulto)* swear word.
putear 1 *vi vulg* to go whoring. || **2** *vt vulg* to fuck about, piss about. **3** RPL *fam (insultar)* to call sb every name under the sun.
putrefacción *nf* putrefaction, rotting.
puzzle *nm* puzzle.
PVP *abr (*Precio de Venta al Público*)* Recommended Retail Price; *(abreviatura)* RRP.
Pza. *abr (*plaza*)* Square; *(abreviatura)* Sq.

Q

q.e.p.d. *abr (*que en paz descanse*)* Rest In Peace; *(abreviatura)* RIP.
que 1 *pron (sujeto - persona)* who, that; *(- cosa)* that, which: ***la chica que vino*** the girl who came. **2** *(complemento - persona)* whom, who; *(cosa)* that, which: ***el libro que me prestaste*** the book that you lent me. **3** *(complemento tiempo)* when; *(lugar)* where: ***el año en que nació*** the year when he was born; ***la casa en que vivimos*** the house where we lived. || **4** *conj* that: ***dice que está cansado*** he says that he's tired. **5** than: ***es más alto que su padre*** he is taller than his father.
• **¿a que no?** I bet you can't; **¡que te diviertas!** ¡enjoy yourself!; **que yo sepa** as far as I know.
qué 1 *pron* what: ***¿qué quieres?*** what do you want? || **2** *adj (en exclamativas)* how, what: ***¡qué bonito!*** ¡how nice!; ***¡qué gol!*** what a goal! **3** *(en interrogativas)* which: ***no sé qué libro quiere*** I don't know which book he wants.
• **no hay de qué** don't mention it; **¿para qué?** what for?; **¿por qué?** why?; **¡qué de coches!** what a lot of cars!; **¡qué lástima!** what a pity!; **¿qué tal?** how are things?; **¡y qué!** so what!
quebrada *nf* AM stream.
quebradero *nm*.
▪ **quebradero de cabeza** worry, headache.
quebradizo,-a *adj* brittle.
quebrado,-a 1 *adj (roto)* broken. **2** FIN bankrupt. **3** *(terreno)* rough. || **4 quebrado** *nm* MAT fraction.
quebrantar 1 *vt (incumplir)* to break. **2** *(debilitar)* to weaken.
quebrar [27] **1** *vt* to break. || **2** *vi* FIN to go bankrupt. || **3 quebrarse** *vpr* to break.
quedar 1 *vi (faltar)* to remain, be left: ***queda poco*** there's not much left. **2** *(sentar)* to look: ***queda muy bien*** it looks very nice. **3** *(estar situado)* to be: ***¿por dónde queda tu casa?*** whereabouts is your house? **4** *(acordar)* to agree (en, to). || **5 quedarse** *vpr (permanecer)* to remain, stay, be. **6** *(retener)* to keep (con, -).
• **quedar atónito,-a** to be astonished; **quedar bien** to make a good impression; **quedar mal** to make a bad impression; **quedarse sin algo** to run out of sth; **todo quedó en nada** it all came to nothing; **quedarse con algn** *fam* to make a fool of sb; **quedarse sin blanca** *fam* to be broke.
quehacer *nm* task, chore.
▪ **quehaceres domésticos** housework *sing*.

queja 1 *nf (protesta)* complaint. **2** *(de dolor)* moan, groan.
• **presentar una queja** JUR to lodge a complaint.
quejarse 1 *vpr (protestar)* to complain (de, about). **2** *(de dolor)* to moan, groan.
quejica 1 *adj fam* grumpy. ‖ **2** *nmf fam* grumpy person.
quejido 1 *nm (gemido)* groan, moan. **2** *(grito)* cry.
quema 1 *nf (acción, efecto)* burning. **2** *(fuego)* fire.
• **huir de la quema** to beat it, flee.
quemado,-a 1 *adj* burnt, burned. **2** *(resentido)* embittered. **3** *fam (acabado)* spent, burnt-out.
quemadura *nf* burn.
quemar 1 *vt (gen)* to burn. **2** *(incendiar)* to set on fire. **3** *fam (acabar)* to burn out. ‖ **4** *vi (estar muy caliente)* to be burning hot. ‖ **5 quemarse** *vpr (con fuego)* to burn oneself. **6** *(al sol)* to get burnt.
quemarropa *adv*.
• **a quemarropa** point-blank.
quemazón 1 *nf (calor)* intense heat. **2** *(comezón)* itching.
quepo *pres indic* → **caber**.
queque *nm* ANDES CAM MÉX sponge cake.
querella 1 *nf* JUR charge. **2** *(pelea)* dispute, quarrel.
querellarse *vpr* JUR to bring an action, lodge a complaint.
querer [80] **1** *vt (amar)* to love. **2** *(desear)* to want: ***quiero que vengas*** I want you to come. **3** *(auxiliar)* would: ***¿quieres venir?*** would you like to come? **4** *(posibilidad)* may: ***parece que quiere llover*** it looks as if it might rain.
• **está como quiere** *fam* he is gorgeous; **lo hice sin querer** I didn't mean to do it; **¡qué más quisiera!** if only I could!; **querer decir** to mean; **querer es poder** where there's a will there's a way; **quieras o no** like it or not.
querido,-a 1 *adj* dear, beloved. ‖ **2** *nm,f (amante)* lover; *(mujer)* mistress. **3** *fam (apelativo)* darling.
quesadilla *nf* CAM MÉX *filled fried tortilla*.
quesito *nm* cheese portion.
queso *nm* cheese.
• **dárselas a algn con queso** *fam* to fool sb, take sb in.
■ **queso de bola** Dutch cheese; **queso en lonchas** cheese slices *pl*; **queso rallado** grated cheese.
quicio *nm* door jamb.
• **estar fuera de quicio** to be beside oneself; **sacar a algn de quicio** to get on sb's nerves.
quiebra *nf* COM failure, bankruptcy.
• **ir a la quiebra** to go bankrupt.
quien 1 *pron (sujeto)* who: ***fue el jefe quien me lo dijo*** it was the boss who told me. **2** *(complemento)* who, whom: ***las personas con quienes trabajo*** the people who I work with. **3** *(indefinido)* whoever, anyone who: ***quien quiera venir que venga*** whoever wants to can come.
• **quien más quien menos** everybody.
quién 1 *pron (sujeto)* who: ***¿quién sabe?*** who knows? **2** *(complemento)* who, whom: ***¿con quién hablas?*** who are you talking to? **3 de quién** whose: ***¿de quién es esto?*** whose is this?
quienquiera *pron (pl* quienesquiera*)* whoever.
• **quienquiera que sea** whoever it may be.
quieto,-a 1 *adj (sin moverse)* still: ***estarse quieto,-a*** to keep still. **2** *(sosegado)* quiet, calm.
quietud 1 *nf (sin movimiento)* stillness. **2** *(sosiego)* calm.
quijada *nf* jawbone.
quilate *nm* carat.
• **de muchos quilates** of great value.
quilla *nf* keel.
quillango *nm* ARG CHILE hide blanket.

quilo *nm* → **kilo**.
quilombo 1 *nm* RPL *fam (burdel)* whorehouse. **2** RPL *fam (lío, desorden)* rumpus, US ruckus.
quimera *nf* illusion, chimera.
química *nf* chemistry.
químico,-a 1 *adj* chemical. ‖ **2** *nm,f* chemist.
quimono *nm* kimono.
quina *nf* → **quinina**.
quincalla *nf* tinware.
quince *num* fifteen; *(en fechas)* fifteenth.
quinceañero,-a 1 *adj* teenage. ‖ **2** *nm,f* teenager.
quincena *nf* fortnight.
quincenal *adj* fortnightly.
quincho 1 *nm* CSUR *(techo)* thatched roof. **2** CSUR *(refugio)* thatched shelter.
quiniela *nf* football pools *pl*.
• **hacer la quiniela** to do the pools.
quinientos,-as *num* five hundred.
• **a las quinientas** *fam* very late.
quinina *nf* quinine.
quinqué *nm* oil lamp.
quinqui *nmf fam* delinquent, petty criminal.
quinta 1 *nf* country house, villa. **2** MIL call-up, US draft.
• **ser de la misma quinta** to be the same age.
quintillizo,-a *nm,f* quintuplet, quin.
quinto,-a 1 *num* fifth. ‖ **2 quinto** *nm* MIL conscript, recruit. **3** *(cerveza)* small bottle of beer (20 cl).
quintuplicar [1] *vt* to quintuple, increase fivefold.
quiosco *nm* kiosk.
▪ **quiosco de periódicos** newspaper stand.
quipos *nm pl* ANDES quipus *(knotted cords used by the Incas for record keeping)*.
quiquiriquí *nm (pl* quiquiriquíes*)* cock-a-doodle-doo.
quirófano *nm* operating theatre.
quirúrgico,-a *adj* surgical.
quisquilloso,-a *adj* finicky, fussy, touchy.
quiste *nm* cyst.
quitaesmaltes *nm inv* nail polish remover.
quitamanchas *nm inv* stain remover.
quitanieves *nm inv* snowplough.
quitar 1 *vt (sacar)* to remove, take out, take off. **2** *(restar)* to subtract. **3** *(robar)* to steal, rob of. **4** *(coger)* to take. **5** *(apartar)* to take away. **6** *(ropa, zapatos)* to take off. **7** *(dolor)* to relieve. **8** *(mesa)* to clear. **9** *(impedir)* to stop, prevent. ‖ **10 quitarse** *vpr (apartarse)* to move away. **11** *(desaparecer)* to go away, come out: ***se me han quitado las ganas*** I don't feel like it any more. **12** *(prendas)* to take off.
• **de quita y pon** detachable; **quitar de en medio a algn** to get rid of sb; **quitar la sed** to quench one's thirst; **quitarle importancia a algo** to play sth down; **quitarse de encima** to get rid of; **quitarse el sombrero** *(saludar)* to tip one's hat.
quizá *adv* perhaps, maybe.
quizás *adv* perhaps, maybe

R

rábano *nm* radish.
rabia 1 *nf (enfermedad)* rabies. **2** *(enfado)* rage, fury.
• **dar rabia** to make furious; **tener rabia a algn** to have it in for sb.
rabiar [12] **1** *vi (por enfermedad)* to have rabies. **2** *(enfadarse)* to rage, be furious. **3** *(sufrir)* to be in great pain.
• **rabiar por** to be dying for.
rabieta *nf fam* tantrum.
rabioso,-a 1 *adj* rabid. **2** *(airado)* furious, angry. **3** *(excesivo)* terrible.
rabo *nm* tail.

• **con el rabo entre piernas** crestfallen.

RACE *abr* AUTO (Real Automóvil Club de España) *Spanish automobile club.*

racha 1 *nf (de viento)* gust. **2** *(período)* spell, patch.

racial *adj* racial.

racimo *nm* bunch.

raciocinio 1 *nm (razón)* reason. **2** *(argumento)* reasoning.

ración 1 *nf (de comida)* portion. **2** MIL ration.

racional *adj* rational.

racionar *vt* to ration.

racismo *nm* racism.

racista *adj* - *nmf* racist.

radar *nm (pl* radares*)* radar.

radiación *nf* radiation.

radiactividad *nf* radioactivity.

radiactivo,-a *adj* radioactive.

radiador *nm* radiator.

radial 1 *adj (gen)* radial. **2** AM *(de la radio)* radio.

radiante *adj* radiant (de, with).

radiar [12] **1** *vt* - *vi* FÍS to radiate. || **2** *vt (retransmitir)* to broadcast.

radical 1 *adj* radical. || **2** *nm* GRAM root.

radicar [1] **1** *vi (encontrarse)* to lie (en, in): ***el problema radica en la economía*** the problem lies in the economy. **2** *(arraigar)* to take root. || **3** **radicarse** *vpr* to settle down.

radio 1 *nm* ANAT radius. **2** QUÍM radium. **3** *(de rueda)* spoke. **4** *(campo)* scope. || **5** *nf (radiodifusión)* radio, broadcasting. **6** *(aparato)* radio.

■ **radio macuto** *fam* bush telegraph, grapevine.

radiocasete *nm* radio-cassette.

radiodifusión *nf* broadcasting.

radiofónico,-a *adj* radio.

radiograbador *nm* CSUR radio cassette.

radiografía 1 *nf (técnica)* radiography. **2** *(imagen)* X-ray.

• **hacerse una radiografía** to have an X-ray taken.

radioyente *nmf* listener.

RAE *abr* (Real Academia Española) Spanish royal academy.

ráfaga 1 *nf (de viento)* gust. **2** *(de disparos)* burst. **3** *(de luz)* flash.

raído,-a *adj* threadbare, worn.

rail *nm* rail.

raíl *nm* rail.

raíz *nf* root.

• **a raíz de** as a result of; **de raíz** entirely.

■ **raíz cuadrada** square root.

raja 1 *nf (corte)* cut. **2** *(grieta)* crack. **3** *(descosido)* split. **4** *(tajada)* slice.

rajar 1 *vt (tela)* to split. **2** *(melón etc)* to slice. || **3** *vi fam (hablar)* to chatter. || **4** **rajarse** *vpr (partirse)* to split, crack. **5** *fam (desistir)* to back out, quit. **6** AM *(acobardarse)* to chicken out.

• **rajar de algn** to slag sb off.

rajatabla a rajatabla *adv* to the letter, strictly.

rallado,-a *adj* grated.

rallador *nm* grater.

rallar *vt* to grate.

rama *nf* branch.

• **andarse por las ramas** to beat about the bush.

ramal 1 *nm (de cuerda)* strand. **2** *(de camino etc)* branch.

rambla 1 *nf (lecho de agua)* watercourse. **2** *(paseo)* boulevard, avenue.

ramillete *nm* bouquet.

ramo 1 *nm (de flores)* bunch. **2** *(de árbol)* branch.

rampa 1 *nf (inclinación)* ramp. **2** *(calambre)* cramp.

rana *nf* frog.

• **salir rana** *fam* to be a disappointment.

ranchera *nf* AM type of popular song.

ranchero,-a *nm,f (granjero)* rancher, farmer.

rancho 1 *nm* MIL mess. **2** AM *(granja)* ranch. **3** CSUR VEN *(en la ciudad)* shack, shanty.

rancio,-a 1 *adj (panafe)* stale; *(mantequilla)* rancid. **2** *(linaje)* old, ancient.

rango *nm* rank, class.
ranura 1 *nf (canal)* groove. **2** *(para monedas, fichas)* slot.
rapapolvo *nm fam* ticking off.
rapar 1 *vt (afeitar)* to shave. **2** *(cortar al rape)* to crop.
rapaz 1 *adj* ZOOL predatory, of prey. **2** *(persona)* rapacious. || **3** a rajatabla *nf (ave)* bird of prey.
rapaz,-za *nm,f (chico)* lad; *(chica)* lass.
rape *nm* angler fish.
• **al rape** close-cropped.
rapidez *nf* speed.
rápido,-a 1 *adj* quick, fast. || **2 rápidos** *nm pl (del río)* rapids.
raptar *vt* to kidnap.
rapto 1 *nm (secuestro)* kidnapping. **2** *(impulso)* outburst.
raptor,-ra *nm,f* kidnapper.
raqueta 1 *nf* DEP racket. **2** *(para nieve)* snowshoe. **3** *(en casinos)* rake.
raquítico,-a 1 *adj* MED rachitic. **2** *(exiguo)* meagre. **3** *(débil)* weak.
rareza 1 *nf (cosa inusual)* rarity, rareness. **2** *(peculiaridad)* oddity. **3** *(extravagancia)* eccentricity.
raro,-a 1 *adj (poco común)* scarce: ***raras veces*** seldom. **2** *(peculiar)* odd, strange.
ras a ras de *adv* on a level with.
rascacielos *nm inv* skyscraper.
rascar [1] *vt* to scratch.
rasgado,-a 1 *adj (luminoso)* wide-open. **2** *(ojos)* almond-shaped.
rasgar [7] *vt - vpr* to tear, rip.
• **rasgarse las vestiduras** *fig* to pull one's hair out.
rasgo 1 *nm (línea)* stroke. **2** *(facción)* feature. **3** *(peculiaridad)* characteristic.
• **a grandes rasgos** in outline.
rasguño *nm* scratch.
raso,-a 1 *adj (plano)* flat, level; *(liso)* smooth. **2** *(atmósfera)* clear. || **3 raso** *nm (tejido)* satin.
• **al raso** in the open air.
raspa 1 *nf (de pescado)* bone. **2** *(de cereal)* beard.
raspadura *nf* scraping.
raspar 1 *vt (rascar)* to scrape off. **2** *(vino etc)* to be sharp. **3** *(hurtar)* to nick.
rasposo,-a *adj (áspero)* rough.
rastra 1 *nf (rastro)* trail, track. **2** *(sarta)* string. **3** *(para pescar)* trawl net.
• **a rastras** *(arrastrándose)* dragging; *(sin querer)* unwillingly.
rastrear 1 *vt (pista)* to trail, track, trace. **2** *(río)* to drag. **3** *(zona)* to comb, search. || **4** *vi* AGR to rake. **5** AV to fly very low.
rastrero,-a 1 *adj (planta)* creeping, dragging. **2** *(de vuelo bajo)* flying low. **3** *(bajo)* vile.
rastrillo *nm* rake.
rastro 1 *nm (señal)* trace, track. **2** *(vestigio)* vestige. **3** *(mercado)* flea market.
rata 1 *nf* ZOOL rat. || **2** *nm fam (ratero)* pickpocket. || **3** *nmf (tacaño)* mean person, stingy person.
ratero,-a *nm,f* pickpocket.
ratificar [1] **1** *vt* to ratify. || **2 ratificarse** *vpr* to be ratified.
rato *nm (momento)* time, while, moment.
• **a ratos perdidos** in spare time; **pasar el rato** to kill time; **un buen rato** *(tiempo)* a long time; *(distancia)* a long way; *(diversión)* a pleasant time.
ratón *nm* mouse.
ratonera 1 *nf (trampa)* mousetrap. **2** *(agujero)* mousehole.
raudal *nm* torrent, flood.
• **a raudales** in abundance.
raya 1 *nf (línea)* line. **2** *(de color)* stripe: ***a rayas*** striped. **3** *(del pantalón)* crease. **4** *(del pelo)* parting. **5** *(pez)* skate. **6** *arg (de droga)* fix, dose.
• **pasarse de la raya** to overstep the mark; **tener a raya** to keep within bounds.
rayado,-a 1 *adj (con rayas)* striped. **2** *(papel)* ruled.
rayar 1 *vt (líneas)* to draw lines on, line, rule. **2** *(superficie)* to scratch. **3** *(tachar)* to cross out. **4** *(subrayar)* to underline. || **5** *vi* to border (**con/en**, on).

• **al rayar el alba** at daybreak, at dawn.
rayo 1 *nm (de luz)* ray, beam. **2** *(chispa eléctrica)* flash of lightning.
• **rayo de sol** sunbeam.
rayuela *nf* hopscotch.
raza 1 *nf (humana)* race. **2** *(animal)* breed. **3** PERÚ *(descaro)* cheek, nerve.
razón *nf* reason.
• **dar la razón a algn** to agree with sb, admit that sb is right; **perder la razónreactor** lo lose one's reason; **"Razón aquí"** "Enquire within"; **tener razón** to be right; **no tener razón** to be wrong.
■ **razón social** trade name.
razonable *adj* reasonable.
razonamiento *nm* reasoning.
razonar 1 *vi (discurrir)* to reason. **2** *(explicar)* to reason out.
re *nm* MÚS re, ray.
reacción *nf* reaction.
reaccionar *vi* to react.
reaccionario,-a *adj* - *nm,f* reactionary.
reacio,-a *adj* reluctant, unwilling.
reactivar *vt* to reactivate.
reactor 1 *nm* FÍS reactor. **2** AV jet plane.
readmitir *vt* to readmit.
reafirmar *vt* to reassert.
real 1 *adj (auténtico)* real. **2** *(regio)* royal. || **3** *nm (de feria)* fairground.
realeza *nf* royalty.
realidad *nf* reality.
• **en realidad** really, in fact.
realismo *nm* realism.
realista 1 *adj* realistic. || **2** *nmf* realist.
realizable *adj* feasible.
realización *nf* achievement, fulfilment.
realizar [4] **1** *vt (propósito, sueño)* to realize. **2** *(tarea)* to accomplish, carry out, do, fulfill. || **3 realizarse** *vpr (persona)* to fulfil oneself.
realmente 1 *adv (bastante)* really. **2** *(en realidad)* in fact, actually.
realzar [4] **1** *vt (rasgo, belleza)* to heighten, enhance. **2** *(pintura)* to highlight.
reanimar *vt* - *vpr* to revive.
reanudar 1 *vt* to renew, resume. || **2 reanudarse** *vpr* to be renewed, be resumed.
reaparecer [43] *vi* to reappear.
rearme *nm* rearmament, rearming.
reavivar *vt* to revive.
rebaja 1 *nf* reduction. || **2 rebajas** *nf pl* sales.
rebajar 1 *vt (precio, coste)* to reduce; *(color)* to tone down. **2** *(nivel)* to lower. **3** *(a alguien)* to humiliate. || **4 rebajarse** *vpr* to humble oneself.
• **rebajarse a** to stoop to.
rebanada *nf* slice.
rebañar *vt (plato)* to clean.
rebaño *nm (de cabras)* herd; *(de ovejas)* flock.
rebasar *vt* to exceed, go beyond.
rebeca *nf* cardigan.
rebelarse *vpr* to rebel, revolt.
rebelde 1 *adj* rebellious. || **2** *nmf* rebel.
rebeldía 1 *nf (actitud)* rebelliousness. **2** JUR default.
rebelión *nf* rebellion, revolt.
rebenque *nm* RPL whip.
reblandecer [43] *vt* to soften.
rebobinar *vt* to rewind.
reborde *nm* flange, rim.
rebosar 1 *vi (derramarse)* to overflow (de, with). || **2** *vt* - *vi (abundar)* to abound.
• **rebosar de salud** to be brimming with health.
rebotar 1 *vi (balón)* to bounce; *(bala)* to ricochet. || **2** *vt (clavo)* to clinch. || **3 rebotarse** *vpr (enfadarse)* to get angry.
rebote *nm* rebound.
• **de rebote** *fig* on the rebound.
rebozar [4] *vt (con pan rallado)* to coat in breadcrumbs; *(con huevo)* to batter.
rebozo *nm* AM wrap, shawl.
rebuscado,-a *adj* affected.
rebuznar *vi* to bray.
rebuzno *nm* bray.
recadero,-a *nm,f* messenger.

recado 1 *nm (mensaje)* message. **2** *(encargo)* errand.
recaer [67] **1** *vi (en enfermedad)* to suffer a relapse. **2** *(responsabilidad)* to fall (**sobre**, on); *(prize)* to go (**sobre**, to).
recaída *nf* relapse.
recalcar [1] *nf* to emphasize, stress.
recalentar [27] **1** *vt (volver a calentar)* to reheat, warm up. **2** *(calentar demasiado)* to overheat.
recámara 1 *nf (habitación)* dressing room. **2** CAM COL MÉX *(dormitorio)* bedroom.
recamarera *nf* CAM COL MÉX chambermaid.
recambio *nm (de maquinaria)* spare part, spare; *(de pluma, bolígrafo)* refill.
recapacitar 1 *vt* to think over. || **2** *vi* to reflect (**sobre**, on).
recargable *adj* refillable.
recargado,-a 1 *adj (sobrecargado)* overloaded. **2** *(exagerado)* overelaborate, exaggerated.
recargar [7] **1** *vt (volver a cargar)* to reload. **2** *(sobrecargar)* to overload. **3** *(exagerar)* to overelaborate. **4** FIN to increase. || **5 recargarse** *vpr* MÉX *(apoyarse)* to lean (**contra**, against).
recargo *nm* extra charge.
recaudación 1 *nf (recogida)* collection. **2** *(cantidad recaudada)* takings *pl*.
recaudar *vt* to collect.
recelar *vt* to suspect.
recepción 1 *nf (de personas, señal)* reception. **2** *(de documento, carta, etc)* receipt.
recepcionista *nmf* receptionist.
receptor,-ra 1 *adj* receiving. || **2** *nm,f* receiver.
receta 1 *nf* MED prescription. **2** CULIN recipe.
recetar *vt* to prescribe.
rechazar [4] *vt* to reject, turn down.
rechazo *nm* rejection.
rechinar *vi (bisagra)* to creak; *(dientes)* to grind.
rechistar *vi* to complain.
● **sin rechistar** *fam* without complaining.
rechoncho,-a *adj* chubby.
rechupete de rechupete *loc fam (delicioso)* scrumptious, yummy; *(fantástico)* great, brill.
recibidor *nm* entrance hall.
recibimiento *nm* reception, welcome.
recibir 1 *vt (carta, señal, etc)* receive. **2** *(salir al encuentro)* to meet. || **3 recibirse** *vpr* AM *(licenciarse)* to qualify (**de**, as).
● **recibe un abrazo de** *(en carta)* with best wishes from.
recibo 1 *nm (resguardo)* receipt. **2** *(factura)* invoice, bill.
● **acusar recibo de** to acknowledge receipt of.
reciclable *adj* recyclable.
reciclaje *nm* recycling.
reciclar 1 *vt (materiales)* to recycle. **2** *(profesionales)* to retrain.
recién 1 *adv* recently, newly: ***pan recién hecho*** freshly baked bread. **2** AM just: ***recién llegó*** he has just arrived.
● **"Recién pintado"** "Wet paint".
■ **recién casados** newlyweds; **recién nacido** newborn baby.
reciente *adj* recent.
recientemente *adv* recently, lately.
recinto *nm* enclosure, precinct.
■ **recinto ferial** fairground.
recio,-a 1 *adj (fuerte)* strong, robust. **2** *(grueso)* thick. **3** *(duro)* hard; *(clima)* harsh.
recipiente *nm* vessel, container.
recíproco,-a *adj* reciprocal, mutual.
recital *nm* recital.
recitar *vt* to recite.
reclamación 1 *nf (demanda)* claim, demand. **2** *(queja)* complaint, protest.
reclamar 1 *vt (pedir)* to demand. || **2** *vi (quejarse)* to complain (**contra**, against).
reclinar 1 *vt* to lean (**en/sobre**, on). || **2 reclinarse** *vpr* to lean back.
reclusión 1 *nf (aislamiento)* seclusion. **2** *(encarcelamiento)* imprisonment.

recluso,-a *nm,f* prisoner.
recluta 1 *nm (voluntario)* recruit. **2** *(obligado)* conscript.
reclutamiento 1 *nm (voluntario)* recruitment. **2** *(obligatorio)* conscription.
reclutar *vt* to recruit.
recobrar *vt - vpr* to recover.
recodo *nm* turn, bend.
recogedor *nm* dustpan.
recoger [5] **1** *vt (coger)* to pick up. **2** *(juntar)* to gather. **3** *(ordenar)* to clear up. **4** *(ir a buscar)* to fetch, pick up. **5** *(dar asilo)* to take in (a, -). || **6 recogerse** *vpr (irse a casa)* to go home. **7** *(irse a dormir)* to go to bed. **8** *(para meditar)* to retire.
• **recoger la mesa** to clear the table; **recogerse el pelo** to gather one's hair up.
recogida *nf* collection.
■ **recogida de equipajes** baggage reclaim.
recogido,-a 1 *adj (apartado)* secluded. **2** *(pelo)* gathered up.
recolección 1 *nf (recopilación)* summary. **2** AGR harvest. **3** *(recaudación)* collection.
recolectar *vt* AGR to harvest.
recomendable *adj* recommendable.
recomendación *nf* recommendation.
recomendado,-a 1 *adj (gen)* recommended. **2** AM *(carta, paquete)* registered.
recomendar [27] *vt* to recommend.
recompensa *nf* reward, recompense.
recompensar 1 *vt (compensar)* to compensate. **2** *(remunerar)* to reward, recompense.
reconciliación *nf* reconciliation.
reconciliar [12] **1** *vt* to reconcile. || **2 reconciliarse** *vpr* to be reconciled.
reconfortar 1 *vt (consolar)* to comfort. **2** *(animar)* to encourage.
reconocer [44] **1** *vt (identificar)* to recognize. **2** MIL to reconnoitre. **3** MED to examine. **4** *(admitir)* to admit. || **5 reconocerse** *vpr (identificarse)* to recognize each other. **6** *(admitir)* to admit.
reconocimiento 1 *nm (identificación)* recognition. **2** MIL reconnaissance. **3** MED examination, check up.
reconquista *nf* reconquest.
reconquistar *vt* to reconquer.
reconstituyente *nm* tonic.
reconstrucción *nf* reconstruction.
reconstruir [62] *vt* to reconstruct.
recopilación 1 *nf (resumen)* summary. **2** *(colección)* compilation, collection.
recopilar *vt* to compile, collect.
récord *adj - nm* record.
• **batir un récord** to break a record.
recordar [31] **1** *vt (nombre, dato)* to remember. **2** *(persona)* to remind: ***recordar algo a algn*** to remind sb of sth. || **3 recordar(se)** *vi - vpr* AM *(despertar)* to wake up.
recordatorio 1 *nm (aviso)* reminder. **2** *(tarjeta) card commemorating a first communion, death, etc.*
recorida *nf* AM → **recorrido**.
recorrer 1 *vt (atravesar)* to travel. **2** *(reconocer)* to go over.
recorrido 1 *nm (trayecto)* journey. **2** *(distancia)* distance travelled.
recortar 1 *vt (muñecos, telas, etc)* to cut out. **2** *(lo que sobra)* to cut off.
recorte 1 *nm (acción)* cutting. **2** *(de periódico)* press clipping. **3** *fig (de importe)* cut.
recostar [31] **1** *vt* to lean. || **2 recostarse** *vpr* to lie down.
recrear 1 *vt (entretener)* to amuse, entertain. **2** *(reproducir)* to recreate. || **3 recrearse** *vpr* to amuse oneself.
recreativo,-a *adj* recreational.
recreo 1 *nm (entretenimiento)* recreation, amusement. **2** *(en la escuela)* playtime.
recriminar *vt* to recriminate.
recrudecer [43] *vt - vpr* to worsen, aggravate.
recta *nf* MAT straight line.
rectangular *adj* rectangular.
rectángulo *nm* rectangle.

rectificar [1] **1** *vt (corregir)* to rectify. **2** AUTO to straighten up.
rectitud **1** *nf (distancia)* straightness. **2** *fig (corrección)* uprightness.
recto,-a **1** *adj (derecho)* straight. **2** *(honesto)* just, honest. ‖ **3** **recto** *nm* ANAT rectum.
rector,-ra **1** *adj* ruling, governing. ‖ **2** *nm,f* EDUC *(de colegio)* head; *(universidad)* vice-chancellor. ‖ **3** **rector** *nm* REL vicar.
recuadro *nm* box.
recubrir *vt (pp* recubierto,-a*)* to cover.
recuento *nm* recount.
recuerdo **1** *nm (imagen mental)* memory. **2** *(regalo)* souvenir. ‖ **3** **recuerdos** *nm pl (saludos)* regards; *(en carta)* best wishes.
recuperación **1** *nf (de enfermedad)* recovery. **2** EDUC remedial lessons *pl*.
recuperar *vt* - *vpr* to recover.
• **recuperar el conocimiento** to regain consciousness.
recurrir **1** *vi* JUR to appeal. **2** *(acogerse - a algo)* to resort (a, to); *(- a algn)* to turn (a, to).
recurso **1** *nm (medio)* resort. **2** JUR appeal. ‖ **3** **recursos** *nm pl* resources, means.
red **1** *nf (de pesca, Internet)* net. **2** *(sistema)* network. **3** *fig (trampa)* trap.
■ **red de carreteras** road network.
redacción **1** *nf (escritura)* writing. **2** *(estilo)* wording. **3** *(prensa)* editing. **4** *(oficina)* editorial office. **5** *(redactores)* editorial staff.
redactar *vt (gen)* to write; *(acuerdo, discurso)* to draw up.
redactor,-ra *nm,f* editor.
redada *nf* raid.
redentor,-ra **1** *adj* redeeming. ‖ **2** *nm,f* redeemer.
redicho,-a *adj* affected.
redil *nm* fold, sheepfold.
redoblar **1** *vt (aumentar)* to redouble. **2** *(clavo)* to clinch. ‖ **3** *vi (tambores)* to roll.
redonda *nf* MÚS semibreve.
• **a la redonda** around.
redondear **1** *vt (objeto, borde)* to (make) round. **2** *(cantidad)* to round off. ‖ **3** **redondearse** *vpr (ponerse redondo)* to become round.
redondel *nm* circle.
redondo,-a **1** *adj (circular)* round. **2** *(rotundo)* categorical: ***un no redondo*** a flat refusal. **3** *(perfecto)* perfect, excellent: ***un negocio redondo*** an excellent business deal. ‖ **4** **redondo** *nm (de carne)* topside.
reducción *nf* reduction.
reducido,-a *adj* limited, small.
reducir [46] **1** *vt (disminuir)* to reduce. **2** *(vencer)* to subdue. **3** MED to set. ‖ **4** *vi* AUTO to change down.
• **reducirse a** to come down to, boil down to: ***todo se reduce a una cuestión de dinero*** it all boils down to a question of money.
redundancia *nf* redundancy.
reembolsar *vt (pagar)* to reimburse; *(devolver)* to refund.
reembolso *nm (pago)* reimbursement; *(devolución)* refund.
• **contra reembolso** cash on delivery.
reemplazar [4] *vt* to replace.
reestructurar *vt* to restructure, reorganize.
ref. *abr (*referencia*)* reference; *(abreviatura)* ref.
refacción **1** *nf* ANDES CAM RPL VEN *(reparación)* repair. ‖ **2** *nm* MÉX *(recambio)* spare part.
refaccionar *vt* AM to repair.
referencia **1** *nf (mención)* reference. ‖ **2** **referencias** *nf pl* references.
• **con referencia a** with reference to; **hacer referencia a** to refer to.
referéndum *nm* referendum.
referente *adj* concerning (a, -).
referir [35] **1** *vt (expresar)* to relate, tell. ‖ **2** **referirse** *vpr (aludir)* to refer (a, to).
refilón de refilón *loc (rozando)* obliquely; *(de pasada)* briefly.
refinado,-a *adj* refined.

refinar 1 *vt (azúcar, petróleo)* to refine. **2** *(escrito etc)* to polish. ‖ **3 refinarse** *vpr (pulirse)* to polish oneself.
refinería *nf* refinery.
reflector 1 *nm (cuerpo)* reflector. **2** *(foco)* searchlight.
reflejar 1 *vt* to reflect. ‖ **2 reflejarse** *vpr* to be reflected (en, in).
reflejo,-a 1 *adj* GRAM reflexive. **2** *(movimiento)* reflex. ‖ **3 reflejo** *nm (imagen)* reflection. **4** *(destello)* gleam.
• **tener buenos reflejos** to have good reflexes.
reflexión *nf* reflection.
reflexionar *vt* to reflect (en/sobre, on).
reflexivo,-a 1 *adj (persona)* reflective. **2** GRAM reflexive.
reforma 1 *nf (cambio)* reform. **2** *(mejora)* improvement. ‖ **3 reformas** *nf pl* alterations, repairs: ***"Cerrado por reformas"*** "Closed for alterations".
reformar 1 *vt (cambiar)* to reform. **2** ARQ to renovate. ‖ **3 reformarse** *vpr* to reform oneself.
reformatorio *nm* reformatory.
reforzar [50] *vt* to reinforce, strengthen.
refrán *nm* proverb, saying.
refrescante *adj* refreshing.
refrescar [1] **1** *vt (bebida)* to cool, chill. **2** *(memoria)* to refresh. ‖ **3** *vi (tiempo)* to turn cool. ‖ **4 refrescarse** *vpr (tomar el fresco)* to take a breath of fresh air. **5** *(beber)* to refresh youself, have a cold drink.
refresco 1 *nm (bebida)* refreshment. **2** *(comida)* snack.
refrigeración 1 *nf (enfriamiento)* refrigeration. **2** *(aire acondicionado)* air conditioning.
refrigerador *nm* fridge.
refrigerar 1 *vt (enfriar)* to refrigerate. **2** *(con aire acondicionado)* to air-condition.
refrigerio *nm* refreshments *pl*, snack.
refuerzo 1 *nm (fortalecimiento)* reinforcement, strengthening. ‖ **2 refuerzos** *nm pl* MIL reinforcements.
refugiado,-a *adj* - *nm, f* refugee.
refugiar [12] **1** *vt* to shelter. ‖ **2 refugiarse** *vpr* to take refuge.
refugio *nm* shelter, refuge.
■ **refugio atómico** nuclear fallout shelter.
refunfuñar *vi* to grumble.
reg. *abr (*registro*)* register; *(abreviatura)* reg.
regadera 1 *nf* watering can. ‖ **2** *nm* COL MÉX VEN *(ducha)* shower.
• **estar como una regadera** *fam* to be as mad as a hatter.
regadío 1 *nm (sistema)* irrigation. **2** *(terreno)* irrigated land.
regalar 1 *vt (dar)* to give as a present. **2** *(halagar)* to flatter. **3** *(deleitar)* to delight. ‖ **4 regalarse** *vpr (darse un capricho)* to spoil oneself (con, with).
regaliz *nm* liquorice.
regalo 1 *nm (presente)* gift, present. **2** *(comodidad)* comfort. **3** *(exquisitez)* delicacy.
regalón,-ona *adj* CSUR *fam (niño)* spoilt.
regañadientes a regañadientes *adv* reluctantly, grudgingly.
regañar 1 *vt fam* to scold, tell off. ‖ **2** a regañadientes *vi* to argue, quarrel.
regañina *nf* scolding, telling-off.
regar [48] **1** *vt (plantas)* to water. **2** *(terreno)* to irrigate. **3** *(calle)* to hose down.
regata 1 *nf (competición)* regatta. **2** AGR irrigation channel.
regate *nm* sidestep.
regatear 1 *vt (en precio)* to bargain. ‖ **2** *vi* DEP to dribble.
regazo *nm* lap.
regenerar *vt* to regenerate.
regentar 1 *vt* POL to govern. **2** *(cargo)* to hold. **3** *(dirigir)* to manage.
regente 1 *nmf* POL regent. **2** JUR magistrate. **3** *(director)* manager. ‖ **4** *nm* MÉX *(alcalde)* mayor.
régimen 1 *nm (pl* **regímenes***)* POL

regime. **2** Med diet. **3** *(condiciones)* rules *pl*.

• **estar a régimen** to be on a diet.

regimiento *nm* regiment.

regio,-a **1** *adj (real)* royal, regal. **2** *(suntuoso)* sumptuous, luxurious. **3** AM *(magnífico)* splendid, magnificent.

región *nf* region.

regional *adj* regional.

regir [55] **1** *vt (gobernar)* to govern, rule. **2** *(dirigir)* to manage, direct. || **3** *vi (ley etc)* to be in force; *(costumbre)* to prevail.

• **no regir** *fam* to have a screw loose.

registrado,-a **1** *adj (inscrito, patentado)* registered. **2** AM *(certificado)* registered.

registradora *nf* AM cash register.

registrar **1** *vt (inspeccionar)* to search, inspect. **2** *(inscribir)* to register, record. **3** *(anotar)* to note. || **4** **registrarse** *vpr (matricularse)* to register, enrol. **5** *(detectarse)* to be recorded.

registro **1** *nm (inspección)* search, inspection: ***orden de registro*** search warrant. **2** *(inscripción)* registration. **3** JUR *(oficina)* registry; *(libro)* register. **4** MÚS register.

regla **1** *nf* rule. **2** *(instrumento)* ruler. **3** *(menstruación)* period.

• **en regla** in order; **por regla general** as a rule.

reglamentario,-a *adj* statutory, prescribed.

reglamento *nm* regulations *pl*.

regocijar **1** *vt* to delight. || **2** **regocijarse** *vpr* to be delighted.

regocijo **1** *nm (placer)* delight. **2** *(júbilo)* merriment.

regordete,-a *adj* plump, chubby.

regresar **1** *vi (volver)* to return, come back, go back. || **2** *vt* ANDES CAM CARIB MÉX *(devolver)* to give back, return. || **3** **regresarse** *vpr* ANDES CAM CARIB MÉX *(yendo)* to go back, to return; *(viniendo)* to come back, to return.

regresión *nf* regression.

regreso *nm* return.

• **estar de regreso** to be back.

reguero *nm* trickle.

• **como un reguero de pólvora** like wildfire.

regular **1** *adj (habitual)* regular. **2** *(pasable)* so-so, average. || **3** *vt* to regulate.

regularidad *nf* regularity.

rehabilitar *vt - vpr* to rehabilitate.

rehacer [73] **1** *vt (pp* rehecho,-a*)* to do again. **2** *(reconstruir)* to remake, rebuild. **3** *(reparar)* to repair, mend. || **4** **rehacerse** *vpr (reforzarse)* to regain strength. **5** *(serenarse)* to pull oneself together.

rehén *nmf* hostage.

rehuir [62] *vt* to avoid, shun.

rehusar [18] *vt* to refuse, decline.

reina *nf* queen.

reinado *nm* reign.

reinar **1** *vi (gobernar)* to reign. **2** *(prevalecer)* to rule, prevail.

reincidir *vi* to relapse (en, into).

reincorporar **1** *vt (territorio)* to reincorporate; *(trabajador)* to reinstate. || **2** **reincorporarse** *vpr* to rejoin.

reino *nm* kingdom, reign.

reintegro *nm* FIN reimbursement.

reír [37] *vi - vpr* to laugh (de, at).

reiterar *vt* to reiterate, repeat.

reivindicación *nf* claim.

reivindicar [1] *vt* to claim.

reja **1** *nf (de ventana, puerta)* grille. **2** AGR ploughshare.

rejilla **1** *nf (de ventilación)* grille. **2** *(de chimenea)* grate. **3** *(de silla)* wickerwork.

rejuvenecer [43] **1** *vt* to rejuvenate. || **2** **rejuvenecerse** *vpr* to become rejuvenated.

relación **1** *nf (vínculo)* relation. **2** *(conexión)* link. **3** *(lista)* list. **4** *(relato)* account.

• **tener buenas relaciones** to be well connected.

■ **relaciones públicas** public relations.

relacionar 1 *vt (vincular)* to relate (con, with), connect (con, with). 2 *(relatar)* to tell. ‖ 3 **relacionarse** *vpr (tener amistad)* to get acquainted (con, with).
relajación *nf* relaxation.
relajado,-a 1 *adj (tranquilo)* relaxed. 2 *(inmoral)* loose, dissolute.
relajar 1 *vt (tranquilizar)* to relax. 2 *(aflojar)* to loosen, slacken. ‖ 3 **relajarse** *vpr (descansarse)* to relax. 4 *(en las costumbres)* to let oneself go. 5 *(dilatarse)* to slacken.
relajo *nm* AM *fam (alboroto)* racket, din.
relamer 1 *vt* to lick. ‖ 2 **relamerse** *vpr* to lick one's lips.
relámpago *nm* flash of lightning.
relampaguear 1 *vi* METEOR to lighten: ***truena y relampaguea*** it's thundering and lightening. 2 *(brillar)* to flash: ***sus ojos relampagueaban*** her eyes flashed.
relatar *vt* to relate, tell.
relativo,-a 1 *adj* relative. ‖ 2 **relativo** *nm* relative.
relato *nm* story, tale.
relax 1 *nm inv (relajación)* relaxation. 2 *(en periódico)* personal section.
releer [61] *vt* to reread.
relevante 1 *adj (significativo)* relevant. 2 *(importante)* excellent, outstanding.
relevar 1 *vt (sustituir)* to relieve. 2 *(eximir)* to exempt from. 3 *(destituir)* to dismiss. 4 *(engrandecer)* to exaggerate.
relevo 1 *nm* MIL relief. 2 DEP relay.
relieve *nm* relief.
• **poner de relieve** *fig* to emphasize.
religión *nf* religion.
religioso,-a 1 *adj* religious. ‖ 2 *nm,f (hombre)* monk; *(mujer)* nun.
relinchar *vi* to neigh, whinny.
reliquia *nf* relic.
rellano *nm* landing.
rellenar 1 *vt (volver a llenar)* to refill. 2 *(enteramente)* to cram. 3 *(cuestionario)* to fill in. 4 CULIN *(ave)* to stuff; *(pastel)* to fill.
relleno,-a 1 *adj* stuffed. ‖ 2 **relleno** *nm* CULIN *(aves)* stuffing; *(pasteles)* filling. 3 COST padding.
reloj *nm (de pared, mesa)* clock; *(de pulsera)* watch.
• **contra reloj** against the clock.
▪ **reloj de arena** hourglass; **reloj de sol** sundial; **reloj despertador** alarm clock; **reloj digital** *(de pulsera)* digital watch; *(de pared, mesa)* digital clock.
relojería 1 *nf (arte)* watchmaking. 2 *(tienda)* watchmaker's shop.
relojero,-a *nm,f* watchmaker.
reluciente *adj* bright, shining, gleaming.
relucir [45] 1 *vi (brillar)* to shine. 2 *(destacar)* to excel.
• **sacar a relucir** to bring up.
remanso *nm* backwater.
• **remanso de paz** *fig* oasis of peace.
remar *vi* to row.
rematado,-a *adj* absolute.
rematar *vt* to finish off.
remate *nm (final)* end.
• **de remate** totally.
remediar [12] 1 *vt (solucionar)* to remedy. 2 *(reparar)* to repair. 3 *(evitar)* to avoid: ***no lo puedo remediar*** I can't help it.
remedio 1 *nm* MED remedy, cure. 2 *fig (solución)* solution.
• **no tener más remedio que...** to have no choice but to...
rememorar *vt* to remember.
remendar [27] 1 *vt (zurcir)* to mend, repair. 2 *(con parche)* to patch.
remero,-a 1 *nm,f (deportista)* rower; *(hombre)* oarsman; *(mujer)* oarswoman. ‖ 2 **remera** *nf* RPL *(prenda)* T-shirt.
remesa 1 *nf (de dinero)* remittance. 2 *(de mercancías)* consignment, shipment.
remiendo 1 *nm (zurcido)* mend. 2 *(parche)* patch.
remilgo *nm* affectation.
reminiscencia *nf* reminiscence.
remise *nm* RPL taxi *(private car without a meter)*.

remisero,-a *nm,f* RPL taxi driver *(of a remise)*.
remite *nm* sender's name and address.
remitente *nmf* sender.
remitir 1 *vt (enviar)* to remit, send. **2** *(referir)* to refer. **3** REL to forgive. **4** *(aplazar)* to postpone. || **5 remitirse** *vpr (referirse)* to refer (a, to).
remo 1 *nm (pala)* oar, paddle. **2** *(deporte)* rowing.
remoción *nf* ANDES RPL *(de objetos)* transport, removal; *(de heridos)* transport.
remojar *vt* to soak (en, in).
remojo *nm* soaking.
• **poner en remojo** to soak.
remojón *nm (intencionado)* dip; *(fortuito)* soaking.
• **darse un remojón** to have a dip.
remolacha *nf* beetroot.
■ **remolacha azucarera** sugar beet.
remolcador 1 *nm* MAR tug, tugboat. **2** AUTO tow truck.
remolcar [1] *vt* to tow.
remolino 1 *nm (de humo)* whirl; *(de agua)* whirlpool; *(de aire)* whirlwind. **2** *(de pelo)* tuft, US cowlick. **3** *(de gente)* swirling mass.
remolón,-ona *adj* lazy, slack.
remolque 1 *nm (acción)* towing. **2** *(vehículo)* trailer.
• **a remolque** in tow.
remontar 1 *vt (elevar)* to raise. **2** *(río)* to go up. **3** *(superar)* to overcome. || **4 remontarse** *vpr (al volar)* to soar. **5** *(datar)* to go back (a, to).
remorder [32] *vt* to cause remorse to.
remordimiento *nm* remorse.
remoto,-a *adj* remote.
remover [32] **1** *vt (líquido, salsa)* to stir. **2** *(ensalada)* to toss. **3** *(objeto)* to move. **4** *(tierra)* to turn over. **5** *(tema)* to bring up again.
remuneración *nf* remuneration.
remunerar *vt* to remunerate.
renacer [42] **1** *vi (volver a nacer)* to be reborn. **2** *fig (reavivar)* to revive.
renacimiento *nm* rebirth.
■ **el Renacimiento** the Renaissance.
renacuajo *nm* tadpole.
rencor *nm* rancour.
rencoroso,-a *adj* rancorous.
rendido,-a *adj (cansado)* worn out.
rendija *nf* crack.
rendimiento 1 *nm (producción)* output. **2** *(sumisión)* submissiveness. **3** *(cansancio)* exhaustion.
rendir [34] **1** *vt (producir)* to yield, produce. || **2** *vt - vi (dar fruto)* to pay: ***este negocio rinde poco*** this business doesn't pay much. || **3** *vi* AM to go a long way. || **4 rendirse** *vpr (entregarse)* to surrender.
• **rendir cuentas** to account for one's actions; **rendir culto a** to worship; **rendir homenaje a** to pay homage to; **¡me rindo!** *fam* I give up!
renegar [48] **1** *vi (blasfemar)* to swear, curse. || **2** *vt (negar)* to deny, disown. **3** *(abominar)* to detest.
RENFE *abr (*Red Nacional de Ferrocarriles Españoles*) Spanish national railway company*.
renglón *nm* line.
• **a renglón seguido** right after.
rengo,-a *adj* ANDES RPL lame.
renguear *vi* ANDES RPL to limp, to hobble.
reno *nm* reindeer.
renovación 1 *nf (de contrato etc)* renewal. **2** *(de casa)* renovation.
renovar [31] **1** *vt (contrato etc)* to renew. **2** *(casa)* to renovate. || **3 renovarse** *vpr* to be renewed.
renta 1 *nf (ingresos)* income. **2** *(beneficio)* interest. **3** *(alquiler)* rent.
■ **renta per cápita** per capita income.
rentable *adj* profitable.
rentar 1 *vt (rendir)* to produce, yield. **2** MÉX *(alquilar)* to rent.
renuncia 1 *nf (rechazo)* renouncement. **2** *(dimisión)* resignation.
renunciar [12] **1** *vt (dejar)* to give up; *(abandonar)* to abandon; *(rechazar)* to refuse. **2** *(dimitir)* to resign.

• **renunciar al trono** to reliquish the throne.
reñido,-a 1 *adj (enemistado)* on bad terms. 2 *(muy disputado)* hard-fought.
reñir [36] 1 *vi (discutir)* to quarrel, argue. || 2 *vt (reprender)* to scold.
reo *nmf* offender, culprit.
reojo mirar de reojo *vt* to look out of the corner of one's eye at.
reparación 1 *nf (arreglo)* repair. 2 *(desagravio)* reparation.
reparar 1 *vt (arreglar)* to repair, mend. 2 *(desagraviar)* to make amends for. 3 *(corregir)* to correct. || 4 **reparar en** *vt - vi (advertir)* to notice, see. 5 *(remediar)* to make good.
reparo *nm* objection.
• **no tener reparos en** not to hesitate to; **poner reparos a** to object to.
repartición *nf* distribution.
repartidor,-ra *nm,f* distributor.
repartir 1 *vt (distribuir)* to distribute. 2 *(entregar)* to give out; *(correo)* to deliver.
reparto 1 *nm (distribución)* distribution. 2 *(en mano)* handing out. 3 COM delivery. 4 TEAT cast.
repasador *nm* RPL *(trapo)* tea towel.
repasar 1 *vt (lección, texto)* to revise, go over. 2 *(máquina etc)* to check. 3 *(remendar)* to mend. 4 *fam (mirar)* to look over.
repaso 1 *nm (revisión)* revision, check; *(de lección)* review. 2 *(remiendo)* mending. 3 *(máquina etc)* check, overhaul.
repatriar [14] *vt* to repatriate.
repelente *adj* repellent, repulsive: ***es un niño repelente*** he's a little know-all.
repeler 1 *vt (rechazar)* to repel, reject. 2 *(repugnar)* to disgust.
repente *nm* sudden impulse.
• **de repente** suddenly.
repentinamente *adv* suddenly.
repentino,-a *adj* sudden.
repercusión *nf* repercussion.
repercutir 1 *vi (trascender)* to have repercussions (en, on). 2 *(rebotar)* to rebound. 3 *(sonido)* to echo.
repertorio 1 *nm (resumen)* repertory, index. 2 TEAT repertoire.
repetición *nf* repetition.
repetidor *nm* TÉC relay, booster station.
repetir [34] *vt - vi* to repeat.
repicar [1] *vt (campanas)* to peal, ring out.
repique *nm* peal, ringing.
repisa *nf* ledge, shelf.
■ **repisa de la chimenea** mantelpiece.
repleto,-a *adj* full up (de, with).
réplica 1 *nf (respuesta)* answer; *(objeción)* retort. 2 *(copia)* replica.
replicar [1] *vt - vi* to answer back, reply.
repoblación *nf* repopulation.
■ **repoblación forestal** reafforestation.
repoblar [31] *vt (zona)* to repopulate; *(bosque)* to reafforest.
repollo *nm* cabbage.
reponer [78] 1 *vt (pp* repuesto,-a*) (devolver)* to put back, replace. 2 *(obra teatral)* to put on again; *(película)* to rerun. 3 *(replicar)* to reply. || 4 **reponerse** *vpr* to recover.
reportaje *nm* TV report; *(prensa)* feature.
reportar 1 *vt (proporcionar)* to bring. 2 AM *(informar)* to report. || 3 **reportarse** *vpr* AM *(presentarse)* to report (a, to).
reporte *nm* MÉX *(informe)* report; *(noticia)* news item o report: ***recibí reportes de mi hermano*** I was sent news by my brother.
■ **reporte del tiempo** weather forecast.
reportero,-a *nm,f* reporter.
reposado,-a *adj* calm, quiet.
reposar *vt - vi* to rest.
reposera *nf* RPL sun-lounger, US beach recliner.
reposo *nm* rest.
repostar *vt (provisiones)* to stock up with; *(combustible)* to fill up.

repostería 1 *nf (tienda)* confectioner's shop. 2 *(pastas)* cakes *pl*.
reprender *vt* to reprimand, scold.
represalia *nf* reprisal, retaliation.
• **tomar represalias contra algn** to retaliate against sb.
representación 1 *nf (imagen, sustitución)* representation. 2 TEAT performance.
representante *nmf* representative.
representar 1 *vt (ilustrar, sustituir)* to represent. 2 TEAT to perform. 3 *(edad)* to appear to be.
• **representar mucho para algn** to mean a lot to sb.
representativo,-a *adj* representative.
represión *nf* repression.
represivo,-a *adj* repressive.
reprimido,-a 1 *adj* repressed. || 2 *nm,f* repressed person.
reprimir 1 *vt* to repress. || 2 **reprimirse** *vpr* to refrain oneself.
reprobar 1 *vt (cosa)* to condemn; *(persona)* to reproach, reprove. 2 AM *(estudiante, examen)* to fail.
reprochar *vt* to reproach, censure.
reproche *nm* reproach, criticism.
reproducción *nf* reproduction.
reproducir [46] *vt - vpr* to reproduce.
reptar *vi* to crawl.
reptil *nm* reptile.
república *nf* republic.
republicano,-a *adj - nm,f* republican.
repuesto,-a 1 *pp* → **reponer**. || 2 *adj (recuperado)* recovered. || 3 **repuesto** *nm (recambio)* spare part.
• **de repuesto** spare, reserve.
repugnancia *nf* repugnance.
repugnante *adj* repugnant.
repugnar *vi* to disgust, revolt: ***esa idea me repugna*** I find that idea disgusting.
repuntar *vi* AM *(mejorar)* to improve.
repunte *nm* AM *(recuperación)* recovery; *(aumento)* upturn: ***un repunte en las ventas*** an upturn in sales.
reputación *nf* reputation.
requerir [35] 1 *vt (necesitar)* to require. 2 *(solicitar)* to request. 3 *(persuadir)* to persuade.
requesón *nm* cottage cheese.
requisito *nm* requisite, requirement.
res *nf* beast, animal.
resaca *nf* hangover.
resaltar 1 *vi (sobresalir)* to project, jut out. 2 *fig* to stand out.
• **hacer resaltar** to emphasize.
resbalada *nf* AM *fam* slip.
resbaladizo,-a *adj* slippery.
resbalar 1 *vi - vpr (deslizarse)* to slide. 2 *(sin querer)* to slip. 3 *(coche)* to skid. 4 *fig (equivocarse)* to slip up.
resbalón *nm* slip.
rescatar 1 *vt (salvar)* to rescue. 2 *(recuperar)* to recover.
rescate 1 *nm* rescue. 2 *(dinero)* ransom.
resecar [1] *vt - vpr* to dry up.
reseco,-a *adj* very dry.
resentido,-a 1 *adj* resentful. || 2 *nm,f* resentful person.
resentimiento *nm* resentment.
resentirse [35] 1 *vpr (sufrir)* to suffer (de, from). 2 *(enojarse)* to become resentful, feel resentment.
reseña 1 *nf (crítica)* review. 2 *(narración)* brief account.
reseñar 1 *vt (criticar)* to review. 2 *(narrar)* to give an account of.
reserva 1 *nf (de plazas)* booking, reservation. 2 *(provisión)* reserve. 3 *(cautela)* reservation. 4 *(discreción)* discretion. 5 *(vino)* vintage. 6 *(de animales)* reserve. 7 MIL reserve. || 8 *nmf* DEP reserve, substitute. || 9 **reservas** *nf pl* COM stocks.
• **sin reserva** openly.
reservado,-a 1 *adj (plazas)* booked, reserved. 2 *(persona)* reserved, discreet. || 3 **reservado** *nm* private room.
reservar 1 *vt (plazas)* to book, reserve. 2 *(provisiones)* to keep, save. 3

(ocultar) to keep secret. || **4 reservarse** *vpr (conservarse)* to save oneself (para, for). **5** *(cautelarse)* to withold.

resfriado *nm (con congestión)* cold; *(poco importante)* chill.

• **estar resfriado** to have a cold.

resfriar [13] **1** *vt* to cool. || **2 resfriarse** *vpr* MED to catch a cold.

resfrío *nm* ANDES RPL cold.

resguardar *vt* to protect.

resguardo 1 *nm (protección)* protection. **2** *(recibo)* receipt.

residencia *nf* residence.

▪ **residencia de estudiantes** hall of residence, US dormitory.

residente *adj - nmf* resident.

residir 1 *vi (habitar)* to reside (en, in), live (en, in). **2** *fig (radicar)* to lie (en, in).

residuo *nm* residue.

▪ **residuos radiactivos** radioactive waste.

resignación *nf* resignation.

resignarse *vpr* to resign (a, to).

resina *nf* resin.

resistencia 1 *nf (de material)* resistance. **2** *(de pesona)* endurance. **3** *(oposición)* reluctance, opposition.

resistente 1 *adj* resistant (a, to). **2** *(fuerte)* tough.

resistir 1 *vt (no ceder, aguantar)* to withstand: ***resistir el paso del tiempo*** to withstand the passage of time. **2** *(tolerar, aguantar)* to stand, bear: ***no resisto las ostras*** I can't stand oysters. **3** *(peso)* to take, bear. **4** *(tentación etc)* to resist. || **5 resistirse** *vpr (negarse)* to refuse. **6** *(forcejear)* to resist. **7** *(oponerse)* to offer resistance. **8** *fam (resultar difícil)* to struggle: ***la física se le resiste*** he finds physics hard.

resolución 1 *nf (ánimo)* resolution, decision. **2** *(solución)* solving.

resolver [32] **1** *vt (pp* resuelto,-a*) (decidir)* to resolve. **2** *(problema)* to solve. **3** Quím to dissolve. || **4 resolverse** *vpr* to resolve, make up one's mind.

resonancia 1 *nf (gen)* resonance. **2** *(efecto)* importance.

• **tener resonancia** to cause a sensation.

resonar [31] **1** *vi* MÚS to resound. **2** *(tener efecto)* to have repercussions.

resoplar *vi* to puff and pant.

resoplido *nm* puff, pant.

resorte 1 *nm (muelle)* spring. **2** *fig (medio)* means.

respaldar 1 *vt* to support, back. || **2 respaldarse** *vpr* to lean back (en, on).

respaldo 1 *nm (de asiento)* back. **2** *(apoyo)* support, backing.

respectivo,-a *adj* respective.

respecto *nm*.

• **al respecto** on the matter; **con respecto a** with regard to.

respetable *adj* respectable.

respetar *vt* to respect.

respeto 1 *nm (consideración)* respect. **2** *fam (miedo)* fear.

• **presentar sus respetos a algn** *fml* to pay one's respects to sb.

respetuoso,-a *adj* respectful.

respingón,-ona *adj* snub, turned-up: ***nariz respingona*** snub nose.

respiración 1 *nf (acción)* breathing: ***sin respiración*** out of breath. **2** *(aliento)* breath. **3** *(aire)* ventilation.

respiradero *nm* air vent.

respirar 1 *vi (tomar aire)* to breathe. **2** *fig (relajar)* to breathe a sigh of relief.

respiratorio,-a *adj* respiratory.

respiro 1 *nm (descanso)* breather: ***deberías tomarse un respiro*** you'd better take a breather. **2** *(prórroga)* respite.

resplandecer [43] *vi* to shine.

resplandeciente *adj* resplendent.

resplandor 1 *nm (luz)* brightness. **2** *(esplendor)* splendour.

responder 1 *vt (contestar)* to answer, reply. || **2** *vi (corresponder)* to answer: ***responder a una descripción*** to fit a description. **3** *(replicar)* to answer back.

• **responder por** to be responsible for.

responsabilidad *nf* responsibility.
responsabilizar [4] **1** *vt* to make responsible, hold responsible (**de**, for). || **2 responsabilizarse** *vpr* to assume responsibility (**de**, for).
responsable 1 *adj* responsible. || **2** *nmf (jefe)* head.
respuesta *nf (contestación)* answer, reply; *(reacción)* response.
resquebrajar *vt* - *vpr* to crack.
resta *nf* substraction.
restablecer [43] **1** *vt (contacto)* to reestablish. **2** *(orden)* to restore. || **3 restablecerse** *vpr* MED to recover, get better.
restante *adj* remaining.
restar 1 *vt* MAT to subtract. **2** *(disminuir)* to reduce. || **3** *vi (quedar)* to be left, remain.
• **restar importancia a algo** to play sth down.
restauración *nf* restoration.
restaurador,-ra *nm,f* restorer.
restaurante *nm* restaurant.
restaurar *vt* to restore.
restituir [62] **1** *vt (restablecer)* to restore. **2** *(devolver)* to return, give back.
resto 1 *nm (lo que queda)* remainder, rest. **2** *(en matemáticas)* remainder. || **3 restos** *nm pl (gen)* remains; *(de comida)* leftovers.
▪ **restos mortales** mortal remains.
restregar [48] *vt* to rub hard.
restricción *nf* restriction.
restringir [6] *vt* to restrict.
resucitar 1 *vt* - *vi (persona)* to resuscitate. **2** *fig (recuerdos, fiesta)* to revive.
resuelto,-a 1 *pp* → **resolver**. || **2** *adj (decidido)* resolute, bold.
resultado *nm* result.
• **dar buen resultado** to work well.
resultar 1 *vi (funcionar)* to work. **2** *(ocurrir, ser)* to turn out to be: ***resultó ser muy simpático*** he turned out to be very nice. **3** *(salir)* to come out: ***resultar bien*** to come out well; ***resultar mal*** to come out badly.
• **resulta que** it turns out that.
resumen *nm* summary.
• **en resumen** in short, to sum up.
resumir *vt* to summarize.
resurgir [6] *vi* to reappear, revive.
resurrección *nf* resurrection.
retablo *nm* altarpiece.
retaguarda *nf* rearguard.
retaguardia *nf* rearguard.
retahíla *nf* string, series.
retal 1 *nm (trozo de tela)* oddment. **2** *(recorte)* remnant.
retar *vt* to challenge.
retén 1 *nm (hombres)* squad. **2** AM *(prisión)* reformatory, reform school.
retener [87] **1** *vt (conservar)* to retain, keep back. **2** *(en la memoria)* to remember. **3** *(arrestar)* to detain, arrest. **4** FIN to deduct, withold.
retentiva *nf* memory.
retina *nf* retina.
retirada *nf* MIL retreat, withdrawal.
retirado,-a 1 *adj (apartado)* remote. **2** *(del trabajo)* retired.
retirar 1 *vt (apartar)* to take away. || **2 retirarse** *vpr* MIL to retreat. **3** *(apartarse)* to withdraw. **4** *(jubilarse)* to retire.
• **puede retirarse** *fml* you may leave.
retiro 1 *nm (jubilación)* retirement. **2** *(pensión)* pension. **3** *(lugar, recogimiento)* retreat.
reto 1 *nm (desafío)* challenge. **2** AM insult.
retocar [1] *vt* to touch up.
retoque *nm* finishing touch.
retorcer [54] **1** *vt (redoblar)* to twist. **2** *(tergiversar)* to distort. || **3 retorcerse** *vpr (de dolor)* to writhe; *(de risa)* to double up with laughter.
retorcido,-a *adj fig* twisted.
retornar 1 *vt (restituir)* to return, give back. || **2 retornar(se)** *vi* - *vpr (volver)* to come back, go back.
retorno 1 *nm (regreso)* return. **2** *(recompensa)* reward.
retortijón 1 *nm* twisting. || **2 retortijones** *nm pl* MED cramps.
retractar *vt* - *vpr* to retract.

retraído,-a *adj* unsociable, withdrawn.
retransmisión *nf* broadcast.
■ **retransmisión en diferido** recorded transmission.
retransmitir *vt* to broadcast.
retrasado,-a 1 *adj (persona)* behind. 2 *(reloj)* slow. 3 *(tren)* late. 4 *(país)* backward. ‖ 5 *nm,f* mentally retarded person.
retrasar 1 *vt (salida, proceso)* to delay, put off. 2 *(reloj)* to put back. ‖ 3 **retrasar(se)** *vi - vpr (ir atrás)* to fall behind: ***va retrasado en física*** he's behind in physics. 4 *(llegar tarde)* to be late. 5 *(reloj)* to be slow.
retraso 1 *nm (de tiempo)* delay. 2 *(subdesarrollo)* backwardness.
retratar 1 *vt* ART to portray. 2 *(foto)* to photograph. 3 *(describir)* to describe.
retrato 1 *nm* ART portrait. 2 *(foto)* photograph. 3 *(descripción)* description.
■ **retrato robot** identikit picture, photofit picture.
retrete *nm* toilet, lavatory.
retribución 1 *nf (pago)* pay. 2 *(recompensa)* recompense, reward.
retribuir [41] 1 *vt (pagar)* to pay. 2 *(recompensar)* to remunerate, reward.
retroactivo,-a *adj* retroactive.
retroceder *vi* to go back.
retroceso *nm* backward movement.
retrógrado,-a *adj - nm,f* reactionary.
retrospectiva *nf* retrospective.
retrospectivo,-a *adj* retrospective.
retrovisor *nm* rear-view mirror.
retumbar *vi* to resound.
reuma *nm* rheumatism.
reúma *nm* rheumatism.
reumatismo *nm* rheumatism.
reunión *nf* meeting.
reunir [19] *vt - vpr* to meet.
revalorizar [4] 1 *vt* to revalue. ‖ 2 **revalorizarse** *vpr* to rise in value, appreciate.
revancha *nf* revenge.
revelación *nf* revelation.
revelado *nm* developing.
revelar 1 *vt (descubrir)* to reveal. 2 *(fotos)* to develop.
reventar [27] 1 *vt (molestar)* to annoy: ***su amiga me revienta*** I hate his friend. ‖ 2 **reventar(se)** *vt - vi - vpr (explotar)* to burst. ‖ 3 **reventarse** *vpr (cansarse)* to tire oneself out.
reventón 1 *nm (de tubería)* burst. 2 *(de neumático)* blowout.
reverencia 1 *nf (veneración)* reverence. 2 *(gesto)* bow, curtsy.
reversa *nf* MÉX reverse.
reversible *adj* reversible.
reverso *nm* reverse.
revés 1 *nm (reverso)* back, reverse. 2 *(bofetada)* slap. 3 *(contrariedad)* misfortune. 4 DEP backhand.
• **al revés** *(todo lo contrario)* on the contrary; *(como no es normal)* the other way round; *(lo delantero detrás)* back to front; *(boca abajo)* upside down, the wrong way up; **del revés** inside out.
revisar *vt* to revise, review, check.
revisión *nf* revision.
■ **revisión de cuentas** audit; **revisión médica** checkup.
revisor,-ra *nm,f* ticket inspector.
revista 1 *nf (publicación)* magazine, review. 2 *(inspección)* inspection. 3 TEAT revue.
revistero *nm* magazine rack.
revivir *vi* to revive.
revolcar [49] 1 *vt (derribar)* to knock down, knock over. 2 *(vencer)* to floor. ‖ 3 **revolcarse** *vpr* to roll about.
revolotear *vi* to fly about, flutter about.
revoltijo 1 *nm (lío)* mess, medley, jumble. 2 CULIN scrambled egg.
revoltoso,-a 1 *adj (rebelde)* rebellious. 2 *(travieso)* mischievous, naughty. ‖ 3 *nm,f (sedicioso)* troublemaker.
revolución *nf* revolution.
revolucionar *vt* to revolutionize.

revolucionario,-a *adj* - *nm,f* revolutionary.
revólver *nm (pl* revólveres*)* revolver.
revolver [32] **1** *vt (pp* revuelto,-a*)* *(agitar)* to stir, shake. **2** *(desordenar)* to mess up. **3** *(producir náuseas)* to upset. || **4 revolverse** *vpr (moverse)* to move. **5** *(tiempo)* to turn stormy.
revuelo *nm fig* commotion.
revuelta 1 *nf (revolución)* revolt, riot. **2** *(curva)* bend, turn.
revuelto,-a 1 *pp* → **revolver**. || **2** *adj* *(desordenado)* confused, mixed up. **3** *(intricado)* intricate. **4** *(revoltoso)* agitated.
rey *nm* king.
■ **los Reyes Magos** the Three Kings, the Three Wise Men.
reyerta *nf* quarrel, row, fight.
rezagar [7] **1** *vt (dejar atrás)* to leave behind. **2** *(atrasar)* to delay, put off. || **3 rezagarse** *vpr* to fall behind, lag behind.
rezar [4] **1** *vt (orar)* to pray. **2** to say, read: ***la carta reza así*** the letter says this.
rezo *nm* prayer.
ría *nf* estuary; *(técnicamente)* ria.
riachuelo *nm* stream.
riada *nf* flood.
ribera 1 *nf (de río)* bank. **2** *(de mar)* seashore.
ribete *nm* border, trimming.
rico,-a 1 *adj (adinerado)* rich, wealthy. **2** *(abundante)* rich; *(tierra)* fertile. **3** *(sabroso)* tasty, delicious. **4** *fam (niño)* lovely, sweet. **5** *(tratamiento)* sunshine: ***mira rico, haz lo que te dé la gana*** look sunshine, just do what you want.
ridiculez 1 *nf (hecho, acción)* ridiculous thing, ridiculous action. **2** *(nimiedad)* triviality.
ridiculizar [4] *vt* to ridicule.
ridículo,-a 1 *adj* ridiculous, absurd. || **2 ridículo** *nm* ridicule.
• **hacer el ridículo** to make a fool of oneself; **poner a algn en ridículo** to make a fool of sb.
riego *nm* irrigation, watering.
■ **riego sanguíneo** blood circulation.
riel *nm* rail.
rienda 1 *nf (brida)* rein. **2** *(control)* restraint.
• **dar rienda suelta a** *fig* to give free rein to.
riesgo *nm* risk, danger.
riesgoso,-a *adj* AM risky.
rifa *nf* raffle.
rifar *vt* to raffle.
rifle *nm* rifle.
rígido,-a 1 *adj (tieso)* rigid, stiff. **2** *(severo)* strict.
rigor 1 *nm (precisión)* rigour. **2** *(severidad)* strictness. **3** *(dureza)* harshness.
• **de rigor** indispensable; **en rigor** strictly speaking.
riguroso,-a 1 *adj (exacto)* rigorous. **2** *(severo)* strict. **3** *(inclemente)* harsh.
rima 1 *nf* rhyme. || **2 rimas** *nf pl* poems.
rimar *vt* - *vi* to rhyme.
rímel *nm* mascara.
rincón *nm* corner.
rinoceronte *nm* rhinoceros.
riña 1 *nf (pelea)* fight. **2** *(discusión)* quarrel.
riñón *nm* kidney.
• **costar un riñón** *fam* to cost a bomb.
río *nm* river.
• **en río revuelto** in troubled waters.
riqueza 1 *nf (cualidad)* richness. **2** *(abundancia)* wealth, riches *pl*.
risa 1 *nf* laugh. || **2 risas** *nf pl* laughter *sing*.
• **¡qué risa!** what a laugh!; **tomar a risa** to treat as a joke.
risueño,-a 1 *adj (sonriente)* smiling. **2** *(animado)* cheerful. **3** *(próspero)* bright.
ritmo 1 *nm (compás)* rhythm. **2** *fig (velocidad)* pace, speed: ***trabajar a buen ritmo*** to work at a good pace.
rito *nm* rite.
ritual *adj* - *nm* ritual.
rival *nmf* rival.

rivalidad *nf* rivalry.
rizado,-a 1 *adj (pelo)* curly. 2 *(mar)* choppy. || 3 **rizado** *nm* curling.
rizar [4] 1 *vt (papel)* to crease. || 2 **rizar(se)** *vt - vpr (pelo)* to curl.
• **rizar el rizo** *fig* to split hairs.
rizo 1 *nm (de pelo)* curl. 2 *(tejido)* terry towelling. 3 AV loop.
RNE *abr* RAD (Radio Nacional de España) *Spanish national broadcasting corporation.*
robar *vt (banco, persona)* to rob; *(objeto)* to steal; *(casa)* to burgle, break into.
roble *nm* oak tree.
robo *nm (a un banco, persona)* robbery; *(de un objeto)* theft, stealing; *(en casa)* burglary.
robot *nm* robot.
robusto,-a *adj* robust, strong.
roca *nf* rock.
roce 1 *nm (señal - en superficie)* scuff mark; *(- en piel)* chafing mark. 2 *(contacto físico)* light touch. 3 *(trato)* contact. 4 *(disensión)* friction.
rociar [13] 1 *vt (regar)* to spray. 2 *(dispersar)* to scatter. || 3 *vi*: ***hoy ha rociado*** there's a dew this morning.
rocío *nm* dew.
rocoso,-a *adj* rocky.
rodaja *nf* slice.
rodaje 1 *nm* CINEM filming, shooting. 2 AUTO running-in.
rodar [31] 1 *vi (dar vueltas)* to roll, turn. 2 *(caer)* to roll down. 3 *(rondar)* to wander about, roam. 4 *(vehículos)* to run. || 5 *vt* CINEM to shoot. 6 AUTO to run in.
rodear 1 *vt (cercar)* to surround, encircle. 2 *(desviarse)* to make a detour. || 3 **rodearse** *vpr* to sorround oneself (de, with).
rodeo 1 *nm (desvío)* detour. 2 *(elusión)* evasiveness. 3 *(de ganado)* roundup; *(espectáculo)* rodeo.
rodilla *nf* knee.
• **ponerse de rodillas** to kneel down.
rodillera 1 *nf* DEP knee pad. 2 COST knee patch.
rodillo 1 *nm* roller. 2 CULIN rolling pin.
rodríguez *nm.*
• **estar de rodríguez** to be a grass widower.
roedor,-ra 1 *adj* rodent. || 2 **roedor** *nm* rodent.
roer [82] *vt* to gnaw.
rogar [52] 1 *vt (suplicar)* to beg. 2 *(pedir)* to ask, request.
• **se ruega no fumar** no smoking please.
rojizo,-a *adj* reddish.
rojo,-a 1 *adj* red. || 2 **rojo** *nm* red.
rol 1 *nm (papel)* role. 2 *(lista)* list, catalogue.
rollizo,-a *adj* plump, chubby.
rollo 1 *nm (de tela, papel)* roll: ***rollo de papel higiénico*** toilet roll. 2 *fam (aburrimiento)* drag, bore: ***¡qué rollo!*** what a pain. 3 *fam (amorío)* affair.
romance 1 *adj* GRAM Romance. || 2 *nm* GRAM Romance language. 3 *(amorío)* romance.
románico,-a 1 *adj* GRAM Romance. 2 ARQ Romanesque. || 3 *nm* ARQ Romanesque.
romano,-a *adj - nm,f* Roman.
romántico,-a *adj - nm,f* romantic.
rombo *nm* rhombus.
romería *nf* pilgrimage.
romero,-a 1 *nm,f (peregrino)* pilgrim. || 2 **romero** *nm (hierba)* rosemary.
rompecabezas 1 *nm inv (juego)* puzzle. 2 *(problema)* riddle.
rompeolas *nm inv* breakwater.
romper romper(se) 1 *vt (pp* roto,-a*) (gen)* to break; *(papel, tela)* to tear. || 2 *vi (pareja)* to break up, split up. || 3 **romperse** *vpr (gen)* to break; *(papel, tela)* to tear.
• **romper a llorar** to start to cry; **de rompe y rasga** resolute, determined; **romper con algn** to split up with sb; **romperse la cabeza** to rack one's brains.
rompevientos *nm* RPL *(jersey)* polo neck jersey; *(anorak)* anorak.

rompimiento *nm* AM breaking-off.
ron *nm* rum.
roncar [1] *vi* to snore.
ronco,-a *adj* hoarse.
• **quedarse ronco,-a** to lose one's voice.
ronda 1 *nf (patrulla)* patrol, night watch. **2** *(de policía)* beat. **3** *(visita)* round. **4** *(de bebidas, cartas)* round. **5** *(músicos)* group of strolling minstrels. **6** *(carretera)* ring road.
rondar 1 *vt - vi (vigilar)* to patrol. **2** *(merodear)* to prowl around.
ronquera *nf* hoarseness.
ronquido *nm* snore, snoring.
ronronear *vi* to purr.
roña 1 *nf (suciedad)* filth, dirt. ‖ **2** *nmf (tacaño)* scrooge.
roñoso,-a 1 *adj (sucio)* filthy, dirty. **2** *(tacaño)* scrooge.
ropa *nf* clothing, clothes *pl*.
■ **ropa blanca** linen; **ropa interior** underwear.
ropero *nm* wardrobe.
rosa 1 *adj - nm (color)* pink. ‖ **2** *nf (flor)* rose.
• **fresco,-a como una rosa** as fresh as a daisy.
■ **rosa de los vientos** compass rose.
rosada *nf (pescado)* kingclip.
rosado,-a 1 *adj (color)* rosy, pink. ‖ **2 rosado** *adj - nm (vino)* rosé.
rosal *nm* rosebush.
rosaleda *nf* rose garden.
rosario 1 *nm (para rezar)* rosary. **2** *(infinidad)* string.
• **acabar como el rosario de la aurora** to come to a bad end.
rosca 1 *nf (en espiral)* thread. **2** *(anilla)* ring.
• **pasarse de rosca** *fam* to go too far.
rosco *nm* ring-shaped roll, ring-shaped pastry.
• **no comerse un rosco** *arg* not to get one's oats.
roscón *nm ring-shaped roll or cake.*
rosquilla *nf* doughnut.
rosticería *nf* CHILE MÉX *shop selling roast chicken.*
rostro *nm fml* face.
rotación *nf* rotation.
roto,-a 1 *pp* → **romper**. ‖ **2** *adj* broken. ‖ **3** *nm,f* CHILE *fam (trabajador)* worker. ‖ **4 roto** *nm* hole, tear.
rotonda *nf* roundabout.
rotoso,-a *adj* ANDES RPL ragged, in tatters.
rótula *nf* knee-cap.
rotulador *nm* felt-tip pen.
rotular *vt* to label, letter.
rótulo 1 *nm (etiqueta)* label. **2** *(letrero)* sign. **3** *(anuncio)* poster, placard.
■ **rótulo luminoso** illuminated sign.
rotundamente *adv* flatly, roundly.
rotundo,-a *adj* categorical.
rotura 1 *nf* break. **2** MED fracture.
roulotte *nf* caravan.
rozadura *nf* scratch.
rozar [4] **1** *vt - vi (tocar ligeramente)* to touch, brush. ‖ **2** *vt (raer)* to rub against.
r.p.m. *abr (*revoluciones por minuto*)* revolutions per minute; *(abreviatura)* rpm.
rte. *abr (*remite, remitente*)* sender.
RTVE *abr* TV *(*Radio Televisión Española*) Spanish national broadcasting corporation.*
ruana *nf* ANDES poncho.
rubéola *nf* German measles, rubella.
rubí *nm (pl* rubíes*)* ruby.
rubio,-a *adj (hombre)* blond; *(mujer)* blonde.
rubor *nm* blush, flush.
ruborizarse [4] *vpr* to blush, go red.
rúbrica 1 *nf (firma)* flourish. **2** *(título)* title.
rudimentario,-a *adj* rudimentary.
rudo,-a *adj* rough, coarse.
rueda 1 *nf (de vehículo)* wheel. **2** *(círculo)* circle, ring.
• **ir sobre ruedas** *fam* to go like clockwork.
■ **rueda de recambio** spare wheel.
ruedo *nm* bullring.

ruego *nm* request.
rufián 1 *nm (proxeneta)* pimp. **2** *(canalla)* scoundrel.
rugby *nm* rugby.
rugido *nm (de animal)* roar, bellow; *(del viento)* howl.
rugir [6] *vi* to roar, bellow; *(viento)* to howl.
rugoso,-a *adj* rough, wrinkled.
ruido 1 *nm (sonido)* noise. **2** *(jaleo)* din, row.
• **hacer ruido** to make a noise; **mucho ruido y pocas nueces** much ado about nothing.
ruidoso,-a *adj* noisy, loud.
ruin 1 *adj pey (mezquino)* mean, base. **2** *(pequeño)* petty, insignificant. **3** *(tacaño)* stingy.
ruina *nf* ruin.
• **amenazar ruina** to be about to collapse; **en ruinas** in ruins.
ruinoso,-a *adj* ruinous, disastrous.
ruiseñor *nm* nightingale.
ruletear *vi* CAM MÉX *fam (en taxi)* to drive a taxi.
ruletero *nm* CAM MÉX *fam (de taxi)* taxi driver.
rulo *nm (para pelo)* curler.
ruma *nf* ANDES VEN heap, pile.
Rumanía *nf* Romania.
rumano,-a *adj* - *nm,f* Romanian, Rumanian.
rumba *nf* rumba.
rumbo *nm* course, direction.
• **con rumbo a** bound for; **sin rumbo** aimlessly.
rumiante *adj* - *nm* ruminant.
rumiar [12] **1** *vi (alimentos)* to ruminate. **2** *(decisión)* to meditate.
rumor 1 *nm (murmullo)* murmur. **2** *(noticia, voz)* rumour.
rumorearse *vi* to be rumoured: ***se rumorea que ...*** it is rumoured that ...
rupestre *adj (planta)* rock; *(pintura)* cave.
ruptura 1 *nf (de acuerdo)* breaking, breakage. **2** *(de relación)* breaking-off.
rural *adj* rural, country.
Rusia *nf* Russia.
ruso,-a 1 *adj* Russian. ‖ **2** *nm,f (persona)* Russian. ‖ **3 ruso** *nm (idioma)* Russian.
rústico,-a 1 *adj* rustic. ‖ **2 rústico** *nm (campesino)* peasant.
• **en rústica** paper-backed.
ruta *nf* route.
rutina *nf* routine.
rutinario,-a *adj* routine.

S

s. 1 *abr (*siglo*)* century; *(abreviatura)* C. **2** *(*siguiente*)* next, following.
S. *abr (*san, santo,-a*)* Saint; *(abreviatura)* St.
S.A. *abr (*Sociedad Anónima*)* Public Limited Company; *(abreviatura)* PLC.
sábado *nm* Saturday.
sabana *nf* savannah.
sábana *nf* sheet.
sabático,-a *adj* sabbatical.
sabelotodo *nmf inv pey* know-all.
saber [83] **1** *nm* knowledge. ‖ **2** *vt* - *vi* to know. ‖ **3** *vt (poder)* can: ***¿sabes francés?*** can you speak French? ‖ **4** *vi (sabor a)* to taste (a, of). **5** ANDES ARG GUAT *(soler)* to be in the habit of.
• **hacer saber** to inform; **que yo sepa** as far as I know; **a saber** *fml* namely; **¡y yo qué sé!** *fam* how should I know!
sabiduría 1 *nf* knowledge. **2** *(prudencia)* wisdom.
sabiendas a sabiendas *adv* knowingly.
sabihondo,-a *nm,f pey* know-all.
sabio,-a 1 *adj* learned, wise. ‖ **2** *nm,f* wise person, sage.
sablazo 1 *nm (golpe)* blow with a sabre. **2** *fam (de dinero)* sponging.
sable *nm* sabre.
sabor *nm* taste, flavour.

• **dejar mal sabor de boca** to leave a bad taste in one's mouth.
saborear *vt* to savour.
sabotaje *nm* sabotage.
sabotear *vt* to sabotage.
sabroso,-a *adj* tasty.
sabueso 1 *nm* bloodhound. **2** *(persona)* sleuth.
sacacorchos *nm inv* corkscrew.
sacapuntas *nm inv* pencil sharpener.
sacar [1] **1** *vt (gen)* to take out. **2** *(obtener)* to get. **3** *(sonsacar algo)* to get sth out of sb. **4** *(quitar)* to remove. **5** *(extraer)* to extract, pull out. **6** *(restar)* to subtract. **7** *(premio)* to win, get. **8** *(moda)* to introduce, bring out. **9** *(entrada, pasaporte)* to get. **10** DEP to serve. **11** AM *(quitar)* to remove.
• **sacar a bailar** to ask to dance; **sacar a luz** to bring to light; *(libro)* to publish; **sacar a relucir** to mention; **sacar adelante** *(proyecto)* to carry out; *(hijos)* to bring up; **sacar de quicio** to infuriate; **sacar de un apuro** to bail out; **sacar algo en limpio** to make sense of sth; **sacar la lengua** to stick one's tongue out; **sacar una foto** to take a picture.
sacarina *nf* saccharine.
sacerdote *nm* priest.
sacerdotisa *nf* priestess.
saciar [12] **1** *vt* to satiate; *(sed)* to quench. **2** *fig* to satisfy. || **3 saciarse** *vpr* to satiate oneself, be satiated.
saco 1 *nm* sack, bag. **2** *(contenido)* sackful, bagful. **3** AM *(chaqueta)* jacket.
■ **saco de dormir** sleeping bag.
sacramento *nm* sacrament.
sacrificar [1] **1** *vt* to sacrifice. **2** *(animal enfermo)* to put down. || **3 sacrificarse** *vpr* to sacrifice oneself (por, for).
sacrificio *nm* sacrifice.
sacristán,-ana *nm,f* verger, sexton.
sacristía *nf* vestry, sacristy.
sacudida *nf* shake, jolt.
sacudir 1 *vt* to shake. **2** *(para quitar el polvo)* to shake off. **3** *(golpear)* to beat. || **4 sacudirse** *vpr* to shake off.
sádico,-a 1 *adj* sadistic. || **2** *nm,f* sadist.
saeta *nf religious flamenco-style song sung without accompaniment, especially during Holy Week celebrations.*
safari *nm* safari.
sagaz *adj* clever, shrewd.
Sagitario *nm inv* Sagittarius.
sagrado,-a *adj* sacred, holy.
sajón,-ona *adj - nm,f* Saxon.
sal 1 *nf* salt. **2** *fig* wit.
■ **sales de baño** bath salts.
sala 1 *nf* room. **2** *(de hospital)* ward. **3** JUR courtroom. **4** *(cine)* cinema.
■ **sala de espera** waiting room; **sala de estar** living room; **sala de exposiciones** art gallery; **sala de fiestas** nightclub, discotheque.
saladito *nm* RPL savoury snack, appetizer.
salado,-a 1 *adj* salted. **2** *fam fig* witty. **3** AM *(infortunado)* unlucky.
salamandra *nf* salamander.
salar *vt* to salt.
salario *nm* salary, wages *pl.*
salazón 1 *nf (proceso)* salting. || **2 salazones** *nf pl (carne)* salted meat; *(pescado)* salted fish.
salchicha *nf* sausage.
salchichón *nm salami-type sausage.*
salchichonería *nf* MÉX delicatessen.
saldar 1 *vt (cuenta)* to settle, balance. **2** *(rebajar)* to sell off.
saldo 1 *nm (de una cuenta)* balance. **2** *(rebajas)* sales: ***precios de saldo*** bargain prices.
salero 1 *nm (recipiente)* saltcellar. **2** *(gracia)* charm, wit.
saleroso,-a *adj* charming, witty.
salida 1 *nf (acto)* departure. **2** *(puerta etc)* exit, way out. **3** DEP start. **4** *(excursión)* trip, outing. **5** *(astro)* rising. **6** *fig (ocurrencia)* witty remark.
■ **salida de emergencia** emergency exit; **salida de tono** improper re-

mark; **salida del sol** sunrise; **salida nula** false start.

saliente 1 *adj* projecting. ‖ **2** *nm* projection.

salir [84] **1** *vi (gen)* to go out. **2** *(ir de dentro para fuera)* to come out: ***ven, sal al jardín*** come out here into the garden. **3** *(partir)* to leave: ***el autobús sale a las tres*** the bus leaves at three. **4** *(aparecer)* to appear: ***salir en los periódicos*** to be in the newspapers. **5** *(proceder)* to come (de, from). **6** *(resultar)* to (turn out) to be: ***salir vencedor*** to be the winner. **7** *(del trabajo, colegio)* to leave, come out. **8** *(producto)* to come out, be released. ‖ **9 salirse** *vpr (soltarse)* to come off. **10** *(líquido)* to leak (out).
• **salir adelante** to be successful; **salir bien** to turn out well; **salir mal** to turn out badly; **salir con algn** to go out with sb; **salir con algo** to come out with: ***¡ahora me sales con ésa!*** now you come out with this!; **salir de dudas** to make sure; **salir pitando** *fam* to rush out; **salirse con la suya** *fam* to get one's own way.

saliva *nf* saliva.

salmo *nm* psalm.

salmón *nm* salmon.

salmonete *nm* red mullet.

salón 1 *nm (en casa)* drawing room, lounge. **2** *(público)* hall. **3** *(exposición)* show, exhibition.
■ **salón de actos** assembly hall; **salón de baile** ballroom; **salón de belleza** beauty salon, beauty parlour.

salpicadera *nf* MÉX mudguard, US fender.

salpicadero *nm* dashboard.

salpicadura *nf* splash.

salpicar [1] **1** *vt* to splash, spatter. **2** *fig* to sprinkle.

salpicón *nm* CULIN cocktail.

salsa *nf* sauce.
■ **salsa besamel** white sauce, béchamel sauce.

salsera *nf* gravy boat.

saltador,-ra *nm,f* jumper.

saltamontes *nm inv* grasshopper.

saltar 1 *vi* to jump. **2** *(romperse)* to shatter. **3** *(desprenderse)* to come off. **4** *fig (enfadarse)* to blow up. ‖ **5** *vt (valla etc)* to jump (over). **6** *(omitir)* to skip, miss out. ‖ **7 saltarse** *vpr (ley etc)* to ignore.
• **saltar a la cuerda** to skip; **saltar en mil pedazos** to break into pieces; **saltar a la vista** to be obvious.

saltimbanqui 1 *nmf (titiritero)* puppeteer. **2** *(malabarista)* juggler.

salto 1 *nm* jump, leap. **2** DEP jump; *(natación)* dive. **3** *fig* gap.
• **a salto de mata** *(vivir al día)* from hand to mouth; *(de cualquier manera)* haphazardly; **de un salto** in a flash.
■ **salto de agua** waterfall, falls *pl*; **salto de cama** negligée; **salto de pértiga** pole vault; **salto del ángel** DEP swallow dive; **salto mortal** somersault.

salud 1 *nf* health. ‖ **2 ¡salud!** *interj* cheers!

saludable 1 *adj* healthy, wholesome. **2** *(beneficioso)* good.

saludar 1 *vi* to say hello. ‖ **2** *vt* to say hello to. **3** MIL to salute.
• **salúdale de mi parte** give him/her my regards.

saludo *nm* greeting.
• **"Un (atento) saludo de ..."** "Best wishes from ...".

salvación *nf* salvation.

salvado *nm* bran.

Salvador *nm (país)* El Salvador.

salvador,-ra *nm,f* saviour.

salvadoreño,-a *adj - nm,f* Salvadorian, Salvadoran.

salvajada *nf* atrocity.

salvaje 1 *adj (gen)* wild; *(pueblo)* savage, uncivilized. ‖ **2** *nmf* savage.

salvamanteles *nm inv* table mat.

salvamento *nm* rescue.

salvar 1 *vt* to save, rescue (de, from). **2** *(obstáculo)* to clear. **3** *(dificultad)* to overcome. **4** *(distancia)* to cover. **5** *(exceptuar)* to exclude: ***salvando a los presentes*** present company excepted. ‖ **6 salvarse** *vpr (sobrevivir)* to survive. **7** REL to be saved.

• **¡sálvese quien pueda!** every man for himself!

salvavidas *nm inv* life preserver, life jacket.

salvo,-a 1 *adj* safe. ‖ **2 salvo** *prep* except, except for.

• **a salvo** safe and sound.

salvoconducto *nm* safe-conduct.

san *adj* → **santo,-a**.

▲ *Used before all masculine names except those beginning* To- *and* Do-.

sanar 1 *vt - vi* to heal, cure. ‖ **2** *vi (enfermo)* to recover, get better.

sanatorio *nm* sanatorium.

sanción 1 *nf (aprobación)* sanction. **2** *(pena)* penalty.

sancionar 1 *vt (aprobar)* to sanction. **2** *(penar)* to penalize.

sancochar 1 *vt* to parboil. **2** AM to boil in salted water.

sancocho *nm* ANDES VEN *(comida) beef, chicken or fish stew, with vegetables and green bananas.*

sandalia *nf* sandal.

sandía *nf* watermelon.

sándwich *nm* sandwich.

sanear 1 *vt (edificio)* to clean. **2** *(economía)* to put on a sound footing.

sangrar 1 *vt - vi (persona, animal)* to bleed. ‖ **2** *vt (texto)* to indent.

sangre *nf* blood.

• **a sangre fría** in cool blood; **de sangre fría** cold-blooded; **de sangre caliente** warm-blooded.

■ **sangre fría** sangfroid, calmness.

sangría 1 *nf (bebida)* sangria. **2** MED bleeding. **3** *(texto)* indentation.

sangriento,-a *adj* bloody.

sanidad *nf (servicios)* public health.

sanitario,-a 1 *adj* health. ‖ **2 sanitario** *nm* toilet. ‖ **3 sanitarios** *nm pl* bathroom fitting *sing*.

sano,-a 1 *adj* healthy. **2** *(entero)* undamaged, intact.

• **sano y salvo** safe and sound.

santería 1 *nf* AM *(religión) form of religion common in the Caribbean in which people allegedly have contact with the spirit world.* **2** AM *(tienda) shop selling religious mementoes.*

santiamén *adv* **en un santiamén** in the twinkling of an eye.

santidad *nf* saintliness, holiness.

santificar [1] *vt* to sanctify.

santiguar [22] **1** *vt* to bless. ‖ **2 santiguarse** *vpr* to cross oneself.

santo,-a 1 *adj* holy, sacred. **2** *(con nombre)* Saint: ***Santo Tomás*** Saint Thomas. **3** *(para enfatizar)* blessed: ***todo el santo día*** the whole day long. ‖ **4** *nm,f* saint. ‖ **5 santo** *nm (onomástica)* saint's day.

• **írsele a algn el santo al cielo** *fam* to slip one's mind.

■ **Santa Claus** Santa Claus, Father Christmas; **Santa Clos** MÉX VEN Santa Claus, Father Christmas; **santo y seña** password.

▲ *See also* san.

santuario *nm* sanctuary.

sapo *nm* toad.

saque 1 *nm (tenis)* service. **2** *(fútbol)* kick-off.

■ **saque de banda** DEP throw-in.

saquear *vt* to sack, plunder; *(en casas, comercios)* to loot.

saqueo *nm* sacking, plundering; *(en casa, comercio)* looting.

S.A.R. *abr (*Su Alteza Real*)* His Royal Highness, Her Royal Highness; *(abreviatura)* HRH.

sarampión *nm* measles *pl*.

sarcasmo *nm* sarcasm.

sarcástico,-a *adj* sarcastic.

sarcófago *nm* sarcophagus.

sardana *nf* sardana *(the national folk dance of Catalonia)*.

sardina *nf* sardine.

sardo,-a *adj - nm,f* Sardinian.

sargento *nm* sergeant.

sarna 1 *nf* MED scabies. 2 ZOOL mange.
sarpullido *nm* rash.
sarro 1 *nm* MED tartar. 2 *(sedimento)* deposit.
sarta *nf* string.
sartén *nf* frying pan, US skillet.
• **tener la sartén por el mango** *fig* to have the upper hand.
sastre,-a *nm,f (hombre)* tailor; *(mujer)* dressmaker.
sastrería 1 *nf (tienda)* tailor's. 2 *(oficio)* tailoring.
satélite *nm* satellite.
satén *nm* satin.
satírico,-a *adj* satiric.
satisfacción *nf* satisfaction.
satisfacer [85] 1 *vt (pp* satisfecho,-a*)* to satisfy. 2 *(deuda)* to pay. ‖ 3 **satisfacerse** *vpr* to be satisfied.
satisfactorio,-a *adj* satisfactory.
satisfecho,-a 1 *pp* → **satisfacer**. ‖ 2 *adj (contento)* satisfied, pleased.
sauce *nm* willow.
■ **sauce llorón** weeping willow.
saudí *adj* - *nmf* Saudi.
saudita *adj* - *nmf* Saudi.
sauna *nf* sauna.
savia *nf* sap.
saxofón *nm* saxophone.
saxófono *nm* saxophone.
sazonar *vt* to season, flavour.
se 1 *pron (reflexivo - a él mismo)* himself; *(- a ella misma)* herself; *(- a usted mismo)* yourself; *(- a ellos mismos)* themselves; *(- a ustedes mismos)* yourselves. 2 *(de por sí)* itself. 3 *(recíproco)* one another, each other: ***se quieren*** they love each other. 4 *(en pasivas e impersonales)*: ***se dice que ...*** it is said that ...; ***se han abierto las puertas*** the doors have been opened. 5 *(objeto indirecto - a él)* him; *(- a ella)* her; *(cosa)* it; *(- a usted/ustedes)* you; *(- a ellos/ellas)* them: ***se lo diré mañana*** I'll tell you/him/her/them tomorrow.
sé 1 *pres indic* → **saber**. ‖ 2 *imperat* → **ser**.
sebo 1 *nm* fat. 2 *(para velas)* tallow.
secador *nm* dryer.
■ **secador de pelo** hair-dryer.
secadora *nf* clothes-dryer, tumble-dryer.
secano *nm* dry land.
secante *adj* → **papel**.
secar [1] 1 *vt* to dry; *(lágrimas, vajilla)* to wipe. ‖ 2 **secarse** *vpr* to dry. 3 *(planta)* to wither.
sección *nf* section.
seco,-a 1 *adj (gen)* dry. 2 *(planta)* withered. 3 *(golpe, ruido)* sharp.
• **a secas** simply, just; **en seco** sharpy, suddenly: ***parar en seco*** to stop dead.
secreción *nf* secretion.
secretaría *nf* secretary's office.
secretario,-a *nm,f* secretary.
secreto,-a 1 *adj* secret. ‖ 2 **secreto** *nm* secret.
secta *nf* sect.
sector 1 *nm* sector. 2 *(zona)* area.
secuela *nf* consequence, effects *pl*.
secuencia *nf* sequence.
secuestrador,-ra 1 *nm,f* kidnapper. 2 *(de avión)* highjacker.
secuestrar 1 *vt* to kidnap. 2 *(avión)* to highjack.
secuestro 1 *nm (gen)* kidnapping. 2 *(de avión)* highjacking.
secundario,-a *adj* secondary.
sed *nf* thirst.
• **tener sed** to be thirsty.
seda *nf* silk.
• **como una seda** *fig* smoothly.
sedal *nm* fishing line.
sedante *adj* - *nm* sedative.
sede 1 *nf (oficina central)* headquarters, central office. 2 *(del gobierno)* seat.
■ **la Santa Sede** the Holy See.
sedentario,-a *adj* sedentary.
sediento,-a *adj* thirsty.
sedimentar *vt* - *vpr* to settle.
sedimento *nm* sediment.
sedoso,-a *adj* silky, silken.
seducción *nf* seduction.
seducir [46] *vt* to seduce.

seductor,-ra 1 *adj* seductive. **2** *(atractivo)* attractive, tempting. ‖ **3** *nm,f* seducer.

segador,-ra *nm,f* harvester, reaper.

segadora *nf* harvester, reaper.

segar [48] *vt* to reap.

seglar 1 *adj* secular, lay. ‖ **2** *nmf* lay person.

segmento *nm* segment.

segregación *nf* segregation.

segregar [7] *vt* to segregate.

seguido,-a 1 *adj* continuous. **2** *(consecutivo)* consecutive: ***dos días seguidos*** two days running. ‖ **3** *adv* AM *(a menudo)* often.

• **en seguida** at once, immediately.

seguidor,-ra *nm,f* follower.

seguir [56] **1** *vt (perseguir)* to pursue, chase. **2** *(continuar)* to continue. ‖ **3** *vi (proseguir)* to go on. **4** *(permanecer)* to remain: ***siguió de pie*** he remained standing. **5** *(estar todavía)* to be still: ***sigue enfermo*** he's still sick. ‖ **6 seguir(se)** *vt - vpr (gen)* to follow.

según 1 *prep* according to: ***según lo que dice María*** according to what María says. **2** *(depende de ...)* depending on: ***según lo que digan*** depending on what they say. **3** *(depende)* it depends: ***no sé si salir o quedarme aquí, según*** I don't know if I'll go out or I'll stay here, it depends. **4** *(como)* just as: ***todo quedó según estaba*** everything stayed just as it was. **5** *(a medida que)* as: ***según iban entrando se les daba una copa*** as they came in they were given a glass.

segundero *nm* second hand.

segundo,-a 1 *num* second. ‖ **2 segundo** *nm* second.

• **decir algo con segundas** to say sth with a double meaning.

seguramente 1 *adv (de cierto)* surely. **2** *(probablemente)* most likely, probably: ***seguramente vendrá hoy*** he'll probably come today.

seguridad 1 *nf (física)* safety. **2** *(estabilidad)* security. **3** *(certeza)* certainty, sureness. **4** *(confianza)* confidence.

■ **Seguridad Social** National Health Service.

seguro,-a 1 *adj (físicamente)* safe. **2** *(estable)* secure. **3** *(firme)* firm, steady. **4** *(cierto)* certain, sure. **5** *(confiado)* confident. ‖ **6 seguro** *nm (contrato, póliza)* insurance. **7** *(mecanismo)* safety catch, safety device. **8** CAM MÉX *(imperdible)* safety pin. ‖ **9** *adv* for sure, definitely.

• **sobre seguro** without risk.

■ **seguro de vida** life insurance.

seis *num* six; *(en fechas)* sixth.

seiscientos,-as *num* six hundred.

seísmo *nm* earthquake.

selección *nf* selection.

■ **selección nacional** DEP national team.

seleccionar *vt* to select.

selectividad 1 *nf* selectivity. **2** EDUC *university entrance examination.*

selecto,-a *adj*: ***un club selecto*** an exclusive club; ***comida selecta*** fine food; ***vinos selectos*** fine wines, choice wines; ***una selecta bibliografía*** a select bibliography; ***ante un público selecto*** before a selected audience.

sellar 1 *vt (documento, carta)* to seal, stamp. **2** *(habitación etc)* to close up.

sello 1 *nm* stamp. **2** *(de estampar, precinto)* seal. **3** *(distintivo)* hallmark.

selva 1 *nf (bosque)* forest. **2** *(jungla)* jungle.

semáforo *nm* traffic lights *pl.*

semana *nf* week.

■ **Semana Santa** Easter; *(estrictamente)* Holy Week.

semanada *nf* AM *(weekly)* pocket money, US *(weekly)* allowance.

semanal *adj* weekly.

semanario *nm* weekly magazine.

semántica *nf* semantics.

semblante 1 *nm (cara)* face. **2** *(expresión)* countenance.

sembrado,-a *adj (de semillas)* sown; *(de errores etc)* full.

sembrar [27] **1** *vt* AGR to sow. **2** *(esparcir)* to scatter, spread.
semejante 1 *adj* similar. **2** *(tal)* such: ***semejante insolencia*** such insolence. ‖ **3** *nm* fellow being.
semejanza *nf* similarity, likeness.
semejar *vi - vpr* to resemble, be alike.
semen *nm* semen.
semental *nm* stud.
semestral *adj* six-monthly, half-yearly.
semestre *nm* six-month period, semester.
semicírculo *nm* semicircle.
semifinal *nf* semifinal.
semilla *nf* seed.
semillero 1 *nm* seedbed. **2** *fig* hotbed.
seminario 1 *nm* EDUC seminar. **2** REL seminary.
sémola *nf* semolina.
Sena *nm* the Seine.
senado *nm* senate.
senador,-ra *nm,f* senator.
sencillez *nf* simplicity.
sencillo,-a 1 *adj* simple. **2** *(persona)* natural, unaffected. ‖ **3 sencillo** *nm* ANDES CAM MÉX *fam (cambio)* loose change.
senda *nf* path.
sendero *nm* path.
sendos,-as *adj* each.
senil *adj* senile.
seno 1 *nm* breast. **2** *fig* bosom. **3** *(matriz)* womb. **4** MAT sine.
sensación 1 *nf (percepción)* feeling. **2** *(efecto)* sensation: ***causar sensación*** to cause a sensation.
sensacional *adj* sensational.
sensacionalismo *nm* sensationalism.
sensatez *nf* good sense.
sensato,-a *adj* sensible.
sensibilidad *nf* sensitivity.
sensibilizar [4] *vt* to make aware of.
sensible 1 *adj* sensitive. **2** *(manifiesto)* perceptible, noticeable.
sensual *adj* sensual.
sensualidad *nf* sensuality.
sentado,-a *adj* seated, sitting.
• **dar algo por sentado,-a** to take sth for granted.
sentar [27] **1** *vt* to sit, seat. ‖ **2** *vi (comida)* to agree: ***el chocolate no me sienta bien*** chocolate doesn't agree with me. **3** *(ropa)* to suit: ***esa corbata te sienta bien*** that tie suits you. ‖ **4 sentarse** *vpr* to sit down.
sentencia 1 *nf (condena)* sentence. **2** *(aforismo)* proverb, maxim.
• **dictar sentencia** to pass sentence.
▪ **sentencia firme** final judgement.
sentenciar [12] *vt* to sentence (**a**, to).
sentido,-a 1 *adj (sensible)* heartfelt, deep. ‖ **2 sentido** *nm (gen)* sense. **3** *(dirección)* direction. **4** *(juicio)* consciousness.
• **perder el sentido** to faint; **tener sentido** to make sense.
▪ **sentido común** common sense; **sentido del humor** sense of humour.
sentimental *adj* sentimental.
sentimiento *nm* feeling.
sentir [35] **1** *nm (sentimiento)* feeling. **2** *(opinión)* opinion. ‖ **3** *vt (lamentar)* to regret. **4** *(oír)* to hear. ‖ **5 sentir(se)** *vt - vpr* to feel.
• **¡lo siento!** I'm sorry!; **sentir frío** to be cold; **sentir miedo** to be afraid; **sentirse mal** to feel ill.
seña 1 *nf (indicio, gesto)* sign. ‖ **2 señas** *nf pl* address *sing.*
• **dar señas de algo** to show signs of sth; **hacer señas** to signal, gesture.
▪ **señas personales** particulars.
señal 1 *nf* sign, signal. **2** *(marca)* mark; *(vestigio)* trace. **3** *(por teléfono)* tone. **4** *(de pago)* deposit.
• **en señal de** as a sign of, as a token of.
▪ **señal de comunicar** engaged tone, US busy signal; **señal de la cruz** sign of the cross; **señal de tráfico** road sign.
señalado,-a 1 *adj* distinguished, special. **2** *(fijado)* appointed.
señalar 1 *vt (indicar)* to show. **2** *(mar-*

car) to mark. **3** *(hacer notar)* to point to. **4** *(con el dedo)* to point at. **5** *(designar - a persona)* to appoint; *(- fecha, lugar)* to set, determine.

señalero *nm* URUG indicator, US turn signal.

señalización *nf* road signs *pl.*

señalizar [4] *vt* to signpost.

señor,-ra 1 *adj fam* fine: ***es un señor coche*** it's quite a car. || **2 señor** *nm* man; *(caballero)* gentleman. **3** *(amo)* master. **4** *(en tratamientos)* sir; *(delante de apellido)* Mr.

■ **Nuestro Señor** Our Lord.

señora 1 *nf* woman, lady. **2** *(ama)* mistress. **3** *(esposa)* wife. **4** *(en tratamientos)* madam; *(delante de apellido)* Mrs.

■ **Nuestra Señora** Our Lady.

señorial *adj* stately.

señorita 1 *nf* young lady. **2** *(delante de apellido)* Miss.

señorito 1 *nm (tratamiento)* master. **2** *pey* daddy's boy.

sepa *pres subj* → **saber**.

separación *nf* separation.

separado,-a 1 *adj* separate. **2** *(divorciado)* separated.

separar 1 *vt (guardar)* to set aside. || **2 separar(se)** *vt - vpr* to separate.

separatismo *nm* separatism.

separo *nm* MÉX *(en cárcel)* cell.

sepia 1 *nf* cuttlefish. || **2** *adj - nm (color)* sepia.

septentrional *adj* northern.

septiembre *nm* September.

séptimo,-a *num* seventh.

sepulcro *nm* tomb.

sepultar *vt* to bury.

sepultura *nf* grave.

• **dar sepultura a** to bury.

sepulturero *nm* gravedigger.

sequedad 1 *nf* dryness. **2** *fig* curtness.

sequía 1 *nf* drought. **2** AM thirst.

séquito *nm* entourage, retinue.

SER *abr* RAD *(*Sociedad Española de Radiodifusión*) Spanish private broadcasting company.*

ser [86] **1** *vi (gen)* to be. **2** *(pertenecer)* to belong (de, to). **3** *(proceder)* to come from. || **4** *v aux* to be: ***fue encontrado por Juan*** it was found by Juan; ***es de esperar que ...*** it is to be expected that ... || **5** *nm (ente)* being. **6** *(vida)* existence, life.

• **a no ser que** unless; **a poder ser** if possible; **de no ser por ...** had it not been for ...; **érase una vez** once upon a time; **es más** furthermore; **sea como sea** in any case; **ser de** to be made of: ***es de madera*** it's made of wood; **ser muy suyo,-a** to be an eccentric.

■ **ser humano** human being; **Ser Supremo** Supreme Being.

serenar 1 *vt* to calm, soothe. || **2 serenarse** *vpr* to become calm. **3** METEOR to clear up.

serenidad *nf* serenity, calm.

sereno,-a 1 *adj (sosegado)* calm. || **2 sereno** *nm* night watchman.

serial *nm* serial.

serie *nf* series *inv.*

seriedad 1 *nf (gravedad)* seriousness, gravity: **2** *(formalidad)* reliability.

serio,-a 1 *adj* serious. **2** *(formal)* reliable.

• **en serio** seriously.

sermón *nm* sermon.

serpentina *nf* streamer.

serpiente *nf* snake.

■ **serpiente de cascabel** rattlesnake.

serrar [27] *vt* to saw.

serrín *nm* sawdust.

serrucho *nm* handsaw.

servicial *adj* obliging.

servicio 1 *nm* service. **2** *(criados)* servants *pl.* **3** *(juego)* set: ***servicio de té*** tea set. || **4 servicios** *nm pl* toilet *sing.*

• **estar de servicio** to be on duty.

■ **servicio a domicilio** home delivery service; **servicio postal** postal service.

servidor,-ra 1 *nm,f* servant. **2** *(eufemismo)* me: ***Francisco Reyes?, –Servidor*** Francisco Reyes?,–Yes? || **3 servidor** *nm* INFORM server.

• **servidor,-ra de usted** *fml* at your service.
servidumbre 1 *nf* servitude. **2** *(criados)* servants *pl*.
servilleta *nf* napkin, serviette.
servilletero *nm* napkin ring, serviette ring.
servir [34] **1** *vt* - *vi* to serve. ‖ **2** *vi (ser útil)* to be useful. ‖ **3 servirse** *vpr (comida etc)* to help oneself.
• **servir de** to be used as; **servir para** to be used for; **servirse de** to make use of; **sírvase** *fml* please.
sesenta *num* sixty.
sesión 1 *nf* session, meeting. **2** CINEM showing.
■ **sesión de tarde** matinée.
seso 1 *nm* brain. **2** *fig* brains *pl*.
• **devanarse los sesos** *fig* to rack one's brains.
seta *nf* mushroom; *(no comestible)* toadstool.
setecientos,-as *num* seven hundred.
setenta *num* seventy.
setiembre *nm* September.
seto *nm* hedge.
seudónimo *nm* pseudonym; *(de escritores)* pen name.
severo,-a *adj* severe.
sexista *adj* sexist.
sexo 1 *nm* sex. **2** *(órganos)* genitals *pl*.
sexto,-a *num* sixth.
sexual *adj* sexual.
sexualidad *nf* sexuality.
SGAE *abr (*Sociedad General de Autores de España*) Spanish writers' and composers' association*.
short 1 *nm (pantalón corto)* shorts *pl*. **2** RPL *(bañador)* swimming trunks *pl*.
si 1 *conj* if, whether. **2** *(para enfatizar)* but: ***¡si yo no quería!*** but I didn't want to! ‖ **3** *nm (pl* sis*)* MÚS ti, si, B.
• **si bien** although.
sí 1 *adv* yes. **2** *(enfático)*: ***sí que me gusta*** I do *like it, of course I like it*. **3** *(sustituye el verbo)*: ***ella no irá, pero yo sí*** she won't go, but I will; ***tú no puedes, pero él sí*** you can't, but he can. ‖ **4** *pron (él)* himself; *(ella)* herself; *(cosa)* itself; *(uno mismo)* oneself; *(plural)* themselves. ‖ **5** *nm (pl* síes*)* yes.
• **estar fuera de sí** to be beside oneself; **volver en sí** to regain consciousness; **un día sí y otro no** every other day.
Sicilia *nf* Sicily.
sida *nm* AIDS.
SIDA *abr* MED *(*síndrome de inmunodeficiencia adquirida*)* acquired immune deficiency syndrome; *(abreviatura)* AIDS.
sidecar *nm* sidecar.
siderurgia *nf* iron and steel industry.
sidra *nf* cider.
siega 1 *nf (época)* harvest. **2** *(acción)* reaping.
siembra 1 *nf (época)* sowing time. **2** *(acción)* sowing.
siempre 1 *adv* always: ***siempre dices lo mismo*** you always say the same thing. **2** AM *(todavía)* still: ***siempre viven allí*** they still live there. **3** MÉX *fam (enfático)* still: ***siempre sí quiero ir*** I still want to go; ***siempre no me marcho*** I'm still not leaving.
• **para siempre** forever, for good; **siempre y cuando** provided, as long as.
sien *nf* temple.
sierra 1 *nf* saw. **2** GEOG mountain range.
siervo,-a *nm,f* slave, serf.
siesta *nf* siesta, afternoon nap.
siete 1 *num* seven; *(en fechas)* seventh. ‖ **2** *nm (rasgón)* tear.
• **¡la gran siete!** RPL sugar!, US shoot!
sífilis *nf inv* syphilis.
sifón 1 *nm (tubo acodado)* U-bend. **2** *(tubo encorvado)* siphon. **3** *(bebida)* soda water.
sig. *abr (*siguiente*)* following; *(abreviatura)* fol..
sigiloso,-a *adj* stealthy.
sigla *nf* abbreviation.
siglo *nm* century.
■ **el Siglo de Oro** the Golden Age.

significado,-a 1 *adj* well-known. ‖ 2 **significado** *nm* meaning.
significar [1] *vt* to mean.
significativo,-a *adj* significant.
signo 1 *nm* sign. 2 GRAM mark.
■ **signo de admiración** exclamation mark; **signo de interrogación** question mark; **signo de puntuación** punctuation mark.
siguiente *adj* following, next.
sílaba *nf* syllable.
silbar 1 *vi* to whistle. 2 *(abuchear)* to hiss.
silbato *nm* whistle.
silbido *nm* whistle.
silenciar [12] 1 *vt (sonido)* to muffle; *(persona)* to silence. 2 *(noticia)* to hush up.
silencio *nm* silence.
● **guardar silencio** to keep quiet.
silencioso,-a *adj* quiet, silent.
silicona *nf* silicone.
silla *nf* chair.
■ **silla de montar** saddle; **silla de ruedas** wheelchair; **silla giratoria** swivel chair; **silla plegable** folding chair.
sillín *nm* saddle.
sillón *nm* armchair.
silo *nm* silo.
silueta 1 *nf (contorno)* silhouette. 2 *(figura)* figure, shape.
silvestre *adj* wild.
sima *nf* abyss, chasm.
simbólico,-a *adj* symbolic.
simbolizar [4] *vt* to symbolize.
símbolo *nm* symbol.
simetría *nf* symmetry.
simétrico,-a *adj* symmetric.
simiente *nf* seed.
similar *adj* similar.
similitud *nf* similarity.
simio *nm* simian, ape.
simpatía 1 *nf (sentimiento)* affection. 2 *(amabilidad)* pleasant manner, friendliness. 3 *(afinidad)* affinity.
● **cogerle simpatía a algn** to take a liking to sb.
simpático,-a *adj* pleasant, nice.
● **hacerse el/la simpático,-a** to ingratiate oneself.
simpatizante *nmf* supporter.
simpatizar [4] 1 *vi (dos personas)* to get on (con, with). 2 *(con una idea)* to be sympathetic to.
simple 1 *adj (sencillo)* simple. 2 *(puro)* mere.
simplemente *adv* simply, just.
simpleza 1 *nf (idiotez)* simple-mindedness. 2 *(tontería)* nonsense, silly thing.
simplicidad *nf* simplicity.
simplificar [1] *vt* to simplify.
simulacro *nm* sham, pretence: ***un simulacro de ataque*** a mock attack.
simular *vt* to simulate, feign.
simultáneamente *adv* simultaneously.
simultáneo,-a *adj* simultaneous.
sin *prep* without.
sinagoga *nf* synagogue.
sincerarse *vpr* to open one's heart (con, to).
sinceridad *nf* sincerity.
sincero,-a *adj* sincere.
sincronizar [4] *vt* synchronize.
sindicar [1] *vt* ANDES RPL VEN to accuse.
sindicato *nm* trade union.
síndrome *nm* syndrome.
■ **síndrome de abstinencia** withdrawal symptoms *pl*.
sinfín *nm* endless number.
sinfonía *nf* symphony.
singani *nm* BOL grape brandy.
Singapur *nm* Singapore.
single 1 *nm (disco)* single, 7-inch. 2 CSUR *(habitación)* single room.
singular 1 *adj (único)* singular, single. 2 *(excepcional)* extraordinary. 3 *(raro)* peculiar. ‖ 4 *nm* GRAM singular.
siniestro,-a 1 *adj* left, left-hand. 2 *(malo)* sinister. ‖ 3 **siniestro** *nm* disaster, accident.
sinnúmero *nm* endless number.
sino *conj* but, except.
sinónimo,-a 1 *adj* synonymous. ‖ 2 **sinónimo** *nm* synonym.

sintáctico,-a *adj* syntactic.
sintaxis *nf inv* syntax.
síntesis *nf inv* synthesis.
sintético,-a *adj* synthetic.
síntoma *nm* symptom.
sintonizar [4] **1** *vt* to tune in to. || **2** *vi fig* to get on well.
sinusitis *nf inv* sinusitis.
sinvergüenza *nmf* cheeky devil.
siquiera 1 *conj* even if. || **2** *adv* at least.
• **ni siquiera** not even.
sirena 1 *nf (alarma)* siren. **2** *(ninfa)* mermaid.
sirimiri *nm* fine drizzle.
sirviente,-a *nm,f* servant.
sisa 1 *nf* COST armhole. **2** *(hurto)* petty theft.
sísmico,-a *adj* seismic.
sistema *nm* system.
sitiar [12] *vt* to besiege.
sitio 1 *nm* place. **2** *(espacio)* space, room. **3** MIL siege. **4** MÉX *(parada de taxis)* taxi stand, GB taxi rank.
• **hacer sitio** to make room (a, for).
▪ **sitio web** website.
situación 1 *nf* situation. **2** *(posición)* position.
situar [11] **1** *vt* to place, locate. || **2** **situarse** *vpr* to be placed.
S.L. *abr (*Sociedad Limitada*)* Limited Company; *(abreviatura)* Ltd, Co.
S.M. *abr (*Su Majestad*)* His Majesty, Her Majesty; *(abreviatura)* HM.
SME *abr (*Sistema Monetario Europeo*)* European Monetary System; *(abreviatura)* EMS.
s/n *abr (*sin número*) no number.*
sobaco *nm* armpit.
sobar *vt (manosear)* to fondle.
soberano,-a *adj - nm,f* sovereign.
soberbia 1 *nf* arrogance. **2** *(magnificiencia)* sumptuousness.
soberbio,-a 1 *adj* arrogant. **2** *(magnífico)* superb.
sobón,-ona 1 *adj fam* groping. || **2** *nm,f fam* groper: ***es un sobón*** he can't keep his hands to himself.
sobornar *vt* to bribe.
soborno 1 *nm* bribery. **2** *(regalo)* bribe.
sobra 1 *nf* excess, surplus. || **2 sobras** *nf pl* leftovers.
• **de sobra** *(no necesario)* superfluous; *(excesivo)* more than enough.
sobrar 1 *vi (quedar)* to be left over. **2** *(sin aprovechar)* to be more than enough. **3** *(estar de más)* to be superfluous.
sobre 1 *prep (encima)* on, upon. **2** *(por encima)* over, above. **3** *(acerca de)* on. **4** *(alrededor de)* around, about. || **5** *nm* envelope.
• **sobre todo** above all, especially.
sobrecarga *nf* overload.
sobrecargar [7] *vt* to overload.
sobrecogedor,-ra 1 *adj* overwhelming. **2** *(que da miedo)* frightening.
sobredosis *nf inv* overdose.
sobremesa *nf (comida)* after-lunch chat; *(cena)* after-dinner chat.
sobrenatural *adj* supernatural.
sobrentender [28] **1** *vt* to deduce, infer. || **2 sobrentenderse** *vpr* to go without saying.
sobrepasar *vt* to exceed.
sobresaliente 1 *adj* outstanding. || **2** *nm (calificación)* A, first.
sobresalir [84] **1** *vi (destacarse)* to stand out, excel. **2** *(abultar)* to protrude.
sobresaltar 1 *vt* to startle. || **2 sobresaltarse** *vpr* to be startled.
sobresalto *nm* start; *(de temor)* fright.
sobretiempo 1 *nm* ANDES *(en trabajo)* overtime. **2** ANDES *(en deporte)* extra time, US overtime.
sobretodo *nm (abrigo)* overcoat.
▲ *No confundir con* sobre todo.
sobrevivir *vi* to survive.
sobrevolar [31] *vt* to fly over.
sobriedad *nf* sobriety, moderation.
sobrino,-a *nm,f (chico)* nephew; *(chica)* niece.
sobrio,-a *adj* sober, temperate.
socavar *vt fig* to undermine.
socavón *nm (bache)* pothole.

sociable *adj* sociable, friendly.
social *adj* social.
socialismo *nm* socialism.
socialista *adj* - *nmf* socialist.
sociedad 1 *nf* society. **2** COM company.
■ **sociedad anónima** limited company, US incorporated company; **sociedad de consumo** consumer society; **sociedad limitada** private limited company.
socio,-a 1 *nm,f* member. **2** COM partner.
■ **socio accionista** shareholder.
sociología *nf* sociology.
sociólogo,-a *nm,f* sociologist.
socorrer *vt* to help, assist.
socorrismo *nm* life-saving.
socorrista *nmf* life-saver, lifeguard.
socorro 1 *nm* help, aid, assistance. || **2** *interj* **¡socorro!** help!
soda *nf* soda water.
sofá *nm (pl* sofás*)* sofa, settee.
sofisticado,-a *adj* sophisticated.
sofocante *adj* suffocating, stifling.
sofocar [1] **1** *vt (ahogar)* to suffocate. **2** *(incendio)* to put out, extinguish. || **3** **sofocarse** *vpr (avergonzarse)* to get embarrassed. **4** *(enfadarse)* to get angry.
sofoco 1 *nm* suffocation. **2** *(vergüenza)* embarrassment.
sofreír [37] *vt (pp* sofrito,-a*)* to fry lightly, brown.
sofrito,-a 1 *pp* → **sofreír**. || **2 sofrito** *nm* fried tomato and onion sauce.
software *nm* software.
soga *nf* rope, cord.
soja *nf* soya bean.
sol 1 *nm* sun. **2** *(luz)* sunlight, sunshine. **3** MÚS sol, G.
● **tomar el sol** to sunbathe.
■ **sol naciente** rising sun.
solamente *adv* only.
solapa 1 *nf (de prenda)* lapel. **2** *(de sobre, libro)* flap.
solar 1 *adj* solar. || **2** *nm (terreno)* plot.
soldado *nm* soldier.
■ **soldado raso** private.
soldadura 1 *nf (acción)* welding; *(con estaño)* soldering. **2** *(unión)* weld; *(con estaño)* solder.
soldar [31] *vt* to weld; *(con estaño)* to solder.
soleado,-a *adj* sunny.
soledad 1 *nf (estado)* solitude. **2** *(sentimiento)* loneliness.
solemne 1 *adj* solemn. **2** *pey* downright: ***es una solemne estupidez*** it's downright stupidity.
solemnidad *nf* solemnity.
soler [32] **1** *vi (presente)* to usually do, be in the habit of. **2** *(pasado)* to use to.
▲ *Only used in present and imperfect indicative.*
solfeo *nm* solfa.
solicitante *nmf* applicant.
solicitar *vt* to request.
solicitud 1 *nf (petición)* request; *(de trabajo)* application. **2** *(diligencia)* solicitude.
solidaridad *nf* solidarity.
solidarizarse [4] *vpr* to support (con, -).
solidez *nf* solidity.
solidificar [1] **1** *vt* - *vpr* to solidify. **2** *(pasta)* to harden, set.
sólido,-a 1 *adj* solid. || **2 sólido** *nm* solid.
solista *nmf* soloist.
solitaria *nf* MED tapeworm.
solitario,-a 1 *adj (sin compañía)* solitary. **2** *(sentimiento)* lonely. **3** *(lugar)* deserted. || **4 solitario** *nm* solitaire.
sollozar [4] *vi* to sob.
sollozo *nm* sob.
sólo *adv* → **solamente**.
solo,-a 1 *adj* alone. **2** *(solitario)* lonely. **3** *(único)* sole, single. || **4 solo** *nm fam* black coffee. **5** MÚS solo.
● **a solas** alone, in private.
solomillo *nm* sirloin.
solsticio *nm* solstice.
soltar [31] **1** *vt (desasir)* to release. **2** *(desatar)* to untie, unfasten. **3** *fam (decir)* to come out with. **4** *(liberar)* to let

go. || **5 soltarse** *vpr (desatarse)* to come loose. **6** *(desprenderse)* to come off.
soltero,-a 1 *adj* single, unmarried. || **2** *nm,f (hombre)* bachelor; *(mujer)* single woman.
solterón,-ona *nm,f pey (hombre)* old bachelor; *(mujer)* old maid.
soltura 1 *nf* agility. **2** *(al hablar)* fluency.
soluble *adj* soluble.
solución *nf* solution.
solucionar *vt* to solve.
sombra 1 *nf* shade. **2** *(silueta)* shadow.
■ **sombra de ojos** eye shadow.
sombrero *nm* hat.
■ **sombrero de copa** top hat; **sombrero hongo** bowler hat.
sombrilla *nf* parasol, sunshade.
sombrío,-a 1 *adj (lugar)* dark. **2** *fig* gloomy.
someter 1 *vt (subyugar)* to subdue. **2** *(probar)* to subject (a, to): ***someter a prueba*** to put to the test. || **3 someterse** *vpr (rendirse)* to surrender (a, to). **4** *(tratamiento etc)* to undergo (a, -).
somier *nm* spring mattress.
somnífero *nm* sleeping pill.
somnolencia *nf* sleepiness, drowsiness.
son *nm* sound.
● **sin ton ni son** without rhyme or reason; **venir en son de paz** to come in peace.
sonado,-a 1 *adj (conocido)* famous, notorious. **2** *fam (loco)* mad, crazy.
sonajero *nm* baby's rattle.
sonámbulo,-a *adj - nm,f* sleepwalker.
sonar [31] **1** *vi* to sound. **2** *(timbre etc)* to ring. **3** *(reloj)* to strike. **4** *(conocer vagamente)* to sound familiar. || **5 sonarse** *vpr* to blow one's nose.
sonda *nf* probe.
■ **sonda espacial** space probe.
sondear 1 *vt* to explore, probe. **2** *(encuestar)* to sound out.
sondeo *nm (encuesta)* poll.
soneto *nm* sonnet.
sonido *nm* sound.
sonoridad *nf* sonority, tone.
sonoro,-a *adj* loud, resounding.
sonreír [37] *vi - vpr* to smile.
sonriente *adj* smiling.
sonrisa *nf* smile.
sonrojar 1 *vt* to make blush. || **2 sonrojarse** *vpr* to blush.
sonrojo *nm* blush.
sonrosado,-a *adj* rosy, pink.
sonsacar [1] **1** *vt* to wheedle. **2** *(secreto)* to worm out.
sonso,-a *adj* AM foolish, silly.
soñador,-ra 1 *adj* dreamy. || **2** *nm,f* dreamer.
soñar [31] *vt - vi* to dream.
soñoliento,-a *adj* drowsy, sleepy.
sopa *nf* soup.
sope *nm* MÉX *fried corn tortilla, with beans and cheese etc.*
sopera *nf* soup tureen.
sopesar *vt* to weigh up.
sopetón *nm*.
● **de sopetón** all of a sudden.
soplar 1 *vi* to blow. || **2** *vt* to blow away. **3** *(delatar)* to grass. **4** *fam (robar)* to swipe, pinch. **5** *fam (beber)* to down.
soplete *nm* gas welding torch.
soplo 1 *nm* blow, puff. **2** *(de viento)* puff. **3** MED souffle. **4** *fam (de secreto etc)* tip-off.
soplón,-ona *nm,f fam* informer, squealer.
soportable *adj* bearable.
soportar 1 *vt (sostener)* to support. **2** *(aguantar)* to put up with. **3** *(tolerar)* to stand.
soporte *nm* support.
soprano *nmf* soprano.
sorber *vt* to sip.
sorbete *nm* sorbet, iced fruit drink.
sorbo *nm* sip, gulp.
sordera *nf* deafness.
sórdido,-a 1 *adj (sucio)* squalid. **2** *(vil)* sordid.
sordo,-a 1 *adj* deaf. **2** *(sonido, dolor)* dull. || **3** *nm,f* deaf person.

sordomudo,-a 1 *adj* deaf and dumb. ‖ **2** *nm,f* deaf and dumb person.
soroche *nm* ANDES ARG *(mal de altura)* altitude sickness.
sorprendente *adj* surprising.
sorprender 1 *vt* to surprise. ‖ **2 sorprenderse** *vpr* to be surprised (de, at).
sorpresa *nf* surprise.
sorpresivo,-a *adj* AM unexpected, surprising.
sortear 1 *vt (echar a suertes)* to draw lots for, cast lots for; *(rifar)* to raffle. **2** *(obstáculos)* to get round.
sorteo *nm* draw; *(rifa)* raffle.
sortija *nf* ring.
sosegado,-a *adj* calm, quiet.
sosegar [48] *vt* - *vpr* to calm down.
sosería *nf* insipidity, dullness.
sosiego *nm* calmness, peace.
soso,-a 1 *adj* tasteless. **2** *fig* dull.
sospecha *nf* suspicion.
sospechar *vt* to suspect.
sospechoso,-a 1 *adj* suspicious. ‖ **2** *nm,f* suspect.
sostén 1 *nm* support. **2** *(prenda)* bra.
sostener [87] **1** *vt* to support, hold up. **2** *(sujetar)* to hold. **3** *(conversación, reunión)* to have. **4** *(opinión)* to maintain, affirm. ‖ **5 sostenerse** *vpr (mantenerse)* to support oneself. **6** *(permanecer)* to stay.
sostenido,-a 1 *adj* MÚS sharp. ‖ **2 sostenido** *nm* MÚS sharp.
sota *nf (cartas)* jack, knave.
sotana *nf* cassock.
sótano *nm* cellar, basement.
sprintar *vt* to sprint.
Sr. *abr (*señor*)* mister; *(abreviatura)* Mr.
Sra. *abr (*señora*)* Mrs.
Sras. *abr (*señoras*)* ladies.
s.r.c. *abr (*se ruega contestación*)* please reply; *(abreviatura)* R.S.V.P.
Sres. *abr (*señores*)* gentlemen; *(abreviatura)* Messrs.
Srta. *abr (*señorita*)* miss.
SS *abr (*Seguridad Social*)* social security.
Sta. *abr (*santa*)* Saint; *(abreviatura)* St.
stárter *nm* choke.
Sto. *abr (*Santo*)* Saint; *(abreviatura)* St.
stop *nm* stop sign.
su *adj (de él)* his; *(de ella)* her; *(de usted/ustedes)* your; *(de ellos)* their; *(de animales, cosas)* its.
suave 1 *adj* soft. **2** *(liso)* smooth. **3** *(apacible)* gentle, mild.
suavemente *adv* softly, smoothly.
suavidad 1 *nf* softness. **2** *(lisura)* smoothness. **3** *(docilidad)* gentleness, mildness.
suavizante *nm* fabric softener.
suavizar [4] **1** *vt* to soften. **2** *(alisar)* to smooth.
subasta *nf* auction.
subastar *vt* to auction.
subcampeón,-ona *nm,f* runner-up.
subconsciente *adj* - *nm* subconscious.
subdesarrollado,-a *adj* underdeveloped.
subdesarrollo *nm* underdevelopment.
subdirector,-ra *nm,f* deputy director.
súbdito,-a *adj* - *nm, f* subject.
subdividir *vt* to subdivide.
subestimar *vt* to undervalue, underestimate.
subida 1 *nf (ascenso)* ascent; *(a montaña)* climb. **2** *(pendiente)* slope. **3** *(aumento)* rise, increase. **4** *arg (drogas)* high.
subir 1 *vi (elevarse, aumentar)* to rise. **2** *(ascender)* to go up. **3** *(categoría, puesto)* to be promoted. ‖ **4** *vt (escalar)* to climb. **5** *(mover arriba)* to carry up, take up. ‖ **6 subir(se)** *vi* - *vpr (montar - vehículo)* get on; *(- coche)* get into; *(- caballo)* to mount. ‖ **7 subirse** *vpr (trepar)* to climb.
● **subirse por las paredes** to hit the roof.
súbito,-a *adj* sudden.
● **de súbito** suddenly.
subjetivo,-a *adj* subjective.
subjuntivo *nm* subjunctive.
sublevación *nf* rising, revolt.

sublevar 1 *vt* to incite to rebellion. **2** *(indignar)* to infuriate. ‖ **3 sublevarse** *vpr* to rebel.
sublime *adj* sublime.
submarinismo *nm* scuba diving.
submarinista *nmf* scuba diver.
submarino,-a 1 *adj* underwater. ‖ **2 submarino** *nm* submarine.
subnormal 1 *adj* mentally handicapped. ‖ **2** *nmf* mentally handicapped person.
subordinado,-a *adj - nm,f* subordinate.
subrayar 1 *vt* to underline. **2** *(recalcar)* to emphasize.
subscribir 1 *vt (pp* subscrito,-a*)* to sign, subscribe. ‖ **2 subscribirse** *vpr* to subscribe to.
subscripción *nf* subscription.
subscrito,-a *pp* → **subscribir**.
subsidio *nm* subsidy, aid.
■ **subsidio de paro** unemployment benefit.
subsistencia *nf* subsistence.
subsistir *vi* to subsist, survive.
substancia *nf* substance.
substancial *adj* substantial.
substantivo *nm* GRAM noun.
substitución *nf* substitution, replacement.
substituir [62] *vt* to substitute, replace.
substituto,-a *nm,f* substitute.
substracción 1 *nf* substraction. **2** *(robo)* theft.
substraer [88] **1** *vt (restar)* to substract. **2** *(robar)* to steal.
subsuelo *nm* subsoil.
subte *nm* RPL underground, US subway.
subterráneo,-a 1 *adj* subterranean, underground. ‖ **2 subterráneo** *nm* underground passage.
suburbano,-a *adj* suburban.
suburbio *nm* suburb; *(barrio pobre)* slums *pl.*
subvención *nf* subsidy, grant.
subvencionar *vt* to subsidize.
subversivo,-a *adj* subversive.
succionar *vt* to suck.
sucedáneo,-a 1 *adj* substitute. ‖ **2 sucedáneo** *nm* substitute.
suceder 1 *vi (acontecer)* to happen, occur: ***¿qué sucede?*** what's happening? **2** *(seguir)* to follow. **3** *(sustituir)* to succeed.
sucesión 1 *nf* succession. **2** *(descendientes)* heirs *pl.*
sucesivamente *adv* successively: ***y así sucesivamente*** and so on.
sucesivo,-a *adj* consecutive, successive.
• **en lo sucesivo** from now on.
suceso 1 *nm (hecho)* event, happening. **2** *(incidente)* incident. **3** *(delito)* crime.
sucesor,-ra *nm,f* successor.
suciedad 1 *nf (inmundicia)* dirt. **2** *(calidad)* dirtiness.
sucio,-a *adj* dirty.
sucumbir 1 *vi (ser vencido)* to succumb (a, to), yield (a, to). **2** *(morir)* to perish.
sucursal *nf* branch office.
sudadera *nf* sweatshirt.
Sudamérica *nf* South America.
sudamericano,-a *adj* South American.
sudar *vi* to sweat.
• **sudar la gota gorda** *fam* to sweat blood.
sudario *nm* shroud.
sudeste *adj - nm* southeast.
sudoeste *adj - nm* southwest.
sudor *nm* sweat.
sudoroso,-a *adj* sweating.
Suecia *nf* Sweden.
sueco,-a 1 *adj* Swedish. ‖ **2** *nm,f (persona)* Swede. ‖ **3 sueco** *nm (idioma)* Swedish.
suegro,-a *nm,f (hombre)* father-in-law; *(mujer)* mother-in-law.
suela *nf* sole.
sueldo *nm* salary, pay.
suelo 1 *nm* ground; *(de interior)* floor. **2** *(tierra)* soil. **3** *(terreno)* land.
suelto,-a 1 *adj (no sujeto)* loose; *(desatado)* undone. **2** *(estilo etc)* easy. **3** *(des-*

parejado) odd. || **4 suelto** *nm (cambio)* small change.

sueño 1 *nm (acto)* sleep. **2** *(ganas de dormir)* sleepiness. **3** *(mientras se duerme)* dream.

• **tener sueño** to be sleepy.

■ **sueño dorado** cherished dream.

suero *nm* MED serum.

suerte 1 *nf (fortuna)* luck. **2** *(azar)* chance.

• **echar a suertes** to cast lots; **tener suerte** to be lucky.

suéter *nm* sweater.

suficiente *adj - pron* enough.

sufijo *nm* suffix.

sufragar [7] **1** *vt (pagar)* to pay, defray. || **2** *vi* AM *(votar)* to vote (**por**, for).

sufragio *nm* suffrage.

• **en sufragio de ...** for the soul of ...

sufrido,-a *adj* patient, long-suffering.

sufrimiento *nm* suffering.

sufrir 1 *vt (padecer)* to suffer. **2** *(ser sujeto de)* to have; *(operación)* to undergo: ***sufrir un accidente*** to have an accident. **3** *(soportar)* to bear.

sugerencia *nf* suggestion.

sugerir [35] *vt* to suggest.

sugestión *nf* suggestion.

sugestionar *vt* to influence.

sugestivo,-a *adj* suggestive.

suiche *nm* ANDES VEN switch.

suicida 1 *adj* suicidal. || **2** *nmf* suicide.

suicidarse *vpr* to commit suicide.

suicidio *nm* suicide.

Suiza *nf* Switzerland.

suizo,-a *adj - nm,f* Swiss.

sujetador *nm* bra, brassière.

sujetapapeles *nm inv* paper clip.

sujetar 1 *vt (agarrar)* to hold. **2** *(para que no caiga)* to fix, secure. || **3 sujetarse** *vpr* to hold on (a, to).

sujeto,-a 1 *adj (sometido)* subject (a, to), liable (a, to). **2** *(agarrado)* fastened. || **3 sujeto** *nm* GRAM subject. **4** *(persona)* fellow.

sulfato *nm* sulphate.

sulfurar 1 *vt* to exasperate. || **2 sulfurarse** *vpr* to loose one's temper.

sultán *nm* sultan.

suma 1 *nf (cantidad)* sum, amount. **2** MAT sum, addition.

• **en suma** in short.

sumamente *adv* extremely.

sumar 1 *vt* MAT to add up. **2** *(total)* to total. || **3 sumarse** *vpr* to join (a, in).

• **suma y sigue** carried forward.

sumario *nm* JUR legal proceedings *pl*.

sumergible 1 *adj (reloj etc)* waterproof. || **2** *nm (submarino)* submarine.

sumergir [6] **1** *vt (meter en líquido)* to put in; *(con fuerza)* to plunge; *(rápidamente)* to dip. || **2 sumergirse** *vpr (submarinista)* to go underwater, dive; *(submarino)* to dive. **3** *fig (en un ambiente)* to immerse oneself (en, in).

sumidero *nm* drain, sewer.

suministrar *vt* to provide (-, with), supply (-, with).

suministro *nm* provision, supply.

sumir 1 *vt (hundir)* to sink, plunge. || **2 sumirse** *vpr* to immerse oneself (en, in), sink (en, into).

sumisión *nf* submission.

sumiso,-a *adj* submissive, obedient.

sumo,-a *adj* highest.

• **a lo sumo** at most.

súper 1 *adj fam* super, great. || **2** *nm fam (tienda)* supermarket.

superación 1 *nf (de obstáculo)* overcoming. **2** *(de récord)* breaking, beating.

superar 1 *vt* to surpass, exceed. **2** *(obstáculo etc)* to overcome, surmount. **3** *(récord)* to break, beat. || **4 superarse** *vpr* to excel oneself.

superávit *nm (pl* superávit*)* surplus.

superdotado,-a 1 *adj* exceptionally gifted. || **2** *nm,f* exceptionally gifted person.

superficial *adj* superficial.

superficie 1 *nf* surface. **2** *(geometría)* area.

superfluo,-a *adj* superfluous.

superior 1 *adj (encima de)* upper. **2** *(mayor)* greater. **3** *(mejor)* superior.

superior,-a *nm,f* superior.

superioridad *nf* superiority.
superlativo,-a 1 *adj* superlative. || **2 superlativo** *nm* superlative.
supermercado *nm* supermarket.
supersónico,-a *adj* supersonic.
superstición *nf* superstition.
supersticioso,-a *adj* superstitious.
supervisar *vt* to supervise.
supervivencia *nf* survival.
superviviente 1 *adj* surviving. || **2** *nmf* survivor.
súpito,-a *adj* AM sudden.
suplantar *vt* to supplant, replace.
suplementario,-a *adj* supplementary.
suplemento *nm* supplement.
suplencia *nf* substitution.
suplente *adj* - *nmf* substitute.
supletorio *nm (teléfono)* extension.
súplica *nf* request.
suplicar [1] *vt* to beseech, beg.
suplicio 1 *nm (castigo)* torture. **2** *fig (gran carga)* torment.
suplir *vt* to replace, substitute.
suponer [78] **1** *vt (pp* **supuesto,-a***)* to suppose. **2** *(dar por sentado)* to assume. **3** *(acarrear)* to entail. || **4** *nm fam* supposition.
suposición *nf* supposition, assumption.
supositorio *nm* suppository.
supremacía *nf* supremacy.
supremo,-a *adj* supreme.
supresión *nf* suppression; *(de ley, impuesto)* abolition; *(de palabra, texto)* deletion.
suprimir *vt* to suppress; *(ley, impuestos)* to abolish; *(palabras, texto)* to delete.
supuesto,-a 1 *pp* → **suponer**. || **2** *adj* supposed, assumed. || **3 supuesto** *nm* supposition.
• **dar por supuesto,-a** to take for granted; **por supuesto** of course.
supurar *vi* to suppurate.
sur *adj* - *nm* south.
surcar [1] *vt* AGR to furrow.
• **surcar los mares** to ply the seas.
surco *nm (en tierra)* trench.
sureste *adj* - *nm* southeast.
surgir [6] **1** *vi* to arise, appear. **2** *(agua)* to spring forth.
surtido,-a 1 *adj* assorted. || **2 surtido** *nm* assortment.
surtidor 1 *nm (fuente)* fountain. **2** *(chorro)* jet, spout.
■ **surtidor de gasolina** petrol pump.
surtir *vt* to supply, provide.
• **surtir efecto** to work.
susceptible 1 *adj (gen)* susceptible. **2** *(capaz)* capable (**de**, of). **3** *(sentido)* touchy.
suscribir *vt* → **subscribir**.
suscripción *nf* → **subscripción**.
suscrito,-a *pp* → **subscrito,-a**.
susodicho,-a *adj fml* above-mentioned.
suspender 1 *vt (colgar)* to hang up. **2** *(aplazar)* to postpone. **3** EDUC to fail. **4** *(cancelar)* to suspend.
suspense *nm* suspense.
suspensión 1 *nf* AUTO suspension. **2** *(aplazamiento)* postponement. **3** *(cancelación)* suspension.
■ **suspensión de pagos** suspension of payments.
suspenso *nm* EDUC fail.
suspicacia *nf* suspicion, mistrust.
suspicaz *adj* suspicious, distrustful.
suspirar *vi* to sigh.
• **suspirar por** to long for.
suspiro *nm* sigh.
sustancia *nf* → **substancia**.
sustancial *adj* → **substancial**.
sustantivo,-a *adj* → **substantivo,-a**.
sustento *nm* means of support.
sustitución *nf* → **substitución**.
sustituir [62] *vt* → **substituir**.
sustituto,-a *nm,f* → **substituto,-a**.
susto *nm* fright, scare.
sustracción *nf* → **substracción**.
sustraer [88] *vt* → **substraer**.
susurrar 1 *vi* to whisper. **2** *(agua)* to murmur. **3** *(hojas)* to rustle.
susurro 1 *nm* whisper. **2** *(agua)* murmur. **3** *(hojas)* rustle.

sutil *adj* subtle, delicate.
sutileza *nf* subtlety.
suyo,-a 1 *adj (de él)* of his; *(de ella)* of hers; *(de usted/ustedes)* yours; *(de ellos)* theirs: ***¿es amigo suyo?*** is he a friend of his/hers/yours/theirs? ‖ **2** *pron (de él)* his; *(de ella)* hers; *(de usted/ustedes)* yours; *(de ellos,-as)* theirs: ***éste es suyo*** this one is his/hers/yours/theirs.
• **salirse con la suya** to get one's way; **hacer de las suyas** to be up to one's tricks

T

t. *abr (*tomo*)* volume; *(abreviatura)* vol.
tabaco 1 *nm (planta, hoja)* tobacco. **2** *(cigarrillos)* cigarettes *pl.*
■ **tabaco negro** black tobacco; **tabaco rubio** Virginia tobacco.
tábano *nm* horsefly.
tabarra *nf.*
• **dar la tabarra** *fam* to be a pest.
taberna *nf* pub, bar.
tabernero,-a *nm,f* bartender.
tabique *nm* partition wall.
■ **tabique nasal** nasal bone.
tabla 1 *nf (de madera)* plank, board. **2** ART panel. **3** COST pleat. **4** *(índice)* table. **5** MAT table. ‖ **6 tablas** *nf pl (ajedrez)* stalemate *sing,* draw *sing.* **7** TEAT stage *sing.*
■ **tabla de materias** table of contents *pl.*
tablado 1 *nm (suelo)* wooden floor. **2** *(plataforma)* wooden platform.
tablero 1 *nm (tablón)* panel, board. **2** *(en juegos)* board. **3** *(encerado)* blackboard.
tableta 1 *nf (pastilla)* tablet. **2** *(de chocolate)* bar: ***una tableta de chocolate*** a bar of chocolate.
tablón 1 *nm (de madera)* plank. **2** *(en construcción)* beam.
■ **tablón de anuncios** notice board.
tabú *adj - nm (pl* tabúes*)* taboo.
taburete *nm* stool.
tacañería *nf* meanness, stinginess.
tacaño,-a 1 *adj* mean, stingy. ‖ **2** *nm,f* miser.
tachadura *nf* crossing out.
tachar *vt* to cross out.
• **tachar de** to accuse of.
tachero *nm* RPL *fam (de taxi)* taxi driver.
tacho *nm* AM bucket.
tachón *nm* crossing out.
tachuela *nf* tack, stud.
taco 1 *nm (tarugo)* plug, stopper. **2** *(para pared)* plug. **3** *(bloc de notas)* notepad, writing pad; *(calendario)* tear-off calendar; *(de entradas)* book; *(de billetes)* wad. **4** *(de billar)* cue. **5** CULIN cube, piece. **6** *fam (palabrota)* swearword. **7** *fam (año)* year: ***ya tiene 60 tacos*** she's already 60.
• **armarse un taco** to get all mixed up.
tacón *nm* heel.
taconear 1 *vi (pisar)* to tap one's heels. **2** *(golpear)* to stamp one's heels.
táctica *nf* tactics *pl.*
táctil *adj* tactile.
tacto 1 *nm (sentido)* touch. **2** *(delicadeza)* tact.
• **tener tacto** to be tactful.
TAE *abr (*Tasa Anual Equivalente*)* Annualized Percentage Rate; *(abreviatura)* APR.
tailandés,-esa *adj - nm,f* Thai.
Taiwan *nm* Taiwan.
tajada 1 *nf (rodaja)* slice. **2** *(corte)* cut; *(cuchillada)* stab. **3** *fam (borrachera)* drunkenness.
• **pillar una tajada** to get smashed; **sacar tajada** to take one's share.
tajante *adj* categorical.
tajo 1 *nm (corte)* cut, slash. **2** *(en el terreno)* steep cliff. **3** *fam (trabajo)* work.
tal 1 *adj (semejante)* such: ***en tales condiciones*** in such conditions; ***hacían tal ruido que me tuve que ir***

they were making such a racket that I had to leave. **2** *(tan grande)* such, so: ***es tal su valor que ...*** he is so courageous that ... **3** *(sin especificar - cosa)* such and such; *(- persona)* someone called: ***tal día*** such and such a day; ***te llamó un tal García*** someone called García phoned you. ‖ **4** *pron (cosa)* something; *(persona)* someone, somebody. ‖ **5** *conj* as.

● **como si tal cosa** as if nothing had happened; **con tal de que** so long as, provided; **de tal manera que** in such a way that; ***¿qué tal?*** how are things?; **tal cual** just as it is; **tal para cual** two of a kind; **tal vez** perhaps, maybe; **y tal y cual** and so on.

taladradora *nf* drill.

taladrar *vt* to drill; *(pared)* to bore through.

taladro 1 *nm (herramienta)* drill, bore; *(barrena)* gimlet. **2** *(agujero)* drill, hole.

talar *vt* to fell, cut down.

talco *nm* talc.

talego 1 *nm (bolsa)* long sack. **2** *arg (cárcel)* clink, hole. **3** *arg (mil pesetas)* one thousand peseta note.

talento *nm* talent.

TALGO *abr (*Tren Articulado Ligero Goicoechea-Oriol*) Spanish fast passenger train.*

talismán *nm* talisman, lucky charm.

talla 1 *nf (estatura)* height; *(altura moral etc)* stature. **2** *(de prenda)* size. **3** *(escultura)* carving, sculpture. **4** *(tallado)* cutting, carving; *(de metal)* engraving.

● **dar la talla** *(ser lo bastante alto)* to be tall enough; *(ser competente)* to measure up.

tallar 1 *vt (madera, piedra)* to carve, shape; *(piedras preciosas)* to cut; *(metales)* to engrave. **2** *(medir)* to measure the height of. **3** *(valorar)* to value, appraise.

tallarines *nm pl* tagliatelle *sing*, noodles.

taller 1 *nm (obrador)* workshop. **2** ART studio. **3** *(industrial)* factory, mill.

tallo *nm* stem, stalk.

talón 1 *nm (de pie, calzado)* heel. **2** *(cheque)* cheque, US check.

● **pisarle los talones a algn** to be hot on sb's heels.

■ **talón de Aquiles** Achilles heel.

talonario 1 *nm (de cheques)* cheque book, US check book. **2** *(de recibos)* receipt book.

tamaño *nm* size.

● **del tamaño de** as large as, as big as.

■ **tamaño de bolsillo** pocket-size; **tamaño familiar** family-size.

tambalearse *vpr (persona)* to stagger, totter; *(mueble)* to wobble.

tambero *nm* AM *(mesonero)* innkeeper, landlord.

también 1 *adv (también)* also, too, as well: ***Pedro también estaba*** Peter was also there; ***¿lo harás? Yo también*** are you going to do it? So am I. **2** *(además)* besides, in addition.

tambo *nm* RPL *(granja)* dairy farm.

tambor 1 *nm* MÚS *(instrumento)* drum. **2** *(persona)* drummer. **3** *(de arma)* cylinder, barrel. **4** *(de lavadora)* drum. **5** *(de jabón)* large tub, giant size pack.

Támesis *nm* the Thames.

tamiz *nm* sieve.

● **pasar por el tamiz** to sift.

tamizar [4] **1** *vt (harina, tierra)* to sieve. **2** *(luz)* to filter. **3** *(seleccionar)* to screen.

tampoco *adv* neither, nor, not ... either: ***Juan no vendrá y María tampoco*** Juan won't come and María won't either, Juan won't come and neither/nor will María; ***yo tampoco*** me neither.

tampón 1 *nm (de entintar)* inkpad. **2** MED tampon.

tan 1 *adv* so; *(después de sustantivo)* such: ***no me gusta tan dulce*** I don't like it so sweet; ***no quiero una moto tan grande*** I don't want such a big motorbike. **2** *(comparativo)* as ... as, so ... that: ***es tan alto como tú*** he's as tall as you are; ***iba tan deprisa que no lo***

vi he went by so fast that I didn't see him.

● **tan siquiera** even, just; **tan sólo** only.

tanda 1 *nf (conjunto)* batch, lot; *(serie)* series, course. **2** *(turno)* shift.

● **por tandas** in batches.

■ **tanda de palos** thrashing.

tangente *adj -nf* tangent.

● **salirse por la tangente** to go off at a tangent.

tanque 1 *nm (depósito)* tank, reservoir. **2** MIL tank. **3** *(vehículo cisterna)* tanker.

tantear 1 *vt (calcular)* to estimate, guess. **2** *(probar - medidas)* to size up; *(- pesos)* to feel. **3** *fig (examinar)* to try out, put to the test. || **4** *vi* DEP to score.

● **tantear a algn** to sound sb out.

tanteo 1 *nm (cálculo aproximado)* estimate, guess. **2** *(prueba)* reckoning, rough estimate; *(de medidas)* sizing up. **3** *(sondeo)* trial, test; *(de situación)* sounding out. **4** DEP score.

tanto,-a 1 *adj (incontables)* so much; *(contables)* so many: ***no cojas tanta leche*** don't take so much milk; ***¡ha pasado tanto tiempo!*** it's been so long!; ***no comas tantos caramelos*** don't eat so many sweets. **2** *(en comparaciones - incontables)* as much; *(- contables)* as many: ***gana tanto dinero como mi hermano*** she's earning as much money as my brother; ***tengo tantos libros como tú*** I've got as many books as you. **3** *(en cantidades aproximadas)* odd: ***cincuenta y tantas personas*** fifty-odd people. || **4** *pron (incontables)* so much; *(contables)* so many: ***¿hay mucho tráfico hoy? –No tanto como ayer*** is there much traffic today? –Not so much as yesterday; ***no había tantos*** there weren't so many. || **5** *adv (cantidad)* so much: ***¡te quiero tanto!*** I love you so much! **6** *(tiempo)* so long: ***¡esperamos tanto!*** we waited for so long! **7** *(frecuencia)* so often. || **8** *nm (punto)* point. **9** *(cantidad impre-cisa)* so much, a certain amount. **10** *(poco)* bit: ***es un tanto estrecho*** it's a bit narrow.

● **a las tantas** very late; **estar al tanto** *(informado)* to be informed; *(alerta)* to be on the alert; **mientras tanto** meanwhile; **no es para tanto** it's not that bad; **otro tanto** as much again, the same again; **por lo tanto** therefore; **tanto mejor** so much the better; **tanto peor** so much the worse; **uno,-a de tantos,-as** run-of-the-mill; **¡y tanto!** oh, yes!, certainly!

tañer [38] **1** *vt (instrumento)* to play. **2** *(campanas)* to ring, toll.

tapa 1 *nf (cubierta)* lid, top; *(de libro)* cover. **2** *(de zapato)* heelplate. **3** *(de comida)* appetizer, savoury. **4** ANDES RPL *(de botella)* top.

tapadera 1 *nf (de recipiente)* cover, lid. **2** *(de fraude, organización)* cover, front.

tapado *nm* CSUR *(abrigo)* overcoat.

tapar 1 *vt (cubrir)* to cover. **2** *(abrigar)* to wrap up. **3** *(cerrar - olla, tarro)* to put the lid; *(- botella)* to put the top on. **4** *(obstruir)* to obstruct; *(tubería)* to block. **5** *(ocultar)* to hide; *(vista)* to block. || **6 taparse** *vpr (cubrirse)* to cover oneself; *(abrigarse)* to wrap up.

● **taparse los oídos** to put one's fingers in one's ears.

tapete *nm* table runner.

● **estar sobre el tapete** to be under discussion; **poner sobre el tapete** to bring up.

tapia 1 *nf (cerca)* garden wall. **2** *(muro)* wall.

● **estar más sordo,-a que una tapia** to be as deaf as a post.

tapiar [12] *vt (área)* to wall in; *(puerta, ventana)* to brick up.

tapicería 1 *nf (de muebles, coche)* upholstery. **2** *(tienda)* upholsterer's workshop.

tapicero,-a *nm,f* upholsterer.

tapiz 1 *nm (paño)* tapestry. **2** *(alfombra)* rug, carpet.

tapizar [4] **1** *vt (muebles, coche)* to upholster. **2** *(una pared)* to cover.

tapón 1 *nm (de goma, vidrio)* stopper; *(de botella)* cap, cork; *(de lavabo)* plug. **2** *(del oído)* earwax. **3** *fam (persona)* shorty, stubby person. **4** *(baloncesto)* block. **5** AUTO traffic jam. **6** AM *(plomo)* fuse.

taponar 1 *vt (gen)* to block. **2** *(herida)* to tampon. || **3 taponarse** *vpr* to get blocked.

taquería *nf* MÉX *(quiosco)* taco stall; *(restaurante)* taco restaurant.

taquigrafía *nf* shorthand.

taquígrafo,-a *nm,f* shorthand writer.

taquilla 1 *nf (de tren etc)* ticket office, booking office; *(de teatro, cine)* box-office. **2** *(recaudación)* takings *pl*. **3** *(armario)* locker.

taquillero,-a 1 *nm,f* ticket clerk. || **2** *adj* popular.

tara 1 *nf (peso)* tare. **2** *(defecto)* defect, blemish.

tarado,-a 1 *adj (defectuoso)* defective, damaged. **2** *(persona)* handicapped. || **3** *nm,f fam* idiot, nitwit.

tarántula *nf* tarantula.

tararear *vt* to hum.

tardanza *nf* delay.

tardar 1 *vt (emplear tiempo)* to take: ***tardé tres años*** it took me three years. || **2** *vi (demorar)* to take long: ***se tarda más en tren*** it takes longer by train.

• **a más tardar** at the latest; ***¿cuánto se tarda?*** how long does it take?; **no tardes** don't be long.

tarde 1 *nf (hasta las seis)* afternoon: ***son las 4 de la tarde*** it is 4 o'clock in the afternoon. **2** *(después de las seis)* evening. || **3** *adv (hora avanzada)* late: ***se está haciendo tarde*** it's getting late.

• **de tarde en tarde** very rarely, not very often; **llegar tarde** to be late; **más tarde** later; **tarde o temprano** sooner or later.

tardío,-a *adj* late, belated.

tarea *nf* task, job.

■ **tareas de la casa** chores, housework *sing*; **tareas escolares** homework *sing*.

tarifa 1 *nf (precio)* tariff, rate; *(en transporte)* fare. **2** *(lista de precios)* price list.

■ **tarifa reducida** reduced rate, special deal; **tarifa turística** tourist class rate.

tarima *nf* platform, dais.

tarjeta *nf* card.

■ **tarjeta de crédito** credit card; **tarjeta de visita** *(personal)* visiting card, US calling card; *(profesional)* business card; **tarjeta telefónica** phonecard; **tarjeta de embarque** boarding card; **tarjeta postal** postcard.

tarro 1 *nm (vasija)* jar, pot. **2** *fam (cabeza)* bonce. **3** AM *(lata)* tin, can.

tarta *nf (pastel)* cake; *(de hojaldre)* tart, pie.

tartaja *nmf fam* stammerer, stutterer.

tartamudear *vi* to stutter, stammer.

tartamudo,-a 1 *adj* stuttering, stammering. || **2** *nm,f* stutterer, stammerer.

tartera 1 *nf (fiambrera)* lunch box. **2** *(cazuela)* baking tin.

tarugo 1 *nm (de madera)* lump of wood. **2** *(de pan)* chunk of stale bread. **3** *fam (persona)* blockhead.

tasa 1 *nf (valoración)* valuation, appraisal. **2** *(precio)* fee, charge. **3** *(impuesto)* tax. **4** *(índice)* rate.

■ **tasa de natalidad** birth date.

tasar 1 *vt (valorar)* to value, appraise. **2** *(poner precio)* to set the price of. **3** *(gravar)* to tax.

tasca *nf* bar, pub.

• **ir de tascas** to go on a pub crawl.

tata 1 *nf (niñera)* nanny. || **2** *nm* AM *fam (papá)* dad, daddy, US pop.

tatarabuelo,-a *nm,f (hombre)* great-great-grandfather; *(mujer)* great-great-grandmother.

tataranieto,-a *nm,f* great-great-grandchild; *(chico)* great-great-grandson; *(chica)* great-great-granddaughter.

tatuaje 1 *nm (dibujo)* tattoo. **2** *(técnica)* tattooing.

tatuar [11] *vt* to tattoo.

taurino,-a *adj* bullfighting.

Tauro *nm* Taurus.
taxi *nm* taxi, cab.
taxímetro *nm* taximeter, clock.
taxista *nmf* taxi driver, cab driver.
taza 1 *nf (recipiente)* cup. **2** *(contenido)* cupful. **3** *(de retrete)* bowl.
tazón *nm* bowl.
te 1 *pron (complemento directo)* you; *(complemento indirecto)* you, for you: ***no quiero verte*** I don't want to see you; ***te compraré uno*** I'll buy one for you, I'll buy you one. **2** *(reflexivo)* yourself: ***sírvete*** serve yourself; ***lávate*** get washed. **3** *(sin traducción)*: ***no te vayas*** don't go.
té *nm* tea: ***té con limón*** lemon tea.
teatral 1 *adj* theatrical, dramatic. **2** *(exagerado)* stagy, theatrical.
teatro 1 *nm (recinto)* theatre. **2** *(profesión)* acting, stage. **3** *(género)* drama. **4** *(exageración)* theatrics.
• **hacer teatro** *fig* to play-act.
tebeo *nm* comic.
techo 1 *nm (interior)* ceiling. **2** *(exterior)* roof. **3** *(tope)* limit, end.
tecla *nf* key.
• **tocar muchas teclas** to try to do too many things at once.
teclado *nm* keyboard.
■ **teclado expandido** expanded keyboard.
teclear 1 *vi (en máquina de escribir)* to type. **2** *(en piano)* to play. || **3** *vt (escribir)* to key in, type in.
teclista *nmf (músico)* keyboard player; *(mecanógrafo)* keyboarder.
técnica 1 *nf (tecnología)* technics *pl*, technology. **2** *(habilidad)* technique, method.
técnico,-a 1 *adj* technical. || **2** *nm,f* technician, technical expert.
tecnología *nf* technology.
tecolote *nm* CAM MÉX *(búho)* owl.
teja *nf* tile.
• **pagar a toca teja** to pay on the nail.
tejado *nm* roof.
tejanos *nm pl* jeans.
tejedor,-ra *nm,f* weaver.
tejedora *nf* knitting machine.
tejer 1 *vt (en telar)* to weave. **2** *(con agujas)* to knit. **3** *(araña)* to spin. **4** *(plan)* to weave, plot.
tejido 1 *nm (tela)* fabric, material. **2** ANAT tissue.
■ **tejido adiposo** fatty tissue; **tejido de punto** knitted fabric; **tejido óseo** bone tissue.
tejón *nm* badger.
tel. *abr (*teléfono*)* telephone; *(abreviatura)* tel.
tela 1 *nf (tejido)* material, fabric, cloth; *(retal)* piece of material. **2** *(de la leche)* skin. **3** *fam (dinero)* dough. **4** ART painting.
• **poner en tela de juicio** to question.
■ **tela de araña** spider's web; **tela metálica** gauze.
telar *nm* loom.
telaraña *nf* cobweb, spider's web.
tele *nf fam* telly, TV.
telecomunicaciones *nf pl* telecommunications.
telediario *nm* television news bulletin.
teleférico *nm* cable car.
telefonazo *nm fam* buzz, ring.
• **darle un telefonazo a algn** to give sb a ring.
telefonear *vi - vt* to phone.
telefónico,-a *adj* telephone.
telefonista *nmf* telephone operator.
teléfono *nm* telephone, phone.
• **contestar al teléfono** to answer the phone; **estar hablando por teléfono** to be on the phone; **llamar a algn por teléfono** to phone sb, ring sb.
■ **teléfono inalámbrico** cordless telephone; **teléfono móvil** mobile phone; **teléfono público** public phone.
telegrafiar [13] *vt* to telegraph, wire.
telegráfico,-a *adj* telegraphic.
telégrafo *nm* telegraph.
telegrama *nm* telegram, cable.

telenovela *nf* soap opera.
telepatía *nf* telepathy.
telescopio *nm* telescope.
telesilla *nf* chair lift.
telespectador,-ra *nm,f* television viewer.
telesquí *nm* ski lift.
teletexto *nm* Teletext®.
televidente *nmf* television viewer.
televisar *vt* to televise.
televisión 1 *nf (sistema)* television. **2** *fam (aparato)* television set.
televisivo,-a *adj* television.
televisor *nm* television set.
télex *nm* telex.
telón *nm* curtain.
■ **telón de fondo** *(en teatro)* backdrop; *(uso figurado)* background.
tema 1 *nm (asunto)* topic. **2** MÚS theme.
• **atenerse al tema** to keep to the point; **salirse del tema** to go off at a tangent.
■ **tema de actualidad** current affair.
temario *nm (de examen)* programme; *(de conferencia)* agenda.
temblar [27] **1** *vi (de frío)* to shiver; *(de miedo)* to tremble (**de**, with); *(con sacudidas)* to shake. **2** *(voz)* to quiver.
temblor *nm* tremor, shudder.
tembloroso,-a 1 *adj (de frío)* shivering; *(de miedo)* trembling; *(con sacudidas)* shaking. **2** *(voz)* quivering.
temer 1 *vt* to fear, be afraid of. ‖ **2** *vi (preocuparse)* to worry. ‖ **3 temer(se)** *vi - vpr (tener miedo)* to be afraid.
temerario,-a *adj* reckless, rash.
temeroso,-a *adj* fearful, timid.
temible *adj* dreadful, fearful, frightening.
temor *nm* fear.
• **tener temor** to feel apprehensive (a/de, of).
témpano *nm* ice floe.
temperamento *nm* temperament, nature.
• **tener temperamento** to be temperamental, have a strong character.
temperatura *nf* temperature.
■ **temperatura ambiente** ambient teperature.
tempestad *nf* storm.
• **una tempestad en un vaso de agua** a storm in a teacup.
tempestuoso,-a *adj* stormy.
templado,-a 1 *adj (agua, comida)* lukewarm; *(clima, temperatura)* mild, temperate. **2** *(no exagerado)* moderate; *(sereno)* composed, unruffled. **3** *(metal)* tempered.
• **nervios bien templados** steady nerves.
templar 1 *vt (algo frío)* to warm up; *(algo caliente)* to cool down. **2** *(apaciguar)* to calm down. **3** *(metal)* to temper.
temple 1 *nm (fortaleza)* boldness, courage. **2** *(estado de ánimo)* frame of mind, mood. **3** *(de metal)* temper. **4** ART tempera.
templo *nm* temple.
temporada 1 *nf (en artes, deportes, moda)* season. **2** *(período)* period, time.
• **en plena temporada** at the height of the season; **por temporadas** on and off.
■ **temporada alta** high season; **temporada baja** low season.
temporal 1 *adj (transitorio)* temporary, provisional. ‖ **2** *nm* METEOR storm.
temporario,-a *adj* AM temporary.
temprano,-a 1 *adj* early. ‖ **2 temprano** *adv* early.
tenaz 1 *adj (persona - terco)* tenacious; *(- perseverante)* persevering. **2** *(mancha)* difficult to remove.
tenazas *nf pl (herramienta)* pliers, pincers; *(para el fuego)* tongs.
tendedero *nm (cuerda)* clothesline; *(lugar)* drying place.
tendencia *nf* tendency, inclination.
• **tener tendencia a hacer algo** to tend to do sth, have a tendency to do sth.
tender [28] **1** *vt (red)* to cast; *(puente)* to build; *(vía, cable)* to lay. **2** *(ropa, co-*

lada) to hang out. **3** *(mano)* to stretch out, hold out. **4** *(emboscada, trampa)* to lay, set. **5** AM *(cama)* to make; *(mesa)* to lay, set. || **6 tenderse** *vpr (tumbarse)* to lie down, stretch out.

• **tender a hacer algo** to tend to do sth.

tendero,-a *nm,f* shopkeeper.

tendón *nm* tendon, sinew.

tenebroso,-a **1** *adj (sombrío)* dark, gloomy. **2** *(siniestro)* sinister, shady.

tenedor *nm* fork.

tener [87] **1** *vt (gen)* to have, have got: ***tenemos un examen*** we've got an exam. **2** *(poseer)* to own, possess. **3** *(sostener)* to hold: ***lo tienes en la mano*** you're holding it. **4** *(coger)* to take. **5** *(sensación, sentimiento)* to be, feel: ***tengo hambre*** I'm hungry. **6** *(mantener)* to keep. **7** *(medir)* to measure. **8** *(contener)* to hold, contain. **9** *(edad)* to be: ***tiene diez años*** he is ten. **10** *(celebrar)* to hold: ***tener una reunión*** to hold a meeting. **11** *(considerar)* to consider, think: ***me tienen por estúpido*** they think I'm a fool. **12** AM *(llevar)* to have been: ***tengo tres años aquí*** I've been here for three years. || **13 tener que** *v aux (obligación)* to have to, must: ***tengo que irme*** I must leave. || **14 tenerse** *vpr (sostenerse)* to stand up. **15** *(considerarse)* to consider oneself, think oneself: ***se tiene por guapo*** he thinks he's handsome.

• **tener calor** to be hot; **tener compasión** to take pity (de, on); **tener frío** to be cold; **tener ganas de** to feel like; **tener ilusión** to be enthusiastic; **tener miedo** to be frightened; **tenerla tomada con algn** to have it in for sb; **tenerle cariño a** to be fond of; **no tener nada que ver con** to have nothing to do with; **no tenerse en pie** to be tired out; **¿qué tienes?** what's wrong with you?

tenga *pres subj* → **tener**.

tengo *pres indic* → **tener**.

teniente *nm* lieutenant.

■ **teniente de alcalde** deputy mayor.

tenis *nm* tennis.

tenista *nmf* tennis player.

tenor *nm* MÚS tenor.

• **a tenor de** according to.

tensar *vt (cable, cuerda)* to tauten; *(arco)* to draw.

tensión **1** *nf (de cable, cuerda, músculo)* tension. **2** ELEC tension, voltage. **3** MED pressure. **4** *(de situación)* tension; *(estrés)* stress, strain.

• **tener la tensión alta** to have high blood pressure; **tomarle la tensión a algn** to take sb's blood pressure.

■ **tensión arterial** blood pressure; **tensión nerviosa** nervous tension.

tenso,-a **1** *adj (cable, cuerda)* taut. **2** *(persona, músculo)* tense. **3** *(relaciones)* strained.

tentación *nf* temptation.

tentáculo *nm* tentacle.

tentador,-ra *adj* tempting.

tentar [27] **1** *vt (palpar)* to feel, touch. **2** *(incitar)* to tempt. **3** *(atraer)* to attract, appeal.

tentativa *nf* attempt.

■ **tentativa de asesinato** attempted murder.

tenue **1** *adj (delgado)* thin, light. **2** *(luz, sonido)* subdued, faint.

teñir [36] *vt* to dye.

teología *nf* theology.

teorema *nm* theorem.

teoría *nf* theory.

• **en teoría** theoretically.

teórico,-a **1** *adj* theoretic. || **2** *nm,f* theoretician, theorist.

TER *abr (*Tren Español Rápido*) fast Spanish passenger train.*

terapia *nf* therapy.

■ **terapia de choque** shock therapy; **terapia de grupo** troup therapy.

tercer *num* → **tercero,-a**.

▲ *Used before singular masculine nouns.*

tercerización *nf* AM outsourcing.

tercermundista *adj* third-world.

tercero,-a **1** *num* third. || **2 tercero** *nm (en contrato etc)* third party.

terceto 1 *nm (poesía)* tercet. **2** MÚS trio.
tercio *nm* one third.
terciopelo *nm* velvet.
terco,-a *adj* obstinate, stubborn.
tereré *nm* ARG PAR *(mate) refreshing drink made from maté with cold water and lemon juice.*
tergiversar *vt* to twist, distort.
térmico,-a *adj* thermal.
terminal 1 *adj* terminal. || **2** *nf* ELEC INFORM terminal. **3** *(estación)* terminus; *(en aeropuerto)* terminal.
terminante 1 *adj (categórico)* categorical. **2** *(dato, resultado)* conclusive, definitive.
terminar 1 *vt* - *vi (acabar)* to finish. || **2** *vi (ir a parar)* to end up (como, as), end (en, in/with). **3** *(eliminar)* to put an end (con, to). **4** *(reñir)* to break up (con, with). || **5 terminarse** *vpr (acabarse)* to finish, end, be over. **6** *(agotarse)* to run out.
término 1 *nm* FIN end, finish. **2** *(estación)* terminus. **3** *(límite)* limit, boundary. **4** *(plazo)* term, time. **5** *(palabra, argumento)* term. **6** *(lugar, posición)* place.
• **dar término a** to conclude; **en otros términos** in other words; **en términos generales** generally speaking; **llevar algo a buen término** to carry sth through; **poner término a algo** to put an end to sth; **por término medio** on average.
▪ **término medio** average; **término municipal** district.
termita *nf* termite.
termo *nm* thermos flask, thermos.
termómetro *nm* thermometer.
termostato *nm* thermostat.
ternera *nf* CULIN veal.
ternero,-a *nm,f* calf.
terno *nm* ANDES MÉX *(traje)* three-piece suit.
ternura *nf* tenderness.
terquedad *nf* obstinacy, stubbornness.
terrado *nm* flat roof.
terraja *adj* RPL *fam (persona)* flashy; *(cosa)* tacky, kitsch.
terrajada *nf* RPL *fam* tacky thing.
terral *nm* AM *(polvareda)* dust cloud.
terraplén *nm* embankment.
terrateniente *nmf* landowner.
terraza 1 *nf (balcón)* terrace. **2** *(azotea)* roof terrace. **3** *(de un café)* veranda.
terremoto *nm* earthquake.
terreno,-a 1 *adj* worldly, earthly. || **2 terreno** *nm (tierra)* piece of land, ground; *(solar)* plot, site. **3** GEOG terrain. **4** AGR *(de cultivo)* soil; *(campo)* field. **5** *(ámbito)* field, sphere.
• **estar en su propio terreno** to be on home ground; **saber algn el terreno que pisa** to know what sb's doing; **ser terreno abonado para algo** to be receptive to sth.
terrestre 1 *adj (vida, transporte)* land, terrestrial. **2** *(animal, vegetación)* land.
• **por vía terrestre** overland, by land.
terrible *adj* terrible, awful.
terrícola *nmf* earthling.
territorial *adj* territorial.
territorio *nm* territory.
terrón *nm* lump.
▪ **terrón de azúcar** lump of sugar.
terror *nm* terror: ***terror a lo desconocido*** terror of the unknown.
▪ **película de terror** horror film.
terrorífico,-a *adj* terrifying, frightening.
terrorismo *nm* terrorism.
terrorista *adj* - *nmf* terrorist.
terso,-a 1 *adj (liso)* smooth. **2** *(estilo)* polished, fluent.
tertulia *nf* get-together.
• **hacer tertulia** to have a get-together.
▪ **tertulia literaria** literary gathering.
tesis *nf inv* thesis.
tesón *nm* tenacity, firmness.
tesorero,-a *nm,f* treasurer.
tesoro 1 *nm (cosas de valor)* treasure. **2** *(erario)* treasury, exchequer.
test *nm* test.

testamento *nm* will, testament.
● **hacer testamento** to make one's will.
testarudo,-a *adj* obstinate, stubborn, pigheaded.
testear *vt* CSUR to test.
testículo *nm* testicle.
testificar [1] *vt* - *vi* to testify.
testigo 1 *nmf* witness. ‖ **2** *nm* DEP baton.
● **poner a algn por testigo** to call sb to witness.
■ **testigo de cargo** witness for the prosecution; **testigo de descargo** witness for the defence; **testigo ocular** eyewitness.
testimonio 1 *nm* JUR testimony. **2** *(prueba)* evidence, proof.
● **dar testimonio** to give evidence.
teta 1 *nf fam (de mujer)* tit, titty, boob. **2** *(de vaca)* udder.
tetera *nf* teapot.
tetero *nm* COL VEN *(biberón)* baby's bottle.
tetilla 1 *nf (de biberón)* teat. **2** *(de hombre)* nipple.
tetina *nf* teat.
tetrabrik *nm* carton.
tétrico,-a *adj* gloomy, dull, dismal.
textil *adj* textile.
texto *nm* text.
textual 1 *adj (del texto)* textual. **2** *(exacto)* literal.
textura *nf* texture.
tez *nf* complexion.
ti *pron* you.
▲ *Used only after prepositions.*
tía 1 *nf (pariente)* aunt. **2** *fam (mujer)* woman, bird.
■ **tía abuela** great aunt.
tianguis *nm inv* CAM MÉX open-air market.
tibia *nf* tibia, shinbone.
tibio,-a *adj* tepid, lukewarm.
tiburón *nm* shark.
tic *nm (pl* tics*)* tic, twitch.
tictac *nm* tick-tock, ticking.
tiempo 1 *nm (gen)* time. **2** METEOR weather. **3** *(edad)* age: ***¿qué tiempo tiene su niño?*** how old is your baby? **4** *(temporada)* season. **5** MÚS tempo, movement. **6** DEP *(parte)* half. **7** GRAM tense.
● **a su debido tiempo** in due course; **a tiempo** in time; **al poco tiempo** soon afterwards; **con tiempo** in advance; ***¿cuánto tiempo?*** how long?; **el tiempo es oro** time is money; **hacer tiempo** to make time; ***¿qué tiempo hace?*** what's the weather like?
■ **tiempo libre** spare time; **tiempo muerto** time out.
tienda 1 *nf* COM shop, US store. **2** *(de campaña)* tent.
■ **tienda de campaña** tent; **tienda de comestibles** grocer's.
tierno,-a 1 *adj (blando)* tender, soft. **2** *(reciente)* fresh. **3** *(cariñoso)* affectionate, darling.
tierra 1 *nf (planeta)* earth. **2** *(superficie sólida)* land. **3** *(terreno cultivado)* soil, land. **4** *(país)* country. **5** *(suelo)* ground. **6** AM *(polvo)* dust.
● **tocar tierra** *(barco)* to reach harbour; *(avión)* to touch down; **echar tierra sobre algo** *fig* to hush sth up.
■ **tierra firme** terra firma; **tierra natal** homeland; **tierra prometida** promised land.
tierral *nm* AM cloud of dust.
tieso,-a 1 *adj (rígido)* stiff, rigid. **2** *(erguido)* upright, erect. **3** *fam (engreído)* stiff, starchy.
tiesto *nm* flowerpot.
tifón *nm* typhoon.
tigre 1 *nm* tiger. **2** AM jaguar.
tijeras *nf pl* scissors *pl.*
tila *nf* lime-blossom tea.
tilde *nf (gen)* accent; *(de la* ñ*)* tilde.
tilma *nf* MÉX woollen blanket.
tilo *nm* lime tree.
timador,-ra *nm,f* swindler.
timar *vt* to swindle, cheat.
timbal *nm* kettledrum.
timbrar *vt (carta)* to stamp, mark; *(documento)* to seal.

timbrazo *nm loud, long* ring.
timbre 1 *nm (de la puerta)* bell. **2** *(sello)* stamp.
timidez *nf* shyness.
tímido,-a *adj* shy, timid.
timo *nm* swindle, fiddle.
timón 1 *nm (de barco, etc)* rudder. **2** ANDES *(volante)* steering wheel.
• **llevar el timón** to be at the helm.
timonel *nm* steersman.
tímpano *nm* eardrum.
tina 1 *nf (recipiente)* vat, tub. **2** CAM COL MÉX *(bañera)* bath.
tinaja *nf* large earthenware jar.
tinglado 1 *nm (cobertizo)* shed. **2** *(tablado)* platform. **3** *(embrollo)* mess. **4** *fig (intriga)* intrigue. **5** *fig (mundillo)* set-up, racket.
tiniebla *nf* darkness.
tinta *nf* ink.
• **medias tintas** ambiguities; **cargar las tintas** to exaggerate; **saber algo de buena tinta** to have got sth straight from the horse's mouth; **sudar tinta** to sweat blood.
tinte 1 *nm (colorante)* dye. **2** *(proceso)* dyeing. **3** *(tintorería)* dry-cleaner's. **4** *fig (matiz)* shade, colouring.
tintero *nm* inkwell.
tintinear 1 *vi (vidrio)* to clink, chink. **2** *(campanillas)* to jingle, tinkle.
tintineo 1 *nm (de vidrio)* clink, chink. **2** *(de campanillas)* jingling, ting-a-ling.
tinto,-a 1 *adj (vino)* red. **2** *(teñido)* dyed. ‖ **3 tinto** *nm* red wine. **4** COL VEN *(café)* black coffee.
tintorería *nf* dry-cleaner's.
tío 1 *nm (pariente)* uncle. **2** *fam* guy, GB bloke.
■ **tío abuelo** great uncle.
tiovivo *nm* merry-go-round, round-about.
tipear *vt - vi* AM to type.
típico,-a *adj* typical, characteristic.
tipo 1 *nm (clase)* type, kind. **2** FIN rate. **3** ANAT *(de hombre)* build, physique; *(de mujer)* figure. **4** *fam (hombre)* fellow, bloke, guy.
• **tener buen tipo** to have a good figure; **jugarse el tipo** to risk one's neck; **aguantar el tipo** to keep cool, keep calm.
tiquete *nf* AM ticket.
tira 1 *nf* strip. **2** MÉX *fam (policía)* the cops.
• **la tira** *fam* a lot, loads *pl*.
tirabuzón 1 *nm (rizo)* ringlet. **2** *(sacacorchos)* corkscrew.
tirachinas *nm inv* catapult, US slingshot.
tirada 1 *nf (impresión)* printing; *(edición)* edition. **2** *(distancia)* stretch. **3** *(serie)* long series.
• **de una tirada** in one go.
tirado,-a 1 *adj fam (precio)* dirt cheap. **2** *fam (problema, asunto)* dead easy. **3** *fam (abandonado)* let down.
tirador,-ra 1 *nm,f (persona)* shooter. ‖ **2 tirador** *nm (de puerta, cajón)* knob, handle; *(cordón)* bell-pull.
tiraje *nm* AM print run.
tiranía *nf* tyranny.
tiranizar [4] *vt* to tyrannize.
tirano,-a *nm,f* tyrant.
tirante 1 *adj (cable, cuerda)* taut, tight. **2** *(relación, situación)* tense. ‖ **3 tirantes** *nm pl* braces, US suspenders.
tirantez 1 *nf (de cable, cuerda)* tautness, tightness. **2** *(de relación, situación)* tension, strain.
tirar 1 *vt (echar)* to throw; *(tiro)* to fire; *(bomba)* to drop; *(beso)* to blow. **2** *(dejar caer)* to drop. **3** *(desechar)* to throw away. **4** *(derribar)* to knock down; *(casa, árbol)* to pull down; *(vaso, botella)* to knock over. **5** *(derramar)* to spill. **6** *(imprimir)* to print. **7** *(hacer - foto)* to take; *(- línea, plano)* to draw. ‖ **8** *vi (cuerda, puerta)* to pull (de, -). **9** *(estufa, chimenea)* to draw. **10** *(en juegos)* to be a player's turn/move/go: ***tira tú*** it's your turn, it's your move. **11** *fam (funcionar)* to work, run. **12** *fam (durar)* to last. **13** *(tender)* to tend (a, towards). **14** *(parecerse)* to take after (a, -). **15** *(ir)* to go, turn. ‖ **16 tirarse** *vpr (lanzarse)* to throw oneself. **17** *(tum-*

barse) to lie down. **18** *fam (tiempo)* to spend. **19** *arg (fornicar)* to lay (a, -).

● **ir tirando** *(arregárselas)* to manage; *(tener buena salud)* to be okay; **tira y afloja** give and take; **tirar el dinero** to squander money; **tirar para** to be attracted to; **tirar una moneda al aire** to toss a coin.

tirita® *nf* plaster, US Band-aid®.

tiritar *vi* to shiver, shake.

tiro 1 *nm (lanzamiento)* throw. **2** *(disparo, ruido)* shot. **3** *(de caballos)* team: ***animal de tiro*** draught animal. **4** *(de chimenea)* draught. **5** *(de escaleras)* flight.

● **a tiro** *(de arma)* within range; *(a mano)* within reach; **dar un tiro** to shoot, fire a shot; **de tiros largos** all dressed up; **salirle el tiro por la culata a algn** to backfire on oneself; **ni a tiros** *fam* not for love or money.

■ **tiro al blanco** target shooting.

tirón 1 *nm (acción)* pull, tug. **2** *(robo)* bag-snatching.

● **de un tirón** *fam* in one go.

tirotear *vt* to shoot, snipe.

tiroteo *nm* shooting, firing to and fro.

tirria *nf fam* dislike.

● **tenerle tirria a algn** to have a grudge against sb.

títere *nm* puppet, marionette.

titubear 1 *vi (vacilar)* to hesitate. **2** *(tartamudear)* to stammer.

titubeo 1 *nm (duda)* hesitation. **2** *(tartamudeo)* stammering.

titulación *nf* qualifications *pl*.

titular 1 *adj* appointed, official. || **2** *nmf (persona)* holder. || **3** *nm (de prensa)* headline. || **4** *vt* to call. || **5 titularse** *vpr (obra, película)* to be called. **6** EDUC to graduate (en, in).

título 1 *nm (gen)* title. **2** *(de texto legal)* heading. **3** EDUC degree; *(diploma)* certificate, diploma. **4** *(titular de prensa)* headline. **5** *(banca)* bond, security. || **6 títulos** *nm pl (méritos)* qualifications, qualities.

■ **título de propiedad** title deed.

tiza *nf* chalk: ***una tiza*** a piece of chalk.

tiznada *nf* AM.

■ **hijo de la tiznada** *vulg* son of a bitch.

tizón *nm* half-burnt stick, brand.

tlapalería *nf* MÉX ironmonger's.

TNT *abr* (trinitrotolueno) trinitrotoluene; *(abreviatura)* TNT.

toalla *nf* towel.

● **tirar la toalla** to throw in the towel.

toallero *nm* towel rail.

tobillo *nm* ankle.

tobogán *nm (rampa)* slide.

tocadiscos *nm inv* record player.

tocador 1 *nm (mueble)* dressing table. **2** *(habitación)* dressing room, boudoir.

■ **tocador de señoras** powder room.

tocar [1] **1** *vt (gen)* to touch. **2** *(palpar)* to feel. **3** *(hacer sonar - instrumento, canción)* to play; *(- timbre)* to ring; *(- bocina)* to blow, honk; *(- campanas)* to strike. **4** DEP *(diana)* to hit. **5** *(mencionar)* to touch on: ***no tocó el tema*** she didn't touch on the subject. || **6** *vi (corresponder)* to be one's turn: ***te toca lavar los platos*** it's your turn to do the dishes. **7** *(caer en suerte)* to win. **8** *(afectar)* to concern, affect. **9** *(ser parientes)* to be a relative of. **10** AV MAR to call (en, at), stop over (en, at).

● **tocar a su fin** to be coming to an end.

tocayo,-a *nm,f* namesake.

tocinería *nf* pork butcher's.

tocino 1 *nm (grasa)* lard. **2** *(carne)* bacon.

■ **tocino ahumado** smoked bacon; **tocino de cielo** *sweet made with egg yolk*.

tocón,-ona *adj fam* groper.

tocuyo *nm* AM coarse cotton cloth.

todavía 1 *adv (a pesar de ello)* nevertheless. **2** *(tiempo)* still, yet: ***todavía la quiere*** he still loves her; ***todavía no lo quiere*** he doesn't want it yet. **3** *(para reforzar)* even: ***esto todavía te gustará más*** you'll enjoy this even more.

todo ,-a 1 *adj (gen)* all: ***se comió todo***

el pastel he ate all the cake. **2** *(por completo)* whole: ***participó toda la clase*** the whole class took part. **3** *(cada)* every: ***todos los lunes*** every Monday. || **4 todo** *pron (sin exclusión)* all, everything: ***lo perdieron todo*** they lost everything; ***se lo bebió todo*** he drank it all. || **5 todo,-as** everybody, everyone.

● **ante todo** first of all; **con todo** in spite of everything; **del todo** completely; **después de todo** after all; **estar en todo** to be really with it; **todo el mundo** everybody, everyone; **todo lo más** at the most.

todopoderoso,-a *adj* almighty, all-powerful.

■ **el Todopoderoso** the Almighty.

toga *nf* robe, gown.

toldo 1 *nm* awning. **2** AM *(cabaña)* tent.

tolerable *adj* tolerable.

tolerancia *nf* tolerance.

tolerar 1 *vt (consentir)* to tolerate. **2** *(inconvenientes)* to stand. **3** *(gente)* to put up with. **4** *(comida, bebida)* to take.

toma 1 *nf (acción)* taking. **2** MED dose. **3** MIL capture. **4** *(grabación)* recording. **5** CINEM take, shot.

■ **toma de corriente** power point; **toma de posesión** takeover; **toma de tierra** earth wire, US ground wire.

tomado,-a 1 *adj (voz)* hoarse. **2** AM *(bebido)* drunk.

tomar 1 *vt (gen)* to take. **2** *(autobús, tren)* to catch, take. **3** *(comida)* to have, eat; *(bebida)* to have, drink; *(medicina)* to take. **4** *(baño, ducha)* to have. || **5** *vi* AM *(encaminarse)* to go, turn. **6** AM *(beber alcohol)* to drink. || **7 tomarse** *vpr (vacaciones, comentario)* to take: ***tómate un par de semanas*** take a couple of weeks off. **8** *(comida)* to have, eat; *(bebida)* to have, drink; *(medicina)* to take.

● **tomar la palabra** to speak; **tomar tierra** to land; **tomarla con algn** to have it in for sb.

tomate 1 *nm (fruto)* tomato. **2** *fam (jaleo)* fuss, commotion. **3** *fam (dificultad)* snag, catch.

● **ponerse como un tomate** to go as red as a beetroot.

tómbola *nf* tombola.

tomillo *nm* thyme.

tomo *nm* volume.

ton *loc* without rhyme or reason.

tonada 1 *nf (melodía)* tune, song. **2** AM *(acento)* accent.

tonalidad *nf* tone.

tonel *nm* barrel, cask.

● **como un tonel** *fam* as fat as a pig.

tonelada *nf* ton.

■ **tonelada métrica** metric ton.

tónica 1 *nf (bebida)* tonic. **2** *(tendencia)* tendency, trend.

tónico,-a 1 *adj* tonic. || **2 tónico** *nm* tonic.

tono 1 *nm (gen)* tone. **2** MÚS key, pitch. **3** *(de color)* shade.

● **a tono con** in tune with, harmony with; **bajar el tono** to lower one's voice; **subir el tono** to speak louder; **darse tono** to put on airs; **fuera de tono** inappropiate, out of place; **sin venir a tono** for no good reason.

tontaina 1 *adj fam* foolish, silly. || **2** *nmf fam* fool, nitwit.

tontear 1 *vi (decir tonterías)* to act the clown, fool about. **2** *(galantear)* to flirt.

tontería 1 *nf (dicho, hecho)* silly thing, stupid thing. **2** *(insignificancia)* trifle.

● **decir tonterías** to talk nonsense; **dejarse de tonterías** to be serious.

tonto,-a 1 *adj* silly, dumb. || **2** *nm,f* fool, idiot.

● **hacer el/la tonto,-a** to act the fool; **hacerse el/la tonto,-a** to play dumb; **ponerse tonto,-a** to get stroppy.

topadora *nf* RPL bulldozer.

topar 1 *vi (con alguien)* to bump into, run into. **2** *(con algo)* to come across sth.

tope 1 *adj* top, maximum. || **2** *nm (límite)* limit, end. || **3** *adv fam* incredibly.

• **a tope** *fam (lleno)* packed; *(al máximo)* flat out; **estar hasta los topes** *fam* to be bursting at the seams.

tópico,-a 1 *adj* MED external. || **2 tópico** *nm* commonplace, cliché.

topo *nm* mole.

topografía *nf* topography.

topónimo *nm* place name.

toque 1 *nm (acto)* touch. **2** *(tañido)* ringing. **3** *(advertencia)* warning note.

■ **toque de queda** curfew.

toquilla *nf* shawl.

tórax *nm inv* thorax.

torbellino *nm* whirlwind.

torcedura *nf* sprain.

torcer [54] **1** *vt (cuerda etc)* to twist. **2** *(doblar)* to bend. **3** *(inclinar)* to slant. || **4 torcerse** *vpr* MED to sprain. **5** *(plan)* to fall through.

• **torcer la esquina** to turn the corner.

torcido ,-a 1 *adj (cuadro, línea, nariz)* crooked. **2** *(alambre, tubería)* bent; *(mente)* twisted.

tordo *nm (pájaro)* thrush.

torear 1 *vi - vt (toro)* to fight. || **2** *vt (persona)* to tease, confuse.

toreo *nm* bullfighting.

torera *nf* bolero.

torero,-a *nm,f* bullfighter.

tormenta *nf* storm.

■ **tormenta de arena** sandstorm; **tormenta de nieve** snowstorm.

tormento 1 *nm (tortura)* torture. **2** *(dolor)* torment, pain.

tormentoso,-a *adj* stormy.

tornado *nm* tornado.

torneo *nm* tournament.

tornillo *nm* screw.

• **faltarle un tornillo a algn** to have a screw loose.

torniquete 1 *nm (aspa giratoria)* turnstile. **2** MED tourniquet.

torno *nm* lathe.

• **en torno a** *(alrededor de)* around; *(acerca de)* about, concerning.

toro *nm* bull.

• **coger el toro por los cuernos** to take the bull by the horns; **ir a los toros** to go to a bullfight.

■ **toro bravo** fighting bull.

torpe 1 *adj (patoso)* clumsy. **2** *(tonto)* slow.

torpedo *nm* torpedo.

torpeza 1 *nf (falta de habilidad)* clumsiness. **2** *(falta de inteligencia)* slowness.

• **cometer una torpeza** to make a blunder.

torre 1 *nf (de edificio)* tower. **2** *(de ajedrez)* rook, castle.

torrencial *adj* torrential.

torrente *nm* mountain stream, torrent.

torrija *nf* type of French toast.

torso *nm* torso.

torta 1 *nf (pastel)* cake. **2** *fam (bofetón)* slap. **3** *fam (golpe)* thump.

• **ni torta** not a thing; **pegarse una torta** to give oneself a bump.

tortazo *nm (bofetón)* slap; *(golpe)* thump.

tortícolis *nf inv* stiff neck.

tortilla 1 *nf (de huevos)* omelette. **2** AM *(de maíz)* tortilla, pancake.

■ **tortilla de patatas** Spanish omelette; **tortilla francesa** plain omelette.

tórtola *nf* dove.

tortuga 1 *nf (de tierra)* tortoise, US turtle. **2** *(marina)* turtle.

tortura *nf* torture.

torturar 1 *vt* to torture. || **2 torturarse** *vpr* to torture oneself.

tos *nf* cough.

■ **tos ferina** whooping cough.

tosco,-a *adj* rough, coarse.

toser *vi* to cough.

tostada *nf* piece of toast.

• **olerse la tostada** to smell a rat.

tostado,-a 1 *adj (pan)* toasted; *(café)* roasted. **2** *(moreno)* tanned. **3** *(color)* brown.

tostador *nm* toaster.

tostadora *nf* toaster.

tostar [31] **1** *vt (pan)* to toast; *(café)* to

roast; *(carnes)* to brown. **2** *(piel)* to tan. **3** AM *(zurrar)* to tan. ‖ **4 tostarse** *vpr* to get brown, get tanned.
tostón *nm fam* bore, drag.
total 1 *adj - nm* total. ‖ **2** *adv* in short.
totalidad *nf* whole, totality.
totalitario,-a *adj* totalitarian.
tóxico,-a 1 *adj* toxic. ‖ **2 tóxico** *nm* poison.
toxicómano,-a *nm,f* drug addict.
tozudo,-a *adj* stubborn.
traba *nf* hindrance, obstacle.
trabajador,-ra 1 *adj* hard-working. ‖ **2** *nm,f* worker.
trabajar 1 *vi* to work. ‖ **2** *vt (tierra, madera, metal)* to work; *(masa)* to knead. ‖ **3 trabajarse** *vpr (persona, asunto)* to work on.
trabajo 1 *nm (gen)* work. **2** *(tarea)* task, job. **3** *(empleo)* job. **4** *(esfuerzo)* effort. **5** EDUC report, paper.
■ **trabajo a destajo** piecework; **trabajos forzados** hard labour *sing*; **trabajos manuales** handicrafts.
trabajoso,-a *adj* hard, laborious.
trabalenguas *nm inv* tongue twister.
trabar 1 *vt (unir)* to join. **2** *(amistad, conversación)* to strike up. **3** *(líquido, salsa)* to thicken. ‖ **4 trabarse** *vpr (mecanismo)* to jam.
● **trabársele la lengua a algn** to get tongue-tied.
trabuco *nm* blunderbuss.
traca *nf* string of firecrackers.
tracción *nf* traction.
■ **tracción delantera** front-wheel drive; **tracción trasera** rear-wheel drive.
tractor *nm* tractor.
tradición *nf* tradition.
tradicional *adj* traditional.
traducción *nf* translation.
■ **traducción automática** machine translation.
traducir [46] *vt* to translate (de, from) (a, into).
traductor,-ra *nm,f* translator.
traer [88] **1** *vt (trasladar)* to bring. **2** *(llevar consigo)* to carry. **3** *(causar)* to bring about. **4** *(vestir)* to wear.
● **traer entre manos** to be busy with; **me trae sin cuidado** I couldn't care less; **traérselas** *fam* to be really difficult.
traficante *nmf* dealer, trafficker.
■ **traficante de armas** arm dealer; **traficante de drogas** drug dealer, drug trafficker.
traficar [1] *vi* to deal, traffic (con, in).
tráfico *nm* traffic.
■ **tráfico aéreo** air traffic; **tráfico de drogas** drug trafficking, drug dealing.
tragaluz *nm* skylight.
tragaperras *nf inv* slot machine.
tragar [7] **1** *vt - vpr (comida, medicina)* to swallow. ‖ **2** *vt fam (situación, persona)* to put up with.
tragedia *nf* tragedy.
trágico,-a *adj* tragic.
trago 1 *nm (sorbo)* swig. **2** *(bebida)* drink.
● **echar un trago** to have a drink; **pasar un mal trago** to have a bad time of it.
tragón,-ona 1 *adj* greedy. ‖ **2** *nm,f* glutton.
traición 1 *nf (deslealtad)* betrayal. **2** *(delito)* treason.
traicionar *vt* to betray.
traicionero,-a *adj* treacherous.
traidor,-ra 1 *adj* treacherous. ‖ **2** *nm,f* traitor.
tráiler 1 *nm* CINEM trailer. **2** AUTO articulated lorry, US trailer truck. **3** MÉX *(casa rodante)* caravan, US trailer.
traje 1 *nm (de hombre)* suit. **2** *(de mujer)* dress.
■ **traje de baño** bathing suit, bathing costume; **traje de etiqueta** evening dress; **traje de luces** bullfighter's costume; **traje sastre** skirt and jacket.
trajín *nm fam* comings and goings *pl.*
trajinar *vi fam (moverse)* bustle about.
trama 1 *nf (textil)* weft, woof. **2** *(argumento)* plot.

tramar 1 *vt (tejidos)* to weave. 2 *(preparar)* to plot.
tramitar *vt* to negotiate, carry out.
trámite 1 *nm (paso)* step. 2 *(negociación)* procedures *pl*.
tramo 1 *nm (de carretera)* stretch, section. 2 *(de escalera)* flight.
tramoya *nf* stage machinery.
trampa 1 *nf (para cazar)* trap. 2 *(abertura)* trapdoor. 3 *(engaño)* trap, trick.
• **hacer trampas** to cheat; **tenderle una trampa a algn** to set a trap for sb.
trampilla *nf* trapdoor.
trampolín 1 *nm (de piscina)* springboard, diving board. 2 *(de esquí)* ski jump.
tramposo,-a 1 *adj* deceitful, tricky. || 2 *nm,f* trickster.
tranca 1 *nf (palo)* club, truncheon. 2 *(para puertas etc)* bar.
• **a trancas y barrancas** with great difficulty.
trancarse *vpr* AM to get stuck: ***la llave se trancó en la cerradura*** the key got stuck in the lock.
trancazo 1 *nm (golpe)* blow with a stick. 2 *fam (gripazo)* bout of flu.
tranquilidad *nf* calmness, tranquillity.
tranquilizante *nm* tranquillizer.
tranquilizar [4] *vt - vpr* to calm down.
tranquilo,-a 1 *adj (pesona, voz, mar)* calm. 2 *(lugar)* quiet, peaceful.
transacción *nf* transaction.
transar 1 *vi* AM *fam (transigir)* to compromise, to give in. 2 AM *fam (negociar)* to negotiate.
transatlántico,-a 1 *adj* transatlantic. || 2 **transatlántico** *nm* liner.
transbordador *nm* ferry.
▪ **transbordador espacial** space shuttle.
transbordo *nm (de pasajeros)* change; *(de equipajes)* transfer.
• **hacer transbordo** to change.
transcribir *vt (pp* transcrito,-a*)* to transcribe.
transcurrir *vi* to pass, elapse.
transcurso *nm* course, passing.
• **en el transcurso de** in the course of.
transeúnte 1 *nmf (peatón)* pedestrian, passer-by. 2 *(residente transitorio)* temporary resident.
transferencia *nf* FIN transfer.
transferir [35] *vt* to transfer.
transformación *nf* transformation.
transformador *nm* transformer.
transformar 1 *vt* to transform. || 2 **transformarse** *vpr* to change.
• **transformar en** to become.
tránsfuga *nmf* turncoat.
transfusión *nf* transfusion.
▪ **hacerle a algn una transfusión de sangre** to give sb a blood transfusion.
transición *nf* transition.
transigir [6] *vi* to compromise, be tolerant.
transistor *nm* transistor.
transitable *adj* passable.
transitar *vi* to travel about.
transitivo,-a *adj* transitive.
tránsito 1 *nm (acción)* passage, transit. 2 AUTO traffic.
transitorio,-a *adj* transitory.
translúcido,-a *adj* translucent.
transmisión 1 *nf (gen)* transmission. 2 RAD TV broadcast. 3 TÉC drive.
transmisor,-ra 1 *adj* transmitting. || 2 *nm,f* transmitter.
transmitir 1 *vt (gen)* to transmit. 2 RAD TV to broadcast.
transparencia 1 *nf (de agua, cristal)* transparency. 2 *(diapositiva)* slide.
transparentarse *vpr* to be transparent, show through.
transparente 1 *adj (gen)* transparent. 2 *(tela)* see-through.
transpiración *nf* perspiration.
transpirar *vi* to perspire.
transplante *nm* → **trasplante**.
transportar *vt (gen)* to transport; *(en barco)* to ship.

transporte *nm* transport.
■ **transporte público** public transport, US public transportation.
transportista *nmf* carrier.
transversal *adj* transverse, cross.
tranvía *nm* tram, US streetcar.
trapecio 1 *nm (de circo, gimnasia)* trapeze. **2** *(en geometría)* trapezium.
trapecista *nmf* trapeze artist.
trapero,-a *nm,f* rag-and-bone man.
trapo 1 *nm (tela vieja)* rag. **2** *(paño)* cloth. **3** MAR sails *pl.* ‖ **4 trapos** *nm pl* clothes.
• **a todo trapo** *(barco)* at full sail; *(uso figurado)* flat out; **poner a algn como un trapo** to tear sb apart.
tráquea *nf* trachea.
tras 1 *prep (después de)* after: ***día tras día*** day after day. **2** *(detrás de)* behind.
trascendencia 1 *nf (importancia)* significance. **2** *(en filosofía)* transcendence.
trascendental 1 *adj (importante)* significant. **2** *(filosofía)* transcendent.
trascender [28] **1** *vi (darse a conocer)* to become known. **2** *(tener consecuencias)* to have an effect.
trascribir *vt* → **transcribir**.
trascrito,-a *pp* → **transcribir**.
trasero,-a 1 *adj* back, rear. ‖ **2 trasero** *nm fam* bottom, bum.
trasladar 1 *vt (desplazar)* to move. **2** *(de cargo etc)* to transfer. **3** *(aplazar)* to postpone, adjourn. ‖ **4 trasladarse** *vpr (cosa)* to move (de/a, from/to); *(persona)* to go.
traslado 1 *nm (mudanza)* move. **2** *(de cargo etc)* transfer.
trasluz *nm* diffused light.
• **mirar algo al trasluz** to hold sth against the light.
trasnochador,-ra *nm,f* night bird.
trasnochar *vi* to stay up late.
traspapelarse *vpr* to get mislaid.
traspasar 1 *vt (atravesar)* to go through, pierce. **2** *(cruzar - calle)* to cross over; *(- puerta)* to pass through. **3** *(negocio etc)* to transfer.
• **"Se traspasa"** "For sale".
traspaso 1 *nm (venta)* transfer. **2** *(precio)* take-over fee.
traspié *nm* stumble, trip.
• **dar un traspié** to stumble, trip.
trasplantar *vt* to transplant.
trasplante *nm* transplantation.
trastada *nf* dirty trick.
• **hacerle una trastada a algn** to play a dirty trick on sb.
traste 1 *nm (de guitarra)* fret. ‖ **2** *nm* CSUR *fam (trasero)* bottom. ‖ **3 trastes** *nm pl* ANDES CAM CARIB MÉX dirty dishes: ***fregar los trastes*** to do the washing-up.
• **dar al traste con** to ruin; **irse al traste** to fall through.
trastero *nm* lumber room.
trasto 1 *nm (cosa)* piece of junk. **2** *(persona)* useless person. ‖ **3 trastos** *nm pl (utensilios)* tackle *sing.*
• **tirarse los trastos a la cabeza** to have a flaming row.
trastocarse [49] *vpr* to go mad.
trastornado,-a 1 *adj (preocupado)* upset. **2** *(loco)* mad.
trastornar 1 *vt (revolver)* to upset, turn upside down. **2** *(alterar)* to disturb. **3** *(enloquecer)* to drive crazy. ‖ **4 trastornarse** *vpr* to go mad.
trastorno 1 *nm (desorden)* confusion. **2** *(molestia)* trouble. **3** MED upset.
tratable *adj* friendly, congenial.
tratado 1 *nm (pacto)* treaty. **2** *(estudio)* treatise.
tratamiento 1 *nm (gen)* treatment: ***un tratamiento a base de vitaminas*** a course of vitamins. **2** *(título)* title, form of address.
■ **tratamiento de textos** word processing.
tratante *nmf* dealer.
tratar 1 *vt (gen)* to treat. **2** *(asunto)* to discuss. **3** *(manejar)* to handle. **4** INFORM to process. ‖ **5** *vi (relacionarse)* to be acquainted (con, with): ***he tratado más con la hermana*** I'm more acquainted with her sister. **6** *(tener*

tratos) to deal (con, with), negotiate (con, with). **7** COM to deal (en, in). ‖ **8 tratarse** *vpr (ser cuestión)* to be a question (de, of).
● **tratar de** *(intentar)* to try to; *(dirigirse a)* to address as; *(versar)* to be about.
tratativas *nf pl* CSUR negotiations.
trato 1 *nm (de personas)* manner, treatment: ***tener un trato agradable*** to have a pleasant manner. **2** *(contacto)* contact. **3** *(acuerdo)* agreement. **4** COM deal. **5** *(tratamiento)* title.
● **cerrar un trato** to close a deal; **¡trato hecho!** it's a deal!
■ **malos tratos** ill-treatment *sing*; **trato diario** daily contact.
trauma *nm* trauma.
través *nm*.
● **a través de** through; **de través** *(transversalmente)* crosswise; *(de lado)* sideways.
travesaño 1 *nm* ARQ crosspiece. **2** DEP crossbar.
travesía 1 *nf (viaje)* voyage, crossing. **2** *(calle)* street. **3** *(distancia)* distance.
travesti *nmf* transvestite.
travestí *nmf* transvestite.
travesura *nf* mischief, prank.
● **hacer travesuras** to get into mischief.
traviesa 1 *nf (de ferrocarril)* sleeper. **2** ARQ beam.
travieso,-a *adj* mischievous, naughty.
trayecto 1 *nm (distancia)* distance, way. **2** *(recorrido)* route, itinerary.
trayectoria 1 *nf (recorrido)* trajectory. **2** *(evolución)* line, course.
traza 1 *nf (apariencia)* looks *pl*, appearance. **2** *(mañas)* skill, knack. **3** ARQ plan, design.
● **no tener trazas de** not to look as if.
trazado 1 *nm (plano)* layout, plan. **2** *(dibujo)* drawing, sketch. **3** *(de carretera, ferrocarril)* route, course.
trazar [4] **1** *vi (línea)* to draw, trace. **2** *(parque)* to lay out; *(edificio)* to design. **3** *(describir)* to sketch.
trazo 1 *nm (línea)* line. **2** *(de letra)* stroke.
trébol 1 *nm (planta)* clover. **2** *(naipes)* club.
trece *num* thirteen; *(en fechas)* thirteenth.
trecho 1 *nm (distancia)* distance, way. **2** *(tramo)* stretch.
tregua 1 *nf* MIL truce. **2** *(descanso)* respite, rest.
treinta *num* thirty; *(en fechas)* thirtieth.
tremendo,-a 1 *adj (terrible)* terrible, dreadful. **2** *(muy grande)* huge, tremendous.
tren 1 *nm (ferrocarril)* train. **2** TÉC set of gears, set of wheels. **3** *fig (ritmo)* speed, pace.
● **vivir a todo tren** to lead a grand life.
■ **tren correo** mail train; **tren de cercanías** suburban train; **tren de lavado** car wash; **tren de aterrizaje** undercarriage; **tren directo** through train.
trenza 1 *nf (de pelo)* plait, US braid. **2** COST braid.
trenzar [4] **1** *vt (pelo)* to plait, US braid. **2** COST to braid.
trepador,-ra 1 *adj* climbing, creeper. ‖ **2** *nm,f fam* go-getter, social climber.
trepar *vt* - *vi* to climb.
tres *num* three; *(en fechas)* third.
trescientos,-as *num* three hundred.
tresillo *nm* three-piece suite.
treta *nf* trick, ruse.
triangular *adj* triangular.
triángulo *nm* triangle.
tribu *nf* tribe.
tribuna 1 *nf (plataforma)* rostrum, dais. **2** DEP grandstand.
■ **tribuna de prensa** press box.
tribunal 1 *nm* JUR court. **2** *(de examen)* board of examiners.
tributar *vt* to pay.
tributo *nm* tax.
■ **tributo de amistad** token of friendship.

triciclo *nm* tricycle.
tricotar *vt* to knit.
trifulca *nf fam* rumpus, row.
trigal *nm* wheat field.
trigésimo,-a *num* thirtieth.
trigo *nm* wheat.
trigonometría *nf* trigonometry.
trigueño,-a *adj* AM *(pelo)* dark brown; *(persona)* olive-skinned.
trillado,-a 1 *adj (expresión)* overworked, well-worn. **2** *(camino)* beaten.
trillar *vt* to thresh.
trillizo,-a *nm,f* triplet.
trimestral *adj* quarterly, three-monthly.
trimestre 1 *nm* quarter. **2** EDUC term.
trinar *vi* to warble.
• **está que trina** *fam* she's hopping mad, she's fuming.
trinchar *vt* to carve.
trinchera *nf* trench.
trineo *nm* sleigh, sledge.
trino *nm* trill.
trío *nm* trio.
tripa 1 *nf (intestino)* gut, intestine. **2** *(estómago)* stomach. **3** *(panza)* belly.
triple *adj* - *nm* triple.
triplicado *nm* triplicate.
• **por triplicado** in triplicate.
triplicar [1] *vt* to triple, treble.
trípode *nm* tripod.
tripudo,-a *adj fam* paunchy, potbellied.
tripulación *nf* crew.
tripulante *nmf* crew member.
tripular *vt* to man.
triquiñuela *nf fam* trick, dodge.
triste 1 *adj (infeliz)* sad, unhappy; *(futuro)* bleak. **2** *(oscuro, sombrío)* gloomy, dismal. **3** *(insignificante)* poor, humble.
• **hacer un triste papel** to cut a sorry figure.
tristeza 1 *nf* sadness. ‖ **2 tristezas** *nf pl* problems, sufferings.
triturar 1 *vt (moler)* to grind; *(papel)* to shred. **2** *(físicamente)* to beat; *(moralmente)* to tear apart.
triunfador,-ra 1 *adj* winning. ‖ **2** *nm,f* winner.
triunfal *adj* triumphant.
triunfalista 1 *adj (persona)* boastful, triumphalist. **2** POL jingoistic, chauvinist.
triunfar *vi* to triumph, win.
• **triunfar en la vida** to succeed in life.
triunfo 1 *nm (victoria)* triumph, victory; *(en deportes)* win. **2** *(éxito)* success. **3** *(naipes)* trump.
trivial *adj* trivial, petty.
triza *nf* bit, fragment.
• **estar hecho,-a trizas** *fam* to feel washed out; **hacer trizas** *(desgarrar)* to tear to shreds; *(gastar)* to wear out.
trocear *vt* to cut up.
trofeo *nm* trophy.
trola *nf fam* lie, fib.
tromba *nf* waterspout.
▪ **tromba de agua** violent downpour.
trombón 1 *nm* MÚS trombone. ‖ **2** *nmf* trombonist.
trompa 1 *nf* MÚS horn. **2** *(de elefante)* trunk. **3** *(de insecto)* proboscis. **4** *fam (borrachera)* drunkenness.
• **coger una trompa** to get plastered.
trompazo *nm fam* bump.
trompeta 1 *nf* MÚS trumpet. ‖ **2** *nmf* trumpet player.
trompetista *nmf* trumpet player.
trompicón 1 *nm (tropezón)* trip, stumble. **2** *(golpe)* blow, hit.
• **a trompicones** in fits and starts.
tronar [31] *vi* to thunder.
tronchar *vt* to snap.
• **troncharse de risa** to split one's sides laughing.
tronco 1 *nm* ANAT trunk, torso. **2** BOT *(tallo de árbol)* trunk; *(leño)* log. **3** *(linaje)* family stock. **4** *arg (compañero)* mate, pal, chum.
• **dormir como un tronco** to sleep like a log.
trono *nm* throne.
tropa 1 *nf* MIL troops *pl*, soldiers *pl*. **2** *(muchedumbre)* crowd.

tropel *nm* throng, mob.
● **en tropel** in a mad rush.

tropezar [47] **1** *vi (trompicar)* to trip (con, over). **2** *(reñir)* to disagree (con, with).
● **tropezar con** *(persona)* to bump into; *(cosa)* to come across; *(dificultad)* to come up against.

tropezón 1 *nm (traspié)* trip, stumble. **2** *fig (error)* slip-up. **3** *fam (de comida)* chunk of meat.

tropical *adj* tropical.

trópico *nm* tropic.

tropiezo 1 *nm (obstáculo)* trip. **2** *fig (error)* blunder, faux pas; *(revés)* setback, mishap. **3** *(riña)* quarrel.

trotamundos *nmf* inv globe-trotter.

trotar [4] *vi* to trot.

trote 1 *nm (de caballo)* trot. **2** *fam (actividad)* chasing about, hustle and bustle.
● **de todo trote** for everyday wear; **no estar para esos trotes** not to be up to that.

trozar [4] *vt* AM *(carne)* to cut up; *(res, tronco)* to butcher, cut up.

trozo *nm* piece, chunk.

trucar [1] *vt* to doctor, alter.

trucha *nf* trout.

truco 1 *nm (ardid)* trick. **2** CINEM TV gimmick. **3** *(tranquillo)* knack.
● **coger el tranquillo** to get the knack.

trueno *nm* thunderclap, clap of thunder.

trueque *nm* barter, exchange.

trufa *nf* truffle.

truhán,-ana *nm,f* rogue, crook.

truncar [1] **1** *vt* to truncate. ‖ **2 truncar(se)** *vt - vpr (escrito)* to leave unfinished, cut off; *(sentido)* to upset.

trusa *nf* MÉX *(calzoncillo)* underpants; *(braga)* panties, GB knickers.

tu *adj* your: ***tu libro*** your book; ***tus libros*** your books.

tú *pron* you.
● **de tú a tú** on equal terms.

tubérculo 1 *nm* BOT tuber. **2** MED tubercle.

tuberculosis *nf inv* tuberculosis.

tubería 1 *nf (de agua)* piping, pipes *pl*, plumbing. **2** *(de gas, petróleo)* pipeline.

tubo 1 *nm (de laboratorio)* tube. **2** *(tubería)* pipe.
■ **tubo de escape** exhaust pipe; **tubo de ensayo** test tube; **tubo digestivo** alimentary canal.

tuerca *nf* nut.

tuerto,-a 1 *adj* one-eyed, blind in one eye. ‖ **2** *nm,f* one-eyed person.

tuétano *nm* marrow.
● **hasta los tuétanos** through and through.

tufo 1 *nm (mal olor)* stink, fug. **2** *(emanación)* fume, vapour.

tugurio 1 *nm (chabola)* hovel, hole. **2** *(bar)* joint.

tul *nm* tulle.

tulipán *nm* tulip.

tumba *nf* tomb, grave.
● **ser como una tumba** to keep one's mouth shut.

tumbar 1 *vt (derribar)* to knock down, knock over. **2** EDUC to fail. ‖ **3** *vi (caer al suelo)* to fall down. ‖ **4 tumbarse** *vpr (acostarse)* to lie down.

tumbo *nm* jolt, bump.
● **dar tumbos** to jolt, bump along.

tumbona *nf (de playa)* deckchair; *(para tumbarse)* lounger.

tumor *nm* tumour.

tumulto *nm* tumult, commotion.

tuna 1 *nf (banda musical) group of student minstrels*. **2** AM *(higo chumbo)* prickly pear.

tunante,-a *adj - nm,f* rascal, rogue.

tunda *nf fam* thrashing, beating.

tunecino,-a *adj - nm,f* Tunisian.

túnel *nm* tunnel.
■ **túnel de lavado** car wash.

Túnez 1 *nm (ciudad)* Tunis. **2** *(país)* Tunisia.

túnica *nf* tunic.

tupé *nm* quiff.

tupido,-a 1 *adj (grueso)* dense, thick. **2** AM *(torpe)* clumsy.

turbante *nm* turban.

turbar 1 *vt (alterar)* to unsettle, disturb. 2 *(preocupar)* to upset, worry. 3 *(desconcertar)* to baffle, put off. ‖ 4 **turbarse** *vpr (preocuparse)* to become upset. 5 *(desconcertarse)* to become confused, become baffled.

turbina *nf* turbine.

turbio,-a 1 *adj (agua)* cloudy, muddy. 2 *(asunto, negocio)* shady, dubious.

turbulento,-a *adj* turbulent, troubled.

turco,-a 1 *adj* Turkish. ‖ 2 *nm,f (persona)* Turk. ‖ 3 **turco** *nm (idioma)* Turkish.

turismo 1 *nm (actividad)* tourism. 2 *(industria)* tourist trade, tourist industry. 3 AUTO private car.

• **hacer turismo** to go touring, go sightseeing.

turista *nmf* tourist.

turístico,-a *adj* tourist.

turnar 1 *vi* to alternate. ‖ 2 **turnarse** *vpr* to take turns.

turno 1 *nm (tanda)* turn, go. 2 *(de trabajo)* shift.

• **estar de turno** to be on duty.

■ **turno de día** day shift; **turno de noche** night shift.

turquesa *adj* - *nf* turquoise.

Turquía *nf* Turkey.

turrón *nm* nougat *(typically eaten at Christmas)*.

tutear *vt* to address as "tú".

tutela 1 *nf* JUR tutelage, guardianship. 2 *(protección)* protection, guidance.

tutor,-ra 1 *nm,f* JUR guardian. 2 EDUC tutor.

tuve *pret indef* → **tener**.

tuyo,-a 1 *adj* of yours: ***es amigo tuyo?*** is he a friend of yours? ‖ 2 *pron* yours: ***éste es tuyo*** this one is yours. ‖ 3 **los tuyos** *nm pl (familiares)* your family *sing*; *(amigos)* your friends.

TV *abr* (televisión) television; *(abreviatura)* TV.

TVE *abr* (Televisión Española) *Spanish national broadcasting company*

U

u *conj* or.

▲ *Used instead of* o *before words starting* o- *or* ho-.

ubicación *nf* location, position.

ubicar [1] 1 *vt* to locate. ‖ 2 **ubicarse** *vpr* to be, be situated.

ubre *nf* udder.

UCI *abr* MED (Unidad de Cuidados Intensivos) intensive care unit; *(abreviatura)* ICU.

Ud. *abr* (usted) you.

UDC *abr* POL (Unió Democràtica de Catalunya) *Catalan centre party*.

Uds. *abr* (ustedes) you.

UE *abr* (Unión Europea) European Union; *(abreviatura)* EU.

UEFA *abr* (Unión Europea de Fútbol Asociación) Union of European Football Associations; *(abreviatura)* UEFA.

ufano,-a 1 *adj (satisfecho)* satisfied, happy. 2 *(orgulloso)* conceited, arrogant.

UGT *abr* (Unión General de Trabajadores) *Socialist-led trade union*.

ujier *nm* usher.

úlcera *nf* ulcer.

últimamente *adv* lately, recently.

ultimar 1 *vt* to finish, complete. 2 AM *(matar)* to kill, to finish off.

ultimátum *nm (pl* ultimátums*)* ultimatum.

último,-a 1 *adj (gen)* last. 2 *(más reciente)* latest; *(de dos)* latter. 3 *(más alejado)* furthest; *(de más abajo)* bottom, lowest; *(de más arriba)* top; *(de más atrás)* back. 4 *(definitivo)* final.

• **a la última** up to date; **a últimos** towards; **estar en las últimas** *(moribundo)* to be at death's door; *(arruinado)* to be down and out; **por último** finally.

ultrajante *adj* outrageous, insulting.

ultrajar *vt* to outrage, insult.

ultramar *nm* overseas.

ultramarino,-a 1 *adj* overseas. ‖ 2 **ultramarinos** *nm pl (tienda)* grocer's; *(comestibles)* groceries.

ultratumba *nf* afterlife.

● **de ultratumba** from beyond the grave.

ultravioleta *adj* ultraviolet.

ulular *vi* to howl.

umbilical *adj* umbilical.

umbral *nm* threshold.

un,-a 1 *det* a, an: ***un coche*** a car; ***un huevo*** an egg. ‖ 2 *adj* one: ***un hombre de cada tres*** one man in five. ‖ 3 **unos,-as** *det (plural)* some: ***unas flores*** some flowers.

unánime *adj* unanimous.

unanimidad *nf* unanimity.

● **por unanimidad** unanimously.

undécimo,-a *num* eleventh.

UNED *abr* EDUC (Universidad Nacional de Educación a Distancia) Open University; *(abreviatura)* OU.

ungüento *nm* ointment.

unicelular *adj* unicellular.

único,-a 1 *adj (solo)* only: ***la única vez*** the only time. 2 *(extraordinario)* unique.

unidad 1 *nf* COM MAT MIL unit. 2 *(cohesión)* unity.

unido,-a *adj (gen)* united; *(pareja)* attached.

unificar [1] *vt* to unify.

uniformar 1 *vt (igualar)* to make uniform, standardize. 2 *(poner en uniforme)* to put into uniform.

uniforme 1 *adj (gen)* uniform; *(superficie)* even. ‖ 2 *nm* uniform.

uniformidad 1 *nf (gen)* uniformity. 2 *(de superficie)* evenness.

unión 1 *nf (gen)* union. 2 TÉC *(acoplamiento)* joining; *(junta)* joint.

● **en unión de** together with; **la unión hace la fuerza** united we stand.

■ **Unión Europea** European Union.

unir 1 *vt (juntar)* to unite, join. 2 *(combinar)* to combine (a, with). 3 *(enlazar)* to link.

● **estar muy unidos** to be very attached to one another.

unisex *adj* unisex.

unísono *nm* harmony, unison.

● **al unísono** in unison.

Univ. *abr* (Universidad) university; *(abreviatura)* univ, Univ.

universal *adj* universal.

universidad *nf* university.

■ **universidad a distancia** Open University.

universitario,-a 1 *adj* university. ‖ 2 *nm,f (en curso)* university student; *(con título)* university graduate.

universo *nm* universe.

uno,-a 1 *adj (cardinal)* one. ‖ 2 *pron* one: ***es uno de ellos*** he's one of them. 3 *(impersonal)* one, you. 4 *fam (persona)* someone, somebody. ‖ 5 *nm* one; *(en fechas)* first. ‖ 6 *adj pl* some; *(aproximado)* about, around: ***habrá unos veinte*** there must be around twenty.

● **hacerle una a algn** to play a dirty trick on sb.

untar 1 *vt* to grease, smear: ***untar pan con mantequilla*** to spread butter on bread. 2 *fam (sobornar)* to bribe. ‖ 3 **untarse** *vpr (mancharse)* to get stained. 4 *fam (forrarse)* to line one's pockets.

untuoso,-a *adj* unctuous, greasy, oily.

uña 1 *nf (de la mano)* nail, fingernail; *(del pie)* nail, toenail. 2 *(garra)* claw; *(pezuña)* hoof.

● **comerse las uñas** to bite one's nails; **ser uña y carne** to be inseparable.

uranio *nm* uranium.

urbanidad *nf* urbanity, politeness.

urbanismo *nm* town planning.

urbanización 1 *nf (proceso)* urbanization. 2 *(conjunto residencial)* housing development, housing estate.

urbanizar [4] *vt* to urbanize, develop.

urbano,-a 1 *adj* urban, city. ‖ 2 *nm,f fam (policía - hombre)* policeman; *(- mujer)* policewoman.

urbe *nf* large city, metropolis.
urdir 1 *vt (tela)* to warp. **2** *(plan, conspiración)* to plot.
urgencia 1 *nf (cualidad)* urgency. **2** *(asunto)* emergency.
urgente 1 *adj (llamada, asunto)* urgent. **2** *(enfermo)* emergency. **3** *(carta)* express.
urgir [6] *vi* to be urgent, be pressing.
urinario,-a 1 *adj* urinary. ‖ **2 urinario** *nm* urinal.
urna 1 *nf* POL ballot box. **2** *(vasija)* urn. **3** *(caja)* glass case.
• **acudir a las urnas** to vote.
urólogo,-a *nm,f* urologist.
urraca *nf* magpie.
urticaria *nf* rash.
Uruguay *nm* Uruguay.
uruguayo,-a *adj - nm,f* Uruguayan.
usado,-a 1 *adj (gastado)* worn out, old. **2** *(de segunda mano)* secondhand, used.
usar 1 *vt (utilizar)* to use. **2** *(prenda)* to wear. ‖ **3 usarse** *vpr (utilizarse)* to be used. **4** *(estar de moda)* to be in fashion.
usina *nf* AM *(central eléctrica)* power station.
▪ **usina nuclear** nuclear power station.
uso 1 *nm (utilización)* use. **2** *(ejercicio)* exercise: ***el uso de un privilegio*** the exercise of a privilege. **3** *(de prenda)* wearing. **4** *(costumbre)* usage, custom. **5** *(en farmacia)* application: ***uso externo*** external application.
• **al uso** in the style of, in the fashion of; **hacer uso de la palabra** to take the floor.
▪ **usos y costumbres** ways and customs.
USO *abr (*Unión Sindical Obrera*) professional worker's union.*
usted *pron (pl* ustedes*) fml* you.
usual *adj* usual, common.
usuario,-a *nm,f* user.
usufructo *nm* usufruct.
usurero,-a *nm,f* usurer.
utensilio 1 *nm (herramienta)* tool, utensil. **2** *(aparato)* device, implement.
útero *nm* uterus.
útil *adj* useful.
utilidad 1 *nf (cualidad)* utility, usefulness. **2** *(beneficio)* profit.
utilizable *adj* usable, ready for use.
utilización *nf* use.
utilizar [4] *vt* to use, utilize, make use of.
utopía *nf* utopia.
UV *abr* POL *(*Unión Valenciana*) Valencian regional party.*
uva *nf* grape.
• **de mala uva** *fam* in a bad mood; **de uvas a peras** *fam* once in a blue moon.
UVI *abr* MED *(*Unidad de Vigilancia Intensiva*)* Intensive Care Unit; *(abreviatura)* ICU

V

v. *abr (*véase*)* see.
V *abr (*usted*)* you.
vaca 1 *nf (animal)* cow. **2** *(carne)* beef.
▪ **las vacas flacas** the lean years; **las vacas gordas** the years of plenty; **vaca loca** mad cow.
vacaciones *nf pl* holiday, holidays.
• **de vacaciones** on holiday.
vacacionista *nmf* AM holidaymaker, US vacationer.
vacante 1 *adj* vacant, unoccupied. ‖ **2** *nf* vacancy.
vaciar [13] **1** *vt (recipiente)* to empty. **2** *(contenido)* to pour away, pour out. **3** *(dejar hueco)* to hollow out. **4** *(moldear)* to cast, mould.
vacilación 1 *nf (duda)* hesitation. **2** *(oscilación)* swaying, unsteadiness.
vacilante 1 *adj (dubitativo)* hesitating. **2** *(oscilante)* swaying.

vacilar 1 *vi (dudar)* to hesitate. 2 *(oscilar)* to sway, stagger.
vacilón,-ona 1 *adj fam (fanfarrón)* swanky. 2 *(bromista)* jokey, teasing. 3 CAm Méx *fam (juerguista)* fond of partying. || 4 *nm,f (fanfarrón)* show-off. 5 *(bromista)* tease. || 6 *nm* Carib *(fiesta)* party.
vacío,-a 1 *adj (recipiente, lugar)* empty. 2 *(no ocupado)* unoccupied. 3 *(superficial)* vain. 4 *(hueco)* hollow. || 5 **vacío** *nm (abismo)* void, emptiness. 6 Fís vacuum. 7 *(hueco)* gap, blank.
● **envasado al vacío** vacuum-packed; **hacerle el vacío a algn** to cold-shoulder sb.
■ **vacío de poder** power vacuum.
vacuna *nf* vaccine.
vacunación *nf* vaccination.
vacunar 1 *vt* to vaccinate (contra, against). || 2 **vacunarse** *vpr* to get vaccinated.
vacuno,-a *adj* bovine.
vadear 1 *vt (río)* to ford, wade. 2 *(dificultad)* to overcome.
vado 1 *nm (de río)* ford. 2 *(en calle)* garage entrance.
■ **"Vado permanente"** "Keep clear".
vagabundo,-a 1 *adj* wandering, roving. || 2 *nm,f* wanderer, tramp.
vagancia *nf* idleness, vagrancy.
vagar [7] *vi* to wander about, roam about.
vagina *nf* vagina.
vago,-a 1 *adj (holgazán)* idle, lazy. 2 *(impreciso)* vague. || 3 *nm,f* idler, loafer.
● **hacer el vago** to laze around.
vagón 1 *nm (para pasajeros)* carriage, coach, US car. 2 *(para mercancías)* wagon, goods van, US boxcar, freight car.
■ **vagón cama** sleeping-car; **vagón restaurante** restaurant car.
vagoneta *nf* wagon.
vaho 1 *nm (vapor)* vapour, steam. 2 *(aliento)* breath. || 3 **vahos** *nm pl* Med inhalation *sing*.
vaina 1 *nf (funda)* sheath, scabbard. 2 *(de guisante, judía)* pod. 3 Col Perú Ven *fam (molestia)* pain: ***¡qué vaina!*** what a pain! || 4 *nmf* Col Perú Ven *fam (persona)* dimwit.
vainilla *nf* vanilla.
vaivén 1 *nm (de columpio)* swaying, swinging. 2 *(de la gente)* coming and going, bustle. 3 *(cambio)* fluctuation.
vajilla *nf* dishes *pl*, crockery.
■ **una vajilla** a set of dishes.
vale 1 *nm (de compra)* voucher. 2 *(pagaré)* IOU, promissory note. 3 Méx Ven *fam (amigo)* pal, mate, US buddy.
valentía *nf* bravery, courage.
valer [89] 1 *vi (tener valor)* to be worth: ***no vale nada*** it is worthless. 2 *(costar)* to cost, amount to: ***¿cuánto vale?*** how much is it? 3 *(ser válido)* to be valid, count. 4 *(ganar)* to win, earn. 5 *(servir)* to be useful, be of use: ***este lápiz no vale*** this pencil is of no use; ***no vale para director*** he's no use as a manager. || 6 **valerse** *vpr (usar)* to use, make use (of, de). 7 *(espabilarse)* to manage.
● **hacer valer** to assert; **no vale** it's no good; ***¿vale?*** all right?, O.K.?; **vale más** it is better; **valer la pena** to be worthwhile; **¡válgame Dios!** Good heavens!
valeroso,-a *adj* courageous, brave.
valía *nf* value, worth.
validez *nf* validity.
válido,-a *adj* valid.
valiente 1 *adj (valeroso)* brave, courageous. 2 *(excelente)* fine, excellent: ***¡valiente tontería!*** that was very stupid! || 3 *nmf (persona)* brave person.
valija 1 *nf (maleta)* suitcase. 2 *(de correos)* mailbag.
■ **valija diplomática** diplomatic bag.
valioso,-a *adj* valuable.
valla 1 *nf (cerca)* fence, barrier. 2 Dep hurdle. 3 *(dificultad)* obstacle.
■ **valla publicitaria** hoarding, US billboard.
vallado *nm* fence, enclosure.
vallar *vt* to fence, enclose.
valle *nm* valley.
valor 1 *nm* Com value, worth. 2 *(pre-*

cio) price. **3** *(coraje)* courage, valour. **4** *(desvergüenza)* daring, nerve. || **5 valores** *nm pl* FIN securities, bonds.
• **armarse de valor** to pluck up courage; **dar valor a** to attach importance to; **¡qué valor!** what a nerve!; **sin ningún valor** worthless.
valoración *nf* valuation, valuing.
valorar 1 *vt (tasar)* to value, appraise. **2** *(aumentar el valor)* to raise the value of.
vals *nm* waltz.
válvula *nf* valve.
vampiro 1 *nm (drácula)* vampire. **2** *(aprovechado)* bloodsucker.
vandalismo *nm* vandalism.
vanguardia 1 *nf* ART avant-garde. **2** MIL vanguard.
vanidad *nf* vanity, conceit.
vanidoso,-a *adj* vain, conceited.
vano,-a 1 *adj (inútil)* vain, useless. **2** *(ilusorio)* illusory, futile. **3** *(frívolo)* frivolous. **4** *(arrogante)* vain, conceited. || **5 vano** *nm* opening.
• **en vano** in vain.
vapor 1 *nm (de agua)* vapour, steam. **2** *(barco)* steamship, steamer.
• **al vapor** CULIN steamed.
vaporizador *nm* vaporizer, spray.
vaporizar [4] *vt* - *vpr* to vaporize.
vaporoso,-a 1 *adj (de vapor)* vaporous. **2** *(ligero)* airy, light.
vapulear *vt* to whip, thrash.
vaquería *nf* dairy.
vaquero,-a 1 *adj* cow, cattle. || **2 vaquero** *nm* cowherd, US cowboy. || **3 vaqueros** *nm pl (pantalones)* jeans.
vara 1 *nf (palo)* stick, rod. **2** *(mando)* staff, mace.
varar *vi* to beach, dock.
variable *adj* variable, changeable.
variación *nf* variation, change.
variado,-a *adj* varied, mixed.
variante 1 *adj* variable. || **2** *nf* variant.
variar [13] *vt* - *vi* to vary, change.
• **para variar** *irón* as usual.
varicela *nf* chickenpox.
variedad 1 *nf (pluralidad)* variety, diversity. || **2 variedades** *nf pl* TEAT variety show *sing*.
varilla 1 *nf (palito)* stick, rod. **2** *(de paraguas)* rib.
vario,-a 1 *adj (distinto)* varied, different. **2** *(algunos)* some, several.
variz *nf* varicose vein.
varón *nm* male, man.
varonil *adj* manly, virile, male.
vas *pres indic* → **ir**.
vasco,-a *adj* - *nm,f* Basque.
vasija *nf* vessel.
vaso 1 *nm (para beber)* glass. **2** *(para flores)* vase. **3** ANAT vessel.
vástago 1 *nm* BOT shoot, bud. **2** *(descendencia)* offspring. **3** TÉC rod.
vasto,-a *adj* vast, immense, huge.
vaticano,-a 1 *adj* Vatican. || **2 el Vaticano** *nm* the Vatican.
■ **la Ciudad del Vaticano** the Vatican City.
vatio *nm* watt.
vaya 1 *pres subj* → **ir**. || **2** *imperat* → **ir**. || **3** ¡vaya! *interj* well!: ***¡vaya casa!*** what a house!
Vd. *abr (*usted*)* you.
ve 1 *pres indic* → **ver**. || **2** *imperat* → **ir**.
vecinal *adj* local.
vecindad 1 *nf (barrio)* neighbourhood. **2** *(vecinos)* neighbours *pl*. **3** MÉX *(inquilinato)* tenement house.
vecindario 1 *nm (barrio)* neighbourhood. **2** *(vecinos)* neighbours *pl*.
vecino,-a 1 *adj (cercano)* nearby, next, neighbouring. || **2** *nm,f (de edificio, calle)* neighbour. **3** *(residente)* resident. **4** *(habitante)* inhabitant.
veda 1 *nf (gen)* prohibition. **2** *(de caza)* close season.
vega *nf* fertile lowland.
vegetación *nf* vegetation.
vegetal *adj* - *nm* vegetable.
vegetar *vi* to vegetate, live.
vegetariano,-a *adj* - *nm,f* vegetarian.
vehemente *adj* vehement.
vehículo 1 *nm (gen)* vehicle. **2** *(coche)* car.

veinte *num* twenty; *(en fechas)* twentieth.
vejez *nf* old age.
vejiga *nf* bladder.
vela 1 *nf (vigilia)* watch, vigil. **2** *(desvelo)* wakefulness. **3** *(candela)* candle. **4** *(de barco)* sail.
● **pasar la noche en vela** to have a sleepless night.
velada *nf* evening.
velador 1 *nm (mesa)* table. **2** ANDES MÉX *(mesilla de noche)* bedside table. **3** MÉX RPL *(lámpara)* bedside lamp. ‖ **4 velador,-ra** *nm,f* MÉX *(sereno)* night watchman.
velar 1 *vi (estar despierto)* to stay awake. **2** *(cuidar)* to watch (**por**, over), look (**por**, after). ‖ **3** *vt (muerto)* to keep vigil over. ‖ **4 velarse** *vpr (fotografía)* to fog.
velatorio *nm* wake, vigil.
velero *nm* sailing boat.
veleta 1 *nf (en tejado)* weathercock. ‖ **2** *nmf fig (persona)* fickle person.
veliz *nf* MÉX suitcase, case.
vello *nm* hair.
velo *nm* veil.
● **echar un tupido velo sobre** *fig* to draw a veil over.
velocidad 1 *nf (rapidez)* speed, velocity. **2** AUTO *(marcha)* gear.
■ **velocidad máxima** speed limit; **velocidad de transmisión** bit rate; **velocidad operativa** operating speed.
velódromo *nm* cycle track.
veloz *adj* fast, quick, swift.
vena 1 *nf* ANAT vein. **2** *(de metal)* vein, seam. **3** *(inspiración)* poetical inspiration.
● **estar en vena** to be in the mood.
venado 1 *nm* ZOOL stag, deer. **2** CULIN venison.
vencedor,-ra 1 *adj* DEP winning. **2** MIL conquering, victorious. ‖ **3** *nm,f* DEP winner. **4** MIL conqueror.
vencer [2] **1** *vt* DEP to beat. **2** MIL to defeat, conquer. **3** *(problema etc)* to overcome. ‖ **4** *vi* DEP to win. **5** *(deuda)* to fall due. **6** *(plazo, pasaporte)* to expire.
vencido,-a 1 *adj (persona)* defeated. **2** *(deuda)* due, payable.
venda *nf* bandage.
vendaje *nm* bandaging.
vendar *vt* to bandage.
● **vendar los ojos** *fig* to blindfold.
vendaval *nm* strong wind, gale.
vendedor,-ra 1 *adj* selling. ‖ **2** *nm,f (hombre)* salesman; *(mujer)* saleswoman.
vender 1 *vt (comerciar)* to sell. **2** *fig (traicionar)* to betray. ‖ **3 venderse** *vpr (comerciar)* to be sold: ***se venden a peso*** they are sold by weight. **4** *(dejarse sobornar)* to sell oneself, accept a bribe.
● **"Se vende"** "For sale".
vendimia *nf* grape harvest.
vendimiar [12] *vt* to harvest.
vendré *fut indic* → **venir**.
veneno *nm (químico, vegetal)* poison; *(de animal)* venom.
venenoso *adj* poisonous.
venerable *adj* venerable.
venezolano,-a *adj* - *nm,f* Venezuelan.
Venezuela *nf* Venezuela.
venga 1 *pres subj* → **venir**. ‖ **2** *imperat* → **venir**.
venganza *nf* revenge, vengeance.
vengar [7] **1** *vt* to avenge. ‖ **2 vengarse** *vpr* to take revenge (de, on).
vengo *pres indic* → **venir**.
venida *nf* coming, arrival.
venidero,-a *adj* future, forthcoming.
● **en lo venidero** in the future.
venir [90] **1** *vi (acercarse)* to come. **2** *(llegar)* to arrive. ‖ **3 venirse** *vpr* to come back.
● **el mes que viene** next month; **venir a menos** to decline; **venir al caso** to be relevant; **venir al pelo** to be opportune; **venir bien** to be suitable; **venir de** to come from; **venir grande a algn** to be too big for sb; **venir mal** not to be suitable; **venir**

motivado,-a por to be caused by; **venir pequeño a algn** to be too small for sb; **venirse abajo** *(edificio)* to collapse, fall down; *(persona)* to go to pieces.

venta 1 *nf (transacción)* sale, selling. **2** *(hostal)* roadside inn.

• **"En venta"** "For sale"; **poner a la venta** to put up for sale.

■ **venta al por mayor** wholesale sale; **venta al por menor** retail sale.

ventaja *nf* advantage.

ventajoso,-a 1 *adj (con ventaja)* advantageous. **2** *(beneficioso)* profitable.

ventana *nf* window.

ventanilla 1 *nf (de coche etc)* window. **2** *(mostrador)* counter.

ventilación *nf* ventilation.

ventilador *nm* ventilator, fan.

ventilar 1 *vt (estancia)* to air, ventilate. **2** *fig (tema)* to discuss; *(opinión)* to air.

ventisca *nf* snowstorm, blizzard.

ventolera 1 *nf (viento fuerte)* gust of wind. **2** *(capricho)* caprice, whim.

ventosa *nf* sucker.

ventoso,-a *adj* windy.

ventrículo *nm* ventricle.

ventrílocuo,-a *nm,f* ventriloquist.

ver [91] **1** *vt (pp* visto,-a*) (percibir)* to see. **2** *(mirar)* to look (at). **3** *(televisión)* to watch. **4** *(entender)* to understand. **5** *(visitar)* to visit. ‖ **6 verse** *vpr (con algn)* to meet, see each other. **7** *(encontrarse)* to find oneself. **8** Am *(tener aspecto)* to look: ***te ves divina*** you look divine.

• **a ver** let's see; **es digno de ver** it is worth seeing; **hacer ver** to pretend; **hasta más ver** see you; **¡hay que ver!** would you believe it!; **no poder ver** to detest; **no tener nada que ver con** to have nothing to do with; **se ve que** apparently; **ver venir** to expect to happen; **véase** see; **verse obligado,-a a** to be obliged to; **ya se ve** of course.

vera *nf* edge, verge.

• **a la vera de** near, close to.

veracidad *nf* veracity, truthfulness.

veraneante *nmf* summer resident.

veranear *vi* to spend the summer (en, in/at).

veraneo *nm* summer holiday.

veraniego,-a *adj* summer.

verano *nm* summer.

veras *adv*.

• **de veras** really, truly.

veraz *adj* truthful, veracious.

verbal *adj* verbal.

verbena 1 *nf* Bot verbena. **2** *(fiesta)* open-air dance.

verbo *nm* verb.

verdad 1 *nf* truth: ***dime la verdad*** tell me the truth. **2** *(confirmación)*: ***es bonita, ¿verdad?*** she's pretty, isn't she?; ***se compró una casa ¿verdad?*** he bought a house, didn't he?

• **a decir verdad** to tell you the truth; **en verdad** really; ***¿verdad?*** isn't that so?

verdadero,-a *adj* true, real.

verde 1 *adj (color, tela, ojos)* green. **2** *(fruta)* unripe. **3** *fam (chiste)* blue, dirty. ‖ **4** *nm (color)* green.

• **poner verde** *fam* to abuse.

verdor *nm* greenness.

verdoso,-a *adj* greenish.

verdugo *nm* executioner.

verdulera *nf (mujer vulgar)* coarse woman.

verdulería *nf* greengrocer's.

verdulero,-a *nm,f* greengrocer.

verdura *nf* vegetables *pl*.

vereda 1 *nf (camino)* path, lane. **2** CSur Perú *(acera)* pavement, US sidewalk.

veredicto *nm* verdict.

vergonzoso,-a 1 *adj (acto)* shameful, shocking. **2** *(persona)* shy, bashful.

vergüenza 1 *nf (culpabilidad)* shame. **2** *(timidez)* bashfulness. **3** *(situación)* embarrassment.

• **sentir vergüenza** to be ashamed.

verídico,-a *adj* truthful, true: ***es verídico*** it is a fact.

verificar [1] **1** *vt (confirmar)* to verify,

confirm. **2** *(probar)* to prove. **3** *(efectuar)* to carry out. || **4 verificarse** *vpr (comprobarse)* to come true. **5** *(efectuarse)* to take place.

verja 1 *nf (reja)* grating. **2** *(cerca)* railing.

vermut 1 *nm* vermouth. **2** *(aperitivo)* aperitif. **3** ANDES RPL *(en cine)* early-evening showing; *(en teatro)* early-evening performance.

verosímil *adj* likely, probable.

verruga *nf* wart.

versátil *adj* versatile.

versión *nf* version.

• **en versión original** in the original language.

verso *nm* verse.

vértebra *nf* vertebra.

vertebrado,-a *adj - nm,f* vertebrate.

vertebral *adj* vertebral.

vertedero *nm* dump, tip.

verter [28] **1** *vt (echar - líquido)* to pour; *(- basura)* to dump. **2** *(derramar)* to spill; *(lágrimas)* to shed.

vertical *adj - nf* vertical.

vértice *nm* vertex.

vertiente 1 *nf (de monte)* slope. **2** *(aspecto)* angle. **3** AM *(manantial)* spring.

vertiginoso,-a *adj* dizzy, giddy.

vértigo 1 *nm* MED vertigo. **2** *(turbación)* dizziness, giddiness: ***las alturas me dan vértigo*** heights make me feel dizzy.

vesícula *nf* vesicle.

vespa® *nf* scooter.

vespertino,-a *adj* evening.

vestíbulo 1 *nm (de casa)* hall, entrance. **2** *(de hotel etc)* hall, lobby.

vestido *nm (de mujer)* dress; *(de hombre)* costume, suit.

■ **vestido de etiqueta** evening dress; **vestido de novia** wedding dress.

vestigio *nm* trace, remains *pl.*

vestimenta *nf* clothes.

vestir [34] **1** *vt (llevar)* to wear. **2** *(a algn)* to dress (de, in). **3** *(cubrir)* to cover (de, with). || **4** *vi* to dress: ***vestir de negro*** to dress in black. **5** *(ser elegante, lucir)* to be elegant, look smart. || **6 vestirse** *vpr* to dress, get dressed.

• **el mismo que viste y calza** the very same; **vestirse de** *(ir vestido)* to wear, dress in; *(disfrazarse)* to disguise oneself as; **vestirse de punta en blanco** to dress up to the nines.

vestuario 1 *nm* wardrobe, clothes *pl.* **2** MIL uniform. **3** TEAT *(camerino)* dressing room. **4** DEP changing room.

veta 1 *nf (en mineral)* seam, vein. **2** *(en madera)* streak.

veterano,-a *adj - nm,f* veteran.

veterinaria *nf* veterinary medicine, veterinary science.

veterinario,-a 1 *adj* veterinary. || **2** *nm,f* veterinary surgeon, vet, US veterinarian.

veto *nm* veto.

vez 1 *nf (ocasión)* time. **2** *(turno)* turn.

• **a la vez** at the same time; **a su vez** in turn; **a veces** sometimes; **alguna vez** *(en afirmación)* sometimes; *(en pregunta)* ever; **cada vez** every time; **de una vez para siempre** once for all; **de vez en cuando** from time to time; **dos veces** twice; **en vez de** instead of; **muchas veces** often; **otra vez** again; **pedir la vez** to ask who's last; **pocas veces** seldom; **rara vez** seldom; **tal vez** perhaps, maybe.

vía 1 *nf (camino)* road, way; *(calle)* street. **2** *(de tren)* track, line. **3** *(modo)* way, manner.

• **en vías de** in the process of; **por vía aérea** by airmail; **por vía oral** to be taken orally.

■ **vía de acceso** slip road; **vía aérea** airway; **vía férrea** railway, track; **vía pública** thoroughfare; **Vía Láctea** Milky way; **vías respiratorias** respiratory tract *sing.*

viable *adj* viable.

viaducto *nm* viaduct.

viajante *nm* commercial traveller.

viajar *vi* to travel.

viaje 1 *nm (desplazamiento)* journey,

trip. **2** *(por mar o aire, largo)* voyage. **3** *(concepto de viajar)* travel. **4** *(carga)* load.

• **¡buen viaje!** have a good journey!; **estar de viaje** to be away; **irse de viaje** to go on a journey, go on a trip.

■ **viaje de ida y vuelta** return trip, US round trip; **viaje de negocios** business trip; **viaje de novios** honeymoon.

viajero,-a 1 *adj* travelling. ‖ **2** *nm,f (pasajero)* passenger. **3** *(aventurero)* traveller.

vianda 1 *nf* RPL *(tentempié)* packed lunch. **2** RPL *(fiambrera)* lunchbox.

viandante *nmf* pedestrian, passer-by.

víbora *nf* viper.

vibración *nf* vibration.

vibrar *vt - vi* to vibrate.

vicepresidente,-a *nm,f* vice-president.

viceversa *adv* vice versa.

viciar [12] **1** *vt (madera)* to warp. ‖ **2 viciarse** *vpr (persona)* to take to vice, become corrupted.

vicio 1 *nm (corrupción)* vice, corruption. **2** *(mala costumbre)* bad habit.

• **por vicio** for no reason at all, for the sake of it.

vicioso,-a 1 *adj* vicious, corrupt, depraved. ‖ **2** *nm,f* depraved person.

víctima *nf* victim.

victimar *vt* AM to kill, murder.

victimario,-a *nm,f* AM killer, murderer.

victoria *nf* victory, triumph.

victorioso,-a *adj* victorious, triumphant.

vid. *abr (*vide, véase*)* see; *(abreviatura)* s.

vid *nf* vine.

vida 1 *nf (de ser vivo)* life. **2** *(viveza)* liveliness. **3** *(tiempo)* lifetime. **4** *(modo de vivir)* way of life. **5** *(medios)* living, livelihood.

• **de por vida** for life; **en mi/tu/su vida** never; **en vida de** during the life of; **ganarse la vida** to earn one's living; **perder la vida** to lose one's life; **¡vida mía!** my love!

■ **vida conyugal** married life.

vidente *nmf* clairvoyant.

vídeo *nm* video.

videocámara *nf* camcorder.

videocasete *nm* video cassette.

videoclip *nm* video.

videoclub *nm* video shop, video rental shop.

videoconsola *nf* game console.

videojuego *nm* video game.

videoteca *nf* video library.

vidriera 1 *nf (en casa - ventana)* glass window; *(- puerta)* glass door. **2** ART stained glass window. **3** AM *(escaparate)* shop window.

vidrio *nm* glass.

viejo,-a 1 *adj (persona)* old, aged; *(cosa)* ancient, antique. ‖ **2** *nm,f (hombre)* old man; *(mujer)* old woman.

■ **viejo verde** *fam* dirty old man.

viento *nm* wind: ***hace viento*** it's windy.

vientre 1 *nm (barriga)* belly, abdomen. **2** *(vísceras)* bowels *pl*. **3** *(de embarazada)* womb.

viernes *nm inv* Friday.

■ **Viernes Santo** Good Friday.

Vietnam *nm* Vietnam.

vietnamita *adj - nm,f* Vietnamese.

viga 1 *nf (de madera)* beam, rafter. **2** *(de acero etc)* girder.

vigente *adj* in use, in force.

vigésimo,-a *num* twentieth.

vigía 1 *nf (atalaya)* watchtower. ‖ **2** *nmf (persona)* lookout; *(hombre)* watchman; *(mujer)* watchwoman.

vigilancia *nf* vigilance, watchfulness.

vigilante 1 *adj* vigilant, watchful. ‖ **2** *nmf (hombre)* watchman; *(mujer)* watchwoman.

vigilar 1 *vt - vi (ir con cuidado)* to watch. **2** *(con armas etc)* to guard. **3** *(supervisar)* to oversee. **4** *(cuidar)* to look after.

vigor 1 *nm* vigour, strength. **2** *(validez)* force, effect.

• **en vigor** in force.

vigoroso,-a *adj* vigorous, strong.

VIH *abr* MED (Virus de Inmunodeficiencia Humana) Human Immune Deficiency Virus; *(abreviatura)* HIV.
vil *adj* vile, base, despicable.
villa 1 *nf (casa)* villa. **2** *(pueblo)* small town.
■ **villa miseria** ARG shanty town.
villancico *nm* Christmas carol.
villano,-a *nm,f* villain.
vilo *loc (suspendido)* in the air; *(inquieto)* in suspense.
vinagre *nm* vinegar.
vinagreras *nf pl* cruet stand *sing.*
vinagreta *nf* vinaigrette, oil and vinegar dressing.
vincha *nf* AM headband.
vincular 1 *vt (unir)* to link, bind. **2** *(relacionar)* to relate. **3** JUR to entail.
vínculo 1 *nm (conexión)* tie, bond. **2** JUR entail.
■ **vínculos familiares** family ties.
vine *pret indef* → **venir**.
vinícola *adj* wine-producing.
vino *nm* wine.
■ **vino blanco** white wine; **vino de Jerez** sherry; **vino rosado** rosé wine; **vino tinto** red wine.
viña *nf* vineyard.
viñedo *nm* vineyard.
viñeta *nf* cartoon.
viola *nf* viola.
violación 1 *nf (transgresión)* violation, infringement. **2** *(sexual)* rape.
violador,-ra *nm,f* rapist.
violar 1 *vt (transgredir)* to violate, infringe. **2** *(persona)* to rape.
violencia 1 *nf (brutalidad)* violence. **2** *(sentimiento)* embarrassment.
violentar 1 *vt (obligar)* to force. **2** *(entrar)* to break into. || **3 violentarse** *vpr (molestarse)* to get annoyed. **4** *(avergonzarse)* to be embarrassed, feel ashamed.
violento,-a 1 *adj (bruto)* violent. **2** *(vergonzoso)* embarrassing, awkward.
violeta 1 *adj - nm (color)* violet. || **2** *nf (flor)* violet.
violín 1 *nm* MÚS violin. || **2** *nmf* violinist.
violinista *nmf* violinist.
violonchelo *nm* cello.
viraje *nm* turn, bend.
virar 1 *vi* MAR to tack. **2** AUTO to turn round.
virgen 1 *adj (persona)* virgin. **2** *(cinta)* blank. **3** *(en estado natural)* unspoiled. **4** *(reputación)* unsullied. || **5** *nf* virgin.
virginidad *nf* virginity.
Virgo *nm inv* Virgo.
viril *adj* virile, manly.
virilidad *nf* virility.
virtual *adj* virtual.
virtud 1 *nf (cualidad)* virtue. **2** *(eficacia)* property, quality.
• **en virtud de** by virtue of.
virtuoso,-a 1 *adj* virtuous. || **2** *nm,f* virtuous person. **3** ART virtuoso.
viruela 1 *nf (enfermedad)* smallpox. **2** *(marca)* pockmark.
virulento,-a *adj* virulent.
virus *nm inv* virus.
viruta *nf* shaving.
visa *nf* AM *(visado)* visa.
visado *nm* visa.
víscera 1 *nf* internal organ. || **2 vísceras** *nf pl* viscera, entrails.
viscosidad *nf* viscosity.
viscoso,-a *adj* viscous.
visera *nf (de gorra)* peak; *(de casco)* visor.
visibilidad *nf* visibility.
visible 1 *adj (que se ve)* visible. **2** *(manifiesto)* evident.
visillo *nm* net curtain.
visión 1 *nf (capacidad)* sight, vision. **2** *(perspectiva)* view.
• **ver visiones** to dream, see things.
■ **visión de conjunto** overall view.
visita 1 *nf (acción)* visit. **2** *(invitado)* visitor, guest.
• **hacer una visita a** to pay a visit to.
visitante 1 *adj* visiting. || **2** *nmf* visitor.
visitar 1 *vt (ir a casa de)* to visit, pay a visit, call upon. **2** *(inspeccionar)* to inspect, examine. **3** *(enfermo)* to see.

vislumbrar 1 *vt (distinguir)* to glimpse, make out. 2 *(conjeturar)* to guess, conjecture.

visón *nm* mink.

víspera 1 *nf (día anterior)* eve. 2 REL vespers.
• **en vísperas de** on the eve of.

vista 1 *nf (sentido)* sight, vision. 2 *(ojo)* eye. 3 *(panorama)* view, scene. 4 *(aspecto)* aspect, looks *pl*. 5 *(propósito)* outlook, prospect. 6 JUR trial, hearing.
• **a la vista** at sight; **a simple vista** at first sight; **bajar la vista** to look down; **con vistas a** *(habitación)* overlooking; *(proyecto)* with a view to; **conocer de vista** to know by sight; **en vista de** in view of; **estar a la vista** to be evident; **hacer la vista gorda** to pretend not to see; **hasta la vista** good-bye, so long; **perder de vista** to lose sight of.

vistazo *nm* glance, look.
• **echar un vistazo a** to have a look at.

visto,-a 1 *pp* → **ver**. ‖ 2 *adj* seen.
• **estar bien visto** to be well looked upon; **estar mal visto** to be frowned upon; **por lo visto** as it seems; **ser lo nunca visto** to be unheard of.

vistobueno *nm* approval.

vistoso,-a *adj* bright, showy, colourful.

visual 1 *adj* visual. ‖ 2 *nf* line of sight.

vital 1 *adj (de la vida)* vital: ***órgano vital*** vital organ. 2 *(esencial)* essential. 3 *(persona)* lively.

vitalicio,-a *adj* life.

vitalidad *nf* vitality.

vitamina *nf* vitamin.

vitorear *vt* to cheer, acclaim.

vitrina 1 *nf (armario)* glass cabinet, display cabinet. 2 *(de exposición)* glass case, showcase. 3 *(escaparate)* shop window.

viudez *nf* widowhood.

viudo,-a 1 *adj* widowed. ‖ 2 *nm,f (hombre)* widower; *(mujer)* widow.

viva 1 *nm* cheer, shout. ‖ 2 **¡viva!** *interj* hurrah!

vivaracho,-a *adj* vivacious, lively.

vivaz 1 *adj (vivo)* vivacious, lively. 2 *(perspicaz)* keen, quick-witted.

víveres *nm pl* food *sing*, provisions.

vivero 1 *nm (de plantas)* nursery. 2 *(de peces)* fish farm.

vivienda 1 *nf (alojamiento)* housing, accommodation: ***problemas de vivienda*** housing problems. 2 *(morada)* dwelling. 3 *(casa)* house. 4 *(piso)* flat.

viviente *adj* living, alive.

vivir 1 *vi (tener vida)* to live, to be alive. 2 *(residir)* to live. ‖ 3 *vt (pasar)* to live through: ***los que vivieron la guerra*** those who lived through the war. ‖ 4 *nm* living, life.
• **vivir de** to live on; **vivir a lo grande** *fam* to live it up, live in style.

vivo,-a 1 *adj (con vida)* alive, living. 2 *(color etc)* bright, vivid. 3 *(animado)* lively. 4 *(dolor etc)* acute, sharp. 5 *(listo)* quick-witted. ‖ 6 *nm,f* living person: ***los vivos*** the living.
• **en vivo** TV live.

VO *abr* CINEM *(*Versión Original*)* original language version.

vocablo *nm* word, term.

vocabulario *nm* vocabulary.

vocación *nf* vocation, calling.

vocal 1 *adj* vocal. ‖ 2 *nf* GRAM vowel. ‖ 3 *nmf (de junta etc)* member.

voceador,-ra *nm,f* AM vendor.

vocear 1 *vi (dar voces)* to shout, cry out. ‖ 2 *vt (divulgar)* to publish. 3 *(gritar)* to shout, call.

vocerío *nm* shouting, uproar.

vocero,-a *nm,f* AM spokesperson; *(hombre)* spokesman; *(mujer)* spokeswoman.

vociferar *vi* - *vt* to vociferate, shout.

vodka *nm* vodka.

vol. *abr (*volumen*)* volume; *(abreviatura)* vol.

volador,-ra *adj* flying.

volante 1 *adj (volador)* flying. ‖ 2 *nm* COST flounce. 3 AUTO steering wheel. 4 *(documento)* note, order.

volantín *nm* AM *(cometa)* small kite.

volar [31] **1** *vi* to fly. **2** *(desaparecer)* to disappear. **3** *(noticia)* to spread rapidly. || **4** *vt (hacer explotar)* to blow up.

volátil *adj* volatile.

volcán *nm* volcano.

volcar [49] **1** *vt* - *vi (vaso)* to turn over, upset. **2** MAR to capsize. **3** *(vaciar)* to empty out. || **4 volcarse** *vpr (vaso)* to turn over; *(coche)* to overturn. **5** *fig (entregarse)* to devote oneself.

voleibol *nm* volleyball.

voltaje *nm* voltage.

voltear 1 *vt* CSUR *(derribar)* to knock over. **2** ANDES CAM CARIB MÉX *(volver)* to turn: ***voltear la espalda a alguien*** to turn one's back on sb. || **3** *vi* MÉX *(doblar la esquina)* to go round. || **4 voltearse** *vpr* ANDES CAM CARIB MÉX *(volverse)* to turn around. **5** MÉX *(vehículo)* to turn over.

voltereta *nf* somersault.

voltio *nm* volt.

voluble *adj* changeable, fickle.

volumen 1 *nm (de cuerpo, sonido)* volume. **2** *(tamaño)* size.

• **bajar el volumen** to turn the volume down; **subir el volumen** to turn the volume up.

voluminoso,-a *adj* voluminous, bulky.

voluntad 1 *nf (de decidir)* will. **2** *(propósito)* intention, purpose. **3** *(deseo)* wish.

• **a voluntad** at will; **buena voluntad** goodwill.

voluntario,-a 1 *adj* voluntary. || **2** *nm,f* volunteer.

• **ofrecerse voluntario,-a** to volunteer.

volver [32] **1** *vt (pp* vuelto,-a*) (dar vuelta a)* to turn (over); *(hacia abajo)* to turn upside down; *(de fuera a dentro)* to turn inside out. **2** *(convertir)* to turn, make: ***volver loco*** to drive crazy. **3** *(devolver - a persona)* to give back; *(- a su lugar)* to put back. || **4** *vi (regresar)* to come back, go back, return. || **5 volverse** *vpr (regresar)* to come back, go back. **6** *(darse la vuelta)* to turn (round). **7** *(convertirse)* to turn, become.

• **volver a** to do again; **volver en sí** to recover consciousness, come round; **volverse atrás** to back out; **volverse loco** to go mad.

vomitar *vt* - *vi* to vomit.

vómito 1 *nm (resultado)* vomit. **2** *(acción)* vomiting.

vos *pron* AM *(tú)* you.

▲ vos *is used alongside* tú *in many Latin American countries, and in some countries (Argentina, Paraguay and Uruguay) is the preferred form.*

VOSE *abr* CINEM (Versión Original Subtitulada en Español) *original language version with Spanish subtitles.*

vosotros,-as *pron* you.

■ **vosotros,-as mismos,-as** yourselves.

votación 1 *nf (papeleta)* vote, ballot. **2** *(acto)* vote, voting.

• **someter algo a votación** to put sth to the vote, take a ballot on sth.

votante *nmf* voter.

votar *vi* to vote (**por/contra,** for/against).

voto 1 *nm (papeleta)* vote. **2** REL vow. **3** *(deseo)* wish, prayer.

voy *pres indic* → **ir**.

voz 1 *nf (gen)* voice. **2** *(grito)* shout. **3** *(en diccionario)* headword. **4** GRAM voice. **5** *(rumor)* rumour, report.

• **a media voz** in a whisper; **dar voces** to shout; **en voz alta** aloud; **en voz baja** in a low voice.

■ **voz activa** active voice; **voz pasiva** passive voice.

vuelco *nm* overturning, upset.

vuelo 1 *nm (de avión, pájaro)* flight. **2** *(de vestido)* fullness, flare. **3** ARQ projection.

• **alzar el vuelo** to take flight; **cazarlas al vuelo** to be quick on the uptake.

■ **vuelo sin motor** gliding.

vuelta 1 *nf (giro)* turn. **2** *(en un circuito)*

lap, circuit. **3** *(paseo)* walk, stroll. **4** *(regreso)* return. **5** *(dinero de cambio)* change. **6** *(curva)* bend, curve. **7** *(reverso)* back, reverse.

• **a la vuelta** on the way back; **dar la vuelta** *(alrededor)* to go round; *(girar)* to turn round; *(de arriba abajo)* to turn upside down; *(de dentro a fuera)* to turn inside out; *(cambiar de lado)* to turn over; **dar una vuelta** *(andando)* to go for a walk; *(en coche)* to go for a drive; **dar vueltas** to turn; **estar de vuelta** to be back; **dar vueltas a algo** *fig* to worry about sth; **no tiene vuelta de hoja** there are no two ways about it; **poner de vuelta y media** *fig* to insult.

■ **vuelta al mundo** round-the-world-trip.

vuelto,-a 1 *pp* → **volver**. ‖ **2 vuelto** *nm* AM *(cambio, vuelta)* change.

vuestro,-a 1 *adj* your, of yours: ***vuestra casa*** your house; ***un amigo vuestro*** a friend of yours. ‖ **2** *pron* yours: ***éstas son las vuestras*** these are yours.

vulgar 1 *adj (grosero)* vulgar. **2** *(corriente)* common, general. **3** *(mediocre)* banal, ordinary.

vulgaridad 1 *nf (grosería)* vulgarity. **2** *(banalidad)* commonplace, platitude, triviality.

vulnerable *adj* vulnerable.

vulnerar 1 *vt (reputación)* to harm, damage. **2** *(ley etc)* to violate.

vulva *nf* vulva.

VV *abr (*ustedes*)* you

W

Walkman® *nm* Walkman®.

wáter *nm (pl* wáteres*) fam* toilet.

waterpolo *nm* water polo.

W.C. *abr (retrete)* water closet; *(abreviatura)* WC.

web 1 *nf (sitio)* website. **2** *(página)* webpage. **3** *(Internet)* Internet.

wélter *nm* welterweight.

whisky *nm* whisky; *(irlandés)* whiskey.

■ **whisky escocés** Scotch, Scotch whisky.

windsurf *nm* windsurfing.

windsurfista *nmf* windsurfer.

wolfram *nm* wolfram.

wolframio *nm* wolfram

xenofobia *f* xenophobia.

xerografía *f* xerography.

xilófono *m* xylophone.

xilografía 1 *f (arte)* xylography. **2** *(impresión)* xylograph

y 1 *conj* and. **2** *(con hora)* past: ***son las tres y cuarto*** it's a quarter past three. **3** *(en pregunta)* what about: ***¿y López?*** what about López?

• **y eso que** although, even though; **¿y qué?** so what?; **¿y si...?** what if ...?; **¡y tanto!** you bet!, and how!

ya 1 *adv (con pasado)* already: ***ya lo sabía*** I already knew. **2** *(con presente)* now: ***es preciso actuar ya*** it is vital that we act now. **3** *(ahora mismo)* immediately, at once. ‖ **4 ¡ya!** *interj irón* oh yes!

• **ya entiendo** I see; **ya era hora** about time too; **¡ya está!** there we are!, done!; **ya no** not any more, no longer; **ya que** since; **ya ... ya** sometimes ... sometimes.

acer [92] *vi* to lie, be lying.
cimiento *nm* bed, deposit.
o *pres indic* → **yacer**.
qui *adj* - *nmf pey* Yankee.
rá *nm* AM large poisonous snake.
í *nm* AM Quechuan song.
a *nf* yard.
nm yacht.
,-a 1 *nm,f fam (abuelo)* grandad; *ela)* grandma, granny. ‖ **2 yaya** *nf* *(madera)* lancewood.
ra *nf* → **hiedra**.
yegua *nf* mare.
yema 1 *nf (de huevo)* yolk. **2** BOT bud. **3** *(del dedo)* fingertip.
yerba 1 *nf* → **hierba**. **2** RPL maté: ***yerba mate*** yerba maté.
yermo,-a 1 *adj (sin vegetación)* barren, uncultivated. **2** *(despoblado)* deserted, uninhabited. ‖ **3 yermo** *nm (terreno inculto)* barren land, wasteland. **4** *(terreno inhabitado)* wilderness.
yerno *nm* son-in-law.
yerro *nm* error, mistake.
yerto,-a *adj* stiff, rigid.
yeso 1 *nm (mineral)* gypsum. **2** *(en construcción)* plaster. **3** *(tiza)* chalk.
yo 1 *pron* I, me: ***soy yo*** it's me. ‖ **2 el yo** *nm* the ego, the self.
yodo *nm* iodine.
yoduro *nm* iodide.
yoga *nm* yoga.
yogur *nm* yoghurt.
yonqui *nmf arg* junkie.
yóquey *nm* jockey.
yoqui *nm* jockey.
yoyó *nm* yo-yo.
yudo *nm* judo.
yugo *nm* yoke.
Yugoslavia *nf* Yugoslavia.
yugoslavo,-a *adj* - *nm,f* Yugoslavian, Yugoslav.
yugular *adj* - *nf* jugular.
yunque *nm* anvil.
yunta *nf* yoke, team of oxen.
yute *nm* jute.
yuyo 1 *nm* CSUR *(mala hierba)* weed; *(hierba medicinal)* medicinal herb. **2** ANDES *(hierba silvestre)* wild herb.

Z

zacate *nm* CAM MÉX fodder.
zafar 1 *vt (soltar)* to loosen, untie. ‖ **2 zafarse** *vpr (librarse)* to get away (**de**, from), escape (**de**, from).
zafio,-a *adj* uncouth, rough, coarse.
zafiro *nm* sapphire.
zaguán *nm* hallway.
zalamería *nf* flattery.
zalamero,-a 1 *adj* flattering, fawning. ‖ **2** *nm,f* flatterer.
zamarra *nf* sheepskin jacket.
Zambia *nf* Zambia.
zambiano,-a *adj* - *nm,f* Zambian.
zambo,-a 1 *adj (patizambo)* knock-kneed. **2** AM *(persona)* half Indian and half Negro. ‖ **3** *nm,f* AM *(persona)* person who is half Indian and half Negro.
zambomba 1 *nf* rumbling pot. ‖ **2 ¡zambomba!** *interj fam* phew!
zambullida *nf* dive, plunge.
zambullir [41] **1** *vt (en agua - persona)* to duck; *(- cosa)* to dip, plunge. ‖ **2 zambullirse** *vpr (en agua)* to dive, plunge. **3** *(en actividad)* to become absorbed (en, in).
zampar 1 *vi* to stuff oneself. ‖ **2 zampar(se)** *vt* - *vpr* to gobble up.
zanahoria *nf* carrot.
zancada *nf* stride.
zancadilla 1 *nf (para caer)* trip. **2** *(engaño)* ruse, trick.
• **ponerle la zancadilla a algn** t sb up.
zanco *nm* stilt.
zancudas *nf pl (aves)* waders.
zancudo,-a 1 *adj (ave)* wa *(persona)* longlegged. ‖ **3 zan** AM mosquito.

zanganear *vi* to idle, laze around.

zángano,-a 1 *nm,f fam (persona)* idler, lazybones inv. || **2 zángano** *nm (insecto)* drone.

zanja *nf* ditch, trench.

zanjar 1 *vt (abrir zanjas)* to dig a ditch, dig a trench in. **2** *fig (asunto)* to settle.

zapallito *nm* CSUR courgette, US zucchini.

zapallo *nm* ANDES RPL sweet pumpkin.

zapatazo *nm* blow with a shoe.

zapatear *vt* to tap with the feet.

zapatería 1 *nf (tienda)* shoe shop. **2** *(oficio)* shoemaking.

zapatero,-a *nm,f* shoemaker.

■ **zapatero remendón** cobbler.

zapatilla *nf* slipper.

■ **zapatilla de ballet** ballet shoe; **zapatilla de deporte** trainer, running shoe.

zapato *nm* shoe.

■ **zapatos de tacón** high-heeled shoes.

zar *nm* tsar, czar.

zarandajas *nm pl* odds and ends, trifles.

zarandear 1 *vt (agitar)* to shake. || **2 zarandearse** *vpr (contonearse)* to swagger, strut.

zarpa *nf* claw, paw.

• **echarle la zarpa a** *(animal)* to ...unce on; *(persona)* to grab.

...**ar** *vi* to weigh anchor, set sail.

...**zo** *nm* clawing.

...**n zarpazo** to claw.

...bramble, blackberry bush.

...bramble patch.

... *nf (planta)* blackberry ...lackberry.

...nish light opera.

...ang!

...ags *or* zigzagues)

...ag.

...Zimbabwean.

zimbabwense *adj - nmf* Zimba... wean.

zinc *nm* zinc.

zíper *nm* CAM MÉX zip, US zipp...

zócalo 1 *nm (de pared)* skirting ... **2** *(pedestal)* plinth.

zodiacal *adj* zodiacal.

zodiaco *nm* zodiac.

zodíaco *nm* zodiac.

zombi *nmf* zombie.

• **estar zombi** *fam* to be groggy...

zombie *nmf* zombie.

• **estar zombi** *fam* to be groggy.

zona *nf* zone, area.

■ **zona azul** pay-and-display parking area; **zona urbanizada** built-up area; **zona verde** park.

zonzo,-a *adj* AM silly.

zoo *nm* zoo.

zoología *nf* zoology.

zoológico,-a 1 *adj* zoological. || **2 zoológico** *nm* zoo.

zoólogo,-a *nm,f* zoologist.

zopenco,-a 1 *adj* daft, stupid. || **2** *nm,f* dope, half-wit.

zopilote *nm* AM buzzard.

zoquete 1 *adj fam (lerdo)* stupid. || **2** *nmf fam (lerdo)* blockhead. || **3** *nm (de madera)* block of wood. **4** CSUR *(calcetín)* ankle sock.

zorro,-a 1 *nm,f (animal)* fox; *(macho)* dog fox; *(hembra)* vixen. **2** *(persona)* sly person, fox. || **3** *adj (astuto)* cunning, sly. || **4 zorra** *nf (prostituta)* whore. || **5 zorros** *nm pl (para el polvo)* duster *sing.*

• **estar hecho unos zorros** *fam* to be knackered; **no tener ni zorra** *fam* not to have the slightest idea.

zozobra 1 *nf (de barco)* sinking, capsizing. **2** *(congoja)* worry, anxiety.

zozobrar 1 *vi (barco)* to sink, capsize. **2** *(proyecto)* to fail, be ruined.

zueco *nm* clog.

zumbado,-a *adj fam* crazy, mad.

zumbar 1 *vi (insecto)* to buzz. **2** *(motor)* to hum. || **3** *vt fam (pegar)* to thrash.